中国象棋战术大全

刘殿中 主编

王 臻 编著

人民体育出版社

图书在版编目（CIP）数据

中国象棋战术大全 / 刘殿中主编；王臻编著. --
北京：人民体育出版社，2024
ISBN 978-7-5009-5284-8

Ⅰ.①中… Ⅱ.①刘… ②王… Ⅲ.①中国象棋—基本知识 Ⅳ.①G891.2

中国版本图书馆CIP数据核字(2017)第279432号

*

人民体育出版社出版发行
三河兴达印务有限公司印刷
新 华 书 店 经 销

*

889×1194　16开本　56.25印张　1357千字
2024年3月第1版　2024年3月第1次印刷
印数：1—1,000册

*

ISBN 978-7-5009-5284-8
定价：258.00元

社址：北京市东城区体育馆路8号（天坛公园东门）
电话：67151482（发行部）　　邮编：100061
传真：67151483　　　　　　　邮购：67118491
网址：www.psphpress.com
（购买本社图书，如遇有缺损页可与邮购部联系）

编者的话

象棋战术是一个深邃而又神妙的话题。

在《象棋战术精解》一书的前言中，我曾写道："象棋战术，就是象棋弈战的原则、方法和计谋。它是象棋理论的主体，是象棋艺术的内核，是象战无穷魅力之所在。"宽泛的定义，说明了象棋战术内涵深奥，非同一般！

象棋战术的大花园，千红万紫，闪耀着中华智谋文化之辉光。

象棋名局名谱中，标有叹号、注有妙手者，其实都是象棋战术绝佳演弈的闪光点！而数量更多、艺术层级更高的"无名英雄"，却蕴含在、掩藏在名局名谱所谓普通的着法之中。需要挖掘开采、提炼加工，以使各路战术精英一见天日！

象棋谋略，大有学问，有大学问！揭示中国象棋深厚的艺术底蕴，探索中华智谋文化瑰宝内核的奥秘，充分展示象棋战术的强大阵容，遂成使命，而且不可动摇。

象棋战术的挖掘、提炼、撰写，是一项巨大的系统工程，对于个人而言，纵然穷尽一生的精力，也难以窥见其全貌。而且愈深入其中则愈感到其妙深不可测。即便如此，亦知难而上，宁愿当一名象棋战术的探路者！

我被浩如烟海的古今名局名谱强烈地吸引着，如磁吸铁。对那些争先、夺势、强掠、妙杀等经典着法，本人反复探究，深入思考：该着法的企图、手段、特征、功效是什么？又具有怎样的内涵和基本特点？它的存在是否具有普遍性？它应当归属何种战术？它同相近、相似的姊妹战术又有怎样的异同点？寻觅、探索、归纳、提炼，一个新战术的面世，何尝不是"千淘万漉""众里寻他千百度"？！三十多年的挖掘、提炼、概括、整理，使数量众多的战术个体登台亮相！

在撰写系列战术分析的过程中，我不断告诫自己：如果不能将这些精妙战术完美展现出来，不仅以象棋特级大师为代表的弈林高手和排局专家的精深智谋、巧妙构思与高超技艺被埋没，而且使中国象棋博大精深的品位遭到贬损。这一损失，将是民族智谋文化的损失！为此，本人一直追求完美，倾力打造精品，文章尽量做到反复推敲、字斟句酌，力求写出与精妙战术相媲美的文章来。

寻找到准确、有力而又精彩的局例，往往需要耗费时日，本人也在所不惜。比如，在撰写向心战术一文时，缺少一个得力的局例，而手头上现有的局例偏弱，支撑力不足。但是决不会因此而采取对付的态度。在亟需"支柱"、再觅"知音"的情况下，有棋友从加拿大带回来《都市报》，其"江湖残局"第398棋图完全符合要求而采用之，真可谓"不远万里"！我在文章中称颂道："借势向心，弱旅巧妙造双杀"，以赞其妙。

在撰写《乱插繁花向晴昊——简论揳插战术》时，从四段名人名言中筛选出一段较为满意的名言，以作为理论根据，但经过反复考虑，觉得有点不够到位。可是"揳插"含义如此特殊，外延又比较狭窄，很难找到明确的极富针对性的名言。思虑再三，忽然想起以前阅读某篇名著时曾看到过有关"揳插"行为技巧的专门论述，甚至这段文字在页面上的位置都可以确定。可是要找到它，与大海捞针有什么两样？为了精准，为了完美，不惜任何代价。最终，在克劳塞维茨将军《战争论》中找到了这句名言"进攻必须像楔子一样猛烈地打进去，而不应像肥皂泡一样徒然膨胀起来"。

以唐诗宋词名句充任文题，是诗词文化与智谋文化的高端融合，也是阐述象棋战术内涵的巅峰互补。在选择浅论穿插战术一文的大标题诗句时，入选的几个诗词名句，都觉得很好，甚至爱不释手，但挑来选去还是相中了苏舜钦《沧浪静吟》中的"山蝉带响穿疏户"一句。此句充当文题，觉得格调高雅、内涵丰富。它精准点示穿插战术题意，出色创造优美意境，有力烘托特定厮杀气氛。它把战马轻灵的脚步、敌宫虚懈的弱点描绘无余。特别是"带响"二字，竟与"带将"运作之棋语妙合，把战马带将奔踏、嘶鸣穿插于宫城内外的生动形像巧妙凸现出来，而且动静结合，极具点石成金之妙。

如何命名才能够恰切并名符其实？静默战术开始命名时，对几个命名入围概念反复进行比对、斟酌、遴选，认为"静默"比较接近该战术本意，确定先暂时"试用"，因为自己拿不准，遂以发稿的形式征询专家的意见。在2001年6月19日—9月28日期间，本人同《棋牌世界》杂志责任编辑李黎翔先生，多次信件往来，对静默战术的命名进行探讨研究。他最后来信指出："'静默'虽不太准确，但下棋的人都能理解，也不会产生歧义，仍用'静默'好，和其他象棋战术名号统一，总编辑终审同意。"于是《林莺巢燕总无声——浅论静默战术》一文发表，静默战术也终于拥有了自己的正式名称。

自2000年起，将部分文章投寄《上海象棋》《象棋研究》《棋牌世界》，先后共发表了七十多篇系列战术论文。李黎翔先生曾在信中写道："《盘马弯弓惜不发》《绣屏惊断潇湘梦》等，很受读者欢迎，希保持此写作风格。"

2007年1月，应北京体育大学出版社佟晖先生热诚之邀，《象棋战术精解》一书出版。2007年3月2日，佟晖先生与我电话交谈时对我透露说，总编在谈及此书的质量时对他说："《象棋战术精解》这本书，是近几年来咱们出版的棋书里写得最好的！"

2010年10月，《中国象棋战术大全》的书稿寄到了人民体育出版社。经过8个月的初审以后，编辑对书稿给予了很高的评介，同时，对初审中发现的一些问题，提出了很多中肯的修改意见，从而使书稿不断趋于成熟与完善。2011年7月开始，我曾用了一年多时间，对书稿进行了再度修改润色以及"瘦身"处理，把论述冗赘的或砍掉或压缩，局例引用偏长部分则剪裁掉，三个例子够用的就删掉第四个，把小型自然段浓缩为一句短语等，一共删削掉20多万字，占原稿的八分之一。

限于个人水平，论文还会存在一些问题，特别在如下几个主要方面：

1. 336种战术的强大阵容，一定程度上反映了中国象棋谋略体系博大精深的实际，但是，这么多的战术个体，是否各个都"客观存在"？其中有无混杂、牵强、甚或滥竽充数的情形？

2. 相近相似战术的存在，从根本上说，是棋手弈战思维精深细密的外在展示。但在相近相似战术内涵的界定上、个性差异的阐述上，是否还存在一些不够严密周全的地方？

3. 为了展示象棋战术整体的骨架，明确各个战术的基本类型，将336种象棋战术大致分为空间类、时间类、兵员类、运调类、保障类、进攻类、防守类、将杀类、谋划类九大种类，这样分类设置是否科学合理？各种象棋战术在九大种类中类别处位的划分，是否准确到位？

4. 在写作谋篇布局、语法修辞等方面，在名人名言、诗词名句的引用方面，有无差错疏漏之处？甚至在战术探究的深透度上，在文章的修改润色等方面，都存有进一步斟酌的较大空间。

下棋讲"当局者迷，旁观者清"，写棋书亦然。读者是上帝，读者是"总裁"！为了使象棋战术群体更加纯洁更加健康，为了更好弘扬中华智谋文化，本人真诚希望各位专家、各位棋友、各界朋友，对《中国象棋战术大全》这一引玉之砖，不吝赐教，多加指点。本人将以虔敬之心接受批评、认真修改，以使其渐臻完美。

王　臻

2017年1月4日于荣成市

序一

象棋兵法壮楚汉

作为读者与编者，我阅读王臻先生的系列战术论文至今已有十余年的光景。起初，我曾在象棋刊物上看到过他的文章，我被他精辟的见解、渊博的学识、华丽的文笔所吸引。尔后我就不断地阅读他连续发表的战术专题文章。他的论文，新颖清雅，别具一格，我非常喜欢。

新世纪伊始，我担任《象棋研究》杂志主编后，很想发表一些探讨象棋文化方面的文章，借以提高中国象棋的文化品位。此时恰逢王臻先生寄来稿件，给我带来一种"有朋自远方来"的感觉，而《芳草有情皆碍马——浅谈绊别战术》这篇文章，对一个普通的象棋战术技巧论述得十分深刻而精彩，正合我意，当即刊出。这以后，他不断寄来探讨象棋战术的专题稿件，这些论文不仅非常具有创意，而且别有天地，十分有利于宣传象棋文化，有利于棋刊的连载，以吸引读者。于是，从2001年开始，他的文章几乎每期必登，从不间断。

在《象棋研究》杂志上发表的这些战术论文，出色地诠释了诸多象棋战术的精深内涵，初步展示了象棋战术百花争艳的壮丽画卷，有力地开启了人们对象棋战术深入思考的闸门。由于系列战术论文蕴涵深厚，视野宽广，它使人们对中国象棋战术产生了一种强烈的延绵感与纵深感：人们已经不再认为象棋战术只限于运子、吃子、兑子与弃子等几十个种类，已经意识到象棋战术还有更广的领地、更深的内涵与更高的档次。由于系列战术论文的理论推助，中国象棋博大精深的品位在读者心中得以逐步提升。

应邀为《中国象棋战术大全》作序，自感荣幸与责任的重大。我力求将自己多年品读系列论文的感受，连同初读《中国象棋战术大全》书稿的体会，如实地告诉读者，尽可能地对此书作出公正客观的评价，以对作者和读者负责。现在，我郑重地向广大读者推介如下。

此书的编著者王臻先生，1943年生，大学文化，从20世纪80年代开始研究中国象棋战术，以王诗校署名先后在《上海象棋》《棋牌世界》和《象棋研究》杂志上发表了七十多篇象棋战术论文，2007年《象棋战术精解》一书由北京体育大学出版社出版。这既是社会上的一种认可，同时也为《中国象棋战术大全》的出版做好了战术铺垫。

《中国象棋战术大全》收录了与我之前阅读和编辑过的文章同样风格、同等水平的系列战术论文336篇。在数量如此之多的文章中，既没有"鱼龙混杂"的问题，也不存在虎头蛇尾的倾向，或者说，每篇文章都是经得起推敲的。从战略战术的广度和深度层面看，此书堪称一部"象棋兵法"。此书倾力追求完美，充盈着强烈的精品意识，具有三个突出的特点：

一是以先进的军事理论作指导，从兵法角度阐释象棋攻防技巧，是此书的一大特点。象棋起源于军事，是由模拟战争排兵布阵逐渐演变而成的，是对兵法的演绎。而先进的军事理论则是深刻认识象棋弈战运行规律的有效武器，是研究中国象棋战略战术的正确指针。《中国象棋战术大全》以《孙子兵法》《毛泽东军事文集》《战争论》《战争艺术概论》和《战略论》等军事名著的名言警句为根据，从兵法的角度，对每个战术的定义、基本特点和实施功效进行了深入的阐述，做到了追根溯源、抓住根本，从而大大增加了文章的理论深度。比如，在第205篇《轻颦浅笑娇无奈——试论双胁战术》一文中，作者引用了（英）利德尔·哈特的《战略论》中的名言，"为了保证夺取某一个目标，必须同时威胁对方的几个目标""如果你能同时威胁到几个目标，那么你就可能分散敌人的注意力，迫使他们分散自己的兵力。"文章深刻论述了双胁战术蕴涵的崭新的战略思想，作者写道："它出击的指导思想是，修正和丰富集中全力攻其一点的传统军事思想，讲求行动的诡秘性、威胁的多重性和打击的毁灭性。它认为，任何强敌也不会只有一个弱点，这就构成了双重威胁的客观条件；能够使敌顾此失彼、不能两全的打击，才称得上是因敌制敌的军事谋略。""其用兵之道，独辟蹊径，纵横捭阖，已臻极致，可谓：未曾出动即谋得天下，善之善者也；多目标暗窥而隐伏若蛰，阴之阴者也；令敌选择留舍而耐心等候，仁之仁者也。双胁战法神妙无比，堪称绝代之轻颦浅笑、巅峰之战术弈技。"从兵法角度进行深刻阐释，使双胁战术的内涵更加深邃、档次大幅提升。

再如，第334篇《缓歌慢舞凝丝竹——小论文火战术》一文中，作者以《百战奇略》"军势有宜缓以克敌，有宜急而取之。若彼我势均，外有强援，恐有腹背之患，则攻之不得不速。若我强彼弱，外无救援，当羁縻守之，以待其敝。兵法十围五攻，正谓此也。……当持久以取耳"的深刻论述为据，以《慢火煎鱼》精巧棋局等为例，深刻诠释了文火战术的独特内涵——"文火战术系指进攻部队在取得战场优势局面情况下，本着兵贵拙速的精神，以稳健的策略、细腻的着法、缓慢的节奏、漫长的过程，稳守慢攻，不给敌军反扑、偷袭以机会，用时间消耗掉敌军的士气、体力与侥幸的心理，以求取完胜收官的征战谋略。""文火战术思维独到，别树一帜，它给提倡快节奏、高速度的军事时尚增添了选项。它对时间、速度、过程，对兵书战策，有着深刻的理解和独到的体会——钝刀慢割别有趣，弱火细烹独生香。"从兵法角度进行阐释，使文火战术"宜缓""持久"的深刻战理得到了充分的展现。此书内容精深、包罗广大，堪称一部象棋兵法。它对丰富象棋战术宝库、提升象棋品位、推广棋文化、学习军事兵法、提高象棋实战水平，都具有十分重要的意义。《中国象棋战术大全》将为楚汉战场壮声威、为棋手谋胜算。

二是象棋战术条目的挖掘、命名与分类具有首创性。挖掘开发宝贵的象棋资源，是象棋战术探索研究领域里一项重大的基础工程。作者对古今象棋名局名谱里那些扭转战局，或增效攻防的经典着法，从方法手段、表现形式、行为动机、行棋特征和弈战功效等方面，进行了深入的分析、研究与挖掘，从中发现、提炼、整理、概括出了大量的象棋战术技巧，并逐一甄别界定，分别授予名称。比如静默战术、攘除战术、选送战术、萍架战术、递传战术、待抽战术、替换战术、剥茧战术、暗架战术等，都属于高精尖类型的创新战术。此种"无中生有"的创造性工作，使许多处于掩埋、隐藏、融溶状态下的珍贵战术一见天日，从而极大增加了象棋武库中尖端武器的数量，充分展现了中国象棋博大精深的品位，有力提升了象棋的艺术层级。与此同时，作者还对诸如所谓弃子战术等酝酿着裂变的庞大战术家族进行了细致的分解整理，从而使那些外表一致而实则各擅胜场的相近战术，或使那些"涵义非常相似，以致它们虽有本质区别，但仍常被混为一谈"（《战争艺术概论》语）的姊妹战术，正式结束浑噩共处的历史，使其各立门户，各展英姿，使象棋战术百花竞放。

首创性还表现在对象棋战术种类的划分上，在众多战术技巧已经形成规模的基础上，作者开创性地将象棋战术划分成空间类、时间类、兵员类、运调类、保障类、进攻类、防守类、将杀类、谋划类等九大种类，为丰繁的象棋战术个体的归类就位，设置了规范的框架，提供了一个合理有序的结构，使各种战术技巧不再处于碎金散玉的状态，它们形成了一个统一的有机整体，达成处位、功效与联系方面成龙配套。九大种类的划分，既结束了象棋战术研究上零打碎敲的历史，又改变了诸多战术种类划分上一锅熬粥的不良局面。战术种类的系统性，传达了中国象棋智慧与谋略博大周严的明确信息，清晰了中国象棋战术的整体骨架与脉络，使中国象棋战术形成了整齐、严密、规范的系列，为象棋弈战智库组建了一个强大严整的阵容。此书的这一特点，充分表现了作者在学术研究上的宽广视野、创新精神与科学态度。

三是系列论文具有浓厚的文学性。全书采用了以诗词佳句立题、散文式论述、警策的短语点拨、诗文咏叹、多角度评论以及赋诗收官等写作技巧，动用了排比、对仗、拟人、特写、烘托、含蓄、反复等多种艺术手段，大大增加了文章的可读性，给人以艺术的享受。如果单就论文的文学性而同其它散文、小说等文体的作品相比，此书也毫不逊色！比如，在第137篇《虫声新透绿窗纱——简论穿透战术》一文中，作者对象棋特级大师李义庭以车砍马的穿透战术妙手作了如下精彩的论述："锋利穿杨箭，神勇除障人！此乃内涵丰富、着法硬朗、针锋相对、夺势强攻之穿透妙手！有道是：不是连环设障马，怎显穿透夺命车？它既不被强固厚障所吓倒，也不给敌军露将反击以机会。它力透坚挺，凿壁通途，精深美妙，无出其右！此手，立刻重新恢复双车并联通道，一举将敌顽强的防御变得不堪一击！这是强车穿透力的绝佳演绎，是厚盾利矛的激情对话，是弈者妙算深谋的高级手谈！呜呼！劲透之强车，你是李广穿石之寸镞，你是勾践透甲之尺锋！"文学性的评论不仅使穿透战术增强了战场上的透明度，而且使其具有了历史的纵深感。

再比如第55篇《排空驭气奔如电——略论突袭战术》一文，在评述象棋特级大师吕钦远台突袭战术妙手时，作者写道："一束紫光射冷月，万朵白花奠君王！此手突然、意外、迅猛、高效，几乎囊括了突袭战术所有的实施特点，它内涵无限，它一锤定音！"精到的议论不仅赞美了突袭战术实施之巧妙，而且对负方求胜反败的"君王"也表达了惋惜之情，从而给那些一抬一压式的评论提供了有益的参考。一般情况下，论说文总难免枯燥乏味，而阐释象棋战术更容易陷入"业务"的漩涡。而此书的确是一本难得的具有文学性、趣味性、知识性的较高文化品位的佳作。

正因为有以上三大特点，老先生的论文颇受读者好评，影响甚大，同时也受到了象棋界大腕们的赞扬。当代象棋第一高手许银川就说过，他非常欣赏王臻先生的文章，并说作者文学功底深厚，一定是位知识渊博的老先生。我相信，此书出版后一定会受到读者的喜爱，并将在象棋文化发展史上留下浓墨重彩的一笔。在抄袭、剽窃、胡拼乱凑作品不断出现的情况下，老先生则用认真踏实的辛勤劳动，深入探索研究，创造性地完成了这部理论佳作，确实值得人们学习、值得人们敬重！

从此书的规模、架构与容量来看，作者整体筹划大气恢弘，而在具体实施上又做到了细致严谨，求精求新求高，特别给人一种深邃高雅的感觉；同时，从实施的时间上看，王臻先生辛勤笔耕数十载，不惜投入大量的精力、耗费大量的心血，聚沙成塔，终于完成了这样一部高水平的150多万字的象棋理论巨著，我深表赞赏！

借此机会，我向那些为象棋事业的发展而辛苦工作的默默无闻的棋友们致敬！

原河北棋院院长、象棋特级大师　刘殿中

2013年1月28日

序二

谋略广博术精微

庄子《庖丁解牛》云:"始臣之解牛之时,所见无非牛者;三年之后,未尝见全牛也。方今之时,臣以神遇而不以目视,官知止而神欲行。依乎天理,批大郤,导大窾,因其固然,技经肯綮之未尝,而况大軱乎!"

我们惊叹庖丁"解"技之精湛,不断品味"解"字之奥妙。"解"者何?分割肢解也,犹言分解也。一个"解"字,传诵千古,它不仅变成人类认识世界的永恒欲望,而且成为人类探索世界奥秘的重要手段。

春雨润物,瀑布挂壁,怒潮拍岸,水的尽情表演使人类曾一度陷入了长考——水,究竟是什么?一直到电解水获得成功,人类才发现水是一种氢氧化合物,从而使人们从分子层面认识了水的构成。

阳光,灿烂、辉煌,无与伦比,但在很长时间里它被人们认为是一种"单色光"。三菱镜的折射却出人意料地将其分离出光谱色光红、橙、黄、绿、蓝、靛、紫七种颜色,尔后又通过激光器进一步分解出只有一个频率或波长的各种纯度的单色光,使人们大开眼界。

枰场车纵炮横,奥妙无穷数。本书创造性地总结、概括、提炼、分解了三百多种象棋战术技巧,出色展示了中国象棋战术技巧多姿多彩的壮丽画卷,成功揭开了中国象棋瑰宝内核的奥秘,有力提升了中国象棋的艺术层级,使我们能够从军事、哲学、谋略、艺术等层面上真正认识中国象棋,领略到它博大、精深与高雅的品位。

一、展现了象棋战术个体的丰繁,而象棋战术个体的丰繁则标志着象棋的博大。

书稿总结、概括了包括空间类、时间类、兵员类、运调类、保障类、进攻类、防守类、将杀类、谋划类等九大种类的三百多种象棋战术技巧,这就有可能使中国象棋战术形成整齐、严密、规范的系列,为象棋弈战智库组建一个强大的阵容,为象棋战术理论研究提供一个重要的参考。

象棋战术个体数量之巨大，还有一个特别重要的作用，那就是对解决中国象棋品位的"定位"问题提供了强有力的依凭。这是一个带有哲学意味的现象。当象棋战术的个体数量只有几个或十几个的时候，它没有足够的底气甚至没有欲望涉足其间。但当战术个体的数量增加到一定程度的时候，也就是抵达临界点的时候，它开始逾越形式的藩篱，并直接表达内容方面的诉求。象棋战术，是中国象棋的核心构件，是象棋艺术的精髓部分，是象棋本质属性的惟一代表。换言之，惟有象棋战术有资格为中国象棋品位的"定位"问题提供事实依凭。象棋战术个体数量不断增多的这种特别作用，恰如机体的细胞不断增多、组织结构不断复杂、器官分化日益显著到一定程度之后，它们便凝聚了足够的超脱力而跳出了低等动物的门槛，变成了高等动物一样，象棋战术个体的丰繁直接变成了中国象棋厚重博大的象征。

中国象棋战术种类之丰繁，战术个体数量之巨大的事实，充分反映了中国象棋弈战谋划范围之广、艺术容量之大，充分反映了中国智谋文化之宽广、精密与周严！在这一点上，中国象棋居高瞰视远、一览众山小！

二、诠释了象棋战术手段的巧妙，而象棋战术手段的巧妙则反映了内涵的精深。

数量之丰繁，标志着博大；技艺之巧妙，则展示了精深。

我们常常从象棋大师的巧手妙着中领略到象棋战术手段之精妙，但这种领略多多少少总是掺和着一种"摸象"的感觉，也就是说，这种感觉既缺乏"象"的整体性，又未能深入其里而窥听到深层次的"肺腑之言"——棋评家往往用"妙手"二字或一枚叹号，就已经概括无余了。

本书则从系列上、从整体上对三百多种战术技巧进行了理论析解，其中既有十几步、几十步的深长战略，也有异军突起、全员进击的整体爆发，还有兼具突然性、彻底性、神妙性的精彩谋划。也就是说，在本书成功诠释之下，象棋战术内涵精深绝妙的优异品质得以充分展现。比如，点穴战术点击卻窽之神妙、双胁战术战略眼光之深长、静默战术静态能量之巨大、潜伏战术兵员配置之奇特、攘除战术调敌方略之精巧、殇决战术意志品质之优良、递传战术势能传承之有序、奇谲战术攻防设计之奇美等，从整体上反映了中国象棋战术的精深内涵，真可谓：奇葩荟萃酿极品，各怀绝技壮阵图！

从面上的整体俯瞰再回到点上的特写审视——《天意从来高难问——试论奇谲战术》一文，曾对奇谲战术内涵的精深性进行了如下的描述："它深长的算力、无穷的魅力和不可克服的引力，给人们带来的是宛如同仙神对弈的感觉——它把优劣立见、胜负即判的所有评论都深深地埋藏在奇山怪石的下面,而且云遮雾绕。它奇到如何赞誉都不为过,怎样反复品味都难以穷尽其妙!它奇到使你终于认识了中国象棋,认识了它所蕴涵的智的深邃、谋的伟力。呜呼!奇谲之术,你是天地之灵气,你是华夏之宝石!"

本书比较全面地诠释了中国象棋弈战技法之精湛,充分展现了中国象棋深厚的文化底蕴,深刻揭示了高位层级之智谋在广度上的整体性、深度上的彻底性、高度上的精妙性。象棋战术手段的巧妙充分反映了象棋内涵的精深,充分反映了高段棋手去伪存真、深断终局的洞察力。

每当人们融入楚汉战场,每当徜徉在战术的园林里,就会立刻涌起一种潜水探海的惬意,产生吮吸百花香蕊的感觉!如果说象棋内涵的精深是对人类卓绝的想象力、创造力的艺术展示,那么这种艺术展示不仅会日益烂漫,而且将有始无终!

三、本书触摸到象棋战术质地的优异,而象棋战术质地的优异则象征着品位的高雅。

通过对象棋战术技巧的深入析解,进一步触摸到中国象棋战术的质地,厘清了构成象棋战术内涵的材料的性质,展示了中国象棋高雅的品位。

《俯仰随人亦可怜——试论习钻战术》一文指出,"中国象棋之演弈具有共性与个性、正与奇、基础与高端巧妙结合的特质,它将哲学、军事、建筑、数学、谋略、艺术等元素交织在一起,形成了无形与有形、动态与静态、一般与特殊的绝佳结合。象棋战术技巧是人类思维之美、智谋之美在橘枰上的美妙演弈,是美中的极品"。这是对中国象棋质地作出的正确鉴定。《紫蝶黄蜂俱有情——简论联攻战术》明确点出:"中国象棋战术之演弈,就是军事谋略的沙盘浓缩,就是哲学思想的动态图解,就是艺术精华的橘枰组合。在没有任何一场战争打得如此短促的时间里,联攻战术却运用了大量的进攻计谋,施展了种种进攻手段,使战术'浓度'大增。"

本书还深入揭示了象棋战术与中国文化优秀群体在内涵上的千丝万缕的联系——它们之间相互补充、相互渗透、相互促进而交相辉映,形成了我中有你、你中有我、并驾齐驱,而又在表现形式上各具特色的艺术格局。

例如,《玉环飞燕皆尘土——简论攘除战术》一文,既展示了孙子兵法"致人"与"无斗"的军事思想,又揭示了敌我双方兵力强与弱、有与无的战略转化,弃与得、吸与斥共存的哲学思想,还展示了主与次、静与动、实与虚构图的美学思想。文章对攘除战术的质地进行了评审:"攘技还是高超的设计师和宽宏的慈善家。君不见,它是怎样宽待恶敌,及时而妥善地将其攘置在亲手建造的没有硝烟的和平别墅里,以使其颐养天年?""攘除战术鄙薄恶斗、不重聚歼,但却因特别擅长于对敌军主力妥善安置，能使强敌放下武器、放弃争斗，而妙步登临了兵法先祖所赞赏的'敌虽众，可使无斗'的最高战略峰巅。妙矣哉！攘除之术！你用神机妙算、鬼手仙招，把弈战带入了一个有弃有得、有斥有吸、有实有虚、有动有静的艺术境地，使观者有机会领略你不尽的魅力！"

从战术个体的结构材料性质的析解中，我们可以清晰地看到象棋战术技巧中所包含的军事、哲学、艺术以及建筑的倩影。战术质地的优异确保了战术功能的最高成功率。文章写道："攘除战术是最贴近战略意图的调敌制敌的连环妙计，是对敌不歼杀、不迫降前提下最理想的排除性安置，是使敌军巨大攻击力彻底贬值、强烈的敌对态度发生重大变化的根本措施，是使最后胜利来得更加宁静、更加轻松的精妙运筹！试问今日之竞技，谁曾有过如此灿烂的神话？""它是数亿参与者的向往，是千年道行的蓄积，是精深高雅艺术的真谛！"纵横评述之中，象棋战术的优异质地金光四射！

《御厨络绎送八珍——简论补偿战术》一文对象棋战术质地的性质曾明确地指出："中国象棋战术，讲内涵，渊深海阔；论质地，精美优异。中国象棋实乃由多种优秀中国文化因子经纬交织而成的高级艺术品，而正是精美优异的质地决定了象棋品位的高雅。中国象棋，真可谓上天之锦缎、艺海之宝石也！"何谓"上天之锦缎"？"上天"者，非常也，顶级也；"锦缎"者，多种优秀文化元素融合之结晶也。

鉴定中国象棋战术的质地，厘清构成象棋战术内涵的材料的性质，展示中国象棋高雅的品位，这是对中国象棋本质属性的彻底揭示，是对象棋本源的深入探究。这一点，就像对水、对光的认识一样，它可以使我们从军事、哲学、谋略、艺术等层面真正认识中国象棋，领略到中国象棋博大、精深、高雅的品位。

中国象棋，悠悠千载，从市民到领袖，从士兵到将军，从学童到专家，数亿人给予它发自内心的痴情厚爱，何也？根本原因就在于中国象棋拥有高质量内核——象棋战术博大、精深、高雅、充满了艺术魅力！

艺术，并不是一座瘦小的宝塔，也不是一条狭长的玉带。也就是说，艺术并不仅仅是线条与乐音的专利。人类思维之美、中华智谋文化之美在楚河上的美妙演弈，已经成为无形艺术与有形艺术、动态艺术与静态艺术绝佳结合的艺术大家。象棋战术的巧妙实施，是棋手艺术灵感在迸发，是人类天赋在歌唱！

（宋）朱熹《春日》云："胜日寻芳泗水滨，无边光景一时新。等闲识得东风面，万紫千红总是春。"

这本书凝聚着作者几十年探索研究的心血；它富于创造，追求精美；它战术宏论如揭，纵横评说如歌；它将开启中国智谋文化研究之先河；它将向世界传递中国象棋博大精深高雅的信息。同时这本书的面世也将给社会上的深入研究之风带来正面的影响，其价值将与日俱增。因之步《春日》韵以《橘枰》赞之：

盛世寻技楚河滨，无限攻防迭出新。等闲识得将军面，万策千谋妙回春！

原黑龙江省委宣传部长　孙启文

2009年8月24日

序三

晕碧裁红绘阵图
——浅谈文题诗句之功

　　《中国象棋战术大全》挖掘、提炼、总结、概括了九大类336种象棋战术技巧，深刻诠释了中国象棋博大精深的内涵，这是中国象棋战术探索研究方面的一个创造性成果。同时，此书以军事理论名言为据、以诗词名句为题、以象棋名局名谱妙手为例的"金三角"架构，与具有专业性、文学性的议论所构成的"3+1"写作模式，也颇具创意。单就其专业性、文学性的议论来说，全书既有专家式的冷静论述，又有粉丝般的狂热呐喊；既有鞭辟入里的分析，又有利弊得失的评断；既有对偶排比的起承，又有自撰诗文的总结收官，论文风格新颖清雅，甚至可以说独树一帜。

　　其中最具内涵、最见功力的就是文题的诗词化。336篇论文的标题一律为诗词名句，是《中国象棋战术大全》的一个亮点，是论说文写作立题方面的"绝活"，是中国诗词名句的大型"业务"展示，是诸多象棋战术精深内涵的艺术展现。

　　对于象棋战术系列论文来说，充任标题的诗词名句，绝不是粘贴外墙的瓷砖，也不是摆放在几案上的盆景，而是联结文章主体部分的有内涵有生命的艺术品，是确凿的艺术真实地反映客观事物的独特印记，是创新型战术萌发的最初灵感，是引证军事名家名言的天才辅佐，是名局名谱精妙弈技的绝佳艺术补充，是创新型战术的第一名牌广告，是诸多象棋战术出台亮相的高贵典雅的助威团！在棋艺的探究上，诗词名句功效非常！

　　诗词名句功效何以如此？这要从诗词本身说起。以唐诗宋词为代表的中国诗词，是高雅的浓缩的艺术，是中华文化的精髓，是人类智慧的艺术精品。无论是写景、状物，无论是叙事、抒情，还是说理、言志，它都具有多领域、多层次、多角度永远体味不透的艺术魅力，并具有可给予观察、思考、探索以不尽灵感和支助的永恒才力。特别是很多诗词的题材就取自战场，写的就是边塞的烽火、战争的酷烈、侠士的豪迈、帷幄的深谋、建功的憧憬，均蕴含着深刻的军情战理，无不有声有色、深中肯綮。

　　其中诗词名句更是至善至美、长于画龙点睛，在挖掘整理阐释象棋战术过程中起到了独特的作用。比如书中所引用的"妖娆全在欲开时""玉在椟中求善价""解通银汉应须曲"等，蕴涵着深刻的哲理，富有不尽的艺术才力。因此，以唐诗宋词为代表的高雅诗词名句最具"上岗资格"，最能发挥其襄助作用——它以凝练的语言、精深的内涵、优美的意境，推助阐发；它以独特的韵致同象棋精妙战术巅峰互补、交相辉映。

诗词名句之所以能够同象棋精妙战术珠联璧合，从本质上讲，是因为中华文化两大分支——诗词文化与智谋文化的精粹内核之间存在着千丝万缕的精妙关联。事物发展到了极致，它们之间就会内相通、道相近，尔后即能相辅相成——它们以共同的才智，各自运用不同的"语言"，动用不同的艺术手段，互补互助，圆满着诸多象棋战术精妙的个体。

首先，诗词名句以高妙的艺术点拨，为创新型战术的挖掘、概括提供了最初的灵感。

象棋战术虽然来自象棋名局名谱，但并不拒绝"第三者"提供的最初灵感。这是一个高妙"点化"的递传式思维过程。在艺术点拨方面，诗词名句的能力一点也不比军事名言差，而且能够弥补军事名言涉猎之不足，甚至可以说诗词名句要比军事名言来得更加含蓄美妙。特别是在大量诗词名句不断在作者心中流淌、不尽诗意启迪深远，而诸多局谱着法蕴涵着的处于朦胧状态的某种战术技巧躁动欲出的特殊条件下，诗词名句的点化使相应战术的成形娩出的几率会更大。或者说，诗词名句的点拨为创新型战术的诞生，孕育了初始的因子。

比如，高手的实战局与排局常常施展这样一种战术手段，那就是某一兵员之动之弃会给身处背暗之地、处于"冬眠"状态的兄弟部队带来勃勃生机，使之龙腾虎跃，甚至一子激活全盘。它究竟是一种什么战术？在对这种战术手段进行提炼概括的过程中，在此战术的内涵与特点尚未正式成形、战术命名遴选所涉及的众多概念进行反复比较之时，唐朝诗人韩愈"天街小雨润如酥"的著名诗句，点燃了灵感的火花，艺术地提供了一个清晰的理性思考的空间——那初春奶油一般的淅沥小雨，滋润大地，使芳草复苏的动态景象，顿时使蕴含此种技巧的众多佳例逢春得雨，"活络"的概念立刻脱颖而出。换言之，此诗句极尽其艺术点化功能，立刻成为"活络战术"的催生稳婆，成了该战术命名过程中拍板定案的首席专家。"活络战术"能够成形得名立户，真正有了属于它自己的施展平台，正是因为"天街小雨"诗句的如酥润泽。诗词名句之点化，非同寻常，极具点石成金之力、点破奥妙之功！在诗词名句的美妙点拨之下，相当比例的创新型战术应运而生。

有些诗词名句的深刻内涵，与精妙的象棋战术手段，默契如一，甚至能够直接导引人们总结概括的思路，乃至催生一个新战术的出台！例如，毛泽东主席《七绝二首·纪念鲁迅八十寿辰》中的"刀光剑影任翔旋"的著名诗句，高度赞扬了鲁迅先生在白色恐怖中在反动势力围剿中在刀丛中嘻笑怒骂、英勇战斗的光辉业绩，同时此名句也以巨大的艺术辐射力，点示并催生了楚汉战场上的伟大殇决精神。而橘枰上的确常常出现过这种"刀光剑影任翔旋"的高端局面——在决定胜负的关键时刻，那些主攻部队的无畏战神，在生死线上、在敌军纵横火力交叉点上、在巨大威胁下连续冒死运作、悍然攻杀而目中无敌，直至擒杀敌首，其间敌军"有效"火力竟不敢造次，"河防""城防"形同虚设，可怜地成为战神决斗的"陪练"。此种震撼性的顶级运作，终于因诗词名句的点拨而有了自己的名谓，殇决战术的雏形也随之浮出水面。此种战术内涵独到、功效非凡，它既区别于弃舍战术，也不同于馈献战术，在名局名谱中，它充分反映了攻守激烈碰撞的最高程度，巧妙展示了象坛高手运子用子的最高境界。"刀光剑影任翔旋"的诗句就成为提示、点化、催生殄决战术的第一功臣。其它如"送尽东风过楚城"诗词名句与递传战术,"莫愁前路无知己"与邀架战术等,都是初始处在地下掩埋状态下的珍奇战术经诗词名句点示启迪以后才逐渐成形的。诗词的呼唤、提示、点拨,对新的战术的出台,起到了重要的特殊引领与催生的作用。

其次,诗词名句以绝对的艺术才力对各种战术进行了精妙的阐释。

以唐诗宋词为代表的中国诗词具有无与伦比的丰富意蕴,它与象棋名局名谱妙手联袂,绝妙展示了门当户对的高端双锐内涵上千丝万缕的内在联系,对阐释创新型战术的内涵与特点起到了不可替代的作用。例如,第70篇《盘马弯弓惜不发——略谈待抽战术》一文中,"盘马弯弓惜不发"一句,本来是诗人韩愈脍炙人口的射猎妙诗《雉带箭》中的"将军欲以巧伏人,盘马弯弓惜不发"的名句。作为诗眼,此句把张建封将军射猎时的心理活动与举止风采点画无余,尤其"惜不发"三字,极赞其射技的高超、等待的酝蓄、力的掌控和时机的把握。此诗句既充当文题,又出面诠释,极尽其艺术的才力——它以鲜活的形象巧妙地展示了精当的静默态势,阐释了与其射技具有同等高超水平的待抽战术已具抽势、可发而不发、待发而求妙发的绝佳意涵。在力的挥发、"度"的把握上,此名句与待抽妙手珠联璧合、相映生辉、默契如一!诗与棋以共同的感悟,携手臻至诗以形象释棋、棋以智谋壮诗的妙境。只要看到并品味了"盘马弯弓惜不发"的诗句,就一定能对所对应的待抽战术的才艺心领神会!换言之,此诗句的绝妙阐释,甚至可以看作是待抽战术的第二定义。

此种以形象阐释的类型,还有《八方风雨会中央——小论中轴战术》《风吹草低见牛羊——小论潜伏战术》等。"风吹草低见牛羊","风吹"者何?战机之到来也,大本营总攻将令之传输也;"草低"者何?敌阵目标之浅露也,潜伏伪装之摘除也;"见牛羊"者何?潜伏敌阵多年的特种部队相机杀出也。诗词名句,蕴涵无穷,阐释精妙,其功卓著,非它可比,非它可代矣!

再次,诗词名句以鲜明的艺术形象,对相近相似的姊妹战术进行了艺术区隔,使之各立门户。

在弈战中,子力之间有着各种各样的巧妙配合,其中就包括子力间相互遮掩、藏匿、互保、待机的配合。但在甄别界定初始之时,拥有各自内核但却相近、相似的姊妹战术的众多范例,像一团迷雾,使人很有些"雄兔脚扑朔,雌兔眼迷离,双兔傍地走,安能辨我是雄雌"的感觉。正如若米尼将军所深刻指出的那样,"在军事科学上,有些名词,其涵义非常相似,以致它们虽有本质区别,但仍常被混为一谈"。理论的态度虽然已经明确,但具体甄别界定却大有难度。然而,正是"犹抱琵琶半遮面"与"斜月沉沉藏海雾"两诗句出色地担负起了此种区隔、厘清、解惑的重任。琵琶遮面者,乃主体主动置身于遭敌火力窥瞄的客体之前而予以遮护也,实为遮掩战术;月藏海雾后,则主体主动躲藏于客体之后而获得安定,并伺机待发,实为藏匿战术。两诗句令人大彻大悟,真如拨云见日!解惑释疑的特殊功效,有时形象思维要比抽象思维来得更加明朗、更加直接。在诗词名句的推助下,多少对相近相似的姊妹战术成功分身,各立门户,各展绝技。

再如，静默战术与驻占战术同属静态子力实施的战术技巧，而"林莺巢燕总无声"与"风雨不动安如山"两诗句为初始的甄别界定，提供了形象化的区分点。在不同的战场条件下，不同态势的相似相近的两种战术，形态、运作必然出现差异。故作者对二者的异同点做了如下简要评说："驻占战术与静默战术，是一对战术姊妹花，同属静功绝技，但二者又有显著的区别，如果说静默战术是安谧状态下的一泓湖水，那么，驻占战术就是雷电击打下的一座青峰！"诗词名句这种以鲜明的艺术形象区隔、解惑的功效，是诗与棋相同因子的绝代神交，是中华文化两大分支的高段位的巅峰互补，是两大技艺精粹内核的精妙关联。将同属静态演弈的静默战术与驻占战术巧妙分身，两诗句解拆得不仅艺术，而且精明。

最后是艺术举证。对于一些创新型战术的出台，如何能使人迅速地消除陌生感、被人们所认可，确实是一道不小的难题。而诗词名句则以不朽的艺术形象，充任了创新型战术具有确凿的客观存在性的有力证言，出色地完成了创新型战术与传统观念之间的重要沟通任务。或者说，诗词名句以自身的无比权威与绝对价值，为创新型战术的成立做了第一名牌广告！比如，第297篇《海棠花底东风恶——试论抠搜战术》抠搜战术一出场亮相，人们自然会问："枰面交锋中能有这种战术手段吗？"多少行说明解释的文字能顶得住一句"海棠花底东风恶"呢？谁出面"斡旋"能比得了它的权威与美妙呢？此诗句将抠搜战术实施的主体、地点、力度、效果，既含蓄而又明确地点示出来，力挺之态真是盖压一切，其功其效无与伦比。

再如，每当提及"躲避"二字，总给人一种无奈、软弱、退缩、消极等负面印象，但当论及躲避战术的时候，只要首先看到了大标题"避人鸥鹭更翩翩"的绝妙诗句，就会立刻让人感受到弈战中的躲避战术积极的正面的诸多功能——它把实施躲避战术的兵员在遭到敌军逐打的高压下的激情、优势、灵妙、潜能统统刻画出来，尤其是诗句中的一个"更"字，它把兵员在躲避过程中显著增效生威的战术效能、达到翩翩九天舞彩霞的至高境界凸显出来。其它如"猿猱欲度愁攀援"等诗词名句均以生动美妙的情景，艺术地证明自然界或人类社会确有此种行为倾向或行动技能的存在，为所对应的战术技巧的实际存在与上佳功能而呐喊助威、同调拔高！在论述威慑战术时，以李商隐"风过回塘万竹悲"的诗句为标题，立刻给人一种生动、形象、深刻、肃杀、透彻的感觉，甚至还有一种一看便知、再说多余的排他性能。

《中国象棋战术大全》对诗词名句的妙用，恰切、灵活、得体，其中采用的借代反串之法，也取得了较好的艺术效果。比如，"邯郸古道伤行客"一句中的"伤"字，本为词人面对暮云衰草的昔日繁华的赵国古都，面对失地未能收复的现实而深切感伤，作者则借一字多义之优而赋予了"杀伤"之意，重新营造了燕赵猛士在邯郸古道狙击入侵者的氛围。再如，反差最大的当属"桃花潭水深千尺"一句，此句本来是极正面的，比喻李白与汪伦之间的深厚友情。现借用一个"潭"字，就将此诗句"变脸"了。"潭"者，很深的水池，方言，坑也。现借用"坑"的动词意涵，以形象表现坑骗对方的橘枰陷阱，而"桃花潭水深千尺"则展现了陷阱虚幻成桃花般的外表，以迷惑对手，以"深千尺"的陷阱的隐蔽程度与危害程度，坑害敌军。此句之妙用，还产生了精警与出其不意的艺术效果。

在336个"大标题"里面，只有一个属于"打入"进来的客串者，那就是第48篇"醉翁之意不在酒"一句。此句摘自欧阳修《醉翁亭记》，它虽然非诗非词，但由于意境幽远、内涵精警、功能特殊、已具诗意，已经达到了不邀而至、"强行打入"的程度，故作者破格录用。此句意思是，本意不在此，而在另外的地方，又指别有用心。此句把弈者以醒示醉，以酒掩它，善于用心计，善于暗中搞"副业"，形成多元"产业链"，以不断发展壮大自己，同时在达成"镇"的企图的过程中刻意令敌军损兵折将的高深谋划，艺术地表现出来，使弈战中的造势与用势、目的与过程、行动与增效紧密结合起来，形成了一种深远、立体、巧妙的战术手段。同时，在论文大标题诗词化的背景下，妙用一句古文名言，还产生了万绿丛中一点红的艺术效果，为书增辉添彩。

总之，诗词名句不仅神采飞扬地充当了标题，而且以其不尽的才艺，奉献灵感，诠释精彩，襄助区隔，展示高雅，令人回味无穷，真可谓：催云化雨润天物，晕碧裁红绘阵图！

广东外语外贸大学中国计量经济史研究中心主任、经济学博士　刘　巍

2014年1月6日

目　录

一、空间类战术 …………………………………………（1）

1. 八方风雨会中央 …………………………………………（2）
　　——小论中轴战术

2. 枯松倒挂倚绝壁 …………………………………………（4）
　　——略论挂角战术

3. 且放白鹿青崖间 …………………………………………（7）
　　——试论伸插战术

4. 不教闲地著春华 …………………………………………（9）
　　——略论挤逼战术

5. 卷舒开合任天真 …………………………………………（12）
　　——浅论展开战术

6. 雪向梅花枝上堆 …………………………………………（14）
　　——略论将位战术

7. 月在庭花旧阑角 …………………………………………（16）
　　——试论角隅战术

8. 登高壮观天地间 …………………………………………（19）
　　——小论升提战术

9. 林空色暝莺先到 …………………………………………（22）
　　——试论抢占战术

10. 昨日主人今日客 …………………………………………（24）
　　——浅论让位战术

11. 天关九虎寻无路 …………………………………………（27）
　　——小论闭路战术

12. 先春抽出黄金芽 …………………………………………（30）
　　——浅论抽占战术

13. 浙东风雨过江来……………………………………………………（33）
　　——小论入界战术

14. 桃溪不作从容住……………………………………………………（35）
　　——简论变位战术

15. 千朵万朵压枝低……………………………………………………（37）
　　——浅论迫压战术

16. 四方环镇嵩当中……………………………………………………（39）
　　——小论镇中战术

17. 乱插繁花向晴昊……………………………………………………（42）
　　——简论楔插战术

18. 月华如水过林塘……………………………………………………（44）
　　——试论归边战术

19. 探幽陡觉心胸开……………………………………………………（47）
　　——试论履险战术

20. 柳营高压汉宫春……………………………………………………（49）
　　——试论盖压战术

21. 桥上酸风射眸子……………………………………………………（52）
　　——试论射点战术

22. 散向山头望故乡……………………………………………………（54）
　　——略论疏散战术

23. 计程今日到梁州……………………………………………………（56）
　　——简论进占战术

24. 岭水争分路转迷……………………………………………………（58）
　　——略论夺路战术

25. 雪拥蓝关马不前……………………………………………………（60）
　　——简论堵塞战术

26. 绿萍涨断莲舟路……………………………………………………（62）
　　——浅论断路战术

27. 千丈阴崖尘不到……………………………………………………（64）
　　——简论封锁战术

28. 雨打梨花深闭门……………………………………………………（66）
　　——略论关闭战术

29. 山顶千门次第开 ……………………………………………（68）
　　　——略论破障战术

30. 无限风光尽被占 ……………………………………………（69）
　　　——略论占领战术

31. 猿猱欲度愁攀援 ……………………………………………（71）
　　　——浅谈戒严战术

32. 中路徘徊七宝鞭 ……………………………………………（74）
　　　——小论补中战术

33. 壮压 西川四十州 ……………………………………………（76）
　　　——浅论压缩战术

34. 含笑整衣开绣户 ……………………………………………（78）
　　　——小论让路战术

35. 往来却恨重帘碍 ……………………………………………（80）
　　　——简论设障战术

36. 弄潮儿向涛头立 ……………………………………………（82）
　　　——浅论选点战术

37. 飞入寻常百姓家 ……………………………………………（83）
　　　——浅论入角战术

38. 劝君莫上最高梯 ……………………………………………（86）
　　　——简论高崖战术

39. 情疏迹远只香留 ……………………………………………（88）
　　　——小论背暗战术

40. 自去自来堂上燕 ……………………………………………（91）
　　　——简论宫阙战术

41. 却嫌脂粉污颜色 ……………………………………………（94）
　　　——简论减层战术

42. 咬定青山不放松 ……………………………………………（97）
　　　——略论占肋战术

43. 重重帘幕密遮灯 ……………………………………………（99）
　　　——试论增层战术

二、时间类战术 ……………………………………………………（101）

44. 又得浮生半日闲 ……………………………………………（102）
    ——小论争闲战术

45. 晴飚先扫冻云空 ……………………………………………（104）
    ——试论持先战术

46. 长风破浪会有时 ……………………………………………（106）
    ——略论相机战术

47. 欲上青天揽明月 ……………………………………………（108）
    ——略论欲捉战术

48. 醉翁之意不在酒 ……………………………………………（109）
    ——试论欲镇战术

49. 唯有文字五千卷 ……………………………………………（111）
    ——略论储备战术

50. 正目断关河路绝 ……………………………………………（113）
    ——小论迟滞战术

51. 已带斜阳又带蝉 ……………………………………………（115）
    ——略论带将战术

52. 来如雷霆收震怒 ……………………………………………（118）
    ——小论速决战术

53. 弦凝指咽声停处 ……………………………………………（120）
    ——浅论停顿战术

54. 等闲平地起风波 ……………………………………………（122）
    ——试论创机战术

55. 排空驭气奔如电 ……………………………………………（125）
    ——略论突袭战术

56. 蝉曳残声过别枝 ……………………………………………（128）
    ——试论拖曳战术

57. 飞电过隙珠翻荷 ……………………………………………（131）
    ——略论争速战术

58. 乘此清风欲归去 ……………………………………………（134）
    ——简论乘机战术

59. 旗梢不动晚波平 …………………………………………（136）
　　——试论静观战术

60. 不堪秋气入金疮 …………………………………………（138）
　　——简论滞弊战术

61. 林莺巢燕总无声 …………………………………………（139）
　　——小论静默战术

62. 绿杯红袖趁重阳 …………………………………………（141）
　　——略论乘隙战术

63. 春潮带雨晚来急 …………………………………………（144）
　　——简论带抽战术

64. 环行急蹴皆应节 …………………………………………（147）
　　——略论顿挫战术

65. 三顾频烦天下计 …………………………………………（150）
　　——小论逐次战术

66. 清景一失后难摹 …………………………………………（153）
　　——浅论随机战术

67. 涛似连山喷雪来 …………………………………………（154）
　　——浅论连打战术

68. 攻城杀将何纷纷 …………………………………………（155）
　　——试论交错战术

69. 先拂商弦后角羽 …………………………………………（157）
　　——浅论循序战术

70. 盘马弯弓惜不发 …………………………………………（159）
　　——略谈待抽战术

71. 春未来时先借问 …………………………………………（162）
　　——试论借用战术

72. 翠香零落红衣老 …………………………………………（165）
　　——小论减效战术

73. 涓涓一水隐芙蓉 …………………………………………（168）
　　——小论暗伏战术

74. 半作障泥半作帆 …………………………………………（170）
　　——小论兼用战术

75. 老树春深更著花 ……………………………………………………（172）
　　——简论增效战术

三、兵员类战术 ……………………………………………………（175）

76. 老却英雄似等闲 ……………………………………………………（176）
　　——浅论复用战术

77. 多情自古伤离别 ……………………………………………………（178）
　　——试论选送战术

78. 待到山花烂漫时 ……………………………………………………（181）
　　——简论会合战术

79. 锦襜突骑渡江初 ……………………………………………………（182）
　　——试论转岗战术

80. 不信人间有白头 ……………………………………………………（185）
　　——简论耆英战术

81. 谁家新燕啄春泥 ……………………………………………………（187）
　　——小论堡垒战术

82. 不语还应彼此知 ……………………………………………………（189）
　　——小论顶垫战术

83. 二月春风似剪刀 ……………………………………………………（192）
　　——试论弃舍战术

84. 时人不识凌云木 ……………………………………………………（195）
　　——试论主攻战术

85. 野船著岸偎春草 ……………………………………………………（197）
　　——简论接触战术

86. 斜月沉沉藏海雾 ……………………………………………………（198）
　　——试论藏匿战术

87. 多少楼台烟雨中 ……………………………………………………（201）
　　——浅论埋伏战术

88. 大鹏一日同风起 ……………………………………………………（203）
　　——试论强出战术

89. 人面桃花相映红 ……………………………………………………（206）
　　——小论助攻战术

90. 空山百鸟散还合 …………………………………………（208）
　　——略论集结战术

91. 风吹草低见牛羊 …………………………………………（211）
　　——小论潜伏战术

92. 欲将沉醉换悲凉 …………………………………………（214）
　　——简论兑换战术

93. 耐可乘流直上天 …………………………………………（215）
　　——略论移换战术

94. 天梯石栈相钩连 …………………………………………（218）
　　——略论联结战术

95. 总把新桃换旧符 …………………………………………（221）
　　——试论替换战术

96. 新春残腊相催逼 …………………………………………（224）
　　——小论逼兑战术

97. 凤阁龙楼连霄汉 …………………………………………（226）
　　——略论接应战术

98. 不尽长江滚滚来 …………………………………………（227）
　　——略谈承接战术

99. 千金纵买相如赋 …………………………………………（228）
　　——简论交换战术

100. 御厨络绎送八珍 …………………………………………（230）
　　——简论补偿战术

101. 红莲相倚浑如醉 …………………………………………（232）
　　——试论贴靠战术

102. 丈夫不作寻常死 …………………………………………（234）
　　——试论邀兑战术

103. 折戟沉沙铁未销 …………………………………………（235）
　　——试论弃取战术

104. 隔座送钩春酒暖 …………………………………………（238）
　　——小论增援战术

105. 山深药草半无名 …………………………………………（241）
　　——浅论逼吃战术

106. 青草池塘处处蛙 …………………………………………………（244）
　　　——略论狼群战术

107. 王师北定中原日 …………………………………………………（248）
　　　——试论王兵战术

108. 寸地尺天皆入贡 …………………………………………………（252）
　　　——浅论馈献战术

109. 自是荷花开较晚 …………………………………………………（254）
　　　——浅论留守战术

四、运调类战术 …………………………………………………（257）

110. 春风得意马蹄疾 …………………………………………………（258）
　　　——简论机动战术

111. 马头冲雪过临洮 …………………………………………………（261）
　　　——简论扑进战术

112. 斟残玉瀣行穿竹 …………………………………………………（263）
　　　——浅论穿越战术

113. 红旗半卷出辕门 …………………………………………………（266）
　　　——浅谈冲渡战术

114. 帆迎山色来还去 …………………………………………………（270）
　　　——简论往复战术

115. 铿然忽变赤龙飞 …………………………………………………（273）
　　　——略论腾脱战术

116. 春雨断桥人不渡 …………………………………………………（276）
　　　——浅论撤离战术

117. 八千里路云和月 …………………………………………………（278）
　　　——浅论回环战术

118. 一骑红尘妃子笑 …………………………………………………（281）
　　　——略论奔袭战术

119. 鸟来鸟去山色里 …………………………………………………（284）
　　　——小论转移战术

120. 扬鞭那忍骤花骢 …………………………………………………（286）
　　　——小论强冲战术

121. 双阙远腾龙凤影 ……………………………………………（288）
　　　——简论腾挪战术

122. 当流赤足踏涧石 ……………………………………………（290）
　　　——略论踏进战术

123. 男儿本自重横行 ……………………………………………（292）
　　　——简论游弋战术

124. 树深云来鸟不知 ……………………………………………（293）
　　　——简论移动战术

125. 停车坐爱枫林晚 ……………………………………………（295）
　　　——略论停置战术

126. 回眸一笑百媚生 ……………………………………………（298）
　　　——小论折返战术

127. 凝云鼓震星辰动 ……………………………………………（300）
　　　——小论调动战术

128. 边城暮雨雁飞低 ……………………………………………（302）
　　　——略论切入战术

129. 粉墙东畔小桥横 ……………………………………………（305）
　　　——略论过渡战术

130. 小车随马过南屏 ……………………………………………（307）
　　　——浅论跟踪战术

131. 天工人巧日争新 ……………………………………………（309）
　　　——略论卸离战术

132. 不如归去下帘钩 ……………………………………………（311）
　　　——浅论回归战术

133. 春涨一篙添水面 ……………………………………………（313）
　　　——略论冲垫战术

134. 野凫眠岸有闲意 ……………………………………………（315）
　　　——浅论休闲战术

135. 桃源一向绝风尘 ……………………………………………（317）
　　　——略论向心战术

136. 志在烟霞慕隐沦 ……………………………………………（320）
　　　——浅论离心战术

137. 虫声新透绿窗纱 ·· （322）
　　——简论穿透战术

138. 解通银汉应须曲 ·· （325）
　　——浅论变线战术

139. 古庭空自吊孤影 ·· （328）
　　——小论盯吊战术

140. 山蝉带响穿疏户 ·· （330）
　　——浅论穿插战术

141. 玉人垂钓理纤钩 ·· （332）
　　——浅论钩钓战术

142. 双双新燕飞春岸 ·· （335）
　　——小论飞扬战术

五、保障类战术 ·· （337）

143. 澹烟衰草有无中 ·· （338）
　　——小论萍架战术

144. 草色遥看近却无 ·· （340）
　　——简论侦察战术

145. 剩山残水无态度 ·· （342）
　　——简论保留战术

146. 双眉敛恨春山远 ·· （344）
　　——简论藏敛战术

147. 千红万紫安排著 ·· （346）
　　——小论打叠战术

148. 杨花榆荚无才思 ·· （348）
　　——小论简化战术

149. 数骑渔阳探使回 ·· （350）
　　——简论探试战术

150. 莫愁前路无知己 ·· （352）
　　——简论邀架战术

151. 双纹翠簟铺寒浪 ·· （356）
　　——简论铺垫战术

152. 碧梧栖老凤凰枝 …………………………………………（359）
　　——简论依托战术

153. 春风举国裁宫锦 …………………………………………（361）
　　——浅论协同战术

154. 犹抱琵琶半遮面 …………………………………………（362）
　　——试论遮掩战术

155. 水云浩荡迷南北 …………………………………………（365）
　　——略论迷盲战术

156. 秋河隔在数峰西 …………………………………………（368）
　　——试论断联战术

157. 尘世难逢开口笑 …………………………………………（371）
　　——浅论紧逼战术

158. 蕊寒香冷蝶难来 …………………………………………（374）
　　——简论控制战术

159. 一山放出一山拦 …………………………………………（376）
　　——浅论拦截战术

160. 齐声腾踏牵船歌 …………………………………………（379）
　　——浅论牵制战术

161. 风刀霜剑严相逼 …………………………………………（381）
　　——略论欺逼战术

162. 花萼夹城通御气 …………………………………………（383）
　　——简论钳制战术

163. 香车系在谁家树 …………………………………………（385）
　　——小论拴链战术

164. 欲渡黄河冰塞川 …………………………………………（387）
　　——简论塞压战术

165. 铜雀春深锁二乔 …………………………………………（390）
　　——简论锁制战术

166. 红蓼一湾纹缬乱 …………………………………………（392）
　　——浅论制乱战术

167. 风过回塘万竹悲 …………………………………………（395）
　　——试论威慑战术

168. 引出深萝洞口烟 ………………………………………………………（397）
　　——略论吸引战术

169. 十四万人齐解甲 ………………………………………………………（400）
　　——试论挟制战术

170. 惊退万人争战气 ………………………………………………………（403）
　　——浅论威胁战术

171. 石破天惊逗秋雨 ………………………………………………………（405）
　　——浅论诱发战术

172. 那知忽遇非常用 ………………………………………………………（408）
　　——小论粘黏战术

173. 青山著意化为桥 ………………………………………………………（410）
　　——简论台架战术

174. 臆穿足裂忍痛何 ………………………………………………………（413）
　　——小论制弊战术

175. 侯门一入深似海 ………………………………………………………（416）
　　——小论制孤战术

176. 横笛闻声不见人 ………………………………………………………（418）
　　——浅论暗架战术

177. 鹅湖山下稻粱肥 ………………………………………………………（421）
　　——试论备补战术

178. 芳草有情皆碍马 ………………………………………………………（423）
　　——浅谈绊别战术

179. 闲窥石镜清我心 ………………………………………………………（426）
　　——简论暗窥战术

180. 业无高卑志当坚 ………………………………………………………（429）
　　——试论铁架战术

181. 玉山自倒非人推 ………………………………………………………（431）
　　——简论制短战术

182. 黑云压城城欲摧 ………………………………………………………（434）
　　——浅论遏制战术

六、进攻类战术 ……（437）

183. 绿云依旧无踪迹 ……（438）
　　——小论闪击战术

184. 梧桐昨夜西风急 ……（440）
　　——略论进攻战术

185. 紫蝶黄蜂俱有情 ……（442）
　　——简论联攻战术

186. 四面边声连角起 ……（444）
　　——略论包抄战术

187. 炙手可热势绝伦 ……（447）
　　——略论烧灼战术

188. 天外黑风吹海立 ……（449）
　　——简论冲击战术

189. 密雨斜侵薜荔墙 ……（451）
　　——浅论侧击战术

190. 打头风浪恶禁持 ……（454）
　　——略论堵截战术

191. 森然气结一千里 ……（457）
　　——小论合击战术

192. 沙汀宿雁破烟飞 ……（458）
　　——小论破袭战术

193. 江风扬浪动云根 ……（460）
　　——小论破坏战术

194. 看似寻常最奇崛 ……（462）
　　——小论奇袭战术

195. 松楸远近千官冢 ……（464）
　　——小论歼击战术

196. 轻罗小扇扑流萤 ……（466）
　　——小论追剿战术

197. 扫尽浮云风不定 …………………………………………（469）
　　——试论扫荡战术

198. 世间谁敢斗轻盈 …………………………………………（471）
　　——略论撕扯战术

199. 游蜂酿蜜窃香归 …………………………………………（473）
　　——简论偷袭战术

200. 公子王孙逐后尘 …………………………………………（476）
　　——略论尾击战术

201. 铁骑突出刀枪鸣 …………………………………………（478）
　　——简论袭击战术

202. 砯崖转石万壑雷 …………………………………………（480）
　　——略论抽吃战术

203. 联翩万马来无数 …………………………………………（483）
　　——小论围困战术

204. 荻花枫叶俱凄怨 …………………………………………（485）
　　——略论串打战术

205. 轻颦浅笑娇无奈 …………………………………………（487）
　　——试论双胁战术

206. 抽弦促柱听秦筝 …………………………………………（489）
　　——略论伏抽战术

207. 海浸城根老树秋 …………………………………………（491）
　　——小论胁根战术

208. 遥看火号连营赤 …………………………………………（493）
　　——略论围歼战术

209. 壮志饥餐胡虏肉 …………………………………………（496）
　　——小论攫取战术

210. 一片花飞减却春 …………………………………………（499）
　　——试论剪羽战术

211. 愿得燕弓射大将 …………………………………………（502）
　　——小论瞄射战术

212. 料知短兵不敢接 ··· （505）
　　　——简论强夺战术

213. 香稻啄余鹦鹉粒 ··· （507）
　　　——试论蚕食战术

214. 横扫千军如卷席 ··· （510）
　　　——小论聚歼战术

215. 一箭正坠双飞翼 ··· （512）
　　　——简论捉双战术

216. 已报生擒吐谷浑 ··· （514）
　　　——略论捉拿战术

217. 众里寻他千百度 ··· （517）
　　　——浅论剥茧战术

218. 偷看吴王苑内花 ··· （520）
　　　——略论窥瞄战术

219. 玉环飞燕皆尘土 ··· （523）
　　　——简论攘除战术

220. 绿树重阴盖四邻 ··· （526）
　　　——试论空镇战术

221. 底事昆仑倾砥柱 ··· （529）
　　　——试论摧毁战术

222. 玉树歌残王气终 ··· （531）
　　　——浅论扼亢战术

223. 乱兵侵晓上姑苏 ··· （533）
　　　——略论抢攻战术

224. 白日秦兵天下来 ··· （536）
　　　——试论强击战术

225. 踏天磨刀割紫云 ··· （539）
　　　——简论突破战术

226. 鸣鞘声里绣旗红 ··· （541）
　　　——简论攻坚战术

227. 白马嚼啮黄金勒 …………………………………………（544）
　　——浅论衔咬战术

228. 时挑野菜和根煮 …………………………………………（546）
　　——浅论挑打战术

229. 已断燕鸿初起势 …………………………………………（548）
　　——简论强攻战术

230. 月中霜里斗婵娟 …………………………………………（551）
　　——简论背攻战术

231. 刀光剑影任翔旋 …………………………………………（553）
　　——浅论殇决战术

232. 不破楼兰终不还 …………………………………………（557）
　　——试论进击战术

233. 四塞忽闻狼烟起 …………………………………………（559）
　　——浅论包围战术

234. 红光紫气俱赫然 …………………………………………（562）
　　——试论夹击战术

235. 红杏枝头春意闹 …………………………………………（565）
　　——略论夺势战术

七、防守类战术 ……………………………………………（569）

236. 独共南山守中国 …………………………………………（570）
　　——试论扼守战术

237. 化作春泥更护花 …………………………………………（573）
　　——浅论护辅战术

238. 休使圆蟾照客眠 …………………………………………（575）
　　——简论避将战术

239. 沉舟侧畔千帆过 …………………………………………（577）
　　——浅论反击战术

240. 此贼亦除天下宁 …………………………………………（581）
　　——试论除患战术

241. 小荷障面避斜晖 …………………………………………………………（584）
　　——简论避兑战术

242. 波摇石动水萦回 …………………………………………………………（587）
　　——小论缠磨战术

243. 曲终敲损燕钗梁 …………………………………………………………（590）
　　——简论殿后战术

244. 五陵年少不敢射 …………………………………………………………（591）
　　——小论逼退战术

245. 避人鸥鹭更翩翩 …………………………………………………………（594）
　　——小论躲避战术

246. 万类霜天竞自由 …………………………………………………………（596）
　　——略论反拴战术

247. 芙蓉塘外有轻雷 …………………………………………………………（600）
　　——试论倒打战术

248. 一生大笑能几回 …………………………………………………………（603）
　　——浅论对攻战术

249. 百般红紫斗芳菲 …………………………………………………………（606）
　　——简论防反战术

250. 剔开红焰救飞蛾 …………………………………………………………（609）
　　——浅论解救战术

251. 万骑临江貔虎噪 …………………………………………………………（612）
　　——小论还击战术

252. 岁久丹青色半销 …………………………………………………………（614）
　　——浅论化解战术

253. 英雄一去豪华尽 …………………………………………………………（616）
　　——小论反赚战术

254. 千磨万击还坚劲 …………………………………………………………（618）
　　——略论守御战术

255. 且就洞湖赊月色 …………………………………………………………（619）
　　——小论退还战术

256. 不教胡马度阴山 …………………………………………（622）
　　　——浅论阻击战术

257. 雪消门外千山绿 …………………………………………（624）
　　　——略论消减战术

258. 浮云柳絮无根蒂 …………………………………………（626）
　　　——试论挖根战术

259. 谩暗涩铜华尘土 …………………………………………（628）
　　　——试论消掠战术

260. 拔剑已断天骄臂 …………………………………………（631）
　　　——浅论消镇战术

261. 临风慨想斩蛟灵 …………………………………………（634）
　　　——浅论搴除战术

262. 秋逼暗虫通夕响 …………………………………………（637）
　　　——小论逼离战术

263. 犹唱开元太平曲 …………………………………………（639）
　　　——试论解将战术

264. 绣屏惊断潇湘梦 …………………………………………（642）
　　　——浅论应垫战术

265. 凭君传语报平安 …………………………………………（644）
　　　——小论解拆战术

266. 欲采苹花不自由 …………………………………………（646）
　　　——略论监视战术

267. 两处沉吟各自知 …………………………………………（648）
　　　——试论切割战术

268. 倚天万里须长剑 …………………………………………（650）
　　　——略论抢救战术

269. 怒涛寂寞打孤城 …………………………………………（652）
　　　——试论掐尖战术

270. 天涯静处无征战 …………………………………………（654）
　　　——浅论平和战术

271. 野桃含笑竹篱短 ……………………………（657）
　　——小论突围战术

272. 日射纱窗风撼扉 ……………………………（660）
　　——试论拐打战术

八、将杀类战术 ……………………………（663）

273. 山在虚无缥渺间 ……………………………（664）
　　——试论暗杀战术

274. 黄洋界上炮声隆 ……………………………（667）
　　——小论重炮战术

275. 已抽三丈白杨枝 ……………………………（671）
　　——浅论抽杀战术

276. 问君能有几多愁 ……………………………（674）
　　——试论错杀战术

277. 凉生岸柳催残暑 ……………………………（677）
　　——简论催杀战术

278. 一剑曾当百万师 ……………………………（680）
　　——试论重杀战术

279. 日出江花红胜火 ……………………………（683）
　　——略论露帅战术

280. 别来此处最萦牵 ……………………………（685）
　　——略论点穴战术

281. 风波不信菱枝弱 ……………………………（688）
　　——试论打将战术

282. 车如流水马如龙 ……………………………（690）
　　——简论联杀战术

283. 汉兴楚灭皆由他 ……………………………（692）
　　——略论谋杀战术

284. 芭蕉不展丁香结 ……………………………（695）
　　——试论闷杀战术

285. 吴娃双舞醉芙蓉 …………………………………………………（698）
　　——简论双将战术

286. 湘瑟秦箫自有情 …………………………………………………（701）
　　——试论双杀战术

287. 翻身向天仰射云 …………………………………………………（704）
　　——浅论闪将战术

288. 纵死犹闻侠骨香 …………………………………………………（707）
　　——试论弃杀战术

289. 乘兴轻舟无近远 …………………………………………………（711）
　　——小论闪抽战术

290. 水晶宫里奏霓裳 …………………………………………………（714）
　　——浅论掏心战术

291. 景阳兵合成楼空 …………………………………………………（717）
　　——小论围杀战术

292. 我自横刀向天笑 …………………………………………………（720）
　　——浅论要杀战术

293. 独照长门宫里人 …………………………………………………（723）
　　——试论照杀战术

294. 一路莺啼送到家 …………………………………………………（725）
　　——浅论追杀战术

295. 妖娆全在欲开时 …………………………………………………（727）
　　——试论组杀战术

296. 霸王虞姬皆自刎 …………………………………………………（731）
　　——简论困毙战术

297. 海棠花底东风恶 …………………………………………………（733）
　　——试论抠搜战术

298. 金陵王气黯然收 …………………………………………………（736）
　　——简论擒拿战术

299. 朔风吹雪透刀瘢 …………………………………………………（738）
　　——简论透杀战术

300. 春风不解禁扬花	（741）
——简论禁制战术	
301. 径将死战决雄雌	（744）
——浅论搏杀战术	
302. 山水万重书断绝	（747）
——试论断绝战术	
303. 黄蜂频扑秋千索	（750）
——浅论扑槽战术	
304. 青烟翠雾罩轻盈	（753）
——试论罩镇战术	
305. 烟笼寒水月笼沙	（755）
——试论压镇战术	
306. 杀气三时作阵云	（758）
——简论做杀战术	

九、谋划类战术 （761）

307. 细算浮生千万绪	（762）
——浅论计审战术	
308. 心有灵犀一点通	（765）
——试论策应战术	
309. 夜半钟声到客船	（768）
——小论多向战术	
310. 暖风熏得游人醉	（771）
——略论骄纵战术	
311. 嫩蕊商量细细开	（774）
——小论开首战术	
312. 深宫桃李无人问	（777）
——小论抑留战术	
313. 俯仰随人亦可怜	（780）
——试论习钻战术	

314. 淡妆浓抹总相宜 …………………………………………（782）
　　——浅论拟势战术

315. 天意从来高难问 …………………………………………（785）
　　——试论奇谲战术

316. 桃花潭水深千尺 …………………………………………（788）
　　——小论陷阱战术

317. 上穷碧落下黄泉 …………………………………………（790）
　　——浅论寻觅战术

318. 一丘一壑也风流 …………………………………………（793）
　　——试论设托战术

319. 含恨含娇独自语 …………………………………………（796）
　　——试论蕴蓄战术

320. 开帘放入窥窗月 …………………………………………（799）
　　——浅论诱入战术

321. 情多最恨花无语 …………………………………………（801）
　　——浅论搁置战术

322. 铁马冰河入梦来 …………………………………………（803）
　　——浅论紬绎战术

323. 引得黄莺下柳条 …………………………………………（806）
　　——小论钓猎战术

324. 鸾镜朱颜惊暗换 …………………………………………（809）
　　——略论变换战术

325. 莫令炎瘴送生涯 …………………………………………（813）
　　——浅论除弊战术

326. 春色满园关不住 …………………………………………（815）
　　——略论解缚战术

327. 孤舟一系故园心 …………………………………………（817）
　　——浅论治孤战术

328. 玉盘杨梅为君设 …………………………………………（820）
　　——简论造设战术

329. 玉在椟中求善价 …………………………………………（823）
　　——浅论待贾战术

330. 天街小雨润如酥 …………………………………………（826）
　　——简论活络战术

331. 隋家宫阙已成尘 …………………………………………（830）
　　——小论改型战术

332. 暗随流水到天涯 …………………………………………（833）
　　——略论顺承战术

333. 江头未是风波恶 …………………………………………（835）
　　——简论设伏战术

334. 缓歌慢舞凝丝竹 …………………………………………（838）
　　——小论文火战术

335. 泽国江山入战图 …………………………………………（841）
　　——试论合同战术

336. 送尽东风过楚城 …………………………………………（844）
　　——略论递传战术

附录：灯塔辉耀
　　——论军事理论对象棋战术整理的指导作用 ………………（848）

军事名家名言 …………………………………………………（853）

后记 ……………………………………………………………（855）

一、空间类战术

1. 八方风雨会中央*
——小论中轴战术

毛泽东主席曾深刻指出："没有这种战略基地，一切战略任务的执行和战略目的的实现就失掉了依托。"

中轴战术系指在总决战即将打响之际，助攻兵员采取牵制、打击敌两翼守军并削弱敌中路防御之策略，主攻兵员则趁势在最重要的中轴线上迅速集结，妙施罩镇、突破、威慑、取利、伏杀等进攻性战术手段，对中路守军硬性攫取、强行突破、夺势抢占、步步进逼，以使敌卫戍军心大乱、正前宫门大开、守御退败，进行择线攻城擒将的攻击。

紧盯中路　减层催杀凯歌飞

图摘于杨官璘与陈志文1979年于广州首届省港澳象棋对抗赛弈战局谱。

13. 兵五进一

冲渡、减层、扑前、助攻之中轴战术妙手，它对敌车马炮卒即将进行的盯咬抢夺置若罔闻。此步从兵之行为动机、攻杀效能上分析——它渡河冲锋，既可同中卒拼斗，为炮减层助攻，又可以扑进趋前，威逼敌宫，并与友军联手擒将。此种中线上的发威抢攻及两手准备，更加集中地体现了中轴战术的深刻内涵。

13. ………… 马7退8　14. 车四退一　车7进6　15. 兵五进一　马8退7

16. 兵五进一

车马处险均搁置，中轴王兵争杀机！此局面里，双方对中路争夺异常激烈。求优势、夺杀势的迫切，已使兵员将自身生死命运置之度外。

16. ………… 炮8平5　17. 马三进五　车7平5　18. 车四进二　士4进5

19. 兵五平六　象3进5　20. 车四平三　车5平4　21. 车三平五

无敌英雄施攻略，有幸中轴演阵图！这一场充满杀意、充斥火药味的舍生忘死的中路决斗，出色表达了中轴战术的强烈进攻旨意——为了攻破城门、擒拿敌首，所有兵员都宁愿充当除障排险的工具，把自身融入滚滚大潮之中。

21. ………… 炮2退4　22. 炮八平三　卒8平7　23. 车九进二　炮2进7

24. 车五进一

中轴战术的典型攻杀术，是联合演弈的高潮，是最后一击的妙笔，以下将5进1，车

---

*文题摘自刘禹锡《郡内书情献裴侍中留守》

九平五，将5平6，车五平四，将6平5，相三进五中路杀将。

总之，中轴战术是兵力在进攻线路上优先选择的思考，是配置、罩镇、突破、窥瞄与待机等各种战术联合会演的大舞台，是集结攻力进行战略打击的长蛇阵，是弈坛高手永远不可能淡薄的真情厚爱！

有诗为证：坦阔捷径路况良，待命兵团占位忙。截弯取直攻戎首，八方风雨会中央！

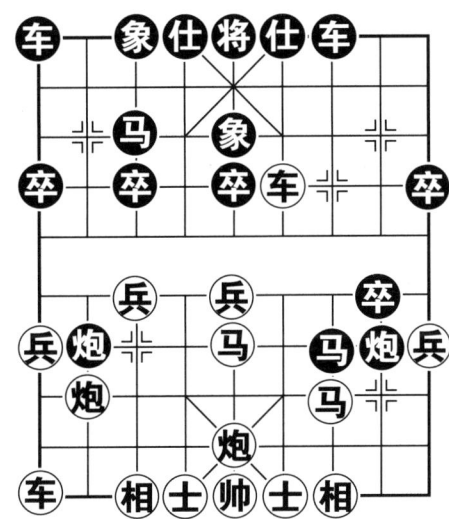

2. 枯松倒挂倚绝壁*
—— 略论挂角战术

（英）亨利·劳埃德曾指出："地形，这是一本伟大的、独一无二的兵书。无论何人，如果他不会读这本书，那他充其量也只能是一名勇敢的士兵，而绝对不可能成为将军。"

挂角战术系指在两军决战的关键时刻，大本营派遣轻灵、勇猛而具有斜向攻击力的马队，在友军密切配合下，有效采取扑进、折返、打入、踏士、入角等得力手段，于宫顶线上的士角处对敌首直接发起战略攻击，使敌首不安于位，以配合兄弟部队入宫擒将的打将斩首技巧。

（一）铺垫打叠　争挂角敌首遭擒

图一选自张元启与臧如意1982年全国团体赛弈战局谱。

19. ……………　卒7进1

冲进生根开路，跬步铺垫打叠！此手既为自身入宫摧士破敌积累进度，又为边马挂角两次进行打叠做好准备。此手预先让路并为马挂角护辅生根，此举虽然没有强烈震感，但对决战进程具有决定性影响。它逼迫敌核心防御做出调整，以应对暴风骤雨的来袭。此手表明，挂角需要打叠，需要暗中打叠，以使挂角实施顺畅、坚固与突然。

20. 马五进四　马9退7　21. 士六进五　炮7平8　22. 相七进五　炮2平4
23. 马六退七　炮8进7

黑方诸兵种为支助挂角而择路蓄势，待命出征。它们对7路马如众星捧月一般，给予它有力的支持，寄托了全军的厚望。在此局面下，挂角就成为争战的主轴，就成为攻城擒帅的致命一击。

24. 相五退三　卒7进1　25. 马七退六　卒7平6　26. 车四平二　卒6进1

再次舍命相助，入宫摧士开路。此手引离中士同时以身开路，为挂角提供了最佳战机。以下挂角逼帅凸起，马炮双车妙杀胜。

（二）悍勇挂角　联合攻击车落网

图二摘自于幼华与许银川2001年于西安弈战局谱。

---
*文题摘自李白《蜀道难》

60. 前马退四

悍勇莫过此，挂角第一军！挂角，不仅是攻杀手段，而且是为达成某种企图的重要战术手段。在有三员大将扼守的要地竟能从容挂角叫将而敌军竟不敢招惹，神勇也。若敌士、马贸然行事，则马二进三卧槽打将，而敌车因自阻不能应垫而被抽致负。

60. ……　　将5平6　　61. 炮七平四

马在死地不管，又在车口安置火器，以蔑车欺车逼车，真"拼命"之劲旅也。此手，挂角之有力后续，同强敌争夺战略大势之金色锁钥！

61. ……　　士5进6　　62. 兵六平五　　车6进1　　63. 马二退四

红方马炮兵行动一致，前仆后继，深谋大勇，战平劲敌。正是：挂角奠基业，夺车求平和！

（三）弃车开路　对杀时刻展雄姿

图三取自庄玉庭与项阳红2000年全国团体赛弈战局谱。

33. 车六进四　　士5退4　　34. 马五进六

独特攻城旅，义勇铺路人。在敌车平肋要杀的关键时刻，红方六路车舍身引士，为挂角创造有利的地形条件。此举，以强有力的抢攻对杀手段，破坏了敌军错杀计划。此组合中弃车开路一手表明，挂角势领全局，挂角力胜一车。

34. ……　　将5进1　　35. 车二进四　　车6退2　　36. 炮七平五

三军联袂攻将，一炮镇中得车。敌车被强行拖曳于死地，炮之镇中打将，逼迫作为车根之敌首与互保互靠的敌车脱钩，从而使敌车丧生。如象5进7，则车二平四再马六退五，敌首立毙。

35. ……　　将5平4　　36. 车二平四　　士4进5　　37. 炮五平六　　将4进1

38. 车四退二

此时不管中象进3还是退7，帅六平五之后，都伏有抽车的手段，红方胜定。

总之，挂角战术是马的攻将调将手段，是特定兵种在特定地点的特殊功力表演，是战马单挑敌首的嘶鸣，是攻城擒将决战的号角。

正是：斜向单挑杀气扬，进占要点释灵光。枯松倒挂倚绝壁，天马入角攻帝王。

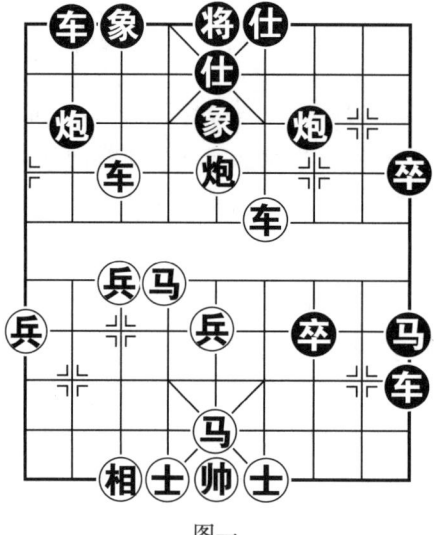

图一

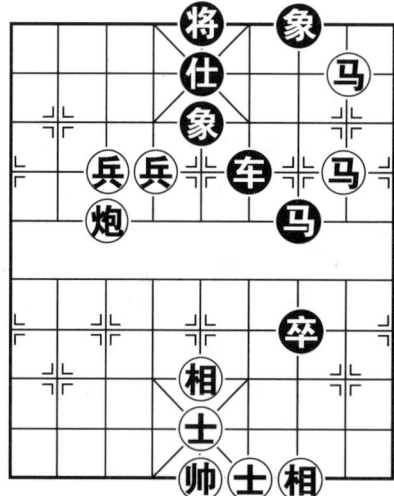

图二

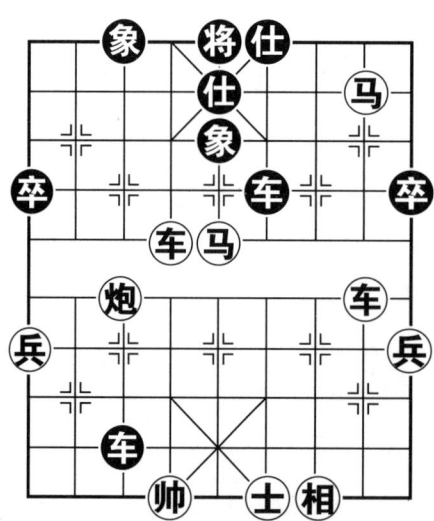

图三

3. 且放白鹿青崖间*

——试论伸插战术

克劳塞维茨将军在《战争论》中论及进军的路线时明确指出："要找到通往目标最短的距离，而绝对地排斥忽左忽右忽此忽彼的徘徊辗转。"

伸插战术系指在攻防转换的关键时刻，以车炮为代表的长兵器，抓住敌阵的空档与守军的弱点，充分发挥自身速度快、威力大的优势，及时而准确地伸进插入敌阵底二路，以骚扰、控制敌军，制乱敌宫，并伺机转移边线或下底求攻，将战火引燃至敌纵深，为最后决战创造有利条件的运调技巧。

伸插战术具有独特的战术功能，《孙子兵法》曾云，"凡为客之道，深入则专，主人不克。"伸插到位之后，敌军难以对其干扰破坏，实施方可顺利地展开并实施预定的战略计划。

伸插战术属于"打入"类战术，但它打入的地点却总是在一条"固定线"上，即敌阵底二路，因此，此战术不同于揳插战术。因为后者没有固定线，而且它落脚的地方必须是两旁均有敌军的"隙缝"，也就是说，揳插战术要求的地理条件比较苛刻。而伸插战术所占领的线路，可能是一条通道，也可以有敌军驻扎。

（一）两翼伸插　暗潮汹涌卷敌城

图一摘自洪智与吕钦2010年于上海弈战局谱。

17. 炮三进一　车4退2　　18. 车二进五

劲打伸进皆有力，伏抽暗攻竟无双！打车，清理阵地、保护中兵、确保三路线畅通，为伸插铺垫打叠。一个顿挫之后，旋即伸插塞压，为发动背攻做好准备。

18. ……　　炮6进1　　19. 马九进七

暗窥双车欺霸主，专门找茬惹事端！右翼一波未平，左翼一波又起，使得敌军惶惶然难以防范。同时此手为第二次伸插暗中疏通道路，以便实施两翼夹击式伸插。

19. ……　　车4平8　　20. 车二平四　炮6平7　　21. 兵七进一　车2平3

22. 炮八进四

伸插炮阴险，装点局生辉！此手伸插，暗伏炮八平七择路绊马打车，如车3平6，则车八进九，士5退4，车四平五花心点将引士，炮七进一闷杀。有此等伸插妙手，红方攻势愈加猛烈；黑方仅应对几手便含笑认负。

---

*文题摘自李白《梦游天姥吟留别》

（二）轻盈伸插　侧翼杀势撼宫阙

图二取自王晓华与于幼华1995年于吴县弈战局谱。

13. ………　　车2进8

伸插空灵深远，组杀缥缈神奇！此伸插妙手，借用了敌左翼兵力松散的弱点，抢占下二路战略通道，为输送后续兵力入界创造条件；此手并不"凶相毕露"，故红方以为其只是想找个地方呆呆，并未引起当地守军的警觉；此手谋划深远，暗中组杀，助攻断路，静默之中透出一股阴冷的杀气。

14. 兵五进一　后炮平2　　15. 兵五进一　车2平3

求攻何惜马，抢先做杀局。河马控车确保后炮转移发动侧攻的任务胜利完成，功德已满。现以车绊马，为炮攻帅做杀争得一个安全的落脚点。

16. 兵五平六　炮2进7　　17. 士六进五　炮3平2

下伏前炮平1，做成绝杀。现回顾车2进8伸插之妙，就更加感到它空灵而周严、深远而细腻了。

总之，伸插战术是快速反应部队的战略打入，是安放在敌阵的爆炸装置，是攻城杀敌的先期准备，是将战火引烧至敌域的攻城妙计。

正是：进占纵深尖刀班，夺旗拔寨自当先。须派虎贲要塞里，且放白鹿青崖间！

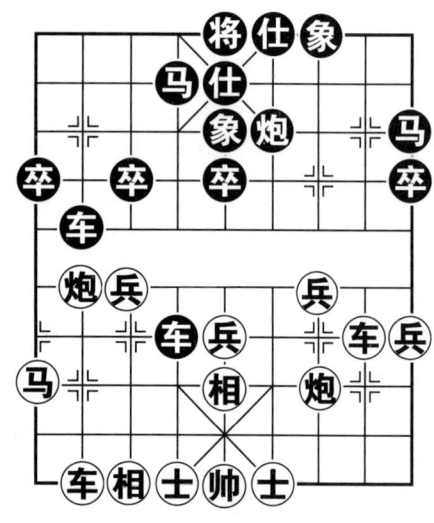
图一

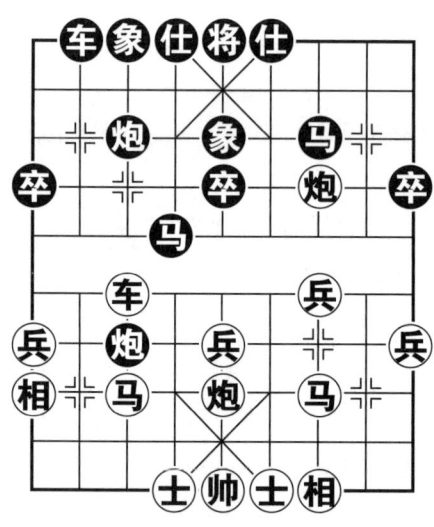
图二

4. 不教闲地著春华*
——略论挤逼战术

克劳塞维茨将军在《战争论》中指出："由于要塞所在地点同整个国土及国内各地作战的军队都有关系，其结果要塞的重要性很快就更大了，其作用超出了城垣国土的占领和保卫上……当时的作战计划，与其说要歼灭敌之兵力，不如说是以占领一个或几个要塞为中心。"

挤逼战术系指进攻部队在全面控制局势并逼使敌军收缩在有限区域内的有利情势下，派遣精干机动之师，抢夺带有战略性质的入杀要线，并对肆意阻挡、干扰防碍我擒拿敌首的敌军防务人员采取威胁、捉拿、逼离和欺打等有效手段，步步挤靠逼抢，逐次侵占其位置，压缩其空间，使敌无处栖身、无路可走，或被杀，或欠行致败的强行挤占逼抢敌要线要点的高级占领技巧。

（一）挤占隙地定其位　几经争斗毁其城

图一为阎文清与胡荣华1992年全国个人赛上弈斗的中残局形势。这是一个红方多兵占优，黑方则拥有攻势的局面。黑方抓住二路炮离不开底线且所在地形狭窄、回旋余地不大的弊端，集中马双炮之力，全力进行攻打、挤逼——

45. ………… 马6退8

巧妙折返充架，欲打窥相争先！此手为砍杀炮根，为挤逼底炮做好了战术打叠。

46. 炮二平三　马8进7　　47. 炮三平二　马7退8

随机顿挫，往复再打，逼炮躲避、让出点位，双方就此展开了挤逼与反挤逼的生死较量。

48. 炮二平三　马8进6　　49. 炮三平二　马6进8　　50. 炮八平二　马8进7

51. 后炮平三　炮8平7　　52. 炮二平三　炮9平8

轻动漫移挤逼炮，打叠铺垫消掠敌！马炮充分施展闪展腾挪之功、远程瞄射之力，密切配合，为实施底线挤逼造势。现角隅炮一步实施成功挤逼，将敌炮定位，这就为消灭敌炮、夺取军事优势做出了决定性的贡献。

53. 马六进八　马7进9

闪击双捉，定点清除，强敌从此变弱。尔后马双炮在侧攻中，又将另炮诛之，使敌军难以抗御。

---

*文题摘自唐·吴融《卖花翁》

（二）三英联袂挤逼术　一车隘路竟遭擒

图二为宋·文天祥排拟的《玉层金鼎》棋局。

1. 炮一平四　将6进1

拴缚纵队深谋划，但为挤逼设平台！平炮将敌军悉数拴缚、禁制在狭窄的隘路上，为炮马帅联袂挤逼敌车，提供了最佳地理条件。虽如此，黑方车和将两位大员仍拥有六个点位作为顽抗、应酬的休闲场所。这就为妙施挤逼提出了有力的挑战。

2. 马九退七　将6退1　　3. 马七退六　车6进1　　4. 马六退七　车6进3

5. 马七退六　车6退1　　6. 炮四进一

马占位充根，炮小幅升提，开始挤逼抢占，使其原有的六个休闲场所丧失其一，敌车已经微微感觉到被压缩欺逼之苦。

6. ………　将6进1　　7. 帅五进一

升帅，使炮拥有双根，为换根活马，继续挤逼做好准备。马炮帅协调配合，动静结合，占位与挤逼结合，使黑方可活动空间日趋狭窄。

7. ………　将6退1　　8. 马六退五　将6进1

帅位藏匿过渡，以转移右翼进行更有效的挤逼。此手，为自身提高灵活性、增加效能、穷尽挤逼能力以取得胜利的关键举措。

9. 马五进三　将6退1　　10. 马三进二　车6退1　　11. 炮四进一　将6进1

12. 帅五进一　将6退1

马逼车退炮进之间，敌之活动余地再次缩减。主帅升进，再次换根，成为炮逐次升提挤逼的有力依托。由此使挤逼进入了最后的阶段。

13. 马二进三　车6退1　　14. 马三进一　将6进1　　15. 马一退二　将6退1

16. 炮四进一　车4退2　　17. 炮四进二　将6进1

马卡位，暗中威胁打将抽车，炮则乘势连续两次挤逼，使敌车无路，已行将就木，敌将也仅剩一口气苟延残喘。挤逼战术已经进入到收获的季节。

18. 帅五退一　将6退1　　19. 马二进一　将6退1　　20. 马一进三

禁将、欠行，逼车砍炮，退马去车，下伏独马擒士胜。

（三）闷杀线挤敌无路　左右双杀任选挑

图三选自李中健先生排拟的炮兵类实用排局136例谱图。

1. 兵二平三　炮7平5

平兵威胁要杀，同时禁控敌首；此手并具近短期和中远期两大时间段为炮做架发动攻击的绝佳功效，为挤逼战术之实施做好了战术打叠。

2. 炮二退六　炮5进3

抓住敌炮不敢离开中线并且无根的双重弊端，归退、顿挫、休闲、等待，如卒3进1则相七进九；再如士5退6则炮二平五，炮5退2，相七进九困毙。

3. 相七进九　卒3进1　　4. 帅五进一　炮5退1

主帅闲庭信步，逼炮从兵线后退，为挤逼战术之实施做好了最后的准备。此时如改走士5进4，则炮二平五，炮5退5，黑方欠行致败。

5.炮二平八

左中右三向威慑，力逾千钧，现时机成熟，转移要杀。

5.………… 炮5平2　　6.炮八进三

八路炮开始进行三个回合的挤逼表演，使我们从中领略进逼挤占技巧的无穷奥妙。

6.………… 炮2退2

如趁机卒3进1，则形成自阻，下伏炮八平二绝杀。

7.炮八进二　炮2退1
8.炮八进一　炮2退1

八路炮抓住敌之致命弱点，挤得敌军节节败退、无处藏身，下伏炮八平二绝杀。

总之，挤逼战术是敌我双方在战略线上因要杀与反要杀而引起的的空间争夺艺术，是不容许敌军在战略要塞中盘踞、机动的强制措施，也是攻杀线、决定点上具有排他性质的驱赶手段。

正是：制弱伴攻巧挤逼，撤退局促营盘稀。战略线上豪强狠，护驾途中侍卫戚！

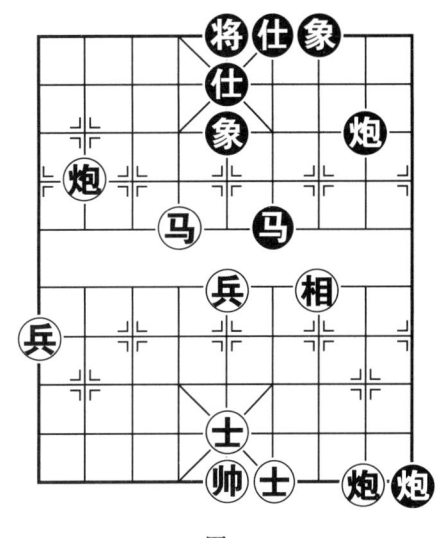

图一

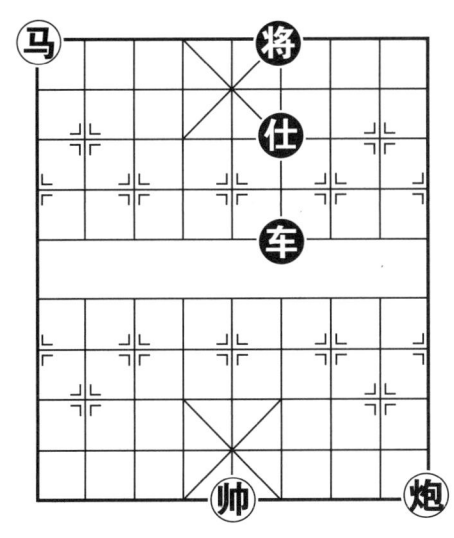

图二

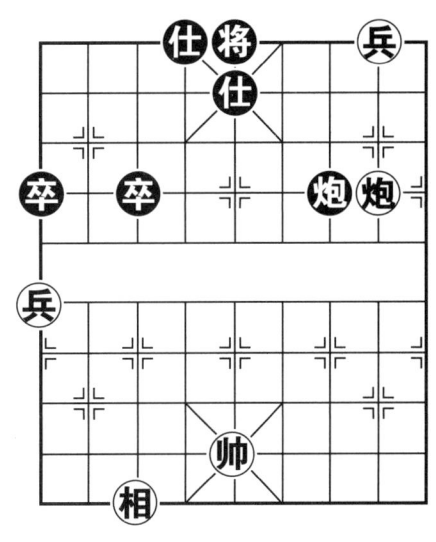

图三

5. 卷舒开合任天真*
——浅论展开战术

克劳塞维茨将军在《战争论》中指出："将大批军队前后左右配置好，然后按一定的比例将其中的一小部分展开……"

展开战术系指作战部队由原驻扎状态、集结、行军状态，甚或遭致敌军压制状态，迅速隐蔽地伸展舒张开来，变为攻防作战的战斗队形，或达成有针对性的兵力部署，以占领有利的要地要冲，扩大势力范围，抑制敌军，为待机投入后续战斗创造有利态势的排兵、布阵、"整形"技巧。

展开战术之实施，必须同正当防务以及暗中隐藏的攻击手段相结合，以防止单纯的展开对战局产生的消极影响；必须同前趋运动，向心运动紧密结合，以不断加大对敌军的压力，推进战局的深入发展；必须同实施压缩战术，限制敌军展开得势相结合，以取得盘面更大效益。

（一）高效展开　攻势席卷浪翻

图一选自张学潮与赵顺心2006年全国个人赛弈战局谱。

25. 相五进七

活络双马犹己任，展开阵形自献身！在敌车滞弊窝心马、双炮抢马、车拴车炮等不利情势下，飞相增层，立刻缓冲敌势，使前军后营阵形舒展开来。此展开妙手，成为结束受制受压困难期、迎来攻城战斗高峰期的界碑，成为全体战斗员得以充分发挥特长投入决战的关键。

25. ………… 后炮进4　26. 车八进八　士5退4　27. 马五进四

红马转弊为利，冲上助攻，弃炮以入界，弃车以求杀，标志着红方阵形的成功展开。敌卡肋车不敢造次，任凭车马炮纵队对底线造成致命威胁。

27. ………… 士6进5　28. 车八退一　象5退3　29. 车四进三　车4平5

红方阵形的成功展开，不仅解除了危机与弊端，而且在困难中赢得一手棋，给敌造成了巨大的威胁。现杀势已成，以下车八平五，车5退1，车四进一杀。

（二）强行展开　攻杀战力超凡

图二摘自廖二平与袁洪梁1990年于杭州弈战局谱。

1. …………　卒5进1　2. 马三进四　后炮进1　3. 车三进一　马3进5

---

*文题摘自李商隐《赠荷花》

4. 车三退一　马5进3

冲破压制盘旋上，展开门户大侠出！在双马遭受强力压制，无路、呆滞、落后，难以增援前军，使进攻部队前后脱节的严重局面下，黑方冲卒弃马，强行展开，并暗中以炮镇中路伏杀相威胁，襄助3路马跃上助攻。此组合，以弃子为代价，以展开为手段，以增援为目的，右马盘旋而出，十分生动巧妙。

5. 炮七平九　马3进2

充架、联炮、窥车，并暗伏卧槽构成绝杀，其攻击力非常强悍。被压制愈久愈苦，其反抗力愈大愈强。此马受益于展开，它积蓄了无限的杀力，这里正是它施展杀技的地方。

6. 车三平七　马2进1　　7. 炮九进三　前炮平5　　8. 车七进三　车4退8
9. 炮五平三　炮5平7　　10. 车七平八　马1进3　　11. 炮九平六　炮7炮2

打车亮车，下伏挂角杀，黑方胜定。

总之，展开战术是兵力向前方、向两翼之扩张，是有利战斗的队形之排列，是反压缩反控制的强烈行动，是卡位占线取势争胜的部署意向。

正是：行军布阵谋划深，各路兵马传佳音。伸展进退遂人愿，卷舒开合任天真。

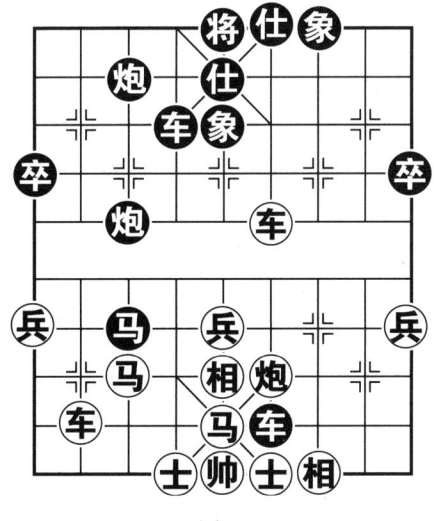
图一

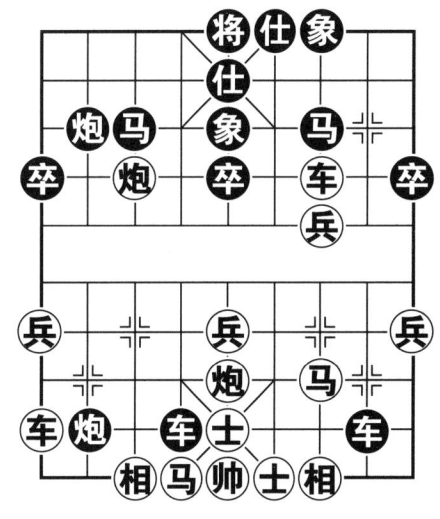
图二

6. 雪向梅花枝上堆*
——略论将位战术

若米尼将军在《战争艺术概论》中论及作战目标的选择时明确指出："在某种意义上说，一个统帅具有的最可贵才能，和要取得伟大胜利的最可靠保证，也在于是否善于选择这种目标。"

将位战术系指在进攻部队围城攻城战斗中，凭借兵力与占位两项优势，借助"外势"对敌首的威慑，入宫兵员通过追杀、充架、禁控、威胁等有效手段，奋勇抢占将帅坐镇指挥的位置，以乱敌宫，惊敌首，为最后擒拿敌首预做准备的特殊抢点占位技巧。

将位战术是宫阙战术的进一步升级，也是选点战术的独特"极点"！占领将位，就意味着攻城的巷战已经深入到皇宫龙榻之下。虎卧榻旁，犹自不堪，何况占据将位乎？

（一）深暗奇巧　待机杀出惊天地

图一选自赵鑫鑫与万春林2008年象甲联赛弈战局谱。

19. 车七进四　车2平4　　20. 车七平二　将5平6　　21. 车二进四　将6进1
22. 车二退二　将6退1　　23. 兵七平六　马4进6　　24. 士五进四　车4退6
25. 车二进二　将6进1　　26. 马七进五

将位驻占时机恰，侯门纵入谋划深！红方在弃马抢攻、制乱敌宫、夺回失子之后，精妙演弈将位战术。此手具有很深的内涵：一是跳马窥双，立夺先手；二是移影换形，制乱敌宫，禁士控将，使敌首因自阻而不得归回原位，浅露遭攻；三是有效休整，明快节奏，使战局起伏跌宕；四是主动择位，安全停待，待机杀出，助攻助杀，擒拿敌首。张郁伟先生对此手曾给予高度评价："马跳将位，招法精妙。令人击节！"

26. ……………士4进5　　27. 车二退二　象5退3　　28. 车二平四　将6平5
29. 车四平三　马7退9　　30. 车三平五　将5平6　　31. 车五平四　将6平5
32. 马五退七

将位休整心情爽，借势杀出鬼神愁！在友军逼退敌马、步步打将造势、为马提供最佳"出场"条件的关键时刻，折返杀出，逼迫敌车4退1，车四平五，将5平6，马七退六，黑方见大势已去，遂投子认负。

（二）纵横高效　冻结敌国半边天

图二摘自蒋凤山与陈寒峰2009年全国个人赛弈战局谱。

18. ……………车2退5　　19. 兵三平四　炮1平5

---
*文题摘自宋·吴淑姬《长相思令》

坐镇帅位蔑孤寡，串打拴链任纵横！此手控制右翼车马，倒打中马，窥瞄中路纵队，冻结戎界子力，控制战局，效率极高。此手还具有打而必得之威力，敌中马不敢轻易逃命而离防，因有卒3进1的致命威胁，只能消极等候处置。

20. 兵四进一　车9平7　　21. 帅六退一　炮5退3
22. 车一进二　炮5退3　　23. 炮二平五　车7进6
24. 车一平六　车7平4　　25. 车六进一　卒3平4
26. 马二进三　车2平5

帅位炮重创了敌中路纵队，使敌军顿生大势已去之感，之后拼掉敌车，黑车再控制并捉拿红马，使其以攻代守方针受挫，红方遂放弃续弈。

（三）制乱敌宫　助杀奖章金光闪

图三取自《适情雅趣》第194局"步设陷阱"谱图。

1. 车五进一　将4进1　　2. 车五平六　马2退4
3. 马四进五

将位埋伏马暗窥，悬崖造势车打叠。车之连续打将，既将敌首逼上悬崖绝地，又逼马自行堵塞将路，为实施将位战术造势打叠。此将位战术具有以下三项战术功能，一是打将争先，不给敌前军将杀以机会；二是暗窥敌首，黑方不管是上仕，还是炮8平5应将，都不会影响将位马暗窥敌首功能的发挥，而这一点在本局是极为重要的；三是减效弱防作用，花心别马之兵员已经被将位马紧紧拴缚起来，甚至可说被定位花心，再也不能起到"生根"一类的作用，当以下车一进二照将、车6退1应时，花心士只管绊别，而不去理会车一平四砍车绝杀一事，"士根"形同虚设。

3. ………　士4进5　　4. 车一进二

此局层层打叠，步步连环，为最后一击造势，真绝妙也。其中将位扑马一手，更为精彩，徐家亮先生竟赏赐两枚叹号以表达对古典杀法，对将位战术的由衷赞赏。

总之，将位战术是对第一目标施展贴靠、挤逼、扰乱、擒拿的近战手段，是宫阙战术的升级上档，是占位战术的极点发挥，是进攻兵员的极度"嚣张"！

有诗赞曰：虎贲冲锋展神威，敌防工事尽折摧。兵拥将军帐中坐，雪向梅花枝上堆。

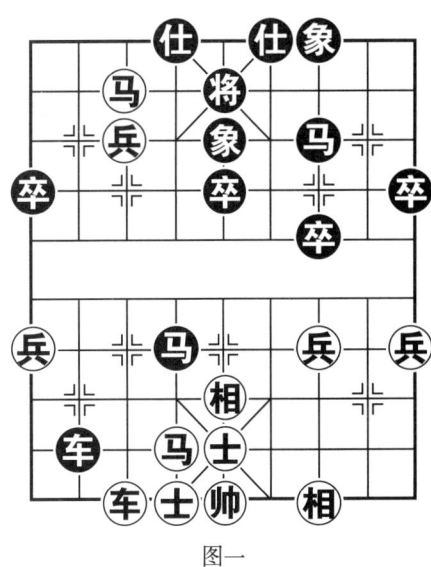

图一

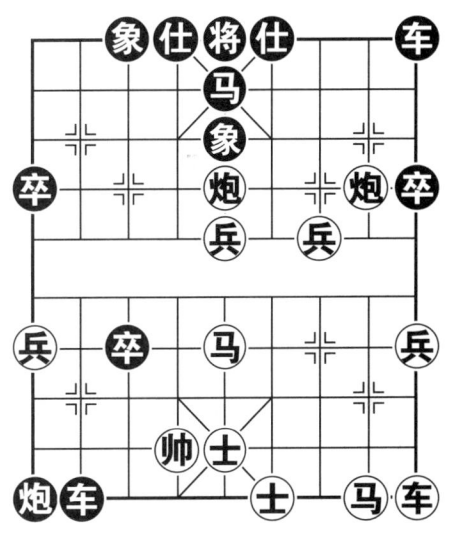

图二

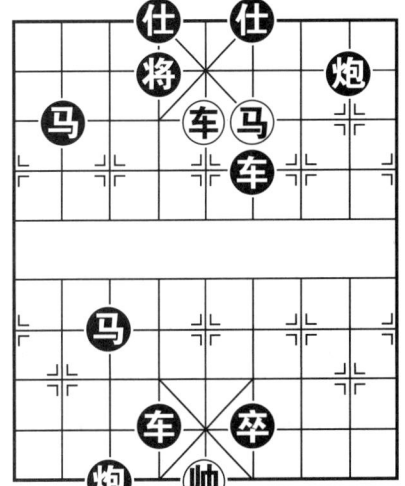

图三

7. 月在庭花旧阑角*

——试论角隅战术

若米尼将军在《战争艺术概论》中论及战争区的决定点时，它指出："有的点只是由于所处地理位置对战区有不同价值而得名，这叫作永久性地理战略点。另有一些点，则因敌军主力的配置和我军欲对其采取的行动而有不同的价值，这叫作机动战略点，完全是偶然性的要点。"

角隅战术系指马或炮两兵种在攻杀战中，巧妙采取切入、弃舍、占领、停待、威胁等后中先手法，采取主攻与助攻相结合、离心与向心相结合的有力手段，抢先占据枰场边远角地，改善位势条件，积蓄进攻力量，为自身后续发力或助攻而铺垫打叠的前锋兵力配置的打入技巧。

（一）置若罔闻天下事　径扑角隅夺胜机

图一选自柳大华与孙勇征2001年8月于北京派威互动电视快棋赛弈战局谱。

42.………… 卒5进1

先手自保、逼马，使敌马远离主战场，以支助友军马炮的运作，为妙施角隅战术创造机会。

43. 马五退七　马8进9

轻松入角隅，精妙展计谋！不顾炮之危殆，毅然离心进入角隅，其弃取、求攻之心跃然枰上，真大将风度也。阎文清先生曾撰文写道："着法精彩动人。有此一手，黑方胜势已不可动摇。"

44. 马七退九　炮2平8

马炮一向联攻求杀，索要失子，着法严密，谋划精深。在快棋赛中能弈出此等高级战术组合，乃棋力、修养、发挥三者兼具也。

45. 炮三平四　马9退7　46. 炮四退一　炮8平6　47. 马九进八　炮6退3
48. 帅五进一　马7退6　49. 帅五平六　卒3进1

马炮双卒战至67回合胜。

（二）早有变位求杀意　借避捉停靠港湾

图二摘自徐天红与孟立国1982年避暑山庄杯邀请赛弈战局谱。

---

*文题摘自晏几道《六幺令》

48.马八进九

借势停角隅,伺机攻帝王!本来就有休闲调整之意,现借机避捉,乘势停靠角隅,既安全,又可随时待命出征,卧槽逼将。正是:藏锋敛锷手,移影换形人!

48.………… 炮8退2

角隅战术之实施,绵里藏针,暗藏攻力,因而逼迫敌炮防范,足见其力其效之大。

49.相五退三　炮8平7　　50.相三进一　马7进6　　51.炮二平七　马6进5

52.炮八退一　象3进5　　53.车七平二　马5进3　　54.炮八平三　象5退7

55.马九退七

角隅培训杀手狠,潜伏多时立茬出!折返卧槽,逼将出逃,再炮三退六,左右夹击,攻势强烈,红方胜定。

(三)妙借弊抢占角隅　硬切入力夺空头

由炮充任实施主体的角隅战术,与马之实施有所不同:炮所切入的点位虽然也是敌方底线的角隅,但其主旨在于威慑,在于为友军配合底线攻杀提供更多充架的点位,以发动有效的联合进攻。

图三取自胡荣华与蒋全胜1982年全国象棋个人赛弈战局谱。

19.炮一进三

巧借敌切入角隅,攻城战炮火连绵!无根红炮从边路巧妙切入底线,抢占角隅重地,叫将逼车,迫使黑车离防,从而造成小空头的有利局面。尔后双方的战斗围绕着角隅炮威力的施展与反制而激烈展开。

19.………… 车6进2　　20.车四平三

切入之后续,角炮之利用!河车闪离,威胁下底打将,攻城战斗由此打响。

20.………… 后车平7　　21.炮九平三

左翼兵员神速调动,重点战区火力增援!边炮之转移力夺主动,并使士角炮无法转移增援,此手标志着攻城战斗已形成了以多打少的有利局面。

21.………… 车7进3　　22.炮三进三　车6平8　　23.炮三进五　炮8退2

24.马二进四　马5进7　　25.炮三退一　士5退6　　26.车一平二

开出时机恰,护炮手段高!此手开出,强行逼兑,是护辅角隅炮、对敌军持压的好手,同时使参与攻防的两军兵力形成四比二的有利态势。

26.………… 车8进6　　27.马三退二　将5进1　　28.马二进三　炮8进4

29.马四退三　炮8进2　　30.前马进二　马7退8　　31.炮三平二　炮8平3

32.马三进四

至此,主战区以绝对优势兵力发动了最后的决战,仅战十回合即胜。

总之,角隅战术是马炮抢点造势的举措,是边区远势的战歌,是总攻的前锋配置,是为捉拿敌首而精心布设的网罗!

正是:九十营盘各奇巧,月在庭花旧阑角。占位铺垫暗向心,金鸡待唱天破晓。

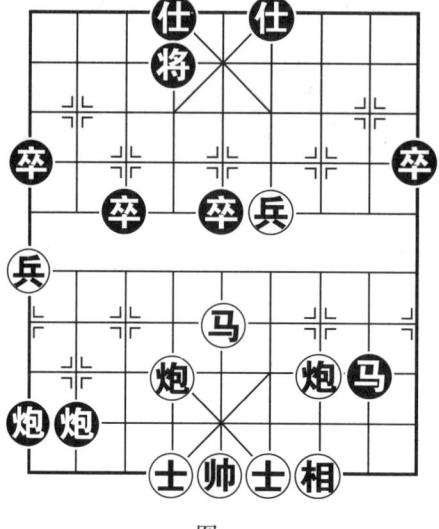

图一

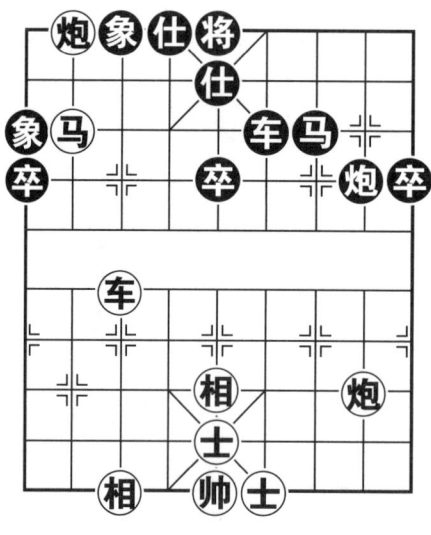

图二

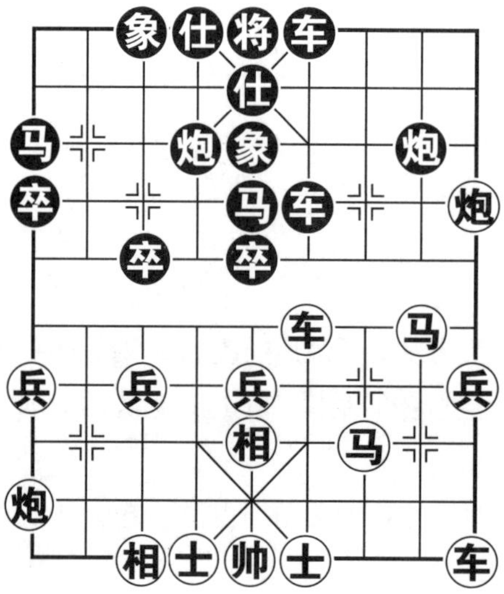

图三

8. 登高壮观天地间*
——小论升提战术

克劳塞维茨将军在《战争论》中精辟指出："最高点，就是常常制敌于死命的地点"，"瞰制的优点比造成这些优点的实际条件给人的感觉要强烈得多。"

升提战术系指以炮车为代表的远程火力，为达成抢占高位、增加势能、罩镇敌宫、加大攻击力度等战略要求，充分利用争战间歇宝贵战机，采取跟踪、迂回、跳跃及逆向等有效运行手段，从所在的低线位及时提起升至高线位通达之处，以便更好发挥对敌营的封锁、压制、布控和攻击作用而使敌立刻处于遭攻、肢解和崩溃境地的纵向运调技巧。

大军事家孙子非常重视高地在战斗中的作用，曾云："好高而恶下""视生处高""先居高阳""转圆石于千仞之山"者，皆此之谓也。

（一）兼备式：持压暗伏三把手　重攻稳守一局新

图一为刘忆慈与胡荣华1960年于北京全国个人赛弈战中局形势。

20.………… 　炮5进3

稳健深远的升提妙手，取势夺胜的战略决断！此手升提暗含让点联象、利于提前防范以化解车二进九进行袭扰的防守意图；又使过河兵垫厚中路防线并于其间作梗的战术企图化为泡影；同时炮之升提点还与三路马所在点成方田之距，以免马之骚扰而危及占位的安定，从而有效保持中炮的严厉罩镇之势和4路线上的三把手威慑。

21. 车二进七　士4进5　　22. 车二平七　将5平4　　23. 车七进二　将4进1
24. 炮一退一　士5进6　　25. 马三进五　前车平5　　26. 车七退五　车5平1

闪离游弋挑战双车，肋道边线暗设机关！一场涉及敌首生死存亡的主力大会战正式交火。在中炮致命威慑下，双车一将在敌肋道、左翼构成双向杀势。

27. 车九平七　炮5进1

微调式升提，自保性持压！

28. 前车平八　车1平3　　29. 车八进四　将4退1　　30. 车七平八　象7进5
31. 炮一平六　马1退3　　32. 炮六平二　车3平4　　33. 炮二平六　后车平2
34. 前车退二　马3进2　　35. 车八平六　车4退5

局中两次升提，确保了中炮牢固的罩镇地位，其效用无比巨大！

*文题摘自李白《庐山谣寄卢侍御虚舟》

（二）追踪式：跟进追踪多神勇　任由处置强做杀

图二摘自李来群与黄增光1990年于邯郸全国团体赛弈战局谱。

30. 车五平四

窥瞄软肋，暗伏车四进三杀，同时为后续炮之升提扣镇让位打叠。

30.………… 马5退7　31. 车四进二

逼靠捉拿，扼亢乱敌，欲马三进四做杀，逼抢凶狠，行棋紧凑。

31.………… 马7进9　32. 车二平三　车4退3　33. 炮六进四

追踪跟进多逸致，愁煞护帐无奈人！在双车紧锣密鼓打叠准备之后，趁敌车回防之机，肋炮置生死于度外，紧跟追进，升提敌界，潇洒无比，凶狠已极！此乃任由敌选择处置、执意扣镇成杀的追踪式升提妙手。肋炮，升提的主体，无畏的战神，它软硬不惧、去留随便的求杀心理，极大挫伤了敌车的尊严，令其锋钝刃卷，左右为难。因如容忍炮镇中则遭绝杀；但如车4退1吃炮，则马三进四乘势叼车做成绝杀。升提之精妙，竟然一招制胜，大出敌车意外，真可谓：双伏妙杀心坚定，如影随形意缠绵！

（三）跳跃式：冒死搭设升天架　罩压古堡瞬间倾

图三选自李家华与李来群1991年于大连全国个人赛弈战局谱。

17.………… 卒7进1

冲渡胁双调高相，但为弱马创战机！生动巧妙的创意，合理有效的安排，是此局面下最佳应手。

18. 相一进三

如车二平三，则马7进8脱离了危险区，并冲上拼兑河马，不仅给中卒去兵提供了机会，而且将为肋炮出击开通了道路。

18.………… 马7进6

冒死充任抬轿客，起身杀手登云梯。马之启动扑进，完成了连环妙计的中间过渡，为无路角炮实施跳跃式升提做好了战术铺垫。此种战术组合，充分表现了弈战计谋的深刻性、连续性和完整性，表现了升提战术的巧妙创意和不尽内涵。

19. 车二进一　炮6进3　20. 车二平四　炮6平5　21. 帅五平四　炮5进3

英侠搭设凌云阁，勇士飞越登天梯！马卒之壮烈成就了爆破勇士攻城助杀的梦想，炮升提入界到位后，暗伏抽双车、爆破敌宫的严厉后续手段，立刻为前军增效生威。行棋至此，可以回顾比较一下：第18回合的角炮与20回合的中炮的攻力竟有天壤之别，同一炮前后有如此大的变化，升提战术使之然也。此炮与运筹设架的马卒均为胜利献身，真可谓：为国捐躯一代英烈，爆破英名永世传扬！

（四）逆向式：巧妙精准威内敛　游弋卒林尽开花

升提术是一个兵员从低位到高位的演弈过程，从方向上分为正升提与倒升提亦称逆向升提两种。方向虽然不同，但是功效一致。图四取自刘殿中与李林1995年于峨嵋弈战局谱。

33. 马八进六　炮3平4

威胁马六进八双杀，逼迫敌军无奈应酬，同时暗中为二路炮护辅并为其升提创造机会。

34. 马六进五　炮4退1

踏进加大威慑力度，出色完成战术打叠。八路马连续两步携威扑进，既有单骑踹营之意，又有为友军搭设升提平台之心，足见静默与运动状态中的子力之间内在联系的密切与精妙。正是：求杀一路无它意，关照四方有慧心！

35. 炮二退三

此手倒升提，时机恰切，高度准确，使敌车无法阻拦；升提使炮势能骤增，功效无比，平五、平七，均构成杀势。妙哉！被捉拿者瞬间变成随便做杀的自由人，强大守军顿时失去续战之心，其功在于决定乾坤归属之术——马之打叠、炮之升提。此炮之升提，逆向运行何优雅，欲停诸点尽伏杀！

总之，升提战术是争高夺势的妙手，是占位抢点的备战方略，是用兵运兵的经典演绎，是决战前夕兵力部署的最后打叠！

正是：瞰制古堡意未消，争战野炮自扶摇。圆石但争千仞势，欲与天公试比高！

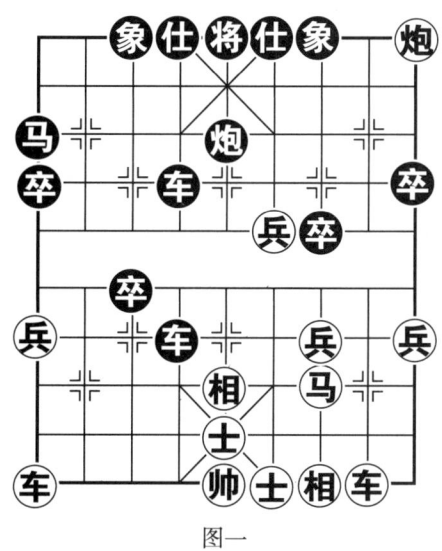

图一

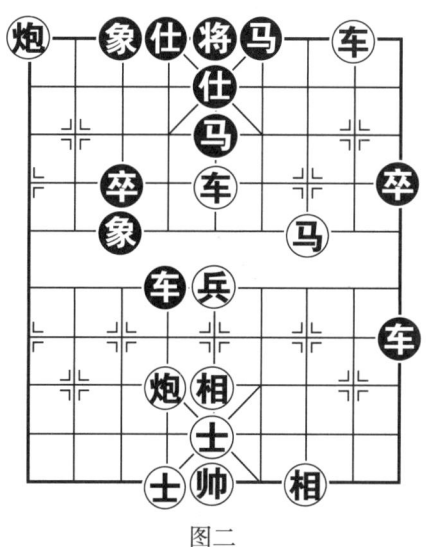

图二

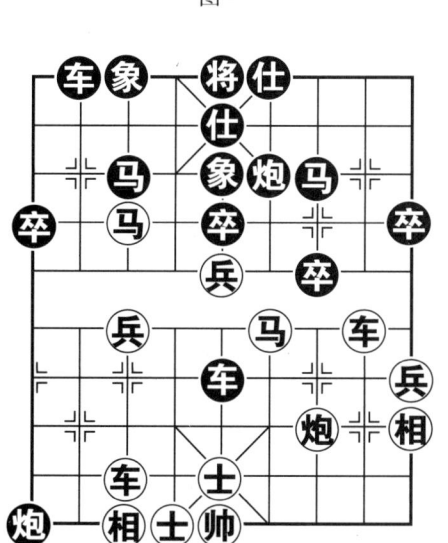

图三

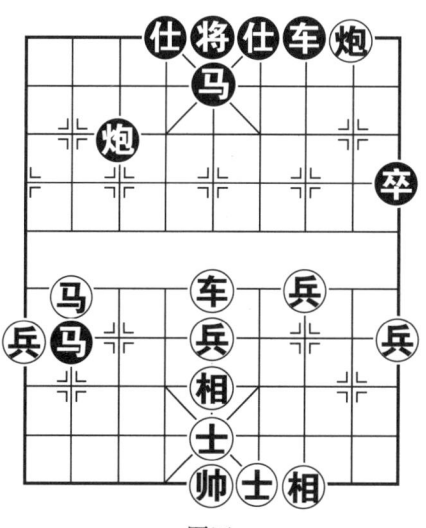

图四

9. 林空色暝莺先到*
——试论抢占战术

克劳塞维茨将军在《战争论》中明确指出："抢先一步行军，从而抢先夺取敌之阵地、道路和其他重要地点。"

抢占战术系指为充分发挥阵地、道路、要点的助攻作用，以更有效地对敌军进行控制、封锁、攻击甚至要杀，以车为代表的主打火力，不惜任何代价，逼抢硬占要冲要道要点，以获取进攻所必需的地形与空间，以进一步争取主动，不断扩大优势，极限发挥进攻部队的战斗作用的抢先占领艺术。

（一）生逼硬抢　同宗相煎急苦

图一选自陈孝堃与李艾东1985年全国团体赛弈战局谱。

60. 车四平八

生逼硬抢入杀线，攘除恶敌保侧攻。平车力逼黑车，强行抢占要线，既杀入主战场圈内，跻身主攻行列，又将敌车驱逐、排斥到主战场之外，使其成为与决战毫不相干的旁观者。敌车无奈，不敢离开河界线，否则遭到闷杀。此手，红方抓住了黑方标准"软肋"，硬性欺逼，立茬抢占，使战局急转直下。

60. ………… 车2平6　61. 士五进四　马1退3　62. 炮九平八　士5进6
63. 炮八进四　将4退1　64. 炮八进一　将4进1　65. 炮七退三　马3进2
66. 炮七平六　马2进4　67. 车八进五

红方双炮巧妙地进行运作、威胁、要杀、打叠，不仅将敌首逼近崩期，而且将敌车马全部攘除主战场之外，再也不可能从事有关防御之事。此种抢占，威逼势迫，具有极高效率。以下将4退1，炮六平九绝杀无解。

（二）打叠顿挫　抢占战略要线

图二摘自柳大华与吕钦第三届王位赛轮黑方行棋的枰面。

34. ………… 车7进9　35. 帅四进一　车7退3

进车挺远势，抢占施威逼！7路车"远台"进攻打将，远势雄伟，逼帅走高履险，为重炮杀设下埋伏。现退车捉车，强行抢占兵线，为2路炮索要平肋绝杀通道，既有重炮杀之威胁，又伏抽将夺子的手段，使敌立处下风。

36. 车五进二　炮2退2

---

*文题摘自吴融《途中见杏花》

退打有力，不允许敌"抢占"河道，以威胁已方主打火力的安全，同时暗中实施双炮联结，为实施抽将做好了准备。

37. 车五退一　车7平6

以下无论红方炮八平四，还是士五进四，红炮均难免遭俘，故认负。

（三）反复周旋　打炮占肋争胜

图三录自郭永振与金波1995年全国团体赛弈战局谱。除车以外，其它兵种亦有抢占要点要线的强烈欲望。

42. ………　马8进7

抢点抢线刻不容缓，胁帅胁炮自有主张。争夺"下二路"，抢占6路线，是局面的"急所"，是反杀争杀的关键。否则，红方马六进八伏杀。此手，将空间的重要与时间的紧迫有机地糅为一体，成为具有杀伤力的铁拳，敌方急欲扑槽之马在此辉光"照射"下定格永远。

43. 帅五进一　马7退9　　44. 帅五退一　炮9进1
45. 帅五进一　炮8退1　　46. 炮四退一　炮9退1
47. 帅五退一　马9进7　　48. 炮四进一　炮8平6

抢炮占肋，有力破坏了敌军攻势，同时反守为攻，加快了进剿的步伐。

49. 帅五平四　卒7进1　　50. 士六进五　炮9退2

择路选点，欲炮6退5去兵、减层、为马开路，做成绝杀。

总之，抢占战术是强力夺取要点要线的举措，是驱逐、逼离守军的手段，是占领要冲、发挥地形作用的运筹，是攻城组杀的金色锁钥。

正是：主导沙场无敌兵，占线夺势杀气升。林空色暝莺先到，马挺炮助车拼争。

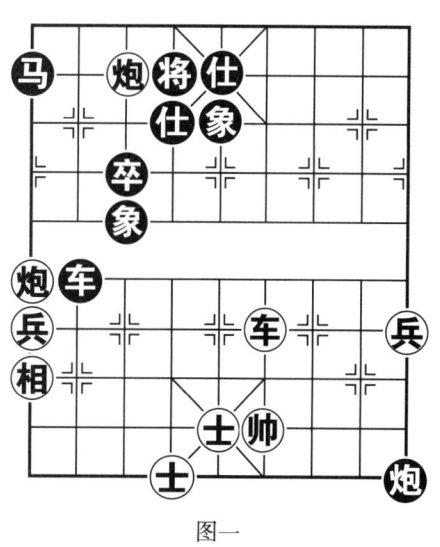

图一

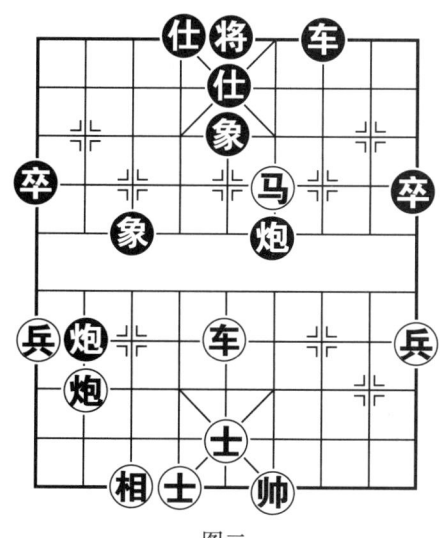

图二

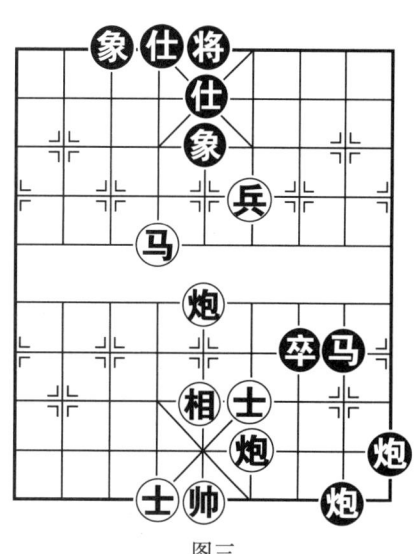

图三

10. 昨日主人今日客*
——浅论让位战术

（英）利德尔·哈特在著名的《战略论》中提出了战略战术的八条原则，其中第六条是：

"保证计划具有灵活性，同时根据情况的可能来部署军队。在制订计划时，必须预先考虑和研究下一步的行动措施。不管是成功还是失败，或者只是局部性的成功，都要有预定的应付办法。你的兵力部署必须保障部队能在最短的时限内发展已经取得的成果，或者立即变更部署，以便适应变化了的新情况。"

让位战术系指已按计划进行驻扎的兵员，根据战事的需要以及相互配合的要求，采取灵活务实的行动，在自身离营出击、改善自身位势的同时，预先为友军进驻让出其所占据的点位，以求服务大局，使友军顺利达成过渡、避捉、进击、要杀的目的，从而使己方攻势变得更加强大的点位转让技巧。

（一）刁钻让位　攻城马炮双增辉

图一选自朱永康与王嘉良1962年于上海弈战局谱。

38. 炮七退二

让点无根打，依势同根逼！此让位战术绝佳妙手，内涵丰富，着法精彩，堪称典范。首先是反杀除患，因黑方下伏卒5平6的绝杀手段，而退打敌炮可清除窥帅火力点，确保大本营战略安全；其次是击弱制弊，敌炮表面凶险万端，但由于让位战术的巧妙实施，敌炮因起遮掩护主作用而不敢离线，从而变成一个软弱可欺的打击目标，敌如炮6退2则马六进七再炮七进三闷杀；再次是明暗结合、双向打击，黑方若应以炮6进2，红则马六进七再炮七进三打象叫将抽马，也就是说，此让位战术之实施，双胁马炮，必得其一，敌势将立刻崩溃；最后是让位战术实施得既威严又含蓄，炮为马让位后，自身纵横火力四射，而马则有好位可占，又可视敌情而不占，十分美妙，且马炮双增效，夺子要杀双威慑，立使敌方损兵折将，难以抗御。真个是：橘枰承载妙手有幸，岁月赞叹让位无双！

38. ……　　马3退2　　39. 炮七平四　马2退3　　40. 炮四平九

撤线击打悠然去，窥兵保卒空手归。借让位所构成的杀势而掠卒，黑无奈，只能士5进4，红则马六退八折返绊别胜。此局炮既善于让位，又注重充分发挥马将奔卧所造成的巨大威慑作用，尽情享用让位所带来的利益，打炮去卒，使敌溃不成军。正是：巧取

---

*文题摘自黄庭坚《木兰花令》

豪夺谁为首？让位君子第一人！

（二）闪离让贤　重兵空门施高压

图二摘自许银川与冯启行1994年于广州弈战局谱。

1. 炮三平二

进退皆可取势，让位突出侧攻。平炮二路，既可伺机下底，造成天地炮攻势，又可退而联炮，巩固中炮罩镇地位，而更为重要的是为六路车让出压马点位，为侧攻弱旅空门打叠。此手，为攻城擒将之决定性着法，带有明显的战略色彩。

1. ……　　车1平2

黑方不敢马7进6捉双，因伏有车六平三叫杀手段，黑方难应。

2. 车六平三　车2进3　　3. 炮二退二　马7退6　　4. 帅五平四

强势帅参战，凭空多一车！本来弱旅空门，很难抵挡车双炮的联合进攻，而帅之出面助攻，将使攻势力度加大、速度加快。

4. ……　　炮1平9　　5. 炮二进五　马6进7　　6. 车三平四

催杀天地炮，夺命卡肋车！双炮均在敌口，任由选吃，车平肋借帅力却妙演绝杀。回顾炮三平二让位一手，其势柔中有刚、内涵丰富，是加速组杀的里程碑。正是：让位皆增效，默契演妙局。

（三）精妙让位　围城驱敌奏凯歌

图三录自泰国谢盖洲与中国胡荣华1984年于马尼拉第三届亚洲杯象棋赛弈战局谱。

30. ……　　炮3退1

打车窥相抢势，让位邀架伏杀！此让位战术妙手，立茬闪击，凶险万端，力度非常，它立刻吹响了战略总攻的号角。此手，在让位中组杀，在组杀中让位，行棋极为紧凑；此手，使马炮互补互惠之势发展到了极致；瞄打主力，攻击敌首之锋利，天下无双！

31. 车四进四　马2进3

卧槽逼帅充架，侧翼凶猛助攻。炮为马让位，马为炮充架，相互巧妙配合，马炮双双受益，在敌左翼立掀攻城狂澜。

32. 帅五平四　炮3进2　　33. 帅四进一　卒4平5

借自塞而抢占象头，实施超短程的封锁断路，四兵种横向夹击，做成绝杀！此次决战，之所以能够以迅雷不及掩耳之势，摧枯拉朽，实乃炮3退1让位战术造作引发之功也。

总之，让位战术是不同兵种兵员的主动关照，是相互配合、互通有无的合理机制，是橘枰默契礼让的温暖，是点位换易增效的赞歌。

有诗将你赞扬：一扫沉闷万马喑，子力灵活气象新。昨日主人今日客，让出交椅论古今！

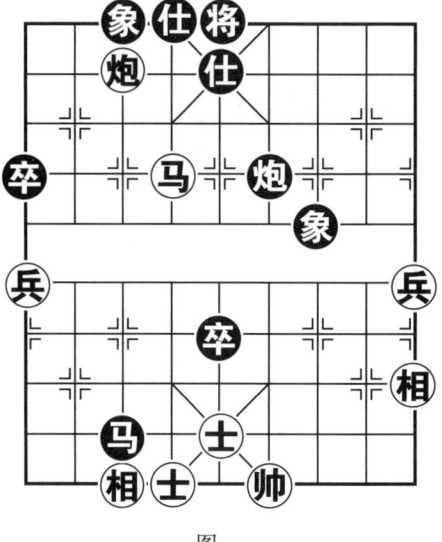

图一

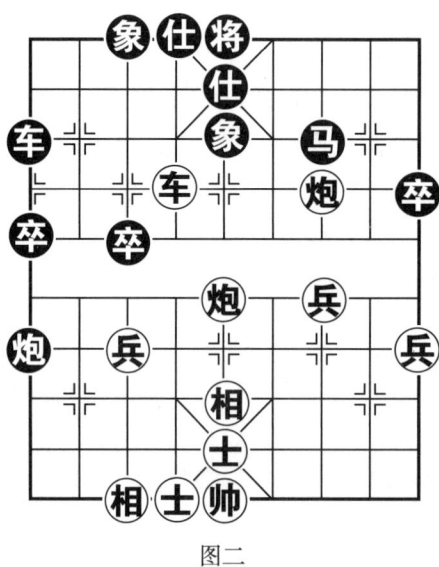

图二

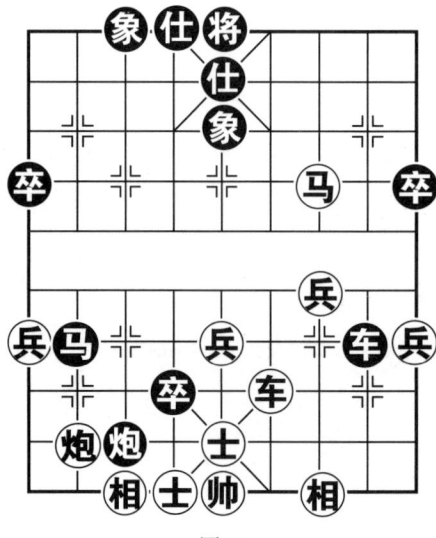

图三

11. 天关九虎寻无路*
——小论闭路战术

克劳塞维茨将军在《战争论》中论及采用迂回战法切断敌军交通线的目的时指出："在这种迂回中，随着道路所具有的双重意义，也有双重目的。一是破坏或切断敌之交通线，使敌人因为缺乏粮食而陷入困境，以达到使其不得不退却的目的，再是以切断敌之退路为目的。"

闭路战术系指在敌军正欲机动、游弋、打将、叫杀以发动攻势，或转移、躲避、延气以实施反击的紧急关头，防守部队充分利用车炮类火器远程控制能力，对敌军所欲行之交通要道，实施强制性的关闭封锁措施，并对道路附近可能遭袭并被占领的营寨采取生根加固手段，以使敌军有道路不得通行、有兵员不能机动、有战斗不准参加、有点位不得将杀的陷敌于瘫痪状态的交通封闭管制措施。

闭路战术与戒严战术并不相同：前者的实施主体一般以炮车为主，而后者主要以马为主；其次实施的对象亦不相同：闭路着眼于封杀整条"线路"，而戒严术则侧重于要塞、路口、入杀点等"点位"类军事目标。

闭路战术与封锁战术的差异，主要表现在动机与功能方面，前者在于限制敌军在该线路上的运行，而后者的正常业务是不准强车露头，或者以火力限制敌军入界，以迟缓其参战的时日，迟滞其进攻速度。但它们都在各司其职、各展神通，以不同的方式限制敌寇活动，维护领地的安全。

（一）闭路羞辱马　拼死撞宫墙

图一选自李义庭与杨官璘1963年于汉口弈战局谱。

22. 炮七退一

轻退微调着法妙，防右攻左意趣深！此乃生根、防守、让路、暗伏、策应之闭路妙手，为攻守转化关键时刻最具战略意义的利攻利防的重要举措。它封闭了7路马之进路，策应了右翼弱防，有力挫败了敌于己方右翼发动攻势以扭转局势的图谋：如任由马7进8再车2平7的种种攻击手段得逞，红阵不堪。此手攻防一体，同时暗伏为河马让路并马七退六折返捉双的先手。

22. ………… 马7进5

远道扑奔铁蹄紧，封闭进路杀意休！退炮一手使敌马失路减效，变成一个进路茫然而又无所作为的入侵者，而且使车转移7线抢攻的企图化为泡影，遂恼怒拼炮，以解车炮即将被捉

---
*文题摘自韩淲《贺新郎》

之困。由于耗时进行长途奔袭之马的自焚，敌势锐减，从此红阵再无隐忧。闭路逼马之后，另翼拴缚之利突出显现，成为敌军难以医治的心病。

23. 相七进五　炮7平2

退炮一手的实战功效还在延续，一车牵三，使敌立处守势，贴将肋马难以启动，所能动者，唯卒是也。可见退炮一手局面效益之巨大、隐伏功能之绵长！

24. 帅四平五	卒5平4	25. 马七进六	士6进5	26. 士五退四	卒7进1
27. 炮七平二	卒7进1	28. 马六进七	将5平6	29. 炮二进五	象5退3
30. 炮二平四	马4进6	31. 马七退六	卒7进1	32. 士六进五	象3退5
33. 兵七进一	炮2进2	34. 炮四退一	炮2进1	35. 兵七进一	后炮平4

李义庭、陈培芳两位先生局后研究认为，此时轮红如走马九进七，可获速胜。因敌必车2平3，则车八进一，车3退3，车八进八，黑有两种应法：一、士5退4，兵七平六，将6平5，车八平六，马6退4，马六进四杀；二、象5退3，车八平七，士5退4，马六进四，车3平6，兵七平六，将6平5，车七退二再平中胜。实战又经过激战，至五十七回合红方获胜。回顾炮之闭路一手，真可谓：大地严冬尽，弈林暖春归！

（二）连续闭杀路　消解万古愁

图二摘自《适情雅趣》第177局"声势相依"谱图，黑方已做成绝杀之势，然红方借先行之利，先后关闭边线和八路线，使黑车无路入杀而负。

1. 炮一平九　车1平2

借敌驱打闭边线，更为续着妙打叠。红炮远程转移、边线追打，封闭车路，并先手安置炮座，为后续闭路打叠，从而使得意狂车从此痛失杀机，并变成"助人为乐"的台架式内奸。其闭技之酷，手法之狠，令敌心寒意冷！

2. 车二进三　将4进1　　3. 后车进三　将4进1

打将过渡，抢先占位，为再次妙施闭路战术做好准备。

4. 后车平八

监管凶似虎，充架硬如钢！此闭路妙手既有力盯咬监管后方敌车之绝杀，又为边炮充架、联手组建了前线超低空强大闭路火力网，为右车绝杀敌首助战。即便2路车退而夺车，它依旧充当了助炮断路的专家。八路车防杀助杀之勇、攻防效率之高，举世无双，而且其挑战意图非常明朗：此路已封闭，不准施杀技。若敢回头咬，照杀不误时！

（三）中路施妙手　轻松做绝杀

图三录自《适情雅趣》第344局"爱身待时"局谱。

1. 炮三进三　将4进1

打将顿挫，逼将上举，为伏杀择路抢夺先手。黑方此手若改走士6进5则兵四进一，下伏闷杀。

2. 炮三退六　将4退1

倒升提选位伏肋道重炮闷杀，为攻杀紧手，不给敌前军发力的机会。

3. 兵四进一　将4进1

以下炮三平五短程火力关闭中路，使黑将无法平中，因炮八平六叫将时，黑方只能下士而遭到重炮杀，从而逼将防范、自处死地，自塞象田不得进行中路垫护防御。

4. 炮三平五

顿挫有致关闭术，毒占中原做杀人！此闭路妙手，双借用双制敌、控线闭路、力慑前后，威力无比！其行棋毒狠异常，以至于任由敌军如何拆解均不得逃脱厄运。下伏炮八平六再炮五平六重炮杀。此闭路之谋略、做杀之智慧，光彩夺目、辉耀古今！

总之，闭路战术是使欲行作祟之敌陷入停滞状态的得力手段，是使敌军预定作战计划夭折的上佳方略，是剥夺敌军自由权、行动权的精妙设计，是针锋相对同敌争地夺路、对攻抢杀的大腕强手！

正是：纵横交错人间路，天关九虎寻无路。破碎强敌黄粱梦，刀枪入库享安宁！

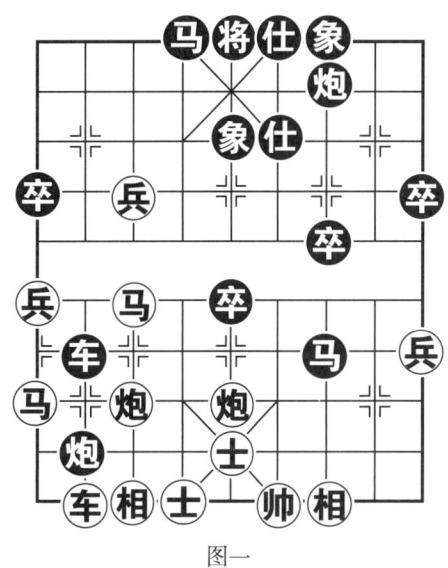

图一

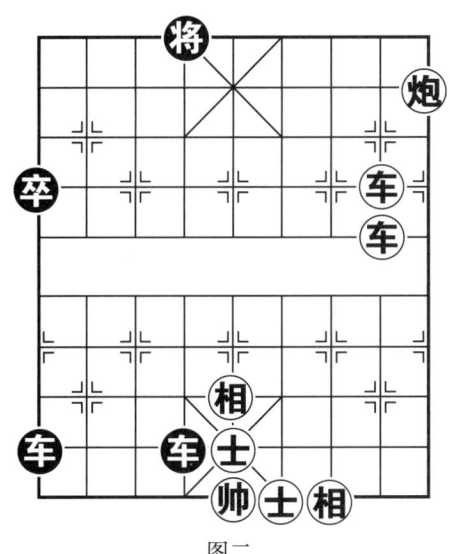

图二

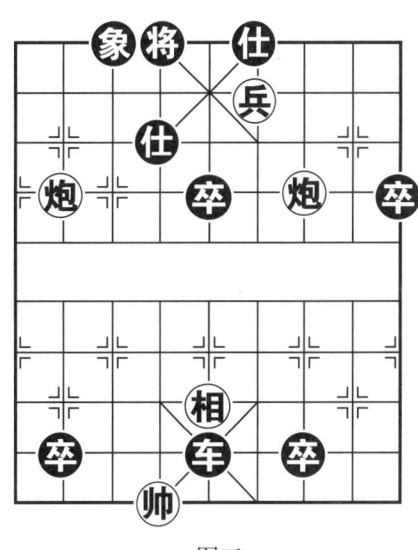

图三

12. 先春抽出黄金芽*
——浅论抽占战术

（苏）格鲁季宁在《苏联对军事哲学的研究》中指出："迅速突然的行动可以使敌人无法很好地组织抵抗，无法采取防止突然突击的措施，可以瓦解敌人的意志，使其惊慌失措。"

抽占战术系指在两军攻防关键时刻，实施方巧妙利用打将的机会，使抽体型兵员乘势闪抽选点占领有利位置，甚至是被敌军火力封锁、控制的要点，以最大限度地发挥抽体型兵员封锁、遮掩、卡位、择路的位势效能，为友军造势增效，为攻城、歼敌、擒将创造必需条件的运调技法。

抽占战术与闪抽战术、抽吃战术虽然同属抽技，但其业务、功能各不相同。抽占战术以占领阵地为唯一考量，而抽吃战术则想方设法落实在"吃"上，闪抽战术则有夺子、抢位、闪将、争杀等更多的选择，动机较为广泛。

（一）抽占遮掩　擎起一片蓝天

图一选自朱鹤洲先生排拟的"异军突起"精妙棋局正解着法第22回合谱图。

23. 车五平四　士5进6　　24. 车四平二

钢铁屏障谁为最？异军突起恰逢时。打将闪抽占位，深远而巧妙。它立刻在主战场耸立起一座高山，遮掩住敌军强大火力，任凭马之火线打将腾挪，敌车如聋似瞎，只能隔山观望，奈何不得。此手，充分展现领军人物在关键时刻为友军撑起一片蓝天、为友军提供自由作战平台的巨大能量。此手，极度地减效，严酷地抑制，使敌车彻底灭火，使敌车成为仅有存在意义的"纸老虎"。

24. ……………　士6退5

无奈之举，如贸然将6平5，则车二平五，将5平4，炮四平六，马5进4，兵六进一速胜。

25. 炮二平四　将6进1

吸引战术、高崖战术与钓猎战术的精妙结合，为"异军突起"而壮烈铺垫打叠。

26. 马二进三　将6退1　　27. 马三进二　将6进1　　28. 车二平四　将6平5
29. 车四平五　将5平6　　30. 马二退四

---

*文题摘自卢仝《走笔谢孟谏议寄新茶》

车四平二之抽占，不仅"维护"了马，而且涌动了全体进攻兵员的热血，它们或明或暗，或动或静，为擒杀敌首做出了贡献。

（二）抽占精确　待机命中悬崖

图二摘自《古今象棋名局精萃》车炮兵类第75局。

1. 炮二退七

乘势占要点，待机做绝杀。此手为典型的抽占技法，它选点精准，多一步将遭受敌车之监管，少一步则难与士进行有效的配合；它谋虑深远，它时机恰切，为入局之要。

1. ……　　　将6退1　　2. 车一平四

绝佳吸引妙手，其功能一是彻底破坏敌首利用中士归中，并以角隅炮封锁底线进行顽抗的企图；二是巧妙为三兵钓猎到猎物，为弃兵实施高崖战术，将敌首逼上绝路而铺垫。此手的精妙层级为两个叹号，属于吸引、钓猎、组杀之顿挫妙手。

2. ……　　　将6进1　　3. 炮二平四　　士6退5　　4. 兵三平四　　士5进6

5. 兵四进一　　将6进1　　6. 士五进四

炮士帅得以妙杀，抽占之术功不可没！

（三）抽占择路　借架荣立功勋

图三取自《适情雅趣》120局"龟玉毁椟"谱图。

1. 兵四进一

弃兵引将，使其进入己方火力击打范围，为后续施展种种手段创造条件，同时调将离车，为九路车斩杀敌车除掉攻杀障碍时，以免敌首乘机右移摆脱困境而提前打叠。此手引蛇出洞，为开首战术之妙用，它将敌首一步步推向了死亡。

1. ……　　　将5平6　　2. 车九平六　　马3退4　　3. 马三进二　　将6进1

以马后炮杀相威胁，逼将走高，从而定将中途，为实施抽占战法、绝杀敌首造势打叠。

4. 炮五平四　　炮5平6　　5. 前炮平六　　炮6平5　　6. 炮六进四

一位英杰杀敌去，几阵锣鼓请君出！此抽占妙手仗定将之力，借窝心之弊，尽抽技之妙，短程抽占，立成杀局。抽占，借势运行，其速若电，它不给花心马逃离除弊的时间，也不给敌车砍炮以机会，敌军只能面面相觑，坐以待毙。

总之，抽占战术是借势抢占位置的技巧，是无干扰运子作业的手段，是从抽技中谋取的时间利益，是达成灵动标准的弈坛魔术。

正是：借势抢点飞行家，高效运作求妙杀。得时开进咽喉道，先春抽出黄金芽。

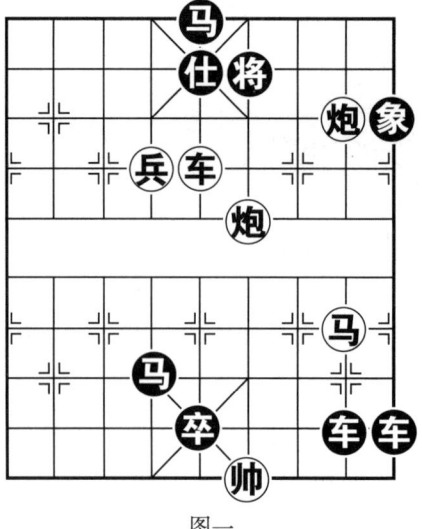

图一

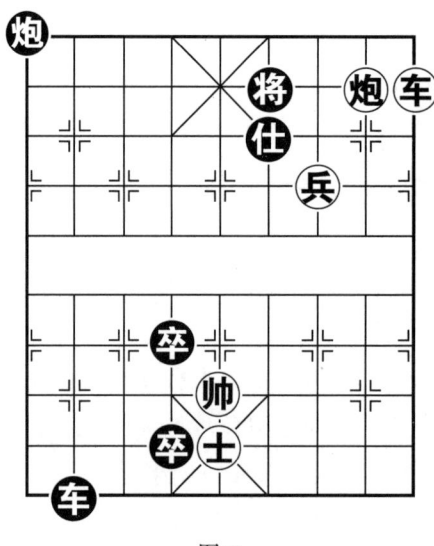

图二

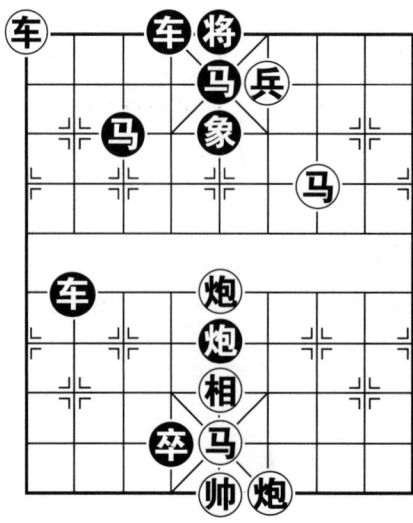

图三

13. 浙东风雨过江来*

——小论入界战术

若米尼将军认为，"登陆作战很难按照一些硬性规则实施"，他建议做到以下几点，"迷惑敌人，使其不能判断出我军的登陆地点；所选择的停泊场，要保障所有部队能同时上陆；要以最积极的行动登陆，并力求迅速占领一个依托点，以掩护部队逐渐展开"。

入界战术系指在敌我两军攻防大战中，进攻部队抓住敌营弱点，利用宝贵的一隙之机，派遣精干得力兵员跨河进入敌界，或抢占据点，或设置依托，或斩杀敌兵，或制乱敌营，或吸引调敌，或增援助攻，从而为己方前锋部队乃至后续部队进行攻杀创造最佳战场条件的运兵方略。

（一）入界严厉　挂角压镇威胁大

图一为胡荣华与陈新全1974年全国个人赛中局形势。

24. 马七进八

楚西龙马携威去，浙东风雨过江来！此入界妙手，十分严厉，它立窥角炮而绝杀；它欺逼4路马；它诱马充架、暗助边炮压镇中路，下伏三路炮下底绝杀，真个是：演弈中局险，越界伏双杀！

24.………… 马5进3

这是一份入界严高效的"证言"！黑方对欺马叼炮的入界者不敢招惹，任凭其踏炮叫将，入界太"野蛮"了，敌营太"礼让"了。这就是入界战术！

25. 马八进六	将5进1	26. 炮九退五	炮2平8	27. 兵五进一	炮8退2
28. 兵五进一	炮8平4	29. 兵五平六	马3进4	30. 炮九平五	将5退1
31. 炮五进五	士6进5	32. 炮五平一	炮4退1	33. 炮一进三	士5进6
34. 炮三进三	将5进1	35. 炮三平七

入界精妙度，势为明断人！黑方少子缺象且宫廷紊乱，故投子认负。

（二）入界神勇　逼离要员巧做杀

图二系葛维蒲与许文学1996年全国个人赛轮黑方行棋的杪面。

48.………… 马6进5

热血化彩练，须臾霞满天！入界踏营，铿锵有声，既有增援助杀计划，又有引离守臣、

---

*文题摘自苏轼《有美堂暴雨》

巧妙做杀安排；它行棋有派，计算精准，入界神勇！

49. 马六进五　车4平5

扼守擅离去，帅位夺过来。趁机平车帅位，禁制敌首，为实施妙杀打叠。大凡"妙手"，均伏有两套谋划方案，由敌选择其一，而敌则通常选择相对近短之方案，实施方则以另一精深杀法巧妙取胜。

50. 士四退五　马9进8　　51. 帅四进一　车5退1
52. 马五退三　车5平6

抠搜施手段，阻塞妙杀皇！红方只能马三退四解杀以阻帅塞相，下伏马8进7杀。车马之妙杀，并不能遮掩6路马入界的光芒，反而使胜利具有"甘洒热血写春秋"的深沉！

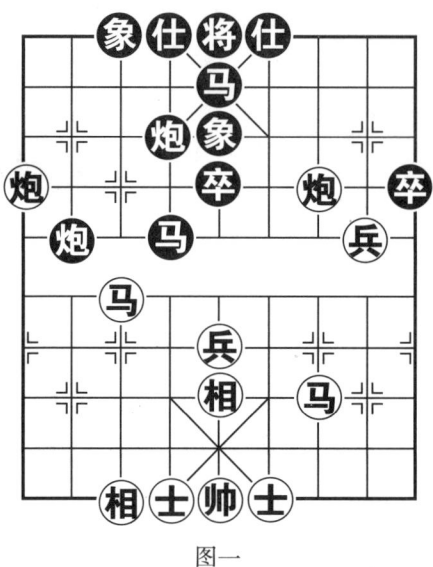

图一

（三）入界助杀　空虚翼侧展神威

图三取自张申宏与陈泓盛2006年全国个人赛弈战局谱。

26. 马四进六

入界时机恰，助杀手段多。渡河即将奔赴空门，再马六进七，构成绝杀。此手充分利用敌炮双车拥塞一隅、远离主战场之弊端，争速入界，增援做杀。其助杀之狠、效率之高，令敌军防范不及。

26. ……　　马6退4　　27. 车六退二　象5退3
28. 马六进八

入界者之角色，已由助攻转换为主攻，它挑起了攻杀的重担，灵活机动地展开了攻击。

28. ……　　士5进6　　29. 马八进六　将5进1
30. 马六进七　将5平6
31. 车六进二　士6进5　　32. 马七退六　将6退1
33. 车六平五

如士6退5则车二平四照杀。此马之入界，带动了双车，活跃了争战，凌乱了敌营，精妙了杀局！

总之，入界战术是进攻的意向，是对敌军的威逼，是靠近目标的悄然行进，是发动攻城决战的信息。

正是：橘柈沃土育将才，征讨戎首势不衰。楚西兵马渡河去，浙东风雨过江来！

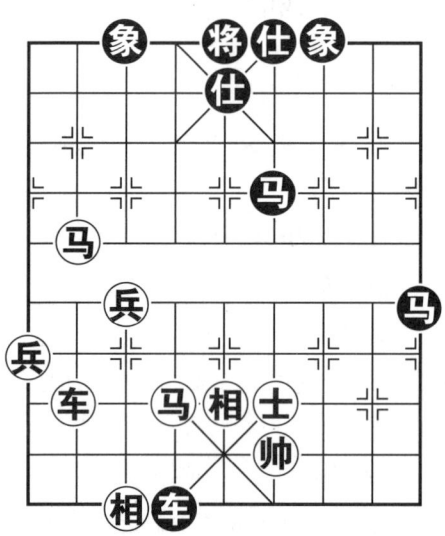

图二

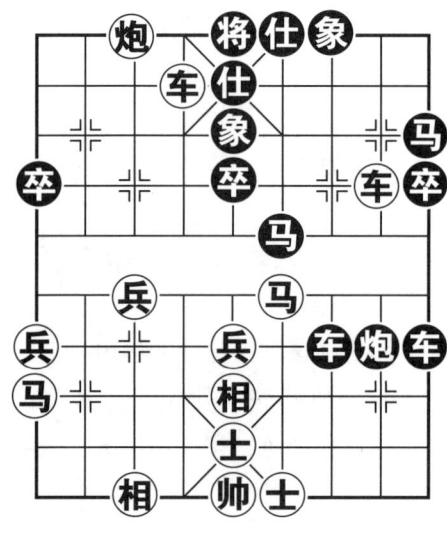

图三

14. 桃溪不作从容住*
——简论变位战术

克劳塞维茨将军在《战争论》中指出："完全改变各部队间的这种几何位置，只是为了使战斗得以更好地进行。"

变位战术系指以马为主要代表的斜向运行的兵员，遵循"兵因地而强"的思想，在友军大力支持下，利用打将、应将、抽占、捉拿和威胁等有效手段，趁势先手变换驻占位置，改善子境，增加势能，便利交通，最大限度地发挥兵种特长和兵员的战斗作用，从而达成开路、窥瞄、打叠、击弱、捉吃、要杀等局面效果，使局势进一步朝着有利于己方的方向发展的子力位置的调整变换技巧。

（一）连续变位　踩踏敌域神威彰显

图一选自韩福德与刘文哲1962年于合肥弈战局谱。

32. 马六退五

撤离右角窥左角，机灵赤兔觅新居！此变位妙手不满足于制车窥将之势，进一步求取位势的更高境界。在面临敌炮欲退2控制情势下，角马折返中路，暗窥虚弱左角，伏挂得炮，以扩大优势、演成杀势。其变位酷也，其谋划深也！

32. ……　　炮8退2　　33. 马五进四　车4平6　　34. 兵五进一

扑进花心敌宫乱，踏遍中原气势遒！这之前，中兵胁炮砍象，一路雷声滚滚，现勇扑花心，强力吸引敌将凸起。此均系马连续两手变位的有力后续，下伏马四退六闪将得炮而奠定胜局。

34. ……　　将5进1　　35. 马四退六

折返打将再变位，闪露恶炮巧掠之。两手变位推波助澜，敌营颓势江河日下。

35. ……　　将5平4　　36. 车八平二　车6进2　　37. 车二进一　马4进6

38. 马六退五

凶悍变位，巧妙折返，欺车掠卒并伏一马踏二！

38. ……　　车6进2　　39. 马五进七　将4退1　　40. 车二平三　车6退1

41. 马七进九　将4平5　　42. 车三退一

下伏平中照将，再坐镇花心，边马双杀。其中角隅炮之静默、变位马之机动，给战局增添了勃勃生机，留下了动静和谐之美。真个是：囤积能量制底线，变位择点觅杀机！

（二）孤相仙态　攻防转换功力无限

在变位能力方面，斜向进退之相亦具有非凡的功力。它与马共同演弈了疆场上的变位绝技。图二

---

*文题摘自周邦彦《玉楼春》

为张健麟先生排拟的名局《清风明月夜》谱图。是局红方三路相，充分利用帅与中兵的控制力及二路兵平三后的致命威胁，利用边炮拴缚双车的一机之先，极尽变位之妙，连续妙施应将、遮垫、要杀、劫掠、开路、窥瞄、打叠与歼杀等一系列变位手段，铲除敌有生力量而取胜。

1. 兵二平三

移动、向心、紧气、伏杀，为三路相实施战术变位提供了绝佳战场大环境和有利战机。

1. ……　　　车3平5　　2. 相三进五

独挑大梁勇士，保国护主忠臣！以无根之相应将、遮护，奇勇大勇，并暗中逼车逼将、威胁要杀，再为继续变位掠卒、为炮游弋河道而清除路障做好战术打叠。

2. ……　　　车5平3　　3. 相五进三

一飞制三何高效，变位家族此为尊！先手去卒，为河炮摧毁路障；亮帅，再以要杀相逼。其在应将、要杀中变位，在变位中要杀、劫掠、开路，精妙绝伦、天下无双！

3. ……　　　车3平5　　4. 相三退五　车5平3　　5. 相五退三

应将中要杀，变位中过渡，往复中开路！它极大改善了弱旅的争战地位，有力改变了人们对士相的无端歧视和偏见——它成为局面运作中的轴心、纵横捭阖的调度、攻防转换的枢纽！正是：谁云呆板无为客？彪炳弈史争战人！

5. ……　　　车3平5　　6. 炮一平五　车5平3
7. 兵三平四　将6平5　　8. 兵四平五　将5平6
9. 炮五平八　车3平5　　10. 相三进五

通过一系列遮护、要杀、向心、闪离、阻挡等战术技巧的运作，不给2路车下底攻杀的机会，为连将歼杀恶车、为巧施窥瞄诛杀边马做好了打叠。相之精妙演弈还在继续。

10. ……　　车5平3　　11. 相五进七

力度最大、功效最高的一次变位，它为两军大会战、歼杀所有强敌做好了准备。

11. ……　　车3平5　　12. 炮九平五　车2平5
13. 后兵进一　象7进5　　14. 相九退七

连续紧凑变位，暗窥、亲自诛杀边马，次序井然。一场大型歼灭战，由于变位战术的主导与润滑，已经胜利结束，而相的巧妙变位之灵光将永远辉耀人间！排局专家崔鸿传先生曾盛赞此局设计"奇思浪漫，至险至难"，诸子运行，"辘轳相转，反复摩荡，移步换形，雍容进止"。

总之，变位战术是选点术、增效术与机动术的联合体，是不满足已有、面向最佳的对空间的渴望，是友军心灵发出的强烈呼唤，是自主选择梦幻岗位、以人尽其才的现实畅想！

正是：忽左忽右游击术，时进时退杀敌心。飞湍瀑流争喧豗，浪卷波翻直到今。

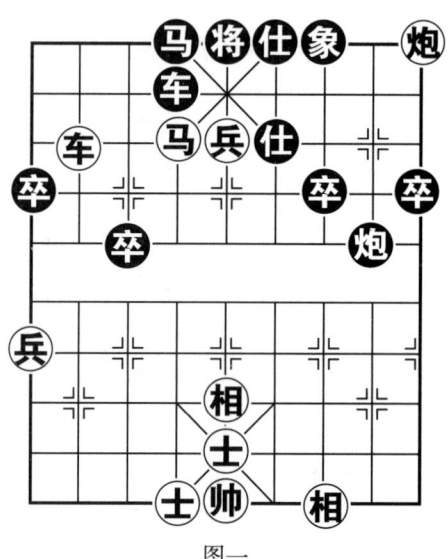

图一

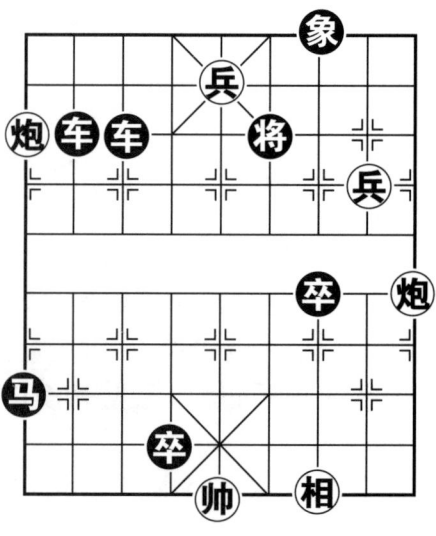

图二

15. 千朵万朵压枝低*

——浅论迫压战术

克劳塞维茨将军在《战争论》中明确指出："集中主力，紧紧接近敌军，并准备好采取随机应变的行动。"

迫压战术系指在两军攻防战中，大本营根据战事需要，及时选调中、长火器，对敌军身处底线或底二线正欲开拔、冲进、归退并活跃起来之兵员，立即先敌实施迫近、逼压、冲顶、贴靠等相应手段，对其强行迫近压靠，从而极大压缩其活动空间，并有效利用周边地形及其战阵弊端，使其丧失机动能力或变成易受宰杀之物的空间争夺艺术。

迫压战术与盖压战术大不相同：一是受动者的位置不同，前者处于底线较多，而后者处位偏高，常常在兵行线、宫顶线一带；二是功效不同，前者使敌丧失活动空间，处于被禁制压抑状态，而后者并不缺少空间而是缺少进退的点位，如相头盖压敌马那样。

迫压战术与贴靠战术也不相同，除受动者的位置不同以外——后者可适用于一切方位的敌兵员，而前者集中体现对底线敌子；其次，实施中敌我两子的相对位置也不相同，前者大都在敌兵员正前方头上实施，而后者则在敌左右两侧近贴挨靠，再者，对敌兵员限制抑止的程度，就更加迥然不同了。

（一）从容迫压　夺子占位转侧杀

图一选自李来群与杨官璘1981年于温州全国个人赛弈战局谱。在无车棋较量中，能使敌马炮攻防速度减慢甚至对其大员予以冻结，则胜率骤增。是局黑方在这方面进行了精彩的表演。

30.………… 炮4进2

除塞治弊争先手，从容有节布铁军！此手推进十分老到，它既解决了自塞象田的弊端，加强了双象的联络，利于后方安全，又避免了在看护9线卒上重复用兵；既利用了两个河兵冲渡无路的弊端先手瞄打，争先夺势，又乘敌马暂时不能进发与敌双炮均不敢横阻8线炮路之机，故意保留迫压权利，弈来有节有致！

31.炮一平八　炮8进2

泰山压顶施抑术，龙马遭劫了此生！此迫压战术妙手彻底剥夺了特种兵的机动权利并危及其生存权利，沉重打击了少兵的营垒，立使战局陡转。迫压战术的巨大功效难以尽述，此情此景可见一斑。此手时机恰切，正值敌炮让点、敌马欲动之时，使敌炮的心思、敌马的心情顿时遭致沉重打击！

---

*文题摘自杜甫《江畔独步寻花》

32.炮八进七　象5退3　　33.炮八退五　卒7进1　　34.相三进五　卒7进1

封断一线路，迫压延其时！炮卒联手压抑、禁制，马已凶多吉少。

35.士四进五　炮4进1　　36.兵五进一　炮4平8　　37.炮九退一　炮8进3

38.炮九平三　卒5进1

由于迫压战法的巧妙实施，黑方净赚一马，并占得翼侧小空头的攻势，在中卒进逼助攻之下，迅速转变为杀势。

39.士五进六　前炮平9　　40.炮三平七　象3退5　　41.炮七平九　马7进5

42.相七进九　马5进7　　43.炮八平三　卒5进1　　44.炮九进五　卒5平6

以下肋卒连续俯冲，助双炮成杀。

（二）超短迫压　守炮逸将双减效

图二为《古今象棋名局精萃》炮兵局第36局谱图。迫压战术不仅能够对敌兵员实施，而且也能对敌首实施，并一招制胜。

1.兵七平六

抢先一步要杀，逼敌应付，不给敌争杀以机会，同时为实施迫压造势。

1.………　士5进6　　2.炮二平四

紧手，抢先争速，同时变更线路，为实施迫压打叠。

2.………　士6退5　　3.兵四平五　将5平6　　4.兵六进一　炮8平5　　5.炮四进二

做杀凶似虎，抑压重如山！以有根炮迫压黑将，立使其彻底丧失周旋避杀的空间，下伏兵五进一闷杀。

总之，迫压战术是对低位势兵员的残酷打压，是对空间此长彼消的极度渴求，是以点制面的有力手段，是取势夺先的上佳图谋！

有诗盛赞你的功德：橘枰圣手善制敌，幽禁抑压堪称奇。纤柔不堪花繁茂，千朵万朵压枝低！

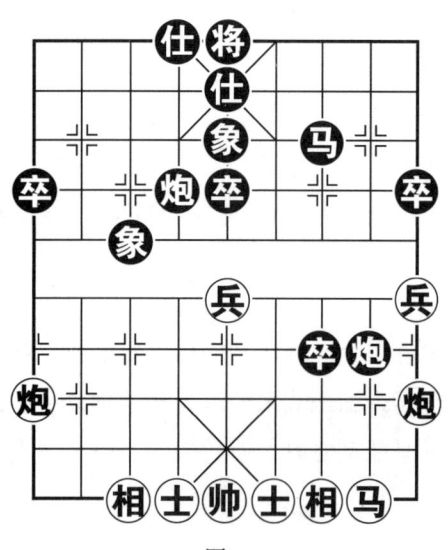

图一

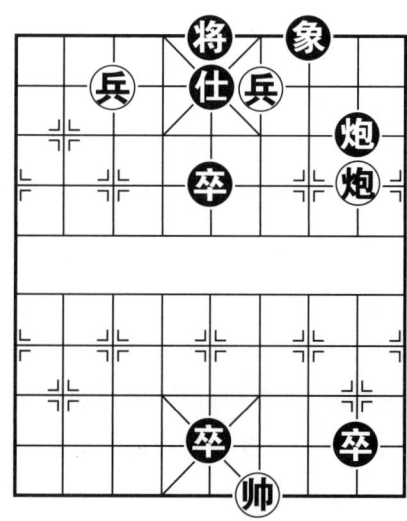

图二

16. 四方环镇嵩当中*

——小论镇中战术

朱里奥·杜黑将军在《制空权》中写道："掌握制空权就是胜利。没有制空权，就注定要失败，并接受战胜者愿意强加的任何条件。这就是我们根据逻辑推理得出的结论。"

镇中战术系指在敌方中路防御出现散乱、薄弱及某种致命弊端的情况下，以车、炮为实施主体的火器，采取进击、平中、威胁、弃舍等有效手段，强占敌阵中路领空，使敌宫遭镇受压，弊端丛生，渐露败象的镇压中路的谋攻方略。

尽管镇中与压镇、罩镇、空镇各不相同，但都具有在中路发动进攻的巨大能量，具有对敌首的致命威胁，并相机进行严厉的后续攻击。

（一）苦寒笼罩　宫城断绝生机

图一摘自张致忠与徐天红1986年4月于邯郸全国象棋团体赛弈战局谱。是局红马因被捉而退避花心，黑方抓住此弊，奔马撤架，以车镇中，立使敌宫处于僵死状态——

19. ……………… 马5进6

奔袭催杀步调，阻车撤架英雄！依托7卒，入界待机，既为平车镇中创造条件，又为利用镇中有利态势而暗伏卧槽、挂角双杀，同时暗中将敌马五进四的治弊防镇计划，破坏在难以摆脱的窝心状态之中。

20. 炮五平三　车7平5

马窝心酿成大害，车镇中顺水推舟！车之镇，虽乘机借势，运行自然，但其价值却重于泰山，其效力凶于点穴——它使敌宫立刻笼罩在深重的苦寒之中，深宫冰封血凝，诸军不见生机！此镇之效力堪比锁制，使窝心马贴帅呆滞，若飞相遮掩以走马，则平空浪费两步资源，且黑方车马早已成势，已经不再允许其调整治弊了。此例，亦成功阐释了镇中战术与压镇、罩镇、空镇三战术之不同。

21. 车四平三　马2进1

诱炮离防，以削弱敌城防守力，为6路马双杀扫清障碍。如敌不予理睬，则马1进2，红方难应。

22. 炮九进三　马6进4　　23. 炮九平六　车5退4

以下如车三平四则士5进6做成绝杀。正是：窝心马制弊，镇中车成王！

---

*文题摘自韩愈《谒衡岳庙遂宿岳寺题门楼》

（二）连续实施　屏风不挡急袭

图二选自陈永华与李义庭1959年于北京第一届全运会弈战局谱。

29.………… 　炮3平7

闪露、捉马、保马、窥底，为实施镇中战术打叠，为做杀造势，在敌车双炮临门袭扰情况下，仍从容镇定，谋划深远。

30.炮一平三　将5进1　31.车二退一　将5平4　32.马七退九　车3平4

同敌军耐心进行周旋，后中先占线控肋，防守中暗伏反击手段，但仍不急于发炮，节奏感极强，停待之间蕴含着突然的爆发。

33.马九进七　炮5进4

双马看护门庭，竟敢击兵镇中。手段绝对巧妙，橘枰荡漾春风。此手镇中，非洞穿敌防虚弱而难有此种大魄力也。大凡一局之中，时常会有虚假的强大阵容的出现——双雄把关、城防铜墙铁壁，看上去无懈可击，但在慧目扫视之下，弱势病态尽显，一击之下尽皆落花流水。此时，镇中战术同压镇、罩镇之迥异，就十分明显了。其一，中炮与攻击目标之间，并不存在紧缩的象士或象马防御模式；其二，压镇、罩镇一旦实施完毕，被镇的象士或象马因镇而不能行动，而镇中所镇之士却可以行动而使之变成空镇；其三，一般情况下，实施压镇、罩镇之炮均有较强的安全机制，而此处之炮则不存在人身保险之类的事。

若米尼将军在著名的《战争艺术概论》中曾深刻指出："在军事科学上，有些名词，其涵义非常相似，以致它们虽有本质区别，但仍常被混为一谈。"理论的任务，就在于以异同点为据，将此类涵义非常相近但又有本质区别的战术名称切割开来，让每一个各有不同内核的，其目的、内容、特征、功能都迥异的各路战术精英，不再实行大帮哄，彻底结束姊妹战术浑噩共处的历史，使它们真正界定开来，彻底分家、各立门户、各具身形、各展英姿。

34.马七进五　炮7平5

敌右马因防闷杀而难以投入到保护中路的战斗，黑方抓住弊端，平炮再镇，遂做杀无解，甚妙。真个是：连镇夺势紧，攻城组杀严！

（三）高空施镇　绝地力挽狂澜

图三为李中健先生排拟的实用排局第397例图。

1.马二退四

折返马去也，镇中炮伏之。此手献马角地，精妙开篇，它叫杀、引士、使中路减层，为底炮争先平移镇中打叠，并伏车二平五夺势抢攻手段。

1.………… 　士5进6　2.炮一平五

一隙争镇势，三军乘东风！此手乃控制中路、牵制花心车、护帅防杀、暗伏反攻的镇中妙手，是橘枰上距离最远的镇中表演。首先看一看此手镇中与压镇、罩镇的异同点：一是中炮距离敌宫遥远，并不紧靠宫墙施镇，故而敌军有增层垫厚的很大余地；二是敌宫子力灵活，且中路有敌多个层次防御；三是镇中之炮处在被车衔含境地，随时都有被砍杀的危险。

其次，探讨一下此手镇中的功效：在敌一步即杀的紧急情况下，它有效延缓了敌之杀势，使7路车丧失进而叫杀的机会，也使花心车不得平4绝杀，这就使红方在极度危急情况下争得了反攻的一机之先；此镇中妙手还使敌宫紊乱处险，给双车偷袭妙杀提供了可能；它不仅为前锋争先夺势、为子力展开作出了铺垫，而且成为攻防转换、反败为胜的关键。假如没有它的强力支撑，那就不会有精彩的后续。它可说是一出精彩戏剧得以开幕并圆满谢幕的台柱子，是本局的"棋眼"。

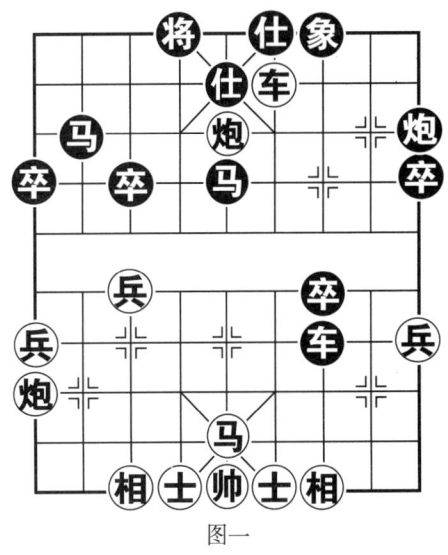

图一

2. ………… 士6退5　3. 车一平六

因伏车二平五的伏杀手段，逼士归退增层加厚。现平车士角，既防杀，又伏杀，它卡肋、诱士，并伏车二平五做杀手段。

3. ………… 士5进4

如卒3进1则车六进二，士5退4，炮九进四，士4进5（将5进1，车二平五，将5平6，车五平四杀），兵七进一，士5退4，车二平五，士6进5，兵7平6杀。

4. 车二平五　将5平4

黑方如改走一：士4退5，车五退五，车7平5，炮九平三；

如改走二：士6进5，车五平二，将5平6，车二平四，将6平5，兵七进一。

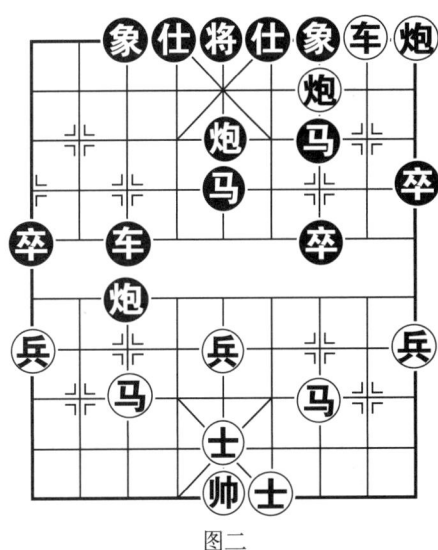

图二

5. 兵七进一　将4进1　　6. 车五进二　车5退7

7. 炮九平六

此局炮之罕见超远镇中，功效奇特盖世，它不仅争时延气，而且为马炮兵双车绝妙表演提供了绝佳平台，真个是：镇炮增效三军猛，寒梅带出百花开！

总之，镇中战术是车炮乘敌中路虚懈进行控制的方略，是占取攻势的战略抉择，是制弊乱敌的手段，是发动总攻、制胜敌军的锁钥。

有诗赞曰：制弊击弱斗枭雄，轴线要地展神功。三军围城势为主，四方环镇嵩当中！

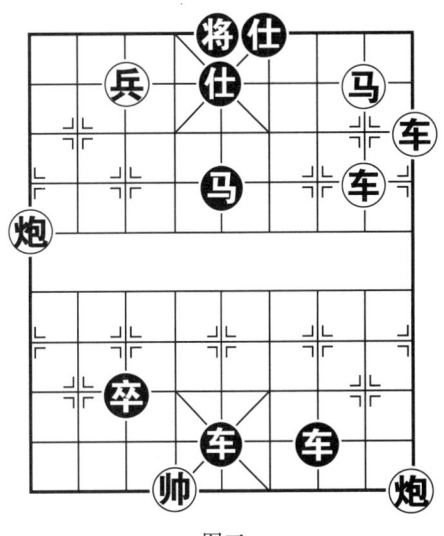

图三

17. 乱插繁花向晴昊*
——简论揳插战术

克劳塞维茨将军在《战争论》中精辟指出:"进攻必须像楔子一样猛烈地打进去,而不应像肥皂泡一样徒然膨胀起来"。

揳插战术系指在两军扭打搏击的关键时刻,以车炮为代表的快速反应部队在友军大力支持下,有效利用敌军战阵虚懈之弊端,出敌不意地突然强行揳进插入敌阵带有连接、互保、扼守和联络等战术性质的队形之间或敌阵结合部的隙缝之处,极尽分割、切断、破坏、袭扰和制乱之能事,使敌苦痛受制、变乱遭攻,甚至被各个击破的攻击型进占打入技巧。

(一)连续揳插,游击皇城夺辎重

图一选自吕钦与胡荣华1993年于广州弈战局谱。

25. 后炮平四

顿挫之紧手,揳插之铺垫!它既不给左车求兑减压的权力,也不给右车平角逼兑的机会,而且更重要的是为揳插串打进而连续揳插闪击夺子,进行了巧妙的战术顿挫和运行打叠。

25. ………… 车6平9　26. 炮四进五

劲射激光一线天,豪强抖乱九宫寒!此手乃履险、串打、制乱、诱引、伏击等多功能揳插妙手。对其挑衅性揳入,中士竟敢怒而不敢言,因如士5进6,则车四进六,车9平6,以下伏有车六进三闷杀的致命威胁。

26. ………… 象5退3　27. 炮四平五

纵横揳插多奇诡,闪击双胁何险凶!此游击揳插之鬼手,奇绝妙绝!可谓无隙造缝、见缝插针、连续作业、非同凡响。

27. ………… 车9平6　28. 车四进七　将6进1　29. 前炮退二

揳插精妙处,立断优劣局!

(二)割裂断联,双龙搅海卷巨澜

图二摘自宗永生与闫文清1998年于深圳弈战局谱。

10. ………… 车4进6

刚劲无怯意,飞动有雷声。此乃断联、捉拿、拆解、增援、抢先多功能揳插妙手,它不仅使炮八平九打死车的企图化为一场春梦,而且立陷敌军于被动应付之中。

---

*文题摘自杜甫《苏端薛复筵简薛华醉歌》

11. 车九平七　车1进2

揳插术使黑方边车危而不险，并增效生威，它先手拔除了由于强力揳插而变成豆腐渣工程的打车台架，并进而双车抢马。

12. 马七进八　车4平5　　13. 相三进五　车1平5

大碗酒，酣畅淋漓；大手笔，雄姿勃发！揳插，带来了战机，兵员亢奋杀敌，以至"疯狂"的程度！

14. 士六进五　车5平2

不理右马，反飞插马炮纵队之间，再施揳技，强行挑捉。

15. 车七进二　车2退2　　16. 炮八进六　车2退3

力斩双相一马，回营小憩，随后利用敌宫无相之弊，带领马炮联攻制胜。

（三）揳打古堡，守军惊愕着无奈

图三录自董旭彬与李林1995年于峨嵋弈战局谱。

1. ……………　炮4进7

慧眼明似镜，妙插气如虹！帅之上下要线，皆有重兵侍卫看守，左右有双炮垫护封锁，工事坚固得如铁桶一般。敌首虽然身处悬崖，但自我感觉良好，并已经有些笑问三剑客、尔等奈我何的飘然感觉。

此揳插妙手突然、准确、严厉、高效，它逼中炮、隔七炮、诱中士、履险叫将，立使敌城区防御系统混乱失效，彻底丧失了抵御能力。如士五进六，则车8平6杀；如炮五进四，则车8退2杀。这就是一招制胜，这就是揳插的妙用！它为决战决胜画上了有声有色的叹号，它提升了凯歌的质量，它为观赏者提供了不是点穴、胜似点穴的非常想象！

总之，揳插战术是利用敌隙、扩大弊端、争先夺势的强硬手段，是搜寻弱点、硬性打入和突然袭击三位一体的综合艺术，是以我为主、以进攻为主、以攻击弱点为主的上佳方略。

有诗赞曰：刃利锋锐一彪出，揳插劈刺战功殊。橘枰广袤多神旅，弈海浩森尽宝珠！

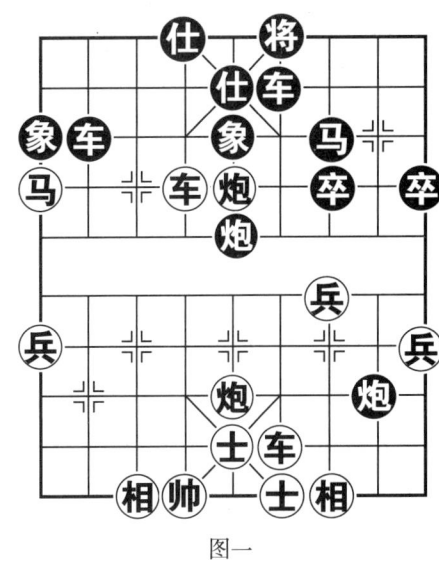

图一

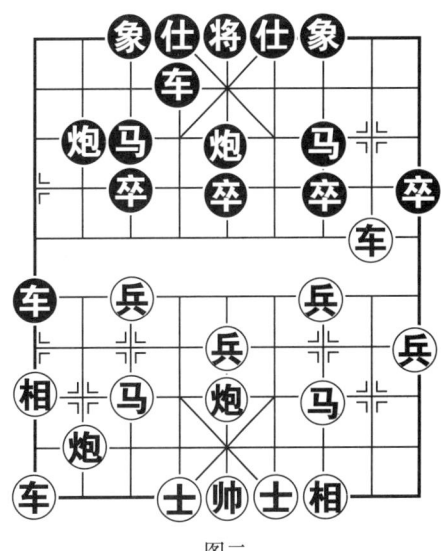

图二

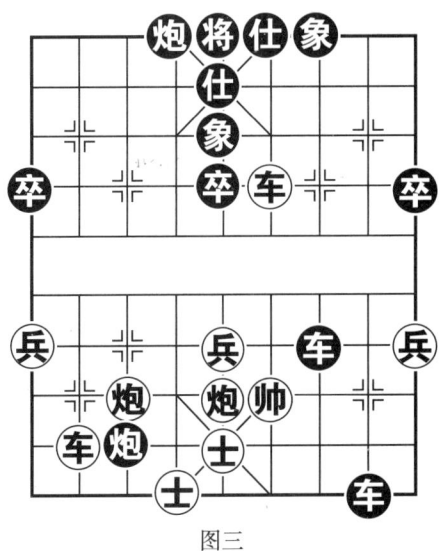

图三

18. 月华如水过林塘*
——试论归边战术

若米尼将军在《战争艺术概论》中曾深刻指出："把全部力量都放到天平的一端，可以改变力量对比。"

归边战术系指在战略总决战中，根据把兵力集中用在同一地点和同一时间的战略思想，进攻部队巧妙采取捉拿、闪离、腾挪、要杀、弃舍等强制性手段，将距离主战场遥远的被敌牵制或与敌纠缠的炮车类子力，迅速而突然地调集到敌军防务虚弱的翼侧边线，在决定胜负的战区内立刻形成主攻部队的绝对优势，为有效斩杀守军、攻破城池、擒拿敌首而调运、集结进攻兵力的艺术。

（一）归边术演弈精美　隔山炮造建丰碑

归边战术之实施，常能以最快的速度、最高的效率增援助杀。因此，它既是从战术谋划到战略企图的大转换者，又是转移系列中之大距离大成就者。

图一选自周德裕与张锦荣1921年于扬州弈战局谱。

27. ………… 炮2平9

求杀怒炮归边去，侧攻潮水动地来！在敌车马夺炮的不利情势下，不仅不去轻松化解，反而放弃纠缠，巧妙利用红方左车失根之弊，弃车飞炮归边，充分表现了强烈的攻杀意识、大刀阔斧的战斗风格和一览胜路的"扫瞄"功力。炮之归边到位，为侧攻增添了主攻火力，极大鼓舞了业已到位、待机攻城的车马炮三军。此手不仅争得了下底打将并连续攻城擒帅的宝贵先手，而且极大萎靡了红方守城部队的信心和斗志。

28. 车八进七　炮9进3

立刻投入攻城战斗，不给敌军喘气定神、增兵固防之机。

29. 相三进一　马7进8

打将并闪露底车，为攻城擒帅增添了远程威慑力量。车马双炮已完全具备了攻陷城池的伟力。

30. 炮四退二　马8退9　　31. 炮四进二　马9进8　　32. 炮四退二　马8退6

33. 车二退一　马6进8　　34. 炮四平一　马8退9

臂助炮镇车胁马跃者，致使城孤守弱帅蔫者，归边炮之无比神力也！

---

*文题摘自南宋·陈亮《好事近》

（二）蓄积杀势待挽强　怒吼导弹震边陲

利用敌之歼击企图，暗中蓄积进攻力量；利用敌调转部队之机，迅速完成主攻兵力战略部署；利用敌军将欲实施战术打击的间隙，妙施归边战术，对敌帅府突然发动战略总攻，实乃弈战之一绝。

图二摘自徐乃基与杨官璘1974年于成都弈战局谱。是局红方明确锁定战术打击目标，并采取边炮退打河卒过渡之法，以完成对角车的清剿部署，而黑方一面连续扑马，延缓其时，破坏其谋，一面乘势输送主攻部队，以车为诱饵分散敌之注意力，暗中为实施拨边计划创造条件。

19. 炮九退二　马8进6　　20. 兵七进一　马6进7　　21. 炮九平六　炮2平9

不愿平淡求壮烈，飞越天险觅杀机！红炮争地以打车，黑方争时以攻杀，双方斗智斗勇之际，黑方突出妙手，在己方双车一殪一失情况下，却径自拨边转移求杀，真个气魄宏大，辉耀无限！这是一招弃舍、转移、击弱、助杀之归边妙手，它为发动攻势、攻破城池、擒拿敌首做出了具有决定意义的战术铺垫。

22. 车八进二　炮9进1　　23. 士四进五　马7进9

归边炮下底打将造势，7路马钩钓敌首，逼士上举，造作底线空镇，7路马切入边线要杀，搅得敌宫破败混乱。

24. 马六进四　车4平6　　25. 炮六平五　士5退4　　26. 车七平五　士6进5
27. 车五平二　将5平6

黑方在防守中蓄势做杀，给力增效前锋部队，前军后阵结合，形成了纵横立体攻势。

28. 士五进四　马9进7　　29. 车二退六　车6平8

跟踪追剿，使敌车挑双、防杀图谋彻底破产，如车二平一去炮，则马7退6绝杀无解。

（三）连弃赢得归边势　空门顿时起杀声

以炮车为实施主体的归边战术，在实施过程中，精细审局，巧妙打叠，不惜连续付出沉重代价以铺就归边之路，常能在山重水复、兵阻路断的不利战场条件下，最后妙手归边，取胜于敌。

图三为一代名宿沈志奕所排拟的归边杀局。是局黑方有踏车砍炮的攻势，而红车在归边茫然无路的情势下，抓住6路车不敢擅离肋道的弱点，由远及近，次第馈献要杀，巧妙归边，做成杀局。

1. 车三平四　车6进5

馈献惊断固防梦，要杀沮丧守护神！强行捉拿，馈献调敌，为继续实施归边打叠创造条件。如车6平5，则车四进八再挂角杀。

2. 士五进四　车6退1　　3. 炮六平四　车6退1

连续进行遮掩，连续以要杀相逼，使敌车停靠在八路车预定归边的通道上，为成功实施归边战术，创造了最佳线路与最佳时机。

4. 车八退二　车6退3　　5. 车八平一

极大付出归边术，特别锋锐斩妖刀！以车士炮的沉重代价，为车择路、捉拿、转移、归边打叠造势，为车马实施妙杀提供了先决条件。

5. ………　　车6平5　　6. 车一进六　象5退7
7. 车一平三　士5退6
8. 马二进四　将5进1　　9. 车三退一　将5退1
10. 马四退三

剪羽、做杀、打将、钩钓、伏杀！车马的斩首行动，使敌马双车双炮茫然不知所措。

总之，归边战术是转移术、增援术和助杀术的联合体，是具有突然、迅速、高效三大特点的运调技巧，也是带有战略性质的攻杀打叠艺术。

正是：不恋中州爱边陲，集结侧攻添神威。斩将夺旗豪侠志，跨山越海横向飞！

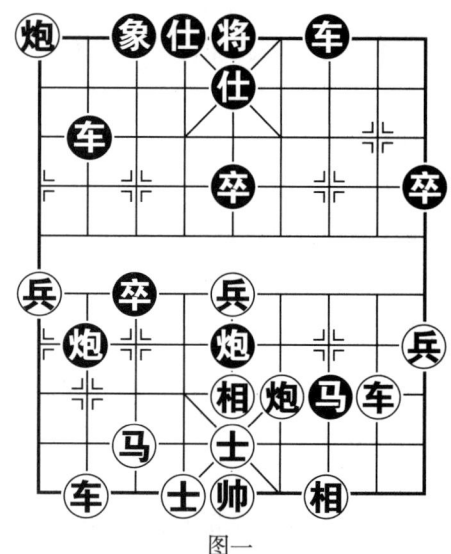

图一

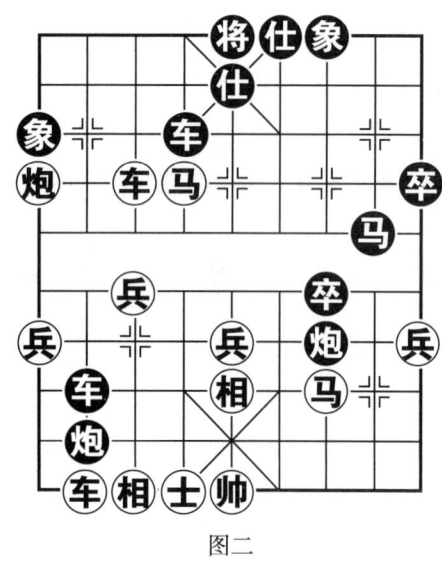

图二

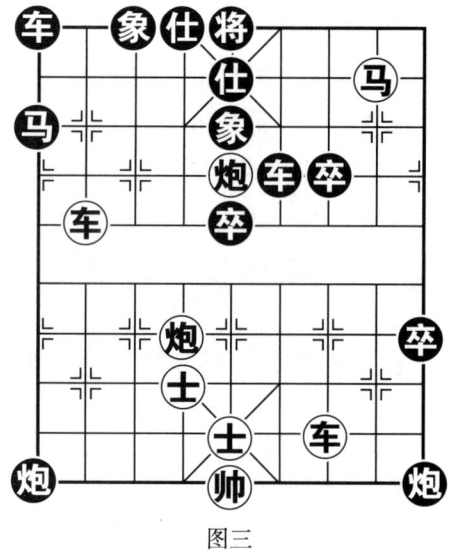

图三

19. 探幽陡觉心胸开*

——试论履险战术

《孙子·九地》云："投之亡地然后存，陷之死地然后生。夫众陷于害，然后能为胜败。"

履险战术系指进攻部队经反复侦察、周密计划后，派遣奇兵勇士出敌意料地进驻到地形险要的高危地带，以其神奇突兀的行动震慑敌军，制乱营盘，费神耗时亦难找到恰当的应对方案，从而使敌遭致意外的重大损失并慌乱逃败的高级用兵占位技巧。

（一）相口绊别，制乱敌营起狂飙

图一摘自张强与许银川1995年于吴县弈战局谱。

18.………… 车3进3

相口履险巧，施绊意趣浓！从战术层面看，它对敌军左翼纵队威胁巨大，并含有牵制的功效；而在战略层面上，它又制乱敌营、打乱敌军攻防计划，为己方边炮发出并可在中路或底线发力造势，创造了极为有利的战场条件。真个是：扰阵紊乱素，进军里程碑！唐博渊与邓万哲两位先生在评注此手时指出："相口停车，履险如夷，使黑马退可踩兵捉双，进可抓马奔袭皇都，走得有力！"

19.炮九平七 车3进1

由于红方应对得当，化解了一场军事危机，战局进入了正常步调。

20.兵三进一 马6进7　　21.炮七平三 车3平5　　22.兵三进一 车5平7

23.炮三平四 炮9进5

车掠兵线叫苦，炮进局面生辉！炮之进，是履险之战果，同时也是黑方发起总攻的红色信号。以下是：车八进一，车6平3，车二退七，车7退2，兵六进一，炮9平5，帅五平四，车7平8，车二进五，马7进8，炮二退二，马8进7，下伏马7进8后的车马抽杀与马后炮杀；红如炮四平三则车3平6，帅四平五，马7进5妙杀。

（二）连续履险，弱旅妙杀惊鬼神

图二取自李中健先生排拟的精妙棋局。是局红方弱旅以准确、紧凑、精妙的着法，特别是其中的连续履险妙手，极富挑战意味，使敌双车变得软弱无力，从而妙杀制胜。

---

*文题摘自清·王韬《独登杜拉山绝顶》

1. 兵七平六

履险杀敌烈士,助攻争胜耆英。此手履险,调敌首至两难之地,使其处于既进不得又归不得的"死地",并为兵炮施展种种手段埋下伏笔。此手亦是减层助攻手段,它为炮择机下底叫杀,预先清理了层次,免得自误战机。

1.………… 将5平4　2. 炮五平二

履险拦截一并做,迟滞增速两相宜!去兵逼走之着,黑方若将5平6,将被兵六平五追杀致死。花心炮之履险,突兀而缥缈,奇妙而刁钻。本为弱旅,现又送炮给双车,深藏其妙:它不仅履险拦截,迟滞恶敌,而且暗伏兵八平七暗杀手段,将如归位则炮九进三杀;如将4进1则炮九平六杀。真个是:险处蕴谋略,义师壮山河!

2.………… 车8进1　3. 兵五进一

已舍兵炮军威武,再次履险阵雄奇!对攻力不足的局面,常有人戏称之为"车炮瞎胡闹",今炮兵却灵妙再现,力敌双车,岂非神乎?!它坐镇花心,宛若天神,立伏兵八平七杀;它虎胆庙算,敌车若去之,则兵八平七发起总攻,此时敌将如平5归位则炮九进三杀;如将4进1则炮九平六杀。其中杀掉履险花心兵之恶车,纵横阻将阻士之妙,令人称快!正是:妙哉履险术,神也特种兵!

总之,履险战术是关于进驻、占领的极端思考,是乘隙制弊捣懈的经典谋划,是个性发展到了成熟阶段的特别表现,是抢先夺势争胜运作的非常举措。

正是:选点诡奇掀巨澜,异军突起斗敌顽。履险犹感生命贵,探幽陡觉心胸开!

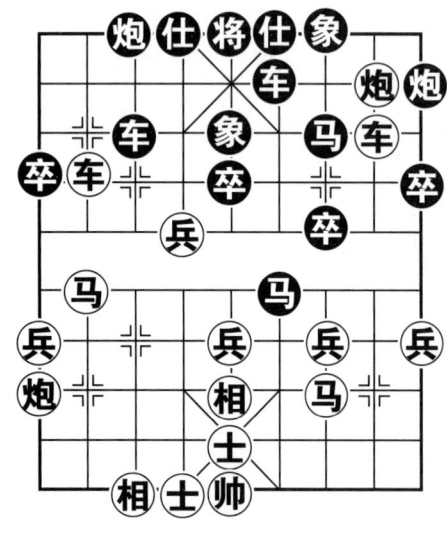
图一

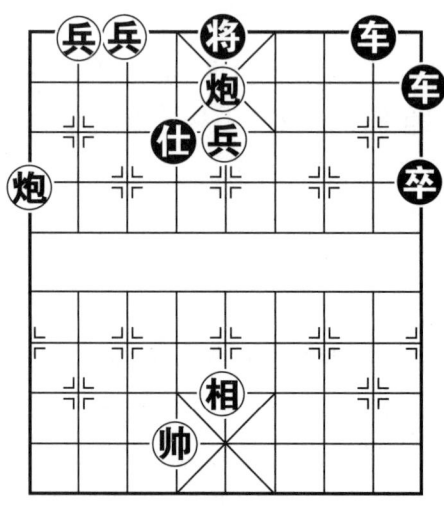
图二

20. 柳营高压汉宫春*

——试论盖压战术

（英）利德尔·哈特在《战略论》中指出："节约兵力和求取胜利的最好方法，是结合使用防御行动和进攻行动。这种以高度机动性为基础的攻防行动，可以保障迅速实施有力的反击。"

盖压战术系指以士相炮为主要代表的实施主体，在敌入侵者将欲行祟作乱之前，本着积极防御的思想，先敌采取前支、上飞、平移等有效抑控手段，在敌兵员正上方头上紧施扣盖迫压，以减少敌活动线路，抑制其有效机动，切断其联络，威胁其存在，逼迫其逃离或要求营救，从而打乱敌进攻计划、减降敌入境后的行动效率，使敌在心理上和行棋步调上遭受严重挫折的极具防御和进攻双重效益的抑敌技巧。

（一）相飞扬　扣盖禁滞恶马茫无路

图一选自吕钦与傅光明1993年于南京全国团体赛弈战局谱。

28. 相五进三

防反战斗的号角，盖压技法的典范！及时而严厉的盖压妙手，使拥有八面威风的恶马深陷泥潭，拟行道路全面封闭，入侵计划彻底破产，入侵者本身也立刻变成了被攻击的弱者，成为敌营集中力量救助的拖累。正是盖压战术之实施，使敌营在解救驽马的混战中丧失一炮。

28. …………　炮4退2　　29. 炮八进一　炮4进2

抓住7路马呆滞之弊，立即发动捉拿性进攻，并逼迫肋炮处于无奈应付状态。

30. 车五平四　车1退1

相之伟力引起了敌车的愤怒，不顾角炮安危，决意花两手棋以除之，足见盖压术之巨大效用。

31. 炮九平五　车1平7　　32. 车四进二　车7退1　　33. 马六进四

蔑对炮火履险英烈，斜向力拼恶车惊厥！缝隙跃上、捉车护炮，此乃盖压战术实施的有力后续手段，它使敌先弃后取图谋归于破灭。

33. …………　炮4平6　　34. 车四退四　马7进9　　35. 马三进二　马9进7

36. 车四退二　车7平5　　37. 车四平三

经激战，红方得子占优，至51手获胜。

---

*文题摘自唐·温庭筠《经五丈原》

（二）士跃起　压低断联狂车遭牵制

图二摘自赵国荣与陈志文1986年于香港第四届亚洲杯弈战局谱。

55. 士五进六

盖压遏抑看家虎，橘枰盛赞护城军！此盖压妙手具有多种战术功能，一是结束了敌肋车对4线的占领和控制，为车五平六发动进攻扫清了障碍；二是切断了车炮的联络，削弱了车炮联手看护弱线的力度，为己方车炮强占要道、牵制敌兵、抢夺先手做好了有效铺垫；三是先手作架，为炮之瞄射做好了先期准备，从而成为由漫长割据局面走向局势明朗的带有决定意义的战略转折点；四是帅之发威护辅，使盖压工事十分牢固，并标志着全员参与决战格局的形成。

55. ……………　车4平3　　56. 车五平六　将4进1　　57. 炮七平六　车3平4
58. 士四进五　卒1平2

连续使出求杀狠手，将肋道上的敌三个兵员悉数死死牵缚，不得动弹，足见起手盖压技法之高妙。

59. 车六退三　卒2进1　　60. 车六平七　卒2平1　　61. 车七平八　炮4平3
62. 车八平七　炮3平2　　63. 车七退一　炮2进5　　64. 帅五平四　将4平5

帅之让点占肋既可截断敌将一个逃路，又可充分发挥底炮的游动攻杀作用，还可解除敌军对车的牵制，为三向做杀埋下伏笔。

65. 炮六平五　将5平4　　66. 相三进五　车4平2　　67. 帅四退一　卒1进1
68. 炮五平六　将4平5　　69. 车七进六　将5退1　　70. 相五退七　炮2退5
71. 车七退一　将5进1　　72. 车七平六

两肋豪强勇，平中攻杀急。九窟末落日，三向劲逼时。

（三）炮平移　逼迫逃离野炮自殒身

图三录自李来群与徐天红1989年于哈尔滨第二届棋王赛弈战局谱。

88. 炮三平五

坐镇中原威千里，前后双压据一方！以过河兵为代价，强力盖压黑炮，使其陷入三面围困不利境地，同时罩镇敌宫，有力地配合车帅形成杀势，并暗伏兵五平四做杀。如果此时车8平5以垫厚中防，则马四进三，攻势如潮，黑难以抵御。

88. …………　炮5退3　　89. 马四进三

早已妙算就，岂能任逍遥？杀相之炮被盖压后，仓皇出逃，不期因此而付出沉重代价。因捉双后如车8进2，则炮五进一打车伏抽，同时压缩黑炮领地，黑只得车8退1退避，车六进一捉住死炮，从而取得物质上和攻势上的优越地位。

总之，盖压战术是防御行动与进攻行动的有机结合，是防守部队对贸然入界者采取的抑压性强烈反应，是对入侵者有限能量的最大削减，是制孤的谋略，是守力的赞歌。

正是：盖顶压头逾千钧，张狂顽敌顿眩晕。勿谓我阵谋划浅，后勤处长也索魂！

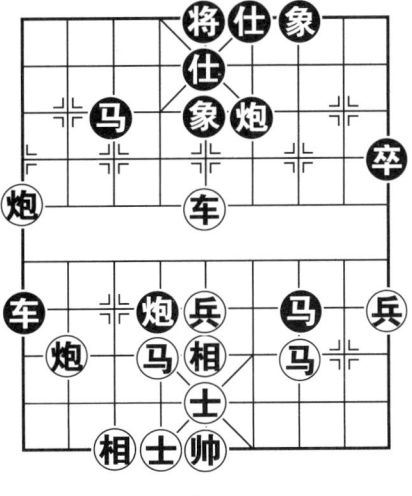

图一

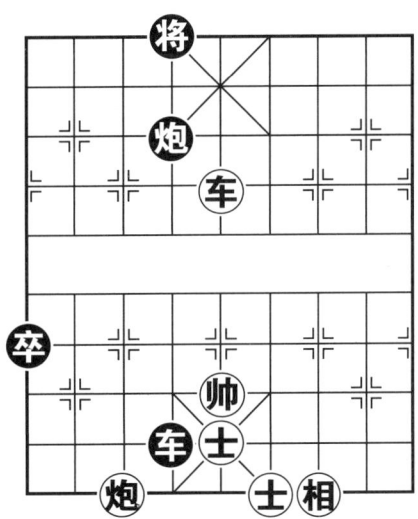

图二

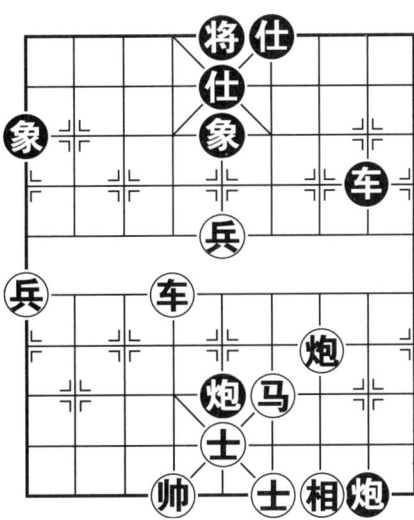

图三

21. 桥上酸风射眸子*

——试论射点战术

若米尼将军在《战争艺术概论》中明确指出："要使炮兵得到合理的使用，其最好的办法之一便是把这个兵种的指挥权交给一位既是优秀的战术家，又是杰出的战略家的炮兵将领。""炮兵指挥官一定要熟悉战场上各战略点和战术点的位置和地形条件"。

射点战术系指在敌炮进行封锁、窥瞄、威胁的紧急情况下，或在己方兵员、首领危殆而炮又无法转移的特殊情况下，实施方采取救援、借用、叫杀、逼兑、调敌等手段，巧妙制造炮发射攻击时所需之目标落点，以满足炮隔一而击的要求，从而使炮顺畅运行，扩大战果，挫败敌军夺子争先取势图谋的协助运调手法。

射点战术与撤离战术，都是在炮之落点上进行的精彩演弈，不过，前者是在制造、安排射点，而后者则是撤掉、闪离射点，二者各立门户，各尽其妙。

（一）巧造射点 拴缚闷杀立大功

图一选自吴永根与薛恩两位先生排拟的"神驹跳川"正解着法第9回合的谱图。

10. 车一退二

巧妙设计车铺垫，辉煌射点血染成！此射点战术妙手，其高妙在于以叫杀敌首相胁迫，逼迫敌炮铲除"射点"，以通过射点换射点的曲线交易的形式，达成铺垫三军、激活全盘的目的；其二在于此种射点之交换，不误战机，不露痕迹，预先造作，晚用而急置，以利用其绝杀敌首，十分精到；其三在于此手与小口型钩钓马关系特别美妙，它既为其"神驹"质变创造机会，又对马的位势与静力巧妙借用，而其过程短暂，时机恰切；其四在于此手后续功效异常"活跃"，成为马变"神驹"的绝对"外援"，成为车马炮三军扭转战局、抢先成杀的关键举措。倘若不慎先动马打将，那局中所有的精妙就都遭致毁灭了。此手一出，黑方多杀之利、花心马监管红车之效，尽皆烟消云散。正是：三军铺垫力士，一代殇决英豪。

10. ……   炮9退3   11. 马七退五 将4退1   12. 马五进四 将4进1

13. 炮一进五

利用车所造设的射点，跳跃入界，发动攻击，为攻杀增添了一支决定性的战斗部队。在这里，一路车为炮抢得的射点，使其能够得以快速转移、一步到位，发挥窥瞄决定性作用，"使它们在决定的时机、决定的地点上，发生决定性的作用"。此手铺垫全局、激活全盘的伟力，正在逐步显现。

---

*文题摘自周邦彦《夜游宫》

13.………… 炮8进2　　14. 车七平六　将4平5　　15. 马四退二　马5进7

一路炮将敌防守部队大部牵制拴缚，使车马得以在无干扰状况下，驰骋战场，攻杀敌首。

16. 马二退四　将5退1　　17. 马四进三　将5进1　　18. 马三进四

利用打将机会，踏马、减层，以充分发挥炮对"射点"的威力，双将制敌，使敌首逃路窄小，便于活捉。以下将5退1，车六退一，将5退1，炮一进二，炮8退2，马四退二，闷杀"射点"胜。

（二）治弊设梯　及时救援敌无奈

图二取自徐天红与庄玉腾1996年于上海嘉丰房地产杯弈战局谱。

19. 车二进八　士6进5　　20. 炮三进八

四路炮进塞象田，黑方平车捉拿，红方车护辅并再塞象田，双方斗智斗勇：红方要空手残象以发动攻势，黑方则企图诱炮打象以得回失子，不同的目的，却正往一个焦点集结展开交锋。

20.…………　将5平6

棋局似乎正进入黑方步调，出将贴炮，助车硬性夺炮，并暗中窥瞄红方窝心弊端，伺机助车偷袭做杀。如此紧张情势，看似红炮厄运难逃。关键时刻，红方突出射点妙手——

21. 马五进三　马5进7　　22. 炮七退七

治弊邀兑施妙手，巧置射点解隐忧！窝心马化弊为利，巧妙安置射点，使炮顺利回营，并闪出底线通道，如敌车再强行拔炮，则车二进一照杀敌首。此手在设梯救援同时，借机治理防务，解除弊端，敌军种种借用夺子暗杀企图，皆成泡影。以下车6进3，马一退二，马3进2，士四进五，后方安定，多子占优。

总之，射点战术是为炮制造落点的艺术，是急人所急的善意，是主动配合的举措，是以身调敌到位的壮烈。

正是：友军配合技法高，独门特长自多娇。桥上酸风射眸子，枰中野炮摧目标。

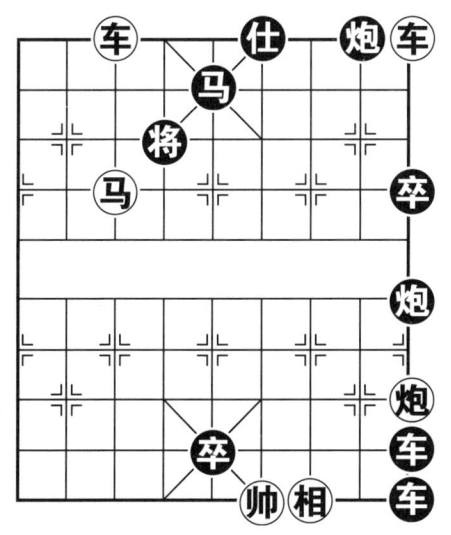

图一

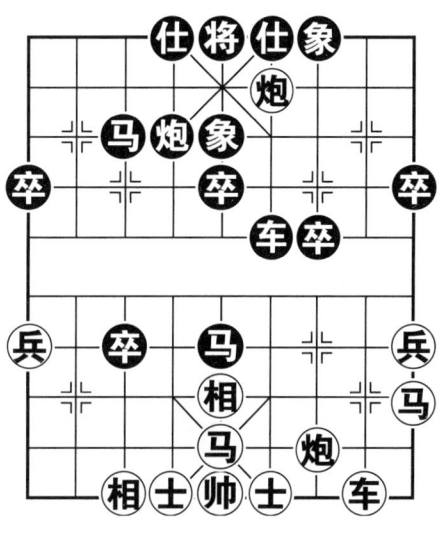

图二

22. 散向山头望故乡*
——略论疏散战术

克劳塞维茨将军在《战争论》中明确指出："兵力强大之军，无疑要把其兵力疏散到几个地点，由此以使它在很多方面占有战略上的生存及行动之便宜，并可保存其部队之力量。"

疏散战术系指为解决兵员密度超标的问题，亦即多子与少地之间造成的过于密集、拥塞的弊端，大本营及时采取弃舍、开出、转移、进攻、升提等有效措施，对"稠密区"人员进行梳理分散，解决互挤、自阻、失衡、遭攻等严重问题，使局面呈现出配置合理、疏密有致、两翼均衡、利于机动的良好态势之治理艺术。

（一）闪将变位　迅速活跃敌后兵团

图一选自瑞龙先生排拟的精妙棋局"刀劈三关"谱图。

1. 炮八退六

疏散谋划远，增效技法高！又赞曰：疏散的立茬开启，整顿的精彩谋篇！此手以弃车为代价，强行疏散，使车炮双马拥塞挤靠角隅的恶性配置状况得到良好的改善，使毫无"前途"的地段顿时变成了敌后武工队的营盘。此手还为解救难以发挥作用的一路暗车，会同友军攻城夺旗立下了赫赫战功：既解决了车暗，又疏散了兵稠。此手调车活马增效双炮，使战局立刻进入攻杀阶段。

1. ………… 车1退1　2. 马八退七　将5平4　3. 炮八平六　卒4平3
4. 炮九平六　后卒平4　5. 前炮平五　卒4平3　6. 兵七平六　后卒平4

之后双炮马兵连续闪抽卒林车马卒三子，为一路车参战清理了路障；通过砍杀敌守御象炮及逼死敌车，形势逐渐明朗；最后兵炮双马围攻将府而胜。

（二）要杀调敌　疏散活络左翼群雄

图二摘自《适情雅趣》第3局"羝羊触藩"正解着法第3回合的枰面。

4. 车八平六

横行鲜血热，友军天地宽！以叫杀为手段，以弃车为代价，调马疏散，使马炮双车大兵团过于密集、敌我挤靠拥塞、不能发挥战斗作用的弊端，迅速得到扭转。真个是：身去功德厚，效增活络多。

---

*文题摘自柳宗元《与浩初上人同看山寄京华亲故》

4. ……　　马2退4　　5. 马九进七　将4进1
6. 兵八平七　将4退1　　7. 车八进四

再次弃车，塞压象田，为安置炮座，绝杀敌首铺垫打叠。

7. ……　　车2进1　　8. 兵七平八　将4进1
9. 炮九进三

徐家亮先生评注指出："此局着法离奇曲折，非两送死车不可，否则红方马炮无活动地位。"

（三）强行冲渡　造势铺垫巧妙疏散

图三录自杨官璘与胡荣华1960年于北京弈战局谱。

22. ……　　卒7进1

疏散高水准，冲渡妙打叠！此手逼马调相，以使红方中路空虚，为达成高质量的疏散造势铺垫。何谓高质量的疏散？运作富有突然性和隐蔽性，子力疏散到位合理，疏散过程紧凑严密，疏散之后要立即形成有力度的攻势也。

23. 相五进三　马3退5

车马炮兵团开始有计划地进行疏散。在弃卒引相之后，再度弃马、逼退敌马、疏散择位，为炮让路，构成绝佳立茬疏散态势。敌如马三进五，黑方则炮2平5，相三退五（车八平五，车2进4立杀），车2进2得车胜。

24. 马三退五　车2平3

疏散完毕，车闪离至明线，敌车不敢吃炮，否则，车3进4再马5进4叫将抽车，红方立崩。

总之，疏散战术是使兵员密集变得比例适度的艺术，是物质与空间的和谐共处，是除弊"安民"的迁移，是固防反攻的重新布局。

正是：消除拥塞功力强，炮摧马踏杀气扬。活络沙场战贼寇，散向山头望故乡。

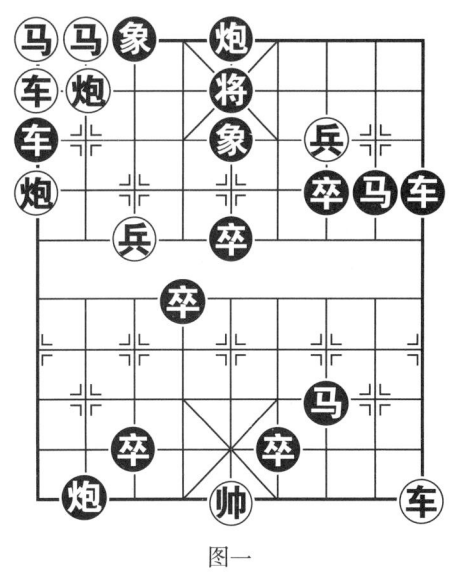

图一

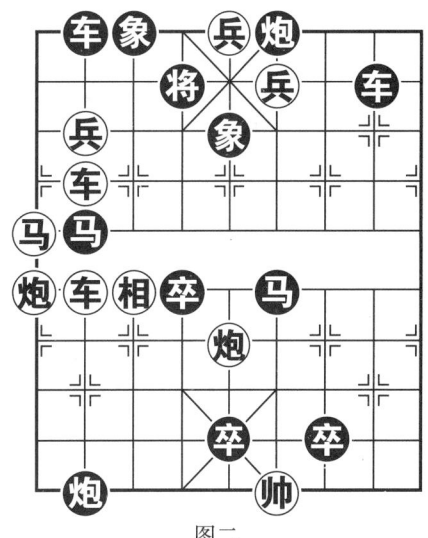

图二

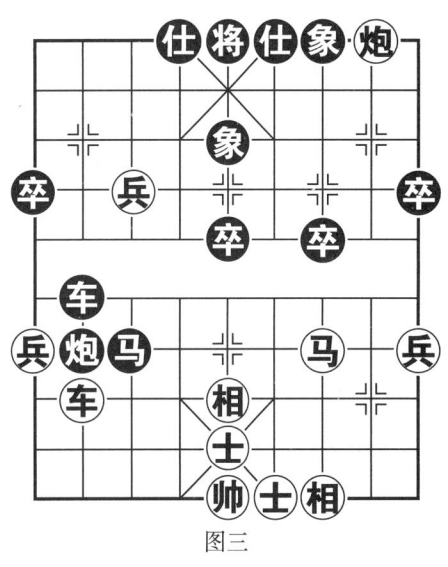

图三

23. 计程今日到梁州*

——简论进占战术

克劳塞维茨将军在《战争论》中明确指出："如果期待会战，统率大军到达适当的地点就成为最主要的。""为了毫不延误地到达指定地点，要保证运动的正确"。

进占战术系指进攻部队利用战事间歇的短暂时间，指派精干之师快速挺进并占领通达、高阳、重要之地，以便充分发挥控制局面、掩护部队、封锁线路、攻击敌堡、威慑敌首等战斗作用，从而对敌进一步施加军事压力，为继续扩大优势或抢先成杀增加战力、创造机会的运兵艺术。

进占战术同占领战术都是对点位的占取，但之后对点位的处置方法，二者却并不相同，后者采取的是占据、驻扎的手段，而前者仅把此点看作是一个过渡性的跳板，以进—占—进的方式增加自身的能量。

（一）进占要点　敌宫四处风雨狂

图一选自胡荣华与陶履文1973年于上海弈战局谱。

26. 马六进四

进占要点，叼车，抢得先手；塞压象田，伏有车四平三捉双手段；伺机藏有卧槽、挂角双胁手段。马之进占，立刻将双方兵员的对峙态变为攻防态，几乎将战局推进到攻城交火的边缘。

26.………… 车8平7　27. 炮六进二

进占欲罩镇，其势亦雄沉。攻城决战前决定性的兵力部署，是带有支柱性增援性的作战平台的悄然设置，是第二梯队参与组杀的战略打叠。此手一出，已进占敌营多时的马双车立刻增效生威，催杀的斗志与涌动已跃然枰上。言穆江先生为此手嘉赏了一枚叹号，并指出："下一步镇中炮，红方的攻击已势不可挡。"

27.………… 后炮平6　28. 炮六平五

求镇夺杀势，擒将不顾车。车在炮口，置若罔闻，大将风范也。此手使敌军似乎看到了固防的"希望"，但在慧目洞穿之下，敌首已行将就木，再难以安闲深宫了。

28.………… 炮6进3　29. 马四进六　将5平4　30. 炮五平六　炮6平4
31. 马六进七　将4平5　32. 炮六平五

两位"进占"兵员联袂"闹事"，使敌首心力交瘁，不管敌方应以车7进1或炮4平5，红

---

*文题摘自白居易《同李十一醉忆元九》

方都将车八进三做成绝杀。

（二）多重内涵　制敌助杀功力深

图二摘自香港吴克乐与新加坡李庆先1994年新、港、台、苏名手赛弈战局谱。

22. 马六进七

进占非它物，一束复合光！此进占妙手伏有多种内涵，一是充架打马；二是阻炮左移8线要杀；三是制乱敌右翼营垒，使众多兵员拥挤不堪，难以发挥攻防作用；四是钩钓敌首，威胁要杀，逼敌应付；五是暗中护炮、定马、控将、配合友军成杀。呜呼！进占求高效，妙手定春秋。

22.………… 马3进4　23.帅五平四

在七路炮安定、敌营拥塞程度加大的有利情况下，主帅立刻闪露控线助杀。行棋至此，组杀完毕，即将攻城擒将。

23.………… 炮2退1　24.车五进四　将5进1　25.炮七平五

导弹摧城，重炮绝杀，敌车炮双马皆成看客。

总之，进占战术是对要点的渴求，是抢攻伏杀的谋划，是压缩敌军领地的部署，是兵员借地增效生威的手段。

正是：豪帅帐中运计谋，重兵进点势劲遒。何时剿匪除大患，计程今日到梁州。

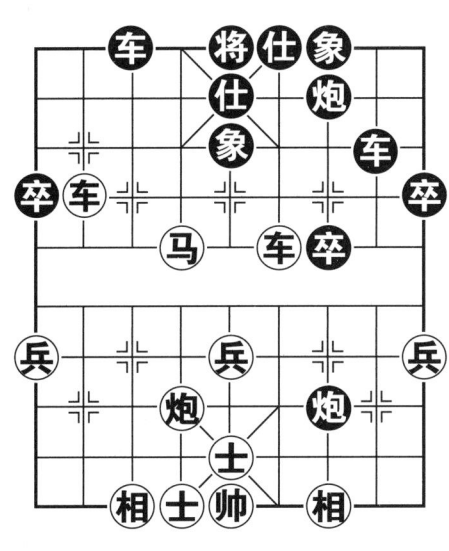

图一

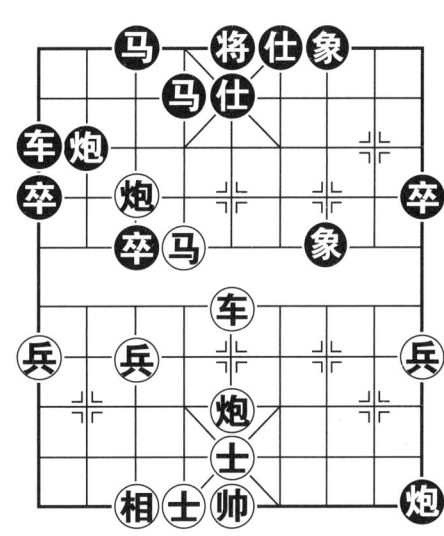

图二

24. 岭水争分路转迷*
——略论夺路战术

若米尼将军在《战争艺术概论》中明确指出："争取赋予作战方向的伟大艺术，就在于这样协调其行动，以夺占敌方的交通线，而不丧失己方的交通线。"

夺路战术系指在进攻兵员将欲展开攻势但却有敌方设施阻遏进路，难以发力施展手段的不利情势下，助攻兵员采取要杀、威胁、引诱、逼迫等巧妙手段，使敌自行挪移设施，让出通道，以使主攻兵员得以顺利开出、行进、做杀的保障性打叠技巧。

夺路战术与破障战术是一对择路求路方面的战术姊妹花，但二者并不相同。如果说后者是用炮弹强力炸开的通道，那么，前者就是采用威胁逼迫的手段使敌"自觉"闪开，让出通道。一言以蔽之，二者手段柔刚各异也。

（一）借弊用巧　马炮急需双得路

图一选自胡荣华与韩福德1963年于上海弈战局谱。

45.炮一退三

巧取豪夺卒林线，转移攻杀不误时。此夺路妙手充分利用敌阵弱点，极限发挥肋炮"空镇"威力，抢先争速，不仅为炮而且为马夺得通道，真高妙高效也。假如此手改走炮一退六，则给敌以缓冲的机会，足可将4进1应酬，并不伤及马炮。

45.………… 卒5进1

卒林通道自然开通，真"配合默契"也。黑方若逃马，应将之炮将失根，红方则士五进六求杀，黑方丢子致负。

46.炮一平六　马2进4　　47.马三退四

首着所夺之路，不仅惠及炮自身，而且为马入角绝杀同时踏掉敌马提供了最得力的战场条件。此局之夺路，已臻至随心所欲、妙想天成之境界。将象战讥讽为"小儿游戏"者，实不知其妙也。此等超级妙手，在中国象棋弈战中俯拾即是，不可胜数，足以令那些贬损之词无立脚之地。

（二）硬献巧挪　千斤路石滚动远

图二摘自赵国荣与郑鑫海1982年于武汉弈战局谱。

1.车七进二

---

*文题摘自李德裕《谪岭南道中作》

硬献挑双强夺路，制弊打叠立催杀。此夺路妙手，直接挑战拦路石，立荒挪移，硬性逼离，为马解绊求杀，真神力也。此手还暗中抑压敌马，使其叼双的功能难以发挥，以有效护辅卒林部队，真高效也。此手已将后续争战的战场烟雾彻底拨开，使争战进程水清见底，黑方对此局面无论如何处理，也难以峰回路转。

1. ……… 卒6进1　2. 士五退四　车8平3
3. 马二进三　将5平4　4. 炮八退二

退占点选择准确，敌城防部队已经无能为力了。

4. ……… 车3进3　5. 马五进七　马3进5
6. 马三退五

红方多子胜定，黑方推枰认负。

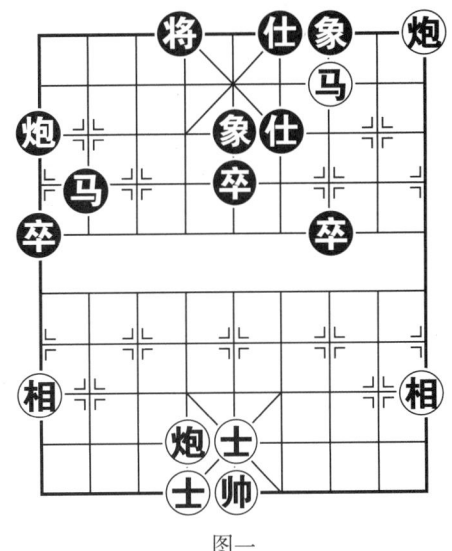

图一

（三）威胁引诱　纵向不通横路宽

图三取自《烂柯神机》第45局谱图。

1. 兵六平五　将5平4　2. 炮八平九

逼迫高象"默契"，移动择路要杀。现在，经平兵打将，七路马对敌将已成钩钓禁控之势，亟须炮之右调做杀，但高象挡阻难以逾越，但若炮八退一，黑方则卒7进1捷足先登。为此，红方采取威胁要杀的强硬手段，逼象解杀让路，夺路战术遂宣告成功。

2. ……… 象3退1

因伏马七进八再炮九进三绝杀手段，高象只能拦炮解杀。九路线虽然无路，但河界交通线顺畅无阻，对红炮来说，天赐良机也；而对于1路象来说，正所谓捉襟见肘也。

3. 炮九平三　士5退6　4. 炮三进二　士6退5
5. 兵五进一

巧妙夺路，轻松成杀。夺路战术在此局中，实乃枢机也。

总之，夺路战术是采用诱逼手法巧妙夺取通道的策略，是敌我双方在道路行驶权方面达成的临时协议，是敌我密切配合的证明，是无中生有的妙计。

正是：岭水争分路转迷，魔法除障堪称奇。橘枰深奥人赞叹，交通顺畅马进击。

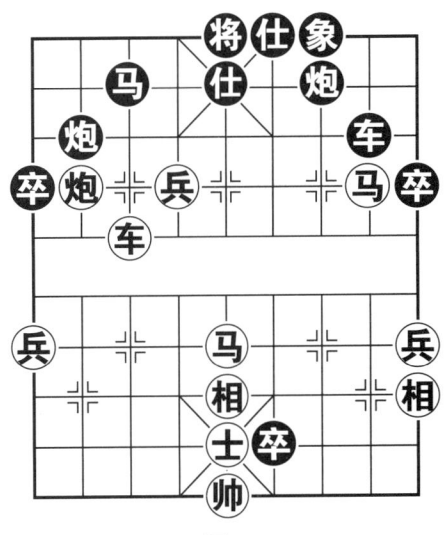

图二

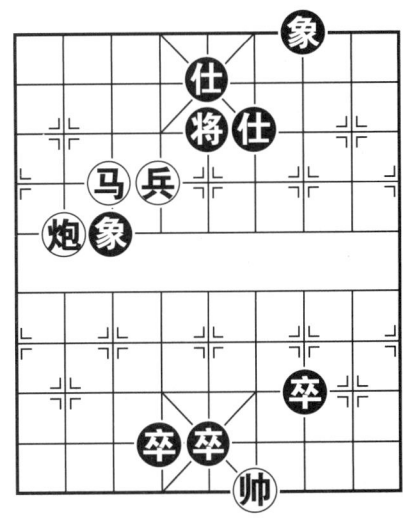

图三

25. 雪拥蓝关马不前*
——简论堵塞战术

克劳塞维茨将军在《战争论》"对运输队的攻击"一章中写道："车辆三四百的中等运输队，不管其运载些什么，延长可达半普里……这些车辆的速度极其缓慢，运动不灵活……如其中某部分受敌袭击，整个运输队就难保不堵塞在道路上并陷入混乱的状态。"

堵塞战术系指在对敌攻击目标发动总攻之前，精准分析判断敌城防守军调动部署的行动计划和退守敌军的必经路线，及时派遣义勇敢死队员，巧妙采取弃舍、要杀、威胁、拦堵、绊别、塞压等强烈手段，以身设障，或硬性逼引敌防守人员自卡其路，将攻击目标欲逃避之线路强行阻塞堵住，破坏其顽抗死守或争气反杀的行动计划，使其无路可走、遭到重创的道路堵滞技巧。

（一）内线外线攻击得力　明里暗里堵术超凡

图一选自《适情雅趣》第30局"国庶兵强"局谱。此局着法明暗结合、软硬兼施，充分展示了堵塞战术的妙用。

1. 前兵平四　　将5平6

首着已隐含堵塞战术之意——黑若马8退6则堵塞将路而遭到兵六平五再兵五进一的致命打击。

2. 车三平四　　士5进6　　3. 车四进四　　马8进6　　4. 车一平四

再次计设堵塞战术之役，黑如炮1平6则自阻将路、自塞象腰，下伏兵二平三杀。真个是：杀路常幽暗，堵塞也隐伏。

4. ………　　将6进1　　5. 兵六平五　　将6退1　　6. 炮五平四　　马6进5

7. 兵三平四　　马5进6　　8. 兵四进一

此手所施堵塞战术，内含调敌自阻塞象之助杀功能，黑无论马7退6，还是炮1平6解杀，均为兵二平三闷杀。正是：着英群体非凡举，更赖堵塞释灵光！

（二）义勇兵马多点堵塞　强大守御难解愁云

图二摘自《古今象棋名局精萃》马兵类98局"麒麟送子"谱图。是局红方妙用堵塞战术，将敌首及手下官员一干人等均塞于要路，如被"定身法"定住一般，不得动弹，并遭致擒杀。

1. 兵八进一

胁马过渡，一步到位，为实施阻塞战术提前打叠。如改走马三进四，黑则马1进2，兵八进一，士4进5，马四退三，马2进1，马三进五，象7进5，红方难以取胜。

1. ………　　马2进4　　2. 马三进五

---

*文题摘自韩愈《左迁至蓝关示侄孙湘》

两箭待射停花心，堵塞妙手惊古今。麒麟送子藏庙算，独臂擒龙报佳音。红方果断以马引士堵马，再令其代劳堵将，因伏马五退四叫杀，逼士去马并替代红马继续堵塞肋马。目睹九宫自堵互堵之乱，将行无路，将心衰竭，已预感行将就木之灾。

2.……… 士4进5 3. 前兵平七

再续英雄谱，路障难动移。堵塞今罕见，奕秋也称奇！此手加大了敌宫堵塞程度，使第一目标禁锢士角，危情雪上加霜，并面临兵八平七后纵横双向的致命打击。呜呼！连续堵塞戎首叫苦，以身铺垫高兵开颜！

（三）以身相逼自阻亮帅 百万军中孤马擒王

实战并不缺乏堵塞战术的精彩演弈，其精妙程度也不亚于排局。

图三取自高隆忠与车兴国1995年全国象棋团体赛弈战局谱。

1. 车三退二 马5进6 2. 车三退二 马6退5

逼马顿挫过渡，为进马打将让点，并先手由低车变为高车，为妙施堵塞战术打叠，行棋谋划深远，节奏鲜明，紧凑有致。

3. 马五进四 车2平4 4. 马四进三 将5平6

5. 马三退五

杀力已足何惜马，兀自移换占要津！弃马折返砍象倒扑，已算准车马帅藏有妙杀。

5.……… 车4进2 6. 车三进五 将6进1

7. 马五退三 将6进1 8. 车三退一 士5退6

9. 车三平四

调恶马豪帅控线，堵将路龙马嘶鸣！三路车强行抠杀，既为己马让开叫杀通道，又逼敌马去车堵塞将路，还妙施减层亮帅控线断敌将逃路，以下必然是马5退6，马三进二妙杀。在盛赞独马擒将惊天大勇的时候，有谁能忘却义车以生命的代价妙施堵塞而做出的强势打叠呢！又有谁不会因此而首肯堵塞战法的决定性贡献呢！呜呼！热待豪侠杀敌客，不忘故去铺垫人！

总之，堵塞战术是对攻击目标或守御部队的进退线路设障卡位的弈战技巧，是使敌军行动减效受制、预定攻防计划受挫的关键环节，是为主攻部队攻城擒敌而炸开的宫墙缺口，是一代助攻型义侠滞敌乱敌的不朽勋业！

正是：攻城杀敌路在先，抑滞打叠缥缈间。兵塞要道车难动，雪拥蓝关马不前！

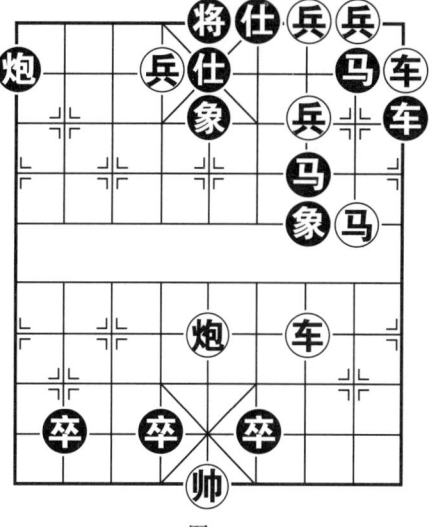

图一

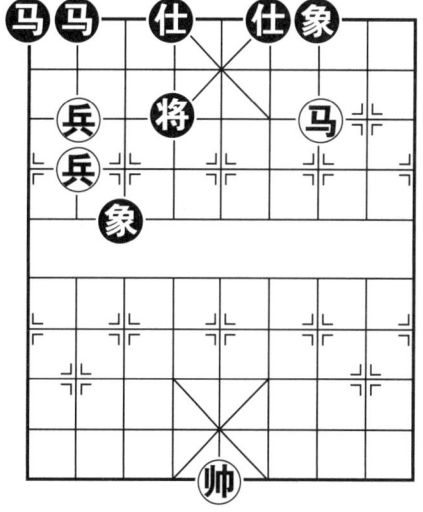

图二

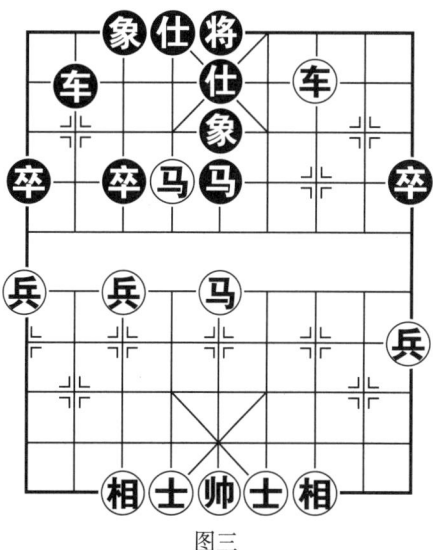

图三

26. 绿萍涨断莲舟路*

——浅论断路战术

若米尼将军在《战争艺术概论》中明确指出："在交战之前即切断敌人的交通线，并在不失去自己退路的原则下从后方攻击敌人，能取得更有把握、更大的战果。"

断路战术系指在敌方兵员即将进退机动，或在某条线路上拥有较大空间进行周旋的情况下，实施方派遣得力兵员，采取封锁、堵塞、控制、占领、扼守、威胁等有效手段，掌控交通枢纽，切断敌人的交通线，使敌兵员出入无门、进退无路，难以发挥作用，并被禁控遭攻的制敌技巧。

断路战术与闭路战术并不相同：首先，后者的实施主体一般以炮车为主，而前者则是车兵的业务范围；其次，二者实施的战术功能亦不相同：闭路战术着眼于封杀整条线路，至少是某一线段，限制敌军在该线路上的运行，而断路战术则侧重于要塞、路口、入杀点等重要点位；再次，从敌军角度来看，闭路是见路有路不能走，而断路则是无路可走。从总的情况看，它们都在各司其职、各展神通，以不同的方式限制敌军的活动，维护领地的安全。

（一）入角断路　敌首难以周旋

图一摘自傅光明与阎文清1992年于抚州弈战局谱。

51. 车八进六　将4进1

红方翼侧虽有强大攻力，但黑方车炮扼守要津，而且敌首在4线拥有三个行宫的回旋余地，很有些其奈我何的感觉。在此决定性时刻，红方巧妙采取连将、威胁、逼进、开路、断路等有效手段，一举破敌。

52. 车八退一　将4进1

占位输送杀手，连将顿挫逼高。黑方此手既是对车兵的火线挑衅，也是对车双炮绝杀的躲避。而红方连将顿挫，敌首不敢后退，遂借机巧施高崖战术，以打将占位输送七兵，为实施断路打叠。

53. 车八退一　将4退1　　54. 兵七进一　将4退1　　55. 兵七平六

助杀做杀两不误，开路断路一肩挑！为炮开路，兼为将断路，使其活动余地锐减，难以应付两条横线上的车双炮火力。此手入角断路，大妙，无论车、士谁吃掉它，都将替代它行使断路的功能。正是：断路遏敌首，开路定胜局。

---

*文题摘自贺铸《踏莎行》

（二）断路双马　高效用兵制敌

图二取自胡荣华与陈有福1984年第三届亚洲杯弈战局谱。

30. 前兵平六

离心运动兵成典，断路效率此为王。此断路妙手，既断了边马的进路，又断了河马的退路，是影响敌方度数、影响敌军机动的有力手段，是强制敌军呆滞并遭受攻击的得力手段。此手移动，成为两军强弱变化，乃至决定胜负命运的关键。

30. ………　车8平5　　31. 马八进七　车5进2　　32. 马七进六

踏掉敌马，敌势立衰。之后红方以车马炮兵强大战力发动攻势，炮镇中，马欲卧，车瞄象，杀势不可逆转。此局说明，断路手段极具制敌抑势的战术功能，敌军无路不仅不能行动，而且将直接走向衰亡。

总之，断路战术是占领、扼守与控制的联合行动，是使敌军无路可走的有力举措，是将敌军变得呆滞的手段，是抢先夺势争胜的计谋。

正是：自古帷幄多精英，纵横线路运奇兵。绿萍涨断莲舟路，野炮摧毁帝王城。

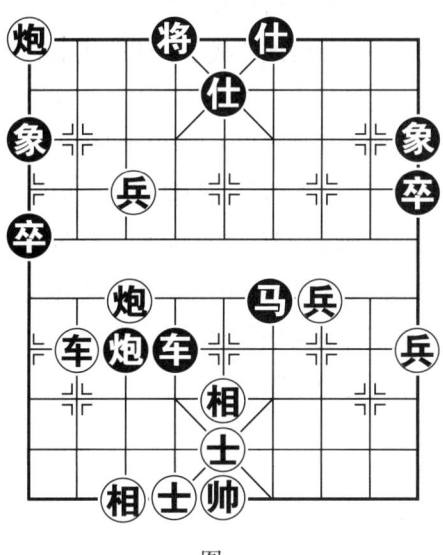
图一

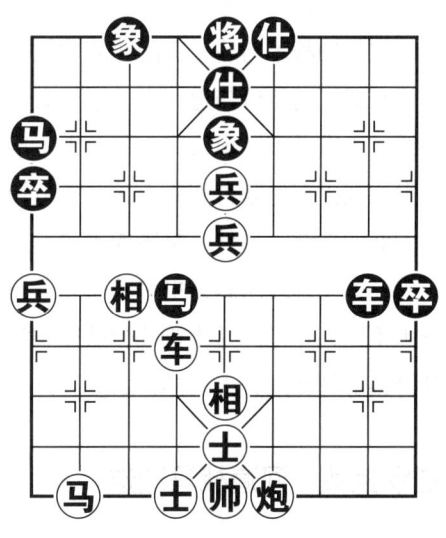
图二

27. 千丈阴崖尘不到*
——简论封锁战术

《增补曾胡治兵语录·战守》云："防边之要，不可处处设防。若处处设防，兵力必分，不能战，亦不能守。惟择其紧要必争之地，厚集兵力以守之，便是稳固。"

封锁战术系指以车炮长火器为代表的子力在敌军主力欲露头开出的关键时刻，在敌军欲跨河越界入侵的紧要线路，采取升提、归退、生根、抢占、防范等有效手段，联同友军一起，以火力封堵、控制河道、明线等敌欲行线路，挫败敌行军作战计划，使敌欲动兵员原地遭禁，不得开出、行进、联络、入侵的对要线封堵控制禁滞的制敌技巧。

《中国象棋词典》对封锁释道："对局中，一方运用子力封住对方某些棋子，使之难以活动。"

封锁战术同戒严战术、闭路战术均是关牵道路、点位、行营是否被敌军通过、占领的军事管制技巧，但封锁战术与后二者的弈战功能存在明显差异——如果说戒严战术、闭路战术的业务范围包括所有战区的点位与道路中的紧要必争之处，那么，封锁战术主要业务在于二、八线、兵线与河界线，不准敌车"出头露面"，更不准敌军车马炮兵四大兵种越界入侵或伺机攻杀。再者，封锁战术一般由车炮联合实施，兵马类近短程火力因不太善于"管线"而只能以"充根"的形式参与这方面的战斗。另外，封锁战术的实施动机，主要在于加强防范，控制局面，延缓敌军行进步调，为己方实施攻防赢得更多的时间。总之，封锁战术同戒严战术、闭路战术三者的战术差异在于分工不同，正像同是维持社会秩序和治安的警察，他们却有司法警察、交通警察、户籍警察和森林警察等等详细分工一样，以便进行专项管理，并做到各司其职。

封锁拒敌　河道战马逡巡

选自王嘉良与胡荣华1963年8月于哈尔滨弈战局谱。

25.………… 卒7进1

冲渡开路，增援前锋部队，暗中求杀，战场气氛顿时紧张激烈起来。李德林先生曾对此局撰文写道："送卒凶着。伏马8进6催杀，当时有不少人认为王方已经败定。"

26.炮九退二

边陲悠闲侠客，河道拒敌高人！此手乃稳健老到、化险为夷、暗藏杀机的封锁战术妙手。它一面做成守式以拒敌骄敌，而另一面又伺机平中罩镇以攻城拔寨，真乃是：退居顿增守力，封锁暗伏反击！倘若置之不理而贪攻求杀，将痛失好局。李德林先生研究认为，如车

---

*文题摘自辛弃疾《贺新郎》

一进三，黑则马8进6，车一平三，将6进1，炮九进二，炮2退1，前马退五（如前马进八，马6进7，帅五平六，车6退1，士六进五，马7进6，帅六进一，炮9进1，相五进三，车6退1，相三退五，车6平5胜），马6进7，帅五平六，车6退5，下伏马7进6连将杀，因而得马胜定。

26.………… 卒7进1　27. 车一进三　将6平5　28. 兵七进一　炮2平9
29. 车一平三　士5退6　30. 车三退四　前炮进2　31. 炮九平五　卒7平6
32. 马七进五　士4进5　33. 帅五平六　伏车三平六杀。

总之，封锁战术是对敌军增援入侵、大举进犯的有力吓阻，是防守火力在关键性场合的联合军演，是使大本营平安无恙的决定性举措，是要线、辎重与战略三星交会的钢铁誓言！

正是：寇拥国门露金身，一柱擎天拒敌军。千丈阴崖尘不到，山清水秀柳色新！

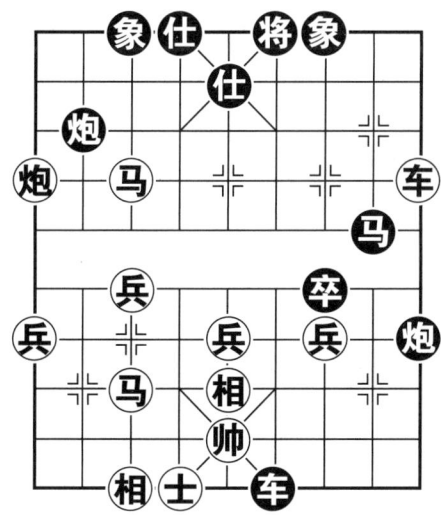

28. 雨打梨花深闭门*
——略论关闭战术

若米尼将军在《战争艺术概论》中论及筑垒线时指出："这里所谈的，是长达数古法里、用于封闭整段边境的筑垒线。"

关闭战术系指在敌军将欲入侵国土或已经占领某一线路正欲深入行祟时，大本营派遣得力支队，采取阻遏、封锁、戒严、捉拿、威胁与封堵等强硬手段，关门闭路，使敌无路可走，难以进犯，或使已侵占之敌遭致"清理"出境，被扫地出门的拒敌方略。

关闭战术与闭路战术十分相似，但却并不相同。如果说闭路战术是有路不准走，而关闭战术则是使敌无路可走。

（一）全线关闭　欲侵敌军茫无路

图一选自黄华与孙勇征1996年全国少年锦标赛弈战局谱。

34. ………… 　炮1平2

淡然防杀术，强势关闭门。黑方将国境线全部关闭，强烈拒绝敌之渗透打人。此手，还具有反入侵、防偷袭的战斗作用。否则，红方将强行马二进一（马7进9则车二进四杀）再马一进二、炮八进七杀。此手使七路炮形单影只，难以成势，使三大兵种逡巡于国门之外，夹击攻杀计划遭致破产，并逐渐蜕变为亡国之师。

35. 炮八进二　将6退1　36. 炮八平三　炮2进2

2路炮功能的正式转变，标志着黑方由守转攻的开始。它瞄打抢先，欲平中罩镇，联合催杀。以下是，炮三进三，炮2平5，帅五平六，后炮平4，相五退七，卒5平4，士五进六，卒4进1伏连杀胜。

（二）纵横关闭　贪吃火炮命归西

图二摘自钱洪发与胡荣华1978年于厦门弈战局谱。

1. ………… 　象5退3

回归犹若落天闸，关闭门户款待君！此关闭妙手将纵横线路尽皆关闭，使贴将炮茫然无路，不仅生存权受到极大挑战，而且使八路马背上了沉重的包袱，使敌营垒笼罩在一片压抑惶恐的氛围之中。

---

*文题摘自李重元《忆王孙》

2. 相五进七　马3退2

连续折返，准备回营处置"入室"闹事者。

3. 帅六平五　马2退3　　4. 士五进六　马3退2

5. 兵三进一　马5退6　　6. 兵一进一　将5平6

7. 炮六退一　马2退4

自实施关闭门户以后，肋炮已经成为囊中之物，全军处于应付"轮走"、等待处置的消极状态之中。此局足以说明关闭战术是多么的严厉！

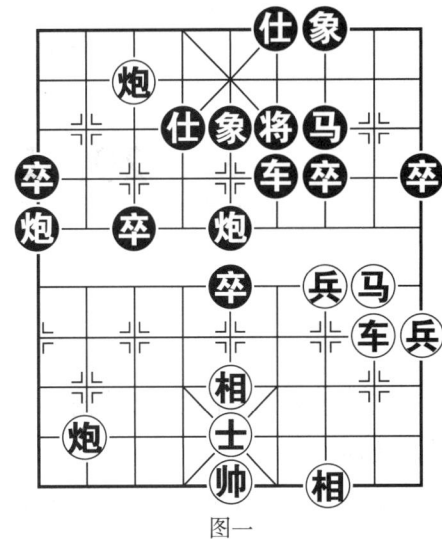

图一

（三）线段关闭　宽宅大院遭清理

图三取自谢侠逊与黄松轩1935年于香港弈战局谱。

26. 车六进一　车6退3

红方联军抓住黑营的"软肋"，连续关闭门户，清理街巷，使敌车无处藏身。

27. 炮二退三　卒7进1　　28. 马六退五　车6进2

29. 炮二退二　车6退1　　30. 炮二平一

关闭期间多逸致，顿挫亮车利捉拿。此时，黑方肋车已经疲惫不堪，所能避捉之停靠点日益减少，被扫地出门的危险越来越大，炮之巧妙让路，更加大了关闭的力度，催送黑车西去的时刻已经到来！

30. ……　　车9平7　　31. 马五进六　车6进3

32. 士五进四

如马五进六时，车6退1则车二进六。可叹！黑车虽被拴缚于肋道，但它拥有五间"驿站"，完全可以藏身，不料，红方马炮双车连续关门闭户，逐一清理门庭，终于将黑车逼上绝路。

总之，关闭战术是扼守国门、防止入侵的举措，是将已占领要线的敌军强行清理逐出的手段，是确保大本营安全无虞的防敌制敌抑敌方略。

正是：纵横阡陌起纠纷，关卡阻断偷袭人。车停高阳严封路，雨打梨花深闭门。

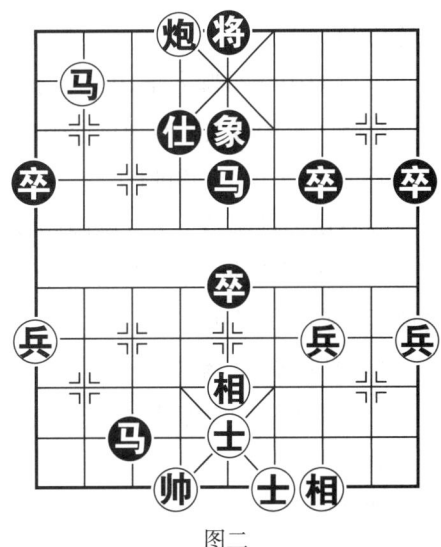

图二

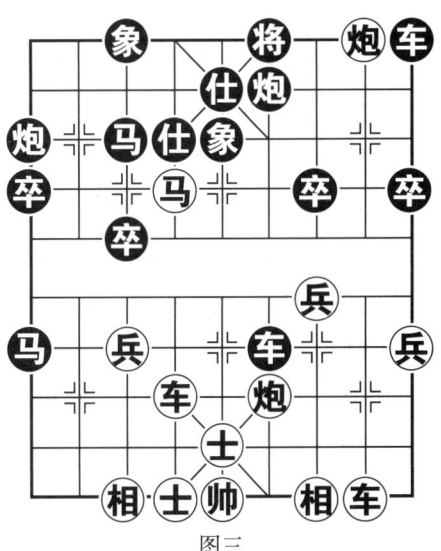

图三

29. 山顶千门次第开*
——略论破障战术

克劳塞维茨将军在《战争论》中指出："必须充分预料到由于预想不到之事可能给行军造成迁延。"

破障战术系指为确保进攻部队及时进击敌军、进占要塞、进攻城堡，友军先手采取强行驱赶、逼离、兑杀、威胁、炸毁等大力度军事手段，将企图阻挡、迟滞、封压我进攻部队而在必经之路上设置的栏杆、堡垒、隔离墙等障碍物尽数破除，以使行军路线畅通无阻的打叠保障机制。

录自胡荣华与柳大华1981年于广州首届五羊杯弈战局谱。黑方抓住七路炮这个绊阻马路、影响入杀的最大障碍为首选破坏目标，采取果断行动——

43.………… 炮8进1

以身诱离性刚烈，去绊除障路畅通！此手伸炮打炮，弃炮引炮，障碍自除，而使敌首浅露于马之小型钩钓险地，其身危殆矣！此手，弃炮引炮谓之柔；伸炮打炮谓之刚，一手之中能刚柔并存，大妙也。

44.炮七平二　卒7进1

打炮引炮后，立即冲卒增层，有力切断炮之封锁线，力助车马成杀。

45.车七退一　车2平3

破障战术实施的重大战果就是逼死红车，使局面朝着黑方优胜方向迅速发展。

46.炮二进七　士5退6　　47.帅六退一　车3平5
48.士五进六　象5进7　　49.马三退一　车5平6
50.马四进五　炮7平8　　51.马五退三　车6进2
52.士四进五　炮8进7　　53.帅六退一　车6退4

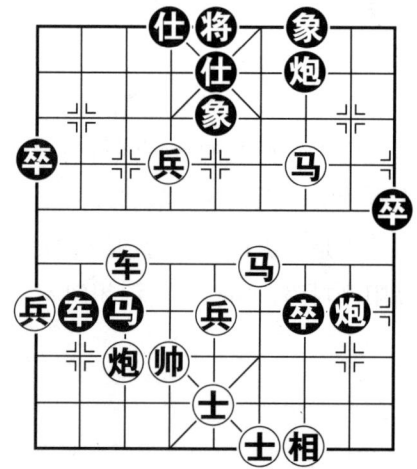

捉马过渡、得子并伏车6平2夹击成杀。

总之，破障战术是强制术、爆破术与开路术的联合体，是突破防线、助攻成杀的战术打叠，是利矛与坚盾针锋相对的激情碰撞，是子力之间默契配合的橘枰赞歌！

正是：无敌天下工程兵，轻拨漫点路自通。车驰马奔缘何在，开山排障第一功！

---

*文题摘自杜牧《过华清宫绝句三首》

30. 无限风光尽被占*

——略论占领战术

克劳塞维茨将军在《战争论》中论及对要塞占领的意义时，认为"几乎成为形成作战计划轮廓的基础"，他进而明确指出："当时的作战计划，与其说要歼灭敌之兵力，不如说是以占领一个或几个要塞为中心。"

占领战术系指在攻防战中，大本营派遣以车炮为代表的强悍兵员，巧妙采取升提、伸插、履险、平移、威胁、捉拿等有力手段，对要塞、要津强势抢夺、占据，以控制局势，掩护部队，压制敌人，发动进攻，构筑杀势的运兵占地方略。

（一）强势占领　威猛火力敌无奈

图一选自赵汝权与吴贵临1991年港台棋王对抗赛弈战局谱。

1. 炮六平五

妙打将惊心动魄，强占领目中无敌！此乃对中路的强行占领妙手。在车卒纵横交叉火力点上，横行不羁，肆意占领，其强势，车卒掩目，其履险，如醉如痴。此手占领，以身探路，试问应手；此手出敌不意，使敌丧失固守机会；此手闪露主帅，使帅充分发挥占线控将助杀作用；此手占领，巍压强敌，使敌刀锋卷刃，使战局陡转，胜利正在名正言顺地一步步踏来。此手挑惹情志明显，但敌军不敢正面碰撞，如卒5进1，则兵六平五，将5平6，车八平四杀。故赞曰：交叉火力尴尬，殇决占领强人！

1. ………… 卒5平4　　2. 兵六平五

在炮威风占领、成功索要"空镇"之势情况下，肋兵借打将机会，占领要津，并充架控将，形成炮与兵双控中路、窄小将路的双保险，为实施最后致命一击铺垫打叠。

2. ………… 将5平4　　3. 车八退二

以下车八平六叫杀，即使士4进5再士5进4进行遮护，但因有帅之力助，仍摧士绝杀，而中路双雄禁制，敌首无路，从中可见首着占领兼闪露之妙。

（二）强占花心　瞰制照杀孤寡人

图二摘自胡荣华与柳大华1985年于北京弈战局谱。

45. ………… 车4进2

渴求占要地，进而控中原。抢士以占领花心要地，并控制中路，为实施照杀暗中打叠。换言之，此手亦是黑车得以控制中路的最简捷手段。此手占领，精彩演绎了抢占重地、利用地形、争速攻杀的战术组合，将劲兵重地增效催杀之抗争推向了高潮。枰上，红方车马双兵攻

---

*文题摘自罗隐《蜂》

力雄厚，随时都有乘隙捣虚的威胁，黑方趁敌军停待之机，抢先占领要地要线，以增效现有之兵员，抵补兵力之不足。此手一出，立即将争战的主导权牢牢掌控在自己手中，将敌军推入了被动防守的泥潭。

46. 帅五平四　车4平5　47. 兵五平四　炮5平6

平炮占肋、暗窥敌首同时，闪露主帅，使其与车达成共同占中、控制中路的目的，以断路敌首。

48. 兵四进一　车5退3

升提争瞰势，随即施照杀！由占领、控中导致的杀势，若高山滚石，其势磅礴，敌车马双兵竟无法阻挡车之照杀。正是：中路占领势遒劲，空荡敌域演妙杀！

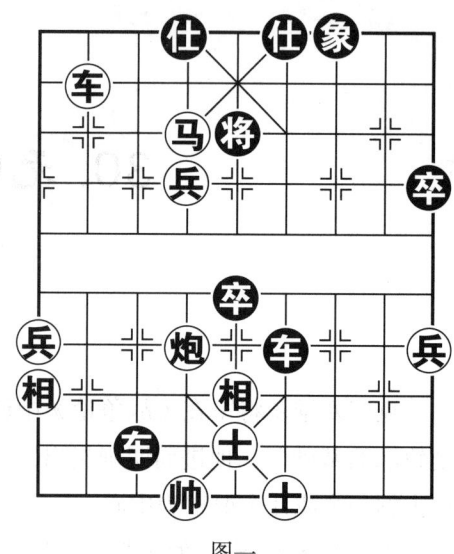

图一

（三）肃杀占领　敌域呆滞无生机

图三录自李雪松与许波1999年全国团体赛弈战局谱。

24. 车七进六

飞车占要塞，冻结虎狼群。深入敌阵，占据要冲，紧施高压，使敌五强子或看护底线或保护4路之受牵子力，皆难以动弹。7路马虽未直接参防，但因其肩负充架助炮保士防杀任务，也不敢擅离职守。真个是：伸插扼亢都包办，占领监视全拿下！

24. ………　炮9平8　25. 车七平九　卒1进1
26. 后炮退三　士6进5　27. 前炮进二

搴除、弱防、减层，为擒拿敌首排除了一大障碍。在巨大威慑面前，敌中马不敢贸然行事。

27. ………　炮8进1　28. 前炮平七　马5进4
29. 炮七退二

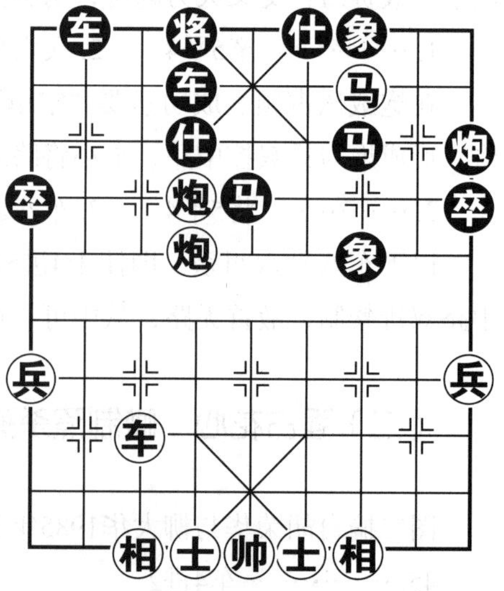

攻肋妙手内涵深厚，卒林占领一锤定音！此手，不给敌炮8平7的机会，也不让炮8平4增层护驾，同时，敌车2进3监管也无能为力，强大肋道火力逼迫敌方调整中士，但为时已晚。

29. ………　士5退6　30. 车九退一

退车催杀，黑方已无力回天。黑方如炮8退1，则炮七平六再车九平六杀。

总之，占领战术是对要塞抢夺占据的举措，是以点制面的手段，是控制局势、明朗胜路的谋划，是攻城略地的战略部署。

正是：夺取要塞强驻军，劲兵重地不离分。无限风光尽被占，灿烂罂粟难逢春。

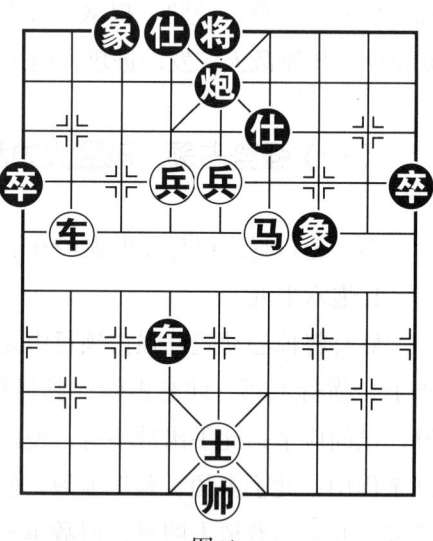

图二

图三

31. 猿猱欲度愁攀援*

——浅谈戒严战术

《孙子·九地》指出："是故政举之日，夷关折符，无通其使。"

戒严战术系指在敌我双方对攻对杀的非常紧急关头，派遣精干得力的警戒员或狙击手，在关牵两军胜负的要塞、路口、入杀点或特定军事目标要地实施火器封禁、巡逻盘查、重兵狙击、"宵禁"、清剿等严厉警戒措施，使迫切意欲通过或占领要点之敌军在特定期限内不得通行、潜入和侵占，从而粉碎敌军的攻防计划，为己方争得宝贵战机，确保进攻部队先敌入杀的对要点的强烈管制手段。

（一）两地连续戒严　确保战机不失

图一系于幼华与赵国荣1982年北方杯象棋赛弈至43回合轮黑方行棋的枰面。

43.　………　　马2进3

铁骨斗恶霸，刀丛施戒严！在车七进五捉马过渡求攻的紧急情况下，在敌我双方展开对杀的决定性时刻，黑马不计自身安危，为争得河车下底做杀的一机之先，不惧强敌，进占车口，立即对红车叫将点实施严厉戒严措施。此戒严妙手，一举打破了红方车七平六叫将后，再士六退五，不仅中士叼马、彻底瓦解了黑方攻势，而且伏有车六进四绝杀的攻防计划。此手，极为生动地诠释了力、地、势、时之辩证关系，出色地图解了戒严的警力、地区、时段与绩效。

黑方如急于求杀而走车7进4，红方则车七平六，将4平5，士六退五，黑方攻势烟消云散，而红方却迎来了胜利的曙光。

当黑马实施强力戒严之后，红方有两种应对方案。一、如兵七平六实施遮掩，黑方则有马3进2的叫杀助杀恶手，如车七退四，黑方车7平3胜定；二、如退车杀马，就会出现更为奇妙的暗伏戒严手段：角马在实施钩钓、严密控制红帅、助车成杀的同时，继续担负起对红车的第二个叫将点实施二次戒严的战斗任务，使黑车不得叫将，六路士难归花心，底士形单影只，难以抵挡7路车下底杀。

黑方双马连续两地明暗实施戒严之妙，唯有红车知晓。真个是：橘枰辉光赧日月，戒术奇绝惊鬼神！

---

*文题摘自李白《蜀道难》

（二）点线同时封禁　双车愁煞救援

图二系窦国柱与韩文荣1958年于上海弈至31回合轮黑方行棋的枰面。

31.………… 炮7平8

多重火力车惊胆，依恃戒严炮求杀！7路炮凭借平肋叫闷的威慑，依恃肋车对卒林纬线的戒严，借助7路马对八路车在兵线与二、四线交汇处两点实施的双重戒严，悠然平8求杀。

这是多重、立体的戒严！红双车尽管道路畅通，但却难跟难拦，欲救不能，束手无策，眼睁睁看帅焚炮口，只能充当一对羞愧的看客。

红方如车八进六，则车4退3，车八平六，将5平4，车四平二，则炮8平6杀；

又如，红方先自车四平二，则炮8平6，车八平四，马7退6，下伏双将杀。

此等立体戒严，其妙非常，其中一马对两地的戒严尤为严厉，它使敌八路车既不能平二阻挡，也不能平四路增层垫厚防杀。敌双车纵有上天入地之才、倒海翻江之力，也不敢触碰寸分，也难以冲破戒严网罗。真乃是：严控轻辱双车叫苦，妙设天成一局出新！

（三）突施中路宵禁　强行捉拿顽敌

图三选自沈芝松与胡荣华1963年于上海弈战局谱。

53. 马六退五

红方退马邀兑，以图消削黑方攻势，同时阻马右移，以破坏黑方车3平4再马6进4的夺子计划。在目前局势下，此手防御已经是很到位、很顽强的应手了。孰料厚盾面前有利矛，一步戒严妙手立刻使敌之抵御变成毫无力度的举动。

53.………… 炮6平5

控势硬如铁，戒严冷似冰！激战关键时刻，在车双马配合下，在高象助威声中，角炮立刻平中戒严，实施中路"宵禁"。宵禁者何？乃属夜间戒严也。它坚决禁止一切未经特殊许可者外出活动，违犯者立即取缔。中炮之戒严，是关键时刻的非常措施，它硬是不准红方车马随便活动。红方车马被中路戒严，犹如被定身法定住一般难以挣脱。

红方如马五退七则马6进4抽车；又如马五进七看护士角，则车3平4杀；还如炮八退六，则炮5进4，打马叫将，红方致负。呜呼！戒严之凶狠胜似桎梏，戒严之威逼甚于绝路，故欲度之猿猱岂能不"愁"也！

总之，戒严战术是反侵占、反通行的有力手段，是子力行进、威慑、布控能力的极限发挥，是对敌军拟行计划的有效破坏措施，是针对性极强的制敌夺势的高级应对技巧。

正是：抑敌筹谋开拔间，猝发天兵强戒严。无情火力织如网，猿猱欲度愁攀援！

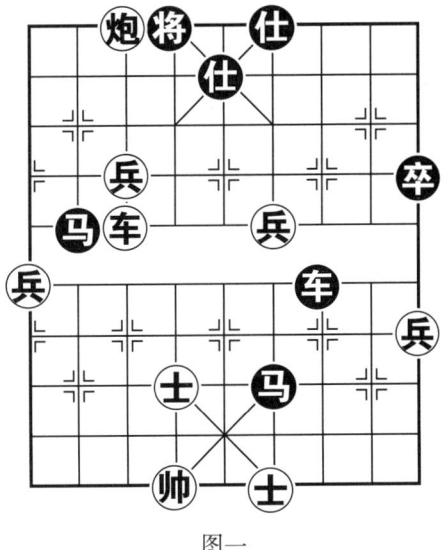

图一

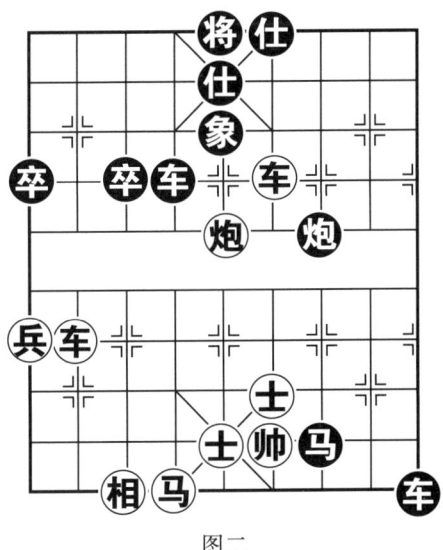

图二

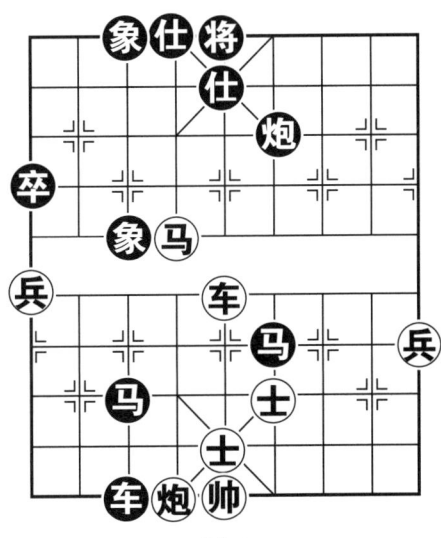

图三

32. 中路徘徊七宝鞭*

——小论补中战术

（苏）巴巴扎尼扬在《坦克和坦克兵》中指出："防御行动的基本目的在于击退敌人优势兵力的进攻，掩护和守住所占领的阵地。用防御的办法可以节省兵力兵器，赢得前调预备队或变更部署的时间，创造转入进攻的有利条件。"

补中战术系指在敌方于中路集结兵力，企图强行发动进攻、实施大力突破之际，防守一方本着先取守势、在加强防守同时暗中部署反击兵力的谋略，采取连环、上支、平移、捉拿、邀兑等有效手段，先手将以士象马炮为主的城防部队调至中路，补厚加固中路防御工事，针锋相对配置对抗、反击火力，以抑制、消减敌方潜在攻势的以守待攻的防范措施。

禁控待增弊　纵横夺杀机

图系李中健先生排拟的象棋实用排局车兵巧胜车卒士象全类型278例第13回合谱。

13. 相三进一

屯边补牢河防，静默禁困敌营！红方经过一系列巧妙的顿挫攻击，取得了有利的禁控局面。此手补弱使河防强固、抑卒逼象，并为尔后采取的禁困、顿挫、补中、活兵、要杀等战术手段打叠，以发动最后的攻击。

13.………… 象1退3　14. 帅五退一　象3进1　15. 帅五退一　象1退3
16. 车一平二　象3进1　17. 车二平三　象1退3　18. 士六进五

遮掩求活络，补中伏暗杀！经过一系列禁控性顿挫，车帅到位，敌象也被逼至预定点，遂妙施补中，它是对敌军位置，亦即车、将、卒、高象、双士诸子不得解脱的严重弊端的最大利用，它使被锁制于中路的主力王兵顿时活跃起来，并配合车以打将、催杀、要杀等紧要手段，步步追杀，终擒敌首。对此妙手，排局作者赏赐两枚叹号以表示其着法的精到与战略地位之重要。

18.………… 车5平4

补中一手令敌左右为难，此时如应以象3进1则车三进二，将6进1，兵五平四，将6平5，帅五平四，士4退5，车三退三胜。

19. 车三进二　将6进1　20. 兵五平四　将6平5　21. 帅五平四　士4退5
22. 兵四平五　将5平4　23. 车三退三　将4退1　24. 车三平七

---

*文题摘自刘辰翁《沁园春》

此手既巧妙困车、阻塞将之逃路，又为转移要杀顺势去象，为车七进三、退二之后兵占象位绝杀进行了深远战术打叠。呜呼！补中战术的经典演弈，诸路战术精英的美妙组合，堪称思维之锦缎！

总之，补中战术是获取防守利益的坚实着法，是中路城防奥妙的简朴展示，是战略中心点上的名牌工程，是防守反击的绝好次序！

正是：中轴要线价千金，家国脊梁将帅心。为求战阵兵势厚，枕戈武士抗入侵。

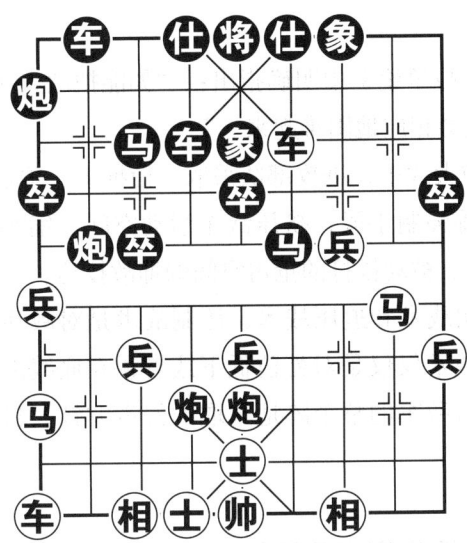

33. 壮压西川四十州*

——浅论压缩战术

克劳塞维茨将军在《战争论》中明确指出："如能把敌人压缩在尽可能小的，可说是狭窄的战场上，其进攻就会相应地困难起来。"

压缩战术系指在攻防大战中，进攻部队采取全面推进、重点控制、加大进攻力度、逼退敌前哨、迫压敌主力等强制手段，挤压敌军活动空间，缩小敌军阵地，使敌军呆滞原地、逐渐后退、龟缩一团、被动挨打的抢占空间的抑敌技巧。

压缩战术不同于压制战术和迫压战术，压制战术是对敌兵员、敌军的能力与进攻势头进行强力抑制；迫压战术仅仅是对处位低下或者说在底线滞留的单个兵员采取的抑压手段；而压缩战术则是对敌军的整个阵地采取的侵占方针，目的在于逐渐窄小敌军活动空间。

（一）强势压缩　翼侧瘫痪遭重创

图一摘自蒋川与郑一泓2006年全国个人赛弈战局谱。

21. 马六进八

封压抢要点，奔卧求威慑。在三路车入界实施压缩并逼退黑马之后，马在另翼依恃卒林车之助力，冲前封车窥槽，加大压缩与蓄势的力度。同时此手对敌相对空虚的右翼暗中施压，将军事压力与空间压缩一并实施，以使敌军难有反击的余地。一切都在黑暗中进行。

21.………… 炮4平2　22.炮九进四　车8进6　23.兵九进一　车8平9
24.兵九进一　车9平4　25.车七进三

车炮兵先后入界，抢占敌阵地，对敌车炮、对敌宫逐渐施压。现敌右翼阵地红方兵马如云，已经蓄积了足够的兵力以进一步强夺地盘、压缩敌阵。

25.………… 炮2退1　26.马八进七　车4退5　27.车三平八　马9进7
28.士四进五　马7进8　29.炮九进二

倾四兵种五位兵员之力，将敌军主力完全压缩在"上二路"以内窄小地段，使其丧失活动空间，丧失抵御能力。以下士5退4，车七平六，将5进1，马七退六胜。

---

*文题摘自薛涛《筹边楼》

（二）抢先压缩　水到渠成摘王冠

图二取自徐天红与郑乃东1995年于吴县弈战局谱。

19. 车八进四

压缩乃要务，诸事难比攀。红方不管底相被炮窥瞄处险，毅然进车压缩敌车炮纵队，不让敌方有炮2进4再卒3进1反压缩的进攻空间。此手足以证明压缩在棋手心目中的地位。

19. ……　　炮3进8　　20. 士六进五　士4进5　　21. 炮六平八　马7进5
22. 炮五进四　车7平4　　23. 炮八进五　炮3平1　　24. 士五进六　将5平4

25. 炮五平六

压缩取得了得子占势的良好效益，现平炮遮线断联伏抽，逼将归位。强大兵团即将正式对敌城发动总攻。

25. ……　　将4平5　　26. 士四进五　炮1平7　　27. 炮六平五　炮7退7
28. 帅五平四　将5平4　　29. 炮五进二

摧士联车，剪羽入局。以下车2进2，车四进三，将4进1，车八平九，车2平1，车九平四，象5进3，炮五平一，红胜。

总之，压缩战术是横向推进的绩效，是不断侵占敌阵的手段，是使敌活动区域逐渐窄小的谋划，是总攻决战对空间的蕴蓄。

正是：攻城略地运计谋，推进抢占荡铁流。车逼炮镇威千里，壮压西川四十州！

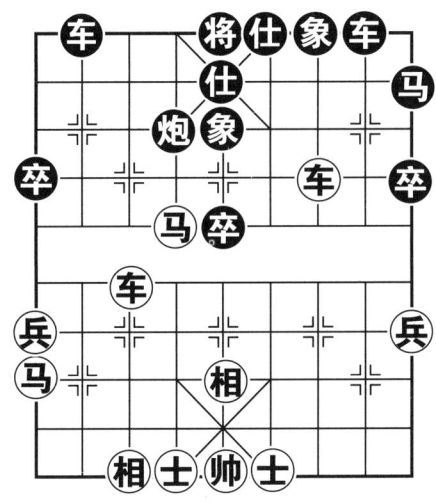
图一

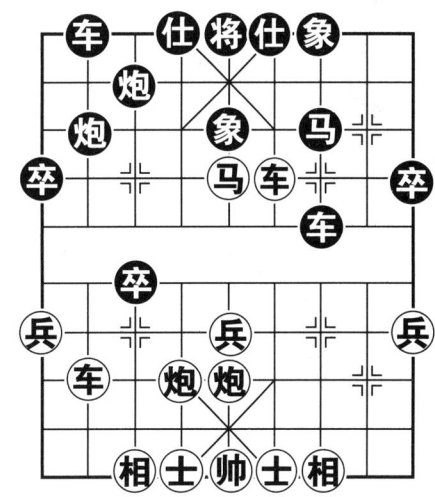
图二

34. 含笑整衣开绣户*
——小论让路战术

克劳塞维茨将军在《战争论》中明确指出："在确定这些道路的价值时，应该着重考虑到它的长度、数量、位置，即其总方向和在军队附近方向和状况，以及车马交通是否便当、地形有无通行困难、居民状态及服从的程度、是否得到要塞或地形障碍的掩护等。"

让路战术系指在进攻兵员将欲转移、推进或归退之时，在该线路上驻扎的己方兵员采取攻击、闪离、威胁等手段，主动撤离，让出通道，以使道路通畅，确保友军攻防进退的顺畅，以加快行动的速度，使兵员迅速到位的在道路方面的打叠配合技巧。

（一）连续让路　抢夺侧攻简胜势

图一选自言穆江与胡荣华1984年于合肥全国团体赛弈战局谱。

30.　………　车8退2

让路疏散造势，重新组织强攻！黑方虽然取得了小空头攻势，但车马炮三子纠结一隅，互阻互牵，难以成势。现车为马让路，立使密集的挤靠程度得到松缓。

31. 车七进一　马8退7

让路代价大，做杀视野宽。以双马的沉重代价再次为炮让路，立使攻防战局陡转，得子方亦将为贪子失势付出更加惨重的代价。此种让路，足金足赤，没有深远的考量、没有精准的计算，是断然不会有如此宏大魄力的。此局也说明，让路战术在战局中具有不可撼动的崇高地位。

32. 炮七平三	炮7平9	33. 兵五进一	车8进3	34. 车四退六	车2退1
35. 兵五进一	车2平5	36. 车七退三	车5平6	37. 车七平四	车6进1
38. 马五进四	卒5进1	39. 炮三平九	炮9平6	40. 士五退四	卒5进1
41. 马四进五	车8退1	42. 炮三平五	车8平6	43. 炮九进四	将5平6

至此，红方士相必失，黑方胜定。

（二）及时让路　解拴活络定胜局

图二摘自陈金盛与季本涵1962年于合肥弈战局谱。

30.　………　象5退7

解拴活络妙手，让路侧攻打叠！在两军角斗僵持瞬间，落象为炮转移让路，实乃争攻夺

---

*文题摘自和凝《江城子》

胜之举。象之默契配合精神、上佳服务态度，极大提升了全军士气，涌动了车炮卒杀敌报国的热血。所谓一子活全盘者，象也。因为有了它的铺垫，双车一卒尽皆活跃，立刻成为攻城擒帅的英雄。

  31. 马五进四　炮8平2　32. 车五炮八　车8进3

  攻城战斗打响后，红势已颓。32手红如改走车二进三，黑方则炮2进7，士六进五，卒4进1成杀。

  33. 车八进一　车8平5　34. 士四进五　卒4进1

  下伏掏心杀。回顾象之让路，实乃争战的润滑剂、攻杀的进军号也！

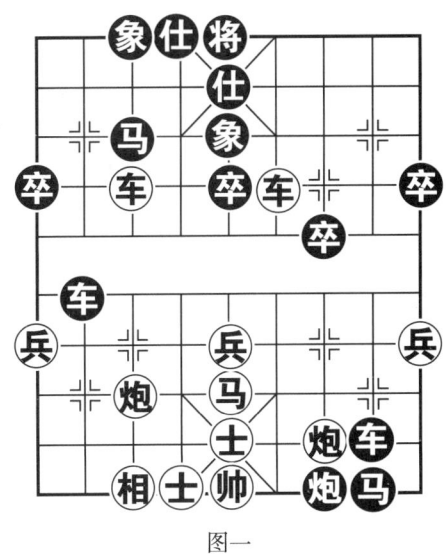

图一

（三）让路支前　制弊抢掠敌势弱

  图三取自王斌与张影富1995年于峨嵋弈战局谱。

  16. …………　马3退4

  支前让路手段，顾全大局英雄！此手退马，为2路炮过宫转移6线，到达助杀点，为卡肋扼亢黑车生根要杀打叠，十分巧妙。此让路战术妙手，抓住了红方窝心马之严重弊端，抓住了局面最重要环节，成为让路战术典范之作。它通路制弊，它逼敌应付，它争先夺势！真个是：兵无默契锋不锐，心有灵犀路自通！

  17. 炮九退一　车6退1　18. 马五进三　车6平3

  这是对让路的回馈，这是对弊端的惩罚，由此红方落入下风。虽然之后红方象征性地发动了攻势，但由于后续不济而显得"东风无力"。

  19. 相三进五　马6进4　20. 炮九平三　炮7进2

  21. 炮三退三　象3进5　22. 车二平四　象7进9

  23. 马三进四　车3平2

  强欺逼兑，黑方优势愈加显现，又经几个回合争斗，黑方获胜。

  总之，让路战术是解决"路线"问题的良谋，是兵员之间相互支助的典范，是互利双赢的举措，是主动与"到位"的礼赞。

  正是：默契配合驻占兵，支前确保要道清。含笑整衣开绣户，让路迎送众宾朋。

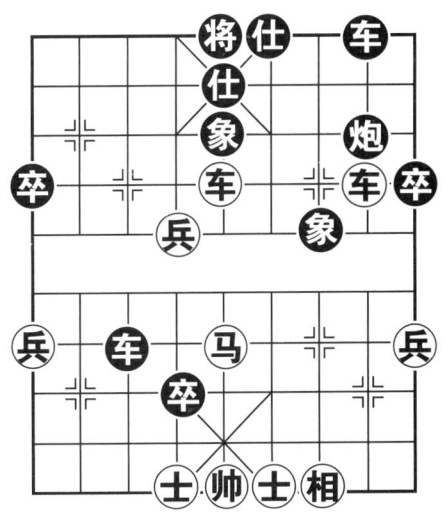

图二

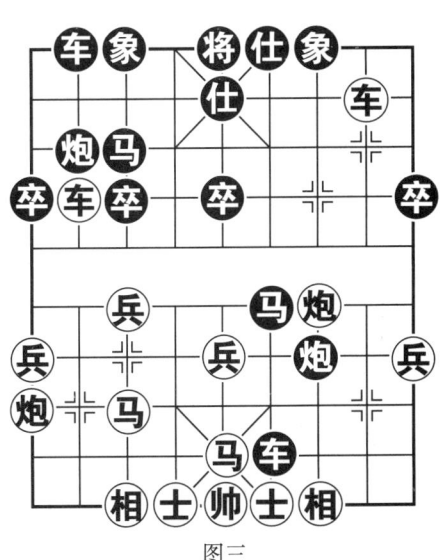

图三

35. 往来却恨重帘碍*
——简论设障战术

克劳塞维茨将军在《战争论》中论及地形对军事行动的作用时，曾指出：作为运动的障碍物，作为观察的障碍物的地形的此种影响，"使军事行动变得多种多样，更加复杂化和需要技巧"。

设障战术系指在两军攻防大战关键时刻，实施方以有根子甚或无根子先敌设置在敌军预行线路上，充当阻滞敌军行动的障碍物，以迟滞、破坏敌行军、到位、集结、部署的战斗计划，为己方赢得加固工事、调整守力或抢先攻城的时间的在交通线上设置障碍的技巧。

设障战术与阻挡战术同是钟情于道路的战术姊妹花，但二者区隔明显：如果说后者是行为的一种动机或效果的话，那么，前者就是使道路不通的一种手段，它的中心点则是展示设置的巧妙。而堵塞战术与其差异就更大了。设障战术是用己方子力为障，而堵塞则是硬性逼引敌防守人员自卡其路，将攻击目标欲逃避之线路强行阻塞堵住，使其无路可走，以破坏其顽抗死守或争气反杀的行动计划。概言之，堵塞战术的要领在于制敌乱敌、借敌滞敌、逼敌自相阻塞。

两次设障 断却英雄报国心

录自李中健先生编著的《象棋实用排局》第89例第3回合谱。

3. 士五进四

宫角初设障，橘枰竟生辉。此手为本局两次精妙设障的先行打叠，它具有三项战术意义：一是以设障为战术手段，先自亮帅，控中制将；二是逼车贬值，使其处位艰窄，难以中路叫将并控中活将，同时左右皆有障碍，难以跟炮防杀；三是为马炮帅相四个兵员极度增效，借用李中健先生的评注，就是"马炮威力得以尽情施展"，并借此鼎助马炮妙杀敌首。

3. …………	车6退1	4. 马四进六	将6进1	5. 炮二平七	车6进2
6. 帅五进一	车6平3	7. 马六退五	将6退1	8. 马五进三	将6进1
9. 马三进二	将6退1	10. 炮七平一	车3退1	11. 帅五进一	

登顶非小事，设障预打叠！第二次设障前的关键着法，它借用士、卒之"地形"，以彻底阻断敌车来回跟炮的路线，为成杀埋下伏笔。此手暗示我们，每停每行每升每降都应该是战略链条的一个环节，而不是破坏整体功能的盲目行动。

---

*文题摘自贺铸《薄幸》

11.………… 车3平9　　12.相三进一

纵向遭击打，横向耸群山。此手设障，大妙而又突然。首先，它与第3回合士五进四一样，以无根子为障，同时此手亦是萍架打车的佳例，它对改变车的处位有着决定性意义；其次，它施动突然，令敌深感意外，又找不到更好的应着，只能跟班作业，听任摆布；再次，它剧烈减效敌车，在逼车落点偏僻闭塞、交通不便条件下，使车彻底丧失跟炮防杀的能力。呜呼！相飞车向隅，障设豹变龟！以下车9退1之后，马再带将转移敌右翼，做成马后炮杀，而车因障相阻，不能跟炮解杀而致负。

相之设障，将设障战术的内涵、特点、功效诠释得一清二楚！

总之，设障战术是对敌军行动先行预判、主动干预的制敌谋略，是对敌军即将施用的道路交通的有效管制，是有形空间与无形时间交汇的赞歌，是减效强敌、制乱敌营、夺势争胜的锁钥。

正是：天降巨石堪称奇，将军路断楚河西。往来却恨重帘碍，好梦难圆自焦急！

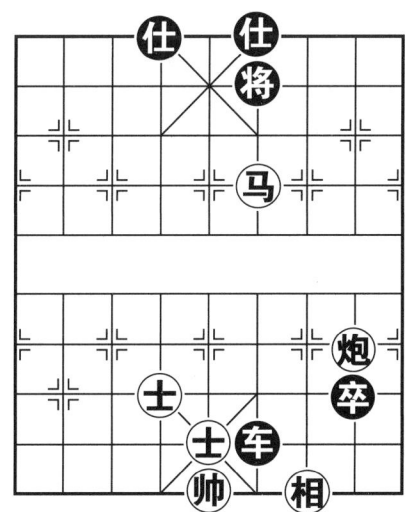

36. 弄潮儿向涛头立*
——浅论选点战术

克劳塞维茨将军在《战争论》中深刻指出："常常随着战斗而俱来的，有或多或少给它以影响的多种条件，当我们使用战斗力时也不能不对之加以考虑。这些条件即是地形、时刻和天候。""战斗要不受地形的影响，几乎是不可想象的。""所占的空间，从战略上看可以看作只是一个'点'"，"相对优势的取得，即在于决定性地点上巧妙地集中优势兵力，在于准确地选定这决定性的地点。"

选点战术系指军队在行军、驻扎、集结、停留等军事行动之前，审慎分析全局攻防形势，选择和确定与全局关系最紧要、对争战进程和结局能够产生重大影响的地点，借捉拿、抽将、威胁、暗杀等机会强势占领，以充分发挥劲兵要地的联合效应、使兵员位能极限增加而助攻助杀的运筹决策艺术。

炮选点——暗窥、断联、伏杀

取自苗永鹏与周长林1988年全国团体赛弈战局谱。

26. ………… 炮2进6

并未叱咤风云，但却蕴蓄高能！此选点妙手，既无"威"又无"效"，进意朦胧；它以"无为"之举，极力迷盲敌军，但暗中矛头所指，精准而严厉；此手将"舍命"拆散相架，使敌底线弱防、减效，助车成杀！此手立刻使敌防变成失效的摆设。此手之妙可谓：窥瞄之虚无，选点之空灵！

27. 车七平八　车4进2

有双马维护，主将无虞；现车扑角保炮、设架，组杀预案正一步步在敌宫展开。

28. 车八进二　将4进1　29. 马四退五　马7进5

30. 马五退六　炮2平5

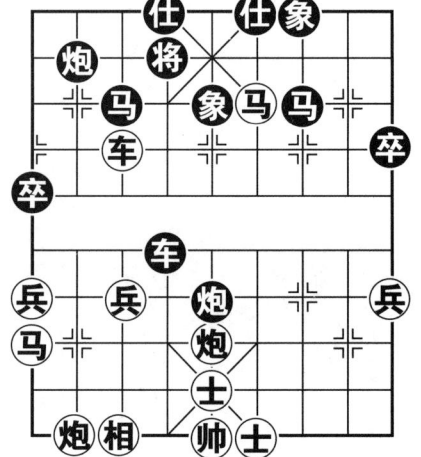

炮轰宫墙裂，车退敌首崩。2路炮到位待机多时，怒发中宫，其势若万钧雷霆，力摧敌防。敌如相七进五，红方则车4退1，做成绝妙铁门闩杀。

总之，选点战术是对要地的占领术，是兵员增效生威的良方，是追求效率追求完美的心血，是制敌抑势的超级位能。

正是：大军行止皆增威，劲兵重地捷报飞。弄潮儿向涛头立，攻城炮选要塞摧。

---
*文题摘自潘阆《酒泉子》

37. 飞入寻常百姓家*

——浅论入角战术

约翰·柯林斯《大战略》曾指出："战略大师们善于巧妙地利用自然环境，趋利避害，既承认受其制约，又尽量使大自然为自己服务。"

入角战术系指在两军攻防关键时刻，进攻部队抓住敌宫城之弊端，充分发挥强大围城部队的占位优势，派遣精干兵员，采取揳插、游弋、奇袭、占领、威胁等有效手段，强行进入敌宫角地，以取得断联、调敌、制乱、威慑、伏杀等战术功效的奇特占领艺术。

入角战术与挂角战术并不相同。后者实施的主体具有唯一性，亦即为马的专利；而前者具有最大的宽泛性，也就是说，车马炮兵均可在这里一展身手。再者，后者的战术功效具有相对的单一性，即以窥击敌首为主；而前者的功效则丰繁得多，并带有某种非常的甚至出敌不意的神秘色彩。

入角战术与宫阙战术也不相同。后者的实施主体往往由车兵担任，而且实施点位竟有九个之多，一个战术组合即可占领宫内两三个点位。而前者共有四个角地可"入"，点位数量要少得多，而且一个战术组合通常只需一次入角就足以制乱敌宫或置敌首于死地。

入角战术在大师们的实战局中，谋划非常，选点奇异，功效绝佳——

（一）入角打车　翼侧门户洞开

图一选自黎全福与赵汝权1984年第三届亚洲杯弈战局谱。

1. ………… 车8平3

行若烟云缥缈，意在造势打叠！此手转移似避车一平二强出车，黑方如应邀相兑，则减轻红方防守压力，并乘机改换马位；黑方如逃车，红方双车明线，有利作战。此手假意避兑，实则专程盯吊有根之相，为入角战术实施打叠。如此朦胧，如此暗淡，手段真隐蔽也，用心真险恶也！

2. 车一平二　炮4进1

进角辱士惊帅，舍身借相攻车！此乃入角战术经典妙手，它将己方一马双车的战力发挥到了极致，它抓住敌帅不敢舔噬的怯懦心理，它挑战中士不敢离防的尴尬处境，它巧妙借用底相避逃无路的弊端，入角打车。入角炮者，乃天神也；性者，狂傲也！智者，深邃也！此种战术设计，层级之高，功效之佳，皆属上乘。无论弈者，还是观者，都将从中得到高品位的艺术享受。

3. 车八进一　车3进3　4. 士五退六　马5进3　5. 士四进五　马3进2

---

*文题摘自刘禹锡《乌衣巷》

黑方出奇制胜之时，我们不由惊叹中国象棋弈战方略之神妙，其入角之有形，与筹谋之无形的有机结合；其车炮之动态，马与底车之静态的巧妙结合，将楚汉战场变成了一幅纵深不可测、谋划难尽言的立体战争图画。当那些对象棋颇有微词的人士看到此等入角妙手的时候，难得不会因为出言轻率而羞愧吗？难得不会因为冒犯神灵而自责吗？

（二）入角打马　防务大臣遭袭

图二摘自柳大华与王嘉良1982年三楚杯弈战局谱。

30. ……………　炮4进1

找茬生杀意，专门惹事端！入角、履险、辱士、射马，挑战敌防！此手抓住了敌阵弊端，抓住了敌军要害，即将重创屯边防务大臣，撕开敌军防线。敌九路马，既保炮，又防止2路车下底砍相破城，担负着全军的希望。而4路炮之入角，针锋相对，力逾千钧。真个是：百种祸福全由此，一线攻杀仰赖君。

31. 车二进二　卒5进1　32. 车二进七　将6进1　33. 相三进五　炮4平1

失马之后，红方左翼城防薄弱的弊端进一步显现，七路相竟不敢拆帮除炮，而双车又距离决战的主战场十分遥远，难以参防。黑方则攻力集中，目标明确，后续有力。

34. 炮七平九　马4进5

打马城自破，踏相帅遭擒。踏相突破城防，马双车轻松入局。

（三）入角调敌　车马左右逢源

图三取自胡荣华与杨官璘1975年三运会决赛局谱。

67. 车八进四　将4进1　68. 马三退五

组杀构思巧绎，车马打叠妙运筹！八路车打将定将，为火力半径短小的七路兵钓猎目标，以便相机发动攻击，而马折返象头要点更是极尽虚无缥缈之能事，明里暗中巧妙运作，为趋前返后发动攻击选点打叠。车马联手，为美妙后续准备好了一切。此种预谋性打叠——为兄弟部队开拔运作创造最佳战场条件的周密安排，充分体现了中国象棋弈战将有形艺术与无形艺术相结合、动态艺术与静态艺术相结合之特点，极大提升了象棋的艺术品位。何为无形艺术？音乐也，谋略也。象棋弈战之谋略，并不是如音乐作用于耳，而是作用于"心"。它深长时，前后绵延数十回合而不见踪迹；它神妙时，将奇花异草掩隐于云雾之中、山石之下，难睹"尊容"。象棋弈战之谋略与战术手段，是人类最宝贵的大脑不断精密、思维日益完善的高级产物，此种艺术及其艺术性，非它可比。

68. ……………　炮8退1　69. 兵七平六

神悸仙惊兵入角，马刁车狠敌签盟。此入角手段突然、凶狠，构思精美、巧妙！敌方如士5进4则为马开路，马五进四杀；但如将4进1，则车八退二，将4退1，马五退七杀。

总之，入角战术是兵员选点的非常想象，是对敌核心部位的沉重打击，是挑惹敌首的寻衅行动，是入宫擒将的天然阶梯。

有诗赞之——神奇角地挺英侠，朦胧月色暗攻杀。紫燕今春别有意，飞入寻常百姓家！

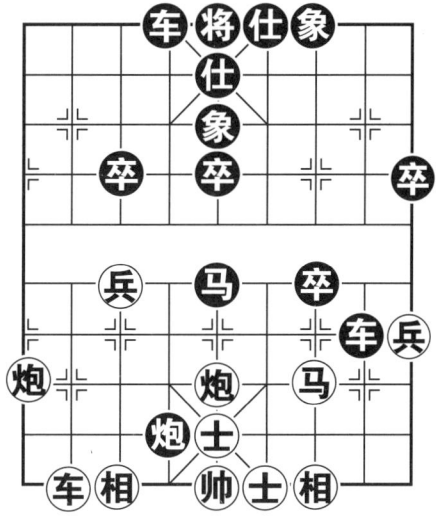

图一

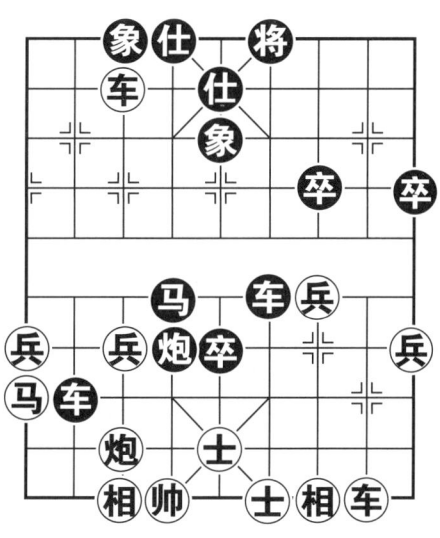

图二

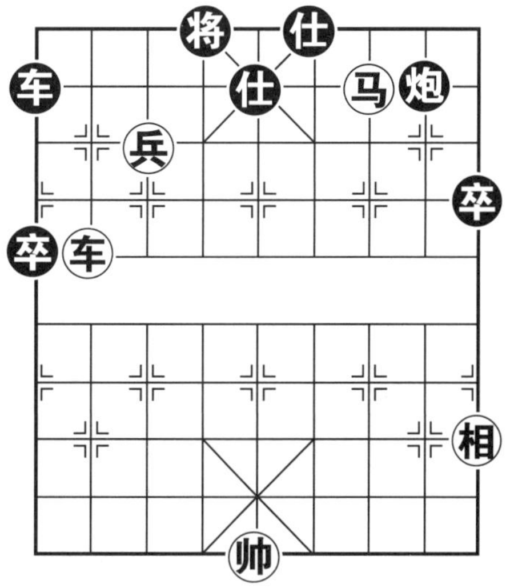

图三

38. 劝君莫上最高梯*
——简论高崖战术

利德尔·哈特在《战略论》中深刻指出："战略的目的就是要破坏敌人的稳定性，要使敌人自行陷入混乱。这样的结果，敌人不是自动崩溃，就是在会战中轻易地被击溃。"

高崖战术系指在攻城决战中，为使攻击目标突出浅露，进攻部队采取逼引、威胁、连将、追杀等强制手段，将敌首从原地一直逼至宫顶"三楼"悬崖死地，为己方中短火力钓猎到攻击的战略目标，为各兵种联合擒拿敌首创造有利态势的制敌引敌逼敌的大型战略计谋。

（一）解杀充架　就地处置谋划细

图一选自季本涵与杨官璘1964年于杭州弈战局谱。

25.………… 卒7进1　26. 帅四进一　车7进2　27. 帅四进一　炮9平5

除恶解杀高崖术，巧设密划斩首图。黑方利用红方平帅归位则失车的胆怯心理，巧施高崖战术，逼帅充架，拼掉恶炮，救急解杀，十分巧妙；同时趁机将敌首逼上悬崖，并严加控制，使其不得归位，长期悬浮空中，最终被车炮卒击毙。

28. 车八平六　将5平4　29. 相七进五　车7退1　30. 帅四退一　炮3平1
31. 车四进一　炮1进4　32. 车四平七　卒1进1　33. 车七平一　卒1进1
34. 兵七进一　炮1进1　35. 士五进六　车7进1　36. 帅四进一　车7退2

黑方采取以车为轴心，控制敌首，再次逼帅登顶，滞留高崖，护底卒、保边卒移向主战区，边炮"回家"，暗中以象士为架等一系列手段，至57回合将敌首击毙于悬崖。正是：出宫登顶金身露，招惹刀斧劈面来。

（二）钩钓带车　决战城头效率高

图二摘自柳大华与傅光明1988年于哈尔滨弈战局谱。

30. 车三平四

单挑绊马客，不理占位人。此手捉拿有很高战术价值，它不直接吃马，而变线捉炮，真正抓住了局面的关键目标，为暗中实施高崖战术提供了可能。如直接吃马，将不仅丧失逼将登崖的机会，而且还将带来诸多麻烦。

30.………… 车4平5　31. 车四进六　将5平4

逼将闪露，为继续逼迫敌首爬高登顶奠定了位势基础。

---

*文题摘自周邦彦《浣溪沙》

32. 车四退二　车5退2　33. 车四退二　车5进1

34. 兵九进一　马7进5　35. 马三退五

避捉、藏匿，化解了黑方闪击双胁手段，同时己方暗伏砍士逼将走高手段。

35. …………　马3进4　36. 车四进五　将4进1

37. 马五退七　将4进1　38. 车四平五

敌首登顶，处于马的小口型钩钓控制之中，逢将必死，而敌车、士难以两全，杀势难以解除，黑方认负。真个是：崖边常坠虎，高处不胜寒！

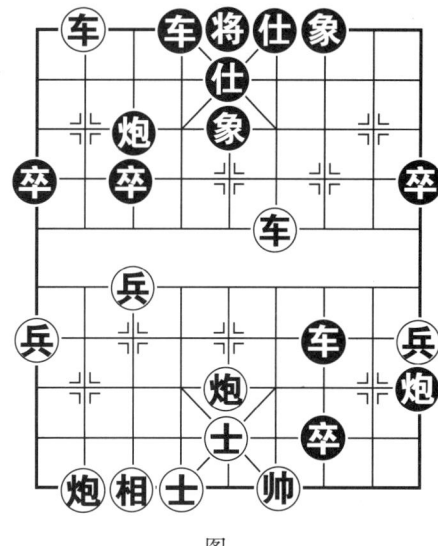

图一

（三）弃车逼引　双将击毙悬崖客

图三录自牛显君与田长兴1995年棋友杯弈战局谱。

31. 车六进三

抓住契机施妙手，强力拽扯登悬崖。此手精巧果断，为调敌制弊入局之关键。此手将炮马帅士占位优势或潜在优势发挥到了极致。此手充分展现领军人物在关键时刻的义勇表现与决定性作用。此手逼将悬崖，使其丧失周旋的余地，使所有文臣武士无能为力。

31. …………　将4进1　32. 士五进六　车7平4

33. 马七退六　将6退1

因伏闪击绝杀手段，黑将只好退缩以图自保。

34. 马六进四

早有庙算，双将无解。正是：登顶败注定，退缩亦枉然。

总之，高崖战术是使敌首登顶突出浅露孤立遭攻的安排，是为中短程火力钓猎目标的技巧，是分散攘除侍卫的有力手段，是加速攻杀顺利攻杀的战略运筹。

正是：强大前锋施诱逼，帝王登上最高梯。风寒险恶常交错，崖边无助叹悲戚！

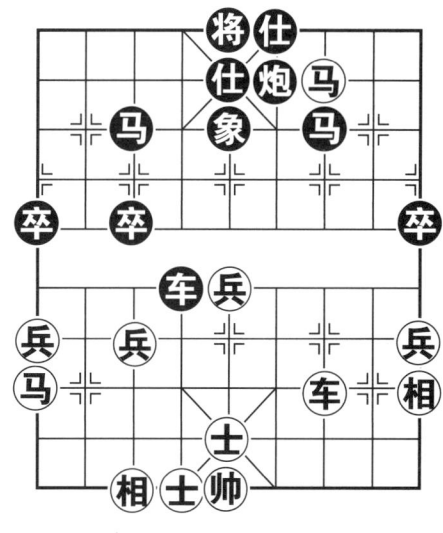

图二

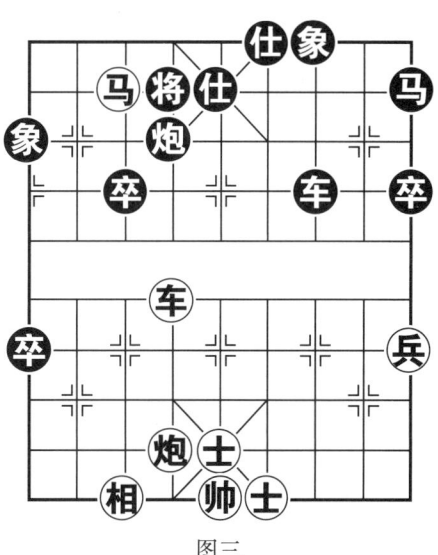

图三

39. 情疏迹远只香留*
——小论背暗战术

拿破仑曾深刻指出："军事艺术的秘密在于，在必要的地方和必要的时间，使自己的军力超过敌人。"

背暗战术系指在攻防战中，为甩掉敌军主力、减少敌军参战兵力数量，为集中相对优势的兵力于作战区，实施方派遣助攻兵员出面，采取引诱、逼离、弃舍、伴捉、驱逐等有效手段，将占据要津之强敌引入远离主战场的偏僻之处，使敌主力减效无为，使己方在主战场的军力超过敌人的调敌谋略。

背暗战术是攘除战术的绝佳补充！攘除战术将敌守御部队强力"开除"于主战场之外，形成无防之城；而背暗战术则将敌军主力诱逼至背暗之地，使实施方形成以多打少的有利局面。

（一）迷盲诱引　巧待敌车背暗时

图一选自陶汉明与张影富1993年于哈尔滨北方名手邀请赛弈战局谱。

25. 炮二退一

争待寒星远，戍边跬步疾！此手虽争得中卒射点作为击打目标，以确保转移成功，但炮本身的横向位置十分狭窄，而右翼孤马更是身处死地，这就给黑车"运筹"捉炮顿挫，然后捉死红马提供了一种局面"依据"。而在黑方看来，己方右翼固若金汤，利弊权衡下来，黑车痛下决心。

在这里，红方采取了诱引、弃舍、迷盲的背暗战术手段，弃马镇中，争得一个绝好的进攻位势。而黑方主力因贪吃马而将长期身处背暗，且需要耗费许多时日在红方右翼小区域磨蹭打转方能出头露日，这就严重脱离两军争战的主战场，客观上极大助长了红方军团的攻力，待黑车漫游转移归来之时，红势已成。概括地说，红右翼炮马位置欠佳，是以表象迷盲之，以小利诱惑之。此背暗战术妙手完全可以使红方强大左翼军团争得一个敌车深度背暗、三军统帅无主的攻杀良机。换言之，这种攻防得失，对于黑车来说，战术是成功的，而战略则是失败的。

25.………… 车4平8　26. 炮二平五　车8进2　27. 车八进一　车8平7

三回合捉死红马，七回合背暗，红方所待之机足以完成任何攻杀准备！

28. 兵九进一

黑车仙逝他乡，边兵顿成大王！在弈战中往往会出现这样的兵员位势之逻辑：背暗车近

---

*文题摘自李清照《鹧鸪天》

于无车；山中无老虎，猴子成大王。此种情势也就成为待机战术的实战需要，它巧妙之实施为攻手提供了最理想的战场条件。边兵借敌车背暗之弊，仗红车有力牵制双马一炮之势，风雷启动，杀向敌国。

  28.………… 车7退1 29.兵九进一 车7平9 30.车八平七 车9退1
  31.兵九平八 将5平4 32.车七平六 马3退4 33.马七进八 炮2退1
  34.马八进七 将4进1

车马炮兵联合进攻之时，黑车他乡难归主战场，心惊而神瘁，成为它心中永远的恶梦！以下八路兵挟威连续冲进再平七，与友军做成绝杀。

（二）逼车背暗　宫阙内外组杀忙

图二取自许银川与黄世清1992年象棋团体赛弈战局谱。

  80.兵四平五

露帅助剪羽，请君入峡谷！以弃子为饵，将敌军诱引进入具有特定地形的点位，使其丧失某种作战功能，以达成我预定的军事目的。此手具有双重战术企图，首先将车诱入背暗之处，使其吃兵同时丧失打帅、保士、捉炮的机会，同时亮帅助车砍士，以达成车双炮做杀的战略目的；其次，此手将去留的选择权交与敌方，如果此时将5平4去炮，红则车二平四，将4进1，兵五进一，下伏车四退一、兵五进一的攻杀手段。正是：大典吾已定，凭君任去留！

  80.………… 车9平5 81.车二平四 将5进1 82.车四退一 将5退1
  83.炮八进七 车5平2 84.炮八平九 炮4退5 85.车四退三 车2进1
  86.炮六退一 车2退4 87.车四进四 将5进1 88.车四退一 将5退1
  89.炮九退一 车2进1 90.炮六平五

进退似梭似箭，攻势如火如荼！车双炮夹击凶猛，现炮塞占花心，使挑双之车蒙受了为炮充架、助车催杀之辱，遂立即撤走而遭炮五平八重创致败。

（三）引车背暗　两线有杀敌无奈

图三摘自柳大华与赵国荣1988年于常州后肖杯弈战局谱。

  26.………… 马8退6

咬炮诱车客，背暗施动人。此手以欲除中炮大患，减轻防守压力为由，强行攻炮。这就强烈挑战了领军的威严，刺激了同线车的胃口，它不会容忍敌马在它面前如此"猖獗"——

  27.车四进三

砍马正中了黑方以马诱车背暗减效之计，从此，一位纵横沙场的干将"隐退"宫墙，再也不能够参与有关攻防之事，也因此它原来捍卫的核心防御将面临一场灭顶之灾。

  27.………… 炮7平2 28.车七平八 车4平3

7路炮早有转移助杀之心，怎奈四路车跟踪严防，难有机会。现趁其隐退之机，平移要杀线，逼使扼守七路入杀线之车离守防炮下底杀，从而使4路车抢得入杀线，构成绝杀。现观四路车，它静处背暗一隅，似乎已将胜负淡出脑际……

总之，背暗战术是对敌车的减效性安置，是对贪婪敌军的"禁赛"惩罚，是敌军主力远离主战场的苦恼，是获得以多打少良机的有效争取。

正是：帷幄调敌施计谋，令旗一摆立夺优。地背影暗已身去，情疏迹远只香留。

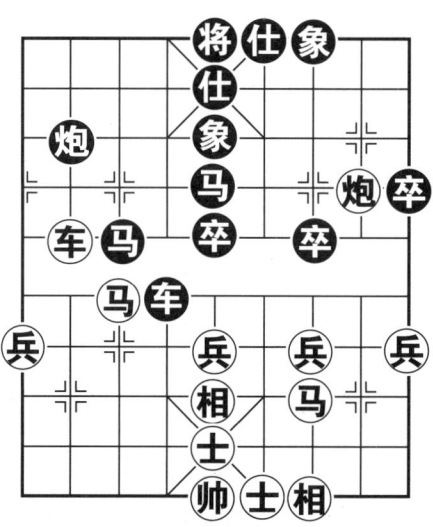

图一

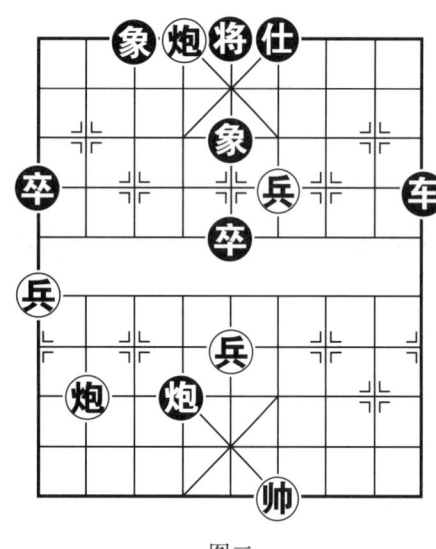

图二

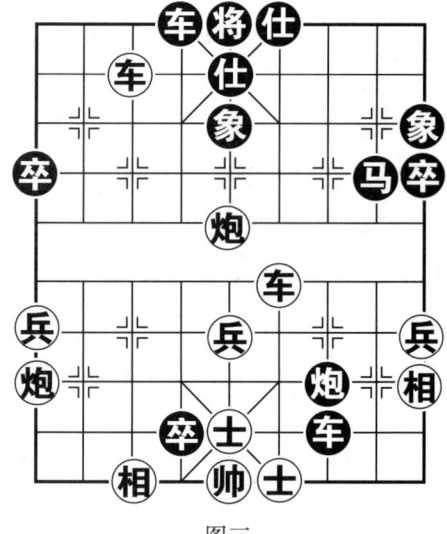

图三

40. 自去自来堂上燕*
——简论宫阙战术

若米尼将军在《战争艺术概论》中明确指出："在战略上，战局的目的决定着作战目标。假使这个目的是进攻，那么作战目标就是敌国的首都，或者是军事上的重要省份，敌人如果丧失了它就可能被迫求和。"

宫阙战术系指在战略总决战中，以车马兵为主要代表的进攻兵员，借助于强大外势的控盘力，潜身杀入宫城，强势采取挂角、掏心、剪羽、吸引、追杀、抠搜、伏杀等有效手段，在宫内纵横移动，大作"文章"，巧妙组杀，从而使敌首无处躲藏而被迫签盟的决战近战巷战方略。

（一）明争暗斗宫阙里　攻车擒将风雨中

图一选自赵鑫鑫与宇兵2007年全国个人赛。是局红方精深运筹，派遣主力部队先后九次实施宫内攻杀式作战，终成妙杀。此局为宫阙战术的精彩专场表演。

29. 帅五平六

既暗中伏杀，又为后续连续实施宫阙战术铺垫打叠。此手闪露，占线助车，具有长时段的局面效应。如敌3路车吃马则车六进五再马五进四，黑将立毙。

29.　………　车7进2　　30. 车六进五

英烈宫阙初造势，正式演弈先打叠！初演宫阙战法，以身调士要杀逼车，是继露帅之后的再度强力打叠，并正式拉开了宫阙战术的演弈大幕。

30.　………　士5退4　　31. 马五进六　车3平4　　32. 车二平六　马5进6
33. 车六进一　将5进1　　34. 马六退四　将5平6　　35. 车六退一　士6进5
36. 车六平五　将6退1　　37. 马七进六

已是停待续停待，避却锋芒露锋芒！再换兵种实施宫阙战法，大妙！在车马"进城"作战六个回合之后，作为停待多时的支柱马，以躲避为由，扑入宫内，为续战埋下刁钻杀手。

37.　………　车7平6　　38. 车五平二

平拉开，杀出城，这是对马入宫阙的最有效利用，是宫阙战法演弈间歇的节奏性变化，是对敌首、敌车的致命打击。

38.　………　将6平5　　39. 车二进一

保护六路马，增效四路马，为车二平四活捉敌车打叠。一个顿挫，将杀局推向了高潮。

---
*文题摘自杜甫《江村》

39.………… 将5进1　40. 车二平四　马6退4　41. 马六退七

车重返宫内作战，严厉非常。现敌将不管进1或平4，车均于五路、六路底线抠杀。有诗赞曰：端端一皇城，车马释高能。妙手定胜负，巷战决输赢。

（二）精妙演弈宫阙术　神勇斗士巷战王

图二摘自李中健《象棋实用排局》第14例图。

1. 前兵平六　将4进1　2. 兵八平七　将4退1　3. 炮三进一　士6进5
4. 兵七平六　将4进1　5. 兵五平六

热血铺就宫阙路，后战更有擎旗人。红方双兵，血染宫阙，造势陷敌，为后续宫阙战术之实施创造了极为有利的作战条件。现平角打将，为宫阙战术实施妙手。它力斩双士，连逼敌首。

5.………… 将4退1　6. 兵六进一　将4平5　7. 兵六平五　将5平6　8. 兵五平四

拼命虎贲兵追将，宫阙战术浪推沙。当着敌车的面，中兵横行宫阙，何等潇洒，何等骁勇！这是宫阙战术的专场表演，这是宫城巷战的绝佳战例！试问：谁曾有过宫内车双士护卫下连续四步追剿敌首的记录？请问所谓兵卒无能、低效、缓慢言论的散布者，如此神勇之斗士、如此震撼的场景，仍不会动摇你往日的偏见吗？

以下将6平5，炮一进一，车8退1，炮三退五，车8进2，炮三平五，车8平5，炮五进三，马8退6，炮五退四，马6进5，炮一退二，卒7平6，炮五进三，马5进4，炮一平五，将5平4，兵四平五，红方再利用六线双炮成杀之威胁，铲除花心卒，妙移六线，做成绝杀。

（三）双虎闯宫绣屏碎　一剑抠底怪兽惊

图三取自《适情雅趣》第35局"龙翻潭底"。是局黑方集结了强大的前锋兵团，伺机入杀，而红方则双车深施妙用宫阙战法，在宫中连续六步四处追杀敌首，强力破敌。

1. 炮五进四

红炮打卒叫将后，似乎黑方不以马去炮或不以飞象应将，就无杀着存在。而实际上首着是一个计设深远、手段巧妙的宫阙战术打叠妙手——它为友军连闯深宫造成了强有力的"外势"。

1.………… 士6进5　2. 车八平五

威慑提速双轨进，掏心剪羽一肩挑！此手为力摧敌核心堡垒、夺取宫城内交通枢纽、续施宫阙战法的关键举措。此手直接提速攻杀、威慑敌首，打响了宫阙作战的第一枪。

2.………… 将5平6　3. 车五进一　将6进1　4. 车六进四　马3退5　5. 车五平四

抠将吸引藏匿客，乘势追杀亡命人！此手为首着之有力后续，它连施宫阙战法，窄小隙缝，游刃有余，它强行抠搜，以身引将，为另车钓猎攻击目标，继续实施宫阙战术，为带将去士、透杀转抠杀做了巧妙安排。

5.………… 将6退1　6. 车六进一　将6进1　7. 车六平四

宫城九营，却有双车横行，连续剪羽、跟踪追杀，其势如龙搅潭底。两番宫阙战法，天地炮静默给力，底线双车连续游杀！红方借炮力象架、借马自阻，巧妙抠杀！呜呼！宫阙术容量巨大，它将罩镇、掏心、剪羽、透杀、带将、抠搜、闷杀众技集于一身，暗中联施，孤城弱将怎生应付得了？正是：虎入牧场羊群乱，车闹宫阙敌首惊！

总之，宫阙战术是进攻与防守最后的面对面角逐，是把九宫当作决战战场的英明决策，是惨烈残酷的搏杀，是施展巷战绝技的正确选择。

正是：方罫魅力聚英豪，摧枯拉朽手段高。自去自来堂上燕，忽上忽下身后刀。

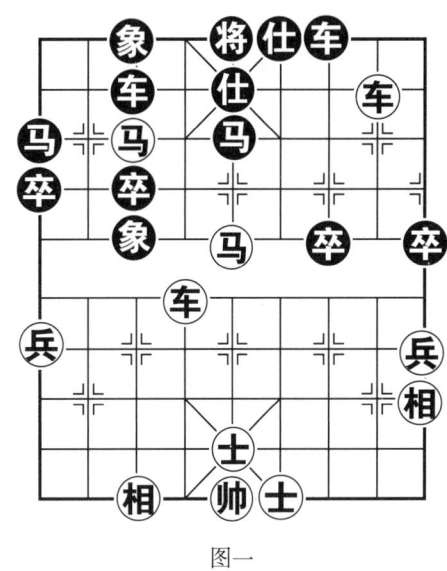

图一

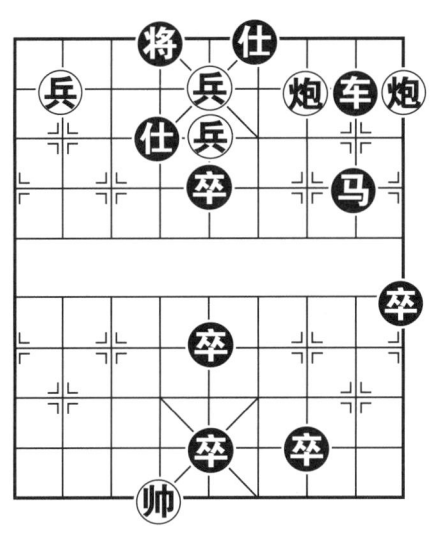

图二

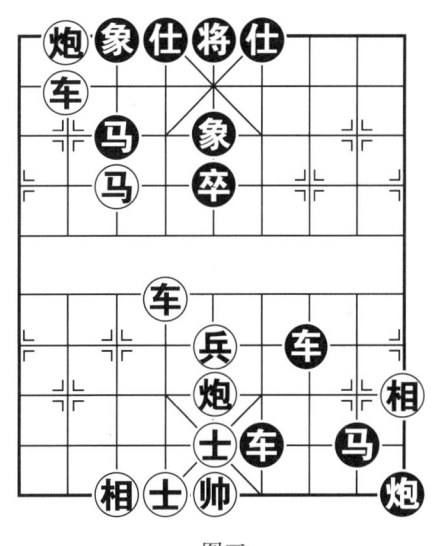

图三

41. 却嫌脂粉污颜色*
——简论减层战术

若米尼将军在《战争艺术概论》中深刻指出："一个统帅的高超指挥艺术，无疑是胜利的最可靠的保证之一，尤其是在交战双方的其他条件都完全相等时，更是如此。"

减层战术系指实施方在敌军于要线上设置层层障碍，以图阻挡我之进军或减效我方火力难以发挥作用的不利情势下，助攻兵员通过逼离、带将、劫掠、交换等强制手段，逐步减少甚至除尽中间或前方之多余层次，以使主攻部队得以发挥战力，大幅增效，为杀敌攻城擒将创造有利条件的制敌抑敌技巧。

减层战术与剥茧战术并不相同，虽然说在减少中间层次方面确有共同之处，但剥茧战术主要用于减少己方已成窥瞄之势的炮与特殊射点——敌首之间的多余层次；而减层战术使用面更加宽泛，甚至可以说，在运兵用兵方面、在夺势增速方面、在打叠创机方面，几乎到处都有它忙碌的身影；剥茧战术实施方向只有一个纵向，而减层战术则纵向、横向皆有精彩演弈。

（一）巧妙移换　连削两座大山

图一选自顾幼元先生排拟的"拔树去根"棋局。

1. 马九进七　将5退1　　2. 马七进九　将5平4　　3. 马九进七　将4进1
4. 马七退八　将4平5　　5. 马八退六　将5退1　　6. 炮九进四　将5退1
7. 炮八进一　将5退1　　8. 马六进七　将5平4　　9. 马七退五

带将减少层次，移换踏掉顽敌。红方马炮巧妙采取打将、要杀、带将等一系列手法，在不失一先情况下，将敌军布设在中兵与敌首中间的两个层次先拔其一，为尔后再减除中炮层次预做准备。此巧妙战术组合，为炮兵的最后战略进攻提供最佳战场服务，为进攻部队夺取终胜而进行深远的铺垫打叠。

9. ………　　将4平5　　10. 马五进七　将5平4　　11. 马七退九　将4进1
12. 马九进八　将4平5　　13. 马八退七　将5退1　　14. 炮八退一　将5退1
15. 马七退五

伏杀暗封断，减层不失先。到此，敌首的两道屏障先后摧折，中路成功减层，为发挥炮力提供了最佳地形条件。至21回合，八路炮先手归退宫顶线，控制、威胁黑将，至29回合平中击毙敌首。

此局证明，减层战术，是摧毁敌首掩体的行动，是极限发挥战力的打叠，是登上胜利峰

---

*文题摘自张祜《集灵台二首》

巅的台阶！要出色实施减层，必须有深远的洞见，必须辅之以巧妙的手段。

（二）驱逐捉拿　中路通天无障

图二摘自吕钦与吴贵临1995年于新加坡第四届世界杯弈战局谱。

25. 车七退三

驱逐中路客，此地不留人。为发挥中炮对敌宫的威慑作用，为中炮攻击敌单象以进一步减层，退车赶马，以减少中间层次，为发炮造势打叠。

25.………… 马5退6　　26. 马二进四

力拼中象保护人，使中象失根。敌马由中象掩护人被逼退成为保护人，再到马与中象先后被拔除，使敌军之守力与心力，俱遭致重创，渐露败象。

26.………… 车4平6　　27. 炮五进五　士5退4　　28. 车七进三　车6平7
29. 炮六平七　车7进5　　30. 士五退四　马3退2　　31. 车七平五

中路独自占，乘机再减层。以下马2进3，车五平七压马并减层中路，为实施重炮、退炮、砍马、绝杀多种手段，清理了中路战场，提供了施展手段的方便。黑方难以应付，遂放弃续弈。

（三）减层兵线　归边组杀成势

图三录自崔岩与赵庆阁1986年于湘潭全国赛弈战局谱。

31. 兵五进一　卒2进1

争战不示弱，兵卒斗减层！红方冲兵，减层兵线，撤架捉卒，已是十分有力；而黑方亦冲卒，减层兵线，为1路炮借炮归边、在敌空虚右翼联合组杀，创造极佳战机，则显得更加精彩！黑方此手弃子运子争势、加快决战进程，价值连城。此手是典型的减层战术手段，其势挺拔有派，高效实用。若改走车6进3，虽然也可，但立刻给人以钝刀割肉的印象，战斗将消耗更多时日。此手，典型横向减层手段，为炮成功大幅转移立下了大功。

32. 车八进一　炮1平9　　33. 车八进四　炮8进3

黑炮归边之后，双炮立刻形成锋寒刃冷的侧翼攻杀力，局面顿时由"纠缠"变得严峻起来，此皆"减层"带来的杀机与活力。减层战术将红方推向了苦守防杀的被动境地，而且使其希望渺茫。

34. 士五进四　车6进3　　35. 兵五进一　卒9进1　　36. 帅五进一　炮9进2
37. 车八平三　车6平4

此时红方如躲车则车4进3做杀；但如马六进八则车4进1，红方子、势难以双顾，颓败的局面更加风雨飘摇。

总之，减层战术是减少进发、转移、攻击的多余层次的谋划，是改善预行路况的举措，是满足兵员运行要求的襄助，是友军造设的登堂入室的阶梯。

总之，要线改制展神功，前后路况大不同。却嫌脂粉污颜色，抹除薄层露姿容。

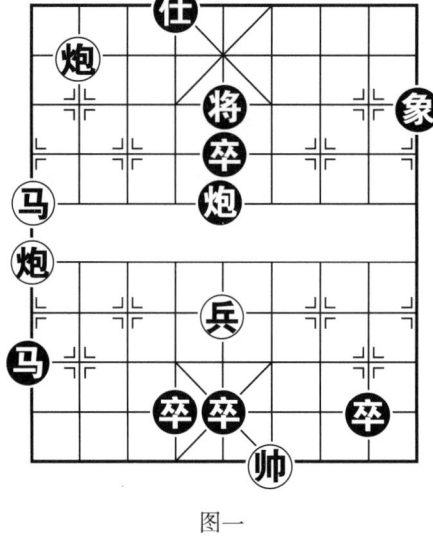

图一

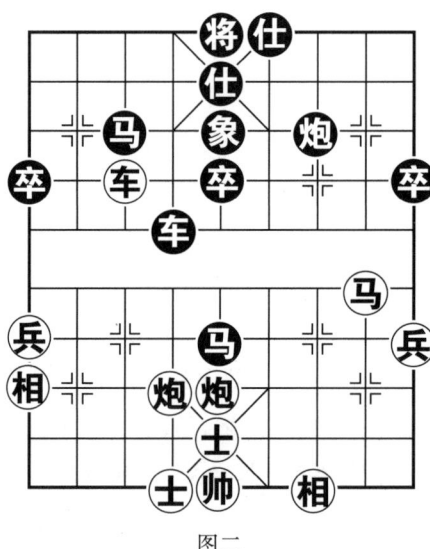

图二

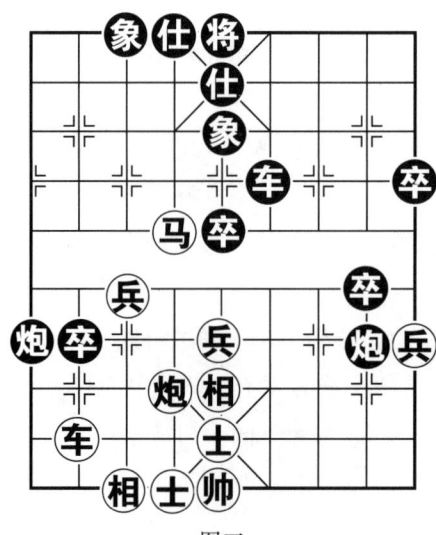

图三

42. 咬定青山不放松*
——略论占肋战术

若米尼将军在《战争艺术概论》中论及战略线时认为，"由于其所处位置和与国家地理形势关系而属于一般性重要战略线和永久性重要战略线，如多瑙河和马斯河之线，以及阿尔卑斯山脉和巴尔干山脉。"

占肋战术系指以车为实施主体的进攻兵员，在两军激战关键时刻，抓住敌阵弊端，不惜一切代价，采取抢占、弃舍、威胁、要杀等强硬手段，占领四路或六路肋道战略要线，在己方主帅与友军巧妙配合下，对敌宫底线、对敌首发出致命威胁，以重创敌卫戍部队，并入宫擒拿敌首的卡位占肋技巧。

（一）掌持大局　邀兑占肋紧

图一选自赵国荣与于幼华1985年柳泉杯弈战局谱。

14. 马三进四

搁置争议施妙手，兑马抢线夺中盘。不顾车4平2的急所，不计一马之失，兑马卡肋夺势。枰上所展示的，不是亦步亦趋的顺承，而是棋手心中天平两端的轻重，竟是占肋战术的绝对威严！

14.………… 马4进6　15. 车七平四

夺势轻天马，卡肋重泰山！由此红方紧紧握有战略主导权，黑方车4平2已经变得不那么紧要了。

15.………… 车4平2　16. 车九进二　车1进2　17. 炮五进四　炮5进5
18. 帅五平四　炮2平6　19. 炮八平四　车2退3

几个回合下来，由被动到主动，由占肋争得了空镇之势，其势磅礴，而黑方虽然抢到车4平2夺马一手，但无暇顾及，形成了战术企图迟疑与运转缓慢的双重浪费。

20. 车四进二　车2平5　21. 炮四进五　炮5退3　22. 炮四平五

占肋战术效果在继续发酵，四路车砍士而胜。

（二）肋道集结　兵团杀意浓

图二摘自胡荣华与刘殿中1989年于重庆弈战局谱。

1. 车五平六

---

*文题摘自郑板桥《竹石》

云集软肋攻势起，制弊击虚杀气森！红方以马双车战力攻打马炮双车的阵地，如果没有并联一向的师旅，如果没有卡肋战术的巧妙运用，企图捣毁敌巢那绝对是难以想象的。

1. ……　　炮5平3　　2. 帅五平六

占肋帅给力，要线战力增！肋道连续增援要杀，逼迫敌方陷于慌乱应付、丢子失势被动境地。

2. ……　　士6进5　　3. 前车进二　车7进1
4. 前车平七　车1平3　　5. 车七进一　象5退3

经过激战，夺回失子，使黑方右翼更加空虚，缺士少象的弊端更加显露；而红方占肋的战术效果仍在扩大之中。以下车六进六，暗伏马七进五踩士胜。

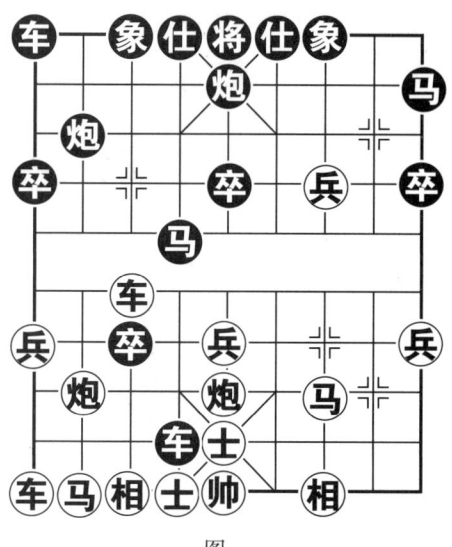

图一

（三）攻防两利　断后英侠酷

图三取自柳大华与许辉煌1982年4月于杭州弈战局谱。

19. 车九平四

拒绝背暗占肋道，英侠亮相露峥嵘。转移、并联、要杀，它参战及时，它攻防两利，它为护主而舍身遮掩，也为做杀赢得时间。

19. ……　　象7进5　　20. 炮六平七　车7退3
21. 士四进五　炮8平9　　22. 炮七进五　车7进3
23. 士五退四　车7退1　　24. 帅五进一

如士四进五则车8进9，士五退四，车8平6，帅四进一（帅五平四，车7进1杀），炮9退1胜。此时后车对主帅的遮护作用，对敌军的迟滞、破坏作用得到充分发挥。真个是：国难英侠顶，局危铁肩挑！

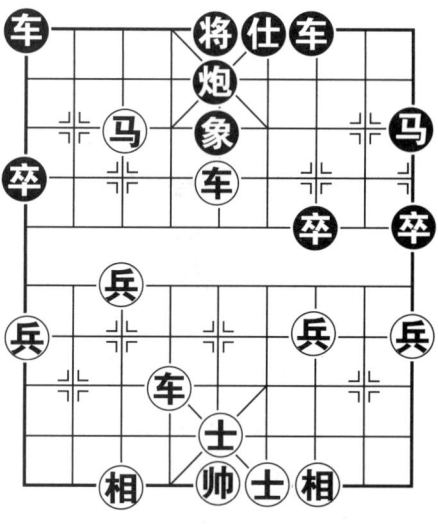

图二

24. ……　　炮9退1　　25. 马七进五　象3进5
26. 炮五进五　士5退6　　27. 前车进三

下伏炮七进二绝杀。

总之，占肋战术是强车要线的神圣结盟，是强烈杀气的森然形成，是兵因地而强古训的赞歌，是摧枯拉朽的强大势能！

有诗赞曰：肋线绵延连深宫，强抢硬卡弹雨中。得势战车常停待，咬定青山不放松！

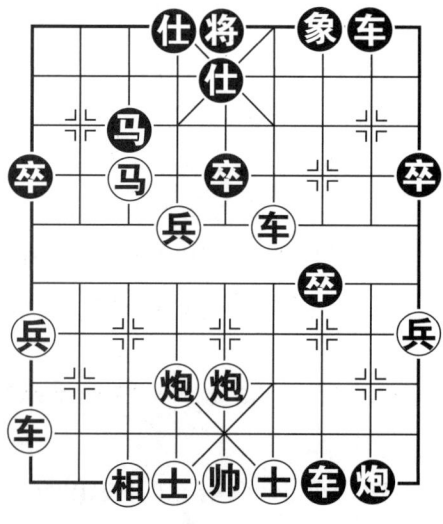

图三

43. 重重帘幕密遮灯*
——试论增层战术

（英）利德尔·哈特在《战略论》中明确指出："有时候，指挥官避开了明显的方法，却突然地找到了解决任务的钥匙。"

增层战术系指在敌炮瞄射己方队列或敌军以火力保护被攻击目标时，实施方立即派遣得力兵员打入该线路，采取增加层次、设立路障、垫厚隔离层等有效方法，使敌火力与被保护目标失去联系，或使敌炮丧失攻击我军的发射必需条件，使敌炮难以施展隔一而击的特长，哑火失效，从而使己方由被动变为主动的制敌方略。

（一）增层断联　攻掠交错闹京都

图一摘自郭福人与卜凤波1990年全国团体赛弈战局谱。

31. 车三进一

叫将巧杀掠，蓦车妙增层。增层、殄决、隔断、劫掠、伏杀！当着敌车面，下底增层，立即切断炮与士之联系，敌车如敢贸然行事，则车六进一，敌首立毙；敌如将6进1，则白掠一炮。

31.…………　将6进1　　32.车三平二　马8退7　　33.车二退一

强者与弱者之间的不平等对话，使后者被迫登上悬崖死地，一场殊死的巷战已不可避免。

33.…………　将6进1　　34.炮七平五　马7退6　　35.炮五退二　马6进4

36. 马五进六

战斗十分惨烈，但瞬间回归平静。此手钩钓，已经决定了敌首的命运。

36.…………　马4进5　　37.车二退二　马5退4　　38.车二进一

4路马虽忠贞保国，但大势若潮，非人力所能扭转，惜哉！而红方车三进一增层一手，决定了结局，深化了内涵，美轮美奂，妙哉！

（二）增层断路　杀敌攻城奏凯歌

图二取自李家华与赵顺心在第三届工人运动会弈战局谱。

47.…………　象5进7

增层路自断，马炮各叹嗟。此乃增层妙手，它立刻切断马炮联系，使马丧失了"前途"，使红方惟一攻击点失去效力，使红方陷于苦守态势。

---

*文题摘自杜甫《秋兴八首》

48. 车八退五　马6进4　49. 帅四平五　车6进7

车之远势进攻，逼将走高，使敌首、车炮，人人自卫，相互难以救助。

50. 帅五进一　马4退5　51. 车八进一　车6退1　52. 帅五退一　车6平7

掠炮使敌元气大伤，以下红方求攻遭挫认负，马二进三，马4退6，车八平五，车7退2，车五平四，车7进3，帅五进一，车7退2邀兑伏杀胜。

总之，增层战术是对事发线路的强行设置，是对敌军行动的强烈干预，是寓攻于守的巧妙手段，是争先夺势的暗中打叠。

正是：驰援驿道杀气升，针锋相对与敌争。厚厚层次常制炮，重重帘幕密遮灯。

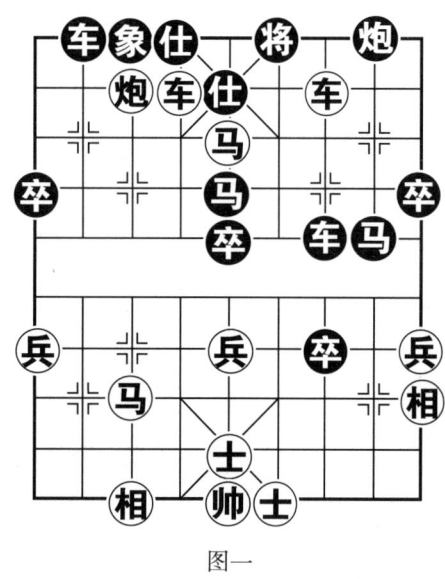

图一

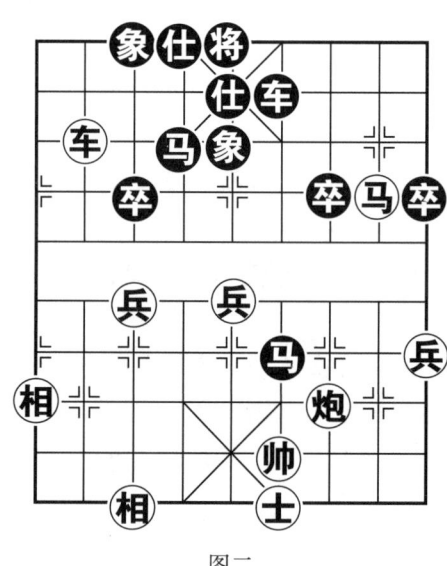

图二

二、时间类战术

44. 又得浮生半日闲*

——小论争闲战术

克劳塞维茨将军在《战争论》中明确指出："赢得时间乃达到目标的唯一途径。"

争闲战术系指在残局角斗中，在敌军已经先己一步成杀的危急情势下，助攻兵员采取打将、拖曳、设障、拦截、引离等强硬着法，将敌方攻杀主力引至背暗，或使其远离主战场，以争得一闲的宝贵时间，然后挥师掩杀，抢先拔旗的争时抢杀技巧。

（一）巧妙转换　赢得斩首半日闲

图一摘自《适情雅趣》第38局"百计无由"谱图。

1. 车二平一

盯梢不准生杀意，让点打叠再争闲。在黑方边车明线、轻松做杀关键时刻，二路车盯梢拖曳，巧妙迟滞敌车行程，并为炮让出点位，以继续争闲。此争闲妙手，将子与势的关系、力与时的转换、胜与负的易手，皆做出了精彩诠释。其大局意识之强烈，争闲手段之巧妙，令人击节赞叹！

1. ……　　车9退1　　2. 炮二进三　车9平8

两手逼车暗，再无出头时。上一手车9退1如改走车9平6，红方则炮二进三胜；此手黑如象7进9，其仍为暗车，红方炮二平六亦胜。现在，车炮以生命的代价为己方部队换来了战场上的主导权，赢得了攻杀的宝贵时间。

3. 兵四平五　将5平6　　4. 车八进五　车6平4　　5. 兵五进一　将6进1

6. 车八退一　将6进1　　7. 兵四进一

（二）强行逼退　坐镇花心伏双杀

图二系《适情雅趣》第33局"计定千里"正解着法第五回合的枰面。

6. 车七平六

为争花心地，叫杀硬逼归。现黑方已做成双车抢士绝杀之势，红方则以叫杀手段，硬性拖曳，逼迫敌车回营解杀，从而破坏了敌军杀势，缓慢了敌之攻杀进度，为己方做杀赢得了一机之先。

6. …………　车4退8　　7. 车二平五

禁将，解绊，为马开路，下伏马二退三双将杀，敌方无解着。真个是：橘枰善交易，以

---

*文题摘自李涉《登山》

车换时间。此术属高段,争闲非等闲!

总之,争闲战术是抢杀争胜的锁钥,是防杀做杀的一体化实施,是使敌方成杀由早变迟、己方从后抢先的橘枰魔法,是时间顺逆变化的惊天奇迹!

有诗赞曰:时间推移渺如烟,帷幄谋划重比山。妙手巧换无价宝,又得浮生半日闲!

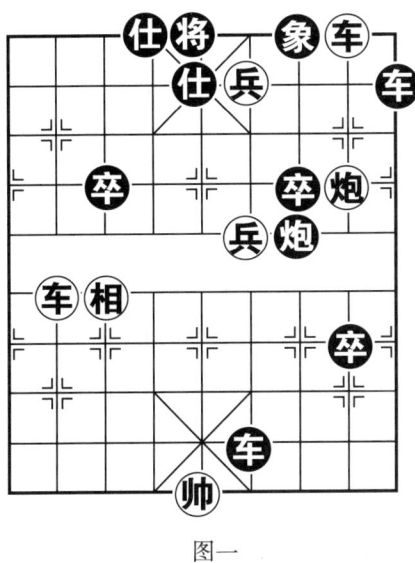
图一

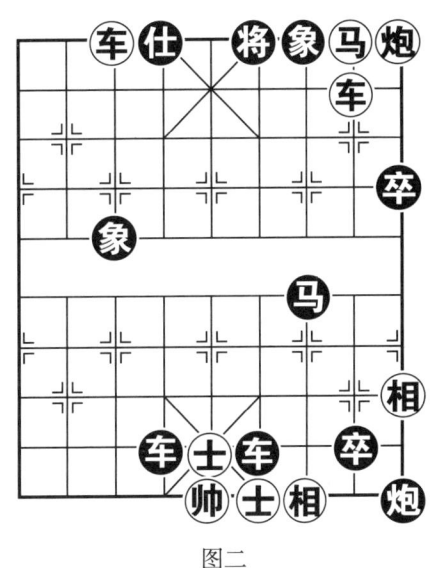
图二

45. 晴飚先扫冻云空*

——试论持先战术

（美）约翰·柯林斯在《大战略》一书中写道："安全原则绝不意味着过分的谨慎，或者避免风险。好的进攻往往就是最好的防御，夺取并保持主动权能够破坏敌人的行动。"

持先战术系指进攻一方有效把握轮走之机，充分利用之前累积的所有军事利益，紧紧抓住局面的主要矛盾，把抢占据点、捉拿并歼灭敌军的行动同攻城俘将的战略目标紧密结合，采取紧逼、压上、抢占、威胁、兼用等有效手段，夺取并保持局面的控制权、战斗的主动权与后续的选择权，确保进攻的严厉性与连续性的持续掌控先手的运作技巧。

伏杀、要杀　连续威慑夺先机

录自《适情雅趣》第317局"赤壁鏖战"谱。是局在黑方宽一步成杀的紧急情况下，红车炮兵帅诸兵种借先行之利，连续采取履险暗杀、迫压闷杀、露帅助杀、劫掠伏杀、引将抽杀、威胁重杀、侧翼联杀等一系列严厉攻杀手段，紧紧掌控先手，逼迫敌方解杀应付，不给其挥车抢杀的任何机会，四兵种动静结合，协同作战，抢先构成杀局。

1. 兵四进一　　士5进6

履险杀法暗，持先意味稠！暗杀争先，黑如改走车2平3后欲纵横两线求杀，则炮二平四，下藏车二进九的杀着，故逼黑方解杀而无暇求攻。

2. 炮二平四　　士6退5　　3. 炮四进二　　将6平5

持先风弥紧，攻杀术自精！借帅力迫压要杀，紧凑已极。黑方如改走士5进6则车二进九，将6进1，车二退二，士4进5，车二进一，将6退1，兵六平五胜。

4. 车二进九　　士5退6　　5. 炮四平一　　象5退7

连续要杀，步步紧逼，有力地掌控着先手。炮拨边伏杀一手已奠定胜局，敌如士4进5则炮一进一，士5进6，兵六平五，将5进1，下伏车二退一抽杀。

6. 车二平三　　士4进5　　7. 炮一进一　　士5进6　　8. 车三退四　　士6进5

9. 车三进四　　士5退6

剪羽弱势敌会意，求杀底线士配合！红方连续打将、要杀，不失一先，并趁机劫掠，为边炮施展火力、完成攻杀任务铺平了道路。

10. 兵六平五　　将5进1

妙弃花心摧敌阵，逼迫戎首走悬崖！

---

*文题摘自毛滂《摊声浣溪沙》

11. 车三退一　将5进1　　12. 炮一退二　士6退5　　13. 车三退一　士5进6
14. 车三平四　将5退1　　15. 车四进一　将5进1　　16. 兵一平二

十六回合持先妙手，渐次勒紧敌首咽喉！此局红方持先过程中演弈多种攻杀技巧，以至于使敌车马炮双卒攻守无能为力！真个是：摆设尚换位，尔曹何定身？持先无缝隙，岂敢乱呻吟！

总之，持先战术是战略家挥师夺势的铁腕，是施动者不断勒紧敌喉的绞绳，是紧抓、抓紧战场主要矛盾的斩首方略，是弈战主导权、进攻主动权的持续拼争！

正是：制敌夺城施硬功，风狂浪险挺枭雄。为求大势图谋远，晴飙先扫冻云空！

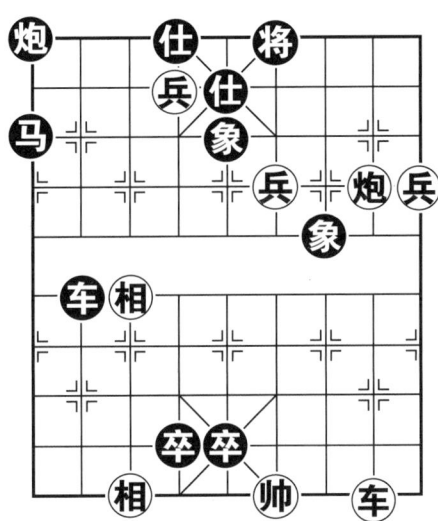

46. 长风破浪会有时*
——略论相机战术

相机,《辞海》解释为"观察当时情况"。

《军事大词典》对"相机"解释道:"察视情况,见机而行。军队作战时应积极捕捉、创造和充分利用战机,而不是消极等待。因此要求指挥员紧紧掌握战场上敌对双方急剧变化的情况,敏捷准确地作出判断,快速反应,果敢行动。"

(美)约翰·柯林斯在《大战略》中指出:"捉摸敌人可能采取的行动方案,对于制订有意义的战略是十分必要的。单纯依赖对敌人能力的估计,或单纯依赖对敌人企图的估计,都是危险的做法。精明的战略家总是把这两个方面都考虑进去,他们认为最说明企图的往往不是人们的言论,而是人们的行动。"

(一)窥瞄——游弋欲行剪羽立施河界聚歼

图一摘自张强与孙勇征1995年于吴县市全国象棋个人赛弈战局谱。红方开局诱让空头、逼退左车、兵马入界,其势正盛。在局面受压之际,时年十四岁的少年棋手不畏强敌,借助中炮压镇之势,妙施相机战术,强行夺子,取得了军事上的优胜地位。

13.………… 车2平6

游弋兵线盯侍卫,静观帅府作选择!此手窥士单拆、暗瞄车马,叫板三线车,希求一个有利的时间点的迅速到来。

14. 车三进二

三线车不能容忍敌车在己方阵地里肆意袭扰,遂升提邀兑,以掐尖弱势、化解危机,然后再车九进三,仍以明车斗暗车。孰料想,此手竟为察看军情、求盼战机的士角炮提供了继续巧施相机妙手的有利战场条件!

14.………… 炮6平7

借镇相机瞄弱线,打车诱根暗叫闷!黑方借中炮罩镇敌宫、暗伏背攻叫闷之势,巧施相机战法,将局面搅乱,以便乱中夺子取势。其着法软硬有度、明暗相合,表现了较强的功力。红如砍车则炮闷杀,红如移兵闪架则肋车去车。如果说相机战术是一个暗中打造的战术链条,那么,此手就是这个链条上的闪光环节!正是:初赛少年摇羽扇,被动时节著华章!

15.炮二进一 车6平7 16.马二退三 车9平8 17.炮二退一 炮7进4

黑方用尽了相机战术带来的所有利益,亮车捉炮、制线除马,反夺局面优势,战至65回合获胜。最后一轮的胜分使他成为我国最年轻的象棋大师。

---
*文题摘自李白《行路难》

（二）等待——补中偷闲寻隙全军大举反攻

图二为郭莉萍与黄薇1995年于吴县市全国象棋个人赛弈至24回合的枰面形势。在双方兵员牵缠僵持之际，红方采取了固防、休闲的浅淡相机手段，察视战机。

25. 士四进五

等待，静观其变；察视，淡雅生辉！此相机战术妙手，有效借用了三组兵卒之对峙、敌车炮被拴与敌马难于启动之困境，逼敌做出有利己方的选择，至少可以从中发现可用之机。

25.………… 炮2退1

此应手积极意义在于迫压车之活动空间，减降其周旋余地，逼迫车在底线生变，同时无语手谈：此种对峙、僵持、互相牵制局面中，君有闲着，吾有迫压，更奈我何？但是，凡事有利有弊，如果此手改走士5进6，红方无得，而正是此手——非最佳应手，却给红方带来了"相"机的机会——虽然这是一个虚无缥缈的机会。正是：草色淡至无，不瞒踏春者！

26. 马二退四　车2平7

灵活、巧妙、严厉的相机变着，士四进五一手的相机后续，可胜可和局面特点的最大利用！那么，究竟炮2退1一手给红方带来哪些具体的可用之机呢？一是如敌车离线，可砍炮带将，握有先手；二是即便敌车不吃炮、不离线，马四进五后则暗伏车八退一砍炮，车2退2，马五进七带将抽车的得子手段；三是马在兵车的强力护辅输送之下，可暗窥目标进行有针对性的战略转移，同车联手对浅露敌首进行致命打击。

27. 车八退一　将4退1　　28. 车八进一　将4进1　　29. 马四进五　车7平5
30. 兵五进一　马7进6　　31. 车八平七

构成绝杀，如士5进6则马五进七叫将后再兵五进一捉双得子胜，故黑方放弃抵抗。鸣呼！有利战机之到来，敌赐与？吾争与？相机战术者，楚河上一团迷雾也。

总之，相机战术是采取诱引、逼迫与探试手段以谋取战机的方略，是审查微妙战局得失利弊的高超艺术，是制造"裂痕"并从中获取效益的内行里手，是反攻、夺势、取胜的天赐门路。

正是：潜心庙算扬帆日，长风破浪会有时。雄兵百里兜将府，圆石千仞毁汤池！

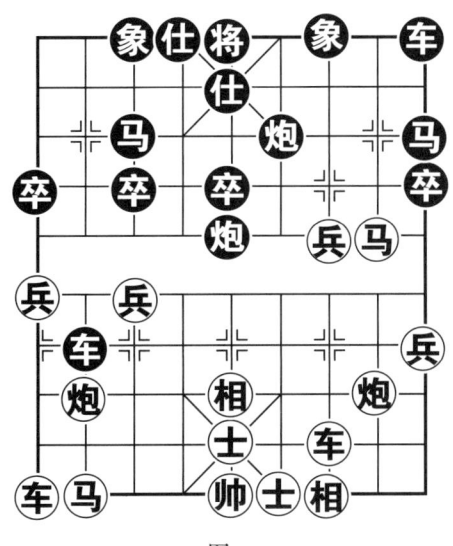
图一

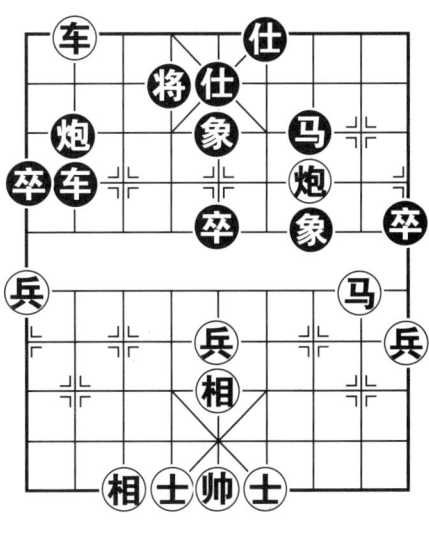
图二

47. 欲上青天揽明月*

——略论欲捉战术

（英）利德尔·哈特在著名的《战略论》中提出了战略战术的八条原则，其中第一条就是——"根据自己的手段来选择目标。在确定目标时，一定要有健康的思想和冷静的头脑。'贪多嚼不烂'，那是毫无意义的事情。军事智谋的第一个特征，就是要有能力区别哪些是能够办到的和哪些是不能够办到的。"

欲捉战术系指实施方利用战事间歇之机，派遣得力兵员，采取变更处位、让点开路、隐蔽企图、暗窥弊端等柔性手法，欲对敌纵队、要员、孤子等军事目标发动攻击，甚至发出打死捉住敌兵员的严重威胁，从而使敌或被迫撤离要津，或改变战斗计划，或仓促应战遭受损失，而己方则顺势部署兵力，发动进一步攻击的行动谋划技巧。

暗窥掌门客 力除守城人

图录自王琳娜与张国凤1996年于哈尔滨弈战局谱。

24.炮九退一

攻城先射马，弱防后擒王！红方及时确定攻击目标，择路欲打7路马，为清除敌左翼守军、排除障碍、弱防消势、攻城擒将创造有利战场条件。此手结束了敌双车的袭扰行动，打响了攻城第一枪！

24.………… 卒3进1 25.炮九平三

不受干扰我行我素，坚决贯彻既定方针。欲捉战术的有力实施，对敌虚弱左翼构成了强大冲击，并对敌首构成了战略欲捉之势。真个是：欲捉"株连"苦，殃及宫里人。

25.………… 马3进4 26.车四进四 车9退1

27.炮三进六 炮1平7 28.炮四进七

去士剪羽，封锁肋道，避兑争速，为炮双车绝杀铺垫打叠。敌如逃炮，车三进三构成绝杀；又如士4进5，则车三进一，士5退6，车三进二杀。此段着法，刚柔并济，节奏得宜，给人以风雷吼动之感。真个是：巾帼当为帅，运筹堪称师！

总之，欲捉战术是捉拿企图的公开宣示，是战斗、战役雏形的精美设计，是对孤军弱旅的有力威吓，是启动、打叠、配合的巧妙演绎。

正是：智谋领地蕴神功，慢进轻移力无穷。欲上青天揽明月，再跨楚河斩枭雄！

---

*文题摘自李白《宣州谢朓楼饯别校书叔云》

48. 醉翁之意不在酒*

——试论欲镇战术

克劳塞维茨将军在《战争论》中写道："既然敌对双方不再是抽象的概念，而是具体的国家和政府，既然战争不再是抽象的东西，而是特殊的行动过程，人们就自然可以根据实际现象所提供的材料，来推断那些应该知道而尚未知道的将要发生的事情。"

欲镇战术系指以炮为主体的造势部队，在友军大力支助下，在楚河两岸一带巧妙运营，企图对敌宫造作成空镇、压镇、罩镇之势，以充分发挥其巨大的窥瞄、控制、攻击作用，同时逼敌应付，造成拥塞紊乱、损失步数、丢子失势的被动局面的威慑逼迫方略。

（一）巧周旋　一锤定音演绝杀

图一选自朱贵友与傅光明1986年于邯郸弈战局谱。

38. 炮七平一

邀兑兼阻止黑炮过河发动攻势，企图迟滞黑方进攻速度，削弱其攻力。

38.………　炮9平8　　39.炮一平二　炮8进2

欲镇求杀客，来往善周旋！黑方左炮有重任在肩，岂肯与敌同归于尽。它柔性避让、择路，为达成战术目标而与敌巧加周旋。

40.炮二退一

红方亦很顽强，二路炮在阻炮下底同时，企图平中与镇中抗衡，并暗伏"欲镇"将头手段，为车伺机退2砍卒造势。

40.………　车7退2　　41.炮二退二　车7平6

卡肋、弃马、欲镇、伏杀！同时暗中为炮镇中创造最佳战机。

42.炮二进一　车6进3　　43.帅五进一　车6退1　　44.帅五退一　车6退1

45.车五平三　炮8平5

一剑封喉势，五路展神威。所有的铺垫打叠"程序"，深厚蕴蓄了炮力的极限，完美演弈了欲镇的全过程。现下，红方如马七进五则车6平5照杀，但如马七退五则车6进2闷杀。

（二）借射点　楚河岸边争镇势

图二选自刘剑青与胡荣华1965年于银川第八届全国赛弈战局谱。

24.………　炮2退1

---

*文题摘自欧阳修《醉翁亭记》

借架觅射点，欲镇夺中盘！退炮企图掠无根中兵，以达成罩镇之势。此手亦是这一局面下唯一可以争得镇势的手段。若直接走炮9平5，则兵五进一，黑方落后手不利。

25. 兵五进一　马3进5

闪离立荳让路，欲镇暗伏要杀！此种让路欲镇手段，十分凶险，它既对角马构成威胁，又对敌首发出最后通牒，其抢先夺势之攻力，已不可遏抑。

26. 士六进五　炮2平5

罩镇凶神恶煞，立伏挂角绝杀！黑方深谋密计，悄然实施，三回合一退一进一平移，行云流水，顺利达成了对敌帅士相的规范的罩镇态势。此时红若士五进六则马5进4，帅五平六，炮9平4，前车平六，马4进2双杀。红方双车双马一炮雄厚守力却不能相救，足见欲镇联攻之伟力！

总之，欲镇战术是求势造势的过程，是逼迫敌军应付的强制手段，是攫取其衍生的各种利益的举措，是以势逼人的现场解说。

正是：楚河岸边炮声吼，友军着意伸援手。移换身位欲何为？醉翁之意不在酒！

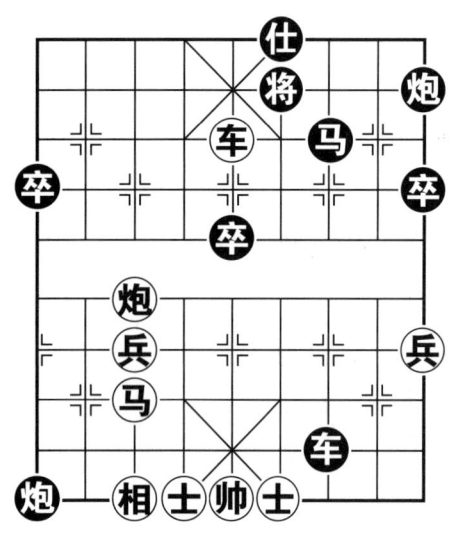

图一

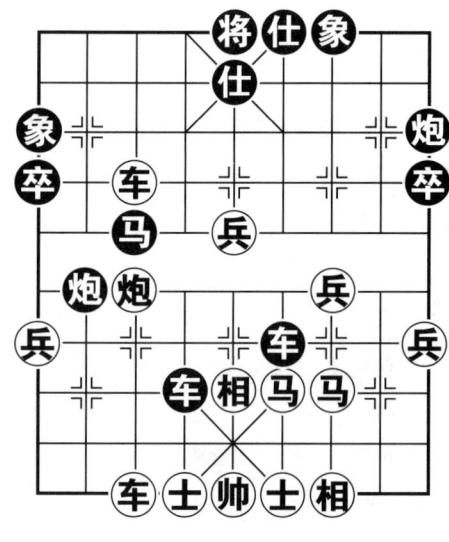

图二

49. 唯有文字五千卷*

——略论储备战术

聂荣臻元帅在《与杨成武同志的谈话》中明确指出："动员工作是一项带有战略性的任务，……只有平时把人员、武器弹药、物资器材都编组好储备好，使人人熟悉，一旦有事才能很快组织起来。"储备战术系指暂时处于防守一方本着"凡事预则立"的战略思想，为提高军事行动的预见性和计划性，对敌军的行动意图与战局的未来走向进行深入分析，及早采取有效的占位、钳制、护辅、加强和暗伏等后中先手段，以充分发挥运子效率和抢先打叠绸缪的作用，抢夺先手并瓦解敌军的攻势乃至杀势的子力度数提前积蓄储存的打叠技巧。

储备战术，《中国象棋词典》释道："一方为避免因闲着而导致出现于己不利的局势所采用的着法。"

（一）连施储备谋划远　避和求胜手法高

图一选自陈富贵与李义庭1963年于黄州举行的表演赛局谱。

27.…………　车5平7

求杀的兵力储备，防御的严厉手段。平捉窥象之炮，敌马炮必失其一，为总决战提供了有利的兵力对比，成为决定性的战略储备。如车5退2则炮三进七再马七进六，黑失车。

28. 兵五平六　车7进1

砍炮消攻势，后阵可御敌。红方虽伏有求杀手段，但黑方则暗藏储备性兵力及相应战术解着，故敢于背地杀炮。

29. 马七进六　将5平4　　30. 马六进八　将4平5　　31. 炮五进四　马1进2

扼守入杀点，开出保平安！此储备着法，为解杀的有力手段，成为抵御、拖垮敌最后攻势、开始战略反击的转折点。

32. 相七进五　车7退1　　33. 兵六进一　马2退3

开进折返皆阻滞，储备步数待战机！马之进退，有柔有刚，力解敌之杀势，迎来战略反攻。黑如马2进4，则兵六平七下伏马后炮杀。

34. 炮五平九　马3进4　　35. 炮九平一　车7平9　　36. 炮一平五　车9退3

佯捉封断弱马路，妙储控力备生擒！退车一步乃深长储备着法，它阴柔、凶险，似闻八路马凄惨的嘶鸣。

37. 炮五退一　马4进5　　38. 士四进五　车9平5　　39. 炮五平二　车5平2

40. 炮二进三　马5退3

---

*文题摘自卢仝《走笔谢孟谏议寄新茶》

威胁马3进2叫杀,并暗中移换马步,看护士角要点,恭候敌马光临。此储备妙手将弱马退逃之路尽皆封杀,下伏士5进6撤架断联,敌马活活被杀。惨矣,无助之马!凶哉,储备之术!

(二)巧施储备退大腕　强势袭掠无防城

图二录自李艾东与郭长顺1986年于邯郸弈战局谱。是局双方各于侧翼集结重兵,展开争斗。

29.炮二进一

红方欲从敌左翼空防展开进攻,而敌则企图以车绊马,再马1进3以炸开严密型堡垒路障,使车左移参防,双方争斗渐趋白热化。红炮在下底打将之前,略施储备性顿挫,使敌军拼斗解困之盼烟消云散,并使己方实施无干扰性攻城变为可能。呜呼!炮之储备着法,不误行程二三里,遏抑敌军八九分!

29.……　车4退1　　30.炮二进三　象9退7　　31.炮五进二　马1退3
32.车四进一　将4进1　　33.炮五平一

平拉开下伏炮二退一杀,如此时车4进1进行周旋,则车四平六再炮二退一杀。回头再看29手储备性顿挫,没费一分一刻,但却阻援制敌,保护了强势中炮以击弱捣虚,可圈可点!

总之,储备战术是对敌军行动企图的提前防范,是激战前夕兵员、火器、工事的抢先预设,是对敌势进行减效性、破坏性的隐伏打击,是战略家英明预见、周密部署、轻拨漫点的军旅赞歌。

正是:储足军需壮兵营,有备无患相辅行。且有文字五千卷,何愁猛士不精明?

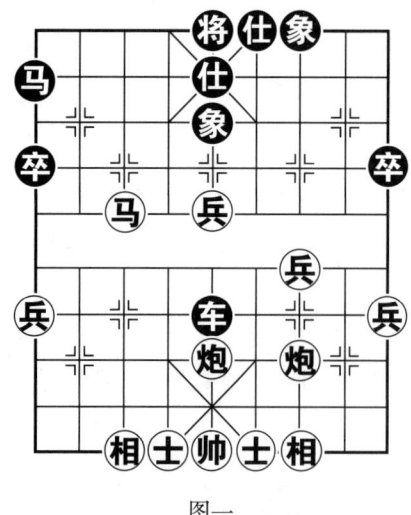
图一

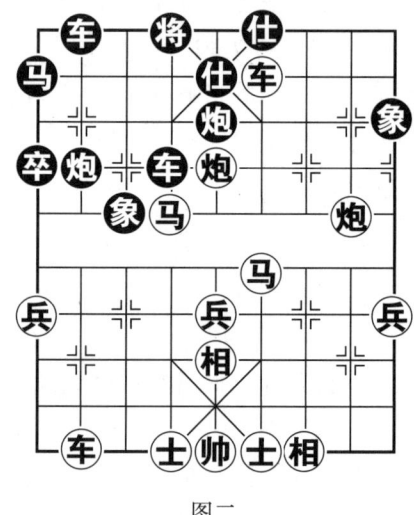
图二

50. 正目断关河路绝*
——小论迟滞战术

若米尼将军在《战争艺术概论》中指出："可以组成兵力较多的后卫部队，以便把敌人先头纵队迟滞一定的时间。"

迟滞战术系指在敌进攻部队正欲行祟作恶之际，或两军正在接触、周旋与交火过程中，实施方充分发挥地形和民众的双重优势，巧妙采取阻遏、狙击、拦挡、绊别、牵制、设障与拖曳等有效手段，掣肘敌军，使敌军交通不畅、行进困难、行动迟缓、延误行程，后援乏继，不能按其预定时间表发动攻势的减降敌军行动速度的制敌技巧。

（一）占退皆迟滞　专扰车马做绝杀

图一录自吕钦与张强1996年全国团体赛弈战局谱。因红边马有力看护绝杀点，使敌杀局难成，边卒愤然进逼，以期除掉这个碍杀之马——

65.············　卒1进1　　66. 马九退八

功能转变此为最，迟滞技法它居先！此手迟滞，回避、折返、绊别、防杀、支前，内涵十分丰富！在双方争速加快进行对攻的决定性时刻，边马借避捉之机，完成了由监管敌马、看护要点到迟滞敌马的战术功能的转变。因妙施迟滞战术，底马有效阻绊马1退3之行程，极大延缓了车马进攻做杀的速度，同时为前军车马炮的攻杀争得了宝贵的时间。

从防守效益的角度看，黑方的角隅马几经辗转，耗费十载光阴，方才"到位"，而相位边马折返归原才仅仅用了四个回合，就发挥了守城护主的战斗作用，足见防守待敌利益之大、迟滞效率之高。

此手迟滞程度之深重令敌顿生塞喉闹心之感，角隅马一直到局终也不曾挪动半步。真个是：奥妙出帷幄，回归赞虎贲。残酷迟滞术，绝望求杀人！

（二）铁血豪侠勇　迟滞杀手解危局

图二系《适情雅趣》第20局"推强扶弱"诠正局谱。是局，在黑8线车即将无障碍条件下进底绝杀之际，在红方尚不存在连将杀的危厄情势下，红方如何拆解运作成为此局面下谋划的关键。

1. 车一进一

震级惊乎地，武德高于天！一路车以杀相逼迫、以自身为代价，妙施迟滞之法，真个英雄

---

*文题摘自辛弃疾《贺新郎》

盖世！它威胁绝杀，短程拖拽，迫车原地，这就为车马炮兵反攻追杀赢得了极为宝贵的一机之先。后续攻杀虽创意独到，光彩照人，但由于此妙步的灿烂光辉而均被掩隐在巨大光环之下。

  1. ………… 　车8平9

  无奈之举，难言之苦。正是：砍车归乡日，嘴甜心苦时。人居杀声外，身滞梦乡里！

  2. 车七平五　卒3进1

  立马逼宫，威胁闷杀，兼引离3卒或诱离3象，为马开路造势，再不给黑方以任何机会。若象3进5则马八进九伏杀。

  3. 马八进六　车5平6

  黑亦会迟滞，延缓帝崩期。

  4. 帅四进一　炮9平3　　5. 车五平七　士5进4　　6. 车七平六　车9平8

  7. 车六平二

  拦击、献车、捉车，如车8进2，下伏兵四进一杀；如车8平9则车二平四伏杀。

  总之，从以上战例可以看出，迟滞战术是妙施阻碍、绊别、拖扯、逼退、拦挡、牵制、设障等强制性手段，是使敌军的进击延迟并停滞下来的策略，是破坏敌军攻防计划的有力举措，是以计谋赢得时间、以兵力换取时间的最佳方案，是强行令敌战车减速、刹车的得力制动器。

  正是：弈坛滞术抑精灵，横空导弹难飞行。杀机攻势赞有致，流水落花叹无情！

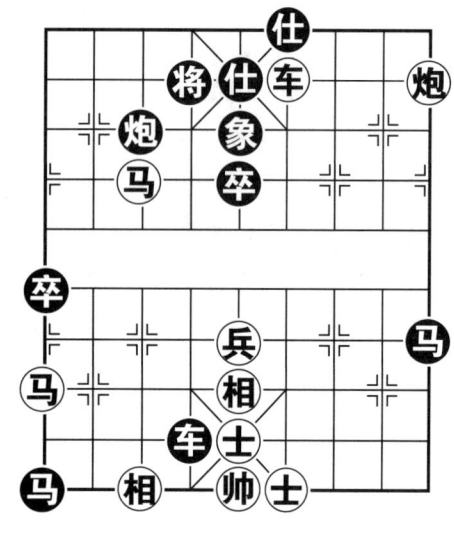
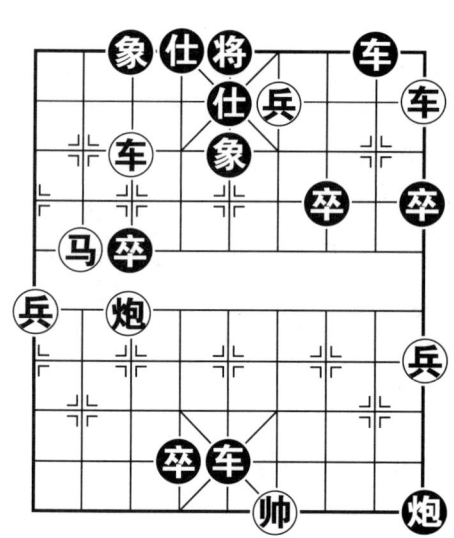

图一　　　　　　　　　　　　图二

51. 已带斜阳又带蝉*
——略论带将战术

（俄）苏沃洛夫曾指出："军事学术的真正规则就是直接从敌人最敏感的地方进攻敌人，而不应是畏缩地沿着迂回曲折的道路接近敌人……"

带将战术系指在攻城俘将战斗中，进攻部队充分利用将其必应的有利战机与敌城防部队占位的弊端，采取打将、要杀等顿挫手段，巧妙设托设架、清障调整、选位变位、歼敌剪羽，以使敌军穷于应付、被动受制而陷入败亡境地的一步两用、紧凑高效、灵活严厉的攻击技巧。

它与抽吃战术相同点在于二者都是在同敌将的对话中开展业务活动的，其二是二者都是紧凑、高效战术系列中的大员；而异同点则在于抽吃战术不管是直接的还是间接的总要落实到"吃"上，而带将战术的业务范围则更加广泛，细言之，它在打将同时或选位，或劫掠，或设架，或排障，无所不能。

（一）带将选位　连续腾挪立功勋

图一选自《适情雅趣》第333局"策马入城"谱图。此局为带将选位、连续变位、调敌成杀的典型杰作。

1. 兵四进一　将5平6

进兵入角，既是刀锋，又是炮架，打将双胁，逼将浅露，既为马钓猎了攻击目标，又为马减层开路。此种带将运作之法，为策马入城进行了最佳的打叠。

2. 马六进四　马7退6

以马后炮杀相胁，逼迫敌马折返解杀并自塞象田，从而达成保护底炮之目的，同时减效4路炮的控制、防御作用。此手本身既是带将作业，同时又为马再次带将运作择位做好了铺垫。

3. 马四进二　将6平5

利用敌马，带将选位，构成双将，既逼敌首缩回原地待杀，又不给肋马撤防的机会，使其充当塞象保底炮以瞄射敌首，又为肋炮做架助杀的叛徒。

4. 马二进四

侵宫乱宫来势猛，充架铁架杀意决。带将入城卷风雨，龙马神威荡虎穴！又云，别样天地炮，借敌也生辉。带将助杀势，联袂壮军威！

---

*文题摘自李商隐《柳》

（二）带将劫掠　大厦半倾不挡风

图二摘自黄大昌先生所排拟的精妙棋局，其带将劫掠之着法灵活而严厉，并轻松造成杀势。

1. 马四进三　将5进1　　2. 炮六平二（炮六平四速胜）　将5平6

3. 马三退四　士6进5

如士4进5则炮二平四再兵六进一胜。

4. 炮二平四　士5进6　　5. 马四进二　将6平5　　6. 马二进三　将5退1

带将运调犹不满，更祭杀敌双刃刀。战马开始带将劫掠剪羽，以力施清君侧之略。

7. 马三退四　将5进1

连踏蹄腿硬，风紧龙袍单！带将消灭士象，残破防区，为兵冲底士叫杀铺平了道路。

8. 马四进三　将5平6　　9. 马三退二　将6平5　　10. 马二退四　将5退1

下伏兵六进一，做成绝杀。

（三）带将设架　顺手牵走领头羊

图三为尚威与胡荣华1990年于杭州全国个人赛所弈出的中残局面。

25. ………　　车2平4　　26. 炮四平六　卒7进1

威胁重炮杀，暗中为实施扑马带将让点打叠。

27. 炮二退三　炮5退1

退避持压，继续为扑马让点。

28. 车四进二　士4进5　　29. 车四退三　马3进5　　30. 士四进五　马5进7

带将扑前设铁架，领军越界走麦城。黑马带将择位，先手充架，为河炮带将去车创造了良好的战场条件。

31. 帅五平四　炮8平6

不费分秒斩枭将，河界联手立战功。黑方前沿军团带将歼杀敌军主力，使敌守势立颓，军心大乱，以下的攻防表现虽很顽强，但终因实力不济而负。

32. 马四进六　炮6平4　　33. 马六进四　车4退1　　34. 士五进六　炮5平6

35. 马四进五　卒7平6　　36. 帅四平五　马7退5　　37. 炮二平九　将4进1

（四）带将排障　宫无近臣成孤寡

图四为张合斌先生排拟的"攻城不怕坚"局谱图。

1. 马二退四　车8退5　　2. 兵七平六　士5退4　　3. 车六进五

马带将卡位，车带将剪羽，逼将凸起，为后续擒拿敌首做出了深远的战术打叠。

3. ………　将5进1　　4. 炮一退一　车8进1　　5. 兵四平五

带将砍象，再逼将登上悬崖，使敌首身处险位。

5.………… 将5进1　6. 马四退三　将5平6　7. 车六平四　炮3平6　8. 马三进二

带将实残酷，掠杀大将军。内宫卫队三员侍卫被带将斩杀后，又对外线要员大施武功，敌阵败象已呈。

8.………… 将6平5　9. 马二退三　将5平4　10. 车四平六　炮6平4

11. 车六退一

激战宫廷小，"带将"近臣无！下伏马炮联杀。

总之，带将战术是一种带有挟制性的攻杀艺术，是一个将敌首作为人质的立荐顿挫，是一柄锋利的杀敌双刃铜，是棋坛上一曲节奏短促、力度硬朗的锋线战歌！

正是：攻城擒将斗志坚，一手两用妙非凡。大侠连施屠龙计，已带斜阳又带蝉！

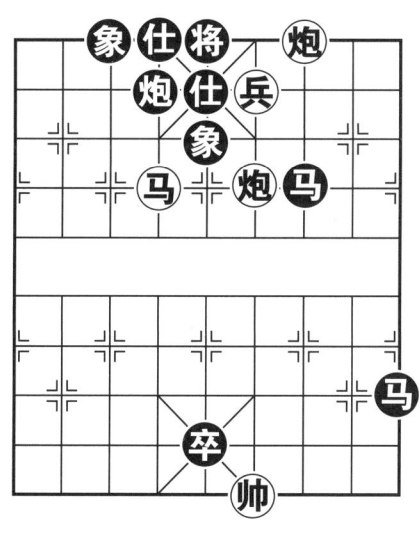

图一

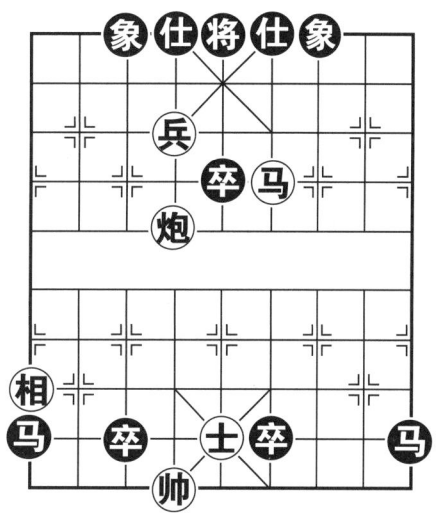

图二

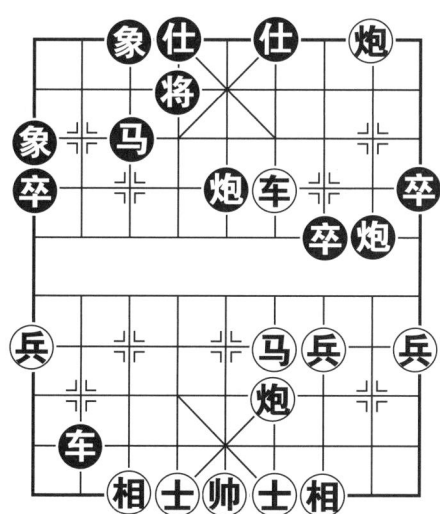

图三

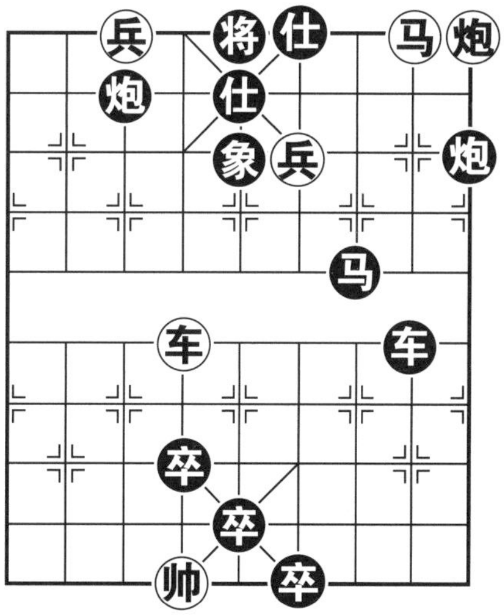

图四

52. 来如雷霆收震怒*
——小论速决战术

《苏联军事百科全书》对速决战诠释道："通过相对短暂的战斗行动粉碎战争一方的武装力量来达到既定目的的战争"，"在敌人未来得及完成动员和展开本国武装力量之前，用极短时间夺取战争的胜利"，"先于敌军迅速集中和展开作战军队；保障战略的突然性；实施最强大的首次突击，以便在初期交战中即取得决定战争结局的决定性胜利。"

弈战中的速决战术系指敌我两军处于胶着状态或敌众我寡甚或敌军欲抢先成杀的不利情势下，进攻部队秘密集结，精确选点择路，充分发挥潜伏于敌营的兵员的内应作用与快速反应部队的突破作用，巧妙采取以子力换速度、以空间换速度、以妙手换速度的增速谋略，突然发起攻击，加快攻城步伐，先敌破城擒将的快速解决战斗的急攻谋略。

速决战术与争速战术并不相同：后者涵盖了所有单项速度，即出子速度、入界速度、围城速度等方面同敌方的时间争夺战，而前者则是专指在解决战斗方面的加速提速过程；后者是双方抢先争快的角逐，而前者则是一场快速夺胜的战斗。

（一）择路集结　三军迅速夺皇城

图一选自许银川与冯明光1989年全国个人赛弈战局谱。

46. 车六平三

择路会合集结，挟势联攻速决。此手使车由防御者立刻转变为进攻者，并极大发挥其决战中勇挑大梁的战斗作用；此手立使车马炮三子由分散状态变为集结状态，并形成了给敌以沉重打击的铁拳；此手从战略上转守为攻，并寻觅到一条快捷的入杀通道；此手在部署攻将的同时，逼马调马，以减降敌车马袭扰主帅的位势，并使敌军难以形成对攻或固守的局面——由此得以速决强敌。

46.………… 马4退6　47. 车三进二　将6退1　48. 马四进三　车8退5
49. 车三进一　将6进1　50. 马三进二

暗窥敌首、为炮充架、为车生根、为己移换位置，高效顿挫，敌首已难逃"天网"！

50.………… 将6平5　51. 车三平五　将5平4　52. 车五平七　将4平5
53. 车七退一　将5进1　54. 马二退四

叼车折返、戒严底线、奔角叫杀，红方获胜。

（二）矛头直指　远炮攻城震敌胆

图二摘自李义庭与马宽1956年于上海弈战局谱。

---

*文题摘自杜甫《观公孙大娘弟子舞剑器行》

23. 炮三进七

黑方马4进6邀兑，企图简化争先，不料红方并未按其预设步调走马二进四或炮四进三，而是弃炮攻城、扑马要杀，极大加快了决战的速度。此手为实施速决战术定下了谋划基调，创造了有利的前提条件。此手，大气恢弘，不屑纠缠，立将交战运筹提高到战略层面。此手，出敌不意，突然猛烈，将敌从气势上、谋略上打压下去，从而变成一支丧失对攻、艰难防守的被动之师。

23. ……　　象5退7　24. 马二进三

前趋渡河入界，欲扑角叫杀，局势演变之快使敌两位肋道邀兑者不仅尴尬，而且减效。

24. ……　　象7进9　25. 炮四进三　象9进7
26. 车五退二　马6进8　27. 车五平七　前马进7
28. 炮四退四　车3平2　29. 车七平三　车2平3
30. 车三退三　车3进1　31. 车三进四　车3平5
32. 炮四进一　车5退1　33. 炮四平五

牵死黑车，下伏车三平七做成绝杀。

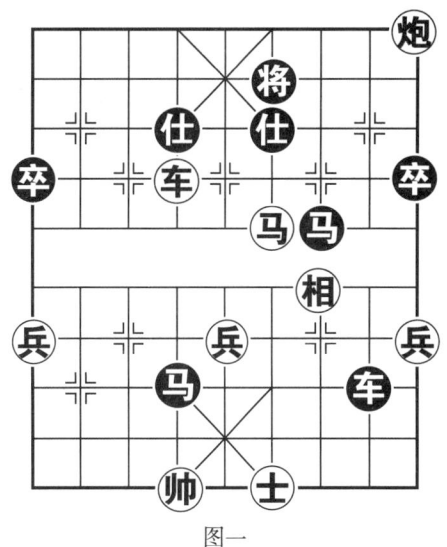

图一

（三）顿挫开出　屠弱敌首落黄泉

图三录自刘殿中与胡荣华1995年于吴县弈战局谱。

25. ……　　车4进6　26. 帅五进一　车4退1

在敌军四快枪攻城打象欲抽紧急情况下，肋车利用一隙之机，打将、剪羽、扼亢、塞压、顿挫，为实施速决战术铺平了道路。黑方在进行一个轮次的应将防守之后，抓住敌军急攻疏守的漏洞，挥师敌宫，抢先上手，算准可先敌拔旗。正是：抢先可擒帅，打叠不误时！

27. 帅五退一　车1进6

开出成速决，到位即伏杀！闪离险地，强势开出，风雷有声！此车飞抵敌阵后，即伏车4进1再车1进2杀；红方如士四进五则车1平5催杀，马双车迅速解决战斗。

总之，速决战术是快速解决战斗的方案，是抢先斩首的巧妙运筹，是力量、效率与妙手对时间的承诺，是生死存亡面前速度的赞歌！

正是：夜幕衔枚疾速行，突破卫戍拔皇城。来如雷霆收震怒，攻似飓风摧敌营。

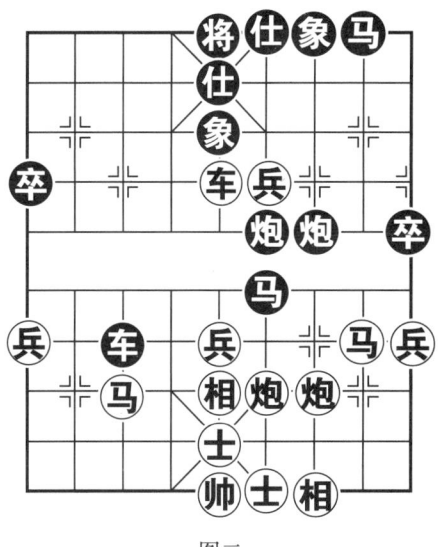

图二

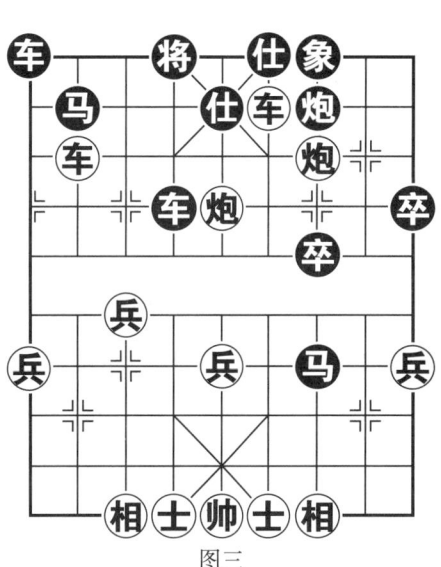

图三

53.弦凝指咽声停处*
——浅论停顿战术

克劳塞维茨将军在《战争论》中明确指出："在这里，间歇和停顿活动乃是战时军队的基本状态"，"由于这种中断、停顿就可使后半路程更加容易走完。""将进攻分阶段进行，在运动中有若干停歇，于此就可以获得新的基地和新的力量。"

停顿战术系指在敌我双方僵持局面中，在敌军受制而又无法解脱的条件下，实施方本着无为而治的思想，走出一步本身与攻防均无意义的等于停止未走的只是行使了轮走权益的顿挫着法，从而逼敌无好棋可走、自身弊端发酵甚至自投罗网的决胜待机技巧。

（一）连续停顿　制乱底线逼退马

图一选自梁文彬与胡荣华1982年于成都弈战局谱。

13.…………　车8进3

内敛巧停顿，营里暗运兵。红方上左士固防，就给黑方攻击其三路线提供了机会。黑方此步属停顿战法，其虽有升提占线，为后续战斗预配置兵力的作用，但本身非攻非捉非胁，本身没有直接的攻防意义，只是暗伏着后续攻击手段。胡荣华在自战解说中指出："进车卒行线暗伏炮6平7再车8平7的反先手段，是一步积极的停着。"

14.…………　相三进一　车8进1

红方被迫进行防范，从而紊乱敌营、软弱中防，黑车趁势再采取停顿战法，升车河道，静观天下。

15.马三进二　炮2平4

闪离、闪露、逼兑、削弱敌军河防兵力，破坏双车并联态势。敌八路车无奈，只能听从安排，如车八平五，则炮4进2串打。拼掉敌车，红方二路马丧失观光楚河的资格，只好退回原地，锐气遭挫。

（二）精妙解拆　决定结局藏巧手

图二摘自朱剑秋与周建雄1962年于上海弈战的残局枰面。

42.兵五进一

现红方中兵渡河，实战中黑方应以车4平5，然后，士四进五，车5平1，士五退四，炮9平5，车一平五，红车看管住炮，黑方车炮无法解脱，至56手黑方无奈弃炮砍掉一兵一士，结果

---
*文题摘自白居易《夜筝》

弈和。

屠景明先生研究认为，此时黑方"应走车4平2的'停着'，朱只有再兵五进一，则黑方象3进1，红方无闲着，只能听任黑方车炮脱身。"

按专家研究意见，黑方巧施停顿战法，车炮得以脱身，之后可以利用红方无相的弱点求取到胜利的机会。此例说明，停顿战术的巧妙实施具有决定结局的重大意义。此例还说明，愈是关键时刻，战术意识就愈重要。另外，此解拆方案中的"兵五进一"属于闲着，而"车4平2"与"象3进1"则属于停着，在这里通过比较，停着与闲着内涵外延，泾渭分明。

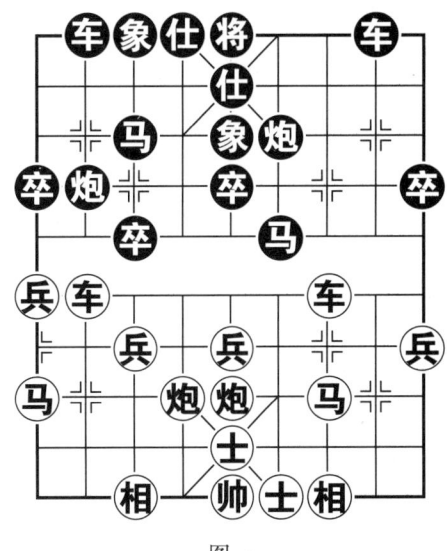

图一

（三）两度停顿　巧夺一士成胜局

图三取自《古今象棋名局精萃》单子棋局第17局谱图。

1. 马一进二　士5退4　　2. 马二退三　将5退1
3. 帅六退一

停顿敌宫乱，待机角士亡。以要杀相威胁，连续实施停顿战术，以制乱敌宫，双士不得动，而将坐镇花心，自乱阵脚。此时退帅属于停顿战法，逼迫敌将只能归位，为劫掠角士创造了条件。

3. …………　将5退1　　4. 马三进二

退而复进，叮士控将，如敌士6退5，则帅六平五做成绝杀。

4. …………　士4进5　　5. 帅六进一

再度施停顿，夺士做杀局。敌宫弊端深重，三子之中只有中士可动，但动则角士失根，马折返踏士叫将，做成马必胜单士局面。

总之，停顿战术是沙场上"无为"的运作，是"以逸待劳"的篇章，是停下脚来观看敌军乱象的时刻，是炮吼马嘶的绝好补充。

正是：弈战技法妙非凡，行止高效深内涵。弦凝指咽声停处，方尺枰面尽波澜。

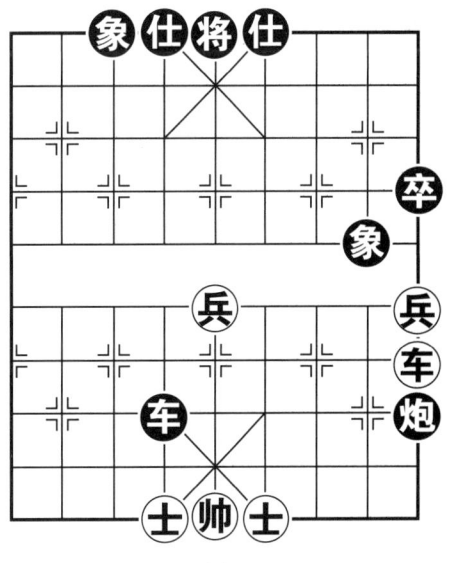

图二

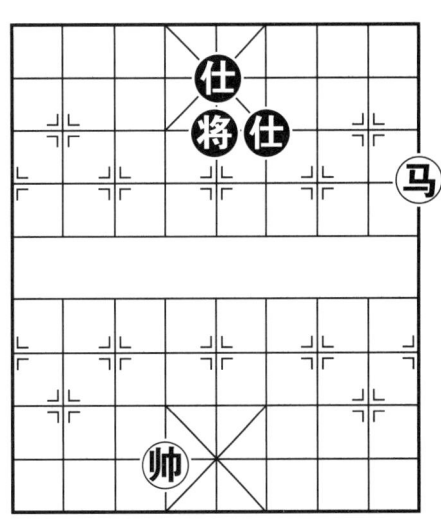

图三

54. 等闲平地起风波*
——试论创机战术

克劳塞维茨将军在《战争论》中深刻指出："是等待所需的好机会的偶然到来，或是努力于施展计巧以创造出这种机会"，"创造这种有利时机，是统帅的艺术。"

创机战术系指在攻防战场风平浪静，或是敌军严密防守、己方"无隙可乘"的情况下，实施方透辟审局，掌控枢机，敢于打破常规，求新求变，巧妙采取变着、诱逼调敌、先弃后取、铺垫打叠、抢先设伏、暗中藏敛等隐蔽手段，创造有利战机，以打破平衡、发动夺势、夺取胜利的高级运筹技巧。

粟裕将军曾明确指出："所谓制造战机，就是要制造敌人的混乱，制造敌人的疑虑和错觉，制造敌人的缺点、弱点，使敌人犯错误。"创机战术者，制弊、制乱、制弱之术也。

（一）审局精深　调车打双创战机

图一选自徐天红与赵汝权1996年银荔杯弈战局谱。

17. 兵七进一

无风可掀浪，有隙创战机。在双方兵力相等、阵形均严整，但局面平淡和缓情势下，红方敏锐发现敌方双车位置存有极细微的可利用之处，遂冲渡七兵，迫车变位，纵炮打双，创造了一次上佳的战机。

17.………… 车2平3　18. 炮三进三

方才风平浪静，须臾恶浪滔天。三路炮进发敌岸，去卒履险，妙打双车，顿时使局面生动起来。

18.………… 车3进3　19. 车五退一　车3平2　20. 炮三退一　车8退4

21. 炮三平五

由于有利战机的创造，战局发生了深刻的变化：敌方罩镇之中炮被取缔了，而己方看似无路的三路炮却反而罩镇敌宫，为发动攻势、施压敌军增添了沉重的砝码。

21.………… 将5平6　22. 车五平四　车8平5　23. 炮五平四　将6平5
24. 炮四进三　士5进6　25. 车四进二　车2退6　26. 车六进九　将5平4
27. 车四进二　将4进1　28. 车四退一　将4退1　29. 车四平八

借斩杀双士之利，红方车马兵联合作战，一举破城擒将。真个是：突兀狂飙卷方罫，等闲平地起波澜。

---

*文题摘自刘禹锡《竹枝词》

（二）创新布局　制造机会演妙局

图二摘自韩福德与胡荣华1962年于合肥弈战局谱。

6. …………　车9平7

平车隐射威千里，创新战法誉八方。平象位车，不仅开创了新的布局，而且创造了有利的战机。如果按当时风靡棋坛的流行着法走炮2进2或炮8进2，双方将轻车熟路，局面将相对平稳。对于此手，屠景明先生从棋史角度评价道："从来没有人走过！"这一针对巡河炮的新变着，创造了有利的战机。

7. 车一进一　卒7进1　　8. 兵三进一　马7退5　　9. 马三进四　车7进4

左车强势突兀开出并抢占高位，有力提振了全军的斗志，后手方的防守地位已得到大大改善，并逐渐累积进攻的因子。此手使局面显得生动开扬，极富新意。

10. 马四进五　车7进1　　11. 炮二进一　炮2进4　　12. 车八进一　车7进4
13. 车一平三　车7平8　　14. 马五退四　炮8平6

捉炮、借马胁士，红方如士六进五，黑方则炮2平5伏杀抽车；又如炮二平五则车8平6杀士掠马。实战红方弃炮，黑方象位车创造战机获得了成功。

（三）施展计巧　攻防大战抢先手

图三取自李义庭与何顺安1962年于上海弈战局谱。

25. 车五平七

着着夺势争先手，强强联合创战机。现黑方四员大将悉数侵入红方领地，既有对中路的觊觎，又伏对右翼的袭扰，还对红方河界线兵团实施控制，在此种不利情势下，红方施展计巧，创造战机，以攻制攻，扭转了战局。此手平车，并联、生根、反拴、胁炮，并为纵马扑奔要点求兑做好战术打叠。

25. …………　炮7平2　　26. 马四进六　车8进3　　27. 后车退一　炮7进3
28. 士四进五　炮7平9　　29. 马六进四

退车邀兑，阻滞转移，然后扑马要杀，逼敌退守。此组合还暗中化解了车炮抽势的威胁。正是：杀声久远犹在耳，妙手蕴藉仍于心。

29. …………　车8进1　　30. 士五退四　车8退8　　31. 相一退三　车2退6

强大攻势逼双车退防，否则黑方如车2退2，红方则车七进三，士5退4（象5退3，车七进六杀），马匹进六，车8平4，前车平六，将5进1，车七平二做成绝杀。棋行至此，红方已是胜势，以下炮九进四，下伏马四进六挂角恶手，黑方如士5进4则双车连将抽车胜；但如改走将5平4则车七进三叫将让路，炮九平六杀。

总之，创机战术是获取战机之首选，是发动攻势之引信，是无中生有谋取战机的魔法，是克敌制胜手段中的上品。

正是：无中生有一楷模，镜面凭空卷漩涡。妙手创机来灵感，等闲平地起风波。

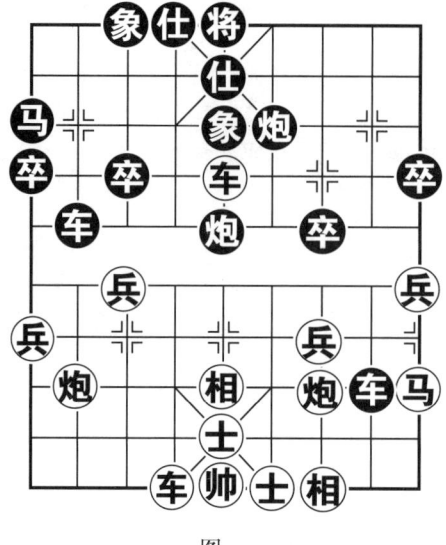

图一

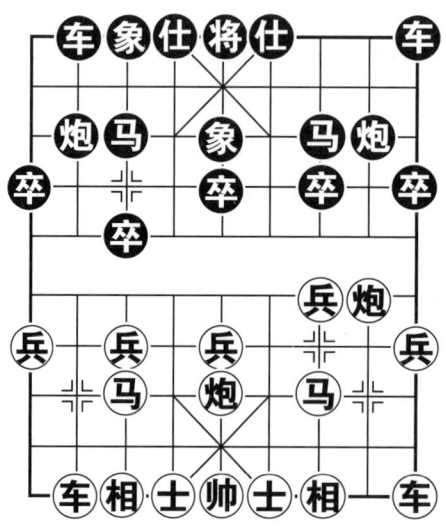

图二

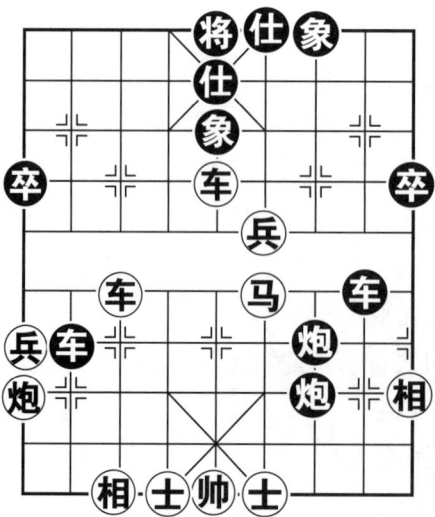

图三

55.排空驭气奔如电*

——略论突袭战术

若米尼将军在《战争艺术概论》中明确指出："突然袭击同时包括两个方面，一方面要达成突然性，另一方面又要以有生力量实施攻击"，"这种行动的全部价值，却决定于要攻占的目标与作战行动的战略意义之间的关系如何。"

突袭战术系指根据战争理论中的突然性原则，参战部队秘密集结，隐蔽企图，以闲缓的着法与平静甚或遭攻的局面为掩饰，选择对方意料不到的时间、方向、目标，采取剪羽、侵宫、威胁、催杀等严厉手段，对敌实施突然、猛烈的袭击，使敌首及其城防系统在毫无准备、丧失有组织抵抗情况下遭到重创的攻击技巧。

（一）飞车撞马　引蛇出洞侧攻杀

图一选自清乾隆年间施嘉谟与吴兆龙对弈局谱。

16. 车四进八

飞车九宫成绝唱，电光一道化彩虹！此手突袭，突然、短促、猛烈、致命，实施过程干脆利落，敌之严整宫阙遂成陪衬，马炮双车皆成看客，它们对宫城突发事件并无预防，对敌首危厄概莫能助。

16. …………　将5平6　17. 车二进六

逼将走高，利于双炮联袂击打。后续紧凑绵密，有力展现突袭的连续性、整体性。

17. …………　将6进1　18. 炮三平四　士5进4　19. 车二平五

鹰窥猎物肋门炮，虎入深宫将位车！禁将、控中、断路、伏杀，真个是：两兵种威猛盖世，四回合精妙绝伦！

（二）力斩双士　二龙戏珠演绝唱

图二为1978年于广州举行的四省市邀请赛上蔡福如与胡荣华实战中局。

31. …………　炮5进2

拔士突袭大出意外，逼车退防实感震惊！此手突袭审局精当、谋划深远、出敌不意，为突袭典范之作。它削弱了敌军宫中防御体系，打乱了敌攻防节奏，逼外线强敌回防，立马减轻己方防守压力；它凸显了双车游弋要杀的凶悍，它助长了过河卒参战谋攻的胆力。

32. 士六进五　车4进6

---

*文题摘自白居易《长恨歌》

进车窥士相，剪羽破皇城！进车塞压，士相必丢其一，内侍残缺，敌首难以周旋。

33. 车八退六　　车4平5

此刻敌首处境悲凉，度日如年——近侍先后去，顿成孤寡人。缺士怕双车，无士弥惊魂！

34. 炮四平三　　车3平8　　35. 马九进七　　车5平7　　36. 帅四平五　　马7进6
37. 炮三平二　　车8进3　　38. 车四退三　　车7平3　　39. 马七退九　　车3平9
40. 马九进七　　车8退1　　41. 马七进五　　车8进2　　42. 相五退三　　车8平5
43. 帅五平四　　车9平7

下伏车5平6，车四退四，车8进1闷杀；如相三进一则车7平8胜。

（三）严霜骤降　　全营苦寒遭重创

图三摘自吴忧与刘兴安1996年全国团体赛弈战局谱。

1. 炮五进五

巧运作搁置细琐，大手笔突施空袭！此突袭妙手将纠缠牵制置诸一边，它打将、射车兼断车根，危及整个营盘。此突袭来得太突然，对敌方打击太沉重矣。

1. ……　　象7进5　　2. 马七进五

踏象欲卧伏杀，并再断车根，杀掠兼施，其势已不可防御。

2. ……　　车3平5　　3. 相三进五　　车2退1　　4. 车八平六

停待逃窜客，耸立夺旗人！先手占线，控制敌将出逃，紧凑之至。

4. ……　　士5进4　　5. 车六进六　　车5平4　　6. 马五进三

失势车变软，入局马成龙！敌如车2平7去马则车六退二，马3进4，车七进六，将5进1，车七退一抽车胜。

6. ……　　将5进1　　7. 马三退四　　将5退1　　8. 车六退二

（四）冷炮射月　　一招制胜成典范

图四取自赵国荣与吕钦1996年于上海第三届嘉丰房地产杯象棋赛弈战局谱。是局双方争斗激烈，直到弈至如图局面仍属对攻，且红方下伏马五进七、炮九进三的攻杀手段。决定胜负的关键时刻，黑方明察秋毫、计审精准、突出妙手——

29. ……　　炮7进8

一束紫光射冷月，万朵白花奠君王！此手突然、意外、迅猛、高效，几乎囊括了突袭战术所有的实施特点，它内涵无限，它一锤定音！

如续弈一：相五退三，车2进3，帅五进一，车2退1，帅五退一（如帅五进一则卒7平6杀），马4进6，帅五平六，车2进1胜；

如续弈二：士四进五，车2进3，士五退六，马4进6，帅五平四，车2平4，帅四进一，车4退1，帅四退一，卒7进1，相五退三，车4进1杀。正是：慧目洞察虚懈，野炮狂演刁钻！

总之，突袭战术是快速反应部队对敌城虚懈的无情瞰制，是导弹对敌要害部门的致命打击，是战略指挥家高人一等的急攻术，是速胜宝库中高效的攻城梯！

有诗将你颂扬：密谋击虚一战神，匿形蓄发默无闻。排空驭气奔如电，杀敌破城立功勋！

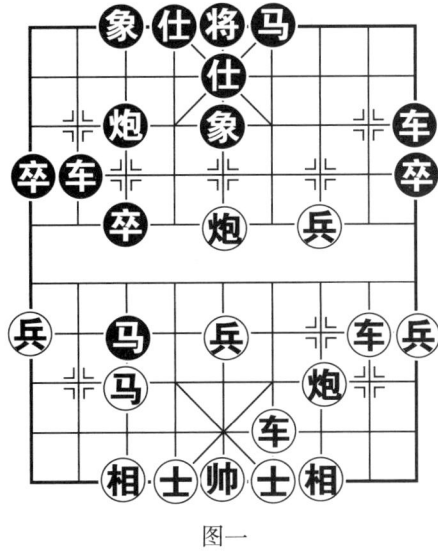
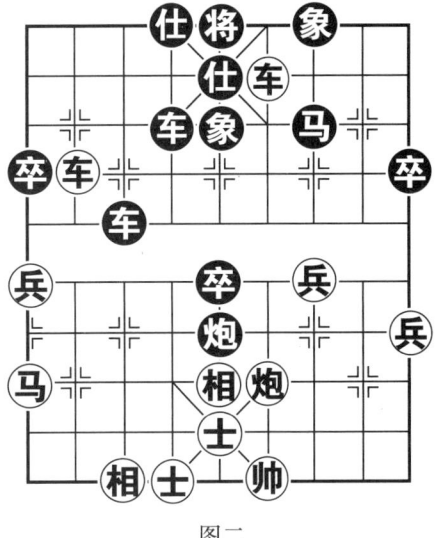

图一　　　　　　　　　　　图二

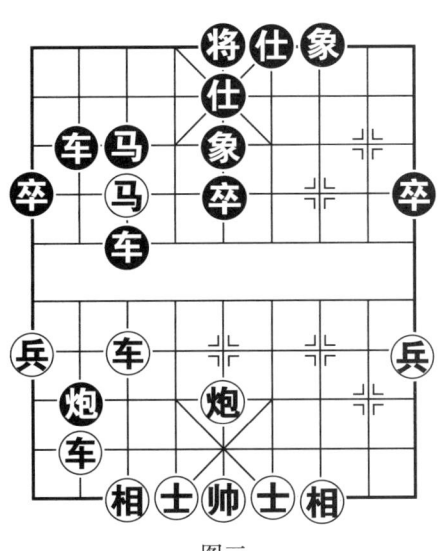
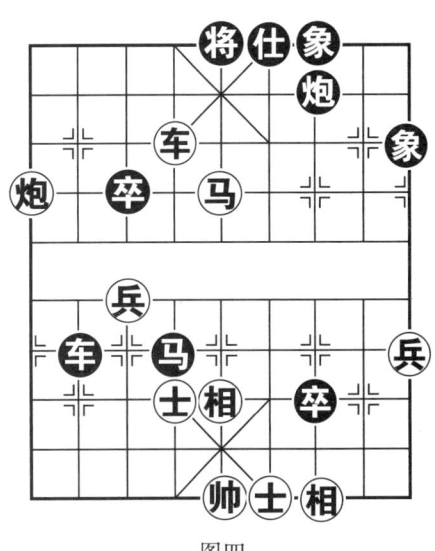

图三　　　　　　　　　　　图四

56. 蝉曳残声过别枝*

——试论拖曳战术

《兵经百字·挨》指出："可急则乘，利缓则挨，故兵经有后义。"就是说，当有速战速决的条件时，一定要把握住战机，疾攻快打，迅速夺取胜利；但当战事需要较长时日，宜于从缓处置的时候，就要拖住敌人，推迟决战，所以兵法上有后发制人的道理。

拖曳战术系指在敌军疯狂进攻并抢先做杀的危急情势下，己方进攻部队抓住敌城防之虚懈，采取佯攻、牵制、逼迫、引离和威胁等有效手段，对敌前锋线上的主力杀手强力拉牵、硬性拖扯，将其从进攻前线长距离地拽回本阵，使其不得参与攻杀，从而迟滞敌军，延缓其进攻速度，瓦解既成杀势，为己方赢得反攻时间的高级制敌技巧。

（一）闷宫胁迫　前锋勇士退二线

图一选自胡荣华与孙启忠1992年于北京弈战局谱。是局黑双车卒抢先做杀，下伏车7平6绝杀，如士六进五，则车2平5再车7平6杀。危急关头，红方突施拖曳之法——

29.炮三进五

雄风撮卷千钧力，拖牵恶煞返归程！这是对恶车最大距离的强制拖曳！这是对敌主力作战性质由攻转防根本转变的决定性调动！这是对杀战场上九鼎千钧的延气、争气手段！在上一回合里，马七进五踏象，为进七做杀抢得一手，7路车则进2抢先逼宫，三路炮即藏此妙手，以彻底瓦解黑方三车杀势，为扭转战局而力夺一机之先。

29.………… 车7退9　30.马五进七

趁机奔马卧槽，抢先做杀，力夺入局先机！

30.………… 卒6进1

肋卒亦施拖曳战法，延气解杀，并暗中做杀，弈来很是顽强。

31. 车四退八

针锋相对，处置精到。因如帅五平四，则敌炮有进7打相叫将的偷袭手段。红如相五退七则车7进9杀；红如士六进五则炮3退8去马，解除了燃眉之急。

31.………… 车2退7　32.车四进八　车2平3　33.车六平七

逼迫敌方弃车解杀，使敌元气大伤。之后，又续弈了11回合，红方获胜。

---

*文题摘自唐·方干《旅次洋州寓居郝氏林亭》

（二）重杀相逼　悍将回营遭诛戮

图二摘自柳大华与尚威1996年于成都全国团体赛弈战局谱。是局黑方三剑客已做成似难逆转之杀势。

34. 车七平六　士5退4

在如此危急情势下，仍能剪羽争先、让点过渡，并暗中为实施拖曳战法铺垫打叠，实属难得！

35. 炮七进七　车3退8

强磁吸铁调杀手，无奈战车悚然归！七路炮以绝杀重杀相逼，将黑方断路绝杀的一线悍将硬性拖回本阵底线。这是以杀相逼的强制拖曳，是对杀局面下决定性的调动！

36. 兵六进一　将5退1　37. 兵六平七

风萧萧兮楚水寒，壮士归兮境遇难！好端端一员大将、威凛凛一个杀手，竟在不敢抵抗情势下被小兵宰杀，呜呼哀哉！拖曳之严厉，锋寒刃冷！

（三）连续拖曳　豪门大将多悲苦

图三取材于朱鹤洲先生排拟的著名排局《运子有方》正解着法第4回合的谱图。

5. 马五进四　将4进1　6. 炮二进六　车7退7

以马炮联杀相胁迫，强行拖车回营解杀，一场群狼斗虎、拖垮啖灭的惨烈缠斗，遂由此展开。

7. 马四退五　将4退1　8. 马五进七　车7平3

拖缚恶虎犹不满，尚需囚运到他方！再以叫杀相逼，又把敌车拖扯到另一个更加不利的地带。一个威风八面、纵横千里的英雄好汉，竟被夺志辱身，乃至丧魂落魄，变成行尸走肉，拖曳之神力也。

9. 兵九平八　象9进7　10. 兵二平三　象7退5　11. 兵三平四　卒6平7
12. 相七进五　卒7平6　13. 相五进三　卒6平7　14. 炮二平四　卒7平8
15. 炮四平三　卒8平9

缚车禁将象，逼卒走边陲！这是一步为拖垮敌车而预先打叠的深远战术妙手！

16. 相三退五　卒9平8　17. 炮三退五　将4进1　18. 炮三平六　车3退1
19. 兵四平五　车3平1　20. 兵八进一　车1平3　21. 马七退六　将4平5
22. 马四进六　将5平4　23. 炮六平九　车3平5　24. 兵八平七　将4退1
25. 炮九平六　车5进1　26. 兵七平六

善哉！拖曳功无量，运子竟有方！

总之，拖曳战术是调动敌主力部队的铁的手腕，是集调动敌人、分散敌人和抑制敌人于一身的减效手段，是转危为安、转败为胜的雄才大略！

正是：神臂轻舒挽涤丝，强力缚拖制妖魑。金城汤池祥瑞处，蝉鸣鹊噪杏花枝。

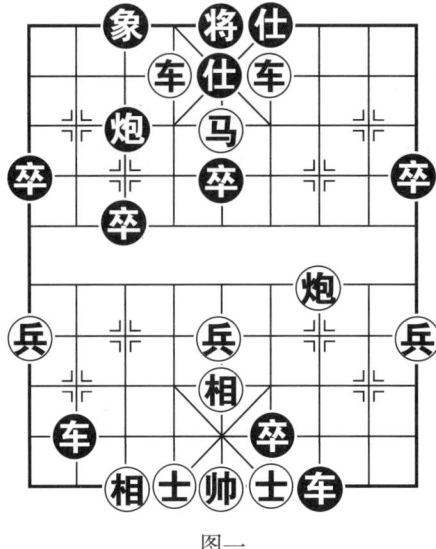

图一

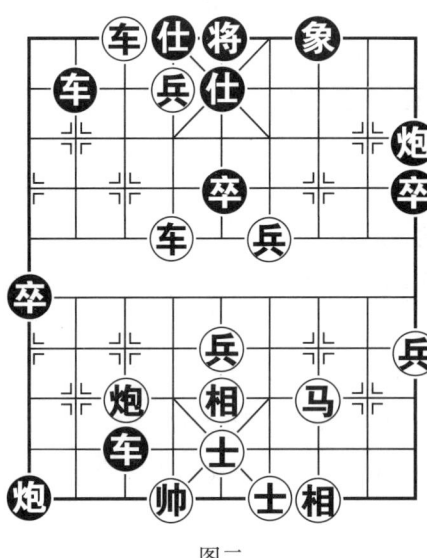

图二

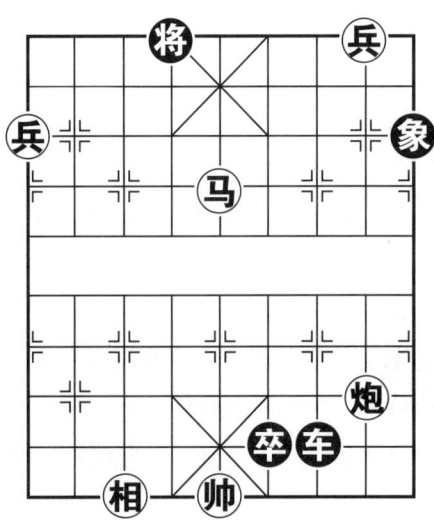

图三

57. 飞电过隙珠翻荷*
——略论争速战术

克劳塞维茨将军在论及用兵之道时批评了某种片面论调，他指出："如果一贯如此，以数量上的优势作为唯一的法则，把在一定时间和一定地点获得数量上的优势，看作是军事技术的全部奥妙，那就是与现实生活全不相容的片面之论了。"他还指出："第二个主要原则是尽可能地迅速行动，即如无充分理由就必须避免任何的停滞，避免任何走弯路。"

争速战术系指在两军开战、对攻、对杀的决定性时刻，实施方精深运筹，搁置细琐，突出主旨，掌持锁钥，采取强出、抢线、开路、顿挫、弃舍、突破、奇袭、组杀等争先夺势手段，加快子力运行速度，抢占要点，及时到位，先敌集结，提高子力进攻效率，充分发挥多兵种联合作战优势，加速攻城擒将的争取高速高效的运筹技巧。

孙子曰："兵之情主速"，"久则钝尖挫锐"。朱元璋则云："兵贵神速，患不勇耳"。弈战，是一场兵力等同、疆土相同之"径赛"。换言之，速度对于弈战来说，是一个格外重要的问题。弈战，是谋略、意志、力量、技巧的较量，同时更是速度的竞赛。谁速度快些，胜率就高些。有多少战例生动证明：力处劣势而速度占先者，却完全可以捷足先登。

（一）秘密部署　突然启动　强势侵宫夺帅

图一选自黄海林与王斌2008全国象甲联赛实战局谱。是局黑方中局伊始即着手提升攻城速度，并以幽暗手段迅速使攻城火器集结到位，突然而凶狠施杀，令敌猝不及防，构成了精妙而超短的杀局。

11.………… 车8平6

卡肋暗瞄初提速，反牵亮车妙争先！以反牵解缚为掩护、以捉马争先为过渡、以暗窥单拆为目标，暗中部署攻城兵力，巧施争速。此手完全符合争速的得势、计密、不虞三原则，具有阴柔隐暗之特征。此手还将提高主力开出速度、攻防布阵速度、中局取势速度、攻城擒将速度集于一身，并突出了攻城擒将这一最要紧、最根本的速度！由于"双卡"的到位，左右两士面临着随时被塞除的危险。

12.马四进三　炮8退1

换根、择路，为右移调转、部署火器、瞄射目标进行战略打叠。后手方在开局后即着意组杀、提速组杀，把大段中局缠斗剪裁瘦身，缩短、超越军事会战阶段，使战局迅速搭上"高铁"。而且以上两手极具秘密、快捷、突然、短促之特点，令敌难有防杀的警觉与有效

---

*文题摘自苏轼《百步洪二首》

的防范，真个是：巧拟势明修栈道，快择路暗度陈仓！

13. 车三进二　车4进6

红方此手升车足以证明其对黑方暗中组杀丧失警惕，同时也说明黑方争速求杀手段隐晦迷盲之妙。战争的史卷上有多少这样惨痛的对比画面：防守方将领们灯红酒绿，舞步翩跹，而偷袭方夜幕衔枚、疾进逼来！此局与其何其相似乃尔：红方三路车悠然闲步，而黑方2路炮以原驻为饰早已在位，1路马以正常布局的封车窥炮步调到位，双车卡位，8路炮暗中即将一步到位——占整个主力部队的百分之八十多的参战部队目标一致，而且线路畅通、行动迅猛，在超短时间里组杀完毕，马双车双炮强大攻力正在收网捕鲸。黑方弃车砍士，突施杀手，真乃是：少云无雨惊雷炸，轻防大意雪山崩！

14. 帅五平六　车6进8　15. 帅六进一　马1进3

以下红如一：车二进二则炮2进6，帅六进一，车6平4，炮七平六，炮2退1闷杀；

如二：马九进八则炮8平4，马八退七，车6平5，下伏炮2平4重炮杀。正是：奇兵取势无迟缓，超级争速有妙杀！

（二）高度警觉　炸毁城墙　剪羽制孤奏凯

图二摘自庄玉腾与刘殿中1993年于青岛弈战局谱。这是实施争速战术的另一种类型：在两军对攻争杀战役中，双方竞相加快争速——快一步则破城拔旗，慢一步则忍恨沙场。红方采取了剪羽、弱防、打将、追杀等一系列强制手段，以子力换时间、以技巧提速度，在对杀中捷足先登。

32. ………　马7进6　33. 炮八平六

黑马挺进河界，欲马6进4踏相或马4进6奔卧的攻杀手段，进攻速度明显加快。黑马之启动争速，强烈刺激了处于背攻不利态势的红方前锋兵团，极大提增了争速求杀的意识，遂立即采取剪羽、弱防、反攻手段，果断弃炮轰士，突破城墙，逼迫敌方弃攻转守，先敌拉开了攻城战幕。真个是：摧城拔寨谁先手？舍生忘死做云梯！

33. ………　车3平4　34. 车六平五　将6退1　35. 车八进八

炮以身争速，彻底扭转了双车背攻受限的不利局面，立即解放了担负着防杀重任的底线车，它飞身越界到位，实现了由防变攻的性能转变，为在整体上攻杀争速增添了巨大内力。

35. ………　炮4退1　36. 车五退一

炮以身争速，还客观上使黑马自攘于主战场之外，使士象遭劫，让敌将失去遮风挡雨的屏障，裸露在马双车的无情火力之下。

36. ………　后车平3　37. 相七进九　车3进7　38. 车五平四　将6平5

39. 车四平一　将5平6　40. 车八退一　炮4进1　41. 车八平六

游弋劫掠皇宫紧，夺势做杀车马狂！双车马在要杀中强夺硬兑，既瓦解了其追相要杀的攻势，又极大提高了车马在无人区擒将的速度，进入到车马巧妙演弈杀术的最后程序。

41. ………　车4退6　42. 车一平六　车3平5　43. 车六平四　将6平5

44. 车四平九　将5平6　45. 马四进二

如将6平5则马二进三，将5平4，马三退四钩钩绝杀。

（三）慢卒争速　狂扫城防　跬步独挑大梁

图三取自王嘉良与胡荣华1982年全国团体赛弈战局谱。是局双方兵卒激烈竞争进军速度、到位速度、助杀速度，为争速战术提供了慢中有快的难得佳例。

23. 兵三进一　卒3进1　　24. 兵三进一　卒3进1

25. 兵三进一　卒3进1

步调一致分快慢，争速两军决输赢！这是一场争进军速度、争攻杀速度的激烈角逐，也是象坛两支"慢镜头"军旅在背攻中一展身手、一决高下的著名战役。

26. 马二进四　士5进6　　27. 车四进一　卒3平4

28. 兵三平四　卒4平5　　29. 车三进八　卒5进1

红兵虽有"轮先"之利，但黑卒却在争速过程中，争分夺秒连续踢开炮相士三块入杀绊脚石，六步奏凯。以下士六进五，将5平4伏杀。象战中之兵卒，或驻止，或运行，皆蕴涵时空之哲理。它慢中藏快、寓快于慢；它慢而厚德、慢而坚实；它快慢结合、主次结合，以定乾坤，其技其功不可悉数也！

总之，争速战术是指挥部门对行进、占领和攻打进程截弯取直的得力策划，是在对攻对杀中同敌军争时间、抢速度的精妙运筹，是大进军、大决战中的每一步的时间比拼，是对攻城擒将战略目标刻不容缓的追求！

有诗为你的迅疾叫好：争胜战场催干戈，栈道频开高速车。深插侵宫突如箭，飞电过隙珠翻荷！

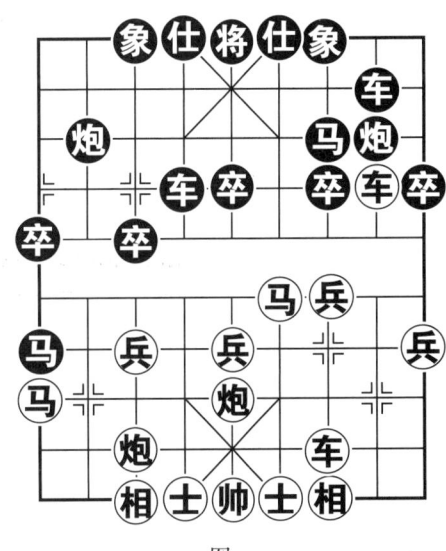

图一

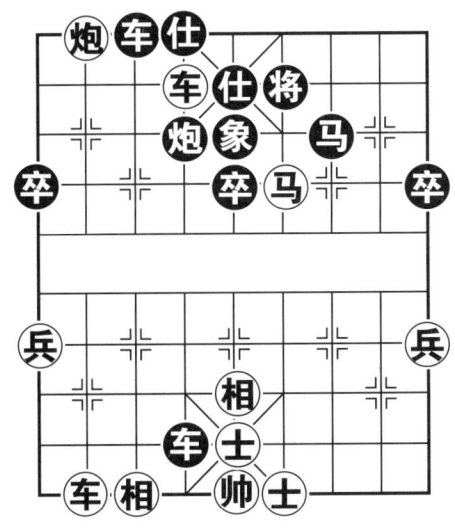

图二

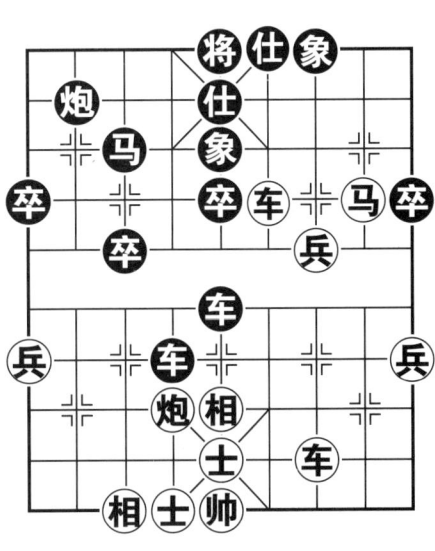

图三

58. 乘此清风欲归去*

——简论乘机战术

若米尼将军在《战争艺术概论》中指出:"对于取守势等待敌人进攻的军队来说,最好的办法是利用有成功希望的时机善于夺回主动权。""必须要准确而迅速利用有利时机"。

乘机战术系指在敌军冲渡入界,或挥师捉拿,或恃强邀兑等紧急情况下,作战指挥系统全面深刻分析敌军最新行动在全局产生的利弊作用,及时抓住其可利用一面,乘此稍纵即逝的战机,采取扑进、逼兑、择路、威慑、做杀等有效手段,趁势做出果断的反应,借风使船,借力发力,夺取主动,扩大优势的借敌制敌方略。

(一) 择路连环　布设中路攻城炮火

图一摘自张惠民与陈孝坤1989年全国个人赛弈战局谱。

1. ………… 车9平8　2. 马二退四

借捉而折返,乘机而向心!敌方平车捉马,马则乘机折返进行向心运动,并暗中连环择路,欲施剥茧战法以发挥中炮罩镇之威,发动攻势。

2. ………… 车8平6　3. 兵五进一

面对肋车再次逼捉,红方再次巧加利用,乘机挺兵过河,既加强了双马的联络,使黑车走空;又减少了中炮与窥瞄目标之间的层次,以利发动中路进攻;既为四路马奔中扑角钓猎了踏点,又为中炮继续发威,平肋打将而让出点位。呜呼!妙哉冲渡义勇碰撞,巧也剥茧上佳乘机!

3. ………… 卒5进1　4. 马四进五

开通进路,踏越敌境,暗伏挂角双将绝杀。黑如改走车6进4则兵五进一,车6平4,兵五进一,士6进5,兵五进一,将5进1,车八进五,将5退1,车八平四伏杀。

4. ………… 士6进5　5. 马五进六　将5平6　6. 炮五平四

平炮追杀,黑方难以应付,遂罢战认输。短短六个回合,乘机战术之实施使已方前沿阵地上的四大金刚顿时升提杀力,为夺取决战的最后胜利作出了决定性贡献,并成就了一场平静而又精彩的速决战。故弈者在实战中须冷静审局,力求找寻到借敌制敌之机,勿使可乘之机在眼前白白溜过。

(二) 冲渡威胁　闪击逼兑弱马生根

图二录自杨官璘与胡荣华1974年全国棋类赛弈战局谱。

---

*文题摘自卢仝《走笔谢孟谏议寄新茶》

21.车三平七

弈战中的着法，一般来说，皆含有利因素与不利因素。其中正着的有利因素居多并占据主导地位，而妙手的有利因素则占绝对优势，已经达到了盖压一切不利因素的程度。此回合中红方车三平七一手可以说是比较规范的着法，有着先手的意味，它捉马威胁车根，并为炮九平八夺炮打叠。但因红车离开弱线后，弱线更显屠弱，极易遭到车炮的攻击；即便七路车能够吃到马，红方就变成后手，而且车处背暗，位势不佳，不利攻防。更何况黑方尚有炮2平1闪击逼兑、乘机逃马的手段，使此手的有利因素消失殆尽，使七路车蒙受了扑空的尴尬。这样，一步正着中的不利因素竟给黑方提供了可乘之机。

21.………… 卒5进1

利用隐忧发力日，乘机冲渡对捉时。抓住正着中所包含的某种可利用因素，黑卒乘机渡河胁马，如炮五进二则后马进5略优；如敌不吃卒则任其横行天下。黑方正是巧用车三平七一手中的可利用一面，乘机杀将过去，取得了局面上的优势。

22.马五进三　　车8平7　　23.相三进一　　炮2平1　　24.车八进五　　马3退2

25.炮九平八　　马2进1

胡荣华在分析这一局面时指出："经过交换，黑方顺势逃马后，优势已经很明显了。"

总之，乘机战术就是深刻认识并及时利用争战中的有利瞬间的艺术，是借敌制敌、借力发力的有效手段，是对敌方行动采取的轻灵而有效的趋利避害措施，是机敏精明战略家作出的最佳应手。

有诗颂道：弈坛兵马赛精灵，顺水飞舟缩地行。乘此清风越天险，全军压上破敌营！

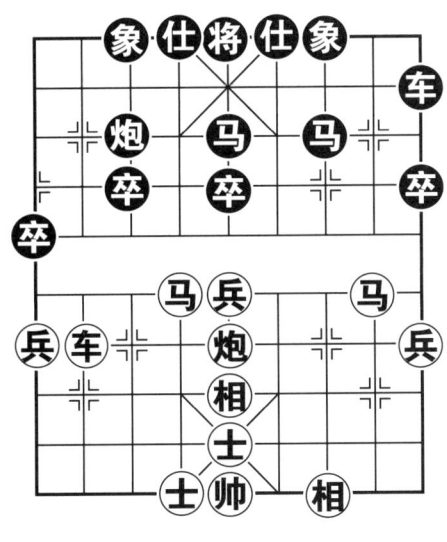

图一

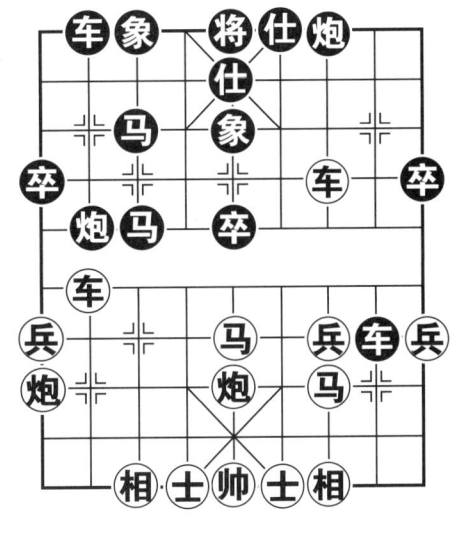

图二

59. 旗梢不动晚波平*

——试论静观战术

《增补曾胡治兵语录》云："凡出队，有宜速者，有宜迟者。宜速者，我去寻敌，先发制人者也；宜迟者，敌来寻我，以主待客者也。主气常静，客气常动。客气先盛而后衰，主气先微而后壮。"

静观战术系指实施方在敌我双方兵力僵持对峙局面下，派遣得力兵员，采取探试、移动、贴靠、占位等含蓄手法，静以观之，坐以待之，暗中获取"敌来寻我"、以主待客、后发制人的军事利益，以乘势发动具有针对性、预谋性攻势的制敌谋略。

静观战术与藏敛战术并不相同。如果说后者是在运动中藏锋敛锷、借以迷盲骄纵敌人的话，那么，前者就是静以观敌、坐以待敌、后发制敌。

（一）半设陷阱　静观河炮反应

图一选自胡荣华与戴荣光1977年于昆山弈战局谱。

42. 马六进七

半挖陷阱半观炮，巧设机关巧制敌！阴也，岸马之贴靠；妙也，河口之静观！此手，设计精美，形迹缥缈，因此将很大程度上不会引起对手的注意。一切都有待观察。

42.………… 马6进8　　43. 炮四平七

如炮3退2回避一手，黑方呈略优之势。现遭致关门围困，黑渐露败象。

43.………… 卒7平6　　44. 兵九平八　马8进7　　45. 帅五平四　卒6进1

46. 士六进五　马7进9　　47. 兵八平七　象5进3

黑方大意失察丢炮，虽经苦战，但终因寡不敌众而负。

（二）入界生根　静待后发制人

图二摘自许银川与林宏敏1996年"嘉宝杯"弈战局谱。

24. 马六进七

静观敌变充根者，对峙阵中入界人。二路车不吃马，而纵马踏入敌营，窥象并为车炮生根，以静观其变。此手，并不是把选择权拱手相送，而是把后发制人的全部利益留给了自己。此手，大有决定兴衰胜负的价值。

24.………… 车7平8

---

*文题摘自张孝祥《浣溪沙》

若炮7平2则马七进八，下伏马八退六抽将手段。

25. 炮八平三　车2进5　　26. 车二平八　马1退3
27. 马七进五　马3进4　　28. 炮三退二　卒1进1
29. 马五进三　将5平6　　30. 炮三退五　车8进1
31. 马三退五

缺象不敌，黑方认负。

（三）游动观察　先手静以待敌

图三取自赵国荣与徐天红1996年全国个人赛弈战局谱。

69. 炮六平三

游动观察哨，静待鱼吞钩。以窥瞄高象为由，静观敌变，以便有针对性地对敌进行打击。黑方如炮4进2则马四退五叼炮充架，再炮三平五得子胜。

69. ……………　马5进4　　70. 马四退五　炮4平6
71. 帅四平五　马4进2　　72. 炮三退二　象7退5
73. 兵六进一　马2退3　　74. 马五进六　马3退4
75. 马六进四

杀掉双士，为攻城擒将排除了障碍，同时，通过砍士而有效转移敌左翼，为马炮联手抢卒入局进行战略打叠，最终红胜。

总之，静观战术是观察与等待的联合体，是含蓄与暗伏的双星座，是爆发前能量的蕴蓄，是掌控战局的重要手段。

正是：驻占河边静观城，后发制人定输赢。帷幄已断深宫乱，旗梢不动晚波平。

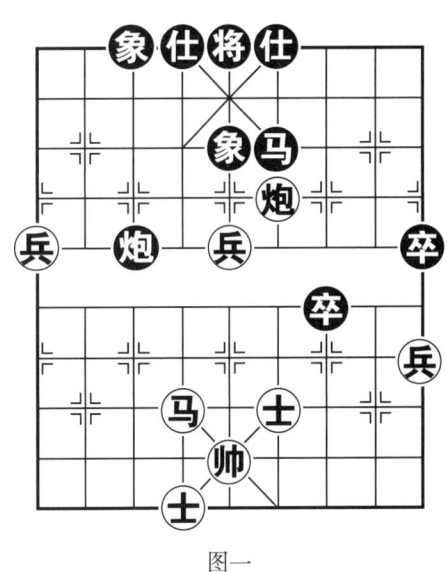

图一

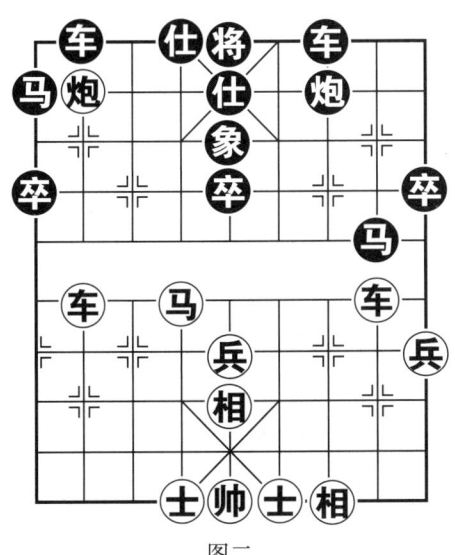

图二

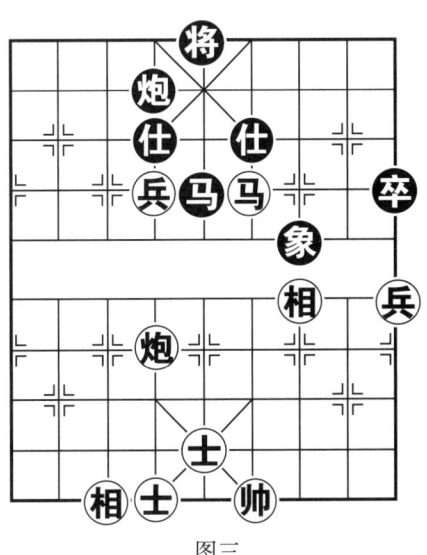

图三

60. 不堪秋气入金疮*

——简论滞弊战术

（普鲁士）腓特烈曾指出："对于会战有一条定理，那就是强迫敌人做他本来不想做的事情，也就是你所最希望他做的。"

滞弊战术系指在敌方战阵出现某种弊端的情况下，实施方及时采取紧逼、连击、威胁、打将等紧凑着法，不给敌军调整阵形、处置弊端的机会，使其局面中的弱点乱象继续存在下去，并使其不断扩散以至变成危害大局的"癌瘤"，以为我方长期利用的制敌艺术。

滞弊战术与治弊战术是对待敌弊、己弊问题上两种截然不同的态度。前者，延长敌弊之存在，加重敌弊之程度；后者，则在行军、作战过程中乘势借力处置好己方战阵存在的弊端，而且不露痕迹，不误战机。二者大异也。

坚持滞弊　直到杀势促成时

图摘自王命腾与陈富杰1996年弈战局谱。

13. ………… 炮2平7　　14. 相三进一

平和拒兑手，柔性滞弊人。黑方平炮邀兑，红方飞相，就是不主动兑车，以使黑马企图借兑变位、摆脱红方对3路线牵制的计划难以实施。黑方对此手深感意外，3线、8线两处弊端无一得到改善，遂再度设计新的方案。

14. ………… 车2平4　　15. 马九进七

进马护兵，而不平兵吃象，不仅滞车，而且继续贯彻滞弊方针，使敌3路线弊端难以得到调整。

15. ………… 卒7进1　　16. 车二平三　炮7平5　　17. 士六进五　炮8平5
18. 车三平四　马6退7　　19. 马三进五　车8进6　　20. 马五进三　车8平3
21. 炮五进五　象3退5　　22. 马三进二

红方滞弊滞到杀势已成，方将该线"开放"，现扑马奔卧，叫杀敌首，逼敌应付。以下是车4平2，马二进三，将5平4，炮七平六，车3平4，兵六平七闪将得子胜定。

总之，滞弊战术是延长敌弊"寿命"的举措，是干扰破坏敌方治弊的计谋，是专门利用敌军弱点的安排，是战略家同敌方进行的有的放矢的智谋竞争。

正是：紧手相扰弊拖长，车马纠结军心慌。病情危重难持久，不堪秋气入金疮。

---

*文题摘自卢纶《逢病军人》

61. 林莺巢燕总无声*
——小论静默战术

《孙子·虚实》指出："故善攻者，敌不知其所守；善守者，敌不知其所攻。微乎微乎，至于无形；神乎神乎，至于无声，故能为敌之司命。"

静默战术系指进发到位或在原地驻扎的驻止兵员，遵循"无为而治"的古老哲学思想，以兵种自身之特殊功能与要隘位势所形成的巨大合力为本，充分施展其在攻防战斗中的特殊静功，释放静态能量，以静助动，以静制敌，不声不响地配合运动中的主力部队，最大限度地发挥钳制、绊别、依托、威慑、遮掩、暗窥、助杀等战斗作用的高级静态增效手段。

（一）不闻嘶鸣雄风烈　无端马炮尽丧生

图一选自季本涵与胡荣华1962年于合肥全国棋类赛弈战局谱。

33.………… 车2平8

黑车依仗中马暗窥红帅的绝好位势，从容平拉开进行战术转移，既伏有下底打将顿挫，暗助3路车杀马露炮叫闷的恶手，又伏有调动敌左翼兵力，借马之威慑力夺吃敌子的攻击手段。同时，此手也有力地提升了中马之静力。

34. 炮八平七　车8进5　　35. 帅四进一　车3退1

车仗马威慑，炮去帅株连。黑方中马之静占与两翼双车炮构成了三向攻击阵容，中马滞马窥帅，静助双车两翼夹击，巧夺一炮，其非凡的静功神力还在继续施展。

36. 车八进八　炮3退1　　37. 车四进一　车8退1　　38. 帅四退一　车3平2

39. 车八平九　车8进1　　40. 帅四进一　车8退2

中路黑马再显神威，它窥帅缚马，使两翼双车如虎添翼，再夺一马而胜。因如续弈车四退一，则马5进7伏杀；又如士五进四，则车2进2，士六进五，车2进1伏杀。红方炮马之亡，执刀者为车，而全力绑缚者，马也！

（二）卡钳宫颈山不动　保国杀敌尽忠贞

图二摘自邓裕如与王嘉良1956年全国赛弈战中局。黑方肋车自第26回合到位后未挪一步，声色不动，却为防杀、助攻、入局立下赫赫战功。

30.………… 车5平8

有肋车守护将门要线、保将防杀，确保了后方的安全，此车才可游弋空门并暗伏捉死

---

*文题摘自陆游《鹊桥仙》

马；而将之应将闪露更加增助了肋车之静力。真个是：卡肋蓄势者，静默守护神！

　　31. 马一进三　将5平4　　32. 马八退七　马1进2

　　肋车之静默技法杀气森森，它肋宫窥士、暗伏错杀、逼马退防，并为己马踏兵进击，戒严肋道、防兑助攻创造了有利条件。

　　33. 车七平八　马2退4　　34. 炮八平九　车8平3　　35. 炮九进七　象3进1
　　36. 马七进九　象5退7　　37. 车八进五　将4进1　　38. 车八退五　车3平8
　　39. 炮九平三　马4进5

　　肋车静助左车对敌宫采取高压政策、威胁成杀，并力助后续部队迅猛扑向决战区，同时闪露明线，给力肋车，并暗中扼守敌马叫杀点。决战的炮声已隐隐作响。

　　40. 相五退三　马5进6　　41. 帅五平四　车8平6

　　马之挂角，肋车静默威慑之力也。十五回合身不动，金光闪烁一战神。呜呼！静如处子，不动亦英豪也。

　　总之，静默战术是极大发挥和利用驻止兵员有效功力的艺术，是以静助动、动静结合、动静互补的弈战技巧，是对弈者重视驻军、关注静态、慎重运子、高效用兵的精妙提示。

　　有诗在为你喝彩：莺燕无声胜有声，绕梁三日亦铮铮。虽觉名局机动妙，更赞静默技法精！

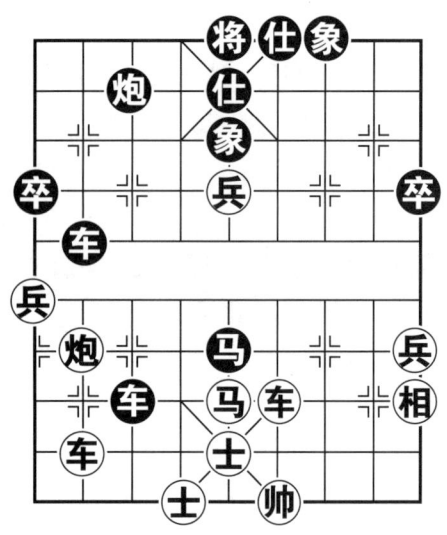
图一

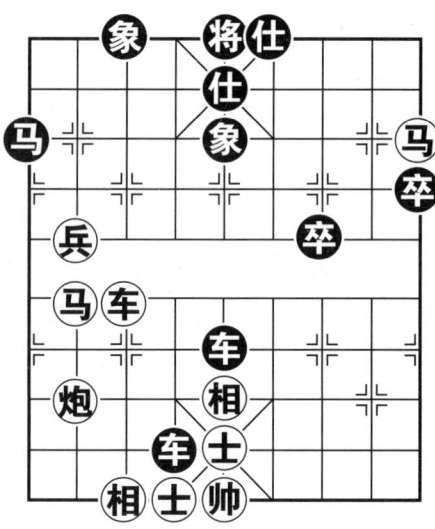
图二

62. 绿杯红袖趁重阳*

——略论乘隙战术

明代《草庐经略·游兵》指出："伺敌之隙，乘间取利……"

乘隙战术系指在错综复杂的局面里，实施方敏锐发现并及时抓住敌军指挥上的不明显破绽、宫城防御系统或整体攻防战阵出现的"隙缝"与"裂痕"、防守上的空当和子力占位上的弊端等隐微隙漏，采取进袭、掠夺、聚歼、破坏、解拆、要杀等针锋相对的战术手段，对敌隙充分利用，不失时机地展开攻击，撕开缺口，突破防线，扩大战果并攻杀制胜的借敌制敌谋略。

乘隙战术同乘机战术虽均有乘敌制敌之意，但二者并不相同，主要表现在两个方面：一是所乘对象不同。弈战千变万化，但总离不开行军、布阵、攻杀等几个方面。乘机战术所乘者，大都是敌兵员行军过程中出现的对我有利的时机；而乘隙战术所乘者，却是敌指挥系统攻防布阵中出现的"隙缝"与"裂痕"等有利于我之局面。换言之，乘隙所乘的是敌不够严密之漏算；而乘机所乘的是对己有利的瞬间！

二是二者所乘对象本身是否存在问题是一大分水岭。乘机中的"机"——敌之行军一般都是正规的，属于正常的"正着"。而乘隙所乘敌之战阵中的问题则具有客观性。有的虽然不细察难以发现，或干脆"蒙混过关"，但问题总归是问题，它本身存在着能够变成授人之把柄、危及全局的弊病。

（一）战阵露隙缝　花心起纷争

图一摘自赵国荣与黄增光1990年全国象棋团体赛弈战局谱。

44. 炮三平二

二路野炮切入去，一隙前锋报捷来！此手深察善觅、觑车重隙，为乘隙战术之最佳解读。它找到了唯一的"隙"，一个可以用来发动进攻的"隙"。兵线炮上下左右虽有八个点位的活动余地，但唯有此点熠熠生辉，它使炮的助攻力度变得极大、效率得提得极高。孙志伟先生曾撰文点评此手云，"红方平炮准备沉底作攻，可谓'见缝插针'，是本局取胜的紧要之着。""隙"者，无驻防阻拦之唯一通道也。"见缝插针"者，乘隙之谓也。虽有敌车在线，但有伏杀威胁亦不足惧也。有道是：橘枰藏隙缝，慧目断虚实！

44. ………… 象9退7　45. 炮二进六

下底宫城乱，要杀前锋忙！炮一步到位之后，马双车紧握杀机，给敌宫造成了巨大压力。

---

*文题摘自晏几道《阮郎归》

45.………… 马5退7 46.车八平四

平车要杀,不给敌城防部队喘息之机。黑方第45手如改走车8退7,红则马三进五,将5进1,车四进三,红方胜定。

46.………… 马7进5 47.马三进五 将5进1 48.前车进三

红胜。

此例说明在足可抗衡条件下一隙毁局教训之深,同时也展示了寻隙、乘隙之妙。正是:轻拨漫进弱城防,剪羽组杀演妙局!

(二)欲乘东风去　尽唱凯歌还

图二选自徐天红与孙树成1995年全国团体赛弈战局谱。

15.………… 炮2退2

黑方企图通过打车过渡、诱车去卒,再炮击三路兵,以达到去相叫闷夺车的反击效果。这一激烈着法因考虑欠周而为红方提供了一个可乘之隙。

16.车四平六

慧眼洞穿虚懈处,乘隙力拔侵占人!此乃另一种"隙"的表现形式——谋虑不周所产生之漏洞也。红车抓住敌计不够严密之隙,依恃双炮暗窥之力及借助敌宫防务之隙,强力反击,一场攸关生死的重要战役就地打响。

16.………… 炮2平7 17.炮五进五

借敌制敌,解杀还杀,顺水扬帆,着法强悍!红方连续突出乘隙妙手,使黑方计谋与战阵两大隙点暴露并扩大开来。黑方第15手退炮打车不可言其弱,城池雄伟不可言其虚——如此又何称之为隙?此乃红方窝心炮弊中藏利使之然也,双炮占线、联手发威之力使之然也,敌我双方战阵形成的"共同体"之大势使之然也。隐微暗弱之弊,在明眼人看来即可从中大作文章、挥师掠地、攻将过去。

17.………… 炮7进4 18.士四进五 车1退5 19.车六平九 车1平2

20.车九平八

捉车顿挫,选位制马,黑方为一手暗隙而付出了沉重的代价。

20.………… 车2平1 21.炮五退一 马1进3 22.车八退二

马无逃路,7路底炮也面临车二退六的打击。真个是:巧施拆解攻城计,乘隙挥舞杀敌刀!

(三)邀兑自塞象　得势便抢攻

图三录自王嘉良与胡荣华1974年全国棋类赛弈战局谱。

12.………… 车1平4

黑方平车邀兑车这步棋,经过了长达26分钟的考虑。如改走炮2平3,红则马七进五,象3进5,炮八进五,黑方难走;但如改走炮2平7,红则相三进一,马7进8,仍觉被动。胡荣华回顾此步的行棋动机时说:"本来是计算红车六进七,炮7平4,马七进五,马3进4可以捉双;但是漏算了红方直接马七进五先手吃象叫杀。到此局势已无法挽回了。"

13.马七进五

杀心常辗转,乘隙遂掠劫!红方乘黑车企图闪露邀兑,以缓解对方攻势,但却自塞象眼之隙,纵马踏象,欲踩炮叫杀,立夺主动。红方所乘之隙,从根源上看,实乃"漏算"也。

13. ………… 炮7平6　　14. 车六进七

得象抢先方成兑,援兵冲渡可助攻!踏象顿挫再行相兑,为冲兵助战打叠,既富有节奏感,又十分紧凑。

14. ………… 炮6平4　　15. 兵七进一　车8平6　　16. 车四平二　炮4进1
17. 兵七进一　象3进5　　18. 兵七进一　炮4进1　　19. 车二退二　车6进4
20. 兵三进一　炮4平3
21. 兵三进一　车6平7
22. 车二平八　炮2平4
23. 马三进四

红挺七兵之威,黑呈中象之单,红方之所以力取攻势且子力活跃者,乘隙之功也。

总之,乘隙战术是入木三分的精到审局,是对敌阵瑕疵的敏锐反应,是击虚打弱战略的深密策划,是借敌制敌、令敌自吞苦果的弈战功能!

正是:白璧何尝无微瑕,巧遇明眼鉴赏家。紧盯妙用不放手,竟至豪帅遭弹压。

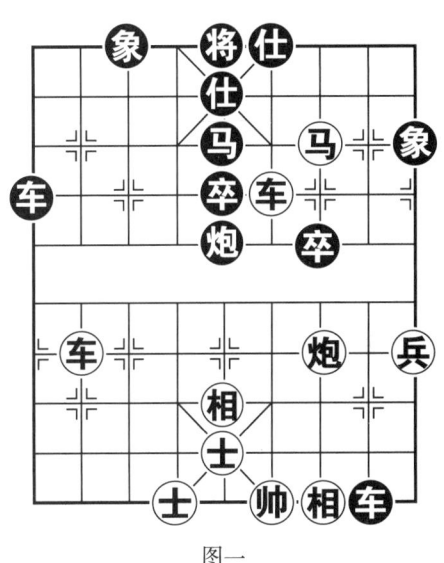

图一

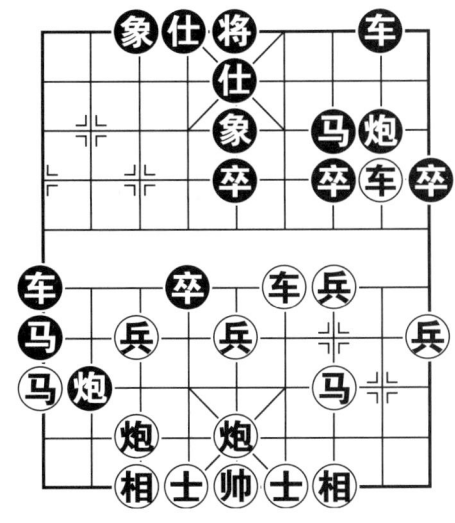

图二

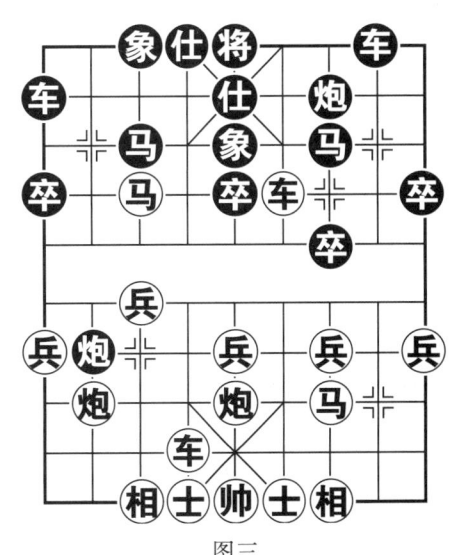

图三

63. 春潮带雨晚来急*

——简论带抽战术

克劳塞维茨将军在《战争论》中深刻指出："它指的是特别巧妙地调配兵力而达到的那种出敌不意。它在防御战中可以使用，尤其在战术上的防御战中它所发挥的作用特别大。"

带抽战术系指在攻城战斗过程中，以车炮为实施主体的联合兵团，采取打将同时进行抽吃、抽占等手段，抢占要津、撕裂敌防、制乱敌军，清理路障，进剿敌宫，从而使敌城防部队迅速瓦解，无力守御，敌首被生擒活捉的高效用兵攻杀技巧。

带抽战术与抽吃战术同是施展抽技的战术，但二者异同点明显。后者不管是直接还是间接，抽将都要落实在"吃"上，业务明确而单一，而前者在打将同时可以进行抽吃抽占等各种业务，业务范围有所扩大。

带抽战术与带将战术，二者亦不相同。带抽一般为兵员联合实施，以炮为主体展示抽技，而带将战术并非联合作业，其实施主体为马，有时用马一个兵员就足以带将完成战斗任务。虽然后者在打将同时可以进行诸如选位、劫掠、设架、运调、排障等许多相关的业务，但它绝没有"抽"的动作。

带抽战术与待抽战术，二者虽在施展抽技上有相同之处，但在一定意义上却是两个平面上的概念。后者是展示等待最佳时机进行抽吃抽占的技巧，而前者则是正在利用抽技施展手段的艺术。换言之，后者属于等待时机的范畴，而前者则是一种高效的闪抽行为。

（一）庞大工程　带抽专家建伟业

图一录自朱方傅先生排拟的精妙棋局"一炮成功"谱图。此局乃带抽战法的专场表演，局中三路炮以分处三大要地的车炮兵为支点，连续带抽，纵横游弋，辗转八方，千辛万苦，拔除路障八座，最终击毙敌首。

1.炮三平四　炮7平6　　2.前炮平六

带抽择路，正式开始了漫长而恢弘的连续带抽演弈。

2.…………　炮6平9　　3.炮六进六　车5进5　　4.炮六退一　车5退5
5.炮六平四　炮9平6　　6.前炮平七　炮6平9　　7.炮七进一　车5进5
8.炮七退三　车5退5

不怕辛苦游弋两地，带抽作业横扫一方。此炮连续实施带抽作业，不断变换线路，不断选择并消灭敌目标，不断借抽到加油站"打气"增效，带抽择位运作，十分巧妙。接下来，它以同样的手段相继拔掉全部路障，最后将控制底线的2路车击沉，至第65回合，成就了炮八

---

*文题摘自韦应物《滁州西涧》

平四的华丽一击。

此局妙处在于除首着打叠、尾着终战与中间打将顿挫过渡以外，其余着法全部为带抽作业，其中到车炮两大支点处借力与给力的变换，最为绝妙。因为缺少一处加油站，则难以借力给力发力，则难以纵横变线，则难以拔除两列纵队的所有敌军。真个是：能量源于支点，震撼来自带抽。

（二）双炮互助　带抽到位成绝杀

图二为古局"韩信点兵"局面形势，现黑方已经具备进行纵向、横向两种错杀的有利条件，而红方纵向进攻因炮自阻难以实施，而横向进攻又将遭到马炮联防的有力抵御。关键时刻，红方巧施带抽战术，几经运作，终成大业。

1. 车一平四　马8进6　2. 炮二平四　马6进7　3. 炮四平六

巧妙调配车双炮，决战关头挺主攻！车通过打将占位，设置了固定的火力点，为双炮实施带抽提供火力支持，以静助动，以车活炮。现炮进行第一轮带抽行动，以先手占位充架，为另炮带抽闪击除障打叠。这一连续带抽行动，为绝杀敌首埋下伏笔，充分展现"明修栈道，暗度陈仓"战法之妙。

3. ………　马7退6　4. 炮一平四　马6进7　5. 炮四平七

此轮带抽与首轮达成默契，但具体功能各异，首轮的带抽，抽占、充架，与第二轮的带抽，吃子、除障、再充架，各司其职，但为了一个共同的目标做着先期准备。

5. ………　马7退6　6. 炮六平四　马6进7　7. 炮四平九

双炮在车的支助下，相互为架过渡，现此炮已带抽到位，正待机下底擒拿敌首。

7. ………　马7退6　8. 炮七平四　马6进7　9. 炮四平八

充分利用带抽战术快速、灵活机动的优势，边线切入打将之炮，与兼具阻挡和攻击作用的八路炮，双双到位，下伏砍马叫杀，逼炮让路，双炮绝杀，十分巧妙。

（三）弃车邀架　重创敌军争优胜

图三摘自《渊深海阔象棋谱》"投鞭断流"棋局正解着法第7回合的局面。

8. 车六平四

以身求架施义勇，力助带抽救危局。此手为炮发力，妙施带抽战法，提供了前提性的必需之条件。此手展示了以子求势的助攻奥妙，是本局败势求和的关键。

8. ………　士5进6　9. 炮五平四　士6退5　10. 炮四退六

此手带抽，具有很高的局面效益，它为除掉心腹大患敌马，争得和局，立下功勋。以下是，士5进6，炮四平七，卒5进1，马三退五，士6退5，马五退四，卒5进1，马四退五，炮5退3，炮七炮三，炮5平4，炮三平四，将6平5，炮四平五，构成和局。

总之，带抽战术是抽技的综合演练，是破袭敌阵的有效手段，是主体之静与抽体之动巧妙结合的艺术，是弈战中打将、抽吃、抽占、运转最灵妙最高效的组合型技巧。

正是：动静配合默相知，运行独特自珍稀。抽技挟势常发狠，春潮带雨晚来急。

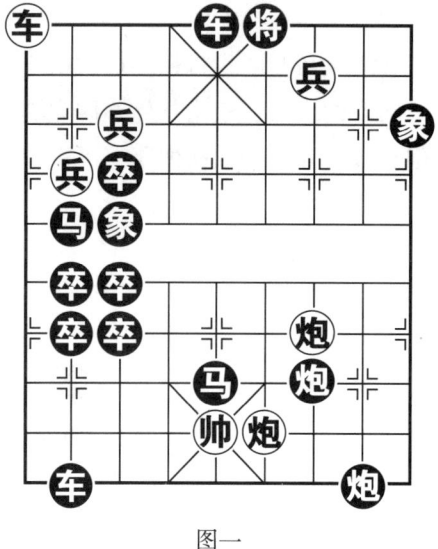

图一

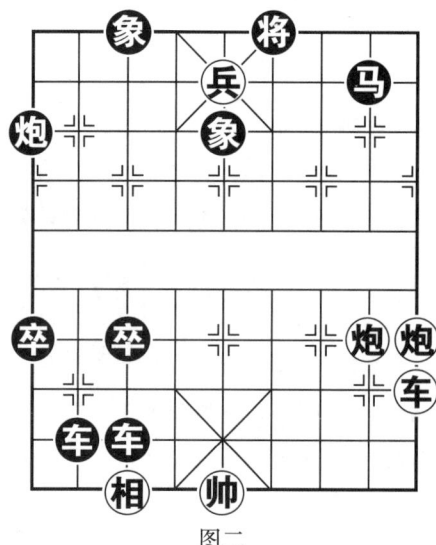

图二

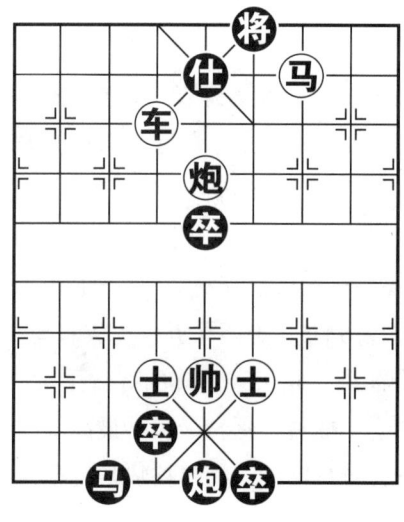

图三

64. 环行急蹴皆应节*

——略论顿挫战术

顿挫，《辞源》释道："谓声调有停顿转折。"

（英）利德尔·哈特在著名的《战略论》中深刻指出："战略能否获得成功，主要取决于对'目的'和'手段'（工具）是否能作精确的计算，能否把它们正确地结合起来加以使用。目的必须与现有的一切手段相适应。"

弈战中的顿挫战术系指实施方在子力运调过程中，以正确的行棋次序为前提，以鲜明的节奏为特点，以打将、捉拿、要杀、威胁等强制性行动为手段，逼迫敌方按己方预定方案进行应付，从而达成赢得步数、加快速度、钓猎目标、制乱敌阵、抢先得子、紧气增效、巧妙入局等为目的的高级运调技巧。

顿挫战术与过渡战术并不相同。如果说后者是行军的大提速，那么，前者就是综合效益的大提升；如果说后者青睐的是时间，那么，前者注重的则是功效。

（一）连续顿挫　攘除边车施钩钓

图一选自吕钦与许银川1995年于桂林银荔杯弈战局谱。

88.………… 车4退1

打将顿挫钩钓，暗伏擒拿组合。此顿挫妙手，通过打将强力安排帅之驻止，为河马钓猎目标，以移影换形，更好发挥战斗作用，同时为实施战术组合、准备闪离"双击"而造势。此手充分利用敌首"无衣遮体"的弱点与敌车偏远的弊端，充分利用敌域宽广无障的"优点"，有效发挥车马联手攻击的特长，为继续实施具有决定性意义的战术组合而铺垫打叠。

89. 帅四退一　车4退3

安排已毕再顿挫，但请边车做选择。此手顿挫暗伏卒9进1的输送手段，为车马卒联合作战铺平道路。此手将应对选择权抛给了敌方：如不理则从容渡河作战；如去卒则自攘于决战战场之外，听任车马做杀。弈战中，常常有这种情况：一方兵力、时机、线路等条件皆已具备，但却不能成杀。所缺者何？妙手是也。妙手者，乃洞察枢机、打破僵局、夺势制胜之高级谋略、巧妙手段也。黑车之打将与占位，就是为取胜奠定坚实基础的组合型妙手。有此手段，形势急转直下。正是：升提顿挫暗，组杀手段绝！

90. 车一进三　车4进4

---

*文题摘自李端《胡腾儿》

红车不能容忍渡河增援而遭受蹂躏，毅然去卒，同时也就离开了主战场，变成了无奈的观众。黑方趁势做杀。

91. 帅四进一　马6进7　　92. 帅四进一　车4平6　　93. 帅四平五　车6平2
94. 帅五平四　马7退6

黑方采取小型钩钓、打将、要杀等顿挫手法，制帅定帅，以下因如帅四退一，则暗伏车2退1再马6进7的钩钓杀，故红方认负。

（二）捉拿变线　制乱敌宫巧做杀

图二摘自蒋志梁与言穆江"王冠杯"赛弈战局谱。

1. ……………　车6退2

连捉岂是假，变线竟成真。这是一个通过连捉顿挫，达成先手变线、禁制敌首、控制敌宫的佳例。

2. 炮一进一　车6平9　　3. 炮一平二　车9平8

先手达成变线企图，不给红方士六进五补中、调整、活车的机会，同时将敌炮打慌打暗，难以发挥攻防作用。此连续捉拿顿挫妙手，为强势变线、硬性打将禁将控士创造了极为有利的战场条件。

4. 炮二平一　车8进8　　5. 帅五进一　车8平6

黑方通过捉拿、打将的战术手段，巧妙实施顿挫，以抢先制乱敌宫，禁制敌首，残弱敌防，加速紧气，为车6退2实施最后一击提供了所需的一切。此手顿挫，采取了一子连动手法，充分展现了领军连续作战的能力，高超的绎能力与决定争战结局的能力。

（三）断路堵塞　借杀夺子定胜负

图三取自尚威与郑乃东1995年全国个人赛弈战局谱。

40. ……………　炮2进5

打将断路施顿挫，炮进车横暗解杀。上一手红方急于炮四平二求杀，未能深察细审，铸成大错。黑方则抓住机会，充分利用敌方欠一手棋的弱点，充分利用敌宫防御工事的弊端，妙施顿挫，一举破敌。

41. 帅四进一　车9平6　　42. 士五进四

再打将以顿挫，立即造成敌方遮掩型自我堵塞，并与上一手的打将断路顿挫相契相合，使敌首在四路线上已无活动余地，处境危厄。

42. ……………　车6平8

此"平拉开"，要杀盯炮，解杀还杀，黑方失子致负。此手乃高效之收官也，连续顿挫之硕果也。

总之，顿挫战术是行军作战的艺术，是增效抢先夺势的巧妙手段，是停顿、静默、转折所产生的高能粒子，是利用敌军必应必救心理而达成预定目的的智谋。

正是：搭梯引路手法别，增效生威术超绝。纵横进退求铺垫，环行急蹴尽应节。

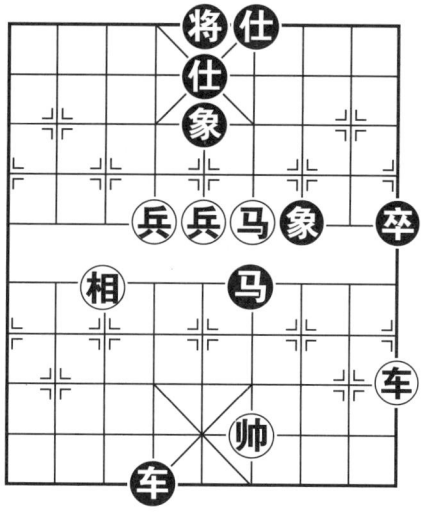

图一

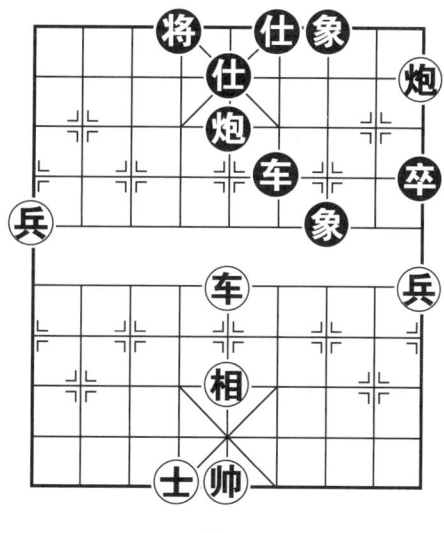

图二

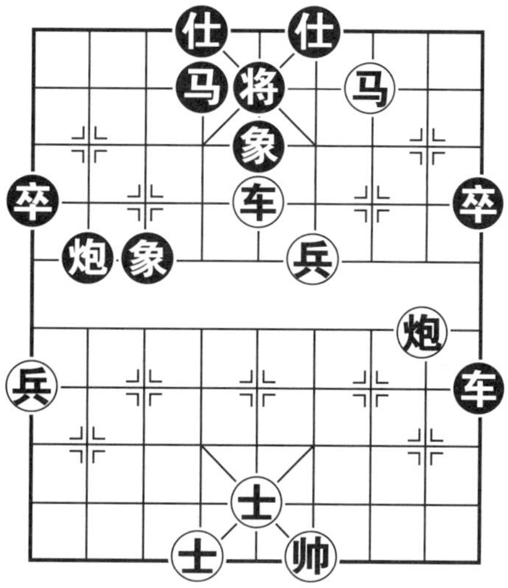

图三

65. 三顾频烦天下计*

——小论逐次战术

克劳塞维茨将军在《战争论》中强调要逐次使用力量,他指出:"充分巩固地维持活动的战斗力量,使得有可能接着第一次决战进行第二次决战,甚至接着第三次决战,这样有可能逐次地使用力量。""战术上的逐次使用兵力,常常把胜败的决定性行动推迟到全部战斗行动终局。"

逐次战术系指进攻部队通过对全局几大运行阶段、几大战役的预测和谋划,根据敌我双方兵力部署、交战的具体情况以及战斗任务的需要,在兵力的使用上、在军队向前推进上、在战斗手段的实施上,采取分阶段、按梯次使用力量并逐步地有序地向前推进的策略,以确保战斗的节奏、效率和质量的用兵艺术。

(一)多次换根 逐次深入征战地

图一选自申鹏与于幼华2005年全国个人赛弈战局谱。本局精妙展示八路炮四次寻根生根换根的美妙过程,"逐次"深入地阐释逐次的内涵——它不断地逐次地加深对敌阵的侵入,逐次增大威胁的力度,一直到最后一次"逐次"将敌首击毙。

24. 炮八平五

遮掩、护兵、生根,安置绝好;镇中、缚车、攻城,威力倍增!河炮平中,将逐次地演弈逐次手法,在不断"换根"中加大攻击力度。此手内涵丰富,着法有力。

24.………… 士4进5　25. 兵七平六　卒3进1　26. 兵三进一　车9退3

27. 兵三进一　车9平5　28. 炮五进一

弱根威力大,双车无奈何!中炮再次寻根、生根,不仅使双车抢炮的企图化为泡影,而且使宫城危机进一步加深,使中路车大幅减效,使7路马丧失逃窜的机会。同时,中炮通过逐次寻根生根而使自身镇中地位更加巩固,并再一次向敌宫逼近。

28.………… 将5平4　29. 前车平六　后车平4　30. 车六进一　士5进4

31. 兵三进一　士6进5　32. 兵三进一　象3进5　33. 炮五平二　车5平8

34. 炮二进三

再次换根生根,严厉制敌控敌!炮之逐次换根生根、逐次深入敌阵纵深,横断将路,为车最后入宫擒拿敌首提供了火力支援。

34.………… 车8退3　35. 车四平六　将4平5　36. 兵六进一　卒3进1

37. 车六退二　炮3退1　38. 兵六进一　士5进4　39. 车六进五　炮3平9

---

*文题摘自杜甫《蜀相》

40. 车六进一　卒3进1　41. 士六进五　车8进3　42. 相五退三　卒1进1

43. 车六平五　将5平4　44. 车五平四　将4平5　45. 兵三进一

换根下伏最后一次炮二进一换根生根绝杀，五次生根表演，透彻诠释了"逐次"深刻内涵，其力其效其妙，俱为上乘。正是：逐次逼近将府，不断勒紧敌喉！

（二）逐次使用　先后斩杀集团军

图二摘自石家庄阎文清与曼谷刘伯良1991年第5届亚洲象棋名手赛弈战局谱。此局红方精深审局，周密部署，先后投放两大主力，逐次在肋道对侍卫与敌首展开攻势，先后斩杀敌双士，使敌军彻底丧失防御能力。

22. 车六进五

出师犹硬朗，起手即闪光！不惜英年，力拔右士，红方遂开始了连续的逐次的剪羽战斗。此种逐次战术之实施，把进攻的矛头直接对准了敌首，使战斗的档次得到极大提升，使逐次之实施加重了分量。血洒攻城路，力歼护城敌！

22. ……………　将5平4

弃车砍士，大出敌方意料，造成了敌首、敌军的极大慌乱，使敌方立刻感到死亡的威胁。

23. 车四进四　将4进1

轮番剿杀敌寇，前仆后继英雄！在完成了"第一次决战"任务后，逐次动用另车进行"第二次决战"。两次决战，衔接紧密，并充满了战略性与威胁性。

24. 车四平五

妙演将位战术，将逐次、节奏、禁控、组杀联连一体，呈"激烈"之后的"平和"状态，下伏肋道逐次进行的致命打击——肋道角炮早已埋伏待敌，七路兵将平六充架发动攻击、砍炮引将，实施高崖战术，为马七进六登"肋"绝杀打叠，以完成肋道逐次攻杀进程。从底线到肋道，从弃车到车炮兵马攻杀，层次清楚，节奏明快，正是：逐次战场兵力，轮番飓风狂涛！

（三）逐次运调　衔枚扑进悄无声

图三为侯玉山与王嘉良1956年于北京弈战的中残局面。此局黑方车炮卒分批分期地借避捉、驱逐、渗透之机，逐一运调到位。其过程自然洒脱，对决战部署淡然置之，以期不致引起敌军的警觉，达成悄然成杀的企图。

41. 车八进三　炮3平7

避捉减负暗窥，借机一步到位。平炮象头，就地生根，为车减负，自身安定，同时暗窥底线，为发动背攻提前安置火器。从纵的角度看，此手隐约淡定，悄然拉开了各兵种逐次集结到位的战幕，并为卒之逐次渗透增加了力度。

42. 士五进六　车3平4

以叼双为由暗中控制帅门，并逐次部署到位。炮车先后抵达预定点，标志着一张"宽松"而又无形的大网正在撒开！敌帅安泰宫中的时间已经不多了！

43. 兵六平七　卒7进1　44. 车八退一　卒7平6　45. 士四进五　卒6进1

继炮车到位之后，卒亦借敌内宫调整与敌双车并联企图拼兑之机渗透到位，而且一切都显得很平静。真个是：决战酣时演逐次，寂寥深处响惊雷！

46. 车二平六　炮7进5

逐次方到位，攻城即展开！不管车，不防杀，炮径自下底做成绝杀。

总之，逐次战术是对整个战事按时间要求切割成的具有可操作性的"板块"的连续处置，是由浅入深的军事谋划过程，是对兵力、战事的通盘合理安排，是稳步推进、有序竞争的大将风范。

正是：弈战初始谋划长，帷幄逐次射灵光。三顾频烦天下计，几经运作铸辉煌！

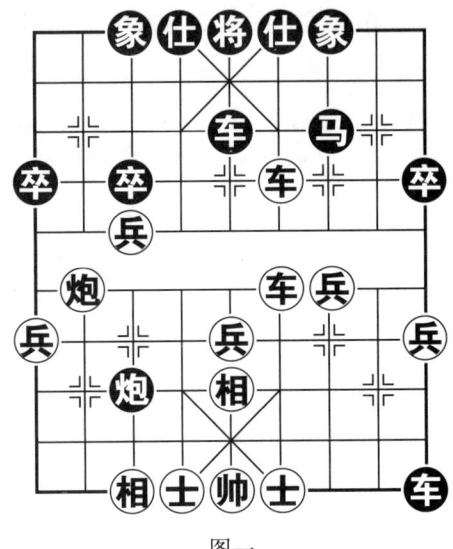

图一

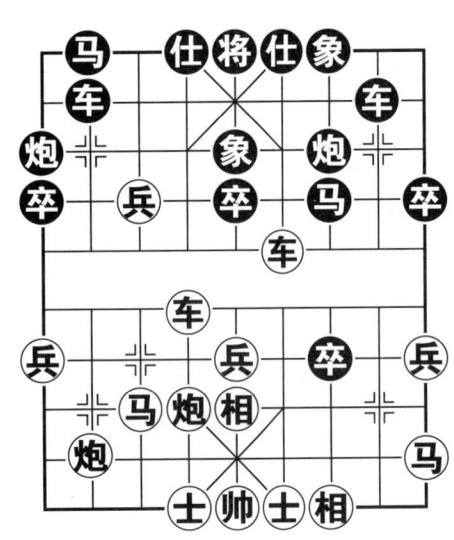

图二

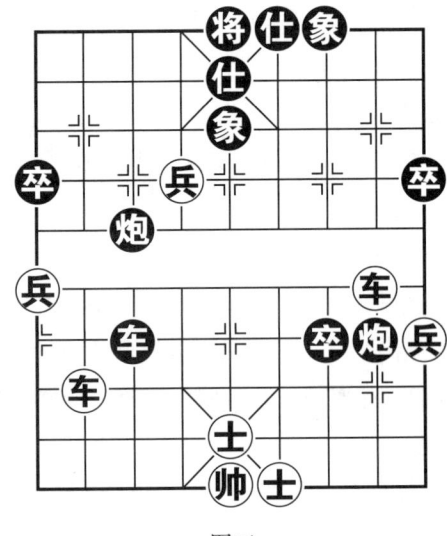

图三

66. 清景一失后难摹*
——浅论随机战术

"随机"，《汉语大词典》解释为："依照情势，顺应时机。"

意大利哲学家马基亚韦利曾指出："战争——这是连结着意外事件的一个无尽的链条。"

随机战术系指实施方在获得轮走权益之后，依据敌方临时布设的阵势、出乎意料的行动、突然改变的攻防策略等因素，暂时放弃预定作战计划，立即采取相应的针锋相对的有效措施和灵活多变的着法，以变应变，以变制变，从而一举抑敌减效，瓦解敌军攻势的军事谋略。

顺承敌意 弃马择路觅杀机

图选自韩福德与胡荣华1962年于合肥弈战局谱。

30. 车六平七　车2平7

贪马自背暗，随机做杀局。黑方发现红车意在夺马以发动中路进攻，但其得马后身位背暗，攻难进取，防亦难参与，正是己方车马炮围剿帅府的良机，遂弃马平车，奔杀而去。李中健先生在评注此局时，为此弃马择路争杀随机妙手，赏赐叹号一枚，以奖其时机把握之精准。此局红方"临阵找招"，黑方随机应变，双方"离谱"对攻十分激烈。

31. 车七退一　炮2进5　　32. 炮五退一　炮2退1

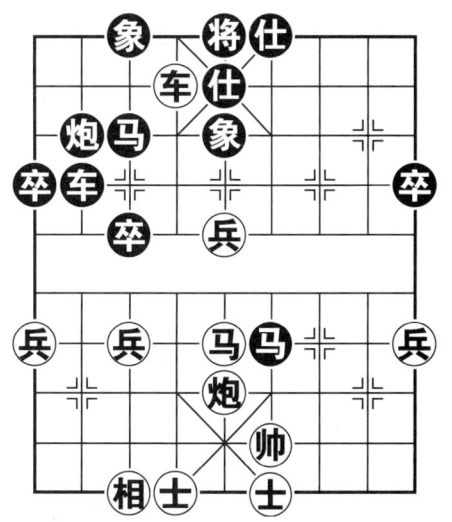

进炮断路，逼敌撤架，再攻中马，敌马竟不敢躲逃，因伏马6进8，帅四进一，车7进4，帅四退一，车7平5绝杀手段。捉马必得，直接影响到争战结局，对敌方物质上、防守上、心理上是一个多重的打击。以下则进入正常攻防"程序"，炮五平八，炮2平5，炮八进八，士5退4，兵五平四，车7平5，兵四进一，炮5退1构成绝杀。

总之，随机战术是应变系列里的灵动妙手，是战术家借敌施略的主张，是遏抑敌势的独特手段，是人类大脑反应准确灵敏的专长。

正是：弈战制敌手段多，随机应变势蓬勃。阵角稍乱当揳入，清景一失后难摹。

---

*文题摘自苏轼《腊日游孤山访惠勤惠思二僧》

67. 涛似连山喷雪来*

——浅论连打战术

克劳塞维茨将军在《战争论》中指出："具有足够完成占领实力的人，在中途不能有休息之类的事，而必须一气呵成。"

连打战术系指在进攻战中，对一场战斗、战役乃至战略决战进行整体谋划，巧妙利用敌阵防务松懈、主力驻占险地及重要设施缺乏必要保护等弊端，充分发挥火炮速度快、机动性强及隔一而击的特长，连续有效地进行打击、消掠，使敌损兵折将，难以维持正常秩序，或通过具有威慑力之瞄打，使敌仓皇逃窜、溃不成军、疲惫不堪、阵形混乱、难以抗衡的不间断攻击技巧。

逼离连打：解围的大力神

图系常婉华与黄薇1989年全国个人赛女子组弈战的枰面。

22. ………… 马6进7

进踏无所惧，后续已成竹。既先得实惠，掠得一马，又对红帅构成钩钓禁制之势，并为角炮连打让出通道、造成有利态势。

23. 车六退三　炮6进4

伸炮兵行线打车救马，开始实施逼离连打计划，力挫先弃后取图谋。

24. 兵五进一　炮6平9

以车为架的连打，九鼎千钧，行棋剽悍，气势非凡！它充分利用了双马对主帅的致命威胁，连续实施打车作业。盘面出现了因救马打车，又因双马伟力方能打车，以马逼车活马的里应外合的连打奇巧局面。此手连打使红车狭谷夺马计划归于失败。

25. 车六退二　马7进6　　26. 马八进六　炮9进3

27. 马六进八　马6退5

妙手抽车，黑胜。

总之，连打战术是火炮取利夺势的高效运转，是对虚懈敌阵的火力宣泄，是消掠、混乱、疲惫、压制敌军的连续妙手，是剪羽卫士、入宫擒将的战略铺垫。

正是：连续发力未曾休，硝烟弥漫有人愁。泱泱楚河蕴奇略，谧谧炮阵捍神州。

---

*文题摘自李白《横江词》

68. 攻城杀将何纷纷*

——试论交错战术

克劳塞维茨将军在《战争论》中明确指出："进攻也不是单一的整体，而是不断同防御交错着的。"

交错战术系指在敌我双方展开攻防大战特别是对攻对杀的激烈战斗中，指挥部门根据战事的需要，巧妙运作，有机有序有效地进行安排，将攻城同杀敌、擒将结合起来，将进攻同防范偷袭结合起来，使各层级、各类别的战斗行动交叉实施，不给敌军留下任何"隙缝"，并使其失势失子，无力挽回败局的综合攻杀方略。

在《战争论》一书中，克劳塞维茨将军曾多处论及"交错"现象，例如，作战行动中的战略意图与战术手段的交错，进攻与防守的交错等。

（一）立茬交错　不断加剧打击

图一摘自胡荣华与庄玉腾1989年于重庆弈战局谱。

33. 车四进二

借弊而斩炮，弱防以攻城。卧槽马力控敌首不得归位，四路车乘机上手砍炮减层，为炮倒打绝杀逼车而造势打叠。此攻吃交错，其势凶猛，其锋锐利！城头砍炮，极大削弱了敌军守力，有力震慑了敌军。

33. ………… 车2退1　34. 帅六退一　车2进1　35. 帅六进一　炮6退8

36. 炮七平四

增援入杀线，力助夺车人。炮之平移，车之履险，一动一静，构成了肋道巨大交错实力，为实施交错运作做好了铺垫打叠。其中履险之车悍然不动，其伟岸英姿，空间永驻！

36. ………… 马3进2　37. 车四进一

攻将砍炮施妙手，力斩双车一挥间！以下车马炮借将连砍敌双车，战斗极为惨烈，交错技法大放异彩。

37. ………… 将6进1　38. 车六平四　士5进6　39. 车四平二　士6退5
40. 车二进五　将6退1　41. 车二退五　将6进1　42. 车二平四　士5进6
43. 车四平八

攻将夺车，密集交错，弈坛一绝！其中马之静默，作用独特，功垂青史。

---

*文题摘自王维《夷门歌》

（二）大力交错　全歼横扫残敌

图二取自李来群与钱洪发1983年于哈尔滨弈战局谱。

1. 马四退五

借势歼敌妙手，弱旅从此张扬。折返踏卒，剥茧中路，充分发挥镇中炮攻城、杀敌两项功力，同时使己方六路弱线得到加强，为继续实施交错打击提供资源保障。

1. ………… 车6平5　　2. 马六进五

踏敌马中路吃紧，再剥茧敌首不堪。将敌军主力部队及敌首拴缚一线，进行串打，将攻城与杀敌融为一体，此种交错效率极高。

2. ………… 炮5退2　　3. 炮五进四　车5进2　　4. 炮七平五

此局红方暗中攻城与借势夺子交错实施，使敌再无抵御之力。正是：炮镇军增效，马跃局生辉！

总之，交错战术是多种战术手段联合实施的手法，是将攻、防、将、吃、胁各种行动综合运用的平台，是人类思维日趋成熟的展现，是对敌堡强固的火力反弹。

正是：攻城杀将何纷纷，交错打击欲断魂。弈战绝技宽天地，功力深厚享古今。

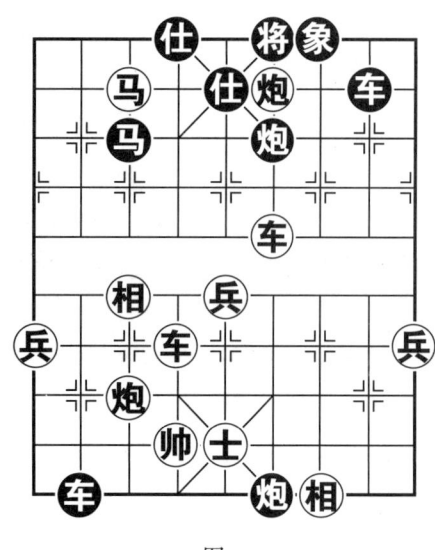

图一

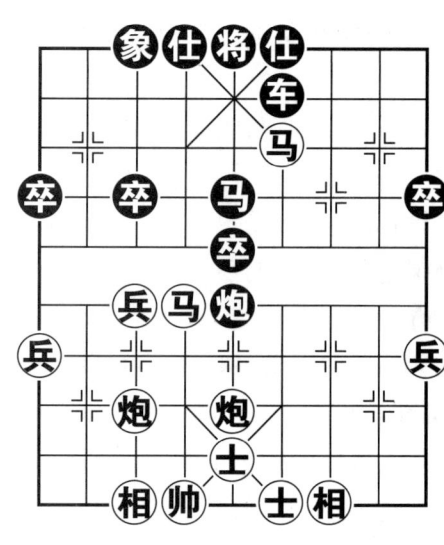

图二

69. 先拂商弦后角羽*
——浅论循序战术

伟大导师列宁深刻指出："战争的总战略计划及其实施的进度和程序，打击敌人的顺序、强度和达到军事目的所必需的兵力兵器等，均取决于战争的政治目的。"

循序战术系指实施方根据战役总体部署、各战场攻防任务的需要以及战事同战争结局的复杂关系，分清轻重缓急，采取捉拿、打将、铺垫、打叠等先后有致、井然有序的正确着法，形成符合弈战规律的由时间先后为序排列的、以紧凑严密为特点的多波次的战斗高潮的运调统筹技巧。

（一）战阵不留隙缝　会战顺利展开

循序战术强烈要求进军开拔或打响战斗之前，必须安顿好其运作过程中必然牵涉到的每一个攻防环节。有备而来，是一个深远、细致、周到谋划的打叠过程。图一选自胡荣华与戴荣光1977年于太原弈战局谱。

30. 帅五平四

出游并无休闲意，循序暗伏杀敌心！此循序战术妙手，谋划周全而深远，具有极高实战价值与教学意义。它不仅对未来争战进程的各路分支洞察清楚，而且对敌手在下一场战斗中可能采取的解拆手段进行了防范性安排。胡荣华对此手曾撰文写道："胜利在望，仍需谨慎。出帅叫杀是必要的次序，如果直接走车四平八，车4进1，士五进六，炮2平5，车九平五，车2退7，车五进三，象7进5，车五平七，车2平1，黑方还有谋和的机会。"

30. ……………　士6进5　31. 车四平八　车4平7　32. 车九平八　车2退3

33. 车八退四

红方净多一马，黑方含笑认负。此战例充分证明了实施循序战术的必要性，在预见战局发展，正确解决弈战中潜在的各种矛盾过程中，起到了决定性作用。弈战是一长串由精妙、诡秘、不虞事件为主打的战术链条，其间往往暗藏着许多突发性、反弹性、借用性应对手段，如果忽略了这一点，该走的"程序"没走，企图超越阶段或用力过猛，结果给敌人留下了卷土重来甚或偷袭得手的机会。正是：贪快局艰险，循序阵开扬！

（二）有序造设弊端　借杀轻松得子

弈战中往往会出现这样的情形，即通过正确合理的次序，便会无中生有地造设出一种态

---

*文题摘自李顾《听董大弹胡笳弄兼寄语房给事》

势,一种对己方有利而对敌方有害的局面,然后借此制乱制弊制敌,或者借此解杀除患夺胜。图二录自香港陈德泰与北京林宏敏1995年于香港体育节象棋赛弈战局谱。

20.………… 炮6进4　21. 车九退二　马3进1　22. 车二退二　马1进2

循序敌生弊,卡位车成灰！三回合有序运作,将敌车打低逼暗,马扑进抢占要点,窥车扑槽,暗伏杀机。其中铁架之利用、弃炮之抢先、敌左翼之造势,十分精彩！

23. 车二平四　炮2平5　24. 相七进五　马2进1　25. 炮一平二　马1退2
26. 炮二退五　卒3进1　27. 马五进四　卒3平4

在敌阵左翼先后采取剪羽侍卫、砍杀主力、调整位势之后,3路卒向心、扼亢、让路、催杀,次序井然,强大兵团已具杀势,惊悸敌首命悬一线！此时敌方如炮六进四,黑方则马2退4踏炮窥车,并伏车3进9杀。实战红方走兵五进一,卒4进1,士五退六,马2进3,帅五进一,车4进4,红方认负。

总之,循序战术是棋手周到细致的深入思考,是两军斗智斗勇的严格要求,是弈战规律的深刻体现,是追求完美的帷幄之歌。

正是:先拂商弦后角羽,天籁初演霓裳曲。进退有序阵井然,混战不乱妙如许！

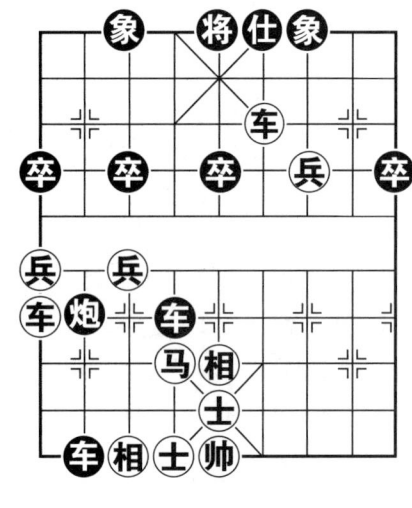

图一

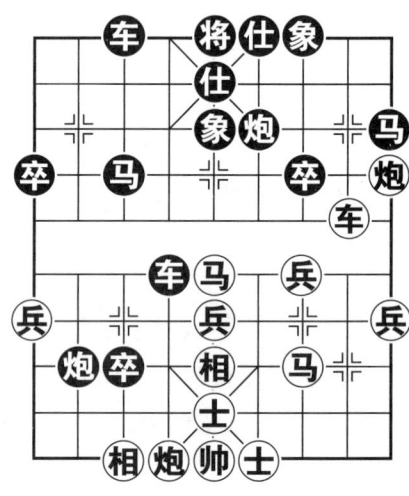

图二

70. 盘马弯弓惜不发*
——略谈待抽战术

毛泽东主席于1951年6月曾电令中国人民志愿军各级指挥员："精心研究情况，很好地布置兵力，组织炮火，每个军一次求得歼灭敌人一两个建制连到一个建制营，是完全可以做到的。并且在目前敌人冒进情况下，是最有利于我捕歼敌人的机会。"

弈战中的待抽战术是指进攻部队在敌核心防御区巧妙布置兵力，将两个有效火力瞄准戎首，在已具抽势情况下却引而不发，以利其他兵员依恃逼进，抢夺要点，制造杀机，同时捕捉抽将最佳时机，以期收到最大限度发挥抽势位能作用、重创敌军的最大化效果，并逼迫敌兵纷纷避躲于背暗之地、难以发挥攻防作用的高级顿挫技巧。

（一）依恃抽势多奔马　以静制动捕杀机

图一选自吕钦与张强1995年全国团体赛弈战局谱。此局面下，红方车炮已具抽势，却引而不发，待机行事，而七路马心有灵犀，借此待抽之势与黑车不敢裸露之机，连续腾挪，去卒窥炮，闪路胁车，右移到位，终成三子归边杀势。

77. 马七退六　车4平2　　78. 马六进五　炮3平2

战马妙用抽势，运转巧借东风！当着车面运转、抢掠，欺车诱车蓑车，真借风使船也。待抽之车炮虽然保持静默，但其强大威慑力已穿透了敌军的铠甲！

79. 马五进三　炮2进7　　80. 士五退六　车2退3　　81. 车四平五

在待抽时段，马踏卒过渡到位，并摧毁了敌车的掩体，逼敌车躲避背暗，由此拉开了决战宫阙的战幕。

81. ………　　将4退1　　82. 车五平四　士6进5　　83. 炮一进一　将4进1
84. 车四平五　将4进1　　85. 车五退一　将4退1　　86. 车五进一　将4进1
87. 炮一退二

待抽战术以静助马、以"待"制敌，三子联袂，终成杀局。

（二）强撕车炮互联网　闪抽飞垫铸杀局

图二系柳大华与林宏敏1983年全国个人赛弈成的残局枰面。

1. 兵一进一

力逾千钧的冲击妙手，百里挑一的待抽名局！进兵逼车，是对车炮待抽态势的最有效的

---
*文题摘自韩愈《雉带箭》

借用、最有力的后续手段,是寻觅、创造妙抽机会的凶狠举措!它一举打破了敌车保护炮、炮遮护车,以防御抽将打击的互保互联网络,成为掠车抢炮、夺取优势的关节点。

1. ………… 炮8进5

黑方进炮叫将,亦在情理之中。倘若改走车9退3,则炮三退三,车9进2,车四平二,炮8退1,兵一进一,车9进1,炮三进三,黑方丢炮致负。

2. 车四退八

连续妙手感天地,解将还将惊鬼妖!红车抽将垫将,妙手应垫,解将还将,立使战局发生决定性的转折。以下是:将4退1,兵一进一,卒1退1,炮三退七,救车陷炮之关键着法,卒1进1,炮三平四,立即构筑了请君入瓮、逼炮就范的陷阱式工事,卒1平2,帅五进一,逼炮打车,然后再帅五退一捉死黑炮,从而使待抽战术精妙演弈获得成功,使炮双兵轻松进入胜局。

(三)连用抽技夺攻势 解困成杀立奇功

图三摘自吕钦与赵国荣1986年青春宝杯赛弈战局谱。是局黑方三次创造待抽攻势,妙用待抽技法。先是依恃抢占要津、夺车并破坏红方弃子急攻反击计划;再发挥抽势,剪羽掠杀双士,创造双车错杀条件;尔后抽将选位,回防固守,赢得双车入局宝贵战机。

20. ………… 车3进3　21. 兵六进一　车3平2　22. 车三进六　炮7退4

23. 士五退四　象5退7

借势升卒线,抽占破急攻!黑方先借待抽之威势,升车助战。然后在红车砍象、诱象离防再马五退三急攻反击情势下,抽将占位,反制敌军,顺势夺车并破坏敌弃子反击计划。待抽战术初尝战果。

24. 炮八进五　炮7进4　25. 士四进五　车2退1

已得待抽之利,乘隙再造待抽之势,以图剪羽双士、赚取更大军事利益,恶极妙极!此组合暗中为第三次造成待抽之势埋下伏笔。

26. 马五退三　将5平4　27. 车六进四　炮7平4　28. 士五退四　炮4平6

29. 兵六平七　士5进4　30. 兵七平八　炮6退8　31. 帅五进一　车2进1

32. 车六进二　炮6平4

(中间略去重复着法)第三次实施待抽战术,固防宫城,为双车错杀赢得战机。其中8路车之静,7路炮之动,充分展示了待抽战术之无穷魅力。正是:连续待抽妙用,堪称弈林绝唱!

总之,"精心研究情况,很好地布置兵力,组织炮火",造成"转圆石于千仞之山"的威慑重创之势,实乃大手笔、大方略也。"盘马弯弓惜不发",非不发也,实乃待发、备发、妙发矣!

正是:强手联袂势递加,映照楚汉并蒂花。但求箭镞除大患,盘马弯弓惜不发!

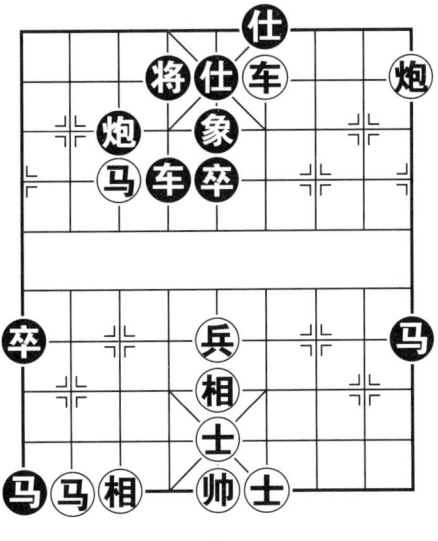

图一

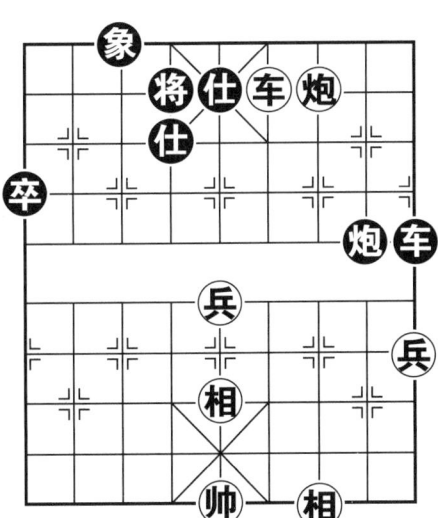

图二

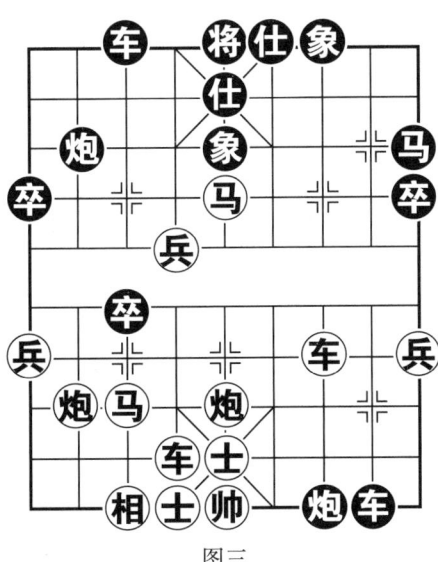

图三

71. 春未来时先借问*
——试论借用战术

《兵经百字》特别赞赏借敌制敌的谋略，曾深刻指出："己所难措，假手于人，不必亲行，坐享其利；甚至以敌借敌。"

借用战术系指在攻防战中，进攻部队透彻分析敌军利弊短长，巧妙分化瓦解，借取敌势敌力，充分发挥敌兵员的"内奸"作用，以取得反攻、取势、做架、遮掩、联络、增效等局面效益，或借助己方前军之威慑、后阵之位能、要地之火力，连续抢占有利地形，迅速组杀的高级用兵技巧。

借用战术与抑留战术并不相同，其区分点在于，后者是对敌兵可杀而不杀，以留作他用；而前者的企图仅仅是"借我一用"，换言之，前者是借敌制敌的问题，而后者则是如何处置敌兵员的问题；另外，后者的客体只限于敌兵员，而前者所指广泛，不仅包括敌、我双方的兵员，而且还包括敌我双方的态势、战力、地形、利弊等因素。故《战争论》曾指出，"如果附近有抵抗力甚大的要塞，那么一开始就退到其后方，在那里借助要塞进行决战。"

（一）重大付出　借铁架力摧将府

图一选自20世纪20年代末林弈仙与陈番弈战局谱。是局双方争斗异常激烈。现红方强子云集翼侧，蓄势待发，而黑方则于3路线做成强烈抽势，形成抽吃、挑打、扼守的局面，且夺子已定。生死存亡之际，红方深谋远虑，突出借用战术妙手——

1.马七进八

枪林弹雨密如织，正是男儿冲锋时！此手计算之精准，魄力之宏大，无出其右！看上去，黑方打相抽车后，对欲卧之马仍形成强大的火力封锁，如何叫杀得了？而红方就是在这种大失大损情况下，巧借黑炮贪婪抽"疯"而不知休止之弊，欲借故纵，断定失三而必可用其一做成绝杀，遂乘"疯"入界奔杀而去。真个是：慧目已洞见，借取正适宜！

1. ………　　炮3进3　　2. 士六进五　炮3退6

月满必亏，日盈则蚀。敌炮正由神勇向疯狂靠拢，并进而向贪婪、懒惰、投敌等相反方面转化。敌炮正在变质；欲借之敌，正向预定点走来。

3.马八进七

卧槽叫杀诱魔怪，借梯攻城演名局！八路马"冒着敌人的炮火"前进叫杀，以巨大代价调动敌军为我所用。它绊马，它为炮下底安排了安全的着陆点；它诱炮，它用形体的替代物为炮设置了牢固的铁架；它叫杀，弃舍争得宝贵先机！

---
*文题摘自辛弃疾《蝶恋花》

3. ……………   炮3退2

疯狂炮染病，贪婪性难收。3路炮吃得性起，一时难以收敛，遂走到了质变的决定点，变成了被借用的"内奸"。

4. 炮八进七   士5退4   5. 车六进五   将5进1   6. 炮八退一

弃舍引敌成绝唱，借架妙杀铸辉煌！现在探讨一下红方借用3路炮的战术内涵，一是红方大力引诱，对其进行三次长距离调动，巧施疲惫战术，使它连续进退，使其疲惫不堪，以至于一动不动，是动极必静也。二是红方以车马相的巨大代价相诱逼，策反方略获得成功。正如唐朝诗人张谓揭露世风所云："世人结交须黄金，黄金不多交不深"。敌炮甘当铁架，是对红方重大赐予的情感反馈。三是哲学一向认为，至极则反。反者，向相反方面转化之谓也。3路炮作战太神勇了，战功太显赫了，以至于"过犹不及"，变成了助敌成杀的铁杆叛徒。正所谓，做人做事，不宜太过。

（二）借势发力　空镇劲瞰制恶敌

借取战术的另一种境界，是借势取势。它不是利用敌个体占位的弊端，以进行阻敌、充架、遮掩等作业，从而为我所用，而是借用其势，借势发力，如借风借水行舟然。

图二摘自蒋凤山与阎文清2002年5月于绵阳全国体育大会弈战局谱。

23. 兵五进一

红方冲兵，意欲发动中路攻势，卒若碰则车进挑双炮兼窥衔中象，并顺势治理花心之弊；卒若不应则兵发起战略冲锋，中路突破，兵炮双车将大闹京都。其势，凶险甚也。

23. ……………   车7退1

避害攻势起，借风鲲鹏飞！此手乃借用战术典范之作，它有如下内涵：首先观察7线车，虽退，但在7路线的威慑仍然不减，随时都将发动车炮侧翼攻势；它履险而乘机脱险，以自我安定，不给好局添乱；它退居己方河道为8路炮充架，欲利用送上门来的射点抢夺空镇之势，立夺中路攻势，车顿时增效升值。其次观察双炮，虽安定，但却尚未联结，虽居前，但尚未形成有效攻势，更难以发力，有退车一手，诸虑顿释，无论红方怎样应对，双炮总有其一立夺瞰制之势——中兵若不动则充当射点而被8路炮取缔而夺势；兵若进，则为2路炮让出点位以施镇，使炮由驻占态转为进攻态，增效生威。再次，观察全盘，退车之前，黑方虽有翼侧车炮攻势，但总体上还是处于守势，而由于借取战术的巧妙实施，全军立刻在河界线与中线交汇处形成强大雷雨云团，并转守为攻，将一向攻势迅速变为更加凌厉的双向攻势。

24. 兵五进一   炮2平5

借位趁机演空镇，乘势发力夺匪巢！抢到空镇一手，使黑势大长，车马双炮攻如潮水，红方颓势已难救挽。红方此手如改走车五平六，阎文清认为黑可炮8平5，车六进七，炮2进3，帅五进一（如车七退五则车7进3），车7进4，帅五进一，炮5平3，车七平八，炮2退7，车八进二，卒7进1，车六退三，马7进8，"高帅多危，败局难免"。

25. 车五平四   马7进5   26. 车七进一   车7进2

红方看到黑方藏有车7平5抽车手段及马5进7后的多种进攻手段难以应付,遂含笑认负。

(三)静默暗助 借力扼亢成妙杀

借用,不仅仅是对敌势敌力敌子的借用,而且包括对友军火力的巧妙借用。图三截取自李来群与万春林1988年全国象棋个人赛弈战局谱。

40. 车三进八　　将5退1
41. 车八进八　　车4退2
42. 车八平六　　将5平4　　43. 车三平六

借马借炮追敌首,蔑将蔑车破楼兰!此借用妙手缥缈华丽,紧凑突然,为角隅马折返叫杀而进行精妙的让点、扼亢、禁将战术打叠。首先,此手借用八路车舍身去车引将所造成的右肋空虚及敌将离位的有利态势;其次,三路车又借用前军七路马占位与后阵肋炮占线的双重威力,借势殄决。如不借用马力,敌老将可舐之;如不借用炮力,同线车可摧之,尔后尚有敌8路炮闷杀相胁,红方如何续弈下去?孙志伟先生评曰:"巧借炮力照将,是迅速入局的紧要之着。"

这里特别需要聚焦六路炮,它本处守势,之前尚有4路车严重威胁,生命不保,但其内核深处却蕴含着进攻的因子,而正是由于车三平六的经典借用,竟将外呈守态而内存攻力的肋炮有机会释放其静默助攻能量,在敌车监视下助车追将禁制,为马卧杀打叠。呜呼!中国象棋的哲学、谋略之质地精美绝伦!它精深细密的智谋运筹,正在改变人们的思想方法!在计时钟催逼之下,竟有此等高妙的借用战术演弈,真个是:水蓄既深,泉喷必高也。

总之,借用战术是对敌阵细微弊端的无情惩罚,是增效生威的临场设计,是橘枰上各种深密联系的互动,是主体对客体的有效"赏识"!

正是:豪帅领军术精微,举止进退皆生辉。春未来时先借问,欲乘东风凯旋归!

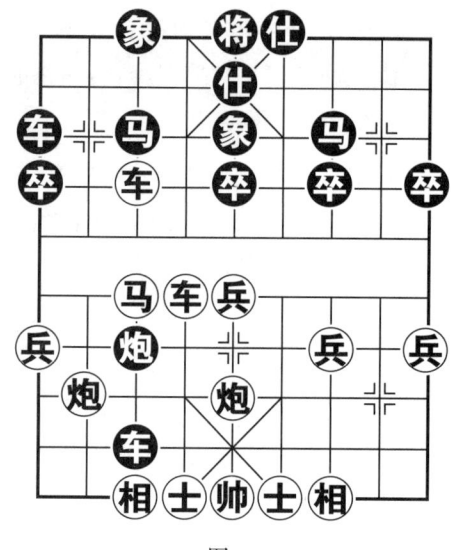

图一

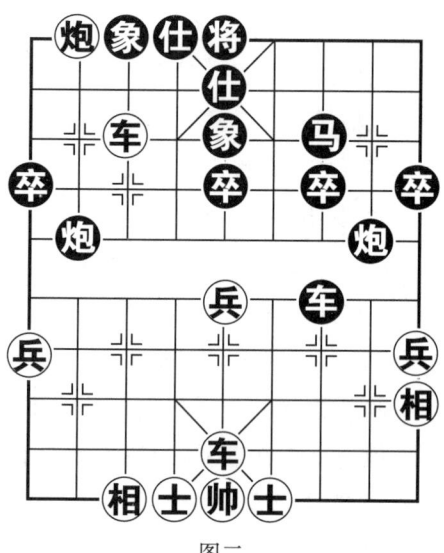

图二

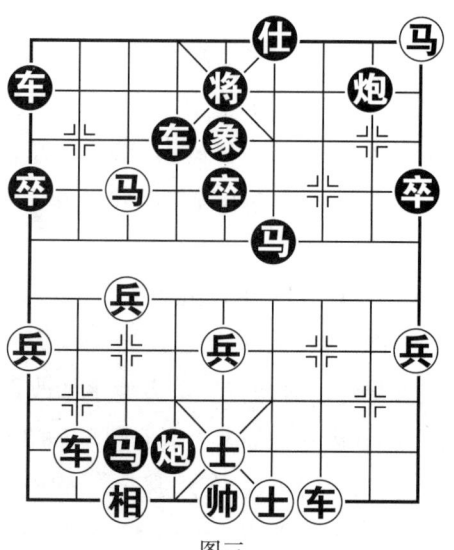

图三

72. 翠香零落红衣老*
——小论减效战术

若米尼将军在《战争艺术概论》中深刻指出："必要时发扬更强的火力，减小敌火力的效用。"

减效战术系指在两军攻防大战中，实施方采取威慑、遏制、抑压、拴链、堵塞等各种制敌手段，使敌军缺乏行动所必需的道路与空间，丧失机动自由；使敌军陷于互牵互挤互相掣肘状态，难以参与战斗；使担负防守任务的兵员自身安全不保，无法施展自身功力的减降敌军功效的战术技巧。

减效战术与增效战术各执一端，在效率的增减变化中各尽其妙。但减效减的是敌军之效，增效增的却是自身之效。二者在实施手段方面则更加大相径庭了。

减效战术与攘除战术在制敌抑敌方面十分相近相似，但它们之所以能够各立门户，是因为二者有着明显的异同点：如果说后者是因被抛甩于主战场之外而有力使不上的话，那么，前者则是敌军虽身在战场之中，但却因我实施得力手段而使敌兵员体力衰弱、功能减退，不能起到应有作用。

（一）抢先升提　双车呆滞壁上观

图一摘自王嘉良与刘凤春1962年于合肥全国赛弈战局谱。减效战术主要"经营"的对象是敌方的领军人物，对其战斗意志、功力及所处空间进行二次改造，使其关键时刻红衰翠减。它们不出力、不玩活，将使敌军内部发生消极的连锁反应。

16. 车八进四

升提抢一手，减效挫双车！此手乃减效战术实施典范之作，它不给敌1路车邀兑强出的机会，并使其呆处一隅直至局终，从未做过一点为家国效力之事。它还诱逼敌卒联手盖车，使过河车难以参与归退防杀或以杀解杀的决战。敌双车，一个不出工；另一个出工不出力，在它们"撑持"下的危局将很难看到逆转翻盘的希望。此手一出，使红方攻势浪掀席卷，车马群英攻杀"失控"。

16.　………　卒7平6　　17. 车八进三

打个战术顿挫之后，入界立瞄角炮，以弱敌防并为友军攻城擒拿敌首做好铺垫打叠。此手仍不给车1平2出面厮杀、施展功力的机会，真个是：减煞湖光山色，喝令龙盘虎卧！

17.　………　卒5进1　　18. 车八平六　士5进4　　19. 车六进一　将5进1
20. 马五退四　卒5进1　　21. 马四进三　将5进1　　22. 车六平五　将5平6

---

*文题摘自吴文英《惜黄花慢》

23. 车五平四　　将6平5　　24. 车四退一

红方车马自由盘旋、任意选点攻将并做成绝杀，而黑方双车在决定性时刻，均躲于暗处，不露面、不卖力，竟由弱将自己闪躲周旋，不能不说这是对双车的羞辱，同时也是对减效战术巨大功效的证明。正是：抑敌三军有术，减效双车无能！

（二）连续减效　　百般戏耍成玩偶

图二选自刘殿中与苗永鹏1990年于杭州个人赛弈战局谱。此局红方对贴将车百般"修理"，竟使强车连续蒙羞，由山林猛虎变成栏圈羔羊——

1. 炮七进二

端端宫阙遭袭扰，贴身大将竟掩面！在敌方即将车马抢炮的紧急关头，红炮借车射将，抢先攻城，遂拉开了减效战术的演弈大幕。此手突然，出敌不意，并具有连续性好、攻击性强的特点。在巨大威逼面前，敌车防力骤然下降，战效立削。它之懦弱，使敌军心受到极大挫伤。

1. …………　　车4进2　　2. 马九进七　　车4退1

它不能也不敢发挥砍杀战力，倘若贸然车4平3去炮，将遭到马九进七连续攻击而迅速败北。在弈战中，子力没有机会施展本事，是龙，盘着；是虎，卧着，此谓之减效；但自身处于斗争旋涡之中，本身应有的作战能力却得不到施展，如肋车来回来去那样，仰俯由人，跟班作业，也是一种减效表现。

3. 炮七退四　　车5退2　　4. 车八进三　　士5退4　　5. 炮七平九　　车5平1
6. 炮九平八　　马6进4　　7. 炮八平六　　马4进5　　8. 车八平六

品尝苦涩减效，暗中充架助敌。车口叫将，演弈殄决战术与减效战术两大绝技，使敌车如摆设一般，不敢发挥抵御作用，同时暗中为炮充架"助攻"，使主将不敢舔之，其功效锐减，由零转负。

8. …………　　将5进1　　9. 车七平二

连施减效术，羞辱掌门人。尽管车马皆衔敌车之口，竟置若罔闻，仍平车要杀。4路车功力减降已达到非常严重程度，以至于被对方蔑然视之。这里顺便提一下选送战术，那是在敌军捉拿己方兵员时，再选派一个兵员，硬性送上门来，逼敌挑选吞噬致负。而今竟有两位大员贴近嘴边，敌车却不敢越轨，减降战术之严厉非同一般！此时黑方4路车如杀马则双车错杀；如退而杀车则车马联杀。在家国危亡之际竟无一点实质性动作，真减效也。同时此手也暗中邀请另车开始品尝减效的滋味了。

9. …………　　车1平7　　10. 马七退六

双车口打将，羞辱、减效双车，双车竟无一敢动。黑车之减效，来自红方巧妙的手段；黑方之减效，更加风助火威，使红方车马更加"肆无忌惮"了。

10. …………　　马5退4　　11. 炮六平五

连续减效结硕果，双车在场妙成杀。现轮到7路车享用减效之妙趣了，它没有分身术，难以应对二路车两处照杀。同时，减效战术也给中象上了一课——它被塞压得一动不动，心甘情愿地为炮充当铁架，死心塌地助炮车成杀。真个是：神力改物性，智斗减功能！

（三）稍事游动　兵营骨干双星暗

图三录自刘文哲与杨官璘1962年于合肥全国赛弈战局谱。使敌车消极应付、被动受牵、背暗无路，不得施展，是减效战术实施一大特点。

24.炮五平七

背攻暗击左，依托牵制车！此佯攻减效妙手，立使企图捉马之车——唯一一个还具有活动力的兵员，被牢牢拴缚在炮舰之上，再无驰骋纵横之心境了。而且此手一出，黑方全线受困——功效减煞的程度几乎达到山穷水尽。真个是：妙动敌势暗，减效铁甲寒！

24.………… 车2平3

25.马二退四　车8退1

趁敌双车呆滞乏力之机，特种部队开始机动运转。因伏马四进五再车三进二、马五退三抽车手段，再逼车退防。

26.兵五进一　士5进4　　27.车三平六

黑方全军战力锐减，已经达到无棋可走的地步。现选士送吃，企图松散内宫防御体系，松绑活车，以图改善困难处境，东山再起。但送士一手标志着减效战术之严厉与彻底——已将黑方逼到了尽头，无象缺士之宫城变得十分单薄，禁不住车马炮双兵的凶猛进攻。至第42手，进攻部队当着敌双车的面，将敌首逼上悬崖，钩钩擒获。这是双车的奇耻大辱，大将军宁可沙场战死，怎能眼睁睁看着家国灭亡？！

总之，减效战术是抑压敌军的巧妙手段，是令敌领军人物有名无实的修理艺术，是对敌军分化瓦解的战术技巧，是在不歼杀前提下将敌变弱变呆变傻的强制安排。

有诗为你歌唱：制人战法灵性巧，贬值抑势捆手脚。斗志泯灭招数绝，翠香零落红衣老！

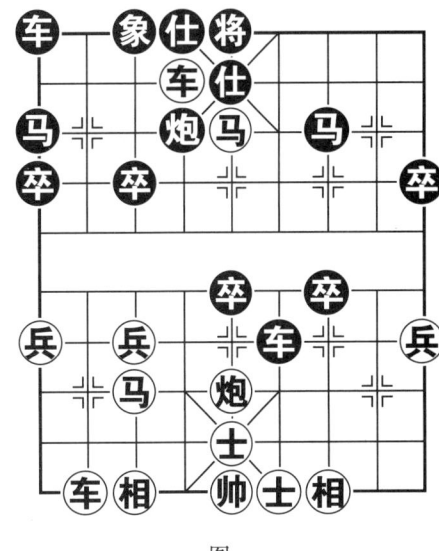

图一

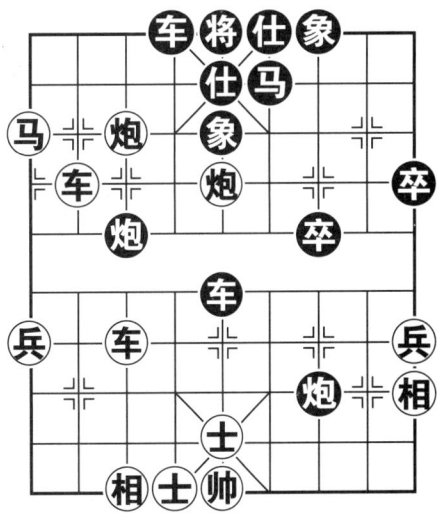

图二

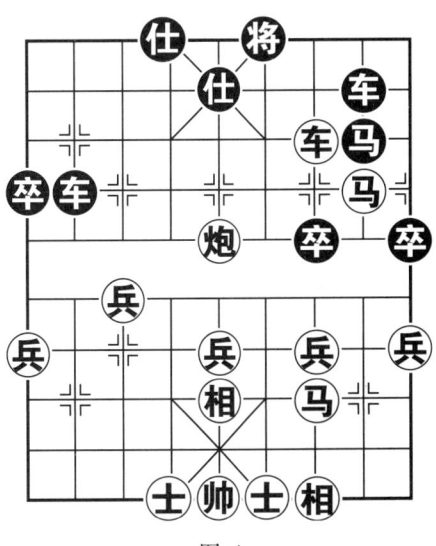

图三

73. 涓涓一水隐芙蓉*

——小论暗伏战术

《曾胡治兵语录》云："可密计，而不可宣露，须并力而不宜单弱，须谋定后战。"

暗伏战术系指在攻防战中，本着行动意向秘密而高效的原则，欲行兵员充分利用友军良好的占位条件及敌军布阵中的隐微弊端，巧妙采取暗窥、减层、铺垫、开路、打叠等含蓄手法，在看似正常平淡的应对中，隐秘埋伏着捉双、抽吃、急袭、攻杀等紧凑严厉后续手段，令敌难以觉察、疏于防范的隐蔽性行进与攻击技巧。

暗伏战术同埋伏战术大有不同，可用一句话概括即是——如果说埋伏战术是子力方面在攻杀战中的提前配置，那么，暗伏战术则是战术技巧与攻击锋芒联手向敌阵深处的暗中延伸。

调整马位　封锁减层纵横多姿

图选自吕钦与越南梅青明在第四届世界锦标赛上的弈战局谱。

22.马五退四

调整马位择要道，暗伏立奸逼走车。此暗伏妙手攻守兼顾，它既改善了马位，为迅速出击、双马夺象、发动攻城战役做好了先手打叠，又为卒林车窥瞄卒马减层、以图通透车路、左移威胁将府空门、逼马后退而抢占一个大先手，同时还暗中全线封锁戒严车路、暗伏打死车，以将肋车逼离相眼要地，使其变成无所作为的庸车，使双炮攻相企图化为泡影，使己方左翼无虞。由此联想到"内涵深厚""极具功力"一类的棋评，此手可说当之无愧，何也？一步棋具有多技多谋多用之质量也。

22.………… 车4平2　23.炮四平二　马1退2

敌车马两手防范性躲避、退保，为马五退四一手暗伏之巨大攻击力度提供了两份功效证言，而红炮则趁此良机迅速到位，对敌宫形成了有效威胁。

24.炮二进七　炮1退3　25.车三退二　炮1退1

26.后马进六

回顾以上短短五个回合之演弈，可以看出：马五退四之暗伏，抢得了先手，瓦解了敌势，创造了战机，明亮了胜路。正是：暗伏妙手开天地，败退敌军受熬煎！

总之，暗伏战术是根据争战实际而制订的对敌军近短期甚至包括中长期攻击的深远谋划，是对战局走向的秘密设计，是将敌局面弱点变成可反复利用的资源的非常想象，是被

---

*文题摘自张炎《甘州·寄李筠房》

时间和局面双重掩盖下的不尽玄机!

正是:平和手谈蕴神通,雾霭深处杀气浓。岂知涟漪无大鳄,涓涓一水隐芙蓉!

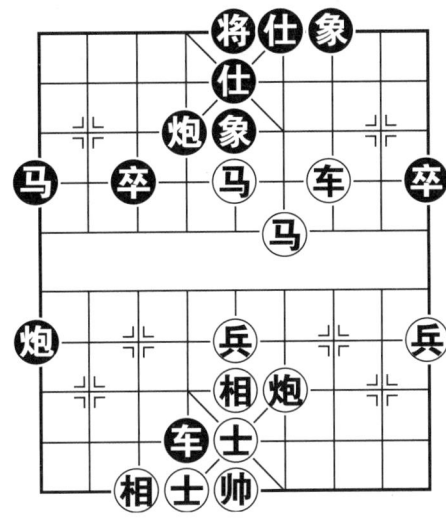

74. 半作障泥半作帆*

——小论兼用战术

张震将军在《战略形势和科学技术的发展对战役可能的影响》中明确指出:"攻防两种战役作战类型之间,不存在不可逾越的鸿沟,而将紧密地结合在一起。因此,研究攻防一体作战理论是必要的。"

兼用战术系指在攻防交错的混战中,实施方精深审局,充分利用行棋的机会,高效运子,提高子力加点位的军事效益,达成一招两用、攻守兼备的目的,从而变被动为主动,化险为夷,扭转战局,使敌军攻防失措,行动减效并逐步陷入困境的运子增效技巧。

《围棋战理》一书曾写道:"一般而言,每一着子都不应该是单纯为了防守或单纯为了进攻,而是为了既利于进攻、也利于防守,寓攻于守,或寓守于攻。"

(一)巧解拆　兼用改写历史

图一为江苏省1996年少年儿童象棋赛一盘对攻局的枰面。言穆江大师为棋手进行了解拆,以下为解拆着法。

10. 马四退五

攻防一体的兼用妙手,富有弹性的含蓄着法。此手既增层遮掩断联,解除了车5进1叫杀的威胁,又"除障"开路亮车,自身还移影换形,为攻杀准备了得力的位势,为马双车擒拿敌首提供了有利的战场条件。也就是说,此手利攻利防,绵里藏针,寓攻于守,寓守于攻,十分含蓄,充满了较力的韧性。而实战中走车六平五逼兑,只守无攻,消耗了战力,错过了胜机。此两手一相比较,兼用之绩效十分明显。

此时黑方如车2平4,红方则车四进四,将5退1,车四进一,将5进1,车四退一,将5退1,当敌首的侍卫被拔除、活动空间被压缩之后,再马五进六,将5平4,马六退八,车4退4,马八退六,此时通过兑车移换马位,车马帅已构成杀局,将4平5,马六进七,以下是,车5进1,帅四进一,炮2退9,车四平六做成绝杀。

(二)妙闪露　一举确定兴衰

图二取自欧阳琦琳与尤颖钦2009年于成都弈战局谱。

20.　…………　将5平4

稳坐大位非吾愿,决战酣时露金身。兼用战术并不是车马炮的专利,将帅在关键时刻一

---

*文题摘自李商隐《隋宫》

举一动常能助攻助防，而且比外线兵员来得隐蔽含蓄。此手高效摆脱敌车炮纠缠，敌军跋山涉水到此发动背攻，却被"目标"抛甩到群山之后，斗志大为衰减；同时此手暗助车7平4绝杀，十分严厉。

21. 炮七平六　马9进7　　22. 车三进一　马7进5

刁钻争速妙手，深宫作业模范。敌宫破落，已很难为敌首遮风挡雨，被终结的时刻已经来临。

23. 帅五平六　马5退7　　24. 车三平一　马7进6

红方在"吃"子，而黑方却在剪羽攻城，轻重迥异。下伏车7进2追杀手段，黑方胜定。

总之，兼用战术是一手棋利攻利防的效用展示，是处理紧急局面的多功能妙手，是帷幄全面周严的谋划，是关键时刻追求完美的拼搏。

正是：专心绝虑育营盘，利矛坚盾皆得兼。功效本是多元物，半作障泥半作帆！

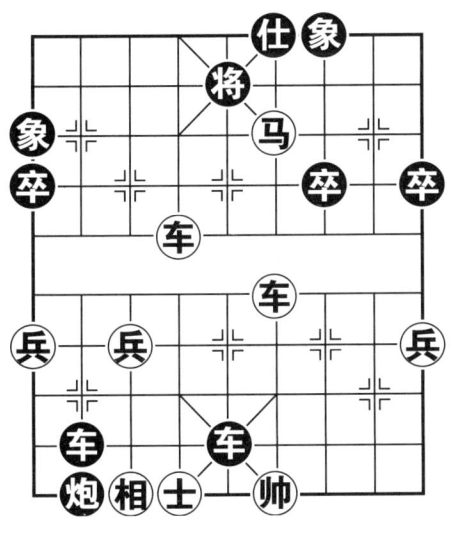
图一

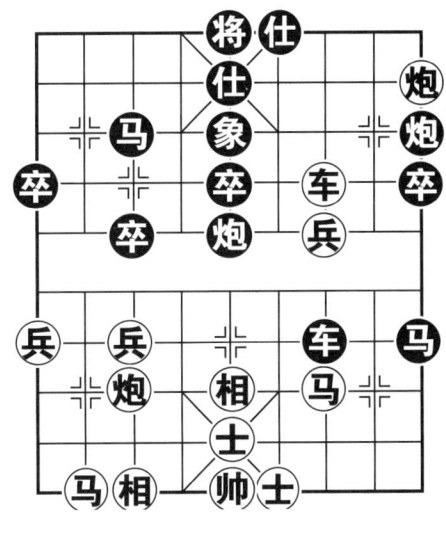
图二

75. 老树春深更著花*
——简论增效战术

若米尼将军在《战争艺术概论》中明确指出："要使部队保持有最大的活力和最大的机动性，以便能将其逐次轮番用在实施突击的要点上"；"当单靠这种神速的行军即可保障胜利时，如果行军再能有灵活的方向，那么这种行军的功效就会百倍地增大。"

增效战术系指闲置人员或参战兵员，在攻防决定性时刻，采取超乎想象的举动，妙施进占、配合、静默、威慑、助攻、解杀等手段，以最大限度发挥兵种特长，极尽所能，提升运行质量，增加效能、提高战力，扭转局面，出色完成战斗任务的高级用兵术。

（一）动静相合　增效双车演殇决

图一选自李义庭与杨官璘1966年于郑州全国赛弈战局谱。

56.………… 车7退3

迥异动静分前后，同是车马较短长！此乃增效之妙手，其内涵十分深刻。此车闪离、归退、开路、助攻，异常凶猛；它落脚于敌车马火力"管辖区"，强捉敌车而敌不敢冒犯；此手以车助马，车借马威，以动促静，动静结合，双双发力增效，将战局瞬间推向了高潮。此车之所恃——静默者——8路马，自34回合进占此要位后，极大牵制、震慑了敌军，随着时间的推移，此马不断增效，静功表演十分精彩，它卧槽、挂角一肩挑，但又举刀不砍，它力推双车纵横飞扬，借其势而逞威，反复履险，纵横奔杀，极尽殇决之妙。此手使马由占位待机者立刻变为敌首的致命威胁者，成为攻城拔寨的英雄。

57. 车七进三　将5进1　58. 车七退一　将5退1　59. 相七进五　车5进5

中车当着贴帅马的面，履险砍相，奋勇助杀。因有打将、挂角、照杀的致命杀着，敌马不敢轻举妄动。双车连施殇决，极度增效，已使敌军闻风丧胆。

60. 车七进一　将5进1　61. 车七退一　将5退1　62. 马四退六　将5平4
63. 车七平四　车5平8　64. 车四进一　将4进1　65. 马六进四　将4平5
66. 马四退三　车8平6

以身助杀，敌车如退吃，则挂角杀；敌车如退一打将生根扼守，则车充当掩体，马卧槽杀。此马占位，包括反复着法，竟长达36回合，不动而妙动，自身静功增效，又使双车增效，真乃高端大腕也。

---

*文题摘自清·顾炎武《又筹傅处士次韵》

（二）暗助友军　卡位增效威千里

图二摘自刘殿中与林宏敏1995年于峨嵋全国赛弈战局谱。

1. ……　　炮2平1　　2. 兵三平四　车2进5
3. 兵四进一　士4进5　4. 兵四进一

平凡自增效，到位即闪光！兵卒类兵员因其值低力弱，故其增效的空间比任何兵种都大，增效的绩效也更加显著。此兵在敌统区逍遥游刃，杀炮、弱防、塞压、侵宫、胁士、护车，并伺机采取多种手段攻杀敌首或展开助攻行动。从全局形势看，小兵杀炮后，敌左翼无强子参防，双象断联，已经造作了有利的背攻局面。从攻防角度看，此兵到位后，极大威胁了敌首的安全，有效牵制了敌进攻部队，使其不能集中精力地展开进攻，使敌车马无奈逡巡于沿河攻防之间。

4. ……　　炮1退1　　5. 炮五平四　卒5进1　　6. 马三进四

兵之造势，为后阵马炮提供了助攻的大好时机；马炮之参战同样也使兵威大振，车兵蓄势充盈，四大兵种即将采取攻城决战。

6. ……　　马4退6　　7. 马四进二　马6进5　　8. 马二进四　车2平4
9. 车三进一　车4平6　10. 马四进六

依恃车兵伏杀之力，入角妙挂，攻城擒将战役正式打响。以下是，炮1平4，炮六进六，车6平7，炮六平八，将5平4，车三退五胜。因兑车引马后，再炮四平六叫杀，黑方必失一马，无力再战。

（三）卫士妙动　解杀夺车破敌谋

图三录自徐天红与庄玉腾1988年于呼和浩特全国赛弈战局谱。

30. …………　　炮7进3

红方已有双兵渗透敌域，而且诸强子进路通畅。黑方感到此种潜在威胁随时都有可能演变成强烈的攻势，久战不利，遂计设弃子抢攻战法，企图以急攻取胜。此手暗伏炮8进1，马三退二，炮7进4闷杀。

31. 相五进三　车2平7

黑方抢攻在继续，现平车铲除了扼守入杀点的三路马，炮双车背攻凶猛，并即有炮8进1的杀着。

32. 士五进六

杀敌保国寻常事，活络充架一身担。中士在家国最危急的时刻，迸发了伟力，它挺身而出，活络中宫系统、巧妙解杀；它舍身充架，助炮窥打双车，使黑方苦心经营的攻势彻底瓦解，使黑方前锋遭致重创并由此陷于苦守之中。

总之，增效战术是兵员战力的超常发挥，是关键时刻能量的总体爆发，是对局面"关节"的最大借用，是用兵术的绝妙演弈。

正是：铁血激情多迸发，增效升变绽奇葩，劣势位卑犹尽力，老树春深更著花！

将
象
马
车
卒
车
兵
卒
车
马
兵
炮
士
相
士
帅
马

图一

车
仕
将
仕
象
车
炮
马
象
炮
卒
卒
兵
卒
卒
兵
马
马
兵
兵
兵
炮
炮
马
士
相
士
帅
相

图二

马
将
仕
象
仕
炮
象
卒
兵
兵
卒
兵
兵
马
车
炮
车
相
马
车
士
车
炮
相
帅
士

图三

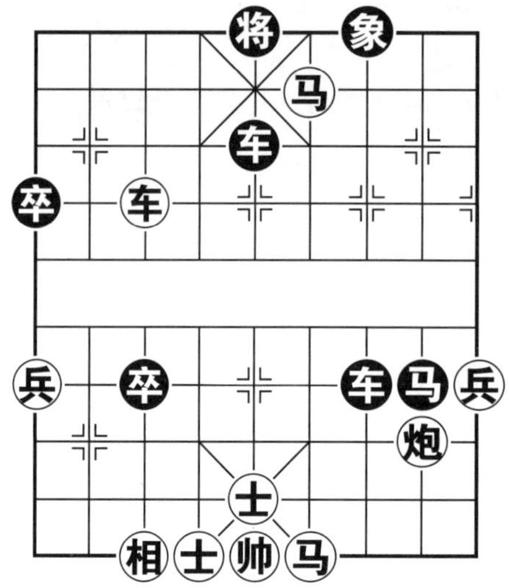

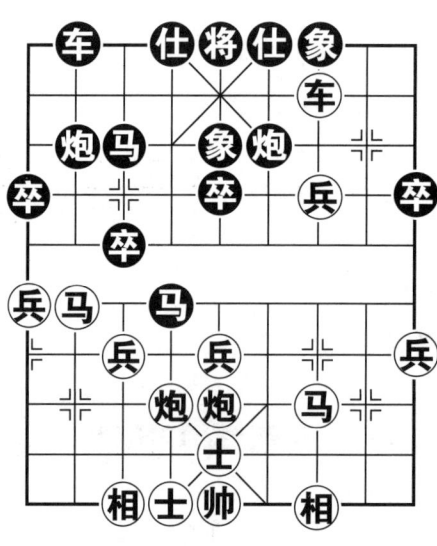

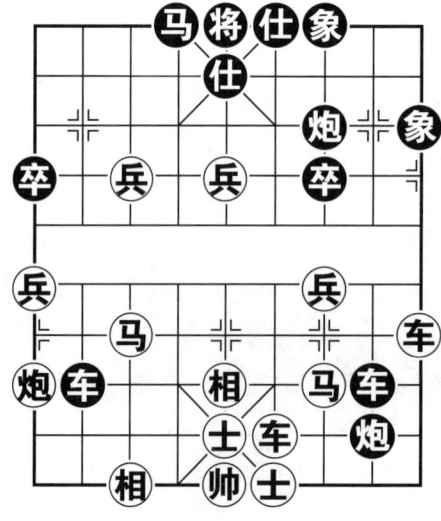

三、兵员类战术

76. 老却英雄似等闲*

——浅论复用战术

《增补曾胡治兵语录》云："用兵之道，最忌势穷力竭四字，力则指将士之精力言之，势则指大局大计，及粮饷之接续，人才之继否言。"

复用战术系指某一兵员在拟捉、欲拴、要杀等行动被对方化解后，处于扑空失效尴尬状态，或完成某项阶段性任务后，暂处停顿休整状态，大本营为提高子力使用率、推进战局深入发展，对该兵员重新设计，巧加安排打叠，重新启用上阵，再度发挥战斗作用的连续战斗增效添彩技法。

（一）连续复用　为国捐躯感天地

图一选自赵国荣与于幼华2006年嘉周杯弈战局谱。此局，特别是八路炮，尽展复用战术风采，它伺机参战，它变换手法，它助攻助杀，用自己的活力与生命谱写了连续杀敌的战歌。

15.炮八平四

驻占思恶斗，启动即生威！八路炮转移士角，给力肋车，助攻要杀，效率极高。

15.………… 炮2退2　16.马八进七　卒6平5　17.马五进三　车8进4

18.车九平八

复用未见形，静功助双车！此种复用静态演弈，既助左车开出，又暗中助肋车窥底。此时如卒5平6，红方则车八进九，车1平2，车四进三杀。

18.………… 炮2平4　19.炮四进三

第二次演弈动态复用战术，它抢在卒5平6之前，充架打车，捍卫中炮罩镇地位，其战略意义如何评估也不会过分。

19.………… 车8进3　20.马三进二　炮4进2　21.炮四进四

第三次复用疆场，剪羽残士，逼车离防，为八路车参战做杀创造战场条件。

21.………… 车1进2　22.炮四退二

最后一次，逼兑弱防，为决战扫清了道路。此炮从后方杀到前方，从明里到暗里，从充根、做架到剪羽、逼车、兑炮，极尽其力，展示了多种进攻才艺，为兄弟部队攻杀提供了必需的一切。正是：为军须勇武，战斗宜接连。以下是，炮4平6，马二进四，炮7平6，马四退二，车8平3，车四进二，车3平4，车四平五掏心杀。

---

*文题摘自陆游《鹧鸪天》

（二）及时复出　罩镇敌宫威力大

图二为胡荣华与刘剑青1959年于上海交流赛攻防枰面。

40. 炮七进二

窥瞄多年身不动，今日复出立战功。此炮自第9回合开始窥瞄3路马以来，三十一"载"坚守岗位，制敌乱敌，发挥了重要作用。现3路马退至底线，七路炮窥瞄任务业已完成，遂采取复用技法，升提择路，欲镇敌宫，以再度发挥决定性的战略作用。

40. ………… 马2进4　41. 车七平九　士5退4　42. 炮七平五

复用生强势，威慑镇敌宫！此炮虽多年制敌，但毕竟没有"建功立业"，此次复出，决意发挥强项，以报效国家。此手一出，敌势立颓。

42. …………	士6进5	43. 马四进三	车6平7	44. 兵二进一	将5平6
45. 炮五平四	车7平6	46. 车九平一	将6平5	47. 炮四平五	车6平5
48. 车一平六	车5平8	49. 车六平四	将5平6	50. 车四平一	炮6平8

51. 炮五平四

复出之炮，在楚河岸边镇宫瞄将，配合做杀，力挫群敌，终成大业。此时黑方如将6进1则马七退六抽车，车8平6则伏双将杀，故黑方认负。

总之，复用战术是帷幄用兵术的新成果，是给予强者能者多次机会的决断，是宜将剩勇追穷寇的坚定决心，是展示兵员多才多艺的最佳平台。

正是：退役将军上火线，老却英雄似等闲。极尽余热深谋划，力助前锋破险关。

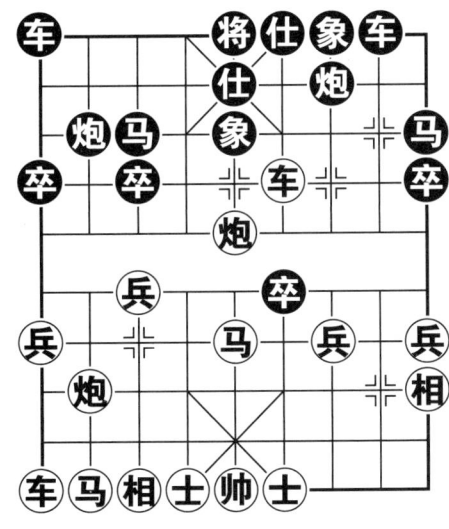

图一

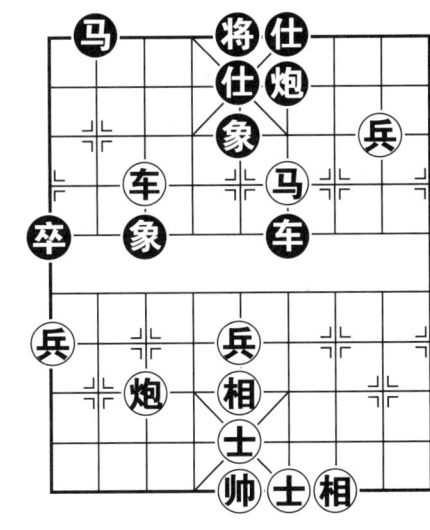

图二

77. 多情自古伤离别*
——试论选送战术

（苏）什捷缅科在《战争年代的总参谋部》中指出："按职业的需要，大多数指挥员都是一些临危不惧的人。在战争中选拔的是这样的人，他们在危险时刻头脑更敏锐，思想更深入，思维更合理。"

选送战术系指在己方担负着重要攻防任务的兵员正处于被敌衔捉的险厄情势下，大本营总揽全局，深妙谋划，立即选调临危不惧的得力兵员，有效采取迷盲、挑惹、送吃、欺逼、骄纵等非常手段，再送敌口，两个兵员任由敌军选吃，从而立陷贪敌于两难窘境，也使己方部队达成变位、腾挪、争速、化解、转换甚至推进攻杀进程等战略企图的高级弃舍谋略。

（一）弃马献炮　两套攻杀方案闪金光

图一为郭福人与陈新全1980年全国象棋团体赛鏖战中局形势。在此攻防大战中，红方倾所有重兵越界参战，黑方则于本土全力抗争，尤其3线车独撑半壁，牵制了红方近三分之一的进攻兵力，使红方攻势难以取得进展。关键时刻，红方突出妙手：

35.炮三进一

谋略世界有容乃大，前锋军团无欲则刚！此弃马献炮之作，乃含伏诱逼、开路、增效、双胁、伏杀诸技的选送战术妙手。其精深审局，出色设计两套攻杀方案，等待敌方自行选择，堪称典范。在强子等同的攻防战中，竟有此等高段位弃舍，真可谓：执掌乾坤法力无边，组杀谋划游刃有余！其妙之一，敌车正在捉马，而作为马之根的保护伞居然失职离岗，闪露车口，由消极护马变成主动替换，积极为马开路增效、参与攻城。正值攻杀用人之际，却敢于进行高代价的大弃大舍，让敌车选吃，能说不妙？

其妙之二，往常之弃留，不仅所牵涉的对象轻重分明，而且均由己方自行决断。而它战略部署安排已毕，就将选吃权、交战权交与敌手，让其权衡利弊，对鱼、熊掌进行最后选择，真个是：仁义之师礼在上，阴柔之术智为高！这哪里是城下之激烈攻守？分明是朦胧之山光水色也。

其妙之三，进攻部队非选送而不能成事也——此处马炮均非"不足爱者"的赘物，而是两套攻杀方案中的得力干将。只有如此弃舍，马炮其一才有可能真正活跃起来：敌杀马，炮则凶险万端，平安占中，空震绝杀；敌杀炮，马则除障开拔、活络增效、周旋助杀。

其妙之四，在于突发奇想，出敌不意。它不讲究后续兵力之增援，也不考虑现有前锋之周旋，却突施选送战法，使敌指挥系统特别意外、十分震惊，使黑方扑火队捉襟见肘，真个

---
*文题摘自柳永《雨霖铃》

是：野火扑不灭，远近皆发生。城陷王何在？瘦车叹伶仃！

呜呼！中国象棋战法之奥妙，非寻常也。角落里偶有企图用唇舌将其压制成为二流棋艺的窃语，实属不识真佛也。在渊深海阔的中国象棋面前，此等言论不能不令人感到有嫌肤浅。

35. ………… 车3平7

敌若宰马，则炮三平五超低空空镇，敌宫立崩。假如车8退2，红方仍炮三平五做杀，车8平5，马七进五，车3平5，车四退三，红势强大。由于空镇凶悍，逼迫敌车应急解救，但第二方案随之即来——在除障开路之后，七路马宫内外锋芒闪露，小区域回环荡转，窥瞄、钓猎、蹬踏、助杀，马双车迅速做成绝杀。

36. 马七进六 士4进5 37. 马六退五

仗双车扼宄之势，担负起逝炮委托之重任，连续三步助杀，终于马到功成！

37. ………… 车7平5 38. 马五进三 车8平4 39. 车八平五

特种兵采取捉、杀、胁交错实施之紧凑战法，使敌宫防务零乱破碎，难于抗衡，下伏车四进一杀。

（二）任由选吃 肋道攻力群英誓师会

图二选自胡荣华与蔡忠诚在全国第四届运动会象棋团体赛中的弈战局谱。选送战术不仅为实施多种攻杀方案的运作骤增战术砝码，而且在一个作战方案的实施中为主攻争时、抢道、增援也立下了战功。

25. 炮九退一 车3进1 26. 炮七退四

剿匪首野炮选送，舍辎重肋道催杀！敌车放弃七路炮转而盯咬看管边炮，不准其转移助杀，而七路炮置边炮被捉于不顾，置强车霸气于不顾，立退车头，执意挑衅，果断选送，巧妙择路、转移增援，极大加快了攻城擒将的进程。此炮实施之选送手段，极柔韧，大气魄，高灵动！车虽霸，但只能占一线、杀其一；炮虽弱，但拥有数量之优，拥有视死如归进行拼杀的大无畏精神，两炮必有其一掌握着自己的命运，并握有自由参战权，同时各自都拥有抵达预定点的通道。两炮任由敌车选吃其一，但管不了其二，仍然不误攻杀进程，仍然逼使敌军的颓势朝着不可挽回的方向加速滑落下去。此选送战术以子力换时间、换助攻、换捷报，真精妙之极也。正是：狂也催命选送术，锐哉肋道组杀刀！

26. ………… 车3退1 27. 炮九平四 将6进1 28. 马三退二 士5进4
29. 炮四进六 将6平5 30. 炮四平二 将5平4 31. 炮二进一 车3退3
32. 车四进六 卒7进1 33. 车四平五

炮马控车，炮控士，下伏将位车花心叫将，强力吸引敌首，构成马炮联攻绝杀。

（三）三子在口 抢夺猎物美梦竟难圆

图三摘自郭福人与曹霖1976年于兰州弈战局谱。选送战术除了在攻杀方面具有卓越的战术功能以外，它还有一个巧解双捉、拆解疑难的奇妙功能。如图三所示，黑炮双车云集一侧，暗藏种种攻城手段，且车炮各衔一子，如何解决遭攻、失子两道难题——

1. 车一平六

遭逢危厄援军到，解疑团大侠出！在马被车捉、车被炮打的似乎二者必丢其一的危急情势下，又选送河车于车口，三子共聚高危地带，并联袂巧化危机，真乃神力也。它联车胁士、威胁敌首，它逼车邀兑、独挡恶敌，它增援解困、化解危机——处危双杰因它而一扫愁云！正是：一树多花果，凭君任选挑！

1. ………… 炮3退7

如敌4线车退而食车，则马五退七得炮后再选吃一车占优；如敌吃马则黑方遭攻致负。

2. 车六退一 卒5进1　3. 车六进二 卒5进1　4. 车六平五 士6进5
5. 车五退一 车2退2　6. 马五退三 炮3平2　7. 士五进四 车2平3
8. 士六进五

回顾车一平六选送一手，可谓排局之实战，选送之经典！它巧妙化解双失，它消散敌军攻力，它奉献了象战的奇迹。

总之，选送战术是出敌不意、紊乱敌指挥系统既定方针的奇谋上策，是调动敌军、骄纵敌军、制胜敌军的帷幄良方，是化解军事危机、破解难题的看家法宝，是弃舍类战术演弈中的精美华章！

有诗赞曰：非凡勇士何其烈，双登悬崖探虎穴。履险处变寻常事，多情何必伤离别？！

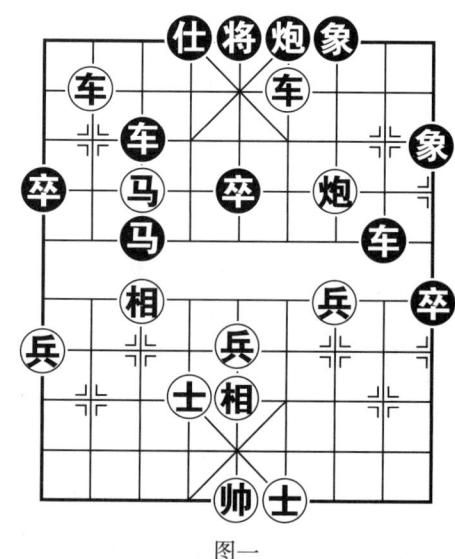

图一

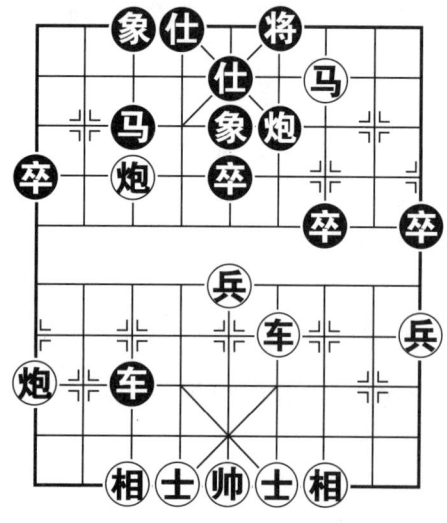

图二

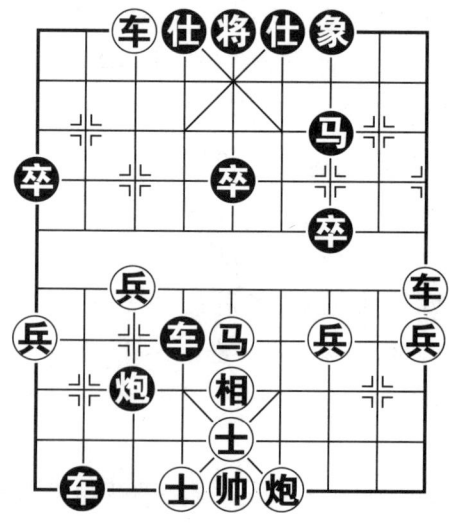

图三

78. 待到山花烂漫时*
——简论会合战术

《战争艺术概论》指出："尽管沿离心方向行动，我军各部仍应采取内线作战，即各部应尽量相互靠近，以便能先敌会合。"

会合战术系指在正式宣战或展开攻击以前，大本营从后阵或翼侧调遣得力兵员，及时前往驰援，与先期抵达预定点之锋线兵员聚集到一起，形成有强大战斗力的足以战胜敌军的进攻作战兵团，以便进行分进合击、钳形包围、攻关克险等联合作战的运兵用兵方略。

及时会合　肋线战火焚城头

图摘自尤颖钦与黄薇1996年全国个人赛弈战局谱。

33.………… 卒3平2

离心封车道，择路相会合。此手攻防兼备，既封堵了车进击之路，又诱车去卒以炮8进3叫将逼士得炮，还为自身择路渗透欺车会合打叠。

34.兵三进一　卒2进1

逼车离防，并暗中同马紧密会合，充根做杀。

35.车八平七　炮8平4

河炮在完成策应、威胁任务以后，立即同车会合，以形成强大肋线火力，威胁戎首的生命安全。因伏有车4进1杀着，逼迫敌车防范。此时车马炮卒已是摩拳擦掌，而敌车孤掌难鸣，颇有些焦头烂额了。

36.车七退一　卒2进1　　37.兵三进一　卒2平3

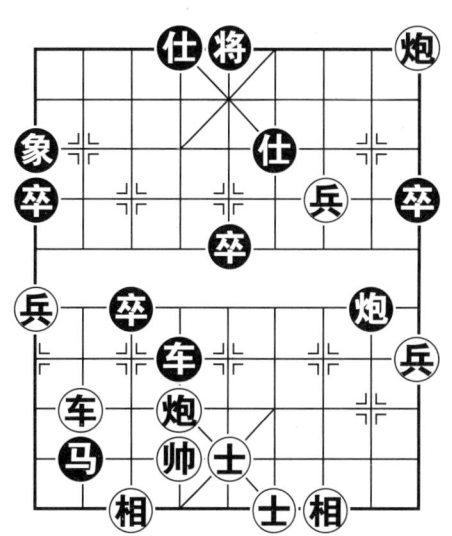

会合无出其右，绝杀盖世无双！马卒双双为肋车砍炮绝杀给力生根，黑车静等卒炮会合之功效展示无余。真个是：静待战场聚，会合卒马狂！

总之，会合战术是攻力"雨云"之凝聚，是打击敌人重拳之形成，是帷幄重大战略部署，是决战前夜杀手聚拢预定点的过程。

正是：无声沙场运作奇，聚散分合总相宜。何时共剿深宫客，待到山花烂漫时！

---

*文题摘自毛泽东《卜算子·咏梅》

79. 锦襜突骑渡江初*
——试论转岗战术

（苏）亚·格·舒鲁波夫在《提高军队指挥的现代化水平》中深刻指出："作战行动的快速性和战斗情况的瞬息万变，要求指挥员和司令部在指挥上具有更高的效率和灵活性。"

转岗战术系指为适应快速、激烈、多变的攻防战斗的需要，参战兵员对自身业务、职责、功能，做出具有决定意义的改变与调整，以极大提高兵员在会战中的军事地位，使兵员极度增效生威，充分发挥独特战力和中坚作用，给敌以出其不意的沉重打击的转换战斗岗位的艺术。

转岗战术与变换战术并不相同，如果说转岗战术是某一个兵员通过调转战斗岗位而获致更大战力的增效艺术，那么，变换战术则是指挥部门根据敌情而变换攻防手法以取得更高军事效益的谋略。

转岗战术与转换战术亦不相同，二者属于两个层面的概念——后者是将弈战诸元素同敌军进行同类或交叉性转变交换以取得相对局面优势的方略，比如以兵力同速度进行转换、以兵力同敌之攻势进行转换等。而转岗战术仅仅是个体兵员自身角色的转变而已。

它与静默战术差异明显，一言以蔽之，后者是静态的演弈，而前者则是动态的功夫。

（一）几度转岗　愈添英雄攻杀气

图一选自许银川与洪智07MML世界象棋大师赛弈战局谱。

13. ………… 马3退1

转岗功无右，踏敌枰有声！此马由驻扎者立刻变为折返、减层、闪露、助炮串打的助攻人，其角色的变换突然、有力，成为黑方防守反击的急先锋。此手，亦铺展开连续七次转岗、蜂拥敌界、挑战敌首、决战决胜的雄奇画卷。此番连续转岗，节奏急促，实施突然，绩效绝佳，给敌造成节节败退之苦痛，给人以心灵与视觉的双重冲击！此手与尔后的转岗手段，还使处于静态的2路车与3路炮，极限增效，大放异彩，亦成为静默战术之演弈。

14. 炮七平六　马1进2

如果说前手还是助攻者的话，那么，此手就变成了主攻的英雄。其转变岗位，实施突然，反应敏捷，并在不断转岗中提升自身价值，占取有利地形，以继续发动对敌攻击。此手对敌车、对敌七路弱线抓住不放，使敌车已萌生急躁、疲惫之感。

15. 车七进二　马2退3

---

*文题摘自辛弃疾《鹧鸪天》

打车不松缓，充架再窥瞄。此马又从主攻转变为助攻台架，灵活万端，效率绝高，敌车已丧失周旋活络的余地。马之不断转岗，极大带动了右翼军团参战、决战的热情，连续"打车"之运作，已逐渐演变成"斩首"的战略行动。

16. 炮六进二　车2进8　　17. 马六退七　炮3进3　　18. 马七退八　车1平4
19. 车四平七　炮6进1　　20. 炮六退四　马3进2

稍事休息再转岗，叼杀彼车窥此车！其张扬的个性、多变的战法，已经成为敌车心腹之患。

21. 车七平八　炮3退1

由主攻又变成助攻打车的台架，虽然说此番变化带有"被动"的意味，但恰恰证明其转岗形式之多，证明它服从"组织"安排，并能在位谋政。

22. 炮五平六　车4平3　　23. 前炮进二　马2进3

妙亦哉！不计身段转岗巧，锦襜突骑渡江初！渡河窥双炮，挑战敌车、暗伏挂角、袭扰敌首！此手震惊敌域，此手将转岗战术之演弈推向了高潮，此手正式将战局推向战略总攻阶段。以下前炮平四，马3进4，帅五进一，炮3平4，马八进九，车3进9，相三进五，车3平4，此处马充架助车4退1再平6助马绝杀，之后，此马又进行接应、充架，助炮击毙敌首。

（二）小兵转岗　虎贲长驱创伟业

图二摘自陈寒峰与阎文清2007年象甲联赛弈战局谱。

19. 兵七进一

弃掉辎重勇挑担，"无名小辈"敢擎旗！此手从企图拆架助车到弃车、自身渡河杀敌，其由助攻转岗主攻，干系重大，价值千金，大有"舍本求末"、决胜千里之妙。

19. …………　炮4进3　　20. 马七进六　马4进6　　21. 马六进八　卒9进1
22. 兵七进一

七路兵开始向敌纵深发起冲锋，并为马开路。此时它已经兼具冲锋者与开路者两种身份，并暗中从事探路、生根、逼宫等重要军务。

22. …………　象3进5　　23. 兵七进一　车8退3　　24. 马八进六　士5进4
25. 兵七平六

充根变除障，闪路车劲出！此手将自身业务拓展至入宫剪羽、为马除障、使车闪露、助杀敌首等，再一次展示转岗带来的勃勃生机。车马炮兵四大兵种虎视眈眈，将府危机已经十分深重。

25. …………　车1平4　　26. 兵六进一

敢同大腕叫板，出剑谁是英雄？此手碰撞，火花四射。敌方如车4平2躲避，红则马六进八打死车；但如车4进1，红方则车七进九，车4退1，马六进七，将5进1，车七平六，下伏炮八进六杀。正是：积蓄非常力，转岗竟成神！

（三）紧急转岗　争势抢攻定春秋

图三取自麦昌幸与刘凤春1962年于合肥全国赛弈战局谱。

17. 炮九进四　炮7进3　　18. 士四进五　马6进8　　19. 马八进七

转岗手续简便，配合如影随形。在敌方加紧侧攻情势下，边炮借明根与暗根的双重支撑，飞炮打卒，以发动中路攻势，同敌一较短长。现马渡河，由炮之明根立刻变为炮之台架，以使边炮发挥隔一而击的特长。此手转岗，心有灵犀，随进随从，配合十分默契。何顺安先生撰文写道："佳着。进马后准备炮打中卒，中路攻势很猛，以后形成弃车杀象，妙着连珠。"

19.………　　炮7平9　　20. 炮九平五　象7进5　　21. 士五进四　马7进5
22. 炮五进四　车8进1　　23. 帅五进一　车8退3　　24. 车八平五

车催杀争速，马由架变根！以车砍象催杀，依恃马之根助也。敌如象3退5则马七进五，伏双将绝杀。此局中，红马之几次转岗明暗结合，为争杀提速做出了极大贡献。正是：车借马力，马助车威。车马炮之间的默契程度，几如一人！

总之，转岗战术是战斗需要的功能变化，是兵员多项战斗技能的交替展示，是制敌夺势的增效手段，是灵活多变策略的巧妙实施。

正是：各司其职布阵图，兵种联手战京都。随机应变转岗巧，锦襜突骑渡江初。

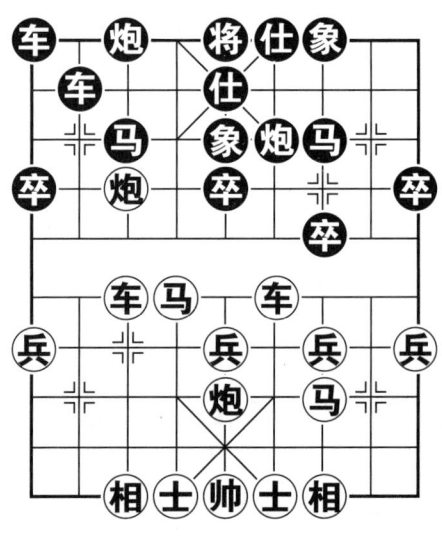

图一

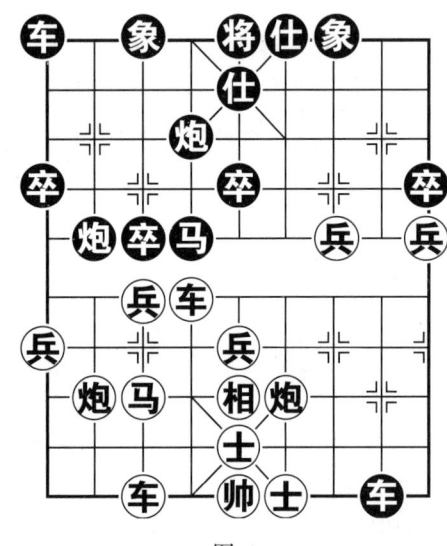

图二

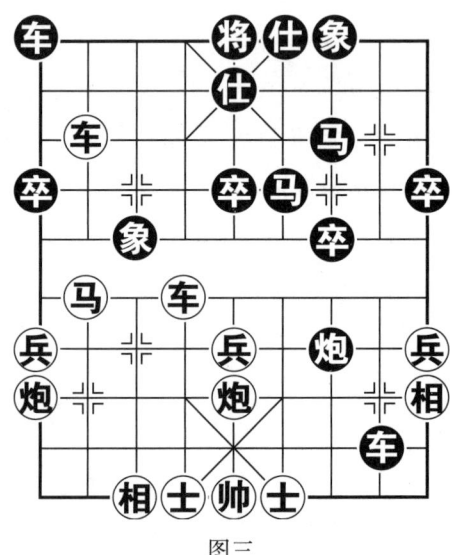

图三

80. 不信人间有白头*

——简论耆英战术

耆者，《辞源》释道："至老境也"；耆英乃"年高优异的人"。

毛泽东主席于1954年1月4日曾深刻指出："此次在全国范围内征调老兵，不但对志愿军的补充有极大意义，对整个人民解放军亦有极大意义。"

耆英战术系指在最后的战略绞杀战中，已英勇渡河并渗透抵达预定点的兵卒，在进攻兵员伤亡惨重的情势下，经深密谋划，在决定性时刻毅然担负起总攻的重任，冒着贬值和死亡的双重风险，携势入宫下底，甘当低兵老兵，巧妙增效生威，充分发挥其控制、引离、牵制、挤占、劫掠、禁制、助杀等战斗作用的底线攻击战法。

（一）履险发威　控制挤占神力非凡

图一选自吕钦与胡荣华1984年首届七星杯弈战局谱。

135.………… 卒4进1

英雄笑赴老山界，迟暮浩歌夕阳红！此乃避捉、诱士、制将、伏杀多功能耆英妙手。肋卒不拒老、不服老，借避捉之机杀奔底线，使进攻部队顿时军心大振、信心倍增。敌士虽遭到挑衅，但不敢造次，因有马7进8再卒6进1的绝杀手段。

136. 马八进六　马7进8

红方纵马，看护士角要地；黑方则打将逼离，为实施帅位卒断路手段铺垫打叠。

137. 帅四进一　卒4平5

潜入深宫，乘机抢占帅位，威坐中堂，巧妙断路助杀，真耆英也！两卒一将联袂定帅，下伏马8退7杀。此局中耆英战术的实施，充分发挥了其敢打硬仗、死仗，善于近战、决战的特长，最大限度发挥了其军事潜能，极大提高了其在攻杀中的军事地位。

（二）双卒逼宫　不尽奥妙层次深远

图二摘自刘永德与赵国荣1991年于昆明第二届象棋世锦赛弈战局谱。

83.………… 马8退7

透视局面慧目，增效耆英妙手！折返踏相护卒，这是彻底洞察争战最后结局而进行的攻杀进程的大提速，是对耆英双卒的绝对信赖，也是双卒与马在攻杀任务上的大交接。战马以生命的代价，为实施耆英战法而创造了最佳战场条件！

84. 马五退三　卒4进1

---

*文题摘自辛弃疾《鹧鸪天》

借踏相赢得的战机和地形优势，飞身冲下，先手逼宫。

85. 帅五平四　卒5进1

双卒进逼，凶悍异常，逼马回防扼守。

86. 马三退四　卒4进1

龙潭深千尺，犹能驾扁舟！此乃胁帅、伏杀、定马，并由近及远再逼兵远离、助将平移、拴缚马帅，然后再由远及近巧借将力，暗中帮助肋卒平中擒帅的耆英妙手！其内涵层次之深邃、远近互补之跌宕，极具曲径通幽之妙、碧波荡漾之美。

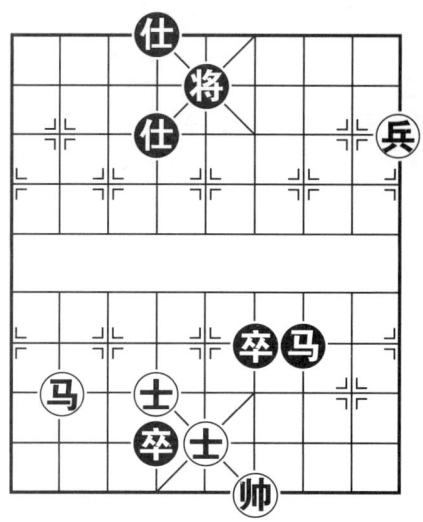

图一

（三）连续追杀　拔城夺将义无反顾

图三录自李中健编著的《象棋实用排局》第398例局谱。

1. 前车平一　车9退5

弃车拖曳、有效延气，为炮欲实施进三闷杀威胁开路，以使后车得以兵线游弋，为肋兵启动追杀做好多项战术打叠。红方此手，无论在争速抢杀上，还是在为实施耆英战术打叠上，都具有决定性意义。

2. 车三平五　将5平4　　3. 车五平六　马6进4

4. 车六进一　将4进1

热血铺就入宫路，激情涌动进击兵！双车壮烈，耆英擎天，后来人必定不负所托。

5. 兵六进一　将4退1　　6. 兵六进一　将4平5

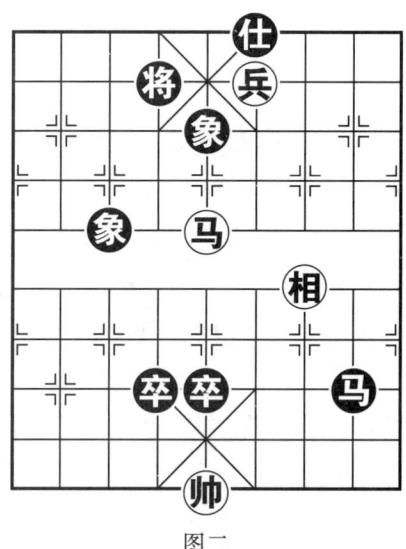

图二

从双车手里接过攻杀的战旗，杀入敌宫，同时为炮打卒归边减少层次，更为最终实施耆英手段、擒杀敌首做好准备。

7. 炮三平九　炮5平2　　8. 兵六进一　将5进1

9. 兵六进一

连将、闪离、断路、伏杀之耆英战术妙手。其耆英战术之实施使黑方深感意外；它极具有劳有逸、有张有弛的节奏感，又有似断非断的艺术美，以下将5退1，炮九进三再马七退六、退四妙杀。

总之，耆英战术是普通一兵破釜沉舟的战斗号角，是老兵神功的增效手段，更是弱旅绝境创造奇迹的不朽颂歌！

正是：老兵终线志未休，斩将夺旗赛温侯。笑踏险厄无怯意，不信人间有白头！

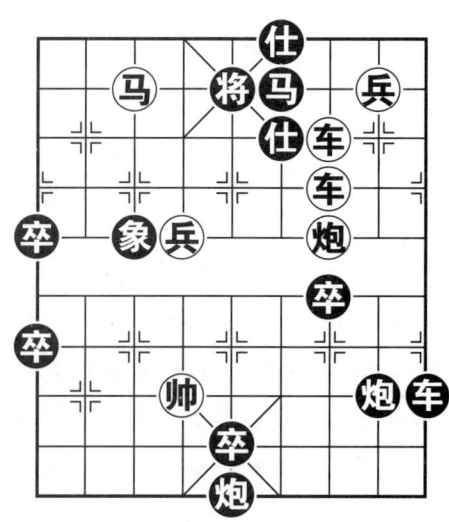

图三

81. 谁家新燕啄春泥*
——小论堡垒战术

若米尼将军在《战争艺术概论》中指出："在所有野战筑城工事中，桥头堡是最重要的工事。"

弈战中的堡垒战术乃是在攻防战斗中，经预先谋划或随机应变，在河界线一带要冲地点抢先构筑，通常以马炮兵为主体结构——有时为增加其强固性能，主力车也参与其中的独立工事整体，借以封堵敌主力的开出、逼逐敌车于背暗、迟滞敌军的机动、抵御敌军的侵犯或辅助主力部队进行攻杀的各兵种联合配置技巧。

（一）放射型：封车有力

图一系陶汉明与胡荣华1997年于漳州弈至第5回合轮黑方行棋的枰面。

5.………… 马8进　　6.车一平二　士6进5　　7.炮二平四　马6进7

运马讲节奏，用心巧搭成！黑方利用出动子力之机及战事的间歇时间，悄然建造了"一"字型跨河桥头堡。马炮卒之有机结盟，已经蕴蓄着封堵右车、压制敌右翼火力的强大内在功能。

8.炮五进四　卒7平8

堡垒的扩建，势力的延伸！此时之堡垒，造型优美舒展，若礼花之散射，似秋菊之绽放。马炮卒三个兵员在发挥各自强大静功作用的同时，互联互保，形成一个强固的独立野战筑城工事。它给敌右翼集团军的开拨和机动造成了巨大压力，其战略地位、制敌功效，价值连城，而且其战术功能随着战局的演进而与时俱增。在第14回合红方左车被兑杀情势下，右车被封堵竟达13个回合之久，出头困难且付出一马的代价，足见堡垒之伟力。真个是：轻搭漫建谋划远，封压强堵功力深！

（二）密集型：攻城枢机

如果说后手方堡垒设计的主导思想还带有某种防御色彩的话，那么先手方的堡垒工事则在进攻战中神威八面、光芒四射了。图二选自李义庭与杨官璘1956年于北京弈战局谱。

49.马七退六

以避捉为掩护，折返河头，开始搭建桥头堡，并伏炮七平六进行扫射的恶手。淡淡马步，凶险无比，柔中有刚；小小堡垒，立茌运作，初露锋芒！

---

*文题摘自白居易《钱塘湖春行》

49. ……………… 士6进5

不得已而为之。否则炮七平六打车胁士，底线遭劫，黑将难以维持。

50. 炮七平六

一堡扫射猛，三军攻城疾！两手棋搭建成的紧缩严整的密集型桥头堡，以兵为依托，以马为台架，以炮为火力，逼车于背暗，摧其心，挫其锐，使敌车难有作为，而红车马炮兵则因此而军威大振，对敌军发起了连续性进攻。

50. ……………… 车4平1   51. 车八退六 象7退9   52. 车八平五 马5退7
53. 兵五平四 车1平2   54. 士五进六 马7退8   55. 马六进五 象9退7
56. 马五进七 将5平6   57. 炮六平四 士5进6   58. 车五进六 将6进1
59. 马七退五

下伏车五平四再炮四平五的入局手段。此局中，建造河堡成为战事发展的重大转折，而桥头堡也确实发挥了逐车背暗的强固据点作用，同时也为护辅兵员、集结兵力、增效战力做出了巨大贡献。

总之，堡垒战术是野战筑城工事的搭建并发挥其战斗作用的艺术，是多兵种紧密联合，抵御、压制、封锁强敌的有效配置方法，是保障疆界一带强大火力有效发扬、逼迫强敌屈从于暗背的强势用兵谋略。它既完美体现了以多打少的战略思想，又充分表现了以弱制强的勇武精神。

正是：谁家新燕啄春泥，桥头筑堡撼强敌。弈海深广藏珠宝，兵种联手铸神奇！

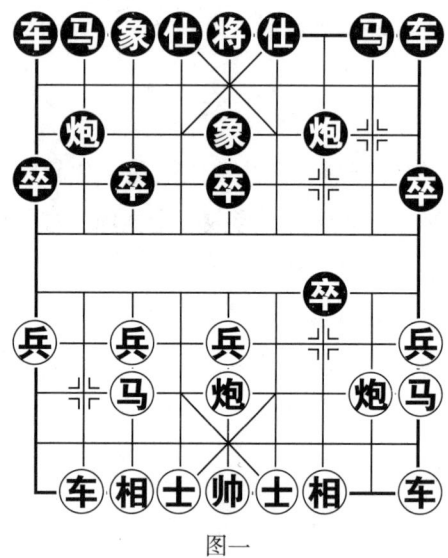

图一

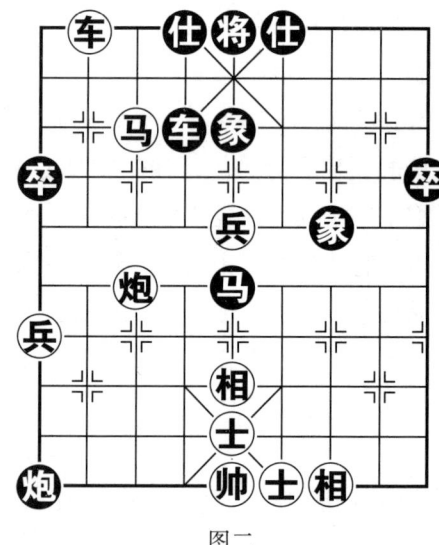

图二

82. 不语还应彼此知*

——小论顶垫战术

（苏）扎哈罗夫曾指出："对危险的反应是人的本能，但是，有的人遇到危险就惊慌失措，不能自制，而另一些人则因危险而激发起战斗的激情。"

顶垫战术系指在主攻兵员被敌车炮线型火力牵缚、锁制于主帅近旁，难以参与决战的不利情况下，大本营及时派遣敢死队员，利用打将、要杀之机，退归底线急所，增层垫厚，顶替主力，垫将护帅，以使主力得以活络腾脱，杀奔敌营，迅速擒将的履险配合艺术。

顶垫战术与替换战术均为子力配合的技法，但二者并不相同。首先，从时段上看，如果说替换战术是两个兵员配合全过程的描绘，那么，顶垫战术则是增层垫厚救援瞬间的辉耀。再者，从主体上看，替换战术的主人公，一位是履险顶替者，另一位则是被替换出来的进攻者，而顶垫战术的主体仅仅是履险垫厚顶替的救援者。最后，从地点上看，如果说替换战术的活动范围是一个战场，那么，顶垫战术表演的真正场所，只是己方被敌车炮火力窥瞄的底线上的一个点。

（一）定将踏象 活络主力决胜负

图一选自《适情雅趣》"极第思乡"谱图。

1. 车七进八　将4退1　　2. 炮九平六　将4平5　　3. 车七平五　士4退5
4. 兵四平五　将5平4

经过四兵种激烈的攻打、剪羽、威胁，达成了预定的定将任务，为七路马之活架带将踏象、选点归营、实施顶垫造作了极为有利的战场条件。这四个回合，在全局中处于开启之地位，即打好基础、打开局面，提供实施顶垫的前提，创造决战决胜的先决条件。

5. 马七退六　炮2平4　　6. 马六退八　炮4平2　　7. 马八退六　炮2平4
8. 马六进五　炮4平2　　9. 马五退六　炮2平4　　10. 马六退七　炮4平2
11. 马七退六　炮2平4　　12. 马六退四　炮4平2

精细顿挫劫掠象，神妙顶垫活络车。此段归退顶垫，为三路车挣脱敌火力的锁缚、进击单象绝杀，做出了有力铺垫，立下赫赫战功。此段精细之处在于带将顿挫踏象一手，它除根断联，使7路象形单影只，难以抗御强车杀力。此段为局之中心，是最精彩部分，下伏车三进九杀。

---

*文题摘自薛涛《牡丹》

（二）制乱禁将　落相跃马威千里

图二摘自《象局集锦》"独探骊珠"谱图。

1. 车五退一

花心叫将，制乱深宫，为友军造作攻势，抢得战场主导权，为实施顶垫战术做出了深远打叠。

1. ………… 士4退5　　2. 车四平六　士5进4　　3. 炮五平六　将4平5

车炮联手运作，继续加深敌宫紊乱程度，为定将攻将、为炮归花心实施顶垫战术创造条件。黑方将4平5一手如改走士4退5，红方则炮三进二，将4退1，炮六平五，将4平5，炮三进一速胜。

4. 炮三平五　象5退7　　5. 炮五退五　象7进5　　6. 相五退七

带将增层顶垫，让位活马登程！此乃绝佳顶垫妙手，它运作不失一先，它顶替角马护帅，它让出最佳点位，它使"活架"趋前做杀，成为此局璀璨亮点。此种技法，将子力之间的配合、顶替、换位、活络、增效，演绎得神妙万端，令人击节，或许对中国象棋颇有微词者也会因此而"军心动摇"、责难不再。

6. ………… 象5退7　　7. 马六进五

天神腾云去，活架带将来。以下连续进四、进五、进三，双将逼敌首闪露6线，红方平车击毙之。

（三）堵截断路　增层活马施双杀

图三取自《适情雅趣》"丹山起凤"谱图。

1. 车八退一　炮4进1　　2. 车八平六　车4退1　　3. 马一进三　将6平5

舍车砍炮，堵截了敌首一条逃路，马之打将，再断绝一处藏身之地，从而逼将中路，为妙施顶垫战术创造了有利条件。

4. 车六平五　象7退5　　5. 车五进三　象7进5

两回合的短暂组合，为顶垫战术实施前的精妙过渡，既为炮力邀台架，以便打将去卒，又预先为"起凤"趋前让出点位。领军者谋虑深远细腻，为后来者提供了必需的一切。

6. 炮六平五　象5进3　　7. 炮五退五　象3退5　　8. 相五退三

顶垫着法紧，解缚马步宽。此种顶垫，不仅是对马的解放，而且是对全局的贡献。敌方车炮不能不说火力强大，但在巧妙的顶垫战术面前，却成为了可怜的摆设、相落马跃奇迹的衬托！以下马四进五，带将奔赴前线，双将妙杀。

总之，顶垫战术是填充隙缝、遮垫首领、顶替主力杀出的计谋，是曲线增效施杀的安排，是子力之间巧妙配合的举措，是"为他人作嫁衣裳"的橘枰新解。

正是：配合默契堪称奇，不语还应彼此知。高危顶垫崇义勇，腾出杀手斗蛮夷。

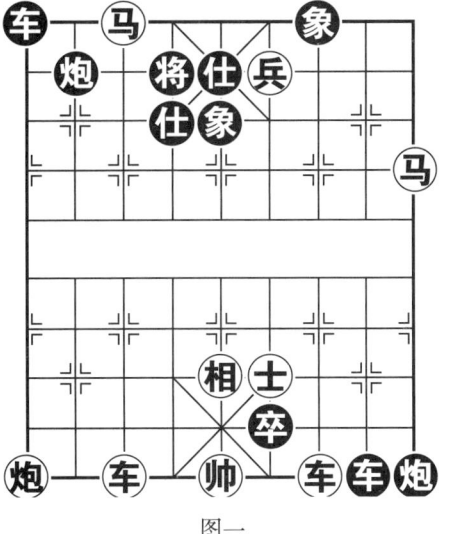

图一

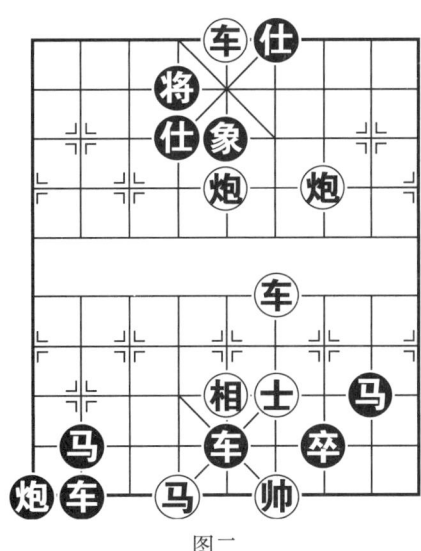

图二

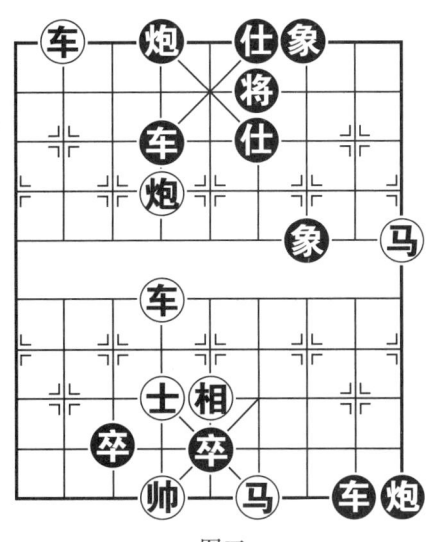

图三

83. 二月春风似剪刀*

——试论弃舍战术

诸葛亮《兵法》有云，"知有所甚爱，知有所不足爱，可以用兵矣。故夫善将者，以其所不足爱者，养其所甚爱者。士之不能皆锐，马之不能皆良，器械之不能皆坚固，处之而已矣。……下下之不足以与其上也，吾既知之矣，吾既弃之矣。"

弃舍战术系指在强敌对己方子力进行捉拿威胁之时，参谋部门深远谋划，对进攻所需兵力之足亏、局面处理方案之利弊、攻城擒将速度之快慢等方面军情进行精准计审，果断放弃甚至连续舍掉被敌军正在捉拿的子力，以达成迟滞、延气、争速、分敌、弱防、制乱等战术企图，为求攻求杀做出精妙战略打叠的弃子谋略。

（一）连舍辎重　争分夺秒巧运调

图一选自于幼华与袁洪梁1991年全国团体赛弈战局谱。

1. ……………　炮8进6

不顾河边客，但窥宫中王！8路炮对沿河分队危情视而不见，并乘敌军掠夺之机，伸插敌域纵深，以快速进行兵力的调动。正常着法应走卒7平6，车四退二，炮2进2，双方都可以接受。然黑方深谙出其不意之兵法，以超常的运兵手段，提速增效，暗中抢先运作，发动侧攻，真石破天惊也。

2. 车八平三　炮8平1

再舍入界马，急切求归边！黑方再舍一马，精妙演弈弃舍战术。此种手段之内涵在于以子力换取时间，抢先部署攻力，在作战区内形成强大兵团以进攻帅府，而红方则企图先得实利，然后以优势兵力进行固守。双方在战略指导思想与具体战术手段上的"暗战"，十分激烈。此种弃舍与敌军捉吃的斗争，说穿了，是战略与战术的较量，是速度同力量的对抗，是进攻与防守的角逐！在"势"的天平上，弃舍战术已经占得上风。

3. 车三退一　炮2进7　　4. 士四进五　车2进8　　5. 相三进五　车2平4

黑方连续部署，严密打叠，造作"背攻"杀势，给敌军造成极大压力。以下是，炮六进二，车4退3，炮四退一，车8进8，马三退四，车8平6，车四退五，车4进3，马九退七，车4平3，车四进三，炮1进1，马四进三，车3进1，帅五平四，车3退2，帅四进一，炮2退1，士五进六，车2平4，至此，红方认负。此局之弃舍，尽展战略之要、运调之速，尽展大将风范也。

---

*文题摘自贺知章《咏柳》

（二）弃舍双马　控势攻势操盘手

图二摘自张江与李洪滨1985年全国象棋个人赛弈战局谱。

18. 车四退三

独控风卷雪，不管火烧云！红车躲避择位，并不看重右马之危，却悠然战略控盘，真妙手也。其一是它精准计审攻城火力——中路兵炮、双肋车、暂时与敌对峙之炮，已足够敌首受用，让敌浪费一手棋吃马足可使己方争先制敌；其二是此退此舍，力大无比，敌左马不得入境骚扰，敌右车画地为牢，难以启动发力，而自身则拥有较宽广空间与畅通的纵横线路；其三是此弃此舍以一马之诱，确保己方后方平安无虞，并削弱敌防，便于发动总攻。此弃舍，真大度大智也。

18.　………　　炮7进6　　19. 兵五进一　　象5退3　　20. 车四平六　　将5平6
21. 炮七平四　　炮7平1　　22. 前车平三

再施弃舍术，一步定乾坤。对边马之失，依然置若罔闻。在战略家心中，所有的针头线脑之类的琐事，甚至与总攻无关的大型设备，统统在舍弃不管之列。同时将心力集中于最高层次的战斗——攻城擒将。以下象7进5，兵五平四杀。现观黑方六员大将散乱各地，既无攻力，又缺守力，而红方双车双炮兵在中轴线一带杀气浓厚、杀势强烈，不可抗御。故曰：求杀者比争吃者更具有战略头脑。

（三）舍车夺马　攻城擒将谋划深

图三录自任建与李林1995年全国团体赛弈战局谱。

16. 兵三进一

舍车求马出妙手，一发常重泰山轻！此手为典型的弃舍战术妙手，它重势而轻子，它诱敌分散离守，它酝酿着一场突破式的攻城决战。

16.　…………　　炮7平5

此时敌方如马4退2去车，红方则炮五进五，士5进6（将5平6，炮二平四），炮二平五，将5平6，车二进九，将6进1，兵三进一胜。

17. 马七进五　　马4退2　　18. 马五进七　　马2进4　　19. 马七进五　　将5平6
20. 兵三平四

红方弃舍有度，弃舍取势，终成杀局。此局给我们留下深刻的启迪。子力，虽是行军布阵作战的主体，但在"势"网之上，它只不过是一个小小的网结；在谋略版图上，它只不过是一个"手段"的载体。为了势网的收张，为了谋略的实施，子力必须竭尽其从属性的服务功能，甚至包括动与静、去与留等手段。弃舍战术为什么如此重要？就是因为它上了"势"与"谋"的档次，关乎"存亡之道"也。

总之，弃舍战术是引诱敌军在次要战场上滞留的手段，是战略家求攻夺势的精妙运算，是使敌军浪费时间放纵贪欲的诱饵，是争速组杀的战略决断。

正是：争势不惜代价高，粮草辎重皆可抛。一彪马队逐飞雪，二月春风胜剪刀！

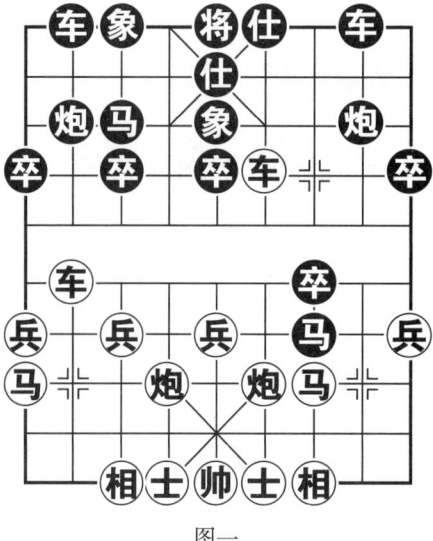

图一

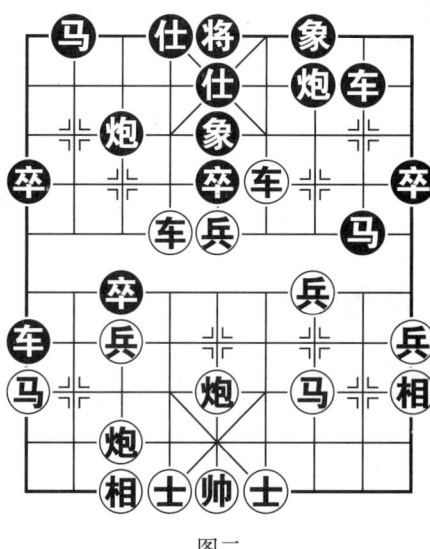

图二

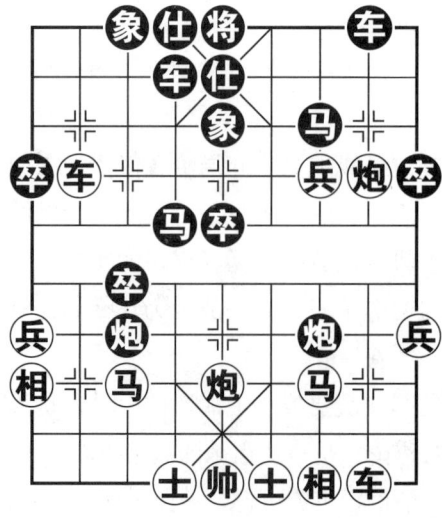

图三

84. 时人不识凌云木*
——试论主攻战术

若米尼将军在《战争艺术概论》中明确指出："应把使用真正主力视为最可靠的有效手段。"

主攻战术系指在战略决战中，根据战场具体情势，大本营果断使用主力部队，及时派遣最得力的兵员或分队，在助攻友军的密切配合下，迅速集结到位，在主要作战方向、主要战场充分发挥战力和特长，勇猛突破，反复穿插，扼亢搤背，拼斗厮杀，不惜一切代价斩获敌首的用兵艺术。

（一）抢车占位　攻城夺子交错

图一摘自王秉国与徐天红1987年全国团体赛弈战局谱。

24. ………… 　车4进6

大鹏凌空起，强势入界争。入界、抢车、夺势，给人一种天神下界、冲破藩篱的感觉。它把兵员、机动与地形结合所迸发出的战力完全倾泻到并联双车的头上。它强烈要求占领主攻制高点。它是主攻的气势！它是主攻的枪声！

25. 车四进三　车4平8　　26. 士五进六　马7进8　　27. 车四进二　炮2退1
28. 车四退六　炮3进1　　29. 士六进五　车8进3

三兵种安排停当，遂开始攻城擒帅。车马炮三向运作，动静结合，攻捉交错，一举破敌。

30. 帅四进一　马8进7　　31. 车四平三　车8平7　　32. 士五进四　车7退1

打将、钓猎，为马踏中炮叫将夺车铺垫打叠，车马炮三军主攻夺取了攻城杀敌的决定性胜利。

（二）控线钓猎　主攻轻松成杀

图二取自象棋名手彭述圣先生的一则实战残局。此局主攻、助攻，分工明确，次序井然，着法巧妙。

1. 士五进四

助攻身先去，追杀随即来。士帅各以动、静不同形态助攻中车，而车再以凶狠而又巧妙的追杀，为主攻铺垫造势，完成它由主攻向助攻的角色转变。此手，拉开了决战的大幕，枰

---

*文题摘自杜荀鹤《小松》

上由此呈现出递进式的不断深入的绝杀之势。

1. ………… 车6退1　2. 车五进四　将5平6　3. 车五进一　将6进1
4. 车五平四

继主帅静态助攻之后，车借势发力，追杀敌首，演尽了动态助攻的职责与巧妙。现将底兜抄、抠搜，逼将变位，为马钓猎目标，为马炮主攻铺垫造势而壮烈牺牲。真个是：穷尽人生能量，铺展后续前程！

4. ………… 将6退1　5. 马七进五

接过续战的重担，享用助攻带来的所有战果，进退自如，马炮轻松成杀，出色完成先驱者未竟之业。以下是，将6进1，马五退三，将6退1，马三进二，将6进1，炮一进四杀。其中，帅之控线助攻使敌将窄小了天地，为主攻减少了麻烦，功不可没。

总之，主攻战术是担负起攻城擒将任务的战斗，是统领决战的攻杀过程，是分工协作中的主要份额，是前锋兵团的核心力量。

正是：主攻强势壮山河，序曲尾声尽是歌。时人不识凌云木，战场飞驰攻城车。

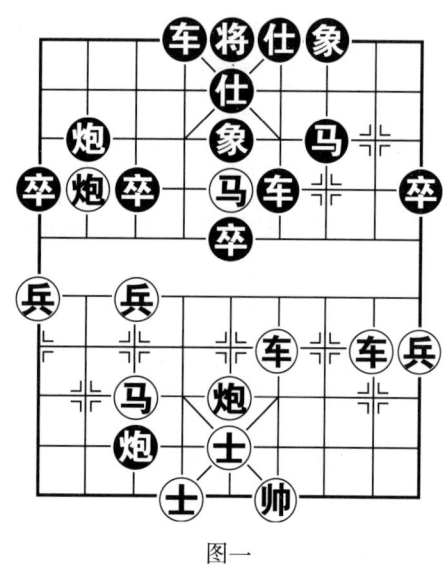
图一

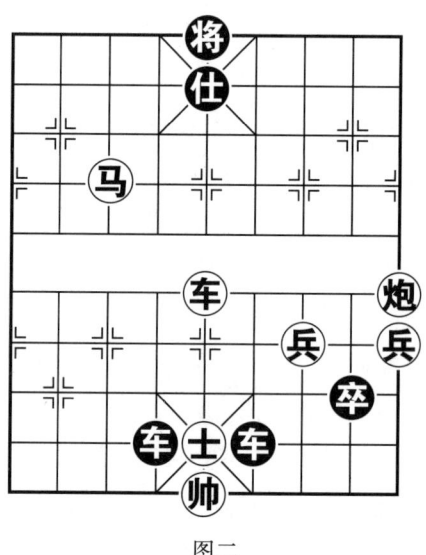
图二

85. 野船著岸偎春草*

——简论接触战术

克劳塞维茨将军在《战争论》中明确指出："当两军于其接触点上相互消耗兵力时，通过这些相当坚固的阵地，就可用比较少的兵力而歼灭大量敌兵。"

接触战术系指战局启动后，大本营派遣得力兵员采取冲渡、渗透、挺进、压制等攻击性、挑惹性手段，在河界线、卒林线一带同敌目标接近碰撞，以试探虚实、抢占据点、点燃战火、歼杀敌人、争先夺势之主动凑前靠近技巧。

接触战术与贴靠战术，乃一对近战姊妹花，但二者并不相同。后者一般是在敌军左右两侧实施贴靠，主要目的在于限制敌军行动。而前者在方位选择上则具有更多的灵活性，只要是同敌接触，前后左右不限；另外，前者实施之企图与战术功能丰富多彩。换言之，后者是抑敌性"业务"，前者则是制敌专家；另外，从战斗性方面看，贴靠属于中性，较温和，而接触属烈性，它触碰挑衅，逼敌表态。

图取自何顺安与杨官璘1952年于上海弈战局谱。

60.………… 卒3平4

移动造势残相，接触逼宫塞压。不怕马之连续追拿，执意逼近目标，为摧城弱防做好准备。

61. 马九进七　卒5进1　　62. 马七退六　卒5进1

在强敌威逼下，毫无怯意，跬步接触攻击中相，杀敌攻城之悍勇、舍身擒敌之斗志，令敌首惊悸。

63. 马四进三　象5进3

飞象减少中路层次，暗伏卒5进1再炮8平5绝杀手段，黑方要杀凶狠隐暗，并使敌宫深度板结。

64. 马六进五　卒5平4　　65. 相七进五　卒4平5

66. 马五进四　炮8平1　　67. 帅五平四　炮1进1

68. 马三退五　炮5进4

接触迎顶绊，肋马顿萎蔫。红方连施接触战术妙手，不战而胜。

总之，接触战术是近战乱战的信号，是抑强反霸制敌的誓言，是进行面对面"斡旋"的平台，是争先夺势的得力手段。

正是：近战号角声催逼，中远火器争战急。野船著岸偎春草，飞车侵宫触恶敌。

---

*文题摘自唐·朱庆余《南湖》

86. 斜月沉沉藏海雾*

——试论藏匿战术

《孙子·军形》指出："善守者，藏于九地之下；善攻者，动于九天之上。故能自保而全胜也。"

弈战中的藏匿战术系指拟派出执行特殊战斗任务的兵员，乘战事间歇之良机，采用平移、卸离、行进、归退等后中先运调技术，施展有效停待手段，将自身巧妙隐藏于掩体之后，匿其形、潜其谋，为尔后伺机突然行动打叠，以取得秘密集结、安全无阻、闪击突破和出奇制胜战术效果的高级配置技巧。

《棋经论》所云"车前马后"，除了蕴含强子在前开路、带领输送其他兵员进发的技巧以外，则有车前掩马、马藏车后之意。

《史记》曾云："鸷鸟之击也，必匿其形。"在古今战场上，藏匿战术百态千姿，历久不衰，于特洛伊木马中、城门夹墙中、地道里、夜幕下的丛林里、青纱帐中，皆有特种部队待命出征。

藏匿战术同遮掩战术在两个兵员相互配合方面相近相似，但却根本不同：藏匿战术的实施主体，不管是车还是炮，都主动躲藏在客体之后；而遮掩战术的实施主体却主动抢占到客体的前面，为客体遮风挡雨。换言之，前者追求的是安全突然，而后者展示的是侠肝义胆，二者大异也。

（一）炮车皆善匿　暗潮涌激情

图一摘自刘殿中与于幼华1996年于宁波弈战局谱。

21. 炮五平二

集结谋划狠，藏匿手段阴！此乃调整攻防布局、腾脱集结兵力、蓄势闪击抢攻等多功能藏匿妙手！一是卸离中炮，根据实际情况变动火力位置，并为后续内务结构之调整，提高侍卫参与防务的积极性、灵活性预留空间；二是为左车减负，以腾脱主力，参与进攻，同时，闪开右移通道，便于选择正确进攻方向，相机集结助攻；三是抓住敌宫弊端及敌左翼底线空虚的弱点，及时选择战略攻击点，调动火力，制造战端，并暗伏闪击得子手段。

21. ………　士5退4　　22. 车七平四　车2进5　　23. 士四进五　车9退2

24. 炮三平二

再次藏匿，突兀展现一车掩二炮的蔚为奇观！两炮妙藏，乃敌变我变，由闪击偷袭方略向强夺底线、发动战略攻势的战略决策的重大转变！两炮之藏还使二路车弥显刚烈，顿增抢夺底线的无畏勇气！

---

*文题摘自唐·张若虚《春江花月夜》

24. ……	士6进5	25. 车二进六	车9平8	26. 炮二进八	士5进6
27. 前炮平一	车2平5	28. 炮二进七	将5进1	29. 车四平八	将5平6
30. 炮二退三	炮2平1	31. 车八平二			

第三次藏匿，车藏炮后，暗伏炮二平三绝杀，并使浮泛敌首处境愈加险恶。车炮互掩互藏之妙，溢于尺枰之外！以下则是车双炮的激情演绎：

31. ……	将6平5	32. 炮二平三	将5平4	33. 炮一退一	车5退1
34. 车二平八	象3退1	35. 车八进六	将4进1	36. 炮三进二	象5退7
37. 炮三退一	象7进5	38. 炮一退一	车5平6	39. 车八平四	士4进5
40. 车四平五	炮1退3	41. 炮一平四			

黑方如车6退2，红方则车五退一砍象抽车胜。正是：藏匿功高百尺，攻杀力大千钧！

（二）花下犹藏刺　观者何其惊

图二选自葛维蒲与邬正伟1995年于吴县市弈战局谱。

31. 马六进四

威力若霰弹，藏匿非跟随。马藏车后，立即组装了威力巨大的多弹头导弹，形成了一个多向散射的火力集合点，威震中原战场！而在被窥瞄的敌车眼里，车掩马藏无异于一个自我爆炸式的恐怖集团，红车之纵横、马之瞄踏，对于一个少卒的阵营，实在令人望而生畏，遂悻然离防。这就为进兵逼退黑马，并闪开通道，为车掠卒，结束相持状态立了赫赫战功。

31. ……	车5进2	32. 兵七进一	马2退3	33. 炮三进一	象5退3
34. 马二退三	象3进5				

联结生根，使黑方后马企图进行最后顽强抵抗的意向化为一缕青烟，下伏车四平九再兵七进一的恶手。红净多三兵胜。

（三）唯赖藏身术　炮哑将自哀

图三录自《适情雅趣》第422局"抹马潜戈"谱图。是局红马欲借势左移求杀，而被牵掣的肋炮却极尽挡阻之能事：红马在中线则贴靠绊阻；红马如误踏六线，炮则闪至中线拴马打兵。自身被缚却尽职尽责、防敌护主，实乃义师。然魔高一尺，道高一丈，红马精明干练，技高一筹，它巧妙避开肋炮之干扰缠磨，巧加打叠，以退为进，匿形帅后，从容左移，轻松成杀。

1. 士五进四	卒6平7	2. 士六进五	卒7平6

调整内宫阵形，让出点位，为实施藏匿、转移左翼求杀，做好打叠。

3. 马五进三	卒6平7	4. 马三退四	炮4进3	5. 马四退三	炮4退3

巧加停顿，控制7路卒，为再度调整中士位置创造机会。

6. 士五退四	炮4退1	7. 马三退五	卒7平6	8. 马五退六	

藏匿构思巧，运转线路奇！经过移形换位、让路让位的战术打叠，红马镫里藏身、越墙而过。而肋炮却阻不着、吃不得，气恼不已。此手藏匿，乃取胜唯一手段，尽管它是大回环运转中的一个链节，但其巧妙藏匿、破解难题的运作却闪烁着战术的智慧之光！

总之，藏匿战术是兵员之间互相配合、互相掩藏的心灵默契，是重配置、为安全、求顺达、争突然的动机联合体，是同出头闪露技法相对的两个子力之间位置的移换技巧，是求攻夺势的含蓄雍容的行棋格调。

有诗为证：沉沉海雾藏斜月，端端橘枰匿虎贲。借问兵家知何许？尽是斩将搴旗人！

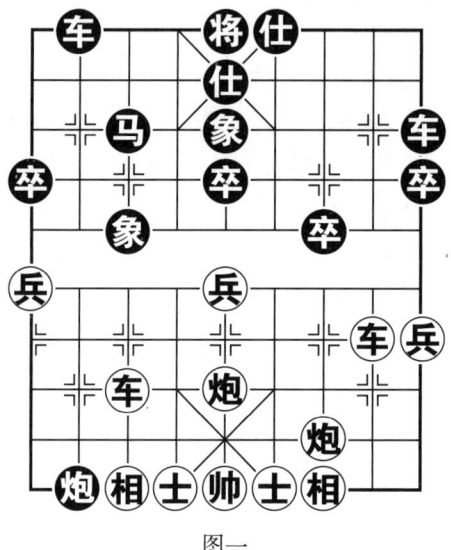

图一

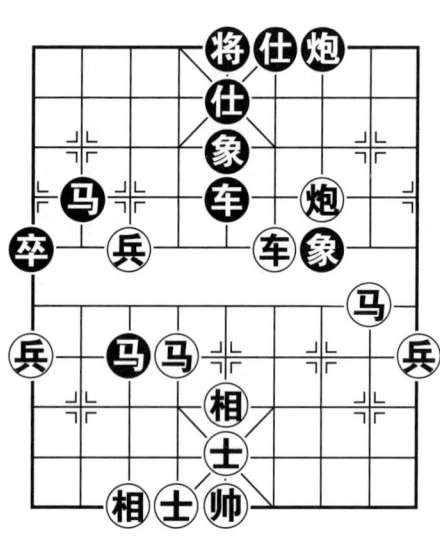

图二

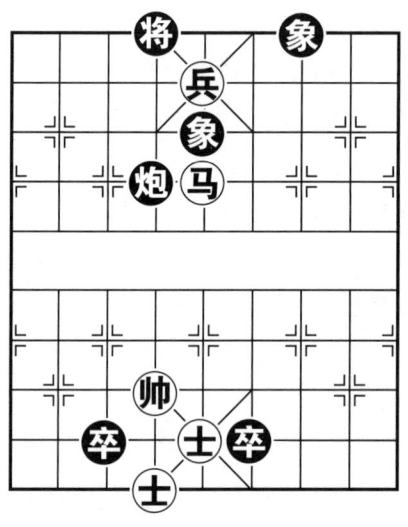

图三

87. 多少楼台烟雨中*

——浅论埋伏战术

（以色列）巴列夫在《十月战争中的突然袭击》中指出："隐蔽本来具有被动的性质，它通过对己方企图、作战准备、兵力编组和作战计划等进行严格保密才能达成。"

埋伏战术系指进攻部队为确保进攻战、伏击战、追剿战的圆满成功，经对敌军败逃路线的分析判断，采取闪离、捉拿、抽占、追杀、藏匿等有效手段，派遣精干分队预先在要点要路隐蔽配置，一俟敌军逃至则突然出击，重创敌军，从而获得战役甚至决战的彻底胜利的兵员配置艺术。

埋伏战术与潜伏战术是一对配置类战术姊妹花，但二者并不相同：一是，时间上，埋伏的时间相对较短，而潜伏则需要更长的时间；二是，方位上，埋伏一般皆将兵力隐蔽安排在敌军即将行进、败逃的路口，而潜伏的士兵则在离目前两军争斗点较远的旁边，或者说是在风平浪静之地；三是，功能上，埋伏一般多从事断路、偷袭、助攻等专项军务，它静候敌逃兵的到来，随时准备突然杀出，擒获敌军，而潜伏的目的性则更加宽泛，甚至可以说，它什么军务都能担当起来，而且做得最好。

（一）两次埋伏　夺势得子定胜局

埋伏战术主要实施在敌军逃跑的必经之路上，设伏专候敌军的到来，或逼其无路可走而遭致重创。图一选自王嘉良与于幼华1987年南北国手对抗赛弈战局谱。

29.………… 车3平4　　30. 车六退七　炮3平4

埋伏初演练，控助大将军！此手以大代价贴将设伏，软硬兼施，它不给敌帅闪露、摆脱车马困扰的机会，有着滞弊的功效；它巧用敌车为架，控助断路，为退车绝杀造势，有着助攻的作用；它逼车自戕，起到讨要失子、夺势增效的作用。

31. 车六进八　将5平4　　32. 车八平六　将4平5　　33. 车六进二　卒7进1
34. 帅五平六　车6退3　　35. 兵五进一　车6平5　　36. 马三退一　车5平1
37. 相三进五　车1平5　　38. 相五退七　车5平8　　39. 马一退三　车8进4
40. 相七进五　卒7平6

向心生根客，埋伏断路人！局中第二次演弈埋伏战术，其表现十分隐蔽凶狠——卒之悄然到位，使敌马的前程立刻暗淡起来。卒真巧也！它预先打叠设伏，移动增效生威；有此一手，红方想东山再起就特别困难了。马实悲乎！安泰三线将作古，威风八面已成昨！

41. 车六平八　士5退4　　42. 车八进四　象7进5　　43. 车八平九　马7退5

---

*文题摘自杜牧《江南春》

制孤身已抖，折返根立决。以下车九平三，卒6平7隔阻断联，车三平五（如马三进四则车8平6伏杀），马5退4，车五平六，马4进3，帅六进一，车8平7胜。

（二）隐蔽埋伏　断路助攻做绝杀

埋伏战术之实施，常以缓着闲步的假象骄纵敌方，以使敌丧失警觉，从而更充分发挥断路伏杀的功效。图二摘自中国陈孝堃与菲律宾龚嘉祥1982年于杭州第二届亚洲杯弈战局谱。

1. 炮九平六

如缓似闲欲回防，避捉防拦伏路旁。在红方不利久战情势下，又向敌方暗示退缩回营的防守意向，黑方窃喜，遂以卒向心开路，加快了进攻节奏。其实此手埋伏具有极高的隐蔽性，它既伪装成随时归退贴帅防将应垫的守臣，又给敌一个仅仅是企图改善自身位势以转攻为守的消极假象，以麻痹敌人，达成无干扰埋伏断路。此手隐蔽极佳，以至于没有引起敌方的警觉并加以管制性盯捉。

1. …………　卒2平3　2. 车二进七

敌方平卒露车，反映了敌军对红方暗施埋伏的麻木，以至于使后劲磅礴之师迅速土崩瓦解。凶也，阴也！一招制胜的埋伏。现下底叫杀，闪电发动最后的决战。

2. …………　车6退6　3. 车二平四　将5平6　4. 车五平三

双车攻势，迅雷不及掩耳，敌将已难逃厄运。如卒2平3时改走车2进1进行"管制性盯捉"，那形势将由阴转晴，但时已至此，已没有挽回的余地了。因有炮之断路绝杀，以下黑方只能将6平5，红方则士五退六做成绝杀。此时此地，埋伏的深远、巧妙与严厉尽数奉献到你的面前，使人的心灵得到美妙的"震憾"。叹曰：登高须有凌云志，破浪岂无搅海心？！

总之，埋伏战术是作战兵力的深度部署，是增效兵员的选点艺术，是深远谋划的现场"待机"，是断路制敌计谋的青春永驻。

正是：系列战法韵味浓，功效特点各不同。百万雄兵青纱里，多少楼台烟雨中！

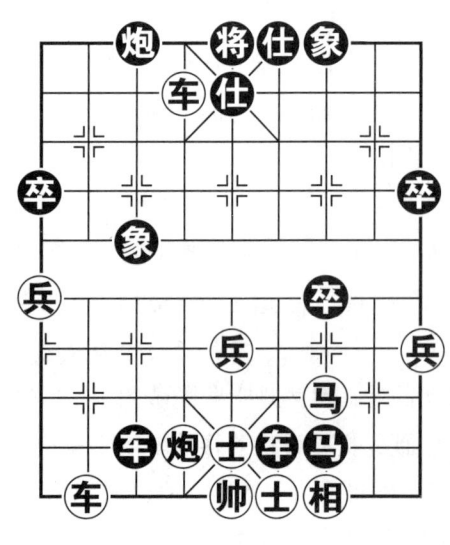

图一

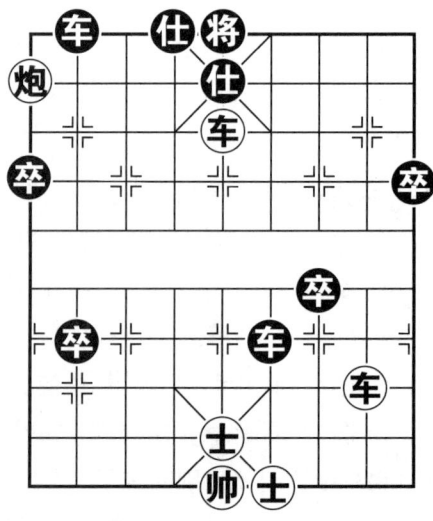

图二

88. 大鹏一日同风起*

——试论强出战术

列宁在1917年1月19日《致印·费·阿尔曼德》中深刻指出："战争是一种形式繁多、差别万千、错综复杂的事物。不能用一般的模式硬套。"

强出战术系指在两军胜负角斗的关键时刻，待机闪露出头的主力兵员，准确把握住全局军事脉搏，以藐视敌军强大火力的大无畏精神，把子力出动同战斗、战役甚至总决战紧密结合起来，采取平移、冲进、捉拿、弃舍、履险等强硬手段，在择路选向时出敌不意地停放在敌军刀尖炮口之上，强行出动，震慑敌军，以加重出子分量，提高出子震级，讲求出子效用的强硬开出技巧。

（一）胆识非凡　猛虎出山驭雷电

图一选自胡荣华与王嘉良1960年于北京全国个人赛弈战局谱。是局黑方采取弃马砍相手段，争得一个侧翼攻势，但由于红马双炮有力的策应，使7路炮卒进攻的脚步受到了遏制。关键时刻，黑方突施强出战术妙手——

18. ………… 车1平4

目无恶敌荡侠气，硬拆火力破阵图！此手车之亮相，锋凶刃锐，助攻力度超群，构成了强出战术的不朽王牌！其出子运行之烈、出子质量之高、出子手法之妙，无与伦比。王嘉良曾为此撰文写道："我在布局分析过程中发现类似的许多局势中，有这步强行出车法，现在红方中了我的埋伏。有此车出动策应全局，很容易构成杀棋了。"

19. 马六退四　炮7进3

焉存炮架固？尽显手法习！主力的强行出动，立即逼迫炮架拆除，线形火力网不复存在，车之强行参与决战，加快了进攻的脚步。因伏炮7进3杀着，角炮不敢造次。车之强出，成为全局的精华，成为整个战役的转折点。

20. 炮六平三　卒7进1　21. 炮七退一　车8进1　22. 帅四进一　车8退5
23. 车八进七　车8进4　24. 帅四退一　车8进1　25. 帅四进一　炮9平4
26. 马四进三　炮4平6　27. 车四平三　卒7进1　28. 炮七平三　车8退1
29. 帅四退一　车8平5　30. 炮三退二　车4进8

在此期间，贴将车暗中威慑敌军，力助友军杀敌夺势，现时机成熟，一步到位，双车夺帅。

---

*文题摘自李白《上李邕》

31. 车三平四　车5平7　　32. 帅四平五　车4平5　　33. 帅五平六　车7退4

（二）目中无敌　天马踏出生死路

图二摘自柳大华与刘殿中1993年于常州后肖杯弈战局谱。

48. 马九进八

边陲力开生死路，楚河激荡攻杀心！在处境恶劣、进路被封不利情势下，毅然冒死开出，杀奔中原战场，为此局面下的强出妙手。如车五退三则炮9退1后平中，红方不仅遭攻，而且边马欲杀敌报国将漫漫无期。

48. ………　马2进3

黑若卒1平2则车五平八，士6进5，炮六平五，红势强劲。

49. 马八进七　马3退2　　50. 马七进六　将5进1

51. 马六退八　将5退1（重复着法删除）

52. 车五平七　车2退2　　53. 炮六进二　炮9进1　　54. 炮六平五　象5进7

55. 炮五退一　炮9退2　　56. 马八退六

被封压所激发的助攻助杀战力，在踏入敌界后得到全面施展，借敌军外线兵力远离主战场之弊，巧妙调动敌首，从容打叠组杀。

56. ………　将5平4　　57. 炮五平六　将4平5　　58. 车七进三

（三）强出恶斗　敢同强敌争高下

图三为张晓平与李洪滨1986年于佳木斯市黑龙江省六运会象棋赛弈战中局形势。

17. 车二平四

强出对攻烈，不甘被敌封。黑方在第44合封车后，立即兑掉右车、扑进右马，发动进攻。红方此强出好手结束了自身被封压12回合的尴尬局面，迅速恢复了作战参与权，使局面遭攻变成了有效对攻。

17. ………　马2进3

黑方搁置肋线争斗，继续着进攻的步调。但如炮6进7吃车则马四进六再炮五平六杀。

18. 炮六退一　炮8进2　　19. 士五进六　车8进3　　20. 马四退六　车8平4

21. 马六进八　炮6进2　　22. 车四平二　炮8平7　　23. 车二进六

强出尔后捉炮过渡，再强行捉车，虎虎有生气。此手对提高位势、争抢先手，具有重要意义。

23. ………　车4进4　　24. 马八进七　车4退6　　25. 马七退六

但由于白丢一士且41回合弃炮求攻考虑欠周，少子不敌，殊为可惜。正是：败局有妙手，拨雾见奇珍。

总之，强出战术是大将军出场的无比力度，是领军者浓烈拼杀意识的强硬展示，是弈坛虎贲亮相的火力映衬，是履行为国杀敌职责的钢铁意志！

有诗为证：大鹏一日同风起，扶摇直上九万里。穿云破雾会群星，抢先夺势震蛮夷！

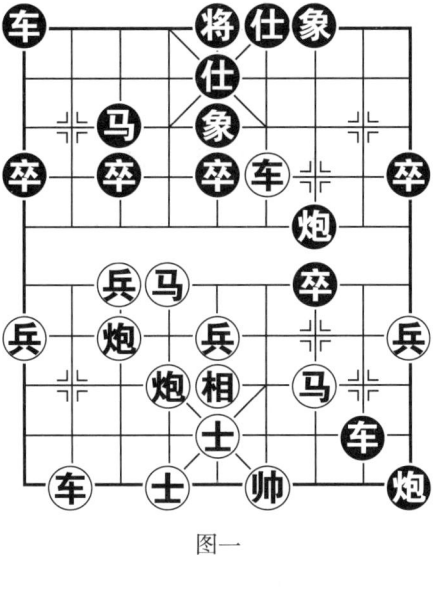

图一

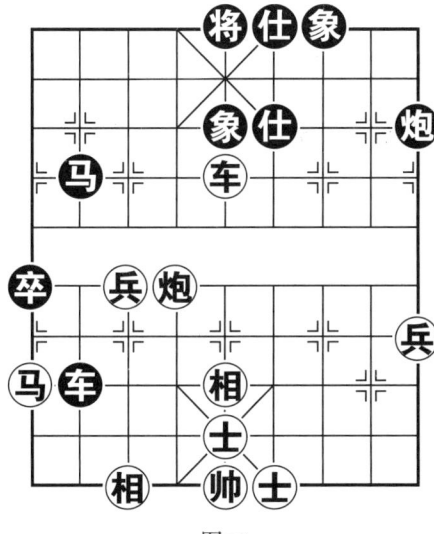

图二

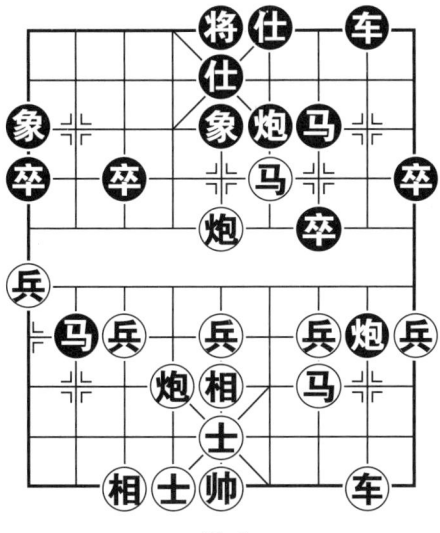

图三

89. 人面桃花相映红*

——小论助攻战术

蒙哥马利元帅曾指出："一个优秀的参谋军官必须为他的司令官和部队服务，而他自己应该做个无名英雄。"

助攻战术系指在战略总决战中，根据战场具体情势以及攻城战斗的迫切需要，大本营果断使用非主要作战方向上的战斗部队，充分发挥其服务大局、善于配合、敢打死仗、甘当配角的战斗作风，使其不惜一切代价，及时、出色地完成开路、护辅、争时、创机、铺垫等打叠服务类业务，以帮助主攻兵员胜利攻城擒将的辅助进攻的用兵艺术。

（一）砍炮助攻　义勇震撼敌界

图一选自王若飞与张强2009年全国象棋团体赛弈战局谱。

22. 马七进五　车4进3　　23. 马五退七　车4退3　　24. 兵五进一　车1平2

初演助攻术，暗抽杀敌刀。黑方双车分别采取增层、护辅与牵制的有效手段，参与助攻，以保护主攻兵员，以对敌保持强大的高压态势。

25. 车八进一　车2进6

义也维护马，英哉助攻车！在敌方反复甚至是处心积虑地企图铲除"恶马"的关键时刻，2路车护马助攻，义不容辞，力斩红炮，使红方掐尖"除患"、化解危机的所有谋划归于破灭。此手突兀，震惊朝野，敌军卷刃受挫；此手用领军的热血染红了主攻进军敌堡的战旗，极大激发了主攻夺胜的斗志，争得了增援做杀的宝贵战机。

26. 车八进二　马8进7

在2路车护马并争得一隙之先的助攻行动的带动下，8路马继续执行助攻任务，它入界峡谷，增层要线，使敌炮扼守失效，从而为肋马卧槽提供安全落点。

27. 马七退六　马6进7　　28. 帅五平六　炮3平4

卧槽得手之后，黑方巧妙采取加强、增援、顿挫、闪抽、要杀、劫掠、做杀等攻杀手段，取得最后胜利。以下是，车八平三，车4平2，马六进七，炮8进1，炮三进二，车2平4，马七退六，车4平7，车三平六，车7进4，兵五进一，马7退5，车七平二，车7进2，帅六平五，马5进7，帅五平六，马7退6，车二退三，马6进5，车二平五，炮8进6。

（二）增层掩护　底线巨浪排空

图二取自吴启生先生《象棋中局战理》子与势一章胡细多与王志岳1960年于南昌弈战局例。

---
*文题摘自崔护《题都城南庄》

11. ………　炮2进6

舍命增层掩护，强悍争时助攻！在黑方车马炮三子遭受攻击之时，特别是主攻兵员遭到恶性攻击，在敌右翼攻杀还差一手棋的关键时刻，此炮以助攻助杀为己任，奋不顾身，要线增层，立使敌炮哑火，不仅7路车获得了短暂的安全，而且为8路车下底充架进攻争得了一隙之先。2路炮之助攻，对护车、争时，对翼侧攻势的推进，意义重大。正是：生命诚可贵，助攻价更高。平生敢担当，专门斗鬼妖。

12. 车八进一　车8进9　　13. 车八进六　车7平6

由于炮之有力助攻，处于敌右翼的己方兵员凭空获取了做杀的有效时间，双车趁此宝贵战机，分别完成了各自的工序，进入了最后的斩首阶段。卡肋扼兀一手，将助攻与主攻糅为一体，极大增效杀力。

14. 马三退一　车6进1　　15. 帅五平四　车8退1

砍士、减层，逼帅浅露，以助炮之攻帅；抽占、塞压、断路，施联手之绝杀。角隅炮，主攻静默，威镇千里；而助攻的2路炮却永远融入蓝天，流芳弈史！

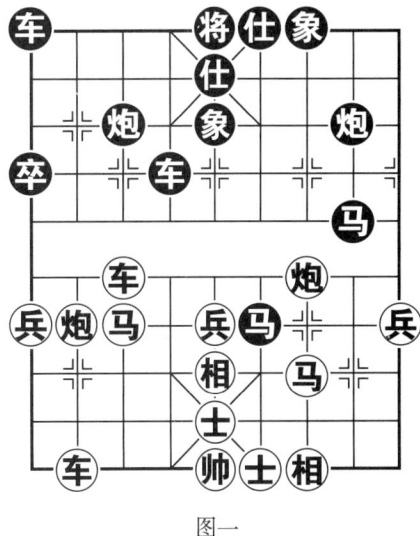

图一

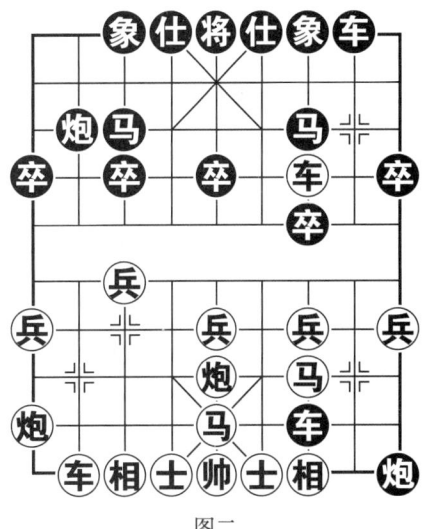

图二

（三）静默占线　庙算决胜千里

图三摘自谢小然与王嘉良1959年于北京弈战局谱。

76. 帅五平四

远势超千里，助攻顶一车！闪露助攻，不仅伏兵四进一再马六进四的杀着，而且产生强烈的中长期助攻效应。其静功助力，占线控将，不啻一车。

76. ………　炮3退1　　77. 马六退八　炮3进1

78. 马八进七

主帅再次暗中助攻，欲双兵抢士要杀，逼炮遮掩防杀。主帅两次助攻之隐暗，令敌炮防不胜防，亦令敌将深感局促不安。

78. ………　炮3平6　　79. 兵六平五　士4退5

80. 兵四平五　将5平6　　81. 帅四进一

拴缚炮将，主帅再次助攻。它起身让位，助马回帅底转移右翼奔杀而胜。此局中帅之静态助攻，具有生根、控线、拴链、遮掩、掩护、助杀等战术功能，真多才多艺也。

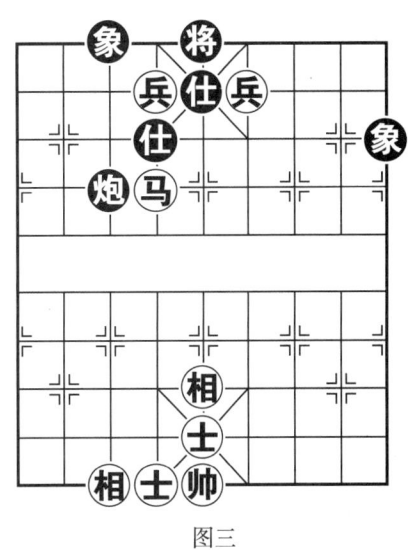

图三

总之，助攻战术是为主攻创造各种条件、提供战场服务的举措，是沙场上铺垫打叠的英雄业绩，是主攻兵员急需的配合帮助，是夺取胜利的关键环节。

正是：配角忠烈抑枭雄，除障掩护第一功。强车悍马助攻好，人面桃花相映红。

90. 空山百鸟散还合*
——略论集结战术

克劳塞维茨将军在著名的《战争论》中深刻指出："在决定性的瞬间，必须把尽可能多的军队集中使用于战斗之中。"

集结战术系指在两军决战之前，进攻一方根据战略决战对兵力数量的需要，按着战争法则中的集中原则，巧妙采取趋前、游动、伸插、进逼、搁置、弃舍、埋伏等有效手段，及时、隐蔽地把分散配置和独立行动的多数兵力调集和使用于决定性的方向上，以迅速形成足够的占绝对优势的大兵团作战态势的兵员运调方略。

（一）袭扰、深插巧妙　导弹部队云集建功

图一选自王斌与唐方云1995年全国个人赛弈战局谱。现红车深入到敌阵腹地，牵缚车马，看似孤木单丝，但却成为集结的火种，成为掩盖集结的"因由"。在此种情势下，红方巧妙采取进袭、转移、欲抽、弃舍、威胁等多种袭扰手段，借捉吃攻击之名向敌阵相对薄弱的右翼集结了雄厚的攻城火力，神不知鬼不觉，一举拔城。

13.炮四进六

四路发冷箭，一步插纵深！以袭击敌军低空横队为掩护，以逼离、索位、闪抽、威胁为手段，深插敌营，并为其他快速反应部队相继迅速插上，在敌阵纵深集结到位做好了战术打叠。

13.………… 马4进3　14.炮四平七

攻打闪抽双刃铜，窥瞄威慑一把刀！以纵横双向威胁为手段，相机掠敌并欲下底攻城，使敌忙于准备进行后手子力交换而来不及加固城防工事，为再度集结攻城创造了有利条件。

14.………… 卒7进1　15.车八进九

待抽不抽行风雨，急进联进做绝杀！此刻，三路马已成为浪费敌时间、慰藉敌心灵的尤物；而敌将则变成集结攻杀的目标。车之下底，挟抽车打马之威，伏砍士绝杀之厉，雄劲万端。

15.………… 士6进5　16.炮七退二　卒7进1　17.炮六进七

五回合风卷敌域，四金刚云集戎城！速决战的灵妙武器——所有四大导弹尽皆强势集结到位，攻城战斗遂紧密衔接而起。以下就是精彩的擒杀表演了。

17.………… 炮3退2　18.炮六平三　车3平8　19.车二平三　马7进6

20.炮三平七　车1平3　21.车八退四　车3退1　22.马六进四　卒7平6

---

*文题摘自李颀《听董大弹胡笳兼寄语弄房给事》

23. 车八进三

双车抢士连将，妙施顿挫，做成绝杀。正是：硝烟遮蔽集结，袭扰演变速决！

（二）防守、逐打紧凑　六强尽皆虎视戎城

图二摘自卜凤波与赵鑫鑫2007年于呼和浩特全国个人赛弈战局谱。是局黑方采取在防守中悄然一向集结战法，倾全师劲旅于敌薄弱右侧，兑杀守军，迅速攻破无防之城。

7. ……　　　马3退5

明里逐车意，暗中集结心！此术淡若无，花心一手筋！此手集结隐蔽性极强，为翼侧助攻助杀埋伏了一支奇兵，同时让线开路，铁臂拉开了大军左移集结的战幕。能在布局未毕之时即着手集结，反映了弈者整体谋划之深长，攻杀意识之强烈。

8. 车三退一　车8进8　　9. 马八进九　炮9平7　　10. 车三平八　车1进2
11. 炮五平六　马7进8　　12. 兵三进一　炮2平7

圆石滚木高集结，强车悍炮待出征。黑方巧妙采取威胁、减层、窥瞄、前趋、让路等战术手段，快速进行翼侧转移，借攻击弱线孤子而悄然集结，决战的气氛顿时浓重起来。

13. 相三进五　车1平6

刀光剑影耀四线，力伟势雄震一方！六强子风云际会，宛如低空布满的墨绿色浓重雨云，凝聚着无限的"雨意"，一场暴风骤雨已不可阻挡。孙子"并敌一向"之名言，在这里得到最形象的图解。

14. 士六进五　马8进6　　15. 马三进四　车6进3

集结后进攻前的巧妙过渡——兑杀唯一防守大臣，进一步削弱右翼敌防，为五强子在弱防翼侧施展攻杀手段铺垫打叠。以下就是破城入宫夺帅的过程了。

16. 车九平八　前炮平8　　17. 后车进三　马5进6

秘密实施8线戒严，确保炮路畅通无阻，同时暗窥三兵，力助双车成杀。集结之各兵种已经变成了不断收缩以兜抄敌首的无形网罗。

18. 炮七退一　车8平6　　19. 士五进四　前车平9　　20. 士四进五　车9进1
21. 士五退四　马6进7

越界岂是马？分明一虎狼！它诱相拆架助双车夺士，它窥角钩钓宫内组杀，凶险也，红方窝心马释放的高能，加剧深宫颓势之铁蹄！

22. 前车平二　马7进6　　23. 帅五进一　车9平6　　24. 车八平六　炮8平2
25. 车六平八　前车平5　　26. 帅五平六　车5退2

做成绝杀。

（三）搁置、弃舍争速　强行突破后手反先

图三取自王晓华与张晓平1993年全国个人赛弈战局谱。此局证明以下三点：一是集结的方位既有敌空虚的翼侧，也有局面中的某个特定线路，即敌之致命弱线；二是集结需要付出子力代价之时，必先取之于势：争取攻势、服从攻势、为了攻势；三是力争在进攻中抢回失子，做到子势双赢。

12. ………… 炮8进3

火箭凌空起,弱线排炮飞!黑方置敌平车压捉孤马于不顾,以战略眼光瞄准了脆弱而致命的七路线,迅速集结重兵。此手成为全局的转折点、胜利的里程碑。

13. 车四平三　炮8平3　　14. 车三进一　炮2平3

集结求攻势,盯窥不转睛!双炮集结到位,并有车之卡肋,其势非凡!

15. 车八进九　马3退2　　16. 士五进六　后炮进3　　17. 炮五平七　炮3进4
18. 士六进五　车4平3　　19. 相三进五　炮3平1　　20. 炮七进二　车3平2
21. 帅五平四　车2进5　　22. 帅四进一　炮1退1　　23. 炮七退三　车2退2
24. 相五退七　车2平3

至此,黑方必追回一子,取得了满意的战果。因如炮七平八自塞相田则砍边炮,又如炮七平六则车3平4掠士捉双。此后乘红车呆处一隅之机,二度集结兵力,战至32手黑方获胜。

总之,集结战术是攻杀力向目标靠近汇拢的技巧,是部署、运送总攻战力的指挥艺术,是弈战争杀求胜必不可缺少的独特程序,是运兵用兵谋略的精妙动态展示!

正是:空山百鸟散还合,云集千里唱战歌。兵马群体争优势,楚汉沙场铸匾额!

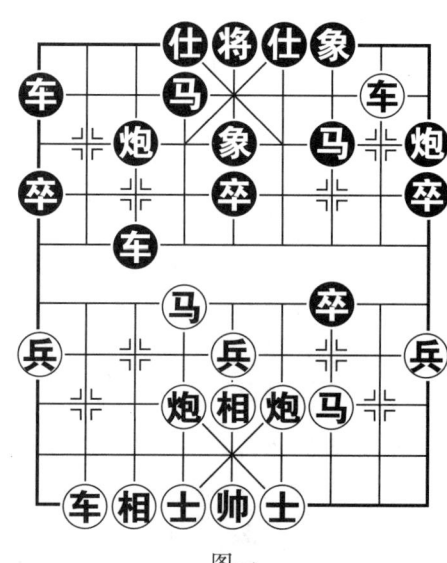

图一

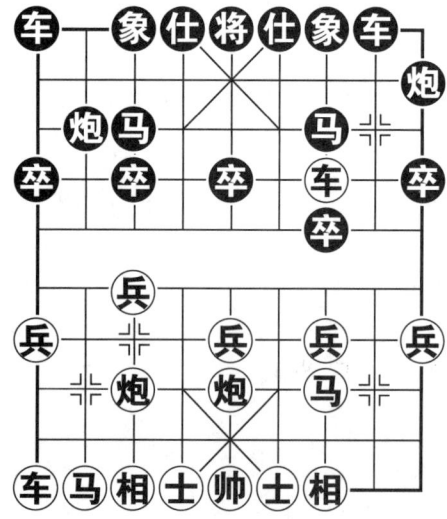

图二 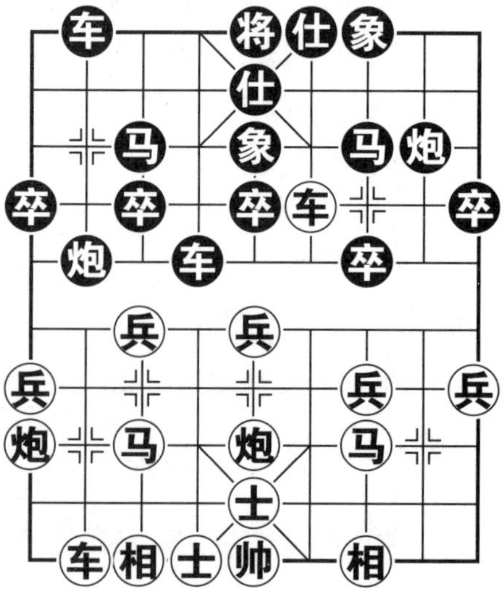　　　　　　　　　图三

91. 风吹草低见牛羊*

——小论潜伏战术

《百战奇略》指出："凡与敌人相攻，若雨雪不止，觇敌不备，可潜兵击之，其势可破。"

潜伏战术系指进攻一方经预先设计、周密谋划，以"孤子""废子"身份，以逃窜、让路、解杀和冒进等名义为掩饰，将进攻兵员提早配置于敌前沿、纵深、边缘或后方某个特定地点进行长期埋伏，以待机执行联络、接应、牵制、骚扰、助攻或歼杀任务的高级配置技巧。

（一）避捉逃遁　潜伏边陲

图一选自卜凤波与胡荣华1996年于上海第三届嘉丰房地产杯王位赛弈战局谱。

18.………… 　马3进1

顺势潜边寨，由此隐姓名！3路马以避捉为由，以软弱为表，潜入边塞，并因其似离群孤雁而给人以无奈无害之感，且由于敌方马炮的围护和车路的幽曲而显得十分安全。在五分钟超快棋弈战中竟有如此高妙的战术配置，实见棋手弈战功力之高、平日用功之多。

19.炮七平八　卒1进1　　20.车六平九　前车平4　　21.相七进五　车4进2

扼亢、逼炮、解围，暗中接应潜伏者，为其结束潜伏期、参与攻城战斗造势打叠。

22.车九平八　炮2进6　　23.车二进五　将5平6　　24.车二进二　将6进1

25.车二退七　炮2平5

炮发号令起，马出玉宫倾！力摧花心，不仅为马开路，而且为马提供最佳的表演平台。子力间的配合，已臻妙境。

26.士四进五　马1退3

潜伏一隅，长达数载，相机杀出，折返钩钓，立摧敌防！敌方纵有双车马炮，概莫能救。真个是：废牌一出惊四座，潜伏八年功千秋！

（二）行进让路　隐伏要地

图二系马国樑与杨官璘1954年于上海弈至23回合轮黑方行棋的枰面。

23.………… 　卒6进1

---

*文题摘自北朝民歌《敕勒川》

本为让路者，竟是潜伏人！黑方明里以给7路马扑中，进而右移发动攻击进行让路为由，启动虎贲，一步到位，暗中隐伏杀手于宫墙要地。同时，7路马之有力进击又巧妙转移了敌方对6路卒潜伏的注意力，使6路卒成为被红方"忽略不计"的小人物，从而使这个随着战局的发展而升变为主力杀手的潜伏者无人管制，十分轻松地隐伏下来。无中生有，有而若无，这是中国象棋弈战技法最高妙之处。此种潜伏，已臻极致，即便慧目亦难以洞察也。

24.炮五平八　马7进5　　25.车二进二　象5进7　　26.相三进一　炮7平4
27.帅六平五　马5进4

双方攻防之交错，为潜伏者提供了一个最佳潜伏环境，甚至可以说，潜伏者之有无存在及潜在的危害，完全被敌军抛甩在视线之外！而黑方此手开始发力，并准备述说潜伏者的战场神话。

28.炮八平六　车2进8　　29.士五退六　车2平4　　30.帅五进一　炮1退1
31.帅五进一　卒6平5

多年潜伏已炼就钢筋铁骨，弱旅因势而强，要地轻舒铁臂，力擒逃窜敌首。正是：敌生警觉盯车马，谁防杀手潜宫墙？

（三）踏捉解将　蛰伏敌阵

图三摘自韩福德与王嘉良1954年于沈阳弈战至34回合轮黑方行棋的局谱。

34.………　　马7进8

沙场离群雁，锋锐斩妖刀！7路马以踏炮解将为名，择点而栖，竟蛰伏敌阵十一载。其潜入之妙，在于极具对敌的迷惑性：其一，踏炮解将给人以十分勉强、软弱无力、缺乏后续手段之感，使敌方视其如草芥，易于疏虞；其二，8路马远离攻杀主战场，似乎背离集中作战原则，易使敌方对其误生散乱之感而毫不介意；其三，8路马所处境地使其十分尴尬，既不能卧槽，又不敢挂角，给人以地不能助其力、特种部队竟毫无战斗力之假象，使敌方更容易对其失于防范。因此，不会有任何骚扰地潜伏下来，它在静静地等候。

35.炮四进二　士5进4　　36.马六退四　将6平5　　37.马四进三　将5退1
38.炮三平五　炮1平4　　39.帅六平五　炮4平5　　40.帅五平六　炮2退7
41.马三退四　将5进1　　42.马四进六　炮5平4　　43.帅六平五　炮2进7
44.炮五平九

黑方在防守同时，不断调整双炮的位置，部署攻城的兵力。而红方在攻杀计划被破坏以后，疏于防范，贪卒致败。现红方弈出此步，足以说明8路马潜伏的致命威胁被棋手完全忽略了，同时也证明了"潜"之深密、"伏"之老到。

44.………　　炮4平1　　45.帅五平六　马8进6

蓄之既久，其发必速。多年之潜伏，累积了足够的杀气，它以极刁钻凶狠的手段扑入九宫，踏士助杀，一举歼敌。真个是：呆处闲置皆学问，击捣踢踏尽良谋！

总之，潜伏战术是战略家先期的兵员配置，是智者运兵用兵的深图，是麻痹敌人、战胜敌人的巧妙打入，是使潜伏者变呆变傻尔后又变凶变强的弈场魔术。

正是：遣派特工计深长，痴呆积年卧榻旁。苍茫战地多韵致，风吹草低见牛羊！

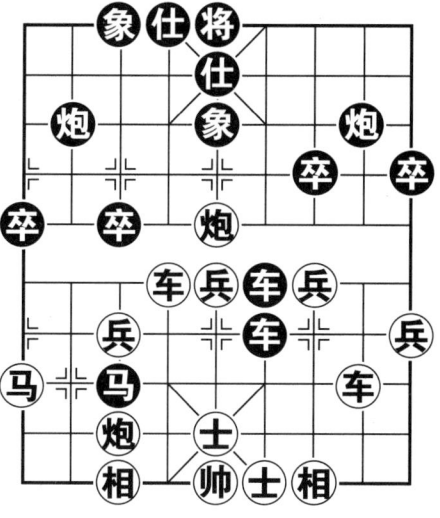

图一

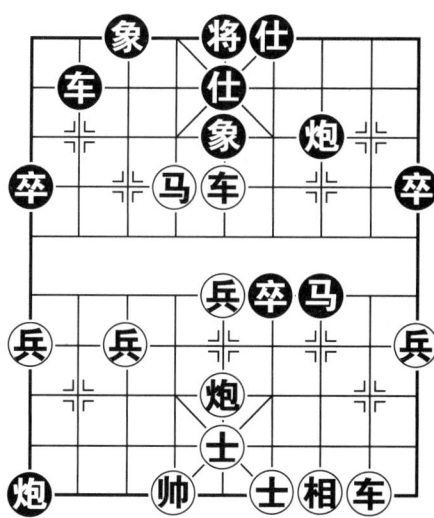

图二

图三

92. 欲将沉醉换悲凉*
——简论兑换战术

克劳塞维茨将军在《战争论》中明确指出："任何战斗都是双方物质力量和精神力量以流血的方式和破坏的方式进行的较量，最后谁在这两方面剩下的力量最多，谁就是胜利者。"

兑换战术系指在两军攻防战斗处于僵持态势甚或己方即将遭攻之际，实施方采取邀兑、逼兑、捉拿、威胁等有力手段，主动兑杀易换敌方处于同一战区担负着重要任务的相同兵种的子力，以达成抢先、取势、得子、弱防甚至入局的战略目的的子力交换技巧。

兑换战术与交换战术同为易换类战术，但二者却很有差异。一是易换的内容，前者仅限于相同子力，而后者却宽泛得多，子、势、时、地等均可以交换，甚至可以交叉易换；

二是在易换的手段上也并不相同，前者多采取邀兑、逼兑的强硬手段进行易换，而后者往往双方"各做各事"，争速、抢点、夺子、取势，互不火力"干扰"；

三是在数量上，前者一般是"一对一"的兑换行为，而交换战术则相对复杂得多：子力易换往往存在一车换二、一车换三等多种交换形式，而以子力同势、时、地等方面的易换，又不存在数量的问题。

弈法雄沉　着意无车斗有车

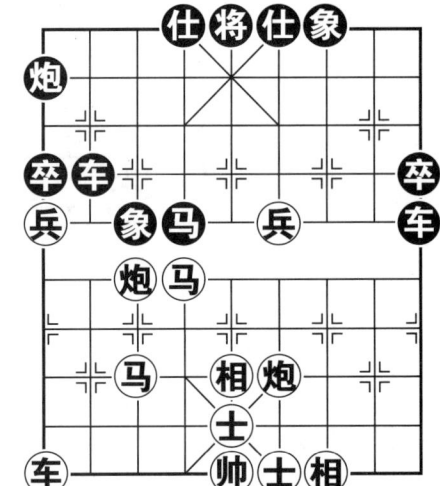

图摘自李义庭与周建雄1956年于上海弈战局谱。

23. 兵九进一　炮1进8　　24. 兵九平八

巧兑换行棋流畅，强对抗着法雄沉！红方连续进兵，以求开通车路，快速参与攻防战斗。敌炮平边后，竟毫无怯意，出敌意外地进兵逼兑，主动演弈无车斗有车。此种兑换，既是信心的流露，也是谋算的决断。

24. ………… 　炮1退4　　25. 马七进八　炮1平3
26. 相五进七

再邀行拼兑，拿下大将军。兑换敌炮，是除掉后患、减煞敌势、争胜速取的关键举措。或者说，兑掉敌炮，红方将进入无严重干扰、无后顾之忧的攻杀境界。

26. ………… 　车9进1　　27. 马八退七　象3退5　　28. 兵八平七　马4进2
29. 相三进五　马2退1　　30. 兵四平五

之后红方打卒、禁马、驱车、剪羽士象，做成杀局。

总之，兑换战术是主动同敌拼兑易换的策略，是敌我相同兵员兑杀出局的精妙过程，是抢先夺势的有力手段，是剪裁、转换的重要内容。

正是：同归于尽决沙场，拼搏精神万古扬。必用赤兔兑恶马，勿将沉醉换悲凉！

---
*文题摘自晏几道《阮郎归》

93. 耐可乘流直上天*

——略论移换战术

移换战术系指在最后决战过程中，以马为代表的尖刀连，在对敌首展开攻击的同时不断地移动变换位置，灵活多变地移影换形，以求取在连续变动中抢占攻杀要点、发展有利形势、创造最佳战机，达成对己更安全更高效、对敌更具威慑力之目的，同时使敌军难窥虚实、难以防范的不断变化的排列配置占位技巧。

移换战术的魅力在于灵活机动，它与"驻占战术"形成绝对的两极分化，它们分别在动与静的状态中各展绝技，演弈春秋。

移换战术与变位战术亦是各领风骚，后者具有变向的倾向，因之具有战略性，而前者多是在某一战区作业，更具有战术性；后者侧重某一步更能展现变位的性能，而前者必须在连续运作中展现移换的风采；另外，变位是马、相等诸兵种皆可实施的手段，而前者几乎就是马的绝技、马的专利。二者相似而绝非相同也。

（一）连续移换　众多卫戍瞠目

图一选自《适情雅趣》第402局"踏雪寻梅"局谱。

游击部队——二路马，在帅、兵的大力支助下，不断移影换形，动静结合，控制威慑并举，单马移换催杀，十分精彩。

1. 兵三进一　将6退1　　2. 兵三进一　将6平5

连续将军，妙施底线耆英战术，逼迫敌首归位，并与帅联手控制中士，禁制敌首，为游击部队施展移换绝技、斩杀敌首铺垫造势。同时此手为马之启动开路导航。妙哉！谁云跬步短？马叹谋划长！

3. 马二退四

两度蓄足杀力，五步变换神功！此手折返双杀，力度非常！同时，为其施展各种攻杀手段提供了一个良好的位势条件，一出蛟龙搅海的精彩演弈已经拉开了序幕。

3. ………　　炮2退1　　4. 马四进六　炮2平4

虽然黑方一着解双杀，但挂角调炮塞象，使炮难离防区，使底象不得补中活士防杀，并趁机移步换形，由双杀、挂角再变成欲卧槽控制、过渡，为入杀打叠。真个是：妙步深千尺，剑锋指一人！

5. 马六退八　卒1平2

---

*文题摘自李白《陪族叔刑部侍郎日华及中书贾舍人至游洞庭湖五首》

塞边象，控炮象，冻结全部防力，逼使河卒横移，以期能够得到遮掩中路、活络中宫的机会。此手尽展游击部队的无限活力、效能与才华。

6. 马八进七　卒2平3

由挂角到顿挫过渡，再卧槽为再挂角绝杀打叠，并同河卒争速夺先。如象1进3，下步马七退六塞象同时做成绝杀。

7. 马七退六

移换步伐，变换杀法，成功之所在也。下伏挂角杀，黑方无以应对。此马在作战中显示了高度的灵活性，在两军胜负关键时刻极限发挥了自身独有的全部功力，不断抢点换位，增加攻击势能，因此，它才有可能带着灵动、带着高效、带着捷报登临了弈战的妙境。

（二）动静结合　构成美妙棋形

图二摘自张青忠先生排拟的《奇峰夕照》第44回合的谱图。

45. 马八进六

移换施近战，开首步绝伦。此手贴靠充架打将，开始了移换的行程。敌将因红方伏有兵四平五、马七退六再马六进八双将杀手段威胁，不敢舔马。

45.………… 炮2平4　46. 马六退七　炮4平2　47. 后马进五　将4进1

通过巧妙的移换，将敌首"提升"至底马小口型钩钓"辖区"之内，将其"定格"在狭区死地，为实施花心致命一击铺垫打叠。

48. 马五退六　炮2平4　49. 马六进七　炮4平2

同线两个小口型钩钓的美妙棋形，弈战罕见！双马彻底"禁锢"了敌首，一切安排都已就绪，为友军花心扑杀敌首做好了完美的打叠。其中底马之静、八路马连续移换之动、四路兵之待机，构成了动静相合、互助互补的战场神话。下伏兵四平五，绝杀无解。

（三）联袂移换　控制点杀敌首

图三取自解建石先生排拟的"十里埋伏"第13回合的谱图。

14. 马二退四　马5进6　15. 马四进三　马6退4　16. 炮二平四

马炮联手移换，劫掠弱防攻杀。在此移换组合中，马在移换同时窥象，炮在移换中塞象断联，为剪羽、清理战场，为空旷九宫、增效挂角马进行正统钩钓，为进一步移换身位、加大攻杀力度，做好了前期准备。

16.………… 马4进6　17. 马三退五　将6进1　18. 马五进三　将6退1

19. 炮四平二　马6退5　20. 马三退四

反复移换，以争得致命一击的位势。现在，距离这个目标已经不远了！

21.………… 马5进6　22. 马四进五　马6退5　23. 炮二平四

充架打将，逼迫扼守入杀点的敌马增层应将撤离，为马五退三点杀敌首立下大功。此局中的二路马移换灵动万端，它增效友军、带将去象，解绊弱防，变换身位，极富节奏感，极具攻杀力！

总之，移换战术是灵活变换位置的长项，是移影换形的绝招，是对要点的连续占领，是丝丝入扣的攻杀手段。

正是：抢点夺位妙手连，灵动游击谱新篇。雄兵善变争高效，耐可乘流直上天！

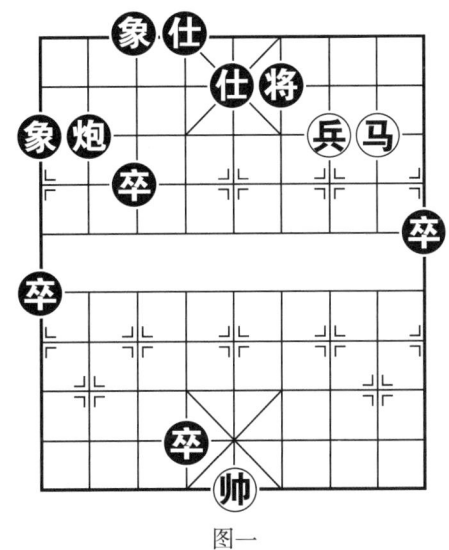

图一

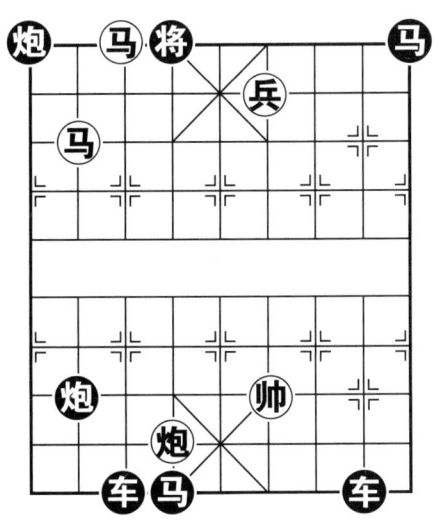

图二

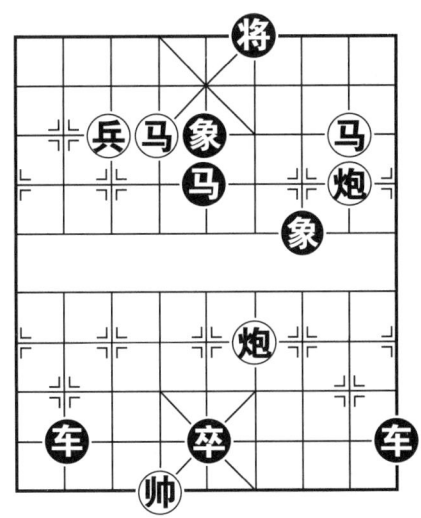

图三

94. 天梯石栈相钩连*

——略论联结战术

（苏）卡尔波夫在《苏联军事战略理论》中指出："任何一个军种或兵种，无论它拥有多么强大的武器，都是不能单独完成全部任务的。"

联结战术系指在强敌威胁、侵扰、逼捉的情况下，相同兵种的两个兵员利用同兵种相同步调的优势，迅速联络并结合成互保互联的有利阵形，增加抗击打能力、对抗能力、互援能力，充分发挥二打一的群体优势，使强敌软化、减效，不敢轻举妄动，同时起到筑垒、充架、阻隔等战斗作用的协作配合技巧。

（一）双马——造设峡谷擒顽敌

图一录自徐天红与柳大华1997年5月于上海全国团体赛弈战局谱。

23. 马八退六

折返步向右，转移心求联！马之退，不怕炮打落于后手，因有联结后的兵三进一的大先手在后；其次，它带有浓厚的奔赴主战场集结的战略意味，闲居非吾志，专求斗豺狼；再次，蓄意造设联结斗车的有利条件，为歼灭敌主力暗中做好深远打叠。有谚云，宁学斟酒意，莫存下棋心。何故？毒也。不仅心肠，而且手段尽皆毒辣也。此谚虽讲待人处世的道理，但从侧面高度评价了象棋战术杀敌谋划之深远与彻底。

23. ………… 马3进4　24. 马六进四

双雄初会面，一霸立惊心！左马到位，暗伏兵三进一欺车夺卒逼马的进攻手段，从而逼迫河车应付。此手隐藏的攻车预谋，开始步入实施阶段。

24. ………… 车8平6　25. 炮三平四　卒7进1　26. 兵五进一

既诱卒冲进，以造设打车的死胡同，又为扑马安排踏点，紧凑巧妙！

26. ………… 车6平5　27. 马四进三　车5平4

疲惫闪躲面憔悴，被动应付心紧绷。强车之所以蜕变至此，双马联结之力是其中决定性原因。

28. 兵三进一　车4平7　29. 炮四平三　车7平8　30. 炮八进七　象5进7
31. 车四进一　车8退1　32. 马三进二

再次妙联结，一举巧擒拿！伴攻其右，暗战于左，后马离心扑进连环，再次将敌车逼入死胡同，使其成为峡谷中的美味。这就是之前所云，"杀敌谋划之深远与彻底"也。以下为炮9平7，炮三平二，车8进2，车四平二，之后红方趁敌军群龙无首之弊，连施逼捉、控制、

---

*文题摘自李白《蜀道难》

渗透手段，至48手再擒一马获胜。正是：两次联结敌车处险，一道峡谷终遭生擒！

（二）双炮——联手强闷目无车

双炮的联结，俗称担子炮。它分为横向与纵向两种。前者在河界线、宫顶线或上二路极具防守力，而后者则在边线藏有下底拴缚车马，在三、七路线伏有背攻闷象等进攻手段。图二摘自陈孝坤与言穆江1981年全国个人赛中残局谱。

25. 炮五平四

造势的强力顿挫，联结之巧妙打叠！此手逼将归位，为联结战术的实施铺平了道路。此局充分展现了双炮联结的美妙过程，以及联结后双炮所形成的巨大威力。

25. ………… 将6平5

逼走之着，如车6平7则车六平四，将6平5，炮四平五下伏车四进二绝杀。

26. 炮九进四 车6平1　　27. 炮四平八 炮1平2

黑方如改走车1平2则炮九进三，车2退4，车六进三杀。

28. 炮九平八

双炮联结，杀势已成，黑方认负。因如车1平2则失车；又如车1退4则炮八进三，车1平2，再炮八进七绝杀。正是：势成擒拿将，炮联羞辱车。

（三）双相——河界壁垒生杀气

图三选自徐天红与陶汉明1998年1月于广州五羊杯赛弈战局谱。

21. 相五进七

一飞惊河界，双联蕴深谋。此联结战术妙手具有多种战术功能，意涵深厚。首先，它联相固堤，以河道单体工事为炮充架，逼敌应付，否则3路线将遭致重创；其次，为炮开路，使驻扎之炮立刻呈现出进攻态势，过宫打车争先；最后，如敌应付得当，还可起到让出点位的效用，使炮威镇中路，暗助双车侵宫破敌。一言以蔽之，联结战术的巧妙实施，立刻拉开了由对峙转入进攻的大幕，立刻将敌方三强逼到防守的被动地位上，从此再无柳暗花明的愿景了。

21. ………… 马4进5　　22. 炮三平五 象7进5

黑方如象3进5则炮五进四，士6进5，车一平五掏心杀。

23. 车一平六 车6退3　　24. 车八平六 士6进5　　25. 后车退四

捉马绊马，暗伏打死车，联结的功效在持续发酵。真个是：杀敌须狠手，得势不饶人！以下是，车3平4，炮五平七，将5平6，炮七进七，将6进1，前车退三，马5退4，炮七退一，将6退1，车六进二，红方多子胜定。

总之，联结战术是兵种内部的兵力整合，是小型武装集团的及时组建，是互保互联生命共同体的火线孕育，是增效生威、克敌制胜的非常手段。

正是：成网夺势意缠绵，双雄傲世立前沿。珠光玉气交辉映，天梯石栈相钩连！

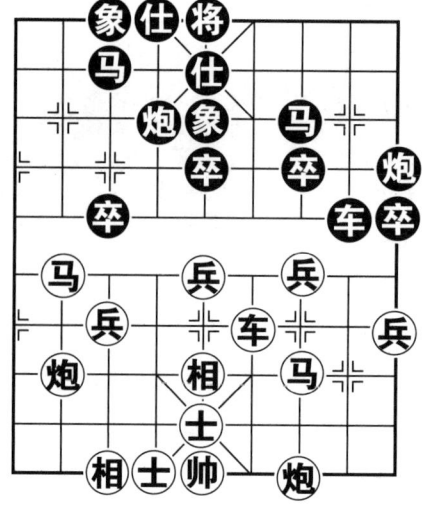

图一

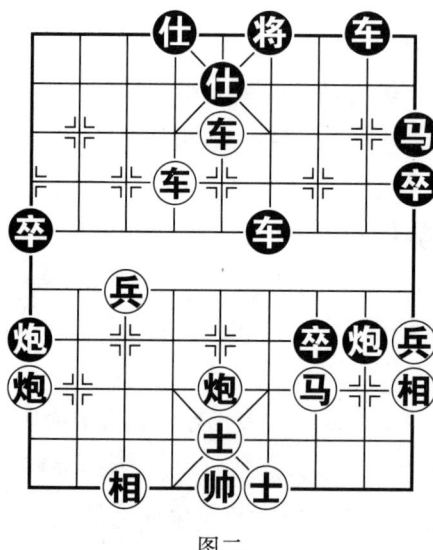

图二

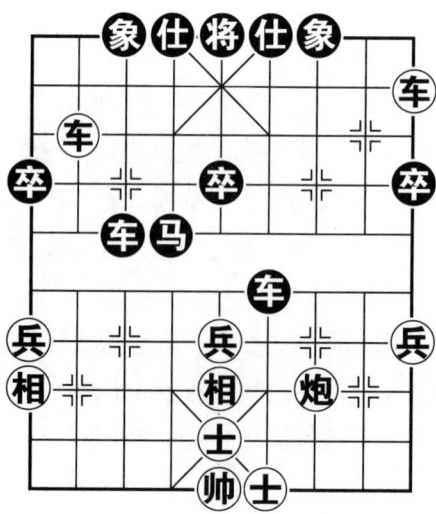

图三

95. 总把新桃换旧符*
——试论替换战术

1951年8月1日，毛泽东主席在致中国人民志愿军司令员彭德怀元帅的电文中指出："以二十兵团替换九兵团一个军或两个军的部署甚好，但九兵团的主力仍以作九月战役的第二线兵力为宜。"

替换战术系指在大型攻防战役中，实施方派遣精干之师，在相关部队大力配合下，采取抽占、逼打、叫将、让位、隔射等强制手段，接替交换原来执行某种特殊作战任务的相同兵种或不同兵种甚或不同隶属的兵员——包括暂为我方效力的敌兵员，以便达成新的配置、变更新的作战部署、实现更加有利攻杀的军事调动，使被替换出来的己方兵员，更为出色地执行更重要的军事任务，并夺取最后胜利的高级运筹技巧。

（一）前线后防两次替换　铸造不朽杀法经典

图一选自《适情雅趣》第24局"垂缰救主"正解着法第10回合的攻防谱图。

11. 马四进六

同兵种不同位置的有力替换！这之前，二路马卧槽，请出了敌将，四路马带将换位，清除了中卒"路障"，一系列准备工作完成之后，八角马履险上岗，替换了三路马，使卧槽马对敌将的一点控制变成了全方位的钩钓控制，加大了禁控力度，并帮助被替换下来的三路马完成了角马所不能完成的敌宫穿插、摧毁路障、斩杀护卫并再去替换更有杀伤力的主力杀手的多种战斗任务。此替换妙手之设计，精妙绝伦，为本局一大精彩华章。

| 11. …………　士6退5 | 12. 马三退四　士5进6 | 13. 马四退六　士6退5 |
| 14. 后马退四　士5进6 | 15. 马四进三　士6退5 | 16. 马三进四　士5进6 |

在四路炮与八角马的巧妙配合下，此马开始进行敌宫穿插，为尔后被它替换出来的杀手扫清障碍，谋划极为周到严密。

| 17. 马四进六　士6退5 | 18. 前马退四　士5进6 | 19. 马四退二　士6退5 |
| 20. 马二退四　士5进6 | 21. 马四退三　士6退5 | 22. 马三退四　士5进6 |

23. 马四退六

车马绝妙替换，橘枰顿时生辉！马带将妙退于敌强大火力之下，妙退于敌我对峙缝隙之中，替换身处危难、被敌锁制之车，大义大智大勇，无与伦比！这是不同兵种的替换。它最大限度地发挥了火箭部队长距离一步到位、立即摧毁敌军目标的战斗作用，下伏车七进八杀。此乃本局中第二个替换妙手，它绝佳配合、极度增效，成就了完美的最后一击！

---
*文题摘自宋·王安石《元日》

此种高级替换，充分展示了中国象棋战术手段之精妙，充分展示了中国智谋文化之深邃。个别喜欢对中国象棋说三道四的人，面对此等精妙战术组合，您不感到心虚脸热吗？

（二）杀敌双雄前仆后继　替换上岗各施绝技

图二摘自《适情雅趣》第159局"前后绝伦"谱图。

1. 车四进七

在敌即将一步成杀的紧急关头，肋车义不容辞，奋勇献身造势，它不仅逼将出宫，使敌首浅露，进入马的火力杀伤区，而且为边炮让出最佳点位，为马双炮步步追杀敌将做好了巧妙的战术铺垫。

1.………… 将5平6　　2. 马三进二　将6平5

如将6进1则炮一进六杀。

3. 马二退四　将5平6　　4. 炮一平四　炮5平6　　5. 炮五平四　车4平6

两炮叫将先后有序，使替换战术的实施有条不紊。此手，当着车面叫杀，妙演殇决战术，为实施替换战法进行战术打叠；此手，及时造设后炮过渡条件，妙施射点战术，将前后炮替换变得十分流畅。以上铺垫打叠，涵盖了造设战术、钓猎战术、挂角战术、联攻战术、殇决战术等，呜呼！叫杀兵员勇，替换内涵深！

6. 炮四进二

前后炮前仆后继，后炮则借敌炮为台架、敌车为射点，飞身过渡，接替前炮，巧妙完成了马炮妙杀。此手替换，既有过渡战术之速，又有卷击战术之势！决定性时刻，妙施前后炮替换，击毙戎首，真"前后绝伦"也。

（三）一炮三架及时替换　飞马闪击沧海腾蛟

图三录自《适情雅趣》第134局"沧海腾蛟"谱图。

1. 马六进七　车2退8

悍勇叫杀，以杀相胁，拖曳敌车，逼其离位，以使4路卒失去保护，为后续实施手段做好安排；同时此手为一路车让出点位，以便继续追杀敌首，在肋道大做文章。

2. 车一平六　马6退4

舍生忘死，连续进行战术打叠，边车再以杀相逼，迫使敌马踏车，以达成逼马让路、充架之战术目的，为妙施替换战术做好了充分的准备。

3. 炮一平六　马4退3　　4. 炮六退五

在两回合较量中，红方以车马炮的惨重代价，出色完成了由敌架到己架的替换过渡。短短几个回合，却演弈了替换战术铺垫打叠的精妙过程，阐释了力与势的辩证关系。没有战略家的宏大气派，是不可能以车马炮之失来争势夺势成势的。

4.………… 马3进4　　5. 士六退五　马4进5　　6. 马四进六

攻杀场面出现了台架的多元替换：由己马替换己士，即由更加灵活并能渡河作战的兵员替换相对呆滞的兵员；同时己马同敌马交互替换充架，攻杀与防守、主动与被动，在肋道要线激烈角斗，煞是好看。

6.………… 马5退4
7.马六进八 马4进2
8.马八进六 马2退4
9.马六进四 马4退6 10.马四进六

红马以钩钓要杀相胁迫，将敌马逼入暗地，结束了敌我双方充架、撤架、逼架、换架的生死争斗，巧妙擒杀戎首。

总之，替换战术是兵员之间巧妙配合的艺术，是使兵员在位置、作用的相互变化中增效生威的技巧，也是全局性的灵活机动的高级用兵术。

正是：换岗义士眼界宽，腾出虎贲斗敌顽。活力再续凌云志，鹰鹫展翅击破天！

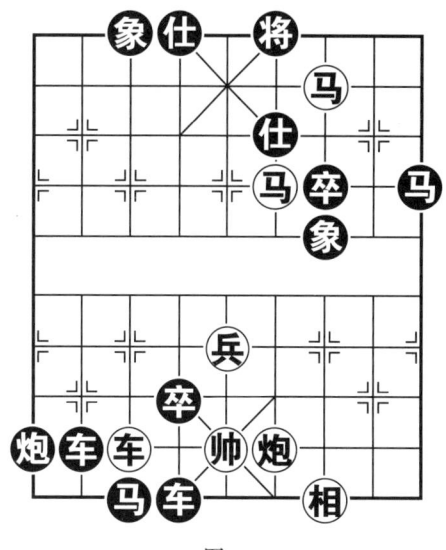

图一

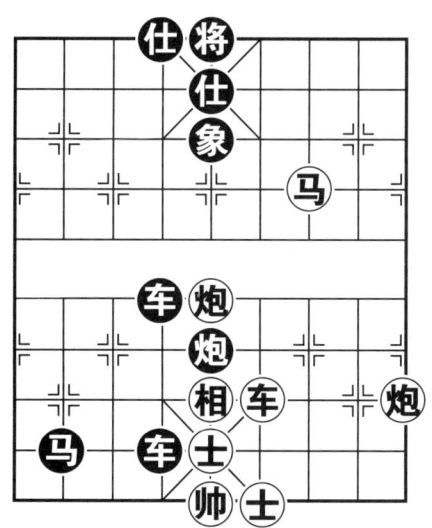

图二

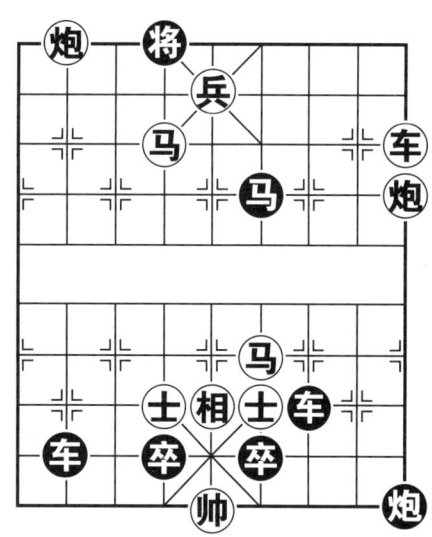

图三

96. 新春残腊相催逼*

——小论逼兑战术

《百战奇略云》："凡与敌战，若地利已得，士卒已阵，法令已行，奇兵已设，要当割弃性命而战，则胜。"

逼兑战术系指在攻防双方陈兵对峙或敌欲抢先发难情势下，进攻兵员从战略需要出发，不怕牺牲，采取揳插挑双、扑前盯咬、威胁夹击、叫将伏杀、要挟取利等强制手段，逼迫对方兑换子力，从而达到消灭守敌、铲除元凶、削减敌势、简化局面、明朗胜路等争先夺势战略目的之强行交换子力的技巧。

（一）揳插挑双　纠缠局面见高低

图一选自赵国荣与胡荣华在第三届三楚杯名手赛上的弈战局谱。

44. 马八退六

藏匿、窥车、暗伏闪击拼兑。如任车六进四砍士打将，然后踏车，红方将简明获胜。

44. ………… 车3平1　45. 马六进四

暗兑不成求邀兑，以求取兵种、净多三兵的两项优势。

45. ………… 马7进5　46. 车六进一

妙兑强车兵势起，大振群威潜力增！以有根车揳插挑双为强力手段，以中马得失相要挟，逼敌相兑。此逼兑妙手为暗兑、邀兑、逼兑一条龙流水作业，它有效简化局面，迅速取得净多三兵的胜势。暗兑，敌方可以转移化解；邀兑，敌可以拒之避之；唯逼兑一手，却不可回绝：宁愿同下一车，怎肯白丢一马！此手一出，车以与敌同归于尽的代价，托起后续之伟力，凸出不可逆转之胜局。车去而三向兵势大显，极具水落石出之妙。其一招制胜的上佳功效，成为逼兑战术的优美赞歌。

（二）冒死扑进　瓦解攻势见忠烈

图二录自陈柏祥与刘剑青1963年于成都弈战局谱。

33. 马三进四

双重火力嚣张日，战局拼兑亟须时！上回合红车捉马，黑方置若罔闻，暗中却组织炮火，叫板中路。自第二回合启动后，三路马一直忠于职守，岿然不动。现战事紧急呼唤后续，战马冒着车炮双重火力，挺身而出，立盯中炮，逼迫强敌改变发动中路攻击的凶险计

---

*文题摘自柳永《归朝欢》

划，强逼子力交换，扩大先手。倘若改走车六退二，则炮6平5打车伏杀，红势顿颓。

33.………… 炮6进3　34.车六退二　车6平8　35.车六平八　士5退4

36.车八进八　士6进5　37.车八平七　炮6退3　38.车七退二

暗窥象位抢夺子，监管角炮难平中！此手含蓄有力，使敌从此陷入难以解脱的防守泥潭。

38.………… 炮6平4　39.士五退四　车8平6　40.车七退一　炮5平4

41.兵七进一

在敌三大兵员被牵拥塞之际，及时启动备补兵力，渡河作战，壮势扬威，它平移河界，助车砍炮，从而迅速解决战斗。

总之，逼兑战术是以自身为代价消灭强敌的非凡勇气，是争先夺势、除恶求胜的极端手段，是人类英武精神与果敢品性的光辉折射，是对生命理解与把握的不朽颂歌！

正是：强力夺势方罣地，征尘洗面赤子心。为求报国何惜命，舍身拼掉大将军！

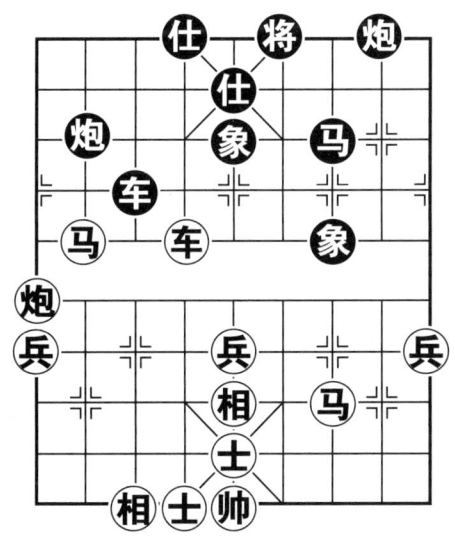

图一

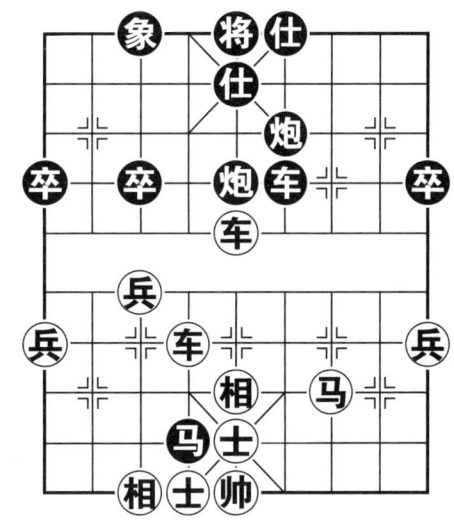

图二

97. 凤阁龙楼连霄汉*

——略论接应战术

《增补曾胡治兵语录》云："湘军之所以无敌者，全赖彼此相顾，彼此相救，虽平日积怨深仇，临阵仍彼此相顾；虽上午口角参商，下午仍彼此救援。"

接应战术系指实施方根据攻防计划的安排以及战事的实际需要，及时派遣增援部队到指定地点，同先期抵达的先遣部队、特工人员或处险兵员接头联络、呼应配合、协同作战，共同完成特定攻防任务的接触联络技巧。

前军接应　反拴制敌获胜

图取自喻之青与张录1981年全国团体赛弈战局谱。

57.………… 卒5平6

肋道纷争起，前后巧接应。红方车炮强势拴缚角炮，角炮九死一生。在防守部队即将遭到灭顶之灾的时候，前锋部队以巧妙的手段有力进行生死接应，反以其道制敌，一举占得优势。

58. 帅四进一　车3平6

以卒破士，调高敌首，平车抠将，前赴后继杀入纷争之地，当着敌炮的面巧施反拴缚手段，增援后方，立使防守部队军心大振。

59. 帅四平五　将6平5　　60. 炮四退二　炮6退2
61. 车四平二　车6平5　　62. 帅五平六　士5进6

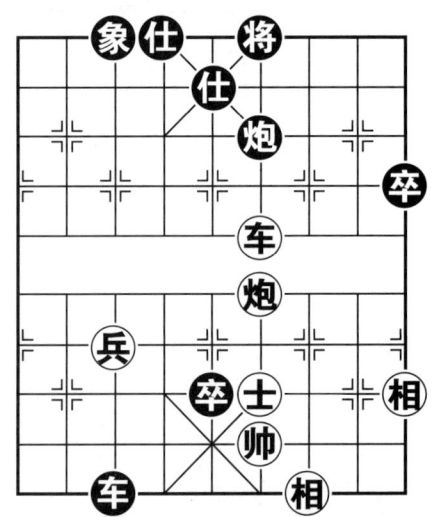

支士充架打炮同时，亮将占线，下伏车5平4抠杀，胜定。

总之，接应战术是"急所"发出的呼唤，是援兵用行动的立马回答，是不同战区的兵员联络衔接的艺术，是抑敌夺势的专家。

正是：前军后营征腐恶，兵种步调妙组合。凤阁龙楼连霄汉，天马野炮接战车。

---

*文题摘自李煜《破阵子》

98. 不尽长江滚滚来*

——略谈承接战术

若米尼将军在《战争艺术概论》中指出："要想获得成功，其最困难同时也是最可靠的方法，就是要善于使用第二线的兵力去支援第一线，使用预备部队支援第二线。"

弈战中的承接战术系指战局启动后，实施方将兵力纵深梯次配置，主力开路导航，输送接应，中短程火力前后顺承，紧密衔接，鱼贯前进，左右两翼兵员亦勾联响应，层层推进，以确保主战场拥有足够的优势兵力，确保战略打击的连续性、有效性和彻底性的进军方略。

前军卡肋牵引拉动　后队冲杀云涌浪掀

图录自《自出洞来无敌手》"自"字第五局的局谱。是局红方第一梯队深入敌宫要地、卡钳扼允，具有极大号召力和带动力。第二梯队雄踞河口要津，预备队双炮车随时待命出征，呈良好承接态势。

12. 马八进六

叼车入界，威胁奔卧，是第二梯队对前锋部队的有力承接，同时，它之启动不仅加重了卡肋车的分量，而且对前军待援的意向表明了态度。

12.………… 车3平2　13. 马六进四　炮5平6　14. 炮五进四

前车卡肋禁将使马之奔袭目标明确、杀气浓烈，同时马之奔槽又逼敌自阻，为中炮打卒飞镇创造了条件。前后承接协调之妙，俱在彼此默契之中。

14.………… 象7进5　15. 炮八平五　马1进3　16. 前炮平六　马3退4

17. 炮五进五

前军临危不惧，视死如归，为前炮腾挪要路、为后炮赢得射点、为下伏炮五平三妙杀，争得宝贵先机！而八路炮择位、发射、做杀的连续行动，承接紧密，效率极高，充分发挥了第三梯队的战斗作用。短短六个回合演弈，却露透着承接的无限魅力，蕴涵着用兵、运兵的超凡谋略。

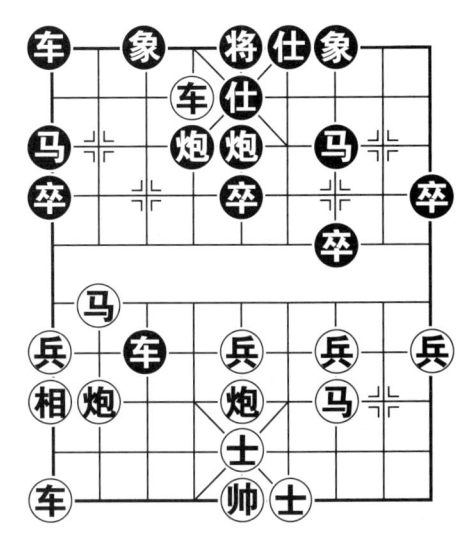

总之，承接战术是在行进中进攻兵员之间内在联系的艺术，是各种攻力连续接近并作用于攻击点的艺术，也是兵员向预定点进发的动态配置艺术。它使进击中的各兵种在推进、联络和配合过程中，达到了水成潮、环成链、兵成队的一条龙境界。

正是：无边磊石千仞下，不尽骠勇四方来。但问守敌何以对？白旗卷伏城自开。

---

*文题摘自杜甫《登高》

99. 千金纵买相如赋*

——简论交换战术

（英）蒙哥马利在其回忆录中写道："在战争中，士气是唯一的最重要的因素。战时使士气旺盛的最好办法是打胜仗。优秀的将领是以尽可能少的伤亡去赢得战役的胜利。即使伤亡惨重，只要打了胜仗，官兵们知道这些代价不是白花的……"

交换战术系指在两军攻防处于僵持态势情况下，进攻部队为打破平衡、取得局面上更大进展，果断采取弃舍、兑换、除恶、引离等有效手段，以相同或实力相近的子力同对方交叉换易，或用子力换取要塞，或用子力换取时间，以造成敌阵空虚、目标浅露、子力失联等弊端，使己方在军事上、度数上、空间上由劣转优、由守转攻甚至抢先成杀的各种元素进行交叉换易的技巧。

交换战术与弃取战术的不同点在于，后者为强行弃舍，尔后巧取之；而交换战术则同敌直接进行换易，这种交换有时是主动进行交换，有时选择权虽在敌，但敌被迫非换不可，经敌"配合"尔后达成。

（一）诱逼交换设计精巧　优势兵力独掌胜机

图一录自许银川与赵国荣1994年于哈尔滨高科杯弈战局谱。是局黑方炮镇中路，保持战略威慑，右炮封锁马路并暗窥敌之底线的同时，随时策应左翼，使7路马在空门一柱擎天，而骑河车将立即配合卒3进1发动攻势；而红方强子虽多但处偏远。面对此种局面，红方采取了人所难料的奇特交换手段——

20. 马二进三

逼交换凸显强势，巧安排赢得胜局。扑进入界欲行切入骚扰，并淡淡威胁镇中恶炮，诱引右炮逼打，为车捉炮压马、消削分散敌军，变敌伺机反扑为孤军防守，做了精深的战略性打叠。此手使敌少子之弊端愈发显露出来。

20.………… 炮2平7　21. 车二退二　炮5进1　22. 车二平三

经过不同兵种的巧妙交换，黑势消削，孤马无援，前锋荏弱，而红方已呈现出持久战之优势。

22.………… 车7进2　23. 相三进一

面对黑方设计的打车叫闷反攻图谋，按预定方针从容巧妙化解。

23.………… 车7平9　24. 车三进一

不怕敌之威胁，杀马弱敌，再次实施交换战术，以彻底粉碎敌军反攻计划。

---

*文题摘自辛弃疾《摸鱼儿》

24.…………　炮5平7　　25.炮五进五　象3进5　　26.炮九进六　象5退3
27.车三退二

除根引根炮浅露，救援增援车挺脱！强车处险而无恙，敌军夺车计划彻底破产。之后再以打象叫闷手段，逼迫敌进行同兵种交换，形成车马兵双士对车双卒双士的优胜局面，战至50手红方获胜。

（二）交换赢得战略先手　消削敌防紧凑入局

图二取自阮仕仟与赵汝权1995年第十四届省港澳埠际象棋赛实战局谱。

25.车六平三　车2进5　　26.车三进四　车2平3　　27.士四进五　车3进1
28.车三进三　车3退4

同为风拔木，其势有短长！表面上黑方与敌在两翼各交换一炮一相（象），但其中深藏奥妙：其一是实施交换的过程有内涵，有力度。比如车2平3一手之后，即隐伏卒5进1再马6进4的叫杀手段；而车3退4一手则暗伏转移捉拿右相为过渡的组杀手段，均对敌具有巨大威胁性。其二是交换后黑方马卒不仅灵活，而且极富杀力，对敌宫构成潜在巨大威慑，而红方兵马则处境尴尬，表现呆滞，成为红阵的心病。其三是炮相之交换极大削弱了红方守力，为反攻决战做好了充分准备。

29.士五进四　车3平4　　30.车三退三　马6退5　　31.车三平一　车4平7
32.相三进一　车7平8　　33.士四退五　车8进4　　34.士五退四　马5进4
35.士六进五　卒5进1

以下伏卒5进1逼杀。正是：交换得势，皇宫内风狂雨骤；总攻顺畅，瞬间里围城拔旗！

总之，交换战术是敌我子力间的军事交易，是取势争先夺胜之良方，是战略家谋划全盘的用兵术，是兵员拼兑搏击所迸发出的耀眼辉光！

正是：交换自古大于天，商贾取利岂是奸？千金纵买相如赋，三军巧夺霸王鞭！

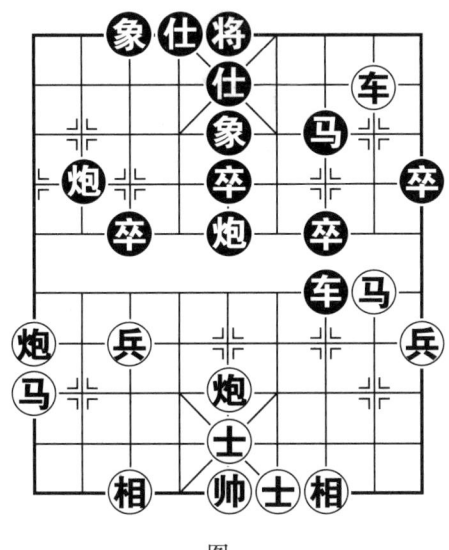
图一

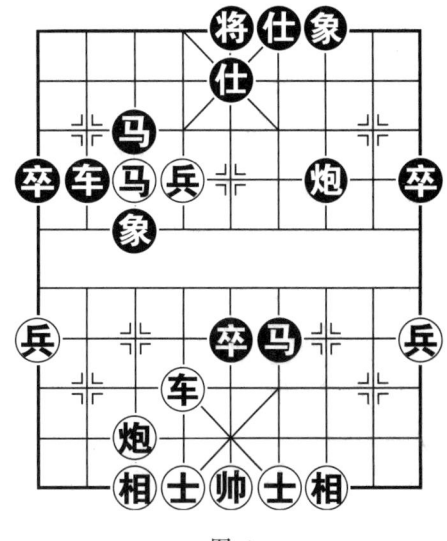
图二

100. 御厨络绎送八珍*

——简论补偿战术

《曾胡治兵语录》有云："军事之要，必有所忍，乃能有所济，必有所舍，乃能有所全。"

补偿战术系指在复杂的攻防战中，施动方对局面中的某种损失，主动采取弃取、搁置、转换与强夺等有效斗争策略，以取得争速、得子、取势和争先等局面效益，弥补和代偿之前出现的损失与缺憾，从而使心理上更加镇定平和，使攻防局面趋于均衡，甚至使战局逐渐向己方倾斜的弈战诸元素之间调节平衡的谋划艺术。

补偿战术同弃取战术的异同点主要在于，后者专指子力上的先弃后取，并从中获得局面利益，前者则指子力、位置、速度、先手、功效、局势等元素的相互交叉转换与抵补；后者一般情况下都是主动的有计划的，采用一条龙方式实施的，而前者则复杂得多——既有主动的又有被动的，既有逼迫的又有预定的，而且补偿的内涵丰富，不像弃取战术在子力同一元素的失与得转换上来得那样单一。

连弃马车　换取中路罩镇铁势

图选自惠颂祥与沈芝松1963年于上海弈战局谱。

16. 马五进七　象5进3　　17. 炮五进三　象3退5

敌卒相逼，弃马引象，减层弱防，从而先手取得中炮压镇窝心马之攻势。红方巧妙演弈了以势补偿主动弃子所造成的损失，攻速因之加快，可以说，补偿大于损失，而且此补偿技法还在悄悄继续。

18. 车六进二　马7进5　　19. 马三进四　炮9进1　　20. 马四进五

再舍统领官，竟夺攻杀势！如果说前一补偿还带有被逼迫的成分，那么，此手补偿则是主动的选项了。在第16回合弃马争先而少一强子情势下，红方已把攻杀提升为第一要务；而敌方也力图上马垫厚中路，再升炮打车，借以改变中路窝心弊端，达成以多打少战略企图。在中局攻防局势转换定型的决定性时刻，红方再施补偿妙手，对打车一手置之不理，算准以敌马炮之获得与中炮压镇窝心马的攻势的双重补偿，完全能够克敌制胜，妙写春秋，遂马扑中路，夺马窥炮。屠景明先生对此步高度评价道："惠方弃车，搏兑马、炮，很有胆识。已算准有中炮镇压对方'窝心马'的优势，可以控制全局，从而妙用马、炮构成一则精彩杀局。"

---

*文题摘自杜甫《丽人行》

20.………… 炮9平4　21.马五进七　车1平2　22.马七退六

在踏炮并为己炮减层、力助中路压镇态势之后，折返河界纵横护炮，使敌车企图搅扰中炮的进攻线路全部封闭，有力捍卫了中炮压镇、制敌、伏杀的战略地位。得此补偿，红方三剑客遂可游击中原，连施卧槽、挂角、闷宫绝技，从而构成妙杀。

22.………… 炮4进1　23.炮五进一

敌欲增层活马，红则紧靠逼压，并为马右移扑杀做好战术打叠。

23.………… 车2进5　24.炮七进一　车2退3　25.兵七进一　车2平3

26. 相三进五

高马强势车减效，低相飞起炮增根！车捉马炮看似严厉非常，但马护炮，炮制车，强车不强，何以如此？实乃连续妙施补偿战术所致，非其不勇矣！以下是，炮4退2，炮七进一，卒1进1，马六进四，炮4平1，炮五退二，车3退2，马四进六，炮1平4，马六退五，炮4进1，马五进六，车3平4，炮七进五。正是：补偿助杀炮成霸，弱旅因势马变龙！

总之，补偿战术是扭转亏损局面的战略谋划，是稳住阵角、稳定军心的强势举措，是弈战诸多元素之间的交叉转换，是弈坛铁腕争先夺势的不朽力作！

正是：局面应对谋虑深，幼苗初旱雨纷纷。谁见龙体曾病弱？御厨络绎送八珍！

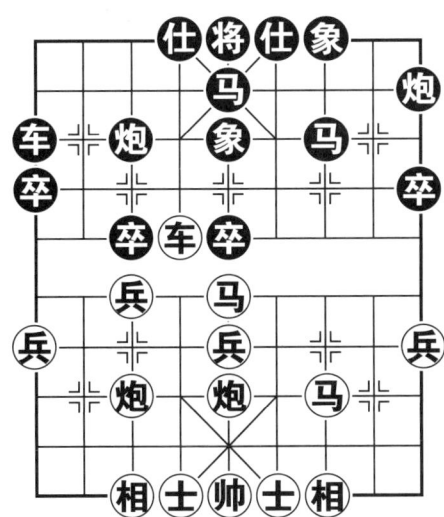

101. 红莲相倚浑如醉*

——试论贴靠战术

克劳塞维茨将军在《战争论》中指出:"在军队主力极庞大时,可以把行动不便之主力控制在稍远的后方,可以让一支运动灵活的军队停留在敌之近旁。"

贴靠战术系指在攻防战中,进攻部队及时抓住敌阵的弊端和驻扎的弱点,先敌派遣精干部队,对敌之将欲开拔发难或暗中威胁我首脑机关的兵员,强行近贴挨靠、挤逼接触,极尽纠缠、限制、迫压、跟踪、阻滞之能事,极大缩小敌活动空间,降低其作战能力,破坏其战略部署或歼灭敌有生力量的近战技巧。

(一)连续贴靠 夹控中炮逃无路

图一选自柳大华与陈鱼1996年于宁波弈战局谱。这是一场无车的缠战,在第18回合炮三平二实施贴靠手段终止了黑马前进的脚步以后,再连续妙施贴靠战术,为监禁歼杀中炮、夺取军事优势,立下了大功。

24. 马三进四

马怕贴身,亦善贴身。主动放弃对黑方边马的控制,暗中为掠夺中象而扑进敌界,因伏炮二进六打将、兵五进一驱炮再马四进五夺象的手段,又伏有先手对炮实施贴靠,继而合围歼杀的行动计划。两套作战方案,并存于一手棋之中,其行棋效率之高,其令敌难以防范之双胁,皆属上乘!而敌马似乎也找到了改善子境的机会,趁机折返阻挡,不期厄运正向它走来。

24. ……… 马9退8　25. 马八进六

左右骠勇贴靠挟持,面前尖刀顶胸威逼!此手使被夹控中炮之子境急剧恶化,它纵有上天入地之术,亦难以逃脱厄运。此局面,展现了贴靠战术的无比威力!

25. ……… 马8进6　26. 前炮进六　士5退6　27. 兵五进一　象5进7
28. 马四进三　马6退8　29. 前炮退三

在巧妙破坏黑方施救计划之后,再次实施贴靠绊阻,使敌马邀兑活炮企图梦断黄粱。中炮行将活活被歼,残部无心恋战。此局,贴靠战术实施得深邃、巧妙,堪称典范!

(二)迫压贴靠 三军团定格防区

图二摘自赵汝权与胡荣华1977年于菲律宾弈战局谱。上一回合炮4平5要杀,红则车三平五垫厚中路、防杀反捉,形成了此攻防局面。

41. ……… 炮5进3

---

*文题摘自辛弃疾《鹧鸪天》

贴靠天地窄，潜在是非生！此乃生根、迫压、禁制、夺势之贴靠妙手，它不仅使红方车马闪击捉炮窥车之奢念化为泡影，而且使车马炮联军龟缩一团，丧失机动权。此手贴靠，不仅给红方带来抑压紧缩之苦，而且遭受到日益严重的3路卒即将步步进逼要杀之威慑。红方各位大员木然相觑，概莫能动，全盘仅七兵一子能够进行无效移动，根本无碍于3卒的凶猛进击。此手贴靠，妙在以防捉防闪击为其表、以全局遏制为其实，明防暗攻，攻防兼顾！

42. 士五进六　车3平4

红方侍卫不甘于坐以待毙，强烈要求疏散活络，调整防御工事结构，以图顽抗。黑车则针锋相对，力砍肋炮。如帅五平六，则车4进2，帅六平五，车4平5，带将砍士杀马掠车，红方无力续战。真个是：贴靠术风光无限，龙泉剑游刃有余！

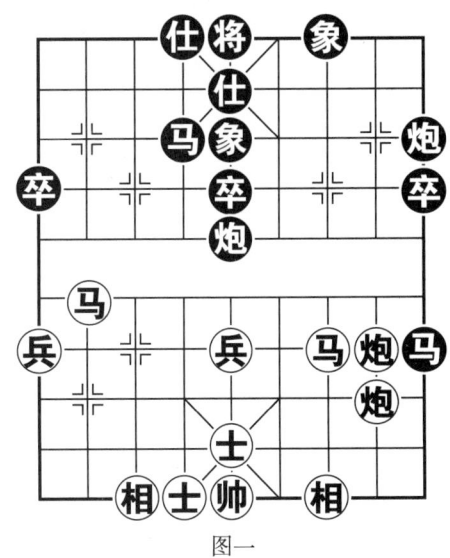

图一

（三）强行贴靠　扰敌变向夺先机

图三录自王斌与张申宏1997年全国个人赛弈战局谱。

1. 马二进三

争先伏杀铺路英烈，窥将扰车破坏大王！此乃暗窥、搅扰、逼车变向、破坏敌偷袭反扑计划、争先、伏杀等多功能贴靠妙手。它轻灵、机敏、潇洒，它金光闪耀、力拔千钧！它使强敌改变方向，使车6进8、平4抠将再马2进3的偷袭计划归于破灭，从而为车六进五做杀争得一机之先。而在敌车眼里，贴靠之马简直就像一个生死不怕的泼皮无赖，极尽限制、搅扰、破坏、缠磨之能事，使敌车大好春光混暗一片，大有闹心炸肺之感，吃与不吃均难以挽回败局。

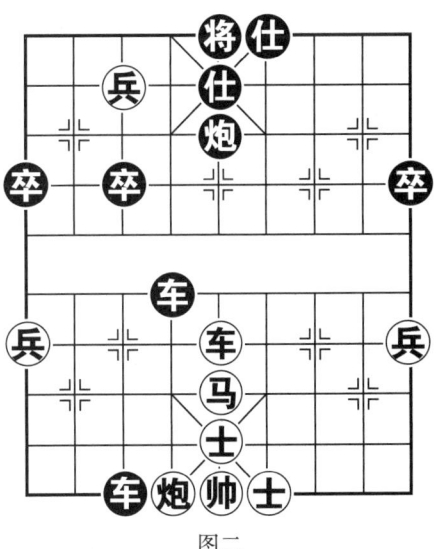

图二

此手贴靠，精彩演绎了贴靠战术实施的时机、目标与功效，它滞敌扰敌误敌、争先夺势、助攻抢杀、创机争时之战力，天下无双！它不怕牺牲、贴靠扰敌、甘愿奉献、服务大局的宝贵精神，与日月争辉！此手充分证明了：贴靠战术是制伏强敌、打开局面的灵丹妙药！

总之，从以上三例可以看出：贴靠战术是抑敌夺势的有力手段，是以近制敌、以柔克刚的占位技巧，是迫敌不得有效机动、不得增值发力的缠磨方略。

正是：斗士蔑然近虎狼，贴挨触靠皆文章。红莲相倚浑如醉，别有杀机暗中藏！

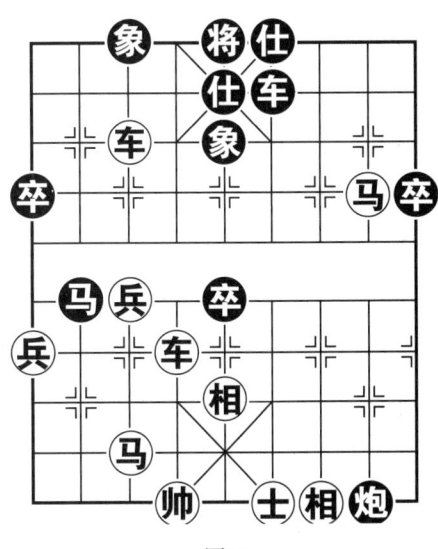

图三

102. 丈夫不作寻常死*
——试论邀兑战术

克劳塞维茨将军在《战争论》中明确指出："把整个军事行动看作是个人的决斗，才是形成一切优秀用兵之核心。"

邀兑战术系指在攻防交错的复杂局面下，实施方本着以攻代守、以攻制攻的策略，以子力向敌方相同兵种子力主动邀请求兑交换，虽兑与不兑的决定权在对方，但通过此举过渡可达成占领要津、驱逐敌兵、断联制孤或暗伏夺子抢攻之企图，从中获取战术利益的邀请兑换的探试逼迫技巧。

邀兑战术与逼兑战术，二者均是以兑论事，但二者在主观态度上、在对敌方的逼迫程度上，却大不相同。相对来说，前者比较宽松，给对方较多的选择机会，其可以权衡利弊，选择应"兑"的方案。而逼兑则强行逼迫敌方接受，没有"商量"的余地，不兑不行，敌若避兑，轻则失子，重则遭攻失势甚至失败。虽如此说，邀兑战术里所含欺逼的成分仍是不可忽略的，是令敌难以接受的。

破坏联络　打车夺子演双胁

取自许银川与杨官璘1993年于珠海弈战局谱。

28. 马九进八

边塞出义士，邀兑破连环！此手邀兑，破坏连环，以孤立强夺3路马，并暗伏引离河马、为进炮串打双车索要位置。此手以先弃后取手段，威胁双车，从而达成夺子占优的目的。此手以低位马邀兑高位马，以防守马邀兑进攻马，敌方兑与不兑，都占尽了便宜。

28.………… 马4进2　29. 车八退四　炮5退2　30. 车七进一

因有失车威胁，3路马已经来不及躲避，红方轻松得子，成功打破均势，向着胜利的目标迈出了决定性的一步。

30.………… 车6平1　31. 车八进二　车8平5　32. 车八平九

进占卒林，蚕食增势。尔后黑方相邀，双方各自兑去一车，红方优势更加显现，黑方遂放弃续弈。

总之，邀兑战术是主动"邀请"敌军拼兑的手段，是以子求势的战术转换，是令敌左右为难的方略，是全面谋划、执意抢先的决断。

正是：弈技精妙内涵深，融通天地贯古今。丈夫不作寻常死，短兵巷战喜相拼。

---

*文题摘自明·张家玉《自举师不克与二三同志快快不平赋此》

103. 折戟沉沙铁未销*
——试论弃取战术

《老子》云："将欲歙之，必固张之；将欲弱之，必固强之；将欲废之，必固兴之；将欲夺之，必固与之。"

弃取战术系指在两军接触交火并决定优劣胜负的关键时刻，经准确计算和巧妙运筹，通过挡阻、暗伏、掠杀、威胁、捉拿、打将、弃舍等硬性手段强行弃子，或以车斩杀敌二流有根强子，或以强子砍杀联结中的"文官"，然后再经有力后续手段达成先弃后取之子力转换，以实现救援、解拆、反先、占优、夺势甚至入局等争战计划的主动进行子力交换的行棋艺术。

弃取战术与逼兑战术虽同属子力交换类技巧，但后者一般是以有根子与敌方同兵种子力或子价相当的子力硬兑，而且先由逼兑方发出"邀请"，然后敌我双方相继完成逼兑工序，这一过程大抵只需要一个回合的时间。而弃取战术的实施是首先向敌有根子发动攻击、硬性吃拿，或硬献虎口，然后经一个或几个回合再夺回失子的过程。再者，逼兑战术节奏短促、情势分明，而弃取战术则谋划周密、运作绵长，二者大异也。

（一）两弃谋得优势　一锤敲定胜局

图一选自应跃林与臧如意1992年于抚州弈战局谱。是局红方右翼兵团打车争先同时，左翼车兵暗伏多种攻马手段，企图两向并力形成夹击擒将之势。黑方在前军遇袭、后阵将遭受攻击的紧急情势下，连续妙用弃取战术，以车炮之弃，力拔敌车马士，有效缓解、扭转了局势，并以优势兵力进入残局。

33.………… 前炮进2

不理红炮打车，反而进炮打将顿挫，次序井然，为连续妙施弃取战术打叠。

34.相一退三　车7退1

烈也豪门客，壮哉大将军！突然出手，弃车割马，摧毁了位势极佳、攻防两利的得力桥头堡，调相并抢得一个宝贵先手——弃取战术的实施计划已是成竹在胸。

35.相五进三　前炮平6

领衔带头弃，下属舍命跟。宫内打双车，枰上第一军！底线发威，拐打双车，再行弃舍，神勇异常，天下无贰！此手之弃，紧凑已极，狂放已极，不给敌以发动攻击的一丝机会，并为后炮开路、创机、减层做好战术打叠。

36.帅五平四　炮8进3　　37.相三进五　炮8平2

---

*文题摘自杜牧《赤壁》

弃取技法云遮雾绕，战后大地草美花红！经过弃取战术的巧妙运作，敌势已去，难以抗衡。

（二）美食强献虎口　峡谷危炮逃脱

图二为郭福人与胡荣华1977年于太原全国象棋团体赛弈至第14回合轮黑方行棋的局面。

14.………… 马3进4

胡荣华认为，跃马粗看既可打车，又有马4进6捉马的先手，是步两用的好棋，实际上"下得粗糙，给了对方可乘之机，致使形势逆转。应该走炮7进2，可以得一炮，稳占优势。"现右马浮起，中路失防，使红方妙施弃取战术的构思具备了必要的客观条件。

15. 车八进一

巧手进车逼敌车，貌似无根暗有根！此手乃逼车、解捉、活炮、取势之弃取妙手，其虽有强捉邀兑之意，但主要内涵还是体现为"弃"。胡荣华对此妙手很是赞赏，他撰文写道："红方献车，先弃后取，十分精妙，完全摆脱了被动。"

15.………… 车6平2

无奈接受弃子。但此车非吃不可吗？假如车6进3，红则马八进六，车6平4，车八平三，加剧了黑方左翼的拥塞程度，且既伏车三退一抢炮手段，又伏炮五进四，士4进5，车三进一得炮胁马的手段，黑阵不堪。

16. 炮五进四　士6进5　17. 炮二平八　卒3进1

下风强施弃取术，死炮借机得逃脱！三手棋巧妙演弈了弃取战术，九死一生的狭谷炮得到救助，恢复了自由。其中打将一手亦属巧手，因黑方中象竟无处飞身落脚应将，硬逼起士充架打车，甚妙。如16回合黑改走车2平5应垫则马八进六，中路遭炮罩镇，中车锁死，左翼拥塞，亦难抗衡。

18. 马八进七　马8进7　19. 车二进六　马7进5　20. 兵五进一

弃取战法的成功使红方军心大振，其军锐进，其势蓬勃。正是：组合救困无庸碌，弃取腾挪有妙招！但可惜在第28回合大意失荆州，被黑方炮7进9妙施拖曳战术，逼车回底线解杀遭诛致败。

（三）折返逼吃强献　弃取价值连城

图三摘自中国许银川与泰国马武廉1992年第七届亚洲象棋团体赛弈战局谱。

25. 马四退六

折返阻路高境界，舍身充架大丈夫！此手乃弃取要着，全局精华，否则黑方炮3平5，下伏种种攻杀手段，红棋不堪。此手又属强弃手段，因如不理则伏炮五平六串打得车。

25.………… 车4进1

车虽去马，但仍替马阻挡炮路，使三剑客之预想蓝图时过境迁，美梦难圆；而且由此相头马失根，裸露在红方火力射程之内。车炮底线火力即将爆发，其势雄伟。

26. 车八平七　将4进1　27. 车七退五

出色完成以马换马的弃取任务，进而消减了敌军攻力，瓦解了敌军攻势，夺得了进攻主动权，并通过对浅露敌首的攻击，掠象制马，一举获胜——

| 27.……… 炮3平9 | 28. 炮五平六 车4平2 | 29. 炮九平三 炮9平5 |
| 30. 帅五平六 卒5进1 | 31. 兵三进一 车2进3 | 32. 帅六进一 马7进5 |

33. 兵三平四 炮5平6
34. 车七进四 将4进1
35. 车七退二

将登悬崖弱，马陷泥潭亡！至此黑方放弃战斗。此局中的弃取战术巧妙异常，实转守为攻之里程碑也。

总之，弃取战术是子力强行交换的战术组合，是通过子力交换达成取势夺势企图的重要手段，是局势转换的上佳佳行棋次序，是利用敌阵弊端消减敌势的周密运筹。

正是：洒却丝丝云中雨，润得融融山头春。弈理哲光永普照，楚汉战场建功勋！

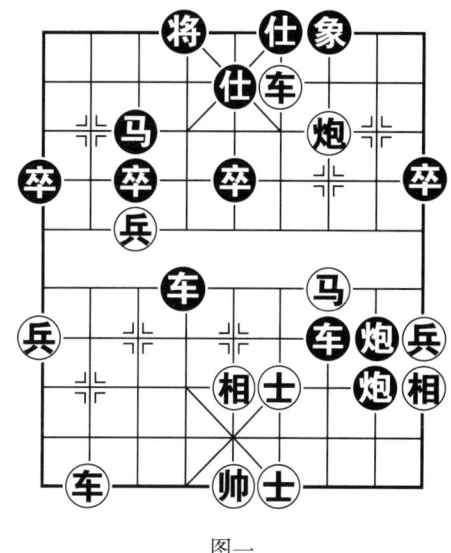

图一

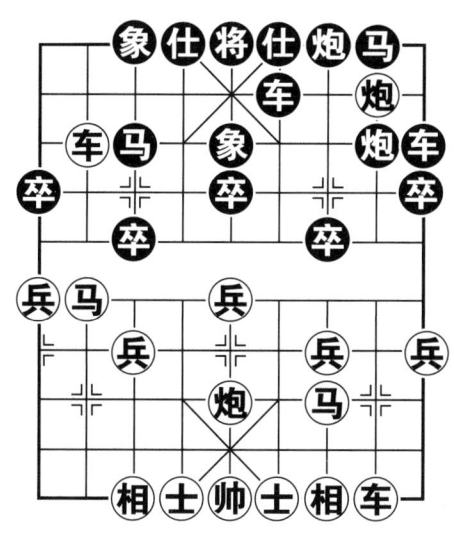

图二

图三

104. 隔座送钩春酒暖*
——小论增援战术

列宁明确指出："谁的后备多,谁的力量来源多……谁就能在战争中取得胜利。"

增援战术系指在攻防战斗的关键时刻,或敌方临时增兵,或己方参战部队由于伤损减员而难以形成兵力优势的紧急情势下,大本营及时选派第二、三梯队精干之师,巧妙采取冲渡、扑进、让点、开路、除障等有效手段,高速运行到位,迅速投入战斗,以增加交战兵力、援助前线、保障有足够的优势兵力达成作战目的之调兵遣将的运兵用兵技巧。

(一)威慑欺逼　封锁线强行冲渡

图一选自郑乃东与赵国荣1996年于成都全国团体赛弈战局谱。是局黑方虽处攻势,但红车雄踞河口,不仅同黑车展开炮之对捉,而且封锁河道,扼守疆界,黑方一时如何增援得了?

1. ………… 卒5进1

增援谁为最?古今第一人!大凡弈战,但逢艰难困厄之时,其间大都存有绝妙之机,当须深察细审而后得,不可使棋中精深蕴涵被草率肤浅之举所掩埋。现中卒慧目洞察,风雷启动,它藐视权贵,强行冲渡,无根充架,助炮打车,调车欺车,入界助杀,其大力增援之举,突兀壮烈,气势非凡,敌军皆不敢正视。呜呼!你扬小人物之霸气,响无声处之惊雷!真个是:亡命非贬意,增援杀恶敌!

2. 车七退四　车8进3

莫论增援战果,但看退避龟缩,友军乘机掠敌抢位,攻势如火!敌车若敢采取粗暴行动去卒,则炮6退3,炮二平三(车五平七,车8进3),车8平6,帅四平五,马1退3杀。

3. 车七平九　车8进2　　4. 帅四进一　卒5进1　　5. 车九进四　车8退4

6. 帅四退一　卒5进1　　7. 车九平八　炮6平3

现杀势已成,其中增援之卒宫墙断路,或禁帅或充架或花心砍士、助攻绝杀等暗伏手段,均已水到渠成。再回顾中卒渡河增援之妙——烟雨轻纱,豪帅暗自惊讶;楚河击节,盛赞棋坛大家!

(二)兵马增援　肋道战力起漩涡

图二摘自胡荣华与吕钦1984年于昆山弈战局谱。是局红方车马炮兵均处征战状态;但对

---

*文题摘自李商隐《无题二首》

总攻目标来说，仍隐存马右车后之弊，尚需调整增援兵力到位，然后组杀。此时红方巧妙采取了在攻杀中增援、在增援中攻杀的交错实施手段，紧凑而迅猛地完成了破城夺将任务。

35. 兵六平七

让位开路客，进击催杀兵！闪露叫杀、腾挪让点，好次序，好策划，自身悄然增援，自行择路，为俯冲逼车催杀埋下伏笔，同时又为第二增援部队让位开路，从而使增援兵马一步到位。此双增援妙手竟含有闪将、让位、择路、打叠、疏理、开路、组杀等众多战术内涵，真个是：增援深造就，组杀妙达成！

35. ……　　 车2平4 　　36. 马四进六

增援一步到位，并有效破坏了敌方邀兑主力、消削攻力之战术企图，在敌之生死线上又加上了一个沉甸甸的攻击砝码。

36. …… 　　马5进7　　37. 兵七进一

欺逼车叫苦，暗窥将吃惊！此步进击说明了增援之师已经发挥出了主攻的战斗作用，并正式宣告大局已进入收官之战。

37. …… 　　卒5进1　　38. 车六进一

此时黑方如车4平3则马六进五杀；但如车4退1则兵七进一，车4进1，兵七进一，将4进1，马六进八杀。呜呼哀哉！双援猛如虎，一吼震京师！

（三）倒打雄劲　　两道防线尽萎靡

图三是胡荣华与李来群1989年首届棋王挑战赛弈战局面。是局黑方河马欲行增援助杀，红方则森严壁垒——第一层次为河界拒敌，车横马路，几乎封堵了全部路口；第二层次为炮兵封锁兵行线，颇有拒敌国门外，豪帅心自安的味道。面临此双重防线，角隅炮义不容辞，为增援部队妙施增援妙手——

1. …… 　　炮1平6

铁架倒打妙除障，增援之中有增援！炮之倒打，乃为增援战马妙施之连环增援，本身不仅骤然增效，而且使敌之头道防线立崩河界，为集结兵力攻城立下赫赫战功。

2. 车四平五　　炮4退1

增层断联敌炮哑，越界踏双戎首惊！敌军双重防线尽失，为马扑敌阵增援创造了必需之条件。

3. 车五平三　　马6进7　　4. 炮八退二　　炮6平8　　5. 帅五平六　　炮8退1

6. 炮四平五　　车7退1

马到帅自乱，车抽炮先失！此局马援前锋、双炮援马之精妙，堪称增援战术的典范。

总之，增援战术是河界线两岸兵力攻防进退的智斗，是战略家运兵组杀的华章，是军力部署上连绵不断的思绪，是以多打少战理在橘枰上闪烁的耀眼辉光！

正是：敌防厚固攻力单，帷幄调度妙连环。隔座送钩春酒暖，入界援兵锋刃寒！

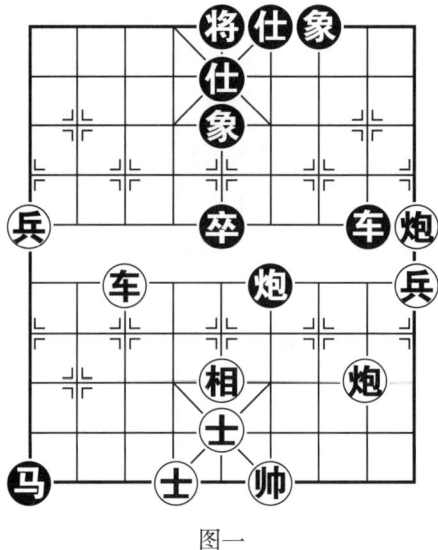

图一

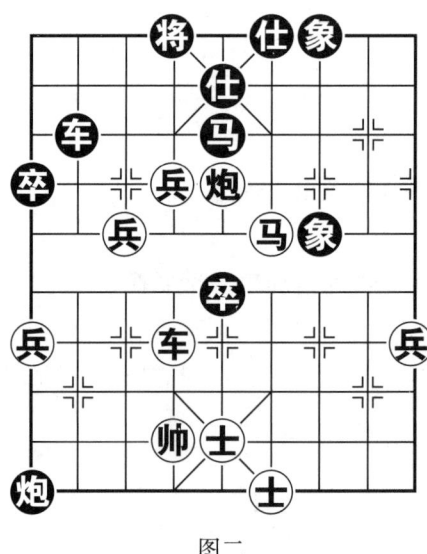

图二

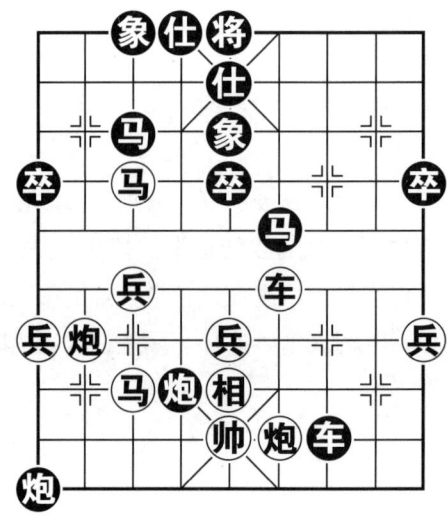

图三

105. 山深药草半无名*
——浅论逼吃战术

毛泽东主席指出："常有这样的情形，就是只有丧失才能不丧失，这是'将欲取之必先与之'的原则。"

逼吃战术系指在攻城战斗或两军主力大会战的关键时刻，本着"弃子须要得先"的原则，进攻部队巧妙采取歼击、将杀、威胁、挑衅、捉子或发动进攻等对敌具有严重后果的强制手段，逼迫敌方吃掉己方子力，以乘机闪路腾挪、控制要杀线路、加重敌弊程度、斩杀敌防要员、推进子力迅速入局的争先夺势的强行弃舍技巧。

逼吃者，强弃取势也。其突出功效是以强制性弃子为手段，造成敌军拥塞、离防、浅露、失机等严重弊端，以达成夺先取势的目的。

逼吃战术是所谓弃子战术庞大战术家族中最剽悍的一员。弈战中的弃子形式，包含着众多门类的战术手段——它们各自有着各不相同的战场条件、行棋动机、实施功效，或曰具有各自独特的内涵和特点。因之，它又是一大块需要开发的复杂领地。比如，逼吃战术与弃取战术都是以弃子为前提的战术，但它们之间有着显著的不同：后者是子力上的先弃后取，而前者则是通过逼迫敌吃一子后己方得到更大的局面利益，以争速夺势成杀。逼吃战术之实施，实际是弈战中的最大不等价交换，在这一角度上可以说，逼吃乃逼迫敌人自吞苦果也。

逼吃战术也不同于馈献战术，中国象棋协会审定的《象棋基本战术》认为，"献子是指主动送子给对方吃"，而逼吃战术则是逼迫敌军吃掉攻防中甚至是组杀中的子力，而被吃掉的子力本身并无"主动送子给对方吃"的意图。再从被吃的子力看，二者也不相同：馈献战术是献甲则敌吃甲，而逼吃战术则是动甲敌吃乙。另外从行为动机看，馈献战术实施的目的主要是吸引并改变敌军的位置，以利后续攻杀；而逼吃战术主要是促使敌人病情加重，以进一步削弱其抵御能力。二者虽相似但不相同也。

逼吃战术往往以严重后果相逼，其"逼"主要表现在三个方面：一是以夺子相逼，特别是那些举足轻重的敌军核心骨干，一旦遭擒，后果极其严重，致使敌不能不吃；二是以发动攻势相逼，尤其是那些不可逆转的攻势；三是以杀相逼，这是程度最深重、手法最严厉之逼。

逼吃战术拥有非常精妙甚至是一整套的后续手段，敌军将为被逼吃子付出惨重的代价。

在高手实战局与排局中，逼吃战术尽释子与势的辩证关系，尽展重势求攻的大家风范。

---
*文题摘自陆游《山行》

其计审、其创意、其魄力，独树一帜，狂傲群技！

（一）缠绵深细施妙手　连续重拳夺先机

图一选自张强与卜凤波在民百杯象棋赛中的弈战局谱。

19. 车二进三　车6退5　20. 马一进二

鏖战酣时竟逼吃，令敌回踏堪称奇！底线空虚撒天网，正是马炮做杀时！此步乃大大增多拴缚子力、加深底线弊端、有利后续作杀的深远逼吃妙手！此手将敌左翼防守大员尽皆收入网中，敌首与被拴缚人员将被动地遭到马双炮的直接攻击与另侧强车策应性将杀。此手出敌不意、顿挫有致、极富节奏、端庄华丽！

20. ……　　　马7退8

因伏有车二平四的杀棋，故逼马回踏，从而使强大守力如数拴缚在角隅炮绳索之下，使其变成可控可用的一串悲惨生灵的命运共同体。

21. 炮一平二

平移窥马雄风烈，讨伐群贼征尘高！欲打马叫杀，开始逼吃战术实施后的连续性致命打击。

21. ……　　　炮4平8　22. 车八进二

隔山隔水犹强势，半停半待却威严！主力参战，进行策应性断路助杀，加大了攻杀力度。此手阴柔凶悍，后续效用日益显现，下伏马二退四闪击再炮二进七杀。

22. ……　　　车1平3　23. 士五退六　炮3平7　24. 马二进四　炮7进7
25. 士四进五　炮8平6　26. 马四退二

妙杀！因如马8进6则马二退四，重炮杀；如士5退6则马二退四挂角或炮二进七双杀；如炮6退2则炮一平四，士5退6，马二退四，马8进6，车八平四，士6进5，车四进一，将5平6，炮二平四马后炮妙杀。

（二）越敌界增层遮掩　逼恶炮加速攻杀

图二录自胡荣华与臧如意1983年于镇江弈战局谱。

20. ……　　　炮8退1　21. 马五进六　象3进5　22. 马六进八

轻灵奔马扑杀界，诱逼河炮射苍鹰！此手逼吃有以下深刻内涵：一、敌炮退河口，本意在于打车、以封锁疆界，现在对方目标浅露，正中炮打车之下怀。此，以利相逼也。二、红方兵员大力前趋集结，已危及敌首安全，形势十分严峻，如不除车，将雪上加霜，更加不可收拾。此，以势相逼也。三、红方加速纵马扑进、要点求杀的行动，极大蔑视并严重挑战河炮尊严，不能不激起炮之"义愤"。此，以情相逼也。

22. ……　　　炮8平2　23. 马八进七　炮7平4　24. 后马进六　士4进5
25. 马六退五　将5平4　26. 马五进三　炮2退2　27. 马三退五　车1进1
28. 炮八进一　卒1进1　29. 马五退六

通过逼炮吃车的手段，不仅连斩双马一炮，取得兵力上的优势，而且促进了围城攻势。

以下又经过近十个回合的战斗，双马炮兵将敌首驱赶至6路峡谷妙杀之。正是：势成方可弃，谋定遂相逼。高段多妙手，激战蕴神奇！

总之，逼吃战术是强迫敌就范的弃舍妙计，是包纳万机的夺势手段，是看准了美好前程的巨大投入，是子与势的现场硬性不等价交换！

有诗赞道：逼吃技巧何其精，种类丰繁灿若星。任由吞服无须问，山深药草半无名！

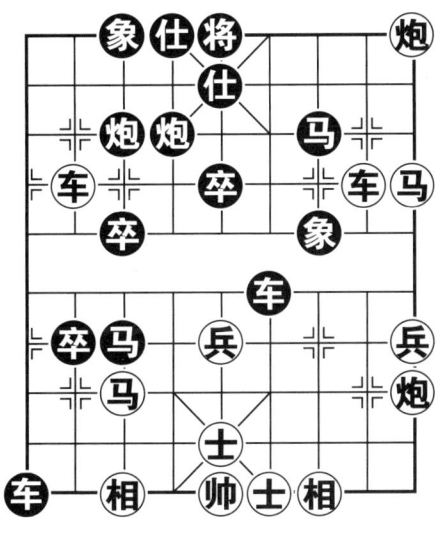

图一

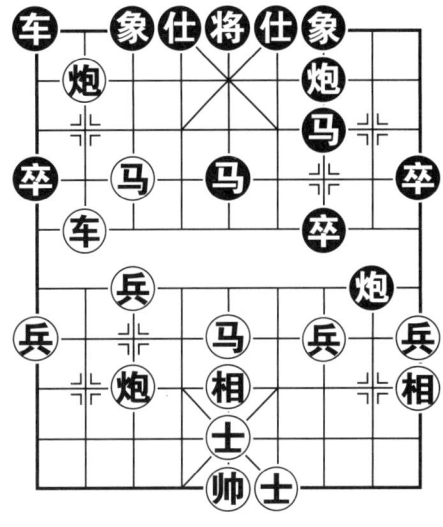

图二

106. 青草池塘处处蛙*

——略论狼群战术

毛泽东主席深刻指出："战争的伟力之最深厚的根源，存在于民众之中。""真正的铜墙铁壁是什么？是群众，是千百万真心实意地拥护革命的群众。这是真正的铜墙铁壁，什么力量也打不破的，完全打不破的。"

狼群战术系指在敌车贸然孤军深入或一车独自撑持局面等特定条件下，无车一方以"人民战争思想"为指导，及时出动马炮兵所谓"二流"兵员，甚或将士象后勤人员，发挥大集团、高灵动、协调好、有韧劲的群狼斗虎的群体优势，采取联保、顽守、纠缠、渗透、欺逼、逐步推进等有效手段，以弱抗强、以众制单，并逐步威逼敌首，迫使敌车由攻转防、捉襟见肘、力不从心、无力周旋甚至自身不保而致败的以多打少、以弱胜强的斗争策略。

（一）兵勇车生怠　狼多虎变猫

图一选自张晓平与许文学1991年全国个人赛弈战局谱。目前红方各子仍处于互保互联的防守阶段。这之前在长达二十多回合的争斗中，红方诸子在应将解杀中联防生根，在避捉防范中渗透趋前，在互牵互缠中残掉敌双象，磨损掉车马许多的体力和耐心，使其渐渐成为心力交瘁的疲劳之师。

74. 炮七平六

窥将同时固守，攻防兼顾，不给敌以劫掠之机。

74. ………… 车2进5　　75. 炮六退四　马3进2　　76. 炮六平五　马2退3

77. 兵三平四

后炮守御灵活，使车马扑空，再利用战事间歇时间，河兵平移做向心运动，护炮活马，以利攻防。

77. ………… 马3退5　　78. 兵二平三　马5进7　　79. 后炮平六　马7退5

红方采取调整、摆脱、疲惫等柔性谋略，使来往奔袭之马无隙可乘，无端浪费了许多时日，其心亦躁，其身亦乏，疲惫、无望之态愈加显露。真个是：强车悍马今无奈，只缘狼群手法刁！

80. 兵三进一　马5进3　　81. 兵四进一　马3进2　　82. 帅四平五　车2平1

83. 马三退五　马2进4

悲观厌战去，狼群转机来！对六路炮能攻善守之品性、窥将要杀之威胁，敌马又恨又

---

*文题摘自宋·赵师秀《约客》

怕，遂以身拼兑，企图减轻大本营的压力，遂成正规的群狼斗虎之势。同时此手亦暴露了敌军内心对狼群的恐惧感，失去了进攻的信心与耐心。由此黑方由攻变守，狼群战术由纠缠周旋的相持阶段迅速进入了渗透威胁的反攻阶段。

84. 士五退六	车1平4	85. 帅五进一	车4退1	86. 帅五退一	车4退2
87. 马五进三	车4进3	88. 帅五进一	将4进1	89. 兵四平五	士5退6
90. 兵三平四	士6退5	91. 炮五平三	车4退5	92. 炮三进三	将4退1
93. 马三退五	车4进2	94. 炮三进一	将4进1	95. 马五进四	士5进4
96. 炮三退五	车4退2	97. 马四进二	士6进5	98. 炮三平七	将4退1
99. 马二进三	士5退6	100. 帅五退一	将4进1	101. 士四退五	车4平7
102. 炮七平六	士4退5	103. 马三退五			

以下如将4退1则兵五平六再马五进七杀；又如将4进1则炮六退三做杀；还如车7退2则兵五平六再马五进四抽车胜。正是：车孤群狼猛，城破卫戍羞！

（二）暗助忽聚散　强敌难应酬

图二摘自李来群与吕钦1991年第二届"银荔杯"全国冠军赛弈战局谱。

82. 炮五退一　前车退1　　83. 马七进八

莫欺无车旅，铁心纵狼群！红方抓住敌方无象且双士不整的弊端，蓄意以精干的小型狼群挑战敌车，遂上演了群狼斗虎的精彩一幕。

83. …………	前车平5	84. 炮五退二	将5平4	85. 炮五平六	车6平4

86. 马八退六

小型堡垒欺贵客，合力狼群三打一！狼群战术——全员上阵，联攻联防，时聚时分，各展绝技，发挥整体作战优势，在这里给敌车上了以多打少、以弱攻强的第一课。

86. …………	车4平9	87. 兵五平四	车9进1	88. 马六进八	将4平5
89. 兵四进一	车9平2	90. 马八进七	车2平3	91. 马七退六	车3平4

92. 炮六平五

三兵种既可以个体机动灵活，独立作战，又能协调一致；既能联手斗车，又能乘隙窥瞄士将，极尽狼群可聚可分、可守可攻的集团优势。现敌车挑捉马炮，肋炮闪离空镇，十分精妙。车若退而吃马，则兵四平五打将掠车，黑速败。

92. …………	将5平6	93. 炮五平四	将6平5	94. 马六进四	

在自卫角斗纠缠之中，在闪展腾挪之中掠吃一士，不仅为最后决战扫清了障碍，而且沉重打击了敌车的自信心，使它在内心深处萌生了独木难支、破败难收的消沉没落的感觉。

94. …………	车4平6	95. 马四进三	将5退1	96. 炮四平一	车6平9

腹饥觅猎物，拖着疲惫身。几度食到口，尽皆飞入云！这是狼群灵活、敏捷、协调作战给敌军精神上的极大重创！而马炮却在腾挪中疏散、在躲避中伏杀，令车劳累不堪。

97. 炮一平五	将5平6	98. 马三退四	车9平2	99. 兵四平五	车2平8
100. 炮五退一	车8进2	101. 炮五进二	车8退2	102. 兵五进一	将6进1

斗虎捣穴兼具，拔寨夺旗共挑。马炮兵实施的持久战已经进入到最后阶段，特别是帅士

相或明或暗地参战，进一步扩充了攻力，增加了进攻的方位，加大了进攻的力度，敌军的失败已经不可避免。

103. 炮五退一　　车8进1　　104. 相五进三　　车8平7　　105. 炮五退二　　车7退2
106. 炮五平四　　车7平6　　107. 马四进二　　车6平8　　108. 炮四退一　　车8平5
109. 炮四平一

敌车难以解杀致负。正是：东风无力苦寒至，狼群有术凯旋归。

（三）设巧斩首计　相飞杀意浓

图三系李中健先生编著的《象棋实用排局》第100局谱图。狼群战术不仅在实战局中有上佳演弈，而且在排局中亦占不小份额，它之精妙构思更能引起人们的无限遐想。此局中狼群马炮双兵十分"正统"，然而，虎队却非同一般，车拥有四位小兄弟且多数过河，它们对无士的营垒构成了潜在的威胁，同时为狼群战术增添了新的内涵：斗虎同时必须巧妙设计坑杀"帮凶"的陷阱，更必须始终保持对敌首软硬兼施、明暗结合的斗争！

1. 相五进三

斗车窥卒待后续，设架生根伏妙杀。此手为诱引、设架、去卒、停待、让路、生根等多内涵狼群战术妙手，是斩杀车之"帮凶"的顿挫手段，也是在谋划斩首同时智斗敌车的谋略。此手加速了征战进程，避免了拖沓生弊的不利倾向。正是：斗虎相参战，伏杀局生辉！

1. …………　　车4进2

倘若审局不细而直接走车4平5，红则马五退七威胁马七进六叫杀，逼车5进1砍炮，马七退五，因下伏马五进六杀，逼士上举而抢到兵一进一胜负手。又如改走卒3平4，则马五进七，车4平5，炮五退三，车被拴死，七路马两步成杀，逼车砍炮，再兵一进一胜。

2. 马五退四　　士5进4　　3. 兵四平五　　将5平6　　4. 马四进三

狼群突然下手组杀，十分凶恶，使敌车来不及应付。且看兵入花心一手，碰将时是一把刀，士若支则成架，敌首若食之则变成诱饵，将被马后炮击毙，待马四进三，士4进5，马三进二叫将时，它又演变成由士替代的具有"架"与"壁"双重性质的正统花心，兵入花心，其妙非常。真个是：内涵各不同，单兵有神功。鼓催杀性烈，血染战旗红！

4. …………　　士4进5　　5. 马三进二　　将6进1　　6. 炮五平一

此时，首着飞相充架瞄卒之妙，方尽展借射点归边入杀之深远与乖巧。狼群之凶恶、阴险，使肋道老虎目瞪口呆！

总之，狼群战术是马炮兵联防、周旋、渗透、反攻的进行曲，是弱者联合作战的楷模，是矛盾对立面相互转化的生动范例，是逢强弥坚、坚持反霸的军旅凯歌！

有诗赞曰：弱旅联手战力增，抗暴反霸展雄风。狼群三战驱虎豹，蛙声一片慰平生！

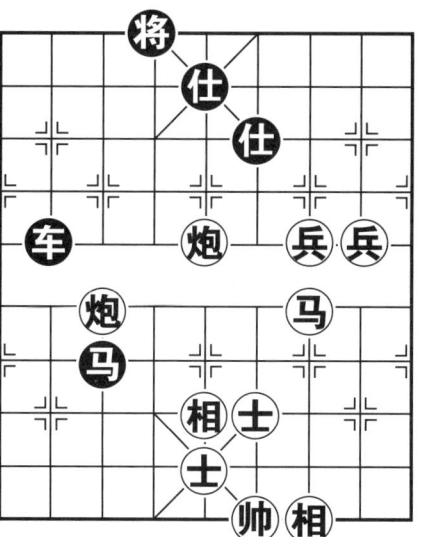

图一

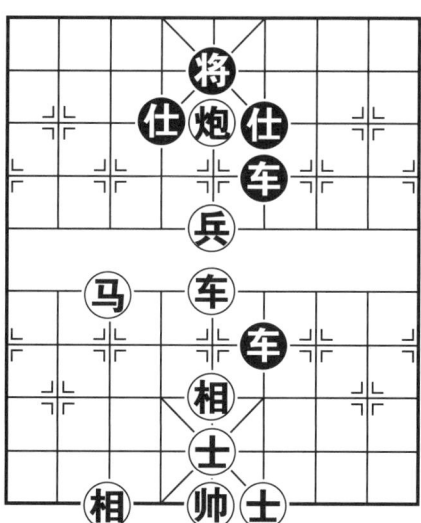

图二

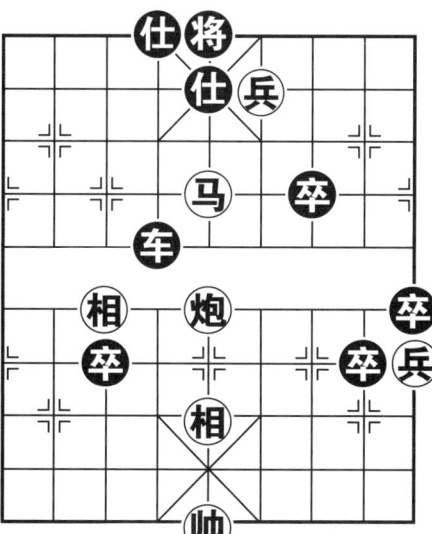

图三

107. 王师北定中原日*
——试论王兵战术

左宗棠曾云:"打仗以胆气为贵。素练之卒,不如久战之兵,以练技而未练胆故也。"

王兵战术系指在中、残局攻防角斗中,实施方采取冲渡、渗透、冲锋、捉拿、威胁等有效手段,启动中兵并逐步逼近敌宫,充分发挥其作战方向精准、距离敌首最近的地理优势,极度发挥其悍勇、大义、不虑生死的搏杀精神,勇于突破、剪羽,善于为前锋部队生根、充架,敢于冲杀、除恶,长于禁制、擒拿而屡立战功的用兵增效方略。

(一)冲渡、设架、跟踪,出奇制胜

图一选自孟立国与朱剑秋1962年11月于合肥弈战局谱。红方虽少一兵,但却拥有中兵,此局面既是王兵表演的绝佳场地,也是中兵同两个边卒进行战术比较的良好机会。局中中兵之精妙演弈充分体现了中兵的军事地位与王者风范,它之战力是敌方两个卒的合力也难以企及的。

47. 兵五进一

担负要务小字辈,入界求杀大英雄! 根本无视敌车河道之强力封锁,毅然冲渡过河助攻,充分表现了王兵狂放蔑车、目中无敌、生死不怕、敢于冲锋陷阵之王者霸气,同时充分表现了由车炮兵帅联手构建的工事强势之威严。

47. ………… 卒1进1

进边卒,客观上形成了王兵与边卒各启动一步的战略功效的鲜明对比:不仅速度明显不及中兵,而且各行一步对战局的影响力度也有天壤之别。虽如此,对黑方来说,但也属无奈,因如车9平5,则炮六平五,将5平4,车四平六,将4平5,车六退六捉死炮获胜。此手也反映出中兵在友军支助、策应下,其良好的地理位置迅速变成了战斗力资源,因此,中兵必然大幅增效生威。

48. 炮六平五 将5平4   49. 车四平六 将4平5   50. 兵五平四 士5进6
51. 车六平四 车9进1   52. 兵四平五 车9平5   53. 车四进一 将5进1

54. 兵五进一

经过河岸的几度周旋顿挫,逼敌车充架,取得了拴缚车、滞息炮、劫掠士、暗攻将的有利态势。现王兵跬步,在敌车盯视下扑杀而去。真个是:场上仅有我,目中竟无敌!

54. ………… 将5平4   55. 兵五平六

跟踪追杀者,近战建功人! 跟踪追杀,形成三向攻将态势,逼车回防邀兑,遂立成三向妙杀。

---

*文题摘自陆游《示儿》

55.………… 车5退3　56.炮五平六　将4平5　57.车四平五

车敢于拼掉敌车，全倚重王兵之力。王兵也不负控将擒敌之托，合同三向，迅速夺旗。以下将5进1之后，炮六平五要杀，如将5退1，兵六进一，将5退1，兵六进一，再相七进五杀。此局充分展示了中兵借助优越的地理位置而冲锋陷阵的王者霸气。其主攻、助攻、控线，无所不能，充架、禁制、威慑，尽展才华。真个是：橘枰五路线，帷幄一王兵！

（二）启动、驻占、追杀，勇不可当

图二摘自朱永康与季本涵1963年于上海弈战局谱。是局红方在少士、帅离位的不利情势下，中兵启动逼炮，有力消削并瓦解了敌军攻势，同时在车炮配合下，驻占则稳如磐石，追杀则锐似青锋。

32.兵五进一

争先启动，逼炮作出选择。王兵主动参战，立即结束敌炮的中路占领，并为渡河擒将埋下伏笔。

32.………… 炮5进4　33.炮三进七

天地炮逼将出宫，紊乱了敌营，并为中兵推近了猎物，以便短兵相接，擒拿敌首。此手可谓好次序、远谋划也。

33.………… 将5进1　34.炮五退五　炮2平5　35.车八进八　将5进1

中炮倒打，掠炮打将调炮，并为中兵与八路车双双让出通道，使车兵得以迅速冲进并相互配合发动攻势。现炮车联袂将敌首逼上悬崖，有效拉近了中兵作战距离，为中兵施展拳脚创造了有利的条件。

36.兵五进一

兵进杀气冷，将抖铠甲寒！势成无弱旅，立马夺皇冠！王兵冲进，拉开了决战的大幕。

36.………… 炮5平7　37.炮三平六　炮7退2　38.帅六进一　车8退1
39.帅六退一　车8进1　40.帅六进一　车8退5　41.炮六平五

将位炮底线护辅，给予王兵强大火力支撑，为擒捉敌将做好了一切准备。同时此手也证明，友军巧施妙手进行支助，对于王兵是不可或缺的。

41.………… 炮7平8　42.兵五进一　将5平6　43.车八退三　将6退1
44.车八平三　将6平5　45.车三平六　车8退1

如将5退1，则车六进四，将5进1，车六退一，将5退1，兵五进一，士6进5，兵五进一胜。

46.兵五进一

惊天王者勇，遏云兵之歌！在炮车帅的支助下，王兵神勇异常，力擒敌将。

（三）挺进、逼宫、暗杀，功力非凡

图三截取自徐天红与邬正伟1996年于新都全国象棋团体赛局谱。红方借强子互相牵制之机，卒林车迅速扫掉了对头卒，为中兵长驱直入扫清了道路。

30.兵五进一

启动时机自评估，杀力所向震京都！红方双车双马按兵不动，却挺进中兵，足见王兵的战略地位之显赫。

30. ………… 车2进4 31. 车四退三

邀兑、治弊、护马、保兵、活马，简化局面，战术内涵十分丰富；双方各自兑掉一车后，更加突出了中兵之重要，王兵急剧升值。

31. ………… 车2平6 32. 马五进四 车7平8 33. 车七退一 炮6平4
34. 马三进二 马4进5 35. 兵五进一 士5退4 36. 兵五进一 马5退7
37. 兵五进一

英勇异常三步到位，深陷危机九宫崩瘫。借车拴车炮、马阻挡车回防之机，王兵趁虚而入，使少象的营垒更加脆弱，敌首难以防范。

37. ………… 马7进6 38. 马二进四 士6进5 39. 车七进五

如马6进4，兵五进一催杀，敌首立毙。

（四）冲锋、紧逼、停待，耆英显耀

图四为苗利明与龚晓民2006年全国个人赛中局盘面。红方企图诱中卒去兵，然后将其作为一路炮的射点打掉以压镇中路，夺取攻势。不料黑方挥车捉炮，形成了兵炮必失其一的局面。

17. 兵五进一

选择中透出大气，决断里深藏杀机！弃炮进兵，发动攻势，局面立刻生动起来。其间含有多少对王兵的寄托——它进逼、双胁、逼宫，它剪羽、控将、助杀，无不威风八面，令守敌胆颤心惊。此种选择足以说明，此种局面之下，王兵大于一炮！

17. ………… 车9进3 18. 兵五平六 炮4进7 19. 帅五平六 卒7进1
20. 兵六进一

逼死角炮犹不满，挟威进击闹敌巢！它从不知道战场上还有什么休息之类的安闲，也不晓得什么是风险，它立刻向炮马军团发动紧凑而严厉的进攻。敌炮马见其凶险剽悍，挣命逃窜，宫城危机随之加深。

20. ………… 马3进4 21. 兵六进一

跬步风雷滚动，决战信号升腾！连续冲锋扼亢卡肋，它已经将目光从外线兵员转移到深宫王室，它的到位，省略了多少中局的纠缠，预示着决战的提前到来。

21. ………… 士6进5 22. 车八进九 马4进3 23. 车八平七 马3进1
24. 相七进九 卒7进1 25. 马三退五 卒7平6 26. 兵六进一

剪羽敢死队，催杀亡命徒！在关键时刻，生死不惧，是战神王兵的杰出品德，是迅速攻城擒将的军事锁钥！

26. ………… 将5平6

若士5退4，则车七平六，将5进1，马五进六伏杀。

27. 车七退三 马9退7 28. 车七平四 士5进6 29. 前马进四 车9退3
30. 车四平六 士6退5 31. 马四进三 车9平7 32. 马三进五

死力保兵，立摧屏障，妙手制胜。从舍炮进兵到弃马保兵的弈法中，足见王兵在己方营垒中的重要地位。正是：忠烈五路侯，近战一王牌！

总之，王兵战术是初始配置与兵种特长相结合的弈战技巧，是取捷径靠近目标的攻城方略，是近战虎贲在中路的能量释放，是与友军一起入宫擒将的先期打叠。

正是：王师精锐出凡尘，智勇盖世根基深。享受和平不忘本，缅怀杀敌报国人！

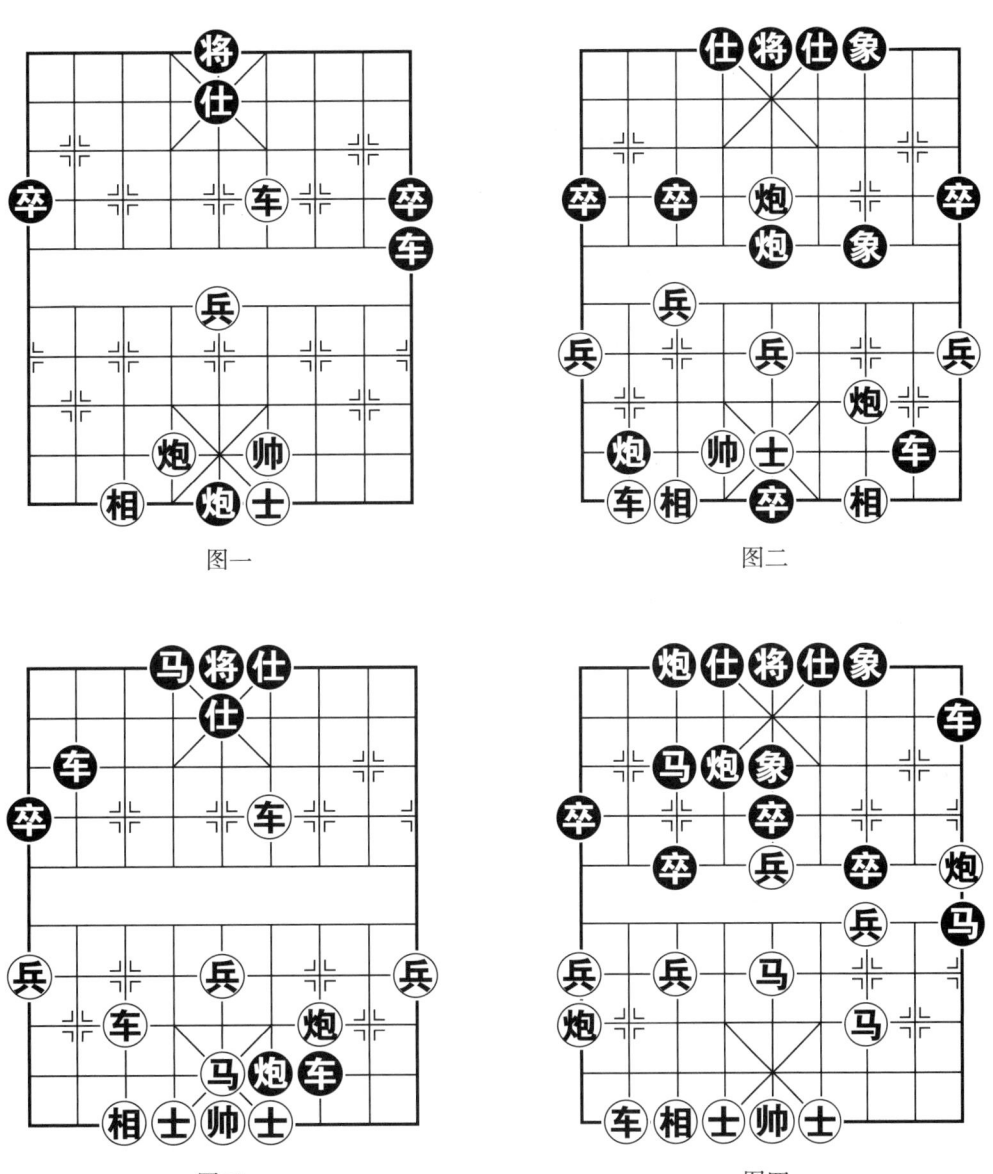

图一　　　　　　　　图二

图三　　　　　　　　图四

108. 寸地尺天皆入贡*

——浅论馈献战术

克劳塞维茨将军在《战争论》中指出:"为了整体利益而可以牺牲的一个次要部队。"

馈献战术系指实施方本着以子力换取空间和时间的作战原则,派遣不怕牺牲的得力兵员,以夺子、打将、威胁、要杀等强硬手段,强送虎口,逼迫敌军接受,从而达成以小的代价逼敌离位,为己方进行后续战斗创造有利条件的硬性弃舍技巧。

馈献战术与逼吃战术亦不相同,一言以蔽之,前者是双方当事人的直接"对话",而后者则是通过"曲径"达成企图,简言之,即攻甲而逼乙吃,实乃三角关系之曲线运作。

(一)断路控中 无防城头双飞燕

图一系孙庆利与张强1986年"龙宫杯"赛所弈成的对杀局面。

1. 车二进五

在黑方已经做成绝杀的危急情况下,红方车双马抓住敌将浅露、中象无助的弊端,奋勇攻杀。现车下底叫将,逼象遮掩,否则马五进三杀。

1.………… 象5退7 2. 车二平三 将6进1

黑方落象,亦含将车引入背暗之地的企图,以破坏红方组杀计划。但红方早有谋划,遂砍象逼将,再以妙手擒杀之。

3. 马五进三将6进1

闪将,露帅,逼将悬崖,并形成对敌将的小口型钩钓,同时为车施展妙手提供了必需的有利条件。

4. 车三平四

馈献壮烈者,助杀大力神!以抠杀手段立荐馈献,使中士离防,使其既暗中堵塞了敌将的一条逃生路,使"狡兔三窟"仅剩两窟,使敌首少了一个周旋的点位,断了敌将一条后路,难以进行有效躲避防守,同时又使中士放弃了扼守士角入杀要地,为后马盘旋打将催杀创造了有利战场条件。另外,此手使主帅在危机中的控线能力得以充分发挥,助攻助杀。车之馈献的同时,也将攻杀的重任,庄严地交付给双马。

4.………… 士5退6 5.后马退五 将6退1 6.马五进六 将6进1

7. 马三退二

匪首身乏术,悬崖蝶双飞!在车巧妙馈献造势铺垫情况下,双马轻松取胜,敌车马炮瞠目结舌。

---

*文题摘自杜甫《洗兵马》

（二）冲渡献兵　缠斗时节定兴衰

图二摘自胡荣华与柳大华1982年上海大师赛弈战局谱。

30. 兵七进一

三强扼守重地，七兵馈献适时！在敌我双方于界河一带纠缠之际，七兵冲渡要点，献身敌岸，其妙有三：一是撤架制敌，切断马炮联系，逼马回踏，因车与象不具备"接收"条件，这就把马调到了"死地"，并起到阻遏后马的作用；二是进兵馈献、调离中马，为边马出击踏双解决了"自阻"问题与敌马控制点位的问题，为得子创造了条件；三是将己方炮之窥瞄暗中叫闷、中马卡位衔马、车之绝佳占位等优势充分发挥出来，并形成以"网络"制敌的得力局面。

30. ………… 马5退3　31. 马九进七

捉双，并借炮之威慑，中马退七得子胜。柳大华赛后对红方兵七进一大为赞赏，他撰文指出："第三十回合红方送兵绝妙。现在进马捉车，黑方必然失子，遂认负。"

总之，馈献战术是调敌制敌的良方，是舍身取义取势的举措，是子与势、位、效的激情交换，是战略家对全局攻防大势的决策！

正是：象战方略高精尖，献羊擒虎破重关。寸地尺天非入贡，智取妙胜夺江山。

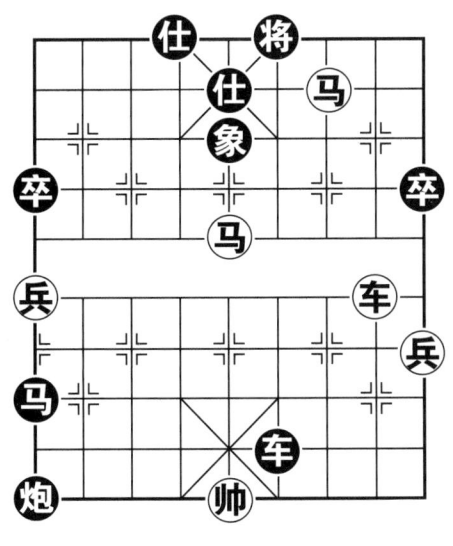
图一

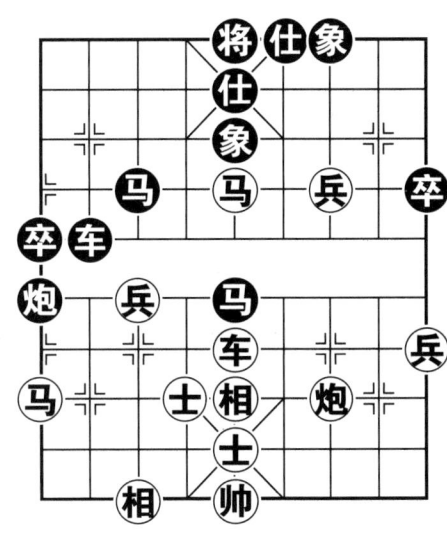
图二

109. 自是荷花开较晚*
——浅论留守战术

《孙子·军争篇》指出:"兵以诈立,以利动,以分合为变者也。故其疾如风,其徐如林,侵掠如火,不动如山……"

留守战术系指在大部队先后离开原驻地,挺进至前线同敌军进行交战的情势下,为防范敌军偷袭宫城、扰乱后方,以确保出征将士无后顾之忧,专心杀敌,指挥部门深谋远虑地将主力车留置原地,驻守后方,担负守御军务,一俟前线杀势已成,战斗需要,则立即快速助攻助杀的兵力配置技巧。

留守战术充分展示兵有分合、兵有分工的配置艺术。利德尔·哈特在《战略论》中甚至说:"要把所有的兵力都集中在一个地点,那实在是一种很不现实的想法。即使把它当作一个'口号'来喊,也具有一定的危险性。"

(一)静力四射　高压城头挺如山

图一选自万春林与苗永鹏1996年全国个人赛弈战局谱。

14. ………… 　卒7进1

凭借留守回天力,仗义大侠演搏技。在敌集重兵发动侧攻紧急情势下,留守车岿然不动,力保一方,并暗助7路卒冲击敌马,以展开各攻一侧的对决。

15. 炮八进七　卒7进1　　16. 炮五平六　后炮退2

策应性防范,使留守部队获得了增援的有效火力,敌军企图实施连将杀的计划彻底破产。

17. 车七平五　前炮平7　　18. 相七进五　卒7进1　　19. 炮六平七　卒7平6

1路留守车的强势扼守,使敌四大快枪手难施其杀技,同时对敌军主力的有效牵制又为己方进攻部队提供了足够的做杀时间。此时红方如炮七进七则车1平2,车八进九,炮8进8,相一退三,卒6进1抢先拔旗。局虽未演,但留守部队的威力与战功不可埋没。

20. 相一退三　炮8进8　　21. 炮七退一　车8进7

既有车8平5砍相杀,又有车8平7杀,红方难以解救,遂认负。

---

*文题摘自幼卿《浪淘沙》

（二）原地留守　神兵奇袭楚河岸

图二取自越南阮得丁与中国杨官璘1966年于河内弈战局谱。

10. ………… 车8平7

一动一静成大势，有劳有逸巧分工。在右车留守护卫家国的同时，左车闪露出头，捉炮乱敌争先。此次随中国象棋队到越南进行友好访问，因"不了解对手的棋艺水平"，"心里想赢，又不敢放手对攻，恐怕对攻会输棋，总希望稳一点"。局中1路车"不动如山"，留守一方，正体现了布局稳正、攻守兼备的思想。

11. 车四退三　马5退3

游击扰敌阵，躲避暗藏杀。小股精锐特种兵在敌阵中原、河界一带异常活跃，对有窝心弊端的敌宫发动了致命的攻击。它逼迫敌军应付，它使敌军的行动失去了计划性，失去了节奏，甚至乱作一团。真个是：帅不在勇而在智，兵不在多而在精！

12. 车九进一　炮2进2　　13. 车九平七　马3进4　　14. 车七平六　马4退5

15. 车四进一　车7进5

双车欺马安能忍，跨河反捉若天神。突然、有力、出敌不意！因马被捉而力助，也因马力而献车，车马珠联璧合，妙演楚河岸。

16. 车四退一　车7进1

砍炮并再次捉车、诱车、逼车，敌军崩溃。

总之，留守战术是兵员分工负责的安排，是以静待敌的先期谋划，是节约用兵的部署，是增效兵员的良方。

留守战术的内涵在于注重分工，攻不忘守。

留守战术价值在于节省时间，静默增效，完美布局。它不存在开出、露头、巡驰一类的业务，它在驻守，在待敌，它没有占用一分一秒的时间，它就地尽职增效。

留守部队深信代劳友军攻城拔寨的进攻力量，协同守城部队加强防守，也解除了友军的后顾之忧，一旦前线需要，立即转变职能，投身决战，一步到位，一锤定音。不过，那已经是留守"分外"的兼职工作了。

留守战术为敌军的入侵、骚扰、偷袭准备了足够的守力。巨大的"障碍"使敌军望而生畏！

留守战术的作战理念是，为了大局稳定，为了后方平安，一动不动，哪里也不去，宁可站在老地方！

深远也！留守战术，开局阶段的分工，前方后阵的协调，静默待敌的策划。

正是：分工留守技精良，原址静默射灵光。自是荷花开较晚，绿塘幽雅弥芬芳。

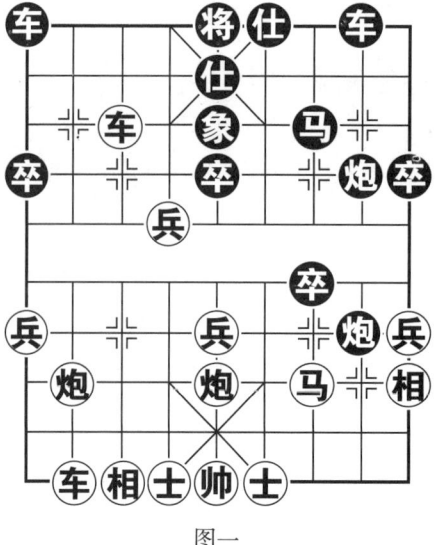

图一

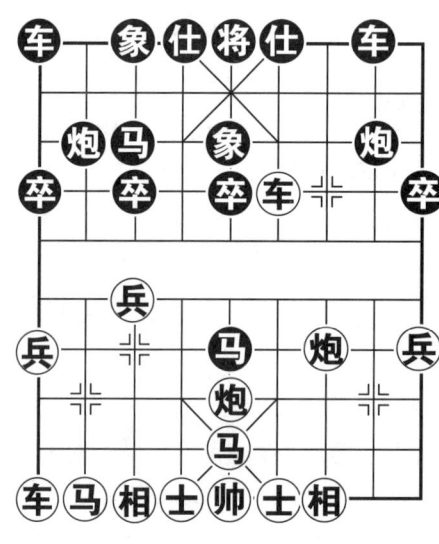

图二

四、运调类战术

110. 春风得意马蹄疾*
——简论机动战术

克劳塞维茨将军在《战争论》中明确指出："所谓机动乃是处于均衡状态的两军兵力的角逐，即为成功造成良好机会，然后利用它造成对敌之优势，这就是其特征。""从某种意义来说，机动多半具有进攻的性质"。

机动战术系指进攻部队根据攻防战略的需要、敌我双方兵力的走向以及交战区会战发展趋势等诸多实际情况，巧妙采取战略展开，主力转移，向敌翼侧、纵深与后方推进、穿插、迂回等灵活、高效的行动，以迅速形成对敌的有利态势的运动战法。

（一）主将带头机动　双车奋力求杀

图一选自王嘉良与杨官璘1980年于福州弈战局谱。

22.………… 　将5平4

攻防兼顾手法暗，短程机动内涵深。面对马二进三对空镇炮的威胁与对车的引诱，主将置若罔闻，径自闪露——这是藏敛性多功能机动妙手。首先暗中保马，使其充分发挥一马克双车的守力，从而使后方平安无虞；其次，此手为双车减负，特别使8路车可以腾出身手"肆无忌惮"地进行攻杀；再次是为肋车生根给力增效，以摧士逼敌首于死地；最后，占线控帅，助攻助杀。此手证明：将帅亦善机动，而且机动的内涵特别精妙。

23.马三进五　车4进2　24.帅五进一　车8进6　25.车四退七　车4退3

击虚捣懈施机动，双雄把关竟要杀。不管敌我双车之生死对峙，也不管敌双车并联把关，肋车毅然捉马要杀，机动之伟力雄沉卓绝，抑压敌域，威震京都。此时红方如车四平二，黑则车4平5，车二平五，车5进1杀。

26.帅五退一　车4平5　27.士四进五　车5平2

绝妙也！闪离减层，巧妙机动，做成绝杀。而敌前车因有黑车严密管制不得左移打将防守，只能坐以待毙。黑方连续进行有效机动，步步扼亢锁喉，追魂索命，取胜着法精彩异常。

（二）前锋后阵联手　拴缚夺子成功

图二摘自朱剑秋与孟立国1963年于上海弈战局谱。

---

*文题摘自孟郊《登科后》

63. ……… 炮5退2

将位藏锋刃，控势创杀机。此炮曾以损失一卒的代价退居象头，以坐稳中路，发挥控制战局的作用。现择机藏匿将位，做隐形机动，不仅提高了安全性能，而且极大提升了战力。只此一步，就决定了红方帅与车被拴缚的厄运。此时，敌车不敢吃士，因伏有士6进5叫将抽车的手段。

64. 车四退三　士6进5　　65. 帅五平四　车4进2

联攻士充架，机动车称王。万事俱备，战局已经发展到了由领军造势打叠的时刻了。这是绝对重要的机动，是将敌之守力、联防与顽强斗志尽皆大幅减效的连续机动。此手点将，逼帅上挺，自行塞压，阻相参防，然后再连续机动，逼炮就范，以便加大对敌四路线打击力度，为抢子争胜创造条件。

66. 帅四进一　车4退4　　67. 炮八进二　车4退2

车之机动，将炮位逼低，为双重拴链得子，使敌彻底丧失守御能力做出了重要贡献。这里展示了机动战术的显著特征，即一子连续高效妙动，以最大限度发挥其决定性作用。

68. 炮八退二　炮5平6　　69. 炮八平四　车4平6

下伏车6进2，车四进一，炮6进5，黑方胜定。

（三）闲散游离状态　一朝机动生辉

图三取自李来群与刘军1992年全国个人赛弈战局谱。

1. 车八退五

伴捉逼离夺路，新版曲径通幽。红方炮借兵根威镇中路，力量巨大；右车卡肋，依恃帅力暗中发出致命威胁。而相比之下，左车似有散兵游勇的感觉。但正是这个尚未"就业"的领军，找寻到了符合自身专业特长的机动之路，三步精妙机动，立摧敌阵，成就了辉煌的"最后一击"。

1. ………　炮3进1　　2. 车八平六

捉炮炮让路，逼将将回归。由于车之强悍与锋利，敌军不得不密切配合，因此，车之机动带着威逼、带着先手、带着重大军事运筹畅行无阻。此手逼将归位，极大地提增了中炮、右肋车的战略作用，它们立刻由驻占态变为战斗预备态！

2. ………　将4平5　　3. 车六进四

左右全停摆，上下皆震惊！黑车无路可逃——即便有路也不能逃，从而就地惨遭处决，敌军目瞪口呆，顿时营盘崩溃。同兵种接触，竟有此等天壤之别的境遇，机动之伟力也。正是：机动使车增效，车使机动生辉！

总之，机动战术是兵员的动态展示，是运行与攻击的联袂演出，是以速度求效率的尝试，是抢先夺势的奇迹。

正是：英侠沙场斗蛮夷，连续妙动展神奇。强势催阵炮火猛，春风得意马蹄疾。

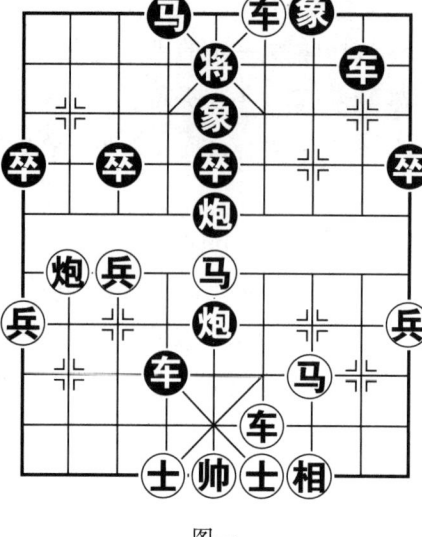

图一

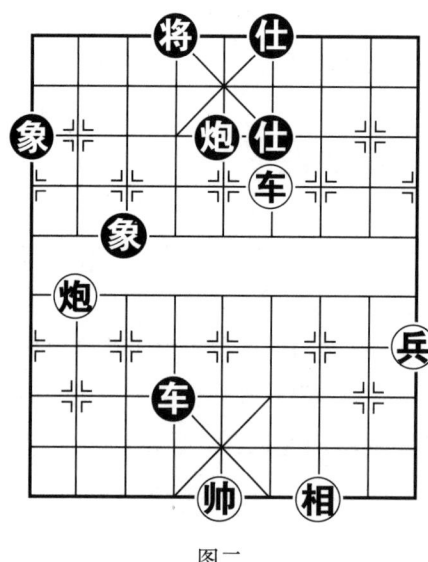

图二

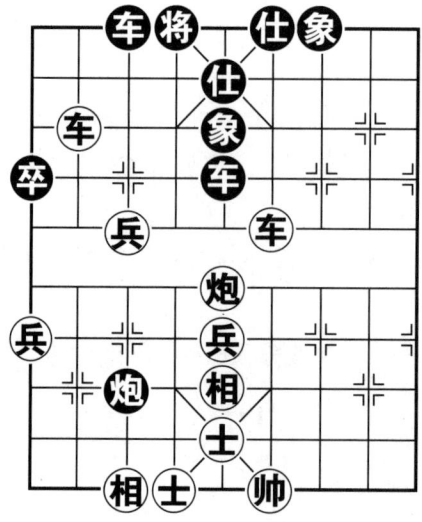

图三

111. 马头冲雪过临洮*
——简论扑进战术

（俄）苏沃洛夫曾尖锐指出："胜利取决于双脚，而双手只是把已经到手的胜利变为现实。"（摘自布拉金《库图佐夫》）

扑进战术系指在两军即将展开厮杀或进行战略决战的紧急关头，骑兵部队不惧险恶，勇敢地向敌前沿、纵深要塞冲锋，占领要地，配合兄弟部队发动攻势，充分发挥对友军的增援、助攻，对敌军的威慑、抑压等战斗作用，从而使敌营人员混乱、行动减效、全局受制甚至渐趋破败的行进占领技巧。

以马为主体的诸多战术技巧，它们各怀绝技，各展英姿，换言之，它们各具迥异的战术内核，各自负责本摊"业务"，故而可以各立门户。就扑进战术来说，它的业务特点与其他以马为主体的战术技巧相比，具有明显的异同点。比如，与折返战术比，一是趋前，一是向后，运动方向不同；与奔袭战术比，连续运动距离不同，而扑进更加短促有力；与穿插战术比，它并不是在某一战区往复驰骋作战，而是带有明显的一次性行进式的特点；与卧槽战术比，它起码暂不具有对敌首的那种致命的攻击力；与萍架战术比，它不像充架那样专一，它开展的业务项目更多。此种感觉上相似相近，而在实质上却存在着本质区别的诸多着法，成就了象棋战术的多样性，使其呈现出万紫千红的状态。

（一）铺垫打叠　节奏清晰效率高

图一摘自杨官璘与陈金盛1962年11月于合肥弈战局谱。

16.………… 　车2平3

骏马河边站，放眼望春秋。现马已渡河到位，为保留其进7、进8甚至进5的多种变化，为给友军提供更加有利的扑进条件，底车平移捉炮吊相、窥根调车。其闪露其捉拿，犹驰骋之驿站、节奏之休止、攻势之累积也。此手立使正在观察动静、等待时机的战马杀气充盈、欲纵身扑进。

17. 车八进二　士6进5　　18. 炮七平六

再次施铺垫，暗中邀将出！以上两手充分展示了黑方沉稳雄厚的弈战功力与铺垫打叠的行棋技巧。

18.………… 　马6进8

万事已俱备，飞马驭东风。此扑进战术妙手，禁双士、乱敌营、暗伏杀；同时它也为兄弟部队施展军事才艺提供了最佳舞台。此手扑进比扑槽内涵更丰富，因为它除了可选择卧槽

---

*文题摘自马戴《出塞》

之外，还具有停待、威慑、助攻、挂角等多项战术功能。此手也成为后续各兵种攻城作战的重要支柱，其多种战术功能的伟力得到了充分的借用和发挥。

19. 帅五进一

六强今犹在，元首擅自出。并非巡游时，危情身旁孤！帅之凸起，说明扑进力度之巨大，证明敌帅及卫戍部队之无奈。

19.………… 车3进9　20. 车八平七　将5平6

出将做杀，敌如车七退二则车6进4，帅五退一，马8进7，士六进五，车6进1杀。以下实战是，马三退二，车3平4，炮六退一，炮2进2，马九退七，炮7进3，炮五平四，马8进6，帅五进一，车4平5，帅五平六，马6进4，扑进之马，威胁卧杀，择机扑角，力摧敌防。正是：扑进作战日，攻城取胜时。

（二）弃炮增援　车马联袂夺锦标

图二录自陆玉江与赵国荣1984年8月于承德避暑山庄杯弈战局谱。

31.………… 马5进4

扑进，时难求再；联攻，义不容辞！乘敌前方马炮背暗、后方士相残缺、敌首离位等诸多弊端，弃炮纵马扑进，增援主攻，为车马联手扰敌杀敌、擒拿敌首立下了大功。正是：孤军坚守马断后，弱旅抢攻胜在先！

32. 相五退三

逼相落炮，为车夺士窥马而抢到一个宝贵的先手。红方如贸然车二平三则马4进6，帅五平四，车4平7胜。

32.………… 车4退2　33. 马三进五　车4退1

34. 马二退三　卒7进1　35. 车二进七　卒7进1

36. 马五进三　车4平7

大清理战场空阔，全攘除豪帅孤独！敌方车马炮已被调离主战场，丧失应将护主功能，敌首孤身一人难敌强车悍马，又有主将占线助攻！

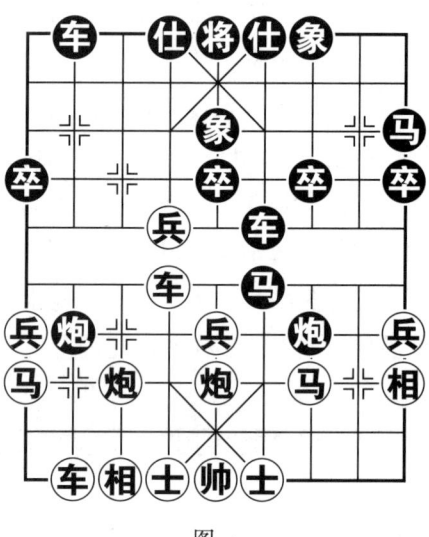

图一

37. 相三进一　马4进3　38. 帅五退一　车7平4

强扑进、大钩钓、施绝杀，极力彰显扑进能量，弱旅唱响扑进凯歌！

总之，扑进战术是战马冲锋的畅想曲，是一往无前精神的赞歌，是多种功力的突然释放，是对求攻争胜战局的强力开拓。

正是：进发骑兵卷狂飙，夜幕衔枚奔匪巢。渴忍饥耐争时速，马头冲雪过临洮。

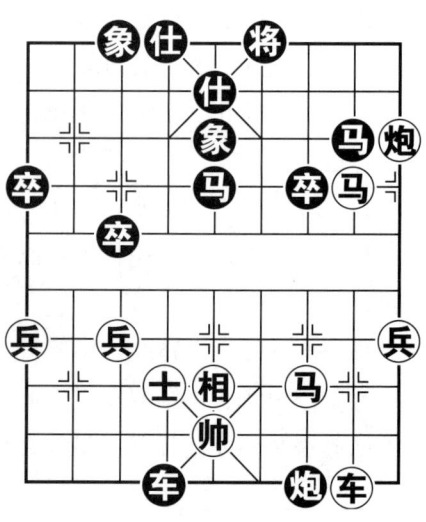

图二

112. 斟残玉瀣行穿竹*

——浅论穿越战术

毛泽东主席1932年曾指示红军："七师与八九师应迅速设法利用黑夜小道避免战斗，偷出敌人重围圈外，集结一起，选择适当地点，准备相机打击敌人。"

穿越战术系指已被敌重兵压制、封锁与围困的将帅或主力兵团，为重新获得自由权、机动权，先敌自行穿过封锁线，或外线兵团采取逼兑、砍杀、引离、升提等有效手段，使其穿过封锁线，逾越敌火力区，摆脱被敌军控制的苦境，进升到比较富有回旋余地的开阔阵地，并得以支助前锋部队攻城夺旗的灵活运调技法。

（一）增速侵宫做杀　抢先成功穿越

图一选自李中健编著的《象棋实用排局》110例图谱。是局红方前军顿挫打叠做成威胁要杀阵式之后，主帅适时穿越封锁，为前军及预备队联攻争取到了必要的时间。其攻防之有致、执掌之稳练、计算之精准，均属上乘。

1. 兵三平四　将4平5

向心运动威千里，但为穿越觅良机。先手威胁兵占花心成杀，不给敌军合围、对杀、做杀、抢杀的机会，并逼敌首防范。

2. 兵六平五　将5平4　　3. 兵四平五　炮2进8　　4. 后兵平六　炮2平4

5. 兵六平七

离心奔杀兵柔韧，兼给炮卒布愁云。双兵始终同敌争速，坚持两步成杀不放，现巧施离心战术两步成杀，敌炮四处防范，疲惫不堪。

5. ……　　炮4平3　　6. 兵七平六　炮3平4　　7. 兵六平七　象9退7

8. 兵七进一　象7进5　　9. 帅四进一

适时穿卒林，精明跨低栏！及时穿越，有效摆脱了三卒的封压，为边兵冲渡助攻成杀赢得了宝贵的时间。如急于兵九进一，则被黑方卒8平7后进7卒抢先成杀。

9. ……　　卒7进1　　10. 兵九进一　卒7进1　　11. 兵九进一　卒7进1

12. 帅四进一

踏入开阔地，观赏艳阳天。成功地穿越封锁线，使帅的安全度大幅增加。

12. ……　　卒7平6　　13. 帅四平五　卒8平7　　14. 兵九平八　卒7平6

15. 兵八平七　卒3平2　　16. 后兵平六　卒4平5　　17. 兵六进一　卒2平3

18. 兵七平六

---

*文题摘自陆游《鹧鸪天》

叫杀、调炮，争速、抢杀之要着，逼敌炮4退8，再兵六进一形成绝杀。否则改走兵六进一，则卒6平5，帅五平四，炮4平6杀。

（二）要杀顿挫占线　巧妙穿越封锁

图二系《适情雅趣》第355局"猛虎驱羊"谱图。能否穿越死亡线，不仅是生存的需要，而且是夺取胜利的保证。是局外线兵力采取打将、要杀、顿挫、占线、劫掠、逼离等战术技巧，强有力地支助主帅穿越简直不可能穿越的低空"卒林"，为夺取胜利赢得了时间。

1. 车八退二　将4退1　　2. 车八平六　将4平5　　3. 车八平三

顿挫打叠无畏，救主穿越有方。要杀、打将、选线、挑打，既有顿挫带将砍象手段，又伏硬夺7卒的逼离手段，是确保主帅实施穿越的关键着法。

3. ⋯⋯⋯⋯　卒7进1　　4. 车三进二　将5退1　　5. 车三进一　将5进1

6. 车三退一　将5退1　　7. 车三退七

罡风千里烈，英名万古扬！在榨取了三线打将、劫掠、顿挫的所有利益之后，退防、斩卒、贴靠、解杀、硬献、逼离，为全局之精华，是确保穿越、暗助双兵侵宫擒将的绝佳妙手。

7. 卒6平7　　8. 帅五进一

压城黑云风吹散，穿越卒林始见天！以下豪帅将登高观赏双兵力擒敌首的全过程。

（三）摆脱炮卒纠缠　登高游弋助杀

实战中亦不乏妙施穿越的精彩战例。图三选自时年仅15岁的王琳娜与张梅1995年全国象棋团体赛上的弈战局谱。

59. 帅六进一

穿越登顶淡淡意，占线活车恰恰时。关键时刻，红帅不怕风险，挑战风险，果断穿越炮卒窥瞄式封锁线，自在升顶，为活络己方扼守肋线之车掠杀边卒提供了可能，并有机会在顶楼回旋占线助攻。真个是：谁云豪帅弱，唯见禀性刚！

59. ⋯⋯⋯⋯　炮8进1　　60. 车六平一

助车夺卒，在两军对峙中，悄然形成多兵多相之有利态势，为决战奠定了雄厚物质基础。

60. ⋯⋯⋯⋯　车6平4　　61. 帅六平五

在应将同时占中助杀，何其英勇，敌车竟无可奈何。

61. ⋯⋯⋯⋯　车4平5　　62. 帅五平六　将6平5　　63. 车一平六　车5平9

64. 车六平五　将5平6　　65. 兵六平五

穿越助攻精妙凸现，兵仗帅威力侵宫阙！时至势成，痛下杀手，使两军主将高崖决斗精彩落幕。因如士4进5，则帅六平五，下伏车五进一或平四双杀；又如车9平6，帅六平五，炮8退7，炮七退一。

总之，穿越战术是摆脱军事危机的战略转移，是在即将遭到围压封锁时刻行动自由权的充分行使，是战略目标的自我保护，是稳定后方、转守为攻的打叠妙计。

有诗为证：孤城笼罩黑云低，虎狼断路行人稀。斟残玉瀣行穿竹，正是英帅出游时。

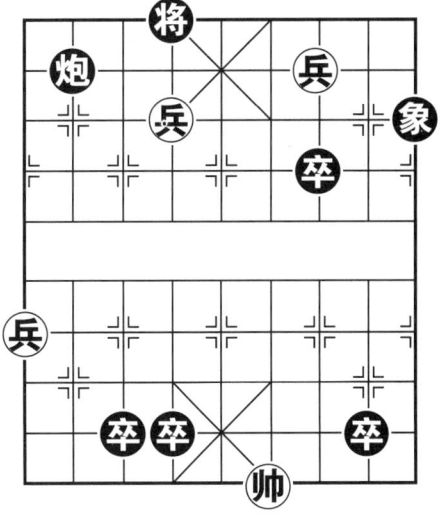

图一

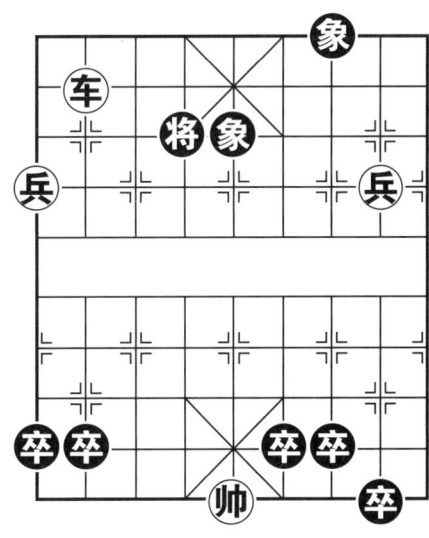

图二

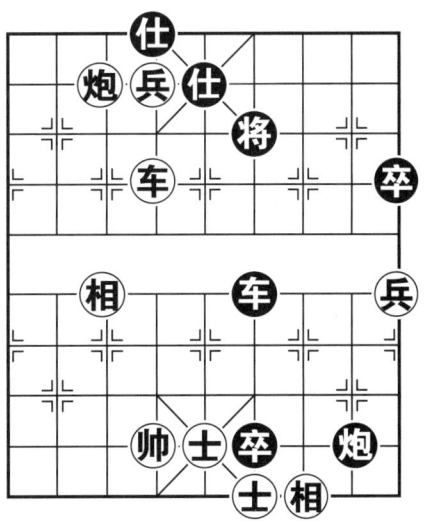

图三

113. 红旗半卷出辕门*

——浅谈冲渡战术

若米尼将军在《战争艺术概论》中指出:"渡河本身是一种战术性的行动,但是决定渡河点的问题,却又与整个战争区的大规模军事行动密切相关。"

象棋弈战中的冲渡战术是指位居一线的兵卒在其他兵员的掩护、配合下,抓住有利战机,出敌不意地突然强行冲击渡河,占领敌军前沿阵地并逐步渗透至敌纵深预定点,或在河界线一带施展计巧,破坏敌军攻防计划,以取得制乱、迟滞、得子、反先、夺取攻势甚至杀势等战术效果的启动作战技巧;同时,也是因冲渡后兵卒增添了横向运行能力、增多控制点而产生的极为重要的增效手段。

冲渡战术的实施分为两个阶段,即启动冲击阶段和渡河作战阶段。第一阶段在己方前沿阵地实施,第二阶段则跨越界河,占领敌河界要线。两个阶段的运作皆各具内涵、各有特色。

(一)引敌变位　铺路搭桥

弈战中,为使主力部队运行顺畅,提高攻防速度,同时阻滞、歼杀入侵敌军,一线兵卒常能计设深远,出敌不意、及时而巧妙地启动冲击。兵卒冲渡及其所带来的战斗往往成为攻防局面下的焦点之战,它为主力部队创造了有利的战场条件,达成了出奇制胜的战术效果。其抑敌夺势作用之巨大,往往是强车悍马之进退所望尘莫及的,是其他兵种的行动所无法替代的。

图一系刘忆慈与胡荣华1960年于北京全国棋类团体赛弈至第37回合轮黑方行棋的枰面。

37.………… 卒3进1

一冲蕴深意,四野起杀声!3路卒的启动冲击,立即切断了红方车炮的联系,助车夺炮,自身窥相欲渡,从而强力逼迫红车吃卒而无奈变位,从而为6路马倒扑中路窥捉敌车,并为中炮打兵叫将、发动攻势充任台架铺路搭桥而抢到一个宝贵的先手;3路卒的冲击还为6路马返回中路后再次折返3路,与边车联手捉拿被拴缚的肋炮,预先开通了进击的道路。此乃一步冲击拥有多种战术功能、为三兵种同时迅速增效而铺垫的冲渡妙手!3卒之冲渡使楚河岸边的歼灭战就地打响,使其短暂的生命旅程灿烂辉煌!且看实战运作:

38.车八平七　马6退5　　39.车七平九　炮5进3

在攻捉交错之中,榨尽了所有利益,以使敌军连续遭歼、敌宫增弊。

---

*文题摘自王昌龄《从军行七首》

40. 帅五平六　马4进3　　41. 帅六进一　马5退3

至此，红方肋炮必失；黑方取得了军事上的绝对优势，最终获胜。

（二）妙手打叠　计设精巧

冲渡之兵卒，往往并不追求自身地位的提高和在运动中升值，更多的时候它往往具有深长的目光和宽广的胸怀，它甘为友军开路、为实施战略谋划和战术组合做好前期铺垫，为决战决胜吹响冲锋号角。

图二摘自杨官璘与张增华1956年于北京首届全国象棋锦标赛上的弈战局谱。这是一个众兵连续冲渡取势、边兵提前悄然打叠、马炮车帅巧妙演弈的精彩战例。

16. 兵九进一　马8进7

谁识其中妙，马炮皆会意！利用战事短暂间歇之机，红方边兵悄然启动，是此局面下深远的而且是隐暗的冲渡妙手。它为底线马连续冲锋、炮马联袂翼侧攻杀开启了绿灯。此手，实乃妙杀的前奏、无声的惊雷！排局专家李中健先生曾为此妙手嘉赏了叹号一枚，表示了他无言的赞叹！

17. 兵五进一　卒7进1

再冲中兵，为暗中护辅中炮压震威慑地位发挥了重要的看护和依托作用，它使黑车觊觎之念心灰意冷。

18. 兵三进一　车8平7

能在决战阶段连续三次冲兵，表现了爱兵模范善于用兵的深厚弈战功力，显示了冲渡战术在决战前夕的不可替代的战略地位。

19. 马八进九　车7进1　　20. 后炮平八　炮1平2　　21. 马九进八　炮2平1
22. 马八进七　炮1平2　　23. 马七进九

借炮运马，马炮互助，连续奔袭、欺打伏杀，战马先手到位，绝杀无解。现回顾第16回合冲渡之妙，自是韵味无穷。

（三）渗透敌阵　埋伏牵制

在其他兵员有力配合下，兵卒乘机冲渡，占领敌前沿阵地，并通过捉逼手段过渡，逐步向敌纵深渗透并直抵敌宫预定点，对敌军形成了有效牵制和致命威胁，给大部队最后攻城创造了极为有利的态势。图三选自王家元与王嘉良1956年于天津弈战局谱。

11. …………　卒7进1

碰撞善开路，冲渡恰逢时！7卒强行冲渡，胁兵窥马，并为7路马创造了一个暗伏进击踏双威胁的机会，是局部战场上防守反击、冲渡渗透的妙手。尔后其又借捉连冲四步到位，埋伏于敌首榻侧。

12. 兵五进一　卒7进1

红方如改走车二平三则卒7进1，左车解拴，展开对攻。

13. 马三进五　卒7平6　　14. 马五进四　马7进6　　15. 兵五平四　卒6进1

16. 炮五进一　　卒6进1

冲锋战鼓响，渗透戎首惊！红马炮视过河勇士如洪水猛兽，纷纷躲避逃窜，显示了7卒冲渡成功后的巨大增效威力。随着战局的演进，其身急剧升值，最后竟晋升为总决战中的主力杀手。王嘉良曾高度评价此卒的军事地位："一枚小卒告功，其他都是配角。"足见冲渡效用之一斑。

（四）火速增援　　悍勇助杀

虽然兵卒曾被认为位卑值低，常常无端被"种族歧视"，但枪林弹雨证明，它的确是既敢于舍生忘死杀敌，又善于配合主力作战的无名英雄。而中兵尤为显耀：它是距离敌宫城最近的兵员，为兵中之王，特别在敌首被逼登临三楼的情势下，中兵冲渡作战则大有一车之力。其生死不惧的拼命精神，其甘当配角、舍生取义的英雄豪气，足令敌军战栗。

图四为李义庭与陈德元1960年于武汉弈至第44回合的枰面。

45. 兵五进一

杀敌心似铁，视死忽如归！弃炮冲渡，不怕3路马发出的死亡威胁，奔杀而上！中兵冲进，为总攻部队增派了一支杀气逼人的敢死队。此冲渡妙手，算度精深，魄力宏大！可谓：古堡因它而摇曳，方罫为此而增辉！红方不可炮六进七，因黑方藏有车1退1逼兑的手段。

45.　……………　马3进4

敌马若敢于回踏中兵，4路线立即变成戎首的死亡线。

46. 兵五进一　马4退5　　47. 兵五进一　马5退6　　48. 马四退二　车1退1

中兵急速冲渡，连续挺进，直逼敌首。底马及时折返策应，兵马在危厄肋车的助威声中联袂激战，妙杀获胜。以下马二退三后，下伏兵五进一，再马三退五妙杀。局中的车炮兵极富牺牲精神，在它们灵魂深处，沁润着一股浩然正气，它使世界变得清纯和光明！正是：布衣尚且能死战，英雄何必出名门？！

总之，从以上所举的20世纪五六十年代棋坛上的冲渡绝技中，可以清楚看到，冲渡战术是最大限度发挥兵卒多种战斗作用的作战技巧，是兵卒启动后在战略上大幅度增效升值的有效手段，是各兵种在疆界一带密切配合作战的攻防谋略，是楚河岸边拼命三郎杀敌报国的不朽颂歌！

正是：神勇义兵跨楚河，多重谋划壮军歌。只缘深谙橘中秘，前锋杀心更激活。

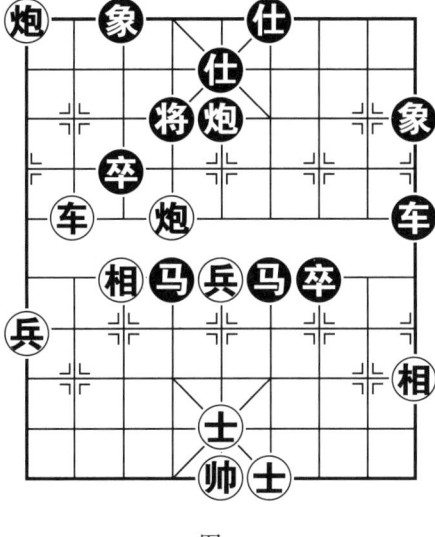

图一

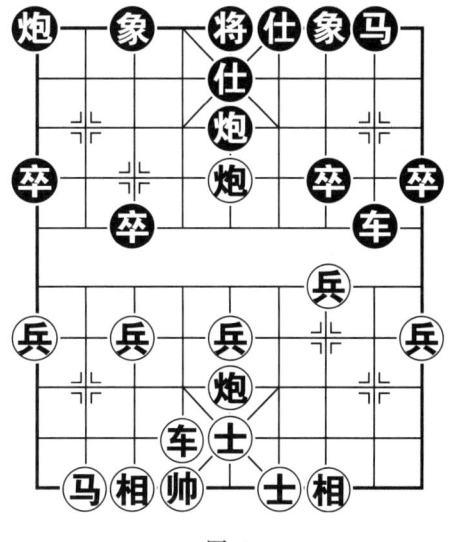

图二

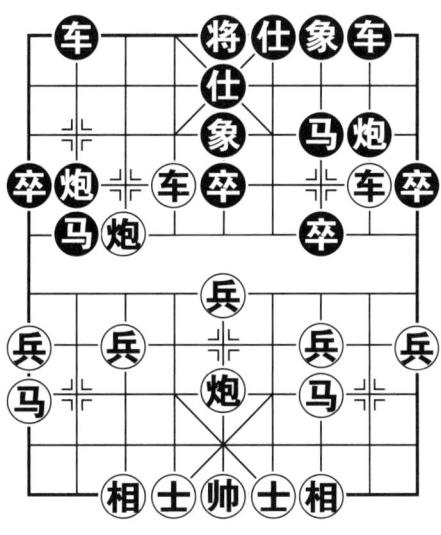

图三

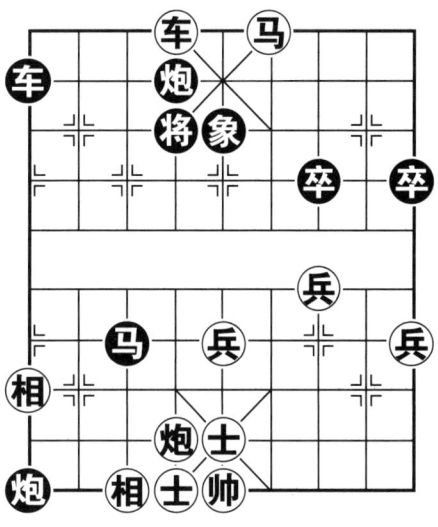

图四

114. 帆迎山色来还去*
——简论往复战术

（英）利德尔·哈特在著名的《战略论》中提出了战略战术的八条原则，其中第二条是："心里时刻记着你的目标。当你根据变化了的形势来制订自己的计划时，必须时刻记住你的目标。应该指出，达到目的的途径可能是多种多样的，但是要想到，每夺得一个中间目标，也就使你向预期的目的前进了一步。"

往复战术系指在两军纠结缠斗之际，实施方派遣得力兵员，以敌首或敌主力为主要攻击目标，在两三个重要点位之间来回来去机动作战，以发挥其制乱、牵制、打叠、威慑、夺势等积极作用，以使敌军穷于应付、敌阵危机加深，以使攻城战斗更加深入有效进行的高效运作的行军技巧。

往复战术具有普遍的使用价值。在土地革命战争中，中央红军三万余人，为了突破几十万国民党军不断收缩的包围圈，于1935年1月29日至3月21日，一条赤水，四度抢过，从而以高度机动灵活的运动战挫败了企图就地围杀的险恶计划，成就了战略转移的战场神话。

往复战术不同于连将、连捉，因为后者是对敌目标的连续打击，而前者是对两处要点的尽情享用，是对敌阵虚懈点的多次"光顾"，且每次造访都具有不同的战术内涵。

往复战术更不同于循环着法，因为后者仅仅是赶时间、凑步数，是弈战中内涵最少的着法，而前者则各具特点、各求新意、各有功效。

（一）要点往复　巧夺后援进路

图一选自梁文斌与赵国荣1982年12月于成都全国个人赛弈战局谱。是局红方以相对劣势的兵力，借中炮压镇之威力，控制了局面。红马借势选择了正确的进攻方向，在敌左翼往复运转，踏象制炮窥卒，要地多次往复，终于踏掉7卒，为三路兵冲渡参战扫除了障碍，从而逼敌签署城下之盟。

37.马二进四

制炮胁卒调象，启动往复打叠。炮之压镇、马之入角，使黑方全军竟有9个兵员不能动弹，除有1路边象可以无效进退以外，只有7路象升边可以应付。红马启动往复之严厉，非比寻常！

37.………… 象7进9　38.马四进二

塞象窥卒制炮，要点再次施压！此手十分严厉，9路卒已将结束它的存在，9路象滞留边疆，而炮仅有此平7一步应付余地，真个是：踏尽敌营要塞，搅得周天寒彻！

---

*文题摘自韩滮《鹧鸪天》

38.………… 炮6平7　　39.马二退一　炮7平9　　40.马一退二　炮9进4

诱炮打兵，使炮脱离主战场，当它需要回防的时候，7路卒已在马叫将同时被踏翻在地。

41.马二进三

踏双逼象退防，7卒失根，为踏卒开路创造了有利条件，同时为塞象点故地重游，巧施往复战术做好了战术打叠。

41.………… 象9退7　　42.马三进二

故地重游者，往复带杀心。良将不在多，睿智抵万金！此手初演往复绝技，塞象不给其屯边护卒的机会，同时要杀逼炮应付。马之两次塞压象田的内涵各不相同：第一次是不让象落，以制弊抑炮去边卒；而第二次则不让象飞边路以护卒，并要杀去7路卒——其绩效更实、攻力更深。

42.………… 炮9退4　　43.马二退四

往复士角春烂漫，周旋要地局生辉。再次入角叫杀，逼炮应绊，折返去卒，为三兵入界参战擒将打开方便之门。如踏卒之后黑方再象7进9，则第三次往复士角，然后再退二塞象，三兵无阻，故黑方认负。马之多点往复，力挺三兵入界擒将，十分精妙，正是：开路除障好汉，往复周旋英雄！

（二）往来穿梭　各具深刻内涵

图二摘自孙庆利与张致忠2007年9月于呼和浩特全国赛弈战局谱。

32.………… 炮4进7

友军暗助马感念，铁蹄往复炮先知！肋炮突发擢士，为马之宫内外往复制敌攻帅，创造了最佳战场条件。同时，这也是对造势剪羽打叠技法的精彩诠释。

33.士五退六　马6进4　　34.帅五平四　马4进3

各具内涵局有致，专场往复妙无穷。打将去相，剪羽敌宫，闪离开路，暗伏车4进3打将抽车、双车错杀手段，此组合既有实利之得，又有威胁之伏，层次十分鲜明，并由此拉开了在此两地多次往复制敌攻帅作业的战幕，终使敌宫破碎、敌帅正寝！

35.帅四平五　马3退4

战马初往复，脱险再制敌。此时士角打将，既先手离开险地，又再行叫将，令帅疲惫应付；既暂时进入战地休整状态，又为下次再行往复、为兄弟部队前趋主战场造势做好准备。

36.帅五平四　车8进3

底车之升提，诱逼敌车离防，暗中伏杀，此乃马往复之力也。左车参战，往复赐机，而又襄助往复，联袂共事，推进杀局，大妙也。

37.车四退四　卒5进1　　38.马九退七　马4进3

再游宰相府，露车欲错杀。在友军完成了进逼、前趋任务以后，再次旧地履险，以达成诱相、开路、逼架、胁车、叫杀等战术目的，其攻愈紧，其功愈深！

39.帅四平五　卒5进1　　40.车四平五　马3退4

往复成绝唱，其韵妙如诗！士角君偏爱，企盼凯旋时！卒去相欺车，逼车改道，又为最后一次往复提供了战机。而此次往复的攻杀力度空前加大，以至于炮双车在应将解杀中一筹莫展。

41. 帅五平四　车8平6
42. 车五平四　车4平5

三度莅临角地的往复者，此时已由挂角马增效变为八角马，严控定位钩钓敌首，由此弃车牵车平车构成绝杀。正是：要塞常进驻，战局必增辉！

（三）往复移动　河界马炮生辉

图三录自许银川与景学义2005年象甲联赛弈战局谱。是局黑车挤压马炮，炮镇中路，马卒占据有利地形，攻势十分明显。红方上一手走车三平六，保炮并欲施拼兑以透松局面。但黑卒充分利用敌左肋强子拥塞的弊端，在河界巧施往复战术，使己方马炮顿时活跃起来，使敌宫危机进一步加深。

41. ………… 　卒5平6

移动、减层、闪将、开路、争先，使其兵力部署的巧妙性、中路进攻的自主性、对敌军拼兑计划的破坏性，皆精彩呈现，并为妙施往复战术手段作铺垫，正是：移动楚河怒，攻杀战旗红！

42. 士五进四　马4进6
43. 车六进三　卒6平5

往复尽魅力，来去皆宝珠！河卒移动往复以打将为过渡手段，虽仅一个单程往复，却充满了艺术魅力，它充架、打将、解绊、生根、争先，与马炮密切配合，制帅抑车，功效丰厚。再者，由于巧施往复战术，河界一带，马炮卒空前活跃，暗中施展狼群战术，松散堡垒斗孤车，并随时将采取攮除战术手段抛甩敌车，使车减效无能。以下如炮六平五则卒5平4，攮车断路，伏挂角杀；但如士四进五则卒5平4得炮胜。故红方认负。真个是：往复卒浪漫，攻杀炮发威！

总之，往复战术是兵员亦进亦退、忽左忽右的拉锯式运动，是施动兵员对故园的深情眷恋，是旧地重游所产生的军事效益，是反复深入打击敌人的得力手段。

正是：运动战法展神威，一子往复更增辉。帆迎山色来还去，炮摧河防出亦归！

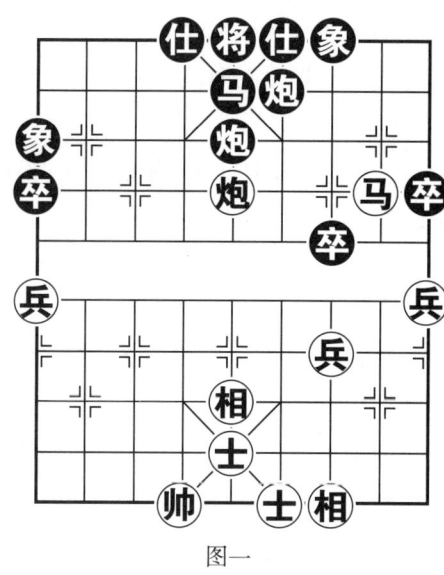

图一

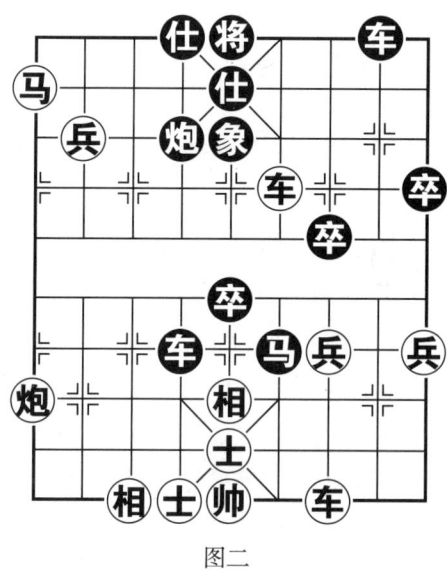

图二

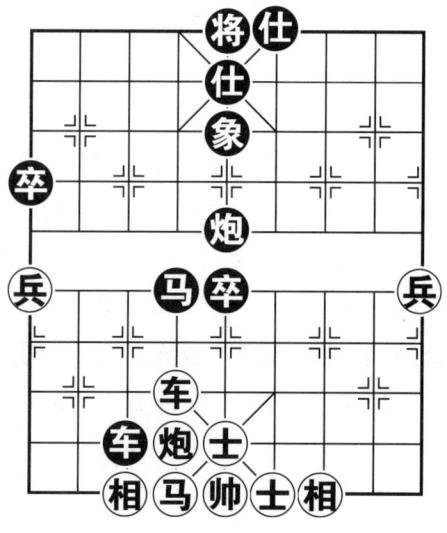

图三

115. 铿然忽变赤龙飞*

——略论腾脱战术

明代唐顺之《纂辑武编》指出："凡城内器械已备，守御已得，当出奇用诈，以战代守，以击解围。"

象棋虽非围棋，但弈战中也有兵员被围得水泄不通的时候。被围困者，特别是马炮类子力，不仅丧失了机动能力，其生存亦受到严重的威胁。如何有效保护其存在、恢复其机动、发挥其攻防威力，是一个重要的战术课题。

腾脱战术系指有兵员被敌军围困的一方，充分发挥整体救助机制的作用，有效利用子力之间的内在联系及敌指挥部门的心理弱点，采取闪击、威胁、夹击、要杀等有力手段与战术组合，或消灭敌之一部，强行打开缺口；或发动攻势，迫敌防守，让开通道；或制造射点，承接腾越，以摆脱围兵困禁的反包围的独特运调技法。

（一）窥瞄弱线　逼敌撤离

图一选自吕钦与李来群1986年于邯郸弈战局谱。是局红马四面楚歌，九死一生，车低炮远，处境堪忧。危厄降临的时候，也应该是妙手迭出的时候。

23. 后炮平三

轻盈飘逸的腾脱妙手，救危扶困的精准运筹！关键时刻，红方移师敌之弱线，宛如蜻蜓点水；窥象侧攻，隐约波掀浪卷！这是无言的战表，这是真正的手谈！三路炮及时向黑车作出了挑战式的表示：汝敢啖之，吾将攻之。

23.………… 　车4进3

红方运思奇妙，使黑方面临艰难选择。如车4平5吃马，则炮八平三，象7进9，车四平二。这时黑方将面临三种选择：一、如士5退4，则前炮平五打死车；二、如炮6平7，则车二退一，先手捉回一炮；三、如将5平4，则前炮下底叫将后，后炮平六，下伏兵七平六攻击手段，黑阵将遭到双炮车兵的联合进攻。

得子遭攻，乃弈战之大忌。出于对各种攻防变化利弊的权衡，黑方遂放弃美食而拦恶炮，红马得以轻松脱身。

（二）翼侧掠杀　打开缺口

图二摘自许银川与金波1995年于吴县市弈战局谱。是局黑马自陷重围，虽暂无生命危

---

*文题摘自陆游《好事近》一词

险，但不得机动，居敌宫而不能杀戎首，自是心急如焚。指挥系统早有妙策，及时启动左翼车炮，采取顿挫、弃取、劫掠等一系列手段，积极策应救助，不仅使马路畅通，而且为攻城拔寨创造了有利的条件。

21. ………… 炮8退2

保全火力、保障策应、抢夺先机的紧手，由此黑方开始实施救助！

22. 车六退一 车6平8

夺马、攻城，是打开缺口的关键，或者说，佯攻城池，暗中救助。

23. 车六平九 炮8进4 24. 炮三进二 车8平7 25. 帅五平四 车7进1

26. 帅四进一 炮8平4

肢解剪羽求突破，腾脱黑马觅良机！在救助过程中，被围黑马逐渐发挥静默之力，此时中士如敢去炮，马立刻助车7退1杀。

27. 炮三进四 车7平9 28. 炮六退二 车9退1 29. 帅四退一 车9平5

打通围层，穿透壁垒，取得联系，确保马之安全。

30. 车九平六 车5平9 31. 帅四平五 马4退6

车炮立荏救助，赤兔带将腾脱！以下帅五平四，车9平3，黑方取得了阶段性胜利。

（三）妙制射点 腾越出击

图三录自《适情雅趣》第27局"藕断丝牵"诠正局图。红六路底炮被围苦境，难以脱身。作为身负战略重任的最后一击的主力杀手，如何腾脱斜线一字形包围圈，完成杀虏任务，是摆在全体兵员面前的艰深考题。

1. 车二进五

叫杀、逼车、抢先、开路！实施腾脱战术的决定性打叠手段，是开启所有行动的大前提。如炮六进七求杀，则卒4进1立毙。

1. ………… 车9平8 2. 炮一平四

炮之闪露及连续巧妙运营，给被围者带来了腾脱的机会，同时也给胜利带来了希望。

2. ………… 炮6平7 3. 炮四平六 炮7平6 4. 车四进六 炮4平6

5. 兵六平五 马3退5 6. 炮六进五 马2退4

红方利用先行之利，发挥整体运作优势，采取紧凑的连将着法，巧妙运用闪击开路、闪抽选位、弃车夺路、弃兵阻塞、威胁叫闷、制造射点等一系列战术技巧，为腾脱创造了绝佳战场条件。

7. 炮六进九

妙矣哉！莫愁危局无神旅，衾匣宝剑乘势飞！火炮巧妙利用敌架与敌"射点"，充分施展隔一而击的特长，承接进击，腾脱围兵禁卒，飞抵底线，精妙成杀。

总之，腾脱战术是生死线上的用兵奇谋，是制敌的军旅凯歌；它是对自由和机动的强烈企盼，是对厄运、苦境的有效解脱！

正是：沟瓦但争翻身日，困龙已造上天梯。莫愁围兵重重困，但施妙手恰恰时！

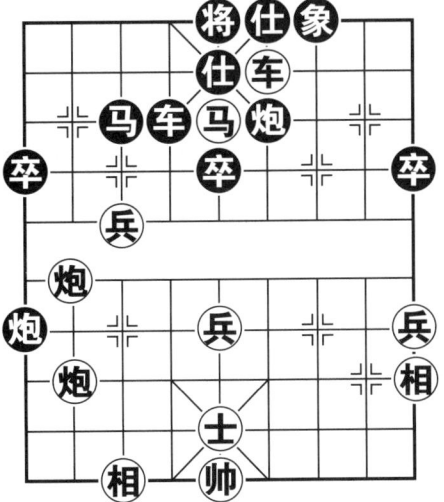

图一

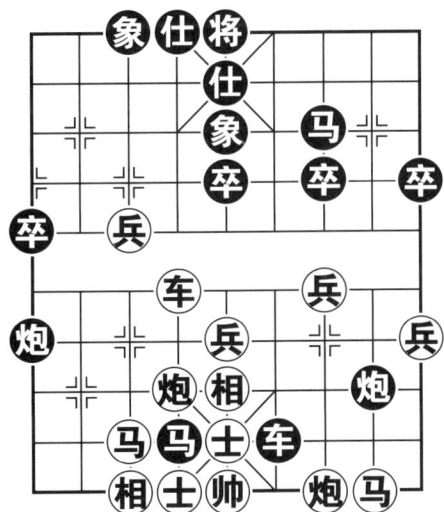

图二

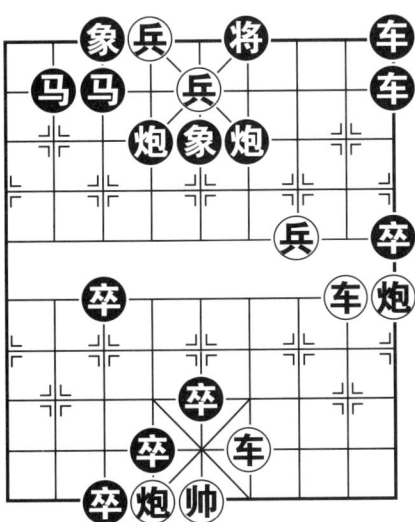

图三

116. 春雨断桥人不渡*
——浅论撤离战术

（苏）什捷缅科在《战争年代的总参谋部》中曾指出："善于找出影响战局发展的重要环节，是军事将领的一项重要才能。""统帅就是在双方的意志、智慧和技巧的竞赛中周旋的。所以，把敌对双方的统帅比作两位高超棋手对弈，也许是恰如其分的"。

《军事大辞典》对其注释道："军队撤出并离开战场的行动，目的是防止敌人报复性火力袭击。"

撤离战术系指在敌炮欲行发射打击并借机大范围战略转移，以行逃窜、偷袭、疏散、攻城等攻防机动之时，以兵卒为主要代表的驻止兵员，巧妙采取移动、冲渡、弃舍、拼兑等有效手段，主动及时闪离撤出原驻阵地，以使敌炮丧失运动所需之台架或射点，使其顿时变成一个沉重而失效的飞行器，并使敌军整个攻防计划遭受挫折的滞敌抑敌运筹技巧。

（一）战略谋划阴柔计　撤离扩优定终盘

图一取自庄玉腾与袁国良1995年于吴县市弈战局谱。

24. 兵九进一

任去任留皆由你，夺子夺势不容它！此手撤离战术演弈，既可作为破坏敌炮子境、隐伏擒拿河炮、消减敌军防力之打叠，又可成为力碰边卒，再挺进深宫助杀的战略运筹。故此撤离战术妙手具有得卒得炮必居其一的力度，具有任由敌方处置并拥有双保险性质。同时，它将选择权交予敌方，使敌方陷入计算与比较的困难境地——如何选择都难以争得和势。若敌方炮6退3，则再兵九进一，在战略上足够破城擒将所用；而如实战则——

24. ……　　卒1进1　25. 车二平四

兵撤离，炮丧失得兵转移之射点；卒去兵，炮则身陷狭谷，所能回旋余地甚小，在强车捉拿时，横向无路可走，无奈自送兵头而亡。悲哉！只缘撤离梯先去，风云大鹏不再飞！

25. ……　　炮6平5　26. 兵五进一　卒4平5　27. 兵一进一

炮之失，使敌营抗衡战力大减；兵之撤，成就了抑敌擒敌的方案。

（二）象飞河岸滞野炮　车坐中原定乾坤

图二为汤卓光与胡荣华1995年于青岛弈战中局。撤离战术并不是兵卒的专利，士象类兵员照样有精彩演弈——

---

*文题摘自宋·徐俯《春游湖》

22. ………… 象9进7

宁愿兵拥河岸死，不叫炮击边塞亡！边象不以生死为虑，却以大局利弊得失为重，妙施撤离，使敌借将转移，再以天地炮攻法进行反扑的预想计划彻底破产。

23. 兵三进一　马3退4　　24. 兵三进一　炮7平6　　25. 兵三进一　马4退5
26. 炮五进六　炮6进2　　27. 兵三进一　炮6平5　　28. 炮五平一　车1进3
29. 帅五进一　车1平5　　30. 帅五平四　炮2平6　　31. 炮一进二　将5进1
32. 车二退一　炮6进3

运筹为争势，提升藏绝杀。红方如车二平四，则车5平6，再炮6平5、车6平4追杀。回顾首着象飞河岸之妙，制敌消势，扭转乾坤，真个是：攻杀兵三向，撤离棋一绝。

总之，撤离战术是对敌军炮火的先机防范，是对敌军即将转移机动的有效破坏，是实施战役计划的最初打叠，是兵卒类兵员进行抽梯表演的动人风采！

正是：轻动缓进风声微，射点无奇亦生辉。春雨断桥人不渡，辎重如磐炮停飞！

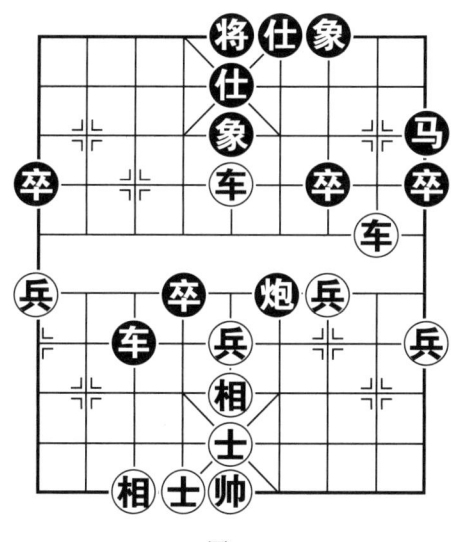

图一

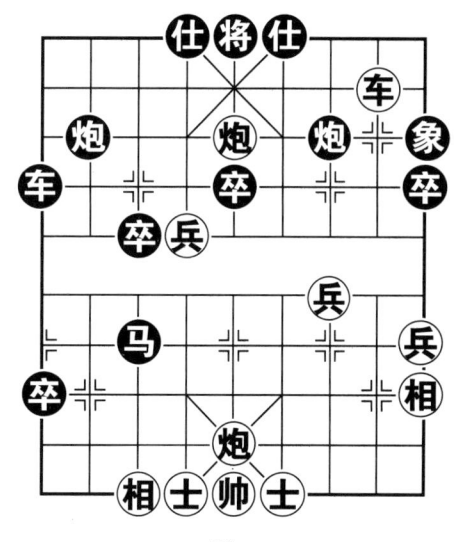

图二

117. 八千里路云和月*

——浅论回环战术

克劳塞维茨将军在《战争论》中深刻指出："把运动看作是军事成功一个独特的要素，凭借出敌不意的运动以夺取胜利。"

回环战术系指以马为主体的运动战专家，经深远谋划，准确计审，有效利用敌军部署虚懈的弊端，在兄弟部队的有力支持下，充分利用带将、待抽、闪击、奔袭、折返等战术手段，巧妙进行大区域、多时段、高效率的迂回跳跃蹬踏，左冲右突，前进后退，环绕往复，穿插进袭，使敌兵伤残疲惫、敌军防御系统破败失效的极限运动艺术。

（一）踏越千山万壑，高竖绝代丰碑

图一摘自崔鸿传、陈建新和张作君合作的著名棋局"盘陀路"正解着法第6回合的谱图。经友军巧妙打叠，战马启动，妙演回环，它为主力参战扫清道路，它为主帅露头而回营踏掉盖头卒，它擒拿作梗之中象，它历经27步，占领18个要塞，歼灭6员悍将，在大半中原战区所向披靡！

  7. 马九进七　将4进1

带将行进，甩开边车，一步抵达主战场。然后，等待友军清理战场，开辟道路，以便开始回环作业。

  8. 车七退二　将4退1　　9. 车七进一　将4退1　　10. 车七平六　将4平5
 11. 前兵平五　士6退5　　12. 车六平五　将5平6　　13. 炮二平四　前卒平6
 14. 兵四平五　卒6平7　　15. 车五进一　将6进1　　16. 车五平四　将6退1

妙弃车兵，清淤除障，钓猎开路，铺垫打叠，为运动战专家正式回环运转铺平了道路。

 17. 马七进六　将6进1　　18. 马六退四

刀山火海不惧，在与敌首碰撞中，及时转移敌阵左翼，英勇无比。

 18. …………　前卒平6　　19. 马四进二　卒6平7　　20. 马二退三　将6退1
 21. 马三进二　将6进1　　22. 马二退四　卒7平6　　23. 马四退三　卒6平7
 24. 马三进二　将6退1　　25. 兵五平四　卒7平6　　26. 兵四平三　卒6平7
 27. 马二退四　卒7平6　　28. 马四退二　卒6平7　　29. 兵三平四　卒7平6
 30. 兵四平五　卒6平7

中兵如发动机汽缸里的活塞一般，往来如梭，顿挫过渡，阻滞恶车，使马顺利完成第一阶段回环杀敌任务。在此阶段，战马小区域回环往来，高效运作，带将杀敌，十分巧妙。

---

*文题摘自岳飞《满江红》

31. 马二进三　将6进1　　32. 马三退四　卒7平6　　33. 马四退二　卒6平7

34. 兵五平四　卒7平6　　35. 兵四平三　卒6平7　　36. 马二进三　将6退1

37. 马三进二　将6进1　　38. 马二退四　卒7平6　　39. 马四退五　卒6平7

40. 马五退四　卒7平6　　41. 马四退六　卒6平7

杀回本阵，拔掉盖头卒，如拨云见日，使帅得以充分发挥占线控线断路作用。

42. 马六进四　卒7平6　　43. 马四进二　卒6平7　　44. 兵三平四　卒7平6

45. 兵四平五　卒6平7　　46. 马二进三　将6退1　　47. 马三退四　车9平6

48. 马四进六　车6平5

逼车调车，在为主力打开进攻通道之后，又转战敌右翼，为扑杀中象、绝杀敌首铺垫打叠。

49. 马六进五　将6进1　　50. 车一进四　将6进1　　51. 车一退一　将6退1

52. 马五退三　将6平5　　53. 车一平五

回环极限处，运转梦幻般！此马之回环，高能、高效、有节、有度，充分展现了马带将蹬踏之威，极尽斜向运行攻击之妙！刘梦芙先生对马之回环过程赞曰："百转千回"；崔鸿传先生则对回环之广阔领域发出哲学家的慨叹："使人感到纹枰有无限的空间"！

（二）铁骑回环往返，攻守两栖英雄

图二为罗横先生排拟的著名棋局"鸟语花香"第2回合谱图。

3. 兵七平六　将5平4　　4. 兵六进一　将4平5　　5. 兵六平五　将5平4

6. 兵五平六　将4平5　　7. 兵六进一　将5平4

双兵在连将中廓清了战场，并将敌首钓猎至马的有效火力区域内，为马之启动回环创造了有利的地形条件。

8. 马二退四　将4平5　　9. 马四退六　将5平4　　10. 马六进八　将4平5

11. 炮一进一　将5进1　　12. 马八退九　后卒平6　　13. 马九进七　将5平4

14. 马七退五　将4平5　　15. 马五进三　将5平4　　16. 马三退四　卒5平6

17. 帅四平五　卒3平4　　18. 马四退六

攻杀的先锋，守御的英雄！此时，它既伏马六进七杀，又遮掩将线，切断将卒联系，使卒4进1催杀企图破灭，还扼守花心重地，为防范双杀献出了宝贵的生命。

18. ………　前卒平5　　19. 马六退五

壮哉烈马！回环往返震戎界，攻前守后见忠贞！以下双炮严密监视双卒不能得逞。

（三）行程遥远崎岖，功盖楚汉云天

图三系《弈海烟波》89局"曲径通幽"谱图。

1. 兵二平三　将6平5

底线移动，打将造势，为马启动回环创造条件。此时黑方不能将6进1，因伏炮二平一双胁手段，黑方失车。

2. 马一进三　将5平4　　3. 炮二进一　将4进1
4. 炮二退四　卒6平5　　5. 帅六进一　车9退1
6. 帅六进一　将4退1　　7. 马三退五　将4平5
8. 炮二平五　士4退5　　9. 马五进三　士5进6
10. 马三进四

在此阶段中，红方采取动静结合、要杀和打将结合、控制与威胁结合的手法，将敌首与侍卫步调打乱。现马进底线隙缝，贴将而停，回环线路崎岖，暗伏杀机。

10. ………… 　将5进1　　11. 马四退六

连续贴将运转，折返伏杀，退路绝妙，逼车参防。

11. ………… 　车9平5　　12. 炮五退三　将5退1
13. 马六退七　将5进1

在这一阶段回环过程中，连续要杀，逐渐加大了攻杀力度。现此马既瞄杀敌首，又暗中策划逼离中车之计谋，阴柔至极。

14. 马七退五　将5平6　　15. 马五进三　将6平5
16. 马三退四　将5退1　　17. 马四退三　车5平7
18. 马三进五　士6退5

以要杀为手段，胁车过渡，调整马步，选择正确入杀路线，敌首已命在旦夕。

19. 马五进四　士5进4　　20. 马四进五　士4退5
21. 马五进七

逼离敌车，使其丧失"玩命"拼炮的机会，"安置"完成之后，带将奔袭，构成双将杀。真个是：回环天马功盖世，骄人弈技春满园！

总之，回环战术是战马不畏艰难险阻进行长征的运调艺术，是弈界行者大智大勇、大进大退的壮丽画卷，是在遥远、环绕和崎岖的征途上杀敌、清障、除害、攻关的英雄凯歌。

正是：烈马踹营不解鞍，英气雄浑踏重关。曲径无碍变乐土，弈史有幸著非凡！

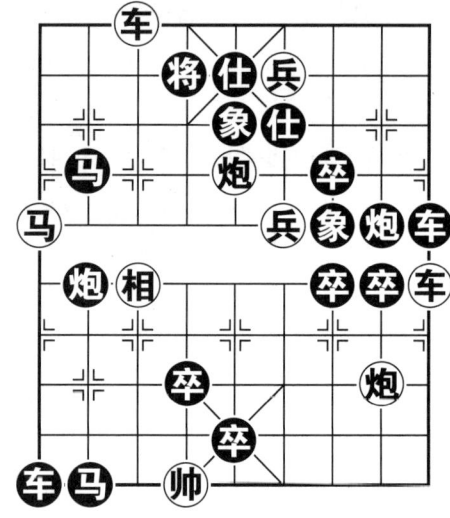

图一

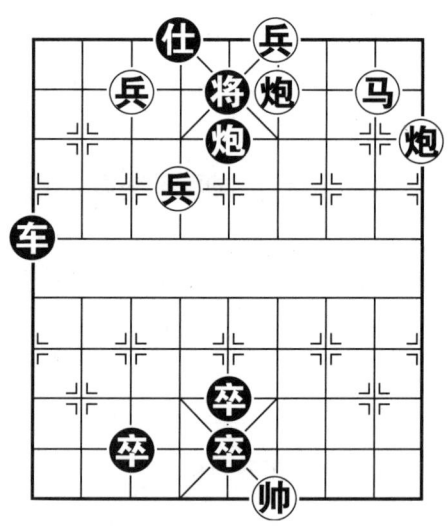

图二

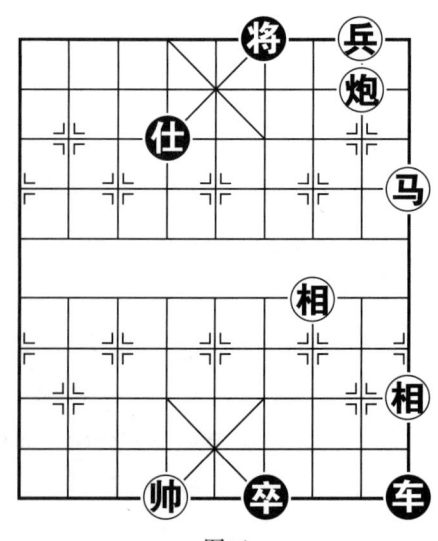

图三

118. 一骑红尘妃子笑*

——略论奔袭战术

毛泽东主席1948年11月18日电令东北野战军赶往唐山等地集结的部队："取捷径以最快速度行进。"

弈战中的奔袭战术系指以马为主体的兵员在察视、选择预行路线的基础上，以避捉、开出、反封压为掩护，以捉吃、进击、威胁为手段，以放弃某种军事利益为代价，在其他相关兵员护送、配合下，秘密出动，穿过封锁线，越过路障，插入敌兵配置的间隙，迅速、巧妙、突然、连续地奔向预定作战地点以便有效袭击敌军的行进技巧。

（一）伺机踏进　穿越封锁

图一选自陈孝堃与胡荣华1982年于上海弈战至48回合轮黑方行棋的局谱。

48. ………… 马6进8

停待何须久？启动正逢时！封压与反封压乃当前局面下两军斗争的焦点。黑马启动奔袭之日，就是红帅行将就木之时，故红方车炮云集侧翼，七兵也不惜远道跋涉，并会同主力部队对黑马实施封压，同时暗中准备寻隙发动三子归边的攻势。黑马面对敌军大兵压境的战略企图，清醒镇定，不失时机叼兵启动，吹响了长途奔袭的开拔号角。否则，若迟一机，红炮下底叫将，黑马将成为贴身保镖而永无求攻助杀之日。

49. 炮二进一　车9平6

占线护送，为冲破封锁压制而保驾护航。这是具有决定性意义的策应行动，充分表现了主力部队关键时刻关照友军、维护全局的大将风范。如急于马8进6，则兵三平四予以封压，将马逼退，使奔袭计划夭折。

50. 车二进三　马8进6

叼车运行，奔袭的关键举措，在被袭途中争得的宝贵战机，由此得以冲破封锁。

51. 兵三进一　马6进5

在车炮兵封压、干扰、纠缠下，在缝隙中，甩开敌人，巧妙跃出，顿时前方天宽地广。封压既久，驰骋愈疾。黑马宛如脚下生风，径自跨河，直逼敌宫。

52. 兵三进一　马5进6　　53. 士五进四　马6进4　　54. 帅五平六　马4退5
55. 炮二进二　车6平4　　56. 帅六平五　车4平5　　57. 士四进五　马5进6
58. 帅五平四　车5进4

方罢间，异军突起；楚汉枰，一骑绝尘！此乃奔袭战术之绝佳演弈也。

---

*文题摘自杜牧《过华清宫绝句》

（二）预防突变　妙克狙击

奔袭战术之实施常引起守军极大不安，百计千方加以破坏阻挠，特别是暗中配置射手，突施狙击，企图兑杀奔马，以瓦解攻势。这就需要实施方提前准备，严加预防，巧妙处理，使奔袭得以继续实施，并完成预期计划。这种情况就形成了战场上的间歇型奔袭。

图二为我国现存最早的象棋谱《事林广记》首局第7回合轮黑方行棋的局势。

黑方2路马在奔袭途中，刚刚跨越界河，突然遭遇到红方兵三进一的拼命式强烈狙击。如继续进4扑槽，将被炮八平六所挡阻；如进5或进7拼兑，并非本意，且度数严重受损，奔袭计划彻底夭折。黑方对此突发事件早有筹算，果断采取有效应对，妙克狙击，使奔袭获得成功，避免了"出师未捷身先死"悲剧的发生。

7.………… 象7进9

奔袭之推手，狙击之克星！全局的精华凝聚点，奔袭的得力助推器！此手策应，严厉非常，使红三路车惊慌失措。因见其所能逃逸的纵横六个点位尽数被马卒所封禁，无奈杀掉了3路卒仓惶逃窜，暂避风雨。这就为尴尬黑马踏车奔袭，完成奔袭出击任务而创造了有利的条件。

8. 车三平七　马6进4

危机解除，叼车奔袭，铿锵有声！

9. 车七平六　马4进3

叫将抽车胜。

（三）先手打叠　抓紧战机

图三摘自王东与刘殿中1995年于峨嵋弈斗至24回合的局谱。

25. 炮九进四

之前红方以牺牲一马为代价，右炮争得左向战略大转移之后，并不急于吃回一马，而是先手下底，做成窥瞄待抽之势，并为边马奔袭、渡河造成封锁边线、马炮互保态势做好先期打叠。此手堪誉深远果断之措，顿挫有致之举！

25.………… 士5进6　26. 马九进八

步步无怯意，隐隐有雷声！边马启动，嘶吼万里！在第21回合车八进三叼马已逾五个回合，不仅仍不吃马，而且又弃中兵，其主旨非常明确：放弃小的利益，利用黑车暂时背暗之弊，抓紧时机，快速输送决战兵员，咫尺天涯，以求一战。红方此手实乃大运筹、大手笔也。

26.………… 车5退1　27. 马八进九　车5平4

再一次放弃吃回一马的机会，纵马踏入敌阵，形成三子归边之势。同时，此手充架，与炮联袂，形成"倒封锁"阵式，使黑车不得干扰破坏，使炮马双双获得安定。红马在连续奔袭、进占第一预定点后，战略价值骤增。进攻部队也因后续兵员的到位而军威大振，它预示着一场车马炮对车马炮的主力大会战即将爆发。

28. 车八平七　炮3平2　29. 车七进一　将5进1　30. 炮九退一　马4进2

31. 马九进八　马2退4

32. 马八退六　炮2退2

33. 马六进八

虽云橘枰静，蹬踏却有声；野战奔嘶马，沙场会群英！

总之，奔袭战术是战马天性和独特魅力的精妙演弈，是择路、踏险、到位的全程有效设计，是连续挺进增援的良好运筹，是不远万里、求攻助杀的英雄史诗！

有诗为你赞扬：一骑红尘妃子笑，千里平野赤兔飞，历经坎坷成大业，金鼓唢呐庆荣归！

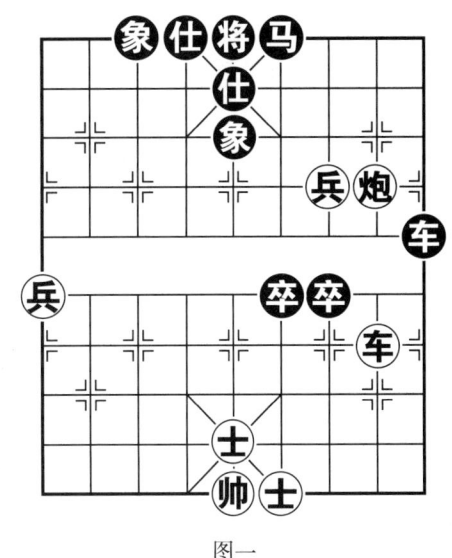

图一

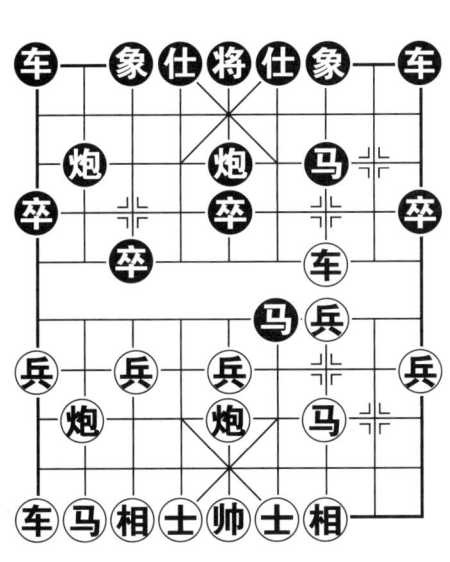

图二

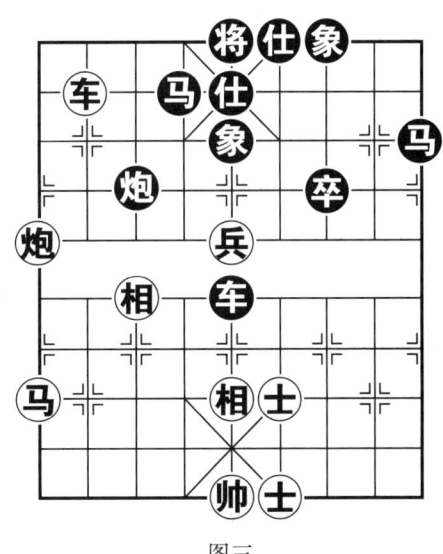

图三

119. 鸟来鸟去山色里*

——小论转移战术

1936年10月3日，毛泽东主席在发给贺龙等第二方面军领导人的电文中明确指出，胡宗南部"有配合王川各部先向你们攻击之势。你们宜乘胡敌尚未全部集中之时迅速开始转移为佳。转移道路似宜走武山附近，……迫近胡敌，节节钳制，掩护主力转移"。

转移战术系指以车炮为代表的快速反应部队，为达成摆脱敌军追赶、牵制，或进行会合集结，或另寻战场杀敌，或击虚捣懈等战略目的，巧妙采取升提、游弋、打将、弃舍、择位等手段，迅速地大幅度地迁移变动驻占位置，从而使优势兵力获得最佳进攻方向和攻击目标，以便对敌预定攻击点进行摧毁性打击的行军艺术。

反复转移　超低空镇破城池

图录自李中键先生排拟的精巧棋局156例图。

1. 炮二退七

欲施中路压镇，得手立伏绝杀！趁7路马不敢离线之机，迅速归退转移，欲花心压镇伏杀，紧手也。

此手，精妙演弈纵向转移之酷。此手说明，转移不光是"平拉开"式的横向转移，它兼具纵横两向。

1. ………… 炮5进6

抢占红炮第一转移预定点，并阻挡炮二平九抵达第二预定点。

2. 帅四平五　炮5退6

帅平中驱炮，为己炮转移开路，真帅也！黑方不能直接走炮5平1，因伏有兵七平六的杀着。

3. 炮二平九

成功转移至预先准备的第二条线路，企图利用底兵暗架，下底成杀。

3. ………… 马7进5　4. 帅五平四　炮5平1　5. 炮九平五

反复转移定高下，几度虚实演春秋。红方先后采取了威胁、调动、驱逐、佯动、转移、要杀等有效手段，出色地创造了平中压镇的机会，始愿得偿。此手压镇，虽并未贴靠紧逼敌宫，中间尚有大片空旷地带，但其对敌方的马士将纵队的磐石般压镇却功能卓著。

5. ………… 炮1平5　6. 炮五进六　士5进6　7. 兵七平六

---

*文题摘自杜牧《题宣州开元寺水阁，阁下宛溪，夹溪居人》

压镇之后立即成杀，逼迫敌炮应垫，再去炮叫将，演变成超低空空镇。此排局着重演弈了反复争夺、多点转移、压镇空镇等诸多战术技巧。真个是：腾挪顿挫施灵动，转移压镇做妙杀。

总之，转移战术是兵员改换迁移位置的行动，是增加子力势能的运作，是选择正确进攻方向的举措，是灵活多变方针在行军方面的生动展示。

有诗赞曰：运调技法展神功，增效夺势杀气浓。鸟来鸟去山色里，车退车进掌声中！

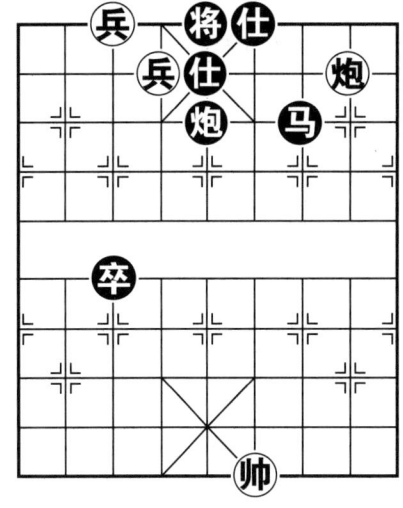

120. 扬鞭那忍骠花骢*

——小论强冲战术

若米尼将军在《战争艺术概论》中指出："常常有这样的情况，就是丝毫不是因主帅有功，而是因为部队勇敢善战，才使交战获胜。"

强冲战术系指在进攻战中，兵马类兵员为及时抵达预定点，在其他兵种的支援与策应下，不怕强敌威胁，不怕损失辎重，敢于"冒着敌人的炮火"强行冲上，暗中步步对敌施压或边冲边打，使敌军难以守御招架并遭致全局被动的强行冲锋战法。

（一）卒马皆善弈　强冲不怕丢辎重

图一摘自张影富与孙勇征1996年于成都弈战局谱。

25. 车六平三　卒5进1

不理挑衅事，强冲虎狼关。中卒连续三次冲进，施压敌宫，极富大局感。红车不敢造次，否则车6进4点将塞压之后，中卒冲进夺相立杀。此手证明，强冲战术并不是强子的专利，兵卒在这一领域里也有上佳表现。

26. 相五退七　炮7平8　　27. 炮七平八　炮8进3　　28. 炮五退三　马3进4
29. 车三进三　将6进1　　30. 车三退一　将6退1　　31. 炮八进三　象1退3
32. 车三平五　马4进6

卒停续烈马，再次演强冲。不怕丢炮，强行冲入敌阵，立伏绝杀。其气魄，其力度，令敌瞠目。以下是，车五平六，炮8平5，帅五平六，车6平2，红方认负。黑方卒马相继强冲，追魂索命之举也。

（二）冲破封锁线　天马悠然奔南山

图二取自胡荣华与孟立国1973年于沈阳弈战局谱。

1. 马七进五

绝代强冲术，澎湃杀敌心！强冲战术的"业务"之一，就是强行冲破敌之封锁线。正常情况下，一车封马，绰绰有余，而现在车炮联手封锁兵线，其火力之巨大，猿猱却步！然七路马公然藐视权贵，强行冲上，其妙非常。其内涵有三：一是华丽变身，马冲至中路后，马非马，何也？乃"铁架"也。铁架者何？敌军不敢触碰之炮架也。二是此强冲将兵线上的攻防焦点，强力变成四路叫杀的附属点，并巧借此争杀之势，在"是非之地"亮相启程，睿智

---

*文题摘自幼卿《浪淘沙》

也。三是此种"火线"强冲，一往无前、目中无敌，极具挑战性地踏上了攻杀的征程，它足以使敌军战栗、防线崩溃。真个是：橘枰造仙境，妙手育奇葩。

1.………… 士4退5　　2.马五进四

虎啸山林威名远，马踏敌阵捷报传！

总之，强冲战术是兵马类兵员冲锋陷阵的演弈，是高风险、大代价行军的传说，是骠勇奔杀的渴望，是中短程火器发力的赞歌。

正是：胶着时刻展神功，奔杀已决万念空。挥刀直取深宫客，扬鞭那忍骤花骢。

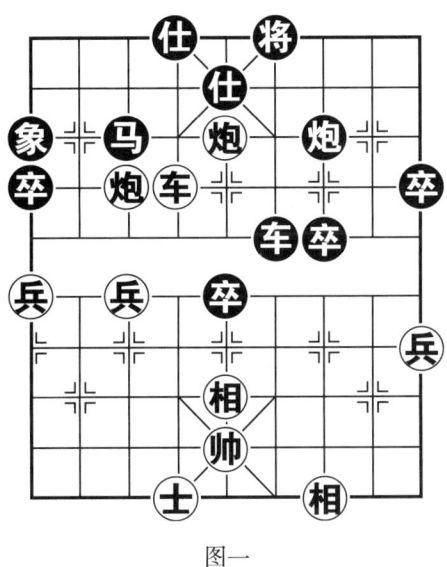

图一

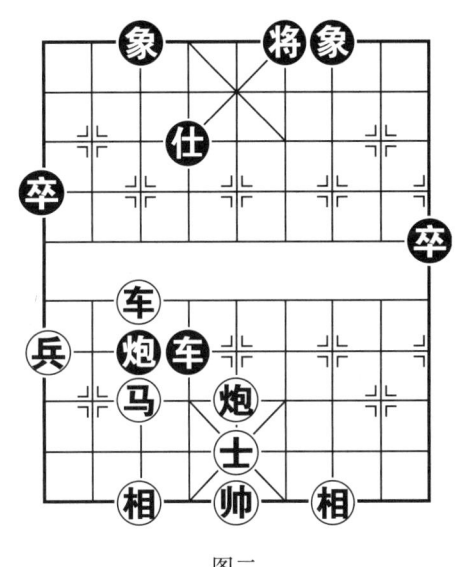

图二

121. 双阙远腾龙凤影*

——简论腾挪战术

意大利哲学家马基亚韦利曾指出:"派一部分兵力投入进攻,引开敌人兵力,并以此腾出其它兵力。"

弈战中的腾挪战术则指实施方的占位兵员利用要杀、馈献、捉吃及威胁等手段,采用轻灵、迅捷、巧妙和有效的闪跳腾越行动,不仅使兵员自身迅速抢点到位,而且为亟待出发作战的友军提供了点位和线路,从而使战阵开扬、各兵种龙腾虎跃、局面生动的运调技巧。

腾挪战术属于高质量的行军作战的运动技巧。克劳塞维茨将军曾指出,"必定力求通过斟酌得宜、手法巧妙而且又行动敏捷的行动,以实现其国土掩护的目的……为了常能不失时机地赶到这些地点,其运动也就越发需要高超的技巧。"

腾挪战术之实施,必须对趋前扑上的各路兵马所需点位和线路,进行周密的全盘谋划,甚至包括对敌军挡阻拦截手段的及时解除办法,以确保机动的顺畅。若米尼将军特别强调指出,"对实施机动来说,重要的问题是及时和巧妙。"

(一)立荐腾挪 迅速造设进攻态势

图一选自胡荣华与钱洪发1982年于上海弈战局谱。

42.炮三进三

打车过渡,立荐腾挪,抢先占领卒林线,为继续实施腾挪、罩镇敌宫、发动进攻预做安排。

42.………… 车2进3 43.马五进三 车2退3 44.炮三平五

前趋叼炮让位,联手实施腾挪。炮马三个回合腾挪演弈,不仅使马炮双双到位,而且使局面由僵持纠结状态立刻明朗开来,使己方瞬间成为强势进攻的一方。腾挪战术的极端重要性,由此可见一斑。

44.………… 炮8平6 45.马三进四 将5平6 46.相五退三

再次闪挪腾路,为炮六平四助杀让出通道。以下是,炮3平2,相七退九,车2进2,炮六平四,将6平5,炮四进五,卒5进1,车四平二胜。

(二)闪展腾挪 翼侧攻势浪掀席卷

图二摘自杨官璘与沈芝松1975年于上海弈战局谱。

---

*文题摘自史达祖《满江红》

20. 炮八进四　炮7进4　　21. 炮八进二

为求腾挪捐身去，竟使狂飙劈面来！摆脱敌肋车的牵制，入界窥炮，既含有背攻的意向，又伏有逼离守臣、使其难以策应右翼的企图，如敌炮7平2，红方则车八进五，去炮逼马占先。现炮下底打将，为典型的腾挪着法，它以身调马，为马解绊开路，从而使主攻部队在敌右翼得以发动猛烈攻势。

21. …………　马3退2　　22. 马七进八　将4进1

借仗中炮控势，叫将逼敌首走高，以使目标浅露的战略决战更加顺畅。

23. 车二进一　车8平5　　24. 车二进三　车4平2

25. 车八平六　车2平4（删除重复着法）

26. 炮五退一

生根、开路，为二路车腾挪七路砍象做杀铺平道路。

总之，腾挪战术是兵员高速、灵妙行军的展示，是持先抵达预定点的提速手段，是径赛高栏的连续跨越，是武打拳术中的窜跳躲闪功夫。

有诗赞曰：双阙远腾龙凤影，一彪灵动楚汉城。橘枰有幸载骄子，方罫无垠运神兵。

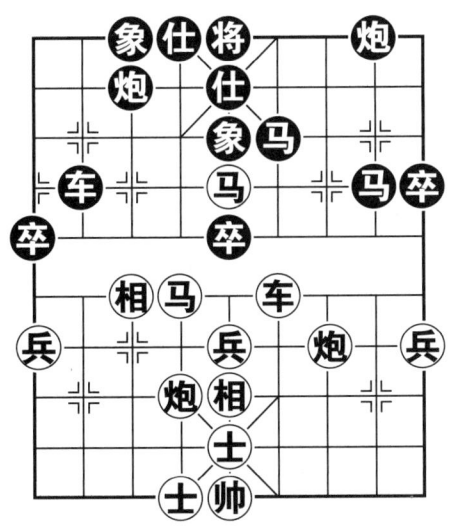

图一

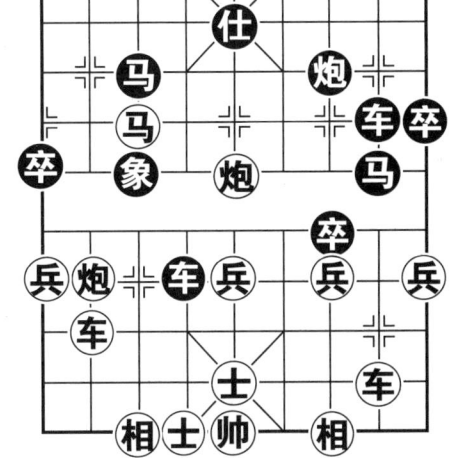

图二

122. 当流赤足踏涧石*

——略论踏进战术

克劳塞维茨将军在论及寻求决战的战场进攻时指出，军事行动是"不能不在黑暗和朦胧之中进行的活动""大胆和信心不能不是进攻者的灵魂"，他还认为，"大胆和信心同进攻具有更大的亲和力"。

踏进战术系指在进攻战中，以马为代表的进攻型兵种，在进抵预定点的过程中，充分发挥自身斜向运行与攻击的特长，巧妙采取打将、捉拿、威胁甚至暗杀等逼迫性手段，叮着走，踏着进，极尽灵活凶悍的威势，在敌我两军纠结缠斗中如入无人之境并为友军提供最佳战场服务的高级运行技巧。

（一）双马踏进 花心点穴成妙杀

图一选自纪中启与魏国同1983年于北京弈战局谱。

48. ………… 卒5进1

碰兵开路、静默踏车、双击叫板，遂开始了双马嘶鸣踏进的行程。这是一次设计深远精妙的伟大进军，其间双马踩踏点数之多、质量之高、对战局贡献之大，皆在顶级之列。

49. 车六平五 马5进7 50. 车五平四 前马进8

进军无怯意，连踏有雷声！静踏、动踏、双马踏，敌车已露惊慌之色和疲惫之态，而进军入界，增援车炮，将使虚懈敌宫蒙受巨大压力。

51. 车四退一 车7进3 52. 帅五进一 车7退1 53. 帅五退一 马8进7

行军虽有间歇，踩踏岂能失职？盯车踏进不止，并迅速抵达作战区——敌宫土崩瓦解的时刻，在铿锵有声的踏进催逼下正一步步向敌首走来。

54. 车四平三 马7进9 55. 车三平二 炮8平9 56. 马七进八 马7进6

双马皆善踏进，待机摘取皇冠！双马均已到位，成杀在即。

57. 兵二平三 马9进7 58. 车二退四 车7平5 59. 帅五平四 马6进7

决战十分精彩：进马要杀，逼车应垫；平车花心，暗伏马7退6双杀；河马扑进，即伏马7进8绝杀。

（二）三度踏双 入界功力档次高

图二摘自臧如意与徐天红1995年于吴县弈战局谱。

36. 马八进六 马6退5

---

*文题摘自韩愈《山石》

踏双趋前马，造设攻杀局。在黑车迫压下，却挺身而出，力叼马炮，为前趋入界造势，真个是：眼中瞄辎重，脚下奔前程。而黑马亦躲避、充架、联炮、窥车，做出强烈反应。

37. 兵五进一　马5进3　　38. 马六进七

入界瞄中象，折返可踏车。此马两步前趋入界，迅速抵达预定点，而在短短两步之中，都是以"踏双"为前动力，使其马步力度超常，使敌军防不胜防，还哪有阻拦的精力？此手更为"恶劣"的是，此马到位后立即暗窥敌首，为车六进六催杀预设断路杀手。真个是：到位局弥险，踏进马也阴！

38. ……………车2退5　　39. 马七进六

不踏象而窥车盯士，三度踏双，成为踏进战术之极点。此手为车二平四摧毁藩篱、擒拿敌首，立下赫赫战功。呜呼！踏进枰罕见，杀法登高端。

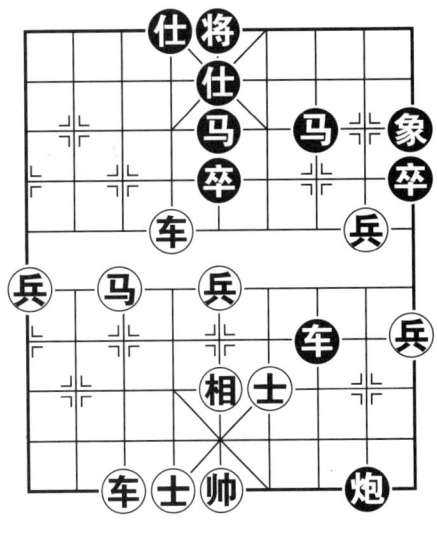

图一

（三）连续实施　踏车窥车马壮烈　强夺暗杀求高效

图三取自赵国荣与钱洪发1982年于西安弈战局谱。

33. 马四退六

踏三争势激进，乱敌制弊夺车。此踏进妙步，以踏争势，以退为进，利用象单车暗之弊，发动攻城决战，并采取攻、吃交错手段，擒获一车，使敌彻底丧失对抗能力。

33. ……………车2平8　　34. 马六进五

踏象突破城防，暗伏卧槽与双车抢炮绝杀手段，逼敌军应付。黑方马双车虽均处于红方火力射程之内，但主将面临生死危境，"二等业务"已经无暇顾及了。

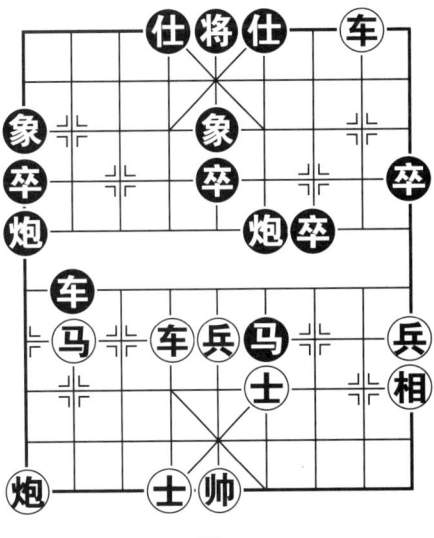

图二

34. ……………炮6退1　　35. 马五进三　车8退1

36. 马三进一

有此等凶险踏进妙手，敌军难以抗御。它踏掉一车，壮烈之前还踏车，不忘主打业务，真天神也！敌方只能痛失车马卒，溃不成军，再也组织不起来有效的守御了。

总之，踏进战术是立苍的行进术，是裂石穿云的浩荡气势，是抵达预定点之前对敌军的火力警告，是行进者踏车踩炮的旅途乐趣。

正是：冲锋号起战马急，护国保家斗蛮夷。趋前铁蹄断路障，当流赤足踏涧石！

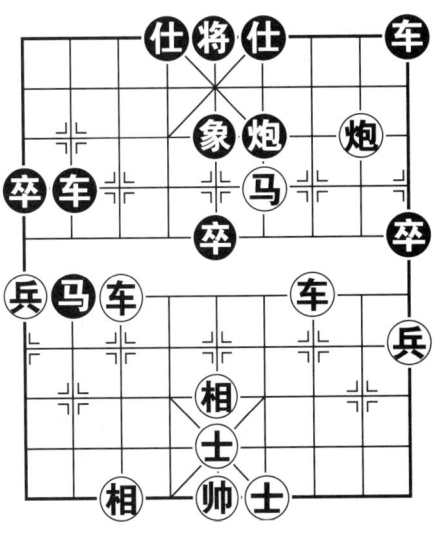

图三

123. 男儿本自重横行*
——简论游弋战术

克劳塞维茨将军在论及骑兵对付入侵者、保卫国家安全的任务时指出："其任务在于驱散各个别动队员，维持自己的队伍。没有义务包围或监视要塞，只是巡驰于其间就够了。"

游弋战术系指在两军僵持对峙或敌军伺机越界入侵情势下，以车炮为代表的机动性强、杀伤力大的长兵器，在战略要道、在纵横线路上来往巡逻，侦伺敌情，封锁敌军，逼退劲旅，有效防止了敌军的越界、渗透、偷渡、入侵、袭击和破坏的行动，并为己方赢得攻防机会的往复机动的巡驰方法。

远程游弋凶险　捉双恶马遭擒

图截取自徐天红与李来群1997年于上海广洋杯大棋圣战弈战局谱。在中局攻防大战中，红方底二线火炮连续游弋，一反防御"消极"之态，明里攻将做杀，暗中为拆象夺马打叠，充分发挥了远程控制、打击与助攻的战斗作用。

29.炮七平六　将5平6

游弋威力远，短程心境宽！游弋之起始，进攻部队便利用敌宫防御之弊端与外线防御位势之局促，厉行攻杀交错之策，企图在攻将中强夺马炮，以期不战而胜。

30.炮六平四　将6平5　31.炮四平八　将5平4　32.炮八平六　将4平5

游弋顿挫罡风猛，惊骇躲避愁云低。七路炮在底二线上的连续游弋，力度非常，已使敌首寝食不安，象马卫队暗中叫苦！此远势力控，露透出游弋之锐气与行军之高效，成为取势夺子获胜之关键。此种游弋，挺远势、暗威慑、逼敌首，精妙绝伦！

33.马二进三　将5平6　34.炮六平四　炮9平6

35.马三退四　马8退6　36.马三进四

打马窥马，敌双马无根，必失其一，红方得子获胜。

总之，游弋战术是车炮类强子在要线上的往复运动，是对疆界平安的巡驰关注，是逼退多路进犯恶敌的强硬手段，是对弱点弱旅的游动性保护。

有诗为证：机动巡驰驿路间，察视监管非等闲。飞车横行千万里，虎胆强势熄狼烟！

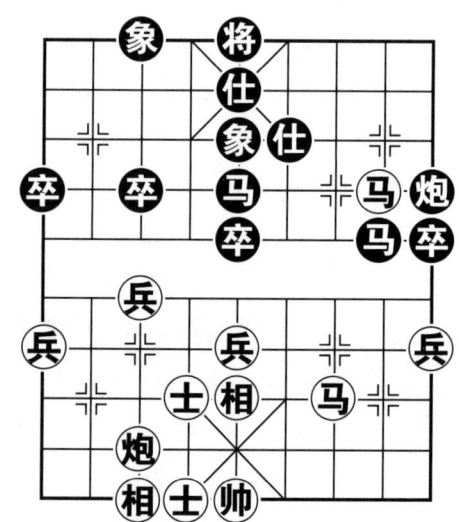

---

*文题摘自高适《燕歌行》

124. 树深云来鸟不知*

——简论移动战术

毛泽东主席1931年3月23日发出命令："十二军全部应于二十五日开始移动，以大柏地为指挥中心。"

移动战术系指兵卒渡河成功以后，自身增添了横向运行和攻击能力，进一步发扬了不怕死伤、善于配合、敢于碰硬、步伐坚实等传统优势，有效采取向心、集结、设托、掩护、欺逼、攻杀等战术手段，抢占要点、歼杀敌军、攻城擒将的短近距离的行军和作战技巧。

（一）巧移动　阻绊断路助杀人

图一摘自许银川与杨惠生1990年6月于邯郸全国团体赛弈战局谱。

27.………… 　马2进3

车马抢炮，以夺取军力上的优势。

28. 兵八平七

向心图攻势，阻绊以求杀！此手移动，十分巧妙：它抢先作向心运动，阻绊3路马，为车八进七杀将造势；其次，它逼迫3路马冲上联马阻路，从而使敌后方变成无防之城；最后，此手为尔后的擒将发挥了断路作用，具有相当的静默功力。

28.………… 　后马进2　　29. 马五进七　马3进1　　30. 马七进六　将5平4

31. 车八进三

黑方车马无杀，而红方七路兵断路凶狠，强大兵团造作杀势，不可逆转。

（二）妙移动　阻滞闪露成逆转

图二取自高华与单霞丽1995年银荔杯弈战局谱。

1. 车四进一

弃车砍士开路，明车待机要杀。

1.………… 　将5平6

顽强应对，如士5退6，红马卧槽请将，八路车纵横有杀。

2. 车八平四　卒7平6

阻滞浑如梦，扼守坚似钢！此手移动，"阻滞"强车，减层、闪露炮口，封锁敌马入杀点，意义重大；此手突然，防杀救急，完全出敌意外，使红方原以为弃车杀士构成连将杀的

---

*文题摘自钱起《山中酬杨补阙见过》

计划成为泡影,给红方送上了一个"临杀勿急"的沉痛教训。

总之,移动战术是兵卒渡河成功后"升变"的绩效,是对所有微词的无言酬谢,是"国家兴亡,匹夫有责"古训的忠诚兑现,是橘枰对"凡夫俗子"的真情激励!

正是:用兵占位谋划奇,弱者立功恰逢时。路断卒横敌已乱,树深云来鸟不知。

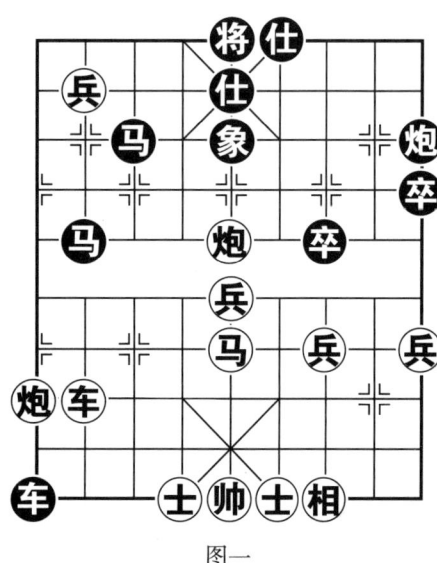

图一

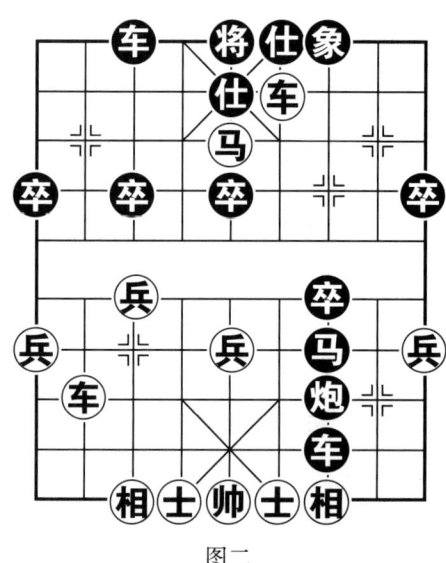

图二

125. 停车坐爱枫林晚*

——略论停置战术

（英）利德尔·哈特在著名的《战略论》中指出："战争中的真正目标，不在于寻找敌人进行会战，而在于建立一种有利的战略态势。如果说，这种态势本身还不足以保证取胜，那么再继而进行一个会战，就可以很有把握地保证夺得胜利。"

停置战术系指进攻部队经全面精深的筹算，及时抓住敌兵配置的隐微隙弊，出敌不意地将以车为代表的重型火器先敌停放设置于敌火力控制下的险恶要地，极尽引诱、逼离、绊别、塞压、威慑、破障等技术特长，有效破坏、紊乱敌防御体系，削减敌军战斗功能，创造有利于我之战略态势，为主攻部队攻城擒将提供最佳战场条件的弃舍式占位技巧。

（一）绊别、替代式：履险停车处　兀立防护墙

图一摘自《适情雅趣》第234局"停车绊马"局谱。是局黑方在进攻上一步成杀，同时在防守上1路马、4路士、6路马炮、9路车全都暗中较劲；红方虽拥有马炮双车之众，也难以抢先入局，决心同求杀者一比高下。然而，关键时刻，红方突施停置战术妙手，一举破敌——

1. 车一平四

叫杀英豪烈，停置朝野惊！这是一记奇妙、深远的停置妙手，这是一个助杀、制胜的重要前提！它究竟妙在何处？

一、变废为宝，增效生威，立即改变了攻杀的战场条件。一路车在9路车的监管下，几乎成了一张废牌，但它穷尽自身能量，无视火力封锁，敢于要点停置，用伟岸之躯现场筑起了一堵效用非常的防护墙，为友军攻杀制胜提供了一个无干扰的作战空间，可谓以身殉职，英雄盖世！如首招径自马七进五，则将6平5，炮七平五，马6退5，红无杀。此招未雨绸缪，周密安排，使敌再无苟安之机。

二、它还妙在蜕变敌炮性质，册封其为战术功能代理人，令其替代红车阻遏马之回防。果不其然，肋炮不负所望，自己不防守，还不准马参与防守，使马气恨难消，使两翼杀手壮志难酬，使敌将丧于自阻自乱。车之停，虽死犹存，极尽无中寓有、明无暗有之妙！

1. ……　　炮6退3　　2. 马七进五　士4退5　　3. 车八进一　将6进1
4. 马五退三　将6进1　　5. 马三退五

第2回合将之不敢平中，此回合马之能够连将，皆首着停置之功也。

---

*文题摘自杜牧《山行》

5.………… 将6退1　　6.炮七进四　士5退4　　7.马五进六

叫将、闪露主帅控线，既威胁马后炮杀，又伏有钩钓、车马联杀。车之停置、敌炮之暗助，使此局妙杀之深远、奇特定格永远！

（二）塞压、诱逼式：天兵下凡处　遍地皆开花

图二选自李来群与柴如林1979年于哈尔滨弈战局谱。是局红车马虽杀入敌阵，但黑肋车则奋起拒马抗争。在双方僵持而红方似无得力后续手段之际，红方突出停置妙手——

1. 车四进八

车停日月暗，伏杀鬼神愁！此乃具有升提、塞压、诱逼、点穴、伏杀等多项战术功能的停置妙手，是在对敌军各种应对方案进行精准计算后所采取的出敌不意的重大行动！车之停，一置千金，使敌惊慌失措；因为不管敌军可选择的应对方案有多少种，结局也只有一个。

一、如士6进5，则炮七平五，中路突破，红方胜定；

二、如士4进5，则车八平七，车4进2（炮3平4，炮七平九），炮七进五，车4平2，炮七平九，将5平4，车七进二，将4进1，车七退一，将4退1，炮九平四，剪羽摧士伏杀；

三、如车4平6，则车八平五，士6进5（士4进5，马八进六伏马后炮杀），马八进七，将5平6，炮七进五杀。

而在实战中，黑应以——

1.………… 车8进1　　2. 车四平二

此时黑方如车4平8，则马八进六，车8平4，炮七平六，黑失车认负。马正富先生在研究车四进八以后双方攻防各种变化之后，给予此手以极高的评价："虎口献车，非常人所能弈出！确有鬼斧神工之妙，令人拍案叫绝。"

（三）逼离、减效式：飞峙要杀地　三军攻杀急

图三系李中健先生排拟的实用排局第382例之谱图。

1. 车五平三

一置蕴奇妙，万古著风流！此乃叫杀、逼离、减效、抢先、活炮、闪露、伏杀之停置妙手！其审局之透，谋虑之深，魄力之大，均属上乘！它以要杀相逼，强迫敌车离开一星管三的战略要冲，极大地减降了敌主力部队在防守上的巨大威力，脱胎换骨般地提高了二路马与双炮的战略地位，使双卒急切立功受奖之盼变成了永久的凝固！

1.………… 车7退1　　2. 马二进三

车停马卧，皆蕴涵着英侠们的殉决精神。但是，只有车之停置，马才能卧出实效！现在，它们连续性地在敌控区内进行舍生忘死的攻击，使敌首无奈，使7路车震惊不已，它已经呆若木鸡，行将就木。如敌车敢于放肆，炮二进八立擢。

2.………… 将5平6　　3.炮八平四　车7平6　　4.炮二进八　将6进1

5.炮四平二　车6平8　　6. 马三退一　马7进8

敌车寡不敌众之弊、一车挑二却不敢轻举妄动之苦，已经使它心力交瘁，无法再生存下

去了。

7. 炮二退七　将6退1　　8. 后炮进六　将6平5　　9. 马一进二　马4进2
10. 后炮平一　将5平4　　11. 炮一进七　士5退6　　12. 马二退三　将4进1
13. 马三进四

马双炮侧攻凶猛、有序，敌首无处藏身。

总之，停置战术是未来攻杀战场设计的强力创意理念，是占位术、调敌术和馈献术的有机联合体，是把生命融化在战略蓝图之上的真正先驱者，是总攻前最后一道工序的绝妙实施。

正是：驻足睥睨世仇家，筹算深处藏妙杀。壮烈演弈屠龙阵，战旗红于二月花！

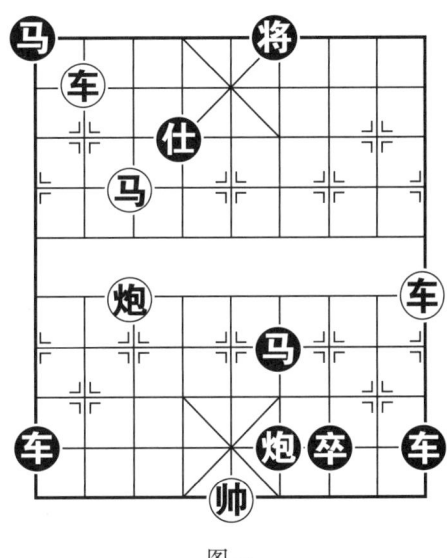

图一

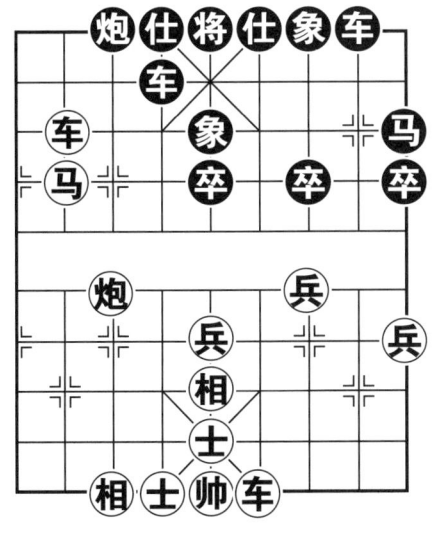

图二

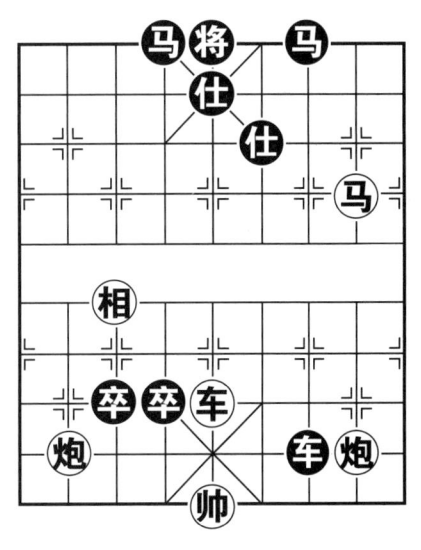

图三

126. 回眸一笑百媚生*

——小论折返战术

《六韬·战车》指出："步贵知变动，车贵知地形，骑贵知别径奇道，三军同名而异用也。"

弈战中的折返战术系指在进击、防御或驻止等各种态势中的马队，根据敌我攻防特殊情势和战斗的需要，采取柔性方略，选择"别径奇道"，出敌不意地突然折回返还，顿使局面开朗生动、兵员增效升值，极具保护、封锁、捉双、充架、伏杀等多种战术功能，令敌望而生畏、猝不及防而遭致重创的逆向运行技法。

（一）回马金枪冠弈界　踏三夺一定乾坤

图一选自胡荣华与杨官璘1979年全国四运会象棋团体赛弈战局谱。

1. 马二进三

强硬、深远！此手暗伏踏士连将杀，逼黑士防守，不给黑卒吃相反击的机会，并开始淡淡地窥瞄着入侵的车卒，伺机叫将抽车或捉双，为自身之后续手段暗中做好了战术铺垫。

1.……………　士4退5　　2.炮五平一　士5进6

拟势夹击，逼敌应付，同时为折返叫将、双叮车炮让出点位，更为踏三夺一让出明线！

3. 车七退四　　炮7进2

车之退捉，为折返战术之实施完成了最后一道工序。而马炮车深远有序的打叠，对于主角精妙演弈的出场，大有"千呼万唤始出来"之妙。

4. 马三退四

烈马威千里，折返震八方！凶悍折返，踏三捉一，一步千钧！敌军仅有的三名外线武装人员悉数难免，并将最终的战斗推向了高潮。如车4平6，则车七平六，将4平5，马四进六，中卒必失，这时如将5平6，则车六平三胁杀得炮。真个是：巧小折返步，巨大杀伤力，问君何以赞？忽闻戎首泣！

（二）多用退步美如舞　敌势消削难反扑

图二系陶汉明与赵汝权1996年于桂林弈成的攻防枰面。

1. 炮五平二

驱逐敌车，使其不得与底炮呼应进行翼侧联攻，制敌分散，难以成势；同时以打车为过

---

*文题摘自白居易《长恨歌》

渡，变换炮位，为马之折返创造了优越的地理条件。

　　1.………　　车8平4　　2.马二退四

　　奇诡突兀、舞步婆娑之折返妙步，具有保炮、踏炮、充架、助炮打卒，伏击入侵敌军，铲除胁宫隐患等多种战术功能。马之折返不仅为自身日后扑奔相头要点做好准备，而且为发展优势、立夺胜势做出了全局性的贡献！能自身增效，又助友军大显神威，折返之妙也。

　　2.………　　炮7平9　　3.炮二平七

　　千辛万苦跋涉至此，觊觎多少攻城梦幻？马之折返，炮之横飞，立使黑军反扑的敢死队，魂断宫墙！真乃是："回眸一笑百媚生，六宫粉黛无颜色"！

　　总之，折返战术是战马巧妙选点的艺术，是别径奇道增效升值的艺术，是奇兵突袭多目标的艺术，也是将兵种优势同战术技法完美融合的艺术。

　　正是：嘶鸣返踏笑群英，奇道铁蹄最威风。退步三胁八方怵，回眸一笑百媚生！

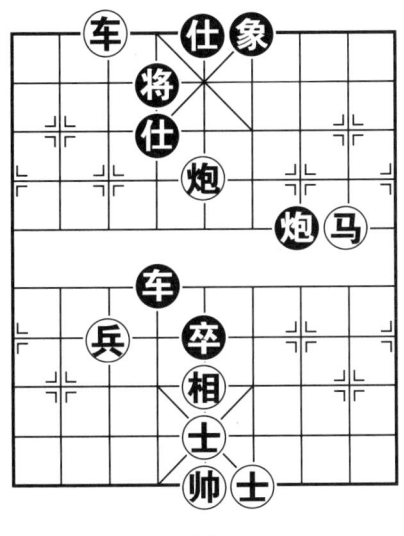

图一

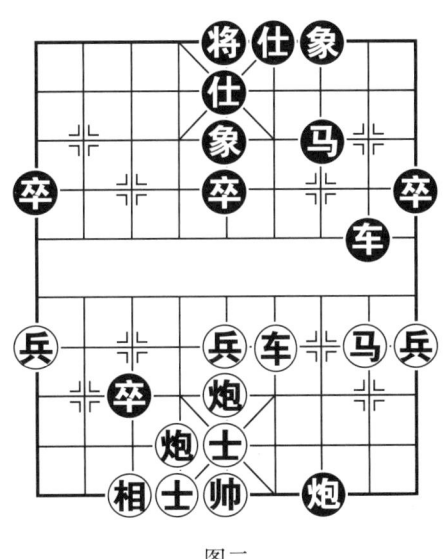

图二

127. 凝云鼓震星辰动*
——小论调动战术

孙子曰："故善战者，致人而不致于人。""故善动敌者，形之，敌必从之；予之，敌必取之。以利动之，以卒待之。"

调动战术系指在两军攻防转换的关键时刻，进攻部队巧妙采取诱逼、弃舍、引离、骄纵、捉拿等有力手段，"指挥"调遣敌军，使其分散、拥塞、冒进、离防、绊阻等，从而造成有利于己方攻杀的态势，为己方所乘所用进行攻城擒将的高级制敌技巧。

调动战术的目的，《兵经百篇》所云就是"致而掩之"；《战争论》则云："只有能够左右对方的人，才能做到出敌不意。"

（一）让点捉双　逼帅浅露遭杀戮

图一摘自祝林与胡荣华1965年于无锡弈战局谱。

31. ………… 车5进2

砍相让点逼浅露，侧攻钩钓做绝杀。此手属声东击西战法之调动战术妙手，它砍相变位，为马3进5让点，暗伏窥双得子破城手段，从而巧妙调动敌首离位。红方出帅暂避风雨，不期遭致钩钓侧攻的毁灭性打击。

32. 帅五平六　马3进5　　33. 前车平五　车3进2　　34. 帅六进一　车3退3

再施调动战术，索要兵线领地，为马5进3铺垫打叠。敌车必须接受调动，如车四平七，黑方则马5进3踏车叫将，红方双车尽失，难以续战。真个是：强势调动术，精妙攻杀局！

35. 车四进一　车3进2　　36. 帅六退一　车3进1　　37. 帅六进一　马5进3

红方炮双车无力回天，只能坐观侧面虎的杀技表演了。

（二）调敌弱防　诛杀守臣夺胜势

图二取自王斌与苗利明2006年弈战局谱。

18. 车四平三　车6平7　　19. 车八平七

立茬调动抢底线，交错攻打夺胜机。在右车窥马调车之后，左车砍炮，暗伏车七平五杀，逼马离防，立茬调马，为己方炮安全下底打叠；同时砍炮变位，为己方炮下底让路。此手，高效紧凑，使敌7路车没有机会采取行动，并立存杀身之祸。此手，将为夺回失子、攻陷城池创造有利条件。

---

*文题摘自许浑《汴河亭》

19.………… 马1退3　20.炮八进七　将4进1　21.炮八平三　象5退7

22.车三退一

红方抽车、得马，使守军遭致重创。散乱的阵形，单弱的守力，再难以抵御车马的强大攻势。

22.…………　车1平4　23.马七退五

折返实施致命一击！黑方只能象7进5，红方则车三平五胜。

总之，调动战术是调遣敌军离防、背暗、处险的手段，是夺势争胜的有力举措，是战略家对通盘的考虑安排，是诱逼敌军入彀覆灭的弃舍式交换。

正是：调敌战法妙如仙，攻城略地破难关。凝云鼓震星辰动，衔枚夜沉车马欢。

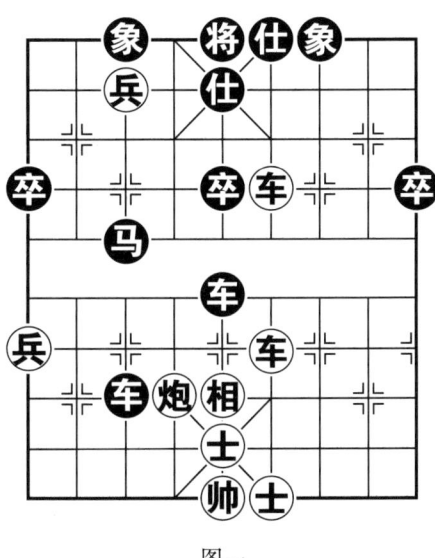

图一

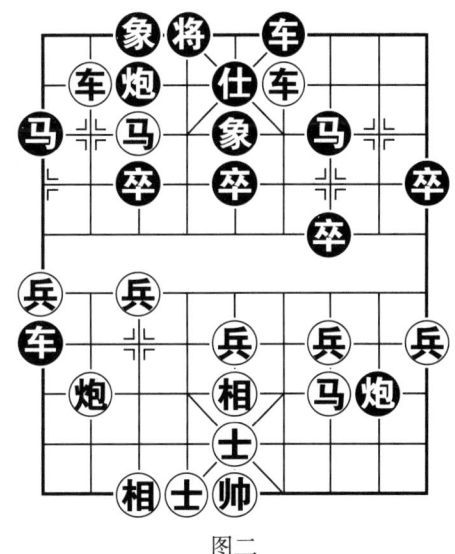

图二

128. 边城暮雨雁飞低*

——略论切入战术

恩格斯在《奥军向明乔河的退却》中深刻指出："在敌人兵力还没有完全集中以前直接扑向敌人，攻击并粉碎敌人——这才是唯一正确的行动计划。"

切入战术系指以马为实施主体的进攻兵员依恃友军的占位强势，借用敌阵之虚懈，深含攻击与威胁敌战略目标的强烈意向，采取弃舍、打叠、腾挪、变线等有效手段，巧妙离心，直接侵入敌阵边线象点，进而造成归边、窥瞄、卧槽、进攻、铺垫、抽杀等有利态势，从而使敌首面临挑战，使敌城防部队立陷被动甚至遭到重创的抢占边陲要点的运调技巧。

切入战术在实战中具有较高的出场率和取胜率，因之广受棋手的青睐——

（一）离心再射回头箭　覆巢难御窥城兵

图一为吕钦与蒋全胜1996年全国象棋团体赛中弈出的中残局面。

26.马三进一

离心扑要点，回师攻恶皇！此切入妙手借用敌车虽处于并联状态但左车占位不佳、不敢拆散、不能擅离河线要道之机，同时抓住敌宫兵力过于紧缩、敌首极度呆滞之弊，策马切入边线，叼车行进占位，欲扑槽叫杀，实乃切入战术的典范之作、弈战中的神来之笔。其妙之一在于巧妙利用稍纵即逝的战机，挥师发难，使攻防大战即刻升级；其妙之二在于四车俱在马成王——边城要点立使前锋战马增效生威，变成摧杀敌首的一柄利刃，从而使战斗进程变得简洁明快；其妙之三在于马的离心运动的制乱性，它将敌一隙之阵变成敌首浅露、侍卫呆傻、四面楚歌之地，使拥有多员文臣武将的敌首即将面临被围攻剿杀之灾。

26.………… 士5进6

若车8退2制马，将丢一车一卒，虽可杀一马，但难以抵挡双车双兵的强大攻势。

27.马一进三　将5进1

向心运动惊戎首，卧槽手段乱敌营！此手叫将顿使敌宫紊乱——原敌宫阵形虽过于紧缩、敌首虽极度呆滞，但毕竟尚能互联互保、对老将形成"围"护之势；而现在将浅露、马失根、士离散，城防部队已经变成一团散沙！

28.车六平八

对峙肋车平拉开，既有马折返叼双车的得子手段，又暗伏车八进二后车五进四的砍象手段，以巧妙施展攻城与夺子相交错的战斗方略，以疲惫、牵制、消耗敌军，使其难以形成有效的防御。

---

*文题摘自张籍《凉州词三首》

28. ………… 车8平5　29. 车五进二　车4平5　30. 车八平四

寻虚击弱，消削敌防，扩大优势。黑方遂放弃作战。正是：五回合战局陡转，一骏骑威名远扬！

（二）策马占得高阳地　联军锋线尽生威

图二选自徐天红与李来群1994年于哈尔滨首届高科杯弈战中局。

22. 马六进八

躲避择位欲切入，制弊斩首撼巢穴！河马顺势入界，欲扑边塞象点向心叫杀。此手使其顿然升值，变成了杀气逼人的威慑力，变成了领军攻城的大前锋；此手使红方整体攻势大长，使敌城防面临严峻考验。

22. …………　炮1平7　23. 相三进五　车1平5　24. 马八进九

侧攻蹄声紧，切入要杀急！不吃车而切入，握战机而俯冲，不耽搁，不松缓，紧紧盯瞄住第一目标而搁置其他，真乃大枭雄也。此手切入，有车炮兵大力支助策应，犹千仞滚石，下路顺畅，力逾千钧，气势非凡。它使战局陡转，它使敌阵军心大乱，连窝心马都来不及闪离，外线诸军难以相守相持。

24. …………　车5平4

黑若炮5平2，红则车八进七，车5平4，车八退三，车4退4，炮六平七闷杀。

25. 马九进七　车4退4　26. 炮八平六　炮5平4　27. 车八进七　车8退6

28. 兵七平六

在卧槽马带领下，双炮车兵在黑方右翼尽皆奋勇杀敌攻城，精彩演绎了五虎闹京都的壮观场面。正是：边塞蕴雷电，肋道起波澜。杀机皆由此，切入非一般！

（三）闪离减层瞄弱线　得子夺势显神威

图三摘自许贤良与郭长顺1986年全国铁路棋类赛弈战局谱。此局诠释了切入战术内涵的丰富性——切入不仅仅是有力的攻杀手段，也是夺子取势的战术技巧，或者说，切入在暗伏卧槽威慑的同时，竟能巧妙演绎减层、闪露、休闲、待机等多种战术功能。

24. 马三进一

切入减层妙手，闪露兵炮双雄。此手切入之实施，使兵炮锋锐顿时闪现疆场，使敌7路线马象遭到窥瞄扫射的严重威胁，它直接打击了敌双炮赖以联络的中间弱架，使敌之宫顶线防御面临严重挑战；它闪离减层切入，加剧了敌左翼紊乱程度，并使马自身处于一个相对安全的点位，静默等待友军随时都会创造的卧槽打将、发动进攻的机会。

24. …………　车6平8

如炮8进1，既可兵三进一捉三，又伏马一进三的攻将手段，将有遭攻失子之虞。

25. 炮三进三　象1退3　26. 车二平三　象3进5

面对车炮叫闷，黑如象7进9，则车三平二，将5平4（如士5退4，炮三进二，士6进5，炮三平一，将5平6，炮六进六），炮三进二，将4进1，炮三平二，红势强劲。

27. 炮三平八　炮8平2　28. 马一退三

切入战术的多项业务完成之后，折返往复，以扩大位势能量，助攻助杀。至49回合红方获胜。

总之，切入战术是离心运动战之骄子，是选点择位系列之要员，是进攻匪首的锋锐尖刀，是打叠取势手段之典范。

正是：快刀斩首志不移，曲线万里走单骑。为求潜入施冷箭，边城暮雨雁飞低！

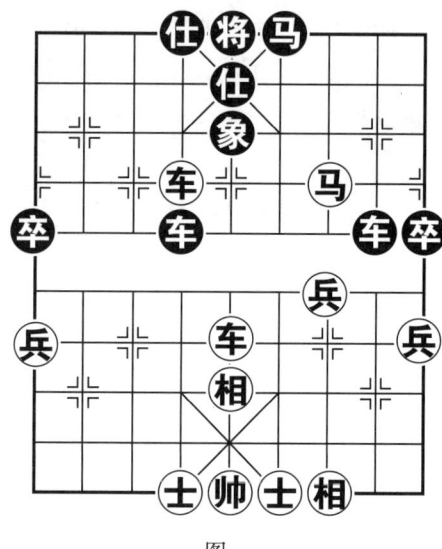

图一

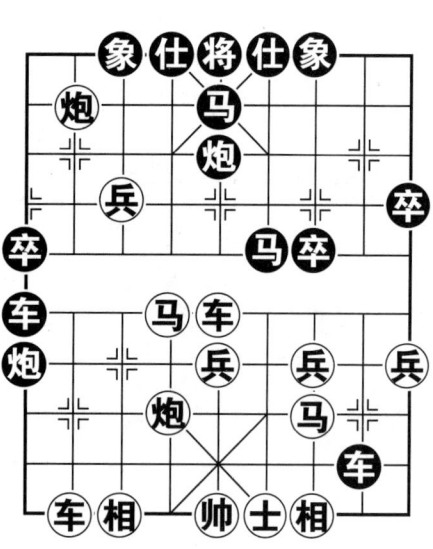

图二

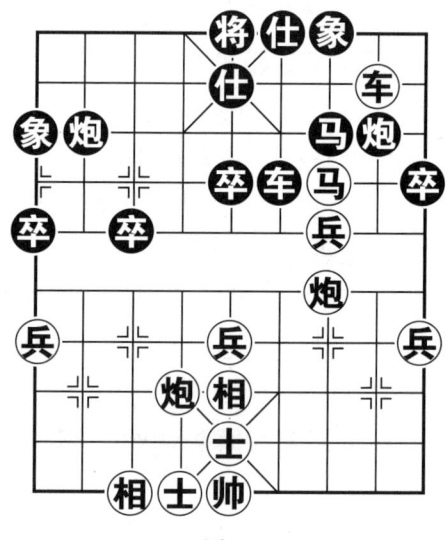

图三

129. 粉墙东畔小桥横*
——略论过渡战术

毛泽东主席曾深刻指出："灵活地使用兵力，是转变敌我形势争取主动地位的最重要的手段。"

过渡战术系指在运动战中，进攻部队充分发挥自身位势好、机动性强的有利条件，借助兄弟部队搭设的战术平台，抓住敌军防务中的弊端和配置的隙缝，采取打将、捉拿、威胁和借用等有效手段，先手将拟派出兵员巧妙运抵预定点，从而加快子力运行速度、赢得步数并抢先入局的高速高效运调技巧。

（一）弱旅提速斗古城

图一摘自李中健排拟的双炮类精巧棋局。

1. 兵六平五　将5平6　　2. 兵五平四　将6平5

绝代过渡卡位，神兵妙穿皇宫！在双炮架设的高低杠型战术平台的得力支助下，肋兵乱云飞渡，穿宫过寝，从容抵达禁制助杀点，不仅使自身增效生威，而且使双炮连施杀技成为可能。低兵之过之渡，如神似仙，其妙绝伦！当敌首应将两步仍旧回到初始位置的时候，肋兵已经完成了伟大的行军，完成了组杀的战略部署，两军的攻防速度由此急剧拉开。过渡之妙，过渡之效，跃然枰上！

3. 炮二退二

二路炮倒升提，高度准确，过渡着法尽展神奇：敌不阻则为通道，敌若拦则变跳板；敌不阻则仅有重炮之危，敌若拦则伏双杀！神乎！枰中有仙径，来去无影踪！

3. …………	炮7进2	4. 炮二平九	炮7平2	5. 炮九进三	炮2退3
6. 炮九退一	炮2进3	7. 炮五进四	炮2退1	8. 炮五退二	炮2进1
9. 帅五平四	车9退1	10. 帅四退一	卒8平7	11. 相一退三	车9退5
12. 炮九平五	车9平5	13. 兵四进一			

双炮连续妙施顿挫式过渡，不失一先，双双到位，竟逼得后车变成近台看客，前车变成蹩脚守卫，助炮逼宫，由兵施杀。真个是：神助敌助皆支点，纵线横线任由飞！

（二）凌空飞渡追天狼

图二录自《适情雅趣》第146局"远猎山林"第3回合局谱。

---
*文题摘自宋·李石《临江仙》

4. 兵七平六　士5进4　　5. 兵六平五　士4退5

神不知鬼不觉暗中到位，远可近慢可快明里抢先！打将过渡，先手抵达最后决战的预定追击点。

6. 马四进六

逼将凸起高崖的夺命手段，开启过渡追杀的美妙锁钥！由此，炮进入了神妙过渡的高峰期，并同兵一起开始施展杀技。

6. …………　将4进1　　7. 炮六退三　将4平5　　8. 兵五进一　将5平6

9. 炮六平四

火炮充分发挥隔一而击的特长，利用支架，巧借射点，从容行进，抢先成杀，竟使企足而盼胜利女神光顾之两翼杀手目瞪口呆！

此局中，兵、炮皆善过渡，方成就了弱旅妙胜杀局。正是：宫城脆，主帅危，肆虐虎狼待发威；兵善渡，炮善飞，无情锋镝带响追，楚河自增辉！

总之，从以上局例可以清楚看出，过渡战术不仅是先手扩大的增长点，而且是后进反先的转折点。过渡战术者，实乃升降之支点、腾飞之羽翼、跨越之桥梁、通幽之曲径也。

有诗赞曰：历来兵家重时空，越岭飞檐亦轻盈，但问湍流何以过？粉墙东畔小桥横！

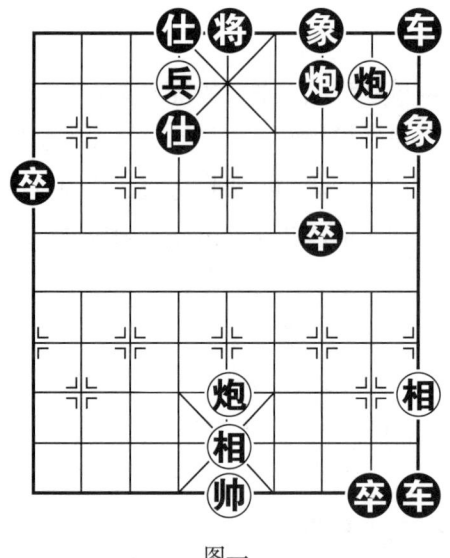

图一

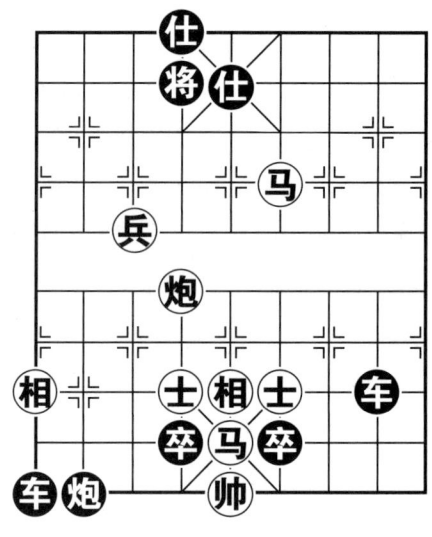

图二

130. 小车随马过南屏*

——浅论跟踪战术

（苏）格鲁季宁在《苏联对军事哲学的研究》中写道："行动的迅速加上巧妙和坚决，这是经过考验的军事学术公式，它在现代条件下正在增添新的内容。现在，双方甚至为赢得几分钟的时间所进行的斗争都将是非常尖锐的。"

跟踪战术系指在敌兵员准备采取游动方式进行守御、转移或威胁、要杀时，以车炮为代表的快速反应部队立即行动，对行将滋扰生事添乱的敌兵，采取敌住我停、敌行我跟的有效手段，跟随追踪监视，严加防范，使敌难以摆脱我方火力威慑，不得自由，不准其随便作祟或难以进行有效防御的对敌个体兵员的限制技巧。

跟踪战术与监视战术并不相同，前者敌对双方均处流动状态，或者说是一个实施方不断跟进追随的过程；而后者则呈现出相对静止状态，即敌不动，我亦不动，就是将敌兵员原地盯住看死。

（一）跟踪防杀斗虎狼

图一选自胡荣华与吕钦1994年于郴州弈战局谱。

46.车七退二

在看护七路底相、防重炮杀同时，红车倒升提，为马让出点位，暗中两肋求杀。

46.………… 车8进2

借闷迎宾客，仗势跟虎狼！黑方立即升车跟踪迎敌，使敌车锋挫刃卷，难以达成战略企图，黑方因此立获先手。

47.马八进七　将5平6　　48.车七退三　车8进3

激战无声攻对防，跟踪有术影随形！黑车专程跟踪，借势增威，盯车护线，立茌防杀，令敌车求杀无路、报国无门，一种无可奈何花落去之感觉塞压心头，难以消解开去。

49.车七进三　马7进5　　50.炮六平四　象5进3　　51.相三进五　车8进3

52.士五退四　炮2平4

53.车七平九（如改走车七平五则炮4退4再平五黑方丢车）　炮4平6

54.车九退六　炮6平3　　55.帅五进一　车8退1　　56.帅五退一　炮3退8

之后，又战数合，黑方捉死红炮胜。

---

*文题摘自吴文英《定风波》

（二）挤逼跟踪闷强梁

图二录自古谱"萧规曹随"谱图。

1. 炮七进二　士4进5　　2. 帅四平五　炮5平4　　3. 炮七退九

控帅禁士打叠已毕，遂开始了对敌炮连续实施跟踪作业，以打乱其企图居中遮掩活士解杀的计划，挤逼其妄图阻遏红炮进抵底线成杀的步位，一步一跟，一挤一占，亦步亦趋，煞是好看。

3. …………　炮4平5　　4. 炮七平六　炮5平6　　5. 炮六平五　炮6平7

6. 炮五平四　炮7退1　　7. 炮四进八

橘枰德比生死较量，争路求杀紧密跟踪！一步一趋地跟踪作业，毕竟不是炮的强项。当战场上出现了一丝隙缝的时候，快速反应部队当然不会放过施展快速反应的机会。它既有连续跟踪的耐力，又有甩开敌人、抢先争速抵达目标的能力，炮之快速飞行与跬步跟踪的绝佳演弈，已臻极致。

7. …………　炮7退7　　8. 帅五退一

帅之参与，轮走休闲，逼得敌炮只好让出道口，使四路炮轻松转换三路、下底成杀。

总之，跟踪战术是强者跟随看管的得力举措，是攻防大战中一对一的纠缠，是实施方针锋相对的制敌策略，是增效手段与减效手段同时实施的军事理念。

正是：弈战技巧灿若星，广袤沙场竞豪英。特勤盯梢跟北寨，小车随马过南屏！

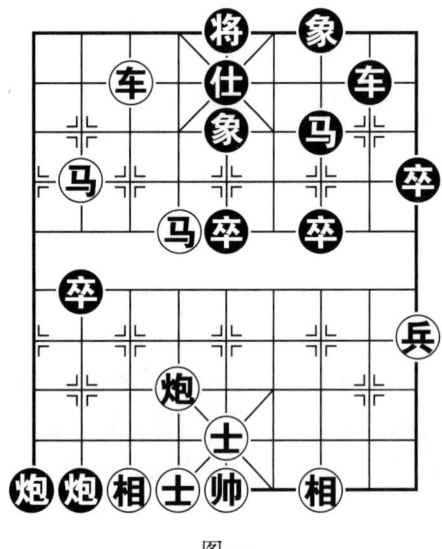

图一

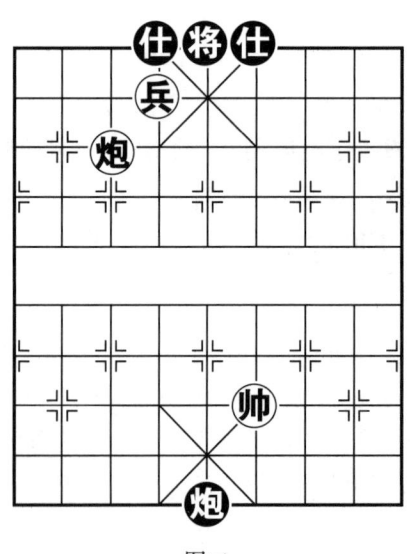

图二

131. 天工人巧日争新*

——略论卸离战术

克劳塞维茨将军在《战争论》中论及"基地"的重要性的同时，明确指出，"不能赋予它们以实际并不具有的价值"，应"根据其在具体场合所不能不具有的价值"进行战略机动，"才能够在具体情况下获得显著利益"。

卸离战术系指坐镇相头的中炮，在中路攻势不畅、自身与本阵两翼受到敌军直接威胁的具体情况下，及时卸掉并调离到翼侧或边路，以充分发挥其控制局势、护辅友军、牵制敌军、窥瞄敌纵队等攻防作用，同时为调整阵形、固守待机创造有利态势的转移运行技法。

（一）卸离边陲　助攻求杀任纵横

图一选自胡荣华与李义庭1966年于郑州弈战局谱。

21. 炮五平九

卸离见功力，战局起波澜。此卸离战术妙手，窥边卒，暗瞄敌河界马双车横队，并伺机在中路或底线发动攻势。此手一出，对峙局面将立刻被攻防局面所替代，决战的暴风雨即将来临。

中炮虽然重要，但"不能赋予它们以实际并不具有的价值"，必须认真审查评估其在具体场合下的作用，并及时做出选点变位的调整，以最大限度发挥炮的控制力与震慑力。

闲置、不能发挥作用的子力，却仍占据其位，不仅是战力的浪费，而且是调度的羞辱！

21. ……　　车3平4　　22. 相七退五　车4进1　　23. 车七进七

杀入敌阵，发动进攻，炮双车将给予以摧毁性打击。

23. ……　　车4平2　　24. 车七平五　马7退5　　25. 炮九进四　象1退3

26. 车五退一

敌宫"冻结"，山河破碎，黑方被逼铤而走险，以下是，车2进4，士五退六，车2平4，帅五平六，车6进5，帅六进一，车6退1，帅六退一，马2进4，车八平六，马4进3，帅六平五，车6平2，车六退四，下伏炮九平三绝杀。

（二）窥瞄卸离　发动攻势破敌城

图二录自黄世清与王晓华1995年于丹东弈战局谱。

16. 炮五平四

---

*文题摘自清·赵翼《论诗》

胁车手法巧，卸离攻意浓！此卸离妙手，明里对3路车发出死亡信号，暗中却对敌宫做好了"掘墓"的安排。此手是战局陡转的推进器，是急攻取势的胜负手。红方将充分利用卸离提供的大先手，摧宫拔寨，决胜千里。

16.………… 车3进2   17.炮四进七 车3退2   18.帅五平四

摆脱帅参战，从容伏错杀。出帅、攻防兼顾，并助车加快攻杀进程。

18.………… 车2进1   19.炮四退一 车3平1   20.车三进五 将5进1

21.车三退二

打车伏杀，敌五员大将无力回天。炮之卸离，连续发力，不断增效，竟成为提速争杀的功臣。

总之，卸离战术是中炮离位的学问，是机动灵活的传说，是永不满足现状的求索，是变阵发力的精妙点拨。

正是：羽扇指挥妙如神，驻占卸离俱精深。兵灵阵活炮夺势，天工人巧日争新。

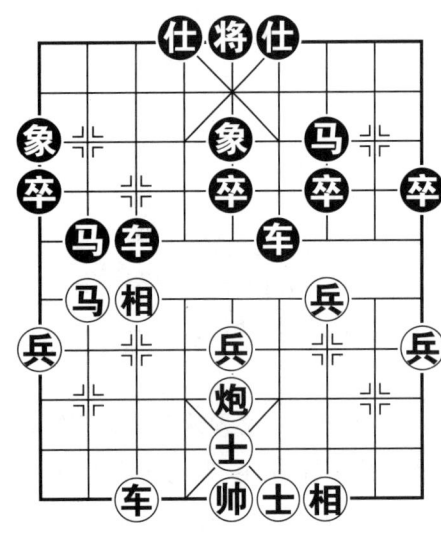
图一

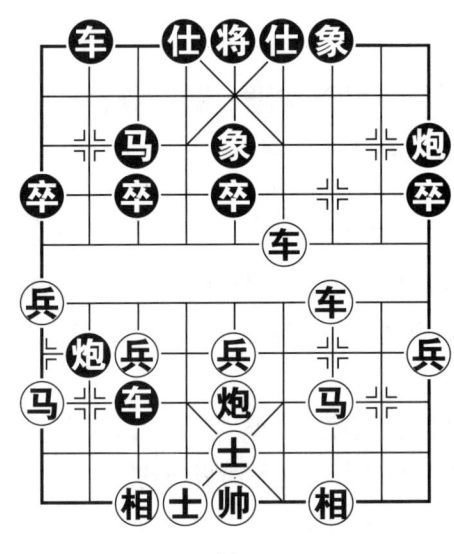
图二

132. 不如归去下帘钩*

——浅论回归战术

列宁在《莫斯科省第七次党代表会议》中指出："……对于这样的军队，只能说它学会了进攻，而没有学会在一定困难条件下进行适当的退却，这样的军队在战争中是不会取得胜利的。"

回归战术系指在对攻战中，身处敌营并起到占位、增援、进攻战术作用的车炮类长兵器，在完成既定任务以后，本着攻不忘守、攻守兼备的战略思想，在敌军疯狂抢攻、夺子、伏杀的紧急时刻，果断归退回防，借用壁垒之力，充分发挥其纵横快速、守力坚强的战斗作用，先敌控制要线、护辅营寨、盯咬恶敌、化解危急并为前锋部队争得攻杀宝贵时间的有效防范退守措施。

回归解杀　悬崖豪帅身无恙

图选自许银川与阎文清1993年于青岛弈战局谱。这是全国个人赛的最后一轮，黑方若胜，可进前六；红方若胜，便成为第九位男子全国冠军。此局面下，黑方对七路马欲扑中、踏三路催杀计划采取了搁置、破坏并暗中催卒加速急攻的攻防作战方针，红方将面临车炮卒的两翼夹攻，形势十分危急。战斗已进入兵卒争速攻杀的白热化阶段。

39.兵五进一

炮衔于车口而不顾，径自冲渡以求为马寻找踏点，并抢先扑三路绝杀。

39.…………　车2进2　　40.帅六进一　车2退3　　41.相七进九　卒7进1

42.兵五进一　卒7进1

两军争高下，即刻见输赢！黑方在搁置、破坏红方车马攻杀计划同时，连续催卒相线，立成夹击之势，并暗伏催杀手段，双方对攻对杀之决战即将打响！

43.士六进五　车2进3

车横断路，即伏绝杀！

44.炮八退七

登临高崖帅处险，妙施回归炮解忧！在两军胜负决战紧急关头，在红帅命悬一线的危亡时刻，一直处于九死一生绝境的"弃婴"——八路炮出色回归盖车，并连同中士、河界车马一起扼守宫顶要线，力保身处悬崖绝壁的顶帅安全无恙，并为反击赢得了宝贵战机。李浭先生为此赞曰："退炮回防，解围妙手！"而汤卓光大师则云："妙手解杀，很少见的防守方法，但却很有效。""很少见"者，奇也。正是：但寻绝妙处，尽在归退间！

---

*文题摘自宋·吴淑姬《小重山》

44. ……………   炮9退2   45. 士五进四   象5进3

黑若改走卒7平6去士，则车二退三，卒6平5，炮八平五，黑攻势冰消雪退，并面临红方强大攻势。

46. 兵五平四   士5进4   47. 帅六平五   士6退5   48. 炮八进六

成功的防御，卓越的出击！危帅平中控线，为车炮减负以腾出手脚发动进攻，也使肋兵找到了吊士侵宫助杀的机会。现弃炮叫将，破城手筋，令人惊叹！八路炮在胜利完成回归解杀并争得攻杀战机任务之后，再妙施殇决战术，车口叫将，诱车破敌。妙哉！有诗赞道：守坚攻锐一战神，捐躯沙场化彩云。名局妙手虽成昨，摧城护寨仍动人！

48. ……………   车2退7   49. 兵四进一

将不可上也不可下，只能士5进6，下伏车二进三抽车胜。

总之，回归战术是兵员战略选位的正确思考，是攻防一体的舒缓节奏，是固防原则与思归情结的美妙融合，是与后阵友军联合抗敌的强烈企求。

正是：野炮逆行荡铁流，几度交锋势劲遒。鸣金急切枫林晚，不如归去下帘钩！

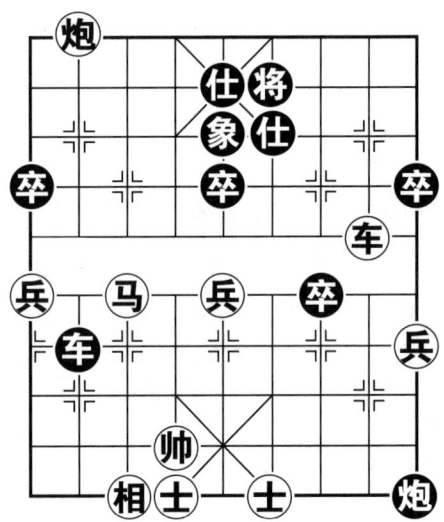

133. 春涨一篙添水面*
——略论冲垫战术

克劳塞维茨将军在《战争论》中明确指出："所有部分战斗的价值只有通过整体战斗的结局才能看到。"

冲垫战术系指在主攻火器业已到位但还不具备对所窥瞄目标进行打击条件的紧急时刻，以马为代表的特种部队为密切配合友军作战，以夺取整体战斗的最后胜利，在前路不畅或进占点位险厄的不利情势下，毅然采取打将、冲锋、捉拿、威胁或弃舍等强制手段，硬性踏上，迅猛冲击，抢占要点，以生命的巨大代价为主攻部队铺路搭桥以擒杀敌首的高级行进打叠技巧。

（一）狂放冲垫术　排空巨浪盖巢穴

图一选自赵庆阁与胡荣华1974年全国棋类赛弈战局谱。

28. ………… 马7进5

英侠踏上生死路，但求攻破鬼门关！在6路马即将被踩踏的不利情势下，7路马毅然冒死冲上，为中炮进击做架，威胁中马、挑战河马、逼离相根，并做好了后续部队参加剿匪会战的兵力与心理两方面的准备。此时局面上出现了异常壮烈的场景：两马皆剽悍，请君任选挑！助攻心已决，岂可再推敲！此冲垫妙手，为夺势组杀之关键举措，它使攻守场面生动壮美，使总攻更加富有激情！

29. 马六退四　车2平5　　30. 士六进五　车5退1

中炮不击何其妙，添增后力毁宫城！中炮在已具出击之势情况下却"含而不露"，蓄意保留，将砍相杀马之功让给2路车，并能在中轴线上积蓄更大的决杀能量。倘若在车2平5时车六平五，中炮将发力击马，逼相去车，形成真正的压镇之势，下伏马5进4，再任由卧槽挂角绝杀。

31. 马四进二　马5进6　　32. 帅五平六　炮5平4

要杀方移动，弥显保留功！以下帅六平五，马6进8，红方再无破解之力。现回顾冲垫一手，真可谓：悍勇功盖世，冲垫价连城！

（二）热血染楚河　烈士化作登天梯

图二摘自赵国荣与柳大华1984年于昆山"昆化杯"大师邀请赛弈战局谱。

15. 马七进六

妙哉浪漫冲垫术，狂也英雄攻城心！此乃充架、弃舍、助攻、取势之冲垫妙手。它之冲

---

*文题摘自范成大《蝶恋花》

进铺垫，突然、壮烈、高效，竟使黑方金城汤池面临炮火之灾，使到位双车获得施展杀技的有利战机，深宫帝寝将遭到两剑客的凶猛逼杀！

15. ……………… 马2进4　　16. 炮六进七　士5退4

再弃一炮，剪羽单士，使双车的攻杀威力立刻凸显出来，敌宫之脆弱立刻增弊发酵。此手是冲垫的后续，是入局的关键。此冲垫组合，为发动攻势，做出了决定性贡献，其运思深长，魄力宏大！

17. 车八平六　将5平6　　18. 车七平六　炮5退2
19. 马三进四

又一冲垫妙手，它提前先手做架，有力强化了炮五平四的助杀手段，同时此手冲垫还拥有另一进攻思路，假如马4进5踏炮则马四进五窥踏车马，马5进3，帅五平六，马7进5，后车平五伏杀。真个是：河界双冲垫，助攻两朵花。如此惊天勇，奈何不妙杀？！

（三）帅位有明星　入局提速立成杀

冲垫战术的有效实施，不仅能在开局、中局里发挥巨大助攻作用，而且在残局里亦是凶悍无限，尽展逼敌调敌、迅速入局之杀技。图三录自万春林与聂铁文1996年于四川新都弈战局谱。

58. ……………… 马4进5

抢先抓早出妙手，帅位冲垫做绝杀！在对杀争胜的恶斗中，红方车马进攻线路顺畅，且马炮均叨衔黑方子力，双边兵虎视眈眈，而这一切都由于冲垫战术之巧妙实施竟变成了永远的定格。此手冲垫，带将运作，为炮做架，以杀相逼，迫敌首变位归位并自陷中卒有效火力距离之内，为车7进1绝杀敌首提供了最佳目标位置。其舍生忘死之勇，硬调逼走之势，擒杀敌首之妙，均属上品。假如改走卒5进1则马四进五，将4平5，炮三平五，马4退5，马五进三，给敌提供偷袭的机会，使胜负易手。可见此冲垫战术实为象战紧气术、帅位争杀术也！

总之，冲垫战术是冲击、铺垫、做架、助攻手段的联合体，是一手棋兼具战略性、主动性、弃舍性、引发性的战斗功能，是短暂生命在战事最需要的点位上闪现的辉光，是无私无畏大侠感天动地的墓志铭！

正是：对峙疆场挺才英，出马立使敌颤惊。春涨一篙添水面，驮浮炮舰破浪行！

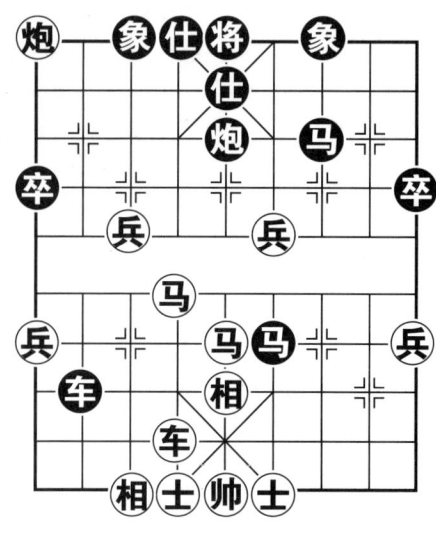

图一

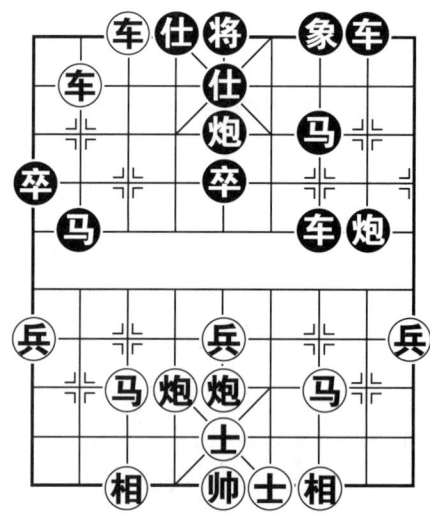

图二

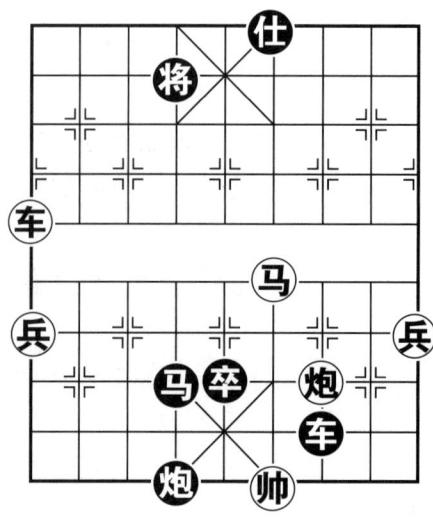

图三

134. 野兔眠岸有闲意*

——浅论休闲战术

克劳塞维茨将军在《战争论》中指出,"进攻不可能连续地一气呵成地进行完毕,休息时间是必要的"。

休闲战术系指在残局或中局阶段,根据局面的某种需要,为确保占位兵员的地位稳定,满足争胜或求和结局的要求,为履行己方的轮走权益,实施兵员采取往复移动、同线进退、轮番走闲等手段,使敌方难于进取或使其不得进行有效防范的特殊行军技巧。

（一）兵炮喜休闲　双卒苦无奈

图一选自《适情雅趣》第498局"努力固守"谱图。

1. 兵五平六

深宫休闲信步,双卒又能何如？花心兵采取来回来去的休闲策略,黑方双卒无法做杀。徐家亮先生在评注中写道："本局红炮不离四路,封住黑方7卒,以兵五平六和兵六平五走闲着,黑无法取胜。"

如果此时黑方应以象3退5,兵六平五,卒7平8,黑卒做离心运动,企图逼离花心兵,然后敌将坐中,强行求变以纠缠,红则炮四进二或平一,仍处于休闲状态,只是休闲的主体与方式发生变化而已,黑方还是无法取胜。

（二）护城兼休闲　豪帅得平安

图二摘自潘煜春先生排拟的"碧水秋月"正解着法第4回合的谱图。

5. 马七进五	车1平5	6. 兵三进一	将6进1	7. 马五退三	将6进1
8. 车六退二	前车进1	9. 车六平五	车5进2	10. 马三进五	将6平5
11. 相三进五	卒7平6	12. 帅四平五	后卒平5	13. 兵七平六	卒6平5
14. 帅五平四	后卒平6	15. 兵六平五	卒6平7	16. 兵五进一	将5退1

由主力兵团的拼杀到小股部队的纠缠,双方完成了攻防阶段的转换。现双方开始进入到黑方企图寻隙争杀而红方则炮七平八的休闲阶段,在休闲中牵制对方,双方均难以进取,只得休闲成和。

这是弈战中一种带着敌情的休闲,是双方均充满敌意的休闲,是不得已的休闲。

---

*文题摘自梅尧臣《东溪》

（三）闲庭避风雨　联结御强敌

图三取自《适情雅趣》第542局"固前遮后"谱图。

1. 帅六进一

豪帅休闲日，敌车无奈时。因有闲着可走，故成官和。红方三子均有休闲的机会，并可视车位采取轮番休闲的对策，黑车虽强，但无法劫掠或控制双炮；如黑方以车禁控帅，则前炮进一仍可休闲，黑车无奈。

总之，休闲战术是对敌军暗中求杀的从容应对，是履行轮走权益的轻松步伐，是陷敌于无奈的往复运作，是劫掠攻杀征战的合理补充。

正是：驰骋逍遥互补充，激战间歇享轻松。野凫眠岸有闲意，马停象头倦嘶空。

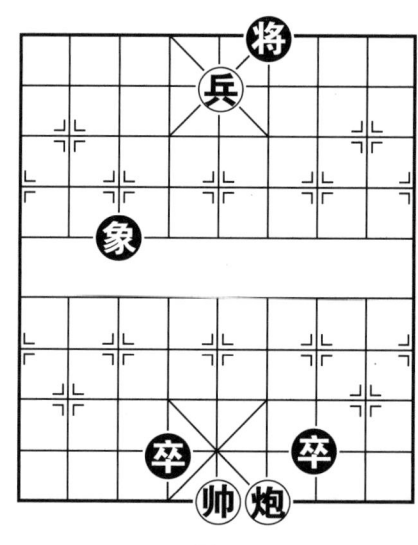

图一

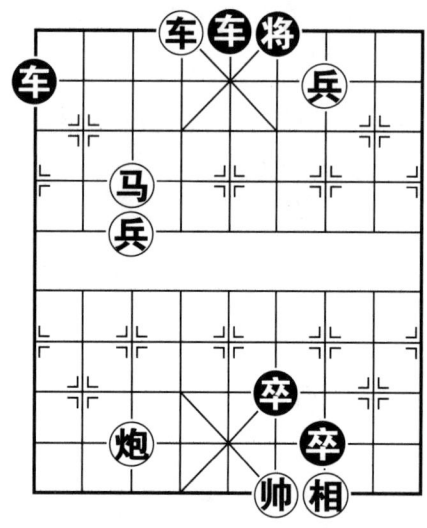

图二

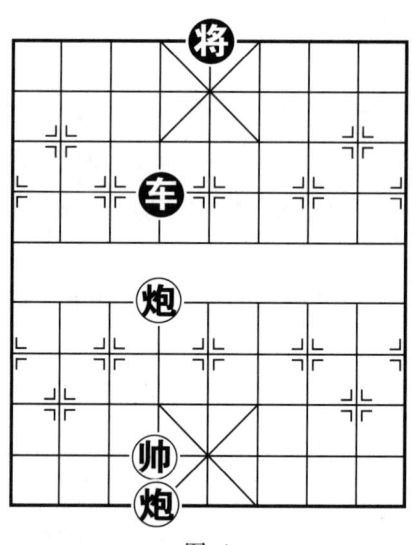

图三

135. 桃源一向绝风尘*
——略论向心战术

克劳塞维茨将军在《战争论》中深刻指出："进攻者可以依据事态之有利或不利，可自由选择进行或不进行向心进攻，在这点上，对进攻者不能不说是普遍的优点。"

向心战术系指在两军决战的最后阶段，进攻兵员利用行军、做杀、吸引、增援等有利时机，由两翼向敌宫城、向战略目标靠拢逼近，以达成争速、塞压、禁制、紧逼、充架、施压、伏杀等战术效果，从而使敌城防部队、使敌首陷入垂死挣扎之苦境的行军方向的选择方略。

（一）向心调敌　松散兵力皆增效

图一选自李中健先生排拟的实用排局例13第1回合的谱图。

2. 兵六平五

神勇压魔鬼，战功盖蓝天！这是一记拥有两枚叹号的向心战术妙手！在强敌车马卒又有闪抽，又宽一步成杀的严重情势下，前兵勇猛向心，挑战敌首，它舍身取义，强力吸引敌首，将其硬性拖入死地。此手，巧妙造设战场环境，由于"目标"位置的"升提"而使主战场发生决定性的变化；此手，立刻使己方原本松散的兵力配置大幅增效，变得异常"紧凑"强悍；此手，同时将威武的前锋敌军团变得呆滞软弱，往日种种威胁手段都被减效冻结。正是：造势运作酷，向心内涵卓！

2.………… 将5进1　3. 前炮平五

继续向心运动，是上步的美妙后续，它空镇敌首，它拴链车马纵队，敌方如敢于闪抽，则炮五退二，立毙敌首。此手严厉，即伏兵六平五向心杀着。

3.………… 将5退1　4. 兵三平四

向心、卡肋、扼宫、伏杀！紧逼敌首苦，向心虎贲欢！红方兵炮三度向心运动，步步催魂索命，下伏兵六平五再向心充架绝杀敌首。

4.………… 车5平3　5. 炮五退二　将5平4　6. 兵六进一　车3退7

7. 兵四进一

下伏向心将位擒拿敌首胜。

---

*文题摘自王维《春日与裴迪过新昌里访吕逸人不遇》

（二）连续向心　强敌萎靡暗生弊

图二摘自《适情雅趣》第358局"四海一家"谱图。

1. 炮三平五

向心、打将、控中、造势！此步向心妙手，功效非同一般。首先，它将行动选择权拱手相送，使敌方有余地进行"斡旋"。在决战中，一般情况下都是逼令敌首到指定地点，不得乱说乱动。然此局中敌方却有两种选择方案。其次，此手为双兵造设了继续向心求杀的有利空间，不管敌方如何应对，向心预案坚定不移。最后，此手为炮双兵在强车面前联袂强攻、演练妙杀提供了一个岁寒松青的展示机会。

1. ………… 象5进3　　2. 兵七平六

黑方如将5平6，则兵七平六，车2进1（车2平4，兵六平五，士6进5，炮五平四杀），后兵平五，士6进5，兵五进一，将6退1，兵六进一，下伏兵六平五杀。现触碰敌首，又是逼敌作出选择，敌如将5退1，则后兵平五，士6进5，兵五进一，将5平6，兵六进一胜。

2. ………… 将5平6　　3. 后兵平五

向心充架蔑车象，禁将调敌伏妙杀。此手向心运动，是对车象的极大蔑视，是暗中做杀技法的现场表演。此手已将战局推向了最高潮，敌如车2平5，红方则兵六平五再做向心运动，不管车5退1还是士6进5，均炮五平四杀。正是：向心惊天勇，无处不赞歌！

（三）借势向心　弱旅巧妙造双杀

图三取自加拿大《都市报》"江湖残局"398棋图。

1. 炮三进一　前卒平5　　2. 兵三平四　卒6平5　　3. 兵四平五

向心奔杀界，跬步借东风。三路兵借增层、减层手段暗助底线双炮实施要杀之势而做向心运动，而敌方亦借解杀之机做向心运动，双方斗智斗勇，不甘落后。此局子力配置、着法设计、全局排拟，甚是巧妙。此种向心运动，既破坏敌之防杀，又帮助双炮争杀，自身乘势趁机迅速扑奔控将点，大妙也。

3. ………… 前卒进1　　4. 帅六进一　马7退6　　5. 后兵进一　中卒进1

6. 后兵平六

至此底线、肋道两处有杀，而敌军虽可"闹腾"数日，但无杀，红方已造成双杀之势，胜利已不可逆转。以下是，中卒平4，帅六平五，炮6平5，帅五平四，马6进8，帅四进一，马8退7，帅四退一，马7进8，帅四进一，炮5退6，炮二平四杀。

此局三路兵既演弈了向心运动，又展示了离心战术风采，给我们提供了比对欣赏的佳例。

总之，向心战术是兵员从四面八方向主战场中轴线汇集的艺术，是楚河滚滚而来的狂澜，是天下好汉攻城擒将的强烈追求，是围城入城、抢杀争胜的关键时刻。

正是：渡河越界万马奔，剿匪除恶安民心。戎首九宫炸雷电，桃源一向绝风尘。

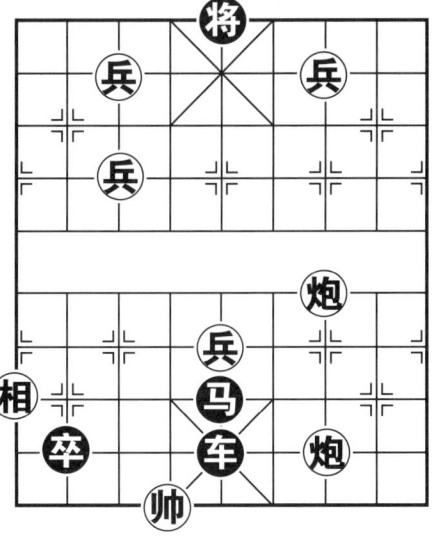

图一

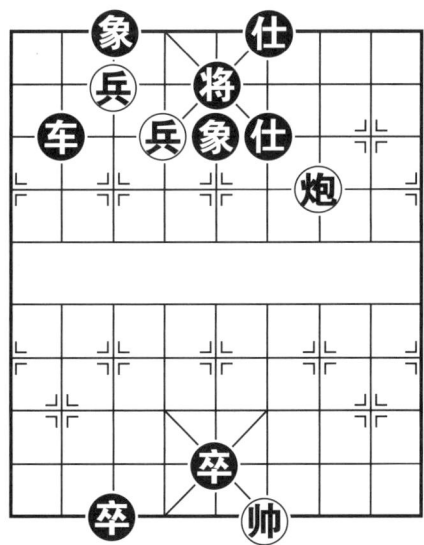

图二

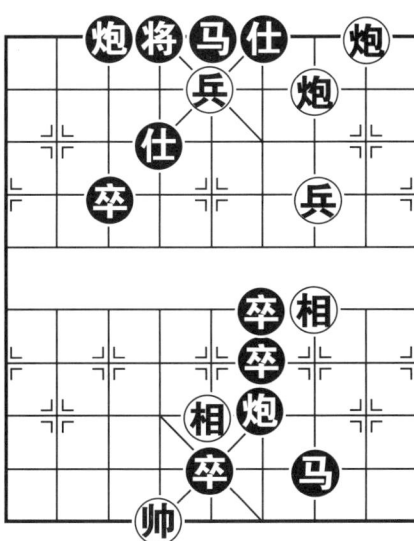

图三

136. 志在烟霞慕隐沦*
——浅论离心战术

若米尼将军在《战争艺术概论》中，把作战线按"与敌人阵地的关系"分成向心作战线与离心作战线，并明确指出："必然应使己方军队采取离心行动，以完成对被击败之敌的分割。"

离心战术系指在最后总决战中，以兵卒为主体的进攻兵员一反做向心运动之常态，巧妙采取归边、闪开、外移等非常规行军路线的特殊手段，以达成开路、让点、生根、捉拿、充架、伏杀等战术效果，从而使敌城防部队陷入被动挣扎之苦境的行军方略。

（一）逼将归位　切入卧槽争高速

图一摘自《适情雅趣》第305局"轻兵锐卒"谱图。在黑方即将三步成杀的决定性时刻，红方妙施离心战术，抢得先机，一举破敌——

1. 兵四平三

迂回下底控将，计设抢先成杀。这是一场争速度、比技巧的总决战，这是兵马类兵员攻杀战的大比拼。此手策划精当、路线正确，恰恰抢先敌军一步成杀。此手，高度灵活之杀术，争先抢快之捷径！

1.………… 将5平6　2. 马一退三

君欲逍遥马断路，兵逼底线将回宫。此手顿挫断路，十分重要。如让其获得自由，战局将遭致倾覆性逆转。

2.………… 卒4进1　3. 兵三进一　将6平5　4. 马三进一

返驿道切入争势，抢卧槽夺胜求杀！此手以柔性往复手段提速疆场，将子与势、助攻与主攻、兵员与空间、决战与速度等方面的辩证关系演绎得淋漓尽致！离心之兵，已成为禁制敌首的绝对英雄。

4.………… 士5进6　5. 兵七平六

收官时节兵为主，离心向心君首席！此离心妙手之后又实施了向心战术手段，立杀无解。呜呼！妙矣哉，这是离心战术与向心战术同台演绎的精彩局例，是打叠、控将、断路、助杀联袂登台的不朽典型。真可谓：双兵左右精妙"维护"，离心向心经典交流！

---

*文题摘自李珣《定风波》

（二）开首到位　巧妙设计运行图

图二录自《适情雅趣》第314局"三将夺关"谱图。

1. 兵三平二

离心催杀暗提速，塞压象田闷相胁！此离心妙手，塞压、制弊、提速、争杀，不给黑方车1平2做杀的机会。此手紧凑有力，使黑方难以应对。徐家亮先生研究认为，黑方虽有上士、上象、进将三种应法，但均难免一败。可见离心战法之严厉。

1.………　　士5进4　　2.炮一进五　将6进1　　3.马四进六

此手及以下着法为徐家亮先生诠正着法，其埋伏角地，隐伏要杀，如黑方此时车1平2，则兵二平三，将6平5则炮一退一杀，如将6进1则马六退五杀。

3.………　　将6进1　　4.马六退五　将6退1　　5.兵二平三　将6平5

6.炮一退一　将5退1　　7.马五进四　将5平6　　8.炮一进一　象7进9

9.马四进三

作为此局开首着法的兵三平二妙手，既有离心塞压提速伏杀的战术功能，更具有正确决定进攻的战略方向的睿智，以及周密设计各种攻杀方案的能力，是离心战术中的上品。

总之，离心战术是远离中心点的行军，是内涵丰富奇诡的战术手段，是打乱敌军步调的非常举措，是兵卒锋芒内敛的精准谋算。

有诗为你歌唱：不向京都靠寸分，志在烟霞慕隐沦。攻杀战场多妙计，远离反杀谋划深。

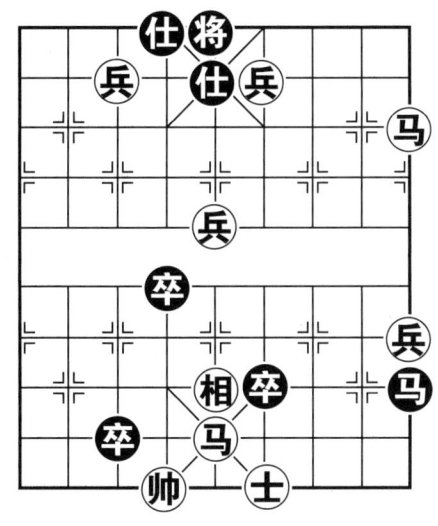
图一

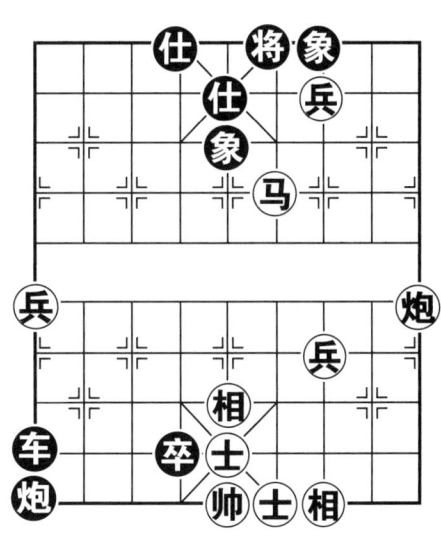
图二

137. 虫声新透绿窗纱*
——简论穿透战术

在《苏军作战思想言论汇编》中，（苏）巴巴扎尼扬曾指出："经验证明，谁善于实施兵力兵器的广泛机动，以便在决定性方向上建立兵力兵器的优势，谁无疑就拥有取胜的条件。"

穿透战术系指敌军在我方已掌控的线路上建筑隔离墙以挡阻反制，或在我方车对攻击目标预瞄线路上进行遮掩防范的不利情势下，以车为实施主体的锐利火器，在友军采取逼离、闪击、强兑、生根、威胁等有力手段有效配合下，充分发挥其无处不能至、无所不能击的优良性能优势，强劲发力，步步砍杀、层层推进、洞穿壁障、击透掩体，以廓清线路、浅露目标、定点清除的高级攻击战法。

穿透战术同剥茧战术相比较，既有共同点，又有异同点。

共同点是主攻火器的有效窥瞄与友军的密切配合，并共同实施对敌目标的最后打击。

异同点则有三个：一是穿透战术仅以车为实施主体，而剥茧战术则以炮车为实施窥瞄的主体。二是在实施过程中，穿透战术既展示军兵种的密切配合，又突出车本身杀敌推进之战力，而剥茧战术唯一的着眼点或全部战术内容则是助攻的精彩过程。换言之，穿透战术演弈的是主攻兵员之"穿"，而剥茧战术演弈的是助攻兵员之"剥"。三是二者在临战状态上亦不相同：穿透战术的主体在实施过程中，处于同助攻兵种一起参与的征战状态，甚至是领兵带队、重点进攻状态，而剥茧战术的主体在助攻友军战术打叠完成之前，往往一直处于停待状态和望盼状态。

（一）天神凿壁偷光，并联通道重开

在实战中，敌军为抑制、破坏车占线所形成的通透优势，常突然设置强固壁垒，以示抗衡，而穿透战术则壁愈厚其锋愈利，强劲摧枯拉朽、迅即打开通道、立克对抗强敌。图一录自李义庭与高淇1957年3月24日于上海弈战局谱。

17. 车八进六

进占要点，构筑卒林通道上的并联要势，严防将5平4的偷袭恶手。由此敌我双方开始了卒林与河界两大通道并联要势的激烈争夺。

17. ………… 车8进3　18. 相三进一　炮9进4　19. 马三进二

并联求强势，扑槽抢战机！扑奔要点、欲扑槽打将一手，十分凶险，暗伏马二进三，将5平4，车三平六，士5进4，前炮平六，士6进5，后炮平六的巧手，黑方难以抵御。但红若改走车三进一吃马，双车则立即失去卒林并联之威严，被将5平4助攻一手所袭击而造成全局被动。双方对肋道与卒林线的抢夺与反制，已经达到了白热化程度。

---

*文题摘自刘方平《月夜》

19.………… 马7进5

愤然筑壁障,抑制并联强。闻汝善穿透,今敢试锋芒?正因为黑方双马看到了红并联双车的护肋保主、进攻助杀的巨大威力,故在卒林双车之间强筑隔离墙,阻断双车联络,以便将5平4、车4进4夺取攻防主动权。这是攻防转换关键时刻的抢先发难,是连环双马对三路车穿透力的有力挑战,是对双车通透联络、抑敌卒林之强势的火力叫板!

20. 车三平五

锋利穿杨箭,神勇除障人!此乃内涵丰富、着法硬朗、针锋相对、夺势强攻之穿透妙手!有道是:不是连环设障马,怎显穿透夺命车?它既不被强固厚障所吓倒,也不给敌军露将反击以机会。它力透坚挺,凿壁通途,精深美妙,无出其右!此手,立刻重新恢复双车并联通道,一举将敌顽强的防御变得不堪一击!这是强车穿透力的绝佳演弈,是厚盾利矛的激情对话,是弈者妙算深谋的高级手谈!呜呼!劲透之强车,你是李广穿石之寸镞,你是勾践透甲之尺锋!

20.………… 车8平6

在巨大的穿透力面前,3路马义愤顿逝,肋线车目瞪口呆!对此应手,钱刚、张郁伟两位先生曾进行过详尽分析,认为黑如贸然马3进5,则车八进三,黑方第一种应法:士5退4,前炮进四,象5退3(如士6进5,马二进四 将5平6,前炮平四杀),前炮平六,象7进5,马二进三,将5进1,车八退一杀;黑方第二种应法:象5退3,车八平七,士5退4(如车4退5,马二进三,马5退6,后炮进四杀),后炮进四,士6进5,马二进四,将5平6,前炮平四,马5退6,马四进二杀。

21. 车五平六 车4退2 22. 车八平六 卒7进1 23. 车六进二 象5进7

24. 马二进三

以下黑垫车后,红伏重炮杀。正是:漫漫去已远,熠熠灿若星。穿透惊天地,弈史留美名!

(二)大侠威严居中,锋芒力穿前后

穿透战术之实施必须充分发挥主体车的强大穿透力和助攻兵员的密切配合的两个积极性,方能有效打击敌军。图二选自胡荣华与柳大华1985年1月6日于广州弈战局谱。是局红车前有掩体内之敌首,后有窥伺串打之野炮,大有螳螂捕蝉,黄雀在后的感觉。但中车充分发挥了自身强大的穿透力,在友军密切配合下,前攻王室,后砍敌炮,穿透威力光芒四射!

48. 马五进四 炮6进1

攻前防后车坐镇,借势助威马腾挪!倚仗中车对士将的穿透力威慑,闪击叫将,既攻将府,又闪离减层,为车砍炮打叠,使车攻前瞄后的穿透力得到施展。有象位车纵横威势,敌车士两位看守大员均不敢对马有所不恭。同时调炮离线,为平帅要杀、闪露恶炮以就地清除进行战术打叠。

49. 帅五平六 车6退1

再借帅力与车之穿透威力做杀,并继续闪离减层,使敌炮裸露在车的火力击打之下,而且没有任何逃离的机会。其攻前击后之豪举令敌苦寒彻骨,真可谓:伟力卓然在,弈林大英雄。一线穿南北,浩气贯苍穹!

50. 帅六退一 车6进1 51. 帅六进一 将5平6 52. 马四进二 炮6平7

53. 车五退七

曾几何时，满怀拴链串打欲望的帅位炮竟就地遭歼，真可谓：隔山隔水，穿透性不减；身前身后，杀伤力犹强！以下仅仅是终局前的略尽轮走权益而已：车6退3，车六进二，车6平3，车五进三，此刻敌车马妄念顿消，不再续战。

（三）豪门窥瞄施威，弱线零落成尘

欲最大限度发挥车之穿透力，必须选择敌营中一条线路上缺乏必要保护的纵队，抢瞄盯捉，然后立即调遣后续增援以加大车之穿透力度，杀伤敌人。图三摘自杨官璘与徐和良1960年5月12日于温州弈战局谱。

30. 车七平三

拦截护马，同时暗中盯瞄、攻击7线无根炮象。车之穿透力使炮象立处危境。此局车之穿透力，主要表现在其威力暗中透过敌炮已直接威胁到底象的存在，而底象又没有机会逃离以避其锋芒。

30. ………… 车6退1　31. 车三进一

小幅度推进，挤压敌之空间；配合双炮，胁马抢先，同时不给7路象调整的机会，使车之穿透打击目标滞留弱线、不得逃离；并为三兵冲渡让出点位。

31. ………… 马4进2　32. 炮六平五　将5平6

打将顿挫，逼将出宫，仍不让7路象随便活动，因如象7进5，则炮六进五，串打得炮。

33. 兵三进一　马3进4　34. 炮五平三

本已锋利胁炮象，依恃后援得品尝！在强根助攻有力配合下，三路车如虎添翼，7路线遭致重创，再难御守：如失炮则兵力悬殊；如逃炮，车三进三杀象叫将再炮三平四，敌不堪。车之穿透力在敌弱线弱旅中锋芒闪露，力摧敌防。如33回合黑改走象3进5或象7进5，红则兵三平四暗伏炮五平四打死车，故7路炮必失。但如象7进9则兵三平四，车6平5，马三进四下伏进二双踏炮象，敌左翼空虚，难以抵御强劲攻势。真个是：联合体称霸沙场，穿透力摧毁敌防！

总之，穿透战术是对厚固防护层的理性蔑视，是车之优良性能与硬朗棋风的有机结合，是对无处不能至、无所不能击美誉的答谢表演，是领军人物带头冲锋陷阵的锐利品格。

有诗将你的功德颂扬：羽矢飞穿黄金甲，虫声新透绿窗纱！强车劲力威千里，壁障缘何不崩塌？

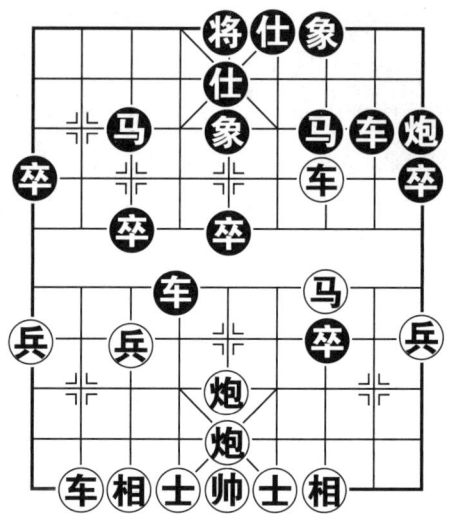

图一

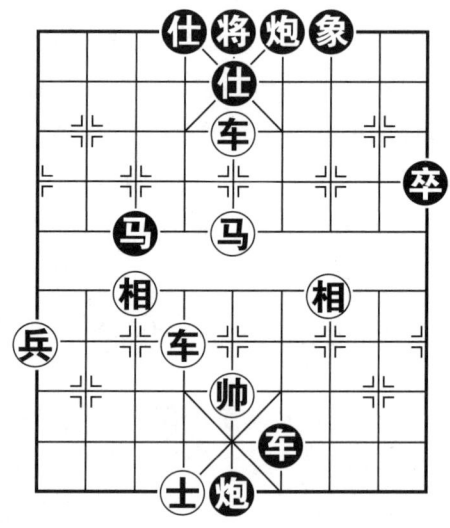

图二

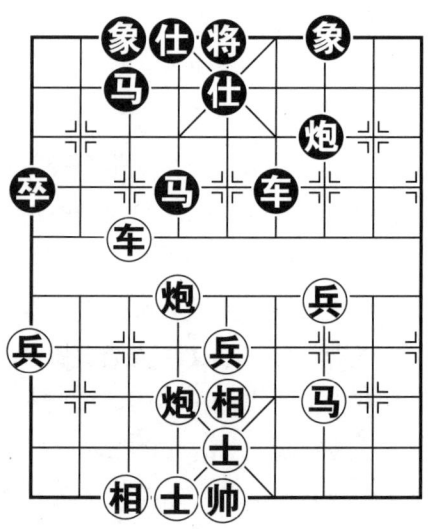

图三

138. 解通银汉应须曲*
——浅论变线战术

毛泽东主席在《中国革命战争的战略问题》中曾深刻指出："红军的作战线，服从于红军的作战方向。作战方向不固定，影响到作战线不固定。大方向虽在一个时期中是不变更的，然而大方向内的小方向则是随时变更的，一个方向受了限制，就得转到另一个方向去。一个时期之后大方向也受了限制，就连这种大方向也得变更了。"

变线战术系指以车炮为代表的长于快速远程精确打击的兵员本着灵活多变的战术思想，在进击中采取击虚打弱的运动战策略，以闪抽、游弋、弃舍、要杀、威胁等紧凑而有效的运调手段，放弃所在线路，选择一条更为有利的作战线，对敌首或敌主力重新发动更加有力的进攻，以取得事半功倍作战效果的改变运行与攻击线路的纵横运动技巧。

（一）妙手出自明断　变线立夺杀机

图一选自《适情雅趣》第74局"登高履险"局谱。

1. 车六退三

解拆排局首着十分重要，假如改走车六退五则士5进4，车七退九，卒6进1，黑胜。

1. ………… 　将6进1

黑如改走士5进4则车七退一，将6进1，车六平八，象5进3，车八平七，卒4进1，车七平四，将6平5，炮九退一，士4退5，车七退一，士5进4，车七退五，抽卒胜。

2. 车六平四　车2平6

横拖死拽气吞万里，喋血延气震惊八方！此由纵变横之弃舍式变线妙手，将欲下底绝杀之车拖入到一个能量大削减、最无法施展杀技之处，为红方再施变线妙杀赢得极其宝贵的一机之先。

3. 车七平二

变线战车怒，要杀奇甲狂。活架凝成铁，助我杀恶皇！此手变线，选点绝妙，效果奇佳，它使敌宫士象的性质与作用发生了根本转变。此绝佳变线妙手，是对将士象占位弊端的最充分利用，是主力施杀能力的最大化施展！对此徐家亮先生以两枚叹号表达了专家最高级别的礼赞，并对其里程碑式的战略价值表示了充分肯定："由此开始，黑方弃甲溃退，局势转化，红方步步紧逼，催兵渡河，直捣黄龙。"此手平拉开变线，千局难觅，真可谓：一车妙变线，万古叹神奇！

---

*文题摘自罗隐《黄河》

3.………… 车5平4

严厉非常的变线战法，使敌军往日凌人盛气与攻杀企图烟消云散，并迅速蜕变成士象互相掣肘、舍车马难保将的末落之师。尽管如此，黑方仍顽强抗御，其斗志可嘉，但终难免一败。

4.帅六进一　卒4进1　　5.帅六进一　车6平4　　6.帅六平五　车4退3

7.车二退八

此手再欲变线平肋，它要杀、追击并举，掠夺、除患共享！真个是：严厉已极，连续变线催命锁；紧凑非常，纵横施展砍妖刀！

7.………… 象5进7　　8.兵五进一　车4平1

衔卒冲渡，节奏感极强！王兵冲渡作战，追杀敌首，大有一车之力，敌军覆灭在即。

9.车二平四　将6平5　　10.兵五进一

（二）孤胆英侠天赋　变线攻杀秘诀

图二录自李中健先生排拟的实用排局第286例。是局红车在敌众我寡的不利情势下，连续纵横变线，以绝妙的运动战法逼敌首处危，逼敌车自戕，孤胆英雄与变线技巧互助互映，其妙非常。

1.车一进七

强力挺进要地，远势变线求杀！出手严谨，切中要害，遂拉开连续变线战幕！

1.………… 将4退1　　2.车一进二　将4进1　　3.兵六进一　将4进1

前阵攻力少，引将竟弃之。高崖蕴奇妙，变线藏杀机！排局作者自评曰：入局的"主要策略是以兵换车。若能熟悉弃兵之法，自然简单易胜。"

4.车一平六　车3平4

变线抠将，调车应垫，堵塞将路，致使将滞车疲，危情骤增。这是弃兵、引将、增弊、自我排障战法之有力后续，是孤胆英雄实施大密度变线战术的绝妙演弈！

5.车六平五　车4平6

决定胜负结局的变线要杀，车低将高弊端的巧妙利用！此手可谓摧魂夺命之举、顿挫有致之章！在弈战中，常有一方处于兵员稀少之劣势，但若此时强子能够连续变线发力，就可以扩大攻力的覆盖面，弥补少兵之不足，取得足以同敌抗衡的军事效果。此局连续变线之妙便是铁证。

6.车五退六　车6进8　　7.帅五平四

车之连续变线，除了增大攻杀力度以外，还产生了大诗人陆游所云"可化身千亿"的艺术效果，可谓：一刀飞满天，满天皆飞刀！在此技演弈之时，哪里还有什么孤掌难鸣的感觉？在这里，变线、机动所带来的利益，已经远远弥补了兵员数量不足造成的弊端。巧妙机动堪补少，连续变线可胜多！高质量的变线是以少胜多、以弱克强的根本原因。

总之，变线战术是一子多动、能者多劳的正面典型，是机动灵活优雅棋风的光辉体现，是对最佳纵横线路的真情选择，是对英雄无用武之地可悲境遇的有力矫正！

有诗将你的功绩颂扬：运兵夺地势益强，变线野炮露锋芒。解通银汉应须曲，谙练游击敢称王！

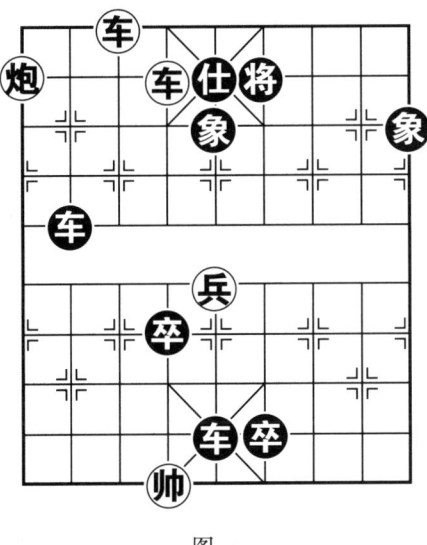
图一

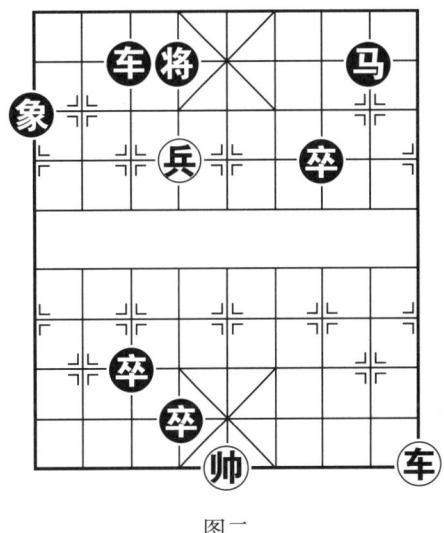
图二

139. 古庭空自吊孤影*

——小论盯吊战术

克劳塞维茨将军在《战争论》中深刻指出："所谓军队的战斗队形，就在于把军队划分和配置使之成为适应战斗的集团。其配置必须是这样的，即由此集团选拔派出的各个部分在运用时，能满足战术的以及战略的需要。"

盯吊战术系指以车炮为代表的进攻兵员，充分利用敌阵的弊端，在战斗间歇巧妙采取移动、变线、窥瞄、停待等有效手段，于高处对敌方有根子暗中实施监管瞰制，一俟战机来临则立即取缔，以使敌军变弱或使宫城防御变得支离破碎的后中先行棋步调。

（一）吊士滞马　暗伏防反势内敛

图一选自万春林与柳大华1990年于杭州弈战局谱。

23.………　　炮7平6

平角停待手法刁，滞马吊士敌难逃。空虚翼侧聚杀手，后阵远势一英豪！此盯吊妙手淡然悄然运作，却滞马吊士并暗中威胁底线，使敌宫丧失了调整加固的可能，此手具有强烈防反意味，却又锋芒内敛。此手吊士，满足了盯吊战术实施方面的所有规定的要求。一是炮处高位瞰制状态；二是炮对敌仅处于窥瞄加管制状态，并未立即轰打；三是敌方双士正在同兵种联结，故盯吊目标为有根子；四是经过再运转，必定将敌角士取缔之。

24.马六进五　马3进5　　25.车六平五　象9退7　　26.兵三进一　车8进1
27.车五退二　车8进4

经过交换，逼红车回营，自行窄路减效。黑方大本营得到安定之后，遂开始发动攻势，盯吊战法亦将发挥重要的攻城作用。

28.士五退四　炮6进5

经过多时等待，趁双士断联之机，挥炮击士，剪羽敌宫，虚弱敌防，为擒拿敌首立下大功。

29.马四退三　车8退1　　30.士四进五　炮6进1　　31.士五进四　炮6进1
32.炮五退一　炮6平3

盯吊之炮灵活万端，它巧妙为车解围，暗伏闷杀，趁机又掠一相，敌宫破碎，至46手黑方获胜。

---

*文题摘自史达祖《齐天乐》

（二）吊炮逼车　伤根孤子欲断魂

图二摘自洪智与孙勇征2009年全国智力运动会弈战局谱。

30. 后车进一　马5进7　　31. 前车平九

明里斩象暗盯吊，凄苦角隅难脱逃。此盯吊妙手，技法阴隐凶狠，它以砍象占位为遮蔽，暗中实施盯吊。角隅炮虽有车根可依，但却立即被盯死吊牢，如贸然炮1平2，红方则炮六平七打死车。由此3路车作为救命稻草亦被禁缚于底线，不得随意走动。这样，黑方右翼已经"僵化"半瘫，基本丧失了攻防活力。

31. ....　士4进5　　32. 炮六平七　车3平2　　33. 前炮平八　车2平3

34. 相五进七

打根闭路势如火，角炮惊吓心若冰。连续打根除恶，使车无路可走，无奈车3平4，车六进四，士5退4，车九进二得炮胜。从此局例可以看出，盯吊战术是一个隐蔽的吊而必得的战术组合，是多兵种联合作战并捉拿猎物的战斗模式。而盯吊一手则提供了一个后续所必需的前提条件。

总之，盯吊战术是车炮类兵员的瞰制表演，是对有根子的潜在威胁，是占位者的深长计议，是歼敌弱防的铺垫打叠。

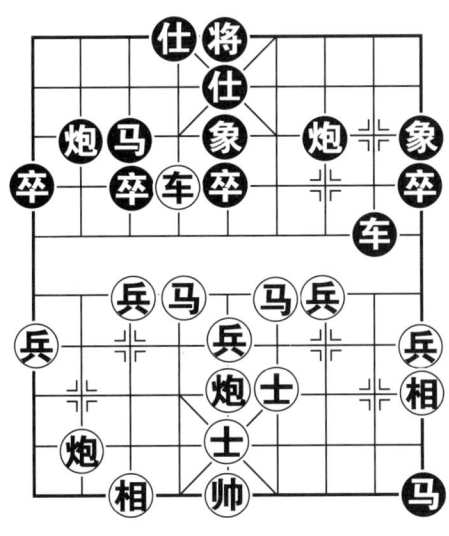

图一

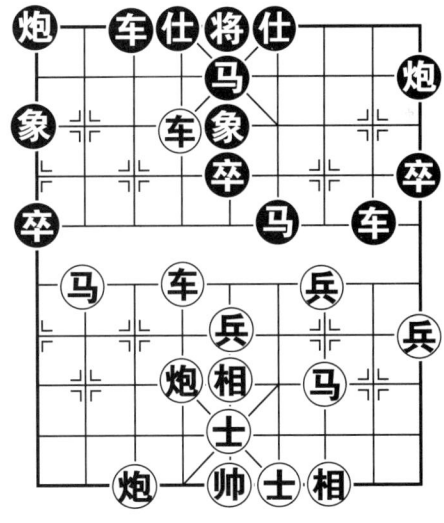

图二

140. 山蝉带响穿疏户*

——浅论穿插战术

1950年10月30日，毛泽东主席电令中国人民志愿军："勇敢穿插至各部分敌人的侧后，实行分割敌人而各个歼灭之。"

弈战中的穿插战术就是指在攻防战的决定性时刻，派遣以战马为代表的精干灵活之师，在相关部队的密切配合下，利用敌阵接合部的间隙和敌军兵力部署中的弱点，强行插入敌纵深或后方，在敌宫内外连续带将行进作战，奋勇踩踏敌军，捣毁敌重要设施，步步盯咬威慑，大力分割袭击，夺取战略据点，破坏敌军攻防计划，歼杀疲惫敌军，为总决战顺利进行创造有利态势的大幅度高、密度运动战法。

（一）带将踏敌　尽扫寇仇

图一系陆兆养先生排拟的《三进龙宫》精巧排局。是局黑方六强挺然屹立，森然护卫；三卒蜂拥九宫，一步即杀。在强敌高压之下，红马临危不惧，依恃车双炮之力，特别是双炮暗伏的闷杀、重杀、连杀的巨大威慑力，马队进退自如，往来似梭，或闪将抽吃，或带将踏敌，或打将变位，带将充架，闪击掠敌，均紧凑有力。且看龙马虎步：

1. 马五退六　后卒平5

闪将启动，开始了连续性、扫荡性的威武穿插。

2. 马六进七　将5退1

带将作业，高效行进，连踏车马。

3. 马七进六　将5进1

隙缝穿插，巧妙过渡，暗窥车炮，真杀敌悍将也。因伏闷杀手段，敌首不敢造次，也不敢归位。

4. 马六进四　将5退1	5. 马四退三　将5进1	6. 马三进四　将5退1
7. 马四退六　将5进1	8. 炮七退一　士4退5	9. 马六退七　将5平4
10. 炮九进五　将4退1	11. 炮七退二　炮9平3	12. 炮七进二　…………

铁蹄上下随腾踏，敌宫内外任进出！只杀得敌军人仰马翻，叫苦不迭，除恶殆尽，六强无存，几近残酷，终使敌首降服。

（二）借敌发力　妙杀戎首

图二系《适情雅趣》第207局"菱叶穿萍"局图。是局红方穿插攻杀，层次极为鲜明，做

---

*文题摘自宋·苏舜钦《沧浪静吟》

到了有张有弛,有主有从,九宫内外,七度穿插,终成绝杀。

1. 马三进五　士4进5　　2. 车一平四　将6平5　　3. 马五进三　将5平4

红马借车炮之力扑入九宫,叫将换位,为再次穿插占据有利地形。

4. 车四进三　士5退6　　5. 炮二进四　士6进5

弃车引士充架,为红马扑入将位、实施第二次穿插做好必要的过渡。

6. 马三进五　士5退6　　7. 马五退四　士6进5

将位打将穿插妙,充架借架内涵深。九宫之内的穿插,巧妙之极!它为弃兵调马阻堵将路,并为攻杀阶段叫杀开路实施了极为重要的战术打叠。此战术组合,将行进、攻击、打叠、配合,尽数糅为一体,使敌无奈。

8. 兵七平六　后马退4　　9. 马四进五　士5退6　　10. 马五退六　士6进5

11. 马六进八

一流破袭高手,头号穿插大王!穿插的高潮,红马从九宫内连将杀出,转战宫外实施了战略上的最后一击。值得玩味的是,两次折返分占左右士角,各具其妙,而且敌近臣卫士被双炮马逼迫、利用、调动,竟变得如蒸汽机活塞一般,机械性进退,跟班作业,大力配合,增层减层,充架撤架,功不可没。两军指挥如一人者,穿插精妙使之然也。象棋理论家徐家亮先生在评注此局时,曾高度赞扬了红马"极纵横进退上下左右之八面神威,可谓妙绝。"

总之,穿插战术是特种部队在敌阵的天才表演,是进退攻杀一体化运作的连续实施,是对带有隙漏的敌阵的蔑视性惩罚,是诸兵种联袂上演的气势非凡的攻防对话。

有诗在为你颂扬——山蝉带响穿疏户,龙马携威踹敌营。大侠素怀凌云志,诛剿匪寇得安宁!

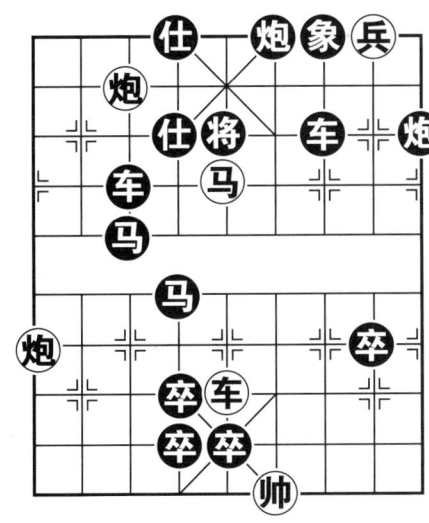

图一

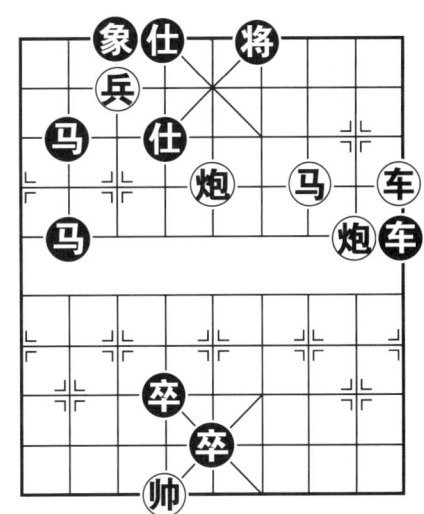

图二

141. 玉人垂钓理纤钩*
——浅论钩钓战术

若米尼将军在《战争艺术概论》中写道："一支弱小的骑兵队，只要指挥有方，也能创造机会建立奇功，而这里，使用这一兵种的适时性具有决定的意义。"

钩钓战术系指在攻杀战中，潜入敌阵纵深之马充分发挥自身机动灵活、斜向攻击能力超强、禁控敌首性能卓越的独特作用，采取进击、闪将、抢占等有力手段，先手占据与敌首成方田之距的重要点位，禁控敌首，使其丧失周旋躲避的余地，以便为友军擒拿敌首创造有利条件的占位禁控技巧。

（一）巧运作　连续实施钩钓术

图一为陈柏祥与王嘉良1963年于广州对攻枰面。

63. ………… 　马5退3

双马同时实施钩钓，为过渡绊马、架设中炮、发动总攻进行战术打叠。

64. 车二退三　马3退4　　65. 帅五平六　炮7平5　　66. 车二平四　将6平5
67. 马六进八　马4进3　　68. 帅六进一　炮5平4　　69. 车四平六　马7进6

逼帅进死地，钩钓定高崖！借用3路马的控力，逼敌首上挺，方田型钩钓禁控获得成功，为最后一击创造了最佳地形条件。

70. 帅六进一　炮4平6

择路、要杀，同时护肋、扼守、防杀，将攻防一体化演弈得淋漓尽致。其效率之高、行棋之妙，令人击节！

71. 车六平七　炮6进1　　72. 相五退七　马3退4

叼车，变位，下伏马4进5或马4进6双杀。正是：钩钓若绑缚，占位即成杀。

（二）急增援　入界给力双车猛

图二选自李镜华与陈灵辉1994年于新伊馆弈战局谱。

25. 马八进七

缥缈钩钓暗，借势虎狼凶。红方双车虽占要点，但均难以发力。马之入界，巧施特殊类型的钩钓战法，为双车给力摧毁敌防、擒拿敌首立下大功。此种钩钓，虽不如士角钩钓对敌

---

*文题摘自吴文英《浣溪沙》

首禁控那样严密，但马与敌首方田之距，依稀可见。也正是此种类型非正式的钩钓，使敌大意失察，铸成大错。

25. ………… 车9平8

钩钓严厉浑然不觉，防范不力遭致重创。黑方对马之扑进钩钓，缺乏警觉，造成严重后果。

26. 车七平六

妙演殳决术，砍炮叫将又带车！如车4退2则车四平五照杀，黑方遂认负。

（三）勇履险　扑角助杀何狂放

图三摘自胡荣华与赵国荣1992年于桂林弈战局谱。

38. 兵五平六

单拆暗助钩钓，闪露跻步锋芒。平移去士，有效削弱敌宫守力，将锋锐刀尖直指敌首。此手，简化战局，廓清战场，为马扑角钩钓先手解绊。此手，暗中助车威胁马炮兵团。

38. ………… 将5退1　39. 马六进四

典型钩钓术，助杀履险人！狂放不羁，目中无敌，履险士角，严密禁控敌首，中士不具备同时去兵马的能力，下伏兵六进一杀。黑方中士无论拔除兵还是马，均车三平四杀。真个是：扑角凶似虎，禁控毒如蝎！

（四）逼就范　小型钩钓定番王

图四取自吕钦与钱洪发1985年百岁杯邀请赛弈战局谱。

61. 前马退五　将6退1　62. 马五进三　将6进1

钩钓悬崖苦，无奈帝王愁！借帅控中之利，连续打将，逼敌就范，遂做成标准的小口型钩钓，以严密禁控敌首，为另马移换运行绝杀创造必需战场条件。此时如敌将6退1，则马三进二，将6进1，马六进四，下伏进二、六两处点杀。

63. 马六进四　马8退7　64. 马四退五　马1退2　65. 马五进三　马7进6

66. 后马进一

尽管黑方双马极力周旋营救，但由于敌首被钩钓而丧失活动能力，且绝杀点无兵扼守，黑方双马只能饮恨沙场。

总之，钩钓战术是马与敌首保持适当距离的最后对话，是禁控、定位机制的艺术升华，是捕杀猎物之前的无形捆绑，是机动灵活大侠的静态助攻助杀。

正是：禁控敌首善筹谋，非将非捉势劲遒，天马占位断逃路，玉人垂钓理纤钩。

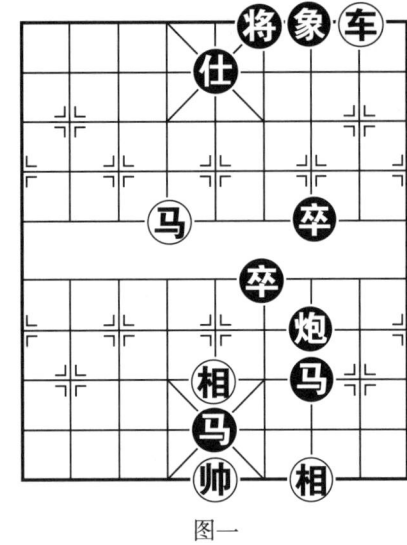
图一

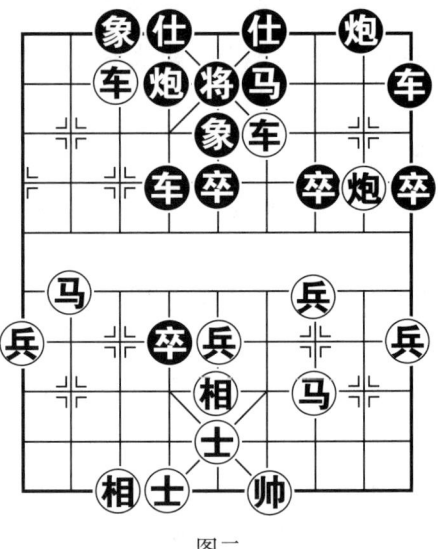
图二

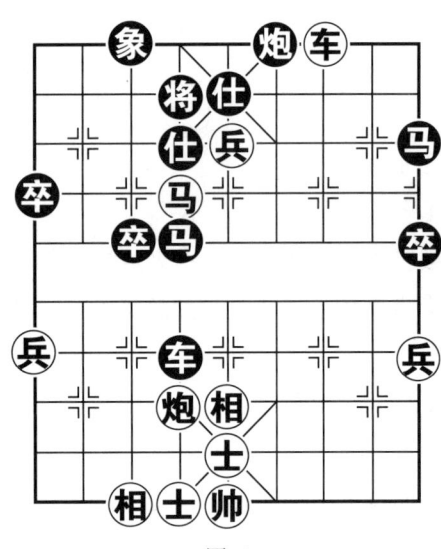
图三

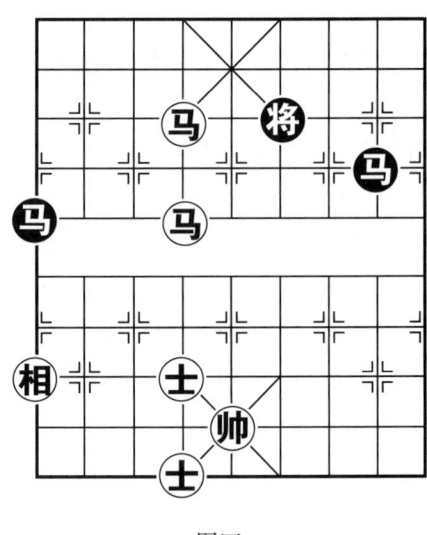
图四

142. 双双新燕飞春岸*
——小论飞扬战术

列宁在1920年5月的一次演说中深刻指出："在任何战争中，胜利属于谁的问题归根到底是由那些在战场上流血的群众的情绪决定的。"

飞扬战术系指在家国即将遭到敌军攻击的危险时刻，担负后卫重任的底象及时飞起或扬象河岸，以造作出让点、开路、遮掩、阻挡、充架、减层等助攻助防态势，并与进攻型兵员默契配合，化解危机，发动攻势的战术谋划与子力运作的高级助攻配合技巧。

（一）两度飞扬　孤相展翅演深奥

图一选自柳大华与刘殿中民百杯象棋赛弈战局谱。

62. 马七退五　将5退1　　63. 相七进五

马滞巧拆解，相飞多功能。退马踏象取利，但自身夹处将帅之间，处位尴尬，难以行动，即将被敌军所擒拿。现相飞中路，增层、遮掩，为马再度攻将提供必需战场条件；同时窥瞄河车，为马抢攻脱险争得先手；更为重要的是，它以活马救马为掩饰，暗中部署，隐蔽攻杀，为决战决胜进行了高效打叠。

63. ………　车7进3　　64. 马五进三　将5平6　　65. 车八退四　车7退7

66. 相五进三

露帅施杀手，再度演飞扬！此时红方将飞扬战术两种基本形式尽皆演弈疆场，出色发挥了助攻助杀的战斗作用。现飞相露帅阻车伏杀，逼敌应付。

66. ………　象7进5　　67. 车八平五　士4进5　　68. 车五进三　车7进4

69. 炮八平四　将6平5　　70. 车五平六

摧折园林木，擒拿深宫皇。由于孤相的天才演弈，车炮成势，轻松入杀。

（二）连续飞扬　独挑大梁抗强敌

图二摘自吕钦与阎文清2002年于番禺弈战局谱。

22. …………　象7进9

躲闪火力以防范，支援前线而抗争。此手飞象，乃防抽、防背攻的重要手段，是黑方弱旅强攻情势下，后卫人员主动抗御强敌的决定性举措，是防住即胜理念的悲壮战歌。在红方净多三个大子情况下，黑方炮双车三剑客势凶刃锐，只要能先手争得车4进1一步，红势立崩。象之

---

*文题摘自陆游《鹧鸪天》

飞扬，为防守、为进攻创造了特别重要的条件。

23. 车三平五　　象9进7

成败悬一线，连续演飞扬！红方连续施抽，黑象再演飞扬，有力破坏了抽车、消削黑方攻力、瓦解杀势的计划。整个攻防由象独挑大梁，飞扬战术之价值已逾千金！

24. 车五退一　　车2进2　　25. 帅五进一　　车2退1
26. 炮七退一　　车4平1　　27. 炮三平六　　车2平3
28. 帅五进一　　车3平4

已具杀势，边炮参战，立摧敌防，绝杀无解。在鼓角、杀声渐渐远逝的时候，7路象以守助攻的连续飞扬妙手却熠熠生辉，精妙永远！

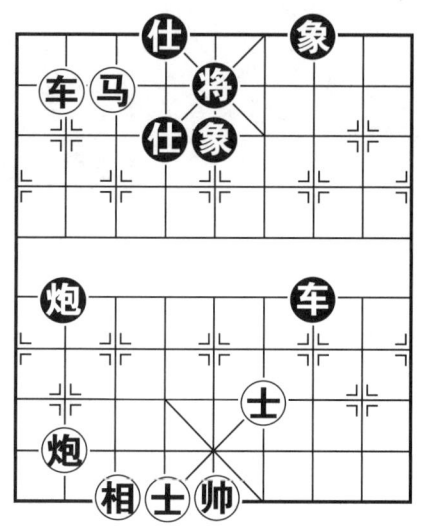

图一

（三）一飞一落　凶神恶煞坠黄泉

图三取自熊学元与傅光明1992年全国团体赛弈战局谱。

21. …………　　象5进3

撤架减层高举，阻马窥炮打车！此手扬象，盖马绊马断联，萍架打车逼车，并暗中计设陷阱，捉死黑车。此手运筹深细，效率极高。黑方之所以未象5进7，就是防止敌车逃脱，现在红车无奈，如逃车，将丢马。此手悠然荡漾，极富立体感，助攻性能良好，诱逼手段巧妙。真个是：一弩数箭功力好，双炮并力品位高。

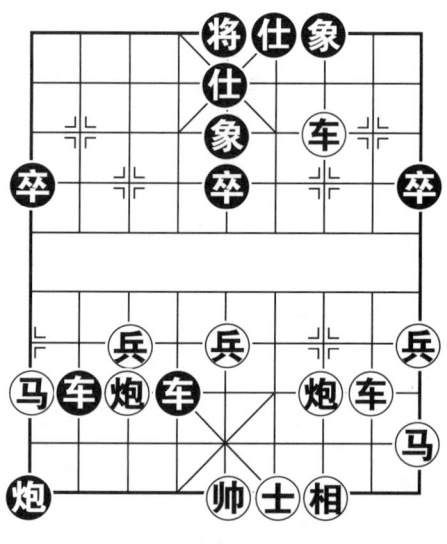

图二

22. 车八平七　　象3退5

飞象诱食客，回落制枭雄！突然回象打车，令敌车再难驰骋疆场。飞扬战术之灵活往复，巧妙至极。

23. 车七进一　　炮6退7

6路炮先手脱险打车，既令敌帅尴尬，又逼敌车命归黄泉。而象在进退之间，诠释了飞扬战术的精妙内涵，成就了杀敌报国的大业，书写了飞扬战术的壮丽篇章。

总之，飞扬战术是后勤人员杰出守力与助攻能力的精彩展现，是腾挪移换、立体运转的典范，是灵活机动、默契配合的弈战思考，是打破僵局、争夺攻势的有力举措。

正是：后勤大员功力强，助攻防御杀气扬。紫燕飞岸楚河美，橘枰无处不春光！

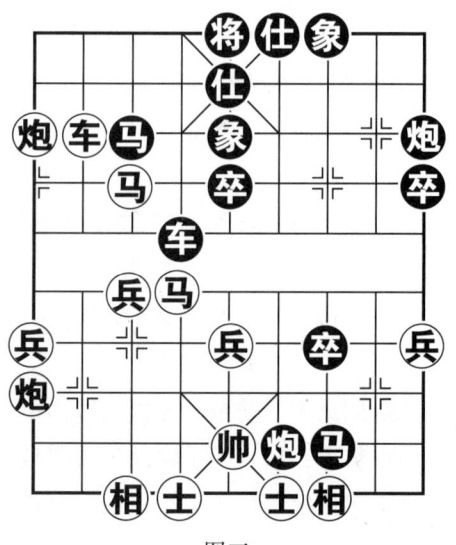

图三

五、保障类战术

143. 澹烟衰草有无中*

——小论萍架战术

毛泽东主席在《论持久战》中精辟指出："错觉和不意，可以丧失优势和主动。因而有计划地造成敌人的错觉，给以不意的攻击，是造成优势和争取主动的方法，而且是重要的方法。"

萍架战术系指在敌车于明线有力地进行控制、封锁、输送、攻击的情势下，实施方以马为主要代表的兵员在无根无靠情况下，果断为炮做架，巧妙发动对敌车的战术打击，以使自身扑进到位，或争先取势，或弃舍减层窥瞄，或为炮瞄打敌目标，从而取得逼离、拴链、吸引、驱逐、劫掠甚至入杀功效的高级运子充架技巧。

（一）开路刁打 妙施攻杀交错

图一为李少庚与王雨军在第十八届棋友杯大奖赛上的弈战中局。

23. 炮八退一

绊马争落点，暗中窥瞄车。绊别马、暗窥车，为萍架打车而预设火器，为发动攻城决战铺垫打叠。

23. ……   象3进5   24. 兵五进一   炮5平7

驱逐中炮，削弱中象双根之固，防止马三进五砍象后炮5退2仍以高象阻隔七路炮之进袭，以使红方难于进取。

25. 马三进五 象3退5   26. 马七进六

右马突袭精妙除障，左马萍架神勇打车！炮座之安置、七路炮进路之开通、底线落点随之安顿等各项准备就绪之后，突施萍架打车，同时为七路炮闪让通道并塞压象田，以使底线落点无虞，在打车同时暗伏攻杀手段，因如车8平4则炮七进八，士4进5，炮八进一成杀。此攻杀交错妙手，使宫城面临被摧毁的深度危机。

26. ……   士4进5   27. 炮七进八   士5进4   28. 炮八平二   炮7平8

29. 车二平三 马1退3   30. 马六退四

由于萍架战术组合筹划巧妙，黑方损兵折将，现调将伏砍马挑双炮手段，黑方无力守御，遂认负。

（二）象落巧打 领军不知所措

图二乃喻之青与宇兵1995年于天津全国邮政系统选拔赛弈战中残局面。萍架战术之实

---

*文题摘自张孝祥《浣溪沙》

施，除马之外，士象卒类兵员亦善为之，且看象的精彩演弈——

　　42.………… 马6进7

　　争取主动，加快攻杀步伐，不给对方发动进攻的机会。

　　43.帅五平四　车7进2　　44.炮五平四　马7退5　　45.炮四退二　车7进4

　　46.帅四进一　车7退1　　47.帅四退一　车7平5　　48.马六进八

　　黑方车砍花心士，造作闪将夺子手段，红方则马生根、遮掩车并做杀，两军立刻就地展开决战，局面立刻紧张起来。关键时刻，黑方突出妙手——

　　48.………… 象5退3

　　萍架到位定胜负，帷幄决策壮河山！落象打车，是无根弱子的天才灵动，是前军后阵的远距离呼应，是结束争战的决定性信号，是高压态势的最大程度的利用！此萍架妙手所含变位、解"锁"、应将、伏抽、制乱、活炮，多种才艺尽现沙场！此萍架战术妙手一出，"红方苦思无对策"，竟超时判负。因如车八平七则车5平3抽车胜；又如马八进七则炮4进1，车八平七，士5退4，红车马地位低下、呆滞、不敢"拆帮"，并随时遭到黑方7路象与车的两方面威胁；再如车八退一，红方攻势瓦解，而黑方则马5退6要杀，炮四进一，马6进4下伏扑角做成绝杀。正是：底线犹藏制敌术，萍架岂无报国心？

　　总之，萍架战术是射向强敌的致命冷箭，是无畏战士制敌乱敌的有效手段，是弱架的天才表演艺术，是联合造势的橘枰经典。

　　有诗献给你——轻灵缥缈的台架：轻似紫燕挺如松，打车夺势立战功。细蒿嫩竹堪作架，澹烟衰草有无中！

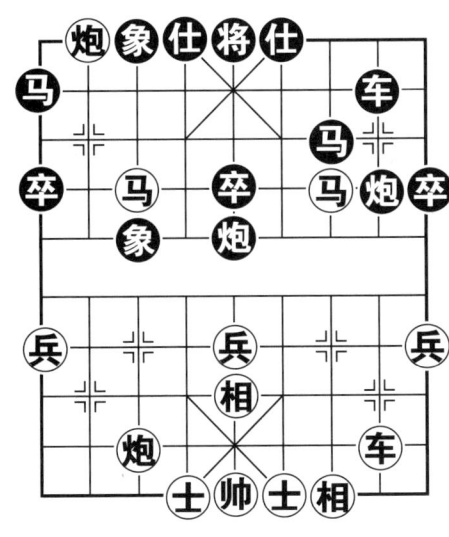

图一

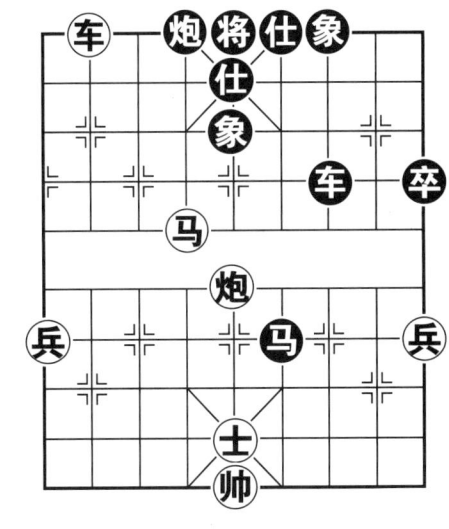

图二

144. 草色遥看近却无*
——简论侦察战术

朱可夫元帅明确指出："首先要求指挥员熟知敌人，正确评估敌人的行动计划、兵力、手段和可能性，知道敌人的弱点和强点，知道敌人善长什么、不善长什么，用什么方法能使敌人上圈套。"

侦察战术就是实施方为获取运筹决策所必需的敌方情况，派遣得力兵员，巧妙采取佯攻、捉拿、挑惹、接触、停待等有效手段，对敌之战略企图、作战方针、攻击目标的选择、主力的走向等方面的敌情进行刺探、搜集、调查的技巧。

侦察战术的核心是准确掌握敌情。孙子兵法云，知彼知己者，百战不殆。而侦察战术的任务就在于"知彼"。1940年夏季，英德空军在不列颠上空展开交锋。时任英国空军司令的道丁将军，预先组建起了一个专门进行对空监视的地面指挥中心，对德空军的行动了如指掌，因而能在决定性时刻、决定性地点突发奇兵，以不足700架战机的力量，使德空军2669架战机的强大机群遭到了惨败。

火力侦察　遭遇战锋刃不卷

图选自李义庭与马宽1959年于北京首届全运会弈战局谱。

14. 车二进四

窥盯散漫炮，攻打被动敌。红方平炮打马，黑方进炮打车所形成的局面下，车以躲避为由伸插纵深，以捉炮为手段侦察敌情，静观敌下步行动，以有针对性地采取相应对策，发动攻击。

14.………… 炮2退4　　15. 车二平三

黑方既不逃炮，也不退马保炮，而是以无根炮为架攻击"侦察兵"；红车不惧地势险恶，砍炮继续进行火力侦察。双方斗智斗勇，侦察与反侦察的激烈较量由此展开！

15.………… 士4进5　　16. 车三进一　象3退5　　17. 车九平八　炮2平4
18. 炮六进三　象5退7　　19. 炮六平三

侦察员在遭遇敌军时，立刻变为战斗员，以火力侦察敌情，现拼掉了敌炮马象，削弱了敌军守力，且敌双车偏远，难以在防守战中发挥主力军作用，这就为大部队发动攻城战斗创造了有利条件。以下是，马7退9，马六进五，象7进5，炮三平五，车1进2，马三进四，车9平6，车八进九，炮4退1，马四进六，车1平4，马五进七胜。

---

*文题摘自韩愈《早春呈水部张十八员外二首》

总之，侦察战术是及时掌握敌情的行动，是清晰敌军攻防走向的良方，是使敌方阴谋败露的手段，是制订争战方针计划的可靠依凭。

正是：侦察敌情艺纯熟，有的放矢布阵图。但问春意浓几许？草色遥看近却无！

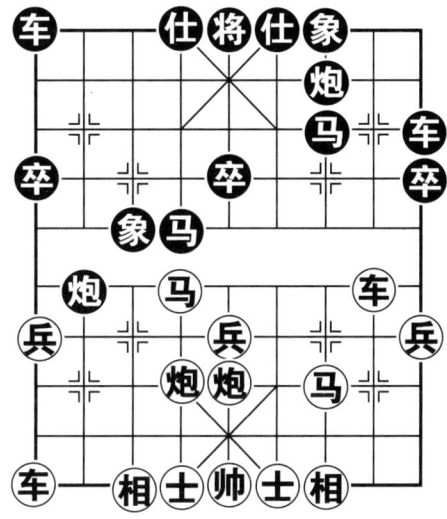

145. 剩山残水无态度*

——简论保留战术

克劳塞维茨将军在《战争论》中指出："为了终局的成功，开始阶段应用尽量少的兵力而保存下生力军，以便最后使用。""战争在达到目的上虽有快慢之差，可是必定在一定的时间持续进行，并在其间保留着或左或右的方向变化的余地。"

保留战术系指作战部队本着维护长远的根本的战略利益的总原则，以柔性、含蓄隽永、富于节奏的步调，保护留存必要的兵力，保存留下现有局面的复杂变化，保存自己拥有的捉、抽、吃、将的权力，保留进攻方向选择的机会和制敌的手段，含而不露，引而不发，以求有足够的兵力、有利的地形、最佳的战机及必要的手段，有效获取更大的军事利益的运筹方略。

过惕生、栗闻两位先生在《围棋战理》中指出："虽然选择总是必要的，但凡是对本次战役或战斗没有决定性影响的选择，又总是以推迟这种选择为好。推迟选择就是保留变化。"

孙子曾云："军有所不击，城有所不攻，地有所不争。"争战实践证明，齐头并进、八面出击并不可取，有的军事行动还是以保留一些为好。何故？最佳时间点还未曾到来，时机尚不成熟也。而保留战术之实施，已经进入了依据情势、应变自如、次序绝好、控制恰切的高妙境地。

做架抢步　有序拿炮皇宫吃紧

图选自林宏敏与李智屏1996年于成都全国团体赛弈战局谱。

47. 炮一平四　卒3平4

从容抢先步，平静杀敌心。黑方巧妙保留平卒去炮的权力，竟先平卒驱马，使其远离中心点，减效弱势，同时使卒借机逼近敌宫，以加大其参战的机会与威胁敌宫的力度。

48. 马六退八

无奈之举，否则丢马，敌军前阵将无得力骚扰之兵员，而且炮打马后窥士又抢得先手，并暗伏炮4平6拴缚串打之恶手，敌势不堪。

48. …………	卒5平6	49. 车四进二	车5进6	50. 帅四进一	车5退2
51. 兵二进一	卒4进1	52. 马八进九	车5平8	53. 兵二平三	炮4平3
54. 马九进七	将5平4	55. 兵三平四	炮3退1	56. 相三退五	车8进1
57. 帅四退一	卒4平5				

---

*文题摘自辛弃疾《贺新郎》

提速卒发力，禁制帅断魂！回顾47回合保留、抢先妙步对加快攻杀进程的作用十分显著，此卒三步到位成杀，而其中就有一步是因保留而抢到的，这就等于缩短了三分之一的行军路程，极大加快了攻杀的节奏，你我能说保留不妙？

总之，保留战术是对争战现状中的各种有利因素的战略存留，是对军事行为自然"持续"的科学控制，是对最佳时间点的战术期待，是厉行节约、讲求效率、富于变化棋风的大力发扬，是使复杂盘面服从于未来决战的英明抉择。

正是：巧留暗设意风发，含苞不放乃仙花。争战楚汉多蕴藉，雍容堪称第一佳！

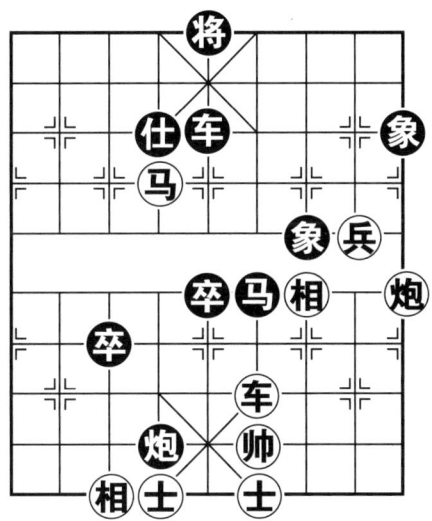

146. 双眉敛恨春山远*
——简论藏敛战术

《兵经百字》有云："故善用兵者，师行若无，计设若否，创奇敌大阵而不动。"

藏敛战术系指在展开攻势之前，实施一方为麻痹、迷惑、骄纵敌人，使其失去警觉，不做预先防范，巧妙制造柔弱、平缓、空着、退守等假象，将进攻的企图和锋芒，以及即将形成的强大攻势掩藏收敛起来，以达成攻击的突然性、有效性和不可逆转性的暗伏攻击谋略。

藏敛战术与藏匿战术同属于"隐藏"类战术，但二者大不相同。藏匿战术展示的是子力之间相互遮掩隐藏的技巧，或者说是隐身术的表演，简而言之，就是隐形；而藏敛战术则藏的是意，藏的是势，藏的是企图。二者迥异也。

藏敛战术与骄纵战术更不相同。如果说后者是使敌军得意忘形并自我高估的手段，那么，前者就是使敌身在险境却看不到险情的谋划。

（一）防串到位　绝佳藏敛演妙局

图一选自杨官璘与王嘉良1982年于北京弈战局谱。

28.　…………　炮8退7　　29.兵四进一

貌似反拴被动手，实为藏敛第一军！此藏敛战术绝佳妙手，以被动应对炮8平6串打为掩饰，以高度的攻防一体化为内涵，逼近宫阙，暗伏杀势。此手的藏敛程度已臻至"师行若无，计设若否"的绝妙境界。实战中，由于此手藏敛至深至妙，竟使东北虎失去警觉，未能进行有效防范，从而一败涂地。

29.　…………　车5平7　　30.车六进五

兵至车性烈，势成杀力摧！一个回合的藏敛，竟为车的绝妙演弈提供了天赐良机。此手以致命一击，杀士引士，既为镇炮减层中路，以发挥控制、断路作用，又为四路兵冲锋清理路障，力助兵拥九宫，为摧毁城防、构成精妙杀局而铺垫打叠。李中健先生为此手嘉注了两枚叹号，并撰文道："这步弃车杀士出神入化，精彩漂亮，令人目瞪口呆，是弃子入局的典范。"

30.　…………　士5退4　　31.兵四进一

在完成了"藏敛"任务之后，又挑起了主攻的重担。其锋芒所指，敌势萎靡。此处兵之入角，与前之藏敛，皆属高级战法，不可小觑。在弈战中，人们往往把赞许的目光集注到那些带有"爆炸性"的亮点上，而那些具有"藏敛性"的铺垫打叠者、默默无闻的后续经营者的真正价值，却遗憾地淡出人们的视野。这里除了天平的调整需要引起重视以外，许许多多的珍贵战术因此而容易被掩埋于名局名谱之中，却是极大的不幸。因为这无疑等于减降了人

---

*文题摘自冯延巳《鹊踏枝》

类高端思维的层级，贬损了博大精深的中国象棋。

31.………… 象5退7　　32.兵四进一　将6平5　　33.车四进三　马3退4
34.车四平五　士4进5　　35.兵四平五

在胜利到来的时候，再回顾29手藏敛之妙，它一步到位，深藏杀势，却有而示无，迷盲敌军，力助肋车，旋即冲锋，坐镇花心，再助另车照杀，真大妙绝妙也。

（二）连弃辎重　制造铁架施闷杀

图二取自《象棋报》刊载的一则精巧棋局。

1.兵八平七

谁识其中意？藏敛正逢时！在2路马扼守要点的情况下，竟大摇大摆逼近宫墙，企图破象求杀，似有"送礼"之嫌——正是凭借这一点，将其良苦用心深深隐藏收敛于铁蹄之下！此手甚至以"随手棋"为遮蔽，敛势邀马以自阻，真深图密划也。此手的战略价值在于藏敛攻杀企图，令敌难以觉察并替占其位以助杀也。

1.………… 马2退3　　2.马八退六

威胁马后炮绝杀，再调敌炮以充架。藏敛之手段，深密也，代价巨大也。

2.………… 炮6平4　　3.兵四进一　将5平4　　4.炮五平六

当闷杀成功之时，使敌炮充架，使敌马自阻令其变为铁架之妙，方溢洒于枰端，大白于天下。真个是：妙计设若否，藏敛淡似无！

总之，藏敛战术是锋芒内敛的策略，是麻痹敌军的手段，是使进攻来得突然、来得猛烈的举措，是交战前"梳妆打扮"以变得"和善"的运作。

正是：用兵诡道万千条，韬光养晦自多娇。双眉敛恨春山远，三军藏势战法高。

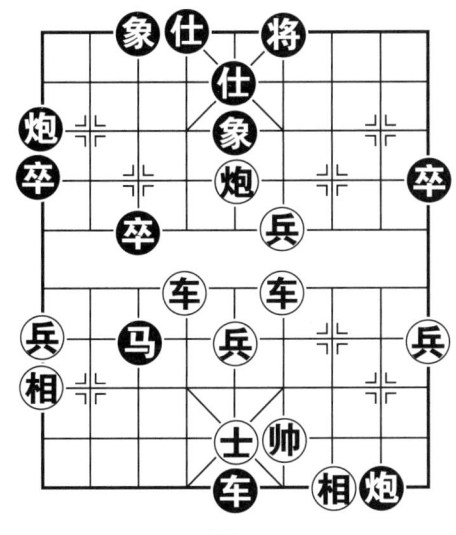
图一

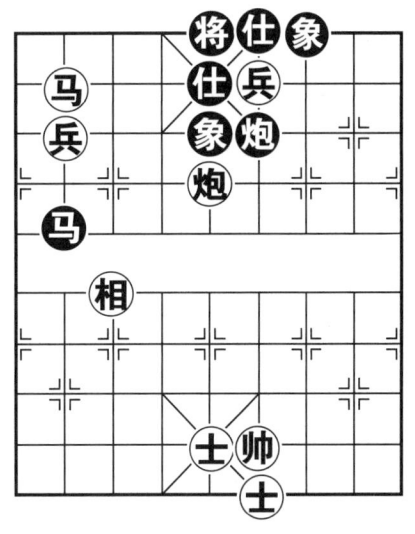
图二

147. 千红万紫安排著*

——小论打叠战术

克劳塞维茨将军在《战争论》中深刻指出："创造进行会战所必需的一切条件，是绝对必要的"，"这些准备与其实施具有极为密切的关系，与军事行动相交错"，"这个准备越好，战斗中胜利的可能性也就越大。"

打叠战术就是为确保某一场战斗、战役乃至战略决战的顺利进行并取得预期的胜利，前锋部队、预备役部队或者后勤部队，巧妙而隐蔽地采取占据要点、开通道路、设置依托、输送兵员、制造弊端和寻求战机等有效手段，进行先期性安排准备，创造会战所必需的一切条件的战前筹划安排方略。

（一）顶马活炮，欲求转移深打叠

图一摘自王玉才与柳大华1985年于南京弈战局谱。

16.………… 炮8进3

升提变位者，一步三打叠。此手冲进顶马，迟滞敌进攻步伐，为己方发动反击而争取时间，做近期打叠；为右炮减负，以增加其灵活性，以便在3路线上展开火力攻击，做好中期打叠；为自身择机转移2路线，以集中火力、加大对敌左翼的反攻力度，做好远期打叠。此打叠妙手隐蔽含蓄，局面效能具有层次感。此打叠妙手蓄势全军，带活全局，使中局争斗顿时激烈起来。

17. 兵三进一　卒3进1　　18. 相五进七　卒7进1　　19. 炮三进五　炮3进4
20. 车一进一　车6平7　　21. 炮三进一　卒7进1　　22. 车六平三　炮8平2

经过3路线、河界交通线的激烈争夺，以一马的代价掠杀了高相，使高压下的敌七路线变得更加脆弱。现河炮转移2路，暗伏串打、逼打等多种攻击手段，在攻城略地战斗中将发挥重大作用。

23. 马二进三　炮2进1　　24. 车三退三　炮2退2

连续出手，巧妙顿挫，将车打低，将敌宫打乱，为夺取失根之马和无恃中兵、为发动攻城决战进行了有效打叠铺垫。

25. 士五进六　炮3进2　　26. 车一退一　炮2退1　　27. 车一平二　炮2平5
28. 车三进二　炮5平1

原8路炮转移之后，增效活跃，激情演弈，有力配合了3路线车马炮在敌虚弱左翼的进攻。

---

*文题摘自清·张维屏《新雷》

29. 车三进一　卒5进1　　30. 马三退五　车3平5　　31. 车二平五　马3退4

黑方将侧翼攻势逐渐扩大到中路，以下既有炮1平5叫将断联夺马之胁，红方如车三平六，又有炮3退6增层断联夺炮叫闷之伏，更有双车错杀之妙，敌首不堪。

（二）弃卒打叠，启动切入高速度

图二录自于幼华与赵国荣1985年于嘉兴王冠杯弈战局谱。

30. ……………　卒7进1

打叠排障加速器，高效运转调度师！在角隅炮已经到位情势下，冲卒逼兑，为第二前锋——特种部队叼车启动、迅速切入到位待命，进行了巧妙的战术打叠。此手为加快进攻节奏、争先夺势，发挥了加速助推的良好润滑作用。

31. 兵三进一　马5进7　　32. 车四退一　马7进9

连续两步抵达预定点，拍马叫杀并安全潜伏，出色完成了第二阶段兵力的战略储备。

33. 炮四平一　象5进7　　34. 炮二退四　象7进5　　35. 炮二平五　车5平4
36. 炮五进一　马9进7　　37. 炮一平二　炮8平6　　38. 炮五平四　马3进5
39. 车四进二　马5进4　　40. 车四退二　车4平8

时机成熟，盯炮杀入空档，已成三子归边之势。以下是：炮四进五，车8进5，车四平六，士5进6，车六平二，车8进1，帅四进一，炮9退1，挑战车马，殊决叫将，如马去炮则失车败定，但如帅四进一则车8平6抠杀。

总之，打叠战术是有计划、有步骤开展军事活动的谋略，也是为后续行动进行先期安排部署的艺术，还是争先、加速、夺势和取胜的重要辅助手段。

正是：进程算就筹划深，灵犀相通默契心。千红万紫安排著，只待丝竹传佳音！

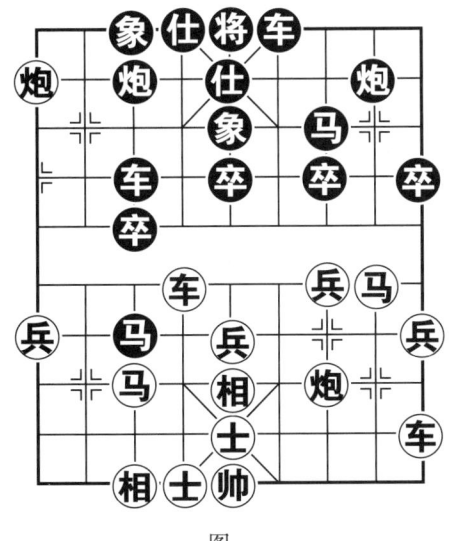
图一

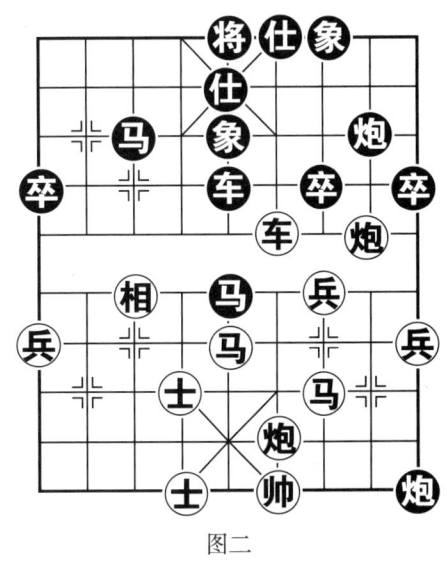
图二

148. 杨花榆荚无才思*
——小论简化战术

克劳塞维茨将军在《战争论》中深刻指出："简单的和直接的行动效果要比复杂的行动的效果，更为重要""我们对于把简单直接而又朴实的手段的这种抛弃，不能不抱着厌恶之心，因为这是故意地跳入徒然混乱的世界的。"

简化战术系指在中残局角斗中，实施方采取逼兑、交换、会战、搴除等有效手段，减少双方兵力数量，使复杂局面逐渐趋于简单明朗，以确保可以顺利导引为例胜例和残局，从而避免敌军求变导致局势反复和逆转的处置局面的谋略。

简化战术与剪裁战术都是处置局面的艺术，但二者各有侧重。简化战术使多兵种争斗的复杂局面变得兵员少了，局面简单了，目的在于避免敌方利用人多势众"闹事"；而剪裁战术则是对错综复杂的乱局进行优化处理的艺术，使乱局明朗化、理想化，以避免敌方乱中取势，趁乱取胜。

（一）马炮逼交换　车卒侵空城

图一选自陈柏祥与朱剑秋1962年于上海弈战局谱。

47.…………　炮6平5　　48.帅五平六　车2平4　　49.士五进六　马3进5

50.炮三平九　炮5进3

不图镇势占中路，但求简明夺胜局。在敌宫极度空虚情况下，只要"交换"掉敌方马炮，一车一卒便可稳胜，以免敌车马炮联合滋事。

51.车七平五　车4进1　　52.帅六平五　马5进3　　53.炮九平五　马3退5

叼双再踏掉炮，顺利完成预定简化任务，使"不确定"战局立呈例胜局面。

54.车五进二　车4退1

从优势残局到例胜局面，黑方成功进行了战术过渡，这个过渡叫简化。

（二）简化多变局　三兵定天下

图二摘自中国胡荣华与泰国谢盖洲1982年亚洲杯弈战局谱。

25.马六进七

简化计已定，挥师抢中卒。红方此时的行棋方略，就是简化局面，至少可以形成多兵的残局优势。现马入界瞄准中卒，以启动简化程序。

---

*文题摘自韩愈《晚春》

25.………… 马7进8　　26.兵三进一　士4进5　　27.兵三进一　象5进7

28.兵七进一

已有双兵渡河，中兵业已准备就绪，伺机冲渡参战，铁流滚滚抑压敌域，形势生动向上。

28.………… 象7退5　　29.马七退五　马6进5　　30.炮一平五

简化战术的有力实施，使多兵的优势更加"水落石出"，以下是，将5平4，兵七平八，马8进6，兵五进一，马6进8，炮五平六，马8退7，兵五进一胜。

总之，简化战术是敌我双方大量裁员的协议，是使敌方没有力量"搅局"的游戏，是战略家邀请胜利莅临的请柬，是沙场上一定兴衰成败的奇迹。

正是：删繁就简莫犹疑，立取优胜不求奇。强车悍马有筹算，杨花榆荚无才思。

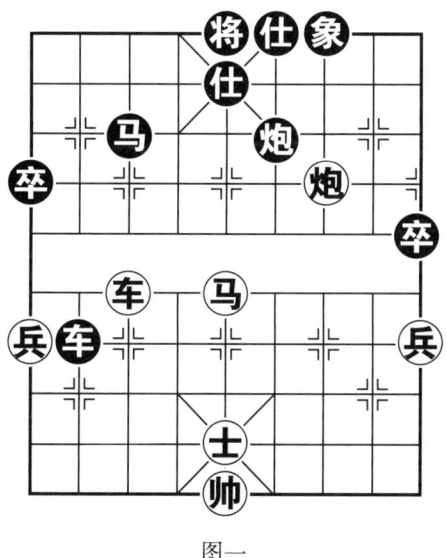
图一

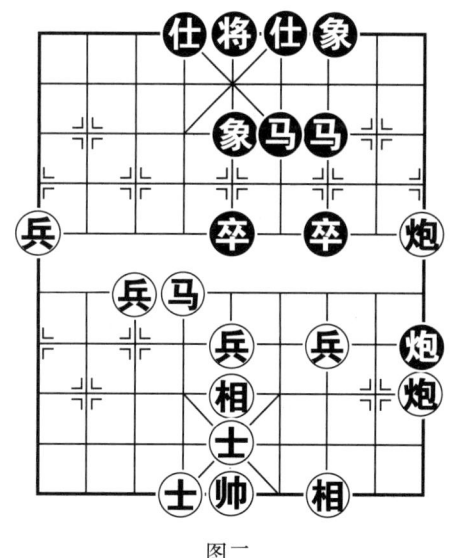
图二

149. 数骑渔阳探使回*

——简论探试战术

克劳塞维茨将军在《战争论》中明确指出:"即使是以果断闻世的统帅,在这种比较复杂的情况下,也常常不可避免地极为慎重地暗中试探。"

探试战术系指在错综复杂而又迷盲万端的战场上,实施方以"无为"、含蓄或过激的着法,探察验试敌方的应手,从中发现敌之攻防企图、重心所在、兵力走向、作战特点等所需情况,以采取有效的、富有针对性的斗争策略制敌夺势的侦探技巧。

探试战术与侦察战术同是了解掌握敌情的战术手段,但二者并不相同。一是了解的对象不同,探试战术主要就敌军目前的具体着法、应法进行探察,而侦察战术则是对敌军战略性情报的搜集了解,如进攻方向、攻防选择意向等;二是采取的手段不同,前者往往采取捉拿、邀兑等方式对敌兵员"喊话""试着"探察敌之应手;而后者则采取佯攻、挑惹、接触等有效手段直接对敌军团、敌阵进行刺探,搜集敌之情报。

(一) 巧施探试　静观君去何方

图一选自李广流与胡荣华1974年于成都弈战局谱。

23.………… 马5退7

治理内宫兼刺探,且看敌军去何方。黑马折返底线,主要探试红车去向,以便确定下一步攻城策略;同时此手兼具除弊治理、移换步位之功能。换言之,此手虚实并举,内涵深厚,独具情趣。胡荣华在自战解说中指出:"黑方回马捉车,是想乘红车行止未定时试探红方应手,以便宜一步棋。"

24.车二退四　车7平6

红车避捉择位不够精确,起码逊于车二退六,使守力顿时得到加强。车退兵线,这就给黑方解捉还杀、进一步扩大优势提供了可能。因伏马6进7叫将绝杀手段,逼迫红方防范。

25.马五进三　马6进7　26.帅五进一　前车进4　27.车二退二　前车平5

28.帅五平六　士6进5　29.车二平三　车6平3

双车反复游弋,破碎敌宫,使其丧失防御能力,之后,底马冲前助阵,中卒跬步冲锋,增援助杀之势不可阻挡,红方遂认负。

(二) 阴柔探试　刀光剑影缠绵

图二录自刘殿中与李义庭1965年于银川全国赛弈战局谱。

---

*文题摘自杜牧《过华清宫绝句三首》

28. 车三进一

乱军深处闪露，探试城防态度。此手探试既含蓄，又凶险，暗伏车三平六绝杀。此手为底车增援，为空镇增效，为河马保安，友军尽皆受益。它除刺探敌情以外，还车横上二路，禁将断路，加大了敌宫破败的程度。它身在背处，心怀全局，真个是：车向明处驶，花在刀丛开。

28.………… 炮8进2　29.炮五退二　车6平4　30.马四进五

逼离恶煞，马路立刻变得宽广起来。此马在炮双车撑持下，则变成炮的"活架"、车的"帮凶"，借将移换身位，折返踏车而胜。

30.………… 士6进5　31.马五进七　将5平6　32.马七退六

马之加盟，使空镇、锁炮、攻杀威势倍增，打将、闪抽、占位、伏杀、夺车，一气呵成。

总之，探试战术是尝试察看敌军动向的举措，是先手索要"反应"的逼着，是以捉为手段、以察为目的的行棋艺术，是军情资料的搜集过程。

正是：谋略广博术精微，行军作战常伴随。投石楚河问前路，数骑渔阳探使回。

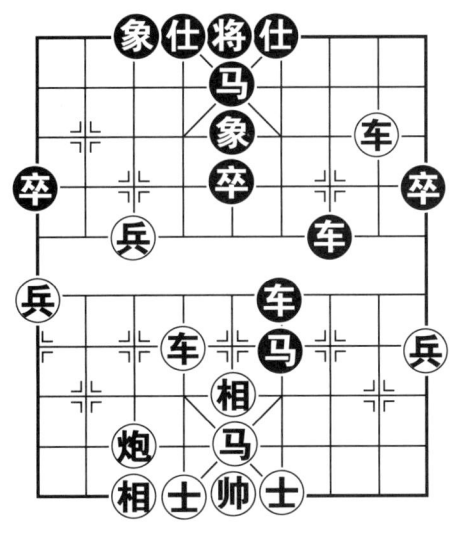

图一

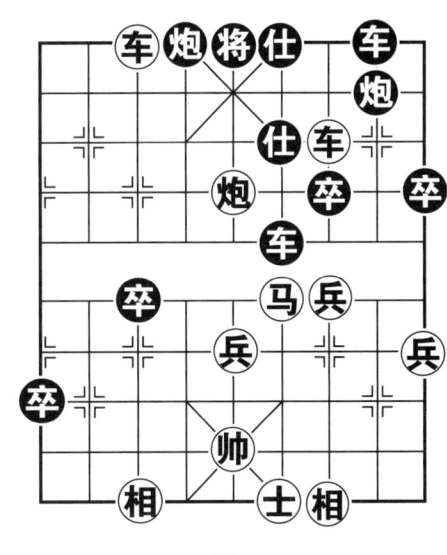

图二

150. 莫愁前路无知己*
——简论邀架战术

刘伯承元帅曾深刻指出:"用兵打仗是一种诡诈的行为。将帅要善于以各种手段隐匿自己的企图,迷惑引诱敌人,给对方造成错觉和不意,为歼灭敌人创造条件,这就是我们所说的计策或谋略。"

邀架战术系指在炮欲对敌目标进行控制、威慑与攻打,但由于预行线路上缺少台架,火器难以发威怒射之时,友军本着借敌制敌的方略,巧妙采取叫将、做杀、强弃、逼引、威胁等强制手段,诱逼敌方子力为己炮做架,从而使火炮得以凌空飞射、击毁目标;或窥瞄目标、控制线路、威胁成杀;或借敌用敌,巧妙穿插等种种有效助攻的邀约敌子充架的高级调敌借敌制敌手法。

(一)连续邀架支撑 龙马深宫奋蹄

图一选自李中健先生排拟的实用排局第396局谱图。

1. 前车进一

喋血奠基礼,凌云英雄气!以车邀架,非凡之举!此手邀象充架,以争取到八路炮先手下底,已尽其对三军征战进程的绝对支撑。为邀架而弃舍一车,极端重要,其"架值"高于一车,它不仅为对杀争得宝贵一先,而且底炮将为后续施展种种攻杀手段奠定坚实基础。此抢先争杀入局的邀架战术妙手,暴烈鸣枪开战,精彩布设未来!

1. ………… 象1退3 2. 炮八进五

邀架而架必到,否则如将5进1,后车进四,车4退2,车七平六杀。现炮先手下底,为敌首安置了窥瞄式火器,使贴将马有条件在宫内外借将进行有效穿插,击毙敌首。如果说后续的攻杀妙手是织就的奇花异草图案,那么,此手就是使其得以依存的上佳锦缎!

2. ………… 象3进1

这是敌架可撤动的类型——不撤即毙,但它之撤,又为马之宫内外穿插提供了层次上的方便。

3. 马四退五 车4平5

马炮通过打将叫杀,再度为炮邀架,为以下双将、连将,为高效利用敌车"内应"做杀,创造了绝佳战场条件。呜呼!三军皆善邀架,阵线如此模糊!敌首难断功过,且待后世评估!

4. 马五进三

---
*文题摘自高适《别董大》

闪离打将双胁，减层定车充架！双将逼迫敌首出逃，为施展将位马穿插择位让出点位。

4.………… 将5平6　5.马三进五

将位马充架打将顿挫择位，为最后一击做好了准备。此手充分展示了首着邀架所形成的天地炮的巨大威力，说明了首着的预见性和正确性，没有底炮的支撑，车便可退而宰马，但若没有敌车充架，敌将便可以舔噬中马，马之穿插择位点杀计划便中途而废。妙哉！弈术谋深似海，邀架功高如山！

5.………… 将6进1　6.马五退六　车5退1　7.车七进四　将6退1　8.马六进五

连续邀架，逼象应垫解杀，这就为马之闪将转移、择路点杀赢得了战机。两次将位过渡，充分展示了首着邀架的妙用，如果没有底炮窥瞄式火器的威胁，贴将马在宫内外的大力穿插、两度将位顿挫移换、反复带将择位点杀，都将因缺少火力支持而变成泡影。

8.………… 象1退3　9.马五退四　象3进1　10.马四进二

马之所以能够连续七步跳跃穿插，最后点杀敌首，一个最重要原因就是三次妙施邀架战术，创造战机、控制敌首、赢得度数、借敌制敌——再细看中车做架助炮禁将之举，实令敌营哭笑无声！在这种高妙的演弈里，它实施攻杀手段的精妙程度、它创造性的独特思维，在所有竞技项目中，包括围棋和国际象棋在内，邀架战术都是绝无仅有的。因而我们仅仅承认它是一种艺术是远远不够的，因为其精深巧妙的程度在智谋世界里独一无二！

（二）邀约神妙不断　敌将临终叹服

图二为《象棋研究》曾刊载过的一则马炮兵同强大的炮双马士象全城防部队进行决战的精妙排局。这是以少胜多的典范，是邀架战术的专著！此局最大看点是三次邀架：右角士被邀一次、角隅马被邀两次，其中第二、三次则是死心塌地背叛投敌的铁架。没有它们的加盟，红方企图以少胜多，那将是力不从心的。

1.马九进八　马1退3

借杀邀架妙术，斩首策反奇人！此手逼迫角隅马应垫解杀，以作为闪将减层、逼其充架再连续充架之战术打叠。

2.马八退七　将4退1　3.兵四平五

相邀烟雨缥缈，绩效价值连城！底线兵借帅力叫杀相逼迫为手段、以生命的代价提前相邀敌马将位为炮充架，并借马之断路而构成绝杀之势；在邀马充架的同时，兵还为减层底线、为炮让位、为马炮帅继续实施邀架妙杀创造了极为特殊的地理环境，真个是：邀架在先神鬼莫测，借用在后金玉无光！

3.………… 马3退5

招之即来，来必充架。其架牢固，竭诚服务！在这里，敌马再次应邀充架，在攻防大战中扮演了非我非敌的模糊角色，起到了既为己方防守应将解杀，又为它方助攻助杀的双重作用。这一点充分展现了中国象棋借敌制敌战术技巧的无比魔力，充分表现了中国象棋含蓄隽永的艺术魅力！

4.炮九平四

友军妙邀铁架，敌马应邀先期到位，服务如此竭诚，边炮岂敢怠慢宾朋？它利用敌马铁架，以炮四进一要杀相威胁，诱逼角士退而看守入杀点，遂引发了后续的第三次邀架。正是：巧用铁马驮炮发射，兼邀士架断路绝杀！

4.………… 士4退5 5.马七进八

逼迫落士，看护士角入杀点，但它同时应邀为炮充架，使炮得以切断敌将的逃路，马七进八叫杀则形成绝杀；另外，逼迫落士还具有使敌炮增层减效功能，使其封锁下二路功能失效，为马俯冲叫杀提供了方便。此次邀架，欲用所邀"马架"绝杀，又邀"士架"断路做杀，美轮美奂！其设计之奇巧、功效之卓越，盖世无双！而此局马炮兵各自邀架的手段也各不相同，逼迫型、献身型、引诱型，各展才艺，但整个邀架过程，敌我谋划如一，动机效果相合，"三顾茅庐"，每顾每出也。正是：流水河畔高象窨，落花时节义士襄！

（三）闪层高崖断路　邀架再铸辉煌

图三为李中健先生排拟的实用排局第315局谱图。该局黑方已做成绝杀而红方杀意却深陷朦胧飘渺之中，在此对杀时刻，红方成功地精准筛选出一套可胜方案，并在运行过程中以要杀为手段两次邀架敌车，为断路底线、减小敌首周旋空间，为争得一个宝贵先手、选点绝杀，立下了大功。

1.马四退六 将5退1 2.马六进七 将5平4 3.马七退五 将4进1 4.马五进四

此手为实施邀架战术铺平了道路，如改走马三进四则将4进1，炮一进二，车8退5，马五退三，车8进1，红无杀。

4.………… 将4退1 5.炮一进四 车8退7

特邀充架断路，逼将逃离深宫！此手邀架，利用敌车，助炮火力封锁底线，宽宅大院顿减三分之一有效空间，立使敌首再无周旋余地。角隅炮虽然无根，但有车架助，横断底线，威力倍增。正是：莫愁前路无知己，友朋高士全垫君！

6.马四退五 将4进1 7.马五退七 将4进1

借炮控线之力，七路马已对敌首形成"小口"型钩钓之势，高崖敌将已经到了逢将必死的绝境。

8.炮一退二 车8进2

连叫将逼上高崖，再邀架相送黄泉！再度邀架为三路马闪将花心、进七或退四择点绝杀赢得战机。而主观解杀、客观上充架的敌车，在两次"为虎作伥"之后，就再也无颜无力破解双杀了。其之所为，应垫软？充架软？防守助杀软？只有敌首知晓。正是：双逼登高楼，人在楼上愁。虽去心存憾，龙颜遭辱羞！

（四）要杀威胁严厉　邀架劫掠轻松

邀架战术并不是排局一家的专利品，在实战局中它亦设计巧妙，形迹飘逸，效果奇佳。图四为1995年全国象棋最佳一盘棋——赵国荣与吕钦在嘉丰房地产杯大赛中弈出的残局枰面。

50.炮九进一

越界双窥威力无比，筹划一绝近远求杀！边炮小幅升提，越界暗伏肋道重炮杀着，同时暗窥边卒。此邀架战术妙手，近可速胜，远可以双炮双兵强势鱼肉敌军，慢火烹之。此手邀架，虽仅一个行程单位的升动，但其轻灵乖巧的程度与非凡的功效足可让远程导弹为之汗颜！

50. ………… 炮5进2

拦路炮凸起，邀架卒遭歼！无奈应付之举，因如炮6退2，卒亦被掠，但如炮6退3，则炮九平四，再炮五平四捉死炮，黑方更难守御。以下炮九平一去卒，不战而胜。正是：几度缠攻防，一邀解纷争。赞歌献楚汉，妙手定死生！

总之，邀架战术是调敌借敌的精巧手段，是邀请敌军加盟"参战"的绝世庙算，是激烈棋战迸发出的智谋火花，是中国象棋对人类思维方式的独特贡献！

有诗赞曰：到位怒炮欲摧城，支垫台架难觅寻。莫愁前路无知己，芳林竞出有意人！

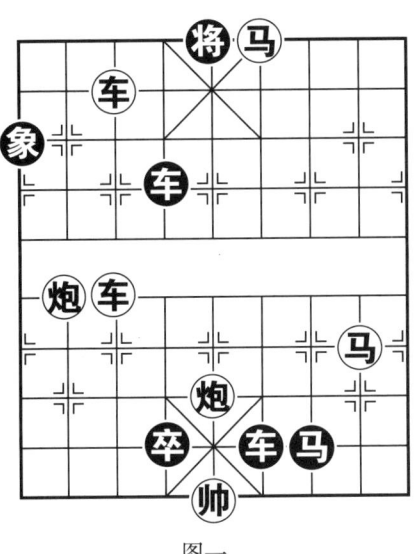

图一

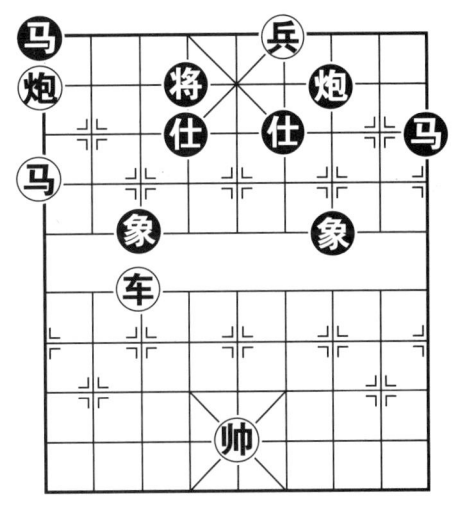

图二

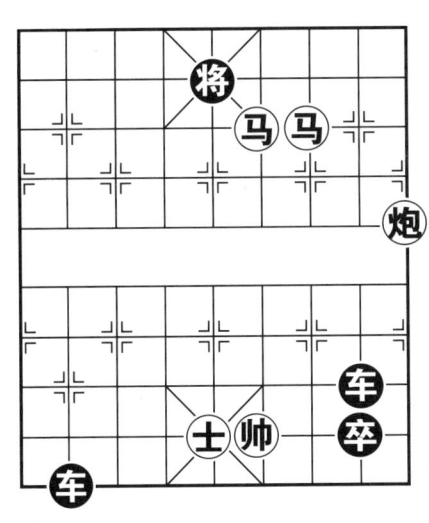

图三

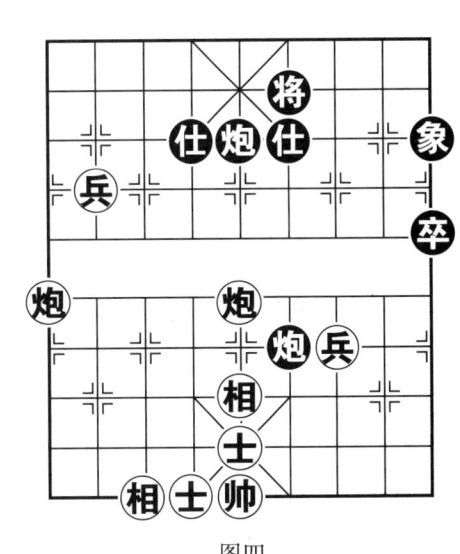

图四

151. 双纹翠簟铺寒浪*
——简论铺垫战术

若米尼将军在《战争艺术概论》中深刻指出："战术就是在决定点上使用兵力的艺术，其目的就是要使他们在决定的时机、决定的地点上，发生决定性的作用。"

铺垫战术系指本着为前线战斗服务、为胜利创造条件的保障性运作思想，助攻兵员洞察隐微，预先设置，为主攻部队进军、出击或攻杀铺路垫脚、造势打叠，创造机会，提供必需战场条件，从而确保进攻部队形成战力，顺畅到位，合同作战，攻杀得手的保障机制。

铺垫战术与冲垫战术异同点在于，铺垫战术功能广阔，甚至惠及每一个进攻型兵员，而冲垫仅独自为炮服务；铺垫战术更趋向取势，为进攻部队创造必需的战场条件，而冲垫战术之实施则仅为"炮击"充任台架；更为重要的一点是，冲垫战术之实施是以物质为基础的、以满足友军物质要求为目的的战术手段，而铺垫战术则是虚实并举，比如创造战机，提供先手，进行无影无形的铺垫。

（一）典型铺垫　激活全军斗志

图一选自《适情雅趣》第270局"吐胆倾心"谱图。

1. 马三进五

天神下界铺垫，涌动各路豪门。此乃典型的铺垫战术妙手，其铺垫内涵丰富，层次鲜明，功效绝佳。它先是为炮充架，使炮由驻占态立刻变为战斗态，控中断路，暗伏绝杀；其次，它以打将为手段，先手开路，为车参与决战铺平了进击之路，使车能够伺机下底打将顿挫，制乱敌宫，擒拿敌首；最后，使兵得以借炮力、借伏杀威慑而杀入深宫花心重地，阻滞敌首，制乱敌宫，为绝杀铺平道路。此手之妙已达到殇决战术状态，已进入玄虚空灵境地。纵然敌军可以平车去马，但敌车仍将用其形体替代此马发挥铺垫作用——这是此手高端层级的标志。概言之，马之铺垫为在场的所有待机作战的车炮兵增效，特别是极大发挥了无根中炮的助攻、主攻作用，使各路豪门能够在"散居"各方的状态下得以红线串珠，激活战力。此手铺垫，为进攻部队展开总攻，铺平垫厚了胜利之路，为连将闷杀做出了开启性、前提性的巨大贡献。其铺垫功效，无出其右！

1. ………… 　车3平5　　2. 车三进五

以打将要杀相威胁，硬性调动敌3线车，使其从入杀线转至背暗线，从而破坏敌之杀势，为己方抢占了先机；敌车砍马之后，其战术功能发生了根本性转变，即由照杀的实施者变成为炮充架的背叛者，变成了"心在曹营身为汉"的可怜者。但如士4进5则遭闷杀；将6进1则

---

*文题摘自晏几道《蝶恋花》

遭照杀。红车打将顿挫，将敌首逼至死地。

2.………… 将6进1　　3.兵六平五

制弊花心酷，创机手段高！此手制乱，为闷杀创造了绝妙的战场条件——是在最敏感地点、最恰切的时间里的最巧妙的手法。此手，充分展现了马三进五铺垫战术的巨大功效——没有台架，中炮难以发力，没有中炮的钢铁支撑，花心兵将遭到敌首的无情吞噬。现花心兵在士口车口将口"挑惹事端"，群敌将因炮力而不敢招惹，如士4进5或后车退1，则敌首将被炮五平四击毙。

（二）独特铺垫　局面效力深远

图二录自赵庆阁与孟立国1965年于沈阳弈战局谱。铺垫，从广义上讲，就是为友军造势，为友军提供必需的战场条件，使其得以充分发挥兵种优势。

20.马七进五

无根充架悍勇，铺垫王国大家。此铺垫妙手，功能独特，效力深远。它力排拦路虎，为马队入界排障解困铺路，敌如车5进1，则马六进四叼双车扑槽，黑势立崩；它目光远大，手段巧妙，在中路要线先增层后减层，为相头炮减少中间层次，以配合车马，更好发挥其对敌宫的控制、打击作用；此手还涌动了正停待要点的双车的攻杀激情，它们也将准备像此马这样献身沙场。说其功能独特，是指铺垫战术之实施，一般情况下都是为兄弟部队铺垫造势，提供必需条件，然此手不仅做到了这一点，而且成功地为自身铺就了一条进击之路，真可谓善莫大焉；说其功能独特，也指铺垫战术之实施，一般情况下都是以"增层""打叠"的形式来表现的，然此手与尔后诸多铺垫妙手却是以"减层""剥茧"的手段来实施的；说其功能独特，还指铺垫战术之实施，一般情况下都会取得近期效益，甚至立竿见影，然此手与尔后诸多铺垫妙手的战术功能，只有在最后一刻才能露出端倪，亦即具有深远打叠性质。

20.………… 车5平6　　21.马五进四　马6进7　　22.马四进三　车6退3
23.车四平二　车6平7　　24.车二进八　炮6退5　　25.马六进五　后车平6

26.车二平四

制乱组杀施妙手，车马将士皆惊心。双马两次铺垫，使车顿生灵感，遂扑角制乱组杀，中士不敢乱动；将如舔噬则车六进一杀；但如车6退1，马五进三双杀。

26.………… 马7退6　　27.帅五平六　车7平5　　28.车六进一

双车皆义勇，马炮施才华。逼士下落，再度减层中路，为马炮双将铺垫，下伏马五进七双杀。现回顾马七进五、马六进五两手与车六进一为中炮三次铺垫之妙，极具减层入微之长效，使炮之前路高可低之、厚可薄之。双马一车增层减层铺垫，使马炮双杀如鱼得水。

（三）无形铺垫　双车立获杀机

图三摘自李义庭与胡荣华1961年于哈尔滨弈战局谱。

28.炮四平五

悍勇铺垫术，简胜战略家。它车口无根铺垫，它平中亮帅，大智大勇！它既为中车充根、为车铺就进路、助车砍马绝杀，又诱逼敌车让路，为肋车平拉开催杀铺垫。此铺垫妙手,并非物质上的台架襄助,并非铺路垫道的工程,而是一种创造战机、提供作战条件的技术手段。

28.………… 车2平5　29.车六平八

纵然铺垫者已经壮烈,纵然敌军暂多马炮、数量"占优",但车平拉开,立获绝杀权,从而逼敌应付。

29.………… 车5进1　30.车八平五　车8退1　31.帅四退一　车8平5

32.兵六进一

铺垫时节已算就,后续英侠早待机。兵之趋前渗透,对敌首发出了致命威胁信号,且三路兵正整装待发,敌首再欲求生,已经属于妄想系列了。以下是,车5平4,兵六进一,卒5进1,车五平四,马5进6,车四退一,车4退6,车四平五,将5平4,车五退一胜。

总之,铺垫战术是为友军造势而做出的贡献,是开启胜利之门的锁钥,是精明周到的战场服务,是无声世界的"心有灵犀"。

正是:行军布阵尽远瞻,深长安排巧夺先。双纹翠簟铺寒浪,两座工事垫前沿。

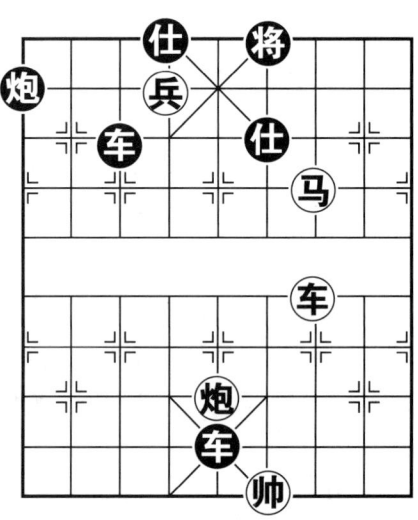

图一

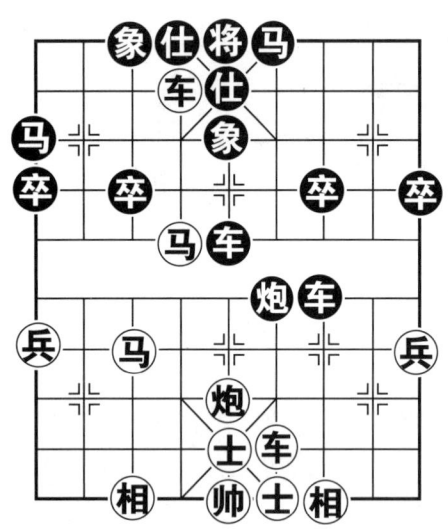

图二

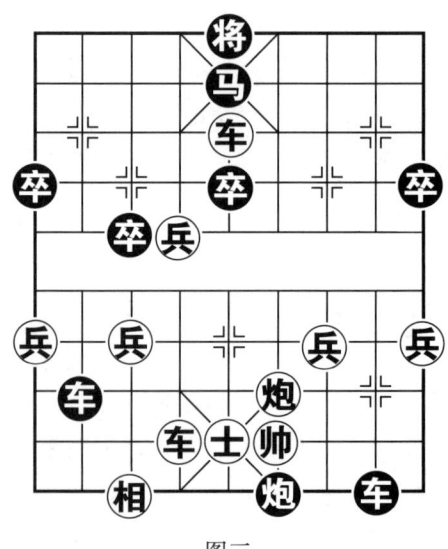

图三

152. 碧梧栖老凤凰枝*

——简论依托战术

若米尼将军在《战争艺术概论》中指出："要以最积极的行动登陆，并力求迅速占领一个依托点，以掩护部队逐渐展开；立即使部分炮兵先行登陆，以保障和支援登陆部队。"

依托战术系指实施方经对己方兵员的走向、遭遇的预先判断，抢先派遣得力兵员占领要塞设托，在执行重要军务的进攻兵员遭到敌军强势监管、追拿的危险情况下，指令该兵员到预先设置的要塞停靠，从而确保兵员安全地进行驻占、休整并待机杀敌攻城的接应护辅保安措施。

（一）连锁依托　四快枪怅恨失守

图一选自何顺安与杨官璘1962年于上海弈战局谱。

21.………… 炮8进1

强行逼兑，首先削弱敌宫墙守力，驱逼炮架，使马失根，其次是调离敌中路火力，暗中保护先期设置的中卒依托点，为3路马渡河作战提供强固依托的战术打叠妙手。

22.炮五平二　炮7进5　　23.炮二进一　马3进5

特种兵轻灵入界，河防车哑火失灵！此手依托及时而巧妙，已依托象头要点待机扑进的河马再换依托点，龙马巍峨敌界，中卒一柱擎天，敌双车双炮无人敢惹，一颗巨大的钉子揳入敌阵使敌惊恐不安。此手依托中卒，纵马过河，还暗伏为7卒渡河捉双设置连环依托，以成功达成兵力渗透前趋之企图；同时此手还暗伏为炮7退1捉死炮作依托。界河战区因连续依托而云谲波诡。呜呼！依托连环酷，制敌谋划深！

24.炮七平五　车4进4

敌炮对河界中卒依托点恨惧万分，欲以火力拔除，而贴将车迅速增援依托点，加固河防，为换强根继续挺马而战！此手使马心神安定地占据敌前沿阵地，更加专注于发挥依托作用，以输送兵员、递传战力、震慑敌军、发动攻势。

25.车七平八　卒7进1　　26.帅五平四　卒7进1

借敌炮自塞相腰之弊，依中马有效隔离河车之力，仗中马由依托变成依托点之威，7路卒连续冲击，奋勇捉双，表现了依托战术的巨大威力与马双卒对敌作战的超级战力！

27.车四进二　车8进3　　28.炮五进三　车8进3　　29.帅四进一　将5平4

30.车八平五　炮7平3

---

*文题摘自杜甫《秋兴八首》

下伏炮3进1或卒7进1的攻杀手段，红势颓败。此战役之精妙，可谓：连续变换依托的经典演弈，兵员急剧增效的橘枰神话！

（二）深长依托　兵马默契谋划远

图二取自刘星与赵国荣1994年于正定全国象棋团体赛弈战局谱。

27.……………　卒1进1　　28.马五退七　卒1进1

弱旅入界谋划远，强敌送卒设边托！避捉、冲渡、趋前、设托，是敌车马炮军团的慷慨赐予，是具有重大战略价值的据点的悄然设置，它为决战中的主攻兵员的安全输送、伺机扑点叫杀，做出了深远而卓越的贡献！正是：助攻边卒设卡，欲奔天马长嘶！

29. 兵五进一　马7进6

君已筑要塞，邀我相会聚。何愁山路远，但凭锦囊计。7路马早已心领神会，遂飞步前行，为了边塞之盟，为了攻城之战！

30. 马七进九　马6进7　　31. 相一退三　马7退5　　32. 马九进八　马5退3

33. 马八进七　炮4进1　　34. 炮五平六　士5退4　　35. 炮六进四　车5平3

36. 车八进三　马3进2

7路马经巧妙运转，胁相去兵，然后依托中象，切断敌河口兵力联系，护家保国，并伺机依托1路卒进扑要点，叫板敌营，欲卧叫杀，彻底终结了敌军攻势，逼其无奈防守。此时，设托、依托之妙，已尽现沙场，价值难以估评！

37. 士五进四　士6进5　　38. 炮六平九　将5平6　　39. 车八进一　将6进1

40. 马七退九　马2进3　　41. 帅五进一　车3平8　　42. 帅五平四　车8平6

敌外线兵团远离主战场，难以施救，如士六进五则炮4进5，敌首签盟。

总之，依托战术是对两个以上兵员运动走向的精准判断，是子力间提前进行的护辅性铺垫，是对敌追剿队凶焰的无声蔑笑，是台风来袭时出面接应的安全港湾！

有诗赞曰：橘枰有情唱合击，弹雨枪林不分离。驿站感念行人泪，碧梧栖老凤凰枝！

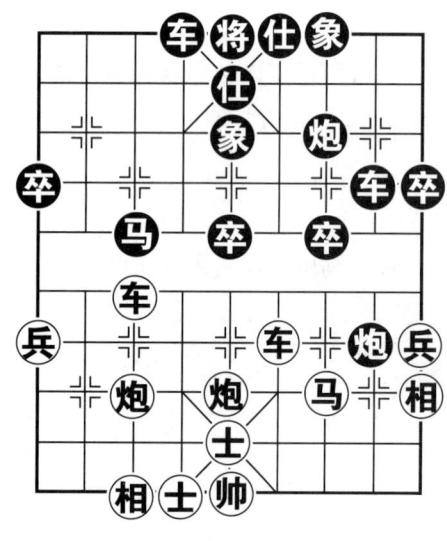

图一

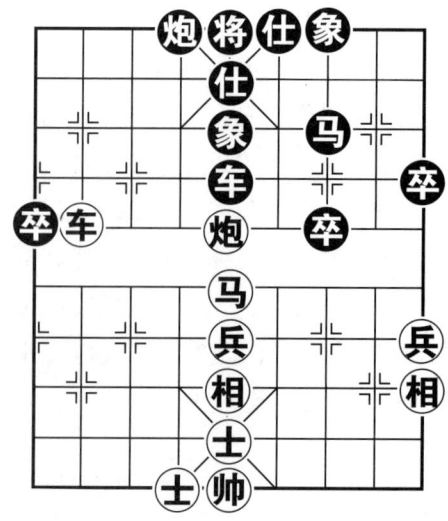

图二

153. 春风举国裁宫锦*

——浅论协同战术

军事理论家乔治·埃利奥特曾指出："人类文明史向我们显示的革命性的军事发明或发现只有三项：纪律、火药和飞机。纪律把单个战士的英勇行动变成集体的协同作战。"

协同战术系指实施方各兵种、各部队以共同的作战任务为行动纲领，统一计划，协调一致，先后有序地、有主有从地启动程序，开展军务，参战部队各自发挥独特的战斗能力，完成规定的具体任务，并相互密切配合，以提高整体作战行动的立体性和有效性之运筹技巧。

顿挫打叠　联军协同擒敌首

图取自李中健先生排拟的实用排局87图例。台架战术在实施中，常妙施协同战法，将充架、换架、萍架、邀架等手段相结合，起到顿挫、吸引、打叠、增效、抑敌等战术效果。

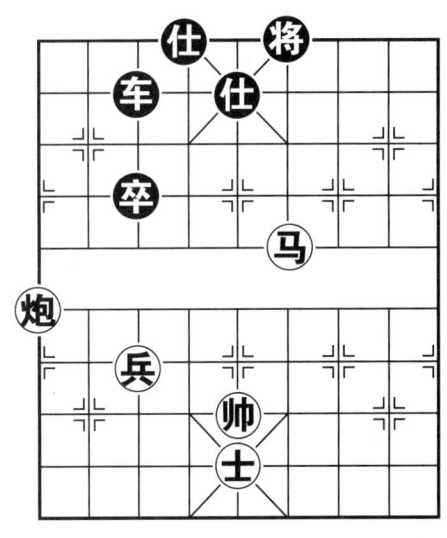

1. 炮九平四　将6平5

黑方不能士5进6，因有马四进三的杀着。

2. 炮四平五　将5平6

利用打将战术顿挫过渡，调整己方主攻兵员的位置，为实施马炮士三兵员协同作战、加快攻城的节奏做好准备。如改走士5进4则马四进五，士4进5，帅五平四，车3平1，马五进三，将5平4，炮五平六。

3. 马四进三　将6进1　　4. 炮五平四　车3进1　　5. 马三退四　士5进6　　6. 炮四退四

协同非他物，攥紧一铁拳。趁低暗敌车一时难以明露之机，利用战事短暂间歇之时，退居底线，为妙施萍架战术、再邀己士充架击毙敌首预做准备。此打叠手段，节奏感极强，战术效果极佳。

6. ……　　车3平1　　7. 马四进六　士6退5　　8. 马六进四

逼将登崖的有效手段，协同作战的精彩演绎。萍架打将，有力地抢占并堵塞了士的进占点，剥夺了中士的卫戍参与权，使中士再也不得上上下下遮护敌首；同时吸引敌将凸出浅露，特别在帅控中路的情况下，逼使敌将处于极易遭到线型火力攻击而败亡的崖边死地。马之扑角，是为胜利而献身的极度渴望，是渲染军威战力的殷红色彩！马炮士帅协同作战，创造经典，迎来曙光。以下将6进1，士五进四绝杀敌首。此局之协同，明暗结合、去留结合、动静结合、前后结合，甚妙。正是：为掘黄泉马先去，但施协同誉自来！

总之，协同战术是兵种、兵员之间互相协助配合的章法，是统帅指挥全军的艺术，是兵员主动上门服务的热忱，是联合制敌夺势的行动。

正是：各运功力拧成绳，豪帅决计缚鲲鹏。春风举国裁宫锦，联军强势闹皇城。

---

*文题摘自李商隐《隋宫》

154. 犹抱琵琶半遮面*
——试论遮掩战术

《诸葛亮集·治军第九》精辟指出："勇怯相助，前后相赴，左右相趋，如常山之蛇，首尾俱到，此救兵之道也。"

遮掩战术系指在驻占兵员遭到敌线形火力窥瞄、管制和攻击的紧急情势下，或者马炮类兵员滞留于将帅之间，被拴缚不得脱身的尴尬处境中，救助部队采取打将抽占、闪击、捉拿、逼离、威胁和伏杀等有效手段，先敌构筑起带有遮挡、掩蔽性能的防御工事，强行阻隔，抑制敌之火器，使其不能发挥攻击作用，从而使被救助者得以恢复自由和机动，能够在敌火力控制区域内任由我方进行各种军事活动的有效保障机制。

（一）连续遮掩　迅猛抢占制高点

图一选自沈芝松与胡荣华1964年于杭州弈战局谱。

18.………… 后马进6

底线及时跃出，奋勇遮护同宗！此手有效破坏了敌炮意欲打马以铲除车根、争夺链势的图谋，为严整阵形、提高对抗能力并趁机上马固守与暗中求攻发挥了重要作用。此举连同尔后的连续行动，可以充分表明：活力、高效和为遮掩战友而展现的自我牺牲精神，使底线战马成为枰上大义铁骑，成为这场奇袭战中的一匹真正的黑马！而敌八路炮似乎不屑于与眼中的愣头青式的小人物同归于尽，而且顾忌因此会落于后手而另作图谋。

19. 炮八退二　马6进5

连续遮掩非凡胆，扶摇直上九重天！黑马之再次遮掩，不仅使敌炮马闪击企图化为泡影，使中象与河车备感被战马呵护的温馨，顿增安全感，而且叼车瞄兵窥角伏抽，获得了一个层次深远的反先良机。此手深得寓攻于守、攻守兼备之精妙，力展遮掩战术之深邃！

20. 车六退二　炮1平4　　21. 马六进七　车6进2　　22. 车六进三　炮8退2

妙手打车推进马，狂飙呼啸从天落！一个顿挫逼走了肋车，推进了中马。

23. 车六进二　马5进7　　24. 车二进一　马7进6　　25. 车二平四　炮8平5

26. 士六进五　车8进8

连续遮掩、奋勇前趋的底线马，为歼杀敌车、搅乱帅府，为双车炮劫掠双士、追杀戎首立下大功。

---

*文题摘自白居易《琵琶行》

（二）镇将遮帅　脱缰赤兔展英姿

图二摘自赵庆阁与王嘉良1979年于哈尔滨弈战局谱。

31. 炮一平五

妙手常兼备，遮掩何及时！此乃镇将禁士、遮帅活马、欲挂伏抽、顿挫抑留边马之多功能遮掩妙手。此炮轻灵飘逸之中闪现着山中饿虎的绿色目光，同时也闪耀着遮掩战术不尽的光辉。此手遮掩，功能独特，它确保了弱旅的进攻主导地位，确保了争战沿着己方确定的方向向前发展。

31. ……　　将5平6　　32. 炮五平九

一回合一遮一闪之妙，释尽攻防之理。下伏马五进六的钩钓控将伏杀，给敌军造成了致命的威胁。

32. ……　　车2退1　　33. 车二退五　士4进5　　34. 炮九进一　士5进6

35. 马五进四

脱缰红鬃烈，联攻凯歌飞。对此，王嘉良曾大加赞扬，他撰文写道："红方杀法凶悍，着着紧逼，直到绝杀无解，竟使我双车无能为力。"凶悍杀法者，内含遮术并得益于遮术之助也。

（三）前后遮护　铁血双雄助杀歌

图三录自王亮与宇兵1996年全国团体赛弈战局谱。

1. ……　　卒7平6

入角何方客？强固一盾牌！它封闭肋线，遮拦掩护，防绊助杀，同时使敌军企图弃车砍杀挂角马，再马八退六的硬拼死守计划彻底破产。此手轻灵飘逸，但遮掩性能极佳，敌车根本不能招惹，否则立杀。

2. 车四平三　象5进7

马护屏障固，象遮杀手恶！再度遮掩要杀，使敌宫窝心弊端变成了悠长的悔恨，使"一车十子寒"的美誉变成了可怜的伤悲与辛辣的讽刺！哀矣哉！妙矣哉！遮掩之妙，一言难尽，有诗为证：关山望断长咨嗟，火箭今生遇故知！谁曾料得遮掩妙，两度缠绵露杀技！

（四）横空蔽日　哑炮复鸣惊敌胆

图四引自《象棋基本杀法》车双炮杀法第4局第3回合局谱。

4. 车六平一

遮掩威千里，楚河第一军！此乃抽将选位、甘处险地、减降敌车炮威力、复活边炮杀心之绝佳遮掩妙手！此车之抽闪平移，极具毛泽东主席诗云"一山飞峙大江边"的雄奇气势！哪里战斗需要，哪里情势险恶，就到哪里驻占。敌之强车悍炮，只是临时陪衬；枪林弹雨，只是一场洗礼！一派顶天拔地的英雄豪气，一尊压鬼镇邪的大力天神！它不仅为被敌双重火力管制的一路炮提供了一个安全的机动空间，得以叫将锁喉、助杀成功，而且其突然、出敌不意的决定性军事行动使强敌心胆俱裂，防线全面崩溃。

  4.………… 士4退5　5.炮一进二　将4退1　6.车一平六　将4平5

  遮掩任务——使一路炮能够借将之机，封锁断路、为绝杀打叠——出色完成之后，立即参与攻杀，真能征惯战也。

  7.炮六平二　车2退1　8.帅五退一　车2平8　9.车六平八　象1退3

  因有边炮埋伏，黑将不得出逃，足见首着遮掩之重要，下伏车八进四绝杀。

  总之，遮掩战术是兵员之间互保互助的心灵默契，是弱旅恢复机动、增效升值的有效手段，是以防守为基础、以攻杀为主导的深远谋略，是展现见险即上的主动精神、维护友军利益的自我牺牲精神的艺术平台。

  正是：琵琶遮面独自愁，钢铁掩体秘其谋。矢石如泼当沐浴，敢同奕秋竞风流！

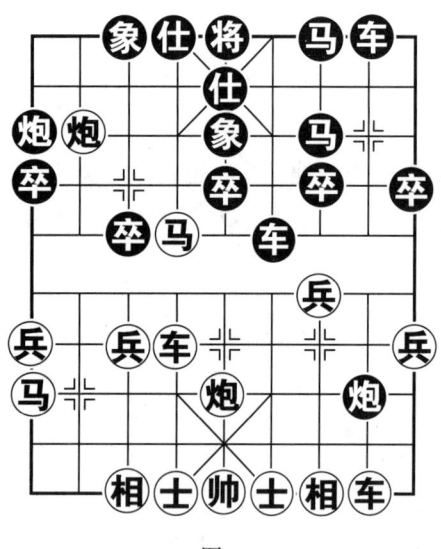

图一

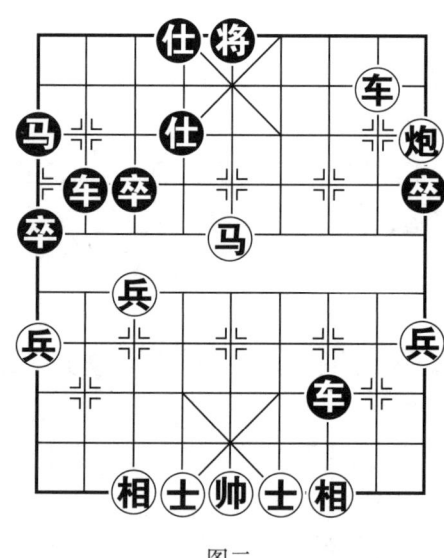

图二

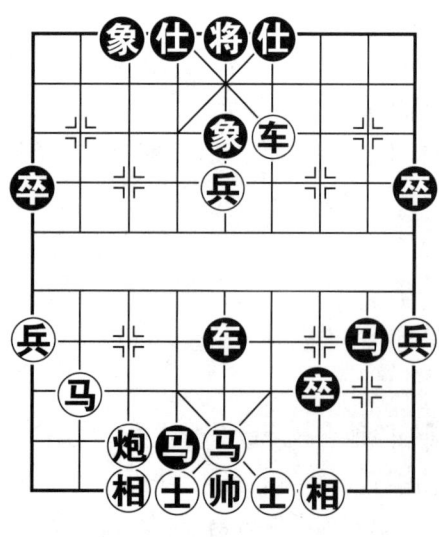

图三

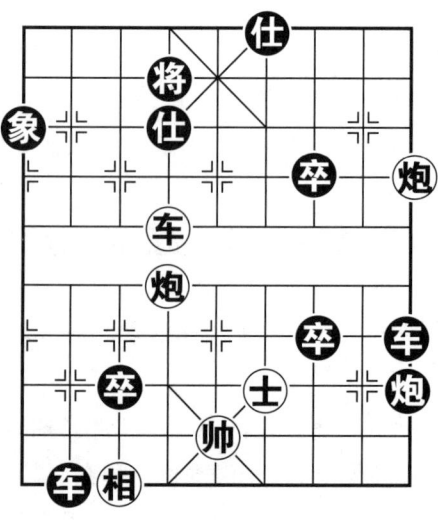

图四

155. 水云浩荡迷南北*

——略论迷盲战术

《孙子·虚实篇》云："故形兵之极，至于无形；无形，则深间不能窥，智者不能谋。"

迷盲战术系指在两军僵持之际，实施方利用敌军参谋部门轻敌、少算、多疑、判断失据之弊，采取佯动、打叠、欺诈、诱引、塞压等有效手段，使其侦察不到我军战略部署、作战企图、进军路线、攻击目标等方面的真实情况，进一步加剧敌军的麻痹或疑虑，从而判断失误并做出有利于我之反应，被我所乘并达成对敌战斗的突然性、毁灭性的制敌方略。

迷盲战术，作为制敌方略，前人十分重视。明代《投笔肤谈》曾总结道："故善制敌者，愚之使敌信之，诳之使敌疑之，韬其所长而使之玩，暴其所短而使之惑，谬其号令而使之聋，变其旗章而使之瞽，秘其所忌以疏其防，投以所欲以昏其志，告之以情以欸其谋，惕之以威以夺其气。"

迷盲战术与拟势战术是一对扰敌制敌的战术姊妹花。她们虽然相似，但绝不相同。她们各自成体，各立门户，各展妖娆。她们之间的异同点，简而言之，前者如果说是一团浓重的烟雾，那么后者就是一枝以假乱真的"鲜花"；若从战术功能上区分，前者让敌人视线模糊，难以看得真切，而后者则使敌军把假的看成真的，真的看成假的。二者相似但却相异也。

（一）时间长——十载会师成绝唱

图一选自许波与赵国荣1987年4月于福州六运会团体赛弈战局谱。

23. ………… 卒7进1

冲渡扰敌始，迷盲调车初！是局黑方在敌中路、右翼进行了长时段的逼真的佯攻迷盲表演，令敌难断真伪，以车为代表的敌主力兵团因看不清对方行军意图而误入歧途，成为误军害国的罪人。

24. 车九平三　炮9进1　25. 相五进三　马2进1

佯攻右翼，假意欲砍相制马，而逼车右调，为相去卒生根逃逸而使河兵失根。这就为2路马前趋机动，减压通路，加之中相离位，使马之前路宽广无阻。真个是，假戏真唱催人泪，谜团盲目惑敌军。

26. 车三平六　马1进2　27. 马七退八　车5平6

为冲淡敌军对2路马的注意力，继续迷盲敌军，黑方再次对敌右翼发起攻击，以模糊敌之视线，使敌误判军情。

---

*文题摘自赵鼎《满江红》

28. 马五进七　车6平7　　29. 士六进五　车7进4　　30. 车六平二　士5进4
31. 车二退四　马2进3　　32. 马八进六　车7退2　　33. 车二退二　车7平3

经过十个回合迷盲战术的深度实施，浓雾终于散去，"魔布"突然掀开——也使我们能够看清眼前的一切，包括何故"插播"士5进4，均赫然在目。而敌主力正迷盲于角隅，停滞于次要战场；黑方车马两支主攻部队则会师在总决战的预定点。以下如续弈车二平一则象5进7，帅五平六，马3退1，马六进五，车3进2，帅六进一，马1退3胜。正是：橘枰浓雾笼罩，敌军耳目失灵！

（二）程度深——两层迷雾惑人心

图二摘自菲律宾蔡文钩与中国胡荣华1982年亚洲杯团体赛弈战局谱。

58. ……………　车5平7

双重迷雾谁透见，一着妙手敌不堪。此手深度迷盲为敌军设置了两层视障，一个是令敌畏惧的杀着，即暗伏卒5进1再车7进4的绝杀手段；二是表面上的硬性兑换兵卒，求和罢战。此双重迷雾使红方真假难辨，难以看清黑方行棋的真实动机。

59. 车六平五　象3进5　　60. 车五退四　车7进4

既有顿挫取势，更有打将伏抽！短暂而深重的迷盲手段，使敌还没来得及绽放得卒后的笑容，就陷入了丢子落败的苦痛之中。真个是：迷盲叶障目，得失一念间。

61. 士五退四　车7退6　　62. 车五平四　车7平9

如改走炮一进三则炮9进3，士四进五，车7进6，士五退四，车7退2，士四进五（如帅五进一，车7进1杀）得车胜。黑方通过打将、劫掠、顿挫、伏抽等一系列战术手段，擒获一炮，夺得了战略胜势。以下是，车四进七，车9平7，车四退八，炮9进3，帅五进一，车7平5，帅五平六，车5平3，红方认负。

（三）手法刁——离心迷惑守城人

图三为《古今象棋名局精萃》炮兵局第34局初始枰面。

1. 兵五平六

离心兵塞田，朦胧炮求杀。此手乃离心、塞压、诱将、充架之迷盲妙手，它像谜团一般，令敌疑惑不解。此手虚无缥缈，此手杀意浓烈，敌方已经很难找到解杀的有效手段了。

1. ……………　将6平5

窃喜将归位，趁机马解脱。黑方深陷迷盲之中，不知兵撤花心用意何在，慌忙归位解缚，深觉压力顿释，将之所谓自由之感与马之固防之心空前提升，竟不知大限之将至。此手黑如改走象1进3则兵六进一，下伏炮二平八再下底做杀，黑方无解。

2. 炮二平八

双塞压全营瘫痪，施迷盲经典组杀。敌营四位兵员只有马尚有活动能力，虽如此，其活动范围却小得可怜，也就是说，它只能马6退4暂解炮八进三的杀着，尔后全营被困毙而终。呜呼！迷盲厚似障，制敌锐如刀！

总之，迷盲战术是减效乱敌的谋划，是一道将敌军变成瞎子、聋子的工序，是决战之前摆设的迷魂阵，是智者密谋深图的"逢场作戏"。

有诗赞曰：示形战法意奥博，橘枰演弈更鲜活。水云浩荡迷南北，烟雾浓重黯今昨！

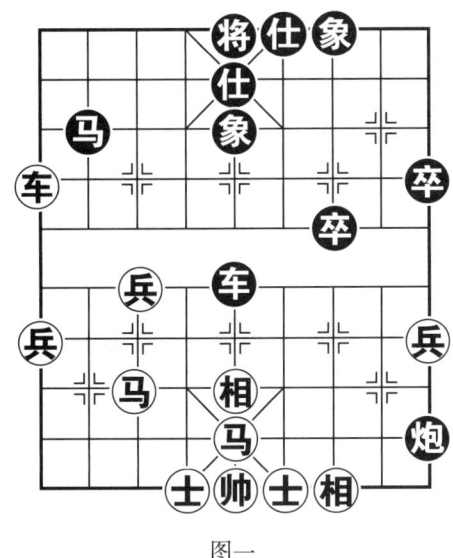

图一

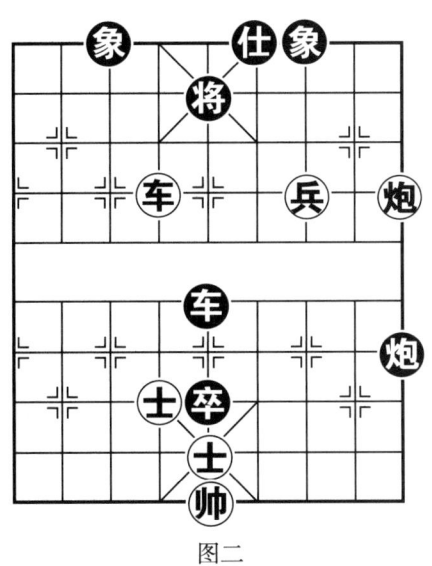

图二

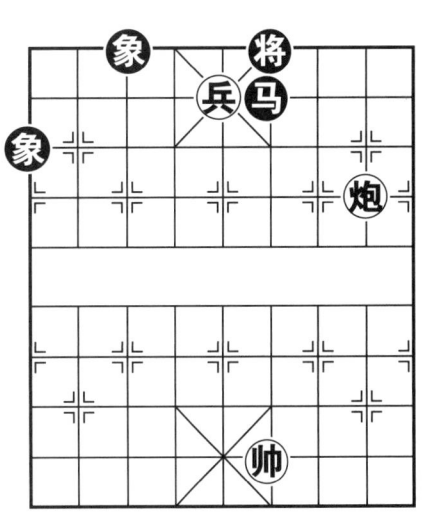

图三

156. 秋河隔在数峰西*

——试论断联战术

《孙子兵法·九地篇》深刻指出："所谓古之善用兵者，能使敌人前后不相及，众寡不相恃，贵贱不相救，上下不相收，卒离而不集，兵合而不齐。"

断联战术系指在敌军前后相顾、左右相联地投入战斗的不利条件下，进攻部队派遣敢死队，果断潜入敌阵，采取揳插、增层、拦截、冲渡、制乱、分割等有效强力手段，打入敌军具有互联互保的队列之中，使敌军中的两个兵员顿时失去联系，变成各自为战的孤子，难以形成合力，从而为我军阵形的展开、前锋兵员的深入与各个击破残敌创造有利战场条件的破坏性制敌措施。

（一）升提隔断　河边双塔黯然

图一选自蔡忠诚与胡荣华1998年于深圳全国个人赛弈战局谱。

24.………… 炮7进3

断联敌车弱，升提肋道安！此手乃断联战术妙手，它不仅使炮自身生根安顿，而且更重要的是使炮由一叶浮萍立即变成敌双车之间的一座高山，将凶险霸气的并联双车变成各自为战的小股部队，这就有力地挫败了敌升车、并联、强兑、夺马、扰士的求攻企图。真个是：一炮断势劲，两强攻力单！

25. 兵五进一　卒3进1

胁炮打车使处险，强弃逼离再断联！此手断联，要比炮7进3断联来得强硬，它逼车改道，使车后马前的联络就此终结，使前锋马脱根，变成一个生命力脆弱的冒进者。马之将死，使红方攻力锐减，遭到极大损失。

26. 车八平七　车8进1　　27. 士四进五　车8平2　　28. 车二进二　卒5进1

断联意未尽，复用连打车！再次冲卒为调车、解拴、转移、击弱、组杀巧妙打叠，为静态河炮两度完成断联任务后的再度增效升值。此种断联后续运作，白玉无瑕，动静结合，余韵悠长！此时车在七路线上躲避属于正手，倘若车七平五去卒则马4进3，敌宫立颓。

29. 车七进二　车2进5　　30. 车二退四　士4进5　　31. 相三进五　车2平3

32. 兵五进一　马4进6

三军临门，杀势已成，城防薄弱，难以抗争。

---

*文题摘自韩翃《宿石邑山中》

（二）冲渡断联　吹响攻城号角

图二取自徐天红与赵国荣1986年于湘潭全国个人赛弈战局谱。

28. 兵五进一

冲渡断联绝车象，剪羽侧攻灭豪强！此手弃兵冲渡立即断绝了河车与高象之间的联系，使高象变成了无根之木，底象亦噤若寒蝉，侧攻之势陡然骤增，敌之双车随时都处于被抽打之中。正是：妙手非他物，敌军眼中钉。左右战局者，辉光灿若星！

28. ………… 卒5进1　29. 炮七进五　车8退3　30. 相七退五　车8平3
31. 马三退五　车4进2　32. 马五进四　车3平6　33. 车八平七　车4平3

由于断联争得有力攻势，敌双车被迫变成了两把扑火的扫帚。此时如改走车6进1则炮七进四，将5进1，车七进二，车4退3，炮八退一得子胜。但去炮亦难以求和，因车七退一，车6进1，车七进四之后掠杀双士必胜。

（三）连续断联　催命杀术绝伦

图三为《适情雅趣》第323局"临难忘躯"枰面，其着法为徐家亮先生诠正着法。

1. 炮二退六

攻防转机一刻，进退巧妙万分！此手断联虚实并举，紧凑无隙。它以打车叫将绝杀手段顿挫抢先，而主旨却在于为宫墙双炮撤架断联，破坏其联防体系，暗助兵四进一、马二退四挂角杀。妙矣哉！一手镇天下，五虎闹京都！

1. ………… 车5退6

双方在"联"、断联、补联及再断联上进行激烈的角逐。

2. 炮四平五

连续断联催杀狠，独特诠正着法精！再施断联妙手，无根炮镇宫牵缚中车，不得与角炮联络，不得充当保护人角色，同时伏兵四进一杀。其无根之镇中、其断联之力度、其逼离之凶狠，非同凡响！真个是：罩镇非中炮，分明一神仙！

2. ………… 车5进5　3. 兵四进一　士5退6　4. 马二退四

疲惫中车已无力再战，任凭风扫落叶，无奈月落黄昏。正是：断联非小技，妙手定大局。战法功能迥，各有施展时！

总之，断联战术是破坏敌军联络的强力举措，是夺势反先的争战技巧，是使敌军团由万丝相联的藕变成一盘散乱的沙的减效手段，是分敌制孤攻城擒将的战斗号角！

正是：豪帅出兵巧制敌，战车驭马两相离。卫队扎于九宫外，秋河隔在数峰西！

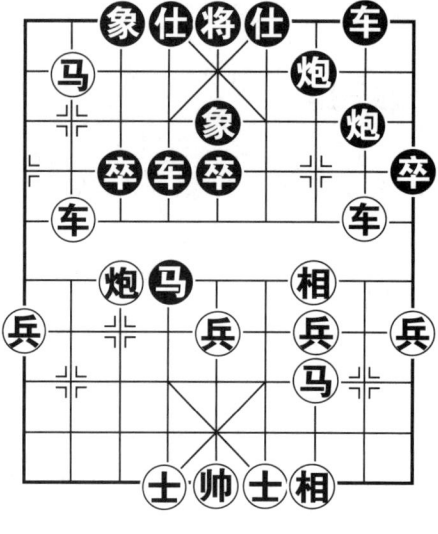

图一

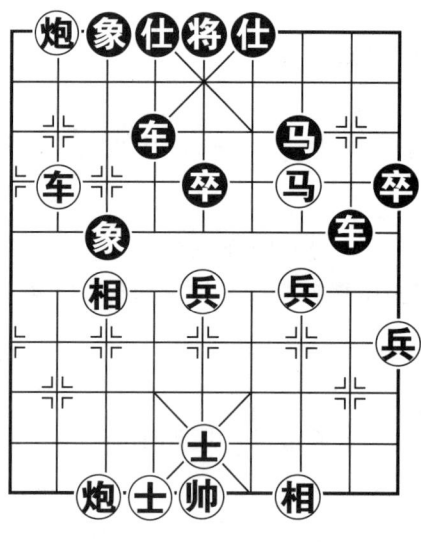

图二

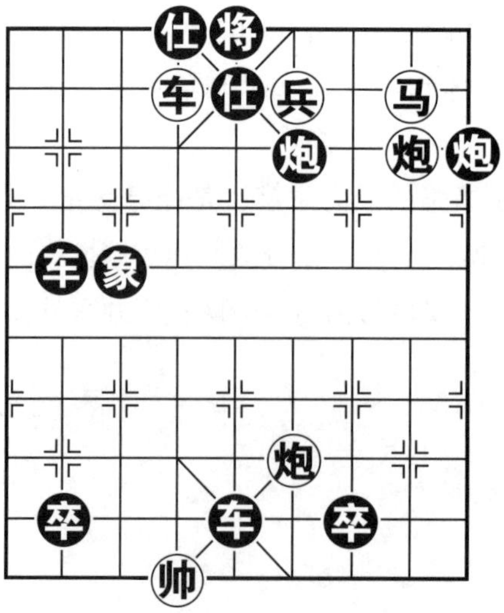

图三

157. 尘世难逢开口笑*
——浅论紧逼战术

克劳塞维茨将军在《战争论》中深刻指出："如果一方等待有利时机，另一方必将努力于使它没有等待时机的余地。""不给敌以任何恢复之机，打击必须一直沿着这方向继续进行。"

紧逼战术系指在敌首或敌部队处于被动、退守、危困等不利态势下，进攻部队以得力兵员或各兵种联队立即采取捉拿、威胁、逼迫、追剿、要杀等紧凑而严厉的军事手段，着着紧扣，步步进逼，穷追猛打，使敌军丧失待机、调整、救援的机会，不得喘息，难以招架，更无防反还击之力而致败的连续进攻技巧。

（一）明暗交错　战区风雨纵横

图一乃柳大华与高明海1989年于泾县弈斗中局形势。是局在黑方于右翼集结重兵的严峻形势下，红方采取秘密调遣、暗中紧逼、连续进攻的强制手段，对敌宫城及其卫戍部队步步紧逼，终迫守敌就范。

16.炮八平三

以让出通道为诱饵，暗中转移会合，联合逼宫，此时黑方若以为反攻时机已到，卒3平4求攻，红则马四进五，炮2平5（如象7进5则车四进七兼施塞压、绊别，做成绝杀），帅五平四，炮5平6（如马5进7则炮三进三），车四进六，马5进6，车四退一，黑方破败。真乃是：轻拨慢移求集结，紧逼要杀巧暗伏！

16.………… 炮5平8　17.马四进二

马闪离通道并抢占要点，暗伏帅五平四逼宫叫杀，因伏有砍炮卧槽炮闷宫严厉手段，硬是逼出深宫窝心马受戮，而肋车竟不敢还手，因如车4进2则马二进四，炮2平6，车四进六挑双。呜呼！明逼暗逼之凶恶，胜虎狼也。

17.………… 马5进4　18.炮三平六　士4进5　19.炮六退四　卒3平4
20.车四进三　象7进5　21.车四平八　炮2退1　22.马三进四　炮2平3
23.相七进九　车4进2　24.兵三进一　象5进7　25.车八进四　炮8退1
26.车八退一　车4退1　27.马四进五

经过调整与准备，再度实施紧逼战术，矛头直指深宫敌首与敌军主力。

27.………… 车4平8　28.马五退三

叼车紧逼，如车8进1，则马三进四挂角抽车胜。

---

*文题摘自杜牧《九日齐山登高》

28. ……………　车8平7　　29. 马二进四

数回合车马驰骋敌域，对守城部队连续紧逼，致使城颓将崩。

（二）连续紧逼　多重攻力遒劲

图二摘自万春林与李艾东1995年全国个人赛弈战局谱。

15. 马六进七

踏敌阵山崩海啸，施紧逼玉碎宫倾！躲避、反咬、踏卒、入界、窥象、瞄车，遂直接进入紧逼步调，而且窥瞄击打的敌方子力由周边外线兵力收紧到内线侍卫，紧逼的地点由外围营垒到中央城池，紧逼的手法由捉拿击打到战略攻杀，紧逼的力度渐趋加大，攻击程度渐趋加深，直至摧城夺将。整个紧逼过程如高瀑大潮，连续施威，其间蕴含了无限的高位势能，锐不可当，非正常防御所能敌也。

15. ……………　炮2进1　　16. 车六进六

反封锁先自越界，施揿插后续求杀！捉拿、绊别、助攻，为马炮继续紧逼创造有利的战场条件！

16. ……………　炮8退4　　17. 马七进五

踏象、窥车、欲卧，紧逼迅速升级！紧逼的严厉性与连续性在三手棋中得到了最佳展现。

17. ……………　车7进1　　18. 炮五进四

紧逼三只虎，杀敌一把刀！三军联合作战，对敌宫城重兵相逼，而且三兵员尽皆处在险厄地位，大有舍生忘死逼宫擒将之伟势。正是：安逸堕落成俗子，生死度外方英雄！

18. ……………　士6进5　　19. 马五进三　将5平6　　20. 炮八平四

三军连续苦逼，后方巧妙施助，做成精彩绝杀，因如车7平4则炮五平四杀；又如车7退1则车六平四，车7平6，车四进一，将6进1，炮五平四杀。紧逼之酷，无人妄谈，唯有遭劫将军体悟深切！正是：兵逼龙颜呈灰紫，秋闹芳林卸绿红！

（三）专逼戎首　联军妙演追杀

排局所实施的紧逼，是专门为敌首量身特制的——它把敌首逼得门关路闭、山晕海厥，无奈自投罗网。图三系黄大昌先生排拟的马炮兵棋局，并载文云："通过紧逼，使局势转化，形成侧翼基本杀法"。

1. 炮一进二　士5退6

风驱云卷斗崖客，马驰炮震掠番王！红方采取断路要杀及尔后的叫杀、做杀等多种强制手法进行连续紧逼，通过紧逼，移影换形，逐步转移，占据有利要点，再依恃帅占中控线，巧妙做成闷杀。

2. 马二退四　士6进5　　3. 马四退二

打将、叫杀、调整点位，逼迫中士应付，红方在紧逼中进行子力选点转移。

3. ……………　士5退6　　4. 兵五平六　将4退1　　5. 炮一退三

连续紧逼、打将、要杀，逼得敌军喘息不得。

5. ……………　炮1退5　　6. 炮一平六　炮1平4　　7. 兵六进一　将4进1

8. 马二退四　将4退1　　9. 炮六退一　士6进5　　10. 马四退六　士5进4

11. 马六退八

打将顿挫，移影换形，成为马炮紧逼做杀的必要手段。

11. …………　士4退5

12. 马八进七　将4退1　　13. 马七进八

连将紧逼，敌首无奈应付。以下黑方如将4进1则炮六平九构成绝杀；但如将4平5则马八退六，将5平6，炮六平四闷杀。

总之，紧逼战术是对敌攻防要员的连续军事打压，是对敌方由守势向败势加速滑落的武力催促，是铁军威严的连续释放，是强势深谋联袂的艺术演出！

有诗为证：明枪暗箭追杀急，窜逃胡马夜哀戚。尘世难逢开口笑，象坛更善贴身逼！

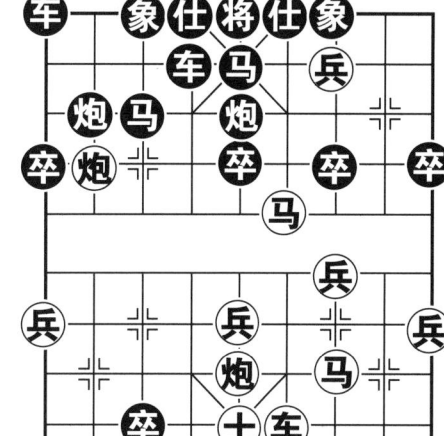

图一

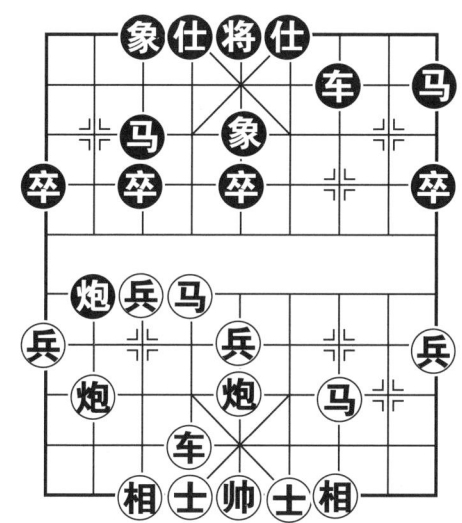

图二

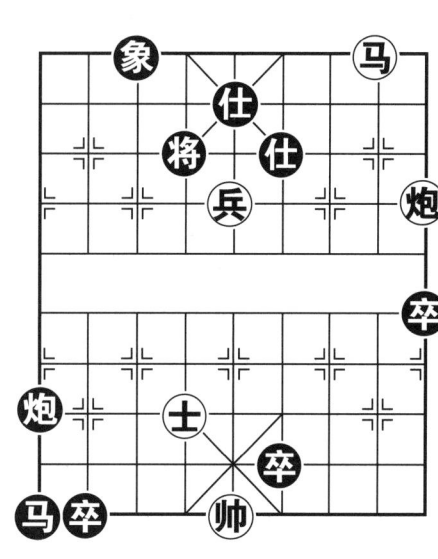

图三

158. 蕊寒香冷蝶难来*
——简论控制战术

毛泽东主席曾指出："不但有压倒一切的勇气，而且有驾驭整个战争变化的能力。"

控制战术系指在攻防战斗进入复杂多变阶段之时，指挥部门冷静分析战场形势，抓住攻防症结，选派精干之师，采取抢占、逼兑、弃舍、强夺、限制等有效手段，对敌首、侍卫或敌主力部队强力制约，不给其任意行动或超越活动范围的余地，使其难以进取、防范或达成某种军事目的，从而掌握全局发展动向，夺取左右局势的主动权的驾驭局势的行棋艺术。

控制战术异于封锁、重于封锁、高于封锁，因为后者仅仅限于对敌军一两个子力、一两条线路，顶多也只是一个战区发挥作用，而前者则掌控着整个战场。换言之，如果说封锁战术是一条线路、一个战区火力的威严，那么，控制战术就是统帅部对整个战事的科学运筹。

（一）车霸栈道东风早　冰封要塞战火迟

图一截取自张晓平与廖二平1995年全国象棋团体赛弈战局谱。

31. 车六平八

占取翼侧通道，制压边塞风云。此手对通道的有力控制，使敌车不得闪露、边马难以扑进、全军攻防脱节，并淡淡对敌营右翼人马发出威胁。此控制战术妙手有效控制了局面，也就是说，此手既控制了敌军之进出，使其难以挑起事端、制造麻烦；又使主力占据更大的有利空间，以便进一步发动攻势。此手非捉非将非杀，却力控车马之威，占取全局之势，充分显示了控制战术在弈战中的独特价值。

31. ………… 士5退4　32. 兵五进一　车1退3　33. 炮六进六

攻防身份变，战事级别升！贴帅炮之杀出，吹响了战略总攻的号角。

33. ………… 士6进5　34. 炮六平五

肋炮镇中，形成标准的压镇之势，攻城战斗由此打响！

34. ………… 将5平6　35. 车五平四　士5进6　36. 车八退一

捉根胁士伏杀，炮双车对敌城防部队展开了有力的打击，角士必失，更难以抵御双车炮兵的凶猛进攻。回顾车六平八之控制妙手，实乃转折之界碑也。正是：一记控术施展，全盘活力骤增！

---
*文题摘自黄巢《题菊花》

（二）控制龙宫难作浪　联攻前锋速擒妖

图二为《适情雅趣》第416局"动中有静"谱图。是局黑方在进攻上三步成杀，在防守上相机握有驱马并调整将位手段，以延缓红方成杀进度，红方欲求先敌制胜看似困难重重。

1. 炮一平七

巧游弋亦慢亦快，平拉开可纵可横！此乃决战决胜关键时刻的至关重要的绝佳控制手段。此手严密控制双士均不得花心驱马，暗保角马控将地位，以确保争速抢杀战略成功实施，而角马禁控敌将地位的不可撼动是确保红方先敌一步成杀的绝对前提，故此控制战术妙手成为取胜之锁钥、战局之精华。倘若改走兵二平三求杀则士6退5撤架驱马，红方将丧失抢杀争胜的大好机会。

1. ………… 卒2平3　　2. 兵二平三　卒3进1
3. 炮七平四　士6退5　　4. 兵三平四

此局中控制战术之实施极具战略意义，具有控士、保马、持压、弱防、争速、威胁、抢先、伏杀等多种战术内涵，真可谓：炮慑侍卫怵，兵拥气象新！

总之，控制战术是对敌方军事图谋与战斗行动的战略操纵，是关键时刻稳定大局、扭转战局的大手笔，是战略谋划与战术手段的巧妙结合，是弈战中高超的"制人""控盘"能力。

正是：决断将军登高台，瞰制全局定兴衰。

　　　　炮野车狂敌怯战，蕊寒香冷蝶难来！

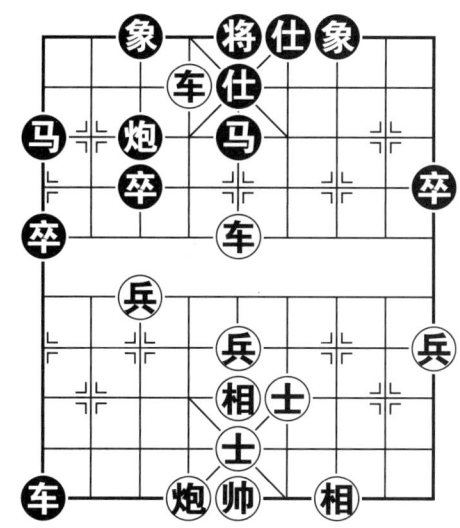

图一　　　　　　　　　　　　图二

159. 一山放出一山拦*
——浅论拦截战术

若米尼将军在《论大规模军事行动》中写道:"他们对于敌方主将来说是最可怕的敌人,因为敌方主将的车队常会遭到拦截,以致使其对自己的命令能否到达和能否执行心中无数,因而行动也变得毫无把握。"

拦截战术系指在敌军企图进占要冲或长驱直入抵达入杀点的危急情势下,实施方及时派遣强子或有根子迅速占领敌必经之地,拦阻敌之进路,截断敌之行程,从而分散、迟滞敌军,破坏敌军的进攻行动,瓦解敌军攻势,为己方乘机夺先取势、攻城擒将创造有利条件的制敌技法。

拦截战术常同腾挪、破坏、解杀、闪击、伏杀等战术有机结合,形成致敌于死命的"组合拳"。

拦截战术既有阻滞的功能,又有攻击的作用,故极具攻防一体化的特点。

(一)拦打车犯怵 夺子局占优

图一选自苗永鹏与徐天红1998年于深圳个人赛弈战局谱。

19. 马七进六　炮3平2

解杀伏杀施妙手,拦车诱车聚精华。红马扑进,叼马要杀,本来已经十分巧妙,但拦截一手更是金光四射,它拦截车,它借车打车,它逼车诱车,十分巧妙!它不仅破坏了敌前车进八的攻杀计划,而且诱前车砍炮离防,为马5进4杀打叠。它同时减效并联双车,尴尬了六路马,逼敌落于后手、转入守势;它提振了全军的士气,为最后的决战做好了充分准备。

20. 前车平六　后马进3　　21. 马六退七　车1平2
22. 士六进五　车8平4　　23. 车六进二　马3进4

乘势以压上,借兑而拦截。去兵兑车之中,大军如潮扑岸,而敌军阵地减趋狭窄,难以进行有效的抵抗。以下是,车八进一,炮2进1,炮七进二,马5进3,车八退一,炮2进1,帅五平六,车2进3,马七退六,车2进2得子胜。回顾炮3平2一手,拦截巧妙而得力,它不仅使双车壮志难酬,而且一个被活活拦截掉,另一个则被抑压底线,再也没有"出头露面"的机会了。

---
*文题摘自杨万里《过松原晨炊漆公店》

（二）开路兼阻滞　侧攻抢先机

图二摘自《适情雅趣》第117局"曲突徙薪"谱图。

1. 车八平二

悍勇游弋者，拦截第一人！减层、开路、拦截、防杀、伏杀，果断有力，在拦截欲行催杀的恶车的同时，闪开炮路，在对杀中，争得一步之先。其运子之神妙，其攻防一体化之程度，非比寻常！此手将红方对杀落后的不利局面，彻底扭转。

1.……… 车8进5　2.炮八进七

阻炮者，变成先手开路者，变成拦截者，它使炮可以一步直达预定点，同前锋部队一起抢先成杀。其拦截的内涵，在此已经显现出来，它既有为肋道车炮双双增效的功效，又有为炮开路争先的作用，它为大局、为决战、为胜利献出了宝贵的生命。英哉！壮举楚河咽，奠基热血红！

2.……… 象3进1　3.车六进一　将5平4

4.兵六进一　将4平5　5.兵六进一

双车壮烈去，擎旗自有人！纵横火力将侧攻演弈得如火如荼，敌首毙命原地，甚妙。

（三）拦截伏暗窥　优劣自分明

图三取自李中健先生排拟的实用排局第247例谱图。

1. 车五平八

神勇拦截恶煞，逼迫变线遭袭！在敌双车护将又伏双车错杀的不利情况下，及时出动战车拦截，硬性改变敌车航线，使其屈处肋马窥瞄之下。此手还先手变换了中车之处位，使其在侧翼攻杀中发挥更大作用。

1.……… 车2平3　2.车九平六　将4进1　3.车八进二　将4退1

4.马六进七　车9进8　5.帅五进一　将4平5　6.车八平六　车9平3

7.马七退六　将5退1　8.马六进四　将5平6　9.马四进三

在第一阶段战役取得了拦截、斩杀敌车之预期战果之后，红方车八平六巧妙扩大战果，砍掉双象，黑将再无要塞遮掩，遂放弃抵抗。

总之，拦截战术是阻断敌军进路的有力举措，是防守中暗伏攻势的攻防一体化手段，是对敌方进军计划的迎头痛击，是绝杀线路上的焦点争夺战。

正是：帷幄用兵妙如仙，骠勇卡位据险关。敌军却步无奈路，一山放出一山拦。

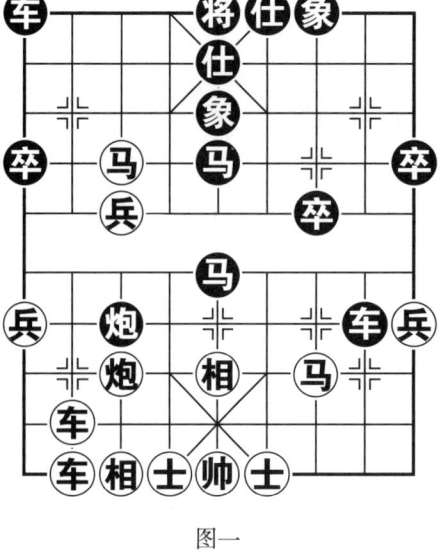

图一

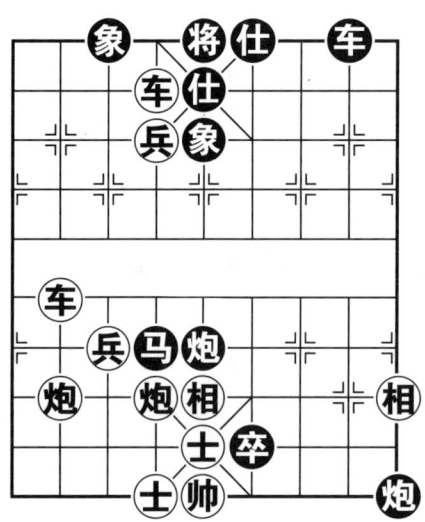

图二

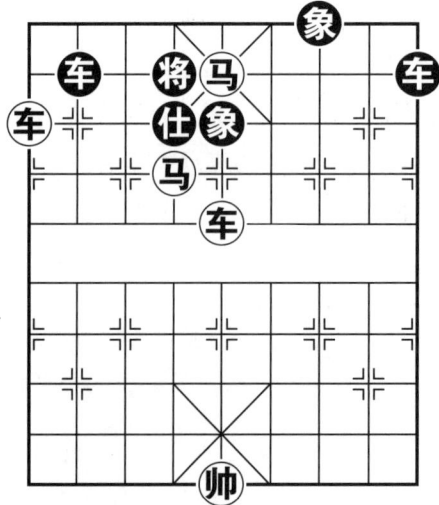

图三

160. 齐声腾踏牵船歌*
——浅论牵制战术

克劳塞维茨将军在《战争论》中深刻指出："牵制性进攻的主要条件，在于使敌人将超过我们为牵制性进攻而使用的兵力从主要战场调开""进攻者想从此行动中获得利益，就不得不预先确认他在防御者地区比防御者在他自己地区可以得到更多东西或可以造成更大的威胁。这样一来，以很小兵力进行的牵制性进攻，就可以更多地吸引敌军。"

牵制战术系指在敌军进行防守同时企图发动攻势的情况下，大本营派遣精干之师或小分队，采取袭扰、捉拿、威胁、要杀等严厉手段，在一定时间和区域范围内，牵扯限制敌大部队的精力和行动，使敌因后顾之忧和潜在威胁而不敢贸然出击或倾力支前作战的制敌限敌抑敌分敌技巧。

（一）牵制多方　获益三兵成胜势

图一选自胡荣华与杨官璘1964年于广州弈战局谱。

39. 车七平六

移动增效快，占角牵制多。此牵制妙手，使一车牵制了敌方车马士三个兵员，不仅使九宫秩序一时难以恢复正常，而且使敌军在心理上产生抑压受制之感。胡荣华先生在自战解说中写道："平车是关键之着，牵制了黑方的车、马、士，红方下一手可以车二退三占据上二路卒行线，消灭黑卒，为胜利创造条件。"

39. ………… 前车平6　40. 士五退四　马4退2　41. 车二退三

带着牵制所获取的先手利益，趁着敌马回避调整的机会，挥师捉卒，为取得多兵优势进入残局打下了坚实的基础。

41. ………… 车9平4　42. 车二平五　士6退5
43. 车六进一　马2进4　44. 车五平九

已净多三兵，胜局已定。但黑方竟顽强抗御至106回合才最终认负，一共耗掉近七个小时。胡荣华对杨官璘同志的斗志很是感佩，"给我很大启发，这是值得我们学习的"。

（二）精妙抉择　牵制纵队夺先机

图二摘自柳大华与徐天利1984年"三楚杯"弈战局谱。

59. 炮二平六

---
*文题摘自李涉《水夫谣》

择优选点施牵制，变幻莫测觅胜机。上一手红方车二进一控线断路，并为炮让出进攻点位，黑方遂马2进4求攻。红方经深入审计、比较，发现实施肋道牵制要比进攻来得更加实惠有效。因如改走炮二进七，则士4退5，士四进五，车4平8，黑方利攻利防，红方反受牵制。

59.………… 马4退6

减层闪露，企图捉拿红炮；但如马4进3，红则车二退八，暗伏飞相露帅做杀。

60.炮六退一　马6退4　　61.车二平五　车4进3
62.相五进七

飞相帅占线，破士车做杀。以下红方伏有兵四平五，士4退5，车五退一再退三捉马胜。

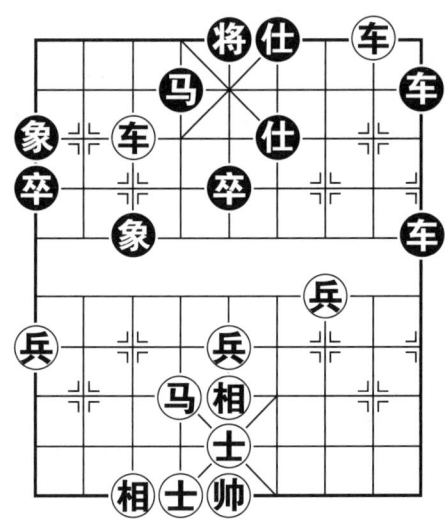

图一

（三）牵制马炮　巧妙运兵演杀局

图三取自王嘉良与胡荣华1962年于合肥全国赛弈战局谱。

64.车一进四　士5退6　　65.车一退三

打顿挫牵制马炮，借强势巧妙运兵。打将调士滞马盯炮，使马炮双双遭受牵制，不得行动，更难以灵动移换而形成有效防御阵形。

65.…………　士6进5　　66.兵七平六　将5平6
67.兵六平五　将6平5　　68.兵五平四

巧借东风，不怕牺牲，穿营过寨，抵达要点，禁将定士，一击中的。兵之连续移动到位，加剧了黑方营垒危机的深重程度，前军与后营被严重分割，互救与自救均难以实施。此种牵制，严厉非常，它已使七路兵达到毫无顾忌、为所欲为的程度，已使本性灵活善动的马炮活力不再。呜呼！牵制之力，不啻绳索之缚也。

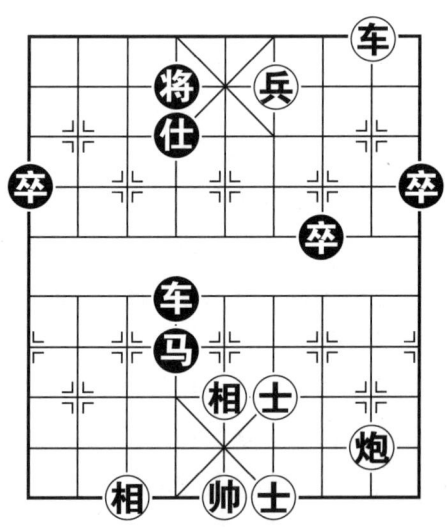

图二

68.…………　炮6进1　　69.车一进三

至此。黑方认负，因如士5退6，红则车一退四，马炮必失其一。

总之，牵制战术是牵扯限制敌军的手段，是使敌滞留原地难有进取的图谋，是造作多数、形成兵力优势的举措，是发动攻势、取得阶段性战果的时刻。

正是：寻弱滞弊运战车，撕裂防线动干戈。勠力妙施拖敌术，齐声腾踏牵船歌。

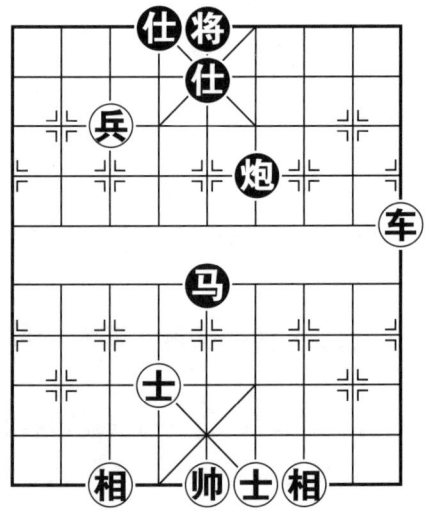

图三

161. 风刀霜剑严相逼*

——略论欺逼战术

《吴子·料敌》云："燕性悫，其民慎，好勇义，寡诈谋，故守而不走。击其之道，触而迫之，陵而远之。"

欺逼战术系指在敌车抢占要点、发动进攻或充根做托之时，大本营派遣以兵卒为主体的精干小分队，发扬"民不畏死"的大无畏精神，充分利用敌阵弊端与显贵惜命心理，碰撞之、触动之、欺凌之、伏击之，逼迫敌车撤离要点要线，或放弃职守，甚至被生擒活捉，使敌军遭致重大损失的制敌逼敌欺敌手段。

（一）连续欺车，去兵夺马

图一选自胡荣华与徐天红1996年银荔杯赛弈战局谱。

12. ………… 卒3进1

欺逼河边客，撒网捉鳄鱼。欺车欺兵，好棋！红方若车八平七，黑方则炮9平3，车七平三，象7进5，车三进一，炮3平7打死车。

13. 车八退一 卒3进1

得势不饶人，过河再相欺！已将车逼退，3路卒并不满足，它过河杀兵欺车，威胁到七路马，势极强劲。

14. 车八平七 炮9平3　15. 车七平八 炮3进6

河车不堪忍受卒之连续欺逼，遂"大怒"去卒，因此，七路马变成了这场角斗的牺牲品。此局说明借"势"欺人的规则，展示欺逼的效果；同时，也说明了这样一个道理：欺逼手段煎熬着敌车的自尊心，连续欺逼将使其容忍度和承受力急遽地衰减，从而堕落成一介鲁莽之人。

（二）欺车过渡，兵拥深宫

图二摘自吕钦与许银川1995年于广州弈战局谱。

64. 兵四平五

向心贴靠无别意，欺车撩马暗藏杀。以欺车逼马为过渡，抢得一先，为入宫擒将打叠。此手欺逼，既借己方车马占位之优势，又借用了敌首处位尴尬、敌车双马防守之弊端，还充

---

*文题摘自《红楼梦·葬花辞》

分发挥自身不怕死、善近战、争胜势的特长，敢于在车马火力交叉点上欺逼车马，真"欺人太甚"也。

  64.………… 车4进1

  如马4进5则马三进二杀；但如车4平5则马三进二，将6进1，车九平六，车5退2，马二退三，车6平5胜。

  65.兵五进一 车4退1   66.兵五进一

  兵坐花心一手，虽非欺车之身，但欺车护驾之无能。黑将大限已至，遂认负。

（三）欺车逼士，围攻敌巢

  图三取自刘新华与赵庆阁1996年于太原弈战局谱。

  63.兵四进一

  冲击豪门无怯意，欺车逼士一战神！兵之推进冲击，无根欺车，力大无比。此手一是欺根，黑方底马被锁，看似拥有车象双根，但象自身被拴成为假保安，敌车就成为唯一的保镖。现兵欺车，车不敢离线，因伏车二平三绝杀手段，7路车不敢招惹。二是借欺逼手段，抢先一步抵达预定点，胁士参战，使总攻提速。三是综合利用己方现有资源，妙施欺逼手段，以迅速形成对敌宫的合围之势。此手将己方马窥象、帅控中、车锁马、六路兵胁士塞象扼亢之占位优势，发挥到了极致，并将罩城大网再度收紧。以下炮9进7，帅五进一，车7进5，帅五进一，士4进5，马七进五，车双兵双马将敌首团团围住，黑将难逃劫数。之后黑方又应付了几手，苦无良策，超时判负。

  总之，欺逼战术是弱者敢同劲旅一决高下之胆力，是兵卒格斗拼搏精神之发扬，是煞威抑强制乱的得力手段，是借势增效生威、提速攻杀的专场表演。

  正是：象坛攻防战法奇，弱旅仗势欺强敌。驱赶捉拿不相让，风刀霜剑严相逼！

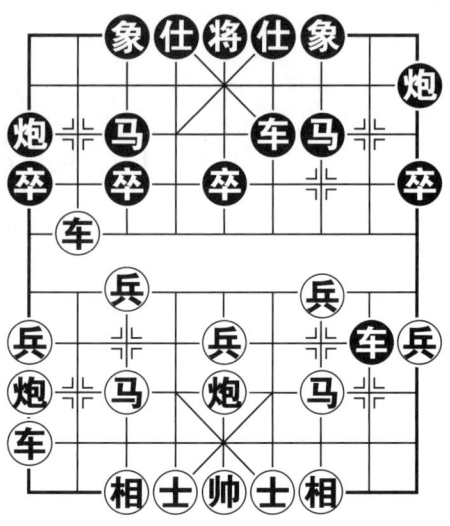

图一

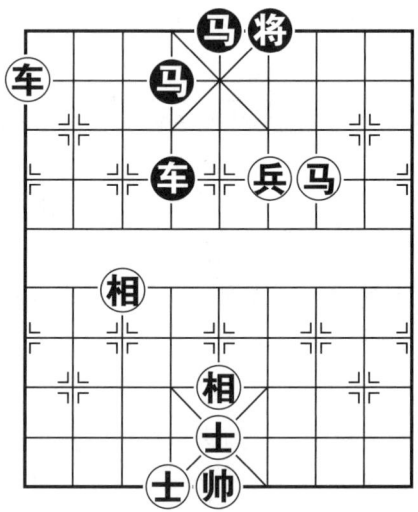

图二

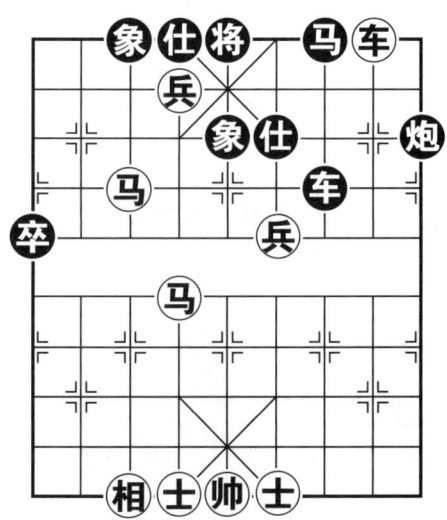

图三

162. 花萼夹城通御气*

——简论钳制战术

1947年8月7日，毛泽东主席以军委名义致电刘、邓、陈、粟，明确指出："必须从内线，即从你们的反对方向钳制敌人，才是最有力的钳制。"

钳制战术系指两支部队合理部署，双向进逼，对敌军散兵游勇、小分队乃至敌首，采取钳形遏制、封堵、夹击的严厉手段，逐步压缩敌军活动空间，限制其机动自由，从而达成夺子、争势、威慑、斩首的战略目的的攻敌制敌的部署与进攻的艺术。

（一）车兵钳将　助攻肋炮施远势

图一为李来群与于幼华1982年国家集训队训练赛中残局形势。

45.兵五平四

乘势离心去，钳制两分开。胁士窥将，并同车一起对敌首隐约形成钳制之势。此种钳制，兵分两路，伺机向心收缩，合围敌将。

45.………… 卒6平5　46.车六进五　将5退1　47.兵四进一　卒5进1

48.车六进一　将5进1　49.炮四进八

剪羽孤将，为车兵无干扰钳制敌首铺垫，同时封锁肋道，使车马卒偷袭企图彻底破灭。此手助杀、解杀，攻防一体，盖世无双！它为成功实施钳制战术、擒拿敌将做出了重要贡献。倘若急于求杀，改走车六退一，将5退1，兵四进一，黑方则卒5进1，士四进五，车5进3，帅六进一（帅六退一，马8退6），车5退1，帅五退一，马8进6叫将伏杀。此手助攻防杀还证明了，所谓妙手虽具有无比的精妙性、决定性，但并不能独撑青天，它需要其他战术妙手的配合与支助，以共同完成攻防任务。

49.………… 卒5进1　50.士四进五　车5进3　51.帅六退一

黑方无杀，而红方车兵钳势强大，锋锐无比，黑方无任何解着，遂认负。

（二）周密钳制　分断联军硬搴除

图二摘自杨官璘与戴荣光1978年于厦门全国象棋团体赛对局谱。

36.车八退三　炮4退2　37.车八平六　车5平4

妙策划严加钳制，借敌弊硬性捉拿。红方利用敌肋道的弊端与卧槽叫杀的威胁，采取连续捉拿的逼迫手段，使无好点可占而又不敢擅离职守的敌炮走投无路，不仅将敌炮钳制于

---

*文题摘自杜甫《秋兴八首》

肋道，而且逼使敌车自投罗网，成为第二支被钳制的队伍。这一钳制组合妙手，前有马兵堵截钳制、后有强车威胁钳制，造成纵向钳制之规范图形。这一钳制，充分利用了敌宫紧缩板结之弊，敌外线部队不敢离线弃守之弱，将敌有生力量尽皆钳制在隙缝之中。

38. 马三进五　　车4进1
39. 马六退四　　车4退4

借助威严钳势，双马开始对敌车进行攻击，逼迫敌车逃遁远方。此手，将钳制战术与开放战术联合实施，手法极为灵活。

40. 马四进六　　马4进2
41. 车六进二

开门复关闭，钳制以宰割！马退进之间，若天闸屹立其间，使车炮天各一方，炮失根滞留，如逃离肋道，红方则马六进四抽车胜。

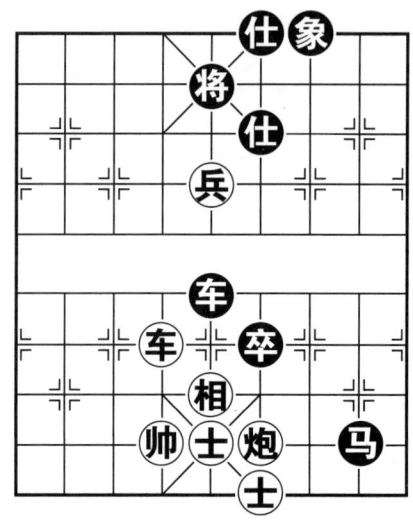

图一

（三）双马钳制敌　首浅露黄泉路

图三录自林宏敏与吕钦1985年王冠杯赛弈战局谱。

39.………… 车7进2

打将调士，为双马实施钳制敌首、联攻擒拿敌首铺垫打叠。

40. 士五退四　　马5进4
41. 车四平六　　马9进7

双向钳制目标浅露，卧槽挂角敌首遭袭。此手双向钳制敌首，红方车马炮皆成高贵看客，红帅不得不亲自出面应酬，从而浅露遭擒。以下帅五进一，马4退6，帅五平四，马7退8做成绝杀。此时红方诸强虽远近不同，但都在袖手旁观；而敌车被调动至帅逃逸之最佳点位，使帅再无求生的机会。黑方前车后马，第二次钳制敌首，定帅伏杀。钳制之周严残酷，由此可见一斑。

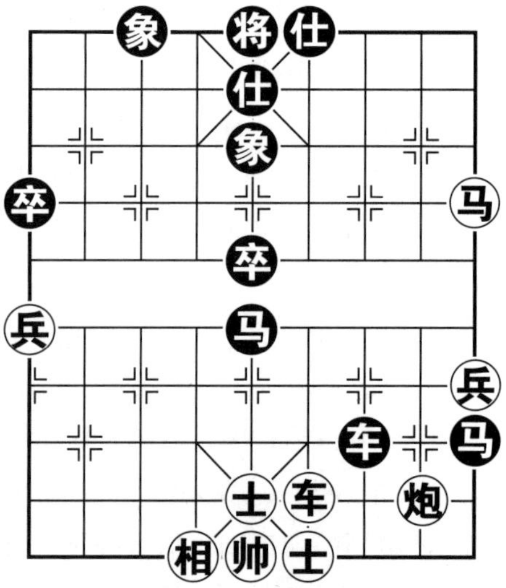

总之，钳制战术是进攻力量合理分配的艺术，是对攻击点合击的战术打叠，是从两个方向夹击敌人的过程，是高效用兵、令敌左右为难的谋略。

正是：前锋配置技精专，双向紧缩势威严。花萼夹城通御气，寨主钳身落黄泉。

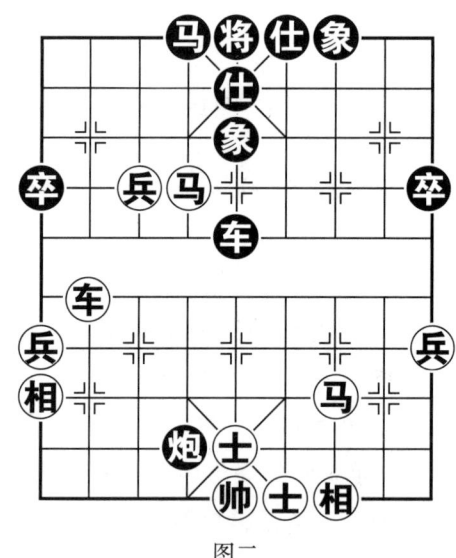

图二

图三

163. 香车系在谁家树*
——小论拴链战术

克劳塞维茨将军在《战争论》中明确指出："牵制性进攻中也包含有真正的进攻，在这种场合，当实施之时，除大胆和迅速之外不需要其他的特点。"

拴链战术系指实施方以较少的兵力，牵缚限制敌军处于同一条线路上的由被捉子和保护子组成的纵队或横队，使其被动、减效、丧失灵活性，并为迅速派遣杀手铲除被牵缚的敌军，或为在其他战场上形成相对优势而创造有利态势的制敌策略。

（一）炮——拴缚、配合默契高效

图一摘自崔岩与梅兴宙1996年于丹东弈战局谱。

54. 车九进三　将4进1　55. 炮五平六

三军攻敌首，一拴定春秋。红方用兵潇洒狂放，竟以无根炮拴链大车，欺也？逼也？力也？势也？黑车不仅失去了砍马的机会，而且对无根炮也无能为力，因伏马五进七恶手的致命威胁，它只能忍气吞声，呆处原地。此局是一个拴链敌主力以攻杀敌首的典型，它把黑方最重要的肋道兵员悉数拴缚，敌军除了活动内宫设施以使主将逃离之外，再也施展不出别的招法了。

55. …………　士5进6　56. 车九平五　象9退7　57. 帅五平六

将位车使敌首企图松动花心的念头归于破灭，使拴链得以正常延续；平帅生根使拴链加固，敌车被拴肋道再也没有摆脱的机会了。

57. 卒6平5　58. 马五进四

剪羽、禁象、暗伏进七兵捉车冲锋杀将，拴链的效益被最大化地获取，敌军被宰割的命运终于走到了毁灭的尽头。

58. …………　卒5进1　59. 兵七进一

下伏马四退五再进七点杀敌首。黑车被无根炮拴缚，真厄运也。借势施拴，诠释"势"之真谛也。

---

*文题摘自冯延巳《鹊踏枝》

（二）帅——铺垫、打叠灵光闪现

图二录自《适情雅趣》第426局"马灵兵胜"谱图。

1. 炮七平六　炮8平4　2. 士六退五　炮4平5　3. 帅五平六

顿挫施紧手，拴链露金身！红方连续两手打将要杀，逼迫黑方应付，并趁势闪露拴链实施主体，为最终妙施拴链铺垫打叠。

3. ……　炮5平1　4. 士五进六　炮1平4　5. 炮六进三

势成炮拼射，春至雷发声！经过两个回合的顿挫铺垫，拴链条件业已成熟，同是炮将炮垫，但已今非昔比——拴链主体即主帅已经到位，拴缚黑马、困毙敌将的决定性时刻已经到来。

5. ……　马2进4　6. 士六退五

六载定天下，一落惊鬼神！最后一击，突然、轻灵、肃杀，给人一种叶落苍凉之感、沙退潮落之美！拴死黑马，红马乘势冲上，四步成杀。

总之，拴链战术是拴缚牵制敌军队伍的战法，是使敌军失灵减效的手段，是对敌实施控制抑制限制的战略，是杀敌攻城夺胜的战术打叠。

正是：贼寇犯境英侠怒，以少制多战法酷。悍马拴于楚河边，香车系在谁家树？

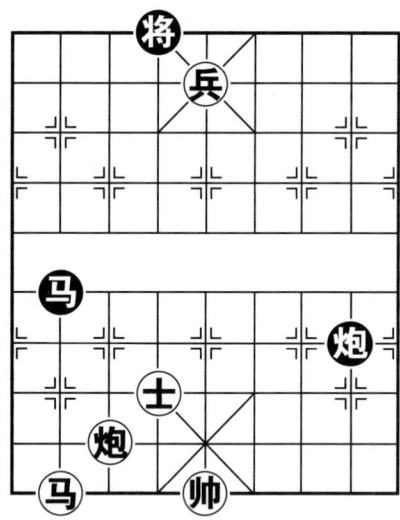
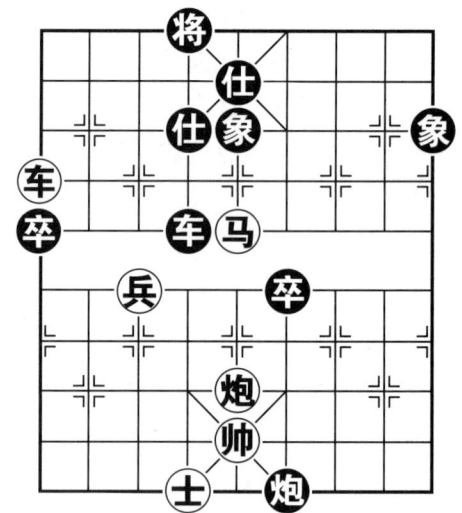

图一　　　　　　　　　　　图二

164. 欲渡黄河冰塞川*

——简论塞压战术

克劳塞维茨将军在《战争论》中写道："进攻方向不应该直接指向进攻的目标之自身，而应该指向敌军前往这一目标时必经的那条道路。此道路就是进攻之最直接的目标。如能在敌军到达该目标之前向他发起进攻使之不能到达该道路，并在这个位置上击败他，在如此情况下就能取得大得多的胜利。"

塞压战术系指实施方充分利用棋例关于双相运行、联络的特殊要求之规定，选派得力兵员强行塞住压占"相田"要点，使双相顿时失去联络与运行所必需之条件，不能躲闪，不能互保，不能增层加固中宫，而变成炮之扫射点、攻城的突破点或马之踏点的断联、制弱技巧。

（一）塞压双胁　破城联攻夺空镇

图一摘自陈富贵与毛国栋1963年于黄石弈战局谱。

28. 车六进三

塞压窥瞄纵队，入界立伏双胁！车进敌阵，横窥7卒抑马，纵助中炮击象破城，无论哪种后续打击，都是严厉非常的令敌难以忍受的攻击打叠手段。此手抓住敌阵兵员散乱、中路薄弱之弊端，逼敌方做出痛苦抉择。

28.………… 车6平7　29.炮五进六　士5退6　30.兵五平四　炮8退5
31.兵四进一　车7进4　32.炮五退四

由实施塞压手段而赢得的空镇之势，及车兵双马占据中轴一带的大好局面，使红方处于绝对优势地位，距离最后的收官已经不远了。李义庭先生为此撰文写道："至此，陈方各子活跃，而且有'空头炮'之威胁，毛方已难以招架了。"以下是，卒7进1，兵四进一，马7进6，炮五进二，炮8进6，兵四进一，炮8平6，士六进五，炮6退1，士五退四，马6进7，马六退四，马7进6，车六进二做成绝杀。

（二）塞压解危　被打双车演错杀

图二选自胡庆阳与郑兴年1996年全国团体赛弈战局谱。

---

*文题摘自李白《行路难》

1.炮六进六

塞压断联禁制，解拆妙手华章！在敌炮纵横拐打双车的严重情势下，肋炮飞出，直塞象田，闷宫叫杀，形势立转。实战中有此等巧妙塞压手段弈出，实乃审局、制弊、解拆、抢先、夺势等综合之棋力也。它力解危机，它反守为攻，它诠释了塞压战术的真正价值和攻守力度。它使敌打双车之喜尚未尽兴便遭到一记"闷棍"。真个是：塞压闷宫地，解危恰切时！

1.………… 士5退6　2.车七平五　士4进5　3.炮七平二　车7进3　4.炮二平八

对塞压的再一次有效借用，威胁闷杀，并闪离、减层、露车，为底车先手夺马进而转移黑方右侧进行助杀创造条件。

4.………… 将5平4　5.车二进五　卒5进1　6.车二进一　将4进1　7.车二平六

以下是，士5进4，车五平六，将4平5，前车进一，将5进1，后车平五，将5平6，车五平四，将6平5，帅五平四，元首相助，二车错杀敌将。

（三）舍身妙塞　加注活力添春晖

图三录自潘煜春先生排拟的精妙棋局《跃马开道》正解着法第14回合的谱图。

15.车八进八

叫杀马象咽，塞压鬼神愁！此手塞压，魄力巨大，战效无比，为抢杀敌首做出了绝对重要的贡献。首先，叫杀逼马踏车，既调敌离防，使马与象双扼守的底线象点失去保护，又巧妙地使此马代替车之塞压功能，继续阻象回防，达到以敌制敌的目的。这就使底线象点，亦即入杀点彻底成为"自由港"，为兵之绝杀提供最佳地形条件。其次，逼马折返踏车，又取得为己马开路并闪击敌首的另一项军事利益，使尴尬中马增效生威，逼将死地。再次，此一塞压手段，着子一点，活络全盘，使红方所有子力无不承受它的"阳光雨露"而充满生机，或动或静，都在释放出进攻的能量，相反，黑方马象两大后卫全部被攘除于主战场之外，并会同无力前锋一起呆滞地"隔岸观火"，只有老将一人周旋着没落地走向黄昏。

15.………… 马4退2　16.车四退一　将5退1
17.马五进七　将5平4　18.兵八平七

塞压战术，不仅给此局带来胜机，带来精彩，带来荣耀，而且为中国象棋弈战提供了一种多变的、严厉的、妙趣横生的战术手段。当塞压战术成功实施之际，有谁不会赞叹中国象棋初始设计之美妙与灵慧呢，有谁不会感到塞压战术给人们思想方法带来的革命性冲击呢？正是：弈战蕴哲理，棋性悟人生！

总之，塞压战术是阻断双相联络的有效手段，是先人创造性的奇思妙想，是分敌弱敌制敌的得力措施，是攻城夺胜大结局中的重要篇章。

正是：制敌战法非一般，欲渡黄河冰塞川。先手设置断路卡，零落双星各一边。

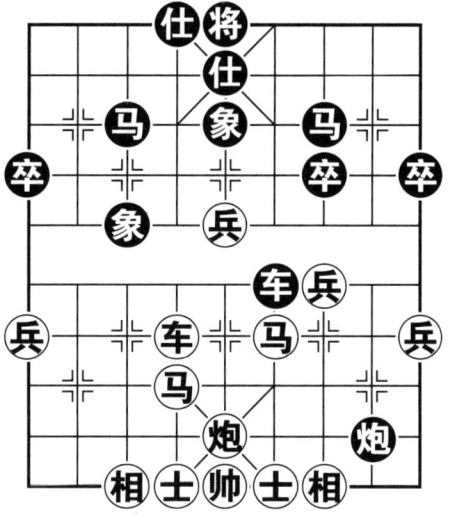

图一

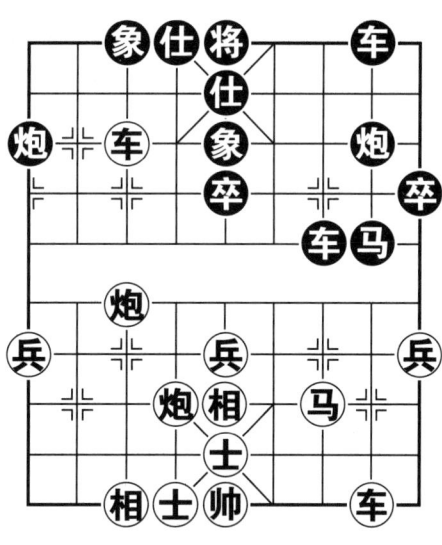

图二

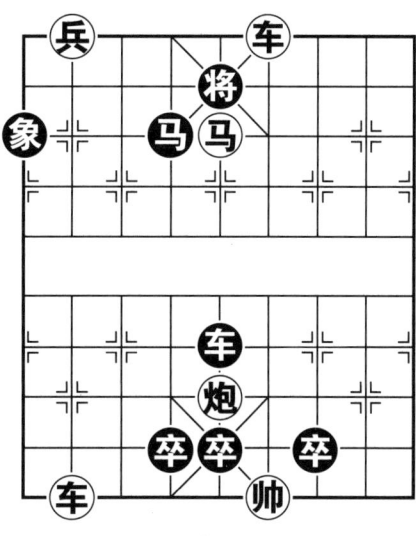

图三

165. 铜雀春深锁二乔*

——简论锁制战术

（英）利德尔·哈特在《战略论》中指出："军事史上的决定性胜利往往来源于间接路线战略。在应用这一战略时，打乱敌人精神上、心理上和物质上的平衡，乃是击败敌人的一个极其重要的前奏。"

锁制战术系指进攻部队采取要杀、叫杀手段，以进攻火力直接射杀敌首的严重后果相威胁，逼迫胁制敌方强子解将应垫、绊别、遮掩，从而将其牢牢关锁拴制在固定位置上，使其难以脱身，或被就地处决，使敌首浅露遭袭、军力衰减、难以抗衡致败的禁制定位技巧。

锁制战术与粘黏战术亦不相同。锁制的实施主体一般以车充任，而粘黏则是由将帅亲自为之；锁制的对象较广泛，而粘黏的对象仅仅是在将帅之间，并身处于对方宫内、贴靠于敌方将帅头上之马。

（一）深锁花心　双龙底线舞翩跹

图一摘自于幼华与赵国荣1984年昆化杯象棋赛弈战局谱。

62.………… 车9进2

锁马制弊紧气，抠搜夺势争先！此手锁制严厉非常，并不亚于宫内点穴。它边线锁喉，一举击中敌宫要害，使多马多兵之师长期作战、挟势夺胜的企图归于一梦。此手反映实施方审局之精到：红方攻力有余，而守力不足；在中路、上二路有双车把关，似乎牢不可破，但马占花心，却使内宫板结、底线漏风；及时锁马制乱，不让敌宫松动缓解，以双车进攻无防底线，足可速胜。妙哉！选点之力作，制乱之精英。

63. 兵八进一　车1进3　　64. 车五平八　车9进1

已是萧瑟蝉不觉，后营火起车难联。短短两个回合的锁制，竟使敌宫紊乱、众敌慌乱。黑方双车雄踞底线，敌首从此再无安宁可言。

65. 马五进四　车1平4　　66. 帅六平五　车9平5

67. 帅五平四　车5平6　　68. 帅四平五　车6退3

底线游动打将，使帅处位尴尬、角士被窥难逃，再退而夺马，为露将助攻打叠，真细腻也。以下前车平一，将5平6，做成绝杀。回顾锁制，时间虽短，但制弊又滞弊，为另车下底赢得了时间，为双车底线抠搜、夺马、做杀创造了必要的战场条件。呜呼！锁制者，抑敌之桎梏也。

---

*文题摘自杜牧《赤壁》

（二）顿挫妙锁　时乖运蹇炮丧生

图二系《古今象棋名局精萃》马兵类第100局第4回合的枰面。马并不总是被锁制的对象，它也有锁制其它兵种的记录而且锁制得很酷。

5.马七退五　炮7退4　　6.帅五平四

要杀复顿挫，亮帅暗生根。马之折返，明里要杀，逼炮退防，暗中禁士滞弊，将进攻主动权牢牢掌控在自己的手里，为妙施锁制战术创造有利条件；虽如此，红方却并不立即马五进三窥瞄敌首，而是举刀不砍，先自顿挫——利用中马禁士控局之力，暗亮老帅，为兵生根增效。它力逼炮走闲步，为先手叫将做好后续运作打叠。妙矣哉！弈战无声实有声，抑扬顿挫自动听。兵停要点宫乐止，马蹄铿锵伴古筝！

6.………… 炮7平9　　7.马五进三　炮9平7

势成方施锁，命舛难存身。以下士四退五露帅，逼士离防，兵借帅力士角打将夺炮，不战而胜。真个是：锁制硬似铁，杀敌利如刀！

总之，锁制战术是利用敌首与贴身保镖之间弊端的上佳战绩，是强车杀伤力、控制力的卓越表演，是以点以线统制全局的弈战功夫，是我之增效与敌之减效两大技法的交错展现。

有诗为你的功德歌唱：弈战技法品位高，轻点漫占自夺标。玉垒时恰关双相，铜雀春深锁二乔！

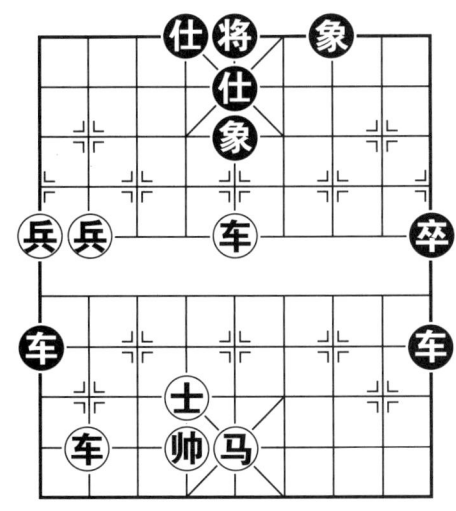
图一

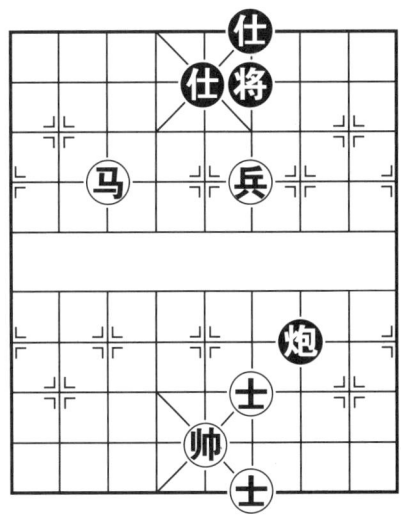
图二

166. 红蓼一湾纹缬乱*
——试论制乱战术

克劳塞维茨将军在《战争论》中指出："为使敌人屈服于我之意志，就必须使敌人处于不利的地位。而一经陷入不利的地位，我们就不能不要求敌人付出更大的牺牲。"

制乱战术系指进攻部队为使敌军陷入混乱的不利地位，及时抓住敌之隐微隙弊，有效采取骚扰、威胁、引诱、逼迫、攫取、要杀等严厉手段，制造敌方子力拥塞、互侵、停滞、失根、自阻、处险，以及阵形紊乱、防务松懈、底线漏风、花心窝马等致命混乱弊端，同时施加强大压力使其不得解脱并渐趋恶化，进而巧加利用，乘弊击虚乃至就地诛杀的乱敌方略。

（一）横缚竖牵绊马胁炮　逼马自乱聚歼夺优

图一摘自胡荣华与戴荣光1961年于南京弈战局谱。

15. 炮九进三

在七路车绊马，使2路车脱根、八路车纵向拴链又使车炮呆滞的情势下，边炮下底横向拴缚，威胁抢炮，逼迫马折返花心被动应付，从而使敌右翼严重的混乱如癌症扩散一般，又波及了深宫致命部位。此手，使敌营混乱的性质升级了，危害的程度加深了。此手，为有效利用混乱，实施聚歼，奠定了局面基础。

15. ………… 马3退5　16. 马五进四

秘密开拔增援，加大制乱力度。奇兵突起，局势陡转，这是一整套乱敌、歼敌计划中的一个令敌不虞的险恶打叠环节。此手，将制乱、治乱、停待、节奏，将前军后营之间的呼应、勾连，演弈得如同神话一般，非同凡响！

16. ………… 车4退6　17. 车八进一　车4平2

安排方就绪，旋即动刀兵！抓住战机，弃车砍炮，逼车离防，并由此将交叉实施的制造混乱、利用混乱的战斗推向了高潮！

18. 车七平六　车2平4　19. 马四进三　象5进7

抓住窝心之乱不放，连续要杀，并进一步制造中象离位、弃架断联、肋车失根的更大混乱。此组合里，两支部队在制乱主战场激情会合，极尽主攻与助攻、前军与援军在制乱过程中的巧妙协调与配合。

20. 车六退一　马5退3　21. 前炮平七　车2平3　22. 车六平三

---

*文题摘自宋·张孝祥《浣溪沙》

深远精到的制乱筹划，酣畅淋漓的聚歼过程。漫漫岁月流逝，熠熠光彩不减！

（二）闪捉调车底线漏风　减层弱防河炮失根

图二选自柳大华与徐天红1998年于广州弈战局谱。

16. 车六平八　车4进3

闪离避兑、反捉调车，使敌底线漏风，为打将调士、削弱中防、暗拔炮根、逼马窝心进行战术打叠。

17. 车八进一　士5退4

强子俱在、子力众多，既保障了有足够的军事力量去设计落实制乱方略，又有利于借敌保障系统暂处脆弱状态、子力协调性不强而实施制乱手段。红双车马炮兵统一指导思想，制乱筹划，大力度、多方位合同作战，一举成功。

18. 兵五进一　马7退5

以兵撞卒，减少层次，削弱中防，禁象胁炮，制乱手段由敌右翼转向中路再至左翼，逼马窝心，继续加大制乱力度。

19. 兵五平六　车4平3

借捉而继续为中路减层，为七路炮平六，预设台架，制造肋道、中路、河界线多重混乱，并逼车离防，为夺子夺势创造有利条件。

20. 车三进一

抓住敌马窝心、4路软肋及中防虚弱等多重弊端，果断攫取河炮，因伏有炮七平六的绝杀手段，中象不敢报复。此局真可谓：左中右三向大型制乱，车马炮五步迅速占优。

（三）滞乱添乱主将无路　炮狠马狂巧妙成杀

图三录自李中健先生编著的《象棋实用排局》379例正解着法第一回合局谱。

2. 马三进五　将6退1

移步换形、闪将盖压，使窝心马骤减活力，使其侵占、自乱将府、阻断主将归路之弊不得解脱，为进一步滞乱添乱做好了战术打叠。

3. 炮六退一　马2退4

毒哉！炮宁死也添乱，惨矣！马虽生但穷途。红方不惜付出巨大代价，彻底堵塞窝心马唯一出口，使混乱之弊继续危害敌首；同时使其子力拥塞，并拆散马炮士宫墙防线，使马得以踏士过渡要点、逼车回防。

4. 马五退三　将6进1　5. 马三退五　将6退1　6. 马五进六　象3退5

逼象应将，替马压马，使其相互倾轧，同时使己马得以腾出手来，继续进行攻杀。红方特邀代理人替其制乱，借山压马，制乱手法已臻极致。

7. 马六进八　炮1平4　8. 炮七平六

制造混乱、利用混乱，进行攻杀的绝妙手段，既有打马闷杀，又伏底线挂角杀，致命的双重威胁，尽展攻杀力度。

8. ⋯⋯　　车1退2　9. 士五进六　车1退7

中士借应将垫护之机，既充架助炮打炮，又为炮让出平四打将的通道。敌虽顽强防守，以车处背暗的代价，暂时获得了双解的喘息之机，但大势已去，非个体人力所能扭转。

10. 炮六平四　卒6平5

利用窝心马阻将且不能启动遮掩之弊，马借炮力六步妙杀。以下是，马二退四，卒5平6，马四进六，卒6平7，马六退五，将6进1，马五退四，卒7平6，马四进二，卒6平5，马二进四。

总之，制乱战术是改变、破坏敌阵正常秩序的强手，是消减敌军战斗力的可靠方法，是搅拨挑动敌子力之间、子力与位置之间潜在矛盾进一步激化的离间妙计，是乱战、乱敌方针的有效实施。

正是：金城汤池滚黄沙，马仰车翻互挤压。摆布天象星外客，乱敌方略锦上花！

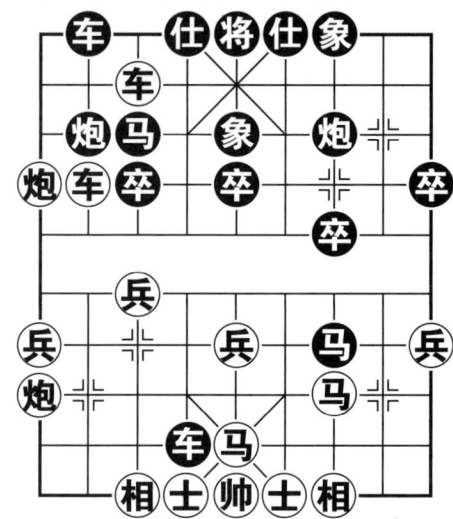

图一

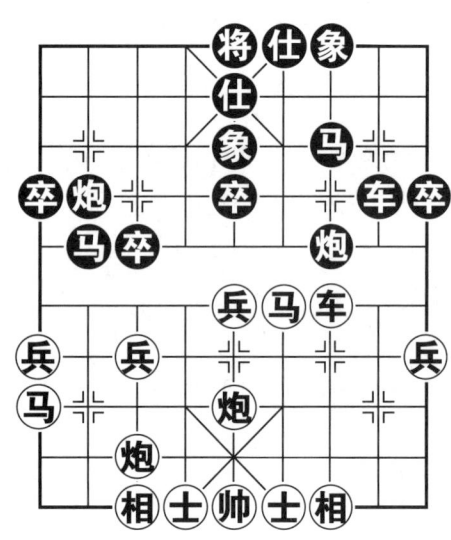

图二

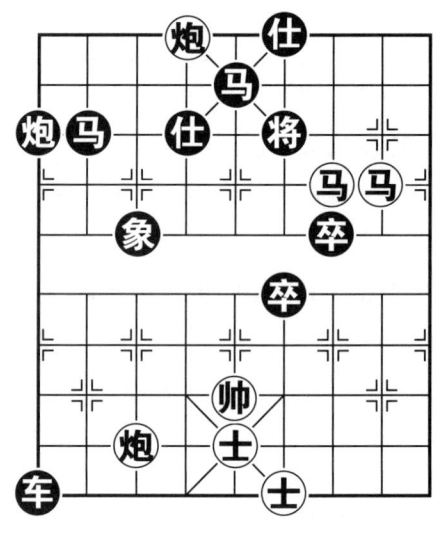

图三

167. 风过回塘万竹悲*
——试论威慑战术

克劳塞维茨将军在《战争论》中明确指出："物质方面的损失，并非战斗过程中两军所蒙受的唯一的损失。其间，还有精神也会受到震撼、挫折和毁灭""具有可怕的膨胀力的恐惧情绪，这就产生了完全的瘫痪状态"。

但"精神"究竟能起多大的作用呢？拿破仑曾经指出，在战争中，"精神对物质的比重是三比一"。统帅们一般都承认，这个经常被人们引用的格言是正确的。利德尔·哈特在《战略论》中指出，这一格言有着"不朽的价值，因为它反映了一个思想，即精神因素在所有军事活动中具有压倒一切的优势作用。它往往能够决定战争和战斗的结局。"

威慑战术正是利用了这一深刻道理，对敌军统帅部在心理上施加巨大压力，使其产生恐惧、慌乱、失去斗志，在精神上彻底解除武装。

弈战中的威慑战术系指进攻部队本着以强大的声势和威力相慑服的思想，采取将欲兵拥九宫、围歼主力、绝杀敌首等令敌恐惧的军事行动，使敌军面临得不偿失或可能遭到无法承受的报复之严重后果，而不敢发动进攻或武力抵抗，从而使敌军处于散乱、瘫软、恐惧、破败局面的高压威逼方略。

连续威慑　城防紊乱如麻

图摘自张强与林宏敏1996年于宁波弈战局谱。

13. 炮五进四

风起"竹"林乱，炮镇车生威。不顾马炮相三子处危，诱马绝杀；敌如不吃炮，又暗伏车二平四绝杀，明里暗里，威慑致命！

13. ………… 车7平6　14. 士六进五

既对扼守要线车发出威慑，又暗伏帅五平六绝杀，连续性威慑，团队性扼抑，使敌不堪忍受。

14. ………… 马1进3　15. 车六平五　马7退5　16. 士五进四

因伏车二平四，将5平4，车四进一，将4进1，车四平六抠杀手段，逼迫敌首离位，车二平五去马之后，又战二十多回合，红方取胜。

---

*文题摘自李商隐《七月廿九日崇让宅宴作》

总之，威慑战术是暗伏的大型歼杀，是进攻部队对敌军实施斩首行动所造成的高压，是铁军强势的一种不可抗拒的威严，是围城攻力动静相宜的升华！

正是：心理战法炸惊雷，夺势争杀显神威。炮轰皇城双士乱，风过回塘万竹悲！

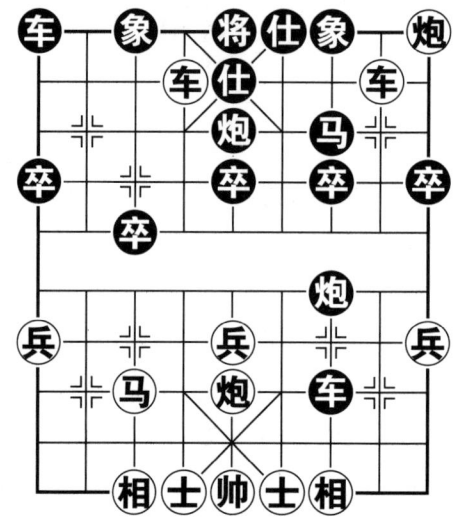

168. 引出深萝洞口烟*
——略论吸引战术

若米尼将军在《战争艺术概论》中指出："很难绝对确定，用什么方法来迫使敌军放弃其阵地是一种最好的方法。任何战斗队形或部署，只要一方面能发扬火力的优势，另一方面又能有利于攻击和提高士气，那就是最完美的战斗队形。"

吸引战术系指进攻兵员在攻杀战中，以调敌为己任，以友军强大占位优势为依恃，以自身形体为代价，以进逼、抽吃、威胁、打将、要杀等强制手段相逼迫，硬将戎首引渡至预定的浅露之处、悬崖之巅而易于被己方所捕杀，或将敌方担负着特别重要军务的攻防要员，强逼或诱引进入偏僻背暗之地而不得发挥战斗作用，或为主攻排障、杀敌除根，从而为主攻部队顺利攻杀制胜创造有利战场条件的致敌艺术。

吸引战术与逼离战术均为调敌战法，但二者的差异是十分明显的。第一，吸引战术是以"死"相逼：即以自身生命为代价相逼，而逼离战术并不涉及施动者的存在与否；第二，被吸引的对象主要是敌首与车兵类兵员，而逼离战术的对象则更加广泛；第三，被吸引的距离相对近短，除将帅兵卒只有一个行程单位以外，车亦无很大余地，而逼离的距离远近不等；第四，吸引术将敌引至预定点，亦即引至施动者所在位置，而逼离则将敌从原占据点逼走。倘若以它们的不同潜台词来表述，那逼离战术就喊话说："你去哪里不管，但必须走开！"而吸引战术则说："来吧！到我这里。"

（一）不惧待抽势　引蛇出洞亮快刀

图一摘自王嘉良与胡荣华1974年于成都全国棋类赛弈战局谱。

28. 兵六平五　炮9进3

以兵砍象，对敌宫持高压态势，并为进攻中路而提前集结兵力，同时为实施吸引战术创造条件。黑方则车炮翼侧实施待抽战法，双方剑拔弩张。在此对攻紧急情势下，红方突出吸引妙手，立即展开逼引敌首浅露并闪电追杀的决战——

29. 兵五进一　将5进1

进逼花心邀明月，引渡将军露尊容！这是典型的吸引战术的巧妙演弈，这是吸引战术同待抽战术的强强对话，是攻城擒将之矛与抽势威胁之剑的生死较量！象头兵去士叫将，4路士难支，敌首不得平移，硬性逼引曾企图在工事中藏匿的戎首凸起浅露于车炮火力之下，也使待抽车炮停摆，只能底线坐观车双炮刀俎鱼肉了。

---

*文题摘自李群玉《引水行》

30.炮五平七

逼靠闪露双意向，皇宫龙床一朝倾！连续紧凑的攻杀，不给敌喘息之机，不管敌首或左或右躲避，皆伏中车追踪迎头照将，然后炮八平五再肋车照杀。正是：吸引何其凶，戎首业已毙。强拉硬拖术，剿匪立奇功！

（二）以杀相吸引　失根掩体自委靡

图二选自金波与于幼华1995年全国个人赛弈战局谱。

23.马九进七　车7平5　　24.马七进六

趋前魄力巨大，连扑谋划精深！不惜一炮之失，第三梯队应征启动，为叼车进袭、窥象夺势跨出了悍勇刚烈的一步，真个是：犹见猛虎捕猎影，似闻金鼓催杀声！

24.………　车5退2　　25.炮七平五　车5平7

26.马六进五

高速进抵最佳预定点，双向瞰制深宫敌首，有效加剧了敌宫颓势，极大加快了争战进程，为妙施吸引战术先手做好了兵力配置。

26.………　炮2平4　　27.相五进三　炮6平7
28.马一进二　车7进1　　29.马五退三　炮4平5
30.马三进五　将5平6　　31.马二退四　车7进3

经过一系列要杀、威胁、捉拿、顿挫手段的演弈，先后为底车钓猎了可吃的底炮、砍杀了担负着防务重任的角炮、调整变换马步以备士角充架——先手完成了实施吸引战术所需的全部打叠性任务。现马退士角，还未曾开火，敌车就自动吸引而来，真乃巨磁也！

32.炮五平四

蔑视豪强施毒手，牵引守臣坠谷峡！此乃以叫将、要杀手段死命相吸，将护底炮之车引入背暗之地，使其变成与战事无关的休闲者的吸引妙手。此手依恃己方强子尽皆联网、三向成势、暗伏卧槽钩钓多种杀法而敌首浅露遭攻的绝佳条件，挑战敌车，如将6平5则马五进七卧杀；如马8退6则炮四进五胜或马四进二，马6退8，马二退三，马8退9，马三进四下伏马五进七杀。

32.………　车7平6

炮如领似牵，车如痴似呆，巨星陨落，顿失光彩。以下车一平三，将6进1，马五退三，马8退7，车三退二，车6退1，车三平二杀。

（三）联袂双吸引　无奈将军命归西

图三系李中健先生排拟的实用排局386例盘面的局势。在敌即将实施双杀的危急情势下，红方兵炮连施吸引战术，活络友军，先手破敌。

1.车一进一　象5退7　　2.车一平三　将5进1

3.兵六平五　将5进1

为求斩首计，引敌登悬崖！此吸引妙手深谋远虑，义勇果断——墙头兵借势游弋宫墙要地求杀，逼将上楼，为再施吸引伏杀打叠。如将5平6则兵五平四连将杀。

4. 炮一平五

吸引超凡手，朝野皆震惊！此吸引妙手，以联杀相逼，挑战中卒，大有以身力移山开路之宏大气魄，它激活呆滞赤兔，连续神踏、闪击追杀制胜。正是：卒前叫将，敌首骇然失色；逼引屏障，从此呆马为王！

  4. …………　卒5进1　　5. 车三平五　士4进5
  6. 马四退六　将5平4　　7. 马六进七

马双车威力巨大，如入无人之境，以下将4平5，马七进六杀。尺枰之间出现了双车力控敌宫、一马盘旋杀敌的精彩场面，真可谓：演弈车马绝杀术，凸显兵炮吸引功！

总之，吸引战术是调动敌人的非常手段，是以形体取势的英雄战歌，是为主攻摧城拔寨的死命打叠，是弈坛壮烈侠史的不朽镌刻！

正是：豪侠出手力拔山，扎营顽敌立搬迁。强磁吸铁多奥妙，引出深萝洞口烟！

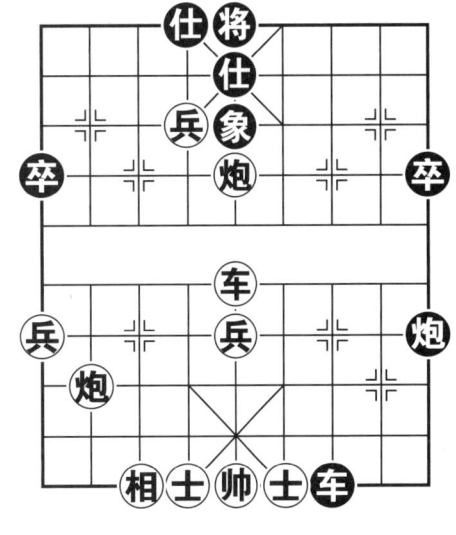

图一

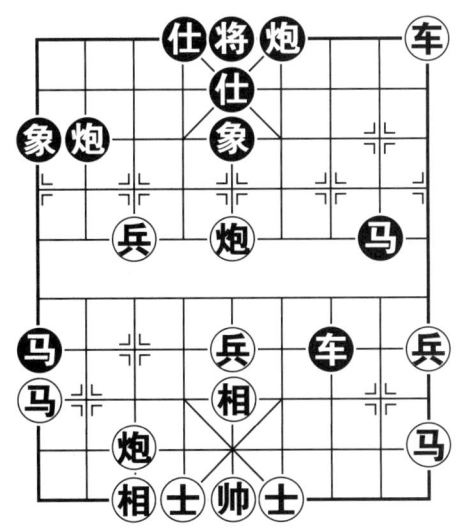

图二

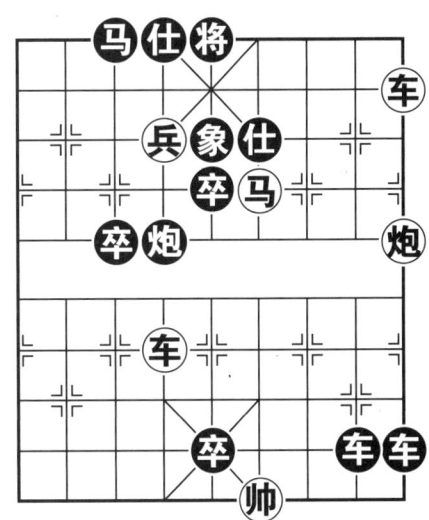

图三

169. 十四万人齐解甲*

——试论挟制战术

挟制者，《辞海》注释道："抓住别人的弱点，加以威胁，使听从自己支配。"

利德尔·哈特在《战略论》中明确指出："在大多数的战役中，使敌人在心理上和物理上丧失平衡，常常是最后打败敌人的一个重要前提。"

挟制战术系指实施方在攻防战斗中，以强大兵力推行高压策略，以要杀、伏杀的严重后果威胁敌方，抓住敌军、敌宫的弊端相胁迫，逼使敌军忍气吞声地献送子力、割让重地，委曲求"全"，听从己方安排而遭受诛杀的强制逼迫手段。

（一）抓住窝心弊端　逼迫敌军进贡

图一选自《善庆堂重订梅花变》一卷得先第三局局谱。

17. 帅五平六

豪帅善挟制，杀敌不用刀！此挟制妙手，以闪露摆脱敌炮控制为表象，以阴柔缥缈为特点，展现其决胜千里的挟制力。敌方必因此而将中炮乖乖送予车口，否则炮八进七再车六进一即杀。

17. ………… 炮5平4

黑方如马5进7，红方则炮八进七，马3退2，炮五进四再车六进一杀。对于敌子，不必捉拿，敌必送上门来，此挟制之力也。

18. 车六退三　马5进7

炮不在车口，必送上门来；车在马口，却不得食。呜呼！艺术在于精美，艺术在于天然，艺术在于倾斜！这就是战场上的"人权""博爱"！如马3进4，则马四进六，马5进3，马六进七再炮八进六杀。炮不敢不送，马不敢施以报复，挟制得太深重了。

19. 马四进六　车6退1　　20. 车六平七　马3退1

21. 炮八进七　马1退3　　22. 车七进四　车6平2

23. 车七退一　车2退1　　24. 车七平四

在巧取一马后，再小幅平拉开，扼亢、断路，伏卧槽杀。敌如车2平3，马六进七，车3退1，车四平七得车，黑难以续战。

---

*文题摘自唐·徐氏《述国亡诗》

（二）连续发出威胁　制乱得子占优

图二摘自胡荣华与蔡忠诚1975年于上海弈战局谱。

4. 车九平七

初挟宫自乱，弱旅变强梁。红方以车炮兵弱旅攻打城池，而敌方车马炮卒强势应战。现车以挑捉马炮相威胁，逼马窝心自阻，宫廷紊乱。初试挟制，即见成效，并为续演挟制得子创造条件。如马3退1，则车七进二挑双速胜。

4. ………… 马3退5　　5. 兵三进一　炮4平1　　6. 炮三平六

再施挟制术，逼马进贡来。剪羽、转移，暗中挟制窝心马，欲炮六退一叫将得马。此手挟制，迅速终结了黑马的存在，使战场上的兵力对比，特别是主战场上的兵力对比发生了重大变化，士象形单影只，已难以抗御车炮兵的凶猛进攻。

6. ………… 马5进3　　7. 车七进一　炮1进5
8. 车七进一　士6进5　　9. 兵三进一　将6进1
10. 车七退一　象3进5　　11. 炮六平五

黑方如士5退6，则车七退一，车5平6，车七平三绝杀，故黑方认负。

（三）死拼界河大害　捆缚恶敌手脚

图三录自王有盛与何顺安1963年于哈尔滨实战局谱。

28. 车七退三

热血践挟制，力拼大将军。正欲车5平8求攻的恶车，遭此挟制性拼兑，竟无逃路，别无选择，只有带着所有的梦幻魂断楚河。叫尔死，车不得不死，这就是挟制的权威发布。这就是挟制的意志"钢条"！此手死亡挟制，使敌攻力乃至攻心，尽皆遭受难以抚平的挫伤。王嘉良对此撰文写道："王方退车死拼一支主力，消除对方对攻火力，战术精警，是稳定优势的重要关键。"

28. ………… 车5平3　　29. 马五进七　炮2平8　　30. 帅五平四　车2进4
31. 后马进五　炮8进3　　32. 帅四进一　炮8退5　　33. 前兵进一　炮8平4
34. 马七进八　炮4进4　　35. 帅四退一　车2进2　　36. 马五进七

暗中挟制黑车，使其不敢平8要杀，否则马八进七，将5平4，兵六进一，将4进1，车四平六叫将得炮胜。实战中黑方走炮4平3防守，红方马七进五，逼迫敌方签盟。因黑方只能车2平3，则兵六进一，下伏车四进三再马五进四的杀着。

总之，挟制战术是以杀相逼强制敌军按我之意志行事的计谋，是逼迫敌军丢子失势的死亡威胁，是蹂躏、肢解敌军的凶狠手段，是对敌阵弊端隙漏的苛刻惩罚。

正是：妙手沙场铸丰碑，巧得辎重展神威。十四万人齐解甲，百里营盘不得归！

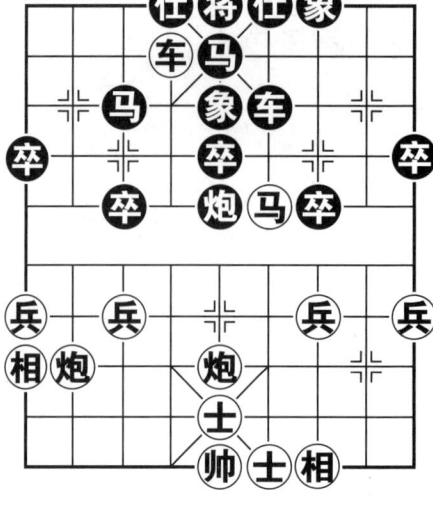

图一

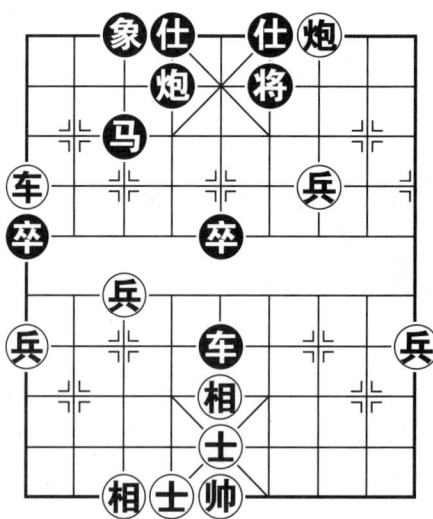

图二

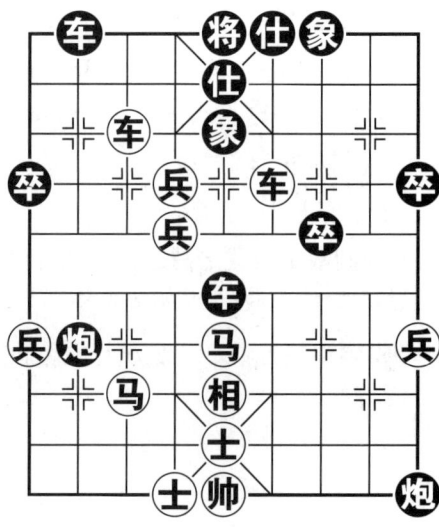

图三

170. 惊退万人争战气*
——浅论威胁战术

克劳塞维茨将军在《战争论》中明确指出："为了经过军事行动，使敌不可避免地屈服于我之意志，就必须使敌人丧失其抵抗力，或是陷入遭受此种危险威胁的状态。"

威胁战术系指实施方充分利用地形之势与敌军占位之弊，及时调派机动灵活之师，占领要点，隐蔽行动，暗中拟采取捉双、抽吃、欺打、掠夺等强制手段，以严重子力损耗和颓败局势相胁迫，逼敌屈服于我之意志的威逼胁迫手段。

（一）炮飞窥瞄帅　卒进威胁车

图一选自李来群与胡荣华1986年五羊杯赛弈战局谱。

20. 兵五平四　卒9进1　　21. 相五退七　卒9进1

轻推慢进心毒狠，制弊威胁打死车。在红方调整沿河兵力之际，黑方边卒对线路不畅的一路车发动了进攻，这是对边车存在、对右翼防务构成的最大威胁。此时红如兵一进一则炮8平9打死车；但如任其去兵，一路车亦危在旦夕。这就逼迫红方为二路炮撤离寻找一个相对稳妥的落点。

此种威胁，与同期进行的兵五平四相比，谋划的深度、实施的力度都要更胜一筹。此手也说明，一个回合双方着法的值差越大，当它进一步累积扩张时，双方攻守胜负的态势也就会越来越明显。

22. 炮二平七　炮8进7

有力的威胁不仅撕破了红方的底线，而且争得了用炮夺回失子的机会。因为用炮与用车吃马的战术价值是远远不同的。以下马五退七，卒9进1，车一平四，车8平7占得较为有利的抽势。

（二）纵横皆有戏　效率盖无双

图二摘自吕钦与吴贵临1995年于桂林弈战局谱。

42. 炮六进六

伸插纵深图谋诡，打车破城效率高。此手内涵深厚，它威胁打死角车，诱另车，窥将府，弱防线，为兄弟部队攻城擒将赢得了最佳战机。

---

*文题摘自黄裳《减字木兰花》

42.………… 车8退1 43.车二平五 象7退5 44.炮六退一 车8平3

45.炮二进三 象7进9 46.车五进三 士6退5 47.炮六平一

威胁升级日，纵横驰骋时！六路炮归边，双炮联袂，威力无限。而黑方纵有抽势，但构不成杀势，而红方双炮将杀在即。黑方如将5平6，则车八平四，士5进6，车四进一，车3平6，炮一进二杀。

（三）连续威胁酷　弈战品位高

图三录自陈槐中与朱福龙1988年中国台湾"宗河杯"十杰赛弈战局谱。

25.………… 炮9进4

瞄打中马，威胁炮根，争先卡位。黑方抓住敌方兵力部署之虚懈，连出重拳，连续发出威胁信号，使红方防不胜防。

26.兵三进一 车2平3

恶也威胁术，苦煞窥瞄人。车硬性夺炮，已将情势洞察清楚，后续威胁安排得当。敌如马五退七去车，则炮9平3叫闷，然后退而得马再威胁打死车。

27.马七进五 车3平8

闪离减层，再次发出更大威胁信号，致使敌阵散乱不堪。

28.马五进七 将5进1 29.士五进四 炮3进7 30.士六进五 炮3平7

炮击心已定，要杀打死车！剪羽双相，伏杀得车。回顾双炮用心之险恶，车3平8谋划之周严，足可为此等威胁手段敬献一枚叹号。

总之，威胁战术是以严重后果相胁迫的手段，是进行武力威逼、索要"好处"的"转换"，是软化敌军、左右敌人的心理战法，是攻力对守力的立茬手谈。

正是：惊退万人争战气，明攻暗取总相宜。野炮怒吼摧堡狠，战马嘶鸣踏营急！

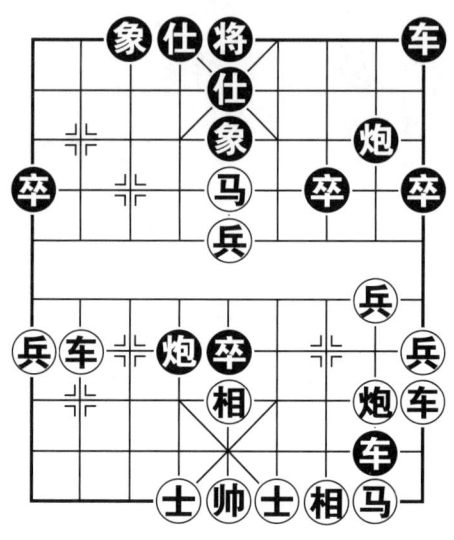

图一

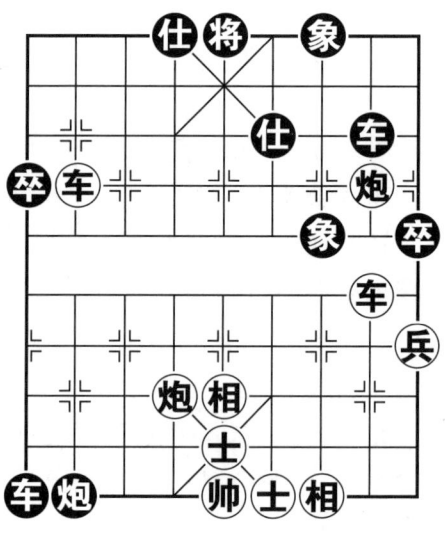

图二

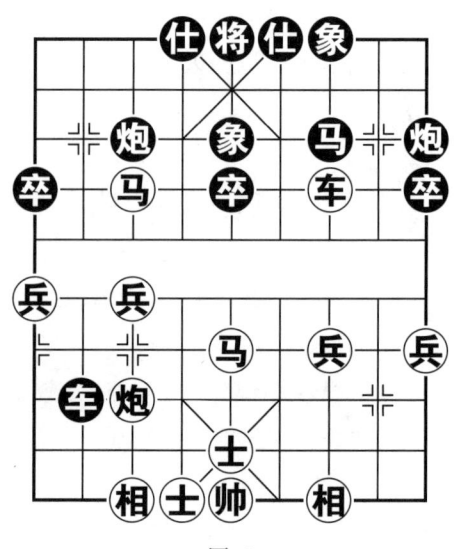

图三

171. 石破天惊逗秋雨*

——浅论诱发战术

克劳塞维茨将军在《战争论》中指出："只有能够左右对方的人才能够做到出其不意，而只有行动正确的人才能左右对方。"

而利德尔·哈特在《战略论》中则更明确地指出："必须设法使敌人迈出错误的步伐。"

诱发战术系指在两军攻防呈错综复杂态势之时，实施方深长谋划，及时采取故露破绽、弃让先手、误算丢子或佯攻逼捉等有效手段，诱使敌军误以为争先取利而采取我方预定的错误行动，从而一步步陷入被动，己方则按既定战略方针，趁机大举进攻，并逐步扩大战果的诱敌制敌方略。

诱发战术同诱入战术并不相同，它们虽是一对引诱类战术姊妹花，但弈战功能却迥然不同。前者是诱使敌人"迈出错误的步伐"，而这个错误无所不包；而后者则是诱使敌人贸然入界或诱敌深入，发动攻势。另外，从实施的手段上亦不相同。前者所采用的手段更宽泛，而后者所施手段一般仅是退让、空门、"隙漏"、得子等，以实利为诱饵，引诱或逼迫敌兵员离开驻防并深入我方阵地，发动错误的进攻。简而言之，"诱入"虽偏于战略色彩，但仅仅为了使其"入"，目的性较单一；而"诱发"则让敌人什么性质的错误都敢犯。

（一）诱离　背攻道路全通畅

图一选自黑龙江赵国荣与新加坡郑祥福1989年于哈尔滨第二届棋王赛弈战局谱。现红方正在谋划如何在不伤损进攻兵员的前提下，诱使7路马离防，以便为背攻扫清道路。

23. 兵三平四

增层掩护马，暗中维护车。一个大型、细腻、高效的诱发战术组合徐徐拉开了大幕。

23. ………… 炮6平7　　24. 炮三平二　卒6平7
25. 兵四平三　卒7平6　　26. 兵三进一　马7进5

通过减层、去架、让位、增层、近逼等战术手段的连续运作，经过反复诱导，软硬兼施，并提供逃炮线路，使孤马逃离死地，同时也使二路车攻路通畅、二路炮下底安全——诱发战术实施完毕，攻城条件已经成熟，遂平车逼压——

27. 车八平五　车1平2

压捉暗窥象，背攻创战机！黑方若马5退3则车二平五，象7进5，车五进二，绝杀无解。现敌开出右车以求反扑。这一回合，正如引言所说，必须做好两手准备，一旦敌军有所觉

---

*文题摘自李贺《李凭箜篌引》

察，不予配合，则用另计降之。从第23回合至此，诱发战术实施过程中出现的敌炮卒被"诱发"与此手敌马拒绝诱发，说明了两手准备的极端重要性。

28. 车五进一 车2进7   29. 车二平五

夺势刀锋锐，催杀战法刁！在对攻之中，红方计算精准，抢先破城。孙志伟先生撰文评曰，"红方弃车砍象，入局着法精妙绝伦，弈来煞是好看。"以下是车2平3，炮二进三，炮4平2，车五进一，将5平4，车五平八，炮7平5，车五进三，将4平5，车八进一，车4退6，马四进三，将5进1，炮二退一胜。

（二）诱援　逼敌落于双后手

图二摘自王嘉良与澳门梁奕成1980年首届亚洲杯赛弈战局谱。

25. 炮五平六

打将逼车诱炮，加重肋线负担。不管七线遭攻之急，平炮攻将，诱炮增援加固交战线，从而使肋线负担加重，使敌车处位尴尬，变成了遮护主将、抵御炮火的一个层次，使其无法解脱。而如遭到七兵欺捉之时，敌车在纵线仅存的三个点位上均无处藏身——攻将诱炮夺车的战术设计就将宣告成功！此时敌车横向没有好点可以闪躲，如贸然车4平2则将遭到马七进六、马六进七再炮五平八的摧毁性打击。

弈战，是人类思维日趋完善的训练场，是谋略、技巧施展的绝佳舞台。在这里，各种战术手段释放着不同形态的能量，表达着不同层次的诉求。此手弃马攻将逼车，诱引黑方"配合"，以期令敌"迈出错误的步伐"。

25. ………　炮6平4   26. 兵七进一

谁见羊欺虎，今演兵捉车！诱发战术令车大幅减效，已变成任人欺凌的弱者，进而变成怒而撞墙的自戕者。悲夫，征战八方的勇士；妙哉，诱发战术之设计。

26. ………　炮3退2   27. 相七进五 车4进4

拐打欺捉不堪忍受，自焚宫墙余恨难消！此乃诱发战术之重大战果，是取胜的决定性因素。以下为，士五进六，炮3进7，车四退二，控制局面，监管抑压马炮，从而轻松获胜。

（三）诱防　底线双雄逞神威

诱发战术在古典排局中亦有精彩表演，图三录自《适情雅趣》第294局"济弱扶倾"谱图。

1. 车二进四

诱马走河口，下底做绝杀。诱马扑进，戒严河口叫杀点，以解车二平六叫杀之急，这就为下底做杀争得极为宝贵的一先，为抢于黑方之前成杀提供了机会。黑方如改走炮9平6封锁叫杀点，红方则车二平九做成绝杀，也就是说，诱马诱炮均可先于敌方成杀；又如改走将4退1，则车二平六，将4平5，马八进七杀。

1. ………　马7进6   2. 兵七平六 将4退1   3. 车二进五

诱马离防后，长短火器立即对敌首展开攻击，真个是图穷而匕首现。此时，红方首着的真实意图，一目了然。同时也诠释了为什么说车二进四是诱发战术的根本原因。如没有首着的诱引，红车下底根本就没有落脚点。

  3.…… 马6退7 4.兵四进一

  选送战术的精彩复制，有一而足的用兵绝技！此手乃首着诱发战术实施的有力后续，是弃强就弱、弃长就短进行巷战的英明选择。

  4.…… 马7退8 5.马八进七

  红方诱发战术巧妙实施，步步抢先，做成绝杀，而使黑方前线车炮卒凝固了活力，变成了永久的雕像。现马双兵团团围住敌首，下伏将位兵杀。徐家亮先生在诠注中写道："红方'声东击西'进车做杀，佯攻黑方右肋，诱出左马争得主动，然后沉车底线乘隙进击，最后弃车争先以马兵伏击取胜。"

  总之，诱发战术是"示形"的千年魔力，是圣贤"致人"的不朽篇章，是古战场上高明的指挥，是橘枰诱敌入彀的长项。

  有诗盛赞其功：楚汉领地多创举，两军一帅妙如许。云谲波诡诱东风，石破天惊逗秋雨！

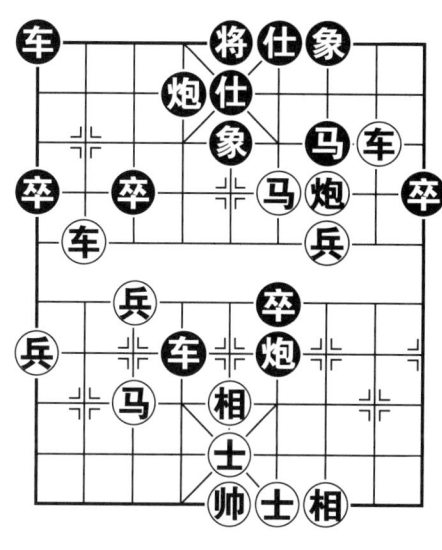

图一

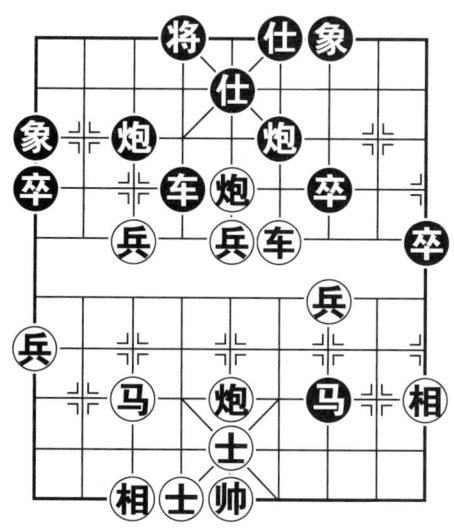

图二

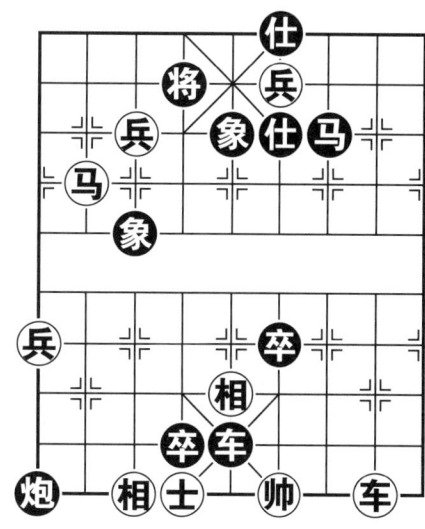

图三

172. 那知忽遇非常用*

——小论粘黏战术

毛泽东主席在《中国革命战争的战略问题》中深刻指出："弱军要战胜强军，是不能不讲求阵地这个条件的。"

粘黏战术系指实施方巧妙利用棋规将帅不得直接见面的规定，抓住敌马误入我方九宫之弊，或通过捉拿手段逼马身陷我方九宫之机，利用其与其主将同处一条线路或因遮掩缘故、地形条件难以活动之弱点，主帅乘机移师敌马前面，将其紧紧粘贴黏住，以借机争先取势或伺机将其宰杀的循规近战技巧。

（一）两度粘黏　禁制敌军难行动

图一选自裘望禹先生排拟的"移步换形"棋局正解着法第16回合的枰面。

17. 车八退六　马3进5

直退变线求杀势，生逼硬逐要粘黏。车"以势欺人"，借捉逐赶，以杀相逼，迫敌马"窝心"进行遮掩防杀，从而粘黏敌马、破坏马炮卒的紧缩阵型。

18. 车八平四　将6平5　　19. 车四平七

利用粘黏机会，捉卒过渡，十分重要，否则，如先帅五平四，则炮2平1，车四平九，卒3平2，和定。

19. ……　　卒3平4　　20. 帅五平四　炮2退8　　21. 车七平五　将5平4
22. 车五平六　将4平5　　23. 帅四平五

再一次实施粘黏，敌军团业已散乱，难以进行互保互联，败势已定。

23. ……　　炮2平5　　24. 车六退一　炮5进1　　25. 车六进七　炮5退1
26. 车六进一　将5退1　　27. 车六平七

车帅禁三，黑方欠行致负。粘黏之严厉，可见一斑。

（二）粘黏活络　牵制敌军尽斩杀

图二摘自《象棋秘诀》中的一则棋局。局中马双卒铁三角防护森然，一度曾被认为是守和的壁垒，但由于粘黏战术的巧妙过渡，却打破了"和定"的神话——

---

*文题摘自刘商《画石》

1.帅五进一

粘黏过渡手段，反制活络专家。此手由被控状态立即变成反制状态，自身活络，增加了助攻的话语权，紧紧禁住黑方前锋军团，使其一个也不能动。此手粘黏破解了由和变胜的难题，故金启昌先生为其赏赐两枚叹号。

1.………… 将4进1　　2.帅五平六　马5进6

黑方如改走卒4进1，则帅六平五，卒4进1，帅五退一，马5进7，帅五平四，卒5进1，车五平六，将4平5，车六退五胜。

3.帅六退一　马6退7　　4.车五退二　将4退1

如改走马7进5，则帅六平五，马5退3，车五平七，然后叫将吃卒而胜。

5.帅六平五　卒4平3　　6.车五平三

将敌方三子逼离打散，再逐一吃掉，胜定。

（三）应将粘黏　前军后阵妙相连

图三取自李来群与赵国荣1987年全国个人赛弈战局谱。

52.………… 炮2进4

进占组杀威慑，生根断路扼亢！在卒逐马助攻迂回到位之后，进炮做杀，对散乱空虚敌宫发出最后通牒。

53.炮四平五　将5平4

粘黏宫墙马，株连挂角人。此手粘黏，再不给红方挣扎"闹事"的机会，有力地加速了决战的进程，加大了攻杀的力度。敌如逃马，原来的三步成杀，现在有将助阵，只要两步就足以奏凯了。

总之，粘黏战术是以帅粘马的绝技，是首领亲自处理宫内突发事件的机敏能力，是活动力相对低下者与运动战专家的亲密接触，是被粘者失去运行力与攻击力并变成固定屏障的过程。

正是：贴靠拴缚妙非凡，强弱转化一瞬间。那知忽遇非常用，首长亲自做粘黏！

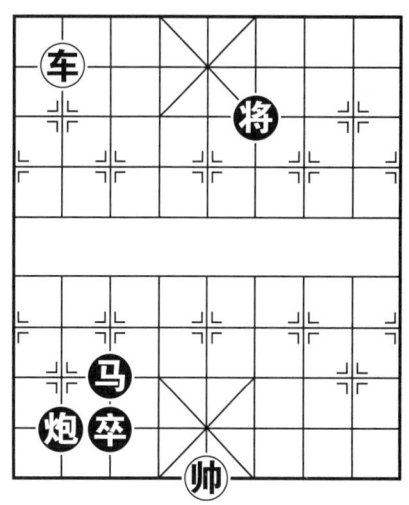

图一

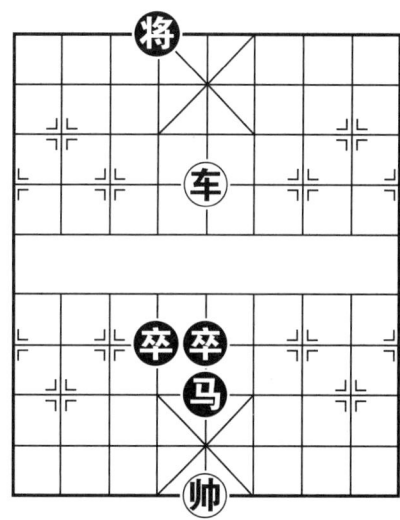

图二

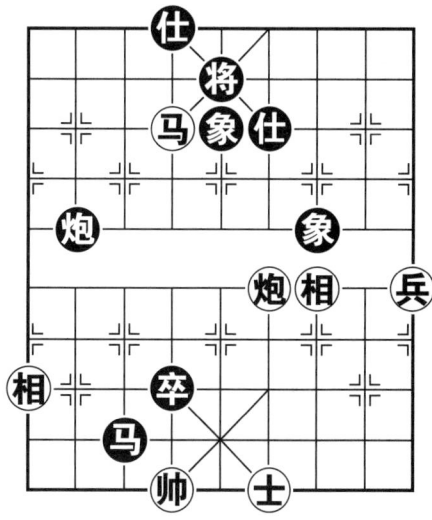

图三

173. 青山著意化为桥*

——略论台架战术

伟大导师列宁在《脚踏实地》中明确指出："要认真地进行战争，就必须有巩固的、有组织的后方。如果没有充分的装备，没有足够的给养和充分的训练，即使是最好的军队，最忠实于革命事业的人，也会马上被敌人消灭掉。"

台架战术系指炮兵部队将欲对敌目标攻打之前，为满足火炮攻打发射运行的特殊要求，各兵种兵员巧妙采取支设、冲垫、进占、捉拿、威胁、弃舍、暗伏等有效手段，先敌搭台设架，从而达成默契，形成良好铺垫，有力配合助攻，为炮夺势、控制、震慑、摧毁敌目标创造必需条件的襄助配置技巧。

（一）弃车为架　精妙杀法惊天地

图一摘自李忠雨与刘殿中1976年于兰州全国棋赛对局谱。

13. ………… 马6进4

借躲避三兵欺逼之机，入界邀兑，以期调马使中兵失根，并通过兑马而逼离四路河马，为设架取兵夺势打叠。

14. 马七退五　车8进3

仙台金架天搭就，云梯玉桥血凝成！为助攻求镇，为攻城略地，为组杀擒帅，弃车为架，演弈了台架战术的经典华章。此手，诸多名家从进攻、节奏、组杀等不同角度进行了点评，均给予了极高的评价。今从台架战术实施角度看，它有三大特点：一是台架设置谋划深远，已将红方兵五进一或马四退二应法的后续各路变化计审精准，已算红鲤至，才肯下金钩。二是求战意向大气奔放，逼退七路马仍不肯罢休，而且不做马4进6设架考虑，善于在混战中出奇用险，正如棋评云，"令人目瞪口呆"！三是后续着法设计精美，妙手迭出，浑然一体。真乃是：兵线演绝唱，平地响惊雷！

15. 马四退二　前炮平5

炮打中兵，将选择权交给了红方，若飞相则演成压镇之势，黑方攻势凶猛，红很难守御，不管挺左相还是右相，均有专题拆解；按实战着法，则成空镇之势。换言之，不管如何选择，已在预谋之内，中宫镇势已定，而且做架打兵为尔后诸多妙手提供了施展的平台，正是：奇花绣锦缎，金架铸名篇！

16. 马五进六　炮9进7　17. 炮三平六　马4进6

---

*文题摘自毛泽东《七律二首·送瘟神》

突施超级妙手，辉煌谢幕双杀！此手弃车扑马妙极：它是8路车精妙设架之后的用兵境界的再度拔高，是双主力关键时刻的极限升值，是取势争杀夺旗的喋血铺垫！此等审局施略，洞察清似水，做杀灿若星！故慨叹曰，每个人都会有人生的结束语，平淡欤？震撼欤？粗糙欤？精妙欤？此局中的双车可是做了充分的准备，为了这非凡的一刻！

18. 炮六进六　　炮9退4

重炮求杀，逼马放弃要点扼守，马二退四阻拦，然后再马6进7叫将，马后炮绝杀。此等妙杀局，超凡越圣，给事业人生以深刻的启迪，使人得到高雅的艺术享受。

（二）连续充架　前军得势摧魔窟

图二选自吕钦与付光明1987年金菱杯象棋赛中局谱图。黑方强大兵团正在围攻帅府，且伏马5进3双胁的攻击手段，尽管红方双炮联结抗御，但单一的防守很难抑制城防危机的逐渐加深。红方若以攻代守，又缺乏有力后续手段。关键时刻，红方妙施台架战术，使单纯防御之炮变成了助攻的英雄，并利用黑方后防薄弱的弊端，发动偷袭，转守为攻，同敌军争速抢杀——

44. 马八退六

设架灵妙手段，铁血双杰助攻！对于八路马来说，若向敌堡进攻，目标太远；如防守，位置又太偏。如何发挥关键时刻的骨干作用，成为红方筹谋的重要课题。现将处于两难境地的马推送到炮路，使其以生命的代价充架助攻，从而马助炮威，炮增车力，其价立涨，并使被动的防守局面立刻转入反攻阶段，局面因"台架"顿时生动起来。敌马虽然夺去其生命，但敌马形体的替代物却完成了同样的反攻争杀的任务。真个是：矛头直指将，台架立称王！

44. ……　　马5进4　　45. 车八进三　　士5退4　　46. 车八平六　　将5进1

47. 车六退一　　将5退1　　48. 兵三平四　　马4退5　　49. 士五进六

敌架闪离去，我辈铺路来！为人乐行善，专门做炮台。此局可谓台架的专场连续表演，此手拆花心横向炮架，充纵向炮架，并经过己架、敌架、己架的充做与转换，红方杀势已经变得十分强烈。

49. ……　　马5退4　　50. 车六退二　　士6进5

51. 车六平八　　象5退3　　52. 车八进三

此局，杀在车兵根在炮，而功在马士，何功之有？铺路搭桥充架助攻破敌是也。正是：天下助攻谁为首？筑台做架第一人！连续支前争斩首，枉费压城聚黑云。

（三）深密运筹　高架凯歌并蒂莲

台架之设置，愈密愈妙。密者何？隐蔽、深暗之谓也。以废步、闲着为掩饰的预先设置的台架，最阴最力，打击最突然。本例取自李中健先生排拟的《象棋实用排局》第3局谱图。此局是为实施致命侧攻而精深筹划、秘密设置台架的精妙排局。

1. 相五进七

闪露、控中，稳定局势、全面控制敌营的决定性的飞扬战术妙手，同时为左炮的周旋、纠缠、要杀，为双相妙设台架提供了广阔的天地。

1. ……………　车3平2

敌若车3进5砍相则炮八进一，车3退5，兵八进一，黑方将全盘受制，困毙而终。

2. 炮八平七　　车2平3
3. 兵八平七　　车3平2
4. 兵七平六　　车2平3
5. 兵六进一　　车3平2

兵炮联手，采取护辅、要杀、逼离、移动等战术手段，连续渗透，做向心运动，控将锁喉，为最后做杀进一步打叠铺垫，同时缠住右车，逼其减效，不得作祟。

6. 相七退九　　车2平3
7. 炮二平一　　车3平2
8. 炮七退七　　车2平3
9. 炮七平五　　士5进4　　10. 相七进五

上挺初做架，过渡再助杀！七路相助炮攻将，并为连续打将充架做好准备。

10. ……………　士4进5

11. 相五进三

顿挫行棋紧，相飞设架阴！预先暗中缥缈设架，为窥打单象叫闷埋下伏笔。此手乃台架战术、飞扬战术、带将战术、助攻战术的联合演弈，是此局之精华所在。

11. ……………　士5退4
12. 相九进七　　车3进4
13. 相七退五　　士4进5
14. 炮五平三

高架助攻日，炮火摧城时！兵相双炮已做成绝杀，黑方双车无力回天。对于炮七退七一手，联想到《战争论》中的一句名言——"驻守在自己的战场上，而同一切必需之事物保持着联系"，妙手名言，真珠联璧合也。

总之，台架战术是满足炮特殊需要的助攻技巧，是助炮发射击打敌目标的必需手段，是兵员之间互助互补、互相配合的象战艺术，是一盘棋思想的美妙赞歌！

正是：炮借台架卷狂飙，弹发戎界灭鬼妖。春涨谷溪人不渡，青山著意化为桥！

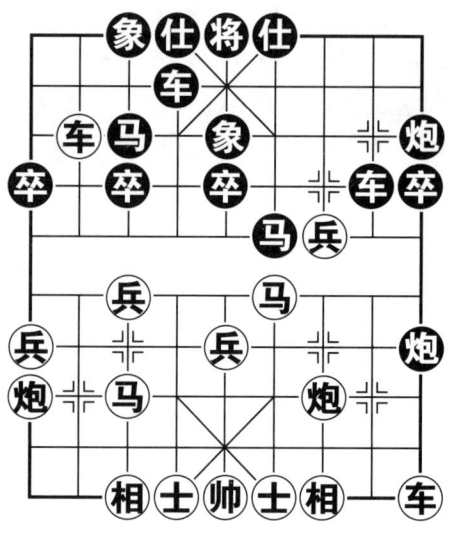

图一

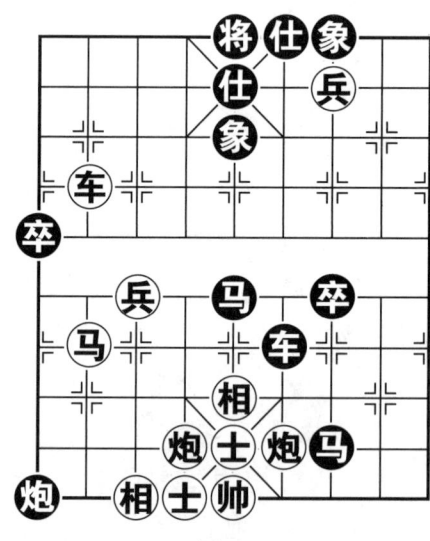

图二

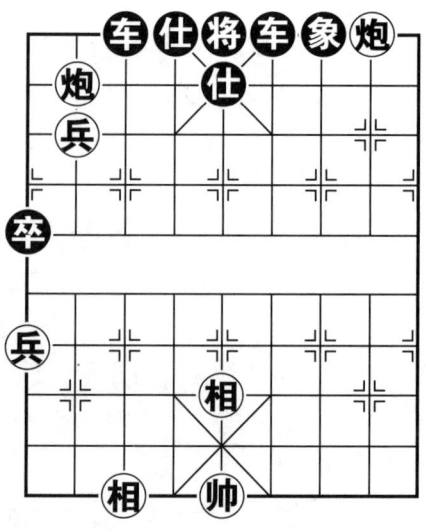

图三

174. 臆穿足裂忍痛何*
——小论制弊战术

粟裕将军在《对未来反侵略战争初期作战方法几个问题的探讨》中深刻指出："所谓制造战机，就是要制造敌人的混乱，制造敌人的疑虑和错觉，制造敌人的缺点、弱点，使敌人犯错误。"

制弊战术系指实施方深入审局，对敌我双方战阵、兵员占位、敌首处境、战斗走向等方面情况进行透彻分析，发现症结，巧妙采取引诱、逼迫、控制、拆散、威胁等强制手段，制造、扩大、利用敌方隐微弊病，从而使敌军呆滞、处险、断联、被锁、遭袭、失子致败的制敌造势方略。

制弊战术与制乱战术同是制敌致人类型的战术，但二者并不相同。后者以制造、利用诸如花心窝马等致命混乱弊端为主，而前者则以制造、利用敌方子力在占位、运行、变化中的一般性弊病为主；再则敌方的问题在实施前显露的程度，二者迥然不同，前者如果是"草色遥看近却无"，处于萌芽状态，那么，后者则是"多少楼台烟雨中"，问题业已存在，只不过被掩盖而已；而在对敌方的危害程度上，后者因直接牵涉敌首的安全问题而显得更为严重。

（一）串打拴缚　敌营几近崩溃

图一选自李义庭与周寿阶1957年于武汉弈战局谱。

44. 炮七平五

瞄射敌纵队，制弊第一枪！不怕敌方拼兑闪击图谋，平炮串打，借机抢占并控制中路，为实施第二次制弊方案埋下伏笔。此手巧妙，红方已将后续争战走势看得一清二楚，敌方应对及变化均在预案之中。此手，串打胁士，调动并刺激了敌车马战斗的"积极性"，并使之顺利"堕落"成呆滞的植物人。

44. ……　　车5进2　　45. 车四进四

制弊出妙手，战局立转折。紧凑、立茬地进行出击、剪羽，宛如给敌军注入了一剂致癌素，使车马一死一呆，顿时失去了抗争的资格。

45. ……　　马5退6　　46. 相七进五

炮居中控敌，使敌首难以转移中路摆脱拴缚；主帅紧紧拴住敌马，而敌马单弱，难以自保，敌阵弊端凸显。以下帅进炮退、平炮四路打死马，敌虽有1路卒，但已无济于事了。

---

*文题摘自王建《水夫谣》

（二）监管断联　制弊得子占优

图二摘自杨官璘与赵汝权1977年于菲律宾弈战局谱。

25.车四平八

制弊筹划暗，夺子手法刁！不管7线马奔卧之事，专程监管由边路转移至此以求攻势的2路炮。此手隐暗，它给敌制造了一个假象——红方惧怕炮下底发动攻势，那黑方就"将计就计"，牵制车而马奔卧，从而大意失察。此手不仅着眼于炮，而且将敌右翼所有子力尽皆纳入"目标群"之内，将双炮一士单弱状态"制造"成弊病，以利于展开攻击。2路炮有车根相护，如何称之为单弱？这正是红方制弊技法隐暗高明之处，在红方看来，或者说在红方制弊妙手逼迫下，敌车不过是一位假保安！

25.………… 马7进8　26.炮二进三

制弊分上下，出手见高低！打车、断联、制弊、夺子。黑方如躲车，失炮；黑方如逃炮，炮2进1，车八进一，车1平8，车八平六，敌双炮尽失；如炮2退1，车八进三，车1平8，车八平六，将5进1，车六退一抽车胜。呜呼！此手制弊，筹而无形，攻其无备，并将雄奇掩藏于平淡之中。此手，极具战略价值，极具高端档次！其致命打击，一锤定音。

（三）充架强打　同根相煎何急

图三取自朱永康与王嘉良1962年于上海弈战局谱。

36.………… 卒6平5　37.马四进六

制弊设暗架，探试去何方。红方在被动防守中，暗设机关，为妙施制弊手段预做铺垫，将攻防大战纳入到己方谋划的步调上来。此手之隐暗已臻至敌方难以觉察的程度——

37.………… 卒5进1

处险而不觉察，遂使险情加剧。朱永康先生对此手曾撰文写道："急于落子，招致败局。应横兵照将，还是可以成和。"

38.炮七退二

制弊非拼兑，夺子得势归。制弊妙手，其一，敌炮作为"掩体"，肩负着遮掩重任，它不敢擅自离守；其二，敌将正处于被卧被闷的危险边缘，它已经成为全军的拖累，成为"弊"的"病灶"；其三，敌马看似攻态独具，但其身已被制弊威力波及到危险境地，随时都有被抽吃的可能。

38.………… 马3退2　39.炮七平四

黑方如躲炮，红方马六进七打将充架，炮打象将军抽马，亦胜。

总之，制弊战术是制造敌阵弱点的过程，是抑敌夺势的技巧，是逼迫敌军生病添灾的艺术，是杀敌攻城夺胜的阶梯。

正是：象战制敌技法多，捉拴胁窥全是歌。凭空添病折磨尽，臆穿足裂忍痛何！

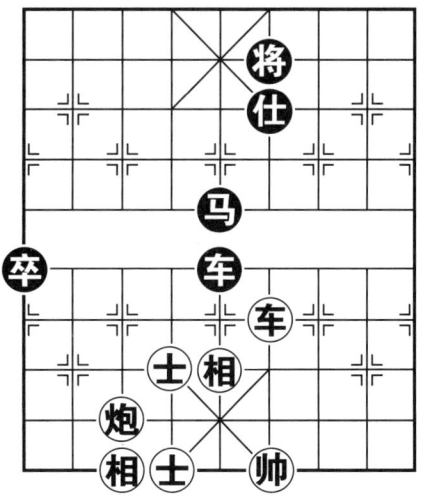

图一

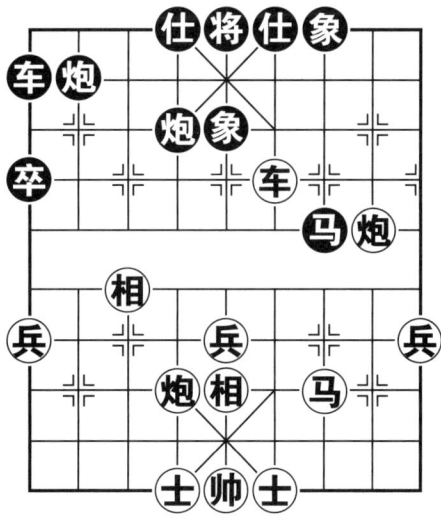

图二

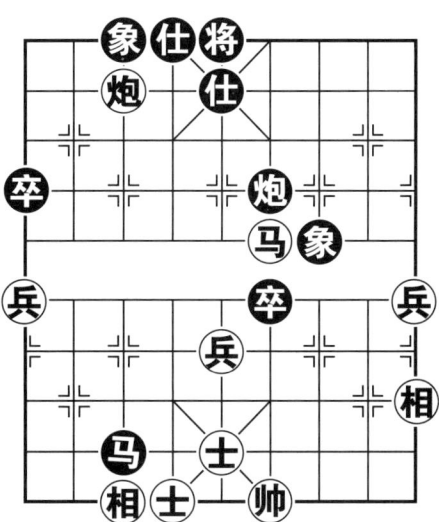

图三

175. 侯门一入深似海*

——小论制孤战术

毛泽东主席明确指出："可有意识地制造敌之错觉，即用自己聪明而有效的动作，在有胆识的群众掩护之下，造成敌人错觉，调动敌人就我范围。"

制孤战术系指占有优势兵力的一方，本着"十则围之，五则攻之"的用兵之法，对敌军中突出、冒进、靠边、散居之孤子采取围困、紧逼、定位、追剿等有效手段，或就地歼杀，或以佯攻策略牵扯敌军主力在主要方向上的军事行动，或引诱企图解救孤子的兵员入彀而设伏歼敌的制服敌散兵游勇的用兵谋略。

围棋亦重视制孤的局面效用，并讲究制孤的策略。《围棋战理》为此专门写道："对于制孤，第一是用杀……第二是佯攻……第三是追逼。"

（一）聚歼断根　围孤打援夺胜势

图一选自洪磊鑫与阎文清1989年全国个人赛弈战局谱。是局黑方采取了以主力会战为制孤铺垫打叠之战法，既有效转移了深入冒进兵员的注意力，使其松弛戒备，又可迅速突然实施制孤，使其猝不及防，还能够极大提升制孤战斗在全局中的军事价值，使其成为胜负成败的关键一役。

1. ……………　车2进1　　2. 车六进二　车2平3　　3. 相五进七　炮9平7

主力河口会战，侧翼部署制孤。通过河口会战双方兵力的削减，极大加重了制孤在兵力天平上的筹码，同时逼相走高，双相失联，又造成右翼底线的弊端，并获得了一个宝贵的先手。平炮一手将会战获得的利益与制孤的实施紧密衔接——平炮叫闷与对冒进者的贴靠近逼——演弈得天衣无缝！此三手顺利完成了制孤之准备工作，其过程可谓云遮雾绕、声东击西，十分巧妙！

4. 相三进五　车7平6

制孤已成锁钥，合围决定胜负。制孤已进入正式实施阶段，制孤与反制将在此间进行一场兵团一级的全员决斗。

5. 车六平四　将5平6　　6. 车四进二　炮3平6　　7. 马二进三　象5进7

合同作战敌军疲软，围炮滞马静候佳期。制孤战术之巧妙实施，已牵扯了整个敌营，敌仅存两支作战强旅已严重受制，增援解围之马也已变成第二个制孤对象，敌营盘已开始笼罩着一层阴云惨雾。

---

*文题摘自唐·崔郊《赠婢》

8. 帅五平六　卒1进1　　9. 兵一进一　象3进5

10. 相七退九　象5进3　　11. 相九进七　炮6平7

围点打援手段巧，制孤双捉敌首惊！在穷尽了所有先手利益与进行了周密的战术打叠之后，重拳出击，使制孤战役取得了决定性胜利。

（二）驱逐瞄打　孤独先锋走无路

图二摘自陈信安与郭长顺1986年于邯郸弈战局谱。针对孤立无援之弱马，红方采取捉拿、管控、拼兑、掩护、逼打的一整套制孤手段，成功夺子取势——

34. 车三平一

车逼马路窄，逢打命即绝。平车压捉，争得先手，并将孤马逼上绝路。此手，乃制孤战术实施的第一阶段打叠性举措，它为制孤歼马创造了有利条件。

34. ……　　马9进7　　35. 马六进五

拼兑讨落点，制孤求效益。此乃制孤整体设计的中间过渡环节，是不容敌军救援的战术紧手，它为炮五平三打马制孤铺平了道路。

35. ……　　象3退5　　36. 炮五平三

此简捷的短平快制孤战术组合，对孤军深入错误是一个沉重的打击，对那些匹马单枪踹营而又无得力后援的冒进者，是一次深刻的警训——制孤战术就是给那些不计后果的冒进者量身定做的黑色陷阱，就是控制其行动、终结其生命的地网天罗。呜呼！橘枰虽在方尺之间，却"侯门一入深如海""壮士一去兮不复还"，真绝妙也！以下是马7退5，帅五进一，车4进6，帅五退一，炮1进3，马四退五，红方以优势兵力进入了最后的较量。

总之，制孤战术是击虚打弱战略方针的具体展现，是以强击弱、以多打少策略的演弈，是选择攻击点的最佳样板，是夺取军事优势的轻便阶梯。

正是：审局制略独精粹，击虚打弱显神威。侯门一入深似海，黄泉溺顶永不归！

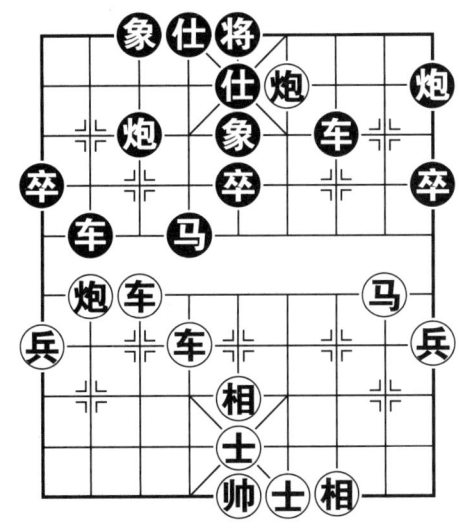

图一 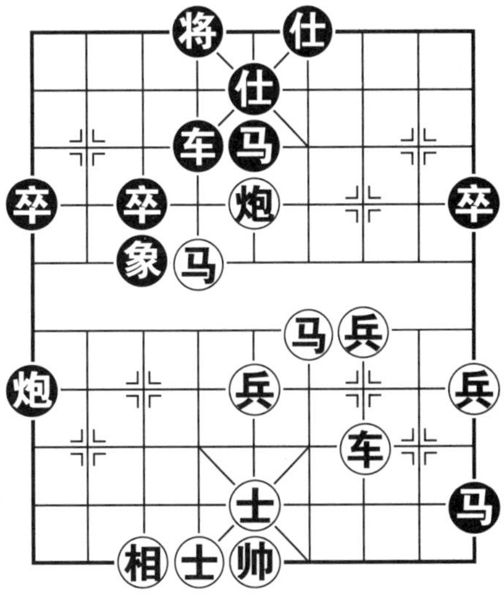　　　　　　　　　　　图二

176. 横笛闻声不见人*

——浅论暗架战术

克劳塞维茨将军在《战争论》中深刻指出:"在像战争这样充满意外事件的领域中,机智必然会起巨大的作用,因为它不是别的,正是一种能够出色地处理意外事件的能力。"

暗架战术系指在攻防战斗中,实施方深远谋划,隐暗造作,利用防守、打将、行军、占位的机会,悠然提前设置台架,并不留任何施用的痕迹,以麻痹对方,当数日以后突然启用,或晃动敌军,或借架绝杀,立使敌军猝不及防、当即崩溃的暗中配置技巧。

暗架战术在台架、萍架、铁架、邀架等姊妹战术中,是谋划深远、设置隐暗、使用滞后、爆发突然的一类配置技巧。

(一)单兵连续追击 底线做成暗架

图一选自李中健先生排拟的象棋实用排局第86图附图。

1.兵三进一　将6退1　　2.兵三进一　士4进5　　3.兵三进一

单兵追剿日,暗架造设时。三路兵以追杀敌首为掩护,悄然设置暗架。此手设架确实很有些神不知鬼不觉之诡秘,而且此架不仅具有助炮攻将的作用,而且还具有依托护辅功能,使敌车在与炮的较力过程中减效失效。此种伟力,使此架成为一等底线暗架。此暗架,以一张"废牌"遮敌耳目;而又控将拒车助炮,真暗架之王也。

3.…………　将6平5　　4.炮八平一

依托马力,远程转移,欲下底叫杀,向敌车喊话挑战。

4.…………　车1进4　　5.帅五进一　车1平9

面对底兵强大依托之势,敌车只好辗转它处以行监管,如贸然径自车1平8,炮一进五后因车的落点在兵的控制范围之内而使车不得应垫,遂形成绝杀。

6.炮一平二

小幅转移调整,再妙施依托,欲下底以兵为托为架,形成绝杀。妙也!兵马实可靠,皆善为依托。此手暗中依托,使敌车顿然失效、尊严受挫,从此结束了它能征惯战的历史,淡出战场。呜呼哀哉!台架何其暗,敌首冷透心。强车滞角隅,防杀靠谁人?

6.…………　将5平4　　7.炮二进五　将4进1

8.马三进五　将4进1　　9.炮二退二

---

*文题摘自陈羽《从军行》

（二）双兵高低暗架　一对助杀英雄

图二摘自《古今象棋名局精萃》炮兵类棋局第47局谱图。

1. 兵七进一

夺象打将做暗架，禁控皇室立奇功。此台架隐暗若无，它在行军作战中达成，在耆英冲锋的喊杀声中设置，没有任何台架的痕迹，但它却出色达成了预期。此手，是炮摆脱敌车监视的重要过渡点，它为炮之佯攻调车，起到了暗中推助的关键作用，而且这一切，都深深掩藏在时间老人的身后。此手，是红方成杀的转折点，由于它的神圣存在，敌车才变成低能无能之辈。

1. ………… 将4平5　　2. 炮一平三　车9平7　　3. 炮三退一

生根、择路、增效、逼车！此手不仅使炮自身增加了活力，而且将在场的所有兵力的能量，包括帅、三兵与七兵的占位功效，都发挥、施展出来，拧绳联网制敌！

3. ………… 车7平8　　4. 炮三平九

大视野、大转移，极具联合攻杀意识，它将绝杀与佯攻巧妙糅而为一，它对调动车、疲惫车、减效车独具功力，对底兵暗架的决定性作用进行了现场阐释。

4. ………… 车8进9　　5. 帅五进一　车8平1　　6. 炮九平三

连续转移游动，构成绝杀。至此，七兵的妙用由暗转明，在决定性时刻充分体现出来；而三路兵在局面里，是炮根，是掩体，更是暗架——通过它的台架作用，炮得以对三路线实施倒封锁，使敌车一筹莫展！两台暗架，位处左右，势分高低，但助炮攻将作用如一！具有如此高妙技巧的中国象棋，居然有人企图将其打压成二流棋艺，真荒唐也。

（三）硝烟弥漫设置　歼敌拔寨生辉

图三录自澳门徐宝坤与中国赵国荣1991年世界象棋赛弈战局谱。

23. 炮九平六　马6进4　　24. 炮六进五　士5进4

浓烈硝烟起，应运暗架升！此种暗架之设置，如同仙神一般。它在都城保卫战中、在攻防硝烟中设置台架，具有极大的隐暗性、功效的藏敛性与视线的转移性。在攻防作战、子力交换之中达成，敌军指挥系统绝对不会认为此举与台架有任何关联。暗者，藏之深密也，淡而至无也。

25. 车九进二　士6进5

防车加固深谋算，花心暗架续提升。第二个暗架是在防敌车平肋，以便扑马攻杀而预做联士打叠的"实在"安排中"正常"设置的。它是以固防为掩饰，为反攻做准备而悄然进行的，神不知鬼不觉，双架强固建成并将投入使用。

26. 相三进五　车2进3　　27. 车九平六　马4进2　　28. 车六进一　炮2退1

暗架打马过渡，暗架功效初显，并为再显神威做好准备。

29. 马三退二　马2进3　　30. 车六退二　炮2平4

魔布掀开处，暗架辉耀时。打死敌车，从容获胜。

总之，暗架战术是隐暗设架的手段，是暗中铺垫打叠的计谋，是深麻痹与高效率的联手，是有而示无的经典论说。

正是：配合默契谋划深，硝烟弥漫挺奇珍。暗架搭建未露相，横笛闻声不见人！

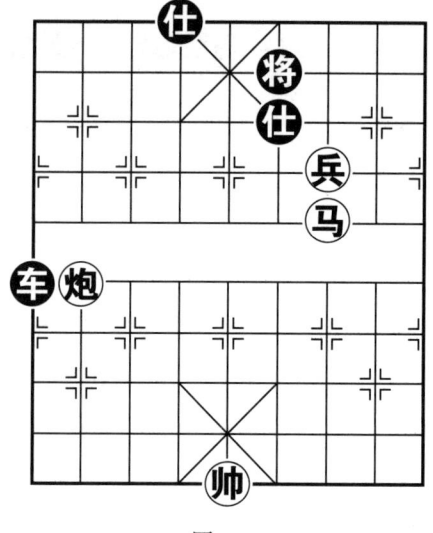

图一

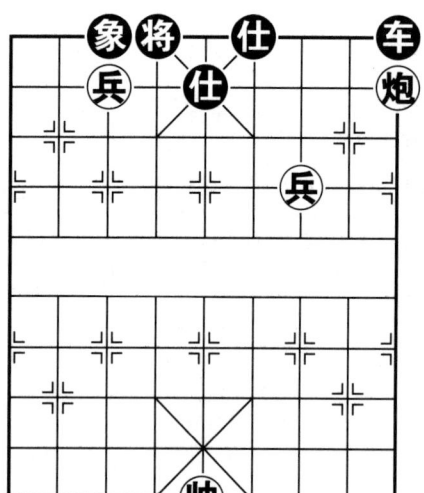

图二

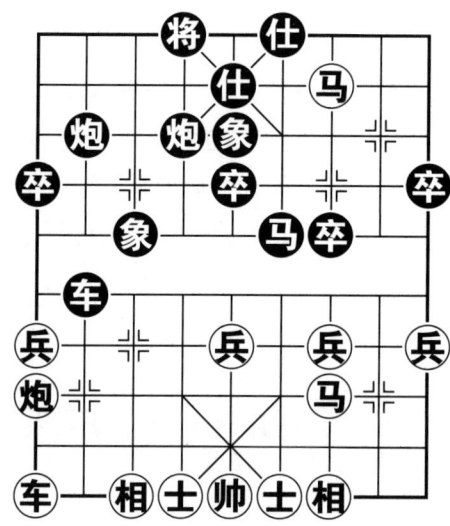

图三

177. 鹅湖山下稻粱肥*

——试论备补战术

克劳塞维茨将军在《战争论》中指出："预备队应区别两种使命，第一，为延长和恢复斗争；第二，为不可测的事件做准备。"同时他认为，"未投入战争的预备队之数量常是两军统帅之重要的着眼所在"。

备补战术系指在几次大型战役之后部队大量减员，特别是前线兵力严重不足的紧急情势下，指挥部门根据战略部署的需要以及逐次使用兵力的原则，采取储藏、启动、打叠、防守、休闲与拟势等手段，在战事间歇秘密筹建并梯次设置战略预备队，在军情需要时及时而顺利地将最后一批预备队补充到位、参与争战的后援准备与前线增补的用兵运筹艺术。

备补战术与承接战术的异同点是，二者既是运兵用兵的艺术，又是互为补充的关系：后者是在战斗中、对抗中进兵增援的运兵技巧，是边攻边进、进与攻紧密交错实施的艺术；而前者则是抓住敌军城防虚懈这一稍纵即逝的宝贵战机，以有限的一线进攻兵力立即乘虚捣懈，发动攻势，夺取一定战果之后再调兵增援、以利续战的谋划，或者说，备补战术即乘势急攻、果断取势、间歇增援、会同决战之阶段性节奏性战略部署也。

（一）解杀争胜造势　备补入界擒敌

图一选自《适情雅趣》第八十八局"边卒成功"谱图。是局红方在解杀求胜的惨烈拼斗中，主力兵员伤损过半、一车求杀无助的情势下，唯一可渡河作战的预备队员戍边小兵应召启动，补充战力，增援孤车，逼宫获胜。

1. 前车进一　将5进1　　2. 车四进四　将5进1

连续打将，逼敌首走高，为要杀、解杀创造必要位势条件。

3. 前车平五　将5平4　　4. 车五平三

一车游弋非常用，两手顿挫解双杀！此乃全面审局、细致入微的解杀争胜妙手。它既化解了卒5平6，车四退七，车8进1，相一退三，车8平7的绝妙闷杀，又破解了卒5进1，帅四平五，车5进1，帅五平六，车5进2的双车错杀。

4. ………　　车5进1　　5. 炮九平五

非常局面下的严厉监管措施，舍此无他解着。以下黑如卒5平6，车四退七，车8平6，帅四进一，车5退6。在兵员伤亡如此严重情势下，红方何以取胜？徐家亮先生认为，此时可车三平七，车5平2，车七退五，车2进3，车七平六，将4平5，车六平五，将5平4，帅四平五，

---

*文题摘自王驾《社日》

车2平4，兵一进一，边兵启动，快速推进，助车成杀，备补建功。

此局名为"边卒成功"，实乃备补之演弈也。在重大战役之后，备补边兵战略作用骤增，无则不胜，有则必杀，战略地位极端重要，可谓：倚重后续催魂客，深远备补成边人！

（二）杀法天然奇妙　备补切入无双

图二摘自胡荣华与于幼华1984年昆化杯象棋赛弈战局谱。是局红方及时启动备补战马，杀入守军相对单弱的右翼黑阵，制右牵左攻将夺车，十分精彩。

23. 马七进六

前线待援日，备补启动时。此马开拔十分及时，若慢一步，被中卒冲渡联手，将贻误战机；进发方向正确，因己方右防坚固，敌虽有车马炮卒亦构不成威胁。而敌阵中防不整，右翼薄弱，以利击虚打弱；敌兵力滞后而且受制，正是增兵加码、急攻求杀之时，此备补征战，为战局急需，以加大攻击力度。

23. ………　炮9平7　　24. 车三平六　士4退5　　25. 马六进七

暗伏塞压、切入，双向制乱逼车，立使暗潮涌动，即掀攻杀高潮。

25. ………　炮7进1　　26. 炮八进一　马7进6　　27. 马七进九

红马踏入敌营后，即暗中发挥威力，现切入叼车诱兑卧槽伏杀，给敌虚弱右翼及宫城卫士施加了巨大军事压力。以下是，车2平1，车八平六。李中健先生经研究认为，此局面"是利用卧槽马组合进攻的典范，是极为难得的艺术珍品。红马攻击黑车而奔向卧槽，八路车收肋准备弃车成杀，天然奇妙！"

总之，备补战术是建兵、藏兵、用兵的先期打叠技巧，是屯兵、战斗、运兵的大顿挫谋略，是后续攻杀主力的启动手段，是最后决战的计划酝酿、组织实施的有效方法。

正是：征募备补计议长，前线急需有后方。敢笑滚滚东流水，不如我阵续辉煌！

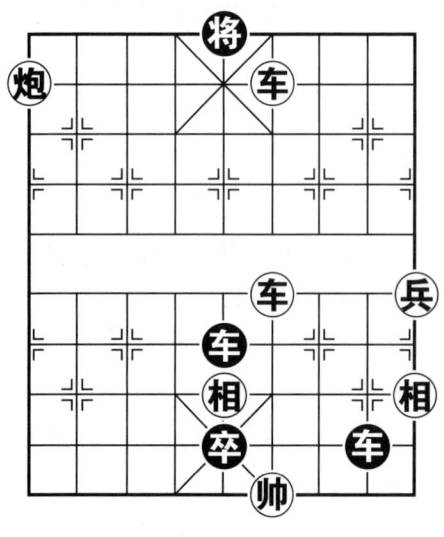

图一

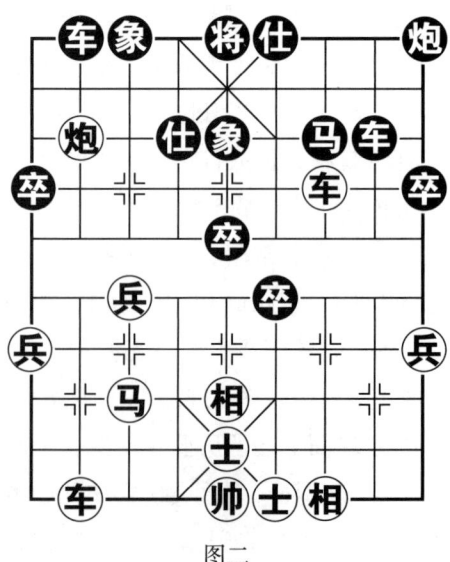

图二

178. 芳草有情皆碍马*

——浅谈绊别战术

《六韬·战步》中指出："望敌车骑将来，均置蒺藜，掘地匝后。"

绊别战术系指施动一方在敌马即将发难作祟之前，派遣得力兵员先敌采取抽占、进逼、贴靠和折返等有效手段，充分利用敌马行进对空间的特殊要求之弱点，迅急设置路障，绊脚别腿，使其完全丧失对要点的控制能力、对友军的保护能力、攻防作战的奔袭能力和斜向攻杀能力的阻滞战法。

（一）攻防转换的枢纽　战略反攻的号角

图一摘自黄世清与罗春阳1995年棋友杯赛弈战局谱。

20. 马三退二

阻滞、防杀的妙手，闪露、反攻的号角！相口马折返绊别，使黑边马这一瞄踏红车，欲叫将绝杀的攻城急先锋遭受到严重的羁绊！仅一步之距的绝杀点变得山重水复，敌双车马炮联攻的步伐遭受到致命的阻滞。与此同时，红方远程弹头迅速闪露，妙夺先机！红马之绊别，巧施攻防转换，使敌进攻部队全线"停摆"，使戎首立即面临双车炮的摧毁性打击。绊别闪露之威猛溢于实战攻防之外……

20. ………　车3进1　　21. 车三进八　将5进1

绊别，带来了战机，带来了活力，带来了巨大的效益！实施绊别者，在敌双车锋刃下，巍峨不动，表现出极大的沉稳与坚定，它在目视着胜利的到来！

22. 炮七进一　车8进1　　23. 炮七进一　车8平7　　24. 车三平五　将5平6
25. 前车平四　将6平5　　26. 车五平七

此局绊别一手，攻防兼顾，绩效非常，正是：一别天下变，双雄夺险关。绊技人皆晓，此手最震撼！

（二）绊阻夺势双剑锐　乘机劫掠一举成

图二系胡荣华与李来群1992年于抚州弈至24回合轮黑方行棋的枰面。

24. ………　车4退2

绊马阻防妙手，夺势争胜枢机！次序绝好的绊阻，立夺伏杀攻势，黑双车的效能得到

---

*文题摘自唐·罗隐《绵谷回寄蔡氏昆仲》

了最大程度的发挥。如急于车2进2下底求杀，则红方马六退七据守，加之右翼双车的有力策应，黑方胜路修远。现在车阻红马回防，使其不得垂缰救主，然后2路车再下底逼宫胁制，乘机夺马。绊别时机把握之得当，顿挫打叠之精妙，跃然枰上。

25. 相五退七　车2平6　26. 车四退二　车4退1

由于绊别给敌方造成了致命威胁，逼迫红方弃马求"安"。换言之，绊别带来了巨大的物质利益，为实施文火战术制敌夺胜打下了坚实的基础。

27. 车四平七　卒5进1　28. 相七进五　马3进5　29. 炮六平九　马5进7
30. 炮九进六　将5平4

将之助攻，使车顿增杀力，车马如龙搅海，远炮近车难以守御。正是：绊技虽云妙，下手必择时。谋划当精细，何愁不破敌？

（三）一炮绊双惊朝野　　抑势制敌占上风

图三选自胡荣华与蔡福如1981年于承德邀请赛弈战局谱。

26. 炮三进五

底炮飞渡，履险象口，同时绊双，高效奇妙！这是一个内涵丰富的绊别妙手。首先，它极大削减了炮双马构筑的左翼沿河堡垒的防守能力，一举确立了战略主动权；其次，它企图诱引左象去炮，则车二进一，突破河防，在敌左翼立掀进攻狂澜；再次，先敌挑起战斗，逼肋车退防，加重河炮之拖累与车之负担。此手实施及时，否则黑方中炮将平移8路打车，红方不堪。实战中红方充分利用一炮绊双的战机，发扬家门口作战的地理优势，步步盯咬，抑势制敌，争得上风。

26. ………　车6退3　27. 马八退六　炮5平8　28. 炮三平二　车6进3

29. 马六退四

盖压车背暗，从此形遁消！将领头雁抑制低位，顿使敌势冰消瓦解。

29. ………　将5平6　30. 相五进三　车6平7　31. 相七进五　马6进4

至此，蔡福如认为"7路车受困，形势已处下风"。正是：绊双堪称妙，立马夺战机；曲径通幽处，恶斗演平局。

综上，绊别战术制短抑长，功能独特，利攻利防，战略价值连城；且由于绊别战术之巧妙实施，使枰面顿然重峦迭嶂，路阻途迷，使战局转换突兀，跌宕起伏，而极具观赏性，故云"芳草有情皆碍马"矣。

正是：铁蹄踏处施索绳，冲锋号前敢叫停。平常战法蕴奇妙，恶弩从此不横行！

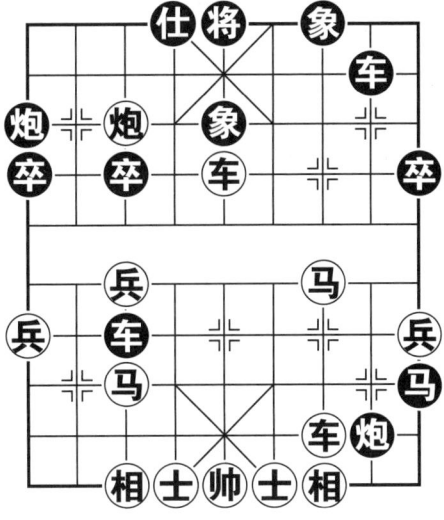

图一

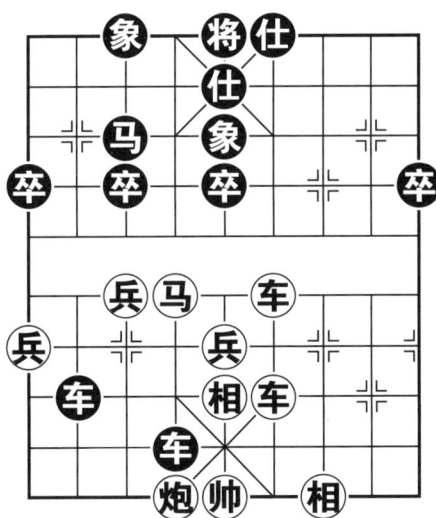

图二

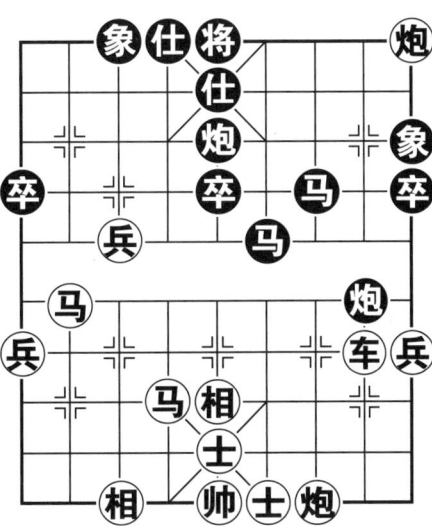

图三

179. 闲窥石镜清我心*

——简论暗窥战术

克劳塞维茨将军在《战争论》中深刻指出："军事行动不是数学演算，而是一种在黑暗的、至少是在朦朦胧胧的领域中进行的活动，在这里，我们必须信赖那些最适合于达到我们的目标的指挥官。"

暗窥战术系指进攻部队为达成杀敌、威慑、抢点、强攻等目的，采取隐蔽、平淡、曲折、待机等手段，将兵员预先部署在不为敌所觉察其驻占企图的地点，或由友军出面进行铺垫打叠以过渡要点，巧加配置，暗中盯住目标，实施威胁、打击的占位隐伏制敌的用兵艺术。

（一）悠然暗窥　攻势如潮卷宫阙

图一选自胡荣华与刘文哲1962年于合肥全国赛弈战局谱。

40. 炮二平三

阴也妙也暗窥，淡然悠然转移！平炮相位，闪露火力，为车砍中象剪羽、暗伏炮三进九闷杀打叠。此手空悠隐暗，十分巧妙！此手为车给力，为前军车炮攻城擒将创造了最佳战场条件，堪称待机助攻之典范，远势暗窥之上品，真可谓：小动惊天下，暗窥定胜局！

40. ………… 炮8平5　41. 车二平五

黑方如改走车2退5，红方则车二退四，车2进3，车二平五，红方优。现平车砍象，展开攻击。

41. ………… 炮5退3　42. 车五平三　炮5平7　43. 兵五平六　车4进1

车炮盯瞄底象，威胁叫闷，其势凶险。现平兵逼车，黑方无奈弃炮。如车4平5，红方则车三平九，士5退4，马八退六，将5进1，车九进一，将5进1，马六进八胜。

44. 车三退一　象7进5　45. 马八退九

经激烈拼斗，红方占得优势。

（二）连续暗窥　巧妙过渡立夺优

图二摘自张影富与陶汉明1991年于大连全国赛弈战局谱。

30. ………… 车3平6

平肋窥瞄暗，后续手法刁！在4路车已构成对敌炮的暗窥之势的情况下，此车再次平肋，

---

*文题摘自李白《庐山谣寄卢侍御虚舟》

暗窥底士。此手预设要线，针锋相对，行踪诡秘。如炮五平六打车，黑方则车4进1，中士不敢轻举妄动。此手不仅自身行为隐暗，立即抑制敌军行动，而且为继续实施暗窥手段预设掩体，以进一步迷盲、打击敌人。

31. 车八退六　车4退1　32. 车三平五　将4平5　33. 兵六进一　马8进7

再续暗窥术，巧演夺胜局。在车的掩护下，7路马做成暗窥之势，对敌车已经构成潜在威胁。

34. 兵六进一　车4进3　35. 帅六进一　车6平4

36. 士五进六　炮5平4　37. 帅六平五　马7进5

黑方弃车砍炮，浅露敌首；平车闪将，解绊窥车；平炮打将，撤架断联，借暗窥之势，巧夺一炮，顿时优劣立显。正是：运子善隐暗，后续藏深图。

（三）暗窥要点　　铺垫周旋成大业

图三录自赵庆阁与吕钦1986年于邯郸弈战局谱。

32. 车六退一

马窥车先占，曲线成自然。中马暗中窥瞄马五进六点位，以入界占领要塞，为马六进七发动攻势铺垫。现退车邀兑，既阻敌马踏车，又可使马通过交换而达成进占企图。

32. ………　车2进6　33. 车五平七

黑方并不想让红方如愿以偿，而是企图挥师抢马，造成四车相见的大兑换局面。红方针锋相对，径自择路，既可双车抢马，又便于下底攻击敌首。

33. ………　车8平4　34. 马五进六

经过友军的巧妙铺垫与周旋，暗窥要点的战术企图终于实现了。这一暗窥的巧妙组合，达成了劲兵与要地的钢铁联盟，立即展现了巨大的攻击力，甚至可以说一步到位，一击中的！

34. ………　马3进1　35. 马六进七

积蓄伟力擒敌首，马到功成奏凯歌。决定性一击，如将4进1则车七平九；又如将4平5，则炮七平五再车七平九胜。此局展示了对要点的暗窥与占领，以及暗窥得手后攻力的决定性发挥的诸多技巧。

总之，暗窥战术是兵员隐暗缥缈的举动，是箭指靶心而不射的窥瞄时刻，是行棋含蓄的力度，是变位、威胁与打击并施的决策。

正是：隐暗含蓄赛赤金，蕴藉待机不离分。盯瞄敌首造杀势，闲窥石镜清我心。

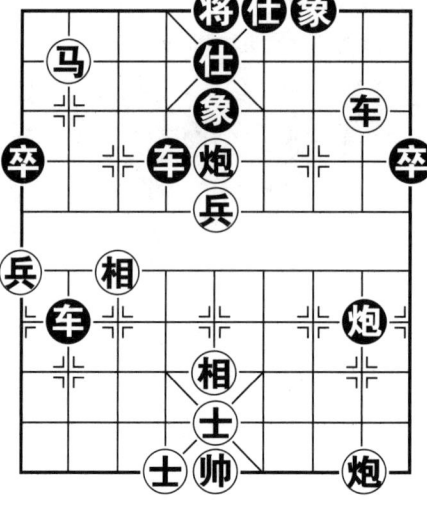

图一

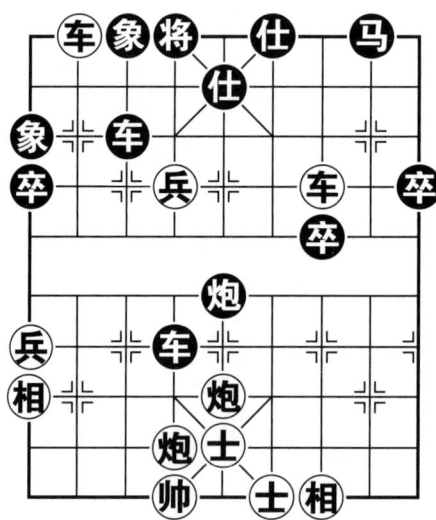

图二

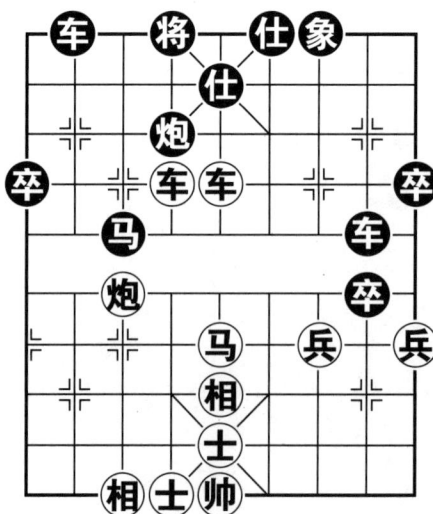

图三

180. 业无高卑志当坚*

——试论铁架战术

克劳塞维茨将军在《战争论》中深刻指出："如果一支军队奉命固守遭到优势很大的敌人攻击的国土，那么，对付敌人的办法就是利用坚不可摧的阵地抵御敌人的武力，掩护自己的军队。"

铁架战术系指在两军交战的关键时刻，已方炮利用敌方呆滞僵死的子力或已方强固、敌军难以拔除的子力充架，以充分发挥自身隔一而击的特长，使敌遭到突然重创，或被逼离要地要线，失度失势，一蹶不振的借用或配合技巧。

（一）拒兑反打铁架威力震撼敌界

图一选自金波与蒋川2006年象甲联赛弈战局谱。

17. 马五进四　炮8平9　18. 炮五平二

铁架打车惊朝野，欺逼夺势绝古今！红方衔炮不吃，竟突然开辟新战场，以扩大优势。在敌方平炮邀兑以应对7路马被踏无路躲逃的局面下，红车拒兑并充任铁架，平炮反打，将车卡将门、马奔卧绝杀的有利态势利用发挥到了极致。此车，敌车不敢招惹，真铁架也，真英豪也。这里，将若米尼将军曾说过的一句名言借赠此车——"一个军队能在失败的环境中挺立不动，其价值远高于在胜利的环境中勇敢争先。"名言与妙手交相辉映，愈加显示铁架之雄伟。此手逼迫敌军退缩减效，红势日渐挺拔。

18. …………　车8平9　19. 车六平七

黑方8路车如敢去车，马四进二，黑将不堪。现红方夺回失子，大军压上，开始攻城。

19. …………　马7退9　20. 车二进二　象5进7　21. 马四进三　炮9进4
22. 车七平八　炮9平3　23. 炮二平五　象7退5　24. 车八进七　马9进8
25. 马三进五

不贪马而踏士，主攻方向坚定不移！以下车9进1，马五进三，车9平8，马三退四，将5平4，车八平二，又逼死马，胜势明显。

---

*文题摘自宋·张来《元·秸》

（二）明暗结合连续运作奠定胜局

图二录自蔡翔雄与赵国荣1985年于南京全国个人赛弈战局谱。

32. ………… 炮8进3

妙打铁架固，入界战火红！此手躲避、利用铁架打车，极为巧妙。它利用了三路兵不敢轻举妄动的弱点，借敌制敌。因如红方兵三进一，则卒5进1充架打车解绊，顺势掠马，这就逼迫马四退三双保，黑方则卒5平4捉双，危及主帅安全，并使红方阵营大乱。有此暗伏手段之威胁，三路兵立刻变成助炮之铁架。此手硬性逼退七路车，为继续实施铁架战术铺垫。因伏有车2进5绝杀胡同帅的致命威胁，红车不敢离开七线。

33. 车七退二 炮3进2

连续施妙手，得势不饶人。黑方再度利用铁架战术，进炮盖车打炮，以加速制乱、攻杀进程。如红方敢于炮二平七去炮，黑方则炮8进2，再利用敌首为铁架，进炮打死红车。

34. 马四进六 士5进43 35. 炮二退一 士6进5 36. 兵六平七 车2进3

车杀入兵线后，转战敌阵右翼，砍杀了兵炮相士，凌乱了敌阵，削弱了敌势，并配合友军迅速攻城拔旗。此局，明里暗里巧妙演弈了多种形式的铁架，对于分化瓦解敌军、削弱减效守力起到了不可替代的作用。

总之，铁架战术是借敌制敌的手段，是炮对敌军中的呆滞者的"青睐"目光，是引发敌军分裂不和的举措，也是对己方钢铁台架的巧妙利用。

正是：借势运作计万千，唯独"老铁"味道鲜。架分敌我根犹固，业无高卑志当坚。

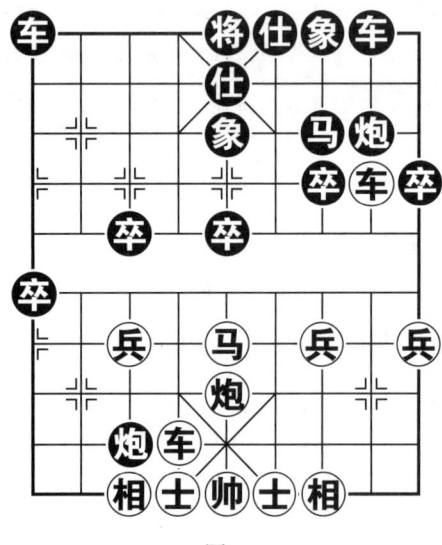

图一

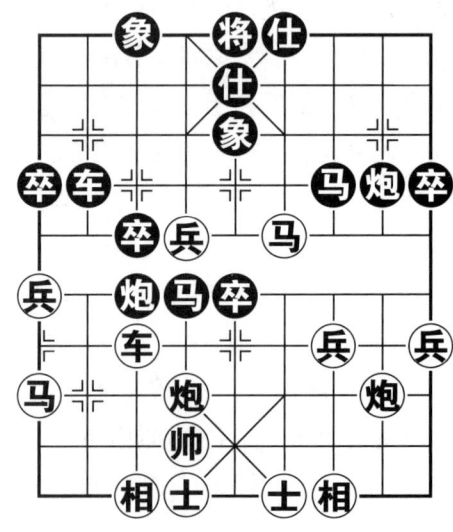

图二

181. 玉山自倒非人推*

——简论制短战术

克劳塞维茨将军在《战争论》中深刻指出："深思熟虑的统帅会醉心于探求这样的道路，即利用敌之特殊弱点，在战场上和帷幕中不经过流血的大规模战斗而取得媾和。"

短者，不足、缺欠、弱点之谓也。

制短战术系指在敌我双方攻防角斗过程中，实施方或识破敌谋，妙手制敌减效，使敌之长处变成短处；或洞察隐微，抓住敌军驻扎、行军中出现些微之不足，巧妙采取引离、诱逼、胁根、驱逐、弱防等有效手段，进一步制造、扩大、利用敌之欠缺，从而占取并逐步扩大优势，兵不血刃地获得最终胜利的制敌艺术。

制短战术与制弊战术、制乱战术并不相同。如果说制弊战术是制造敌阵的弊端，制乱战术是制造敌宫城的混乱，那么，制短战术就是制造兵员的短处，使敌军有所缺欠。缺欠，在程度上虽较轻于弊端与混乱，但被扩大、被利用所造成的后果，一点也不亚于后者。正因为缺欠在程度上较轻微，又很隐蔽，故令人难以发现，更多时候不得不依赖慧目之锐敏。一言以蔽之，三者所面对的对象以及问题的程度，各不相同，不能混为一谈。

（一）进退制短双车上演攻城术

图一选自傅光明与邬正伟1991年于大连弈战局谱。

1. ………… 车6进4　　2. 马五进三　车6退3

进退皆为势，转瞬即夺优。此乃制短组合妙手，它顿挫闪露，弃舍子力诱中马变位，使敌双马丧失连环能量，有力地破坏了敌军炮双马构筑的封车暗堡，如不慎先自车6进1挑双，红则马三退四打死车。此手，黑方硬是将红方炮双马打车封车之长，造作成了双马被制之短，并为炮2平5发动攻势造设了安全空间。此手之制短，明显区别于制乱与制弊，它只是抑制了双马连环所形成的抗车力。弈战中常常出现这种情况，敌军很强势，占得上风，但由于对方施展手段，却使敌由长变短，受制遭攻。黑方弃马制短夺势之后，战局遂进入黑方预先谋划之步调。

3. 前马进一　车3平5

3路车之扫荡，暗施制短之术，它制造单相之短、中防之弱，为攻城铺垫打叠；它之实施亦很是巧妙：它持压待机，待后阵车闪露绊马制短、2路炮得以平中攻城诸事安排停当之后，再行砍相造势；再者，它不以得马为重，双车制短，意在求势也。其战机之等待、创造与把握，皆属上乘。

---

*文题摘自李白《襄阳歌》

4. 兵三进一　车5退1

双车妙手制短之后，敌方前锋、后卫之短，立即浮出水面，而且殃及全军。

5. 车九进二　炮2平5　　6. 马一退二　车5进2

风摧林木势遒劲，车撞花心力雄沉！在敌方正欲卧槽抽车之时，车撞花心，逼将凸起，敌首无奈进入自设峡谷之中，然后以重炮击毙之。此组合，立使其短彰显，并因短致负。其中6线车制马、阻其抑其砍炮、垫中、防杀之功效，弥显深远。

（二）折返闪露转守为攻成大业

图二摘自徐俊与胡荣华1979年于昆山弈战局谱。

49. ……………　马5退6

闪露元首暗窥炮，转守为攻立界碑。在二十多"载"的苦守中，黑方竭力寻求、创造防反的机会。现红方平车捉象，以发动两翼夹击，而其后阵又露出单相远离敌宫的弱点，黑方敏锐发现敌军两处弱点，巧妙采取一招制双短的手段，迎来了反攻的决定性时刻。此制短妙手，既制车关车窥炮，迟滞敌军，瓦解敌军攻势，同时又闪离中路、露将助攻，下伏车5进4再车1进8杀。有专家说，没有隐藏攻击手段的防守，不能算作真正的防守。而在这里，一招折返闪露，却将敌前军后阵之短尽皆"挖掘"出来，"发酵"不止。此手巧妙，制短抑长，转守为攻，再也不存在防守一类的业务了。

50. 帅五平四　车1进8

紧追不放，仍伏车1平4、士五退六、车5进5的连将杀着。

51. 车八退五　炮3进1　　52. 车三退二　卒6进1　　53. 炮二退九　车5平8

力迫锋线转岗回防，势逼敌首无奈媾和！炮双车纷纷退守，仍难解危局。现平车捉炮，一击中的，构成三向杀局。

（三）游弋河界优势尽皆化烟云

图三取自何永祥与王贵福1987年于银川弈战局谱。

1. 车二平六

出手轻点水，制短巧移山！在黑方兵种好、多双兵双象的局面下，红方敏锐发现敌方河界三兵员各有弱点，车炮因防杀而呆滞，马因绊别护车而尴尬，遂挥师捉拿，逼马解绊，使其短处迅速"蔓延成灾"。此手高效制短，牵一动众。因伏卧槽杀着，敌车不敢退而吃马保马；此手破灭了敌军的优势意识，打乱了其久战争胜的战略计划；此手制短使敌军陷入了破落苦痛之中。

1. ……………　马4进2　　2. 车六平三　车5平4　　3. 车三进二

逐马窥车砍象，"为所欲为"，而敌车仍不敢吃马，因有车三进四再马五进四的抽车手段。敌军所有优势尽被雨打风吹去，而呈现出一片破败的景象。

3. ……………　象7进9　　4. 车三平二　炮9平7

5. 士五进六　士5进4　　6. 车二进四　将5进1

红方利用敌城防散乱、车马难以参防的机会，打将做杀。以下是，车二退一，将5退1，马六进四，将5平6，车二进一，炮7退5，马四进三，车4平5，士六进五，象9退7，车二平三，将6进1，车二平五胜。

总之，制短战术是将敌之长项瞬间变短的魔术，是使强敌变弱变差的良方，是制敌弱敌的妙手，是桔枰上一道能够改变局势走向的灵光。

正是：妙手制短局增辉，瑕疵扩散致衰微。戎首已除因势去，玉山自倒非人推。

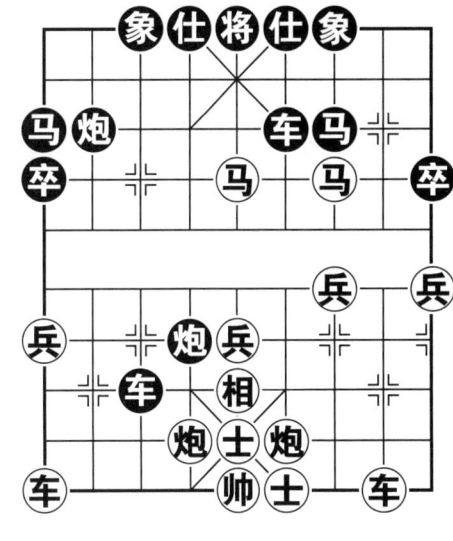

图一

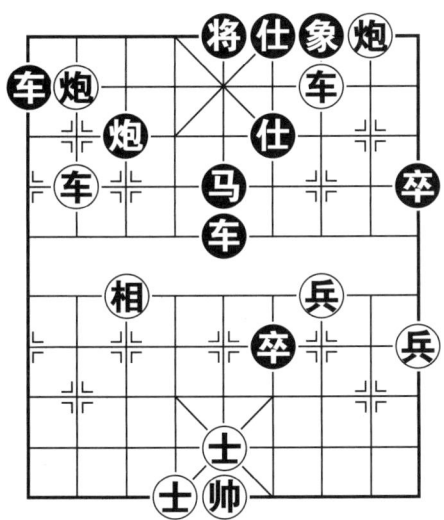

图二

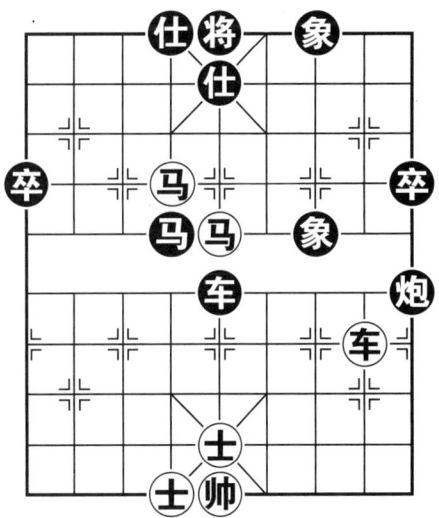

图三

182. 黑云压城城欲摧*
——浅论遏制战术

毛泽东主席在论及抗日战争的战略战术时深刻指出："增加敌人不安，减杀敌人威势，以造成我们消灭敌人或逼退敌人的条件""实现我对于敌的主动权，就能压倒敌人而击破之。"

遏制战术系指进攻部队发扬压倒一切敌人的英雄气概，发挥合同作战的整体优势，各兵种密切配合，抢占要点要线，对敌全军进行压制、封锁、包围、控制和打击；对敌之即将出头、机动、发难的骨干分子则采取紧逼、威胁、封压、捉拿等有力手段，强行遏抑禁制，迫敌不得展开进取、战阵不得顺畅开扬、主力萎靡暗处、兵员龟缩一团、部队丧失作战能力的全局性抑敌方略。

遏制战术实施的最大特点在于注重一个"势"字。它同姊妹战术相比，更明显地具有浓重的战略色彩，是最贴近战略意图的大型战术之一。它并不十分看重斩杀敌军个体兵员所带来的军事利益，它长于大处着眼，讲求从势的高度、局的广度，对敌实施高压政策，夺其地，缩其形，抑其势，减其效，使敌精神上压抑、军事上受制、空间上紧缩，以至无力续战。

（一）欺打压制龙腾虎跃　藏躲呆滞士气沮丧

图一选自鲁仲能与胡荣华1977年于香港弈战局谱。

19.………… 炮2进2

巧借四、七路双兵占位之弊，伸炮驱打，将占据高阳之地的肋车强行驱赶至狭谷之中，为己方车强占兵线打叠。此手，不求得子，意在遏抑敌势；此手，抓住领军人物，突出了重点遏制，尽展遏一震百、压首制身之妙。

20. 车四退一　车4平7　　21. 车九平八　车7进1

泰山压顶翼侧麻木，强力遏抑周身瘫痪。三路马遭此压制，将永无驰骋疆场之日。胡荣华认为，"至此，红方全局子力局促受制"。

22. 兵四进一　卒3进1　　23. 兵七进一　炮1平2

兵线炮换根，平炮远势逐车，使刚刚露头的左车被逐原地，使敌军两大主力均难有出头露日之时。无领军之旅，犹无头之鸟，如何行军作战？

24. 车八平九　后炮平3　　25. 车九平八　炮3进4　　26. 炮五进二　炮2平5

压镇巢穴飓风劲，遏制敌势弹雨狂。遏制逐步升级，并对戎首及敌军主力交叉进行压制。

---

*文题摘自李贺《雁门太守行》

27. 帅五平四　车2进9　　28. 马九退八　炮5平6

叫将封盖严冬酷，蹂躏豪强身骨酥！如帅四平五则马4进3叫闷得炮窥车胜；但如车四平五则炮6退2下伏马4进6叫将抽车的有力手段。五强俱在，却胜负立见者，势之扬抑也。

（二）逼退制孤飞车异域减效弱防敌首不堪

图二摘自赵国荣与林才良1986年于全国团体赛弈战局谱。

25. 车三进一

逼马进车造作抽势，掐尖去刃遏抑前锋。红方进车，既可为炮五退三造作抽势而提前抢一手棋，又可以遏制敌军前锋大将，一手占得中路、河界纵横双势，高效也。车进马退标志着势之增减，一个欺逼、限制、围攻、制孤的遏制方略遂全面启动。

25. ……………　马8退9　　26. 炮五退三　车9平7
27. 车三平四　车4进1　　28. 车四进一　炮2退2

遏制车马逼退炮，缩形抑势夺先机。红方利用空镇、待机、捉拿、待抽等战术手段，逼退敌军，压缩阵地、暗施高压，使敌军人人自卫，毫无还手之力。

29. 车四平九　炮2平7　　30. 相七进五　马1进3　　31. 车九平七　马3退4
32. 炮六进三　马4进2　　33. 车七退二　马2进1

依恃空镇之威慑，捉子乱阵，暗布重炮，制孤打恶，削势弱城，极尽遏制欺逼之能事。其中造作空镇而不攻城，利用空镇威慑而扫清外围，为更高效发挥空镇作用而强势铺垫之谋划，极尽大顿挫、大节奏之妙。

34. 马八进九　车7进4　　35. 炮六平五　将5平4　　36. 马九进七

兵不血刃夺将府，车马轻松做抽杀。

（三）贴靠绊别遏抑车马东风无力宿将殒身

图三录自于幼华与赵庆阁1992年于抚州弈战局谱。

58. 炮五进二

遏制功盖世，守臣尽委靡！红方车马炮均在敌火力瞄射之中，然三剑客却蔑然不与其斗，而把攻击的矛头径自指向敌首，压城绊马。它巨大的遏制力使敌军马庸车赘，形同虚设，完全丧失了防御能力：不仅使6路马对中炮的瞄踏攻击失效、对士角叫杀点之扼守与马6进4的增层应垫的两处防范尽皆变得无能为力，而且使4路车成为自阻将路、又没有机会挪移的沉重包袱。

一步遏制妙手，非捉非将，竟使进攻部队获得了攻杀的最高势能，以至于使主要兵力等同的防守部队立刻陷入了不再能够继续作战的绝境。

此手遏制，效率极高，战绩绝佳。它赢得了一场宁静而深刻的胜利，同时它给人们留下了关于"势"的不尽思考……

总之，遏制战术是势之锋芒散射，是力的能量升华，是现代棋人对"上兵伐谋"古训的透彻理解，是硬朗大腕对顽敌施动的全方位的震慑式高压！

正是：黑云压城城欲摧，苦寒笼罩抑芳菲。橘枰有情当哀婉，何故着意施神威？！

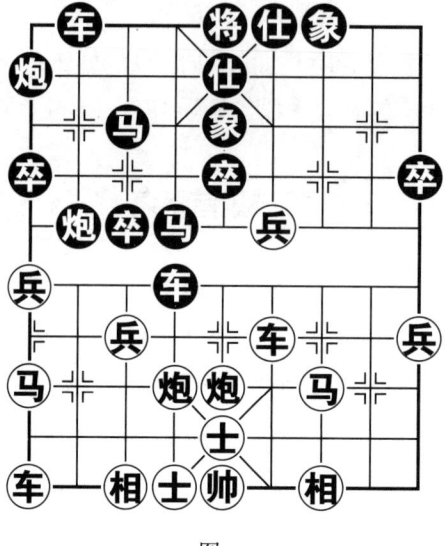

图一

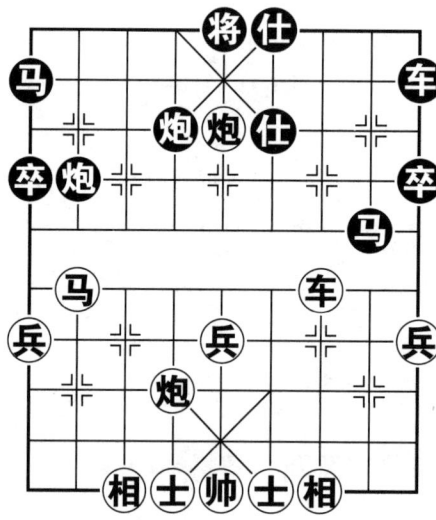

图二

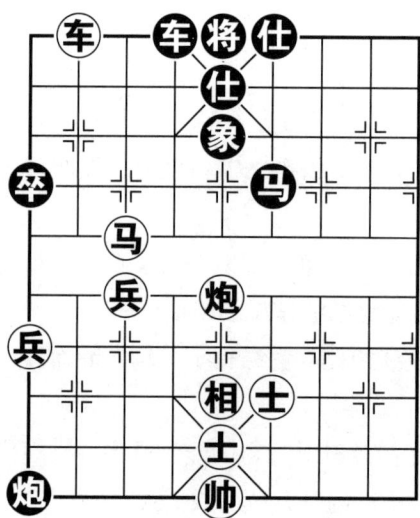

图三

六、进攻类战术

183. 绿云依旧无踪迹*

——小论闪击战术

斯大林元帅曾明确指出:"合成军队指挥员要成为统率军队的能手,巧妙地组织各兵种的协同动作和指挥他们作战。"

闪击战术系指在进攻战中,进攻部队中遮掩性子力在突然闪离原地进行攻击敌阵的同时,闪露出主攻火力在同一时间对同一线路之敌发动攻击,以实施严厉的双击策略,使敌军两个目标遭致隐蔽、突然、致命的战略打击并难以防范,只能被动挨打的高效攻击技巧。

(一)闪击威猛 双车厄运雷轰顶

图一选自梁文斌与王嘉良1977年全国个人赛弈战局谱。

13. 后炮进三　士5退6　14. 前炮平一

山崩地裂雷炸响,前军后阵俱惊魂。规范的闪击战法,前炮闪离原地,到边塞攻击左车;而后炮就地被减层、闪露于原地,暗伏炮七进七打象抽右车,敌难以两全。此手巧妙、高效,必得一车,而且使敌心理上滋生"灰退"之念,胜利的前景已经越来越暗淡了。

14. ……　　马3进4　15. 炮一进五　马4进2
16. 车八进二　车4平7　17. 炮七平五

红方双车占据要津,双炮妙演新式天地炮,处于良好进攻态势;而黑方车处背暗,马遭拴缚,担子炮已无攻意,防守亦很脆弱。这一局面,是对实施闪击战术的有力肯定。

17. ……　　士4进5　18. 车八平二　炮6平8　19. 炮五进四

进炮罩镇敌宫,使攻防战斗进入了收官阶段,红方双炮双车异常凶猛,敌军已无力回天。

(二)轻灵闪击　抢先攻城势劲遒

图二摘自刘星与赵国荣1990年于邯郸弈战局谱。

17. ……　　车7平6

轻灵闪击术,精巧反先局。小幅挪移,闪露车身,捉马争先;同时减层要线,闪开炮路,瞄相攻城。此手小巧,极尽彼此关照之意、动静结合之妙。此手步幅小而效率高,具有小动微调而夺大势之功力。凭借此手的威力,左翼"寻衅滋事",右翼车马乘势前趋助攻,其势潮涌浪翻,不可阻挡。

18. 马四进五　炮7进4　19. 士四进五　马7进5

---

*文题摘自辛弃疾《满江红》

20. 车九平五　士4进5

21. 马九进七　车2进6

进车扼亢，加大攻击力度，暗伏肋炮击士、双车催杀手段。尔后底马启动，巧妙行进，参与进攻，使攻势大长。

（三）闪击顿挫　车马默契擒敌首

图三录自陆兆养先生排拟的"珠联璧合"精妙棋局。

1. 马四退二

隐秘跼四路，雄沉霸一方！妙施折返，移换身位，车马闪击敌首与敌军主力，为借"踏点"扑前助杀做好战术打叠。此手闪击，将组杀与弱防结合起来，将攻将与杀敌交错起来，着法紧凑巧妙。通过闪击，车马各自获得最佳位势，特别是马争得了灵动战场、带将踏敌、转移另翼求杀的机会。

1. ………　士5进6　　2. 车四进五　将6平5

3. 车四进一　将5进1

虽两个回合，但展示了深刻的内涵。一是马已稳获一车，却不急取，待时机成熟再利用这一"踏板"，行棋次序安排极佳；二是车连续打将顿挫，将目标钓猎至友军火力范围之内，也就是将敌首驱赶至马最舒服最能发挥战力的地方；三是两回合运作，穷尽了摧毁屏障、逼将高崖、浅露目标等所有利益之后，再将"交接棒"递送友军，此等交接十分成功，而且分寸掌握十分得当。

4. 马二进三　将5平4

蓄势妙待机，摘桃恰逢时！友军已经提供了必需的一切，现在是走马飞车斩蛟龙的时刻了。以下是马三退五，炮5进3，车四退一，将4退1，马五进七伏杀。

总之，闪击战术是沉重打击敌人的"秘方"，是通过闪离、闪露手段实施双击的举措，是两兵员作战潜力的同时爆发，是敌军厄运到来的悲惨时刻。

正是：联军配合妙如仙，动静并力将敌歼。绿云依旧无踪迹，邀风行雨另有天。

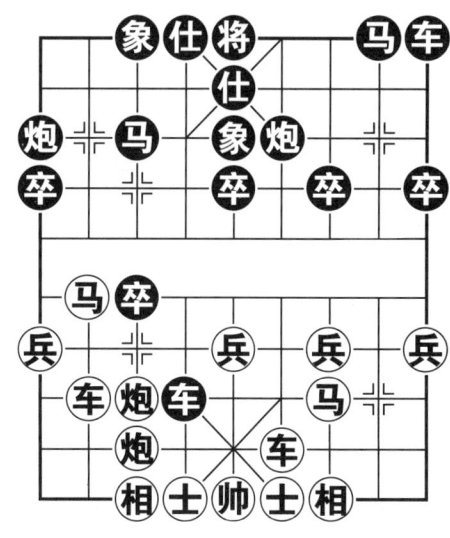

图一

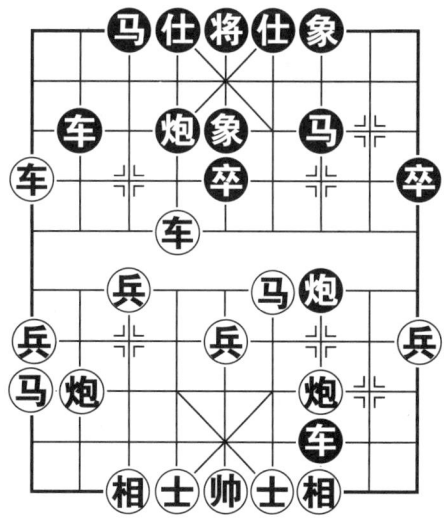

图二

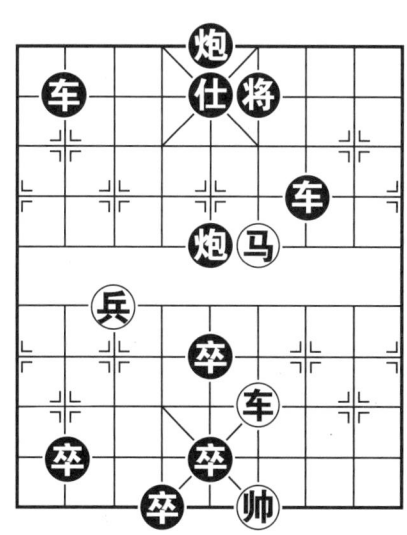

图三

184. 梧桐昨夜西风急*

——略论进攻战术

克劳塞维茨将军在《战争论》中论及进攻与防御的条件、利弊时，曾明确指出："防御虽说是作战更有利的形式，而其目的是消极的，所以我们之所以使用它，只限于我方力量薄弱不可能进攻的时候。一旦我方力量强大到足以支持积极的目的，我们就必定立即抛弃此种形式。"

他还提倡防御战中的进攻，"当防御者兵力不是太小时，那么入侵、牵制性进攻、对个别要塞的进攻等等小规模进攻计划，是可以在此种防御体系中采用的"。

进攻战术系指实施方以积极的进取方针为指导，突出杀敌攻城斩首战略，在开局布阵阶段即暗中预做准备，随即乘敌军立足未稳之机，全员行动，密切配合，在主力带领下进攻兵员迅速推进、抢占要点、突破防线、歼杀敌人、攻陷城池、擒拿敌首，夺取胜利的主动进击方略。

进攻战术与攻击战术并不相同，进攻是以整体"态势"之形式表现出来的战斗倾向，而攻击则是对敌军个体的击打行为；换言之，进攻是以敌首为主要目标的军事行动，而攻击的对象则要广泛得多。攻击的对象不管多么重要——除了敌首以外，它仍然带有"个别"的特征，构不成"全局性"与"战略性"，尽管由此可能演变成一场进攻。更加重要的一点在于，攻击是进攻的一部分。

前仆后继进攻大军势如潮

摘自王岐兴与赵庆阁1979年全运会预赛弈战局谱。

35. 马五进六

奔踏战马无畏，铿锵铁蹄有声。择路扑进求攻，搅动将士酣梦。此手踏车奔卧进攻，逼迫右车退防，结束了两军河界对峙局面，一场不可逆转的进攻战在敌纵深地面就此打响。

35.………… 车2退3　36.马六进七　炮1退1　37.马三进四

后续实悍勇，策应绝迅急。冲上捉双，敌马呆滞，如贸然吃马，兵六进一立毙敌首。双马之攻，若席卷之浪潮，前扑后续，此伏彼起，冲决敌防。

---

*文题摘自晏殊《采桑子》

37. ……　　车8进5　　38. 士五退四　炮1平3　　39. 马四进六　炮3进8

40. 相五退七　车2平4　　41. 马六进五

决战时节施妙手，关键场面展才能。踏象透车破城入宫，威胁马五进三要杀。关键时刻，车马极限发挥战力，发挥兵种配合形成的绝对杀力。

41. ……　　士5进4　　42. 车六进五

致命最后一击。黑方如车4进1，则马五进三，将5进1，车七进四，车4退1，马三退四抽车胜。

总之，进攻战术是冲渡、入界、前趋的根本动力，是攻城、杀敌、斩首的激烈过程，是棋手最赏识的取胜手段，是通往胜利之路的必经曲桥。

正是：栈道深处飘帅旗，金戈铁马大剿袭。楚河今日怒潮涌，梧桐昨夜西风急。

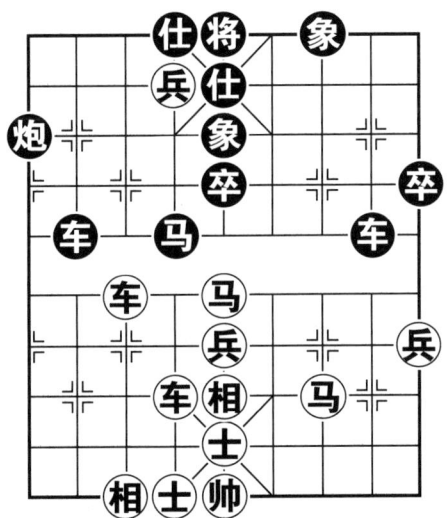

185. 紫蝶黄蜂俱有情*
——简论联攻战术

克劳塞维茨将军在《战争论》中明确指出："同时使用所有各兵种的最大联合力量作战，这是每个将军在战斗中具有决定性的时刻所急待解决的任务，也是确定他的行动的准则。"

联攻战术系指进攻部队在主要攻击目标确定之后，采取佯守、调整、换防、转移、渗透的打叠手段，暗中把分散的滞后的各兵种兵员调集到一个进攻方向上，进而主攻部队、助攻部队与佯攻部队相互密切配合，充分发挥各兵种的特殊战斗功能，分工协作，形成合力，发动进攻的联合作战技巧。

奋勇趋前争速抢占空门

摘自赵国荣与臧如意1983年于兰州弈战局谱。

20. ………… 马3进1

生根、活炮、窥相，增援、前趋、联攻。在双方压制与反压制的纠缠之中，黑方双马相机前趋压上，加大对敌左翼马炮的压制力度，并为联攻提供足够的兵员。

21. 兵九进一　马1进3　　22. 炮四平五　马7进5
23. 兵五进一　马5进3　　24. 兵五进一　士6进5
25. 兵五平六　前马退5

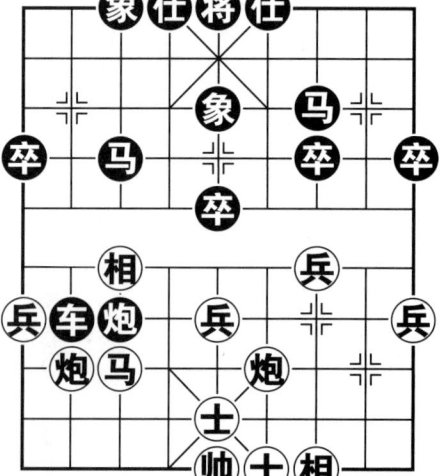

一任施逼靠，双马竞风流。前马折返，双双贴兵捉车，为解捉、争先、保留联攻兵力的妙手。赵国荣在评注此局时，高度评价黑方此手的功力，并奖赏一枚叹号，他认为红方此时无论车六平二，还是车六进一，黑方均弃子有攻势。在以下的战斗中，黑方三兵种联攻、侧攻凶猛，伏杀、伏抽严厉。

26. 车六退二　马5进6　　27. 士五进四　马3进1
28. 车六进二　马1进2　　29. 车六平四　炮3平4
30. 马七进六　车2平1　　31. 马六进四　马2进3

---

*文题摘自李商隐《二月二日》

下伏马3退4叫杀手段，如士四进五，则炮4平2，炮五平八，车1进3伏抽车，红方遂认负。

总之，联攻战术是帷幄运筹的大手笔，是统帅指挥全军展开攻势的动态画卷，是各兵种围绕进攻主轴施展自身特长的平台，是以主攻为中心的以助攻、佯攻为辅最佳进攻体系的立体编织。

正是：楚河岸边聚群英，各展绝技攻皇城。花心紧要诱芳客，紫蝶黄蜂俱有情！

186. 四面边声连角起*
——略论包抄战术

毛泽东主席指出："取大迂回动作，插至敌后，先完成包围，然后再回打之方针。"

包抄战术系指进攻集团军以优势兵力对敌宫城或入侵敌军采取横向、多点、渐次呈弧状向前推进与收缩的左右梯次配置的战斗队形，长中短型火力并用，对敌实施多向兜抄围打，以使敌目标处于防区逐渐狭小、守军无法机动、与外线失掉联系并难以得到救助、遭到多点进攻的不利态势的以多打少的半包围作战方法。

（一）战略包抄　天低路绝风渐紧

图一选自李义庭与徐家亮1996年象棋名人赛弈战局谱。

17. ………… 卒5进1

冲渡胁马逼车，为炮调车除障开路，以便从敌右翼先行包抄作铺垫打叠。

18. 车二平五　炮8进5　19. 士五退四　炮8平9　20. 炮五平二　士5退6

围城态势淡淡日，包抄兵员跃跃时。敌中炮卸离标志敌军由攻转防、红方先手的丧失，同时说明初步包抄对敌宫所引起的巨大震动。而中士的回归又为肋炮在中路的再包抄提供了极为有利的地形条件，既有炮座安置地点，又有牢固台架，还有一连串的重要攻击目标。此种包抄态势虽然显得朦胧，但非常壮观。

21. 车五平四　炮6平5

威猛一座镇中炮，标准三向包抄图！包抄的兵力部署已毕，遂发动包抄战斗。

22. 车四进三　炮5进5

凶悍的搏击，巧妙的包抄！炮威镇中路，另有双车炮左右劲逼，形成巨大弧形包抄，敌宫已经被天网所罩，难于摆脱危殆。

23. 车四平三　车8进3　24. 后车平六　炮5退2　25. 帅五进一　士6进5

保持包抄阵形，保持对敌震慑。三向包抄，力度非常，它强施硬逼，迫戎首无奈凸起，呈被动挨打之势。

26. 车六进二　炮5平2　27. 车三平五　炮2进3　28. 车五平七　车8平5

平车打将，进一步部署包抄兵力，加大包抄攻击力度，同时解杀。经过此一阶段攻防，黑方三向包抄已进入收紧、收网时刻，距离总攻的胜利已经不远了。

---

*文题摘自范仲淹《渔家傲》

29. 帅五平六　炮2平8

双车双炮对浅露孤帅形成了最佳战略包抄，下伏车2进2再士5进4露帅做成绝杀，红方难以防范。歌云：三向包抄攻城术，一代弈界理论家。

（二）向心移动　疏网收鲸法力高

图二摘自福建郭超人与黑龙江孙志伟1979年四运会团体决赛弈战局谱。

70. …………　卒4平5

移动逼宫势，澎湃包抄心！横向、一线、向心式包抄，暗伏打将顿挫叫闷逼车的严厉手段。

71. 士五进六　卒5进1

冲卒压缩、挑胁双士、占点控帅，为实施进一步包抄做好了战术打叠。

72. 兵四平五　车7进2

继续保持包抄阵形，不为小利所动。车之进剿使敌首面临被禁控被擒杀的危险局面。包抄阵形逐渐向敌首靠拢逼近。如卒5平4去士，红则士四退五，黑方失卒。

73. 帅四退一　炮8平2

黑炮平拉开，形成正规的左中右包抄阵形，两翼布导弹，中宫插短刀，敌首已惊魂出窍。以下暗伏炮2进2，构成绝杀，从而逼车撤离要线，跟踪监管，则卒5平6去士，为擒帅作出了贡献。正是：势成敌车弱，卒动玉宫倾！

（三）新月逼宫　主仆势尽唱悲歌

图三录自阮仕仟与赵汝权在十四届省港澳棋赛上弈战局谱。

31. …………　车4平7

转移翼侧而包抄，选择虚弱以攻击。此即前文所言"包抄线同时也是对敌军的切割线，敌外线的军队因隔阻在外难以回防救援"之例证。黑方借孤相无援之弊，利用敌车难以护辅的占位弱点，对敌右翼发动攻击，弱防之城已危在旦夕。

32. 相三进一　车7平8　　33. 士四退五　车8进4　　34. 士五退四　马5进4

不见前军回防步，但闻奔马腾踏声。马之越界参战，成为紧缩包抄之要、催魂夺命之举。黑方从左中右三路包抄帅府，暗伏马4进3叫杀。敌宫侍卫疲于奔命，但难以抵御强大包抄。

35. 士六进五　卒5进1

马之参与包抄，加剧了宫城的危情，它逼敌防范，它为中卒钓猎了破城的目标，它没收了敌军所有防杀手段。现长中短型火器已收缩到短兵相接的程度，下伏卒5进1，内外线敌军已无法解救。

总之，包抄战术是优势兵力在广阔战场上的上佳配置，是以围、隔、击为手段的制孤方略，是突出重点、逐渐围杀的争战程序，是攻城大军对争战空间的尽情享用。

有诗绘描之：联军收网捕巨鲸，潮头坐镇笑群英。哀哉寡人龙颜紫，妙也杀技炉火青！

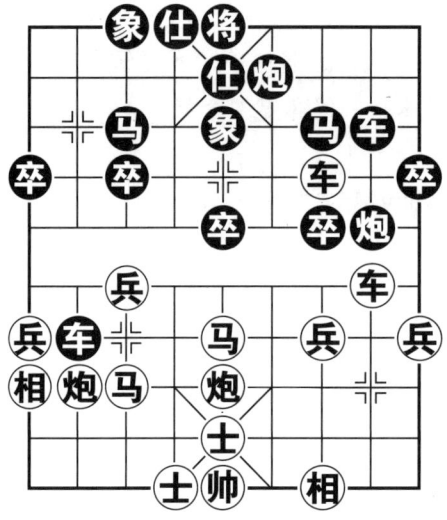

图一

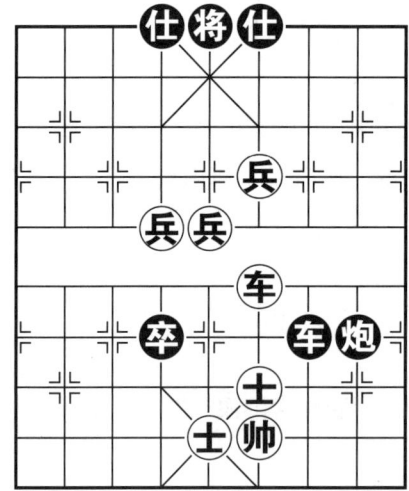

图二

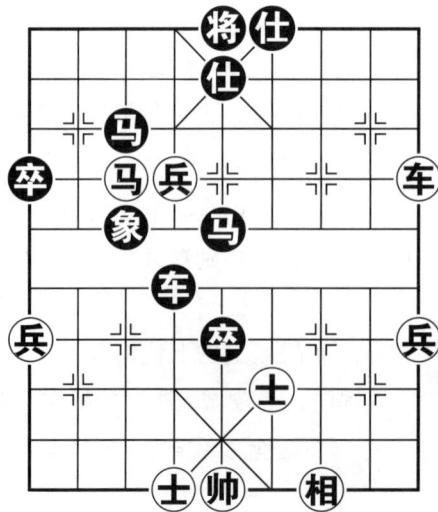

图三

187. 炙手可热势绝伦*
——略论烧灼战术

克劳塞维茨将军在《战争论》中深刻指出："起义的烈焰就像燃遍荒野的大火那样蔓延开来，终于烧到进攻者的基地，烧到其交通线，以至烧毁其生命线。"

《增补曾胡治兵语录》精辟指出："军旅之事，守于境内，不如战于境外。"

烧灼战术系指实施方在开局布阵过程中，蓄意将兵力冲前压上，采取冲渡、伸插、挑惹、威胁、制乱、骚扰等有效手段，将战火引烧到敌营前沿与纵深，并借势扩大事端，升级争斗，施加高压，遏抑敌势，压缩敌军空间，以至趁势入宫擒将的抢先入界进攻的技巧。

烧灼战术与诱入战术是在选择预定战场方面的两大不同指导方针与作战技巧，其之所以有此种绝然相反的意向，兵势异也。守御强固者，常常采用诱敌深入的方针；而攻力卓越者，往往会乘敌之虚懈攻将过去，把战火引烧到敌阵。

由浅入深杀势威慑敌宫乱

摘自郭福人与刘殿中1982年于武汉弈战局谱。

1. ………… 炮2进2　2. 马五退七　车8平3

点火启动快，烈焰起势凶。抓住敌马进路不畅的弱点，进炮打车，立刻在敌营点燃了战火。

3. 马七进八　炮2平3　4. 相七进九　卒1进1

5. 炮八平七　卒1进1

卒之参战，使烧灼战术之实施变得更加坚实、更加"放肆"。黑方抓住敌阵之虚懈，将战火迅速引烧到敌阵左翼、底线、河界线广大战区，其启动之快、灼面之大、危害之深，完全出乎敌军意料之外。先手方不仅攻势未能展开，而且防守失控，皆烧灼之绩效也，真个是：起火后院染惶恐，无奈人家盼安宁！

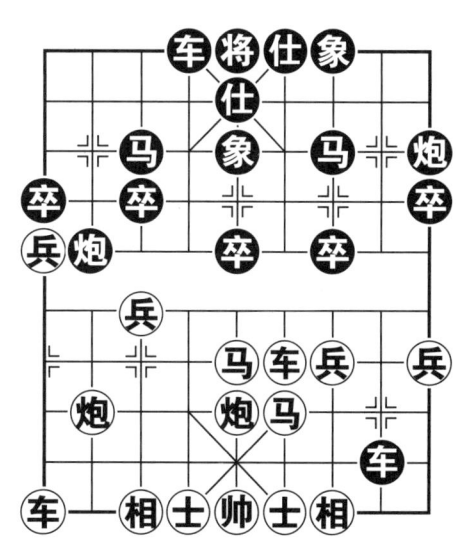

6. 车四平七　卒1平2
7. 车九平八　车4进7
8. 马三退五　将5平4

---

*文题摘自杜甫《丽人行》

战火一直烧到敌之巢穴，使戎首及保镖焦头烂额。以下是，炮五进一，车3平2，车八平七，马7进6，炮五平四，车2平4，炮四平六，后车平6，前车平九，炮9平6，炮六平四，车6平3胜。

总之，烧灼战术是主动进攻抢先发难的谋划，是对进攻点与作战区的刻意安排，是争战欲望向敌域的倾泻，是攻击型棋手永恒的追求。

正是：劲旅推进气雄浑，山地营盘尽鲸吞。燎原大火焚玉垒，炙手可热势绝伦！

188. 天外黑风吹海立*
——简论冲击战术

《诸葛亮集·战道》指出："夜战之道，利在机密，或潜师以冲之，以出其不意，或多火鼓，以乱其耳目，驰而攻之，可以胜矣。"

冲击战术系指在两军僵持之际，为求有效杀敌乱阵夺势，进攻部队抓住敌阵弊端，先手采取攫取、突击、擒拿、威胁、争速等出敌不意的进攻手段，突然启动，勇猛前进，向中近距离内的敌群、阵地、预定目标，驰而冲之，掠而攻之，以消灭敌人、抢占阵地、紊乱敌作战部署、扩大我方优势的进击方略。

（一）换员冲击潮水猛　双车错杀凯歌还

图一摘自时年9岁女童毕彬彬与张俊1995年湖北省第二届农运会象棋赛女子组弈战局谱。在中局双方缠斗的间隙处，在肋道较量的酣战时，红方兵员突施连续冲击，由远及近逐渐向皇城冲杀而来。

19. 炮五进三

直冲横撞豪强勇，埋伏错杀谋划深！中炮巧借拴势，猛冲宫士，剪羽敌首，为双车错杀打叠。同时闪击横撞河车，着法有声有色，气势非凡。

19. ………　卒7进1　　20. 兵五进一

本富冲击力，更仗炮做根。欺车寻常事，杀敌报国心！借双炮之强势，渡河冲击，欺逼强中之弱，紧凑严厉，它把敌军被拴缚之弊尽情加以享用，使敌军由守势急速向败势滑落。真可谓：秋至风飘絮，潮涌浪推沙！

20. ………　车4进1　　21. 车二进二

分别上演冲击术，连续俯射御林军。再度利用敌4路线弊端，大力冲击，砍毁路障，向敌宫挺进。连续冲击，气势磅礴，战果辉煌！

21. ………　车4进2　　22. 车二进一　车4平7

23. 相三进五　炮4进4　　24. 车八进六

暗伏错杀擒将日，战略冲击决胜时！以下将4进1，炮五进一，士6进5，车八退一伏杀胜。有道是：少小无稚意，纵横有深图！

---

*文题摘自苏轼《有美堂暴雨》

(二)冲击将府弱守势　剥脱铠甲增危机

图二录自陈金盛与刘剑青1962年于合肥弈战局谱。

18. 炮七进七　车1平3

除象去根闹中路，隐约宫廷起硝烟！七路炮采取突然、快速、出其不意的冲击制敌手段，剪羽除根，为扑马踏马、增大宫城弊端、创造攻势进行了战术铺垫。从此手开始直到终局，对敌宫或明或暗的威胁就一直没有中断过。

19. 马六进五　炮8退3

因伏有马五进（三）车四平五的攻杀手段的威胁，故逼炮去而复归。

20. 马五退三　炮8进1

退马一手极具战略意义：因如马五进七叫将，车3进1，车八进五，士5退6，车四平七虽得车，但敌可借机调整宫城防守阵形，并增大了反扑的机会。

21. 马三退五　卒5进1　22. 车四平三　马7进8
23. 车三进一　马8进7　24. 炮五进六

再度冲击宫城零乱，反复剪羽敌首不堪！在黑马威胁踏中炮，企图化解危机并做长期作战打算的情况下，中炮强有力地冲击敌核心防区，不仅使敌马扑空，而且更重要的是剪羽弱防，有利双车催杀。之后马双车连续要杀，终使宫倾将崩。

总之，冲击战术是射杀敌军的烈性毒箭，是荡扫敌势的超级台风，是战略家深图密划的夺势创意，是进攻部队永远不会蜕变的制敌杀敌的固有本能。

正是：天外黑风吹海立，震荡冲决堤坝开。巍峨宫墙随势去，激情凯歌动地来。

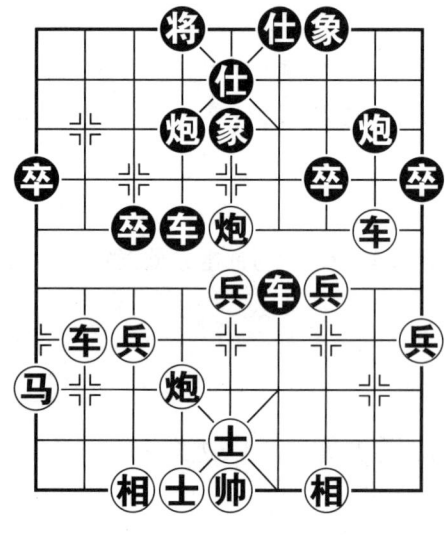

图一

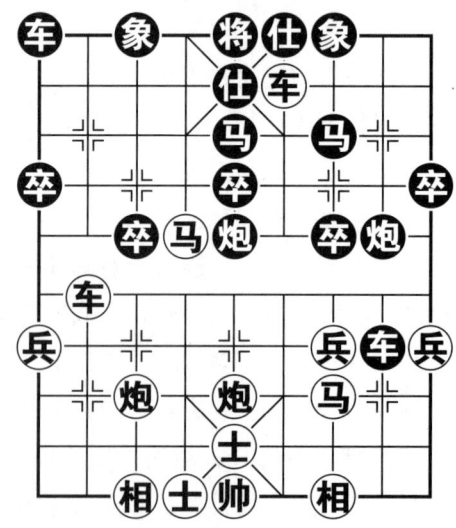

图二

189. 密雨斜侵薜荔墙*
——浅论侧击战术

若米尼将军在《战争艺术概论》中明确指出："为了使这种具有决定性的突击更有把握、更能奏效起见，同时向敌军一翼攻击能产生最大的效果。"

侧击战术系指在攻城决战中，进攻部队经准确分析敌我双方参战或可能参战兵力与战斗中的伤亡情况，选定己方优势兵力所处的侧翼，抓住敌军宫城防务的弊端，迅速集结兵力，及时出击，在敌宫一侧以猛烈的火力全力攻打，并乘势追杀制胜的进攻谋略。

（一）节奏美妙侧攻艺术成典范

图一选自周寿阶与王嘉良1956年全国象棋赛弈战局谱。

24. 车七进二　车4退2　25. 马七进六

打将逼车应垫，将敌主力锁缚在车炮双重火力之下。马之扑进，塞压抑象，保车增援，伺机暗伏扑底助攻。此时，敌右翼战场出现奇异的瞬间战事休止停顿状态，这是战斗与战斗间歇的宁静，是为双方增派兵力进行后续攻防的过渡，这是弈战富有节奏感的生动体现。

25. ……　　车9进1　26. 相五退七　车9平6　27. 炮四平六

让路打叠及时雨，增援助杀龙卷风。平炮助攻有力提升了锋线战力，并构成绝杀。炮之加盟，使敌军翼侧防守工事更显单弱，已不堪击打。这一组合充分展示了进攻战中使用兵力的美妙节奏：进攻——休止——过渡——伏杀——过渡——再进攻的有利有节有序的运动过程。

27. ……　　士5进4　28. 炮八平九　炮8退1

炮退角隅，再行过渡，为马让出点位，组杀已经全部就绪。

29. 车七平六

最后的致命一击，成功地结束了战斗，成为侧击典范之作。敌如将5平4，红方将马六进八下伏双将杀。此侧击，将强势与威胁结合起来，将联攻与妙手结合起来，从而轻松获胜。

---

*文题摘自柳宗元《登柳州城楼寄漳、汀、封、连四州刺史》

（二）强势攻坚　推进深宫演钩钓

图二摘自许银川与李洪斌1989年全国个人赛弈战局谱。

1. 车二进七　炮3退1　　2. 兵四进一　车2进4　　3. 车二平三　将5平4

明攻暗击弱线，精准锁定目标。以底象为攻击重点目标，以强大攻力实施侧击，甚至兵亦充当防护层，破坏敌之策应，力助对敌7路线的攻击。此种侧击既带有背攻的色彩，又富有攻坚的气势。它强大，它坚实，它不需要击虚捣懈。它的名言就是，坚矛只有在同厚盾的较量中，才能造就沙场名牌！

4. 炮三进一　将4进1　　5. 车三平四　马2退4　　6. 后车平五

战事逐渐向深宫推进，现在已经进入到联军直接同敌首个体"对话"的以强凌弱的阶段，敌宫内线损伤殆尽，敌军外线鞭长莫及，敌马之回防也只不过是馈献上来的一碟小菜。

6. ……　　将4平5　　7. 马三进四　将5进1
8. 兵四进一　将5平6　　9. 马四进六

闪击、钩钓，绝杀无解，侧击大功告成。而黑方双车双马炮卒却永远凝固在另侧的看台上。

（三）佯攻集结　连续要杀夺魂魄

图三取自卜凤波与冯明光1995年于峨嵋弈战局谱。

19. 炮五进四

佯攻中路火力猛，筹划侧击手法高。在决战阶段，红方明确以敌首为攻击目标，集双炮双车之力，采取佯攻中路，转而移师翼侧，击虚捣懈，诛杀守臣，车双炮做成绝杀。

19. ……　　士4进5　　20. 炮八进八　马8进6　　21. 车一平六

集结、会合、并联、要杀，在双炮造势打叠之后，右车左移，要杀敌首，正式打响了侧击决战第一枪。

21. ……　　车3平4　　22. 炮五平七

突然转移，连续要杀，侧击波澜壮阔，敌军穷于应付。

22. ……　　将5平4　　23. 士六进五　炮8平7
24. 车六进五　士5进4　　25. 车六平八

斩杀守军，使敌右翼彻底成为无防之城，车双炮在无抵抗状况下轻松做成绝杀。

总之，侧击战术是进攻部队在敌城侧翼发动攻势的谋划，是由攻转杀的激烈过程，是战略家用兵择地决战的凯歌，是在决定性的地点展开决定性的进攻的庙算。

有诗赞曰：神速集结敌宫旁，四大兵种杀气扬。炮火侧攻金銮殿，密雨斜侵薜荔墙。

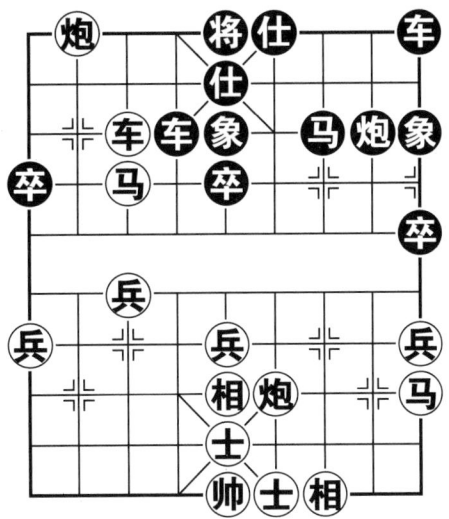

图一

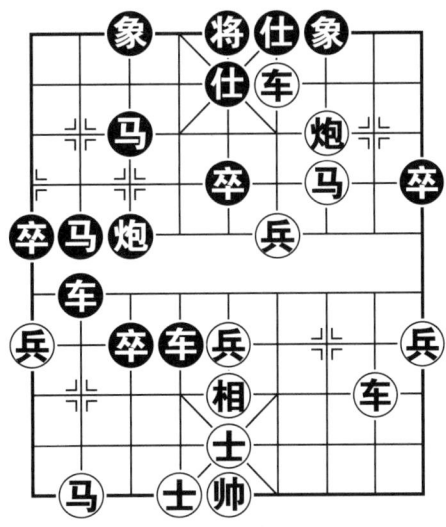

图二

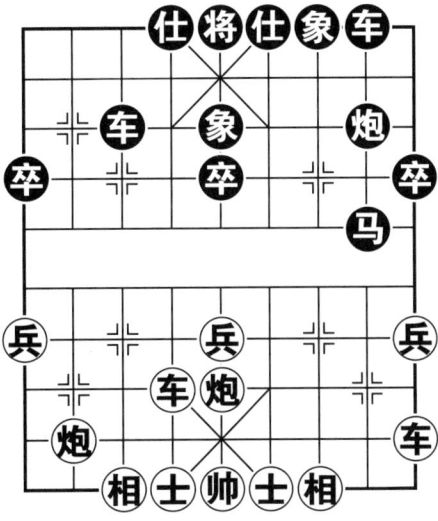

图三

190. 打头风浪恶禁持*

——略论堵截战术

克劳塞维茨将军在《战争论》中深刻指出："只有让敌人担心可能失去退路，进攻者才能期望最快地取得成果。"

堵截战术系指在敌兵欲实施机动之际，进攻部队强力采取占领、顶断、贴靠、捉拿、威胁等有效手段，以强大火力堵住截断敌军企图进退之路，以破坏其攻防计划，以利于己方发动攻击，就地歼灭欲逃或增援之敌的占路控线技巧。

堵截战术实施突然，常能给敌军以出其不意的打击，立马造成夺势或抢子的效果。

堵截战术与堵塞战术在实施手段与功效方面并不相同。堵截战术往往采取封堵的手段，截断敌军欲行线路，即敌欲进而不能进，欲运调到翼侧而不准动，以破坏敌之行动计划。而堵塞战术是在敌军必经路线上设置障碍，或弃子硬性逼引敌防守人员自卡其路，将攻击目标欲逃窜之线路强行阻塞堵住，以达成歼灭敌军之企图。一言以蔽之，堵截战术不仅堵路而且对预行敌子展开攻击。

（一）堵马截象　造作半边无防城

图一为柳大华与徐天红1995年于上海全国象棋王位赛弈战中局形势。

15. 兵五进一　卒5进1　　16. 马八进七　炮8平5
17. 炮五进四　马3进5　　18. 车六进二

飞车断归路，越界强堵截。在敌方于左翼布设重兵的情况下，红方佯攻中路，兑炮抢先，强力堵截中马，使其丧失归路，不得重返原地驻扎以企图重新形成平衡布防。此手逼马，立使敌右翼守力减降，甚至造成右翼虚弱之弊端。此手堵截，成为战局发展进程中的动态"拐点"。

18. ……………　马8退7　　19. 马七进六

在成功堵截中马回防基础上，又以叼马为掩护，暗中塞压中象，使其难以回防底线，致使敌宫右翼弊端升级，敌右翼危情加重。一个组合下来，使敌军深深陷入了失势失子的严重危机之中。

19. ……………　车8进3　　20. 炮三平八

车马已造势制弱敌营，三路炮抓住有利战机，迅速进行战略转移，以击虚捣弱。决战从

---

*文题摘自姜夔《浣溪沙》

这里正式打响。之后的十余合战斗中，红方炮乱敌宫，敌首浅露，红方趁机抢进七兵增援，车分另侧，夹攻而胜。

（二）神妙堵截　强敌遭逢定身术

图二摘自李中健先生排拟的精巧棋局25例谱图。

1. 炮六进三

堵截双车神妙，敌军从此痴呆！在黑方双车双马四卒对五兵双炮的不成比例的情况下，在敌即将车4进4抢杀的紧急情势下，炮拥敌宫，堵截双车一象一将，其力至坚至伟。此手求势、强军、增效，构思非凡。大凡一局之中，兵力弱小一方，必求势强以抵补缺失，方可与敌抗衡。此手制乱敌宫，减效敌军，立使敌营进退失措。真个是：争势一手紧，堵截双车停。

1. ……　　将5平4

双车均不敢招惹实施堵截之炮，因伏兵五进一再兵八平七的杀着。

2. 兵八平七　将4退1　　3. 兵七进一　将4进1　　4. 兵五进一　马7进5

黑方如改走车6平5，红方则炮八平五之后，二路兵连续做向心运动，先敌成杀。

5. 兵九平八　前卒进1　　6. 兵八进一　前卒平4
7. 帅五平四　卒3进1　　8. 兵二进一　后马进7

敌车如贸然离线去兵，红方则炮八平五胜。以下是兵二平三，车4平6，兵三平四，车6进1，相一进三，经激战弱旅逼和强敌。

（三）花心堵截　专线逃逸遭擒拿

图三选自吴永根先生排拟的"雪压残枝"第三回合的谱图。

4. 兵四平五　将5平4　　5. 前兵进一

花心堵截客，尴尬路上人。连续两手打将，硬性堵截了敌首逃窜之路，使其行路狭窄，并在尔后选择逃跑路线上丧失有利的空间条件，只能"专线"躲逃，易于擒拿，此手亦堵截了将位马护角之路。

5. ……　　炮5退3　　6. 炮四平六　车4平3
7. 兵五平六　车3平4　　8. 兵六进一　将4进1

由此敌首"专线"躲逃开始。也正因为堵截造成其线路单一缺少变化，进攻部队才能得以从容设伏，连续追剿，定点斩杀。

9. 炮六平五　将4平5　　10. 马三退五　将5平6　　11. 车六进七　炮5进1
12. 车六平五　将6退1　　13. 车五进一　将6退1　　14. 车五平四

此手弃车堵塞，逼马自堵、塞将无路，再马五进三杀。此手可以使我们进一步体会堵截与堵塞的异同点——也正是将局面变化引录至此的一个缘由罢。

总之，堵截战术是空间争夺的艺术，是制止敌军有效机动的强力手段，是破坏敌方部署、行军、作战计划的得力举措，是遏抑敌军纵横驰骋的"制动器"。

正是：行云忽遇凌空臂，打头风浪恶禁持。堵截恶敌行军路，不惜代价创神奇！

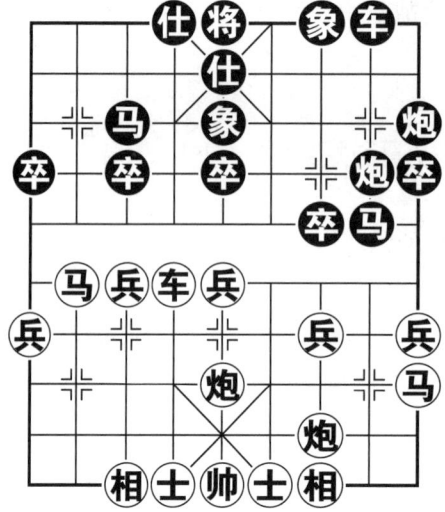

图一

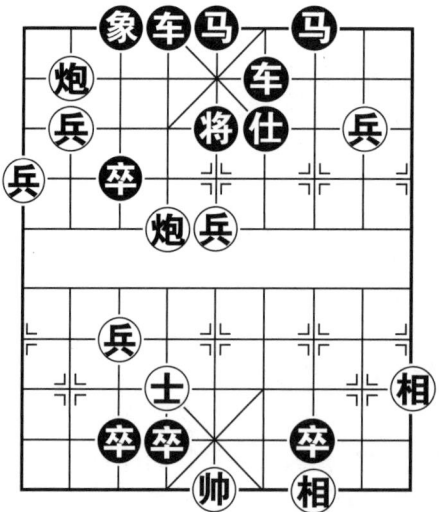

图二

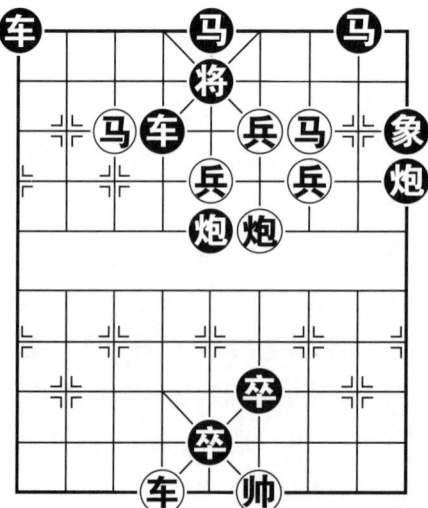

图三

191. 森然气结一千里*

——小论合击战术

若米尼将军在《战争艺术概论》中明确指出："善于把握有利时机，把自己的主力用到战场上能决定胜利的要点上，并且指挥三个兵种同时为促成胜利而协调一致行动。"

合击战术系指在两军攻防战中，进攻部队采取以多打少的作战方针，从几个方向暗中聚拢会合，并对敌军团形成松散型合围态势，诸兵种采取抢位、充架、封断、增援等协调一致的行动，对敌军展开攻击的作战模式。

合击敌首　双车如龙搅宫阙

取自孙志伟与庄永熙1997年全国个人赛弈战局谱。

28. 车七进二

合围车到位，擒拿兵领先。这是以敌首而不是以敌军为目标的另一类合击战术演弈，红方力倾全部进攻兵力，对敌首进行合击。现双车炮兵已形成远近结合、以近为主、严密布控的合击之势。此手到位之后，合击将采取三车闹士战法，连将擒杀敌首，从而逼敌应付。

28. ……　　车5平4　29. 兵六平五　士4进5
30. 车四平五　将5平4　31. 炮五平六　车4进1
32. 士五进六　马3退2　33. 车七退一

合击已成胜势，以下马2进3，车七退一，车2进2，车七进二，车2平4，车五平六做成绝杀。

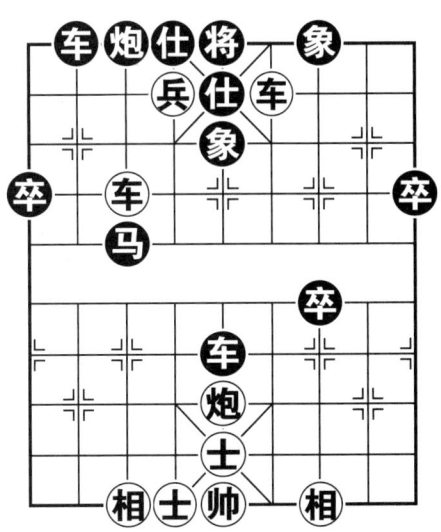

总之，合击战术是进攻部队联合攻击敌军的"团体赛"，是聚拢会合攻击的动态流程，是创造优势胜势的必要手段，是杀敌弱敌的联合行动。

正是：象坛攻防弈术精，合击平台汇群英。森然气结一千里，强势威严五路兵。

---

*文题摘自刘叉《冰柱》

192. 沙汀宿雁破烟飞*

——小论破袭战术

（美）鲍德温在《明天的战略》中指出："从来没有一座堡垒、一条防线、一个防御体系能够长时期不被攻破；人世间没有绝对的安全，将来也永远不会有。"

破袭战术系指以炮为实施主体的远势兵器，或以精干的敌后小分队为主的武装力量，采取隐蔽、突然、快速、猛烈的进攻行动，袭击、破坏敌军阵地或城防设施，重挫敌警备部队，瓦解敌防御体系，从而震慑敌军，消削守力，为已方攻城擒将创造有利条件的攻击方略。

（一）巧妙突然　远程双星破袭早

图一选自孙志伟与殷广顺1979年四运会弈战局谱。

16. 炮六进七

利用敌架发导弹，突施破袭毁城池。刚进入中局，全盘仅少一兵一卒，正是纠缠角斗的时刻。然红方却抢先抓早，突施破袭战斗，十分突然而精警！而且此种破袭战斗还将连续展开，波及到敌宫大半核心设施，可谓出手不凡！正是：宫墙发炮摧城狠，沙汀宿雁破烟飞！

16. ……　　士5退4　　17. 马四进六

黑方如改走将5平4，红方则车七平六夺回失子，将大占优势。现红马越界踏马，黑方如车6平4，则炮四进七再度破袭，红方胜势。正是：左炮右炮善远射，明里暗里巧破袭。

17. ……　　炮6进3　　18. 马六进七　　车2进2

19. 士六进五　　炮6平9　　20. 炮四进七

两道白光击星斗，一记妙手度春风。肋炮再度破袭敌宫，敌宫破碎不堪，已彻底丧失抵御马双车进攻的堡垒功能。敌如车6退4，车二进（一）平六抢士胜；但如将5平6，红车下底点将，再马踏士将亦胜。

20. ……　　士4进5　　21. 马七进五

第三次破袭行动，力摧城防。以下是，将5进1，车七进四，将5退1，炮四退一，闪露敌首，阻断肋车，做成绝杀。

（二）纵横双向　攻城伏杀效率高

图二摘自胡荣华与柳大华第七届银荔杯弈战局谱。

25. 马五进四

---

*文题摘自柳永《归朝欢》

减少中路层次，增加中炮镇宫威力，为实施破袭战术打叠。

25.………… 卒5进1　26.炮二平七　象5退3
27.车六进四

底炮横飞破敌阵，肋车进袭施杀技。以炮、车为实施主体的破袭战术组合，先后有序，有力地破坏了宫城设施，使士象形单影只，难以形成有效的防御，并立伏车六进二杀，逼敌应付。此手破袭紧凑严厉，使敌营立刻显露破败态势。此手以上佳战术功效，充分肯定马五进四减层配合打叠之妙。

27.………… 象3进5　28.车六进一　车2平4
29.车六退三　炮7平4
30.马四进五　马3进5　31.炮五进五　士5进4
32.车二平六

炮车马皆善破袭，敌宫业已破碎。又经攻防，红方获胜。

（三）短程破袭　摧折壁垒攻杀急

图三取自刘殿中与汤卓光1995年全国团体赛弈战局谱。

33.炮五进二

破袭绝高效，导弹超短程！此手发炮攻击目标，在弈战中的炮击射程是最短的距离，但其效率绝佳。一是为车八平六抠将抽车，立刻扫清了障碍；二是摧毁了双士联结形成的强固中路壁垒，为车八退一抠将抽车提供有力支持，否则，车八退一的运作将遭到炮7退6的顽强抵抗；三是加快了攻城进度，使敌中马没有机会扑进以对攻闹事。真个是：破袭可争速，舍身以求杀。

33.………… 象5退3

如改走士6进5，则车八退一，炮7退6，车八平五伏抽车胜。此处展示了破袭单士的弱敌功效。

34.车八平七

黑方宫城破碎，敌首崖边处险，已难以抵挡车马炮兵的强烈攻势，遂放弃续弈。

总之，破袭战术是摧毁敌城防工事的手段，是剪羽、孤立、浅露敌首的精心策划，是攻城决战的火力宣言，是争胜求杀的先期打叠。

正是：远程导弹展神威，城防设施皆成灰。宫阙藏炮冲天起，沙汀宿雁破烟飞！

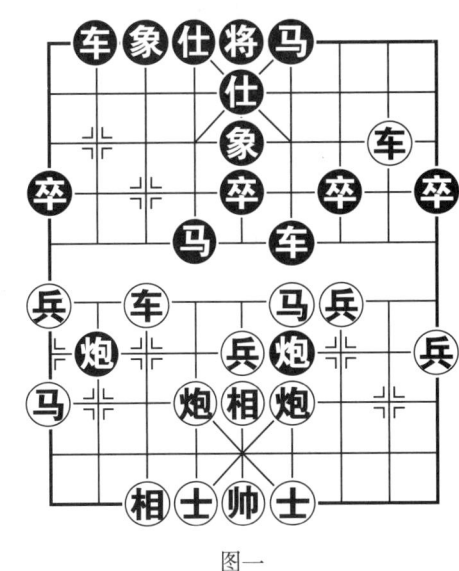

图一

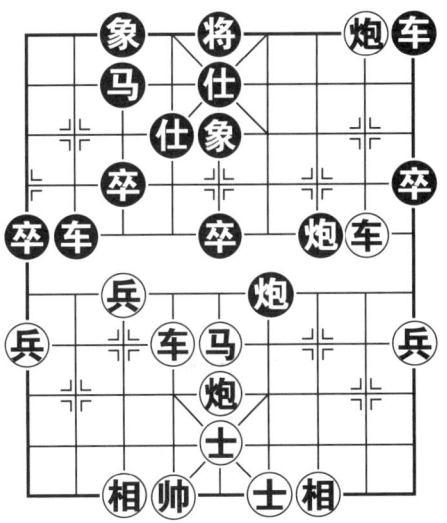

图二

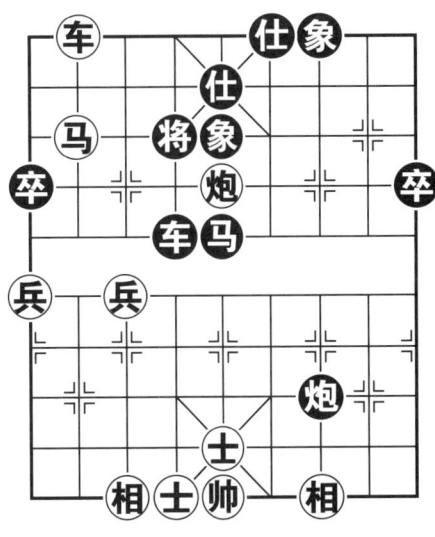

图三

193. 江风扬浪动云根*

——小论破坏战术

（美）约翰·柯林斯在《大战略》中明确指出："安全原则绝不意味着过分的谨慎，或者避免风险。好的进攻往往就是最好的防御，夺取并保持主动权能够破坏敌人的行动。"

破坏战术系指实施方以准确的侦察、深长的谋划与强大的火力，对敌军事设施、兵种联结、阴谋手段、求杀企图等广泛"目标"，巧妙进行破解损坏，以使敌防御工事坍塌失效、使联结断裂单弱无力、使敌军谋算破败失灵，从而为己方发动总攻创造有利条件的制敌破敌弱敌方针。

（一）塞压引离强力破坏防御设施

图一选自邓颂宏与于红木1986年全国团体赛弈战局谱。

77.………… 车5平6

塞压断联盯双相，破坏设施弱城防。此破坏手段十分严厉，它破坏双相联防、破坏城防工事，为强势突破帅府创造条件；此手设计深长而巧妙，对红方不动声色采取诱车砍相再打车夺车的图谋，再度实施破坏手段，从而一举破城破敌。此局，红方守军强大，防守顽强，如无"破坏"襄助，破城难矣。

78. 炮七进二

暗下屠龙计，图谋胁双车。对黑方夺相计划，红方暗中升炮护马叼车，企图进马叼双车而得获一车。

78.………… 车7退2　79. 马三进二　车7进2　80. 相五进七　车6进3

妙手自天降，破坏由神来。弃车打将，巧妙破坏了敌之胁车得车企图，敌如士五退四，黑方则车7平4再平8去马，红势立崩。此手破坏手段，精妙绝伦，马炮士象全的防御体系就此瓦解，固防求和之念烟消云散。

81. 帅六进一　车7进1

得相拆相之后，红方宫城弊端丛生，难以抵挡车6平3的攻击，遂认负。

（二）飞相调敌巧妙破坏弃取计谋

图二摘自巴国忠与张文海1996年棋友杯全国大奖赛弈战局谱。

31. 车九退五　车2退1　32. 炮三平八　车4进5　33. 相五进七

---

*文题摘自李商隐《赠刘司户蕡》

突出妙手破坏，飞设台架调敌！黑方平车要杀不成之后，企图以一车换双手段，缓解7路线上的压力。红方则顺承其前，逆反其后，突然飞相设架打车，强行调敌变位，以多打少，有力破坏了敌军一车换双的图谋。

33. …………… 车4平3
34. 马四退六 车3平4
35. 车九进三 车3平4
36. 炮八退二 炮4进6   37. 炮八平六

在破坏敌作战计划的战斗中，不仅领军参战护航，更重要的是被车捉拿之马，转岗折返护炮，疲惫敌车，赢得了最终破坏敌谋的机会，同时被捉拿之炮亦善于变换身份，由被捉转而打车、捉死炮。整个战斗连连密密、腾腾火火！

（三）兵种协调　连续破坏神圣同盟

图三录自李望祥与徐天红1991年全国个人赛弈战局谱。

82. …………… 卒3平4

破坏底线结构，拆散神圣同盟！红方底线虽然单弱，但帅以身遮掩炮，炮以帅为架封锁左翼底线，颇有些珠联璧合、无懈可击的味道。现平卒叫将，吸引敌首，拆散炮帅联络，有力地破坏了神圣同盟的组织结构，使炮帅"天各一方"，同盟不再。

83. 帅六进一 车2进5

立马下底控帅捉炮，不给敌以调整安顿的充分时间。

84. 炮五平四 炮6进8

伸炮打将逼士驱根，再度破坏了炮士之临时联盟。失根孤炮，立马成为黑方连续实施破坏手段而收获的巨大战果。真个是：破坏勿歇手，得势不饶人！

总之，破坏战术是损毁敌工事、挫折敌计划的举措，是使敌主观意愿、正常秩序半途而废的斗争，是创造战机的最佳途径，是抑敌制敌乱敌的锦绣篇章。

正是：制敌弱势谋划深，出手硬朗屡较真。导弹落地摧营垒，江风扬浪动云根。

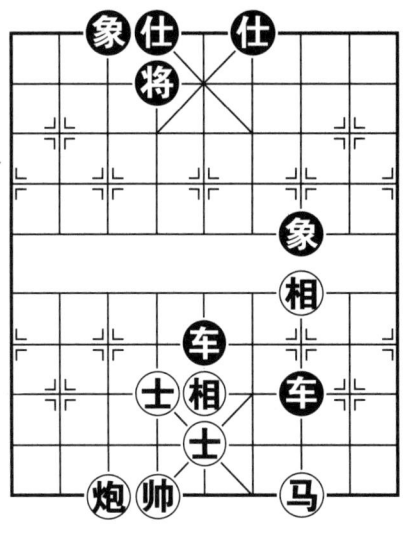

图一

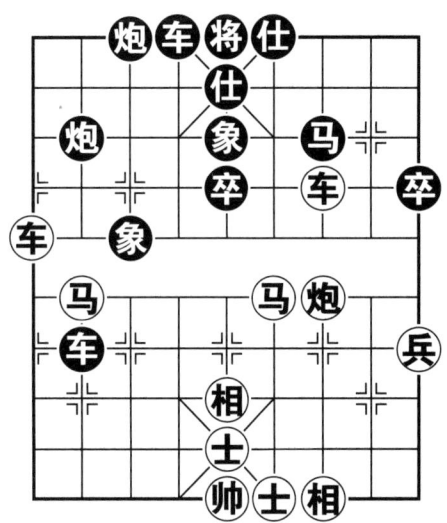

图二

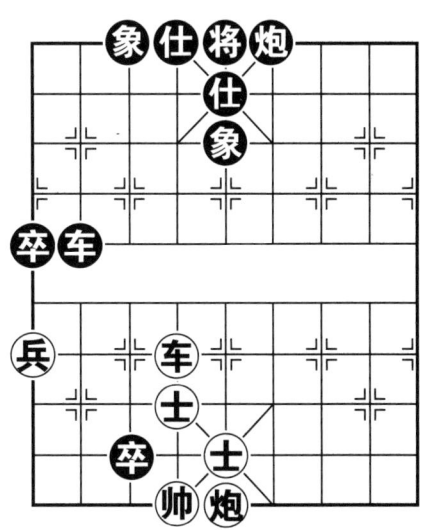

图三

194. 看似寻常最奇崛*

——小论奇袭战术

克劳塞维茨将军在《战争论》中论及奇袭的重要性及其特点时深刻指出："对战争极有利的事情只是下述的三项：奇袭、地利和多面袭击""奇袭的效果比起优良阵地所得到的地形利益更有价值""秘密和迅速是奇袭之两大要素""特别巧妙地调配兵力而达到的那种出敌不意"。

奇袭战术系指指挥员按着立体多维的非常军事指挥原则，善于利用战机，抓住敌阵弊端，巧妙设计，高效用兵，敢于打破常规，求奇创新，在敌军意想不到的时间、地点，采用敌意想不到的战术手段，实施突然迅猛奇妙的袭击，以获取出奇制胜的军事效果的非常攻击谋略。

奇袭战术与奇谲战术，共同演弈着"奇异"的梦幻，但二者专业不一。如果说后者是一位运调、打叠、防守、攻杀无所不能的"杂家"，那么，前者就是一位特别崇尚袭击的"专家"。

（一）击虚捣懈突然变向做杀

图一摘自肖革联与陈孝堃2000年"巨丰杯"全国象棋大师冠军赛弈战局谱。

20.………… 马3进5

斜刺花心马，奇袭大力神！此奇袭妙手，反拴链、巧剪羽、双过渡、暗择路、立催杀，使敌宫虚懈弊端，雪上加霜！此等奇袭，在非常时刻、非常地点，采用非常手段突然实施，给敌军致命一击。敌若车七进四则马5进3杀；又如车七平五则车3进5杀。宫阙的弱点，敌军分散各地、孤立作战的弱点被有效利用。此手奇袭，将进攻中的三兵种糅为一体，增效万端，形成一个高能、奇异、紧缩的攻杀团队。遭此意外打击，敌势江河日下，从此再无振作之日。

21. 车七平八　马5退7

将敌车强行攘除在决战圈外，并使其滞留在高险地带，同时车马出敌意外地改变作战方向，击虚捣懈，一举破城。

22. 车八退一　车3平6

窥士要杀，顿挫过渡，逼士上挺，阻敌车增援防杀，并为车6平8做杀做好准备。以下，士四进五，车6平8，相五退三，车8进5，黑方获胜。

---

*文题摘自王安石《题张司业诗》

（二）点占花心争速让点乱敌

图二录自陈柏祥与刘忆慈1960年全国个人赛弈战局谱。

21. ………… 车3进1　　22. 车九进一　车3平5

连走非常杀路，妙施经典奇袭！邀兑、伏杀，抢夺下二路要线，为马卧槽先自占取要点；在逼离敌车之后，车点花心，构成绝妙奇袭！此手奇袭是对敌首的"当头"一棒！它比"掏心"战法更加空灵美妙，它点占空心，比"点穴"来得更加急促更加震撼！它在精神上、心理上摧毁了敌军核心防线；它为马让点的步调紧凑异常，不给敌军调整应付的任何机会；它最大限度利用了双相布阵、河马占位的弊端，使其成为奇袭的"有利地形"。

此手效率极高，敌军已丧失解杀能力。敌如士四进五，黑则马4进3杀；但如士六进五，黑方则炮2进7，士五退六，马4进3，帅五进一，炮2退1杀。

此等奇袭，精妙绝伦，它突出彰显了领军在奇袭战中的带头的具有决定力的非凡的大将风范，而这种风范已将所谓的"助攻""视死如归"等美誉都降为二流品质了。重新认识主力的战略地位与决定性作用，对实施奇袭意义重大！

总之，奇袭战术是攻击术里的排"正"条款，是使敌遭到的非常意外的绝妙打击，是弈林中的奇花异草，是象棋弈战精深神妙的确凿证据。

正是：暮色迷蒙城隐约，无影飞侠潜虎穴。一发土炮摧金垒，看似寻常最奇崛！

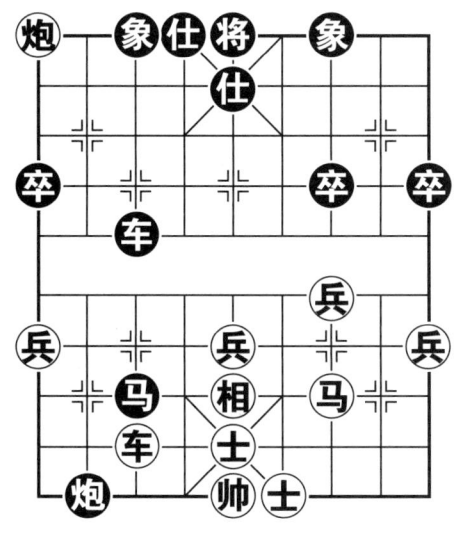
图一

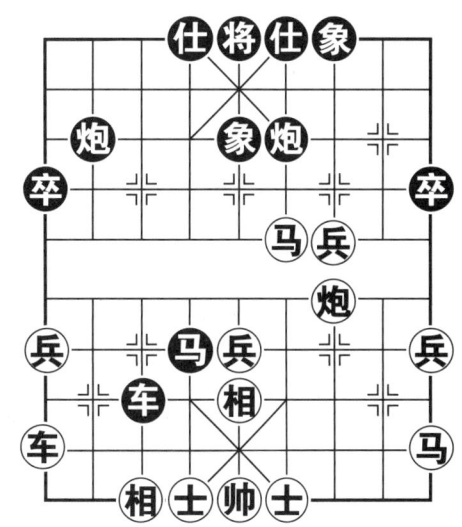
图二

195. 松楸远近千官冢*
——小论歼击战术

《军事战略简论》中写道:"军事力量的强弱,对军事行动的规模大小、持续时间的长短、活动方式及其最后结局有着决定性的影响。"

歼击战术系指实施方以大兵团优势兵力,快速、灵活、巧妙地对敌军采取空袭、搏击、抽吃、擒拿、攫取等强制手段,对某一战区、某一线路之敌坚决予以消灭,从而大大削弱敌有生力量,使其难以进行有效攻防的攻击歼敌举措。

（一）挑双引发战斗　中象勇冠三军

图一选自杨官璘与谢小然1952年于上海弈战局谱。

14.………… 车4进6

挑捉无根马炮,领军强势出击。在敌双车侵境压上、严重威胁领土与兵员安全的紧急时刻,肋车抓住敌营后方防务松懈、子力飘浮的弊端,挥师入界,挑双捉拿,打响了反击、歼击第一枪。

15. 炮七进三　车4平7　16. 车七进一　前炮平1　17. 相三进五　象5进3

妙也歼击术,勇哉大将军!歼杀战斗使中象澎湃了热血,毅然加入到歼杀敌军的行列。红方16回合车七进一捉炮同时顿挫禁象,企图防止中象飞炮,以图先手挺相固防、减效黑车。现中象依恃双炮之力,悍然歼炮,对敌之双车提出强烈挑战。

18. 车二平三　炮2平7

歼杀不停手,借架打恶车。马借车架增固,炮借马架攻车,此手平炮打车将歼杀战斗推向了高潮。屠景明先生研究认为,车二平三可改走车七平三,如黑方象7进5,红方可炮七平九进行牵制。

19. 车七平三　炮7进2　20. 车三退一　炮1平5

在取得了军事上的优势地位后,炮双车迅速集结攻城,闪击制胜。以下是,车三平五,士4进5,炮七平九,车1平4,士六进五,车4进8,炮九平四,车7平5,炮四退三,炮5进4,炮四平六,炮5平7胜。正是:静默助攻车似虎,灵动闷杀炮如神!

---

*文题摘自许浑《金陵怀古》

（二）巧妙抑制敌马　深长谋划边陲

图二摘自许银川与汪洋2009年于昆明弈战局谱。此局红方主旨在于全力歼击敌有生力量，全局无"将"，敌首始终处于安闲状态，并未遭到任何威胁和骚扰。从第15回合兵九进一开始，红方就暗中部署兵力，筹谋滞卒歼马方略，企图达成歼敌弱敌、不战而胜的战略目的。

32. 炮八进三　炮2平1　　33. 炮四平九

贴靠塞外客，横扫马前卒。贴靠抑马，巧打边卒，除掉了马之掩体，为进兵胁马打开通道，并正式拉开了歼马战幕。敌炮因双兵威慑而不敢造次。

33. ……　　炮7退7　　34. 兵九进一　卒9进1　　35. 仕四进五　马5退4
36. 马二进四　炮1平2　　37. 兵九平八　炮7进3　　38. 兵八进一　炮2平4
39. 炮八进一　炮7退1　　40. 炮九退五

兵进炮退各增势，减层寻架皆有方。红方以深沉稳健的战法推进歼击计划，现退炮既解决了被敌炮牵制、难以进兵的问题，又为邀架打马做好准备。红方的歼击计划，逼迫敌军退防，极大牵制了敌军的精力。

40. ……　　炮4进4　　41. 马四退六　炮7退1
42. 相七进九　马4进6　　43. 兵八进一　马1退2

将马逼退死地，以下是，兵八平七，马6退4，炮九平八，马4进2，相九进七，前马退1，前兵进一胜。此时，底马必失，因如黑方再马1进2，红方则后兵平八倒打，前马无路，后马亦失。正是：歼击谋划远，缠战功力深。

总之，歼击战术是掠夺、歼杀的强烈手段，是搁置斩首、取胜敌军的曲线方案，是夺取局部优势以影响或决定全局的立茬手段，是借势借弊谋子的沙场礼赞。

正是：抢先夺势大反攻，马踏炮击斗枭雄。松楸远近千官冢，宫城内外万营空。

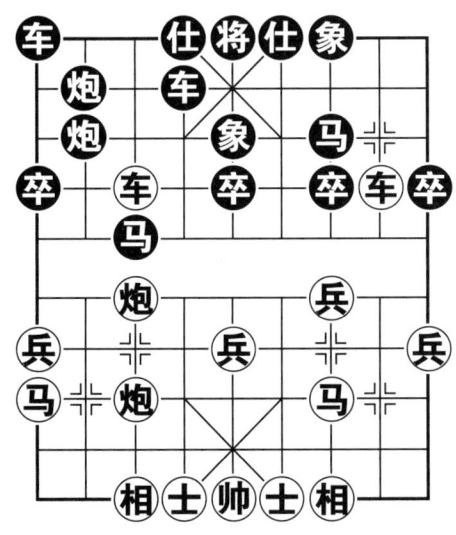
图一

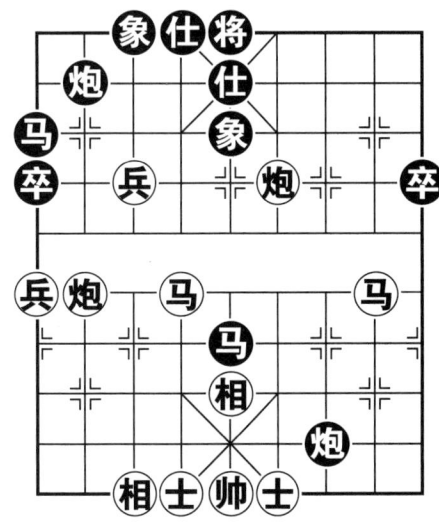
图二

196. 轻罗小扇扑流萤*

——小论追剿战术

恩格斯在《奥军向明乔河的退却》中曾深刻指出："战果通常是在追击敌人时得到的。追击愈猛，胜利愈大。……胜利的彻底程度取决于追击的勇猛程度。"

追剿战术系指实施方在取得攻防战斗初步战果之后，派遣轻灵快捷的追剿分队，采取出其不意、穷追猛打、断其后路、分割围歼等强势手段，对退却、逃窜以及从事紧要军务之敌进行追赶歼击，以使敌军处于紧张疲惫、失去机动自由的颓势状态，从而打乱敌军退却计划，并使其丧失有组织的抵抗能力与重整旗鼓进行第二次反击机会的连续作战方法。

克劳塞维茨将军在《战争论》中深刻指出："如果一旦获得了大胜利，那么任何的休息，任何的喘息，任何的加固阵地，也不能允许，必要之事就是追击，必要时进行新的进攻""就是主力之急速、不间断地前进和追击""如无追击即使如何的胜利也不能取得重大的效果。"

（一）连续长途追击　完美英侠人生

图一选自刘殿中与杨官璘1983年全国象棋个人赛弈战局谱。是局红方弃车急攻、马炮兵快速组杀，场面惊险万端。黑方在暗中解杀同时立即组建了一支强悍无畏的追剿队，对肆意发难的骨干分子强力追杀，令人拍案叫绝。

17.………… 马8退6

潜伏追剿者，有效解杀人！折返、调整、解杀的同时，一支以马为先锋的以车马炮三大兵种参与的强大追剿分队，已经组建完毕。马之折返，既调整了自身马步，为下步追击铺垫，又为炮充架瞄射恶兵，同时还闪露左车参与追剿。三兵种联袂对威胁将府的强徒进行了激烈而有节奏的连续追剿。

18. 炮六进二　车8进7

盯吊监管恶跑，英勇无畏领军！它一步到位，看死欲行绝杀之炮，不怕相三进五打车叫杀，英哉！一国之栋梁、三军之统领也。对于炮六进二的攻着，孙志伟先生研究认为，即使改走炮八退一或炮六退一，也难免一败：如一，炮八退一，前炮进6，帅五进一，车8进8，炮八平二，车1进1，兵五平六，马6进4，兵六平七，后炮平4，炮六进五，车1平3，黑方少子得势占优。

如二，炮六退一，车8进8，士四进五，前炮平5，帅五平四，炮7平6，炮八平四，车1进1，黑方多子胜势。

---

*文题摘自杜牧《秋夕》

19. 相三进五　前炮平5

乘机铲除恶兵，拉开追击大幕！这是一个由解杀之被动到追剿之主动的决定性转换，这是一场攸关攻防胜负的主力大会战！

20. 士六进五　马6进5　　21. 炮六退三　炮5进4　　22. 帅五平六　马5进3

预先看管要点，追剿亡命恶敌！追剿部队不依不饶，不弃不离，深入敌阵，连续追击，真枭雄也。

23. 炮六进二　马3进2

打将争先，扼守要点，追剿恶炮战斗演变成全局性战役，成为决定两军命运之决战。

24. 帅六进一　炮5退2　　25. 车九进二　车1平2
26. 炮八进二　车2进5　　27. 车九平二　车2平3

右车加盟追剿，力斩恶炮，美妙完成了追剿的战斗任务，并做成车马抽杀之势，追击大获全胜。

（二）车马交错追剿　强势战略宏图

图二录自陈信安与陶汉明1996年全国象棋团体赛弈战局谱。是局黑方利用敌中相必争点之屡弱与看护中路右车不敢擅离相线之无奈，以砍相做杀相胁迫，连续纵马追击，并做成车马炮卒绝杀。

34. …………　马5退6

背运犬咬虎，得势马欺车！黑马依恃车占中并欲抢相、卒卡肋门与4线炮静默助攻伏杀之劲势，连续追剿右车，并在追剿中移步换形，占领要点，为最后攻杀打叠，同时暗中配合车炮卒进行组杀。

35. 车三退一　马6进8

险厄相呆滞，灵通马痴狂！对护相之车再行追剿，以察看敌之动向，然后采取相应对策。

36. 车三平四　马8进6

充架打车无根马，意欲扑槽有杀心！此手追剿可谓英勇盖世，守城相士尽皆意颓心惊。如敌敢于贸然车四进一去马，则车5进3，车四平六，炮6平7，一车难保两地，黑方左右两翼双杀无解。

37. 车四平三　车5进3

砍相追车，使敌车疲惫不堪、无能为力，已经达到了"无可奈何花落去"的完败境地，下伏马6进7或卒4进1必得其一绝杀手段而妙胜。

总之，追剿战术是对冒进者、逃跑者、作祟者的追赶式歼击，是使敌军被动、处险、疲惫、颓势的连续性捉拿动作，是以众制孤、以势攻敌的动态手段，是发展扩大军事优势的得力举措。

正是：余辉剩勇战鼓鸣，日夜兼程风雷行。飞刀嚆矢追穷寇，轻罗小扇扑流萤！

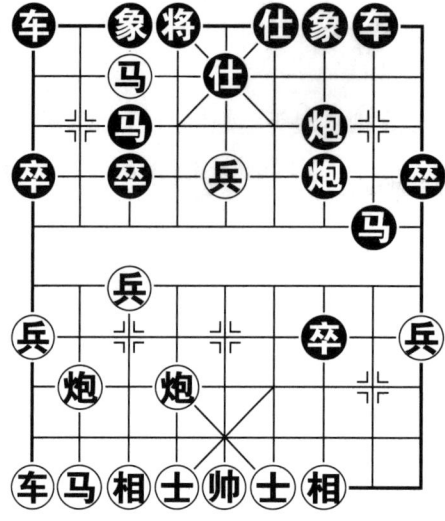

图一

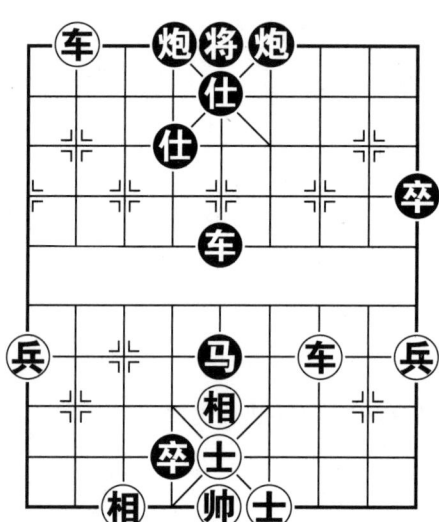

图二

197. 扫尽浮云风不定*
——试论扫荡战术

克劳塞维茨将军在著名的《战争论》中，充分肯定军队数量上的优势，对夺取胜利不论是战术上还是在战略上都是重要因素的同时，列举了"腓特烈大帝在罗登以三万之兵击败八万奥军"的典型战例，深刻指出统帅的才能与军队的士气尤为重要。"腓特烈大帝或波拿巴那样富于决断而又灵活的统帅，用一支军队通过疾风似的行军逐次击破数个敌军……"

扫荡战术系指在两军僵持之时，以强车为主体的火力利用"闲暇"时间或攻杀机会，充分发挥自身速度快、威力大的独特优势，采取铲除、肃清、劫掠、连夺等强势手段，对敌外围警戒、后续兵员、前排暗哨尽数杀光灭绝，以取得军事上的实惠，并为总攻奠定有利基础的连续劫掠技巧。

挟杀扫荡　攻杀交错势威猛

摘自胡荣华与柳大华1985年于北京CCTV杯中国象棋特级大师邀请赛弈战局谱。

38.…………　士5进6　　39.士四进五　炮9平5　　40.帅五平六

兵线车已占有扫荡之位势，却秘密待机。中士借势调整宫城内部结构，为炮参战助攻打叠，为在要杀中扫荡铺垫，其行棋何等周严细密，并极具节奏感！以下伏在要杀中扫荡、在扫荡中要杀的攻杀交错手段，并骤增扫荡力度。妙哉！停待车蓄势，顿挫虎生威！

40.…………　车3平4　　41.帅六平五　车4平1

42.帅五平六　车1平4　　43.帅六平五　车4平9

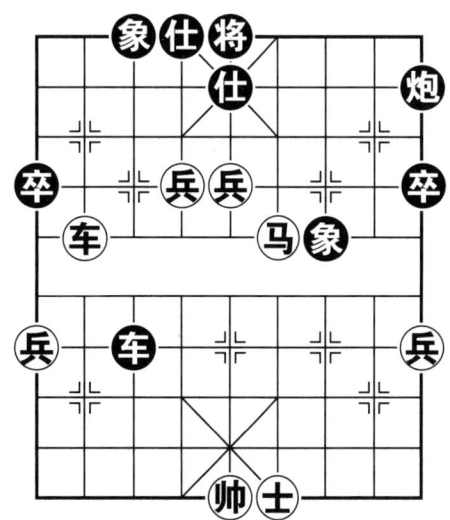

横行风卷叶，扫荡炮震宫！其挟杀而扫荡之势，力逾千钧，足令豪帅惊魂、敌车马掩目！此种扫荡，要杀与扫荡一体，并挟杀势之威，因杀而扫荡，借扫荡而要杀，真威严也，真立体也！

44.帅五平六　车9平4　　45.帅六平五　车4进2

46.帅五平四　车4平5

扫兵犹不满，挥师入深宫！强车杀性大起，连斩内外线三位大员之后，双卒已是跃跃欲试，企盼在收官之战中立功进爵。

---
*文题摘自张元幹《贺新郎》

47. 兵五平四　炮5平6　　48. 兵四进一　车5退3

以下红方只有兵六平五，黑方则车5平6，帅四平五，车6退1，车八平四，炮6进3，炮双卒轻松获胜。

总之，扫荡战术是第一主力连续杀敌能力的展现，是倾斜战略天平的动态筹码，是震慑敌营、消削敌力的连环杀手，是楚汉战场上永不疲倦的杀敌行动！

有诗为你叫好：激情颂歌赞领军，杀性狂野攻力深。扫尽浮云风不定，玉宇澄清万里尘！

198. 世间谁敢斗轻盈*

——略论撕扯战术

利德尔·哈特在《战略论》中写道："拿破仑学会了一条用兵原则，那就是首先故意分散自己的兵力，引诱敌人跟着分散兵力，而后，他却突然把自己的兵力迅速集中起来，而这时的敌人却不能把分散的兵力收拢来。"

撕扯战术系指在敌守城部队严密防守的不利情势下，进攻部队巧妙采取佯攻、破坏、逼离、突破、威胁等强制手段，硬性撕开敌宫防线，扯断守城部队之间的联络，打开进攻缺口，为前锋兵马涌入皇宫将府擒拿敌首创造条件的打叠性攻城谋略。

（一）立荏撕扯　脆弱防线土崩瓦解

图一摘自党斐与孟辰2006年个人赛弈战局谱。

26. 马七进八

之前，卒林车伴做掠边卒之机，两次撕扯宫顶防线，黑方右炮借双炮联结之力，拦阻跟防；现相头马踏入敌阵，增援助攻，为撕开双炮防线提供了有力的火力支撑。此手明里加大了侧攻力度，而暗中却力助撕扯，乃名正言顺的"推手"。有此一手，敌阵右翼已风雨飘摇，大厦将倾。赞曰：打叠铺垫功在你，卧槽挂角全由它！

26. ………… 车8进3　27. 车七进一

劲撕城处险，马到车生威！突然、立荏、严厉地打击，对以双炮联连为主的防线的决定性撕扯，顿使双炮防线应声土崩瓦解，战局陡转至最后的关头。因伏马八进六绝杀手段，6路炮不敢招惹。

27. ………… 将5平4　28. 炮五平六

平炮肋道，立伏马后炮杀，敌如车8平4，则车七平六再马卧槽杀。

（二）揳插撕扯　联防体系瞬间成灰

图二选自宗永生与赵国荣1995年于苏州弈战局谱。

16. ………… 炮6进5

争大势飞临要塞，洒热血撕开敌防！趁红车背暗之机，黑方采取揳插、增层、断联、逼兑手段，强行制乱并撕开敌军宫顶防线，为抢先攻城擒帅提供了有利条件。

17. 炮八平四　炮8平6　18. 马三退一　马4进3　19. 车一退一　车7进2

---

*文题摘自唐彦谦《垂柳》

20. 马一进二　炮6平8　　21. 炮六退四　马3进5

妙手撕开中堂幕，大侠暗窥落魄皇。黑方联军极大削弱敌防线之后，拓展车位，驱逐敌马，以使其远离底线防御之要点，巧施绊别，拦阻其回防，将其攘除主战场，并借机抢占要点，为变线下底发动底线攻势预做准备。诸事停当之后，再次施展撕扯手段，它突然、锋利、高效！它为攻势的进一步升级做出了贡献。

此时，敌如相三进五，炮8进2立获抽势；又如炮六平二，则马5进3叫将得马占优。

（三）要杀撕扯　内外两线毁于一旦

图三取自孟祥阁与张来庆在第七届棋友杯赛中的实战枰面。

1. 车三平二

小幅平拉开，暗伏掏心杀。此手对敌7路线开始进行撕扯调动，暗中盯瞄花心士，以破坏其防御体系。撕扯战术之实施，有时越过宫顶线，直接对敌首的最后一道防线展开攻击。此局明里暗里将心力全部用在撕扯花心屏障式防线上。

1. ……　　炮3平6　　2. 车二进六

下底求杀，再度动摇撕扯7路防线，将扼守7线、阻抑三路马的黑车逼离要位，使三路马解绊活络，为攻杀敌首增添了一支生力军。

2. ……　　车7退2　　3. 马三进四　车7平6

4. 车六平五

叫杀撕开防线，入宫施展擒拿。剪羽掏心，将拥有三个保镖的花心士从深宫除掉，使敌首的屏障式防线立刻土崩瓦解。内城破碎，其势危殆。以下将5平4，车五平四，炮6退6，车二平四，敌城之车炮外线防御与双士组成的内线防御，顷刻间灰飞烟灭。

总之，撕扯战术是对以敌宫顶线为主的防线的攻击、破坏与调动，是寻觅、扩大"隙缝"的强制手段，是标准的攻城突破的最佳模式，是使胜利来得顺畅快捷的诀要。

正是：帷幄睿智巧用兵，敌防瞬间尽覆倾。可笑诸侯战阵软，世间谁敢斗轻盈？！

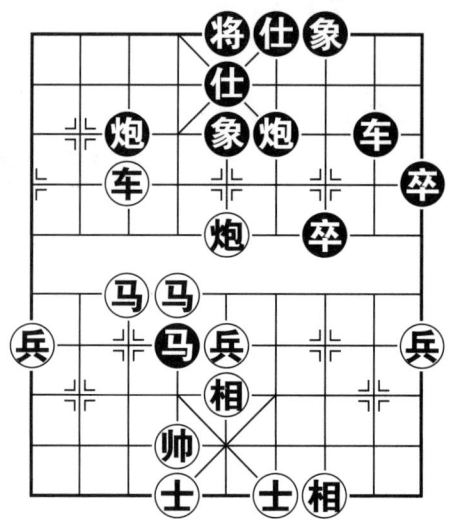

图一

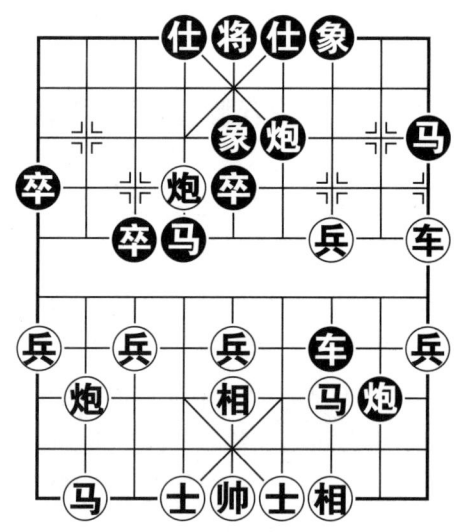

图二

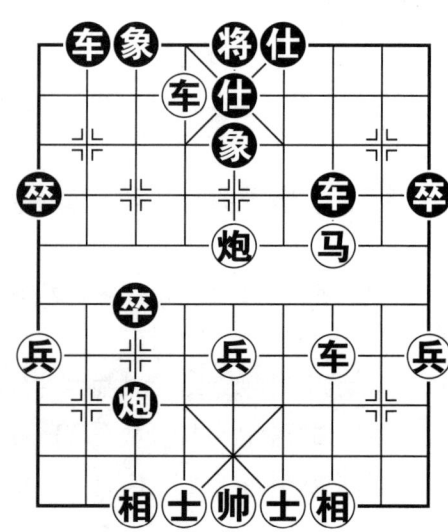

图三

199. 游蜂酿蜜窃香归*

——简论偷袭战术

列宁曾深刻指出:"善于利用敌人的迟顿,在完全预料不到的地点和时间攻击敌人。"

偷袭战术系指本着秘密准备、突然启动、迅猛攻杀的战略思想,在敌军大举进犯,其后方又似乎无懈可击,或在两军对峙、和风徐来等战场条件掩饰下,趁敌指挥部门毫无察觉,疏于防范之机,进攻部队隐蔽调动兵力,暗中铺垫打叠,以弃子突破、闪击宫阙、连续催杀为手段,对敌核心防御体系发动迅速而猛烈的袭击以制服敌首的出其不意的攻杀技巧。

(一)借势亮相元首　车马巧妙追杀

图一选自韩福德与胡荣华1962年7月于上海弈战局谱。

35.　………　车2进2　　36. 士五退六

被动施应垫,顺势露"狰狞"。红方以被动遭攻、应将增层为掩护,露帅诱敌,下伏一明一暗双料偷袭手段,一个精妙的偷袭行动已经酝酿就绪。

36.　………　将5平6

百战无双对,千虑有一失。屠景明先生曾对此手点评道,"胡方一时失察出将,遭致速败"。此手如改走车2退4抽马,虽仍处劣势,但尚有谋和的希望。然将5平6一手只是浅近地拆解了车五进一的杀着,却未曾进一步深察细审,而给红马双车提供了偷袭的机会。

37. 车九平六

昨夜背攻盯炮客,今日偷袭砍士人! 在黑方未曾料到的时间与地点,底车突然发难,它以极刁钻凶恶的手段剪羽宫城,为中车除障开路,为豪帅助战打叠,为河马钓猎攻将铺垫,为偷袭的成功打响了第一枪。

壮哉! 血染车马路,枰增日月辉!

37.　………　士5退4　　38. 车五进二　将6进1　　39. 马六进五

英雄跨海踏进,增援偷袭成功! 马之加盟,帅之占线,使将位车战力倍增,敌首已局促难应。

39.　………　将6进1　　40. 马五进六　士4进5　　41. 车五平四

巧妙的偷袭手段,精彩的偷袭过程,虽已离去半个世纪,但仍在装点岁月、激动人心!

---

*文题摘自周邦彦《浣溪沙》

（二）领军悄然退防　宫墙多点游击

图二摘自许文学与柳大华1996年10月于宁波弈战局谱。是局黑方猛士如云，极善久战；而红方则利用炮双车快速、锐利的特点，假意防守，暗中谋划偷袭手段——

29.车六退八

退守护城避兑，让路择点偷袭！此手退防，以被动姿态为偷袭拟势，以麻痹敌人，并为保留足够的偷袭兵力打叠。此手，在示弱中为炮让路，在防守中实施偷袭准备，真可谓：运作迷似雾，打叠价连城。否则，任由车3进2砍相、兑车然后士5退4去炮，红方胜机渺茫。

29.…………　卒3平4

卒移肋道企图隔断车路，使双车抢士成杀受阻，并为进一步侵宫助杀打叠。

30.炮六退二　象5退3　31.炮六平五

看似窥马非为马，不打彼车抽中车！此偷袭妙手出敌不意，突然而犀利，使敌方横祸飞来，难以解救。敌如改走士5退4应将，则炮六平七，车3平4（如卒4平3，车八平六伏杀；又如车3平7，车六进三伏杀）车六进二，卒4进1，炮七平三胜。正是：后续薄弱当机立断，不胜久战成功偷袭。

（三）硬性调敌弱防　战局转换界碑

图三为赵冬与钟涛1995年在安徽省"古井杯"象棋赛上弈至20回合轮黑方行棋的枰面。

20.…………　马6进4

扑马要杀控帅，调车弱防争先！在敌我双方对峙、互相牵制的情势下，黑方纵马奔卧欲杀，逼迫敌升车应付，从而造成底线弊端，这就为实施战术偷袭创造了极佳的机会。

21.车九进一　车4进5

重炮威慑苦，连环本性虚！肋车乘虚掩懈，越界砍马，偷袭得手，而7路连环马却不敢轻举妄动，黑车遂展开大范围的偷袭行动，横扫守军，为攻城夺帅创造了有利的条件。

22.炮三进四　车4平3　23.炮三平八　车3进2
24.车九平六　炮3进8　25.士六进五　炮3平1

黑车马炮临门成势，红方车炮必丢其一，难以守御。此局偷袭有三个显著特点，一是铺垫硬朗，以杀相逼，迫敌就范于无奈之中；二是杀伤力巨大，连宰四个兵员，黑方形成兵种优势且中卒无阻；三是战略性明显，黑方扑马构成杀势而实施偷袭，反转来偷袭得手又加快了攻杀进程，而红方仅为弥补损失而吃，于攻于防意义不大。正是：乘势掠辎重，率军围京都。

总之，偷袭战术是隐蔽、突然、迅猛的攻击战法，是对轻防、大意、失察的致命惩罚，是求攻组杀类别中的"阴谋"暗箭，是喜攻好杀营垒里的刁钻大家。

正是：明争暗斗金鼓催，击虚捣懈展神威。劲旅衔枚偷袭去，游蜂酿蜜窃香归！

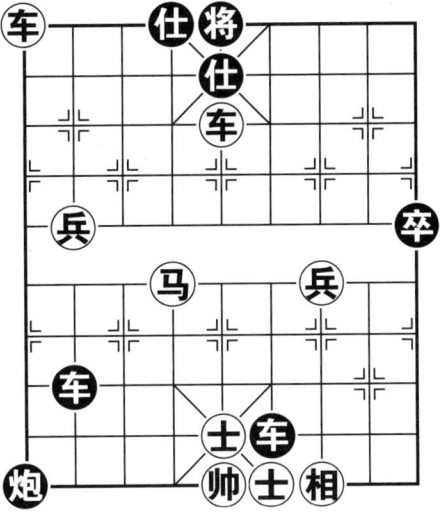

图一

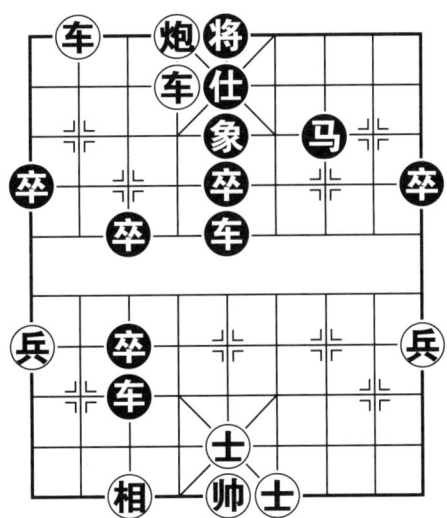

图二

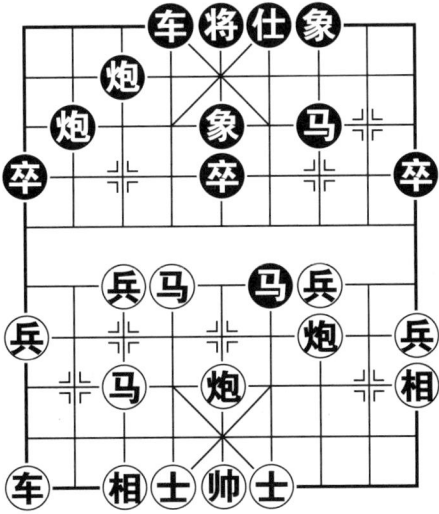

图三

200. 公子王孙逐后尘*
——略论尾击战术

克劳塞维茨将军在《战争论》中明确指出："我们必须毫不犹豫地承认，在大多数情况下，一支援军攻击敌人翼侧或背后，能产生更大的效果，这好像同样的力在杠杆上作用于力臂较长的一端时能发挥更大的作用一样。"

尾击战术系指在敌军纵队鱼贯进发之时，实施方隐蔽配置火力，暗中窥瞄目标，对敌军殿后部队或后续部队采取伏击、截击、狙击等强烈军事手段，迅速、猛烈、彻底地实施聚歼，以消削、紊乱、震慑敌军，使其难以进行正常攻防的分割杀敌战法。

（一）反拴偷袭　高效率一马踏三

图一选自吕钦与蔡福如1993年广东棋王赛弈战局谱。现红方先头部队车马炮已杀过河去，后队车炮在防守同时也将伺机增援前线。攻防关键时刻，黑方突出连续尾击妙手，一举破敌——

29. ………… 马6进5

尾击战法凶似虎，决战时刻马称王！在双车抢马严峻形势下，6路马闪离兵线，立荏反拴，斩士花心，连续尾击，使敌溃不成军，难以进行有效攻防。

30. 车三平五　马5退3

杀技千般酷，豪情万丈高！连施尾击手段，展示无比巷战活力！因伏车4进5绝杀手段，敌中车只能引颈受戮，成为尾击的第三批战果。

31. 士六进五　马3退5

尾击歼杀敌三员大将，人去城空，前军无心恋战，略尽人事，遂认负。

（二）尾击空防　三向攻击势如潮

图二摘自柳大华与徐天红1995年于上海弈战局谱。红方抓住敌军前滞后弱的弊端，对敌军殿后部队进行致命打击，抢先拔城。

31. 车二退一

尾击贴将马，震慑攻帅敌。攻击殿后无根弱旅，对敌首足可形成夹击之势，以攻代守，抢先擒将。此手抓住敌军尾部单弱之弊，挥师捉拿；此手以尾击为过渡，对所遮护的敌将抢

---

*文题摘自崔郊《赠去婢》

先发动决战；此手将尾击与斩首、杀敌与攻将、战略与战术巧妙交错，把弈战带入了速胜的道路上。

  31.………… 马4进2
  32.车二平三 将6退1 33.马六退五

尾击转而变成三向攻将的决战，敌首无法躲避车马炮的凶猛火力。以下黑方如象3退5则车三进一，将6退1，炮八进二，象5退3，车三进一杀。此局之尾击，决战之引信也，双目标之连击也。

（三）连续打将 掠炮夺势定胜局

  图三取自黄少龙与丁晓峰1974年全国赛弈战局谱。是局黑方纵队以马为首、卒为腰、炮为尾，向红方纵深进发，其中炮镇中路，威力极大，危害极深。红方对此炮突然发动尾击——

  20.马四进二

双将以变位，暗中施尾击。局面里隐伏着的有利因素，被马之灵动充分调动出来。通过打将，不仅自身变位，而且逼迫敌将按预定的方案进行变位，以共同达成尾击敌炮之目的。

  20.………… 将6平5 21.马二进三

连将而过渡，折返以双击。连续打将，尾击底象，逼迫敌将在预设的两个点位上躲避周旋，现不管其退1或平4，马均折返踏士叫将，然后掠炮，尾击大获成功。黑方无力续战，遂认负。

  总之，尾击战术是攻击敌纵队的英明抉择，是各个击破方针的优先方向，是击弱制孤的有效手段，是消削敌军攻势的有力举措。

  正是：杀敌破阵功夫深，逐次击弱战法新。强势锋刃断蛇尾，公子王孙逐后尘。

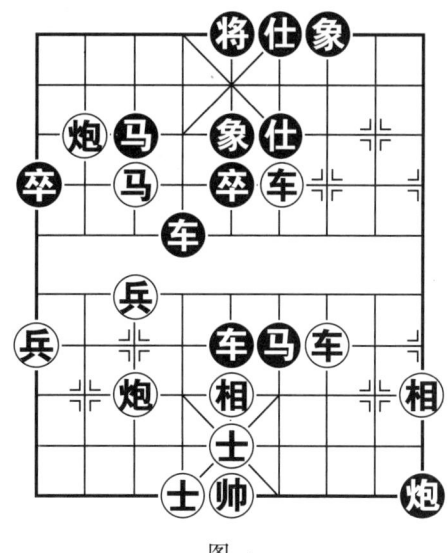

图一

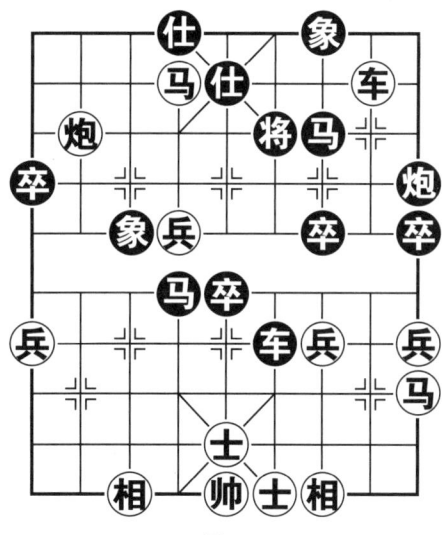

图二

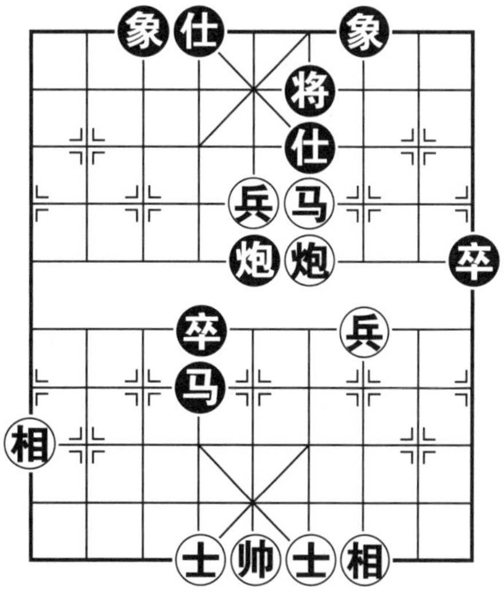

图三

201. 铁骑突出刀枪鸣*

——简论袭击战术

若米尼将军在《战争艺术概论》中写道："必须任用智勇双全的军官，闻名的'游击战士'。作为真正的无名英雄，他们必须尽量给敌人造成严重损失。"

袭击战术系指为破坏敌宫城防御设施，大本营派遣一支精干的小分队，迅速、隐蔽地深入敌后，巧妙地接近目标，采取偷袭、劫掠、剪羽、破坏等手段，出敌不意地突然发起攻击，使敌城防遭致难以修复的严重损失，从而为主攻部队入城擒拿敌首提供有利条件的小型作战技巧。

（一）踏士减层　引发中路攻势

图一选自张锦荣与周德裕1921年于扬州弈战局谱。

27. 马三进四

袭击城缺口，减层炮控中。依恃双炮纵横威力，突袭宫阙，使敌城池不整，中路减层，中马定位，为捉死马、进一步发动攻势造设了有利地形条件。

27. ……　　士5退6　28. 车二退三

紧凑、强烈！袭击的效果在"发酵"，影响在扩散。因滞而捉，捉而必得。袭击之马，笑慰九泉。

28. ……　　车6平9　29. 车二平五　将5平4　30. 车五平六　将4进1
31. 炮一平四　车9平6　32. 炮四平六

车拔中马进而锁制肋马，强势欺逼伏杀，而敌车竟不敢造次；底线炮游弋自由，去士剪羽，藏身将后，妙施倒打，力取敌马窥车，其"游击"队长吃、走、藏、打、窥之本事过人！现敌宫破碎、双马尽失，大势已去。

（二）踏相弱防　背攻浪掀席卷

图二摘自王贵福与陈孝堃1995年于峨嵋弈战局谱。

15. ……　　马7进5

威胁斩敌首，铁蹄毁城池。此手突施袭击，攻其不备，踏掉中相，并威胁卧槽杀，逼敌应付；三路马由此裸露于火力射程之内，右翼底线遭攻，形势急转直下。此类袭击，破坏仅仅是一种战术手段，它为主攻造势铺垫，发动侧攻创造了有利条件。

---

*文题摘自白居易《琵琶行》

16. 炮五退四　车7进7
17. 车七平二　炮8平7
18. 士五进四　炮7进7

背攻发力狠，春潮来势急！车炮猛攻，端端城池毁于一旦，且2路炮、4路车、6路卒俱虎视眈眈，红方企图挽狂澜于既倒，已是美梦难圆了。

19. 士四进五　炮7平1
20. 炮五平三　车4平2

捉炮伏抽，必伤敌军筋骨，红方遂放弃续弈。

（三）制弊夺势　挥师横扫千军

图三录自钱洪发与张金刚1993年于全国团体赛弈战局谱。

25. 马七进五

策马袭中象，右翼露弊端。在敌宫城"森严壁垒"、车守空门、担炮拒敌禁区以外，几乎是在无懈可击情况下，飞马袭击中宫，一举打开缺口，从此敌首再无宁日。

25. ……　　象3进5　26. 车二进一

袭击伏有严厉后续手段，借中炮罩镇威力与边炮叫闷的威慑力，硬性夺炮，十分紧凑有力。

26. ……　　车6进3
27. 车二平五　车6平1　28. 车五平九

铁军摧枯拉朽，敌城断壁残垣。敌内线设施、外线兵力遭损严重，渐露破败迹象。

28. ……　　车1平5
29. 车九退二　马6退7
30. 车九平二　将5平6　31. 车二平四

叫将占势得子。此时黑方如将6平5则车四进一；又如马7退6则炮五平四，黑方失子认负。

总之，袭击战术是对敌城核心设施发动突然攻击的举措，是断联、减层、制弊、剪羽、铺垫的综合表演，是主动上手、后续紧密跟进的艺术链条，是战马行侠仗义的辉煌瞬间。

正是：劫掠爆破样样精，连续袭击破敌城。帷幄深谋兵马勇，铁骑突出刀枪鸣。

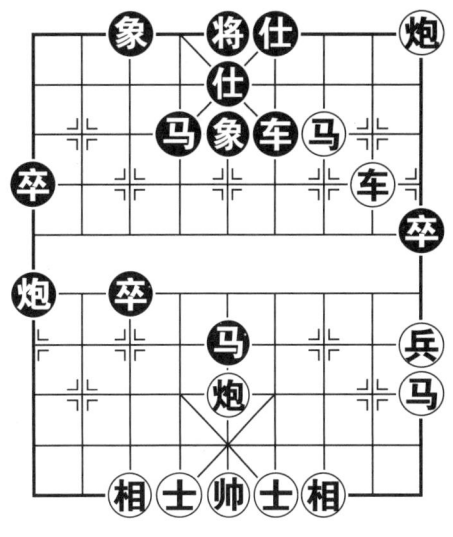

图一

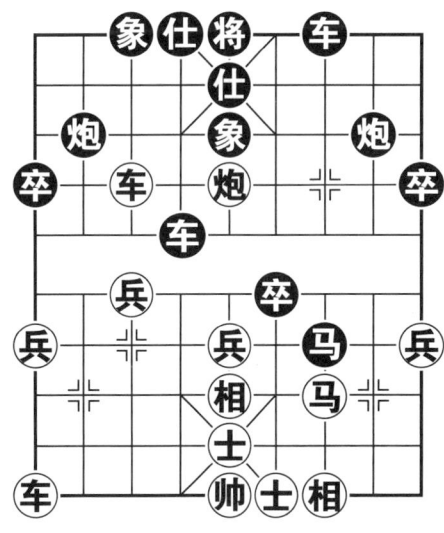

图二

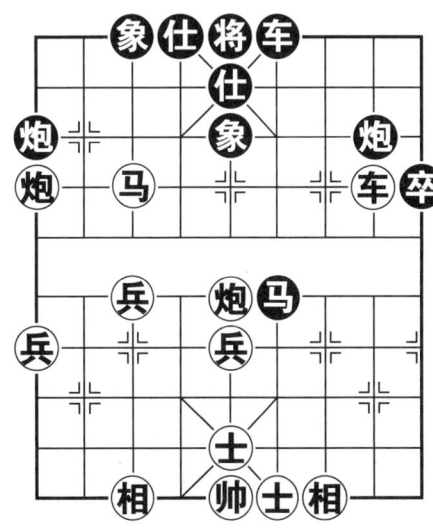

图三

202. 砯崖转石万壑雷*
——略论抽吃战术

1936年11月25日，毛泽东主席电令红军西路军："不打则已，打则必须有所收获。"

抽吃战术系指在攻城战斗中，炮与车马等兵种组建的集团军密切配合，协同作战，充分发挥主攻火力对戎首保持窥瞄状态的巨大威慑力，巧妙施展台架或掩体灵活机动的闪击功力，最大限度地利用造作之抽势，借将闪抽劫掠或先手捉吃，以除敌、排障、防杀并夺取军事优势的联合攫取技法。

（一）增加双重主体　斩杀偷袭顽敌

图一选自李来群与胡荣华1986年于广州弈战局谱。是局黑方车炮已具抽势，并暗禁红帅，但却不具备抽吃得子的条件，因而红马双车军团则有恃无恐地进袭黑方无防之城。在两军对攻决战的紧急时刻，黑方角隅车一步到位——

31.………… 车9进9

出子效率无与伦比，骤增抽势足见神奇！车之下底，有力地增加了抽势主体，形成了双主体的连抽态势；此手，扩编了底线进攻军力，立刻成为高能量的集团军；此手，增效8路炮，使其得以兼具主体与抽体两种性能，并可以伺机进行两种性能的巧妙转换，以有效定点清除恶敌；此手，使敌之底线、6路肋道面临巨大压力，红方守城部队与进攻部队双双遭受到被抽吃的死亡威胁；此手，使黑方右翼的防守压力得到有效缓解。

32. 马六进七　车7退4

在红方造作杀势的情况下，黑方妙施抽占、减层、禁控、增效等诸多战术手段，使炮由主体变成抽体，以便更有效地对敌实施强烈的抽吃手段，瓦解敌之杀势。

33. 士四进五　炮8平4　　34. 士五退四　炮4退8

连续抽吃士车两子，十分得力，但其中的内涵很是巧妙：一是7路车之抽占威逼敌帅不得出宫，以有利于保持抽势，并为底线车炮实施抽吃减少中间层次；二是使底炮由原来的主体立刻变成抽体，以便更好发挥其闪击快捷与隔一而击的特长，使其得以纵横驰骋，拐打恶车；三是在敌我各攻一侧的情势下，实施抽吃战术是宰杀恶敌、消削敌方攻势的唯一手段。

35. 车六进六　车7平3　　36. 车六平五　将5进1　　37. 马七退六　将5退1

38. 马六退七　士4进5　　39. 马七进六　卒6进1

硝烟尚未尽，杀手越宫墙！卒之侵宫，已经发出死亡威胁信号，敌方难以防范。

---

*文题摘自李白《蜀道难》

（二）巧妙造作抽势　天赐高能电锤

图二摘自《适情雅趣》第204局"雷震八荒"局谱。是局红方在强敌压境、双主力危殆、斩杀一敌亦难喘息，且抽势毫无踪影的危急情势下，巧妙采取伏杀逼离、移动贴靠、先手开路、高空设架、闪抽选位、连续抽吃等强制手段，无中生有地造作抽势，红方三路相借助看似单薄、实则精干的工事，如同电锤一般，将盘踞在它所管辖的三个点位上的双车一马尽皆击沉，巨大威势不啻雷震八荒！

1. 车六进七

砍士叫将，以杀相逼，剪羽孤将，摧毁了敌首唯一掩体工事，为连施抽吃战术铺垫打叠。

1. ……　　将5退1　　2. 兵七平六　将5退1

将敌首位置逼低，使其裸露于角隅车的火力威胁之下，为炮借抽择位做好准备；同时七路兵以打将为由，入宫卡位，禁制敌首，为实施抽吃暗中打叠。

3. 车六平五　象7退5

枰上本无架，飞车自设之！此手叫将，逼象解杀，为炮先手打将预做准备。禁锢敌将，只给象留下唯一应手，是实施连抽计划的重要前提。此手极度展现领军人物关键时刻大义大勇、不怕牺牲、甘当铺路石的宝贵精神。

4. 炮七退八　炮1退7　　5. 炮七平五　象5进7
6. 相三退五　象7退5　　7. 相五退七

叫杀逼离炮，为相落中路充架并实施抽吃提供必需条件。以下炮相联袂进行了令敌心惊肉跳的连诛三寇的激情演弈，尤其作为天才打手的抽体红相极为抢眼，它机动性强、抽吃力度大、运行效率高，将抽吃战术与飞扬战术联袂演弈，将三个入侵者尽数铲除，其战力非凡，以至于怎样称颂亦不会过分！有谁曾见过它如此的狂放、如此的伟大！激光不会像它那样大幅度跳动，沉雷也不如它轰击得那样精准。平素里所有的效率低下、不能进攻、官僚主义等等微辞，在它神勇无比、不可替代的抽吃威力面前，都将赧然告退！

（三）精确遴选目标　排除攻杀障碍

图三录自蒋晓春先生排拟的精妙棋局《与龙共舞》正解着法第五回合的谱图。是局在敌一步成杀的险厄情势下，红方营垒以深长透辟的谋划，巧妙有序的手段，精确选定抽吃目标，造作了有利的抽吃态势，发挥了抽吃战术之特长，分期分批地摧毁了三个层层干扰攻杀敌首的大型障碍，为抢先入局作出了决定性贡献。

6. 士五进四　象5退7　　7. 马七退五

借敌首不能左右移动之弊，减层打将，以给马提供参战的机会。此马由此变成了抽吃的得力抽体，它先后有序、进退有据、抽吃有度，使黑方将士望而生畏。

7. ……　　象7进5　　8. 马五退七　象5退7　　9. 马七进五　象7进5
10. 马五进七　象5退7　　11. 马七进五　象7进5　　12. 马五进四　象5退7
13. 士四退五　象7进5　　14. 马四进六　炮4进1　　15. 车二进一　将5进1

车马炮联手，采取软硬兼施的手法，"升提"黑将，给敌首重新花心定位，使其处位更加不利,为更好进行下一轮抽吃创造有利条件。

16. 士五进四　象5退7　　17. 马六退五　象7进5　　18. 马五进四　象5退7
19. 士四退五　象7进5　　20. 车二平五　车3平5

弃车逼车背暗,并堵塞将之退路,为敌首造设了紧绷的周边环境,使其陷入"围三缺一"之自阻绝境,丧失周旋的空间余地。

21. 士五进四　象5进3　　22. 马四退五　象3进5　　23. 马五退七　象5进3
24. 马七退五　象3退5　　25. 马五退七　象5进3　　26. 马七退五　象3退5
27. 马五退七

红马迥环往返,杀敌造势,力拔所有潜伏要线、扼守要点、移动应垫、死保主子的钉子户,为底炮肋道闷杀提供了安全、无干扰的作战空间。此局对各环节安排之细密、打叠之精到,令人赞赏。

27. ………　　象5进3　　28. 士六进五　象3退5
29. 士五进六　象5进3　　30. 马七进五

底马再次出征,在右士调象、三兵逼炮、马逐敌将于死地等战术打叠之后,底炮平六完成了最后一击。

正是:连续抽吃实施精妙,远炮神马续写传奇!

总之,抽吃战术是集团军造势、闪击劫掠的艺术,是一招两用、将与吃同时进行的行棋技巧,是动静结合的美妙赞歌,也是大联合、高效率夺取军事优势的有力举措。

正是:联军造势显神威,拔剑除恶怒横眉。帷幄运筹千般险,砬崖转石万壑雷!

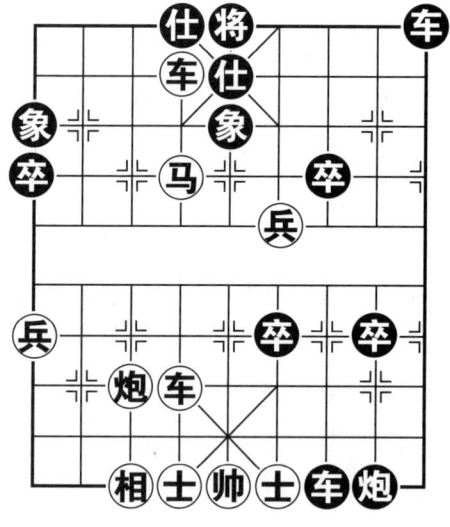

图一

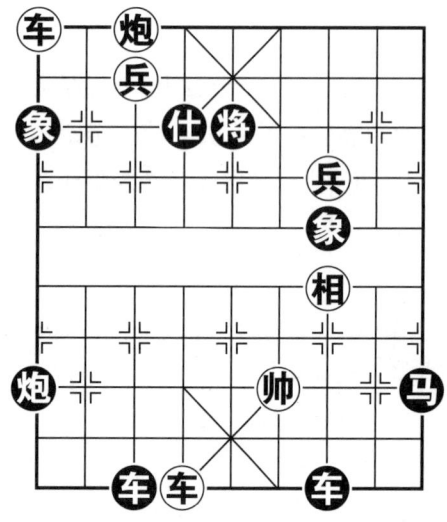

图二

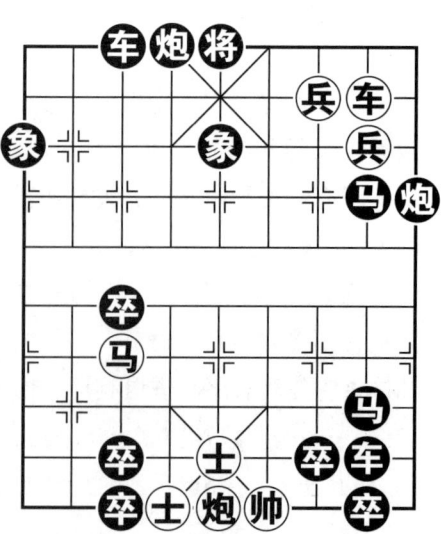

图三

203. 联翩万马来无数*
——小论围困战术

孙子云："故用兵之法，十则围之，五则攻之，倍则分之"。

围困战术系指在两军混战中，实施方充分利用地形地物及敌位置欠佳的弱点，组织优势兵力对敌兵员进行包围、困禁，对其可能的出逃点实施控制、封锁、扼守，对敌方前来解围的增援部队进行阻挡、隔断或狙击，从而使其孤立无援，难以行动，不得逃脱、不能发挥作用的以多制少的困敌制敌方略。

（一）松散部署围困马

图一选自李义庭与王羽屏1956年于北京弈战局谱。

30.炮八进二　马6进5　31.马三退四

驱赶贴靠入侵马，松散部署围困敌。一个巧妙的战术组合，就将敌马松散围困起来，马炮控制河界线两个退逃点，帅则全负责其进路——这是黑方进马之时完全没有想到的尴尬境地。

31.………　炮3退2　32.炮五退一　炮3平1　33.帅五进一

退炮进帅，立刻将松散型围困变成紧缩型围困，河界马炮遂节省了力量，以便实施进一步打击。此时，敌马生命垂危，已无任何解救的可能。

33.………　炮2进1　34.炮八平五　炮2进3

35.前炮退二　炮2平5　36.前马退六

从马被围困之日起，黑方就倾力相救，但也只是履行道义上的"程序"而已。

（二）先手围困迷路客

图二摘自梁文彬与胡荣华1982年全国个人赛弈战局谱。

51.………　炮7平5

争先求围困，打将为盖压。黑方抓住马入象头之弊，立刻组织人马实施围困。此手打将只是一种争先的手段，以使敌马在黑方贴靠合围过程中丧失逃逸的机会。

52.帅五平六　士5进6

游击高手遭围困，独炮难支立签盟。轻灵、快捷的围困战法，使红马求和争胜的雄心壮志烟消云散，使黑方马炮双卒的占优局面立刻变为胜势，红方见一炮难支危局，遂投子认

---

*文题摘自辛弃疾《菩萨蛮》

负。此等围困真个是：流水一般的自然，教材一样的深刻。

（三）弯月困住领军人

图三取自《适情雅趣》第246局"伏虎降龙"谱图。

1. 兵七进一　　将4进1

着英妙定将，打叠再困车！此手对定将困将、再打叠围困车，具有决定性意义。

2. 车四平六　　炮1平4　　3. 车六进四　　士5进4
4. 炮九平六　　车2平4　　5. 炮六进三

实施手段巧妙，围困层次鲜明。红方定将之后，诱逼黑车入彀，肋炮在搜刮、缩减车的活动线路同时为己生根，形成弯月形、外松内紧的围困模式。然后，进兵禁象，逼卒撤军，帅升相头，退炮换根，马追边象，三兵冲渡胜。

总之，围困战术是通过围的手段使敌落入困境的计谋，是对敌军实施的强烈遏抑减效手段，是以多制一的处置方案，是对敌军分化瓦解的谋略。

正是：联翩万马来无数，围困强敌逃无路。罩缚鲲鹏网罗紧，灭顶恶魔漩涡怒！

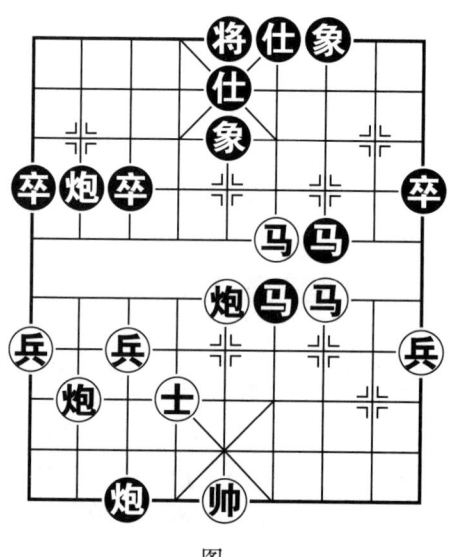

图一

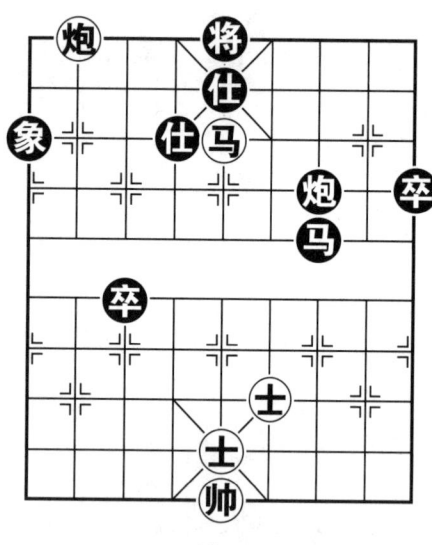

图二

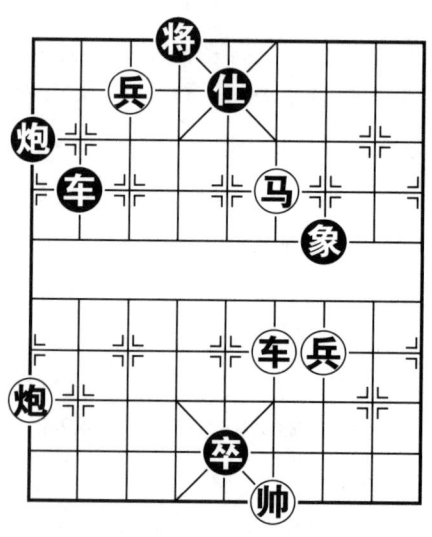

图三

204. 荻花枫叶俱凄怨*

——略论串打战术

若米尼将军在《战争艺术概论》中写道："如果我军炮兵的位置便于从两翼对敌展开横线的全线实施射击，那就可以取得决定性的效果。"

串打战术系指在敌军以队列形式行进或直线形驻扎的情况下，以炮为实施主体的兵员，在友军大力配合下，充分发挥自身机动性强，窥瞄、拴链、隔打性能好的巨大优势，抓住敌军一线行止而又缺乏保护的弊端，趁机实施窥瞄性全线扫射，以夺取辎重、歼灭敌军的击打攫取方法。

串打战术与窥瞄战术尽管都是以敌军行列为目标进行打击的战术，但二者区别明显。后者的对象包括敌兵、敌首，而前者只包括敌之车马炮；后者是一个进行暗中窥伺、牵制、威慑敌军的过程，而前者则是打击、抢掠的手段；后者具有多种战术企图，而前者只有一个"吃"的考量。

（一）生根充架　连续攻打夺辎重

图一选自言穆江与胡荣华1982年全国团体赛弈战局谱。

18.…………　马3退1

黑方已初步具备串打之位势条件，遂暗中以避兑为掩护，折返而为车生根，并以威胁进卒得马的手段，牵制滞留敌车马横队，使其来不及进行位置调整，从而为实施串打准备了必要条件。

19. 马五退四　车2进3

闪离减层串打，火力扫射威胁。黑方在完成准备工作之后，随即闪击串打车马横队。

20. 车四平五　马1进2

纵马车位，为炮充架再次进行串打，遭到攻打的车马并没有能够"大限来时各自飞"，横队丢子已定。正是：不依不饶不撒手，尽心尽力尽争优。

21. 车五退一　炮1平9

立夺军事上的优势，为最后决战决胜奠定了坚实的物质基础。

（二）调动避兑　滞留河马遭擒拿

图二摘自万春林与许银川1996年嘉宝杯对抗赛弈战局谱。

---

*文题摘自刘过《贺新郎》

38.…………　卒7平6

移动，竟向敌车马管辖区靠近，极富挑衅意味。此手"阴险"，它既暗伏车2进3再炮1平4的缚车手段，又伏诱马踏卒而进行串打的夺子手段，还兼有直接俯冲逼宫的企图。对敌方车马来说，此等衅端，是可忍孰不可忍；此等恶人，简直是不杀不足以平民愤。

39. 马五进四　炮1进5

串打沿河水，待机远势人。此手串打立即夺取了战场主动权，使敌军在应付中丢子败阵。

40. 车六退一　车2进3　41. 帅六进一　马8退6

闪离叫将避兑，破坏了敌军挑双、借兑逃马、化解危机的计划，使敌马仍然滞留在死亡线上，从而夺马成功，在兵力上取得了强势地位。此局巧妙造作串打之位势，无中生有，极具教学意义。

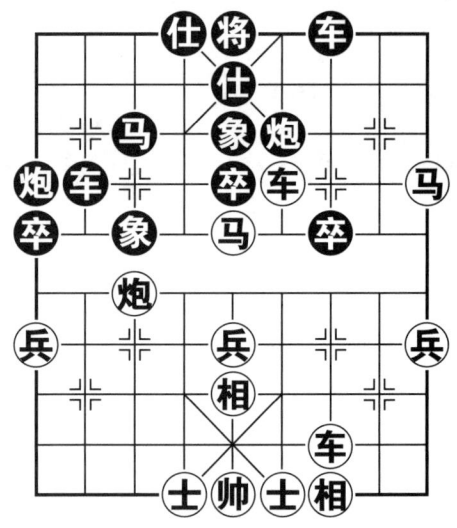

图一

（三）明暗结合　复用串打解双捉

图三取自李来群与胡荣华1982年于成都弈战局谱。

23. 炮七进四

串打时机恰，后续品位高。乘象7退5之机，借马炮无根之弊，挥师串打，从而拉开了绵延数回合的串打战役的序幕。

23.…………　马5退6　24. 炮五平三　卒7进1

25. 炮七平三　卒7进1　26. 马八进六

马之入界，净抢一手棋，而并不担心卒7进1的攻炮手段。正是：阵前无怯意，胸中有成竹！

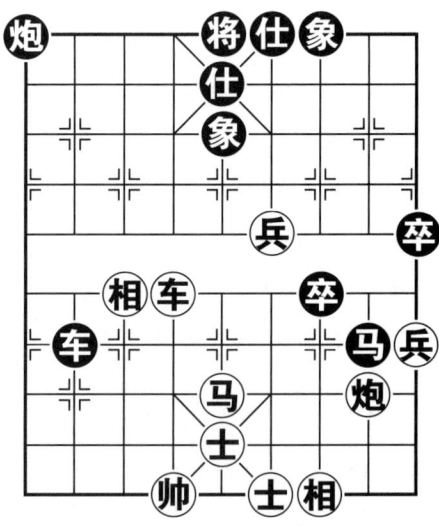

图二

26.…………　卒7进1　27. 后炮平九

闪离卒之威胁，此时如马6退7踏炮，红方则炮九进五击象同时，再次形成串打得子之势。串打之妙，大出敌军意料之外。以下是，象1退3，马六进四，踏入纵深，绊马护炮踏炮，红方大优。此局充分展示了串打过程中后续增援、反制、解拆、夺子等手段之巧妙。

总之，串打战术是炮的窥瞄力、扫射力、穿透力的绝佳表演，是对一条线路上的敌军的沉重打击，是立分强弱的有力举措，是将制弊与击弱、巧妙与残酷融合在一起的弈坛绝技。

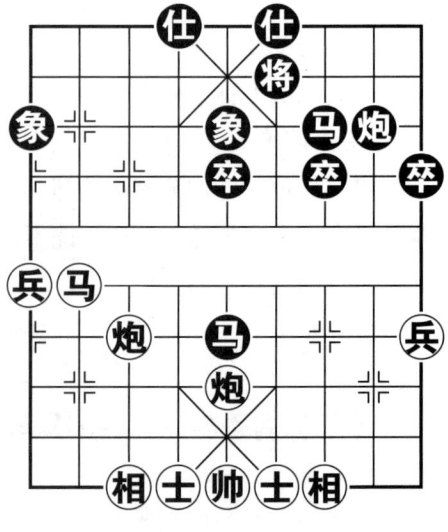

图三

正是：制敌抑势多良谋，野炮串打势劲遒。荻花枫叶俱凄怨，强车悍马各担忧。

205. 轻颦浅笑娇无奈*
——试论双胁战术

（英）利德尔·哈特在《战略论》中指出："为了保证夺取某一个目标，必须同时威胁对方的几个目标。""如果你能同时威胁到几个目标，那么你就可能分散敌人的注意力，迫使他们分散自己的兵力。"

双胁战术系指在敌我双方僵持之际，根据一招两用的效率原则，实施方精深审局，有效利用敌方战阵存在的隙弊与敌兵员占位的弱点，充分发挥快速反应部队运转灵活神速和攻击性强的特长，采取后中先运行步调，抢先占据要冲，立即对敌阵两处要塞同时形成击打威胁，使敌陷入救一救不了二的颓败境地的高级占位威胁技巧。

（一）佯退让点求灵便　增效升值伏连击

图一选自吕钦与卜凤波1993年于青岛弈战局谱。

21. 炮六退二

归退千钧力，杀敌双刃刀！在双方主力于河界线一带对峙情势下，红炮抓住敌双车位置欠佳、右边线和宫顶线子力占位弊端，佯退换根，让点择位，暗伏凶狠双胁：一是支士充架威胁打死肋车，二是拨边串打连击得子。好一个鹰视狼顾！好一个致命双胁！其形也伏，其意也阴，其攻也毒！敌势因它而消减，战局因它而生动！

21.………… 车4进1　22. 炮六平九

敌车无奈应付，红炮则立即拨边，窥瞄串打攻击敌边塞纵队——这是一个看似强大但缺乏自我保护机制的目标群，因而使红炮攻而必得！

22.………… 车1平3　23. 炮九进七　车3进2　24. 炮九平三

串打、纵横拐打、再串打，连取炮马，威力无限，敌军不堪。此种双胁，在设计上、气势上、效果上无与伦比。真可谓：双窥争得凌空势，纵横千里技法高！

（二）虚无缥缈双胁妙　尽衔炮口愈增辉

图二录自孟立国与胡荣华1962年于上海弈战局谱。是局黑方在已具优势的情况下，妙用双胁战术，一举扩大优势，不战而胜。

---

*文题摘自宋·贺铸《薄幸》

48. ………… 炮7平1

直扑杀界戎首叫苦，朦胧意境敌炮成灰！此手双胁，明暗结合，虚实并举。此手既有明火执仗式的叫杀企图，又暗伏索取角隅炮的"阴谋"手段。此手，急攻直杀之中，造设了朦胧缥缈的双胁意境，竟使远离作战区的角隅炮一命归西！如续弈，帅六平五，炮1进4，士五退六，马2退1，减层、打将、倒切入、欲卧、要杀、充架、窥炮，士六进五，卒5进1，杀士、撤架、保马，士四进五，炮1退9得炮胜。

此手炮拨边暗伏的双胁手段，可圈可点，十分巧妙：黑角炮既瞄打敌帅又威胁打炮，而马炮又都在敌双炮火力射程之内，因有马1进3绝杀威胁，九路炮竟不敢妄动而被活活打死；而三路炮虽有打马之意，但却没有实施的机会，敌军从此再无抵御之力。正是：欢庆唢呐恰恰起，双胁碑额冉冉升！

总之，双胁战术是占位术、窥瞄术与兼用术的完美统一，是等待、含蓄与狠毒的有机结合，是高效设伏与后中先劫掠的绝佳汇集！

正是：育蕴奇谋方罫间，步调尤擅后中先。一箭双星凌空起，无奈敌堡化灰烟！

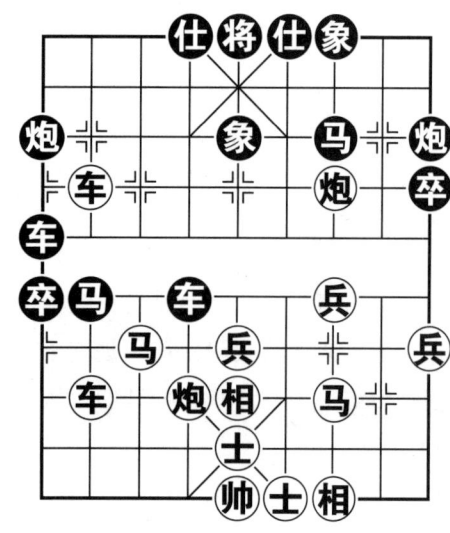

图一

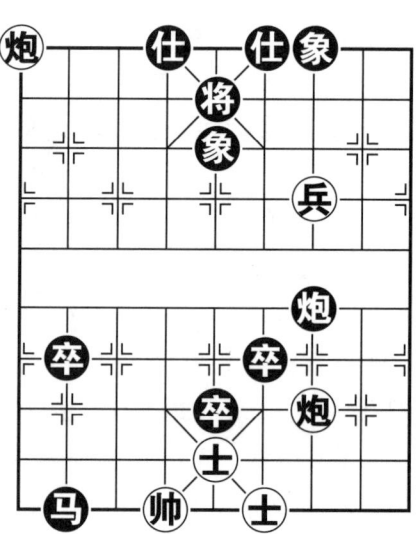

图二

206. 抽弦促柱听秦筝*
——略论伏抽战术

（美）约翰·柯林斯《大战略》指出："没有必要完全出敌不意，只要使敌人看不到我们行动的全部重大意义，以致来不及采取有效的对策就行了。"

伏抽战术系指在两军进行攻防大战的关键时刻，实施方兵员本着追求高效、隐蔽制敌的指导思想，在运行、躲避、打将、捉拿与占位过程中，明里采取正当的规范的着法，暗中藏伏着抽吃敌要员的严厉手段，以使敌穷于应付而遭致被动，或根本无暇顾及而丢子的暗伏攻击技巧。

伏抽战术与抽吃战术都是闪抽类战术手段，但二者差异明显。抽吃战术是以抽为手段，以吃为目的的战术手段，而且终极点必须落在吃上；而伏抽战术暗中藏伏着抽吃的因素，吃不吃则由具体战略情势的需要而定，吃不吃具有选择上的灵活性。抽吃具有明火执仗式的特点，而伏抽则云里雾里藏身。

（一）花心藏蕴藉　伏抽又伏杀

图一选自许银川与黄世清1992年全国团体赛弈战局谱。

90. 炮六平五

轻拨漫移占花心，逼车离防创杀机。肋炮揳入花心重地，既挤压了敌首的活动空间，又伏倒打中卒抽车的手段；既粉碎了敌车捉炮又拴链车炮的图谋，又暗伏车四进一绝杀的严厉后续。妙矣哉！花心藏蕴藉，野炮露峥嵘！

90.………… 车2进8　91. 帅四进一　车2退1　92. 帅四退一　炮4进6

在多重威慑与即将实施致命打击的逼迫下，敌车炮纷纷躲藏、防范，由此而造成敌宫城无防弱防。伏抽战术之威力巨大，硬性将敌车逼离远方，不得干扰破坏联攻组杀，以便实施进一步有效打击。

93. 炮五平八

上二路低空作业，平拉开立马绝杀。红方利用一隙之机，做成绝杀。黑方如炮4退8则车四平五杀；又如炮4平6则炮九进一妙杀。

（二）清理主战场　打相再抽车

图二摘自陈德泰与林宏敏1995年香港体育节象棋赛实战局谱。

---

*文题摘自柳中庸《听筝》

22. …………… 马1进2

强力侧攻夺势，舍炮入界窥瞄！此手弃炮伏抽，企图拿掉红方左翼防务重臣，为工兵靠近目标、擒拿敌首创造有利条件。

23. 车二平四 炮2平5   24. 相七进五 马2进1

摧毁了敌军防杀、固守的封锁火力点，强大攻势已使敌难以抗御。伏抽者，子力转换、战局转折之关键，夺势争胜之功臣也。

25. 炮一平二 马1退2   26. 炮二退五 卒3进1
27. 马五进四 卒3平4

重兵部署就，扼亢杀势成！此手到位已构成杀势，并展现了抽车的重大战略价值。此时红方如炮六进四去车，黑方则马2退4踏炮踩车，同时伏车7进9绝杀，黑方胜定。以下兵五进一，卒4进1，士五退六，马2进3，帅五进一，车4进4，红方认负。

（三）入界凶似虎　立马奏凯歌

图三取自金波与宇兵1995年于丹东棋友杯弈战局谱。

32. 炮五进二

轻松入界叫闷，严厉逼宫伏抽。在敌核心堡垒紧缩生弊条件下，在无干扰作战情况下，红炮严厉"打入"敌阵，借隙叫闷，黑势立衰。

32. …………… 士5进6

闷杀点敌方无人扼守，无奈拆掉活动"板墙"为敌首苟活打开一条生路，从而陷车于火力扫射之下。

33. 车八退一

失车放弃作战，伏抽决定胜局。叫将抽车，一锤定音。它告诉我们，战术手段的巧妙实施，对于加快争战进程、决定结局有着极为重要的意义，甚至竟能超越战术的范畴而占有相当的战略份额。

总之，伏抽战术是威胁与打击藏匿于一手棋中的技巧，是造作的威胁与可选择的后续手段相结合的艺术，是将阴谋和"阳谋"糅为一体的计谋。

正是：浩淼弈海育才英，千锤百炼技法精。借势抢先夺辎重，抽弦促柱听秦筝。

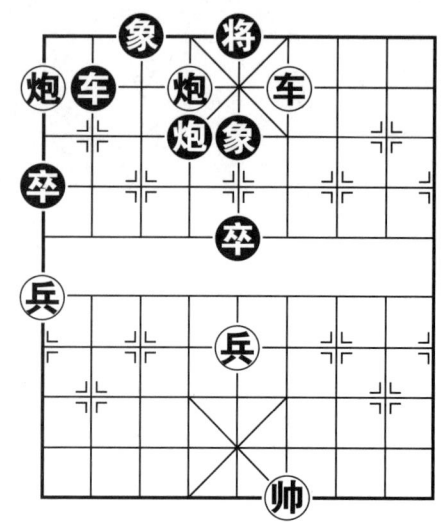

图一

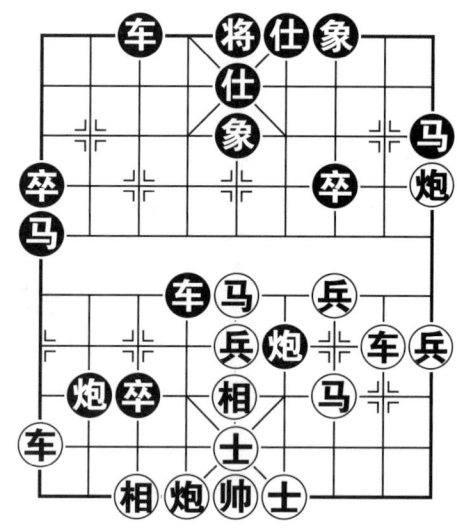

图二

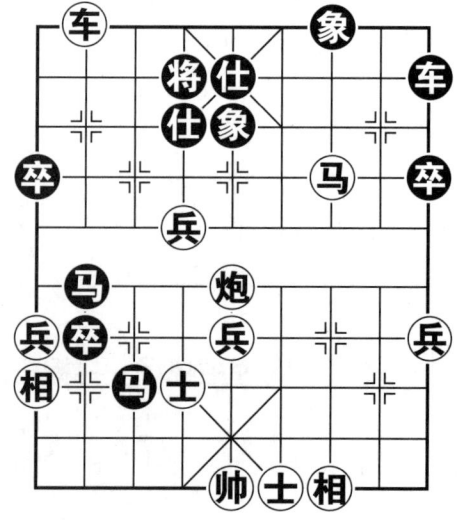

图三

207. 海浸城根老树秋*

——小论胁根战术

《增补曾胡治兵语录》云："熟审地势敌情，妥谋分击之举，或伺敌之缺点，蹈瑕而入；或趋敌之重处，并力而前，皆在相机斟酌。"

胁根战术系指在敌前沿兵员伺机作祟而又有明根、暗根相护的情况下，实施方为孤立、打击敌军，立即派遣得力兵员，采取捉拿、威胁、追杀、逼迫之强烈手段，对负有保护它子责任的"根"子强行欺逼、驱逐，使根子被迫变位，丧失保护功能，使敌营混乱，使敌军失联而遭致重创的分击技巧。

胁根战术与挖根战术虽然都是研究、处置"根"的艺术，但二者的动机却大相径庭：前者通过捉拿以威胁"根"的存在，逼迫"根"远走它方，放弃保护功能，或与被保护子失去紧密联系，被加塞断联，从而使被保护子失根遭袭；而后者则喜欢采取立荏手段，干脆果断地挖除敌"根"，不容许其再当后台老板。二者一柔一刚，各尽其妙也。

（一）进胁炮根　掐尖除害抢先机

图一选自王嘉良与李义庭1962年于合肥全国赛弈战局谱。

10.………… 　马6进4

但有义马在，不容恶炮狂！敌方后炮纵横勾连，一子护双，不仅尽职，而且高效。河马早看在眼里，心生义愤，果断出击，直接对其发出死亡威胁。

11. 后炮平九　车7平3

逼"根"离开拐点，七兵失根，挥师斩杀了过河兵，掐尖除害，挫败了敌军以此要挟、抑制黑方的战略企图，使红方在度数上蒙受损失、在空间上遭受抑压。

12. 车一平二　马4进6　13. 车二进一　车1平2　14. 车二平四　炮2进4
15. 车九平七　炮5平6　16. 马三进四　象3进5

至此，黑方出色完成了从开局到中局的转换过渡，为中局阶段的角逐造设了有利的态势。

（二）逼兑胁根　战略调整效率高

图二摘自徐天红与袁洪梁1991年全国团体赛弈战局谱。

18. 炮七进四

逼迫敌施兑，抢先威胁根。上一回合黑方炮8平5邀兑，红方婉拒，进炮胁根，逼迫敌车

---

*文题摘自贾岛《寄韩潮州愈》

行兑，借以改善中炮位置，减层中路，以闪露中兵锋芒，为其胁炮入界让路，并为右马扑前叼车做好准备，同时又升提炮位，调整左翼阵形，防拴控马，有利续战。此手胁根，抢先增效。效率者，单位时间里所施展的功能量也。

此手高效，为胁根战术实施中的妙手。

18.………… 车8进5 19.炮五平二 马7进5
20.马三进四

再抢一手棋，扑前叼双，逼敌应付，使敌马胁炮变成被动自保，使黑方渐趋陷入苦守态势。

20.………… 车4退1 21.炮二进二

由于胁根战术的大力推进，战局迅速发展。现拴链车马，既有冲中兵之先，又有夺马之胁，红方先手不断扩大。

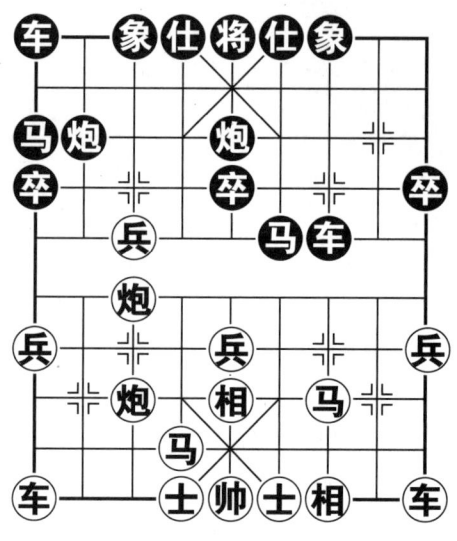

图一

（三）殁决胁根 攻势凌厉汤泼雪

图三取自金波与苗永鹏1996年于沈阳大师公开赛弈战局谱。

28.………… 马8进6

胁根英雄胆，充架"亡命徒"！此手胁根，车口作业，悍勇异常。为了胁根除根、为了车之照杀敌首，生命何惜？！红方角炮是一位重任在肩、负责明护马暗保士最终保帅的大人物。黑方不惜马炮的重大代价，企图拼掉保皇派，成杀夺胜。

29.炮四平二 马6进7

从胁根到增层断联，破坏"根"之功能，马不停蹄，真个是：胁根搅日月，伏杀惊鬼神！

30.相五退七 车3平4 31.士五进六 炮6进5

增层、挑双、胁根、要杀，在"宫顶线"展开了增层与减层、保根与胁根的生死格斗，红方失子失势败定。这是一场胁根的专场表演，是一份胁根重要性的有效证明。

总之，胁根战术是对"根"的火力威胁，是对保护者和被保护者的联盟的有效打击，是各个击破战法的有序开展，是分敌弱敌杀敌的正确主张。

正是：弈战精妙品位优，帷幄谋士细探究。兵胁宫阙卫戍乱，海浸城根老树秋。

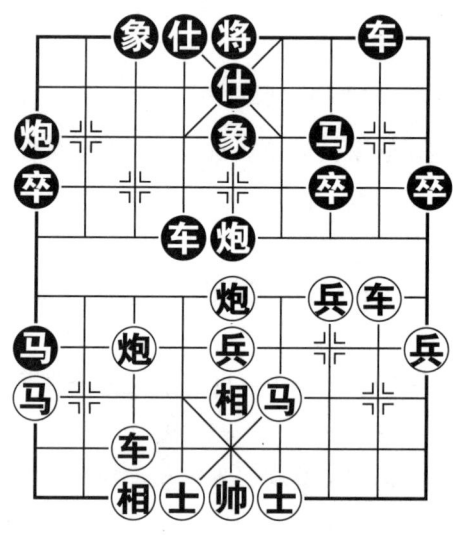

图二

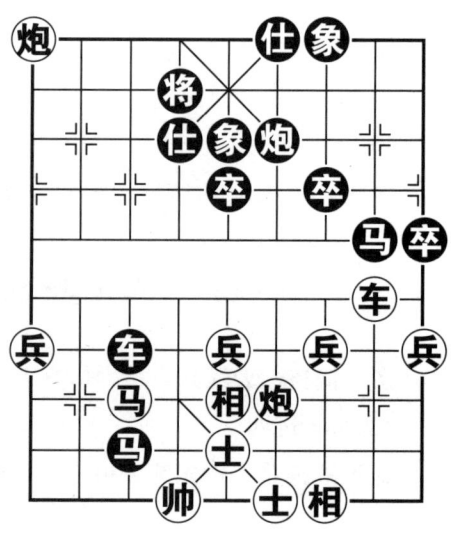

图三

208. 遥看火号连营赤*
——略论围歼战术

克劳塞维茨将军在《战争论》中明确指出："以包围来从事战斗具有很大利益"，"在保存自己兵力的前提下消灭敌人军队，应该当作主要观点。"

围歼战术系指进攻部队以优势兵力及有利地形条件，对处位不佳的敌军实施包围，使其丧失机动与作战能力，然后派遣精干分队，强势采取分割穿插、各个击破的有力手段予以歼杀，从而使敌军损兵折将、一蹶不振，从而轻松获胜的制敌作战技巧。

围歼战术同其他包围类战术各有不同，主要体现在攻击的目标不同，实施的目的不同，采取的战术手段不同。比如围困，它的作用就是使敌军难以行动，不得逃脱、不能发挥战斗作用；而围攻则是先围后攻、或边围边攻的一种谋略；至于围杀战术，则是针对敌首而实施的；围歼战术则是针对敌军的。

（一）围歼车：全员奋起　形成合力斩蛟龙

图一选自赵国荣与汤卓光1995年于峨嵋弈战局谱。

10.………　　炮2进1

启动围歼计划，辉煌漩涡工程！抓住红车处位不佳的弱点，黑方及时启动围歼计划，动用了几乎全部的军事力量，对入侵红车发动了一场声势浩大的围歼战，使横行两岸的领军最终淹没在到处都是漩涡的汪洋大海之中。

11. 车三退一　象7进9　　12. 车三平七　象3进5

民众的参与，弥补了围歼兵力之不足，同时也使敌车心生恐惧——它所能够逃逸的点位已经越来越少了，被歼杀的时间点离它越来越近了。

13. 车七退一　炮5平3　　14. 车七平九　炮2退1　　15. 前炮平四　炮2平1
16. 车九平五　卒5进1　　17. 车五进一　炮3平5　　18. 炮四进三　车4进3
19. 炮四平七　炮5进3

围歼大获成功！红方折损大将，局面严重落后，未几，又被迫兑掉另车、逼死马，至44回合认负。此局围歼，攻击目标明确，围歼参与面广大，围势疏而不漏，运行讲究节奏，绩效突出，为一等围歼。

---
*文题摘自王建《赠李愬仆射二首》

（二）围歼马：围三缺一　连续跐步夺辎重

图二摘自洪智与阎文清2000年全国团体赛弈战局谱。

44.………　　后炮平8

叫杀合围马处险，跐步来袭卒吊丧。黑方以叫杀手段先手对河马实施合围，以围三缺一包围形式为边卒留下了进袭空间，又有抽杀威胁而使敌马失去逃逸时间，围歼之打叠十分巧妙自然，以致敌方看在眼里，急在心里，却难有拆解之策。

45. 炮三平二　卒9进1　　46. 士五进四　卒9进1

利用敌军防杀、调整防务之机，连续跐步，及时到位，为围歼敌马准备了一柄锋利的尖刀。

47. 车三退一　炮9平8　　48. 兵三进一　卒9平8

围歼了敌马，使黑方势力大长，防务也减轻了巨大压力，之后又经40多回合较量，黑方获胜。此局围歼，带势运行、借地形之利、成围迅速，反逃脱措施严密，围歼十分出色。

（三）围歼炮：疏网捕鳄　五子联袂闹中原

图三取自黄增光与陈鱼1989年于重庆弈战局谱。

1. 马四进六

前趋窥象窄炮路，占位设阱欲围歼。此手淡淡地甚至是虚无缥缈地设置了机关，而预定目标却未能对此引起足够警惕，以至惨遭修理。弈战中常有这样的情形：一方利用攻防阵势，独到设计，深长庙算，或捉或攻或杀即将实施；而另一方虽未随手，但也没有带着敌情观念就此作深入考量，竟以"平常心"进行浅近应付，结果将均势甚至是优势顷刻葬送。故《棋经论》中云："弈棋者要专心绝虑，静算待敌。"

1.………　　炮4进2　　2. 兵八平七　炮4平5

3. 士四进五　炮6退5　　4. 炮四平三

打马封断路，五子筑围城。打马一手终结了围歼中炮打叠运作的全过程，一张疏网就此开户"营业"。

4.………　　马7退8　　5. 兵七平六

中炮仅有的四个逃逸点，因卒林线悉数遭控遭封，如炮5进1，兵五进一后又逢二路马河岸戒严点，敌炮无路，遂遭肋兵歼之。此局五子围炮，卡位、调动、封锁、戒严、追逼，行云流水，在看不出迹象的情势下，疏密有致地进行围歼，真用兵如神也。

总之，围歼战术是歼灭战的特别手段，是攻城决战前威势的震慑，是通往胜利的殷红地毯，是优势兵力对孤立之敌的最后送别。

正是：联军合围势已成，作恶孤敌落陷坑。遥看火号连营赤，遭歼车马遍野横。

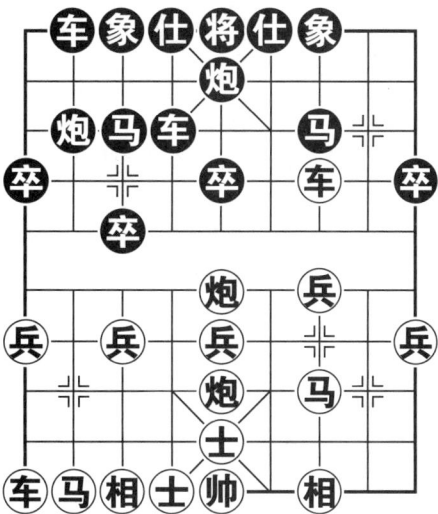

图一

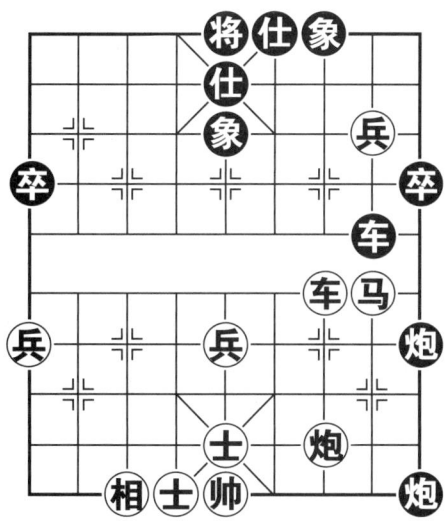

图二

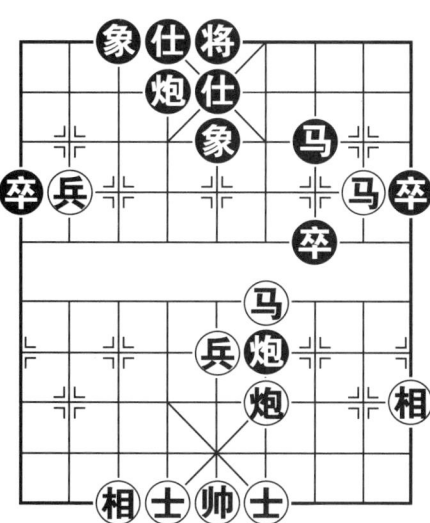

图三

209. 壮志饥餐胡虏肉*

——小论攫取战术

在论及拿破仑以补给非常困难的军队攻入敌人后方而夺取丰富的供应这一成功战例的时候，若米尼将军指出："这个原理却可以说明，为什么许多大胆的行动能够取得成功；同时还可以说明，真正的战争与过分谨慎的计算之间有多大的差异。"

攫取战术系指以车炮为代表的快速反应部队，及时发现并乘机抓住敌军在运调、配置或占位上疏忽大意所造成的弱点，特别是宫城守卫虚懈所造成的致命弊端，以迅雷不及掩耳之势，出敌不意地、快速突然地捉取敌军重要目标，使敌来不及躲藏、保护和拼斗而遭受重大军事损失和心理挫伤的袭击手段。

（一）连续攫取　守军无心恋战

图一选自赵国荣与许银川2004年于广州五羊杯赛弈战局谱。

24. ………… 车4进6

闪电掠夺帅旗卷，连续攫取凯歌飞！黑方透过七路马看护、扼守要点与阻拦2路炮的多功能假象，抓住红方后方虚懈的弊端，硬性砍杀侍卫，叫板保镖。此手攫取，黑方充分利用红方重攻轻守、防守薄弱、对后方险情失察等问题，同时充分发挥空镇、重炮致命威慑之力，防守反击。肋车之突然启动，攫取底士叫将，七路马惊惧无言。

25. 帅五进一 车4退1

打将顿挫，逼退敌首于原地，为再次攫取打叠。得势不饶，讨伐不已，凶狠至极。

26. 帅五退一 车2进5

远势攫取惊天地，力拼连环绝古今！再次利用重炮威慑，攫取河马。作为左士与河马的保护伞，七路马眼睁睁看着友军一个个被斩杀，目不忍睹，惊惧与羞辱侵心漫堤，心理防线完全崩溃，无心续战。此等攫取，以势相胁，以杀相逼，大妙也。

（二）获若鹰击　确立残局优势

图二摘自柳大华与胡荣华2004年于天津弈战局谱。

41. 车九平八

调整身位，盯瞄目标，企图捉拿，暗中顺承敌意，诱马折返充架打车，以造设"射点"，引敌入彀。

---

*文题摘自岳飞《满江红》

41. ……   马3退2

乘机摆脱敌炮威胁，打车过渡，以移影换形，为扑槽做杀预做准备。

42. 炮三平八

突然施攫取，意外遭重创。红方抓住敌右翼底线的致命弊端，突然攫取2路卒并立伏车八退五吃马的先手。黑方若再按原计划打车，红炮则把打车之炮当作"射点"，打炮下底重炮杀。突然攫取，使黑方始料未及，军心受挫。

42. ……   马2进4   43. 炮七退六   士5退4

44. 炮八平六   车4平3   45. 车八退六

红方采取抽占、绊别、围困、串打等有效手段，又夺得一炮，使其前红方少一强子而敌车马炮卒又集结空门的不利局面得到了大大的改善。

45. ……   炮4进6   46. 士五进六   马4进6

47. 帅五平六   车3平4   48. 士四进五   马6退5

49. 前兵进一

经过激烈的反复较量，至第70回合红方获胜。

（三）巧妙打迭 攫取马炮军团

图三录自赵国荣与胡远茂1981年全国个人赛弈战局谱。

24. 帅五平六

以车六进六再退一的透杀相胁迫，暗中钓猎攻击目标，为实施攫取战术手段打叠，手法极为巧妙。

24. ……   马7退6   25. 车六进六   将5进1

肋车砍士打将生根，为其底线发力，实施抠搜战法做好了位势准备。

26. 车二进一

双车默契杀骄虏，一路攫取唱凯歌！右车突然攫取敌炮，逼敌车离开防线，使肋道车马立刻变成俎上肉。

此手攫取，极具策应助攻之妙，完全出乎敌军意料之外，加之后续攫取，使敌军损失惨重。

26. ……   车8进8   27. 车六平五   将5平6

28. 车五平四   将6平5   29. 车四退四

底炮充根，强车连续施展抠搜战法，带将掠马，透吃河车，再顺势扫除中卒并伏抽，从而一举夺取了优胜之势。此局中，帅之闪露为攫取之要，它助车施杀，它逼敌防范，从而钓猎到攫取目标，它控将得力，逼迫敌首向预定方向应将逃窜，以使车顺利攫取敌马；二路车攫取敌炮亦妙，它硬性攫取，逼车离开防区，为友军实施攫取创造了机会，它等于用一车换得了敌车马炮军团，从而使兵力占优。

总之，攫取战术是抓住敌之弱点而巧加利用的掠夺术，是高效、快速、突然的闪击战，也是敏锐、深远、严厉的突袭制敌技巧！

正是：看破隐微妙用强，硬夺速取杀气扬。惊魂未定旗已乱，奈何顽敌不衰亡？

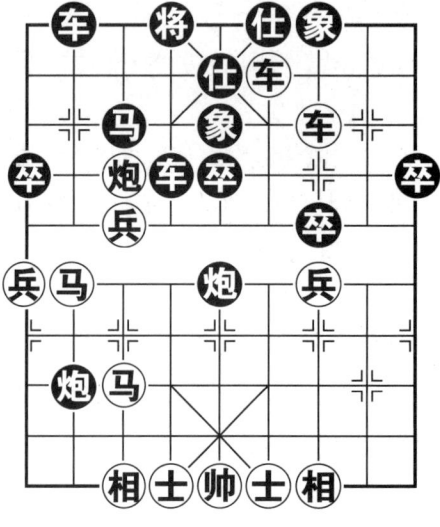

图一

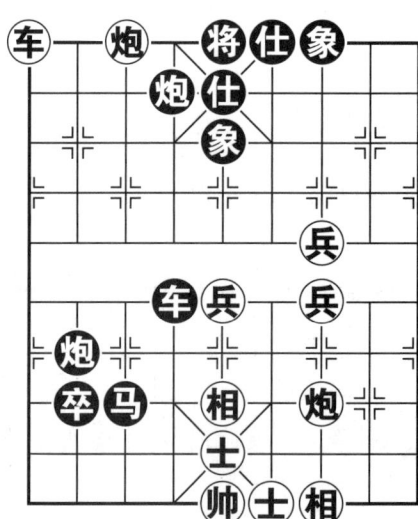

图二

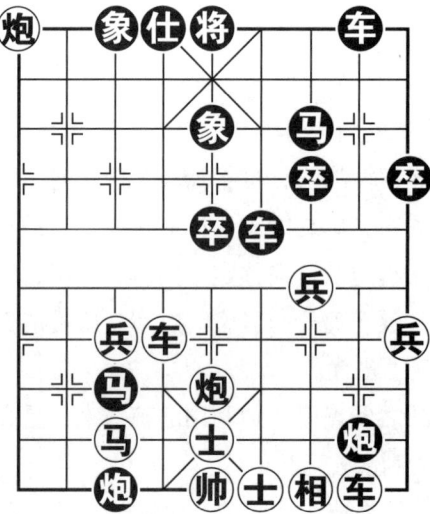

图三

210. 一片花飞减却春*
——试论剪羽战术

《兵经百字》中深刻指出："凡兴师必分大势之先后缓急以定事，酌彼己之情形利害以施法，……或固本以扩基，或剪羽以孤势。"

剪羽战术系指在攻城战斗中，进攻部队充分利用敌宫隐微隙弊，以突然、强烈、犀利的歼杀手段，对敌首的党羽、左右卫士逐一剪除，使其彻底变成无侍卫、无掩体的"孤家寡人"，从而确保前锋部队顺利入宫擒将的攻杀谋略。

（一）突斩双士　力促轻松杀局

图一选自朱保位与赵明1964年全国赛弈战局谱。是局黑方在底线遭攻、河界线护城车遭受欺逼、前锋车马背攻受阻的不利情势下，精深审局，妙施剪羽，力挽狂澜。

41. …………　车7平6

高能粒子击卫士，优势意识愕春秋！此手剪羽突如闪电，使敌文臣武将、中士河车大惊失色。它砍士打将，挑战河车；它行动刁钻，震惊朝野；它庙算周严，立夺主动；它逼敌应付，抢得先手，为再度剪羽准备好了条件。此手，是攻城擒将的第一战役，是精心谋划的对攻打叠。真个是：一厢已慌乱，四座也惊奇！

42. 帅六进一　车3进4

因伏车3平4照杀，红车不敢造次；但如士五退四，黑方马7退5打将之后，无论红方帅六平五或进一，还是士四进五，红方都难免一败。现打将调高敌首，使其只能在"城墙"驿道上躲闪应付。

43. 帅六进一　车6平3　44. 车四平五　马7进5　45. 马二退四　前车平4
46. 帅六平五　车3退1　47. 士五进六　车4退2

二度剪羽，成功实施攻城擒将的第二战役计划。此时敌首已是侍卫逝天国，无甲御锋寒！以下是，帅五退一，车4平5，帅五平四，车3进1，帅四退一，炮1进1，车八退九，车5平6胜。此局之剪羽，实施在攻防关键时刻，在绝境逆转之时，极富传奇色彩。

---

*文题摘自杜甫《曲江二首》

（二）力夺双象　悬崖逼敌媾和

图二摘自徐天红与杨克雄1995年全国团体赛弈战局谱。

10. 马六退八　车3进2　11. 炮八进五　车3平2　12. 炮八平五

杀敌猛似虎，夺象气如虹！红方以马折返充架打炮叼车为启动手段，以剪羽夺象为切入点，对敌军发动了连续攻势。此时敌如象7进5，则红方伏有车二进七捉双手段。

12. …………　马9进7　13. 车二进七　象6进6　14. 车九平七　马3进4
15. 车七进一　炮6退1　16. 炮五平三　炮6平9　17. 相三进一　马4进6
18. 车七平四　马6进7　19. 炮三退二　车2平5　20. 炮三进四

休整后挑双窥象，再剪羽攻城擒王。不理马而打象，突出了攻城取势战略思想，贯彻了剪羽孤势策略，为炮双车攻城创造了有利战场条件。以下黑将凸起，被逼悬崖，至29手红方以将位炮叫将，一击中的，黑方双车尽失。

（三）顺势劫掠　争得大好局面

图三取自陈孝堃与胡荣华1975年三运会弈战局谱。

36. …………　前炮进2

变着取利夺士，探试敌垒虚实。34回合时红方车捉炮，黑方则马3进4，车四进二，马4退3，车四退二，此时黑方如仍马3进4，红方再车四进二，连续捉拿马炮两子，红方不变作负。但当时因黑方误以为红方可以不变作和，故先行变着。尽管有此背景，剪羽中士仍可圈可点。此手坚决果断，力摧花心士，为决战创造了有利条件；此手立苍躲避，不再与敌周旋，将进攻的主导权牢牢掌控在自己的手上；此手突然，出其不意，使敌车惊愕呆处尴尬。

37. 士四进五　车3平5　38. 帅五平四　车5平2

顺势剪羽双士，破袭敌宫守御。以一炮换取马双士，为入宫擒帅创造了有利条件。胡荣华认为，红方37手似应马八进七为好，以有利兵种配合，现在局面，"红方终较难走"。之后，黑方又斩获一相，最终获胜。

总之，剪羽战术是进攻部队清君侧谋略的演练，是除其羽翼爪牙的精妙过程，是对敌首"周边环境"的军事清理，是决战敌宫的有序打叠安排。

正是：攻杀谋略柔亦阴，孤势制弱常出新。两翼剪羽增其弊，一片花飞减却春！

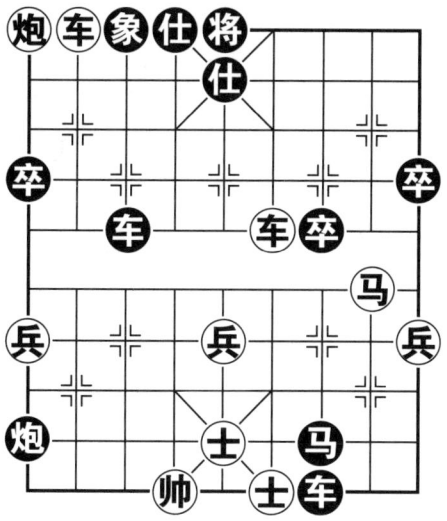

图一

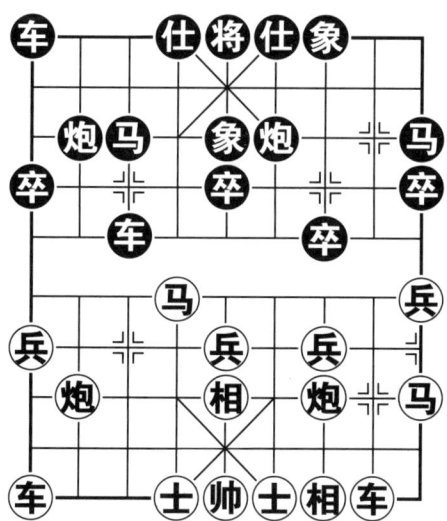

图二

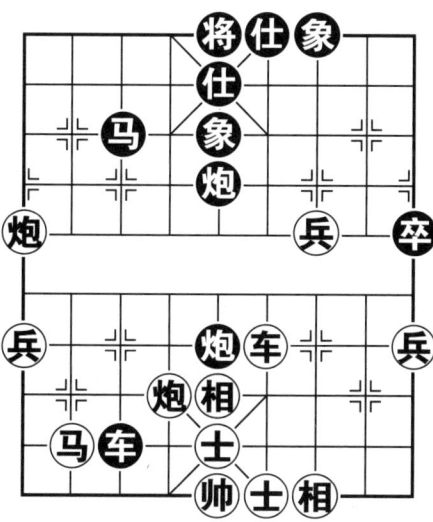

图三

211. 愿得燕弓射大将*

——小论瞄射战术

若米尼将军在《战争艺术概论》中论及炮兵的使用时写道："作为进攻手段，一支强大的、运用巧妙的炮兵部队能够摧毁并动摇敌军战线，进而有助于攻击部队的突破。作为防御武器，炮兵部队能使阵地的实力成倍增长。"

瞄射战术系指在大型攻防缠斗中，以炮为主体的远程线型火力，以发挥自身特长、攻击敌主要目标为指导思想，择路换位，暗中瞄住敌纵队或单一重要目标，并做好发射前的准备工作，伺机展开毁灭性攻击的预先配置安排的攻击打叠技巧。

瞄射战术是炮兵瞄准射击的巧妙过程。这一过程对敌军伤害极大，"它能从远处对敌人造成伤亡，从远处给敌人冲击部队以精神上的震撼"。（摘自《战争艺术概论》）

瞄射战术既有静态的威武，又展示动态的凶猛。

瞄射战术与窥瞄战术是一对极为相似的战术姊妹花，二者的实施主体相同，但二者的战术企图、作用并不相同：如果说后者突出展示了对敌军的牵制性甚或威胁性，并通过窥瞄而在敌营榨取到侦察、制乱、震慑、减效等战术利益，那么，前者则讲究攻击性、实效性，出色地完成歼灭敌军、摧毁敌营设施、瓦解敌方攻势的任务；从实施过程上看，二者也有明显的不同。如果说后者仅仅是造作一种态势的话，那么，前者已经是瞄准、扫射的战斗行动了。

（一）巧打叠　远程瞄射惊天地

图一选自董旭彬与李林1995年于峨嵋弈战局谱。

1. ………… 马7进5

躲避、踏相、单拆、抢攻，为实施瞄射战术铺垫打叠。在敌军拥有纵横两向强固防御工事的情况下，独挑双根中相，破坏双相联防体系，策应另翼车双炮的攻势，义勇感天，价值连城！

2. 炮一平五　炮4平3

震撼远势底线弱，叫闷伏抽肋车惊！此手瞄射十分规范、高效、精彩。它平炮叫闷，底相——瞄射之"目标"绝对配合，竟不敢升动躲避；若动则前炮进3抽车。瞄射威力之巨大，已使敌纵横目标噤若寒蝉，呆若木鸡！

---

*文题摘自王维《老将行》

3.士五退四　后炮进7

瞄射过程简短有力，它已达到了我欲战，敌不得退；炮欲射，目标不得动的高妙境界。与此同时，车双炮在"无人区"凶狠背攻，左车升出，夹击成功。以下是，帅五进一，车9进2，车二进一，车9平7，帅五平四，车2进2，士四进五，炮3进2，帅四进一，车7进4，攻势强烈，又经几个回合战斗，黑方即胜。

（二）强压塞　瞄射目标噤若蝉

图二摘自惠颂祥与胡荣华1960年2月于上海弈战局谱。

22.…………　　炮8进1

生根、活车；迫压、封车；塞压、禁相，为实施瞄射预先做好打叠。

23.马七进五　炮4平7

瞄射固定点，背攻护城墙。平炮，选点，准确有力，击中要害，既是对双相失联的惩罚，也是对左翼友军控势的充分利用。

24.炮五平三　车8进1　　25.马五退七　车8平4

26.炮三平六　炮7进6

隔打浅露帅，击相羞辱车！此手立使敌城破碎，敌首再无安闲。以下帅六进一，卒3进1，逼相以力保底炮安全，再车4平3捉死马，红方遂认负。

（三）暗集结　虚无缥缈窥前后

图三为赵国荣与臧如意1988年7月于北京弈战局谱。

67.炮九平三

实瞄虚瞄攻前后，紧手妙手定兴衰！平炮及时，选点精准，后瞄射黑马，不给其攻城的机会；前瞄底线，暗伏马二退一，象7进9，炮三进三的绝杀手段。此手一出，黑方轻则失子，重则告负。因如马7退8，则马二退一，士5退6，马一进三，车6退5，炮三进三，将5进1，炮一退一再度瞄射，得车获胜。

正是：瞄射非它物，炮口怒吼声！

总之，瞄射战术是炮兵部队瞄准射击的动态过程，是展开攻击、消掠敌军、夺取优势的有力手段，是炮兵主打业务的远势表演。

正是：炮口移动定目标，深宫帝君自心焦。愿得燕弓射大将，杀力盖世镇鬼妖。

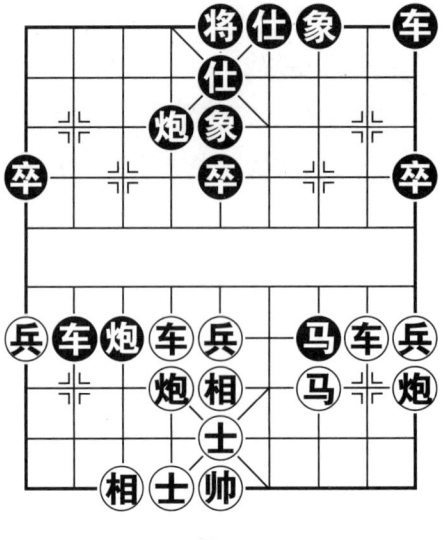

图一

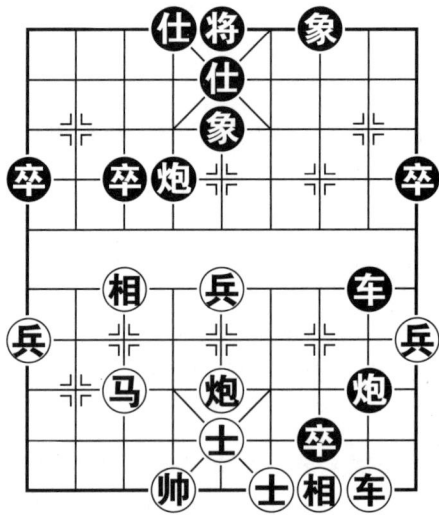

图二

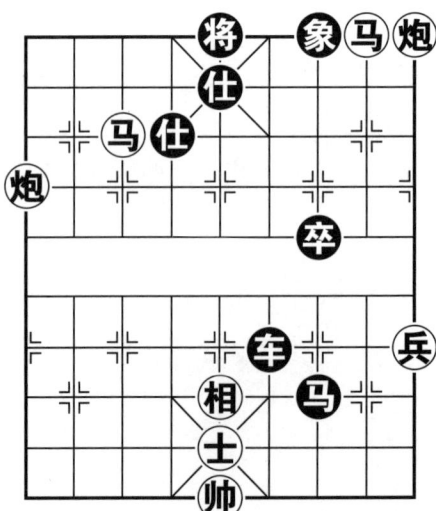

图三

212. 料知短兵不敢接*
——简论强夺战术

若米尼将军在《战争艺术概论》中深刻指出："要在敌人未及采取反措施之前，隐蔽地把大部队投向攻击点。"

强夺战术系指在敌兵员处险、无根、冒进、被栓、遭禁而又未能来得及调整的条件下，进攻部队及时抓住敌之弱点，巧妙设计安排，采取以多打少、以强制弱的手段，强行歼杀掠夺，使敌军遭致重大伤亡难以续战的制敌歼敌谋略。

（一）逼兑强夺　得势领军演精细

图一选自林宏敏与赵庆阁1987年南北国手对抗赛弈战局谱。

18.………… 　车8平6

逼兑车根争势，强行拦腰断联！此手横行，气势雄伟，绩效绝佳。它立使敌车炮纵队灵气不再，肋炮失根，河马遭袭，使红方整个军营处于破败被动的黑暗之中。此手逼兑强夺，活络了黑方车马军团，7路马、2路车皆增效生威，立刻获得了一展身手的大好机会。

19. 车四退二　马7进6　20. 士四进五　车2退1　21. 车二进二　车2平1

强夺须心细，并非行鲁莽。黑方在敌车砍炮之时，心定气闲，并不意气用事。因为红方企图诱马踩车再炮四进一，以一车换双。此手精细，红方之企图随即破灭。

22. 炮四进一　车1进2

再度破解敌打车诱使车1退1再马六退七化解颓势的谋算，确保了强夺战术实施的得子效果。

23. 车二进一　马6退4　24. 车二平六　马4退5

黑方逼兑强夺，悍勇精细，得子占优。

（二）先弃后取　力摧屏障擒敌首

图二录自李义庭与钱洪发1965年于银川实战局谱。此局黑方7路炮是防杀重臣，是红方最紧要的战略目标，拿下它就等于获胜。由此，红方三军联合实施，不怕牺牲，强势夺炮。

1. 兵三平四

借势暗伏强夺，跬步抢先逼宫。在黑车同时管制兵炮士三子、下伏卒7平6即危及帅府安

---

*文题摘自岑参《走马川行奉送出师西征》

全的关键时刻，三路兵借炮力充架打将叫杀，发起佯攻，以抢先靠近并逼离敌首，以使脆弱联络的敌双炮失联遭歼。此手还使中兵的禁将作用、同四路兵并联作用，三路马对敌首的钩钓作用，都得到了有效施展。此手先弃后取，以先弃助攻炮，换取防杀炮，以战术赢得战略，十分到位。此手强行叫杀，为强行冲兵逼将撤架、强行夺炮创造了有利条件。

1. ………… 车5平6　　2.兵四进一

双兵卡位，势大力沉，逼将撤架断联，强夺贴将炮，力摧屏障，车马成杀！此局之强夺，兵炮车以敌首为施强的"靶子"，联合强夺，为"强"中之最高层级也。

总之，强夺战术是硬性抢掠的设计，是对敌阵"隙漏"的武力惩罚，是铁腕强势进行的夺子表演，是参战部队杀敌破阵的锋刃立茬。

正是：雄师百战创基业，进剿歼敌不停歇。强掠硬夺无软手，知短兵不敢接。

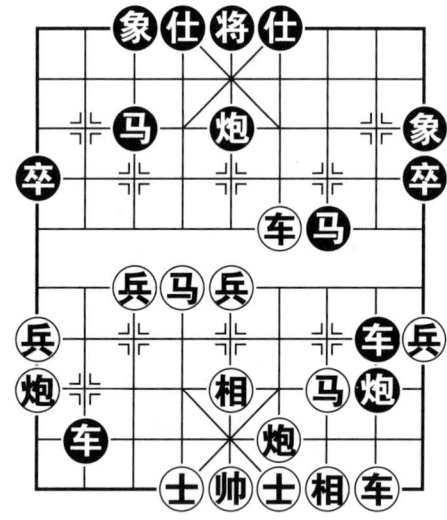
图一

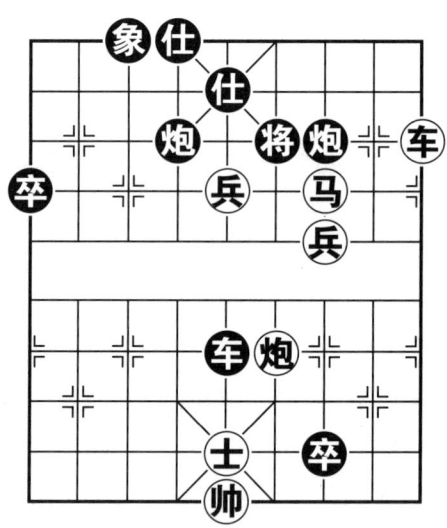
图二

213. 香稻啄余鹦鹉粒*
——试论蚕食战术

蚕食者，《辞源》中释道："蚕食桑叶。比喻逐渐侵吞。"

毛泽东主席于1946年9月16日曾深刻指出："集中优势兵力、各个歼灭敌人的作战方法，不但必须应用于战役的部署方面，而且必须应用于战术的部署方面。"

蚕食战术系指进攻部队本着不断侵吞敌方兵力、消削敌防御能力的战略思想，在攻城战斗中充分发挥灵活机动的特长和巨大的杀伤能力，巧妙利用敌军守御的薄弱以及宫城防御设施配置的弊端，有效采取攫取、剪羽、带将、闪抽、要杀和威胁等强制而紧凑的手段，逐一清除内宫侍卫，扫荡外线守军，使敌首帐前几无御敌之兵，彻底丧失抗争能力，从而为己方最后入城擒王铺平道路的大时段里大数量歼杀技巧。

（一）巧借将杀要势　三英密谋蚕食计

图一选自胡荣华与赵国荣1990年全国个人赛弈战局谱。是局红方虽少一相，但外线兵力与黑方等同。在此种局面下，黑方力恃炮双马已攻入敌纵深地带之优，巧借敌帅不安于位与被禁之弊，灵活运用带抽、打将、变位、要杀、抽吃、劫掠等技法，连续蚕食侍卫，为擒拿敌首立下大功。

1. ………… 马3进5

秋风平地起，枯叶满天飞！借马定帅之力、巧施帅位战法，闪抽打将，暗窥角士，其抽占奇诡，选点准确，逼中士上举，破坏双士联系，为劫掠角士进行战术打叠，并由此开始了残酷的蚕食过程。

2. 士五进四　马8退7

可吃而不吃，竟自抑留，再巧施顿挫打将，使帅位更加不利，然后蚕食之，用心何其毒也！吃子而有节奏，善食也；钩钓要杀，蚕食有力度也。

3. 帅四退一　马5退4

钩钓敌首以定位，威胁叫杀而相逼。既不给敌以松动之机，又钓猎河相以蚕食，行棋十分紧凑，食有其时，节食也；善于钓猎，觅食也。

4. 相七退五　炮2进1　　5. 士四退五　马4进3　　6. 士五退六　马7进5

下底要杀逼士，带将掠相蚕食。黑方蚕食有力、有节、有致，下伏马5进4吃士，横扫内线卫士，红方无力抗争。真个是：啖尽皇宫山海味，苦煞伶仃孤寡人！

---
*文题摘自杜甫《秋兴八首》

（二）突袭内宫侍卫　争速攻杀妙打叠

图二摘自王嘉良与徐天红1992年于烟台蓬莱阁杯精英赛弈战局谱。

27.………… 　炮4进7

快速、突然之蚕食妙手，剪羽、伏杀之入局捷径。黑方在战事间歇突发奇兵，进袭敌宫，遂开始了连续游弋底线、逐一进行蚕食的军事行动，此手还为双车开路增效进行了决定性打叠！红帅眼睁睁看着入室抢掠，却不敢平六舔之，因伏车9平4，帅六平五，车4进2，相七进九，车3进7连续攻杀手段，红难以招架。

28. 车九进一　车3进8

红方企图进车联车、兑车封车，以减缓黑方攻势，维持易于失控之颓势。黑方则抢先拔车，暗助炮之蚕食。

29. 兵一平二　车9平8　　30. 兵二平三　炮4平6

再度蚕食豪强狠，贴身侍卫尽斩除。底炮借双车之威慑，借帅打士，敌首已经是遍体生寒！

31. 车一平七　车3平4　　32. 车七平六　炮6平3

蚕食中兼顾防杀，抢杀时不忘蚕食！此手蚕食，既占线防杀，又减层露帅促杀，真攻防一体化也。此手已使无助敌首与欲偷袭之敌军双双破败！呜呼！相当狠毒蚕食术，特别神勇捕猎人！

33. 相五退三　车8进3

剪羽无抵抗，入杀有顺风。蚕食何其妙，尽在辗转中！

（三）杀势震慑敌寇　外线劲旅一扫光

图三系蒋权先生排拟的《金针度线》精妙棋局。是局红方车兵以要杀、做杀、带将、劫掠、逼迫、攫取等强制手段，将敌之车炮三卒强大兵力尽数蚕食，然后以兵困毙敌首胜。

1. 兵六进一　将5退1　　2. 兵六进一　将5进1

带将劫掠一炮，为连续要杀、顺势蚕食扫清了障碍。此组合在打将中蚕食，不给敌以反扑的机会，同时断定7线低兵丝毫不会影响进一步蚕食的通盘计划。

3. 帅五平六　将5平6　　4. 车六平四　将6平5　　5. 车四平三　车5平4

蚕食兵夺位，做杀帅当家！帅之占线，车之游弋并窥吊7路卒，为在要杀中再度蚕食锁定目标。此手乃实施将、杀、窥、吃相交错的蚕食战法也。

6. 帅六平五　将5平4　　7. 兵六平七　车4平5　　8. 车三进四　车5退2

9. 车三进二　车5退1　　10. 车三退八

连续顿挫逼将调车，造设佳境顺势掠卒。以上打将、要杀两手顿挫十分重要，既为车吃卒争得一步棋之机，又使敌宫车与将的位置难以得到改善，并易于为红方所用，为下步蚕食做好打叠。此蚕食组合展示了蚕食战法之精妙，成为此排局的精彩华章。

10.………… 　卒3平4　　11. 车三进六　车5进1　　12. 车三退二

机动不怕游弋苦，要杀又盯边陲人。一车胁二，必得其一。凶乎？妙乎？凶是它的性情，妙是它的光泽！

12.………… 车5进3　　13. 车三平九　将4平5

在要杀中蚕食，蚕食后仍要杀，这是对上几步打叠妙手的最好利用，是对敌军逢杀必防心理的有效借用。

14. 车九进二　将5退1　　15. 车九平六　将5平6　　16. 兵七平六　卒4平3
17. 车六退一　将6进1　　18. 车六平四　将6平5　　19. 帅五平四　将5平4
20. 车四平六　将4平5　　21. 车六平七　将5平4　　22. 兵六平七　将4平5
23. 车七退二

在蚕食最后阶段中，帅之助攻、相之做根、车之游动、兵之威慑，尽皆展示全军上下一致的密切配合，连续妙施蚕食绝技，再掀歼敌高潮。尤其车之上下左右游弋四方，既瞄杀敌首，又暗窥敌军，在其他子力配合下，尽斩四敌，真乃"金针度线"、以少胜多也。以下车5平3，相五进七，困毙敌首胜。

总之，蚕食战术是兵员攻击力的绝对发挥，是各兵种联手对敌群体的连诛过程，是威胁将杀与除患弱防反复交错的总体谋划，是以谋以力连续杀敌、间接取胜的铁血征途。

正是：蚕食并非斗士狂，攻城擒将性张扬。鹦鹉尽啄香稻粒，深宫始感朔风凉！

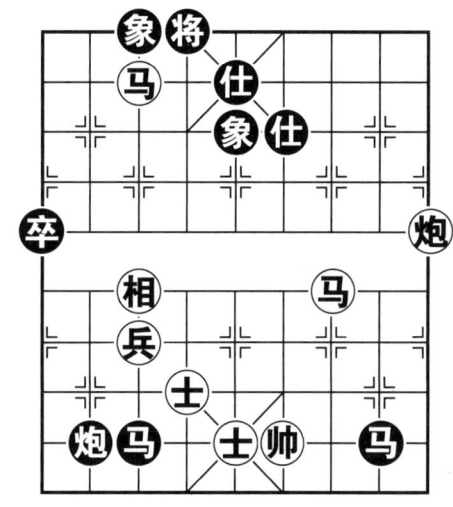

图一

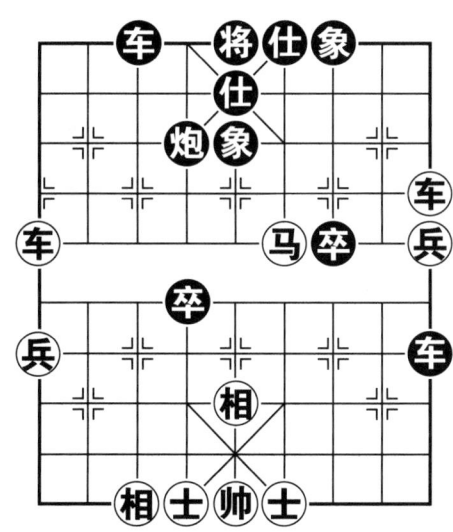

图二

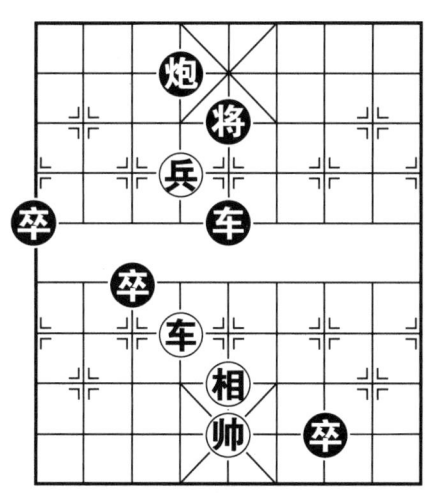

图三

214. 横扫千军如卷席*
——小论聚歼战术

克劳塞维茨将军在《战争论》中明确指出："毁灭敌人战斗力是达到战斗目的的手段。""毁灭敌之战斗力可以说是一切军事行动的基础，一切行动的最基本的支点。"

聚歼战术系指实施方深远谋划，周密部署，以大兵团联合作战的方式，采取分割、穿插、包围、逼兑、劫掠等强硬手段，对某一战场、战区、战线之敌尽数歼杀，使敌既无御城之兵，又无进犯之力，从而逼迫敌首签盟的大型歼敌方略。

（一）壮烈河防战　全歼入侵军

图一选自胡荣华与菲律宾陈锦成1977年中菲象棋邀请赛弈战局谱。

23. 车五进一

逼兑，黑车无路可走。逼兑，正式打响聚歼战役。胡荣华认为："局部必须服从全局，即使是需要牺牲车也一样。红方估计以双车换车马炮后，可以借助中兵的威胁力，用双马炮组织有力的攻势。"

　　23.…………　车4平5　　24. 马三进五　前马进4
　　25. 士五进六　炮2平7　　26. 马五进三

聚歼入侵寇，再攻虎狼穴。红方以双车的代价聚歼了入侵的车马炮兵团，挫败了敌军骚扰、进攻计划，将敌军拖进到苦守的窘境。这是战略的胜利，是转守为攻的关键。"黑方所有投入战斗的子力全部被消灭了。尽管有车对无车，有潜在的优势，但也难以发挥作用了。"

　　26.…………　卒3进1　　27. 马六进四　车9平6　　28. 兵五平四　马3进2
　　29. 相七进五　车6平8　　30. 马三进二　车8进2　　31. 兵四进一

胡荣华撰文写道："功亏一篑，应走兵四平三可以速胜。试变如下：兵四平三，马2进4，兵三进一，车8退1，马二进三，将5平6，炮三平四，马4进6，马四进五，马6退5，兵三平四，马5进6，兵四进一胜。"这时，黑方在黑暗中看到一丝光线，立刻象5进7断联，双方弈和。但聚歼夺势的辉光，绝不会因尔后的一步误算减却丝毫。正是：瑕不掩瑜色温润，军喜聚歼术精微。

---
*文题摘自毛泽东《渔家傲》

（二）攻杀常交错　战火烧纵深

图二录自张国凤与张梅1996年全国个人赛女子甲组弈战局谱。

18. 兵五进一

闪开屏障，主力相遇，主动邀兑，充分反映了关键时刻要求拼斗厮杀的强烈愿望，深远谋划了聚歼战役的实施进程。兵之进，拉开了聚歼恶斗的序幕。

18. ………　车6平4　19. 马八退六　象3退5
20. 车二平四　炮6退2　21. 炮八进六

入界伸插寻衅，硬兑逼打追歼。红方将聚歼的战斗引向敌方的纵深，以使敌首飘摇，阵形紊乱，并暗中殃及8路胡同马的生存安全。

21. ………　将5进1　22. 炮八平四　车9平6　23. 车四进八　将5平6
24. 马六进四　马8退7　25. 炮二平四　马7进6　26. 相五退三

此时如炮7平6，红方则马六进四，炮6进4，马四进三双将得马，黑方无力再战。

总之，聚歼战术是大兵团杀敌的硕果，是摧城拔寨的大型前哨战，是展示战略家"饭量"的竞赛，是制敌抑敌杀敌的铁腕。

正是：炮火怒射杀声起，冲锋号响催促急。漫山遍野荡铁流，横扫千军如卷席。

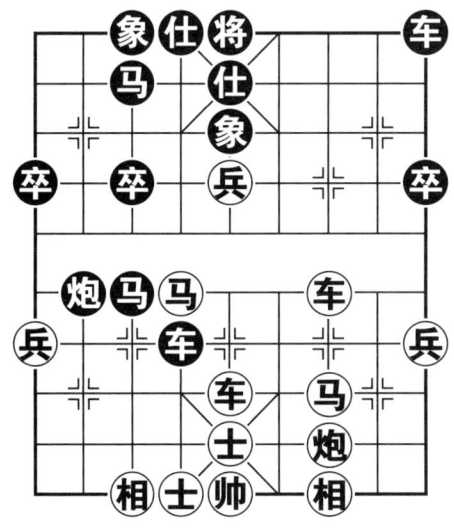

图一

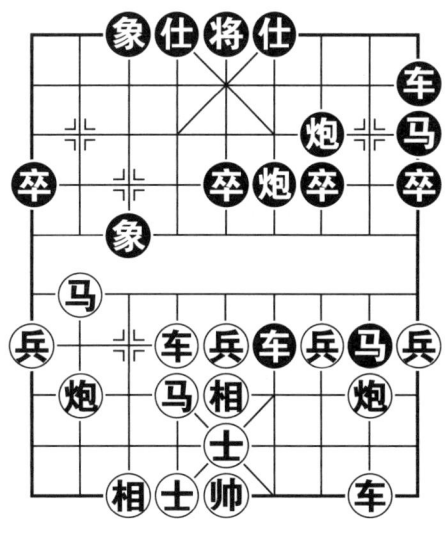

图二

215. 一箭正坠双飞翼*

——简论捉双战术

（朝）金日成曾指出："游击战，是一种既能保持自己的力量，又能从政治和军事上沉重地打击敌人，并能用较少的力量去消灭占有数量和技术优势的敌人的武装斗争方式。"

捉双战术系指实施方在混战乱战之中，充分利用敌军占位之不力与兵员无根无靠的两种弊端，通过打将、威胁、机动、闪击、折返、变向等巧妙手段，灵活变位，使己方打击火力同时指向敌军两个兵员，直接威胁其存在，以确保打击的命中率，从而在心理上、军事上重创敌军的游击歼敌技巧。

（一）联合作战　　纵队遭袭难幸免

图一选自吕钦与胡荣华1987年于广州弈战局谱。

18.………… 炮9平6　　19. 车四平二　马6进4

纵队无一幸免，夺回失子占先。黑方打车顿挫，不仅使敌车边缘化，而且使己方战阵严谨厚重。之后，马炮联袂实施捉双战法，使敌纵队遭致重创。

20. 炮八平七　炮5平3　　21. 车八平六　炮3平2

22. 马八进七　炮2进3

红方企图夺回失子，但黑方三兵种联合作战，粉碎了敌军的计划。此时敌如改走车六进一去马，黑则炮2进3再车7平5砍炮。

23. 相七进九　车7平5　　24. 车六进一　车5平1

因伏马4进3抽将手段，红车只好夺马交换。此局面，胡荣华认为，"取得了多象多卒的优势，红方徒有双车，也难挽颓势了"。

（二）突然折返　　马炮尽在不虞中

图二摘自胡荣华与李来群1984年于广州弈战局谱。

30.………… 马5进7

前趋，增层7路线，诱敌方边马趁7路炮"灭火"之机扑出，为实施捉双战术钓猎目标。此手设计巧妙、手法隐蔽。阴也，捉双术；锐也，杀敌刀！

---

*文题摘自杜甫《哀江头》

31. 马一进三　前马退6

突施折返术，联袂巧捉双。此手捉双，十分突然，马炮必得其一。黑方如前马进6捉双则马三进四化解。棋局之中，每有不周之处，它为巧取豪夺提供了客观条件。失子，同时也说明：人类的思维距离绝对的精确与周严，还很遥远；同时捉双的残酷性也证明：斗争的需要，教训的苦痛，正在逼迫人类向思维的终极目标积极地靠拢。

32. 炮五平九　炮7进6　　33. 马七进五　炮7退3

黑方捉双得手之后，又端掉一马，红方遂认负。

（三）移影换位　借助地形窥双雄

图三取自庄玉腾与苗永鹏1993年于青岛全国个人赛弈战局谱。

43. ……………　马3退4　　44. 帅五退一　马4退2

借避打将移换，折返制弊踏双！马之高效运转，移影换形，利用高象之绊阻，巧施捉双，必得一子。在此局面下，高象起到了重要的制弊作用，暗助捉双成功。因如没有它的存在，就不会马4退2，假设强行实施，那也是邀兑河马了。

45. 马六进四　马2退3

捉双战法使黑方夺得一炮，从而占取兵力、兵种两方面优势。双方又战数合，黑方轻松取胜。

总之，捉双战术是对两处敌兵同时捉拿的技巧，是捉而必得方略的精妙展示，是打击敌人的残酷手段，是提高效率、加快进度的可靠方法。

正是：游击战法性张扬，矫健灵活敢担当。
一箭正坠双飞翼，三军欢呼单臂王！

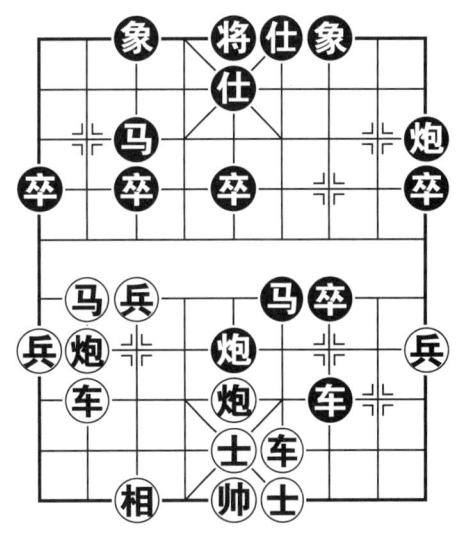

图一

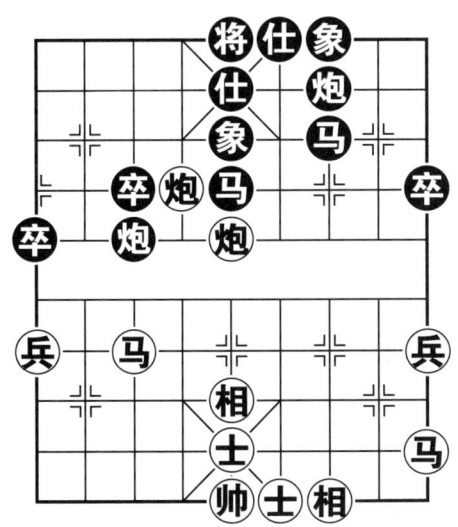

图二

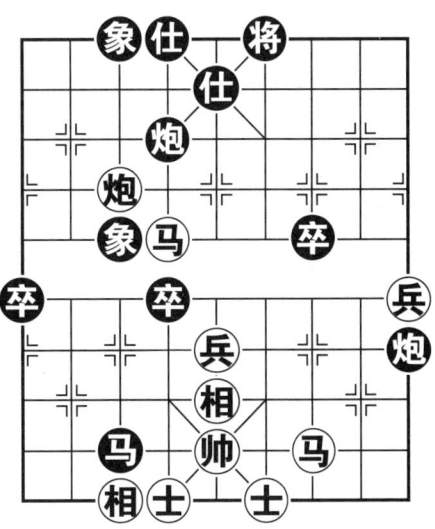

图三

216. 已报生擒吐谷浑*
——略论捉拿战术

英国陆军元帅蒙哥马利曾明确指出:"最初冲击,在猛烈程度、速度以及威力上,必须做到锐不可当,所向披靡。"

捉拿战术系指在攻防大战中,为消灭敌人、抢占阵地、扩大优势,大本营派遣以车为实施主体的精干得力之师,充分利用地形有利条件及敌阵的弊端,巧妙采取游弋、进逼、跟踪、突袭等强制手段擒拿敌人,以消削敌势,震慑敌军的捉敌制敌杀敌手段。

(一)以车捉车　辉光闪耀风雷动

图一选自于幼华与刘星1978年全国团体赛弈战局谱。

15. ………… 车8平4

捉拿增威势,游弋闪辉光!借马卧槽控帅之势,强力捉车,充分展示了领军人物借势增效生威,捉拿敌主力部队的豪情壮志。这是重心与重心的对话,是主力同主力的交锋,攻防大战再掀高潮。此手紧凑有力,不给敌炮五平七去马以缓解中路弊端的机会。

16. 车六平七　车4进4

续演神勇制弊,再借闷势追捉!连续两手捉拿,惊天动地!它矮化、欺辱并进而消灭了吃马之车,它极大抑压了敌军争战的情绪,使敌军陷于梦魇一般的惊惧之中。

17. 马四进五　车4平3　　18. 炮二退一　炮5进4　　19. 马七进五　车3进1
20. 马五进七　车3退2　　21. 炮二进八　士4进5　　22. 马七进六　车3平4

再次捉拿变线卡肋,下伏车2进9杀。

(二)连捉挑双　争先夺势破龙门

图二摘自王嘉良与苏文生1989年于马尼拉弈战局谱。

1. 车八退五　炮3退2　　2. 马五进六

捉炮求踏点,争先跃龙驹。红方利用黑炮位置不佳的弱点,回车捉炮,逼炮躲避至唯一落点,为进马争取到踏点,使马得以踏炮入界争先。之后,又连续捉拿,终使敌军破败认负。此手,是兵员争先提速的重要手段,是子力之间相互配合以获取时间利益的美妙过渡,是展示节奏、轮换演弈的合理安排。

---

*文题摘自王昌龄《从军行七首》

2. ………	炮3平6	3. 车八进二	炮6退2	4. 马四进三	将5平4
5. 兵七进一	炮6退2	6. 车八平六	士5进4	7. 马六进七	将4进1
8. 车六平八	炮6退1	9. 车八平四			

攻杀先剪羽，重臣必捉拿。挥师要线，捉拿死忠顽固派，制乱敌营，为擒将铺垫打叠。

| 9. ……… | 炮6进3 | 10. 马三退五 | 将4平5 |
| 11. 马五退三 | 炮6退3 | 12. 车四进四 | |

揳插挑双窥炮，捉拿严厉非常。士马均担负着特殊的重要的护城保将任务，不能离守，本身又缺乏保护，苦不堪言，遂罢战认负。捉拿战术之妙，不言自明。

（三）轮换捉拿　弱旅夺子定均衡

图三录自于幼华与吕钦1996年于成都全国团体赛弈战局谱。

50. 车一平二　炮8平7　51. 车二平三　炮7平5

制弊击弱显身手，连续捉拿得报偿。红车抓住黑炮不敢做离心式躲避运动之弊，连续两步捉拿，逼炮无奈将位暂时栖身，以求庇护。

52. 兵四平五

被捉反捉成佳话，连拿再拿定均衡。被敌车捉拿的卡肋兵立即加盟追剿捉拿分队，履险花心，继续捉拿。此手出敌不意，连续性强，增效性好，履险花心捉拿，十分巧妙，敌如贸然士4退5去兵，敌首将遭到车三平六的毁灭性打击。

52. ……… 车6平4　53. 前兵进一　将4平5

通过三次捉拿，终于寰除了黑炮，使局势得以平缓下来，最后双方战成和局。

总之，捉拿战术是车借势借机的强力表演，是达成多种战术手段与战略企图的精妙运筹，是逼敌制敌杀敌的立苴手段，是充分发挥兵种特长的连续动作。

正是：战车威严入纵深，敌首惊悸万马喑。豪帅稳坐中军帐，已报生擒吐谷浑。

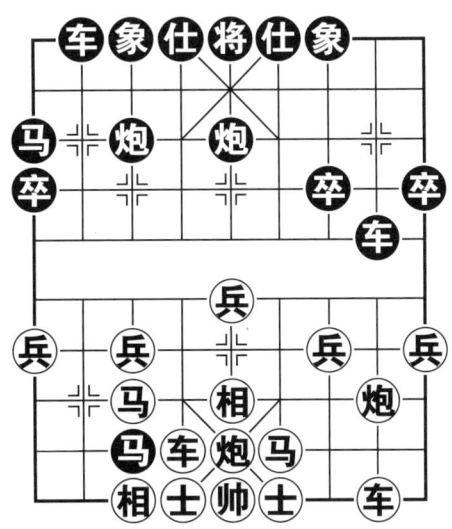

图一

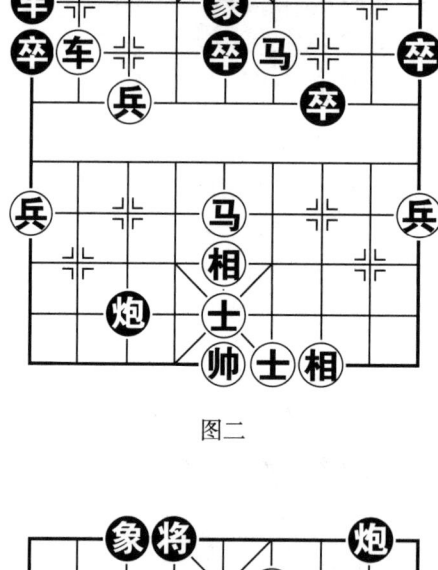

图二

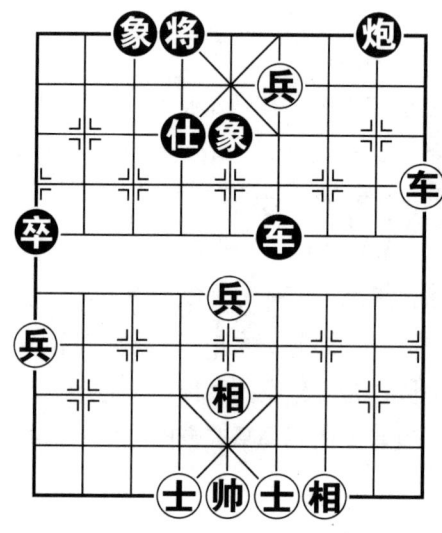

图三

217. 众里寻他千百度*
——浅论剥茧战术

《孙子·虚实》中指出："故善战者，致人而不致于人。能使敌人自至者，利之也；能使敌人不得至者，害之也。故敌佚能劳之，饱能饥之，安能动之。"

剥茧战术系指在以炮车为代表的线型火力对敌目标罩压震慑前提下，其他兵员突出主线，密切协作，采取逼离、兑杀、攫取、闪抽等强制手段，剥脱敌阵前沿防御外壳，切削护卫性工事厚度，逐次减少主攻火力与攻击目标之间的层次，逼使敌目标最终浅近暴露在火力有效射程以内而被彻底摧毁的组合型打叠制敌技巧。

（一）神剑劈削连天岭　城防逐次化灰烟

图一选自胡荣华与刘星1975年于上海三运会预赛弈战局谱。是局红炮威震中路，窥瞄敌首及车马军团；双马及时抓住敌阵弊端，巧借中炮控制、威慑之力，对敌之强厚盾牌刀刀切削、层层剥脱，力逼强敌目标浅露致败。

17. 兵五进一　车4平5

撞卒胁车，逼敌应付；剥茧初始，强弃中兵，自减一层，遂进入正常运作阶段。

18. 马三进五　车5平7　19. 车三退三　象9进7
20. 马七进六　卒7平6　21. 马六进五

兑杀恶车，剥茧进入无车斗有车阶段；双马启动，踏掉中卒、再剥一层，剥茧初战告捷。

21. ………　象7退9　22. 炮五退一　卒6平5

黑方退象以防范剥茧伏杀，再以河卒平中以增层中路、对抗剥茧，双方在中路展开明争暗斗！

23. 后马进三　车5平8　24. 马五进四　车8平2　25. 马四退三　车2平7
26. 前马退五　象9进7　27. 马三退四　卒5进1　28. 马四进三　车7平5
29. 马五进七　车5平3　30. 马三进五　象3进1　31. 马七退八　车3平5
32. 马八退七　车5进1　33. 马七进五

在剥茧的第二阶段战役中，双马采取控制、威胁、闪离、要杀、捉吃、变位等一系列战术手段，逼迫敌车左右防范，并趁机灭掉了3路卒与中梗之卒，取得了剥茧的重大进展。现中炮径直威胁敌阵车马要员与敌首的安全，中路镇势控势杀势明显，且伏后马进三打死车的恶手。

33. ………　马5进6　34. 后马进四

---

*文题摘自辛弃疾《青玉案》

窝心马久卧生躁，自剥茧加速衰亡！此马曾几次意欲跳出而因有绝杀威胁无奈搁浅，现贸然轻动，被红马"自我剥茧"闪击致败。噫嘘嚱！护城高墙今何在？尽靡龙泉切削中！

（二）龙驹踏踢拦路虎　鬼手撕扯防弹衣

图二摘自徐彬与汤卓光1995年全国团体赛弈战局谱。

1. 马二退四　车1平6　　2. 后马进五　炮2退3

借避而盯咬，乘机而闪踏，先自撕掉一层！

3. 马五退四　车5平6

制敌手法巧，剥茧效率高！红方闪离一层，逼离一层。一个回合之内，一进一退之间，中路已是拨云见日。

4. 前马进六　前车平4

胁车窥角、避捉反捉、奔卧伏杀之鬼手！它已将敌军逼得没有活路可走，它为整体剥茧方略成功实施，起到了承上启下的良好作用。在这里，红方双车静默不动，但其支撑、依托、襄助之力无与伦比，为成功实施剥茧做出了重要贡献。

5. 车六退二　马8进7　　6. 马四进五

剥茧多妙手，增层藏杀机。此乃弃车亮车、胁车伏杀之欲剥先垫的剥茧攻杀妙手！如马7进6，则马五进四杀；如车6进6，则马五进六杀；如车6平8，则车四进六捉双并伏挂角杀；如车6平3，则车四进二捉死马胜。凶哉！剥技：节奏是你的步调，助攻是你的目标，捉拿是你的手段，胜利是你的微笑！

（三）掏心恶虎待吉日　落尽梅花露春光

图三录自《适情雅趣》第46局"远交近攻"徐家亮先生诠正之谱图。

1. 前车进二　将4进1　　2. 前车退一　将4退1　　3. 前车平五

剥茧谋划远，打叠着法新！凶猛的恶虎掏心，洞穿未来战斗进程的绝好停待，解杀反杀的巧妙打叠，演弈倒剥茧杀法的深长计议！此组合为借势自我剥茧、为夺取胜利铺平了道路。剥茧战术不仅善于浅露敌军，而且也巧于应垫、开路——

3. …………　车2进1

如士6退5，则车七进四再马四退五速杀。

4. 相五退七　车2平3　　5. 士五退六　车3平4　　6. 车五退八

红方卫戍部队借应将垫护之机，妙施倒剥茧技巧，为车闪抽应垫、解杀反杀做好了道路开通、程序准备的战术打叠。这是应垫战术、打叠战术和剥茧战术三位一体的经典结合，是攻防一体化的精彩论说！其倒剥脱过程大有落叶缤纷之感，又有春之将至之盼。它寓攻于守，以柔克刚，极富动感，暗伏杀机！以下士6退5，车七进四，将4进1，马四退五胜。

总之，剥茧战术是利矛与厚盾的激情碰撞，是"致"与反"致"的战略搏击，是使敌宫城防由厚变薄、由强变弱的战略谋划，是使静态主攻火力得以充分发挥作用的最佳助攻选择！

正是：众里寻他千百度，拨开熙攘雷霆怒。定向合力施神威，攻城方略堪称酷！

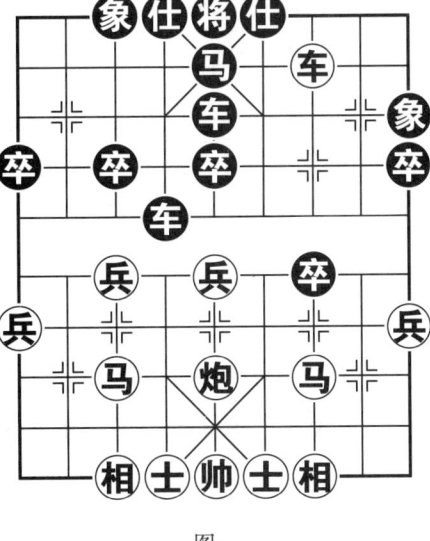

图一

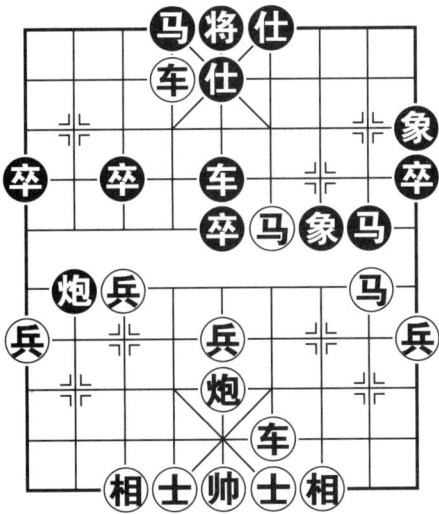

图二

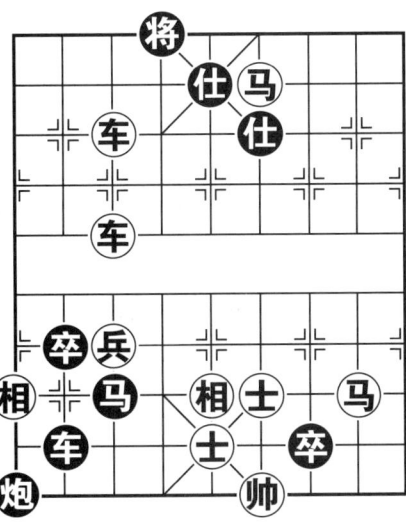

图三

218. 偷看吴王苑内花*

——略论窥瞄战术

斯大林在《论俄国共产党人的战略和策略问题》中指出："规定基本打击方向就是预先决定整个战争时期各次战役的性质，因而也就是预先决定整个战争十分之九的命运。战略的任务就在于此。"

窥瞄战术系指以炮为代表的隔一而击的火器，通过平移、换位、威胁、打击等有力手段的战术顿挫，暗中到位、选向、窥伺、瞄打、牵制、威慑敌军位居一条线路上的数个敌兵乃至敌首，以确定下一步的进攻方向，锁定众多火力射点，使打击目标的选择更富针对性、战略性与实效性的预先打叠安排火力的运筹技巧。

（一）持续窥瞄纵队　战略谋划深远

图一选自赵国荣与王玉才1988年于呼和浩特弈战局谱。

12. 炮五平七

战略窥瞄风雷启动，翼侧总攻导弹横行！红方以打车争先，窥瞄敌3线纵队，威胁底线城防，有力之着。此手确定了最佳作战方向，锁定了最终击打目标，为发动战略攻势做好了准备。

12. ………… 车3平5　13. 马七进八

打车逼离减层之后，再纵马扑进助攻，同时继续减层，以浅露打击目标，更好发挥炮力。马之趋前还为边炮再施窥瞄、增援七路，让出点位。妙哉！进发皆为势，配合在于心！

13. ………… 炮1平7　14. 炮九平七

集结须争速，窥瞄也增援！红方集中攻城火力，加大窥瞄力度，重兵侧攻已是蓄势待发。

14. ………… 马3退1　15. 车八进三　士6进5

16. 马八进七　车5平6　17. 车八退一

继续逼离减层，底象已突出于有效击打火力射程之内，车强行贴靠绊别，助双炮叫闷！

17. ………… 士5进4　18. 车八平九　车6平2

19. 车六平四　炮6退2　20. 前炮进七

在马双车双炮强大进攻兵团严厉打击下，在双炮成功实施联合窥瞄情势下，敌宫顷刻破碎，强大兵团已构成绝杀。

---

*文题摘自李商隐《无题二首》

（二）相机暗窥弱点　连施交错打击

图二摘自张晓平与胡荣华1989年于重庆弈战局谱。

21.………… 　炮6平7

淡似水窥相杀心，烈如火攻城奇谋！此手窥瞄，为本局精彩看点。它具有以下深刻内涵：一是双炮借敌炮而连环，窥瞄三路弱线，既伏闪击明窥三路相本身之"射点"，又伏车5进1砍炮，敌如相三进五则前炮进3闷杀的暗窥三路相所在的"射位"，从而立即对敌宫构成潜在致命威胁；二是充分行使对红方三路炮抑制的权力，使其严重滞留、减效，变成一个为我所利用的活动铁架；三是通过预设整套的后续手段，压缩炮于"一线天"，再强力擒拿，构成以窥瞄为主轴再进行运转演变的战事走向，加剧征讨，逼敌军进入黑方步调而深陷被动；四是暗中逼迫三路底相不得离岗，以便继续接受威胁。

22.炮五平六　车5退1　　23.炮三进二　前炮退2

压缩炮，威胁马，窥瞄弱线，黑方已将窥瞄之利扩张成纵横之势，优势不断扩大。

24.马八进六　马6退4　　25.炮六进四　车5退2　　26.炮六平九　炮7平3

纵横要线卷风雨，呼啸雷电露杀机！此手闪击、减层、叫闷、隔断，暗伏卒林大扫荡，敌军不堪。能够一举确立优胜地位者，窥瞄之力也。这是窥瞄的丰硕战果，这是窥瞄的深情赞歌！

（三）躲避窥瞄弱线　减层冲渡成功

图三取自香港徐耀荣与马来西亚李家庆1993年于台北第九届"中山杯"弈战局谱。

10.………… 　炮2平7

躲避寻靶去，窥瞄抢势来。中局伊始，黑方便谋设窥瞄弱线、解除屈头屏风马前路不畅的弊端、抗争先手攻势之大计，取得了显著战果。此手窥瞄，及时而有力，它使红方三路纵队弱旅尽处火器瞄射之中，同时为启动马前卒、展开防御阵形做好了战术打叠。

11.车八进五　卒3进1　　12.车八平七　卒7进1

欺车诱兵活马，局面立刻生动开朗起来，双马被抑压的局面为之一扫。

13.马七进六　卒7进1

上一手冲进7卒，暗伏弃卒陷车手段，红如贸然兵三进一去卒则伏有炮7平3打死车的得子手段，现7卒冲渡成功，窥瞄战果初步显现。

14.马三退五　卒7平6

由于采取合理有效的冲渡、滞车、逼离、减层手段，红方右翼虚弱，中防又增窝心弊端，黑方窥瞄之师逐渐由窥瞄演进到瞄射阶段，至第22手7路炮轰相破城，顺掠一马而胜。

正是：窥瞄非小技，制敌立大功！

总之，窥瞄战术是选点术中之大家，是增效手段中最稳健的着法，是停待术中的火药制品，是以点制线系列中的威风大侠。

有诗为你喝采：先敌布控暗伺察，静待敌变突进发。欲拔皇城池边柳，偷看吴王苑内花。

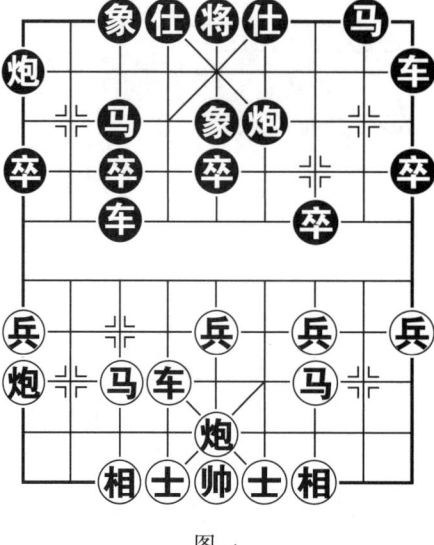

图一

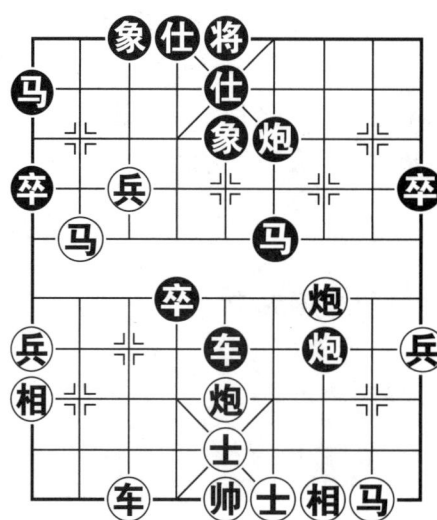

图二

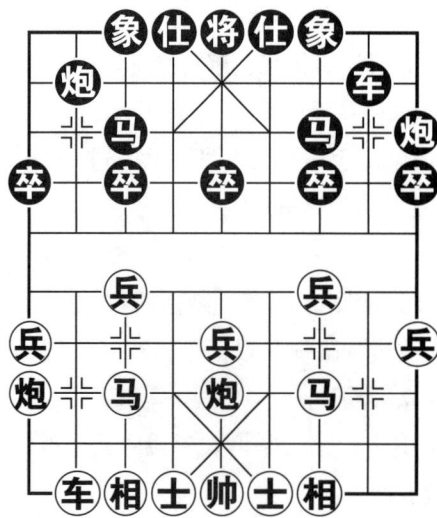

图三

219. 玉环飞燕皆尘土*
——简论攘除战术

克劳塞维茨将军在《战争论》中深刻指出："物质的暴力是手段，迫使敌人服从我的意志是目的。为确实实现此目的，必须使敌人丧失其抵抗能力""必须使之陷入不再能够继续作战的状态。"

攘除战术系指在大型战役或战略决战中，进攻部队深图密划，巧妙采取佯攻、威胁、诱逼、关闭、阻隔等有效手段，将妨碍、干扰己方实施攻杀计划的敌军主力或防务重臣，强力驱赶、排除、抛甩于主战场之外，并对其实施有效的严格监管，使其丧失抵抗能力，变成形存而实亡的局中旁观者，从而确保主攻部队能在一个没有干扰破坏的战场条件下顺利攻城擒将的高级整体致敌方略。

（一）逼离、隔阻　三军远离空门将府

图一选自胡荣华与李艾东1992年于中国棋院弈战局谱。是局红方车马杀入敌阵并占据要点，但黑炮有力地守护着7线，且7路马暗伏进8驱马手段，虽将门洞开亦无大碍。在强敌如此严守的情势下，当如何取得下一步的重大进展？

27.炮二进四

软硬兼施设路障，攘除妙手驱豪强！此攘除妙手有以下内涵：一：先敌设置路障，防止马7进8威胁边马；二：暗伏马一进三做杀，如马7进8，则炮二平三进行增层遮护，从而构成杀势；三：诱逼驱赶7路马减层以"发挥"炮的控线防杀作用，从而巧妙攘除守军；四：提前设置路障，绊别即将跳出的黑马以防其随时返还，将其彻底攘除在决战圈外，与此同时，提前一轮塞压象田、防象威胁边马并使象定位以增加敌炮与看护点之间的层次、阻隔炮之回防。此炮之用意，非同一般，真可谓：一石三鸟高效率，为求驱敌深打叠！

27.………… 马7进8

此刻弃得职守去，怜君从此不再归！此马跳出，意在减少层次，以发挥炮的封锁控制作用。但二路炮像一堵高大的隔离墙一样，将敌马完全拒于主战场之外。

28.兵三进一　象5进7

安排完马即处理炮象，环环相扣，十分紧凑。进兵胁马调象，并为飞中相让出点位，以进一步增厚层次，使敌炮降低乃至完全丧失护线防杀能力。

29.车四退二　炮1平5

---

*文题摘自辛弃疾《摸鱼儿》

全程塞压田腰苦，昧心助敌高象悲！车之退，既为马叫杀让开通道、为擒将紧气，又把象牢牢攘除在主战场之外，使其充当了破坏7线防守计划的可怜角色。

30. 帅五平四　马2进3　31. 相五进三

五步妙就攘除术，三军玉成座上宾！对敌马炮象实施的宏伟攘除工程最后胜利竣工，唯一一个在外尚有防守能力的火炮立刻哑然失效！黑将在空门无守臣、完全丧失抵抗能力的条件下，变成了亡国之君。此例堪称实战之排局、攘除之经典！

（二）诱引、开阖　恶煞恃勇隔断关山

图二摘自一则实战中局。是局红方以精深的谋划、宏大的气魄，连续施法，软硬兼施，逼敌变位，开阖关敌，将一个极力破坏入杀的悍敌关隔在外。

1. 马七进九

求杀切入争胜势，引蛇出洞第一功！红方以一车的代价，夺取了攻杀主动权，并开始有计划地实施攘除方略。此手，将切入、弃舍、争速、攘除糅为一体，具有非凡的胆识与天才的筹算力！

1. ……　　车2进5　　2. 马九进七　将5平4　　3. 炮六退二

威胁杀敌首，诱引入机关！此手为诱敌深入、特别是将敌车引入预定线路上的纵横拐点的重要举措，为进一步实施攘除计划创造了有利条件。谋划之细密、打叠之精到，令人击节！

3. ……　　车2进3　　4. 士五进四

再弃一车，引敌入彀。此手让路巧妙，即伏车四平六叫杀，从而逼迫敌车施狠，再斩杀第二车，使其身处即将关闭的高墙大门之外，和平定居、泯灭斗志。其巨大的魄力、精妙的设计，震惊朝野！

4. ……　　车2平6　　5. 士四退五

中士之进退，美妙绝伦，真可谓：开窗邀明月，关门待嘉宾，杀我双车者，沦为隔世人！它为攘除战术画上了一枚举世无双的精美叹号，其谋略的辉光将永远闪烁在中国象棋战术的长廊上！其艺术的构思将永远教科书般地存放在人们的记忆里！以下是炮3进2，炮六进一，构成绝杀。阮宜正先生在研究子境与子价关系时，对此局的黑车曾有过深刻的论述："黑车虽仅一子之隔而犹远在天边！因子境恶化而由守护神倾刻变成废弃物。"

（三）逼迫、软禁　双雄角隅同唱悲歌

图三录自《适情雅趣》第42局参辰卯酉之局谱。是局红方在危急情势下，连弃两子，将在一线攻杀之车和后方待命之马，悉数攘除于现在和未来两大主战场，并施以软禁，使其虽生犹死，不仅使其在现在战场上立刻失去凶焰，而且在未来抵御三兵进攻的防御战场上也将无能为力。

1. 炮九进七

初施攘除术，杀敌何需刀？！红方以闷杀相逼，迫马角隅，前兵监管，封杀进路，使其再无出头滋扰之日；同时先手为七相屯边、逼离黑车，让出点位，紧凑至极、精妙至极。

1. ………… 马3退1 2. 相七进九

逼吃硬调何其妙，底车从此不上朝！对红帅有致命威胁的敌车被攮除九宫、抛甩角隅，从而出色完成了攮除第二期工程中的硬调任务，并为中相关门禁车让出位置。以上两手构思奇特，手段精妙，为攮除战术的经典之作。

2. ………… 车5平1 3. 相五退七

关门软禁枭雄，相马监管终生！屹立攮除大厦，千古浩荡罡风！至此攮除工程全部胜利竣工，敌车马将含悲忍泪坐观后兵渡河消灭7卒、三剑客擒杀敌首的全过程。在一个战场上竟能同时攮除两位悍将，而且又都被软禁在一条线路的两个角隅上，充分显示了古典排局浓厚的战术意识、高度的战术技巧和上佳的审美思想。

总之，从以上三例可以看出，攮除战术是最贴近战略意图的调敌制敌的连环妙计，是对敌不歼杀、不迫降前提下最理想的排除性安置，是使敌军巨大攻击力彻底贬值、强烈的敌对态度发生重大变化的根本措施，是使最后胜利来得更加宁静、更加轻松的精妙运筹！

正是：不闻冲杀伴喧鼓，唯感冷落缠孤苦。熊腰虎背今安在，玉环飞燕皆尘土！

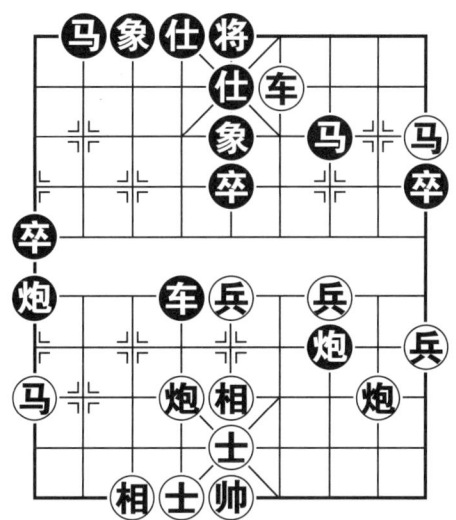

图一

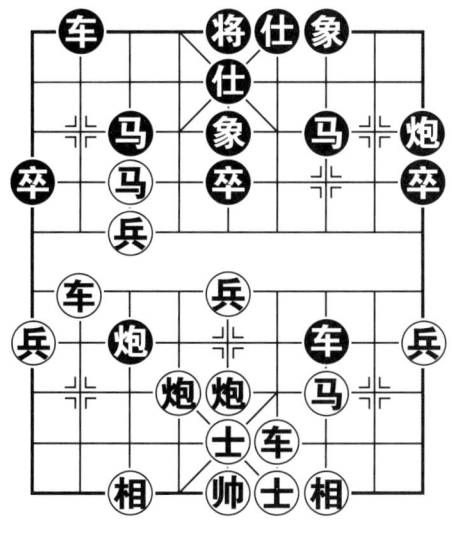

图二

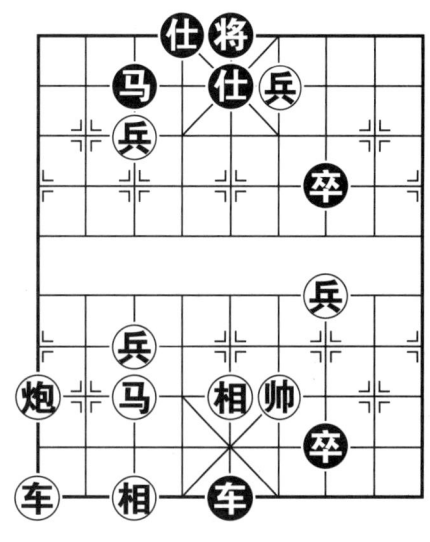

图三

220. 绿树重阴盖四邻*

——试论空镇战术

朱里奥·杜黑将军在著名的《制空权》中论述空中进攻的首要目的时，曾深刻指出："目标的选择，分区的划定，决定突击的先后是空中作战中最困难最细致的任务，这可称之为空军战略。……空军的根本目的是首先摧毁敌方空军以夺取制空权。这似乎永远是独立空军的首要目的。"

空镇战术系指以炮为实施主体的兵员，在兄弟部队的有力配合下，采取打将、攫取、弃舍、威胁、逼迫等强制手段，对敌宫领空强行霸占，在无敌军守御的中路形成了对敌首的直接窥瞄式威胁，使敌宫处于高危高压被动状态，在其他各兵种的积极参与下，以多种杀法攻城擒将的高空镇压威慑的战略态势。

空镇战术对敌宫形成盖压式、空罩式威慑之后，如再辅之以友军各种攻杀手段，其势弥凶，将有天地炮、马后炮、花心车、中路炮与双车并肩等多种杀法，敌军难以拆解。

（一）弃车空镇夺攻势　深入匪巢争做杀

图一摘自戴荣光与朱剑秋1962年11月于合肥弈战局谱。

16.………… 炮8平5

夺势能增效，空镇可擒王！利用红方中防之虚懈，黑方充分发挥马双炮在敌营中的占位优势，弃车强夺空镇之攻势，遂掀起了攻防会战的高潮。这里，不仅需要深度的计审，而且需要非凡的胆力！

17. 车二进七　炮5退2

依托生根催命炮，争势求杀不惜车！黑炮击炮占中、退而生根，连续两步妙手，遂构成严厉的空镇之势。能在角斗酣时舍车求势，主动上手挑战敌防者，致人也，善战也。

18. 车二退三　马4进6

变位、控帅、充架、伏杀暗手！暗伏再度弃车，以炮2平7再打相闷杀；同时也是逼敌防范的紧手，使敌中路危情难以改善。

19. 马九进七　卒3进1

空镇已夺得中路强烈攻势，进马控帅又取得相机选择卧槽、挂角叫将手段的多重攻杀之有利态势，以有意保留变化，进一步积蓄进攻能量，以使敌难有挽狂澜于既倒之机。稳、准、狠，决战谋划的正确方针也。现渡卒制马乱敌，河车不敢造次，因有挂角失车的威胁。

20. 马七退六　马6进4　21. 帅五进一　卒3平4

---

*文题摘自王维《与卢员外象过崔处士兴宗林亭》

空镇者，犹头上悬剑，高天炸雷，千仞山上欲滚之圆石也。在空镇中炮的战略威慑下，敌军处于挣扎苦守状态，而黑方马凶卒狂，2路炮静默待命，对敌宫致命威胁不断，并逐渐加大了暗中攻击力度。

22. 炮七退五　炮2进2　　23. 帅五退一　马4退6

迫压让路车参战，威逼退缩炮扬眉！进炮打将一手，内涵丰富，成为空镇之后的组杀转折之笔。而逼退敌首、马让路护卒，又令中炮更加威武，因为车之参战、卒之到位已使攻势今非昔比。

24. 炮七退二　车2进5

总攻号角正式吹响！如果说空镇逼使敌军全盘处于苦守态势的话，那么，车之挺进则令敌立呈无可挽回的败势了。

25. 马三退一　车2平5　　26. 士四进五　车5进1　　27. 帅五平四　车5平4
28. 车八进一　车4进1　　29. 帅四进一　马6进4　　30. 帅四平五　马4进2
31. 炮七平六　卒4平5　　32. 相三进五　马2退3

肋炮必失，无力续战，红方认负。

（二）硬逼花心造空镇　多种杀法演沙盘

图二选自靳玉砚与刘殿中2006年全国个人赛弈战局谱。

21. ……………　炮2进5

乘隙争先欲镇，制乱威胁要杀！黑方不怕敌军兵五进一与车七进一等多种攻击手段，毅然借一隙通道，炮拥兵线，企图力夺镇势，以达成对敌军的战略威慑目的。

22. 炮七进一　马6进4

去马逼车以踢开拦路虎，以便保持兵线炮路畅通，可以随时对敌宫实施压镇。

23. 车七进一　车3进2　　24. 炮七进四　卒5进1

暂不予平中压镇，先自巧施顿挫，碰兵挑惹，为马开路，以紧凑进攻节奏。此时2路炮之兵线停待，宛如虎视山林，以择机而占之。

25. 兵五进一　炮2平5　　26. 马五进六

万事俱备方出手，依势空镇始攻城！平炮叫将，逼敌做出选择，如相三进五，则成压镇之势，黑方炮7平8做成绝杀；又如相七进五则炮7进8闷杀。红方不甘心就此罢手，跳马应将，遂遭中炮空镇，企图严防死守，以待时日，伺机反攻。

26. ……………　马4进6　　27. 相三进一　炮7平8

黑方进马控帅，伏炮7进8绝杀。现7路炮平至明线后，下伏马炮联杀，红如炮六平二，则炮8进4，相一进三，炮8平3再平5杀。呜呼！主攻施灵动，空镇助妙杀！

（三）巧夺空镇成大业　灵活游弋创敌军

图三系林宏敏与蒋志梁1977年于上海弈战局谱。

10. 马四进三

求势无反顾，交换有良谋！以四步马换掉一步马，在度数上严重亏损，但在战略的天平上，它却价值连城：它踏掉了中卒的保护神，中卒失根，然后窥车逼炮，争得一先，为己方中炮打卒，利用敌双车位置不佳、需要通道互保的弊端，索要空镇之势。一个小小的战术组合，就将获取大大的战略利益，真乃是：慧目重细琐，简洁蕴精深！

  10.………… 后炮平7   11.炮五进四 象5退3

  借势炮威武，因弊象配合！在空镇战术的实施中，有多少局面都是以弃车的重大代价争得来的，或者都是用深细的谋划换来的，像这样只兑掉一马、打掉一卒便轻松获得空镇大势，堪称绝妙。凡事愈简愈妙，在一步两步无奇着法中能攫取大利者，高效也，非深察敌弊、善施手筋而不得也。红方利用黑方双车不甘自隔拆帮失车的难处，逼迫黑方落象保车而失势，全局立处下风。

  12. 车八进八 车9平2 13. 车二进六 炮7进4 14. 相三进五 炮3进2
  15. 马三退五 炮3退1 16. 车二平三 车2平6 17. 兵五进一 炮7平8
  18. 马五进三 车6进5 19. 士四进五 炮8平7 20. 炮五退一 将5进1
  21. 车三进二 将5退1 22. 车三进一 炮3平5 23. 炮五平二

  空镇勿固定，运转需灵活。在用尽了空镇所有利益之后，灵活游弋河界，欲攻敌左，闪击敌右，助车砍炮胜。

  23.………… 象3进5   24. 车三退二 士6进5
  25. 炮二平八 将5平6
  26. 兵九进一 炮7退2 27. 炮八进四 将6进1
  28. 车三进一 将6进1
  29. 炮八退二 士5进4 30. 车三退三

  红方巧妙采取两翼佯攻夹击、撤离欲施串打、拴缚胁根劫掠等战术手段，重创敌军，确立胜势。

  总之，空镇战术是悬于敌巢上方的斩妖宝剑，是橘枰战场第一要势，是震慑敌首、控制敌宫的有力手段，是组杀入局最凶险的火力配置。

  正是：为求控势运匠心，攻城镇法抵万金。红炮威严扣五路，绿树重阴盖四邻！

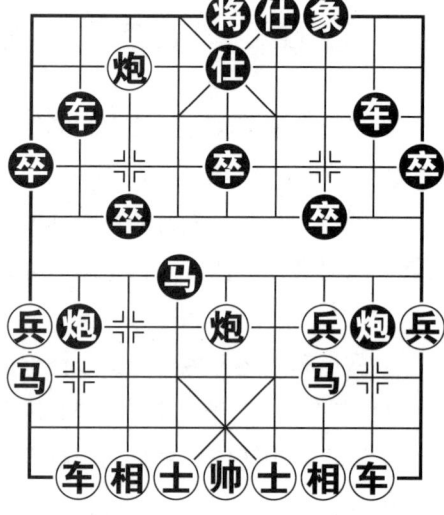

图一

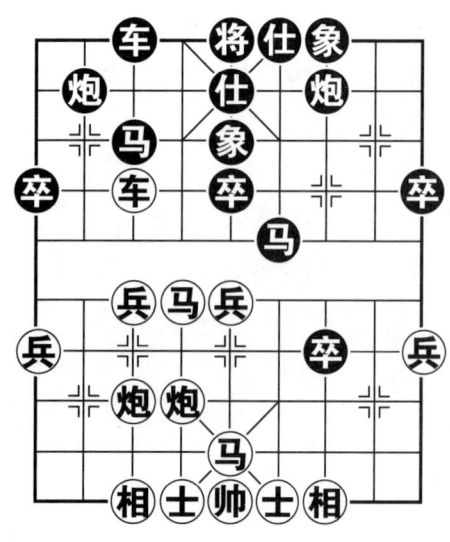

图二

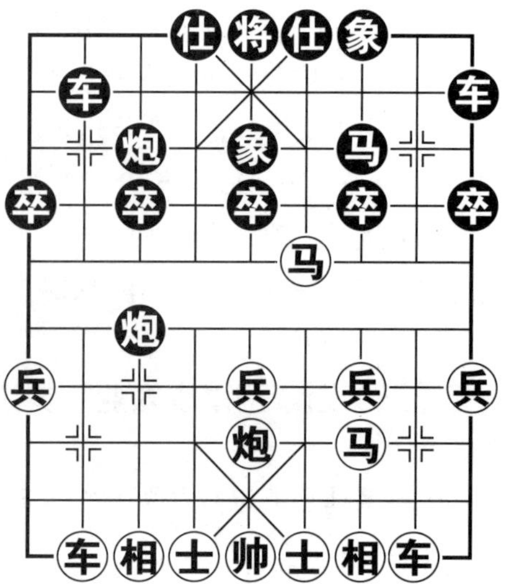

图三

221. 底事昆仑倾砥柱*

——试论摧毁战术

"摧毁",《国语辞典》注释为"犹言毁坏"。

《苏联军事大百科全书》写道:"轰炸航空兵采用了新的作战方法,以强大兵力(可达一个军)对敌重大目标实施集中突击,并以俯冲方法摧毁小目标。"

摧毁战术系指以炮为代表的重型长武器,在其他兵种兵器的有效配合下,采取突破、剪羽、轰炸、俯冲等强烈手段,对敌核心堡垒中的以士象为代表的强固防御工事进行强力攻击,以毁坏其根基,破坏其联络,解除其遮掩护辅功能,结束其存在,从而为己方主攻部队发动总攻创造有利条件的大力损毁破坏举措。

摧毁战术在实施中分为两种类型,一种是攻城的火力覆盖,主攻部队立即攻城,乘势掩杀,尖刀连突入敌宫擒拿敌首;另一种是借敌宫破碎生弊之机,抢夺阵地,歼杀敌军,扩大优势,榨取摧毁带来的所有利益,然后顺利攻城,轻松取胜。

大力摧毁　皇宫外墙尽倒塌

图选自李丛德与柳大华1989年全国个人赛弈战局谱。

1. ………… 炮8进8　2. 相一退三　炮7进5　3. 相五退三　车7进3

远势风雷犹震荡,外墙工事尽崩塌!黑方果断发炮,力摧敌军核心防御外城工事,敌首距离炮卒双车强大火力仅有一道内墙相隔,并存有被抽杀闷杀的严重威胁。此摧毁战术组合,将战略控势攻势紧紧掌控手中,使标识战局优劣的天平向己方不断倾斜。此手,气势雄浑,功效卓著。

4. 车五平二　卒4平5　5. 车二退三　卒5进1
6. 马五退六　车2退2　7. 马六进四　车2平5

卒之逼近,车之撑助,砍士擒帅,杀势已成,逼敌作最后的挣扎。

8. 马四退五　炮8平6

再摧毁敌宫内墙,敌防彻底崩溃。此时红方如士五退四,黑方则车5进3,车二平五,车5平6做成绝杀。赞曰:双炮皆善摧毁,两车联袂成杀。岁月不减成色,攻城技法绝佳!

总之,摧毁战术是破坏敌宫核心设施的强烈手段,是决战前夕传送给敌军的动态战表,是坚决破城擒将的钢铁态度,是用生命撰写的胜利篇章。

---

*文题摘自冯延巳《鹊踏枝》

正是：攻城火器露锋芒，撕空裂云闪白光。底事昆仑倾砥柱，劲射导弹摧宫梁。

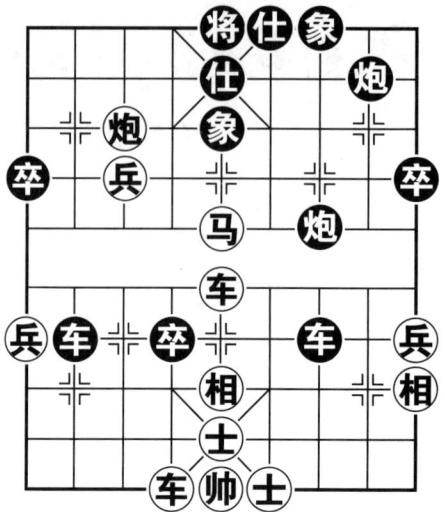

222. 玉树歌残王气终*
——浅论扼亢战术

《汉书》云："不搤（同扼——引者）其亢，拊其背，未能全胜"。

若米尼将军在《战争艺术概论》中精辟指出："善于尽可能地把自己的兵力首先指向决定点。"

扼亢战术系指以车为实施主体的进攻兵员，在两军决战的关键时刻，抓住敌宫弊端，抢占敌宫花心点左右两旁肋道的一处命门式的要害部位，控将扼喉，塞压象田，直接攻杀，或倾力支助友军给敌以毁灭性打击的强占要位的占领技巧。

（一）制乱夺势　联军争速演空镇

图一选自赵鑫鑫与赵国荣2008年广东体育频道电视快棋决赛局谱。

11.………… 炮5平9

卸离、拨边，欲打车争先，并改善宫城紊乱状况。

12. 车六进七

串打何足惧，扼亢意已决！要点之抢占，为制乱敌宫，争得压镇或空镇大势，赢得了时间，创造了条件。其计算、其魄力均属上乘。真个是：明知山有虎，偏向虎山行！

12.………… 炮9退1　　13. 车七退一　炮9平4　　14. 炮五进四

有力后续，叫板宫城，敌如象7进5则造成压镇，但如逃马则实施空镇，不管敌军如何应付，强势在手，胜势强烈。

14.………… 马5进7　　15. 车七平三将5进1　　16. 马三退五　车1平2

17. 车三平六　炮4平1　　18. 马五进六

车之扼亢，既获得了双马的补偿，又制乱敌宫，逼将凸起；马的参战，加快了敌首覆灭的进程，之后，车马双炮夹击双杀而胜。

（二）锁喉塞压　两度要杀逼戎首

图二摘自宋国强与陈汉华于1992年全国团体赛弈战局谱。

45. 车二平六

扼亢塞压断路，联手争速要杀！不怕马9进8伏杀的威胁，毅然抢占决定点，三兵种联合进攻，对敌首发出死亡威胁。

---

*文题摘自张炎《阮郎归》

45.………… 车2平1 46.炮九平八 马9进8 47.帅四进一 车1平2
48.车六退一 车2退5 49.车六进一

再度扼亢狠,缚炮手法刁!在敌欲炮5平9做成绝杀,又以车砍炮消减攻力的关键时刻,再次扼亢,严厉要杀,从而缚炮砍车而胜。此手扼亢,力大无比,攻前守后,其效无双!

49.………… 炮5平6 50.车六平五 将5平6 51.马七进八

此局之扼亢,选点精准,算度深远,做杀严厉,夺车巧妙!

(三)借力扼亢 软肋锋锐杀势烈

图三取自美国谢文川与香港黄泗2003年网络对抗赛弈战局谱。

19.炮八退一 车6进3

扼亢有推手,乘势借东风!此手顺势扼亢,加剧了敌宫窝心马弊端,加大了红方防杀解杀难度,下伏将5平6绝杀。

20.炮八退三 炮4进1

卡位如磐石,风雨不可撼!塞压、增层、护车,反打车,先手扩大,红势已衰。

21.炮八进一 车3平5

砍炮,胜定。因如马七进五则炮5进4闷杀;又如车九平六则车5平6,车二退六,将5平6伏杀。此局扼亢,借敌炮驱打之机,抓住敌宫窝心之弊,依恃车双炮三向围城之势,靠元首闪露给力之助,抢杀夺胜,十分巧妙。

总之,扼亢战术是强车对敌宫命门要地的扼制,是制弊滞弊企图的有效推助,是劲兵重地结合所产生的额外效益,是对敌首近距离的静态威慑。

正是:命门遏抑展神功,剪羽制乱不放松。金梁索紧戎首去,玉树歌残王气终。

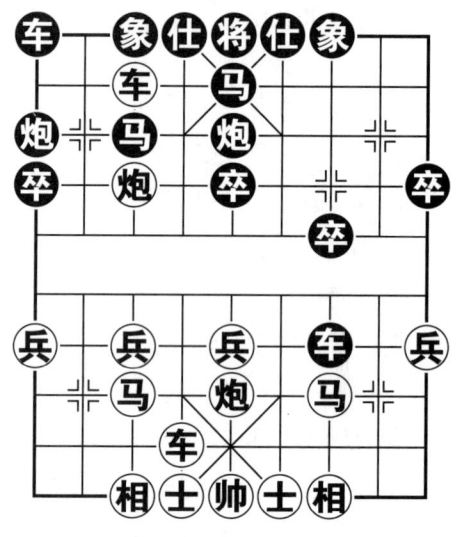

图一

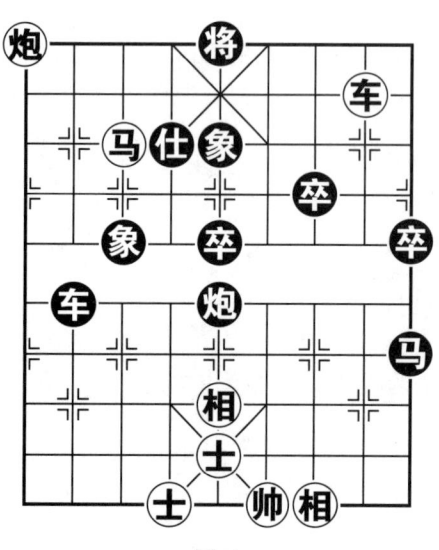

图二

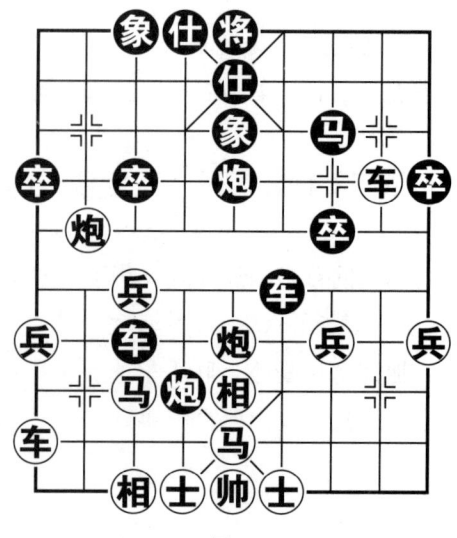

图三

223. 乱兵侵晓上姑苏*
——略论抢攻战术

克劳塞维茨将军在《战争论》中深刻指出："一般说，进攻的唯一优点几乎只在于揭开战争序幕的出其不意。突然性和不断前进是进攻的最有力的两个翅膀，尤其在以打垮敌人为目标的进攻中，它们更是不可缺少的。"

抢攻战术系指在敌我两军重兵对峙或敌军部署就绪即将发难之际，进攻部队不怕丢失辎重，也不贪吃，更不纠缠细琐，而是抢先上手，突出重拳，对敌主力部队、卫戍保安、深宫敌首突然发动战略攻势，使敌军措手不及、慌乱致败的急攻谋略。

抢攻战术与强攻战术并不相同，前者属于进攻对时间方面的急切要求与打叠实施，其主要内涵则表现在抢在敌军进攻之前，先敌发动攻城决战；而后者则属于进攻的力度方面的部署与指标，其主旨在于以强大的火力、强烈的手段，强势发动进攻。简言之，前者是时间的演弈，而后者则是力量的宣泄。

（一）连出重拳　远势攻城志犹坚

图一选自赵国荣与卜凤波1984年于承德弈战局谱。

20. 炮六平八

盯瞄要害平炮后，弱旅抢攻在敌前！红方现少一大子，更显抢攻的极端重要性。此种局面下，既不能让敌军抢得进攻主导权，又不能被敌军纠缠拖扯而久战。现平炮窥马伏杀，发力方向精准，后炮远势雄伟，尔后步步要杀，逼使黑方处于子力多而大势衰的防守地位。此手之"抢"，一是抢在敌军正式"宣战"之前，先敌下手，下死手；二是抢在敌背暗车出头发力之前，趁敌群龙无首之机开战；三是抢在敌防尚未形成体系之前，乘其虚懈以攻之。

20. ………… 炮1进3　21. 相五退七　炮1平2　22. 前炮平七

抢攻师旅藏后续，放弃迫压但求杀！黑方企图送还一子以缓解车双炮的攻势，而红方不屑于一炮之得，追求的是抢攻将府、争速夺旗的最高境界。双方明争暗斗已达到白热化程度。这里双炮的激情表演说明，快速反应部队在抢攻战中扮演着多么重要的角色！

22. ………… 马6退8　23. 炮七进一　将6进1　24. 炮八平四

马踏车，不予理睬，双炮连续攻将，把"抢"字演弈得淋漓尽致，把敌军企图兑车、化解攻势的手段全都变成了烘云托月式的陪衬。有此平炮打将一手，黑方失车致负。此等抢

---

*文题摘自皮日休《馆娃宫怀古五绝》

攻，积极、主动、紧凑、短促、高效！叹黑车云：原地遭俘虏，领军多悲苦。抢攻无隙缝，难以先手出。

（二）制乱敌宫　游击战法显神通

图二摘自甘小晋与王鑫海1995年于峨嵋弈战局谱。

1.………… 　炮4进4

狂也制弊者，英哉抢攻人！此手塞相、禁士、打车、制乱敌宫，抢攻争先，绝非窜逃也。在敌车河口挑双、欲夺回失子的紧急情势下，黑方积极抢攻、连续攻车攻城，使敌难以招架。此抢攻妙手，积极主动，找茬闹事，将敌前军后营尽皆打乱，什么攻防体系、计划、节奏，都不复存在，敌阵已露出挨打遭攻的架势来。

2. 炮二进一　炮6平5　　3. 车四平五　马7进6

由于双士遭禁，从而逼迫河车防守，挑双时的气势已烟消云散，并将变成黑马捉拿过渡的玩偶。黑方双炮之抢攻，已筑就纵横立体之攻势，而且把敌首及双车尽皆"网罗"进来，敌势迅速消削，再难有宏图大展之日。

4. 车五进一　马6退4

窥双伏杀，真悍将也。此手已表明：敌首气数将尽，抢攻胜期已经不远了。

5. 炮二平三　车8平7　　6. 车一进二　马4进5　　7. 帅五进一　马5退6

敌首及其主力双车炮尽在窥踏瞄射之中，红方溃不成军，难以续战。

（三）舍弃辎重　前军后营攻杀急

图三录自于幼华与李家华1989年全国个人赛实战中局。

1.………… 　车3进3

主力施硬手，抢攻谁顾家？！不顾左马危殆，不惧敌右翼人多势众，毅然抢先攻城。下底砍相要杀，抢先发动攻势，有胆识，有气派！

2. 帅五平四　车3平2　　3. 马五进三炮4进7

抢攻以势为先，目标始终如一。瞬间的调整与辎重的丢失，都不能动摇攻城的大方向，都不能转移攻城部队的战略目标。小小的兵力损失在战略家眼里，远远构不成同战略决战相比相择的资格。

4. 帅四进一　炮4退1　　5. 士五退六　炮5平2

6. 炮九平八　马4进3　　7. 车三平八　炮4平1

8. 炮四进三　车2退1　　9. 后马退五　炮2退1

实战中的攻防，总是交错进行的，正如美妙的音乐有强有弱有起有止一样。此手监视敌炮，巧妙挫败了一起偷袭的阴谋，并以此将恶炮诱至背暗、车炮遭致牵缚、各兵种疲软减效；而黑方从此挥师锐进，并轻松获胜。

总之，抢攻战术是将进攻主导权先敌掌控的筹划，是时机"未到将到"就发动的攻势，是提前唱响的攻城战歌，是大腕移星换斗的枰场魔力。

正是：抢先攻城一彪出，破败宫阙任驰突。悍勇借势夺营寨，乱兵侵晓上姑苏。

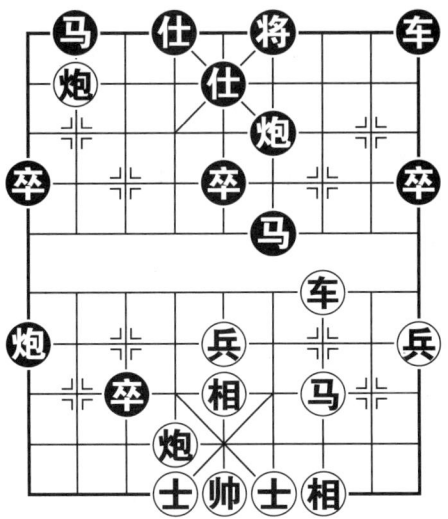

图一

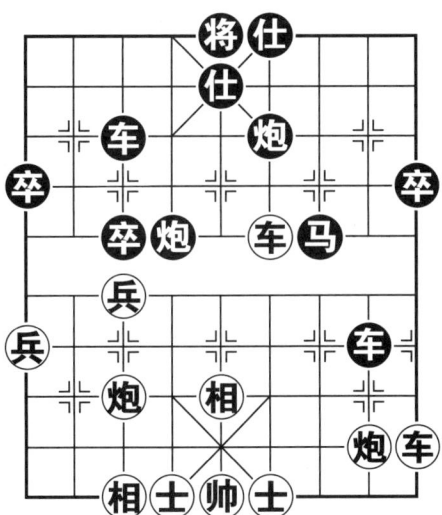

图二

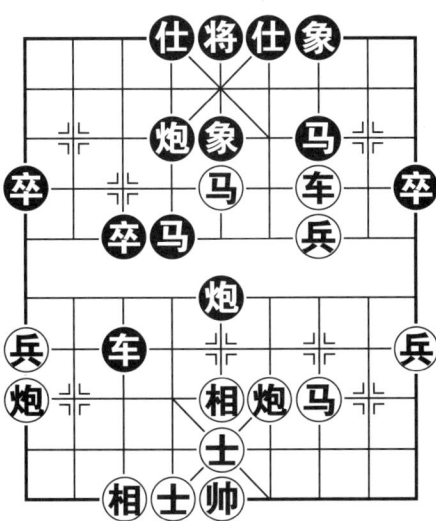

图三

224. 白日秦兵天下来*
——试论强击战术

《孙子兵法·九地篇》精辟指出："兵之情主速，乘人之不及，由不虞之道，攻其所不戒也。"

强击战术系指以车为代表的强大战力，对扼己咽喉、占我要冲之敌，对拦阻进路之路障及河防要塞等敌军目标，不惧其有险可依、有根可恃，趁敌不意不戒，毅然硬性攻击，摧毁其联连环节，突破其防线，使敌遭致意外打击的破敌谋略。

强击战术与强攻战术并不相同，强击的目标为某一兵营、阵地、守军；而强攻战术实施的目标则是敌之宫城与敌首；强击带有局部性战术性，而强攻则带有全局性战略性。

（一）强击支撑点　敌军河防化为灰

图一选自杨官璘与林宏敏1976年中南协作区邀请赛弈战局谱。

20. 车八进五

飞车摧堡垒，河防化为灰！此强击战术妙手，力逾千钧，将敌之河道防线夷为平地，将敌军利攻利防的轻骑队消灭在固防与巧进的交错盘算之中，使敌双车遭受到带有攘除性质的边缘化待遇，从而使中原战区立刻变为红方车马炮的天下。

20. ……　　车2进4　21. 车四进四　马1进3　22. 车四平六　车7平6
23. 车六进一　马3退2　24. 马四进三　车6退4　25. 马三退二　卒1进1
26. 马九退七

前军做成三向强烈攻势之后，第二梯队抓住有利战机，应召折返曲线进发，开赴前线增援，一举强势破敌。

26. ……　　卒1进1　27. 马七进六　车2进1　28. 士六进五　车2平8
29. 马六进七　卒1平2　30. 帅五平六

三军已成势，露帅巧做杀。下伏车六进三再马七进六挂角杀。

---
*文题摘自李涉《竹枝》

（二）摧毁士角炮　坚固城防已成昨

图二摘自王嘉良与蒋全胜1982年全国赛弈战局谱。

30. 车二平四

不愿平庸去，生性喜拼搏！此强击战术妙手，不仅使平移邀兑之车十分尴尬，而且更重要的是立摧敌军宫顶防线，使扼守一方的2路马惨遭灭顶之灾，敌宫空虚右翼将浅露于强大火力攻击之下。此手出敌意外，此手立刻结束两军僵持状态，提前进入到攻城擒将阶段。此强击妙手，战术上是出色的，战略上是决定性的。

30. …………	士5进6	31. 马三进四	车8平9	32. 车八进二	车9进2
33. 马五退三	车9平7	34. 车八进二	将4进1	35. 车二退五	卒4进1
36. 兵四平五	将4平5	37. 兵五进一	车4平3

红方连续采取顿挫、抢先、变位、捉拿、欺逼等战术手段，使马相联、兵到位、炮待机，正是英雄杀敌破城时！八路车顺势连砍双士，为四兵种入宫擒将铺平了道路——

| 38. 车八进四 | 将5退1 | 39. 车八进一 | 将5进1 | 40. 车八平四 | 马9进8 |
| 41. 马四进二 | 车7进1 | 42. 车四退二 |

红方已将敌宫"掏空"，车马炮兵跃跃欲试。此时黑方如车3平5，红方则马二退四踏双车，但如车7退3则马二进三窥车伏抽做杀，均胜定。

（三）拔除火力点　减效瓦解高低炮

图三录自言穆江与黄伯龙1976年全国象棋预赛弈战局谱。

29. 车五进一

智者谋划深远，勇士为国捐躯！此强击虽带有形逼势迫的因素，但仍不失其英雄气概。在牵涉决定两军胜负的关键时刻，领军大将置个人生死于度外，心志过得硬，行动冲得上，以生命的代价摧毁恶炮，瓦解敌之攻势，为友军争得先手，真可歌可泣也！

| 29. ………… | 卒5进1 | 30. 炮八进七 | 车8退2 |
| 31. 后炮进一 | 车6进2 | 32. 前炮进一 |

由强击敌炮而造成敌右翼空防，并争得反攻大好时机，红方车双炮在敌右翼空门极尽杀力，再不给双车抢士争杀的机会。

| 32. ………… | 车8进5 | 33. 帅五平六 | 象5进3 | 34. 车七进三 | 车6退6 |
| 35. 车七进四 | 士5退4 | 36. 车六退二 |

抽将占位，遮掩后炮，前炮拨边做杀胜。

总之，强击战术是强车的攻击表演术，是撕裂敌军防线的立葦行动，是领军人物震撼敌营的义举，是使局势陡然发生的战略转折。

正是：方尺橘枰展英才，战车强击定兴衰。黑云野炮城头过，白日秦兵天下来！

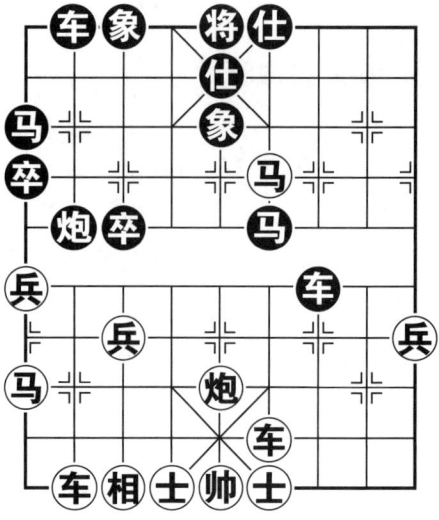

图一

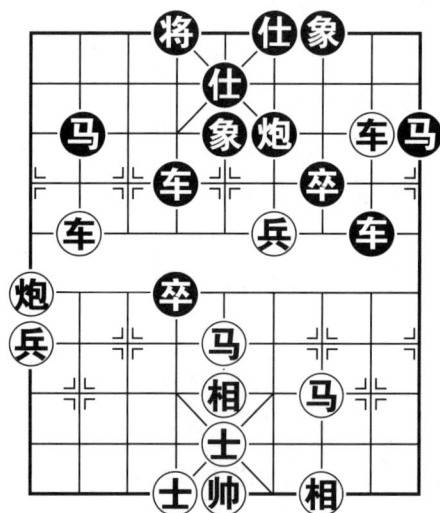

图二

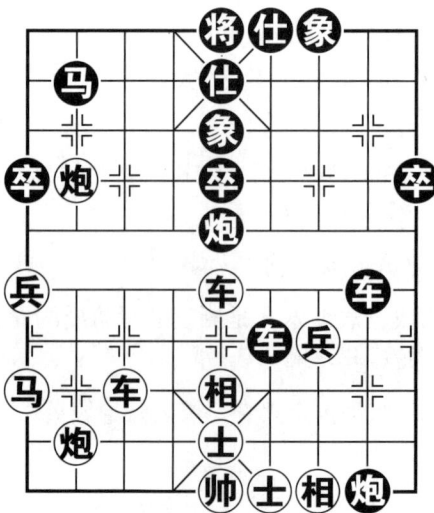

图三

225. 踏天磨刀割紫云*

——简论突破战术

聂凤智将军在《关于城镇攻坚战的几点体会》中明确指出："突破的意义在于首先把敌人整个防御体系打开一个缺口，打破敌人整个防御的锁链。"

突破战术系指在中残局角斗中，进攻方以优势兵力，对敌方宫顶线防御系统中的宫城正前方堡垒工事，采取突击、摧毁、剪羽、塞除、冲锋等强有力手段，突然、猛烈、有效地割裂敌防，打开缺口，歼杀守军，为主攻部队入宫擒拿敌首创造先决条件的攻城技巧。

（一）连续突破　灵动河界演双杀

图一选自童本平与卜凤波1994年全国个人赛实战局谱。

41.………… 卒5进1

突破刀锋锐，势成不惜车！凭借中炮罩镇之威势，依仗中原三向有效火力，中卒独挑突破大梁，夺相欲与扼亢车联手擒杀敌帅，逼迫敌军火急救援。此手气势非凡、算路精准；此手出敌意外，爆发突然；此手将卡肋、塞压、扼亢之车不惜一切、静默助攻的领军气度展露无遗。

42.炮二平六　卒5进1

冲锋撕屏障，逼走大位人。连续性突破，叫板花心，威猛无限，士帅均不敢招惹。此时，这里，对兵卒素有微词者定当有所感悟：天生一材，定有其优，必有其用。弱者，悍勇无比，敢挑大梁。它不希望怜悯，但更反对歧视！

43.帅五平四　炮4平6　　44.车二平四　马6进8

闪将、争先、护卒、移换、择点，既有炮5平6重炮杀，又有马8进6杀，还伏马8进7杀，多杀之妙手，使红车愕然无解。塞压象田之车，为后来者的机智悍勇而欣慰，它含笑九泉。花心卒连续突破之壮举，笑傲江湖，为"弱者"赢得荣光！

（二）乘势突破　张弛有度韵味长

图二系陈淑兰与高华1996年全国象棋女子甲组赛中局枰面。

16. 马七进五

踏象突破狠，断联争杀急！借六路炮塞压、中炮罩镇之力，踏象突破求杀，凶狠严厉，

---

*文题摘自李贺《杨生青花紫石砚歌》

使端端城池在战火中渐趋破败，失去其往日的森严。此手抢攻及时，此手突然不虞，此手算度深远！

  16.………… 车7平5 17.马五进三 将5平4
  18.炮六退六 将4进1 19.车二进一

红方采取攻将、掠吃、停待、窥瞄等战术手段，既使敌首不安于位，处于遭攻危险状态，又消削敌防，使其丧失防御功能。以上组合，攻杀势头凶猛，节奏感明快，各种战术手段交错紧密，杀势已成。

  19.………… 炮3进7 20.士六进五 车5退1
  21.兵七进一

冲渡定胜负，肋道起风云。下伏车二平六再兵七平六杀。此种杀法，彼伏此起，具有立体感，四大兵种珠联璧合，攻防进退皆按节律进行，使人享受到弈战紧张与松缓相互交替的智谋艺术。

（三）制弊突破 侵宫斩首汤卷雪

图三取自傅光明与曹霖1978年全国团体赛弈战局谱。

  23.………… 卒5进1

借势拔中相，突破窝心城。抓住敌马窝心、敌城板结之弊端，借助翼侧攻力之强大，挥师入宫，突破中防，金城汤池顷刻瓦解。此手突破巧妙，它将制弊、抢先、侧攻、剪羽、威慑集于一身，威力巨大。

  24.马五进七

敌方如应以相七进五，黑方则车4进4，马五退三（炮二退一，车2平4），车2平4，士六进五，炮2进7，士五进六，后车平3做杀。

  24.………… 卒5平4 25.马七退九 车2平5

将守军攘除于决战区之外，再回师宫城，发动最后的攻击，一举擒敌。

  26.士四进五 卒4进1 27.炮二退二 车5进2

再次深度突破，力摧最后屏障。敌如士六进五，黑方则炮2进7，士五退六，车4平5照杀。

总之，突破战术是攻城部队摧毁敌军城防的手段，是展开战略决战的攻防交锋，是夺取胜利的关键环节，是"半决赛"向"决赛"的立荏过渡。

正是：楚河翻卷赞铁军，巢穴深处立功勋。砍相侵宫擒敌首，踏天磨刀割紫云！

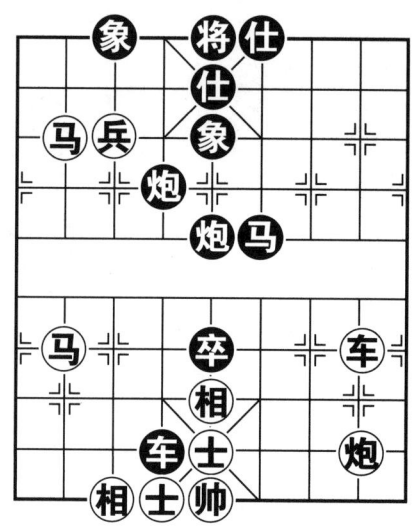

图一

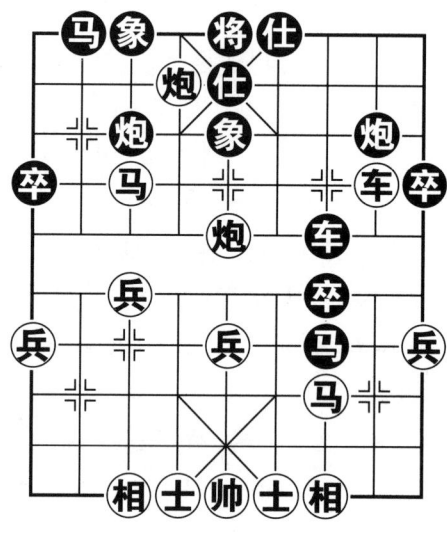

图二

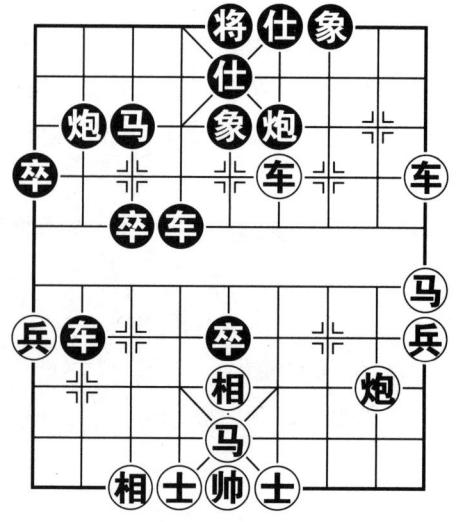

图三

226. 鸣鞘声里绣旗红*

——简论攻坚战术

克劳塞维茨将军在《战争论》中明确指出："向着敌之战斗力集中最多的那样地点进行打击，在其成功时将发挥显著影响""对敌人兵力重心的打击，这又要求把战斗力集中到某种程度。"

攻坚战术系指进攻部队本着打击敌人兵力重心的指导思想，暗中实施埋伏、占位、输送、远势等战略部署，把有重兵护卫、阵形严整的坚固宫城或翼侧选定为突破口，以绝对优势兵力和快速后续部队，进行连续性的重点突击，摧毁其防御体系，歼灭其主力，生擒敌首的强势进攻坚固城堡的决战方略。

（一）选准方向　连续攻击夺胜局

图一选自盛仲亭与刘征1995年于丹东全国大奖赛弈战局谱。

12. ………… 车8平4

明知兵多堡垒厚，越是坚固越进攻！敌左翼拥有马炮双车的强大兵力，而且中炮也可以随时参防策应；在行动方面，红方将立即砍象摧士、双车闹宫，以争先夺势。在此种情势下，黑方正确选定进攻方向，破坏敌侵扰计划，不给敌抢先下手的机会，先敌发动了大型攻坚战役。

13. 炮六进五　车1平4　　14. 士四进五　马1进3

黑方采取了边攻边增兵、边攻边加大攻杀力度的策略，提高兵员档次的策略，在兑炮、弱敌防力同时，将埋伏在边塞的车马先后调集到主战场，立刻伏杀。同时黑方中炮暗中威慑，攻坚力度大大增强。

15. 炮五平六　前车进3　　16. 士五进六　车4进5

攻坚出狠手，擒贼断爪牙！黑方不惜一切代价，攻坚克险，力摧敌防，表现了攻坚大军在攻坚阶段的献身精神！正是：热血铺就入杀路，帷幄谋定决胜局！

17. 士六进五　车4平7　　18. 马九进八　车7进2　　19. 士五退四　马3退5

20. 相七进五　马5进7　　21. 帅五平六　车7平6

以下，帅六进一，车6退2，马八进六，马7进6，帅六平五，车6平5，帅五平四，马6退8，马六进五，象3进5，车八退七，车5平7做杀抽车，黑方胜。

---

*文题摘自张孝祥《浣溪沙》

（二）逐杀守军　无防城下兵奏凯

图二摘自林宏敏与许银川1995年全国团体赛弈战局谱。

23. ………… 　马4进6

攻坚需杀手，催马进敌营。在红方阵形严整、防务强固的情况下，黑方谋划了一整套攻坚计划。现进马逼兑，消削敌防，使车马卒双炮的攻坚火力愈显强大，给左翼守军造成了巨大军事压力。

24. 车六退三　马6进4　　25. 炮七平八　炮2平3
26. 炮八进三　炮4平1　　27. 炮八平五　车2进7

车到攻势烈，侧翼杀力增！黑方将攻坚火力高度集中，形成了兵力重心，即将对敌左翼发动总攻。

28. 炮五退一　炮3平1　　29. 兵三进一　前炮进2　　30. 炮四进七　象5退3

至此，红左翼车马被斩、炮亦被逼离守，现已无强子防守，将任由车马卒双炮多手段连续进行摧毁性打击，而敌右翼子力攻不能尽其锐，守又难以施其技，败局已定。

（三）谋划调敌　撕开防线做绝杀

图三取自于幼华与孙志伟1985年全国个人赛弈战局谱。

25. ………… 　炮6平7　　26. 相三进一　马8进7

停要点待机上手，借敌架火力支援！在强子等同、敌重兵护肋的情况下，角炮移动窥底叫闷，借相架为马扑槽提供了强大火力支援，敌车护肋立即失效，攻坚战役随即打响。

27. 帅五平六　炮7平4　　28. 车四平六　车4平2

厚也！非凡的肋道；伟哉！罕见之窥瞄。它将敌军所有重要人物全部调集一线、牵制于一线，使敌受困减效，而底车乘机抢占明线，为擒拿敌首做好准备。这两个回合，充分展现黑方攻坚作战以调敌而不是以歼敌为主的另一种精明细巧的行棋风格。

29. 兵五进一　车5平6　　30. 兵五进一　车6进1
31. 炮六平三　象7进5　　32. 后车平七　车2进7

黑方不与敌纠缠，以抢点占线做杀为念，现进车叮炮，下伏车6平4连将杀。红方如先自炮三平六，则车6进4杀。

总之，攻坚战术是强硬铁腕的攻城决断，是对攻击目标的出其不意的选择，是攻防战中的强强对话，是优势兵力与精妙攻法的经典结合。

正是：坚城固防半虚空，轰炸爆破施硬功。剿匪战中英侠烈，鸣鞘声里绣旗红！

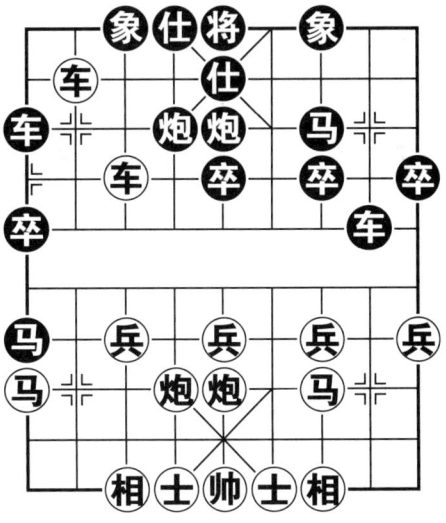

图一

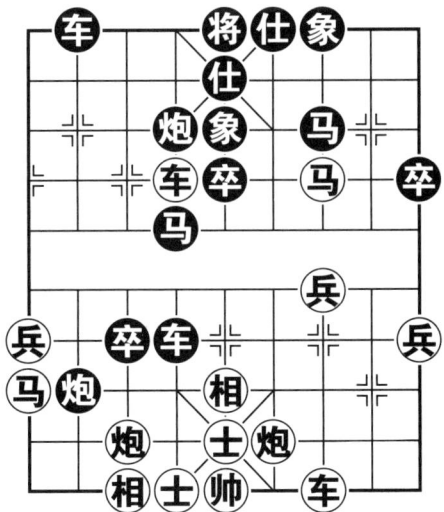

图二

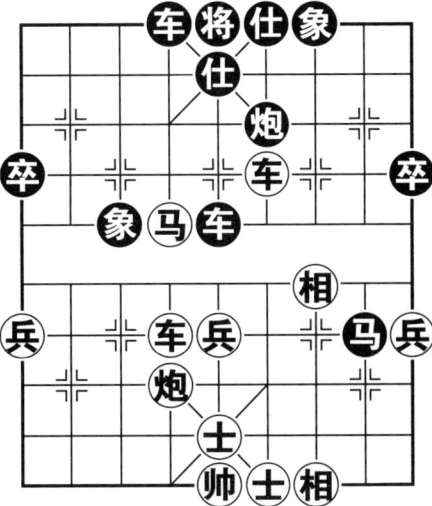

图三

227. 白马嚼啮黄金勒*
——浅论衔咬战术

（英）维格尔在《苏联闪击战》中指出："一次成功的突然袭击所带来的好处，要大于为得到这些好处而不得不付出的巨大努力。"

衔咬战术系指在敌军侵占我方疆土并准备行凶作祟的紧急时刻，以马为实施主体的兵员，及时采取折返、冲击、暗窥、踩踏等有力手段，对该敌进行叮咬威胁，逼迫其防范、撤离、躲避，从而使其丧失良好的阵地与有利的战机，使敌军攻防计划难以落实，同时为己方进攻赢得宝贵时间的攻击技巧。

（一）弃车衔咬　英雄豪气贯斗牛

图一摘自刘殿中与李望祥1990年于邯郸弈战局谱。

1. 马六进五

衔咬第一要务，攻城无二选择！在八路车无根遭攻的情势下，竟不车八进九先自撞车，而是进马同时衔咬敌方车马，并借机攻城，将衔咬带来的利益扩大化，使藏伏着的攻势蕴含了不尽的生机。此手还具有闪离、为四路车让路的功能，以加大攻杀的力度。

正是：常出不意手，专杀狂妄敌！

1.……………　车2进9　　2. 车四平六　士5进4　　3. 车六进四　将4平5　　4. 马五退三

先斩一士，使城防虚弱，再踏一车，使河防脆弱，同时借踏车之机变换身位，为伺机挂角打叠。

4.……………　炮7平3　　5. 相七进五　前炮平1　　6. 车六进一

超低空空镇，强车扼亢禁将，下伏挂角绝杀。

（二）及时衔咬　底线肋道风雷激

图二录自徐天红与于幼华1993年于青岛全国个人赛实战局谱。

20.……………　车1平2　　21. 马五进七

开出遭衔咬，制敌藏暗着！此手衔咬，十分巧妙。它迟滞了敌主力参战的速度，它破坏了敌军捉炮争先的计划，它凭空造设了敌右翼的不良态势，它抑郁了敌车开出作战的好心情！敌车如贸然去炮，红方将车七平六，并联双车，立马摧城。此手衔咬，时机恰切，突然，出敌意外，并趁机扑上，攻城施压。

---

*文题摘自杜甫《哀江头》

21.………… 车2平3　　22. 马七进九　车3平2　　23. 车七进五　车8退1
24. 车七退二　车2进1　　25. 兵九进一

进兵充根，暗伏马九退八打死车，诱逼敌车吃马，为炮索要通道，以达成炮双车强力攻城之企图。

25.………… 车2平1　　26. 炮八进五

攻势已成，在双方各拼掉一车之后，又妙夺一车，红方获胜。

总之，衔咬战术是马之战力的展示，是对敌军出动、占势的立茬反应，是令敌不得片刻安宁的举措，是争先夺势制胜的方略。

正是：战事纠结挺侠客，杀敌神勇垂史册。铁蹄蹬踏番兵营，白马嚼啮黄金勒。

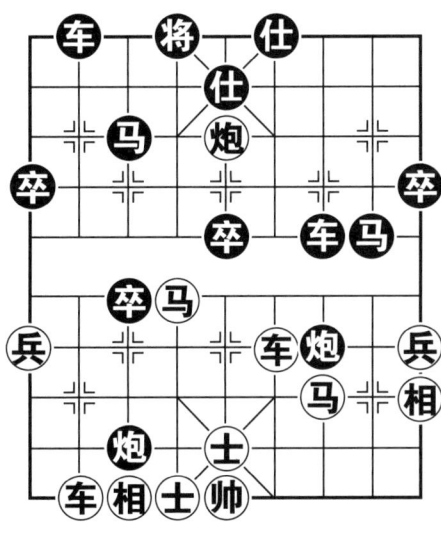

图一

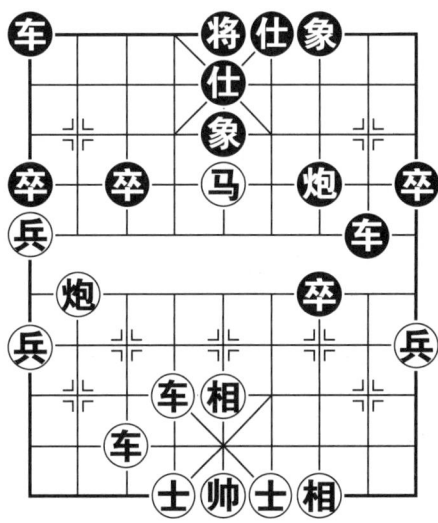

图二

228. 时挑野菜和根煮*
——浅论挑打战术

克劳塞维茨将军在《战争论》中深刻指出:"军队之勇气与智力,在任何时代也能有力地增强物质力量,今后就更加如此。""根据大的原则巧妙地利用地形,在这方面往往一方的统帅有可能从对方处得到极大的利益。"

挑打战术系指在两军混战中,在友军采取钓猎、除障、诱逼等手段的巧妙配合下,以车炮为实施主体的兵员,抓住敌军处位的弱点,及时出击穿插,同时打击、捉拿分处两地一线的两个敌兵,以必得其一,从而使敌军在军事上与心理上遭致重大打击的攻击技巧。

(一)两度挑打　威慑残掠敌无奈

图一选自李来群与徐健秒1996年于宁波全国个人赛实战局谱。

37. 车二退二

两处挑打地,选择正逢时!车悠然身退,离开险地,暗窥炮象、马士两处挑打"胡同",逼迫敌军应付,以尽量减少损失。此手说明,双方混战之中,敌军会"自觉"地提供这方面的挑打胡同,但关键的是,实施方必须存有挑打意识,及时"配合"达成挑打。

37. ……………　炮5平6　　38. 车二平三　炮7平9　　39. 车三退一

初尝挑打果,再试斩妖刀。砍掉一象,并暗中为友军筹划再次进行挑打的机会,以在军营中与友军同甘共苦。

39. ……………　马6进4　　40. 车三退二　车2进5

41. 炮七进二　马4进6　　42. 炮六进一

兵线双炮勇,挑打车马惊!决定争战结局的关键一役,由双炮演弈挑打,在友军配合下出色完成。以下车2退3,炮七平四,炮6进5,车三平四,士6退5(如车2平3,红方则车四进四再次挑双),炮六平七,马3退2,车四进三胜。

(二)纵向挑打　妙设拐点伤无辜

图二录自邓颂宏与宗永生1990年于杭州弈战局谱。

1. …………　前炮平7

敢同强敌斗,岂能让寸分!此手挑打,强悍神勇,气吞万里!它以挑打对挑捉,针锋相对,有力地破坏了敌车夺象伏抽的计划。正是:隙缝演挑打,弱线争雌雄!

---

*文题摘自杜荀鹤《山中寡妇/时世行》

2. 车三退一　炮7进2

借挑打之强势与车卒之助力，夺回一马，并伏倒打恶车、拐打七路马手段，逼车变线改道，使其发动攻势、抢夺辎重的企图彻底破产。此组合气势恢弘，内涵丰富，功效显著。

3. 前车平四　车8退6

增层、捉拿、抢先！红方抢士未遂，角隅炮被逐它方，七路马危在旦夕，红势渐颓。后手方争得如此局面者，挑打之威力也。以下红方炮一退五，炮7平3占尽了便宜。

总之，挑打战术是抢占打击两处敌军的举措，是对敌失联失根的惩罚，是造设有利地形的企图，是分敌弱敌杀敌的谋划。

正是：威武剽悍斗志昂，穿插追剿镇一方。时挑野菜和根煮，力捉双马致敌殇！

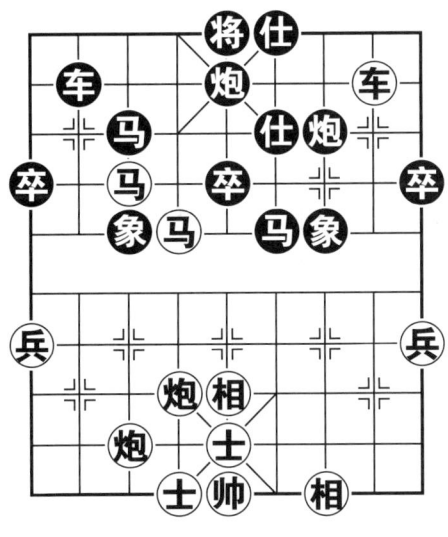

图一

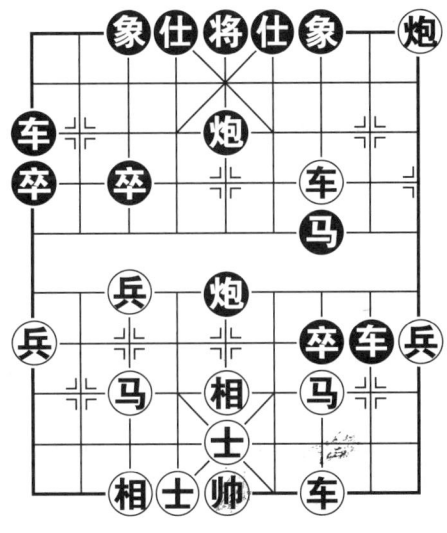

图二

229. 已断燕鸿初起势*
——简论强攻战术

克劳塞维茨将军在《战争论》中明确指出:"进攻应该像一支用强大的力量射出去的箭,不应该像一个逐渐膨胀而最后破裂的肥皂泡。"

强攻战术系指进攻方经充分准备、周密安排,以多梯队的优势兵力,最大限度发挥各兵种攻击特长,对敌宫城采取突破、剪羽、穿插、摧毁等多种强烈手段,斩杀守军、破坏敌城核心防御工事、制造弊端、擒拿敌首的强势攻打敌军城池的举措。

强攻战术与强击战术并不相同。其异同点在于攻击的目标不同:前者攻打的是敌城敌首等战略目标,而后者袭击的往往是敌军、敌阵地或敌方设施等战术目标。

(一)开路打叠　强攻巨浪打孤城

图一选自胡荣华与徐天利1972年于上海弈战局谱。

34. 兵五进一　前马退9

强攻引燃点,舍身开路人。中兵渡河,不仅立即切断前马进路,使其袭扰、牵制企图破灭,而且威胁其驻扎安全,逼其后退,更重要的是碰卒开路,为发动强攻做好准备。

35. 兵五进一　马7进5　36. 车六进二　马5进6　37. 马四进六

红方子力集中、强势、已具备发动强攻的物质基础,而黑方子力相对分散、宫城防御又露出松懈弊端,为红马所乘。现四路马当着车面,强行挂角扰将,为强攻打开了缺口。此种强攻,进攻矛头直指敌首,从而使强攻的的档次越过了宫墙与卫戍两大门槛,进入了直接同敌首短兵"对话"的阶段。此种强攻极具强悍态势,参防的3路车扼守要道,却因惧怕马八进七擒拿而不敢前往"出事"地点进行拦阻干预,竟逼得主将亲自出面"斡旋",强攻之下的软弱心性已显露无余。反过来,敌车之软弱更加助长了进攻兵团强攻之势。

37. …………　将5进1　38. 马六退八　车3平2

红方三军将敌首与敌军主力绑在一起进行强攻,取得显著效果。抓住敌车不敢离开上二路的软弱心理,专程欺逼,迫其置身险地。如果此时车3进1,红则车六进二,将5退1,马八进六,士4进5,车六进一,将5平4,炮九平六杀。

39. 炮九进二　车2进1　40. 后马进九

---

*文题摘自李商隐《赠刘司户蕡》

借架强攻,使敌车不堪忍受如此反复蹂躏。此时黑方如车2平1,则马八进七,车1退1,车六进二,将5退1,车六平四,车1平3,车四平七,逼死车,强攻取得了决定性的重大胜利。

(二)弃车破城　布设网罗擒敌首

图二摘自杨官璘与梁新20世纪50年代弈战局谱。

14. 后车进三

强攻施突破,砍杀守城人。弃车砍炮引士,为车马剪羽破城创造条件。由此拉开了强攻的战幕。红方弃车攻城,尽现强攻色彩,强势强力强行攻城,强攻之本质内涵也。

14. ……　　士5进6　　15. 车四进一　将5进1
16. 车四退二　将5平4　　17. 车四进一

挥帚横扫尽,瞬间变寡人!以打将、要杀、闪抽相威胁,力斩双士,逼将流浪它方,为擒拿敌首预作准备。

17. ……　　将4退1　　18. 炮八平六　炮1平7　　19. 车四进一　将4进1
20. 炮二进二　马9退8　　21. 炮二平六　炮7平4　　22. 前炮平五

平炮逼敌炮离线应将,六路炮顺势进占其位,下伏将位车、肋道双炮绝杀。正是:锦衣卫士今何在?全毁强攻战火中。

(三)三向攻城　力拔皇城气盖世

图三取自张德魁与王嘉良1954年于北京弈战局谱。

26. ……　　马7进5

强攻心已决,策马摧宫墙。踏相严厉,虽自身易遭围堵,但其所创造的侧攻条件无与伦比,并由此使攻城部队掀起了多波次的强攻浪潮。

27. 车四退四　车9平7　　28. 车九平二　车7平8　　29. 车二平六　炮8平7
30. 士五退六　炮4平5　　31. 帅五进一　车8进1　　32. 帅五退一　车2进4

连续侧攻对敌首发出了致命威胁信号,逼迫敌宫核心守臣做出妥协,这样又使敌中路薄弱遭攻,黑方趁势将攻城战火"蔓延"至左中右三向,敌首安泰深宫的皇室生活即将终结。

33. 车六平五　车2进3　　34. 车四平五　车2平3
35. 后车平三　车8退2　　36. 兵一进一　炮7退1

退炮、换根、让路,暗伏车8平5打将抽车手段,实战中红方士六进五,炮5进4,帅五平六,炮5平7打车做杀,黑方妙胜。此局强攻,拼杀激烈,手段巧妙,节奏紧凑,为强攻佳构。

总之,强攻战术是强势攻城的举措,是优势兵力对敌首的猛烈火力宣泄,是诸多摧城手段的联合演绎,是四大兵种功成业就即将谢幕的时刻。

正是:宫阙内外卷飓风,利矛坚盾决输赢。已断燕鸿初起势,再发劲旅终破城。

图一

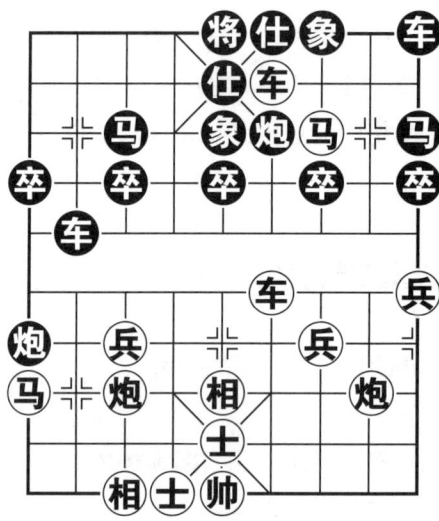

图二

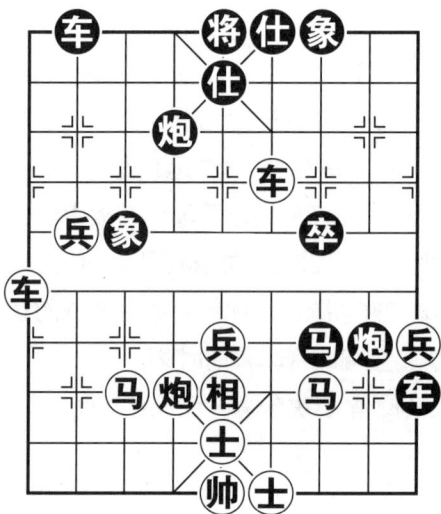

图三

230. 月中霜里斗婵娟*

——简论背攻战术

《增补曾胡治兵语录》云："愈持久愈神妙，愈老到愈坚定，待敌变计，乃起而乘之，此可为奇兵而拊其背，必胜之道也。"

背攻战术系指在敌核心防御采用"背士将"阵势的情况下，进攻方暗中调动炮兵部队，在敌方底士象一侧集结火力，各路友军密切配合，采取控制、塞压、威慑、驱逐、闷杀等严厉手段，对敌方厚固底线发动强烈攻势，或擒拿敌首，或借机掠夺并占得优势的借弊攻坚毁城夺优方略。

《橘中秘·全旨》云，"背士将忌炮来攻"。背攻战术正是运用这一战略思想，反转来进行有针对性地攻击敌城的。

（一）序战激烈　一朝攻城浪推沙

图一选自李来群与胡荣华1985年于常州后肖杯弈战局谱。

19. 炮六平二

背攻运筹细，调配打叠深。红方开始调动部队，安置火器，为背攻打叠造势，并暗中以种种闪击手段威胁敌城敌首，逼迫敌采取防范措施。此手，利用战事间歇时间调兵遣将，极具绎之妙；此手，攻防两利，及时调整城防，为马配置双根，为边炮出击创造条件；此手，为背攻蓄势，为攻城战斗准备了雄厚的足够的物质用品。

19. ………… 将5平4　20. 相三进五　车3平4　21. 炮一进四

火器运送、防务安排俱已到位，背攻条件业已成熟，遂展开背攻。

21. …………	炮6平9	22. 车二退一	马3进4	23. 炮一退二	车6进3
24. 车二平三	车6平8	25. 马二退四	马4进6	26. 车三退一	车8进1
27. 相五退三	炮9平3	28. 炮一平二	车8平9	29. 前炮平四	炮3进5
30. 炮二进七					

红方通过攻防结合、打捉交错、闪击减层开路、安顿后防、减负增效等战术手段，使背攻终于由过渡阶段进入了决战决胜阶段。以下是将4进1，炮四进四，士5进6，炮二退一，将4退1，马四退二逐车，为三路车转移八路绝杀敌首创造了条件。

---

*文题摘自李商隐《霜月》

（二）决策明快　背攻气势吞万里

图二摘自许银川与熊学元首届"味极王杯"弈战局谱。

21. 炮五平八

抓住弊端争分秒，卸离罩镇始背攻。及时、准确、有力！及时，差一步则难以成行，或卒1平2，或车6进4，炮转移困难重重；准确，只有此一隙之路为实施背攻提供线路条件；有力，此手顿时使敌城池蒙受千钧压力，玉碎宫倾已不再是诅咒性预言。

正是：决策胜算就，背攻夺势成。

21. ………… 炮8平7　　22. 炮八进一　车4进1　　23. 炮八进三

半路打车，顿挫巧妙，先手为七路炮除障开路平中做杀打叠。现下底攻城，造作牵制窥瞄高压态势，紧缩宫城已难有松散活络之机。

23. ………… 象1退3　　24. 炮七平五

背攻天地炮，瞬间做杀局。下伏车七进二做杀手段，此时黑方如车4平2则车七进二，车6进3，车二进三，车6退3，炮八平六胜定。

总之，背攻战术是对"背士将"的火力挑战，是双炮发威夺势的空间，是助攻车马有势可依的增效时刻，是雄沉大腕一展杀力的硬朗强悍。

正是：火力猛烈志攻坚，制弊拊背出重拳。炮纵车横擒敌首，月中霜里斗婵娟。

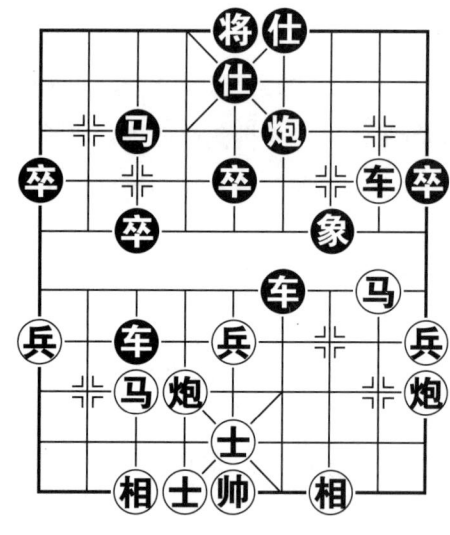
图一

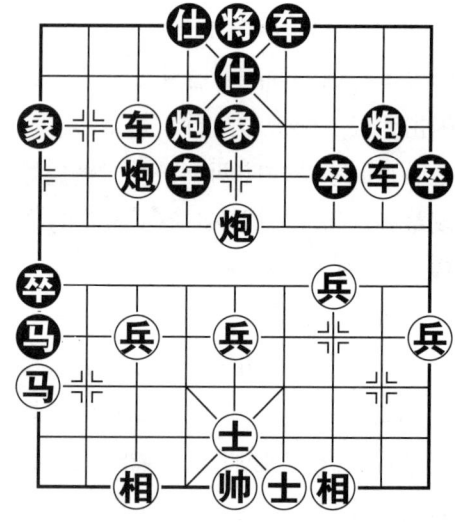
图二

231. 刀光剑影任翔旋*
——浅论殇决战术

克劳塞维茨将军在论及战争中的危险时，曾深刻指出："战争中的危险，是它的各种阻力之一""为了面临这样的危险之境，仍能使其一切活动取得不低于平时室内活动的效果，那就需要一身而兼备巨大的、百折不挠的、天赋的勇敢，强烈的荣誉心和久经危险的习惯等。"

殇决战术系指在攻防大战中，进攻兵员借助友军的大力支持，充分利用敌宫城的弊端，以盖压一切的胆识和视死如归的大无畏战斗精神，采取进占、打入、游弋、打将、要杀与欺逼等强烈手段，冒死杀入敌控区，在严酷的白色恐怖中行军作战，极力配合外线兵力歼杀敌军、威慑敌首、创造杀机，同时极大打击并挫伤了敌军火力的威严，有效减降敌军防御效能，冻结守军作战活力并为主攻部队擒杀敌首做好战术打叠的死亡线上决斗的高级运动战法。

殇决战术在高手的实战局与排局中皆有绝妙演弈，那挑战强敌火力的只身"履险"，那死亡线上的惊险"游弋"，那以死相逼的精彩"做杀"，宛如悬空百尺钢丝上的短刀格斗，令观者无比震惊，使人不敢正视。

（一）集团军英气盖世　各兵种皆善殇决

图一选自黄宝琮与陶汉明1987年于蚌埠全国个人赛弈战局谱。

25.　………　　卒5进1

小试杀敌刃，初酿觞决潮！后手方弃炮争势之后，双卒渗透中央，双车有效牵制敌主力兵团。在此有利情势下，车马炮卒各兵种皆酝蓄殇决内功，在中卒带动下即将在车口、敌封锁线上冲锋陷阵。它们将生死置之度外、前仆后继、凶悍异常！现冲卒杀相、挑战底相、为马开路，展开决斗！

26. 士四进五　　卒5进1

面对中卒之杀气，七路相忍气吞声，不敢造次。因如以相拔卒，则车8进1夺马，车二进四，马6进4，帅五进一，车2平3杀。现中卒杀性四起，再冲花心，敌宫破碎！

27. 士六进五　车2平3　　28. 相七进五　炮1进4　　29. 车六平九　炮1进3

蔑视火器布"空头"，殇决神功震夷州！黑炮目无强敌，当着车面"作祟"，它雄踞角隅，暗中做好各种抽将夺子伏杀准备。呜呼！狂也蔑车力，凶哉盖战神！其殇决之冲天豪

---

*文题摘自毛泽东《七绝二首·纪念鲁迅八十寿辰》

气弥散敌域，使强车锋钝刃卷！如果九路车敢于肆虐，捉狼放虎，车8平7砍炮闪露，出头助杀，残缺敌宫将更加难以招架。

30. 帅五平六　车3进1　31. 帅六进一　车3退3
32. 帅六退一　车3进3　33. 帅六进一　炮1退5

火舌喷射千丈外，殇决霸气万仞多！此乃车口游弋、肆意挑衅、暗伏绝杀之殇决妙手。它再次车口"作业"，暗伏炮1平4、卒4平5、马6进4、卒5平4连将妙杀。炮在车口边线河道来去自由，游刃白区，巧妙演弈，将殇决技法推向了极致！有诗赞曰：谁云车霸主，炮立殇决王。沉沉压敌阵，森森透寒光！大诗人杜甫有歌云："南村群童欺我老无力，忍能对面为盗贼！""群童"者，车马炮卒也；"对面"者，与敌车同一条经线也；"为盗贼"者，妙施暗杀之技也。此名诗句若借赠"老无力"之九路边车，竟是图文并茂、意趣横生！

34. 炮四平五　马7进5

冲跃铺垫者，竟是殇决神！现红炮平中叫将，本来企图诱卒吃，然后车九平六以缓解局势，不期又杀上来一个殇决表演家，它英勇异常，车口无根应垫，立刻切断卒林车炮联系，敌双炮被衔，因伏炮1平4绝杀，车竟不敢吃马。边车为此而感喟：从未遭此遇，我心已阑珊！今多殇决客，焉有十子寒？

35. 车九退一　车8平7　36. 车九退二　卒4平5
37. 车九平四　马5进3　38. 马二进四　卒5进1

人皆演殇决，卒岂落后之？氛围已造定，逼宫带欺车！卒之冲锋，逼宫让点，立促战局进入收官阶段。

39. 车四进二　车7平6

马炮卒尽皆展现殇决之妙，车何不也一展风采？以下车四进一，马3进5叼车做成绝杀。

正是：桔枰有幸承载殇决术，豪侠无私奉献英烈图！

（二）领军人神勇造势　特种兵不负所托

图二录自《适情雅趣》第139局"并驾连驱"局谱。

1. 车四进三　士5进6　2. 车四进七　将6平5

明知山有虎，偏向虎山行！连续冲击，如巨浪排空，后潮推涌，摧枯拉朽，严厉非常，为妙施殇决战法营造了雄奇的气氛与有利的"子境"——深宫已无护卫之士，敌首将面临诸强的联手打击。

3. 车四平五

炮口犹叫将，殇决可震敌！此殇决战术妙手，蔑炮、诱炮，调将、顿挫，为马让出点位、利于借将选位求杀。其决果断；其谋深密，为续施殇决做好了铺垫。

3. …………　将5平6

如炮5退4则马五进四双将再炮五平四杀。

4. 车五进二

再施殇决术，桔枰竟生辉！它在炮口叫将以后，再将位叫将，奇绝妙绝！因有角隅炮窥瞄之力，敌中炮已丧失回击能力，只能在兵线充架而变成"助人为乐"的负面兵员；此手逼

将变位，为双马双炮造设了有利的战场条件，使双马得以在双车死力筑建的"子境"里，移影换形、带将选位、做成妙杀。有诗赞曰：生命诚宝贵，为国实可抛！战神一门烈，杀气万仞高！

4. …………… 将6平5   5. 马五进四   将5平6   6. 炮五平四   炮5平6

7. 马四进六   将6平5   8. 马六进八   将5进1   9. 马八退七   将5退1

10. 马七进六 将5进1   11. 马三进四

红方充分利用双炮纵横控势，借用敌6线炮以断路，马借助炮帅之力，做成"小口型"钩钓，禁锢敌首，另马催杀之。

（三）求杀者车口演弈　殁决术几度芬芳

图三摘自李中健先生编著的《象棋实用排局》第83局谱图。此局中的红炮是一位殁决专家，它专门选择敌车所占线路，挑战敌车，与之斗狠较力，专门在车口"工作"，做杀、伏杀并威胁绝杀，对敌车百般凌辱、反复叫阵，咄咄逼人的气势使敌车自矮三分、攻防战中一筹莫展。

1. 炮五平七

彼处弹雨狂，专程惹虎狼。本性喜较劲，堪称殁决王！在黑方拥有一车四卒强大阵容的不利情势下，红炮临危不乱，选点精准，妙施殁决战术：闪露主帅伏兵六平五杀，同时暗中威胁炮七进三绝杀，以挑战敌车、缠车定车。此种明要杀并暗做杀的殁决妙手，游弋狂放之态、傲视强车之势，令敌车立刻感到两地防杀、分身乏术之苦。

1. …………… 车3平5   2. 士四进五   车5平3   3. 士五进四   车3平5

4. 帅五平四   车5平3   5. 炮七退三

殁决法力功盖世，进退纵横皆伏杀！疲惫强车惊破胆：君乃天下第一霸！此乃本局中第二个殁决妙手，红炮在同敌车僵持对垒过程中，暗地里调整内宫位势，为做杀打叠。现车口运作，在仍伏炮七进六绝杀基础上，现又增加借士架叫杀，真个是：车口纵横皆有戏，炮力张扬叹无双！而车在与无根炮同线对峙中，深深感到殁决之伟力——不是车杀炮，而是车防炮，同线伏双杀，一车怎管了？它从未感到过如此力不从心，从未见到过同线进退皆伏杀的高段强梁！而车竟不敢妄动，因如贸贸然车3进5则帅四平五绝杀无解。

正是：双重威慑车无奈，独挑殁决炮有情！

5. …………… 卒8平7   6. 帅四平五

平帅构成兵炮两线有杀，使一车难以应付两地危情，并在尔后的攻城战斗中以士为支架，以两翼卒为射点，从容歼敌过渡，换位叫杀，其组杀功力非同一般！

6. …………… 车3平5   7. 士四退五   车5平3   8. 炮七平三   卒9平8

9. 炮三平九   车3平1   10. 炮九平七   车1平3   11. 士五进四   车3平5

12. 帅五平四 车5平3   13. 炮七平四   车3平6   14. 帅四平五

此炮曾先后九次与敌车同线斗法，敢横恶鬼线路，力压强车萎靡，真殁决战神也。

总之，殁决战术是弈者胆识非凡的运子畅想，是大智大勇、智勇双全的美妙赞歌，是对敌强大火力的极度蔑视，是对选点占线夺势手段的教学点拨！

正是：殁决英气耀人寰，无限胆力蔑刁顽。匪巢魔窟由征讨，刀光剑影任翔旋！

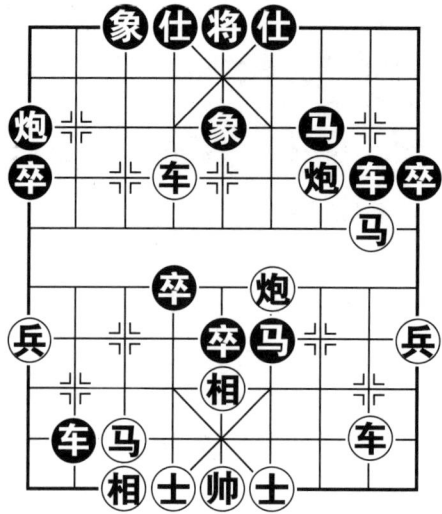

图一

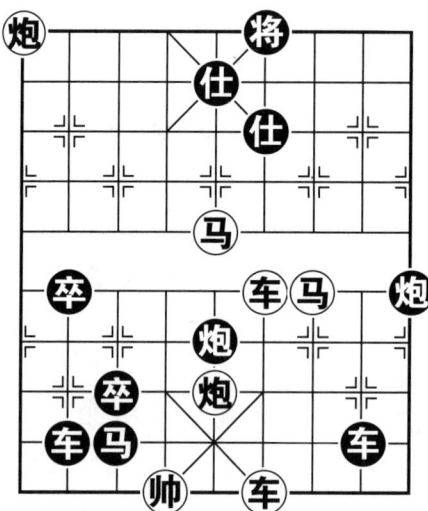

图二

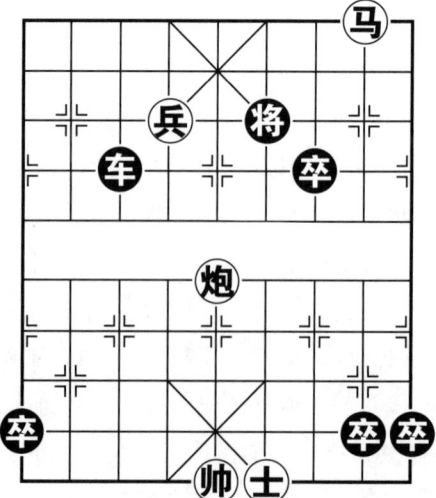

图三

232. 不破楼兰终不还*

——试论进击战术

毛泽东主席曾指示部队："开始向晋南三角地带出击，约需一个月时间。"

进击战术系指以车炮为代表的长兵器，在攻防战斗中突然出动，采取搴除、斩杀、抢夺、劫掠等强烈手段，对敌军阵地前沿驻扎之敌，出其不意地进行袭击，使敌避之不及，就地遭歼，从而使敌军虚弱、混乱，使敌攻防大势江河日下的攻击技法。

进击战术与进逼战术并不相同，简而言之，后者乃进而逼之，前者则是进而击之！如果说后者是一种意向、一种态势，那么，前者就是一种杀敌的行动。换言之，后者进行的是精神上的威逼，前者进行的是物质上的抢夺。

（一）砍杀高相　界河炫耀车炮威力

图一选自李国勋与胡荣华1979年于江阴表演赛局谱。

23.………… 车3进2

进击夺势酷，界河杀意浓！在两大军团会战的关键时刻，3线车突入敌阵，砍杀高相，残破敌防，震慑敌军，为炮游弋界河、发动攻城决战发挥了支助作用。此手以挑战七路兵、威胁底线、闷杀敌首为依恃，果断进击，敌军不敢造次。此手洞穿了敌军七路线层层遮护的假象，巧妙利用了敌中路、底线的弊端，砍相骑河，取得了重大成果。

24. 前炮平七　炮2平5　25. 车六平五　炮5平7

宫廷深处人心碎，楚河岸边炮声隆！攻城决战正式打响，窝心车的弱点被反复利用。

26. 后车平三　车3平5

强占中路，巧妙邀兑，红方如车五进一则炮7平5演成空镇；但如车五退二则车2平4，车三进三，车5平4要杀，故红方认负。后手获胜，车3进2进击妙手功不可没。

（二）进击中卒　巧妙运调连续做杀

图二摘自卜凤波与冯明光1995年于峨嵋弈战局谱。

---

*文题摘自王昌龄《从军行七首》

18. 马六进七

进击利双炮，全军皆受益。进击、兑杀守臣，既利于八路炮下底攻城，又为中炮打卒罩镇敌宫扫清障碍，意义十分重大。

18.………… 车3退2　19. 炮五进四

总攻势头起，进击堪称王！此战略进击力控敌城，加之炮双车进攻道路通畅，敌势已危。

19.………… 士4进5　20. 炮八进八　马8进6
21. 车一平六　车3平4　22. 炮五平七　将5平4
23. 士六进五　炮8平7　24. 车六进五　士5进4

红方采取了双车并联催杀、重炮要杀、砍车做杀等立荐手段，侧攻入局，使敌左翼车马炮皆成看客。下伏车六平八绝杀胜。

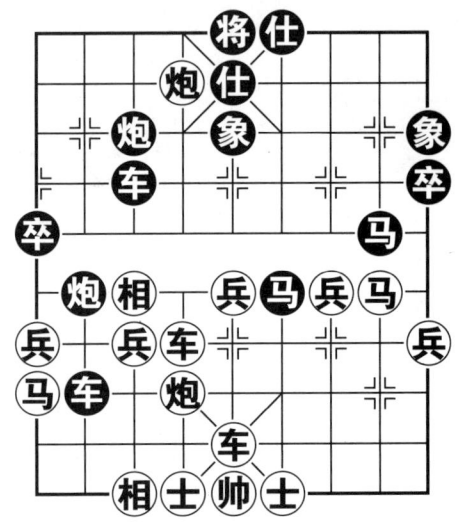

图一

（三）强势进击　前锋兵团攻势如潮

图三取自张强与林宏敏1996年全国个人赛局谱。

13. 炮五进四

进击攻势猛，将府危机深。之前红方弃马取势，炮双车迅速抢占要点，现又不顾马炮之失，炮击中卒诱马，以便车二平五砍士杀，如不予理睬，又伏车二平四卡肋做成绝杀。红方进击攻城，进击抢先，进击连续弃舍，战略意识十分强烈。现进击压镇伏杀，攻城擒将战斗已进入最后决战决胜阶段，双方攻防已经白热化。

13.………… 车7平6　14. 士六进五　马1进3
15. 车六平五　马7退5
16. 士五进四　将5平4　17. 车二平五

两次掏心摧将府，一番剪羽定输赢。红方经激战夺回失子，掠士占势。之后，借攻又斩一士一象，车双炮围攻孤将而胜。

总之，进击战术是冲进敌阵发动攻击的手段，是弱敌乱敌杀敌的英模，是攻城战斗的号角，是对狂妄之敌的有力震慑！

正是：冲锋喊杀声震天，歼灭匪徒破重关。宜将剩勇追穷寇，不破楼兰终不还！

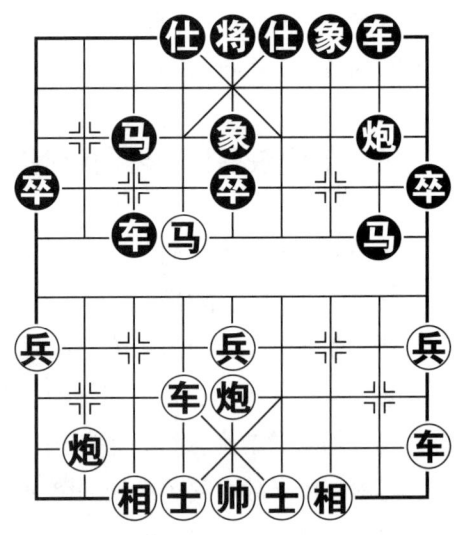

图二

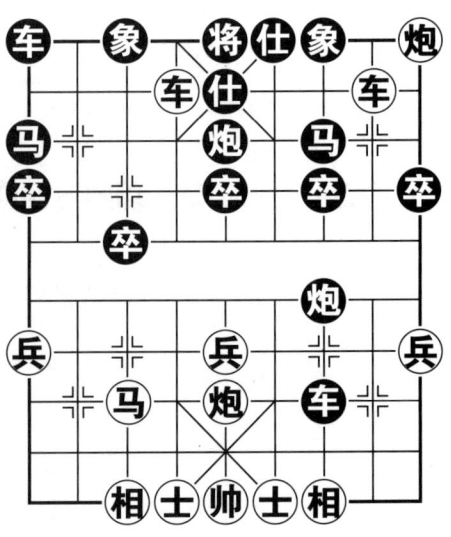

图三

233. 四塞忽闻狼烟起*
——浅论包围战术

克劳塞维茨将军在《战争论》中指出："需要进行包围进攻或变换正面的会战，因为这种手段才能使胜利的结果具有决定性的性质""以包围来从事战斗具有很大的利益。"

包围战术系指进攻部队以优势兵力在正面火力攻击配合下，采取断路、隔离、贴靠、游弋、打将、抽占等得力手段，对敌首或被分割离散的孤立无援之敌兵等攻击目标实施翼侧和后方的机动，以实施对敌的四面围困，使其难以行动，不能逃脱和救援，继而进行围攻、围歼或围点打援、设伏歼敌的兵力部署态势和战斗配置的技巧。

（一）及时合围　闪露锋锐待机处置

图一选自赵庆阁与乔荣铁在辽宁省第三届职工运动会象棋赛中的弈战局谱。红方策马过河，利用边线有利地形，妙用三向贴靠战术，对边炮实施包围。

18.马六进八

贴靠塞路施围拢，有根无望叹苦悲！红方倾全力——实际上以车兵双马双炮之众，对敌河炮实施包围。如果从速度从投入兵力众多角度看，这一包围堪称枰场第一围！这是六围一的大型包围，是一种密不透风的紧缩型包围模式，它暗伏闪炮露兵进行围歼的后续手段，成为夺取军事优势的决定性举措。

18.………… 马7进6　19.后炮平七

红方此手含有如下内涵，一是游弋河道，暗窥底线，发动进攻，兼制肋马，把围攻战斗与大局夺势密切联系起来；二是暗中闪离撤架以彻底堵塞被围之炮的所有逃路，不给其困兽犹斗的挣扎机会，同时为七路马减负以利机动；三是闪露九路边兵剑锋，并为其进剿让出点位，伺机进而歼之。

19.………… 车4进1　20.炮七进五　士4进5
21.马七进八　车4平2　22.后马退六　车2退1
23.马六退七　车2进2　24.马七进五　马6进5
25.炮七退一　士5退4　26.车八进三　后炮退1
27.兵九进一

经过七路马的巧妙周旋，经过车炮对敌底线的威慑运作，终于为边兵夺得了进剿的一机之先，从此确立了优胜的地位。

---

*文题摘自敦煌曲子词《定风波》

（二）边攻边围　借杀夺势角隅掠歼

图二摘自郑乃东与刘殿中1996年全国个人赛弈战局谱。黑双卒马炮既暗中包围宫城，又重点包围边炮，并通过围城达成围歼边炮的企图。

46.………　炮2平5

围城制乱佯攻打，淡瞄屯边低落人。此手打将采取了围攻皇城与包围边炮双管齐下、威胁要杀以打乱宫城防御系统的有效手段，隐蔽部署，加快围炮进程，可谓：围借攻势配置快，攻掩围意技法刁！

47.帅五平六　卒3进1

既伏平肋浓烈杀意，又含围炮淡暗打叠。此手将围杀帅与围攻炮两种企图联网一体，并极大推进了包围战术的实施步伐，敌宫之吃紧已使边炮无暇脱逃。

48.士五进四　马6进5　　49.士六退五　马5退3

50.士五进六　马3进1

借打将与威胁要杀之机，移形换位，砍相定位暗围，从而加快了对敌炮包围的进程。马炮卒虽进行松散型包围，但已使敌炮丧失了逃跑的纵横线路。

51.帅六平五　炮5平2　　52.帅五平四　卒9平8

对炮围势已成却并不急于捉拿，而是运卒胁宫，使炮、帅均蒙受了巨大围困压力。

53.炮九退一　炮2进3

早已等候多日，岂可随便逃脱？阻逃并紧缩了包围圈，有效破坏了其意欲溜走的企图，同时窥瞄敌首，疾进左卒制帅，创造了一个逼宫与围歼交错实施的不朽战例。以下是，兵八平七，卒8平7，兵七平六，卒7进1，马九退七，卒7进1，马七退五，卒7进1，帅四平五，卒3进1，下伏马1进3，马五退七，马3进1得炮胜。

（三）围困制动　势成松绑伺机斩杀

图三为陈孝堃与王嘉良于1982年首届北方杯赛弈战中局枰面。是局黑方采取了顺势暗围、抑孤制动、势成松绑、伺机斩杀的一整套连环手法，将独自冲杀过河的肋马团团围住，使其呆滞河边，延缓了攻势，同时围而不歼，待杀势已成之时再撤而攻城，并在进攻中拴缚处置。

22.………　卒3平4

巧施向心移动术，暗藏包围制马心！此手在意欲靠近骚扰中马、破坏红方双马连环、闪露底车、威胁敌左翼底线的同时，对河马实施三面贴身围困，以达成攻防兼顾、以攻为主、暗中包围的战略方针。

23.马五进三　炮3平1　　24.帅五平六　车3进9

25.帅六进一　车3退5

捉拿，敌马无路可逃；围困，四处水泄不通！

26.炮五进五　将5平6　　27.车八平四　士5进6

28.炮五退一　士4进5　　29.马三进二　车3进4

包围且抑留,时至则攻城。在后方安顿无虞情况下,主力先后撤围,不理减效河马,集全力擒拿敌首——车马炮卒力拥左翼空门,发动了最后的决战。此种包围、抑留、撤离及尔后的拴缚之运作,形成了大时段的战术顿挫,极尽行军作战灵活变化、跌宕起伏之妙。

30. 帅六退一　车3进1　　31. 帅六进一　马4进2

子力前趋扑上,借用敌宫防务弊端,对敌帅实施了战略包围,浅露敌首已是岌岌可危。

32. 炮五平四　将6平5　　33. 车四平八　马2进3

敌车在为帅让出更多逃路、加强左翼防力的同时,暗伏下底绝杀,双方决斗已趋白热化。

34. 帅六进一　卒4进1　　35. 帅六平五　卒4平5

36. 帅五平六　将5平4

利用敌马遮掩之机,主将巧妙转移摆脱,并对敌马实施拴缚,下伏炮1退2杀。

总之,包围战术是局部兵力数量优势在空间上的充分展现,是对敌军入侵孤子的有力震慑,是以多制少战略的精妙图解,是攻城擒将方略中最具决定意义的上佳战策!

正是:兵多将广四围一,优势畅想制孤敌。汉营楚歌声凄切,无情垓下永诀离!

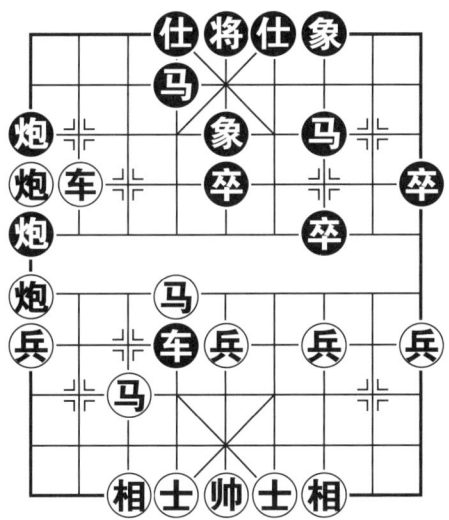

图一

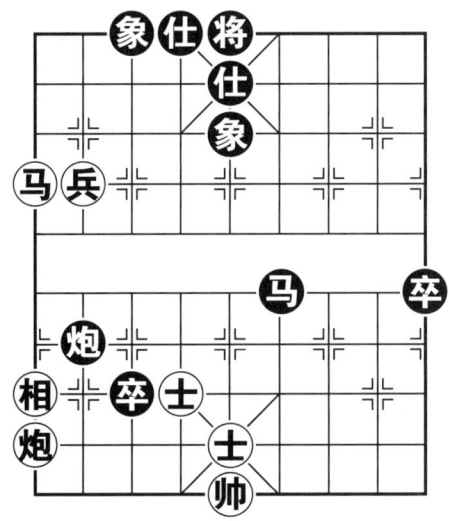

图二 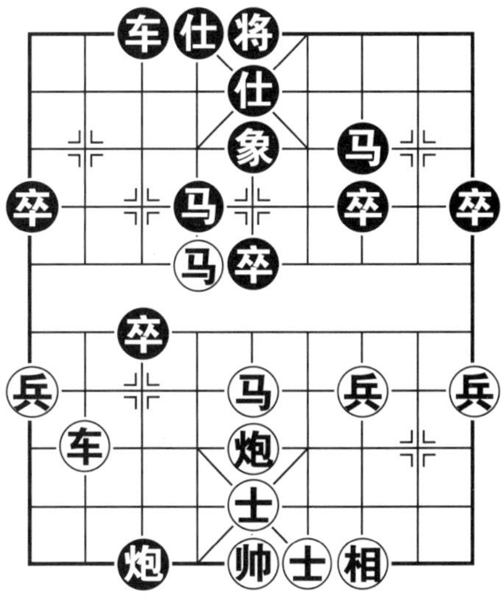　　　　　　　　　　　　图三

234. 红光紫气俱赫然*
——试论夹击战术

《诸葛亮集·治军第九》中指出："我往敌来，谨设所居；我起敌止，攻其左右。"

夹击战术系指进攻部队为充分发挥战场空间优势，采取先期秘密配置和临战调运的用兵谋略，在进击与攻城战斗中，巧妙地将派出的优势兵力分为两大战斗支队，从两个相对方向同时对敌军事目标施加压力，展开打击，以使敌军被迫处于两面防守的不利地位，腹背受敌，顾此失彼，难以维持的二夹一攻击战法。

（一）两度中路分势　一气呵成胜局

图一选自胡荣华与杨官璘1981年于广州首届五羊杯赛弈战局谱。

32. 炮五平二

分炮夹击暗，攻城战法刁！中炮在友军护卫下，车口分势，悄然实施了夹击战法第一阶段兵力部署。此手，及时而巧妙，它佯做侧攻，它实施背攻，它暗中为夹击打叠。此手，具有排敌性，具有决定胜负的千钧之力。胡荣华先生认为，平炮十分及时，黑方"不管怎样应法，均难免一败"。如士5进6，马三退四得子；如马3进1，则炮二进五，象5退7（如象9退7，车四进三再马三进五、马五进三绝杀）炮二退一，象7进5，马三进四，马4进3，炮三进八，将4进1，马四退五抽车胜。

32.　………　马4进5

攻守一体，露将催杀。黑方亦很凶险，并暗伏三子归边对杀手段。

33. 士五进六　车4进2　　34. 车四平五　马3进2　　35. 车五平八

领军惊险分势，夹击神勇展开！决战关头，红车果断借捉转移，初看疑似为渊驱鱼、逼敌顺势做杀，实为魄力宏大、谋虑深远的夹击战法第二阶段分势妙手！此时，对杀局面异常紧张——这是夹击战术与三子归边战术两大谋略的精彩对话，也是一场以绝杀相胁的挑战与精深筹划的夹击应战所构成的排局式角斗！

35.　………　马2进3

黑方借避顺势做成绝杀，这是对夹击战法考验的决定性时刻，这是红方车马炮联攻开花结果的季节！敌马抢先做杀并不能吓阻夹击的步伐。

36. 车八进三　将4进1　　37. 炮二进四　士5进6

38. 车八退一　将4退1　　39. 马三进五

---

*文题摘自唐·郭震《古剑篇》一诗

决战已告捷，远炮尚未发。夹击双刃剑，棋坛一枝花！红方获胜，因如士6进5则车八进一杀；如将4平5则炮三进八再炮二进一杀。

（二）先期谋划配置　重兵闪电出击

图二摘自郭长顺与陶汉明1989年于泾县弈战局谱。是局红车马尖刀连杀入纵深翼侧，红车行将平七做成抽杀。面对敌军致命威胁，黑方将士毫无惧色，它们抢先动手，以雄浑磅礴的气势，采取大兵团合同战法，发动了一场震撼人心的夹击大战。

25.………… 　炮9平7　　26.相三进一　炮7平8

铺垫打叠风雨猛，两翼夹击车炮凶。左炮威胁叫闷、顿挫平拉开，盯瞄底线，暗伏催杀，在对杀中吹响了夹击决战的战斗号角。

27.车九平七　炮8进7

红方平车做杀，对杀抢杀已是刻不容缓！左炮首先出击发难，力控敌城右翼。

28.相一退三　炮2进7

夹击逼守御，洒血写春秋。右炮舍身下底进攻、引离守军，为成功夹击做出了决定性贡献。

29.马七退八　车6进6

左车奋不顾身砍士引士，敌首的保护层丧失殆尽，已难以为其遮风挡雨。

30.士五退四　车4进1

两翼轮番轰炸，九宫断壁残垣。引离剪羽清障，戎首无处逃窜！下伏炮8退1，再车4退2夹击追杀胜。短短几个回合竟演弈了五虎上将参战、四子底线追杀、主将静功支前、车炮壮烈献身、两翼夹击开花的不朽名局！

（三）一剑铲除侍卫　三英高奏凯歌

图三录自柳大华与臧如意1982年于上海弈战局谱。是局红车炮兵利用戎首突出浅露的弱点，充分发挥快速反应部队的战斗作用，左右强弩劲射，迫敌两面应付，最终做成绝杀。

42.炮三进七　将4进1　　43.炮三退一　将4退1

远势雄伟，连续打将，顿挫扼亢，低空断路，为主力转移分势求杀，做好了战术铺垫。

44.车五平九

侧翼大清扫，分势妙夹击。弃马、砍象、分势，搴除炮根，为除掉底炮、追杀敌首打叠。此手，已将未来争战进程洞穿至底，已将夹击战法制胜手段了然于胸。此手，威震群敌，气贯长虹！

44.………… 　车8平5　　45.车九平七　士5进4　　46.车七进二　将4进1

连除守军，翼侧发威。红车炮兵发挥兵种与空间双重优势，逼敌将出逃，下伏兵四进一，诱逼黑将花心落脚，双士被禁，一士倒戈，再炮三进一做杀。

总之，从以上局例可以看出，夹击战术是科学配置、有效使用优势兵力的奇谋大略，是进攻部队实施两翼多点攻杀的最佳组合。

正是：劲旅分势计非凡，左右夹击破城关。刀锋斧刃相辉映，红光紫气俱赫然！

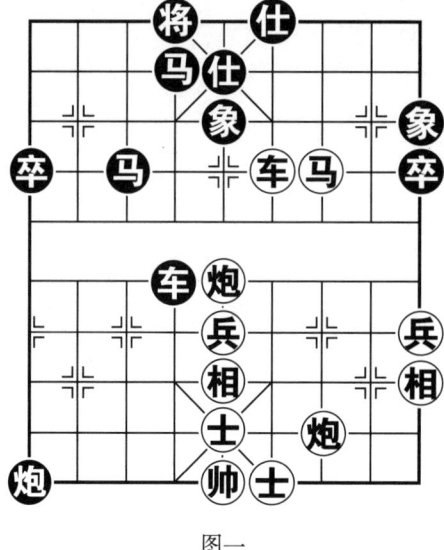

图一

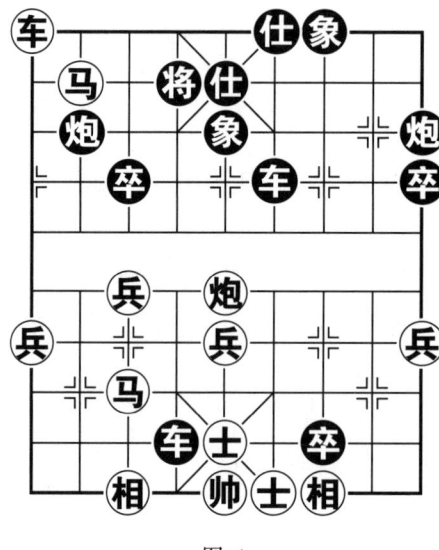

图二

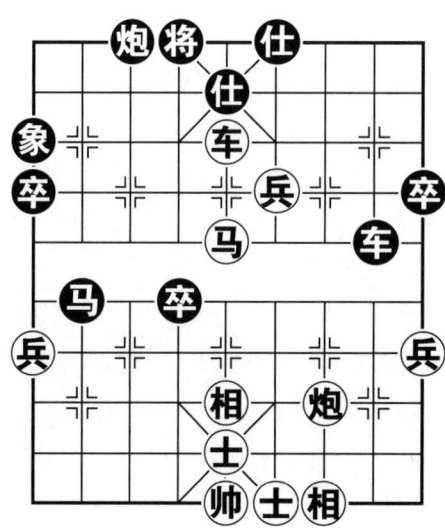

图三

235. 红杏枝头春意闹*
——略论夺势战术

（美）罗宾逊在《帝国防御》中写道："只有将我们的意志加在敌人的身上，只有采取主动，并且用攻势行动去维持主动权时，才可以获得最高形式的战略安全。"

夺势战术系指在敌强我弱、敌处先手或敌控要势的不利情势下，主攻部队将现有兵员能量高度集中，摈弃枝小纷争，抓住要害，迅猛行动，坚决采取拼兑、抢位、游弋、弃舍、强夺、组杀等强烈进攻手段，积极拼抢并占据要点，砍杀守军，威慑戎首，控制局面，进而同友军合同联网，力夺攻势、优势乃至杀势之强硬攻杀技法。

严国群先生在《言兵录》中指出："战争是力量的竞赛、速度的角逐，而这种竞赛和角逐，是在一个个单位时间和一个个具体的战场空间里进行的。在敌强我弱的情况下，聪明的指挥员不仅能争得一定空间内的优势，而且也能夺取一定时间内的优势。"

（一）敌持先手之时——变位夺势占先机

图一截取自王秉国与胡荣华1979年9月于北京全国个人赛弈战局谱。是局黑方已占多炮之优，现又准备平炮攻马，企图削弱并瓦解红方攻势，同时迅速形成己方人多势众之优势——

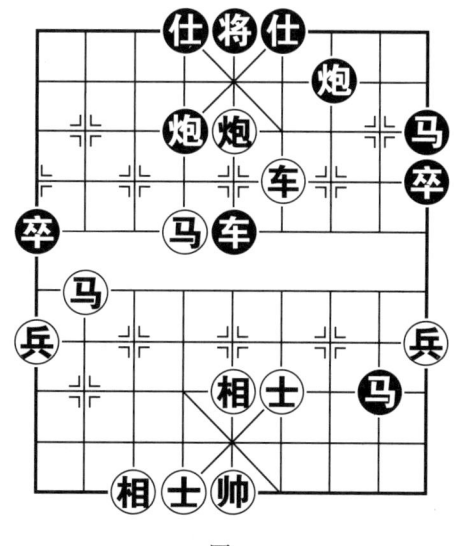

图一

---

*文题摘自宋祁《玉楼春》

48.………… 炮7平4

攻马除根，意欲削弱对方攻力并拔掉中炮镇势，使红方变成兵力单弱、难以形成有效攻势的弱旅，并达成以多打少的战略格局。

49. 马八进七

弃子夺势技惊四座，空镇强攻誉满三军！此夺势妙手，出敌不意，铿锵有声！它既展现了求势夺势的强烈企盼，又具有深谋远虑的丰富意蕴，还饱含着哀兵必胜的悲壮情怀。它弃连环、叼车炮、强夺路、暗生根、巧变位，大局意识强烈，组杀打叠凶悍，在已少一炮情况下，又弃一马，以夺瞰制之势、张空镇之势，真枭雄也。真个做到了——子为势服务，势为子张目！

49.………… 车5平4　　50. 炮五退三

退占精准恰切，空镇炮由低位势变成高位势，为车马军团提供更多有效空间，以游刃有余；同时炮之落点具有安全稳定的阵地条件，不会遭到8路马的任何袭扰。炮之退，使红方攻势大长。

50.………… 车4进5　　51. 帅五进一　马9退7　　52. 马七进五　士4进5

53. 马五进三　将5平4　　54. 马三退五　后炮平1

带将除马，往复象头，伏车四进三杀，逼炮应付。现黑方车远马怠、侍卫呆滞，难以抵御车马炮的凌厉攻势。黑方被动防杀，渐呈散乱颓势，已无顽强抗争迹象。

55. 炮五平二　炮4平2　　56. 车四进三　将4进1　　57. 车四平七

下伏马五退七，形成小口型钩钓，车马绝杀胜。

（二）兵处劣势之时——连续要杀夺皇冠

图二选自徐穗琪与杨剑1992年于抚州全国象棋锦标赛弈战局谱。是局红方多一兵一马，且双车皆侵入敌宫，而黑方在处于劣势情况下，并没有以象去马以求均势，而是充分利用敌后方空虚、四路车难以启动之弊，充分运用4线车卡位命门及轮先之利，积极抢夺攻势，连续妙手要杀，最终先敌而胜。

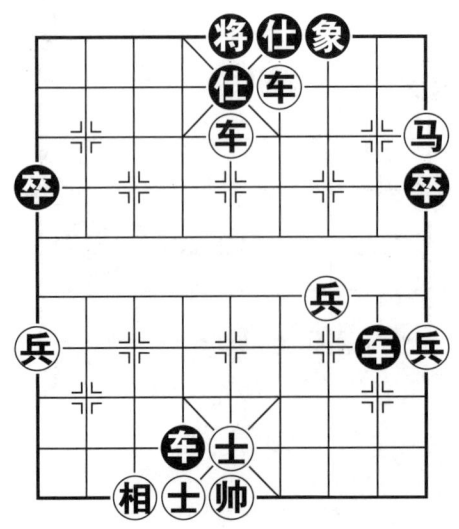

图二

28. ………… 车8进3

乱宫式制胜前提，决定性战术打叠。此夺势妙手，是对7线象威力的倚重，是对四路车呆滞状态的最大利用，是对夺势战法的有力阐释。

29. 士五退四　将5平4

夺势元首襄助，敌宫从此衰微。将之闪露，给力扼亢车，对敌宫左翼形成了巨大威胁，正式宣告了对帅府连续催杀的开始。

30. 士六进五　车8退2

夺杀势双车显圣，倒升提一脚临门！下伏车8平3绝杀，但如此时红方应以车五平七，则车8平5伏杀。

正是：三回合风云激荡，一局棋辉耀人间！

（三）已呈和势之时——贴靠抢夺奏凯歌

图三摘自孙志伟与刘星第六届全运会决赛弈战局谱。是局红方仅多一相，如一般走法兑掉边卒、以兵去士，双方皆难进取，和意甚浓。而红方精深审局，巧加运筹，连续顿挫打叠，抢占要点，夺势争先，掠子而胜。

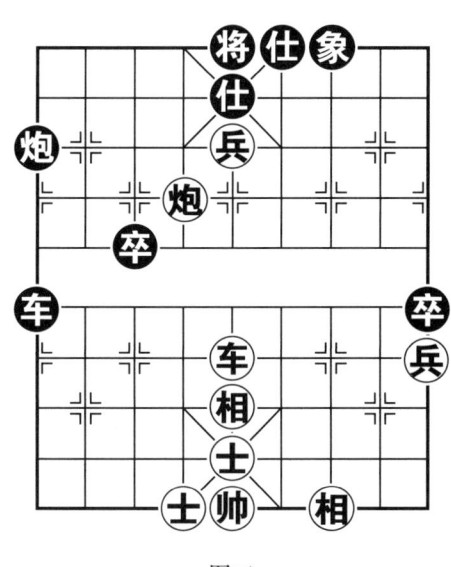

图三

1. 炮六平一

缥缈隐暗夺势手，攻城略地杀敌刀。顿挫紧手，暗伏下底，车兵抢士杀，从而逼象飞兵，为车出击砍象争得大先手。

1. …………　象7进5　　2. 车五进四　将5平4

3. 车五平八

再次放弃兑卒机会，抢占要道，贴靠边炮，暗伏做杀抢子手段。

3.………… 卒9进1 4.炮一进二

要杀断路者，排障穿越人！红方夺势手段隐暗非常，以至于使黑方失察进卒掠兵，以求争胜。《兵经百字》云："大凡用计者，非一计之可孤行，必有数计以襄力之也。"此手为整个夺势计划中的重要环节，是数计襄力助杀得子的顿挫手段，是预谋中的要杀夺路的典型着法。真个是：战术的非凡组合，双星闪耀；智谋之无限升华，一局出新！

4.………… 士5进4 5.炮一平九

云雾消散日，景色峥嵘时。利用要杀战术迫敌撤架让路，再利用敌之铁架打车逼离炮根，巧妙夺炮。呜呼！此等连环巧计实乃人类思维之上等锦缎也。

以下车1平4，车八平九，卒9平8，车九平七再掠而胜。

总之，夺势战术是扭转乾坤的英雄壮举，是挽狂澜于既倒的武士神功，是攻力在危厄时刻的激情爆发，是掌控局势、追求逆转的超级明星。

正是：敌军侵进势如潮，英侠反制登堂奥。楚河岸边炮声隆，红杏枝头春意闹！

七、防守类战术

236. 独共南山守中国*
——试论扼守战术

《周易》云："王公设险，以守其国。"

扼守战术系指在两军激烈攻守以决定胜负的关键时刻，防守一方派遣得力兵员，采取移动、抽占、扑进、退守、转移等积极主动的举措，或一军据险，或联合把关，全力把守住敌军将占据并继而做杀的险要据点或重要线路，从而制止敌军的侵占，挫败其进攻计划，并为己方主攻部队反击歼敌赢得时间的对特定区域的防守谋略。

《左传》有云："疆场之事，慎守其一，而备其不虞。"它之重要就如同人之命脉、国之门户一般，这样的点线必须据而守之。

（一）要线扼守　履险挑战激扬刚烈

图一摘自戴荣光与蒋志梁1975年第三届全运会分组赛弈战局谱。

32. 马九退七　车2平3

怒杀有根子，血溅无水河！红马企图为边车开路，强施双车逼宫，然后马七退五消削敌前锋兵力。在底线遭到严重威胁之时，河车并未如红方所愿那样退回底线扼守，而是夺子占线，形成车象联手防御体系，强势抵抗敌双车之攻杀。

正是：无形防线城池固，有力扼守将府安。

33. 车六进七　车3退4

气定神闲施扼守，孤胆豪情斗敌顽。3路车炮口扼守底线，拒敌防杀，挑战七路炮，十分惊险壮烈！其面对死亡威胁与保国职责，忠贞不二，真个是一缕冲天英气，一派大将风范！敌炮如敢造次，黑方将马5进6再车7进1绝杀无解。

34. 车九进二　炮6退1　　35. 车六退四　马3进5

扼守，强有力的扼守，抑制了敌军攻杀的势头，争得了攻防的转机，已经把敌军驱赶到防守的地位上。现踏相窥车、减层露车捉炮、开始发动反击。

36. 相七进五　车3进7

利用敌弊，巧取豪夺，不仅化解了危机，而且取得了军事上的优势。

---
*文题摘自李贺《官街鼓》

（二）连续扼守　蕴蓄铁军反击杀力

图二选自胡荣华与徐天红1988年于扬州"木建杯"决赛弈战局谱。是局黑方三军团快速杀入敌阵，攻势十分凌厉。红方则连续扼守要点，暗中防守反击。双方攻守异常激烈，精彩纷呈。

28. 兵七平六

三军嚣嚣求杀意，六线巍巍扼守心！平静待敌，河岸轻移，立即组建了肋道强有力火力封锁线，死死扼守住敌之入杀线，使欲卧槽、挂角求杀之敌军一筹莫展。

28. ………　　炮5平9　　29. 车七平六

加强、增援、轮换之扼守妙着，它为炮减负，以便腾出身手去实施更重要的军务，同时也为肋兵前趋进攻让点打叠，从而在加强扼守要线的同时暗中积蓄反击的因素。

29. ………　　车2退2　　30. 炮六平五　卒5进1　　31. 车六退二

在扼守肋线同时暗中扼守宫墙线，为下步彻底瓦解敌军攻势、发动总攻进行战术铺垫。

31. ………　　卒5进1　　32. 兵六进一　卒5进1　　33. 相三进五　车2进4
34. 兵六进一　炮9进3　　35. 相五退三　车2平3　　36. 马二退四

弃炮扼守，只待寒冬过去；消削敌志，专候大军掩杀！从六路线的扼守到防杀点的扼守，红方尽展抗御之才。

36. ………　　车3进1　　37. 士五退六　车3退5　　38. 士六进五　车3进5
39. 士五退六　车3退6　　40. 炮五退三　车3平5　　41. 兵六进一　马8退6
42. 炮五退二　炮8进7　　43. 后马退二　马6进8　　44. 车六平三

加强扼守、重点扼守、点线双扼守，所谓"死守顽抗"者，此之谓也。

44. ………　　车5进4　　45. 马四进五

敌若车5退5，兵六平五掏心杀。

正是：蓄之既久，其发必速。又云：逼退严寒日，即刻是春天！

（三）折返扼守　减负活络双车争战

图三为程福臣与车兴国1996年于新都弈战残局形势。

41. 马七退五

退马护两翼，扼守帅府安！此扼守战法，使处于闲置状态的七路马重新上岗，并明确了护城保帅的作战任务，充分发挥了扼守防抽的战术作用；此扼守战法高效、简捷，为右车减负、为最后总攻打叠。

41. ………　　车4平3　　42. 车二进四

折返大侠扼重地，腾出鲲鹏搏云天！车升河界标志着由守转攻的开始，标志着决战的开始。

42. ………　　车3平1　　43. 车二平五　将5平6　　44. 马五进三

一退一进巧运作，闪路拦路妙收官！红马虽然只有一个单位时间的扼守，但却使敌双车难扑杀点，并赢得了防反的一机之先；而纵马扑进又为己车叫杀开路，同时拦住7路车的杀路，为最后的胜利立下了两次大功，赢得了全军的掌声！正是：掌控周旋马为主，扼守两翼此最酣！

总之，扼守战术是对敌军入杀手段的战术破解，是对要点要线的重兵看护，是从固守向反击转化的军事枢纽，是三军誓死捍卫统帅部的坚强态度。

有诗将你的战斗精神颂扬：纷繁楚汉战事多，攻城防杀拼死活。联同友军扼要线，独共南山守中国！

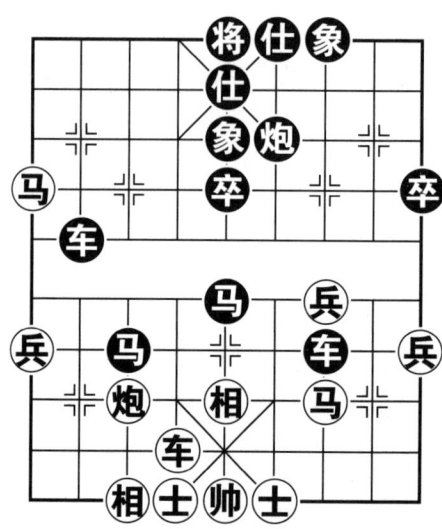

图一

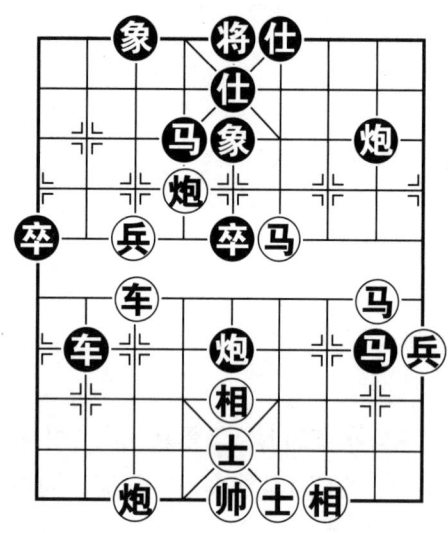

图二

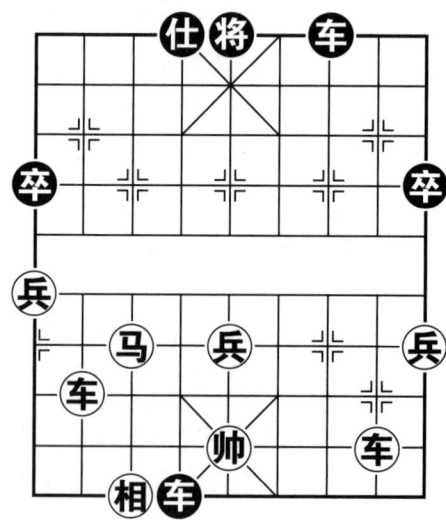

图三

237. 化作春泥更护花*

——浅论护辅战术

《百战奇略》云："凡为将之道，要在甘苦共众。如遇危险之地，不可舍众而自全，不可临难而苟免，护卫周旋，同其生死。如此，则三军之士岂忘己哉？法曰：'见危难，毋忘其众'。"

护辅战术系指在己方驻止兵员，特别是相对软弱呆滞、远离群体、无根无靠但却肩负着特殊使命的兵员，在即将遭到强敌捉拿的险厄情势下，救助部队秘密筹划，针锋相对地采取狙击、设伏、威胁、生根等有力措施巧妙联保、暗设网罗、震慑敌军，挫败敌夺子计划，以确保有生力量的安全存在和整体战略部署有序实施的保护辅助性手段。

（一）移动策应　罩震地位安如山

图一摘自胡荣华与蔡福如1974年全国棋类赛弈战局谱。

现在有两个尖锐的问题在此局面中凸显出来：一是黑方下一步要车8退2捉炮，它线路通畅，大有捉而必得之势；二是中炮自身有着明显的两重性，它位势无比强大，已经成为敌军的最大恐惧，但它自我保护能力低下，且又只身敌营，尚未与本土取得联络。面对强敌，如何护辅加固是一道重要战术课题。对于进攻部队来说，保护中炮，捍卫其对敌宫的空镇威慑地位，绝非一城一地之得失，实乃全局性战略性的大问题，是保持攻势、夺取胜势的压倒一切的首要任务。

17. 炮二平三

移动风雷起，暗窥鬼神惊！此护辅妙手潇洒、含蓄、高效，极具曲径通幽之妙。如黑车仍肆意退2捉炮，则炮三进一，车8平5，炮三平五打死车。

红如改走马七进六，则车8平4；马六进五，象3进5；马五进三，士4进5（暗伏将5平4做杀）；炮二进二，炮5平8，空震地位丧失，隐忧扑面而来，红方不能满意。

17. ……　　卒7进1　　18. 兵一进一　　卒9进1　　19. 车一进三　　车8平7

20. 炮三平四　　车7平6　　21. 兵三进一

进兵、亮车、冲渡、制马、取势，为决战储备了力量，为保护中炮并发挥中炮威力而暗中蓄势。

21. ……　　车6进1　　22. 车一退一

红方先弃后取，夺回失子。在此局面下，红方兵种好，空镇占势，后方坚实，优势十分

---

*文题摘自清·龚自珍《己亥杂诗》

明显。之后仅续弈十个回合即胜。

（二）奋起设伏　掠抢贪欲变挽歌

图二选自柳大华与赵国荣1985年于南京全国个人赛弈战局谱。开局伊始，强车捉马，而3路马既无逃路，又无依托，处境险恶。可以想象，如果没有任何补偿就白失一马，那将对整个战斗过程产生十分消极的影响。可己阵之孤马，如何能够护辅得了？

9.………… 炮2进3

护辅妙计安天下，仗义大侠挺身出！这是一个充满着浪漫、深沉和自我牺牲精神的护辅妙手。2路炮针对敌车的企图和行动路线，利用其如吃马所占纬线上的特殊地形地物，利用敌车吃马后身处死地的位势弱点及贪生怕死的心理，升提敌界，欲弃连打，这是对敌车致命的威胁，是对友军最好的保护！

10. 马四进六

逼车放弃了夺马的行动计划，护辅取得了初步成功。但红方河马撤架入界，再度对3路马发起联合攻击。

10.………… 马3退1　　11. 炮二平三　车2进3　　12. 车七平八　马1进2

13. 车一平二　马2进4　　14. 车二进四　炮2退3

进退皆有据，一步解双捉。至此，入侵者已全部消灭，局势趋于平稳。

总之，从以上二例可以看出，护辅战术是一个非常情况下的严密保障机制，是区域内兵员之间重要的安全体系，是互联互保的无形网络，是破坏敌军擒拿杀戮的生命之歌。

有诗赞曰：地造天设军旅家，生死与共战天涯。岂容屠刀拆骨肉，化作春泥更护花。

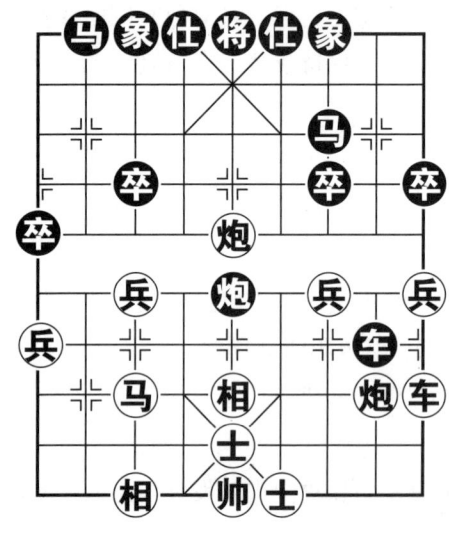

图一

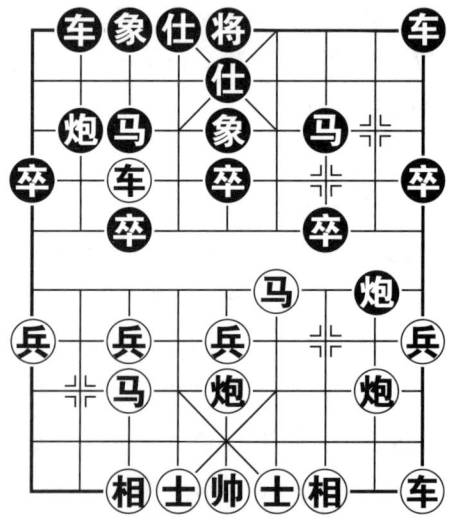

图二

238. 休使圆蟾照客眠*

——简论避将战术

孔明云："善战者，其刚不可折，其柔不可卷，故以弱制强，以柔制刚。"

避将战术系指在敌军火力正在或正欲打将，企图顿挫转移过渡、发动攻势，或获取某种军事利益的关键时刻，本着攻不忘守、寓攻于守和攻守兼顾的原则，将帅先敌采取目标移动、回避锋芒、离位闪露等轻灵有力措施，避开敌打将火力，不给敌施展连将、闪抽、顿挫、偷袭、反击等伎俩以任何机会，彻底粉碎敌侥幸取胜的入侵计划，同时将帅通过占领明线而得以参与助攻助杀的稳健应对运筹方略。

（一）识破顿挫计　兼具攻防心

图一为杨官璘与胡荣华1973年于广州弈战至第15回合轮黑方行棋的枰面形势。

15.………… 　将5平6

识破野炮顿挫术，款步深宫化危机！因红方伏有炮九平八打车再平五打卒叫将抽车的顿挫手段，故此时采取避将战术，"既避免了炮九平八打车，又隐伏助攻作用，破坏了红方的计划。"（摘自《胡荣华象棋自战解说谱》）此避将手段，举动轻灵飘逸，暗中针锋相对，而且兼具战略战术两种性质，同获军事、心理两项利益。

16. 炮九平五　车4平6

微调车位，闪击敌炮，暗伏纵马兑车，以实施有车对无车的大战略——此皆避将战术的后中先步调带给后续战斗的实际利益。

17. 炮五平三　车2退1　　18. 炮七退一　马3进5　　19. 车八平四　士5进6
20. 马八进七　马5进6　　21. 炮三平四　将6平5　　22. 马三退二　车2平4

双胁四子紧，一车两地寒！平车一手足阴足险，其既下伏车4进1捉炮塞相踏相压马等攻击手段，又伏车4退4的挑双手段，令敌前军后阵十分被动。此局避将一手带来的有车斗无车战略利益丰厚无比，甚至暗中开辟胜路。

（二）两施避将术　弱旅妙成杀

图二摘自李中健先生排拟的"精巧棋局"正解着法第9回合的局面。

---

*文题摘自宋·蔡伸《苍梧谣》

7.炮五平三　车7平9

深远的谋划，果断的举措！此手为马借将去卒右移做杀驱逐掉强大之卒根，同时先手减层，亮帅控线，以窄小敌将周旋的天地。此手是关键的入局妙手。它精彩的是，马炮并不在乎车之明线闪露——将以两次绝妙避将战法迎接、疲惫无奈狂车的光临。

8.马五进六　将6进1　9.炮三平七　车9进8　10.帅五进一

应敌避将定天下，款步登高冠古今！此避将妙手使车一步之内再无叫将之可能，从而不得借将顿挫、捉炮解杀。帅之进，为前军攻杀赢得了战机、毁灭了敌车强势抗御的念头，具有决定胜负的战略意义。

10.………… 车9平3　11.马六退五　将6退1　12.马五进三　将6进1
13.马三进二　将6退1　14.炮七平一　车3平9　15.相三进一

再施避将减效术，火箭悲鸣落边陲！此乃高级避将术——炮之借杀大距离调动、相之充架逼打、诱引性阻挡，使强车无奈下落边线，定位沼泽，其所占点位与主帅行宫之间山重水复，下一步仍是自阻它阻，难以跟踪火炮，不能护主防杀。

15.………… 车9退1　16.马二退三　将6进1　17.马三退五　将6退1
18.马五进六　将6进一　19.炮一平七　卒8进1　20.帅五退一

眼睁睁将星陨落，它却难以跟踪监管护主！哀怨也！一代大事小情都到场的大将军，竟然不能保国救主，羞煞也！正是：困我制我避将术，山隔水隔难搏击。征程经久终有尽，此恨绵绵无绝期！

总之，避将战术是将帅亲自同强敌周旋、进行有效防范的有力手笔，是注重攻防平衡、坚持攻防一体化的严密构思，是使企图在宫城挑起事端并从中取利的觊觎之念烟消云散的巧妙解着，是瓦解敌势并由守转攻的无形阶梯！

正是：避却锋芒自悠闲，圆蟾不得照客眠。杀手扑空生疲惫，敌军失计遭围歼！

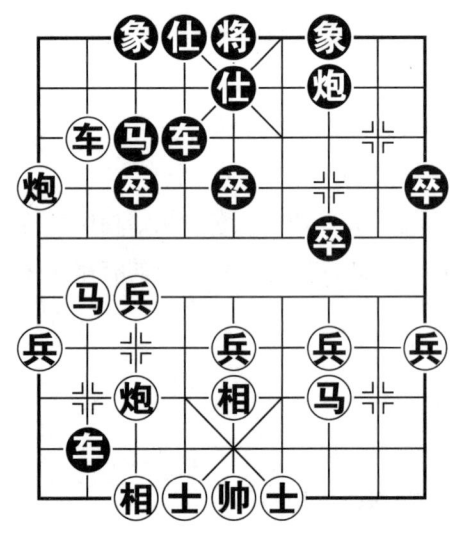

图一

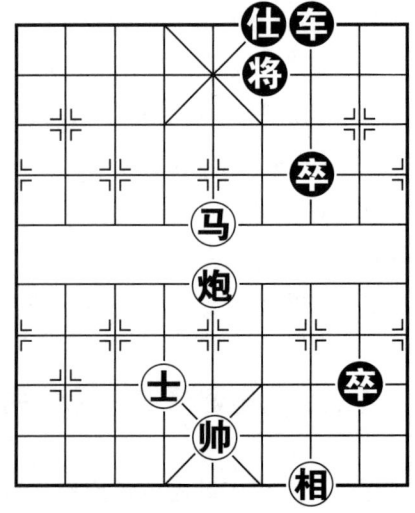

图二

239. 沉舟侧畔千帆过*
——浅论反击战术

若米尼将军在《战争艺术概论》论及战略战术性的混合作战时深刻指出："一般来说，为了避免任何不必要的危险，对于游击战士来说，灵活与机智才是真正需要具备的素质，这种素质比有理智的勇气更为需要。"

反击战术系指将帅或主力兵员在即将遭到强大敌军重创的不利情势下，采取灵活机动的斗争策略，借助友军的支援与策应，有效实施转移、疏散、迂回、闪离、躲避甚至威慑、要杀等相应行动，远远甩开进袭追剿之敌，脱离被攻击、被歼杀的危险境地，从而赢得新的机动，为全军夺取反击的具有先手效益的防御性运筹方略。

（一）连续反击敌疲惫　高效运转炮成杀

图一选自李中健先生编著的《象棋实用排局》例9附图。是局黑车炮利用其凶悍、快速的特长，对相对软弱的红方双炮紧紧跟踪盯瞄、监管追杀，其势嚣张。然双炮巧妙采取摆脱战法，"运子曲折迂回，灵活辗转"，在摆脱敌人追剿同时力施要杀、做杀，使敌车炮疲惫不堪，无奈坐视三军闹宫，只能望洋兴叹而已！

1.兵七进一　将4退1　　2.炮二退二　车3平4

兵双炮要杀之际，黑车盯捉，有力地破坏了红方绝杀企图。然而红炮此时突施摆脱妙手——

3.炮六平四

摆脱、伏杀双施展，夹击、充架一身担！此反击妙手，迅速甩开强车，同时做杀，攻防一体，紧凑高效，十分巧妙。

3.…………　车4进1　　4.帅五进一　车4平8

黑车再次监管、盯捉、防杀，虽属被逼无奈之举，但仍为有效着法，否则兵七进一立毙。

5.炮二平三　车8退9

双炮皆善摆脱，但问君意若何？此小幅调整之摆脱战术，竟将敌车逼退千里，真个是：一龙欲降二虎，二虎尽皆称王！此手已使敌车萌生疲惫、无奈之感，并对双炮之灵动暗自惊奇。黑方此手如改走车8退7则炮四进二打将，无论士将如何应付，红方皆立杀敌首。

6.炮四平六　车8进8　　7.帅五退一　车8平4　　8.炮六平四

---

*文题摘自刘禹锡《酬乐天扬州初逢席上见赠》

四处防杀已疲惫，双炮轻灵绝古今！一个往复，妙施摆脱，再度肋线求杀。双炮高超的反击能力，已使敌车劳累过度，已接近崩溃的边缘。此手摆脱极具彻底性，它使敌车完全丧失跟踪能力，因如车4平6则兵七进一，敌将无论进退皆杀。以下是，炮9平7，相一进三，士5进6，兵七进一，将4退1，炮四进三。车累喘不止，只好由炮出面应酬，但遭到增层隔断之打击，炮力哑挫，敌首遭擒。

正是：游弋杀界戏耍大腕，轻松甩掉盯梢狂徒！

（二）豪帅漫步思近远　重兵若失断死生

图二摘自《适情雅趣》第六十局"虎兕出匣"局谱。是局黑方兵势强大，且一步即杀。红方官兵不惧敌之严重威胁，前军妙施大顿挫后，立即出帅摆脱强敌，解杀延气，为反攻成杀争得宝贵一机之先。

1. 马一进二　士5退6　2. 帅五平四

解杀延气豪帅意，占线助攻大侠心！此摆脱妙手，从容镇定，顿挫有致，攻防兼顾，成为争战的转折点，入局的决定点。真可谓：轻动漫移目标自去，远离大甩敌势全消！红方虽将应对的选择权交给了敌方，但无论黑方将5进1，还是卒8平7，均难免一败。主帅不用一兵一马，先自平定左右两路敌军，并在危难中为前军夺得宝贵先手，反击战术之奇功也！以下按黑方两种应法进行演弈——

（一）2. ………… 将5进1　　3. 马二退三　将5平4　　4. 马三进四　将4平5　　5. 兵四平五

（二）2. ………… 卒8平7　　3. 马二退三　士6进5　　4. 马三进四　将5平6　　5. 兵四进一　将6平5　　6. 兵四进一杀。徐家亮先生对本局中帅五平四一手，曾给予了两枚叹号以表赞赏，并作注高度评价"出帅一着，解杀还杀，着法妙不可言"。

（三）排除牵缚双刃剑　减效制敌三环刀

实战中的反击战术的精彩战例，同排局一样，用扭转战局的行动对其深刻内涵加以透彻述说。图三录自陈孝堃与王嘉良1982年于哈尔滨弈战局谱。是局双方各施绝技，对攻相当激烈。然而一记摆脱战术妙手顿使战局明朗——

36. ………… 将5平4

此乃绝佳反击战术妙手，为取胜之要着。将之主动转移，首先甩掉了费时到达翼侧、准备立即发难的马炮军团，有效摆脱了被围剿的险境，立使敌车八进七再马二进三的攻杀计划成为泡影；其次是拴住了六路河马，使其成为将帅的隔离墙而难以脱身，并使八路车形单影只，攻杀场上孤掌难鸣。此手还一举夺得了炮1退2攻车伏杀的先手，使红方无力回天。

正是：精妙反击手，兼具攻杀心。移动定胜负，成色盖足金！

（四）肋道演尽摆脱术　远程施展擒拿功

图四为龚勤与常婉华1989年全国象棋个人赛女子组弈战局面。

33. ……………… 炮2退3

不仅自身摆脱了被捉拿的危险境地,同时暗中护辅河马免遭不测,一车捉双的严重威胁得到巧妙化解,而且反过来暗伏对威胁者进行威胁,对处于弱线的敌首进行威胁。此摆脱妙手,是对局面特点及敌军弱点的最有效的利用,是机动灵活用兵、摆脱强敌捉拿、发挥堡垒作用的展示。

正是:不惧强敌敢对打,暗助友军双摆脱!

34. 士五进六

红如贸然车六平四去马,则炮2平4再马4进6打死车。

34. ……………… 炮2平4　　35. 车六平八　马4进3　　36. 帅六平五　炮6平5
37. 帅五平四　马6进7　　38. 帅四退一　马7进8　　39. 帅四进一　炮4进3
40. 车八进四　将4进1　　41. 相五进七　炮4平6　　42. 帅四平五　马3退5

一步反击妙手使红方陷入苦守之中,中轴线、双肋线的三向打击使敌首无处藏身!

正是:神来妙手知多少?巾帼英雄遍古今!

总之,反击战术是被敌火力盯瞄并即将遭到攻击的军事目标的主动撤离,是对严重局面的妥善处理,是攻防兼顾的高效运作,是减煞敌军攻力的上佳手段。

有诗为你一抒感慨:先自避离是非地,深庭闲赏草木春。可怜虎狼空劳顿,嚎天嘶地枉遏云!

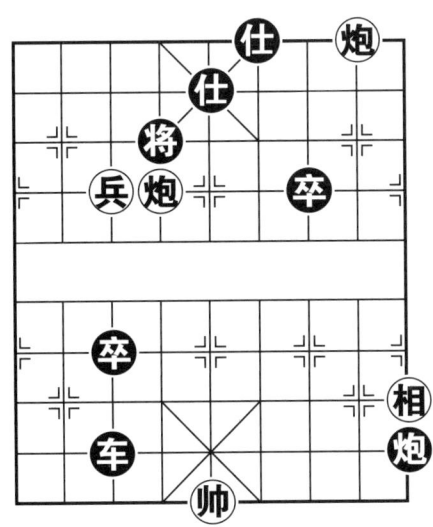

图一

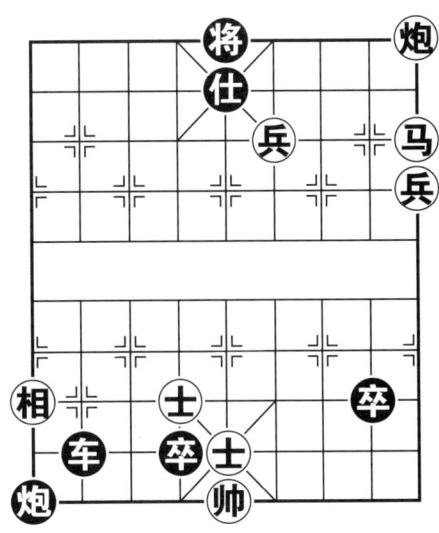

图二

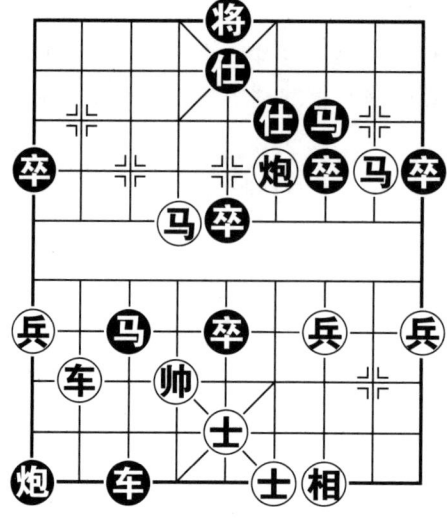

图三

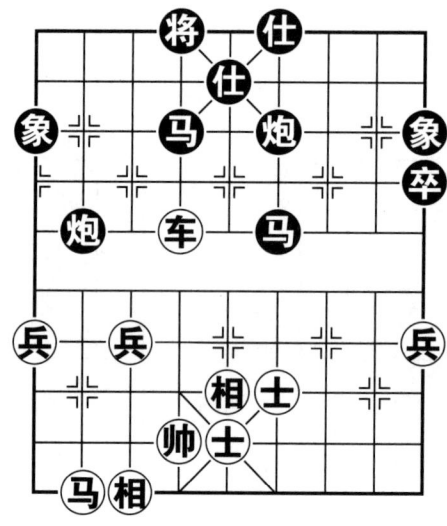

图四

240. 此贼亦除天下宁*

——试论除患战术

《左传》："一日纵敌，数世之患也。"

除患战术系指在两军对攻战中，保安部队从确保主帅安全的最高原则出发，对即将构成杀势的敌军中活动最猖獗、危害最严重、威胁最致命的元凶祸首，采取抽吃、塞除、硬夺、逼兑、弃舍等严厉手段，坚决果断地拔除歼灭，以震慑敌军，消削敌力，瓦解敌军攻势，并稳健有序地将战局推向胜利的强力消除祸患的立苕手段。

（一）消削攻力、瓦解杀势，除患家族英烈史

图一选自肖革联与王东江1995年于峨嵋弈战局谱。除患战术的实施对象，主要是危及帅府与首领安全的潜在恶敌。消灭此类恶敌是最优先的考虑，而为了达成这一目的，代价问题已经退居二席。

24. 车一平二

高代价为国除患，大英烈仗义捐躯！在帅府面临灭顶之灾的险厄情势下，亮车逼兑，以车马的巨大代价拔掉恶车、铲除最大祸患，表现了棋手高度的大局意识，展现了主力部队关键时刻扭转乾坤的伟大气魄和义无反顾的献身精神！此除患妙手有力地消削了敌进攻兵力，彻底瓦解了入杀攻势，极大鼓舞了前锋部队的斗志。此手有胆有识，力逾千钧，震惊弈林。倘若稍有迟疑，被敌军抢到车8进7一手，主帅立毙无疑。

24. ………… 车8进8　　25. 马三退二　车2平4
26. 帅四进一　车4平8　　27. 炮六退五　车8退5

炮退贵有节，敌防窘无争。炮之退及时而有度，它既为车让出联攻的点位，又为中士助杀留下空间，还在敌车打将时预伏了打车争先的手段（此处删除了敌车重复打将的着法）。肋炮之退成为由守转攻的巧妙过渡。

28. 车四平六　士5进4　　29. 车六进一　将4平5
30. 车六平五　士6进5　　31. 车五平二

如续弈车8平5则车二退二，车5退2，车二进四杀。

（二）捍卫空门、飞炮除凶，争得三车闹枝头

图二摘自胡荣华与徐天红1991年五羊杯赛弈战局谱。以重兵消削敌前锋攻力，根除大

---

*文题摘自元稹《连昌宫词》

患，使其难以形成杀势，不仅使帅府脱离危险，而且有效推进己方攻城部队的入杀进程。

1. 炮七平三

护帅无反顾，挥炮去蛇蝎！所除之卒为何物？擒帅夺胜皆由此，既是炮架又是刀！只要车有机会略施连续两次打将顿挫手段，卒再进一小步，就将构成杀局。此除患妙手计算准确，态度坚决，手法果断利落，使翼侧车炮如丧考妣，再难成势。从红方来说，此手乃转败为胜的锁钥也。从此，车双兵在前进的道路上，阳光普照！

1. ………… 车8平7 2. 兵六进一 车7退4 3. 兵七进一 炮9平8
4. 兵六平五 将5进1 5. 车四进二

除患妙手的后期功效开始显现——不仅为士角兵赢得宝贵一先，而且使浅露遭攻之帅亦变成助杀的英雄，而敌车炮则因失卒则变得软弱无力。

5. ………… 将5退1 6. 兵七进一 炮8退6 7. 车四平二 车7平6
8. 士五进四 将5平6 9. 车二平六

黑方感到求和无望，遂认负。

（三）拟势求攻、暗中打叠，力拼杀手成大业

图三为许波与庄玉腾1996年于宁波弈斗残局形势。在对攻对杀战斗中，前锋部队必须时刻不忘后方的安全，宁肯付出代价，使战线拉长，也要在所不惜。

33. 马三进二

拟势应对不测，警备牢记保安。此手含蓄凝炼，它暗中扼守六线入杀点，并相机保留马二进四或马二退四的多种变化，同时也做好一旦敌车马对主帅叫板时而必须采取的先期除患准备。这是前锋部队对大本营平安的高度负责，是攻不忘守原则的集中体现，杀敌攻城与保家卫国，高度一体，其中毫无鞭长莫及之弊。

33. ………… 马3进1

切入、窥瞄、欲扑槽叫杀，红方形势已经十分紧急：是前锋军团将防杀重担挑起来的时候了！

34. 车三平四 车6退3 35. 马二进四 将5平6

甘洒英豪血，不教邪气扬！此除患组合妙手大代价、长效应，坚决彻底，使敌军从此一蹶不振。如以士五进六应对，敌车犹存，车马仍有相当实力发动进攻，后方一时难以安定。

36. 马一进三

除患手段的有力后续，连扫无根残云！马多兵，将对除患过程中单拆一士的残缺宫廷发动致命打击，从而轻松获胜。

（四）精准计算、巧妙实施，联手恶卒梦已碎

图四为《适情雅趣》第360局"弘羊心计"谱图。除患，不仅需要态度坚决，而且必须手法巧妙。此局黑方花心卒凶恶、有根，除掉一个还会再上来一个，并有伺机卒8平7后的双杀。面对险境，马炮兵深长谋划，巧妙实施，以要杀、做杀、威胁、充架、调整等诸多战术手段，先敌一步除掉花心卒，再驱逐第二个花心卒，使帅升顶获胜。

1. 马八进七　将5平4　　2. 马七进八　将4平5　　3. 炮九进三

做杀要杀抢位势，为除恶敌预打叠！下底紧手，欲马八退七再炮九平六杀，不给卒8平7做杀机会，逼敌防范，并为除患埋下伏笔。

3. ……………　士6退5　　4. 炮九平五　士5退4

5. 马八退七　将5平4　　6. 兵六平五

打将逼士，折返调敌，兵移花心，使充架做杀与打卒除患双胁并举，逼敌去兵保将而来不及卒8平7做杀。

6. ……………　士6进5　　7. 炮五退八

充架铺垫设计巧，远势除患谋划深!抢先一步除掉花心卒之后，卒4平5，马七退五，将4退1，马五退六，再驱赶第二个花心卒，使帅轻松升顶，马兵不战而胜。此局的除患过程十分紧凑，设计精妙，佯攻逼真，运调科学，心计不凡。

总之，除患战术是对敌进攻军团掐尖除恶的铁腕，它是连接防守与反击的过渡性引桥，它是震慑嚣张顽敌的滚天惊雷，它是暴风雨中安泰元首的会心微笑！

有诗将你的功德颂扬：方象斜士筑金城，楚河漩吞进犯兵。义侠仗剑除隐患，天下何愁不太平？!

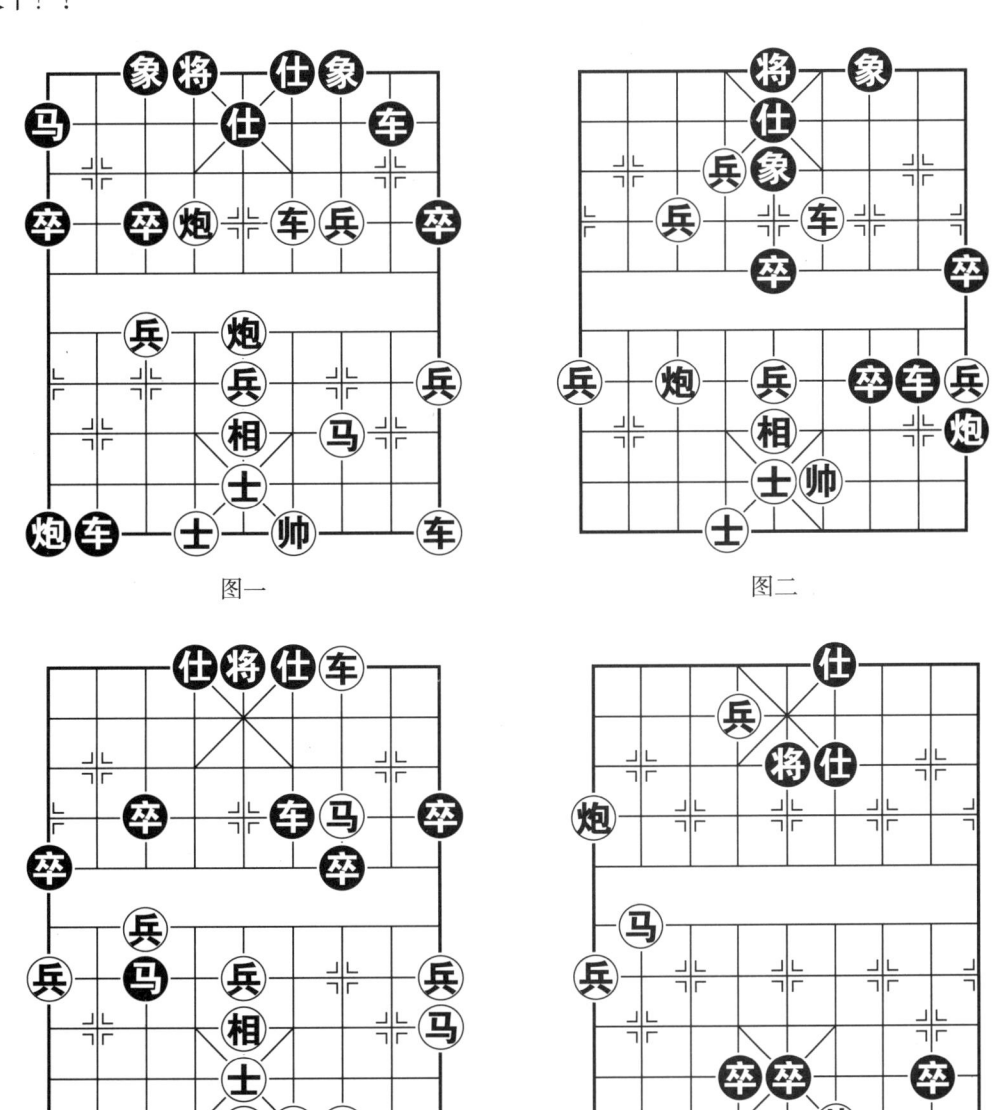

图一　　　　　图二

图三　　　　　图四

241. 小荷障面避斜晖*
——简论避兑战术

毛泽东主席深刻指出："避开敌人毒汁，不使我军主力丧于敌人一击之下""在这上面发生怀疑，是战争问题上的近视眼。"

避兑战术系指在敌方挑衅邀兑情势下，我军本着行动自主的原则和灵活机动的策略，权衡利弊，不受敌之牵导，坚持执行预定攻防计划，保存实力，不使兵员做无谓牺牲，巧妙采取转移、冲垫、扑进、生根、打将等灵活手段，回避躲开敌人，不与兑换，以求更好发挥兵员作用、保留进一步的复杂变化和求取更大的攻防效益，并使耗费时间前来邀兑之敌扑空受挫、尴尬无趣，使敌战略计划、战术企图难以实现的柔性应敌谋略。

（一）避兑转移　拒和争胜夺攻势

图一选自何顺安与王嘉良1956年于北京全国赛弈战局谱。此局是决定全国冠亚军归属的最后一役。对于王嘉良来说，只要弈和，就可获得全国冠军，然而红方的一记避兑战术妙手，立使黑阵呈现败势——

31.…………　炮2平5　　32.炮五平二

避兑暗星斗，夺势耀古今。时虽远离去，局仍撼人心！黑炮应垫求兑，如炮五进二，士4进5后，和势甚浓。此手避兑，以柔弱为表，以刚烈为实，完全出乎黑方意料之外，有力破坏了中炮邀兑企图，严重打乱了黑方城防部署。因下伏炮二进三再车四进二的闷杀，逼炮闪离应付；同时二路炮横拦马之归路，将马攘除在防区之外，并窄小了马之逃路。

32.…………　炮5进5

王嘉良认为，避兑转移之后，红方胜局已定，因为黑方必然失子。但如改走炮5平8，红则帅五平四，士4进5，炮二平五，将5平4，车四平二，马8进6，炮五平六得子胜。

33.车四退二　马8进9

王嘉良认为，即便改走车4进5，马九进七，车4退1，马七进六，马8进7，相一进三，红方车马炮兵的攻势强烈，不可阻挡。

34.车四退二　马9进7　　35.车四平三　车4进5　　36.炮二进三　象5退7

巧妙策应再避兑，力夺中炮奠胜基！但如士6进5，则车三进六抽马胜。

37.车三平五　马7退5　　38.士五进六

红净多一炮胜。真乃是：两次避兑耀楚汉，一盘名局铸春秋！

---

*文题摘自张先《画堂春》

（二）避兑趋前　宫城遭袭乱如麻

图二摘自赵国荣与吕钦1996年第三届王位赛弈战局谱。

28. 马六进五　　马6进4

征程万里岂能兑，锋线一剑为求杀！此乃扑进、输送、趋前、求杀之避兑妙手，战局突变的有力转换器！它既奔卧槽，又胁挂角，着意进攻，凶悍非常，为迅速入局投入了杀心不灭的绝好兵力。

29. 士五进六　　炮7进8

避兑一手，赢得了攻势，带来了杀机，促成了突袭的实施。势由避兑起，炮袭豪帅惊！此手远程突袭底相，乃避兑冲进一手的爆炸性后续，因它而使端端宫阙再无歌舞升平之日。

30. 士四进五　　车2进3

现红方只能士五退六，则马4进6，帅五平四，车2平4，帅四进一，车4退1，帅四退一，卒7进1，相五退三，车4进1杀。呜呼！避兑非小术，扑进立大功！但如将士四进五改走相五退三去炮，黑则车2进3，帅五进一，车2退1，帅五退一，马4进6，帅五平六，车2进1杀。

（三）巧避大兑　攻如潮水漫金山

图三录自郭长顺与胡荣华1983年于哈尔滨弈战局谱。

28. ………… 　卒5进1

各逞技能较劲搏弈，深蕴机谋卓异攻防！面对红方肋车捉马以诱逼马6进7后进行大兑求和之图谋，中卒巧妙冲渡护马避兑，同时反诱中兵凸起，以使敌撤消隔离墙，乘势加强车炮联系，护炮后再夺三路马，十分精妙。倘若此时改走马6进7则炮六平三，炮2平7，车四进一，前炮进1，车四平三挑双得一，红遂达成大兑求和企图。

29. 车四进二　　马6退8　　30. 士四进五　　车2退3　　31. 炮二进三　　卒5平4

32. 兵五进一　　卒4平5　　33. 车四进二　　马8退7　　34. 车四退二　　炮7退2

再次避兑藏变数，强势固防暗瞄兵！避兑河界，不仅生根，而且为其平中、平1、平8提供了宽广优越的地理条件，同时握有踏炮先手。

35. 车四平二　　炮7平8　　36. 兵一进一　　炮2退2　　37. 炮二平一　　车2平8

38. 炮六退一　　马7进5　　39. 炮六进四　　马5退7　　40. 炮六退四　　马7进6

41. 士五进六　　炮8平1

黑方在反复妙用避兑战法同时，反以中卒占位与度数领先的优势去兵解拴邀兑，确保优胜之势。兑与不兑，皆掌控在手，并各尽妙用。

42. 车二进三　　马6退8　　43. 炮六平一　　马8退6　　44. 炮一进五　　马6进7

45. 后炮平二　　士5进6　　46. 炮二进三　　将5进1　　47. 炮二退五

双炮难以成势，三路马被炮卒死死控制在原地不得支前，故退而邀兑，以求取和势。

47. ………… 　炮2进4

避兑已不仅仅是保留攻力，而且正式吹响了反攻的号角。

48. 炮一退四　　马7进6

再邀兑、再避兑，扑马要点，攻城大战由此拉开序幕。有诗赞道：轻灵河炮，可纵可横皆美妙；刁钻战马，卧槽挂角任选挑！庆功进爵谁为首？避兑柔术第一娇！

总之，避兑战术是我军整体战略谋划对敌之战术信息的军事婉拒，是自主作战原则同敌之邀兑、简化企图的战术较量，是在避敌挫敌制敌之中达成求变求深求胜的柔性争战方略，是智谋园林里散发的一抹馥郁芬芳。

正是：逆反技法越常规，狡诈残敌势折亏。为求潜宫多斗士，小荷障面避斜晖！

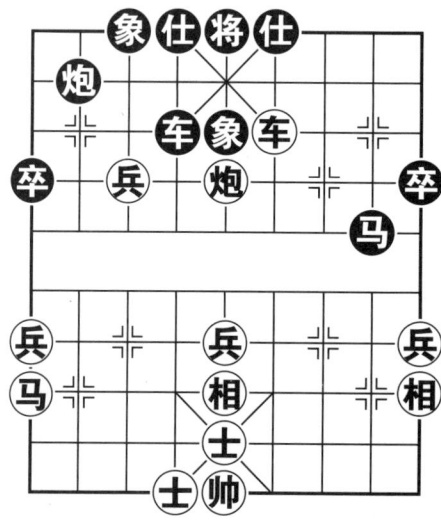

图一

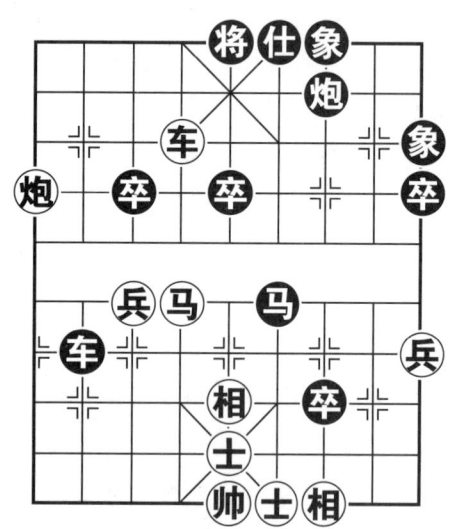

图二

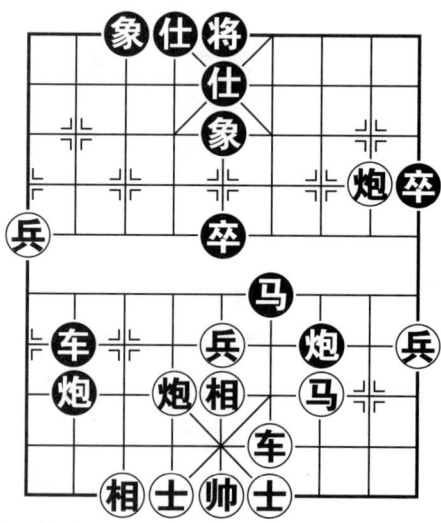

图三

242. 波摇石动水萦回*
——小论缠磨战术

毛泽东主席深刻指出:"如不使敌十分疲劳和完全饿饭,是不能最后获胜的。这种办法叫'蘑菇'战术,将敌磨得精疲力竭,然后消灭之。"

缠磨战术系指在攻防战中,以马炮兵为主体的集团军,充分发挥地形和民众两大优势,在识破敌军图谋和准确判断敌行动路线的基础上,有效采取设障狙击、纠缠贴靠、袭扰牵制、拦挡挤逼、暗布陷阱等柔性手段,极大限度地使近短火器在近战、乱战中各尽其长,有力地消耗、扰乱和禁制敌军,使敌军处境险恶、攻守失据、进退不得、烦乱焦躁而失误败北的近战缠战技巧。

《说三国话权谋》曾云:"缠战——以劣胜优之一法"。在弈战中,往往无车一方常施其法,马炮兵默契配合,以柔克刚,以近制敌,破坏敌计划,迟滞敌行动,使敌指挥系统感到别扭"闹心",烦躁失控,导致感情用事而失败。

(一)挤拴禁控,剪羽双士三英奏凯

图一选自胡荣华与杨官璘1978年厦门团体赛弈战局谱。

75.………… 马1进2

拒和求胜避暗兑,瞄帅胁炮震一方!此手既化解了炮八进一再后马六进七的打卒抑马的手段,又回绝了兑子成和的意向,还暗中布设了炮3进2要杀夺炮以取得兵种优势的网罗。黑方以多一卒一象之优,靠战火引烧敌营之势,凭主将占中控线之利,发动了一场缠磨战。

76. 后马进七

两位顶尖高手各自施展闪离靠绊近逼的缠磨绝技,盘面上出现了两支斜向队伍的罕见图形,宛如围棋被引征子力一般,双方扭结贴靠对峙纠缠。

76.………… 炮3进2　77.帅四进一　卒7进1　78.马七退八　炮3退1

黑炮能缠能离,它及时下底要杀,逼敌以炮换马而处于更为不利的地位。退炮打将靠马,不仅使八路马丧失机动权,而且暗伏杀机:如士五退六则卒7进1,帅四退一,卒7进1,帅四进一,马四进五妙杀。

79.帅四退一　马4进2　80.马六退七　将5平4

以马兑炮,既降低了红方防守应急的反应速度,又使其丧失远程控制能力,至少确保了7路卒能在一个比较安全的环境里行军作战,并减少敌方马炮之间的配合。四强对角缠

---

*文题摘自李白《东鲁门泛舟二首》

绕，图示了缠磨角斗之激烈。黑炮马利用两条边线将八路马挤压无路，同时出将布控要线，强势渐显。

81.帅四平五　炮3进1　82.马七进五　卒7平8　（删除重复回合）
85.马八进六　炮3平1　86.帅五平六　马2进3　　87.帅六进一　炮1退8
88.帅六退一　炮1平5

既可近缠，又可摆脱敌人，进行远程控制，占中禁帅拴马胁马。

89.马五进三　卒8平7　90.马三进二　马3退1
91.马二退三　马1退3　92.帅六进一　炮5平1

游弋己阵，暗中做杀得马，前后四子默契配合，成网成势，浑然一体。

93.士五退四　炮1进6

串打制胜。以下马三退五，马3进2；帅六平五，卒7平6，并暗伏卒6平5叫将去马，马六进七，将4平5，双马受制，红士必失，难以续战。此局之缠磨，既可凑近纠结，又善远势控制，二者又相交错实施，其中隐伏手段不断，堪称缠磨之经典战例。

（二）隔阻贴靠，疲惫危殆无力守御

图二摘自李来群与朱贵友1985年全国团体赛弈战局谱。

33.炮七平五　炮2退3

平中罩镇伏杀，立夺攻势，同时构筑了实施缠磨战术的战略平台。红方借兵力控制中原之强势，发挥兵力趋前、速度快的优势，以反复做杀、要杀为动力，巧妙实施缠磨战法，力克强敌。

34.相五进七

扬相阻炮，使其难以平移6线遮掩防杀，红方暗伏露帅绝杀。此缠磨妙手，使炮受阻，使卒锋受挫，使敌首危机加深。

34.………　炮1进1　35.马六退五

折返设障，封闭了所有黑炮平6遮掩解杀之路，逼马让路，从而使马无进路，边炮走低。

35.………　马1进2　36.帅五平四　炮1退5　37.马五进六

往复皆妙手，立马施缠磨！退而复进，欲进七路增层垫厚断联，以破坏敌之封锁线，助马炮成杀，由此拉开缠战大幕。

37.………　炮2平4　38.马六进七　炮1平3

捉拿边炮、贴靠角炮，使后者再无周旋松动之余地，同时为兵让出点位，以便进剿处于峡谷之中的守军，为右马入杀创造条件。

39.兵五平六　马2进3

威逼惶恐角炮，孤马进退维艰！红方兵马近贴硬逼，以使黑方极度被动，甚至已无好着可走。

40.兵六进一　马3退4　41.炮五退二

不吃炮而绊马，使炮被活捉，使马被隔阻高山之外，再无回防救主的机会，使敌军处于疲惫、减效之中，已不再能够抗御三向联杀之攻势。此局之缠磨，借杀势而增加缠磨的力度，又以缠磨促进杀势，十分巧妙。

总之，缠磨战术是近短火力的柔性击打技巧，也是参战兵员缠绵细致的入局手段，还是陷残敌于增弊减效、被动挨打不利境地的制敌方略。

正是：柔性谋略常出新，敌阵局踏自惊魂。软磨硬缠皆妙手，贴靠牵扰胜嘶奔！

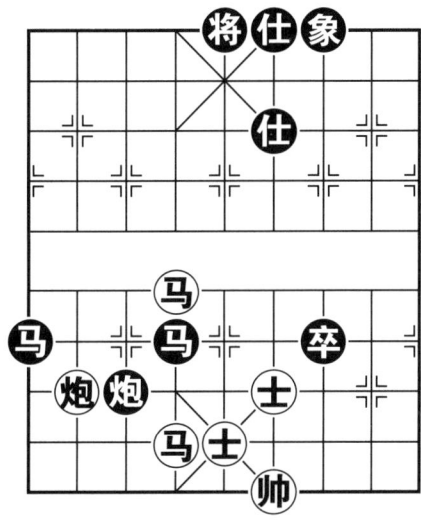

图一

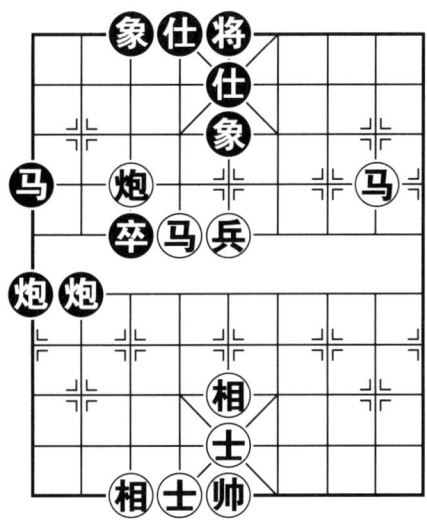

图二

243. 曲终敲损燕钗梁*

——简论殿后战术

克劳塞维茨将军在《战争论》中明确指出："由军队之最佳部分编成强有力的后卫，由卓越的将军指挥之；在重要的时刻全军给予支持，小心切实地利用地形，每当敌之前卫的行动轻率或附近地形有利于己，就设置强大之伏兵等""后卫将可以继续若干时间的抵抗，作为殿后而阻止敌之追击。"

殿后战术系指在进攻战中，为防范敌军偷袭、兜抄、劫掠、急攻，暗中选派精干部队担任后卫，或令进攻部队中的快速部队兼职后卫，采取游弋、捉拿、盯瞄、扼守、防范等有效手段，掩护后尾部队的行进和驻止，保护家国的安全，以使敌军弃守为攻的玩命计划彻底破产，使前锋部队能够在无后顾之忧情况下擒拿敌首的平衡攻防、全面部署的作战谋略。

急所消势　天神下界保安

图录自《竹香斋》中"回营御敌"棋局谱图。

1. 车三退七

帅府告急归闪电，履险解杀筑隔离！快速反应部队强施隔阻手段，立荏殿后，使敌双车抢士催杀计划彻底破产。此手，充分利用前锋部队占位优势，借用敌军宫城防务极度虚弱之弊端，巧施殿后，立解危机。此手，突然、高效、巧妙，充分展示领军在关键时刻快速、仗义、勇挑大梁、不怕牺牲的战斗精神。此手，在殿后战法系列里亦属上乘。赞曰：保镖绝佳样板，殿后铁血将军。

```
1. ………… 　车6进1
```

敌不敢车8平7，因伏马四进二后再兵六进一的抢杀手段。

2. 车三平四　车8平6　　3. 帅五平四　马7进6
4. 兵六进一

殿后妙手消势，双方激战成和。

总之，殿后战术是对敌前锋部队偷袭急攻行动的有效遏制，是对己方攻城擒将战斗的有力支持，是指挥部门攻防兼顾、攻防平衡理念的展现，是对敌军侥幸取胜心理的沉重打击。

正是：合理配置暗处藏，守御家国挺忠良。战后嘉奖英侠士，曲终敲损燕钗梁。

---

*文题摘自晏几道《浣溪沙》

244. 五陵年少不敢射*

——小论逼退战术

克劳塞维茨将军在《战争论》中指出："防御者可使用突击、奇袭、迂回等一切进攻手段，在决定会战命运的关键时刻，采取这样行动就会迫使敌军退却。"

逼退战术系指在防御性战役或攻防交错的混战中，实施方派遣得力兵员主动出击，巧妙采取堵截、捉拿、胁制与邀兑等手段，强力逼迫保护机制欠佳的蓄意向我方阵地渗透的敌军无奈退逃，从而挫败其增兵强攻计划，损耗其行军度数，减煞其拼斗士气，并为己方稳定大局、抢夺主动、转守为攻创造良好条件的防御战法。

（一）象口逼马阵开扬

图一摘自许银川与越南张亚明1995年亚洲城市名手赛弈战局谱。

11. 车三进一

履险逼靠日，正是退敌时！红方抓住黑方士4进5的有利机会，立即挥师越界逼马，而马无进路又缺乏保护机制，且6路车又不想平8而让车一平二使8线兵力包袱加重，河马故而无奈退回。这就有力破坏了敌进军计划，瓦解了马炮联手构筑的火力封锁线，为边车亮出、扩大先手创造了条件。此手挫其锐、煞其势，使敌在度数上、心理上遭受了难以抵补的损伤。

11. ……　　马8退7　　12. 车三平六　马2进3

13. 车一平二　炮8平9　　14. 马四进二

车之能够亮出、马之能够拐进，皆逼退敌马炮之战果也。退而言之，如无车三进一之打叠铺垫，欲使右翼子力活跃将要费更多的周折。

14. ……　　车1平4　　15. 车六进四　士5退4

16. 马二进三　士6进5　　17. 炮八退一

现黑阵板结紧缩，难有进取；红方则以相头马、二路车为标志的攻防战阵，活络开扬。红方趁此良机退炮转移，重兵集结，实施以多打少策略，同时拟炮八平四威胁胡同车，至29手生擒一炮胜。

---

*文题摘自张籍《猛虎行》

（二）抢先逼退先锋马

图二录自吴贵临与柳大华1995年"银荔杯"象棋赛弈战局谱。

21. 车八平四

飞顶逼退马，尴尬中路车。现敌车正捉中炮，红方凭借左翼马炮对河界的封锁，依仗净多两兵的物质基础，毅然平车顶马相逼，争先抢势，神勇至极！此手不仅展示了审局之透彻，而且尽现行动之突兀。此局面下倘若示弱改走炮五退一或兵五进一，黑方则马6进7，黑势不差，足可应对。

21. ………… 马6退8

黑方如车5进1则兵五进一，车5退1，车四进一，进而封锁敌河，窥瞄边卒，其势大长。在这一变化中，双方虽各自损失一个大子，但从双方兵力对比状况看，红方多兵优势会愈加显现。

22. 炮五退一　炮2平4　23. 兵三进一

由于逼退战术的有效实施，敌左马不仅亏损了步数，而且丧失了进路，成为战斗力锐减的漂浮物。至第43回合红方在敌右翼攻城战斗中，抽得一炮胜。

（三）轮番相逼嘶声咽

图三选自徐天红与杨汉民1989年全国个人赛弈战局谱。逼退战术的实施主体，除车以外，马亦善为之。它常常突然启动，"旁敲侧击"，将进意浓烈之敌军逼退回营——

33. 马四进五　马4退3

防拴入界邀兑，逼迫顽敌退归。黑马企图趁红方宫城三星不整之机，助双炮捷足先登。然红方巧施逼退战法，立逼回营。何谈逼退？其逼有三，一是在兵种上，若应兑，则造成兵种不齐不力，难以进取；二是在兵力上，若马4进3则马六进七打将，然后炮扫卒林，黑呈败势；三是在战略上，红方炮双马占位甚佳，攻力充足，且中兵即将渡河参战，随时都有偷袭得手的可能，故马退防。一进一退之间，双方差距拉大，优劣立即显现。此种逼退，一言以蔽之，以势相逼也。

34. 马六进七　将5平4　35. 马七退九

再逼无进路，忍辱退象头。得势不饶人，此恨几时休？红方双马轮番连续相逼，竟将越境并满怀壮志的敌马逼得无路可走。

35. ………… 马3退5　36. 炮八平一　炮2退3　37. 炮一平九　马5退3

38. 马五进七　将4平5　39. 炮九平五　象7进5　40. 马九退八

红方将敌马炮相继逼退同时，乘机掠卒，以夺取多兵必胜之势。此局之逼退，标志着攻防的转换、进攻的开始。其中敌马连续被逼后退之情景，折射出逼退战术的辉光。正是：依恃强悍势逼马，攻城大潮水推沙！

总之，逼退战术是对敌军先头部队的迎头痛击，是破坏敌军大举入侵计划的得力举措，是边防部队对潜入者、挑衅者、窥视者的有力驱赶，是捍卫楚河安宁的军旅战歌。

正是：恶敌犯境军情急，戍边劲旅大回击。五陵年少不敢射，一代名将退蛮夷！

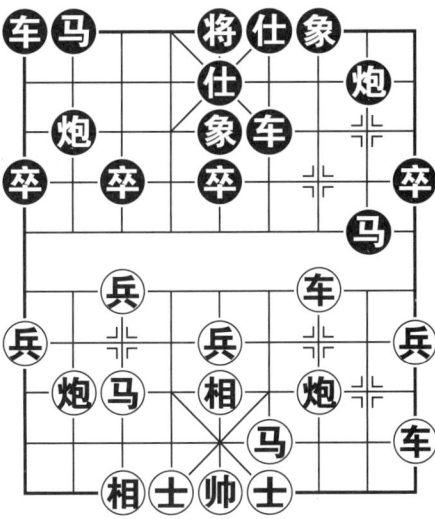

图一

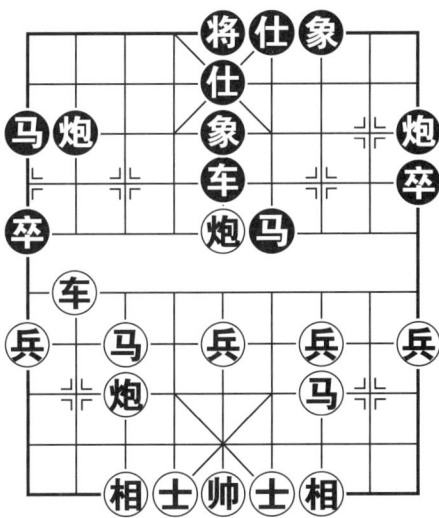

图二

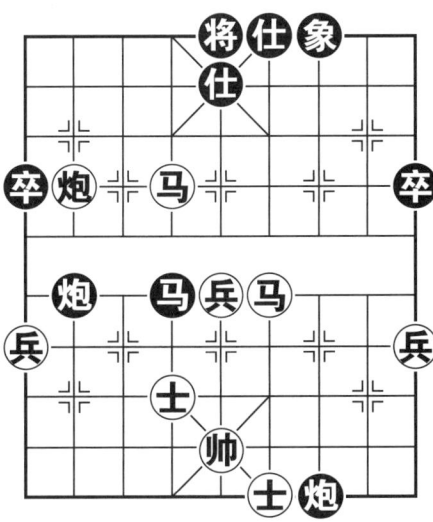

图三

245. 避人鸥鹭更翩翩*
——小论躲避战术

克劳塞维茨在《战争论》中指出："第三个方法，在于避开敌人，绕过有被敌截断的地点，以较少的劳苦而行进于尽可能远离敌人之地。"

躲避战术系指被强敌捉拿的兵员，本着积极主动的"走为上"的方针，采取以柔克刚的谋略，充分利用友军的位势和局面的特点，有计划回避躲开敌人，重新选点占位，有效转移机动，大力腾挪周旋，坚决反捉回击，以达成由弱变强、由被动到主动的战略转换的解拆应捉技巧。

《增补曾胡治兵语录》云："兵事之宜惨戚，不宜欢欣。"被捉，乃敌赐惨戚，迫其在险厄处奋起，同劲敌顽强抗争，而愈是被逼捉于绝地，反愈能发出摧木裂石的吼声！

（一）连避威风抖 竟怀杀敌心

图一摘自戴荣光与李义庭1963年于汉口弈战局谱。是局黑车双马联合捉死红炮，红则联车捉马，河马则连续妙施躲避技巧，反令敌军十分难堪。

22. 车二平四 马6进5

踏兵赤兔非噩噩，避人鸥鹭更翩翩！此躲避妙手，避车贴车捉车兑车！有力的着法，罕见的局面！它躲避硬朗、潇洒，极富挑战的狂放姿态和近战的顽强精神！此等躲避，哪里还有一点点软弱、消极的影像呢？它强对抗、反捉拿，完全是上将气派！

23. 车四进六 士5退6   24. 车四进二 马5退3

再次躲避，蹄腿矫捷，绵里藏针，既伏充架残相打将，又把曾有过一线生机的八路炮推入死牢。以下相三进五，马3退2，第三次躲避，踏掉敌炮，回营休整。三次躲避，各尽其妙，均富生机，给局面带来了力的活跃、春的讯息！

（二）避捉雷区泰 联攻战马嘶

图二录自李首谦与任建平1996年于太原实战局谱。

23. 马八进九

躲避气势烈，制乱战力遒。此手避卒踏卒，径直闯入3路马管辖的领地，诱马离防伏杀，逼将窜逃；马之躲避还为角隅炮施威增援了活跃的台架！躲避之力度，躲避牵扯面之广大，躲避致使敌营混乱程度之深重，在实战局中实属罕见！

---

*文题摘自宋·韩淲《鹧鸪天》

23.………… 将5平6

黑方如马3进1，则车六进八杀；又因伏有马九进七踏马威胁，故迫使敌首出面应酬。

24.炮五平四 将6平5 25.炮四平七

抓住"躲避"带来的机会，连续扩大势力范围，捞取"好处"，使敌十分被动。

25.………… 马5进4 26.马九进七 马4进3

27.车六进七 车6退2 28.马七进八

红马之躲避，借助于大势而增效生威，它充溢着自我牺牲精神、进击意识和助攻思想，展示了躲避战术的深刻内涵，可谓：躲避生杀性，橘枰绽牡丹！谁云我辈弱？惊悉斩楼兰！

总之，躲避战术是改善被捉兵员境况、增加兵员位势的灵活举措，是以个体之避，激活全盘的神妙对话，是蔑视强敌、甩开追捕、创造战机的立苴谋算，是选点术大家族中初始带有被逼色彩、尔后独具战斗光环的核心大员。

正是：避捉妙步犹曼舞，但与鸥鹭共翩跹。豪侠不惧恶人剑，只信厄处另有天！

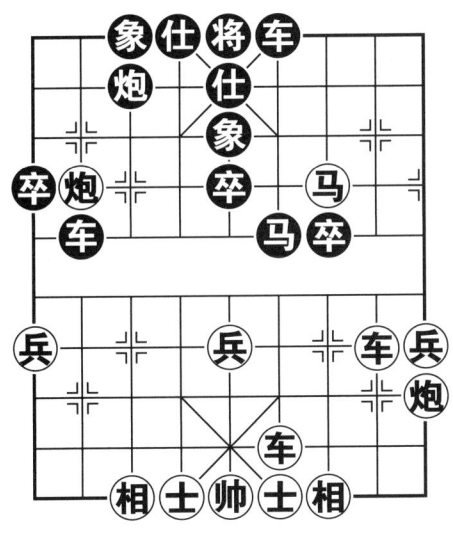

图一

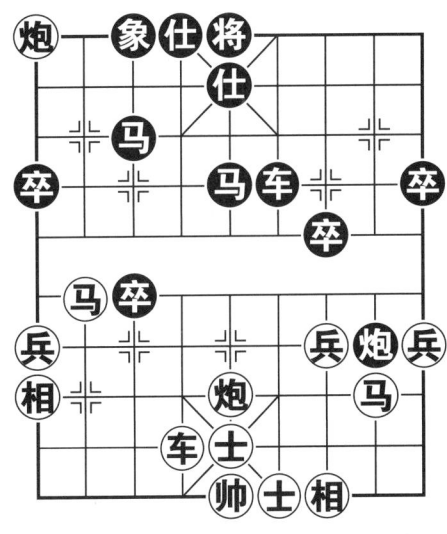

图二

246. 万类霜天竞自由*

——略论反拴战术

毛泽东主席在《中国革命战争的战略问题》中深刻指出："被敌逼迫到被动地位的事是常有的，重要的是要迅速地恢复主动地位。如果不能恢复到这种地位，下文就是失败。"

反拴战术系指己方驻止在同一条线路的两个以上兵员被敌拴链的被动情况下，被拴者或友军迅速采取生根、对捉、闪将、腾挪与威胁等相应手段，有效恢复被拴兵员的自由与机动，使敌不敢冒城池受攻、主力遭困的战略风险，从而使敌枉费了因造作拴势而耗用的度数，使其拴链捉子取利的企图受挫的破坏敌军部署的解救反制技巧。

（一）乘势攻城　威胁闷杀　立荏解拴争胜机

图一选自胡荣华与赵国荣1982年于哈尔滨北方杯象棋赛弈战局谱。是局黑方河车拴死红方车马炮横队同时，炮双车对红方宫城发出了致命威胁信号，生死关头，红方突出反拴妙手——

26. 车五进二

排局式反拴妙手，教材般夺势经典！此手来势突然，出敌不意；此手终止板结，增效活络；此手剪羽突破，发动攻城战役，在威慑与击打中解拴，十分精妙火爆；此手谋划近远结合，立伏闷杀，使敌来不及砍马夺炮，也来不及躲车，从而夺势反先！

26. ……………　象7进5

无奈应付，因如车8退4，红则炮三进八，车8平7，马四进六做成绝杀。

27. 炮六平二　士5进6

连施闷杀威胁，厉行消削手段！连续两步反拴妙手，不仅将实施拴链主体8线车轰掉，敌车已形单影只，而且严整宫城破损零乱，变成巷战的有利地形。此手正式宣布反拴获得成功！

28. 马四进六　士6进5　29. 马六进七　将5平4　30. 炮二平六　车6平4
31. 马七退八　炮9平8　32. 炮三平二

横阻敌炮回防，同时闪身择路，以备增援友军攻城。

32. ……………　将4平5　33. 相七进五　将5平6　34. 兵七进一　卒9进1
35. 兵三进一　车4进1　36. 炮二进五

经过积蓄力量、占领要位、消削敌势、控制局面，最终无车胜有车。

---

*文题摘自毛泽东《沁园春·长沙》

（二）硬性逼离　做杀陷车　中路冲杀夺胜势

图二摘自柳大华与王嘉良1984年于昆山弈战局谱。是局黑方车炮已拴死红方车炮，且立马就要打炮将军镇中，力夺杀势。

38. 炮九平六

强弃巧解拴链势，逼宫挟制硬讨还！此反拴妙手，精深设计，出敌意料、借势夺势、大气磅礴。它使敌夺炮反镇求攻企图完全落空，使中炮中兵助攻助杀作用得到充分发挥，并获得了夺取攻势与子力补偿的双丰收。

38. ……　　车4进1　　39. 炮五退一

敌车弃拴吃炮，逼走之着，如将4平5，则炮五进四打将抽车。红方护辅中炮，是维护战阵最高利益，是夺取攻势、追讨失子、赢得胜局的决定性手段。

39. ……　　车4平3　　40. 车一平六　　将4平5　　41. 帅五平六　　炮3退2
42. 车六进二　　炮3退2　　43. 兵五进一

逼宫强势讨债，砍象减层做杀！砍象做成铁门闩杀势，逼敌弃车解杀，为反拴链条中的闪光环节。

43. ……　　车3平5　　44. 兵五进一　　士6进5　　45. 相七进五

拥兵深宫追杀，敌车不敢回歼，否则车六进四闷杀。兵之利用率，或者说兵之战力，已达最大限度，其为残局的攻杀取胜提供了最佳服务。顿挫完毕，然后吃车，次序井然。

（三）反拴闪击　主力拼决　借势缠斗奏凯歌

图三系赵国荣与徐天利1983年全国个人赛中局形势。在红方车马被拴的不利情势下，被拴之马挣脱拴绳，扑象胁宫而去——

17. 马三进五

硬解拴踏象夺路，施高压暗伏双杀！红方以双将杀的致命威胁相逼，踏象反拴，一幅挥臂断链的威武画卷，一种化链势为攻势的超凡脱俗的举动！正是：命运已作主，自由梦成真！

17. ……　　象3进5

无奈之着，如炮7进7去车，红则马五进七，将5平6，炮二平四，士5进6，马四进三双将杀。

18. 车三进六　　车8平7　　19. 马四进三

黑方少象而马路不畅，将处于被动遭攻地位。实战中，黑方在防守时被掠一炮致败。

（四）相机冲杀　间接反制　力夺战场主动权

图四截取自邹立武与刘殿中1984年于合肥弈战局谱。是局黑方对被拴纵队之情势采取搁置方略，并通过消镇、骚扰、反攻等一系列强硬手段，以攻制拴，夺取胜势。

1. ………… 卒3进1

逼兑消镇双刃利，反攻制拴一肩挑！在红方既有车二平四砍炮恶手，又伏马四退五去卒捉马的得子手段的不利情势下，3线卒启动充架助炮逼兑罩镇恶炮，有效解除了角炮危机，同时为马开路，使3线马顺利踏上以攻制拴的征程。此手一星管（二）妙算深远！

2. 炮五平八　马3进2　　3. 马四退五　马2进1　　4. 车二退五　马1退3

黑方采取对捉、连踏、骚扰、移换等手段，抢占要点，窥瞄深宫，以比拴链更有力的迅猛攻势回击敌军、威胁敌首。此段演弈，逼迫敌军必须在以拴得子与因拴遭攻之中做出抉择。

5. 炮八进六　车4进1　　6. 炮八退七　马7退5

势成方发力，折返妙解拴！此手先弃后取、立苤解拴、计算精准，为全局一大亮点。

7. 车三进七　马3进4　　8. 炮八平六　马4退6　　9. 车二退一　马5进6
10. 车二平四　车4进7　　11. 士四进五　前马退4　　12. 车四进二　马4进3
13. 车四进四　士5进6　　14. 帅五平四　车4退2　　15. 车三退六　车4平9

黑方以攻制拴、立苤解拴魄力之大、参与之广、手法之高，堪称经典！现黑方净多三卒，又战十余回合获胜。

总之，反拴战术是危急时刻反制夺势的重大举措，是遭到限制的纵横队伍的自由权得到恢复的美妙过程，是局面从被动到主动的得力转化，是粉碎敌军控制、捉拿图谋的神勇抗争！

正是：危急时刻展身手，解套反拴势劲遒。一彪人马续活力，万类霜天竞自由！

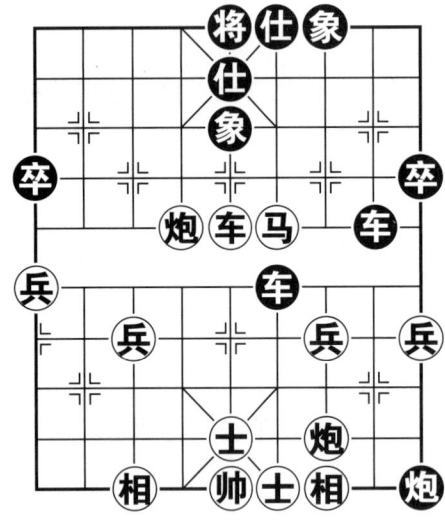

图一

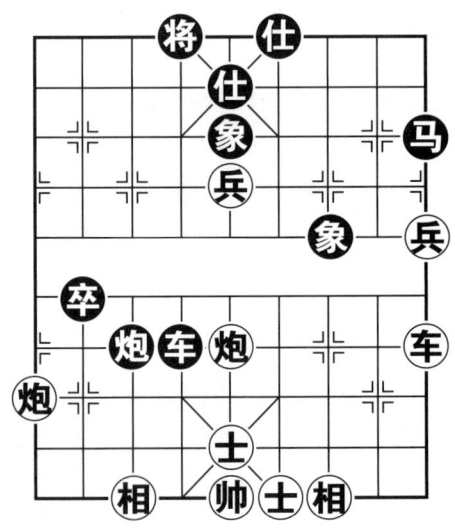

图二

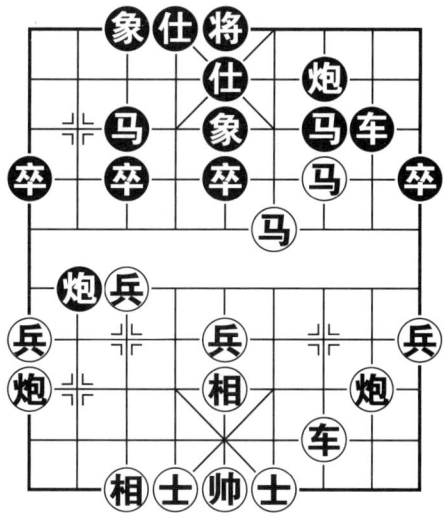

图三

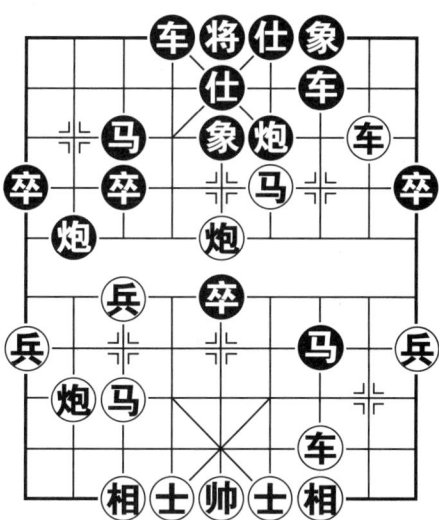

图四

247. 芙蓉塘外有轻雷*
——试论倒打战术

若米尼将军在《战争艺术概论》中精辟指出："炮兵如能从敌人背后对其射击，那对于敌军的精神威胁将是无法估量的；即使是最勇敢的士兵也会胆战心惊。"

倒打战术系指埋伏或运行在敌阵纵深地带的炮兵部队，遵循"以正合，以奇胜"的军事思想，抓住敌军战阵的弊端和敌军行进纵队的弱点，采用兜抄后路和背后袭击的非常手段，借用敌之台架，从敌阵向本阵方向突然瞄打敌人，以达成攫取、制乱、驱逐、探试和震慑等战术目的之逆向攻击艺术。

（一）运行轨迹何其美　索要强掠堪称奇

图一选自胡荣华与杨官璘1966年于郑州全国象棋赛弈战局谱。

11. 炮二进六

中局伊始，红炮抓住敌右马屯边、左车无根之弊及右车位置欠佳且不肯委屈退避的心理，强行打车过渡，索要花心临时落点，为安置炮座做好了战术打叠。此手既含逼车原地的企图，又有借士架、逼士架的战术目的，不管黑方做何种选择，红方都将获得利益。即便黑方车1退1，红炮逼退一车、迫压另车，亦可满意。

11. ………… 士5退6　　12. 炮二平五

强占拥有四个兵员扼守的花心重地，巧妙完成了借点借架瞄打中卒的准备工作。对黑方来说，刚进入中局，敌军就到深宫要地"开玩"，实在不堪忍受！

12. ………… 车8进9　　13. 炮五退二

佯攻借用尽妙笔，纵横进退皆文章。短短三步，构成了行军路线曲折而奇特、战术功效华美而实惠的倒打艺术。

13. ………… 士4进5　　14. 马四退二

经过倒打战术之实施，特级大师胡荣华认为，"红车位置明显好于黑车，并且多一中兵，红方优势已比较明朗。"

---

*文题摘自李商隐《无题四首》

（二）平地惊雷撼山岳　龙潭灵怪卷怒涛

图二摘自柳大华与王嘉良1983年于昆明弈战局谱。

35. 炮二平三

淡定占位别有致，神勇倒打妙无双！此乃诱马绊马、马口借马、打车逐马之倒打妙手。此手突兀奇谲，击强敌于无备，掀狂潮于平流。如马5退7，则车二进六，再马五进四，宫阙顿开，皇城告急。

35. ……　　马7进8　　36. 炮三退四　马8退6

在诱逼7路马离开防区之后，红炮退归至拥有双根之依托重地，抑压软禁敌车，使黑阵左翼渐露虚懈。退炮一手，展示了在实施倒打之时，已经做好了两手准备的灵活对策。

37. 车二进六　士5退6　　38. 炮四进七　炮4平5　　39. 炮四平六　将5进1

40. 车二退一　马5退7　　41. 炮六平三

淡淡窥瞄，借架为后炮生根，并威胁闪击倒打，从而逼迫敌军应付。

41. ……　　车7平6　　42. 前炮平四

利用铁架，再次倒打，逐车原地，并顿挫选点，准备转移，发动最后攻击。黑车被打、惊慌躲避之境况，折射出倒打战法的威慑之力与永恒之光。

42. ……　　车6平7　　43. 炮四退二　炮3退1　　44. 炮四平八　炮3平2

45. 马七进六　将5进1　　46. 马六进七　将5平6　　47. 马七进八　马6进7

48. 马八退六　象3进5　　49. 车二退一　将6退1　　50. 车二平五

强大火力摧高垒，何况洞穴孤寡人？

（三）铁腕驱散底线梦　妙手弹奏攻防歌

图三引自陶汉明与赵汝权1996年"丽江明珠杯"弈战局谱。

1. 炮二平四

倒打妙计安天下，借架制敌展神功！红炮利用铁架倒打恶车，立解敌车吃士抠将抽车的偷袭威胁，并同时塞压象腰，为中兵掠象、继而车炮兵攻城擒将创造有利条件。这就是借敌逐敌倒打战术的随机亮相，是谋略与智慧的临场巧妙发挥！在这里，倒打战术的奇功异效光芒四射，还怎么能有所谓"鞭长莫及"之类的叹息！一步倒打，冷透觊觎之心，释尽攻防之妙！

1. ……　　车6平4　　2. 兵五进一

乘势掠象控将，为抢士、追杀敌首预做准备。

2. ……　　将4退1　　3. 兵五平四　车4退6　　4. 炮四平二

兵炮俱已到位，杀势已成。正是：激战催生妙手，倒打闪烁灵光！

总之，倒打战术是袭击武库中一个带有乱战性质的轻型武器，是借敌制敌、因敌制乱的随机性智力火花，是描绘炮兵部队机敏、威严、潇洒战斗风貌的动态画卷。

有诗为证：无端奇正自多娇，兵法圣典著款条。芙蓉塘外轻雷起，逆飞倒打任逍遥！

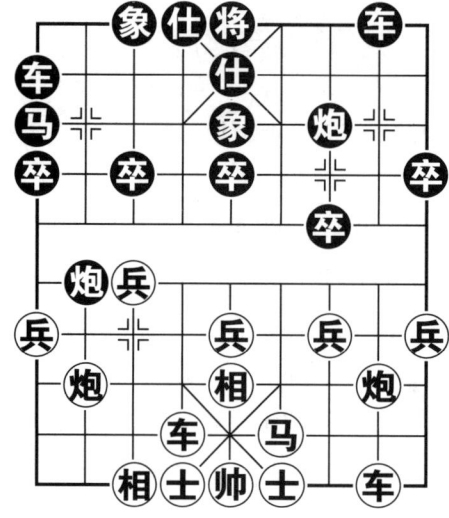

图一

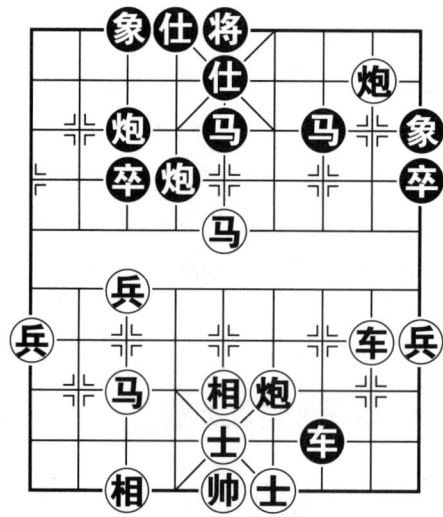

图二

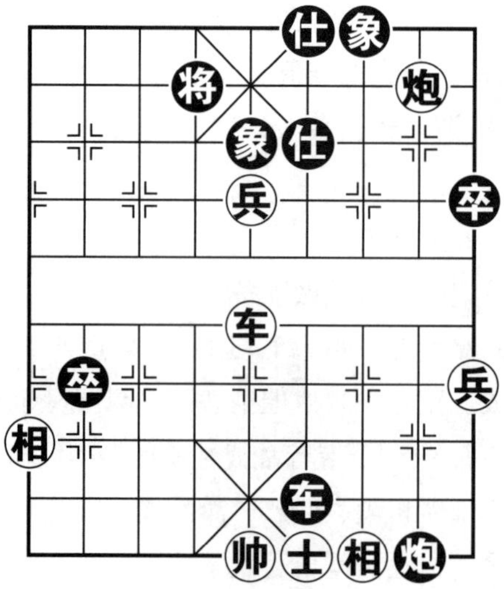

图三

248. 一生大笑能几回*
—— 浅论对攻战术

克劳塞维茨将军在《战争论》中明确指出："为了真正进行战争，同样不能不以冲锋来回答敌之进攻。"

对攻战术系指实施方本着战争中的目的性和主动性原则，在具有比较充足的进攻力量、顺畅的进军路线与对抗取胜的可能性的情势下，不为敌军进攻行动所震慑，不受敌之牵扰，采取以攻代守、以攻对攻、以攻制攻的谋略，积极进攻，逼敌退守，瓦解敌之攻势或同敌军抢时间、争速度，先敌入局的强硬战法。

（一）以镇对镇　抽吃得子夺胜势

图一选自菲律宾谢添顺与中国胡荣华1977年于上海弈战局谱。

20. 相五退三　车2退1

红方落相，为边炮伺机平五、二、三路，增援助攻做准备。黑方针锋相对，2路车倒升提，设障阻炮，有力地破坏了红方边炮转移、发动攻势的计划，减煞了落相一手棋的效力，同时升车为对攻抽炮埋下伏笔。

21. 炮五进五　炮5进4

用空镇制空镇，以进攻对进攻。此手强势、刚烈、泼辣，极富挑战精神；此手精妙演绎对攻战术的启动仪式；此手以镇反镇，下伏车2平5抽吃边炮的手段，或抽将选位退拴车炮的得子手段。同为空镇，内涵不同，效力不同，黑方由此抢得上风。

22. 炮五退一　车2平5　　23. 士四进五　车5平1　　24. 相三进五　车1平3

在激烈的对攻中，抽掠一炮，形成优势。而3路马孤而不弱，有中炮"暗根"相护，万无一失。尔后，红方在取胜无望情况下，企图以车炮拼兑马炮而守和，而黑方则以卒换取一相，以车破敌。

（二）以攻制攻　中路发力掠辎重

图二摘自朱永康与王嘉良1963年于哈尔滨弈战局谱。

12. 车四进四　后炮平7　　13. 车四平七　卒7进1　　14. 炮五进四

对攻战法厉，争杀英气横！黑方聚集重兵，抢先侧攻，红方则挖根夺卒发动中路攻势，进行回击。王嘉良回顾这一阶段的争斗时指出："双方蓄意厮杀，形成激烈对攻。"

---

*文题摘自岑参《凉州馆中与诸判官夜集》

14. ………… 炮8进3	15. 士四进五 卒7平6	16. 相一进三 马8进6
17. 炮五退二 炮8平9	18. 车八平五 车1平5	19. 车五平二 车5平8
20. 车七平五 士4进5	21. 车五平三	

对攻中闪抽得炮，使黑方攻势受挫，攻城力不从心，再难以形成有效的对抗。

21. ………… 象3进5	22. 车二进三 车8进1	23. 士五进四 车8平8
24. 帅五进一 车8退1	25. 帅五退一 马6进7	26. 相三退五

相落底线厚，减层车路宽。此手一出，红方胜势已不再朦胧。王嘉良对此评论道："落相而化险为夷，王方反失子而处劣势。"又经攻守，红方获胜。

（三）以打对打 新生主力踹敌营

图三录自吕钦与赵鑫鑫2007年全国个人赛决赛局谱。

24. …………   炮1进5

对攻无怯意，回击有缘由。此手将以双方对攻车为标志的对攻战推向了高潮。攻车，是对敌军攻车的有力回答，是此局面下最佳应法。此手掠兵攻车，借助了己方多卒、双马趋前并占据要点的优势，并因拼兑双车而更加凸显了此种优势，也就是说，因为无车，相对处于强势地位的"二等公民"自然被提升为主力，从而使双方主力之间的战力拉开了更大的距离。这里，尽展水落石出之妙。

25. 炮七进七 炮1平4	26. 马三进四 炮4平5	27. 相三进五 马6进4
28. 马九进七 炮5退2	29. 马七进九 马4进2	

终结了边马前进的步伐，并自我边缘化，难以尽攻守之职。

30. 炮四退一   马3退5

黑方兵员在敌界不断"寻衅闹事"，以制乱敌营、疲惫敌军、创造战机。黑方虽少一象，但多双卒，尤其是中卒相当厉害，而且更重要的是双炮双马攻势强烈，整体上已经取得了对攻的显著战果。

总之，对攻战术是以攻对攻、以攻制攻的谋略，是防守部队以攻代守的反击，是矛与矛、冲锋与冲锋的激烈碰撞，是盖压敌势的英雄气概的再度升华。

正是：敌势愈凶愈增威，坚城固防力折摧。对攻激扬英雄气，一生大笑能几回？

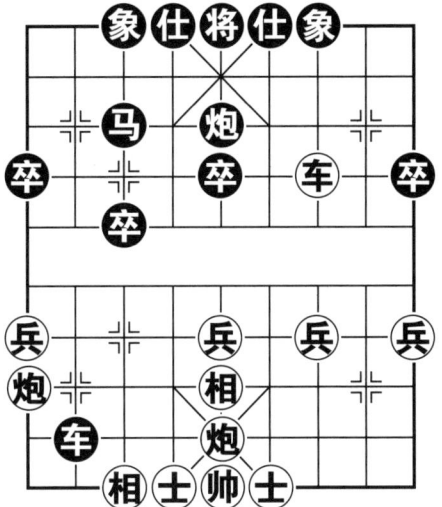

图一

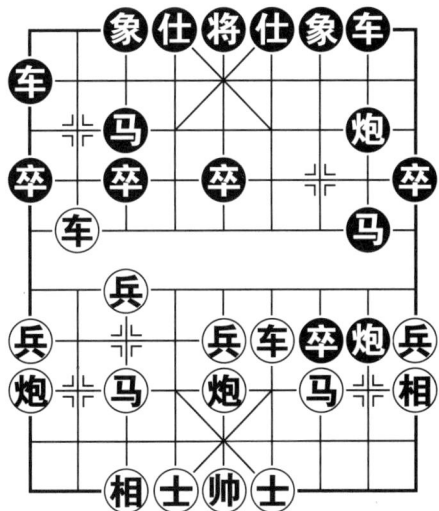

图二

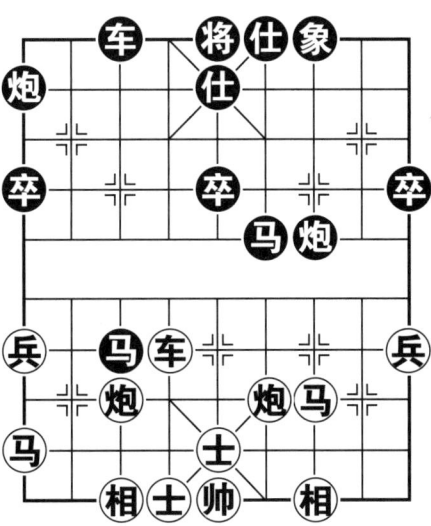

图三

249. 百般红紫斗芳菲*
——简论防反战术

克劳塞维茨将军在《战争论》中深刻指出："防御作战这种形式，决非如单纯的盾牌之类。诚然，盾就是盾，但那是在使用时和巧妙的攻击动作组成的那种盾。""换言之，仅仅把战斗看成是抵御敌之进攻而使用的，不敢谋求反击那样的战争是不合道理的。"

防反战术系指在遭到强敌进攻时，防守部队充分发挥在家门口作战时民众和地形的双重优势，采取抢占要位、狙击歼杀、寓攻于守、攻防结合的作战方针，讲求防守的进攻性和攻防的一致性，在抵御中不断增大进攻的份额，加快转守为攻的节奏，并会同隐藏在敌营的尖刀连一起对敌发动反击的孕育进攻的夺势反攻谋略。

（一）攻防兼顾多妙手　蕴蓄反击藏锋锐

图一选自胡荣华与惠颂祥1963年于上海弈战局谱。

22. 炮五平九

淡淡屯边意，深深防反功！卸炮掠卒，既明确转攻为守的主导方针，又歼杀其后续兵力；既暗中全面封堵中车在红左翼寻衅滋事的唯一进路，又含择机下底发难的意向；既极大提升了边马的守力，又增加了边马伺机反扑的活力！此手不仅拉开了防反的战幕，而且具有适时的提前量。

22. ………… 炮4平5　23. 马九退七

边马立即投入到护相卫官的战斗，并继续封锁六、八两条线路，使敌中车无隙侵扰；与此同时，暗中调整马步，为在防守中逐步向敌营逼进、参与攻杀进行战术打叠，防反之妙尽在折返腾踏之中。

23. ………… 车5平6　24. 炮三平四

一步到位铁卫士，双杀受挫赢战机。此手既防前车砍士杀，又防下步的掏心杀。此手为反击赢得了宝贵的一机之先，而且再展中炮屯边联炮之力。

24. ………… 后车平7　25. 炮九进三

黑方此手即前边所说的进攻之"隙缝"，红方充分利用了四路炮争得的一隙之机，四大天王向三剑客发布了战略反攻宣言。

25. ………… 士5进4　26. 车七进三　将5进1　27. 车七退一　将5退1
28. 炮四平五　象5进3　29. 马七进六

---

*文题摘自韩愈《晚春》

两手辉煌防反计，一册经典教科书！这就是之前所指"某一个链节在关键时刻更加显示了冲破防守网罗的强大功力"的防反妙手！它护中士防掏心杀；它挑战兵线车，因如车7平4去马则炮五平八绝杀；它威胁踏炮，逼炮自戕，消削敌力；它效率极高，再争一先；它借机冲进窥象，为参与攻杀铺垫！此防反妙手，内涵丰富，足金足赤，无与伦比！

29.………… 炮5进4　　30.炮五退五　象3退5　　31.马六进五

下伏马五进六再进七杀，它短短行程就为防反战术的内涵做出了极为精深透辟的图解。

（二）防反筹划何深远　妙弃辎重跃轻骑

图二摘自朱剑秋与杨官璘1951年于上海弈战局谱。

19.………… 马6进4

借避捉而扑进，为防反而打叠。此马以走投无路为掩护，踏入敌营，由此而开始实施一个深远而又出其不意的防反计划。

20.车二退四　卒3进1

既有强行冲渡、增援反拴作用，又有诱逼红炮打卒断联、且伏打象叫将、透车吃车的导引作用，更有弃子反击到战略反攻的转换作用。一场惊心动魄的攻防大战遂由此打响。

21.炮七进二　马4进5

深谋密划防反术，重金搭设攻城梯。被欺捉的弱马以迅雷不及掩耳之势，踏炮攻城。

22.炮七进五　象5退3　　23.车二平九　马5进7

以引诱调离之法呆滞敌车，从此其偏安一隅，再不思进取；黑方则趁势斩杀双炮，削弱城防力量；抢夺要点、转守为攻。正是：防反何惨烈，无车战有车！

24.帅五平四　炮1平6　　25.兵三进一　马3进4　　26.帅四进一　炮2退2

27.士五进六　马4进6　　28.帅四平五　马6进7　　29.帅五平六　马7退5

30.帅六平五　炮2进2　　31.相七进五　炮2平8

黑方采取威胁、要杀、带将等战术手段，强行劫掠、弱防、制乱，使敌首四面楚歌，无处藏身。现敌车继续呆处边陲，因如平二拦截则马7退6抽车；如帅五平四则马5退6，兵三平四，马6进7再炮8进4杀；又如帅五平六则炮6平4，士六退五（车九平六，炮8平4打死车胜）炮8平4杀。

（三）两弃争得高速路　一彪闪击无防城

图三录自王家元与王嘉良1956年于天津弈战局谱。

17.………… 车8进1

升提择路求攻势，不堪拴压毁前程。现红方大军压上，右翼实施拴链，使车炮呆滞；左翼控制挤逼，使黑方车马炮拥塞一线，自阻减效，红方下伏平炮夺炮手段。防守关键时节，黑方抬车、活车，既可摆脱控制，又悄然择路窥视敌堡，一场急风暴雨式的防反战斗即刻开始酝酿。

此种局面，如防反意识淡漠，缺乏防反抢攻思想，一味"正常"防守，任由敌军进攻、杀戮，黑方不用说取胜，就是求和亦十分困难。此手暗中进行防反军力部署，并准备好舍弃子力以加快防反的速度。

18. 炮五平二　马2进3　　19. 马九进七　炮2进6　　20. 相七进五　车8平7

在左炮危殆情势下，弃马闪开炮路，紧接着又弃炮亮车，立刻对敌宫形成夹击之势。加之久已埋伏宫内的肋卒，一场霹雳暴风骤雨已不可避免，脆弱宫城已摇摇欲坠。

21. 炮二进四　炮2平6　　22. 炮七平八　炮6退5

剪羽、闪路、窥兵、伏杀，具有极大的反击力度和攻城速度。敌军已被防反逼到了防守的地位上。

23. 相三进一　炮6平5　　24. 车二平五　卒6平5　　25. 帅五平六　车7进7
26. 相五退三　炮5平8　　27. 车五平二　车7平6　　28. 车六平四　炮8平6

黑方步步催杀，使红方倾力防守犹觉不够，之前踏马夺炮、联合进攻的态势已不见踪影。现炮遮掩助杀、绝杀无解。纵观此局防反，谋划深暗，投入巨大，进军神速，攻杀犀利。

总之，从以上20世纪五六十年代的著名战例中可以看出：防反战术是在防守中孕育反攻因子并逐渐量变而最终抵达进攻临界点的精妙过程，是全局性从被动到主动的转化技巧，是全军将士在压抑性的苦守中爆发出来的求攻争胜的伟力，是防守盾牌上逐渐闪现的进攻辉光！

正是：盾里夹剑弥增辉，百般红紫斗芳菲。防反妙计耀阡陌，夺势神兵树丰碑！

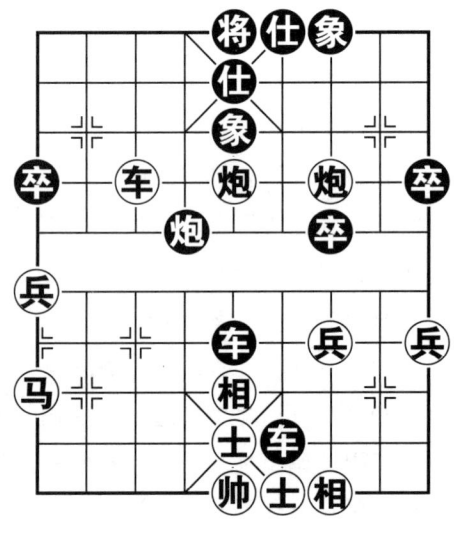

图一

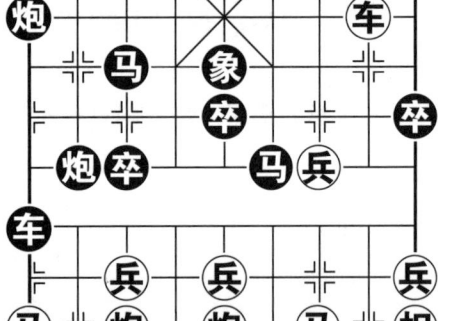

图二

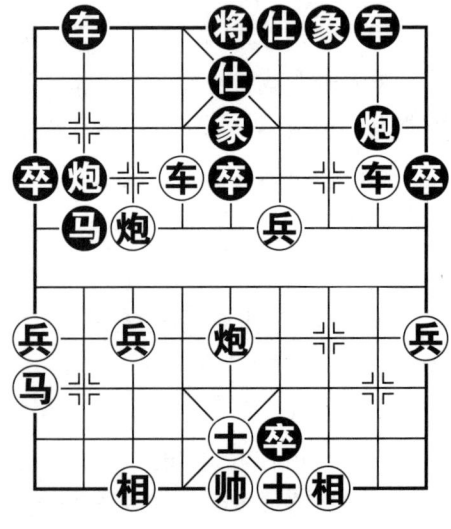

图三

250. 剔开红焰救飞蛾*

——浅论解救战术

《增补曾胡治兵语录》云："大将以救大局为主，并以救他人为主，须有嘉善而矜不能之气度，乃可包容一切，觉得胜仗无可骄人，败仗无可尤人，即他人不肯救我，而我必当救人。"

解救战术系指在敌军即将或正在捉拿己方兵员的紧急时刻，大本营派遣救援部队，采取引离、逼兑、还击、转换、威胁等有效手段，将身处险地、死地的兵员解脱营救出来，使之恢复机动，或得到合理的转换的运筹技巧。

《中国大百科全书》指出："为了解救被捉住的无法逃跑、无子可保、陷于绝境的棋子，允许连续打击对方直接捉子的棋子，不属于单方面'长打'之例，……"

解救战术与抢救战术虽皆崇尚一个"救"字，但救的对象与力度并不相同。前者一般为兵员个体，而后者则是救局，救"主"；前者能救则救，不能救则合理转换，以抵补损失，而后者则不允许有丝毫的松动，不能进行各种交换，不能有任何的妥协。

解救战术与护辅战术亦不相同，后者的主要特征是必须保证被护辅者的生命存在，而前者则以不遭受损失为前提条件，当救则救，救不了则进行交换，以免子力亏损。

（一）轻灵飘忽　远程联手救边塞

图一选自周顺发与胡荣华1963年于上海弈战局谱。

24.………… 炮3平1

悠然救左马，鞭长恰相及。在中局的缠斗中，红方车炮被拴缚遭致丢子，但现在红方三路兵企图再进（一）平二捉死边马，以求抵补，取得均势。在此紧急关头，友军发扬灵动善战的作风，远势救马，与红方兵马展开激烈角逐。此手解救妙手，轻灵飘忽，虚无高效，给人许多缥缈空灵的感觉。

25. 兵三进一　炮1退1

针锋相对，相互攻马。黑方不给兵三平二的机会，攻击河马，索要9路马的进路，红方如兵五进一，黑方则卒3进1继续攻马。

26. 马八进六　马1退3　　27. 兵三平二　马3进4　　28. 马四进五　马9进8

友军力相挺，解救未迟疑。黑方马炮双雄的解救义举，一个精妙的战术组合，打破了红方夺回失子的计划。在九死一生中获得新生的9路马，焕发了勃勃生机，并会同友军发动了总

---

*文题摘自张祜《赠内人》

攻，一举破城擒帅。

（二）两极发力　高效运作挺中州

图二摘自胡荣华与陶汉明第十六届五羊杯弈战局谱。

30. ………… 炮1退2

左右边塞伸援手，双英力挺解危机。黑方中马正作为红方攻打的目标，处于被定点清除的危殆之中，自身因遮掩主将的身份而不能有所躲闪，而且就近又无保护联络的依恃。倘若红方计谋得逞，不仅得马，而且立获空镇之势，子、势双赢，黑方难以抗衡。现退炮打"架"，开始了解救中马的程序。

31. 马二退四

联马固架，再度发出威胁信号——攻而必得，得而必胜。

31. ………… 马9进8

纵马河畔施妙手，疑似无关却有关。边马启动巧妙，功效巨大，解救计划获得成功。红方如炮五进三打马，黑方则马8进6，踏炮、绊马使敌中马失根，敌马炮必失其一。此手不仅充分发挥自身功力，抢得趋前一手棋，而且助炮攻敌，马炮联手，演弈解救经典战例。此手一出，双方成和。

（三）巧妙调动　连续攻打化危机

图三录自刘寿彭与周德裕20世纪30年代一则弈战局谱。

22. ………… 炮7进5

甘洒热血相解救，出敌意外施策应。黑马身处高危地带，而双车隔山隔海，7路炮因有四路车反捉而不能进2保护。愈是危机时刻，愈能迸发出惊人的才智与伟力。人类很多重要的发现、发明，并不是在欢欣的时刻产生的——社会的重大变革甚至都是在崩溃的边缘产生的。灾难，给人类多少绝处逢生的机会。此手解救突兀、巧妙，彼处有险情，此地响雷声。

23. 相五退三　车3进4

将丢马，却送炮，引相离守，七炮失根，砍炮护马，具有立苕、突然、高效的特点。

24. 相三进五　马3进5　　25. 相七进五　车3进2

黑方巧妙采取打将、逼离、逐根、减层的手段，化解了危机，进入了新的争战阶段。

总之，解救战术是对敌军谋子计划的干预，是声东"救"西的演弈，是救援与转换的联合作业，是友军虎口夺羊的奇迹。

正是：苦寒侵袭西风恶，怒火中烧驾战车。驱散乌云亮玉兔，剔开红焰救飞蛾。

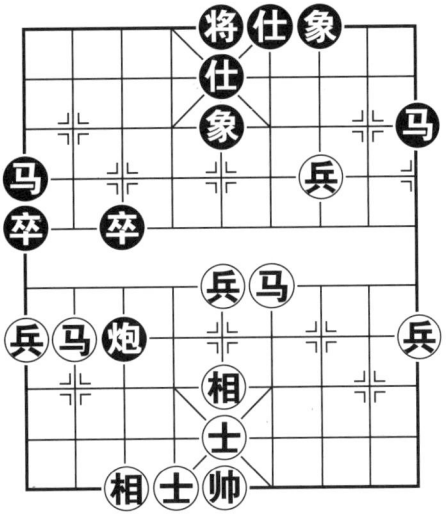

图一

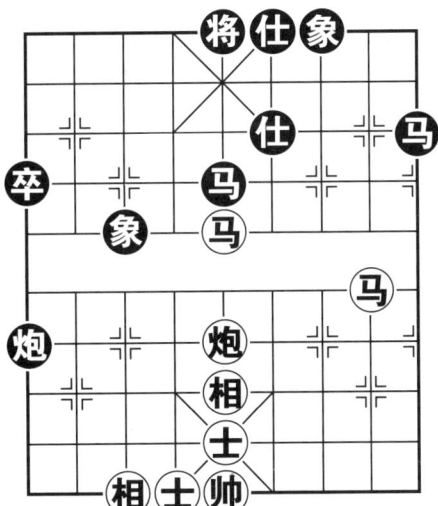

图二

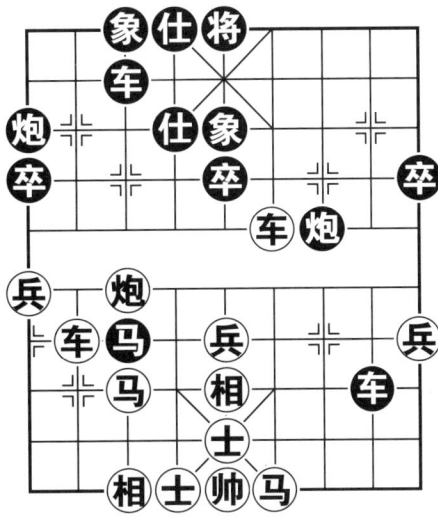

图三

251. 万骑临江貔虎噪*

——小论还击战术

克劳塞维茨将军在《战争论》中明确指出："没有还击的防御是完全不能想象的，还击是防御所不可缺的一部分"。

还击战术系指在敌我个体兵员接触碰撞或局部战场上的零星战斗中，实施方对敌之袭扰攻击采取针锋相对、毫不示弱、毫不退让、以攻制攻的方略，抓住敌之软肋，突然出手，迎头痛击，致使敌遭到意外打击、不知所措而慌乱致败的立茬防守技巧。

还击战术与防反战术并不相同，如果说还击战术是防守人员在遭到攻击时对敌进行的回击，属于局部争斗事件，那么，防反战术则是全军从防守走向进攻的转变过程，属于全局攻防态势的重大变化。当然，有力地还击将为全局的反击积蓄足够的条件，以影响战局实质性的变化。

（一）峡谷还击 俘获辎重局占优

图一摘自邬正伟与阎文清1989年于邯郸弈战局谱。

18. ………… 马3进2

此手刁钻严厉，既有捉马踏车之凶险，又伏开路助炮下底叫将抽车之手段，为局部攻防手筋。

19. 士五进六

轻挺充架射峡谷，逼离恶煞毁敌谋。红方毫无怯意，立即针锋相对，还以颜色，向身处峡谷的黑车对准了炮口。因有士架与射点，抽车的条件已经不复存在，黑方的计划已经变成无法落实的一厢情愿。此手充分利用了敌车所处的胡同地形，发挥了贴帅炮远势窥瞄静力，成功还击。此手借用了双马对峙、八路车衔炮的局面，抢先上手，争得先机。

19. ………… 车4进5　　20. 马九进八　卒1平2　　21. 前车平七

突然而有力的还击使敌遭受严重的损失，奠定了己方的优势地位，并极大振奋了全军的士气。

（二）两度还击 抢回失子分胜负

图二取自程进超与蒋川2006年弈战局谱。

---

*文题摘自戴复古《满江红》

9. 兵三进一　车9平8　　10. 马二进一　卒7进1　　11. 炮三进五　车8进2

卒进凭后续，还击炮发呆。在红方进兵碰卒、挑起战火的时候，黑方先自亮车捉马，获取先手利益，然后挺车捉炮，开始还击。因伏打将抽车手段，炮被迫呆处原地，呼唤救兵驰援。这就为困敌打援，进行再度还击提供了有利条件。

12. 兵七进一　卒3进1　　13. 马七进六　卒3进1　　14. 马六进五　车2退1

双车还击猛，敌军牵累多。捉"根"果断，敌马炮必失其一。

15. 车六进一　炮5进4

打将撤架，使敌炮三平九再车六平七去炮的得子企图立刻化为泡影，黑方夺回失子，双卒过河，炮镇中路，还击取得了巨大成功。

总之，还击战术是攻击性守军的战力发挥，是由羔羊变虎的橘枰魔法，是将进攻与防守两项利益兼收并蓄的艺术，是对入侵者嚣张气焰的火力回答。

正是：敌军侵袭夺辎重，精锐还击炮声隆。万骑临江貔虎噪，保家卫国立战功。

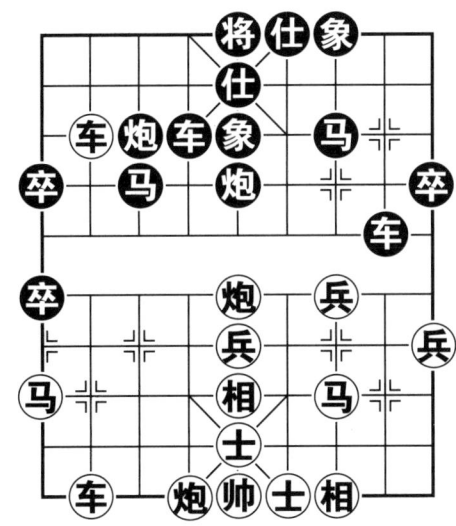
图一

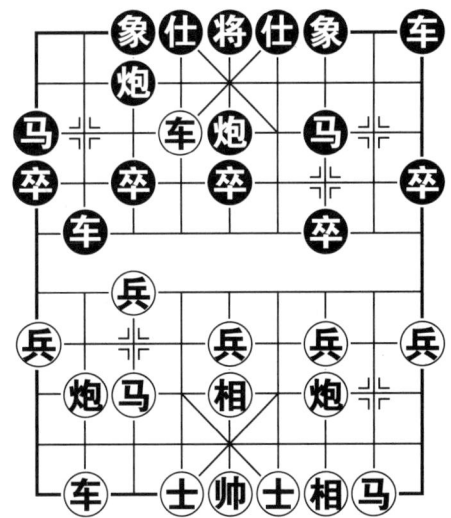
图二

252. 岁久丹青色半销*
——浅论化解战术

（苏）什捷缅科在《战争年代的总参谋部》中指出："如果说科学家仅仅是同茫无知觉的自然界打交道，那么军事将领则面临着各方面都同样高度发达的敌人。统帅就是在双方的意志、智慧和技巧的竞争中周旋的。所以，把敌对双方的统帅比作两位高超棋手对弈，也许是恰如其分的……"

化解战术系指在对方即将发动攻势、威胁首领安全的紧急情势下，实施方充分利用敌军占位或联络方面的弱点，以深长的计算、灵活机动的着法，巧妙采取邀兑、互捉、威胁、暗伏、回击、遮掩等有效手段，消除危机，扭转被动遭攻局面的运筹及处理局面的技巧。

化解战术与消减战术并不相同，如果说后者是通过补位、调整以自我完善的谋划，那么，前者就是针锋相对斗智较力以解除危机的手段；如果说后者坚持"先为不可胜"的军事思想，那么，前者则秉持"致人而不致于人"的斗争理念。

（一）遮挡将面　化解空门危机

图一选自胡荣华与柳大华1981年全国团体赛弈战局谱。

27.炮五平六

化解危机炮占角，遮掩将面帅平安。在此复杂的互缠局面下，黑方在红方左翼隐藏着攻势，如不慎炮五退二求攻，黑方则车下底打将，以马换双士，然后车退士角挑双，马炮必得其一，黑方反占优势。此手有力化解了左翼空门的危机，并同时使中炮摆脱了被牵制的境地。

27.………… 马4进5

以马换双士的进攻计划被破坏掉，并未影响前锋的士气，它以凶狠的手段力摧双相，发动了新一轮抢攻。

28.相三进五　车1平5　　29.兵三进一　炮7平9　　30.帅五平六　炮9进3
31.帅六进一　卒3进1　　32.炮六退三　车5平2　　33.士五退六

经过顽强防守，红方化解了一场"政治"危机，并争得了对攻之势。之后，为抢先争速，红方马换双士，三路兵入宫，车兵联手，构成杀局。

---
*文题摘自杜牧《屏风绝句》

（二）铲除大患　强力化解攻势

图二摘自许银川与陶汉明2001年于青岛弈战局谱。

20. 马九退八

戍边转战忘生死，化解危机保家国。此手为化解战术妙手，它将敌军压镇中宫之威力，以及敌车8平4的威胁几乎化为乌有，强势捍卫了宫城的安全。

20. ……　　车8平4　　21. 马八进七

黑方不会车2进3去马，因为红方车四平五以后，黑方不仅攻势瓦解，而且中路遭攻，后续将相当被动。现进马窥炮拼炮同时扼守入杀点，已将化解意向变成战斗的准备，并将立即付诸行动。

21. ……　　卒5进1　　22. 马七进五　卒5进1　　23. 马五进七　车4进5
24. 士四进五　车4平3　　25. 车七平三　象7进5　　26. 车四进五　士5退6
27. 炮五平四

当红方的攻势逐渐向杀势演变的时候，为化解敌攻势而献身的戍边人的特等战功，将被视为争战进程的关节点而留存于史册。正是：化解妙手神造就，胜利红旗血染成！

总之，化解战术是破坏敌军战略企图的谋算，是消除危机的良方，是智谋在抑压下迸发的火花，是敌军从此走向衰败的拐点。

正是：减煞凶焰法力高，平安全局不辞劳。盾坚宫阙君永泰，岁久丹青色半销。

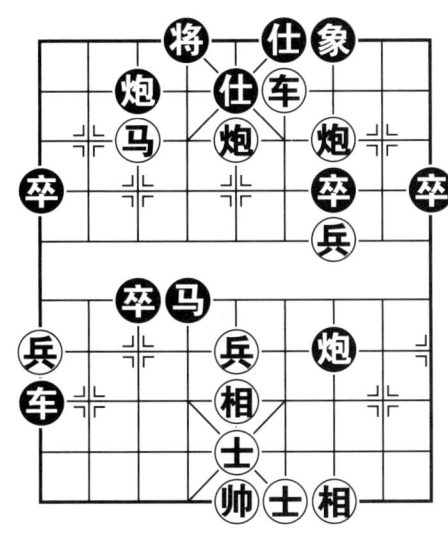
图一

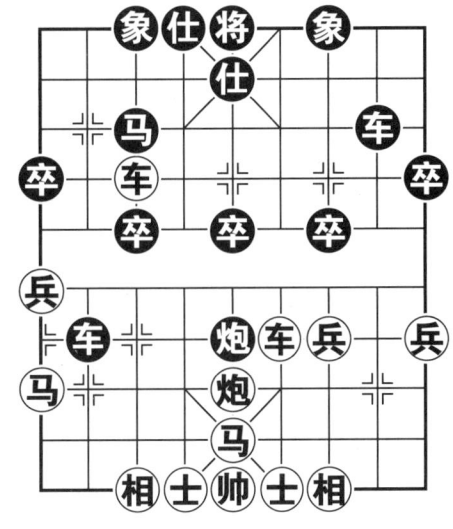
图二

253. 英雄一去豪华尽*

——小论反赚战术

苏军元帅朱可夫指出："善于识破敌人的狡猾诡计和圈套，并不被敌人所欺骗。"

反赚战术系指在敌军暗中策划，企图抢夺己方辎重的紧急情势下，实施方参谋部门及时识破敌之奸计，并以深长的谋算巧妙应对，因势用谋，以诈还诈，派遣精干部队现场与敌斗智斗勇，并出敌意料地反掠多赚敌军辎重器材，从而使敌军抢掠计划破产、军力受损、军心受挫的借敌制敌谋略。

《兵经百字》有云："克敌之要非徒以力制，乃以术误之也。"

（一）逆反关门　恶马不幸落黄泉

图一选自胡荣华与于幼华1984年全国团体赛弈战局谱。

24. ………… 马4进5

以马踏相，企望红方相七进五，炮2平5再炮5平1，从而多赚双相占优。

25. 士五进四

逆反相不动，关马困牢笼。士之支挺，关门软禁恶马，使其一厢情愿变成了不尽的悔恨，相七进五一手随时都将结束它稚嫩而冒失的生命。

25. ………… 马7进6　26. 马三进四

迎顶河界马，窥胁相头马，立刻加剧了冒险者的危情。

26. ………… 炮3进4　27. 相七进五

黑方救援部队并没有改变相头马的命运，而红方虽丢一相但却反赚一马，兵力占优。此局反赚之精妙演绎，有三层意涵：一是造设"破绽"现场，引诱贪婪野马入彀；二是关门待客，侯门一入深如海，主人叫它多停留数日，以煎熬其心；三是故作"迟钝"，并不立即取缔，在时间上打个顿挫，以达成反赚企图。

（二）反赚一相　多卒师旅夺皇城

图二取自马来西亚陆建初与中国许银川2000年11届亚洲锦标赛弈战局谱。

39. 马六进八

驱车、减层，企图夺取3路马，进入优势残局。

---

*文题摘自戴复古《满江红》

39. ………… 车3进1

突施锋锐器,拔掉窥瞄人。吾志谁敢辱,岸边一尊神!红方企图白赚一马,不料先丢一炮。如中相敢于招惹报复,黑方则象5进7叫闷抽车,红方立败。此反赚术之所以成功,局面之洞见也。7路炮之占位、窥底之威胁,成为反赚的得力支柱。

40. 车八平七   炮7平3   41. 相五进七   炮3进3

白赚一相,以多卒多相胜。

总之,反赚战术是歼灭战中的深妙应对,是借敌制敌战术的临场发挥,是对敌军贪婪用强的残酷惩罚,是足智多谋的军旅凯歌。

正是:智斗枰前谋划长,掠炮俘马势力强。英雄一去豪华尽,技高一筹始称王。

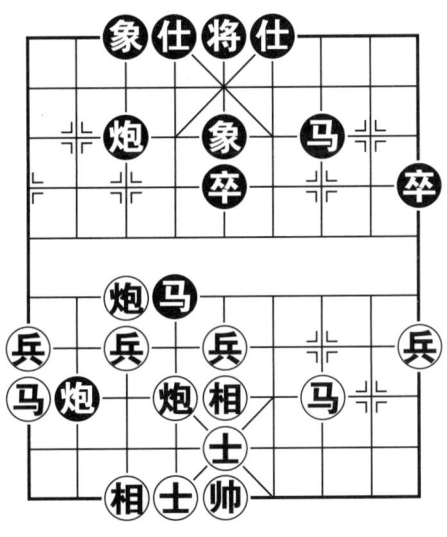

图一

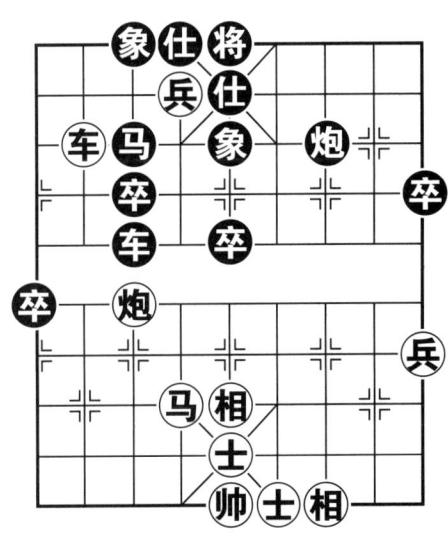

图二

254. 千磨万击还坚劲*
——略论守御战术

克劳塞维茨将军在《战争论》中写道："防御的概念之真义是什么？就是阻止敌之进攻。""防御是由待敌和积极动作这样两个性质不同的部分所组成"。

守御战术系指在敌军对宫城发动进攻的紧急情势下，守城部队坚持联合防守抵御的指导思想，充分发挥民众与地形两种优势，及时采取阻止、纠缠、消耗、除患、狙击、逼兑等有效手段，在阵地战中保卫重点目标，延缓敌军进攻速度、破坏其进攻计划、瓦解敌军攻势的防守抵御方略。

先弃后取　巧关恶敌得安宁

摘自蔡福如与孟立国1963年于广州弈战局谱。

49.炮九进三

下底欲残士象，以便为双兵逼宫创造条件。

49.………… 炮5退2

守御卫士惊天勇，舍生忘死保和平！在士象看似必失其一的严重情况下，中炮身先士卒，保家卫国，献身将位，表现了强烈的守御意识、领军的大将风度、处理危机的卓越能力。此手十分巧妙，先弃后取，确保了少象营垒的安宁。

50.炮九平五　象7进5

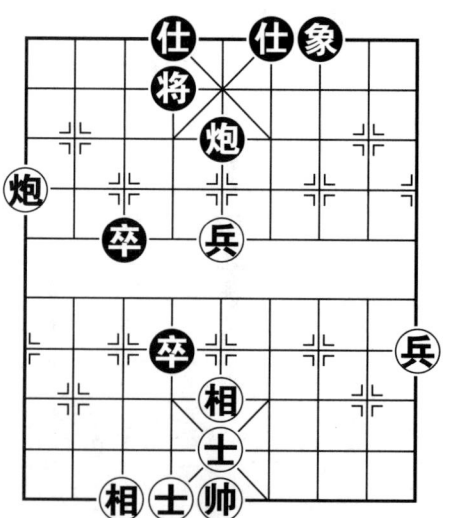

红炮已由底线枭雄变成了黑方营垒的"囊中之物"，如兵五进一则象5进7，红炮处境依旧，被将4平5"镇压"致死，双方激战成和。

总之，守御战术是家国遭到入侵敌兵攻击时的严密防御，是各兵种在敌军高压下的联合防守演练，是反击夺势因素的火线积累，是等待、地形、民众三大优势的整体发挥。

正是：守城将士斗志昂，防杀御敌抑强梁。千磨万击还坚劲，军民联手铸辉煌。

---

*文题摘自清·郑燮《题竹》

255. 且就洞湖赊月色*
——小论退还战术

（德）曼施泰因在《失去的胜利》中写道："凡是想要守住一切的人，往往最后将会失去一切。"

退还战术系指在实施方从战局需要出发已抢得敌子的情况下，由于局面发生新的变化以及拓展空间、加快速度、施展手段等方面的迫切要求，以大局为重，不以得失为念，毅然向敌军退回送还已得之子，从而使战局立刻化繁为简、战阵开扬、明朗胜路，或抢先争速、破解疑难、提高胜率的特殊的子力交换技巧。

退还战术与弃取战术不同，因为前者是在夺子占优情况下主动送还一子的战术手段，是一种使双方兵力趋于等同或基本均衡的局面处理艺术。而在得失交换的先后次序上，后者则恰恰相反。

它与弃舍战术亦不相同，因为后者不具备先已得子的大前提。

（一）内功角斗　得失在后势为先

图一选自傅光明与朱学增1963年于北京弈战局谱。

17. …………　炮2进1　　18. 前车平七　车4进4

黑方进车捉马之前，先自打一个顿挫，以逼车离肋。否则红方将炮五进三，炮7平6（炮7退1，帅五平四）后车平五，红方先手。

19. 马九退七

弃马退马，捉车变位，为充根打车预做准备。如改走马五进四，兑马失相，于防守不利。双方在利弊得失的较量中钩心斗角，各展攻防才艺。

19. …………　车4平5　　20. 炮六平八　马1退2

贪婪非吾性，得子即奉还！黑方深谋远虑，权衡利弊，退还一子，使局面稳定下来。如改走炮2平1，则红方伏有炮八进一生根、挤马、打车手段，逼兑中车后，再砍掉边炮，以下仍伏有炮五平三或炮五平八的恶手，黑方被动。

21. 炮八进四　车5平3

双方输攻墨守，打成均可接受的局面。但之后的残局角斗中，红方一步缓手致使双卒联结，给防守带来巨大困难，因以致负。

---

*文题摘自李白《游洞庭五首》

（二）及时退还　消削敌势锋刃卷

图二摘自尚威与潘振波2007年全国个人赛弈战局谱。

19.………… 马7进6　20.车七平六　马6进7　21.马一进三

退还求攻势，趋前马激扬。红方得马之后，立即对右翼局面进行了冷处理，退还一炮，消削了敌前锋兵力，破坏了7路线重兵蓄势的计划，灵活了双马的脚步，营造了步步进逼敌宫的沙场气氛。

21.………… 车6退1　22.士五进四　马7进8　23.马三进五

退还战术之实施，使7线车炮滞停减效，黑方侧翼攻势已烟消云散，而红方戍边之马居高瞰制敌营，多兵占优之势日渐明朗，而且双马将在开阔的战场上尽展其机动灵活、刁钻凶悍之杀技！至32回合，马踏中象窥车伏杀胜。

（三）化解攻势　激战成和谱新篇

图三取自于幼华与吕钦1996年全国团体赛弈战局谱。

14.炮八平七　马3进4　15.炮六进三

敌谋自可破，送上当收之。红方逼打，黑马则顶风冲上窥车较力，暗中为7路线兵团发力而铺垫造势。红方早有"预案"，岂容敌军如此猖獗，遂发炮摧之。

15.………… 卒7进1　16.炮六进三

红方不肯白拿白吃，以追求大势的平衡，它逼打胡同炮，硬性送炮退还一子，将敌军主打火力引向了与战事无关的地方，从而迅速瓦解了敌军在7路线上的攻势。

16.………… 炮7平4　17.炮七平三

消灭了过河卒，等于除掉了边境一害。以下车8平7，相七进五，战阵端正无隙，确保了大局的稳定和帅府的安全，最终双方握手言和。

总之，退还战术是将得子送还敌方的谋略，是平衡敌我双方利益的策划，是化解敌军阴谋诡计的手段，是卸掉包袱轻装上阵的举措。

正是：帷幄运筹守行规，权衡利弊论盈亏。且就洞湖赊月色，已获冰轮还银辉。

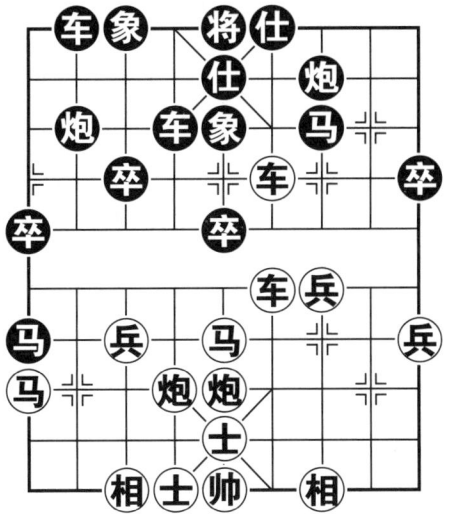

图一

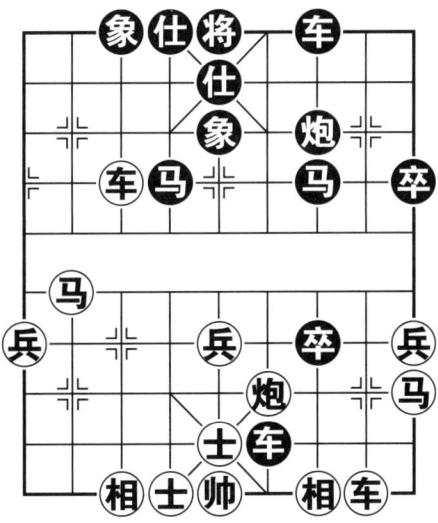

图二

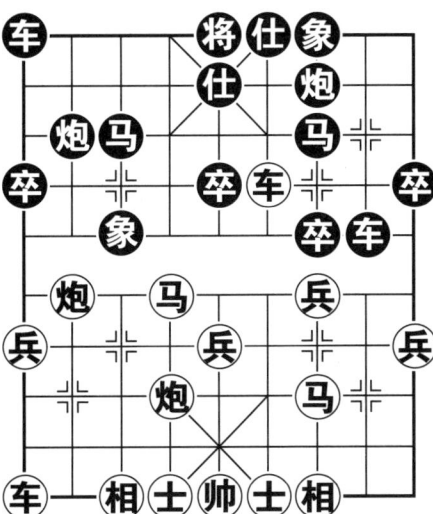

图三

256. 不教胡马度阴山*

——浅论阻击战术

若米尼将军在《战争艺术概论》中明确指出："要使进攻的敌军难以接近我军阵地，并控制隐蔽良好的强大预备队，以便在决定性的时机，将其用在敌人以为是弱点的地方发起攻击。"

阻击战术是指防守部队派遣强有力的小分队，依托有利地形，巧妙采取抢占要津、控制线路、捉拿兑换、阻滞反击等得力手段，对敌方进攻、增援、行进或迂回的队伍进行阻挡打击，以消耗、疲惫、迟滞敌军，破坏其进攻计划，从而为己方主力部队转移、歼敌、反攻赢得时间的配合型作战技巧。

（一）轻灵阻击　窥瞄串打化为泡影

图一摘自谢小然与杨官璘1952年于上海弈战局谱。

65. 兵九进一　炮1平4

阻击边塞炮，逼走串打人。边炮暗窥串打红方纵队，既可以牵制红方大队人马，又可伺机掠子胁根，危及河马的安全，为争胜创造机会。而红方进兵逼炮乃阻击妙手，它不准敌在此作恶意停留，如炮贸然进而去兵，则车八退二，炮处险无路，进退皆在马控制之下，红方可通过闪将顿挫手段，踏掉敌炮，使黑方争胜企图立刻破灭。

66. 后兵进一　象5退3　67. 车八平三　卒7平6
68. 车三平四　卒6平7　69. 前兵平八　士5退4

红方各路人马互相掩护，逐渐做向心运动；而黑方则调整宫城防御体系，暗中为车撤离防区以发动攻势预做准备。双方明争暗斗，各展才思。

70. 车四平五　士6进5　71. 车五退一

缺相不宜久战，逼兑成和。

（二）联合阻击　河界争端牵动全盘

图二录自孙勇征与王斌1995年于青岛全国少年赛实战局谱。

18. 马四进三　车8退1

---

*文题摘自王昌龄《出塞》

双车联袂制弱，大侠断路阻击。此手阻击是出敌不意的制敌妙手，为转守为攻、掌控战局立下了头等战功。它不仅使马进击无路、逼迫马变成冒进型的寻求庇护者，而且牵连了整个右翼人马。

19. 炮四平三　车6平7

前面马遭阻击，后边车炮被拴缚，几乎半身瘫痪。红方此手如改走兵三进一，黑方则象5进7，车三进五，车6退3，炮四平三，炮9进4，借车之浮起、敌军注意力之分散的机会，边炮下底，黑方攻势凌厉，那就不是一个马的得失的问题了。

20. 马三退四　炮9进4　21. 兵三进一　车8进2　22. 兵三进一　车8平6
23. 兵三进一　炮9退1　24. 车八平六　炮9平5　25. 马九进八　卒5进1
26. 马八进六　车6平7

红方连进三兵，耽误了时日，进马又缺乏攻击性；黑方为中炮增根之后，平车抢炮，黑方认负。

总之，阻击战术是对敌欲行兵员进行阻挡攻击的手段，是破坏敌军进攻计划的举措，是卡位断路的坚决行动，是防守战略的重要环节。

正是：扼守隘路斗志坚，警戒阻击一身担。龙城飞将今犹在，不教胡马度阴山！

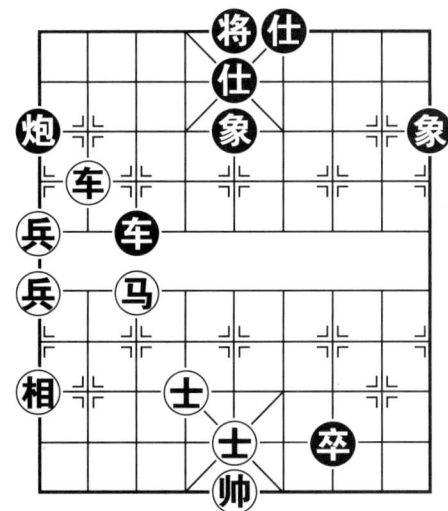

图一

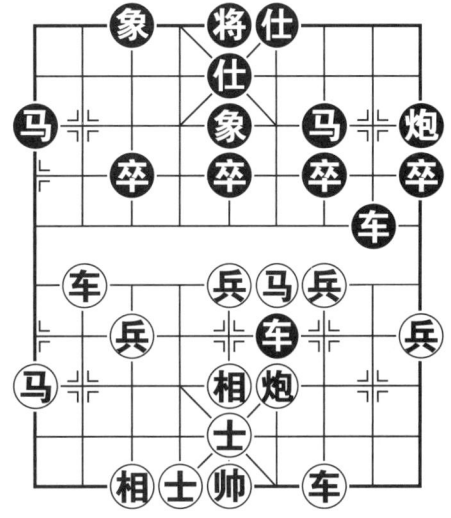

图二

257. 雪消门外千山绿*

——略论消减战术

毛泽东主席深刻指出："一个原则，就是注意于那些有关全局的重要的环节。"

消减战术系指在敌军不断越界入侵并暗中隐藏潜在攻势的情势下，参谋部门经对全局情势的深刻分析，特别是对主战场上的敌军进攻意向的正确判断，及时采取补弱、调整、防范乃至捉拿、搴除等有效手段，消除自身的弱点，削弱进犯敌军，减少敌军取利、反击、偷袭的机会，确保己方在无后顾之忧的前提下进行全力攻杀的周到稳健的防守策略。

消减战术注重发现敌之隐情密计并有效应对，在足以影响全局的重要环节上做到针锋相对、严密无隙。毛泽东主席在《中国革命战争的战略问题》中深刻指出："说'一着不慎，满盘皆输'，乃是说的带全局性的，即对全局有决定意义的一着。"消减战术就是更集中地在这样关键环节上精彩展现其处理应对紧急军情的才干。

（一）护辅、化解，偷袭中路计落空

图一选自胡荣华与傅光明1981年于温州全国象棋联赛弈战局谱。先敌将其偷袭手段破坏掉，使其进扰计划彻底破产，是消减战术实施的有力举措。

21. 车四进二

窥相闪击藏暗算，提车化解报平安。此乃升提、防范、护辅之消减战术妙手，它审局明快、应对有致、功效显著。胡荣华在论及此步的战术功能时指出："进车保相，消除了黑方马踩中相的唯一反击机会。从此，红方踏上了通往胜利的坦途。"

21. ………	炮1退1	22. 车四平二	车2退1	23. 马四进二	车2退2
24. 马二进三	炮6退1	25. 炮一进三	车2平6	26. 兵一进一	车6退2
27. 炮一进一	士5进4	28. 车二进七	将5进1	29. 马三退二	车6平9
30. 相五退三	马6进4	31. 车二退一	车9退2	32. 帅五平四	将5退1

33. 车二平四

至此，伏有马二进三叼车做成绝杀，红胜。

（二）邀兑、威胁，散兵游勇遭厄运

图二为越南范启源与中国赵国荣1993年于北京第三届世界杯象棋锦标赛实战中局。既消

---

*文题摘自欧阳修《春日西湖寄谢法曹歌》

减敌之攻势,又消减敌之守势,是消减战术的最高境界。是局黑方采取弃子争先之术,马炮临门,卒涌九宫,呈良好进攻态势;但红方现多一大子,并有捉炮打士,以下伏有夹车双炮的凌厉攻势,而且同时在防守上也具有相当的力量。生死攸关之际,两军对杀之时,黑方突出消减战术妙手——

  43.………… 车3平7

  锁钥谁先持?天下第一人!此手横车逼兑,打乱了敌军的攻防计划,消削了敌之重要军力,破灭了敌军翼侧攻杀与兵线车攻守兼备的预想。

  44.车三进二

  红如车三平二则车7进5再马6进7、卒5进1得车伏杀。现红方虽多一炮,但炮散马低,缺士少相,面临双卒马炮的凶猛围攻。

  44.………… 马6退7 45.相五进三 卒5平6 46.士六进五 将4平5

  47.炮四平三 马7退8 48.帅五平六 卒4平5 49.马九进七 炮8退1

  50.炮三退一 炮8进4 51.帅六进一 炮8退2

  如逃马则丢中士,如士五进六则卒5平4去士得马,黑方胜定。

  总之,消减战术是关注大局细节的慧目,是堵塞漏洞、化解弊端、消削敌势的先敌妙手,是攻防兼顾思想的有力践行,是令进犯敌军颤栗的仰天怒吼!

  有诗赞曰:卫戍部队惕意浓,城防安全贯始终。雪消门外千山绿,寇肃城边万旗红。

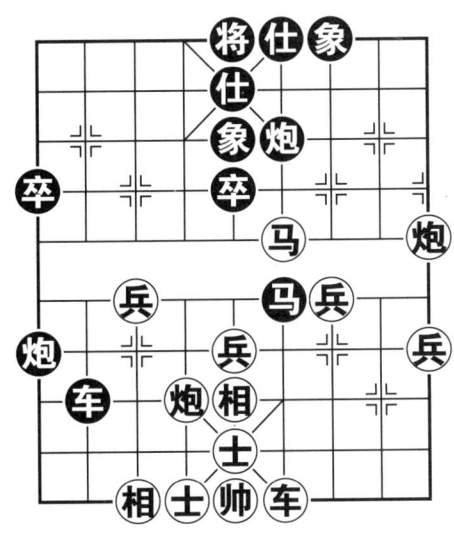
图一

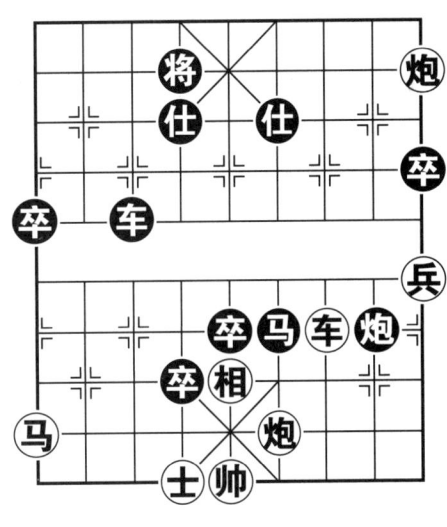
图二

258. 浮云柳絮无根蒂*
——试论挖根战术

斯大林元帅曾指出："不要忘记，在战争中重要的不仅是数量上的优势，还有指挥员和军队的作战艺术。"

挖根战术系指在攻城战斗中，进攻兵员遭遇到敌有根守兵滞阻的不利情势下，助攻兵员及时采取强制手段，对负有保护它子责任的"根"子强行挖掉铲除，打破敌军联保网络系统，打乱敌军固守计划，使受其保护的守兵立刻变成易受攻击的无根孤子并招致擒杀，从而使所守关隘门户大开，被实施方突破致败的作战指挥艺术。

挖根战术是断联系列中，最彻底最干脆的一员。

挖根战术也是选点术中的杰作，它抓住了问题的症结所在，对敌军中的关键人物进行专项威胁、驱逐与打击，因而常常使这一环节变成突破擒王的得力阶梯。

挖根战术之"挖"，在实战中除了硬性斩杀的含义以外，还常赋予其驱逐、逼离一类的业务，这也就丰富了挖根战术的内涵，增加了门类。这一类的"根"，不便用武力除掉，一般作法是把担负保护作用的根子硬性撵走它方，再也不让它从事保驾护航之类的工作，从而使原来被保护者无根可靠，变得软弱可欺。

（一）连挖双根　枯木轰然倒绝壁

图一选自杨官璘与曹霖1976年全国赛弈战局谱。

33. 炮八退一

计划需周密，提前做打叠。此手不仅窄化了敌炮在上二路的活动路段，严密控制了敌宫核心防御的内部调整，而且潜伏了窥瞄性杀手，选点择路，为连施挖根战术进行预先打叠。

33. ………… 马8进6

4路炮不仅成为车必须保护的沉重负担，因其纵移则死，横移则杀，而且变为全军的心病。故黑方马越界驰援，以图为车减负，参加攻防，扭转战局。对于此炮，目前看似已有双根，驻扎很是安稳，但正是这种状况却为挖根战术的巧妙实施提供了打击目标，或者说它为红方双炮搭建了进行挖根表演的平台。

34. 炮四进一

初挖强根蒂，保镖擅自离。进炮打根，极尽制弊之利，敌炮如进2闪离诱车企图求闷，则帅六进一，车3平6，车六进三再马八进七杀。

34. ………… 车3退4　　35. 炮八平四

早已准备好，再挖第二根。平炮打马，再胁一根，敌马炮必失其一。敌如士6退5则马八

---

*文题摘自韩愈《听颖师弹琴》

进七，车3退1，炮四平七，炮7平3，车六退二再得一子胜。

（二）妙手除根　邀兑战车形影单

图二摘自陶汉明与洪智1997年11月于商丘"林河杯"象棋名人赛弈战局谱。

45.…………　炮5平4　　46.车七平六　车5平4

黑方企图通过打将争先、借卒邀兑的连续手段，达成先手防闷、改善中路弊端、削减兵力、简化局面、多卒争胜的目的。但在斗智斗勇的领地里，纵然机关算尽，谋断戎机，有时难免会变成一厢情愿，甚至倒为他人作嫁衣裳。实战中，红方乘机借势导演出挖根逼车速胜的大剧来——

47.炮二平五　士6进5　　48.相五进七

借将挖根去，河车叹孤凄。闪将扬相去卒，使敌车忽如坠崖，自感失根难保，反攻计划也将因此而变成乌托邦狂想。

48.…………　士5进4

颓势中亦很顽强，士挺弱线，使被保护对象变成保护人。真个是：两位闹事者，一对难兄弟！

49.马三进五　车4平5

因如士4进5则有马五退四车马抢车的棋，故车借应垫之机逃离肋道，因而又陷入另一泥潭。

50.车六进一　炮4平6　　51.后相进五

如车5平9则车六进二，将5进1，马五退六杀，故黑方认负。此局中的黑车自失根后，孑然一身，孤独游荡在楚河岸边，真谓"浮云柳絮无根蒂"也。李中健先生对此段着法给予高度评价，"棋局精巧，天然而成，运筹士相极尽其妙，一切尽在红方的预算之中，是士相妙用的典范。"

总之，挖根战术是动摇敌军社会基础的重要工程，是断却联系的严厉战术手段，是分化瓦解策略的巧妙演弈，是对各种不同面孔的后台老板分类处理的既定原则。

有诗将你赞扬：弈战技法妙如仙，除蒂驱根一挥间。浮云柳絮飘无定，心泪凄凉洒谁边？

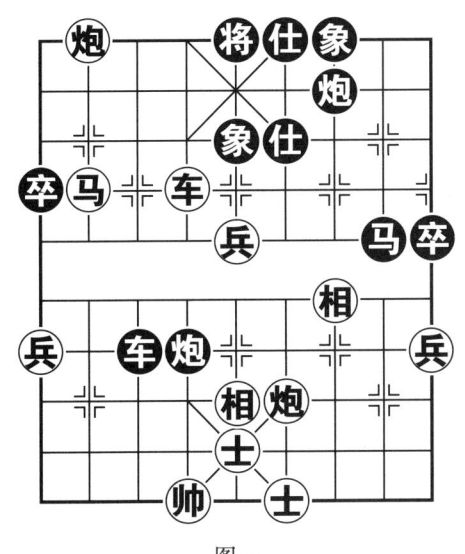
图一

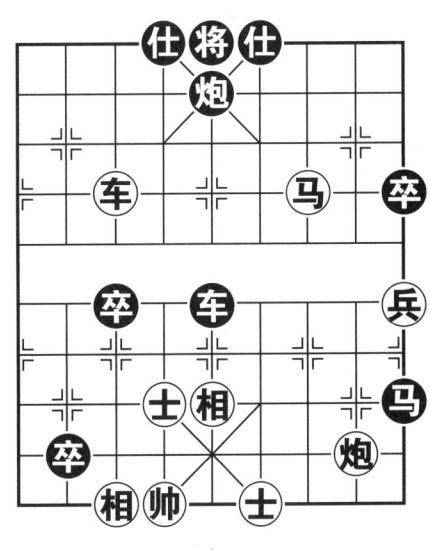
图二

259. 谩暗涩铜华尘土*
——试论消掠战术

克劳塞维茨将军在《战争论》中明确指出："实际在战争中，消灭敌人的军队永远占主要的地位。"

消掠战术系指进攻部队在运动战中，乘转移、集结、进占甚或穿插、打将、要杀之机，顺手牵羊，乘势消灭、劫掠敌有生力量，使敌军因力量不足而难以组织起有力的进攻或强固的防守，从而确保己方以优势兵力赢得决战的制敌弱敌方略。

消掠战术符合《孙子兵法》"重地则掠"的军事原则。歼敌杀敌，并不一定是在双方同意进行的大会战中郑重实施的举措，更多的是在开展主项业务过程中，"顺便"搞一点点副业"收入"。因此，消掠战术实施的杀敌劫掠带有明显的"随机性"。它随时随地、不受任何限制地进行运作，虽如此，这种运作又都是以深思熟虑为前提的。

（一）暗瞄宫廷　先手消掠丝不断

图一选自孙勇征与许银川1996年全国个人赛弈战局谱。

14. ………… 车4平3

驱逐减层窥相，连续消掠打叠。去兵反捉敌入侵马，驱逐减层以窥打消掠七路相，削弱残缺敌城防工事，为攻城擒帅创造条件；同时强力扼守3路线，减煞七路马屯边后伺机卧槽的威胁，以确保宫城平安。此手并非一般性消掠打叠手段，而是具有战略意义的反击妙手。

15. 马七进九	炮3进7	16. 士六进五	炮6平2	17. 车四进三	马7进9
18. 车八进七	炮3平1	19. 帅五平六	车8进4	20. 车八进一	车8平4
21. 炮五平六	车3进4	22. 帅六进一	车4平3

杀相打开城墙缺口之后，以抽吃相威胁，逼帅浅露，再增兵作战区，双车攻前防后，要杀防杀，极尽其妙。炮双车的会合，为继续消掠提供了必需的物质条件。

23. 炮六平五	后车平4	24. 士五进六	车3退1	25. 帅六退一	车4进3
26. 帅六平五	车4平3	27. 马九进七	车6退6	28. 车八平七	车3进1
29. 帅五进一	车3退8	30. 车四平一	炮1平7	31. 帅五平四	车3进6

黑方利用叫将手段，杀掉一士；以要杀相威胁，掠得恶马；以做杀手段再掠一相；现串捉炮马，使敌守力散乱不堪，黑方消掠手段丰富多彩，胜定。

---

*文题摘自张元幹《贺新郎》

（二）缥缈意境　思前想后掠残敌

图二摘自黄福与蔡福如1986年于广州弈战局谱。

31.………… 马8进6

车马"思前想后"，消掠隐暗若无！黑马弃卧槽，行挂角，企图连将造势，以攻将窥炮，残士胁车。此等消掠，攻前掠后于缥缈之中，铺垫打叠于深思熟虑之中，实为上品。

32. 帅五平四　马6进8　　33. 帅四平五　车5平7

带炮胁士，必掠其一。帅如改走帅四进一，则遭车5平7再叫将抽杀。

34. 炮三退三　车7进2　　35. 士五退四　马8进6　　36. 车七退四　马6退5

37. 帅五进一　车7退1　　38. 帅五退一　马5进3　　39. 帅五平四　车7退5

掠士伏杀，使敌核心防御能力急剧下降，为再掠敌炮埋下伏笔。马之车口运作，演弈殇决战术妙手，将敌车彻底变成低效无能的高贵看客——打将、砍炮，它竟毫无反应。黑方妙手消掠，敌军大势已去。正是：势均力敌遭消掠，云端雾里做文章！

（三）重心强势　除却守臣成妙杀

图三取自钱洪发与郑乃东1989年全国个人赛弈战局谱。

1.………… 前车进4

攻城时机恰切，掠士钓猎窥车！黑方集全部战力于翼侧，确是黑云压城城欲摧，但红方城池端正，且有一车扼守，具有相当抗击打能力。关键时刻，黑方弃车砍士消掠，逼帅浅露，为后车钓猎击打目标，为闪击掠车——除掉攻城唯一障碍创造了有利战机。

2. 帅五平六　马4进3　　3. 帅六平五　马3进2

经过"双击"之后，敌宫已是残垣断壁，敌车被掠更使敌守力衰减，深宫慌乱，再难以抗御强大攻城部队潮水般的进攻。

4. 士四进五　车4进6

现车马同时塞压相田，下伏炮3进8绝杀手段。此时红方如后炮退一串打，黑方则炮3进8，炮四平六，马2进4，帅五平六，炮2进4闷杀。

总之，消掠战术是借机劫掠的谋划，是"第二职业"的额外收入，是残敌弱敌的必要手段，是略有所得的有效过渡。

正是：帷幄深谋运奇兵，弱敌抑势战法精。谩暗涩铜华尘土，遭涸残老树西风。

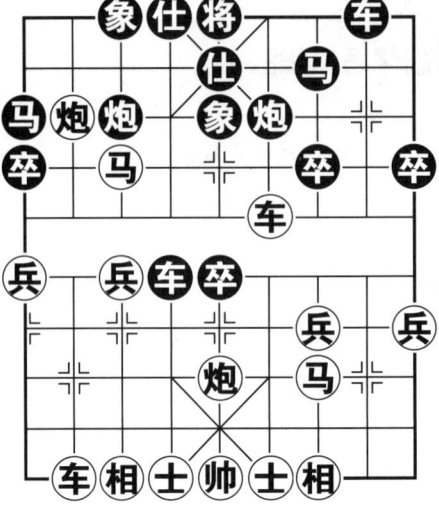

图一

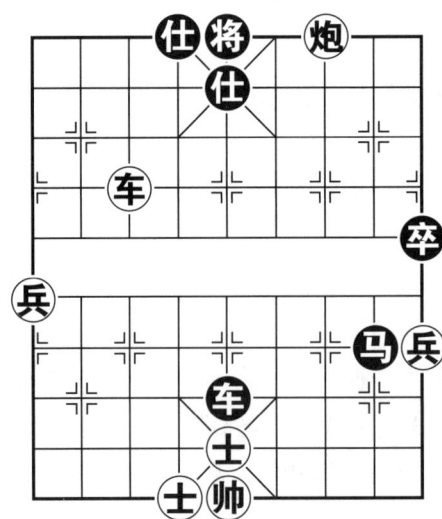

图二

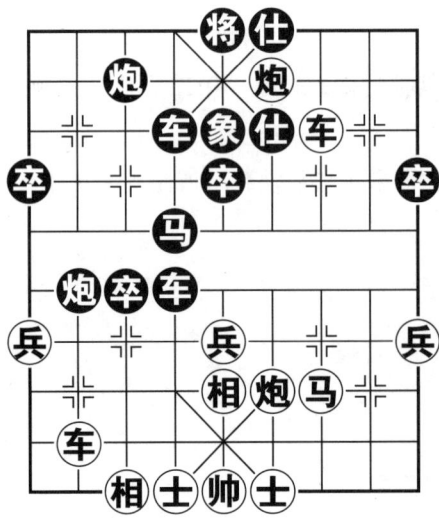

图三

260. 拔剑已断天骄臂*

——浅论消镇战术

朱里奥·杜黑将军在《制空权》一书中，在论及敌机入侵领空并即将对我重要目标进行轰炸的对策时，写道："要想阻止敌人飞机入侵和对我轰炸，最实际的办法就是将他们摧毁，正好像要想阻止敌人对我国的陆上和海上的进攻，最实际的办法就是摧毁敌之陆上和海上的部队。这才是真正的解决办法。"

消镇战术系指在敌炮对己方中路即将或已经压镇、空镇并危及我领空安全的严重情况下，城防部队及时派出敢死队，采取威胁、对杀、逼兑、强掠等强制性手段，拼掉控制中路的元凶祸首，消削敌之镇中态势，从而使局面朝着可控、平稳的方向转化，进而伺机反攻的掐尖除恶的斗争方略。

（一）盯咬击沉 反镇做杀成大业

图一选自吴克西与廖二平1990年全国象棋团体赛弈战局谱。红炮强行占据黑方宫城领空，对黑方构成空镇的严重威胁，并伏有抽将得子手段。关键时刻，黑方突出消镇战术妙手，一举退敌。

17.………… 炮2进1

凶狠盯咬空镇炮，有力反制行崇车！此乃瓦解敌空中优势力量，强力争夺制空权的消镇战术妙手，是由守转攻的决定性着法。它依恃多向进攻之势，依恃叫闷、卧槽等致命手段，同强敌角力争衡。真个是：敢同恶鬼争高下，不向强势让寸分。

18. 车三平五 士4进5   19. 车五平九 炮2平5

强弓怒射中天月，联军双杀后殿王。以强烈的军事手段，将敌炮从高空击落，敌之镇势瓦解，同时反镇伏杀。

20. 士六进五 车7平4

车炮在衔全不顾，特意履险卡命门！闪离、减层、控肋、叫闷、助杀，车之平移内涵丰富，节奏短促，杀意浓烈。此回合红如改走车二平五则马6进7，帅五进一，车7平2，帅五平四，象3进1，黑方胜势不可逆转。现车扼卡帅门，下伏马6进7或炮7进8双杀，敌难两全，遂认负。

---

*文题摘自王维《燕支行》

（二）力除枭雄　反夺攻势争主动

图二为吕钦与柳大华1991年第二届银荔杯全国象棋冠军赛轮黑方行棋的中局形势。红方二路炮借中炮镇势串打被拴缚于中路、河界一带的车马军团，并欲抢回失子、发动攻势，关键时刻，黑方突出消镇妙手，一举破敌——

35.………… 车5进2

酷也除恶夺先手，壮哉消镇立大功！此手充分利用了军力之优，依仗前锋趋前到位之利，砍炮消镇夺势，再为马夺高位要势创造战机，从而使敌之镇势倾刻瓦解，使战局顿时激烈起来，使弈战立刻由争夺纠缠跨入了攻杀阶段的高门槛。

36. 相七进五　马6进5

后续踏占高阳地，前军赢得攻城时。马踏相占取绝佳点位，立呈一片浓烈肃杀之气。而红方炮扑空、右车被封、左车处位低下，立转守势，而且再无东山再起之日。

37. 炮八退二　马5进3　　38. 帅五平四　马5进6　　39. 士五进四　车7平5

40. 帅四进一　炮8平1　　41. 车二进四　卒7进1

招招盯瞄车帅，十分紧凑有力。现进卒伏杀获胜，因如一：炮八平三则马6进7，车二平六，炮1进2，车八退八，马3退5；如二：士四退五则卒7进1，帅四退一，炮1进3，炮八退二，马6进7再车5平6杀。呜呼！凌厉也！弃车砍炮消镇之术，它以身夺势，并为后续部队提供了有利的攻杀条件，真英雄也！

（三）连续进逼　摧毁中炮势开扬

图三摘自李智屏与张晓平1990年于上海弈战局谱。是局红方欲施压镇战术，以发动战略进攻，黑方针锋相对，连施紧手，不给敌打卒压镇的机会，并在关键时刻消灭中炮，彻底瓦解了红方潜在攻势——

18.………… 马7进6

蹄踏节奏紧，消镇步幅宽。此手进击不仅不给红炮打卒压镇的机会，而且暗伏相机歼杀中炮的手段。此手亦属调整术，它将双马位置暗中进行调整，以改善宫城架构，既有利于防守，也有利于双马前趋参战。

19. 车五进二　马6进7

连续踏进，窥瞄敌炮，若敌炮稍有不轨，立即取缔。

20. 马三进五　炮9进4

7路马正在观察敌军的动态，并待命对敌中炮采取消镇行动。同时借打马机会，在敌城相对虚弱的右翼迅速集结兵力，以发动反击。

21. 马五进六　马7进5

帚扫炮口碎，马踏杀势消！及时果断地踏掉敌炮，使消镇战术完美展现，使敌军暗伏的车五进二，象3进5，马六进五的双将绝杀计划烟消云散。其中7路马两个回合的巧妙停待，极富情趣——刀举暂未下，花落自有时！

22. 相七进五　马5进7

中路威胁解除之后，窝心马弊端亦得到解决，黑势逐渐开朗。

总之，消镇战术是捍卫领空权益的果断行动，是除恶打黑战役的丰硕成果，是战士对蓝天净土的渴望，是镇势确立与消解的殊死争夺！

有诗述道：领空魔爪伸插急，乌云翻滚笼汤池。挥师欲除镇宫客，拔剑已断天骄臂！

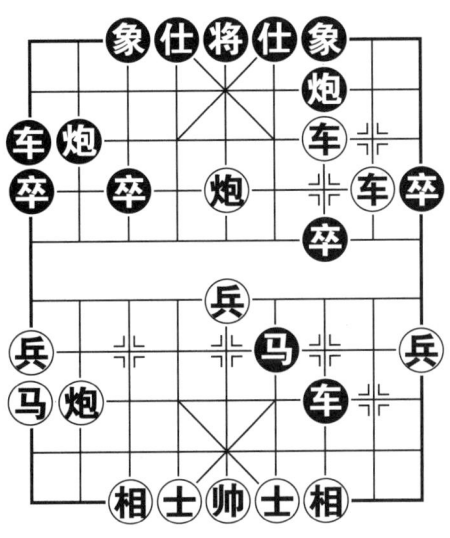

图一

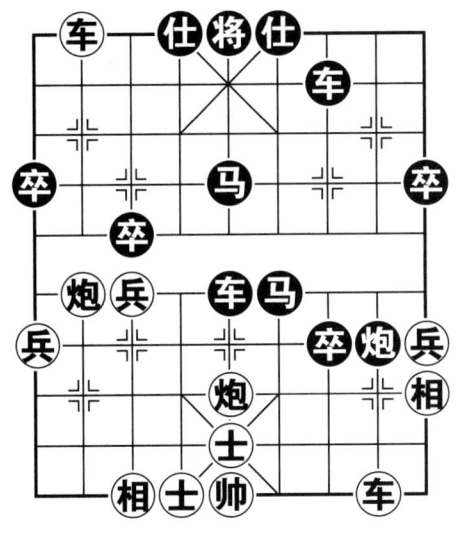

图二

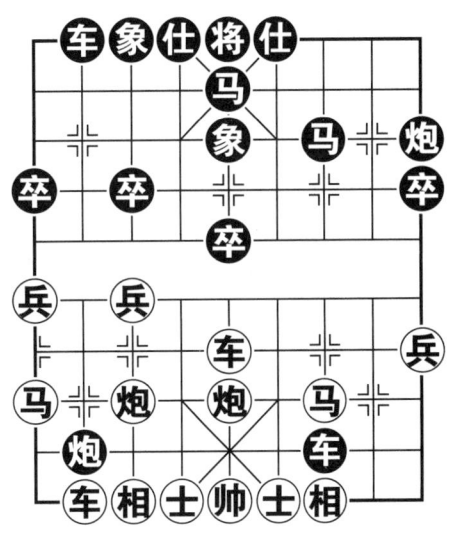

图三

261. 临风慨想斩蛟灵*

——浅论搴除战术

克劳塞维茨将军在《战争论》中深刻指出："如果敌之最主要同盟国的威力超过敌国时，则对其进行有效的打击""在通过打败几个敌人中的某一个敌人而打败其余的敌人，惟有此一敌人之消灭才是整个战争的目标。因为，我们撞上了这个敌人，就等于撞上了战争的共同重心。"

搴除战术系指为了更快推进战局，大本营选派精干分队或有效火力，对敌营中作用大、活动力强、最具威胁性的核心骨干、堡垒炮台、虎贲之士，坚决果断地拔掉铲除，以掐尖除害、震慑敌人、瓦解攻势，从而确保己方战略战术的贯彻实施的制敌谋略。

搴除战术与攫取战术并不相同，如果说后者是借用敌阵弊端，趁势抢掠敌军辎重的话，那么，前者就是硬性铲除敌军作用最大的核心骨干的举措。换言之，搴除战术是有选择地铲除敌人，而攫取战术是谁有"毛病"就拿掉谁。

搴除战术与掐尖战术亦不相同，后者打击的对象主要指敌军的先锋官、入侵者和尖刀连，而前者则涵盖比较广泛，凡是阻挡入杀的、干扰行程的、暗中威胁的等等，不管是不是"尖"，全在搴除之列。概言之，后者看重的是敌在军旅中的"地位"，而前者看重的是敌在攻防中的"作用"。

在名手的实战局中，搴除战术对那些主攻火力，对那些防御重臣，不惜一切代价铲除之，使敌攻防瞬间失势，一败不可收拾。

（一）搴除恶马　消削敌军难成势

图一选自孙志伟与梁文斌1977年于太原弈战局谱。

20. 马二进一　象7退9

怒搴切入马，宁舍底线车！此马入界之后充架打车，又切入窥槽伏杀，十分凶狂，甚至可说是欺逼过度，这引起了守军的极大愤慨，高象更是怒不可遏，立即回师搴除之。此手弃车除马，于军心于战局皆是满分功效。如改走车8进9，红方则马一进三，炮1平7，马四进三，将5平4，炮六退一做成绝杀。

21. 马四进三　炮1平7　　22. 车二进九　后炮进6

23. 车二退五　后炮进2　　24. 帅五进一　后炮退4

---

*文题摘自苏轼《阳羡歌》

黑方通过搴除恶马，化解了危机，并赢得了一车换三的兵力优势。在残局阶段，黑方以多打少，轻松获胜。

（二）以车砍炮　转守为攻演绝杀

图二摘自邬正伟与张晓平1996年于宁波全国赛弈战局谱。

18. 车一退一

搴除恶煞难作祟，消削敌势苦无杀。敌双车双炮雄踞底线，对主帅威胁极大，特别是角隅炮担负着主攻火力的重任，弥显凶残。搴除此炮是转守为攻的锁钥，是大局观的生动展现。在同年进行的团体赛中曾出现过同样的枰面，当时弈者走炮三平五，赛后对其中的成败得失进行了深入的解拆研究，因而此局采取了搴除手段，其效甚佳。此手弃车砍炮是一个必要的战术程序，它使敌横列哑火，丧失了连续进攻的手段。

18. ……　　车8平9　19. 炮三平五　炮6退9　20. 车六平三　象7进9
21. 前炮平二　象9退7　22. 炮二平五　象7进9　23. 后炮平一　象9进7
24. 车三退一　车9平8　25. 车三进二　炮6进4　26. 车三进二　炮6退4
27. 帅五平四

由于角隅炮被搴除，红方车可以先手扼守三路线，利攻利防，从而使敌肋炮完全处于防守地位，使底线双车丧失活力，呆处无能，成为一对战地观察家。

（三）搴除守臣　双车锁喉施杀技

图三取自阎文清与柳大华1990年全国个人赛弈战局谱。

1. 炮九平三

求杀飞导弹，转岗除守臣！九路炮本来担负着闷杀与牵制敌车的双重任务，战略作用巨大，现转换岗位，平炮打马，搴除掉一个严重妨碍入杀的"堡垒"，使敌防线虚懈生弊，使己方双车顿时增效生威。此手搴除具有决定性意义，此炮用生命为友军打开了进军要塞、擒拿敌首的战略通道。

1. ……　　炮7退4　2. 车二平四

一个轮次中双方的行棋，一方搴除了敌首的门岗，立即双车胁将；而另一方仅仅应付性地进行子力交换，"势"之差距由此拉大，胜负归属已不具备任何诱惑力了。

2. ……　　炮8退2　3. 前车平三

一击中的，底象既无逃路，又无保护伞，如炮7进5，则车三退四仍构成绝杀。

总之，搴除战术是铲除敌要员的强硬手段，是瓦解敌军攻势、削弱守力的战斗行动，是夺势取势的最佳途径，是扭转战局、开创新局的战略谋划。

正是：除恶敌当机立断，施狠手夺势争雄。激战密划创功业，临风慨想斩蛟龙！

将 仕 车
炮 仕
象 马
卒 马 卒 马 卒
卒 象 马
兵
兵 兵 兵
炮 炮
炮
相 士 帅 士 相 车

图一

仕 将 象
仕
马 象
卒 卒 车 卒
兵 炮
兵 兵
炮
车
车 相 士 帅 炮 相 车 炮

图二

车 仕 将 象
仕 车
炮 象 马 炮 车
车
卒
炮 卒
兵 兵 炮 兵
马
士 帅 士 相

图三

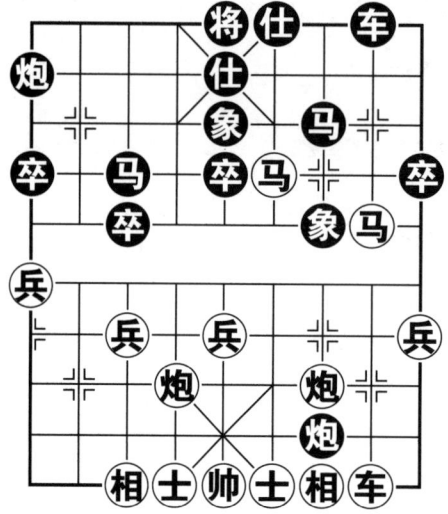

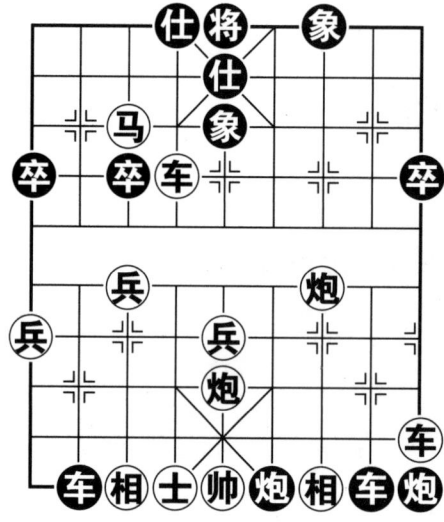

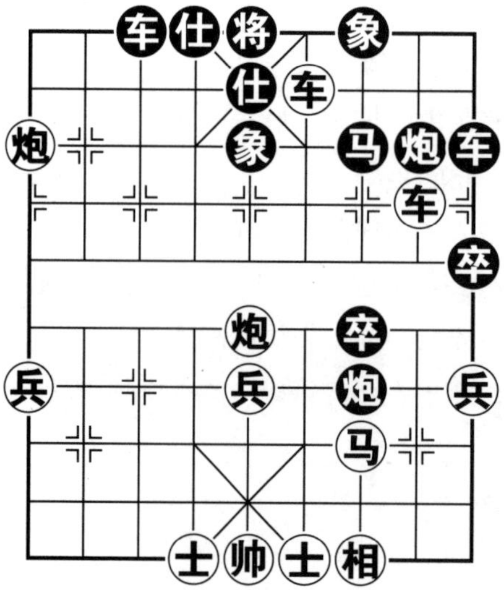

262. 秋逼暗虫通夕响*
——小论逼离战术

克劳塞维茨将军在《战争论》中指出："只要用相当强大的若干支队前进，就足以迫使敌人让出我们所需要的地区。""可以通过对翼侧的机动而威胁之，从而迫使敌人放弃该阵地。"

逼离战术系指进攻部队本着要善于调动敌人的战术要求，采取打将、捉拿、要杀、威胁和驱逐等强制性手段，逼迫敌军撤离占据点、看护点、防杀点等攻防要塞，使之难以发挥护城保将的防御作用，并使敌重大战略目标暴露在我方火力射程之内，从而为我进攻部队利用由此造成的空档、缝隙、城防弊端进行攻杀创造有利条件的强烈调敌手段。

（一）驱逼寒冬远　促催草木荣

逼离战术之实施常能将抑压己方战阵的元凶逼离要点要线，从而使我重要兵员在攻防战中活络开来，并尽展杀技。图一选自林宏敏与许银川1993年全国团体赛弈战局谱。是局红六路炮、四路兵一远一近严密控制左右将门，使将不得平移活络。将不能活动又牵制了炮力的充分发挥。再者六路炮还控制3路卒不得入宫叫将。红炮威镇胁道、滞前防后，不逼离如何得了？

49. ………… 马4进2

闪架借架两相催，杀手入宫暗施威。硬逼野炮悻悻去，欢庆自由欣欣归！此逼离妙手为敌炮撤架、助卒入宫，又企图利用敌炮为支架，炮辅卒行，助卒入宫做杀相胁迫，逼红炮离线，从而为将5平4远离兵胁、减煞七路马之攻力、平安后防创造了极为有利的战场条件，同时此手迅速恢复了4路炮行动自由以歼灭胁兵、转移6线再助另卒深入巢穴擒帅。其谋划之深细、手段之巧妙，均属上乘，为入局之关键、绝杀之打叠！

50. 炮六平二　马2退1

不肯做内应，怎可当云梯！红炮绝对不会充当一个被人利用的角色，自然闪离之。而黑方保留平将去兵权力，不给其翼侧前后骚扰的机会，竟自移换马位，窥帅调炮，使敌无效疲劳运转，以助双卒做杀。此手使敌炮串打计划破灭，使攻城步伐加快。

51. 炮二平八　将5平4

红炮之离，使将得以平移安全地带，摆脱了兵的近逼、马的窥瞄，使敌前锋减效。此种攻防一体化的手段结束了敌马对炮的牵制，为炮去兵窥马、彻底瓦解敌之纠缠立下大功，并暗伏炮4平6再卒6进1及卒3平4逼帅攻杀手段，黑方胜定。

---

*文题摘自张仲素《秋夜曲》

（二）连续施妙法以身相逼离

以杀相迫、以身相逼，是逼离战术的最高层次，是逼离战术实施过程中最严厉的手段。换言之，它不准回避，也没有任何选择余地，就是必须离开原址。图二录自邓伟雄先生所拟《纵横驰骋》正解第21回合的谱图。红方在孤帅极度险厄情势下，四天王合同作战，连续采取逼离、打将、顿挫、抽占、选位、伏杀等强制战术，逼8路炮流离失所，四处应酬，最后被逼至无可奈何之处，孤将失去唯一有效保镖，无防遭擒——

22. 炮一进二　炮8进1

初试逼离术，劲磨斩妖刀。借钩钓控势，以打将相逼，安放炮座，迫敌离位，为后续打将选位再逼离造势打叠。

23. 炮五进五　炮8退1　　24. 炮五退四　炮8进4

再逼应垫者，暗中施索绳。红双炮以打将叫杀相威胁，连续将敌逼离底线，使敌炮疲惫不堪。现中炮借将抽占选点，为彻底逼离8路炮埋下伏笔。

25. 炮五平六　炮8平4

以杀逼得守臣去，何人挽扶醉皇归？红炮以杀相胁，以炮为代价，将8路炮活活逼至与防守毫不相干的地方，为最后攻杀排除了一个善于增厚掩护的保皇干将。此手，彻底逼离了敌炮在左翼的存在，就等于将其攘除于主战场之外，使其成为疲惫的喘息者，成为攻杀的观察家。

26. 马四进三　将4进1　　27. 马六进四　将4进1　　28. 炮一退二

此局后程之精妙演弈，堪称逼离战术的专场表演，它三逼俱佳，为送别守臣、妙手成杀做出了决定性的贡献。

总之，逼离战术是指挥家的强烈调敌手段，是破坏敌军强大位势的驱逐性制敌方略，是疲惫术、减效术、调动术的联合体，是夺势抢先、由守转攻、反击成杀的战术手筋！

正是：要地位势亚京都，岂容敌寇常进出。秋逼暗虫通夕响，迫使魔怪走边窟！

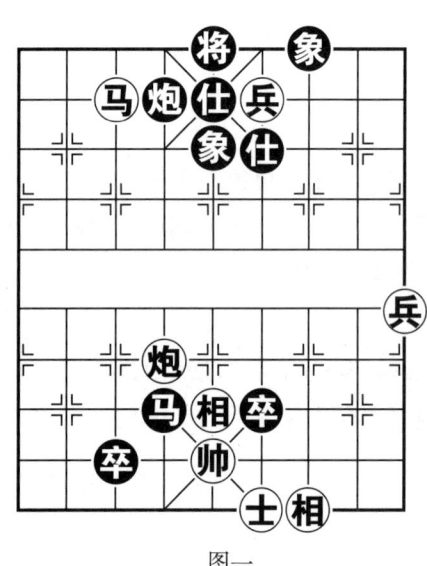
图一

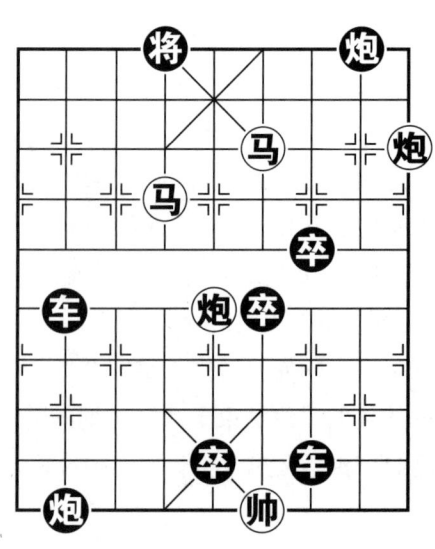
图二

263. 犹唱开元太平曲*
——试论解将战术

《孙子兵法》深刻指出："兵者，国之大事，死生之地，存亡之道，不可不察也。"

解将战术系指在敌方进攻部队对我方主帅即将进行威胁或直接打将的紧急时刻，城防部队巧妙采取绊别、增层、应垫、转移、反击、摆脱等有效手段，解除敌方的致命威胁，恢复大局的稳定和宫城的正常秩序，从而使敌军攻势受挫的防御技法。

（一）连续防范　绵里藏针

图一录自胡荣华与惠颂祥1960年于上海弈战局谱。

31.………… 炮6平4

增层加厚防范，解除闪将危机。此手调整宫城防御结构，对要线增层加厚，起到了水未到先叠坝的防范作用。此解将手段立使敌方炮八平六打将夺车计划彻底落空。

32. 车八平七　马3进2

红方闪抽不成，又平车做杀。黑马躲避迎上，拦路封堵，使八路炮"横竖"不得叫将。严密的防守，使敌炮的战斗意志受到极大挫伤，它在探寻门路，准备再次"旁敲侧击"。

33. 炮八平四　炮4平5

继续巧妙解将——在为主将提供更多回旋余地的同时，镇中伏杀！此等解将手段力度非常，它攻守兼备，它立苕作业，它标志着战局已经走向对攻、反攻的阶段。

34. 车七进一　将4进1　　35. 炮四平六　车4平5

解将并再次伏车5进4掏心杀。此手彻底终止了敌方叫将的步伐，并不得东山再起。以下是，帅五平四，车5平6，帅四平五，车6进4，炮六平五，车2退1胜。从此局的演弈中可以看出，解将战术之实施，分为两种类型，一是进行有效防范，不给敌方打将的机会；二是在敌方打将之时，采取灵活应对手段，化解危机，至少使敌难以取得预期的效果，并不断增大解将的反击力度。

---

*文题摘自李洞《绣岭宫词》

（二）巧妙摆脱　战局陡转

图二选自徐天红与许银川第十四届五羊杯弈战局谱。

20. …………　　将5平6

巧摆脱花明柳暗，妙解将火灭烟消！主将之转移，使敌军所有的争先、抽将以及因如误走象3进5则炮七进二造成的闷杀等企图统统化为泡影。此解将妙手，不仅解除了敌车砍象造成的威胁，而且终止了敌军后续连将的攻势。此手，由"目标"自身实施的解将手段，极大改善了大本营的生态，有效缓解了被动遭攻的状况，同时，此手立使象头车深陷泥潭，甚至迫使其产生自戕的念头——因如车四平一，车7进2，红方失子。

21. 车九平四　象3进5　　22. 马三进四　士5进6

在解将得车情况下，续施解将妙手，增层遮掩以化解闪将攻击手段，并淡淡藏有平炮拴链串打意向，解将中的攻击因素急剧增加，以使红方折损兵员并进而退居被动防守地位。

23. 马四进五　炮1平6

继续增层加固弱线，不给敌方打将的机会，并反打攻击者。此手解将，为积蓄多时的7路线攻势、为翼侧大反攻提供了宝贵的战机。

24. 车四平六　炮7进8　　25. 士四进五　士6退5

再次解将，并伏炮6进8杀。又战十余回合，黑方获胜。

（三）硬性拼兑　敌势消削

图三摘自蒋志梁与刘殿中1983年于兰州弈战局谱。

37. …………　炮8退6　　38. 马三退四　炮8平6

置身舍身因求胜，垫将解将皆为君。黑炮充分发挥反应快、敢于打死仗的特长，回师解将，硬拼敌军，同时反过来牵制敌四路线，作风过硬，手法巧妙。从全局角度看，如能拼掉一炮，红方再难组织起有效攻势，同时也难以抵御车双卒的有力进攻。炮之有效解将，等于跨越了战局的困难期，使红方从此再无"将军"一类的业务，同时暗中宣布反攻即将开始。

39. 士五进四　士5进4

炮之解将，闪露出盾里加剑的锋芒，它逼迫红方起士增层，否则车2退1，炮四进二，车2退2捉死炮，并"株连"一士。

40. 炮四进二　车2退1　　41. 炮四平五　士4进5

之后黑车横扫双士双兵一相，端掉了被拴缚在将帅之间的保皇马，从而轻松获胜。

总之，解将战术是对敌军打将的巧妙应对，是守城部队有效化解的"政治"危机，是防守战进程中的行动"极点"，是在压抑下的维护首领的强烈抗争。

正是：遭逢危难力托举，排险解困多劲旅。再发江东子弟兵，犹唱开元太平曲。

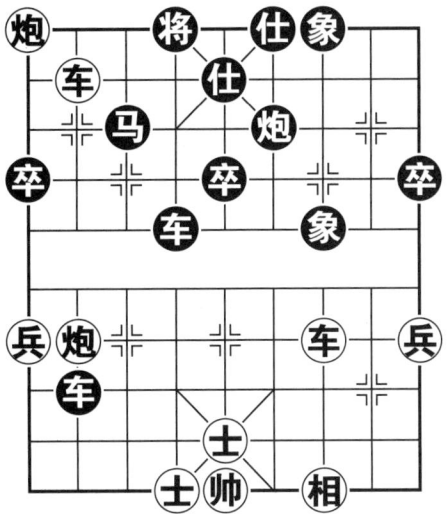

图一

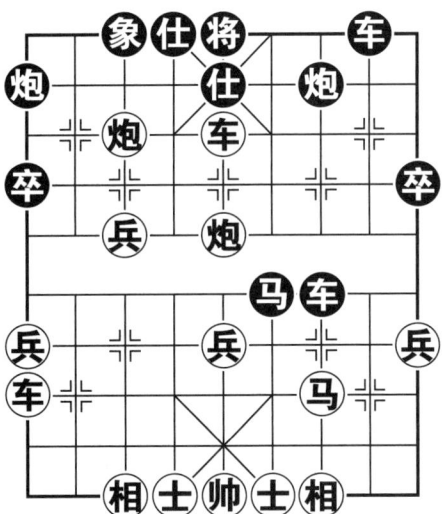

图二

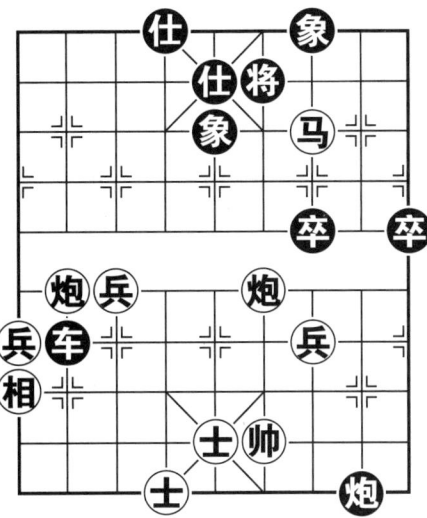

图三

264. 绣屏惊断潇湘梦*

——试论应垫战术

毛泽东主席于1950年10月23日电令中国人民志愿军:"力争在敌机炸扰下仍能保持旺盛的士气进行有力的作战。"

应垫战术系指弈战中防守一方在敌线型火力直接对将帅发动攻击的危急时刻,采取闪抽、移动、折返、回防等有力手段,贴靠遮挡,应将垫护,以防敌火力对将帅的致命伤害,同时暗伏反击、逼兑、夺子、打将、反杀等有力手段,以挫败敌军进攻计划,并逼迫其由攻转守的保护性防反性应对技巧。

反叫应垫　逼引成杀

本例系我国现存最早的象棋残局《双龙出海势》局图。此局双方兵力等同,并各有一炮压镇对方宫城,又各有攻杀手段。此局构图蕴含着"平衡"与"平等"的理念,而其展现的杀法更具有"预设""造势""反杀"的精妙手段——

1. 马二进三

精妙设计应垫术,轻松扑马暗伏杀!此手乃提前配置、预设伏兵之铺垫打叠技巧,它既为肋车先手应垫造势、又为二路车下底抢杀开路打叠。它以生命的代价助攻,它活活浪费掉敌方一手棋,为己方反杀赢得了时间。它的存在,已经使"后手反先"成为必然。没有友军密切的高效的配合,就很难造作出精妙的应垫。

1.………… 车7进1　　2. 车四退八

逆境心似铁,苦寒立如松!此乃绝佳应垫战术妙手,在强敌高压下的攻防一体化的立茬手段,解杀伏杀的防反锁钥,也是此局面下唯一的最强应对!

2.………… 车7退8　　3. 车四进九

对将对杀,精彩异常。它不给敌以任何调整兵力、实施反扑的机会;它引蛇出洞,为妙施最后一击打叠,行棋紧凑严厉。它是应垫之神的远势吸引,它是迎接胜利的美妙乐音。

3.………… 将5平6　　4. 车二进四

炮断路,车照将,完美成杀。此局之先敌配置、筹谋深远、神勇应垫、攻防一体、对杀争胜的组合技法,令人惊叹不已!

---

*文题摘自陆游《乌夜啼》

总之，应垫战术绝非被动应付之无奈，而是利用一切可能利用的机会、施展手段、防守反击的大腕强手，是被动中争取主动、守势下风之时寻觅胜机的精深运筹，是发挥子力占位优势和运转快捷的兵种优势的增效制敌手段。

正是：绣屏惊断潇湘梦，应垫震颤楚汉枰。为求人间大同日，敢与恶鬼争输赢！

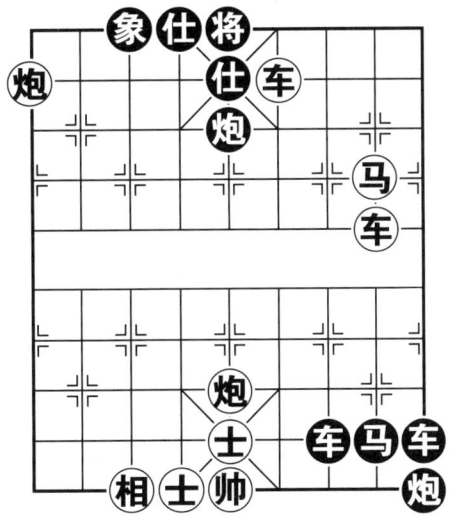

265. 凭君传语报平安*
——小论解拆战术

（苏）什捷缅科在《战争年代的总参谋部》中指出："统帅必须具有非凡的智力、渊博的学识、钢铁的意志、坚毅顽强的性格并通晓军事。还要有合理的冒险精神、非凡的预见性和洞察力、科学的想象力，并善于抓住事件中的主要环节，迅速作出决断，特别是在定下决心的关头。"

解拆战术系指在对方即将叫杀、抽吃、串打等双重威胁的紧急情势下，或在局后对复杂盘面中一方隐伏着微妙胜机的专题研讨中，弈者深长谋划，精准运算，巧妙采取穿越、腾挪、搁置、顺承、回击等有效手段，消散化解敌之强大攻势与严重威胁，使己方转危为安，并乘机反攻过去，先敌制胜的高级化险解困夺胜方略。

（一）弱旅攻杀凶似虎　蒙目解拆妙如仙

图一选自蔡伟林与徐乃基1975年常州邀请赛弈战局谱。是局上一回合车二进六捉马，黑则炮7进5去兵形成的攻守局面。实战中，红方顾忌炮7平5照将一手带来的后果，并未吃马而走炮五进二。结果双方弈和。据庞小予先生报道，当天午餐桌旁，有棋手将这局棋的经过口述给全国冠军胡荣华，向他讨教解拆办法。胡荣华听后认为此局面黑方后手很大，红方藏有临门一脚决胜的机会，遂沉思冥想，蒙目计算杀路，饭菜热气未散，已"温酒斩华雄"矣。以下为解拆着法：

1. 车二平三

深谋决断胜路，单刀履险杀敌！此解拆妙手顺承敌意，借力发力，弃子夺势，非同凡响！真个是：该出手时须出手，得攻城处且攻城！

1. ………… 炮7平5　　2. 炮五进四　马5进6

锐意进攻争空镇，精准谋算定春秋！发动攻势，将战局引入己方攻城之步调。黑马如去车，红则炮一平五重炮杀。

3. 车三平五　车9平5　　4. 炮一进三　炮5退4　　5. 相三进五　马6退7
6. 炮一平二　马7进9　　7. 炮二平三　马9退7　　8. 兵七进一

舍身求压镇，增援设网罗！此战术组合乃抢杀做杀的英明决断，是走向胜利的第二大战役。其中红方仅存的一车仍于中路死命为杀造势，为两支后续部队创造出最有利的攻杀条件，使敌处于见将即毙的极端厄境，真弈坛虎贲也。而一路炮则跬步斗马滞马，于翼侧出色完成了阶段性战斗任务——即使右炮择机转移求杀，左马仍然对压镇敌宫之中炮构不成威胁。经过攻守较量，中路、左翼两战区的敌车炮马均已受制僵死，现冲兵开路，由炮

---

*文题摘自岑参《逢入京使》

之后的第二支增援部队凶猛奔杀，智斗狂车，其拆解计算之精准深长，无与伦比！

  8.………　车1平2　9. 马九进七　车2进4　10. 马七进五

  炮马心相顾，奔袭目无敌！增援部队奋勇踏进，挑战强敌，因伏有炮三平九的杀着，黑车不敢平中造次。

  10.………　象1退3　11. 马五进四　车2平6
  12. 马四进三　车6退3　13. 马三进一

  赤兔奔袭争杀势，马炮联手斗恶车。此深长解拆创造性地恢复了此局胜路的真貌，天才演弈了弱旅难关妙胜的战场神话，令棋友大开眼界。

（二）生死攸关赴险地　胜负易手露晴天

  图二为赵国荣与于幼华1982年长安杯国手赛实战局面。面对黑方边马卧槽的准绝杀局面及六路马为敌炮充架、三路马被卒车双衔的危急军情，红方连出组合拳，以重兵强势反击，逼宫锁车、控线遏马，巧妙化解了黑方杀势，并连将做杀，迎来胜利曙光。

  32. 炮二进一　象7进9　33. 车四平五　车5退5

  立苕解拆闹龙殿，强势拖曳扑花心！第一记组合拳，砍士剪羽逼宫，将敌车拖回并为实施锁制打叠，同时活络双马参战，立解双衔危机。它充分发挥围城部队兵多将广的优势，有效利用敌防虚弱的弊端，主动出击，不给敌马卧槽的机会。

  34. 马六进四　将5平4　35. 马四进三　车5退1
  36. 马三进五　炮4平5　37. 车一平七

  第二记组合拳，攻杀力度增大，逼车贴将护防，使其由高位瞰制态变成低位被锁制态，逼炮由进攻态变成防守态，并使边马由杀手变成看客，为进一步控线顿挫做杀创造了绝佳战场条件。

  37.………　象9退7　38. 车七进一　将4进1
  39. 车七退一　将4退1
  40. 车七退二　车5平6　41. 车七平六　将4平5
  42. 帅五平六

  第三记组合拳，以顿挫要杀、车帅双控线手段，彻底化解了马炮双车的杀势与炮双车的偷袭手段，同时做成劈面照杀。妙矣哉！审局目光远，解拆手段高。边马长嗟叹，无从立功劳！

  总之，解拆战术是大腕对严重军事危机的巧妙化解，是对刁顽得意狞笑的智能作答，是提高象棋弈战水平的生动教材，是利矛与坚盾激烈碰撞所迸发的璀灿火花！

  有诗为你叫好！坐镇要塞驭波澜，深谋远虑斗刁顽。任敌扰阵出罅隙，凭君传语报平安！

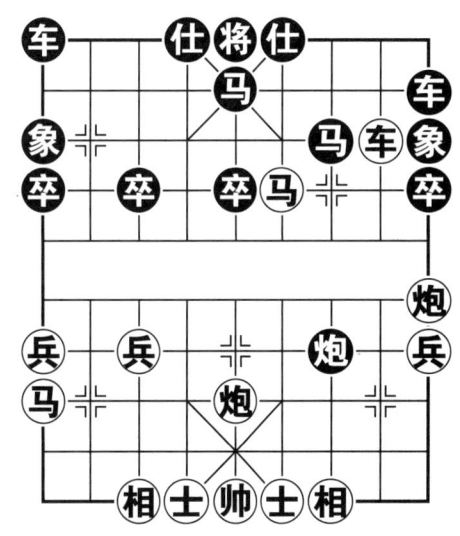

图一

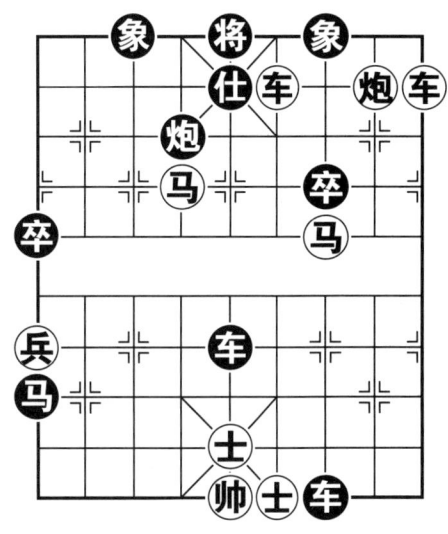

图二

266. 欲采苹花不自由*

——略论监视战术

克劳塞维茨将军在《战争论》中明确指出："一方力求决战到底，不如说更为接近于纯粹的监视。"

监视战术系指在敌要员急于选点、机动甚或暗中行崇要杀之际，实施方立刻选派得力兵员，采取跟踪、察视、看管的有效手段，使其不得轻举妄动，使其变成一个被火力看管下的呆滞、僵死、低效的丧失自由者，从而打乱敌调兵遣将进行攻杀的计划，进而使敌损兵折将、一败涂地的制敌方略。

监视战术的本质就是力求使敌人丧失行动自由，使敌精心策划的偷袭、突破之类的战斗难以实施。

（一）看炮胁根　两强不幸失其一

图一摘自柳大华与徐天红1991年于广州弈战局谱。

40. 车六平二

峡谷看野炮，折返硬抢夺。红方不管过河兵处险，强力监视8路炮，使炮滞马呆，双双失去自由。由于红方抓住了黑方队形的症结，在局部战斗中抢得先机，并暗伏后续胁根捉双夺子手段。此手充分展示了监视战术选择目标之精准、监视行动之有力。

40. ………… 象5进3

无奈之举，如炮8退2，则兵七平六，车2退6（炮8平5，兵六平五），兵三进一，车2平3，兵三平四，净多三兵亦胜。

41. 马七退五

后续藏妙手，立马夺胜局。下伏马五退四，马炮打马、车马抢炮，敌马炮必失其一，黑方遂认负。

（二）英勇监管　求杀河仙难作浪

图二为《百局象棋谱》第73局"步步生莲"第四回合的枰面。现黑方既有车6进5的杀着，又有卒1平2的伏杀手段，对孤城老帅构成了巨大威胁。关键时刻，二路车突然发力——

---

*文题摘自柳宗元《酬曹侍御过象县见寄》

5. 车二平四

紧跟硬看施妙手，解围伏杀运奇谋！红方以无根车变线同线监视肋车的叫杀行动，杀势立解。其审局之透彻、攻防之一体、监视手段之精妙，无出其右！

5. ………… 车6进5

弃车引车，无奈之举。因如车6退2则炮三退一，将5退1，炮一进二，士6进5，炮三进一重炮杀。又如车6平9则炮三退一，将5退1，车四平五，士6进5（炮6平5，炮三进一闷杀），车五进一，将5平6，炮一平四闷杀。

以下双方输攻墨守，激战成和：车四退七，卒1平2，车四进八，将5平6，炮三退九，后卒进1，炮三平八，后卒进1，炮八进四，后卒进1，炮八平五，后卒平4，炮一退六，卒4进1，炮一平六，卒5平4，帅六进一和。

总之，监视战术是强车制敌的重要军务之一，是逼敌呆滞、减效的得力手段，是看管、束缚处位不佳敌兵员的强硬举措，是发动心理战的有力行动。

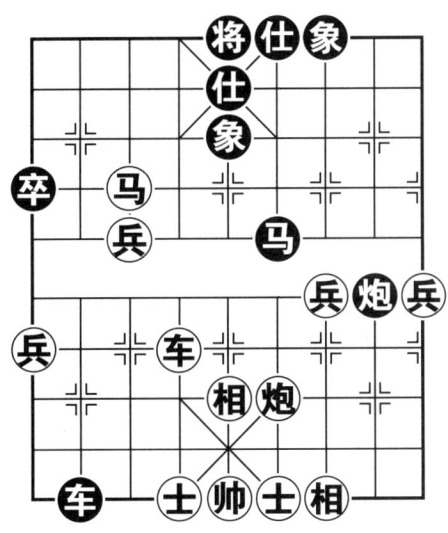

图一

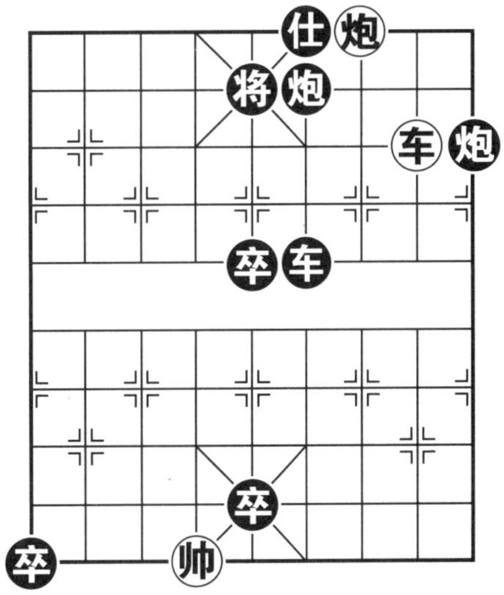

图二

267. 两处沉吟各自知*

——试论切割战术

克劳塞维茨将军在《战争论》中指出："最大的成功只有分割和切断敌之军队方可期待得到。"

切割战术系指在敌军成队攻防并加强联络配合情况下，进攻部队采取闪抽、揳入、穿插、分断、阻隔等有力手段，将连成一体的敌军团或队伍分割切断成互不联系的几股弱小支队，甚至变成散兵游勇，以切断敌军的联系，减效其兵员，打乱其部署，破坏其计划，以便于己方将敌各个击破的分散强敌的作战方法。

（一）揳入挑双　立苍切割求断联

图一选自杨官璘与胡荣华1982年于广州弈战局谱。

28. ………… 炮3平4

风卷雷动威千里，切割夺势震一方！躲避、打入、反制、增层、断联之切割妙手，它骁勇善战，诱炮逼炮，它立刻将敌军纵队切割成毫无关联的碎片。此手，将敌方一车挑双的军事利益减煞殆尽，使红方坐等收获的期盼变成一泼凉水！真个是：一炮切割联网线，两处沉吟各自知！

29. 炮六退四　炮5平3

衔炮顿挫，先自打车，为马除障开路，为发动新一轮攻势铺垫打叠。此手，极力求取切割利益的最大化。正是：切割纵队意未尽，撩拨他人梦正酣！

30. 马六进七　车2平4　　31. 士六进五　车4平2　　32. 炮六平七　车2退6

33. 车七平六　马3进2

减层、闪击、撤架、入界、叼车、奔卧！昨日被敌车挑双的弱者，今日变成了夺势反扑的英雄，谁之力助？切割是也。

（二）山峰突起　城下虎狼各东西

图二摘自陶汉明与柳大华1993年泸州棋王赛弈战局谱。

43. 士六进五

切割疑似梦，孤士恍如山！底士拔起，如山似墙，突然从天而降，将车卒分割切断，卒

---

*文题摘自姜夔《鹧鸪天》

因此失去核保护伞，阻车防杀能力骤降。孤士虽弱，但有中炮力挺，更有车在黑方左翼的杀势威逼，故单士极有"势"力！此时黑方如卒6平5则炮五退三；又如卒6进1，红则帅五平四，马3进5，马六进五，下伏卧槽杀。

　　43. ……　　车4退4　　44. 车四进一　车4平5
　　45. 车四进七
　　下伏炮五平四抢炮夺士绝杀。

（三）硬性切割　忍气吞声丧赤兔

　　图三为《弈海烟波》第90局"长缨缚苍龙"十六回合枰面。

　　17. 后炮平三
　　择路要杀，强力调车，为妙施切割战术铺垫打叠。此种着法，佯攻其城，暗中实施切割，立茬、突兀、神妙！蒋权先生评曰："张健麟作局用子少而精，着法深奥"。

　　17. ……　　车8平7　　18. 兵四进一
　　天马神车皆羞涩，切割欺逼尽威严！进插隙缝，切割断联，欺车胁马，威力巨大。弈战，呈现给我们的是一部充满哲学思想的绝佳教材。小兵能够切割枰上两强，而车马竟不敢招惹，被逼退、被掠杀，势也；及时切割两强，机也；强中有弱，弱里有强，同一性也；强变弱，弱变强，内因外力之作用也。兵之切割，既顺应了双方强弱转化的趋势，又有主观进取与客观情势的巧妙结合，既有大势的掌控，又有小巧的安排，既有智的深邃，又有力的狂野……呜呼！善待檐下客，博爱世上人！

　　18. ……　　车7退1　　19. 兵四平五　车7进2
　　20. 兵五平六　士5进4
　　21. 炮三平五　将5平4　　22. 兵六进一
　　弱旅因切割造势而变得异常强大，尔后炮藏帅后，支助肋兵扼亢禁将，以天地炮成杀。

　　总之，切割战术是将敌军队伍分割切断的艺术，是乱敌分敌弱敌制敌的技巧，是减效、破坏、制乱的共同体，是以一制众的得力法宝。

　　正是：弈术丰繁多神奇，征战兵马苦别离。一刀劈开连天岭，两处沉吟各自知。

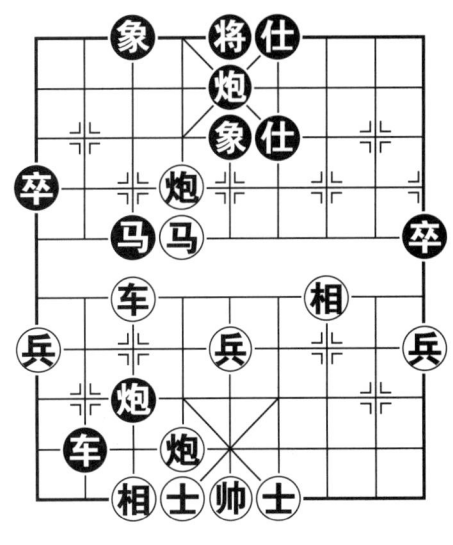

图一

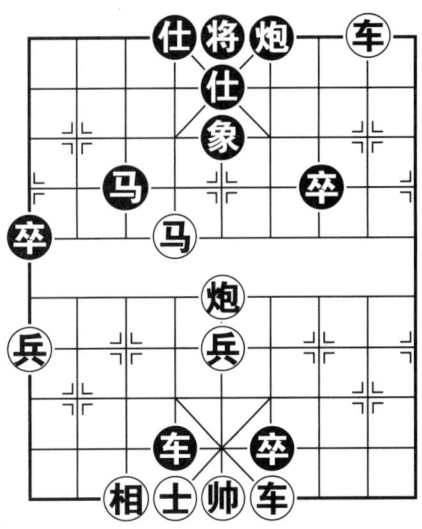

图二

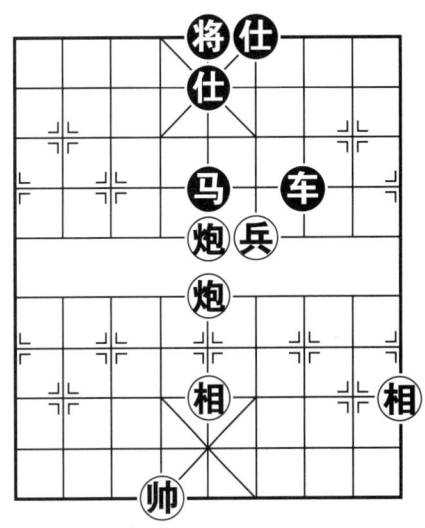

图三

268. 倚天万里须长剑*
——略论抢救战术

（苏）什捷缅科在《战争年代的总参谋部》中写道："按职业的需要，大多数指挥员都是一些临危不惧的人。在战争中选拔的是这样的人，他们在危险时刻头脑更敏锐，思想更深入，思维更合理。"

抢救战术系指在帅府即将遭袭受攻处危的严重情势下，守城部队以大局为重，巧妙采取扼守、护辅、逼兑、周旋等有效手段，增援加固，抗御敌军，看护要点，抢先施救，确保大本营安全稳定的紧急救护措施。

（一）刚柔并济　妙手应对强敌

图一选自刘殿中与卜凤波1986年天龙杯象棋赛弈战局谱。

15. 炮五平六

抢救炮相阻，暗保城自安。黑方弃炮强攻，给红方宫城施加了巨大压力。红方此手炮之卸离阻车，抢救得法，黑方攻势受挫。此手巧妙，极具空灵缥缈之美，而又有应将破敌之效。刘殿中先生认为，"红平炮六路是唯一正确的走法。如改走它着难免处于下风，试演一例：士四进五，车8进9，车四退六，将5平4，黑方速胜。"

15.　………… 车8进9

黑方如车4进1，红则马二进四，车4平5，士六进五，黑方中路攻势瓦解，救险成功。

16. 车四退四　车8退1　　17. 炮八进七　马3退2　　18. 车八进九　士5退4
19. 相一进三　卒5进1　　20. 兵七进一　卒3进1　　21. 车八退五

对敌卒5进1之挑衅，红方弃七兵再度抢占河道施救，将敌军筹划的新一波攻势扼杀在襁褓之中。之后双方激战、兑子，简化成和。

（二）抗御强敌　抢救肋道危情

图二摘自王嘉良与张德魁1950年于北京弈战局谱。

20. 马九进七

西风欲凋碧树，边塞催马应急！黑方借炮七平四绊马之机，车8进8，欲平6双胁炮士、剪羽要杀，其势甚为凶险。关键时刻，边马扑进，立解危情。敌如再车8平6则马七退六，一马保双、关车占优。

---

*文题摘自辛弃疾《水龙吟》

20.…………　马7退9　21.车六退二　车8退2　22.车八平五

黑方利用空镇之势在中路求攻伏抽；红方则以优势兵力应急解围消镇，双方输攻墨守，以中轴为目标展开攻防大战。

22.…………　车8平5　23.士四进五　车5平4　24.车六平五　马9退7

25.炮四平五　炮5进3　26.相七进五　车4平3　27.车五平三

红方去炮消镇，掠杀恶马，力保城池，双方激战成和。

（三）增援策应　严防固守回击

图三取自陆峥嵘与孙勇征1996年于成都弈战局谱。

20.炮五平七

急所施双保，帅府得安宁。黑方车马炮占领要点，借控相之利，欲发动攻势。红方平炮增援要线，底相无虞，宫阙自安。此手抢救，立刻使黑方马炮难施其伎，有效化解了敌军急攻造成的严重危情。

20.…………　车4平3　21.炮七退一　炮3平2

22.马三退二　车3进3　23.车二退七

在马炮联防的基础上，再次突出抢救战术组合妙手，以右翼策应左翼，以车马策应炮相，有力增援了受困部队，有效化解了军事危机。

23.…………　车3平5　24.车二平八

红方在连续抢救战斗中，消削了敌力，瓦解了急攻，使敌军变成一支联攻不成即显现颓势的弱旅。

总之，抢救战术是使宫城免遭兵灾的得力手段，是破坏敌军攻城计划的抢先行动，是强固防守以扭转战局的关键，是开启反攻之路的先期谋划。

正是：危厄情势蕴含中，卫戍消防展神功。倚天万里须长剑，救急三军更从容。

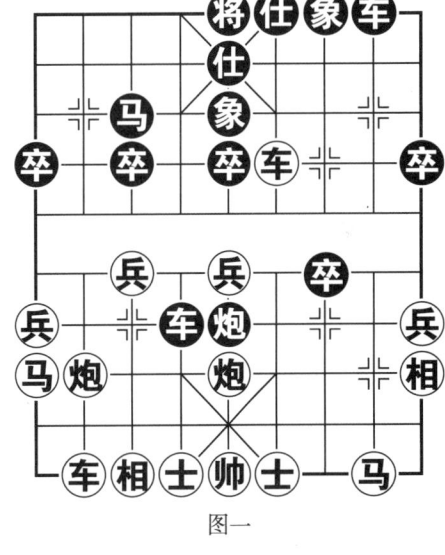

图一

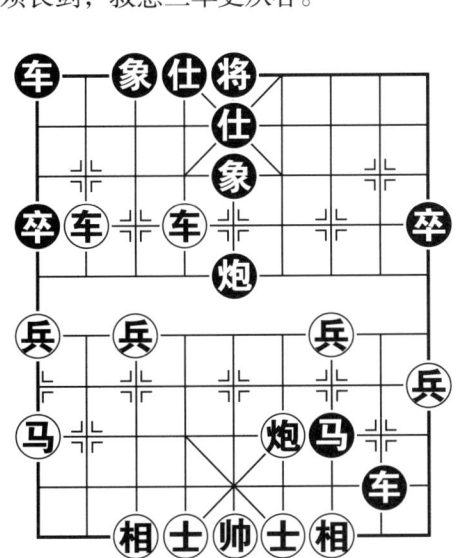

图二

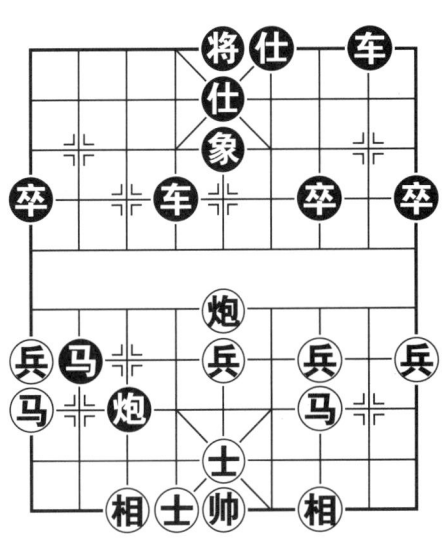

图三

269. 怒涛寂寞打孤城*
——试论掐尖战术

《百战奇略》云："凡与敌战，若敌人初来，阵势未定，行阵未稳，先以兵急击之，则胜。法曰：'先人有夺人之心。'"

掐尖战术系指防御部队本着积极的防守思想，对敌军中贸然入侵的尖刀连、侦察连、先锋官、袭扰者采取坚决果断措施，立即拔掉铲除，使敌军前头部队锋挫刃卷，遭致重创，从而达到震慑敌人、破坏敌军进攻计划、使其丧失战机、组织不起来有效进攻的强烈军事手段。

（一）巧设计　大联合驱根掐尖

图一选自李智屏与金波1996年于宁波弈战局谱。

14. 炮二平一

现黑方车卒侵入红方阵地，横踞兵线，不仅严重影响三路车开进，而且对帅府的安全直接构成威胁，真是如芒在背！二路炮以瞄车、开放边塞为掩护，暗中设计掐尖除卒计划，以歼灭来犯之敌，廓清战场，确保左翼双车无后顾之忧地开出作战。

14. ………… 车9平7　15. 兵一进一

继续贯彻掐尖除害方针，进兵让位，为提炮串打车卒横队、铲除恶卒预做准备。

15. ………… 炮2进2　16. 炮一进一　车4退2　17. 车三进三

串打发力车无力，掐尖胁根炮有根。掐尖的具体实施者，车也；实际参与者车马炮兵也。此掐尖战术组合，设计巧妙，运作高效，立刻将己方战场清理完毕，千辛万苦"到位"之卒瞬间蒸发。此局充分证明了：在家门口实施"掐尖"，具有民众、地形、待敌三项巨大优势；一切侵略者、冒进者都将陷入汪洋大海之中。

（二）硬拼兑　强势摧毁单边封

图二摘自王嘉良与孟立国1962年于哈尔滨弈战局谱。

8. ………… 车1平2

宁愿死拼篱笆下，不容恶魔逼到家！此掐尖手段有力挫败了入侵强敌，坚决捍卫了领土主权，不容许敌人横行乡里！此手气节威严，气盖云汉，气魄宏大！

9. 车八进一　炮2平3

---

*文题摘自周邦彦《西河》

撤架断联失根，窥瞄底线抽车，后续手段紧凑有力，逼迫红方不得不进行应付。

10. 马八进九　马1退2

红方先锋大将在耗费四步棋之后，在没有后援情况下遭致掐尖，黯然出局；而黑方则趁敌士气沮丧、另车晚出之机，大举进攻，以车马炮卒围攻帅府而胜。王嘉良高度评价此种战法："孟方力争主动，通过先予后取的战术冲毁了王方的'单边封锁'，战法十分刚劲。"

（三）大火力　入侵纵队变炮灰

图三录自胡荣华与赵国荣1985年柳泉杯象棋赛实战中局。

17. 车四退三

退防、管制、充架，为双重火力实施掐尖战术创造了雄厚的物质条件。在敌军车马卒侵入比较空虚右翼阵地，7路炮遥相呼应，企图伺机打入作祟的局面下，对敌前锋部队实施掐尖战术，是一个正确的选择。

17. ………　炮7平9　　18. 炮五平三

保平安及时开火，斗恶敌果断掐尖！趁敌炮转移窥相之机，平炮打马，不仅极大挫伤了敌之士气，而且使其耗时跋涉之绩效归于乌有。

18. ………　卒7进1　　19. 车四平三

顿时乌云不再，气朗风和，为续战提供了有利的大环境。

总之，掐尖战术是对敌军先锋官的致命打击，是确保大本营平安的立竿举措，是守力与攻力的初次碰撞，是对"形势"与"时间"两份利益的巧妙换取。

正是：楚河岸边一车横，入侵贼兵胆颤惊。飞刀须臾掐锋锐，怒涛寂寞打孤城。

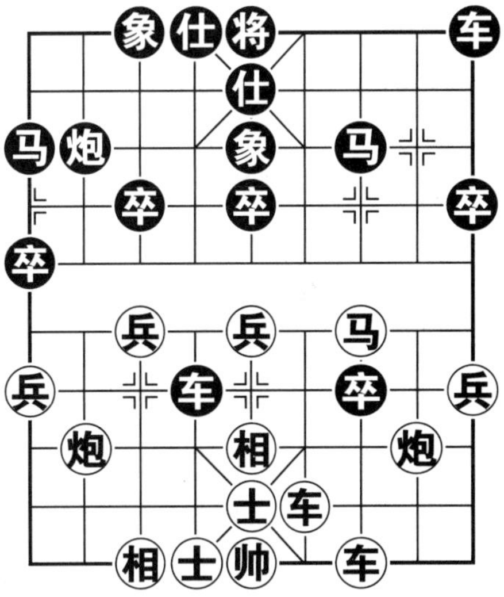

图一

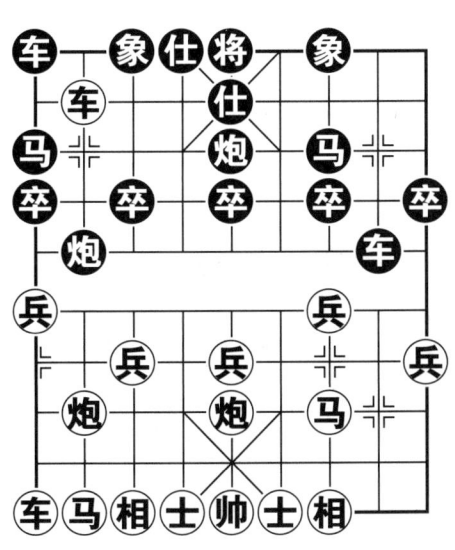

图二

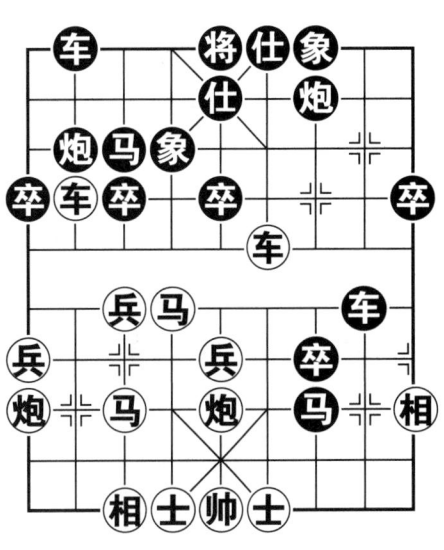

图三

270. 天涯静处无征战*

——浅论平和战术

邓小平于1980年5月4日在会见巴基斯坦总统齐亚·哈克时深刻指出："我们的目标是争取和平，但和平要通过斗争来赢得。"

平和战术系指在强敌侵境、强势攻城甚至入宫求杀的极端不利的情势下，或者在整体实力不强不济条件下，实施方巧妙采取逼兑、反杀、消耗、威慑、循规等有效手段，斩杀敌兵，消耗敌力，化解危机，或利用棋规连续走"闲"而逼平对手的战平弈和强敌的深长谋划举措。

《棋经论》指出："子力胜局中寻胜，子力宽即便寻和。"

（一）三弃平天下，一战和春秋

图一选自陶汉明与吕钦1987年于蚌埠全国个人赛弈战局谱。

61. 车三进二

弱势求和需妙手，精打细算演残局。在黑方兵力强、兵种好又占据中轴地带的大好形势下，甚至在敌方胜势不可动摇的情况下，红方谋划深细，步步着意，巧妙采用暗着、隐伏手段，诱敌入彀，邀兑消耗、逼兑弱敌，使敌难以成势，丧失入杀条件，被迫签和。此手暗窥敌炮，黑方如炮4平2则马七退五闪击炮而逼兑马，迫敌成和。

61. ………… 车5平2　62. 马七退六

折返踏车逼车，以兵为诱饵，达成拴链之势，为实施平和战术创造了有利条件。由于连施妙手，战局已经进入了红方预设之步调，黑方企图以强夺胜的种种筹划，已经是落花有意、流水无情了。

62. ………… 车2退3　63. 马六进四

红方抓住被拴链横队不放，连续实施盯咬、拼兑，力求将敌之优势"蚕食"到不具备杀力的程度。

63. ………… 炮4平6　64. 马四进二

既有卧槽抽炮的先手，又伏闪击兑换的手段，签和的时刻正在向双方走来。

64. ………… 将5平4　65. 车三平四

平和血铺就，车马皆献身。关键时刻，领军勇担重任，"杀身成仁"，捍卫了不败的尊严！以下车2平6，马二进四，车6退1，敌车形单影只，难以成势，遂成官和。

---

*文题摘自常建《塞下曲四首》

（二）弱敌手段妙，争和战法精

图二摘自刘剑青与胡荣华1962年于合肥全国赛弈战局谱。

30. 马三进五

经过激烈攻防消耗，黑方仍存有车炮三卒强大进攻实力，对无车营垒是一个严重的威胁；现黑方车炮虎视眈眈，并伏有进中卒压制手段，红方想"劣和"谈何容易。关键时刻，红方突出妙手，诱炮打炮，以进一步消耗其进攻力量，使其丧失进攻能力，为逼和对手奠定坚实基础。

30. ………… 炮7平4　31. 马五进三

平和术出其不意，消耗战成功实施。黑方"以为换炮后尚可进车捉双马"，不期红方竟先自马占相头窥车，如车4进3躲车保炮，则将遭到马三进五的有力回击。此手一出，黑方胜势渺茫。

31. ………… 车6平5　32. 马八进六　卒5进1　33. 相五退三　士4进5

落相让位，企图平炮打车，并暗伏马六进七去卒手段。

34. 炮六平五　车5平9　35. 马六进五　象7进9
36. 马三退四　车9平5　37. 马四进五

红方于中路强势抗车，使敌方双卒难以进取，双方遂握手言和。

（三）破解双杀者，求和义勇军

图三系任云先生排拟的"势均力敌"棋局正解着法第17回合的枰面。

18. 马三进五

求和心情切，扑马效率高。此局为以战求和的典范之作，其看点在于如何破解卒6进1与车2进8的双杀难题，如将敌首驱赶至中路，又伏有卒5进1的杀着。现马扑象头叫将，既逼将上挺——如归将位，则马五进三，敌首立毙。此手先自遮掩中路，解除了卒5进1的杀着，还为车借将扼守肋道要线并砍杀恶卒埋下伏笔。

18. ………… 将6进1　19. 车五平四　将6平5　20. 兵七平八

在对敌军所有攻杀手段均做出了合理配置与严密防范之后，乘一隙之机，斩杀恶车，解除了对主帅的最大威胁，从而向着和平目标迈出了决定性的重要一步。

20. ………… 卒6进1　21. 车四退四

护主青山翠，求和热血红！在主帅生死、两军胜负的关键时刻，甘洒热血，勇于担当，拼掉恶卒，为和平之路成功铺设立下了大功。

21. ………… 卒5平6　22. 帅六进一　将5进1

此局平和战术之实施，巧妙拆解了双杀伏一杀的难题，将黑方的预期冷却到第二档次，甚妙。

总之，平和战术是战平逼和强敌的有效手段，是对第二档次结局的有力追求，是弱旅为尊严为荣誉而战的精深谋划，是破碎"胜定"、强硬"官和"的哀兵战歌。

有诗赞曰：最终止戈求平和，高阳之地停战车。天涯静处无征战，楚汉应时放白鸽。

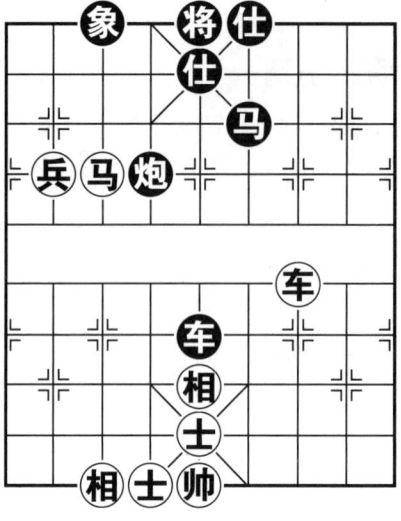

图一

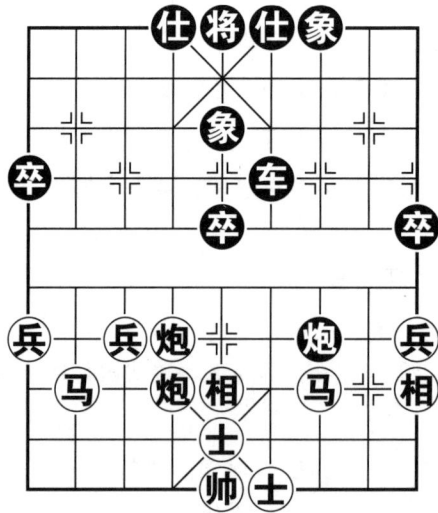

图二

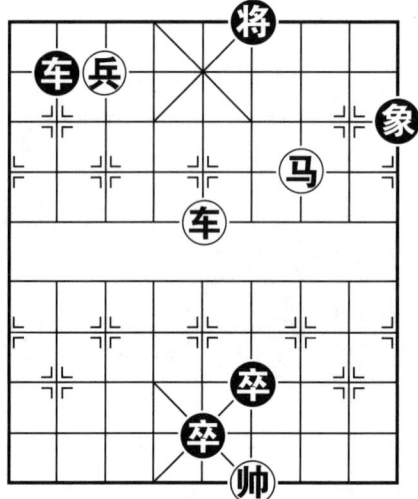

图三

271. 野桃含笑竹篱短*

——小论突围战术

毛泽东主席在《抗日游击战争的战略问题》中明确指出："在敌人数路围攻的情况之下，游击战争的方针是打破这种围攻，采取反围攻的形态。"

突围战术系指在我军一部遭到敌军封锁、围困之时，被围部队积极采取突破、逼离、减层、弃取、击弱、破障等有效手段，冲破包围圈，以使兵员充分发挥攻防作用，或弃舍、拼兑以达成创机、造势、争速和制乱企图的反制技巧。

突围战术与腾脱战术并不相同。一是腾脱战术之实施，多为友军策应，创造条件，为其解围，而突围战术则主要由被围部队本身主动采取行动；二是腾脱战术之实施，使被围兵员有惊无险地实现了超越腾脱，而突围战斗常常伴之以突围兵员的伤亡，即便是在战略层面上获得了巨大的成功。

（一）让点铺路　突围增援绝杀

图一选自李义庭与杨官璘1963年于汉口弈战局谱。

46. 帅六平五

修造突围路，暗助支前车。红方左车从第十二回合开出起，一直被敌军封压三十多"年"，现在前锋部队已冲杀成势，亟须主力到场拍板定案。现主帅亲自为其觅路让点，为突围做好了准备。

　46.………… 卒3平2　　47.炮二进一　象7进9
　48.车八平六　炮2平1　　49.车六进七

炮帅双打叠，突围一彪军！在进炮打将，打散双象，以便提供有利攻击点的巧妙打叠之后，肋车通过一丝隙缝突围成功，并立即投入决战。炮之打叠，车之选点，破灭了黑方侧攻伏抽的图谋。

　49.………… 象9进7　　50.车六平八

带卒要杀，逼敌应付。之后车炮兵以摧枯拉朽之势，仅用几个回合的战斗就赢得了胜利。

---

*文题摘自苏轼《新城道中》

（二）果断突围　赢得优胜残局

图二摘自赵汝权与陶汉明1996年于番禺卫星电视快棋赛弈战局谱。以突围造势，以突围制乱，是突围战术的一大分支。

1. …………　炮2平5

壮士突围烈，忠贞报国心。此炮在车被打、自身被围被捉的不利情势下，毅然打士突围，表现了大无畏的牺牲精神。此次突围虽然造成了人员的伤亡，但在战略上是成功的，它不仅掠杀一士，而且逼敌造成了敌宫"窝心炮"的弊端，为己方发动攻势争得了一个大先手，为最后阶段作战创造了有利的条件。

2. 炮九平五　车3平4　　3. 相七进九　将5平4
4. 车八退二　马3进4　　5. 炮五进五　马4进6

此步甚妙，它马衔车口而不急吃；它踏炮抢先一步入界，更加接近主战场；它有停待顿挫、有铿锵踏进，极富节奏感，极具比对性。此马以中兵为掩体，隐蔽要地，使敌车难以捉拿。以下得马、兑车、去中兵，以马四卒对炮双兵缺士的优势进入最后的角斗。

（三）消削外围　主动出击造势

图三为《象棋》1997年第2期测验棋局正解着法第14回合盘面。

15. 车八进七

引离墙障出缺口，突围造就助杀神。在之前的巧妙演弈中，红方采取连续弃子逼将、引士、占线、替换、除障等战术手段，为车炮突围创造了有利的局面和线路条件。现车头上卒被马带将踏掉后，被围十三载的八路车以要杀手段逼离恶车，使角隅炮得以突围助杀。此手，聚天地之灵气，镇鬼妖之法力，铸造橘枰传奇。

15. …………　车2退8　　16. 马六进八　士4退5
17. 马八进七　将4退1　　18. 马七进八　将4进1

踏掉恶车，禁制敌首，为底炮突围造势，为马后炮杀打叠，真助攻英豪也。

19. 炮九平六　卒3平4　　20. 前炮平九

带将闪离、抽占要线，构成马炮联杀。敌侧翼强大攻杀之师，待机二十载，却被突围者彻底冻结了期盼，这将是怎样沉重的打击？！

总之，突围战术是冲破包围圈的有力举措，是对敌军压制、封锁、包围的反制行动，是部队主导权、机动权的强力争取，是变被动为主动的决定性抗争。

正是：铁马战车破网罗，杀开血路攻城郭。野桃含笑竹篱短，大侠突围锦囊多！

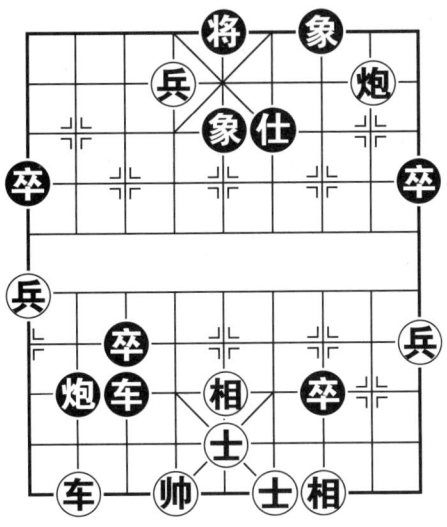

图一

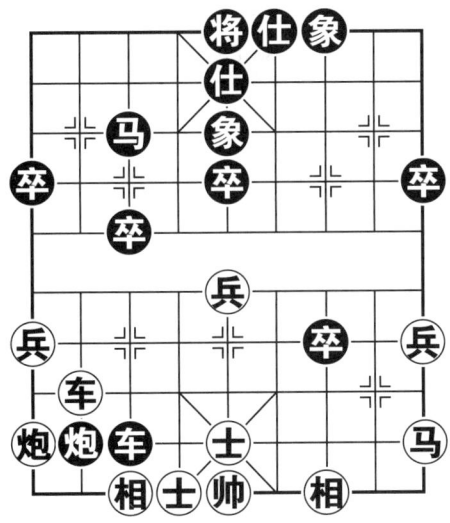

图二

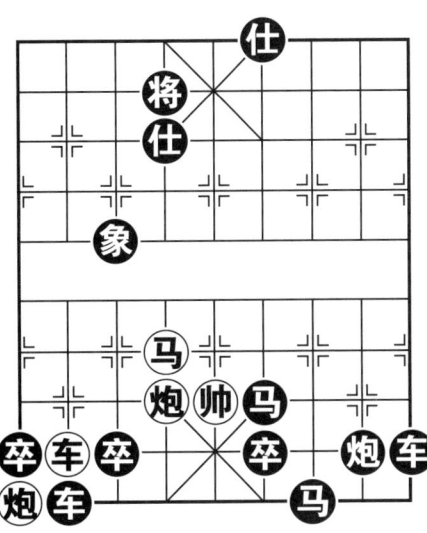

图三

272. 日射纱窗风撼扉*
——试论拐打战术

（英）维格尔在《苏联闪击战》中指出："采用新式武器和新的作战方法是一种可以大大提高初期突然性效果的极好的手段。"

拐打战术系指在两军混战中，以炮为实施主体的兵员充分发挥自身占位好、窥瞄性强及隔一而击的独特能力，在兄弟部队巧妙采取开路、让位、减层、逼离等强制手段进行铺垫打叠配合下，炮兵同时从纵横两个方向攻打两处敌军，或重创敌主力，或摧毁敌宫墙，或促成入杀的两向击打方略。

拐打战术与挑双战术有异曲同工之妙。不过，挑双是在一条线路上的演弈，而拐打则是在纵横两条线路上的火力宣泄。

（一）巧加运筹　拐打立夺攻势

图一选自菲律宾庄宏明与中国许银川2003年于香港世锦赛弈战局谱。

12. ………… 卒7进1　13. 兵三进一　马7进8

开路闪击施拐打，纵横火力窥双车。黑方放弃车1平3逼兑的手段，以寻求发动攻势、主导局面的机会。现卒马造势打叠，纵横拐打，令敌被迫应付。此手是后手方发动攻势、夺取胜利的转折点，是将交战的主导权紧紧掌控在手中的决定性手段。作为主打火力之炮，原地静默，却有如此惊天动地之举，拐打效率使之然也。

14. 车二进五　炮8平3　15. 车二进四　炮3进7

通过拐打，敌双车一失一暗；通过拐打，立获攻势。

16. 士六进五　马3进2　17. 车二退六　车1平3

18. 兵五进一　车3进7

抢先入界，形成倒封锁之强势，使敌拼兑企图成为泡影，并为重兵攻城、施展手段奠定了物质基础。

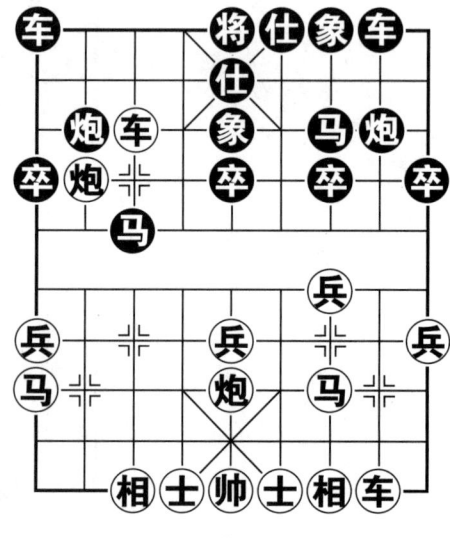

图一

---

*文题摘自李商隐《日射》

19. 士五进六　马2进4　　20. 帅五进一　马4退5

从拐打争得的攻势，逐渐向杀势靠拢，而敌军诸强均采取消极观望态度，更加助长了攻势的迅猛发展，战至36回合即胜。

（二）峡谷探幽　铺垫绝妙拐打

图二摘自段玉祥与刘剑青1978年于成都弈战局谱。

22. …………　车4平2

逐根绊马造势，背攻聚歼反击！此手献车峡谷，逼车变位，使七路马双根失效，为炮实施拐打创造绝佳条件。此种设计，精妙、突然、高效，为击溃进犯之敌，为转守为攻发挥了重大的作用。

23. 车八退一　炮3进2

力拔山兮气盖世，横向打车竖叫杀。被敌军压抑而处于防守地位的3路炮，借架轰出，纵横两向，力大无比。它从未如此得势，从未如此张扬，此刻它已经成为璀璨的亮点、杀敌的英雄。

24. 炮五平七　炮3平6
25. 兵七进一　马3进2
26. 炮七进七　象5退3
27. 兵七平八　炮7平9

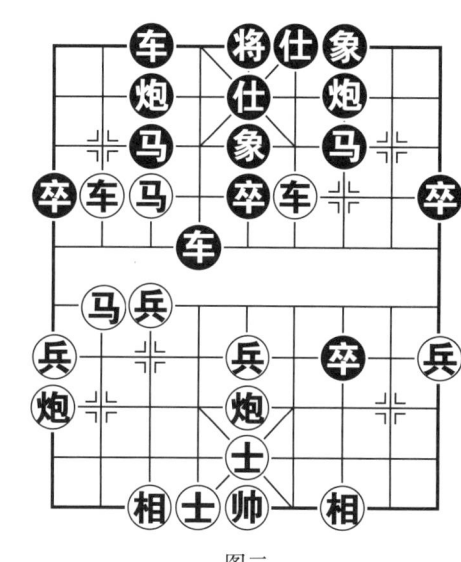

图二

经过激烈交锋，重创敌军，并瓦解了红方攻势，又经十几回合战斗，黑方轻松获胜。

（三）几经打叠　实施最后一击

图三取自卜凤波与李来群1991年于大连弈战局谱。此局展示的是通过两炮联合实施的拐打技法。

1. …………　炮2平3　　2. 士五进四　炮1进2

贴靠绊别，下伏闷杀，点将顿挫，逼士上举，这就为打车争得了台架、夺得了线路，为成功实施拐打奠定了坚实的基础。

3. 士六进五　炮3进1　　4. 后马退八　车8进2
5. 士五退四　炮3平6

连将目光远，拐打手法高。双炮各有台架、射点，同时各自发挥独特战力，击将打车，有纵有横，形成拐打，敌难续战。正是：肃杀季节谋胜算，敏感地区做文章。

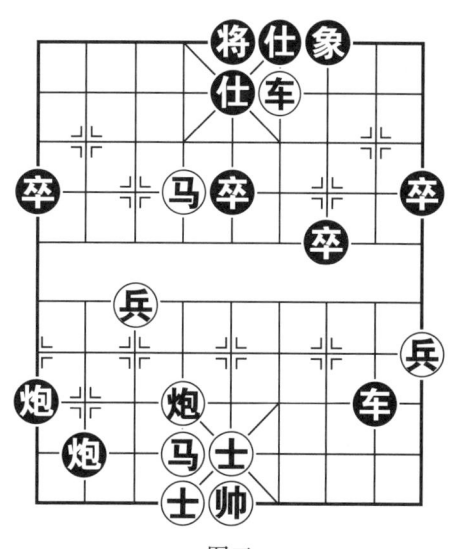

图三

总之，拐打战术是战略家的局面设计，是重创敌军的巧妙运筹，是炮兵部队独特优势的火力宣泄，是对敌军占位弊端的严重惩罚。

正是：纵横线路施神威，日射纱窗风撼扉。古道无痕月减色，棋史有幸枰增辉。

八、将杀类战术

273. 山在虚无缥缈间*
——试论暗杀战术

《诸葛亮集》中深刻指出："计谋欲密，攻敌欲疾"。

暗杀战术系指在残局阶段进攻一方精准计审，深密谋划，充分利用子力占位优势与先行之利，以不细察难以发现对敌首暗伏有致命威胁的局面做掩护，悄然部署，诡秘行动，巧妙采取进占、窥瞄、封断、点穴、借用、控制、禁锢等多种隐蔽性做杀手段，有效抑制敌卫成部队的防御功能，骤增敌宫弊端并暗中妙施攻杀的高级谋划艺术。

（一）将军及时露冷面　帷幄暗中布杀机

图一选自杨官璘与胡荣华于1960年全国个人赛弈战局谱。

76. ……　　将5平4

暗杀将控线，埋伏卒侵宫！控线、拴缚、创机型做杀手段，老练、深远、决定性暗杀妙步，竟出自于首次参加全国大赛的十五岁少年棋手的实战局中，真可谓英雄出少年！此暗杀首步由将出面打叠安排，不仅展示了将帅在攻杀中的强大助力，而且表现了暗杀战术实施中隐蔽而狠毒的特点——毫无张扬显露之痕迹，却有收敛掩饰之用心，暗杀战术之柔之暗之阴由此可见一斑。

77. 车八退三

但试鞘中剑，磨砺竟何如？局弈至此，面对此一招决定胜负的暗杀妙手，红车无论如何解救都徒劳无益。作为三届全国冠军对此早已明察，此步退守仅仅是终局前略试少年锋芒而已。假如车八进二，则将4进1，车八退一，将4退1，车八平五，卒6平5，车五退七，车1平5胜。

77. ……　　车1退6

红方退车企图占领六线要道，加强守御，但边车按预定攻杀方案续施暗杀妙步后，敌车无论平六、平五、平四都不能挽回败局。而黑方此手同上一手一样，兀自运行，与敌并不接触争斗，内中却攻力四溢，杀机暗布，真个是：巧施两手暗杀术，绘描首届霸业图！

78. 车八平四　　车1平4

如车八平六，则车1平4，车六进三，士5进4，帅六平五，将4进1，帅五平六，士4退5，帅六平五，将4进1，帅五平六，卒6平5。

如车八平五，则车1平4，车五退二，卒6平5，车五退一，车4进5，车五平六（将六平五，车4进2杀），车4进1。

---

*文题摘自白居易《长恨歌》

至此红方认负，因如续弈，车四退二，则卒6平5，车四平五，车4平2，车五退一，车2进7，帅六进一，车2退1，帅六退一，车2平5胜。正是：不见厮杀扰帅，刀光剑影安在？衔枚拟势潜形，暗杀手法灵怪！

（二）设计做杀多幽暗　挺进占位尽朦胧

图二摘自李中健先生排拟的精巧棋局。红方虽缺一士，但子力占位好，且有先行之利，尽管如此，仍有似无杀着的感觉。在此种和势已成的情况下，红方突出暗杀妙手——

1. 炮一进六

升提高度精准，"控盘"能力超群！此步进占乃遏抑、控制、打叠、制弊之暗杀妙手。其出手之精准隐暗，可谓千局难觅、常人难察！假如炮一进五则给2路炮以更多周旋的空间，红方难成其势。

1. ……　马6进8

顽强抗争，企图活络九宫，改善核心防御架构死板状况，并防范闷杀。假如改走炮2平3，则炮一平七，炮3退1（如马6进8则马四进六，炮3退1，马六进七叫将得炮胜）；炮七进一，敌必失马负。

2. 炮一平七

以乘隙、制弊、叫闷为掩饰，抢先转移。风轻轻、雨濛濛的攻城动作，精彩展示了暗杀妙手幽暗隐蔽的特点。

2. ……　将5平6

无奈之举，假如炮2平3，则马四进六，炮3退1，马六进七叫将得炮。

3. 马四进三　将6进1　　4. 马三进二　将6进1

催逼戎首登崖去，嘶鸣战马带将来！一俟敌首进入攻击半径，马立即将敌首逼上死地，并同帅一起联手定将，为最后一击创造了绝佳战场条件。攻杀再由明转暗，敌首崩期将至。

5. 炮七退七

一退借架狂飙起，四子联杀大驾崩！两子三向发难，大本营静态助攻，最后一击突兀而至，敌军眼睁睁将焚炮口却无计可施。其中马、帅、士三子位势之强大、助杀之有力，非同寻常。真个是：暗杀无以防，凶险自成王！

（三）开路占位休闲处　打叠做杀缥渺时

图三为《适情雅趣》第288局"汗马功劳"谱图。

1. 兵六平五

移动做杀暗，多向战法高！在敌方宽一步成杀的紧急情势下，平兵中线，占位断路，为马开路，并整合攻力，造成马炮兵双车多向围剿之势，而且由兵出面在远离目标之处进行打叠做杀，极具悄然淡然之感。徐家亮先生对此妙手点评道："本局红方首着兵六平五看似平淡，其实含意极深。伏有车六进一，弃车引离，马六进五弃马堵塞、闷杀等多种战术手段。"

1.············　车1平2

敌悍然平车要杀，但如将6平5则车二平三，士5退6，车六平五，不管是将5进1还是士4进5，均车三退一抽杀。其中马兵双火力狙击断路，严厉非常！此手足以证明平兵暗杀对敌军麻痹之深。

2. 车六进一

弃车剪羽，再度为马带将运行开路，暗杀已趋明朗化，对杀已趋白热化。

2.············　士5退4　　3. 马六进五

马拥象头，如排除打将功能，它极具点穴内涵，中炮与3路象有一位敢于造次，将立即遭到车二退一抽杀。兵车双双为其开路打叠，说明马参战后将增多杀法，对会战具有决定性意义。此手说明首着开路打叠之重要。

3.············　将6进1　　4. 马五退三　　将6平5　　5. 车二退一

车马炮兵联合攻杀，又有7路象暗中充架相助，孱弱敌首已无能为力。正是：欲寻暗杀妙，深涵首步中。隐形无显露，弈坛有神功！

总之，暗杀战术是奇妙的设计术、精彩的绁绎术、深远的打叠术与缥缈的攻杀术的共同体，是计审力、运筹力、攻杀力的联合演弈，是将敌域所有弊端极度升级并尽情加以利用的战术组合，是尺枰方罫深处火山爆发能量的默默蓄积！

有诗为其画像云：密室谋划阴且毒，运调意向淡至无。二三四手血尚暖，六七八回骨已枯！

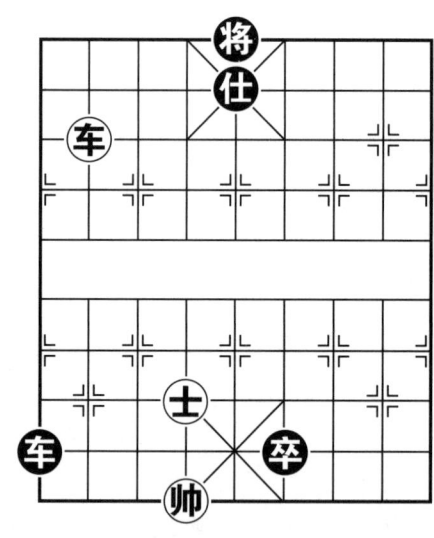

图一

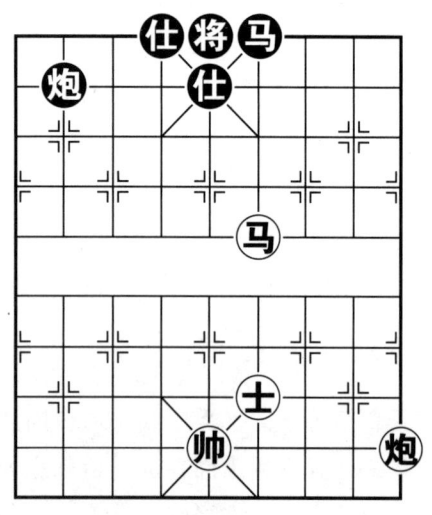

图二

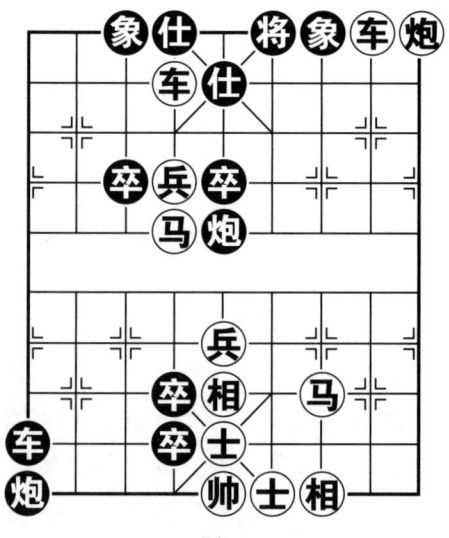

图三

274. 黄洋界上炮声隆*

——小论重炮战术

　　毛泽东主席于1950年10月11日致电中国人民志愿军司令员彭德怀元帅："三个炮兵师全部出动集结于你们预定的位置，待机歼敌。"

　　重炮战术系指本着最大限度发挥子力特长、求取最高战斗效用的原则，双炮相机集结于要地，友军巧妙采取紧逼、吸引、禁制、邀架、威胁、要杀等强制措施，巧借敌之自阻，将无助敌首驱逐至只有一条线路活动余地的狭窄地带，然后再利用打将顿挫之法快速、突然地将双炮重叠置于敌将所处一线，将敌首迅速击毙的联合攻杀技巧。

　　在高手的实战局或专家的排局中，重炮战术之演弈极具程序、节奏与过渡之美妙，它善于有效配置、先手闪露、飞扑做架、精妙打叠、紧凑运作、力成绝杀。其攻杀谋划之细腻、友军打叠之巧妙、最后一击之狠毒，皆属攻杀术中的上品！

（一）三步酿就深宫苦酒　四位突发肋道激光

　　图一选自万春林与赵国荣1993年全国个人赛弈战局谱。是局7路马已将敌首逼离帅位，定身明线，为实施重炮杀法提供了良机，但右炮低暗，左炮受牵，7路马又即将遭到二路车的驱逐，使重炮杀法难以实施。关键时刻，黑方连施紧凑争先打叠妙手，一举破敌。

　　31. ………… 炮3进1

　　微调蕴深意，暗窥做绝杀！抬炮明线，假意夺马，竟争一先，暗中为打将顿挫、安置炮座、为重炮快速入局做好了战术打叠。此手说明，重炮战术的实施已经开始，重炮杀的全过程已经了然于胸，此手已经暗中报捷！它已经水到渠成，红方所有行动仅仅略尽人事而已。

　　32. 车二进一　车8平6

　　叫将紧手，逼敌应付，为弃车邀架做好战术准备。

　　33. 炮一平四　车6进4

　　减层邀架死相助，铺路打叠硬做杀！此打叠妙手乃是对重炮杀法的精妙运用，是前期工程胜利竣工的多彩礼花——它弃舍、减层、邀架、争先、伏杀，为炮叫将力夺一机之先，为双炮入局做好最后铺垫！黑车在入杀线上叫将伏杀相胁迫的运作，助攻意义重大，节奏短促紧凑，以至于使红车捉马活帅之企图没有机会得手，使禁滞敌帅之马安然无恙坐镇要塞并尽情享受着胜利的喜悦，使双炮肩负的主攻任务轻松完成。

　　本文序言曾指出，这一准备阶段的任务，是"业务性"最强、"含金量"最大的一项工

---

*文题摘自毛泽东《西江月》

作，它含有如驱逐、吸引、逼离、弃舍、减层、邀架等诸多战术技巧，是重炮战术实施中最光彩最有内涵的部分。黑方以上三手棋，以隐暗、紧凑、巧妙的手段，出色完成了所有"准备阶段的任务"。

34. 士五进四　炮3平6　　35. 士四退五　炮8平6

此重炮杀法，高山流水般的自然，流星追月般的快捷。真个是：凸显双炮勇，更见热血红！

（二）周密打叠山重水复　渐次到位柳暗花明

重炮战术的无比威力，为古谱经典提供了美妙的主题与非常的想象。图二摘自《适情雅趣》第15局"妙振兵铃"谱图。是局黑方做成简洁绝杀的同时，以马双车双炮及士象全的强大防守阵容与进攻部队进行周旋，而红方虽兵临城下，但似缺乏双炮做杀的条件。紧急关头，红方打叠妙手频频——

1. 车二进四

攻坚争杀日，叫将开路时！河车以极其深远的洞见、极为宏大的魄力，以身夺路，先手闪露火炮，以使其能够相机开出，杀奔要线。这是施展重炮杀技的必备前提，是涌动全员杀心的铁血动员令！

1. ⋯⋯⋯⋯　马9退8　　2. 兵六进一

吸引荒塚地，归位遥无期！肋兵下底打将，逼引敌首，并淡淡将其拖入死牢。

2. ⋯⋯⋯⋯　将5平4　　3. 车四进一　士5退6

关键时刻，凶狠断路、双向减层，大大利于发挥中炮的控中作用，即中路减层。不准将之归位，又横向减层，暗中废除7路炮横向制兵的威力，为继续部署兵力、逼引敌首进入死地做好了准备。是时，炮火的硝烟、戎首的正寝已隐约可见！有诗赞曰：英侠造势血，领军助攻心。千古雄风烈，警奋后来人！

4. 兵七平六　将4进1

为求杀势何壮烈，大地苍天皆动容！再次弃兵吸引敌将于绝地，为利用角士退防花心自阻将路、无法归中躲藏，并有效形成绝杀所需的一线隧路，为最后炮一平六再炮五平六绝杀做好了位势打叠。

这四个回合双车双兵演弈之精彩、铺垫之壮烈，非同寻常！而盘面上敌军无一散失，敌双炮护宫之企图如同梦幻，士象皆有被利用之嫌，在军力大优下惨遭双炮毁灭性轰击。一人有难众人远，九位不保一将安！

英哉！集团军，你为打叠造势血洒疆场，你把胜利的欢笑全部留给了后来人！妙哉！铺垫助杀之绝技，你是弈战谋略史上的重彩，你是一线联攻的闪光链条！真个是：捣匪巢，群英造作杀势；铸名局，豪气飨慰人间！

（三）侧翼追捕风狂雨骤　肋道造势炮火飞扬

图三录自《适情雅趣》第201局"三请诸葛"谱图。

1. 兵三平四　将5平6

引出洞中蛇，由此妙施杀！在黑方杀势已成、黑炮封锁江面，且角兵自阻边炮下底杀的不利局面下，闯宫引将是做成重炮杀局的唯一手段。

2. 车三进五　将6进1　　3. 车三进八　将6进1

4. 车三退一　将6退1　　5. 前车退一　将6退1

6. 后车平四

连续游弋酷，扑角助攻绝！在连续打将、形成预定位势情况下，后车突然扑角，它叫杀、引士、减层、断路，宫城顿时大乱。此组合为实施重炮杀做好了巧妙战术打叠。

6. …………　士5进6　　7. 车三平四　将6进1

此手与第二例中第四回合兵七平六的着法有着异曲同工之妙，有着绝对一致的战术功效——因有中炮断路而敌将逢炮打将时不得逃逸中路，必落士以应将，遂生自阻，为重炮妙杀创造了必需之位势。此手提引敌将身位的顿挫着法，在此类重炮杀法中是一个小小的"共性"，弈者不可不察。

8. 炮一平四　士6退5　　9. 炮五平四

重炮喜隘路，肋道射紫光！

（四）重炮要杀逼敌入彀　左拉右移成功夹击

重炮战术并不仅仅是友军精彩打叠之后，双炮方登台亮相的攻杀技法，而更重要的是与友军密切配合的要杀手段。也就是说，重炮战术并不是一味等待施舍等待胜利到来的食客，而是积极主动上手调敌的求杀争胜者，是游弋敌界、寻隙捣虚的运动战专家！图四《古今象棋名局精萃》为双炮车类棋局二〇六局谱图。是局红方连续运用重炮杀的威胁，找寻最佳入局位势，凭借车及时平拉开，构成左右夹击而获胜。

1. 炮五平七　将5平6

威胁重炮绝杀，逼迫敌首浅露。在要杀同时，暗中防护七路线，以确保后方安宁。此手充分展示的并不是重炮战术的战略价值，而是其良好的战术性能。

2. 炮七进三　将6进1　　3. 炮七退一　士5退4

4. 炮八退一　将6退1　　5. 车八平二

双炮连续利用重炮战术手段，打将顿挫，为友军平拉开要杀、构成夹击阵势做好战术铺垫。

5. …………　象5退7

被逼无奈之举，如改走将6平5，则炮八进一，象5退3，车二平五得马胜。

6. 炮七进一　士4进5　　7. 炮八进一　将6进1　　8. 车二进二　将6进1

9. 炮七退二　象3退5　　10. 炮八退一　士5退4　　11. 炮七进一

精细运筹联袂炮，凶悍要杀夺旗人！车双炮连续采取打将、控制、逼迫、叠炮、生根、断路、抠搜、绝杀等技巧，擒拿敌首获胜。此局之重炮，重在调敌、断路、威胁、配合、夹击，成为战术层面表演的明星！

总之，重炮战术是罩压敌宫、绝杀敌首的高效火力，是自身充架、拒绝它架的独特性能，是友军配合、同兵种联合的攻杀大战，是杀法中震怒施射的一向雷霆！

正是：弥漫硝烟赞双雄，炸平敌堡第一功。金銮殿后龙颜改，黄洋界上炮声隆！

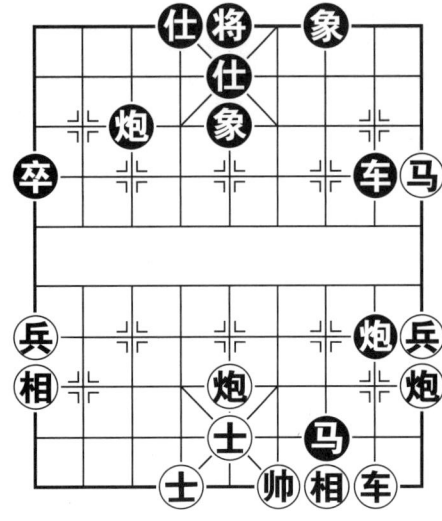
图一

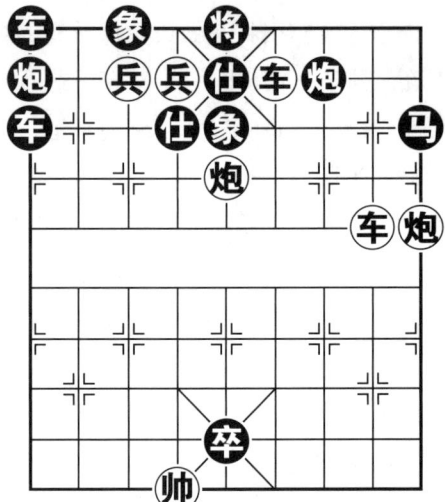
图二

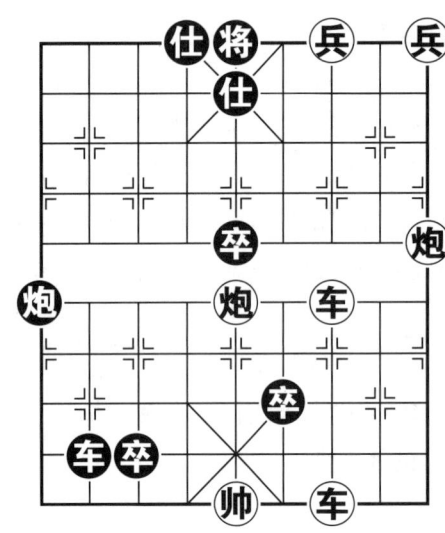
图三

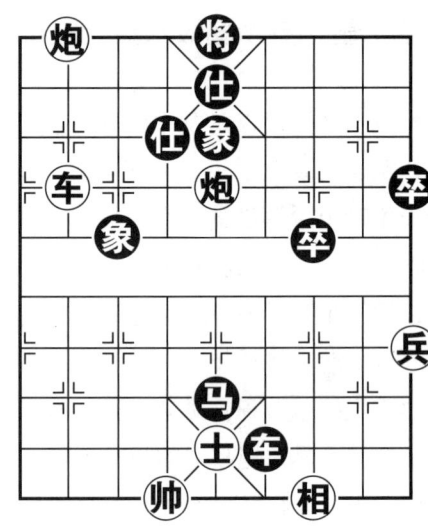
图四

275. 已抽三丈白杨枝*

——浅论抽杀战术

（美）约翰·柯林斯在《大战略》中指出："无论如何，聪明的战略家应尽量依靠一切可以想象到的方法，避免实施要付出重大代价的正面攻击，力求在决定性的时间和地点部署毁灭性的力量，以求迅速达成重要的目的。"

抽杀战术系指在残局阶段，以车炮为主要代表的攻杀部队充分发挥各兵种联合作战的威力和一招多用的子力效用，巧妙利用战场特殊地形优势及敌首与敌卫成部队的占位弊端，采取抽占、抽闪、抽将等闪抽类手段对敌首实施攻击，以同时发挥窥瞄性攻击主体的攻杀作用与灵活抽体对敌首断路及对守军回防遮护的阻绊、拦挡、撤架、塞压等配合性助杀作用，从而一举成杀的联合攻杀艺术。

待抽战术与抽杀战术之区别，一是战术实施的动机不同，前者为借抽势威胁以取实利，而后者则是以抽助杀、以抽阻防、以抽成杀；二是攻击对象的范围不同，前者直接攻击敌首、重点攻击敌军，而后者则把矛头牢牢对准了敌首；三是实施功效各不相同，前者为攻术，功在抑敌歼敌、取势夺势，而后者为杀术，功效在于决胜绝杀。

（一）多种抽杀待戎首　苦煞深宫持戈人

图一选自《适情雅趣》第25局"患在几席"谱图。是局黑方车马炮卒已对红方宫城形成合围之势，并将车2进1叫杀，形势对红方十分严峻。国难出良将，死棋有仙招。红方双车双炮联袂激战并形成车为窥瞄主体而炮为抽体的巧妙抽杀——

1. 车四平五

甘洒一腔血，掏心九宫残！摧杀中士，剪羽弱敌，逼调守马，增大宫城弊端，降低敌宫左翼底线防御能力，削弱敌军防杀守力，为边炮打将进而底线发力营造必备条件，手法紧凑而凶狠。

1.………… 马7退5　　2. 炮一进七　炮6进6

顿挫逼走侍卫，制造底线弊端，为做成抽杀而进行了必要的战术打叠。

3. 炮一平六

休闲停待深宫里，纵横抽杀弹雨中！群敌杀势已如此严重，它却仍在底线游弋剪羽，何其潇洒！它心中有数、步履轻松、极富节奏！此时敌有三种应法，红车炮尽皆抽杀：

---

*文题摘自白居易《览卢子蒙侍御旧诗，多与微之唱和。感今伤昔，因赠子蒙，题于卷后》

一、如炮6退6回防，则炮六平四横向抽杀；

二、如车2进1叫杀，则炮六退九应垫解杀同时反将抽杀；

三、如将5平6转移，则炮六退一抽杀，其中炮退后一格之抽占，选点准确、巧妙异常，内涵极为丰富：它具有抽杀战术中抽体应有必备的闪露、塞压、绊别、断路、阻防、助杀、减效、绝杀等几乎所有战术功能。真个是：常赞抽杀术，今赏攻城歌。弈坛山花俏，名局妙手多！

（二）纵横进退深打叠　勇弃花心妙抽杀

图二摘自《适情雅趣》第216局"载沉载浮"谱图。与首例恰恰相反，此局是炮为窥瞄主体而车为抽体的抽杀情形。是局黑方已造成多杀之势。关键时刻，抽杀战术妙演疆场——

1. 车二进三　士5退6　　2. 车二退一　士6进5
3. 车三进九　士5退6　　4. 车三退一　士6进5

连续叫将顿挫，调整双车位置，以便进一步妙施战术打叠，待机实施抽杀。同时在打将、抽将与威胁绝杀中，重新部署兵力，严密紧凑，不给敌进行双杀的机会。

5. 车二进一　士5退6

战局已进入到为攻杀打叠的实质性阶段，双车由此妙演抽杀之术。

6. 车三平五

双雄已到位，旋即动刀兵！点占花心地，问君何以应？红车点占花心空地、叫将逼应，极大制乱敌宫防务系统，减降内侍守力，有效破坏了敌多重防御计划，为实施抽杀作出了决定性的战术打叠。

此时黑如将5进1，红则车二退一照杀；但如士4进5或车4平5，均车二退一抽杀。其势浑如铁，抽杀没商量！车二退一之闪将、抽占、塞象、断路、绝杀，功能卓著，哪里还有什么车炮瞎胡闹的讥讽的余地呢？贾题韬先生在评论此局时指出："敢于以车横身虎口，中心喂将突出生动，奠定胜局。无论对方将5进1或士4进5，均难逃车二退一的抽杀。"真可谓：弈战激妙手，制弊伏抽杀！

（三）无情逼离监管客　有力抽杀洞穴人

图三系《适情雅趣》第191局"劳问将士"谱图。这是马为窥瞄主体而车为抽体的抽杀局例。是局黑方在做成绝杀同时，还令马炮双车暗中监管已具抽杀之势的车马炮军团，使其欲车闪将花心或车七进一再平六的许多想象难有作为。虽然黑方其虑也全、其心也阴，但双炮关键时刻突出妙手，死命铺垫，为车马抽杀提供了必需的一切——

1. 炮三进三　士6进5

打将顿挫，逼士上挺，紊乱敌宫，为之后自阻将路、逼离恶车而作出的开首决断！

2. 车七进一　将4进1

再逼调敌首于绝地，既可为下步威胁闷杀、逼离恶车创造条件，又为车马抽杀提供了敌首难以逃逸的最佳目标位置！

3. 炮二平六

闷杀的绝对威胁，强烈的弃子逼离！此手，对于叫闷之炮是标准的吸引；而对八路马来说则是巧妙的逼离。它立刻"晃走"了监督员，迅速拆散了车炮组建的监管体系，使强悍敌炮变成了一堆废铜烂铁，彻底丧失了回防歼击能力，八路马由此赢得了安全的作战环境，为实施抽杀奠定了有利的战场条件。配合此为最，助杀炮成王！

　　3.………… 车2平4　　4.车七退一　将4退1

　　最后为马窥瞄暗踏敌首、车自身抽占花心定将断路，进行了顿挫打叠，为典型的车马抽杀完成了所有的准备工作。以下车七平五　抽杀无解。此局中闷杀逼离一手，令敌车惧恨不已：斩炮犹怵马，焉有十子寒？！

　　此局还说明打叠造势阶段的运作是抽杀战术实施中含金量最大的重场戏，是不可或缺的重要过程。

　　总之，抽杀战术是最大限度利用敌宫弊端而妙施杀力的艺术，是至少两个前锋兵员密切配合成杀的高效运作，是杀技与抽技丰富而精深内涵的联袂高端展示，是以打叠造势为前提的以动静巧妙结合为特点的以联合攻杀为内容的制胜锁钥！

　　有诗为证：抽杀奇葩园中王，文静妙动神采扬。古雅适谱多睿智，深奥橘枰弥辉煌！

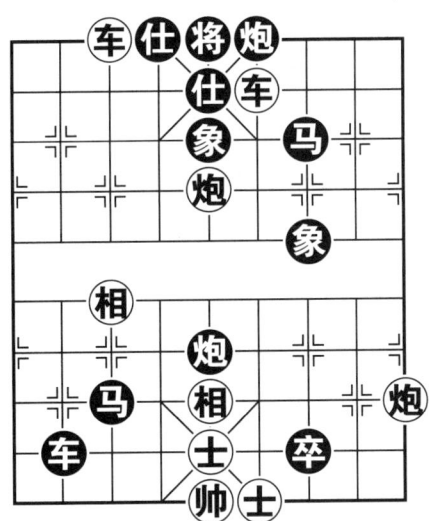

图一

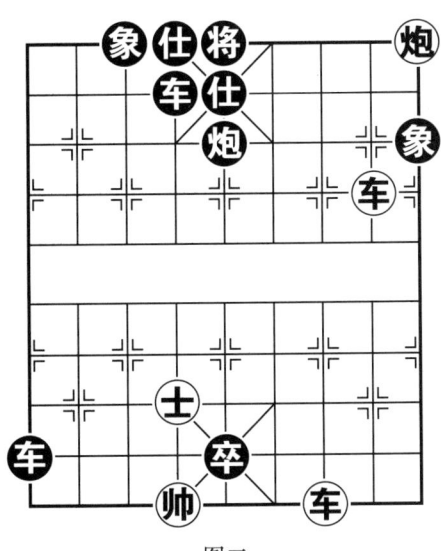

图二

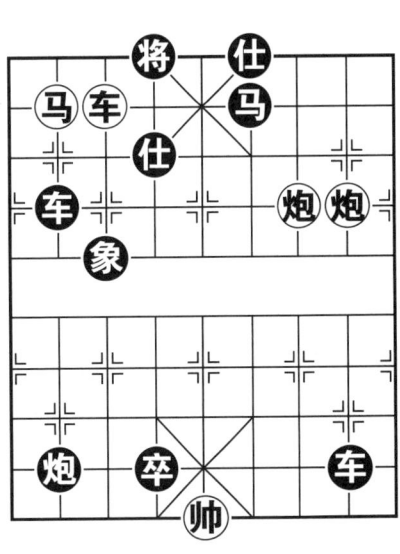

图三

276. 问君能有几多愁*
——试论错杀战术

错者，《辞源》释道："相互交错"也。

毛泽东主席在《论持久战》中明确指出："预将大兵荫蔽集结于敌必经通道之侧，乘敌运动之际，突然前进，包围而攻击之，打它一个措手不及，迅速解决战斗。"

错杀战术系指在攻城决战中，进攻一方派遣以双车为主力以马炮为骨干的大兵团，强行采取突破、穿插、剪羽、打将、要杀、调动、逼离等有效手段，使敌首突出浅露，再以双车交错轮番攻击而使敌无处藏身、无路可逃而遭致擒杀的双主力联攻追杀技巧。

（一）力斩双士　纵横双车斗敌首

图一选自宋国强与杨克雄1996年全国个人赛弈战局谱。

1. 炮四进七

打叠非它物，忽如雷电击！此手弃炮打士，为掠杀双士、实施错杀奠定了基础。此手力度非常，挑打双车，逼敌应付，黑方从此被动防守，再无反击一类的举动。

1. ………… 将5平6　2. 车二平五　车3平2　3. 车八进一

升提、择路、增援，为实施错杀提供了必需之火器。战局因提车而升温，花心车因此而增效。此手表明：错杀的力量已经到位，剩下的则是需要时间与妙手的推进。

3. ………… 马5退7　4. 车五平三　炮6进1　5. 车八平四　马7进8
6. 马八进七　车2平3　7. 车四进四　车9平8　8. 车四平六　马8退9
9. 车三平一　车8进3　10. 马七退五　象7进5　11. 车一退一

以上攻防运作之中，八路车逐渐向主战场靠近，并抢占纵横要津，友军则剪羽助攻，为实施错杀安排就绪。

11. ………… 象5退7　12. 车一平三　车8退3
13. 车三平四　将6平5　14. 车六平五

城头无抵抗，轻松演错杀！双车在三条纵线上威猛无限，敌首无处藏身。

---

*文题摘自李煜《虞美人》

（二）逼将浅露　争杀双车气如虹

图二摘自廖二平与李来群1995年于吴县市弈战局谱。

38. 兵五进一　象3进5　　39. 车六平五　炮5平7　　40. 前车进一　士6进5
41. 马二进四　将5平6　　42. 马四进二　将6平5　　43. 后车进四

挂角敌首乱，破象工事薄。以兵换双象，使敌宫防御单弱，难以对马双车进行有效抵抗，且马之连续打将又使其紧缩一团，并根据战事需要随时都可以逼敌浅露，再以双车错杀之。

43. ………　车6进3　　44. 前车平一　炮7平6　　45. 马二退四　将5平6
46. 车一进二　将6进1　　47. 车五平二　炮6平5　　48. 士五进四

下伏双车错杀，黑方无解着。正是：浅露遭袭客，凶悍夺命人。

（三）封堵退路　滞弊高士伏错杀

图三取自黄勇与郭长顺1983年个人赛弈战局谱。

46. 车一平二

隐蔽占线全封闭，暗中阻退回防人。此手平车占线，将黑车退守线路全部封闭，并暗吊左角士，令其不整之弊端无法调整。此手是制乱弱防争胜的有力推手。此手幽暗含蓄，不细察难断其妙——它为实施错杀进行淡似云雾、利如锋刃的铺垫打叠。此手妙施停待，顿挫运作，文火烹蟹，十分巧妙。

46. …………　卒1进1　　47. 车三进一

进车以替代二路车窥吊角士，企图腾出二路车采取行动，下底打将，夺士要杀，逼敌应付。此手以缠绵手法，步步推进，使剿杀战逐渐深入并导向错杀战术的演弈。

47. …………　车9平6　　48. 车三进一

滞弊高士成隐患，暗伏错杀演妙局。此手阴也，它小步轻动，危害深重；它悄然组杀，暗中进行。此手将高士的弊端滞留、扩大、利用到了"极点"。敌如士5退6，红方则车三平四，立伏车二进二绝杀；又如象3进1，红方则车三平四，将5平4，车二进二，将4进1，车二平九再右车左调演成错杀胜。

总之，错杀战术是双车追杀浅露敌首的技巧，是进攻部队采取各种手段铺垫打叠、造势创机的美妙过程，是弈林会战双方战力相差最悬殊的格斗，是双车恣意追杀而敌首空间受限又没有遮掩的一场特殊的斗争。

正是：主力会合势劲遒，摧枯拉朽剿王侯。双龙闹海无宁日，问君能有几多愁？

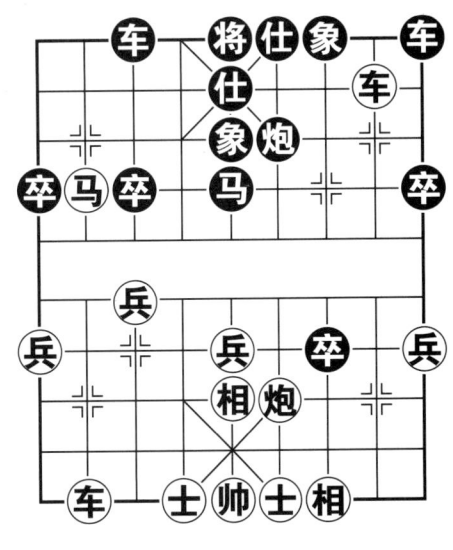

图一

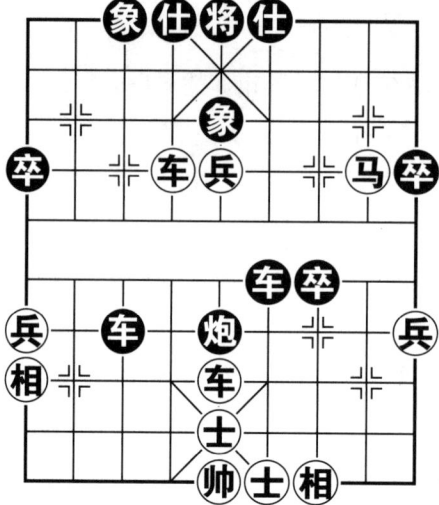

图二

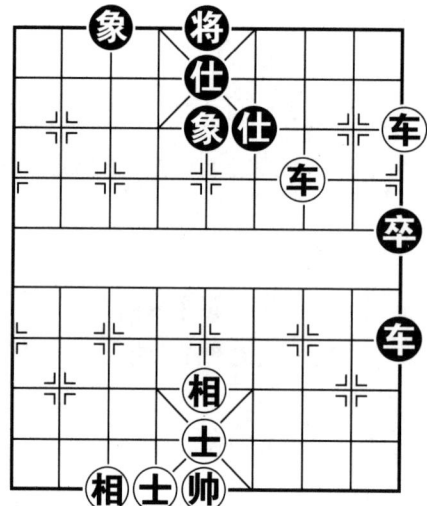

图三

277. 凉生岸柳催残暑*
——简论催杀战术

《曾胡治兵语录》云："兵事之妙，古今以来，莫妙于捣其背，冲其腰，抄其尾。"

催杀战术系指在最后战略总决战中，进攻部队抓住敌军防线弱点与敌宫的致命弊端，充分发挥围城部队劲兵重地的强势作用，连续性地交叉运用抢线、卡位、进逼、开路、劫掠、要挟等强制手段，招招猛击敌要害部位，以达成做杀、要杀、伏杀、绝杀的战略企图，致使敌不得喘息、穷于应付，并促使敌首加速溃灭的催逼性紧凑性攻杀技巧。

催杀战术与连将战术大不相同：虽然攻击的总目标都是歼杀敌首，但前者无意打草惊蛇，重在做杀、要杀，而后者则看重打将所获得的利益，即通过连将的手段达成剪羽、逼离、过渡、打叠等战术目的。换言之，前者的动机偏于战略性，而后者的动机更加注重战术性；二者实施的手段与力度也有较大差异。也就是说，催杀战术之实施具有含蓄的露骨性、致命性，它并不想通过"打将"作为过渡或铺垫的手段，它只追求行为的直接性、决定性，甚至连"打将"都不用就杀棋了。而后者则以将促杀、连将取胜。

（一）五虎将杀意浓烈　双铁塔催逼威严

图一选自彭述圣与侯玉山1931年于北京弈战局谱。

17. 车八平七

依强势而砍炮，不见将以催杀。借中炮对敌宫的罩镇扣压之力，翼侧双车连续催杀，尽展大腕强手攻城擒将之凶悍。

17. ………… 　车3平2　　18. 车九平八

移动机动夺位势，追车逼车强催杀！双车轮换抢线追逼，催杀之势不可阻挡！

18. ………… 　车2平1　　19. 车七平九　车1平3　　20. 车八平七　车3平2

21. 车九平八　车2平1　　22. 车七平八　车1平4

双车连续追车催杀，将车逼至肋道，自阻将路，由此再掀催杀高潮——

23. 前车平五

英雄催杀不解鞍，后宫骤感霜雪寒！待机马炮变虎豹，殒命君王化灰烟。此催杀妙手是对敌宫弊端的巧妙借用，是对围城攻力的有效发挥，因而催杀极为精彩。下伏车五进一绝杀，此时黑如象7进5则后炮进五，车8平5，马二进三杀。真个是：双车催逼雷霆怒，三向开火玉宫倾！

---

*文题摘自张元幹《贺新郎》

（二）连续催杀豪强狠　抢点夺势步履狂

图二摘自车兴国与与郭福人1995年于峨嵋弈战局谱。

1. 马六进七　马6进8

不惜右马去，但增左马威。催杀势遒劲，橘枰顿生辉！借敌宫窝心之弊，纵马催杀，铿锵有声！四兵种连续地进行火力催杀，终使敌军放弃抵抗！

2. 炮六退一　卒7平6

向心开路客，扑角催杀人。黑方再度灵活变换攻杀手法，由欲卧槽杀转变为如敌方打车则卧槽、如不打车则挂角的两点双杀，以再行催杀。同时肋卒暗中设架，为肋道催杀打叠。此手已令敌首顿感末日急速降临的悲凉、无可奈何花落去的沮丧！

3. 马五进三　车8平4

砍炮卡肋，进行第三次催杀，紧凑而严厉，催杀与劫掠互相交错，手法富于变化，行棋若摧林拔木之飓风，凶猛异常。同时对3路马之失，亦在攻杀中达成先弃后取企图。

4. 士四进五　炮7平6

第四次催杀，使守军被动应付，疲惫不堪。真乃是：催杀何须将，巢穴自惊慌。有心不外露，无言也疯狂！

5. 马三进四　马8进7　6. 帅五平四　车4退3
7. 车七平三　车4平6　8. 车三退五　车6平7

抽将得车后，仍有强大火力续战，且敌马、相士难以两全，无力抗御。

（三）对杀战场催杀紧　争速火器加速忙

图三录自《适情雅趣》第315局"老而不倦"局谱。

1. 炮二平四

借架催命狼，生根紧气凶！首步催杀，大有借敌制敌、争先加速之妙。徐家亮先生在评论此步着法时指出："催杀！逼得紧，若炮二平五，则慢一步，黑胜红负，胜负易手。"故弈者必须常存战术意识、争速意识、催杀意识，对局面进行细察明断以大力催杀，不使此类战机失之交臂。

1. ……　　　士6退5　2. 炮四平五　士5进6
3. 兵六平五　将5平4　4. 兵四进一

弃兵进兵设计巧，逼架借架手法高！双兵再次宫中精彩演弈，强行大力催杀，不给黑卒施威的机会。它将4路士的退路活活堵塞而变成闷杀的可靠铁架，敌宫之弊已经利用到了无以复加的地步。

4. ……　　　士6退5　5. 兵四平五　将4进1

6. 炮五平六

兵仗炮势，炮恃兵威，花心引士，因兵换架，步步催逼，借士闷杀！有诗为你歌唱：对杀锣鼓声震天，夺魂索命君当先。炮控宫阙施催术，兵拥将位熄狼烟！

总之，催杀战术是攻杀战斗的得力加速器，是捷足先登的高速电梯，是敌首生命弥留阶段的催命"读秒",是橘枰上连续扼亢锁喉的凶狠杀技!

有诗为证:静谧沙场隐狼烟,宫墙内外设机关。凉生岸柳催残暑,势迫敌寇饮黄泉!

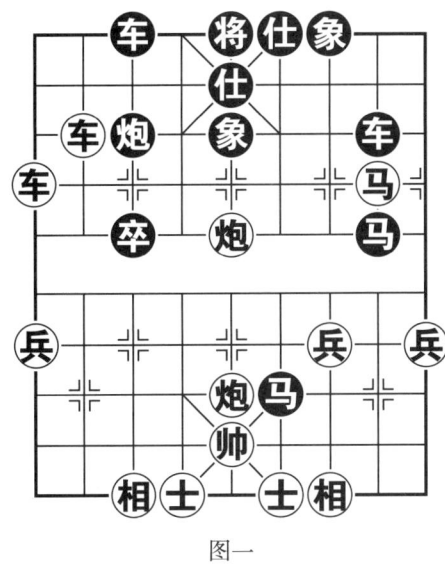

图一

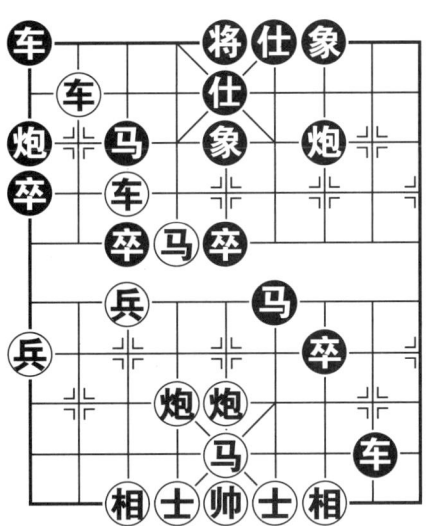

图二

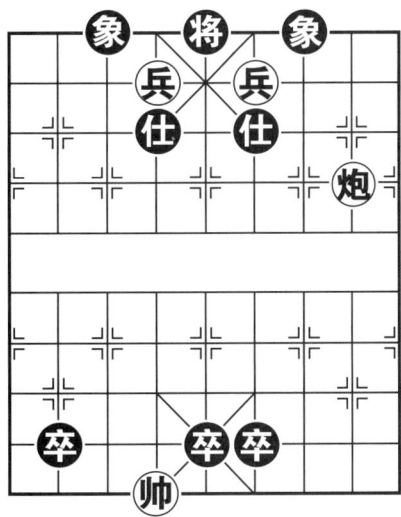

图三

278. 一剑曾当百万师*

——试论重杀战术

《拿破仑兵法语录》有云："所谓的战术是：抓住最重要的时刻，把最强大的力量施展出来。"

重杀战术系指在总决战最重要的时刻，进攻部队以精准严密的谋划，通过打将顿挫，使双炮纵横两向占位并将炮口对准敌首，其他兵种则对戎首及其卫队采取硬逼、吸引、调离、威慑等战术手段进行打叠过渡，造作杀势，然后由一个兵员趋前贴身打将，同时为炮充架、为马开路，从而使三个兵员同时开火，给予敌首以多点、双向的致命一击的高级联攻绝杀技巧。

（一）动静结合完美　纵横火力交叉

图一为《适情雅趣》第161局"远害全身"谱图。

1. 炮九平六

通过打将手段，先手安置炮座，并形成了双炮纵横交叉的攻将火力网，为击毙敌首配置了密集而有效的主攻火力；此手兼有撤架功能，以使边车可以纵向打将叫杀，使敌首不敢遇将时平中逃离。

1. ………… 士4退5

因伏有车九进一的杀着，黑方不敢将4平5。这就使敌首无奈龟缩于极度狭窄之地并将遭到联军的多重攻击。

2. 车九平六

纵横火力并网，扑角义勇感天！它强力吸引、硬性调动，堪称重杀战术实施的决定性打叠妙手，它使敌首深陷纵横炮火打击的不利地位，并面临三兵种重杀的严重危机。

2. ………… 将4进1　3. 兵五进一

王兵借马炮支撑之力，乘机杀入敌宫，贴身逼将，为实施重杀准备了第二种近短火器。

3. ………… 将4退1　4. 兵五平六

游弋宫墙轻似燕，联杀火力猛如狮！马炮兵以近短、斜向、纵横点位同时开火，内侍与外线兵力概莫能助，敌首重创身亡。呜呼！曾闻恶贼一箭毙，今见敌首万炮薨！

---

*文题摘自王维《老将行》

（二）进退舒展紧凑　双架多点开花

图二摘自《象棋基本杀法》第125例图。

1. 炮二进三

打将安置炮座，火力直指深宫！在敌一步即杀的紧急情势下，前锋部队对敌首发动了战略进攻，整个决战过程紧凑短促、进退有致、动静结合，子力之间互联互助，高效配合，发力如一，极尽整体作战之妙。

1.………… 士5退6　2. 马三退四

折返抽将选位，充架暗窥伏杀！此抽占妙手高度灵动，它快速折返、闪将抽占，实现了从底线炮架到肋线炮架的过渡，并暗中窥瞄敌首，为妙施重杀战法创造了必备条件。特别应当指出的是，虽然仅仅一小步，但在此局攻杀过程中起到了穿针引线、推波助澜的积极作用。

2.………… 士6进5　3. 兵四进一

闪露铁蹄追敌首，既是炮架又是刀！肋兵在直接贴身近战擒拿敌首的同时，又闪露铁蹄，直踏深宫，并借助肋炮支撑而为底线炮充架开火，马炮兵同时发力，敌首立崩。

（三）增援履险暗窥　要地强势神威

图三乃是市井棋坛实战中的两军决战局势。是局敌我双方各有五强子在两大作战区投入最后的决战。现在红方面临黑方马2进3踏车要杀及车7退2消削攻力、瓦解攻势的双重严重威胁，关键时刻的重大抉择在考验着红方前锋部队。

1. 马一进二

宫墙集结待命，援军威力倍增！增加攻杀力量的投入，施展有效的攻杀手段，永远是制敌求胜的金科玉律。扑马一手充分体现了绿林好汉以攻为主的作战方针。哪里是争战的漩涡，就奔赴哪里增援作战。此手在战术上它保车护炮，它滞车困车，充架打车，暗窥敌首，它顿增前锋攻杀实力，再续攻防复杂局面，并且于拒兑、串打之中隐伏重杀暗步，也是履险战术、打叠战术联用的好手。

1.………… 马2进3

如改走车7平8，车三退一立杀。

2. 车三退一　将6进1

车口短程游弋打将，顿挫打叠，断联掠车，暗伏重杀。

3. 车三退一　将6退1

4. 车三平四

重杀力度巨大，军团威名远扬。车马炮立体同时猛烈开火，局促敌首登时殒灭。亦可车三进一杀。正是：高端杀法精妙，绿林野战蓬勃！

总之，重杀战术是各兵种联攻的最高境界，是主攻杀力对决定点的最有效倾斜，是橘枰激光束在攻击点上的最酷聚焦，是豪帅帐中攻杀力度最大的首席英杰。

有诗为证：合力擒将杀法奇，东风劲扫孤城急。豪帅锦囊多胜算，聚焦要点百万师！

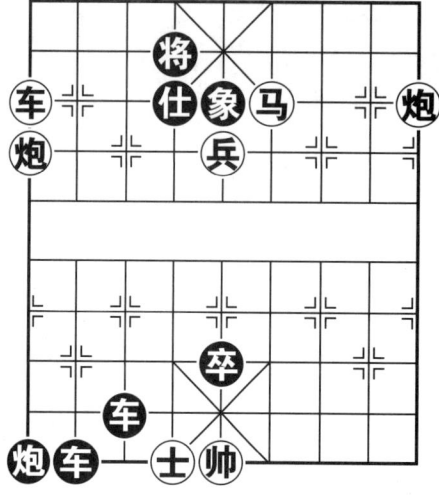

图一

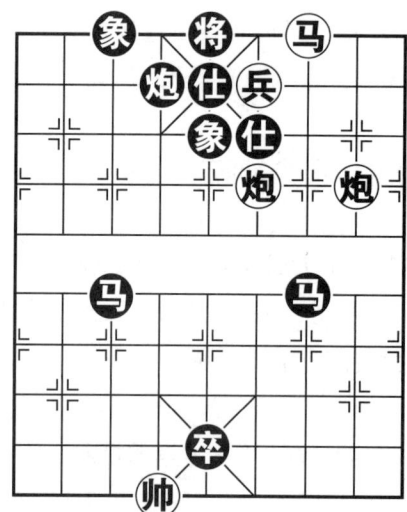

图二

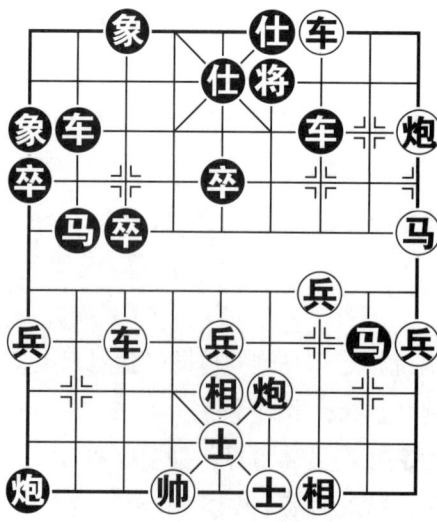

图三

279. 日出江花红胜火*
——略论露帅战术

诸葛亮云："将帅不勇，与无将同。"

露帅战术系指在进攻部队攻城战斗的关键时刻，由于己方兵力不足而敌军又顽强防守以至造成了战事延误的情势下，本着全员参战、主帅率先的原则，利用棋例将帅不得直接对面的规定，及时闪露主帅，以充分发挥控制、占线、助杀、增效等战斗作用，为前军施展种种杀技而添助杀力的助攻艺术。

（一）暗施静功　增效生威前锋勇

图一选自杨剑与傅光明1992年个人赛弈战局谱。

28.………… 　将5平4

摆脱敌减效，占线局增辉。在战事"停顿"瞬间，主将闪露肋线，不仅远离了闹事者，使敌尴尬失效，而且暗中控帅，"远"禁敌首，暗伏马4进5催杀。此手还具有反复多次助攻能量，作用深远，真个是：移动手法暗，助攻效力长！

29.车三退六　马4进5　　30.士五进四　马5进3

踏相叼车伏卧槽杀，敌如相七进五去马，黑方则车2进6杀。在这里，将之闪露助杀力不啻一车。

31.帅五进一　车2平8　　32.车三退二　车8平4

寻求将支助，游弋择路杀。此手严厉，逼迫敌军守势散乱、低效应付。

33.马七退八　炮6平5　　34.帅五平四　马6进8　　35.车三进一　车4平7

将控肋，炮控中，车马捉死车胜。

（二）将府激光　一锤定音夺王冠

图二摘自戴荣光与胡荣华1975年于上海弈战局谱。

1.………… 　马6进5

黑方借大军压上之强势，发力剪羽破城，为擒拿敌首造势打叠。

2.相七进五　车3平5　　3.马九退七　将5平4

---

*文题摘自白居易《忆江南》

日出花似火，将露攻如潮！将之闪露，立刻支助肋车绝杀，如马七进六则闷杀，但如帅五平四则炮3平6后仍杀。在将的支助下，双车双炮有如神助，敌宫设施完全变成摆设，双士遮护能力完全丧失，但被利用率却急剧增高，右翼马炮双车皆成麻木看客。

此局中，将之闪露起到了决定性的作用，这与某些"判词"反差极大。1995年7月30日《中国体育报》刊载了一篇文章，此文在赞扬国际象棋中的"王"之后，转而从中国象棋中的将帅弱点谈到当下组织形式、运转机制、工作效率等社会问题，所论十分精到。但是，单就对将帅的评估却有失公允，文章认为，"中国象棋中的将只能缩在一个点中，一步一挪，躲躲闪闪，颇像国家的安危系于身边的象士身上，一生困缩于皇宫之中，一有风吹草动便仓皇出逃。"此局将之闪露与上述看法形成鲜明对比，有道是：委屈不能施于默者，公平应当奖给头人！

（三）云开日出　短兵相接照征程

图三取自王嘉良与李义庭1964年于广州弈战局谱。

35. 兵五进一　车3退1　　36. 车五退一　车3平8
37. 士五退六

云开日出攻力劲，屋漏衣单首领寒。落士露帅，中路攻势严厉非常，下伏兵五进一，士4进5，车五进四，将5平4（士6进5，车三进三杀），车五进一，将4进1，车三进二，士6进5，车三平五，将4进1，前车平六抠杀。

总之，露帅战术是给力前锋的艺术，是将帅身先士卒的杰出表现，是充分利用棋规的增效手段，是决战敌营时刻杀力的传递。

正是：坐镇大营指挥官，决胜千里非等闲。日出江花红胜火，帅露价值重于山。

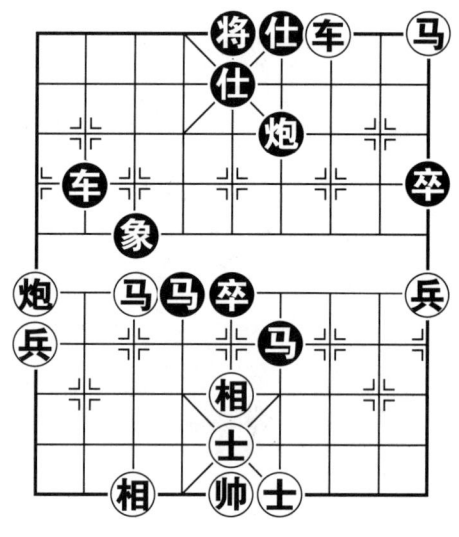

图一

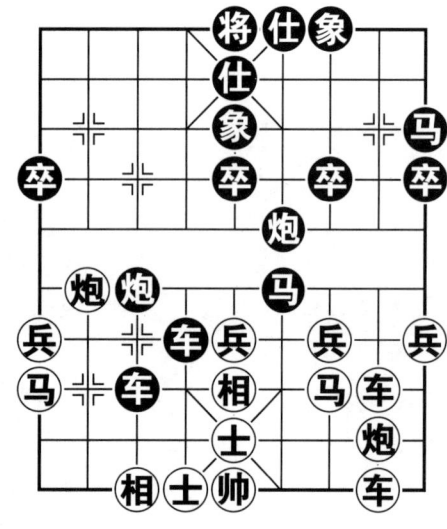

图二

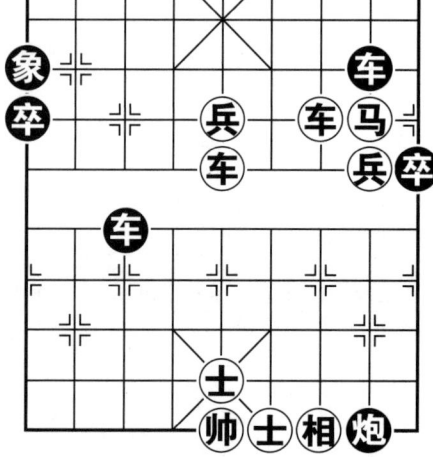

图三

280. 别来此处最萦牵*
——略论点穴战术

克劳塞维茨将军在《战争论》中指出:"不管哪里的国家,也存在着所谓特别重要的地点。"

点穴者,乃针灸、拳术之技法也。《辞海》注释道:"运功于指,对准人身穴道处点击,轻者致伤,重者致命。"

弈战中的点穴战术系指在两军总决战的关键时刻,实施方派遣精锐之师,在兄弟部队有效配合下,利用敌防及宫城弊端,极限发挥我军占位优势,潜入敌宫,巧妙点占敌九宫中牵动全局、决定胜负命运之要害部位,虽非将非吃非杀,但却立使敌军阵形紊乱、将士呆傻、核心防御麻木瘫痪、完全丧失防御能力而使敌首束手就擒的高级点占攻杀技巧。

孙子云:"夫地形者,兵之助也。"象棋排局中两子胜十六子者,古战场"一夫当关,万夫莫开"者,盖地之利也。弈战中由于双方攻防之特殊情势,九十个交叉点均有可能成为兵家必争之地,而敌宫九点更是"众矢之的",特别由于攻防位势对空间的需求骤然扩大,敌宫中某一点则急剧升值,以至成为致命点、胜负点和绝杀点。及时占领这一要穴,就会使此点具有以点制线、以点制面、以点制全局的决定性作用。故棋道者,用兵占位是也。所谓一锤定音,前提必是打在"点儿"上。牵一发,仅能动全身,而点一穴,则能夺其魂魄,立使敌"陷入不再能够继续作战的状态"(《战争论》语)。

(一)马点象头:制乱、增援双管齐下

图一摘自《适情雅趣》第315局"渴骥饮泉"谱图。

1. 马七退五

神闭经络准,马点空穴高!尽管敌军马炮双车三卒士象全,且又成杀在即,但经象头点穴,敌首立崩。此点穴战术妙手,非将非吃非杀,但功效神奇。点穴之马,点占要穴,死可制乱造势,为斩首创造绝佳战场条件;生则增援助杀,绝杀无解。此手折返含蓄,它虽将选择权交予敌手,但却将结局的决定权牢牢攥在自己的手中。它貌似无为,而内藏大为妙为。

此手精妙绝伦,万里挑一,如何评价都不会过分!

此手一出,敌方认负。因如一,中炮或3路象愤怒除马,则黑方防守阵形紊乱,7路象逃窜无路,弊端骤增,被车二退一抽杀;

如二,对此不予理睬,前军卒2平3求杀,红方则车二平三,将6进1,马五退三增援助攻,侧面虎杀;

---
*文题摘自宋·赵长卿《临江仙》

如三，采取消极防守，将6平5，则车二平三，再马五进三，马后炮联杀！

妙哉！神乎！克隆银针美佳佳，点刺要地浑如炸。森森皇阙汪死水，满朝文武尽木麻！

（二）炮入士角：迫压、逼离软硬兼施

图二选自李中健先生排拟的精巧棋局正解着法第7回合的枰面。

8.炮四进六

迫压点穴贴靠，威慑制乱绝杀！在此之前，红车妙施要杀、抽吃、顿挫等战术手段，连续斩杀一象一炮。现炮利用敌阵之虚懈，果断出击、贴靠迫压点穴，黑将顿觉天塌路断，崩期已至。

此手入角点穴，虽非将非吃非杀，但却使黑方"无可奈何花落去"，再无苟活的余地。因如一：炮士二位若敢于招惹，均车二进五，绝杀无解；

如二：将6进1，则车二平四杀；

如三：不予理睬，走车3平2，则帅五平四，伏车二进五杀；

如四：为了苟延残喘，士5退4，则车二进五叫将后，透吃敌车，再掠卒士。敌方所剩兵员均形单影只，无力自守。

点穴之妙，尽在惊愕嗟叹之外，尽在士角风光旖旎处！

（三）车点花心：威慑、伏杀风流潇洒

图三录自《适情雅趣》第318局"匿影避形"谱图。

1.马一退三 将5进1　2.炮四平二　将5平6　3.车六进二　将6退1

攻将暗造势，三军巧打叠！以打将、要杀、进逼为手段，暗中为实施点穴铺垫打叠，以正常手段掩饰非常手段，以求获得突然、神妙的战术效果。

4.车六平五

绝代惊天手，非常做杀局！肋车点占花心，非常人所能弈出！它藏锋敛锷，静以待变，虽非捉非将非杀，却宫中卧虎，令皇宫震颤；伏杀在即，文武慌乱！徐家亮先生对此妙手曾高度评价"奇而又奇"！

出手江山定，点穴凯歌飞！此手绝妙，无论敌方如何解拆亦难以挽回败局。如3路马、4路士敢于采取强硬军事行动拔除红车，则炮二平四杀；如不予理睬，兀自外线求杀，则车五进一再炮二进二抢先拔旗。真个是：漫点花心皆杀气，士马如云又奈何！

总之，从以上三例完全可以看出：点穴战术是行棋含蓄与着法凶悍的绝妙结合，是精到审局与巧妙用兵的艺术创作，是占位术、停待术、点击术与攻杀术的联合经典演绎，是有利地形与智勇兵员辩证关系的上佳论说！

有诗赞曰：运思奇巧恍如仙，宁泰宫廷起事端。慧眼洞穿生死地，卻豢点击惊破天！

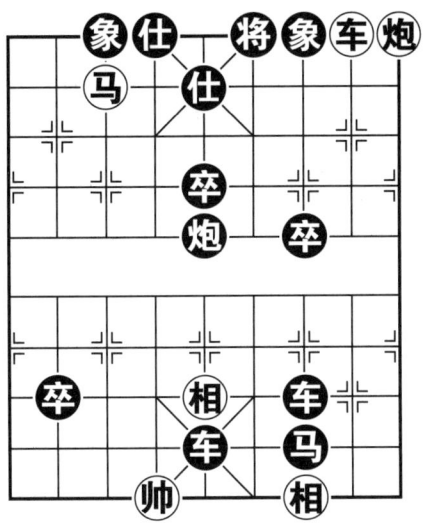

图一

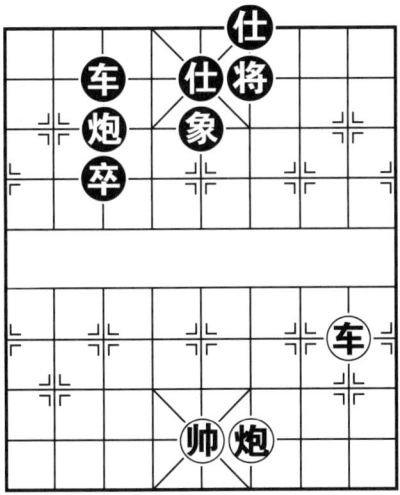

图二

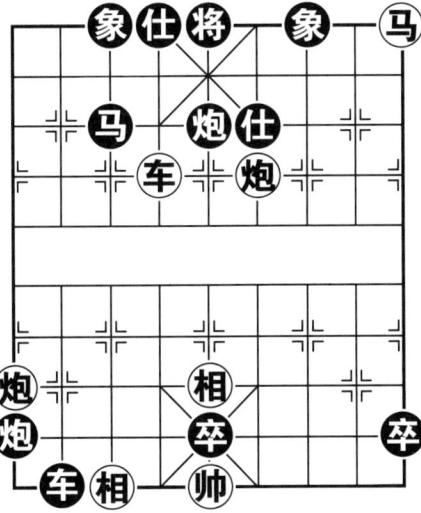

图三

281. 风波不信菱枝弱*
——试论打将战术

克劳塞维茨将军在《战争论》中深刻指出："整个军事行动通过作战计划成为统一的行动，因为，它必定有一个一切特殊目的所应归结的最终目的。"

打将战术系指在攻城战斗中，进攻部队以解决主要矛盾为中心，以第一目标为靶子，巧妙采取对敌首进行直接攻击的战术手段，以达成调动、制乱、进攻、斩首的战略目的，或取得抢先、顿挫、钓猎、过渡、取利等种种战术效果的综合攻击艺术。

（一）潜伏打将　无名小卒成伟业

图一选自柳大华与胡荣华1985年于北京CCTV杯特级大师邀请赛实战局谱。

32.………… 　车3平4

悄然平肋，暗伏将5平4做杀。此手一出，紧气敌首，威胁要杀，立刻逼迫红方必须对中炮采取行动，否则难以解救。

33.炮二退四　车4退3　　34. 车四退一

至此，红方严重的防守形势似乎有了很大缓解，孰料异军突起于深宫之内，卧底"废物"强势运作，立摧敌防，形成终战。

34.………… 　卒7平6

多年等待终成伟业，一朝出手震惊苍天！着英入宫，妙手打将。十四"年"的卧底，积蓄了太多的等待，锤炼了非凡的武功。是该老卒一显身手的时候了，是该一剑封喉的时候了！这是战略型打将与战术型打将的双重演绎，这是打将战术的典范，这是教科书般的经典教材。敌方如车四退三则将5平4杀；又如帅五平四则炮8平6打死车。呜呼！谁云老卒痴，且看打将时！

（二）争先夺势　连续进发攻如潮

图二摘自胡荣华与柳大华1985年五羊杯弈战局谱。

14.………… 　炮2平5

争衡抗击全凭此，夺势反先皆由它。黑方经过长考，决定平炮打将，以争先夺势。此手，使高炮由游动占位态立即变成镇中发力态，给敌宫施加压力，本身增效生威，同时为右车闪开通道，为捉炮胁马抢先打叠；此手是一个战术它为己方连续发动攻击、后手反先立下

---

*文题摘自李商隐《无题二首》

战功。胡荣华高度评价此手打将的意义，"找到了正确的计划。如给红方再补起士相，黑方将处劣势。"

15. 士六进五　车8进7
16. 车九进二　车1平2

弈战在谋兵在势，车发如箭攻如潮。打将一手为双车出动提供了机会，经过双车的连续性攻击，使先手方被动防范，而己方前锋马炮双车均处于进攻态势。

17. 马六进七　炮5退1
18. 炮六退三　马7退6

黑方中炮现在远离中兵而生根，隔车窥马，后阵稳固。并下伏马6退4充架除根胁炮手段，黑方已经反先。双分反复较量，最终激战成和。

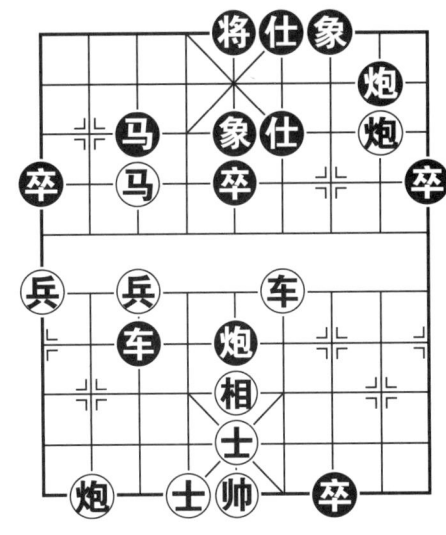

图一

（三）顿挫打将　借机变位巧得子

图三录自新加坡郑祥福与中国台北吴贵临于1989年第二届棋王赛弈战局谱。

32. ……　炮5平4

借打将以变位，求得子而腾挪。如改走象5进3吃炮，红方则车二平五，黑方无趣无得。现平炮打将，虽然自身仍在兵线，仍在红车火力射程以内，但处位变动，尽管仅一步之"遥"，却有着兑子与得子之别，打将手段之巧妙，令人击节。如果仅仅认为此手在于着法细腻，恐怕远未点到妙处。此手通过打将闪路变位，诱敌到指定地点去吃，以调敌分敌失根断联而先手得炮。此手实乃打将顿挫手段之精妙演绎也，其足以令观赏者玩味不已。

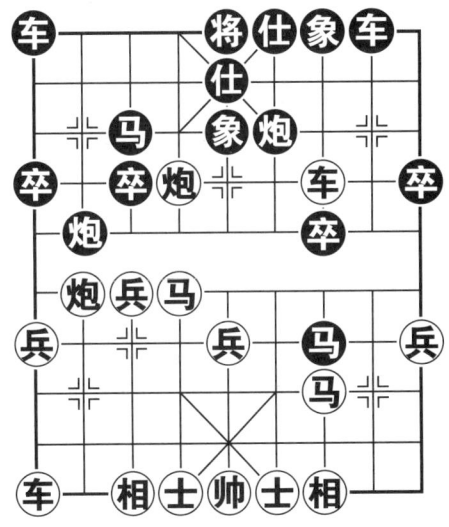

图二

33. 帅六平五　象5进3

打将变位，先手去炮，得子胜定。

总之，通过以上局例的巧妙演绎，展示了打将造势、打将抢先、打将变位的技巧，反映了打将战术的深刻内涵。这仅仅是打将战术大花园里的小小一角的景色。

正是：战略筹划未歇停，触碰扰打敌首惊。风波不信菱枝弱，导弹落处玉宫倾。

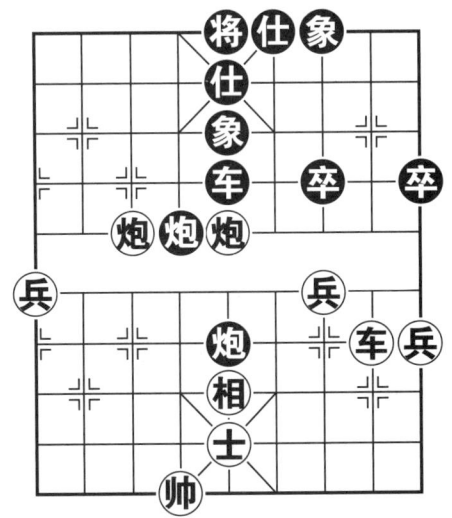

图三

282. 车如流水马如龙*

——简论联杀战术

若米尼将军在《战争艺术概论》中明确指出:"三个兵种联合使用可以发挥最大的威力。"

联杀战术系指在最后决战中,进攻部队利用数量、占位的优势,各兵种充分发挥联合作战的威力及各自独特的战斗功能,巧妙采取剪羽、突破、引离、控制、攻击、伏杀等协调一致的行动,近远、多向火力高密度交叉,助攻主攻兵员密切配合擒拿敌首的多兵种联合攻杀方略。

(一)内外结合 敌首局促慌无路

图一选自卜凤波与赵鑫鑫2007年全国个人赛弈战局谱。

22.…………   马7进6

联杀先锋马挂角,守城大员炮痴呆。挂角打将,挑战士角炮,拉开了车马炮联杀的战幕。因伏双车抢士手段,敌炮不敢招惹。

23.帅五进一   车9平6   24.车八平六   炮8平2   25.车六平八   前车平5

黑方车马炮各兵种联合作战,采取剪羽、伏杀、侧攻、调敌、抠搜等强制性战术手段,进一步攻打敌帅,使敌首处于马窥车禁的尴尬境地,并致使敌宫出现一片残缺、混乱、破败景象,为最后联手擒拿敌首做好了必要准备。

26.帅五平六   车5退2

此时红如炮三退一,黑方则炮7平4,车马炮联手将敌首击毙。

(二)侧攻得势 断路绝杀悬崖客

图二摘自卜凤波与王嘉良1993年全国个人赛弈战局谱。

45.马五进七   将5平6   46.马七进六   将6平5   47.马六进四   将5平6

带将集结运作,动静相合联杀。依仗车之强势断路,马连续围将饶杀,敌双士竟不敢绊别,因伏有车点将、角隅炮控线、马折返打将绝杀的严厉手段,敌首只能于高崖上垂死挣扎,联杀战术之威力已使敌宫充满了肃杀之气。

---

*文题摘自李煜《望江南》

48.炮一退二

高崖疲惫等处置，炮口调准做绝杀。现观察一下二路车，它虽呈静默态，一动不动，却施展了无限静力杀力；它横断将路，使敌首不得越雷池一步，极助马之连将并三步到位；它暗中禁士，并发出点将抽车绝杀的威胁信号，逼将孤军作战；它塞压象田，力助炮之调动窥瞄要杀；它施展的静默战术与马之游击战术及炮之做杀战术珠联璧合，相得益彰，构成了联杀战术的核心要素。

（三）借敌制敌　重炮须臾变联杀

图三录自王景庄与王连第1995年于丹东棋友杯弈战局谱。

1.炮六进六

守御凝聚攻城力，飞越楚河助联杀！六路炮以敌卒为架，以敌士为射点，飞至敌宫，要杀敌首，真乃标准借敌制敌也。此种双炮车马联杀意境，恍如排局。若进，千山万壑莫挡；若杀，千军万马莫防。

1.………… 车8进3
2.炮六平五　车8平5
3.车七平五

联杀初演重炮里，车炮皆在被衔中！六路炮由充架的助攻，瞬间变成了同车马并肩作战的主攻，虽皆衔士象之口，但敌吃一吃不了二，必成绝杀；而马静默钩钩，控将严密，力逾千钧。此乃三兵种速杀联杀典范之作也。此种联杀，车马炮一个都不能少，三缺一则不能成杀，为诠释联杀的绝佳例证。

总之，联杀战术是斩首行动的立体展示，是多兵种联合攻杀的演绎，是施展各种杀法的舞台，是竞相显露兵种特长的良机。

正是：进剿大军闯敌宫，车如流水马如龙。戎首签盟绝望里，凯歌回荡楚河东。

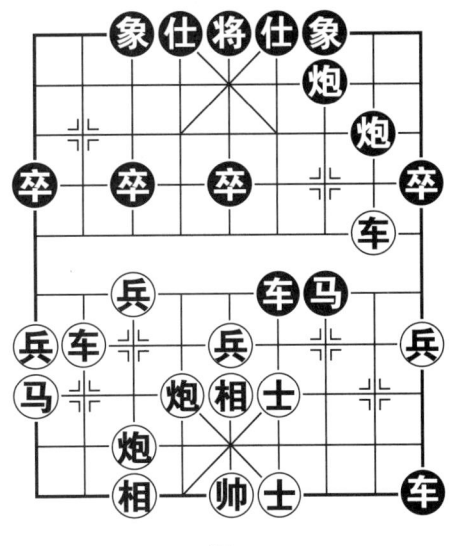

图一

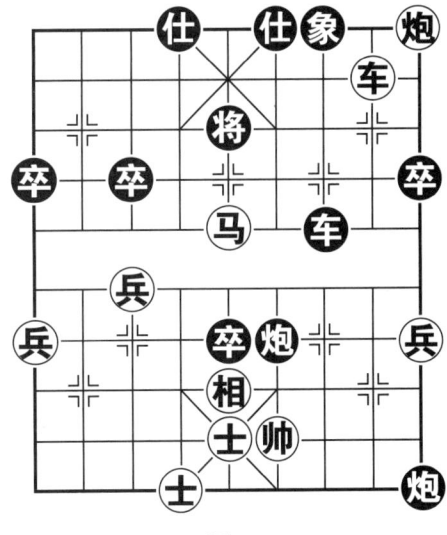

图二

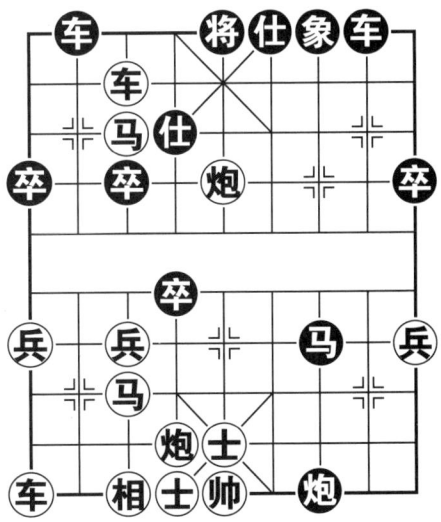

图三

283. 汉兴楚灭皆由他
——略论谋杀战术

（苏）洛博夫在《战争中的谋略》一书中写道："在兵力、兵器和其他条件相同时，谁的统帅艺术、军事谋略更高明，谁就能够左右战斗、战役甚至战争的结局""胜利将属于善于用巧计胜敌的那一方"。

谋杀战术系指在两军最后决战中，在兵力并不占绝对优势甚或在相对劣势情况下，进攻方深密谋划，暗中制订组杀方案，准确选定突破口，巧妙调敌，秘密配置兵力，最大限度发挥现有兵员在占位、制敌、攻杀方面的潜在功力，以夺取高质量胜局的深谋智取的制胜方略。

谋杀战术与暗杀战术是一对战术姊妹花，她们在诸多攻杀术中更加具有"谋"与"暗"的成分，但二者并不相同。在做杀的隐晦性方面，谋杀战术虽次于暗杀战术，但在谋划的精妙性上却十分突出。谋杀战术并不是靠绝对的优势兵力压垮敌人的，或曰不是以力取胜，而是以谋取胜。当然弈战总是谋略的竞赛，即使在拥有绝对的优势兵力的时候也不例外。不过这里所说的谋杀战术，只是在力与谋相比之时，谋的成分更显著更突出罢了。换言之，"在兵力、兵器和其他条件相同时"，甚或兵力偏弱于敌时，谋略就将担负起力挽狂澜的决定性重任。由谋略弥补兵力的缺失，成为赛场的主打牌。

（一）弃炮谋士　纵横驰骋定乾坤

图一选自柳大华与胡荣华1985年五羊杯赛弈战局谱。

28. 车三退一

退瞄角士槊，谋定杀气升！此手弃炮小幅倒提，匪夷所思！它十分巧妙、阴柔而突然，堪称谋杀战术之典范。它弃炮谋士组杀，深谋远虑，大出敌意料之外。正常情况下，车炮兵攻城，火力尚嫌不足，今之弃炮使攻力相对立处下风，如果没有追讨失子的切实举措，如果没有深远严谨的预先谋划，此手甚至会被认为是一步随手棋。然弈者审时度势，成竹在胸，对局势的未来发展进程已是一清二楚。正是：弃舍抢先手，谋划求胜局。

28. ………… 车6进11　29. 车三平六

剪羽宫阙紧，攻将谋划深。借主帅占中之势、肋兵扼亢之力，挥师剪羽，敌车不得进一拼兑，只能由将自身被动应酬。

29. ………… 将5平6！　30. 车六平一

充分发挥车机动灵活、善于控制局面的强势作用，极尽卡肋兵的威慑力与攻杀力，以闷杀

---

*文题摘自敦煌曲子调《定风波》

相逼，讨要边炮，以形成车低兵士对车士的必胜残局。此种带有技术性成分的重要谋略，成为决战最具决定性的部分。以下则是如何做杀的谋略展示，车6进7，帅五退一，车6进1，帅五进一，士5进6，车一退一，车6退2，帅五平六，车6退1，车一退四，车6平5，士六退五，车5平4，士五进六，车4平5，帅六退一，将6进1，车一进六，将6退1，车一退七，车5平1，车一进八，将6进1，帅六平五，车1进3，帅五进一，车1平6，车一退一，将6退1，兵六进一胜。

（二）逼车离线　立体杀局密酿成

图二摘自王想林与万福初1986年全国个人赛弈战局谱。

41.………… 卒7进1

冲渡诱逼兵线客，两向待机做杀局。黑方弃车攻帅演弈成此局面后，兵力虽不占优，但车马炮卒各占其位，各尽其力，虽占势却又引而不发。现冲卒逼车，调敌离开兵线，以进一步谋划入局方略。再者，此手将对方几种应对方案尽皆估计在内，并非侥幸取胜。

42. 车三进一

红方如改走车三平二则卒4进1（下伏车6平4杀），车二进六，将6进1，炮九进七，炮4退1，士六进五，车6平4，士五进六，卒4进1，帅六退一，卒4进1，帅六平五，卒4平5杀。

42.………… 车6平4　　43.帅六进一　卒4进1

44.帅六平五（帅六退一，卒4进1）　卒4平5

此卒之所以能够在兵线追杀敌首，除车6平4之吸引钓猎、马炮施展控力以外，皆卒7进1调车之功也。正是：庙算车为垫，深谋卒成王！

（三）闪离要点　助攻伏杀刁钻手

图三录自吕钦与郑乃东1996年全国个人赛弈战局谱。

40. 炮三平五　炮3平5

打将逼炮应垫，乃精巧别致的谋杀战法之铺垫打叠。它为智擒敌首而先手抢得要位，它力控中路，它极大调动车马攻杀的潜力，它暗藏刁钻谋杀妙手，它使攻杀进程短促而辉煌。黑方增层应垫，实属无奈之举，如改走士6进5则车六平七，黑方丢炮。

41. 马五进四

巧施刁钻术，智擒孤寡人！此手是谋杀战术实施的最精彩部分，是内涵最丰富的攻杀妙手，它具有闪离、减层、打将、阻隔、断联、助攻、充根、伏杀、往复等多种战术功能，它为三兵种攻城决战的现场表演提供了绝佳的舞台。此手将马的攻杀效能提高到了"极点"，达到了不似排局胜似排局的妙境，给人留下了局后品味的非常空间。此种谋杀技法，有赖于三军的巧妙配合，有赖于马运转之高效。此马在攻杀中迅速增效，成为一专多能之材，成为速杀夺胜的决定性力量。以下黑炮被逼离中路后，在马的有力撑助下，车六进二，将5进1，马四退五往复绝杀。敌车双炮或低或远，皆成看客。妙亦哉！一手著经典，三军谱华章！

总之，谋杀战术是秘密谋划攻杀方案的实战检验，是巧妙调敌、减效强敌的非凡策划，是谋定而后动的精彩阐释，是运筹帷幄之中、决胜千里之外的橘枰赞歌。

正是：谋攻战略育奇葩，雨骤风狂弥馥佳。良策妙计盛军旅，汉兴楚灭皆由他！

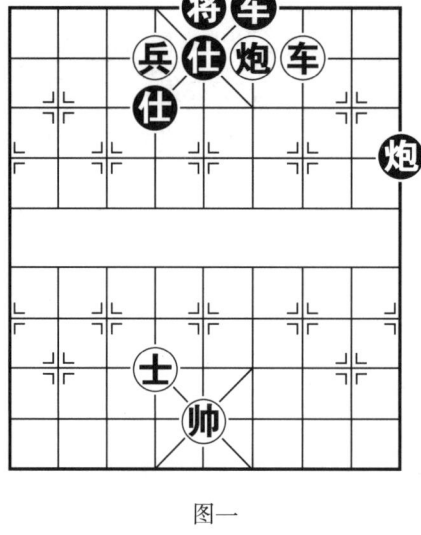

图一

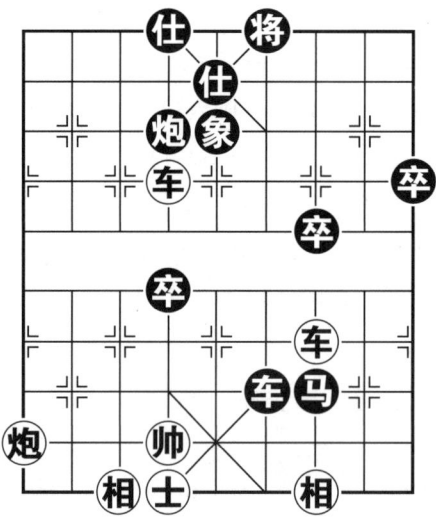

图二

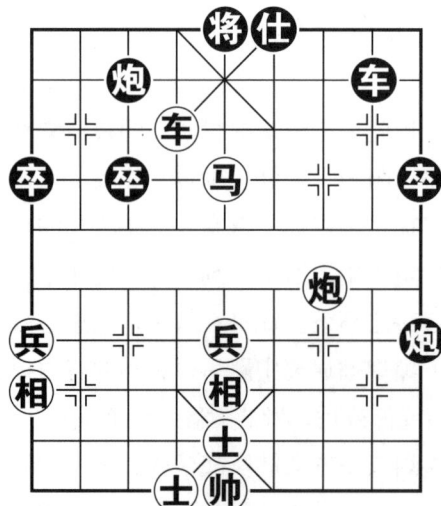

图三

284. 芭蕉不展丁香结*
——试论闷杀战术

（美）詹姆斯·L·霍洛韦在《福克兰群岛冲突的经验及其对美国海军政策的影响》中指出："尽管我们生活在用电钮进行战争的时代，但大多数战争最终还必须由步兵决定胜负。任何灵巧的现代化武器系统都不能代替受过训练、富有经验和作战勇敢的士兵。"

闷杀战术系指在总决战中，进攻部队以足够的兵力，采取逼离、吸引、借用、制弊、堵塞等一系列有效手段，巧妙造设出敌宫板结、守军自阻、敌首绝路的战场条件，尔后派遣得力的兵员，如炮或马或兵等兵员，突然发力，以背攻、偷袭、照将等致命手段将敌首活活击毙的攻杀艺术。

（一）炮——力邀花心初酿蜜

图一选自《适情雅趣》第198局"惊鸟藏枝"谱图。黑方前有杀势，后有强大守御；而红方则借先行之利，妙弃一兵双车，采取调动、控制、绊别、活络等一系列技法，由炮将敌首闷杀。

1. 兵四平五　马7退5

去士要杀，逼马花心，使敌宫核心防御工事的作战功能发生质的变化——由卫士变成了即将被利用的"铁架"，由可以灵活守御的卫戍变成了助红炮成杀的"内奸"。此种弊端的制造，属于战略性、致命性的打叠举措。

2. 车六进一　将5平4

引蛇出洞，既护辅了主力杀手——使贴将炮免受其害，并为九路马钓猎目标，以相机杀出，逼将堵死花心马，还为闪将控中打叠。此手行棋有序，筹划周严，令敌难有叫杀或逃马之机。

3. 炮六平五　车2平4

控中，使敌首不得归位，同时压镇绊阻敌马不得胁车、逃脱；另外此手还以叫杀手段相逼迫，硬性调车离防，以使边马得到活络并能够安全打将的机会。

4. 马九进八　将4进1　5. 炮四退一

一闷光焰万里，四路功德千秋！马逼敌首上挺，禁将死地，退炮闷杀。呜呼！妙哉！禁制敌首大腕，追求势形英侠。兵双车为这一庄严的时刻献出了生命，铺就了英雄一战成名的红地毯，为闷杀战术的宝库增加了难得的经典之作。

---

*文题摘自李商隐《代赠二首》

（二）兵——跬步天神摧古木

图二摘自《适情雅趣》第273局"辎重塞途"谱图。此局展示了弱旅造势打叠、奇兵闷杀智取的攻杀艺术。

1. 车七进一　将4进1　2. 车七平六

闪击双将，逼将上举，同时借将变位，再抠搜敌将，逼士下落，先手造设有利战场条件，将敌首逼至死胡同，使其不得再行游动。对于红方来说，兵力本已处于劣势，现又弃车，求之于势也。弃车，竟不是雪上加霜，而是锦上添花，使弱旅迎来了胜利的曙光。其弃其舍，可谓光彩夺目！林则徐曾有诗云："苟利国家生死以，岂因祸福避趋之。"若将此名诗借赠名车，此局将增色生辉！正是：棋将因诗而深邃，诗将因棋而高扬！

2. ……………　士5退4　3. 马七进八　炮3退9

佯攻闪架调炮，打叠护辅助杀！此手为八路兵闷杀敌将扫清了最后一道障碍。

4. 兵八平七

强势打叠求胜算，跬步借力施闷杀！借帅力兵闷胡同，不仅棋形优美，而且为低级士官争得了殊荣。徐家亮先生评注曰："本局红方弃车入局，堵塞黑将的退路，然后以兵横照'闷杀'。"此手闷杀极为苍劲，并增加了闷杀的花色品种，使闷杀战术更加丰富多彩。

（三）马——龙头斜插胜利花

图三取自《适情雅趣》第224局"随形助胜"谱图。红方在后车被拴、双马遭绊、黑方一步多杀的险恶形势下，马双车巧妙调敌解套，铺垫打叠，为八路马闷杀敌首造设有利战场条件。

1. 车三进一　将6进1　2. 车三平四　士5退6　3. 马三进二

佯攻逼车解缚，求杀铺垫活络！在弃车定将第一战役任务完成之后，扑马叫杀，底线佯攻，逼车离位，这就为巧解敌军拴锁、创造闷杀战机提供了前提条件，同时此组合为由防转攻，为后续一系列活车、开路、打将、调炮等战术手段的实施，铺平了道路并争得了反攻的一机之先。

3. ……………　车8退9　4. 车三进八

从拴缚中解放出来的底线车，展现了无比的活力与甘为大局而牺牲的宝贵精神，它炮口叫杀引敌，为八路马巧施闷杀解开羁绊。妙矣哉！闷杀隐帐幕，着法密连环！

4. ……………　炮3平7　5. 马八进六

铺垫壮烈三剑客，闷杀苍凉一妙局。此手斜射闷杀，充盈着多少生命的期盼、静默的等待；蕴涵了多少势的凝聚、力的挥发！此局马借主帅占中之力，闷杀敌首，十分巧妙。而局中马三进（二）车三进八两手尽皆是战术闷杀手段。何谓战术闷杀手段？借闷杀手段逼迫敌方车炮变位以利绝杀的技巧也。

总之，闷杀战术是助攻兵员造设独特棋形的艺术，是多子铺垫与一子点杀的神圣同盟，是对多兵种联杀的最佳战术补充，是单兵在友军撑助下的待机偷袭绝杀的精妙过程。

正是：制弊花心拆宫墙，造设绝地闷强梁。芭蕉不展丁香结，御医难治帝君殇。

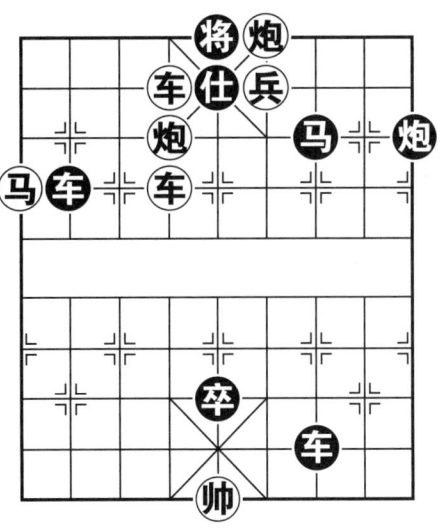

图一

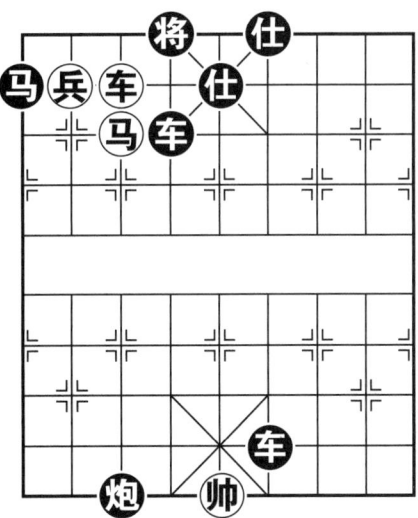

图二

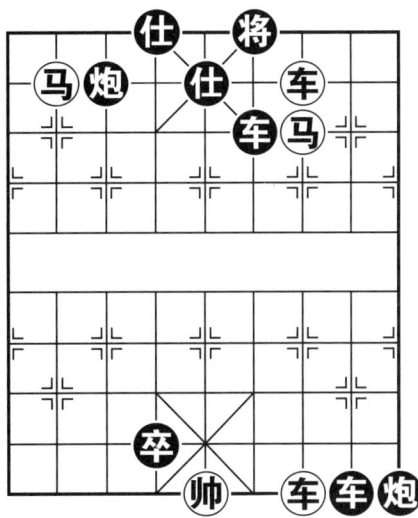

图三

285. 吴娃双舞醉芙蓉*

——简论双将战术

约翰·柯林斯在《大战略》中指出:"一个国家武装部队的作战效能取决于协调一致的行动。如果不能将各种军事力量融合在一起,就会造成可悲的后果。"

双将战术系指在最后攻杀的关键时刻,围城部队充分发挥占位好、力量大、协调性强的巨大优势,在友军的支助下,两个兵种的兵员联合采取立体、多点、联将、闪击等强烈手段,在一条或两条线路上同时对敌首展开攻击,以使敌难以应对甚至立即遭歼的攻杀技巧。

(一)连续打叠 立体交叉演妙局

图一系《适情雅趣》第28局"计罗并照"谱图。是局红方以六大强子的巨大战力,以双车马兵的高昂代价,采取连将、馈献、要杀等强制手段,既为己方子力变位提供条件,又逼敌车马变位,特别是反复逼迫敌首变位,以使其浅露遭攻,为马双炮纵横双将杀做好先期打叠。

1. 兵四进一 将5平6

献兵逼将变位,为双车马连将变位打叠。因伏马六进四挂角绝杀手段,中士不敢造次。

2. 车二平四 将6平5   3. 车四进一 将5平6

献车既逼将露头易攻,又为车马叫将、为炮闪开通道做好准备。

4. 车七平四 将6平5   5. 马二进三 马9退7
6. 炮二进七 象7进9   7. 车四进五 将5平6

二路马叫杀逼马,既为炮开路,又为炮下底安全着陆、发动最后总攻,为双将毙将创造必需条件。现弃车引将,为实施双将做完最后一道工序。正是:三军铺就双将路,几度打叠演杀局!

8. 马六进四 车4平6   9. 马四进三

闪离减层做架,纵横双将成杀。多少次打叠,多少兵员壮烈牺牲,双将才得以显露峥嵘。千呼万唤始出来,正反映双将战术实施过程中铺垫打叠的精深之处。它运作巧妙,大弃大舍,借敌制敌,它立体交叉,纵横双向,出色地完成了最后一击。

(二)钓猎逼退 造设战场击恶皇

图二摘自《适情雅趣》第205局"四畏廉名"局谱图。

---

*文题摘自白居易《忆江南》

1. 车二平五　　士4进5

利用敌宫防务弱点，砍象并破坏其城防设施，加重敌宫破损程度，并为马进击开路，为双将攻将打叠。而敌方既不能象7退5，因有马后炮横向联杀，又不能士6进5，因伏马二进四的马后炮纵向联杀。

2. 马二进四

通过叫将而先手配置攻杀兵力，并伺机配合友军进行攻杀。

2. ………… 　将5平4　　3. 炮二进五

通过打将，逼将走高，使敌首进一步靠近马兵近短程火力网，为友军钓猎到打击目标。

3. ………… 　将4进1　　4. 车五平六

初试双将术，再操索命刀！勇扑士角，车马同时发出双将威胁，逼将再度上挺，被迫进入马炮兵火力击打范围。

4. ………… 　将4进1　　5. 炮二退二　　象7退5

6. 兵五进一　　将4退1　　7. 兵五平六

兵马联手双将狠，更伏野炮下底闷！此种双将手段将敌首从低处逼至悬崖，再逼退原地，以炮闷之。这种神妙的过渡，使7路象解杀丧生，使双士不得调整防闷。敌首下上往复，透露了无助的忧伤。真奇妙也。在敌车马炮待机攻帅的热切期盼中，战幕已徐徐落下，它们不得不将这份心情变成永久的遗憾。此局参与双将的兵马，尽皆处在敌军纵横及斜向火力的有效击打范围之内，其悍勇义举、殉决精神，无与伦比！

（三）突兀神奇　妙胜尽在缥缈处

图三录自《棋学捷径》第二局"天然马队"谱图。

1. 车七进四

突袭剪羽惊敌胆，开路伏杀定胜局。在双车处险、杀意朦胧而敌军已做成铁杀的危厄情势下，挥师斩象，为马开路，剪羽敌宫。此种开首战术极其突兀、严厉，犹晴天霹雳、夏日寒流一般，令敌凑手不及。它为实施双将奠定了坚实的基础。

1. 象5退3　　2. 车六进二

再弃一车，引蛇出洞，强逼敌首浅露，现身于炮火杀伤区域内。此局前两手设计神妙，出敌不意，打叠性能优良，为双将提供了可靠的线路保证，使马炮兵帅得以施展动静之功。

2. ………… 　将5平4　　3. 马七进六

黑方有两种应法，红方均双将杀。一如士5进4，则兵八平七，将4进1，马六进四，双将杀；二如将4平5，则马六进七，将5平4，兵八平七，将4进1，马七退六，士5进4，马六进四双将杀。正是：一局山花烂漫，双将如影随形！

总之，双将战术是两个兵员同时攻将的手段，是双向火力高强度的战略打击，是优势兵力实施斩首的立茬运作，是帷幄组杀的巧妙设计。

正是：方罫斗士展神功，攻杀密度第一宗。魔穴九窟拒孤寡，吴娃双舞醉芙蓉！

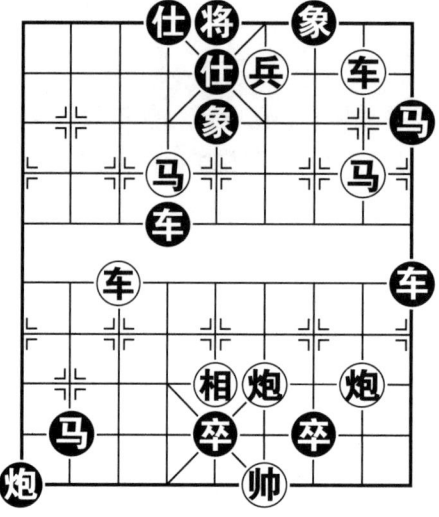

图一

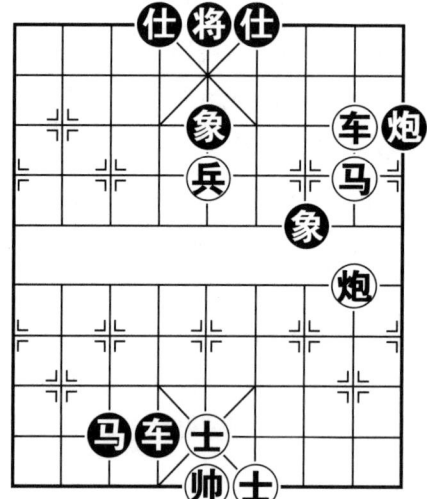

图二

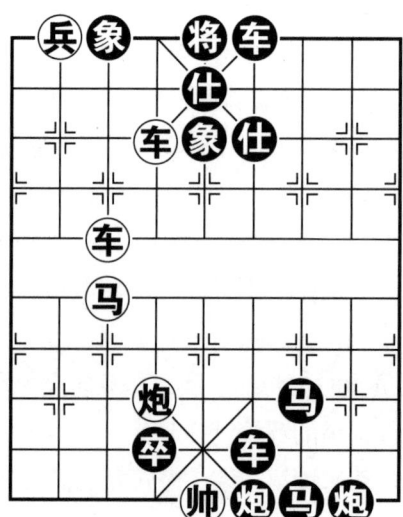

图三

286. 湘瑟秦箫自有情*
——试论双杀战术

（德）古德里安在《坦克——前进》中写道："保守作战准备秘密，利用突然性的诸因素，进攻和行军方法的多样化和变化以及军事欺诈，都属于军队长官的战术手段。"

双杀战术系指在总决战中进攻部队为提高胜算、确保击打敌首的命中率，巧妙采取闪离、佯攻、转移、夹击、增效等强制手段，两支主攻部队在两个方向上同时对敌将构成绝杀之势，使处于我方两个不同点位火力射程之内的敌首无法躲藏，使敌卫戍部队及外线部队无任何防御手段和解拆办法而败灭的高级攻杀艺术。

双杀战术，不同于双将杀，后者是行一步棋两个兵员同时发力杀将；而双杀战术则是在下一步棋中既能由甲部队在此地杀将，又可由乙部队在另处夺旗。

双杀战术也不同于双胁战术，因为后者至少有一种威胁是针对敌军兵员的，而且距"杀"尚需时日；双杀战术则全是对准敌首的。

（一）禁制敌首　两翼车炮伏双杀

图一摘自蒋志梁与潘振波1995年全国团体赛弈战局谱。

23.马三进四

扑前叼车春雷动，入界控将暴雨狂！在敌车捉马情况下，又献马叼车，将河界线争斗立即推向了高潮，推向了云遮雾绕的境地。此手为实施双杀运送了禁将定势的重要力量。

23.………… 车4进1

黑方如马8进6红方则车九平三，炮8平7，炮九进六，将6进1，车三平二，车4进1，车二进一，将6进1，炮九退五，红方夺回失子，局面占优。

24.马四进五

入界叼车卡位，禁将断路助杀！此手进马，铿锵有声，攻力无比，在实施双杀整个战略计划中具有决定性的推助功效。

24.………… 车4进1　25.车九平三

车炮均衔敌口，但却妙演双杀。敌如吃炮，车三进二杀；敌若踏车，炮九进六杀。

---

*文题摘自李商隐《银河吹笙》

（二）殇决灵怪　内涵深厚做双杀

图二取自林宏敏与蒋全胜1990年于邯郸弈战局谱。

1. 兵五进一

立荏减层增炮力，强行突破助双杀。中兵突然上手，点燃了决战的引信，它以身砍象减层，使中炮增效生威；它破坏敌宫构架，使其守力衰减，难以遮护敌首；它占位控将，暗助双杀。

1. ……　　炮1进1　　2. 相七进九　　车4平2
3. 帅五平六　　车2进1　　4. 帅六进一　　车2退5

敌车炮在毁灭之前，虽尽职尽责地进行了反攻，但"东风无力"，现退车防守，为时已晚。

5. 马七进八

殇决演弈酷，双杀内涵深！此马当着敌车面，置生死于度外，从容做成双杀。它挑战敌车，它塞压底象，它阻车回防，它开路助车下底催杀，它暗窥士角绝杀。马到位后，立刻妙演双杀：立伏挂角杀；敌如砍马，红方则车七进六立杀；敌如砍炮，则车七进六再平六杀。此手双杀，潇洒、狂放；此手双杀任由敌车对马炮处置而依然绝杀，双杀威力可见一斑。

（三）罩镇亮帅　开路突破演双杀

图三选自陶汉明与蒋全胜1998年于深圳弈战局谱。

28. 炮九平五

罩镇敌宫，力逾千钧，对敌首构成了致命威胁，同时也为实施双杀提供了有力的火力支持。

28. ……　　马1进3　　29. 帅五平四

亮帅控将，并暗中为实施双杀给力肋车。黑方城池严紧端正的态势，已经逐步失去了抗御遮护的堡垒功能，已经露出了外强中干的本相了。

29. ……　　马3进5　　30. 车四退二　　炮4进4　　31. 车四进三

在犀利的进攻开始之前，往往伴有柔弱的防守。忍让、躲藏、示弱，常常成为突然进攻的烟幕。黑马来袭，退之；黑炮抢占了黑马的进占点，再升之，以达成防范盖压抑势之功效。

31. ……　　炮4平5　　32. 马四进五

三员大将尽衔敌口，一代枭雄妙演双杀。踏象奔卧，马双炮尽衔于敌，毫无畏惧，立荏开路，做成双杀：敌如炮5平6则马五进三杀；敌如象3进5则车四进五杀，黑方一手难有双解，故认负。

总之，双杀战术是两处伏杀的精妙安排，是喝令敌军停止挣扎的严厉警告，是战略家多向、立体部署杀力的展示，是把杀势看透、把杀技用活的顶级攻杀计谋。

正是：妙演双杀技法精，增效多元攻城兵。强车悍马从无价，湘瑟秦箫自有情！

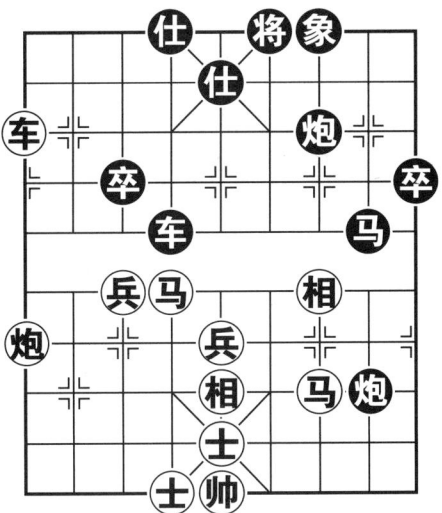

图一

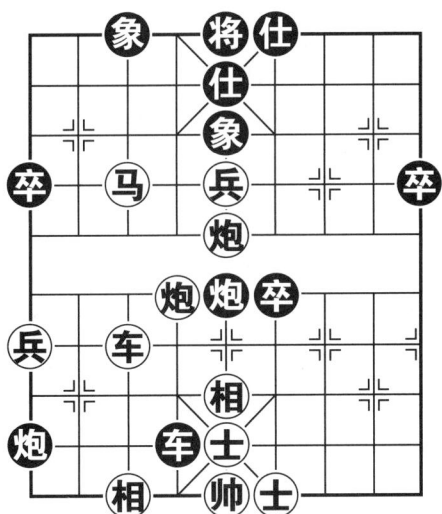

图二

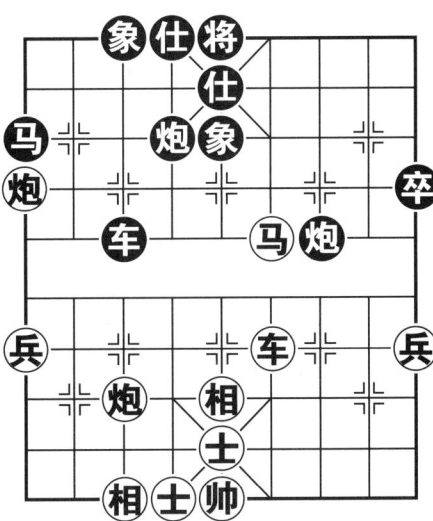

图三

287. 翻身向天仰射云*

——浅论闪将战术

闪将战术中的"闪"字，有两层含义：一是指兵员从友军附近的原驻地突然闪开，去从事其他更加重要的军务；二是同时闪露出直接攻击敌首的火力锋芒，以发动迅猛的攻击。

《苏军作战思想言论汇编》中，洛西克曾指出："战术伪装是保障双方作战行动的隐蔽性和达成突然性的重要手段，可使敌人不能弄清对方军队的真正意图和计划。"

闪将战术系指在战略决战中，带有遮掩与伪装性质的兵员突然从原地闪离开，不仅使自身选点择位，以从事运转、防杀、捉吃、拦截等项任务，而且立即闪露出主攻火力的锋芒，使其得以直接攻击敌首，从而确保双重威胁的有效实施，使敌军遭致隐蔽、突然、致命的战略打击的双击艺术。

（一）砍士钓猎　闪将侧攻云水怒

图一选自胡荣华与吕钦1985年于南京弈战局谱。

31. 车八平六

红方充分利用闪将战术的巨大威力，以实施底线突破、夺车弱防、发动翼侧攻势，同时为破坏敌军夹击抢攻偷袭行动做好了打叠。此手攻防一体，为逼迫敌军防守的关键举措。此手突然，攻其不备，功效甚佳。此手掠士剪羽，为最后擒拿敌首做出了深远的战术打叠。

31. ………… 　将5平4　　32. 兵六平七

超短程之闪将，极残酷之绞杀。平兵，闪离原地，紧靠敌车，使准备呼应左翼车炮进行攻城的领军人物，立刻雄姿不在，万念成灰；平兵，闪露肋道车炮双重火力，逼使敌首归位躲避而无暇顾及守臣死活；平兵闪将，使敌右翼变成无防之地。

32. ………… 　将4平5　　33. 兵七进一　车9平8　　34. 炮六平四　士6进5

35. 车六平八　士5退4　　36. 车八进六

红方抓住敌宫单士之弊，连续施展手段，将另士拔除，为入宫擒拿敌首提供了有利条件。战至53回合红方获胜。

---

*文题摘自杜甫《哀江头》

（二）窥马断路　加大力度做绝杀

图二摘自李洪滨与柳大华1991年于无锡弈战局谱。

1. ……………　车7退1

以捉马为掩护，退车切断帅之逃路，以使准备实施的闪将手段更具力度、更具致命的威胁性。这是一种巧妙的打叠蓄势手法，即在已具备施展手段的情况下，却并不采取行动，竟如失机一般，暗中积蓄能量，增添筹码，加工造势，以最大化地提高施展手段的攻击性能和局面效果。

2. 车八平四　将6平5　　3. 车四平七

红方的两手棋，说明对黑方闪将的部署、对闪将的极端危害性缺乏警惕与防范，还在实施所谓的"对捉"手段。不只是此局如此，枰场上相当比例的胜负，都是在一方"阴险"做杀而另一方却泰然前趋、捉拿的失衡状态下出现的。呜呼！生死之战，不可不察！

3. ……………　前炮平9

减层闪露发力，转移择位伏杀！平炮闪将，力逾千钧；它暗伏边炮下底打将，构成别致天地炮；它攻杀严厉，敌车双马双士盖莫能助。敌如撤中马，则炮9进2立杀；如支左士，炮下底闷杀；若支右士，车下底照杀；车平中应垫，当即取缔。闪将战术之威猛，于此可见一斑。

（三）巧妙婉转　打车控卒成大业

图三录自李中健先生排拟的精巧棋局。

1. 炮三平六

联攻谋划深远，闪将抽占得宜。此手闪将，先手择位精准，既有利于助马攻将、使马在攻将中移换身位以控将，又有助于马炮利用打将手段以限制敌车乘隙露头，还可以迅捷归退利用士架以发动攻击。

1. ……………　将6进1　　2. 马三进五　将6退1　　3. 炮六进一

进炮打车，将车驱打至背暗之地，使其会同3路卒进行袭扰的计划彻底破灭。红方在进攻中加强防范敌之反扑，在顿挫中不断周密作战计划，以使决战进程顺畅有序。敌方不能以将6进1应对，否则炮六退八即成杀局。

3. ……………　车9进1　　4. 马五退三　车9平7

5. 炮六退八　车7进1　　6. 炮六平四

打死车之后，升帅控卒保士胜定。

总之，闪将战术是"掩体"与主攻火力配合杀敌的手段，是"闪离"与"闪露"合写的篇章，是暗窥者突然露面发力攻将的策划，是助攻人员趁机"谋职"的方略。

正是：豪帅指挥妙如神，配合默契如一人。闪开掩体露弩箭，翻身向天仰射云！

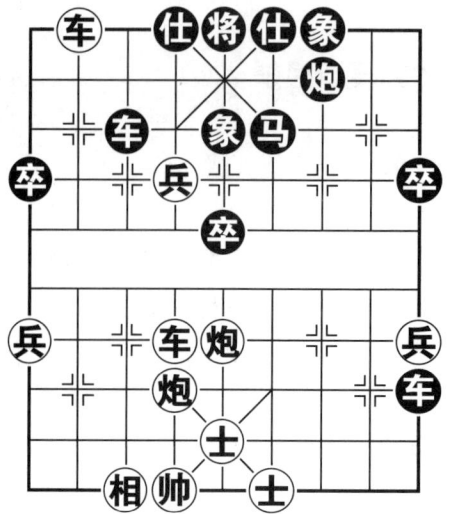

图一

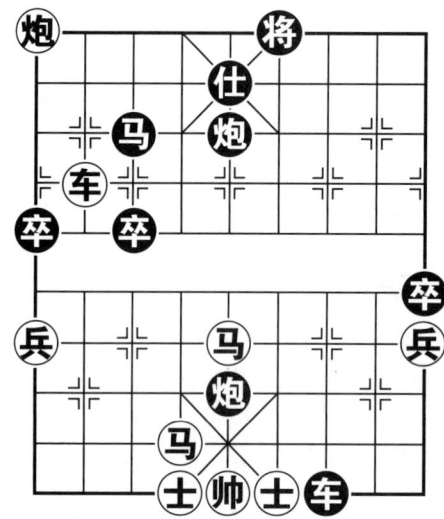

图二

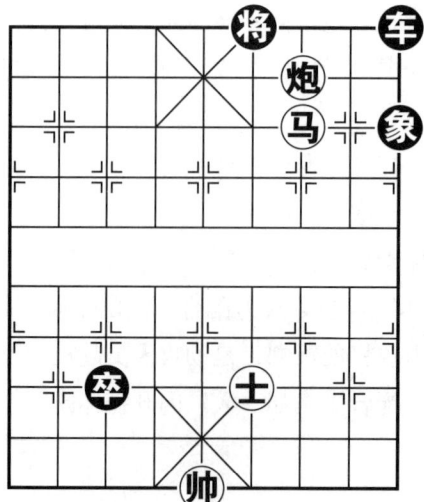

图三

288. 纵死犹闻侠骨香*

——试论弃杀战术

1950年10月21日，毛泽东主席在致中国人民志愿军司令员彭德怀元帅《志愿军打好出国第一仗》电文中指令："不惜牺牲，不怕艰苦，争取全胜。"

弈战中的弃杀战术就是在战略总决战的决定性时刻，实施方抓住敌宫城核心防御系统或外线防务存在的虚懈、拥塞、紊乱、浅露等隐微弊端，突然派出敢死队，不惜重大牺牲，强行馈献或砍杀有根子，致使敌防御系统扭曲变形、功能紊乱、火力失效、防线崩溃；或强力制造、扩大敌防之致命弱点，为主攻部队创造连将、联杀有利态势；或逼敌生变、倒戈助攻、借敌制敌之弃子攻杀技巧。

（一）铸造铁架　借敌妙杀

弃杀术之实施前提，在于透彻的审局。只有具备穿透性极强的审视力度，方能透过敌防互保互联、无懈可击的强大假象，发现其致命弊端；方能痛下杀手，采取弃子催变、借敌制敌的攻杀手段，以夺取似乎不见身影的胜利。

图一选自赵国荣与柳大华1984年于昆山弈战局谱。

26. 车六退一　炮5进1

之前，红方弃子求攻，已经成为弃杀战术的一部分。现红车退一做杀，逼黑炮进而阻隔，暗中为实施弃杀战术打叠，暗中为黑炮安排了葬身之地！

27. 炮七进二

再一次进行弃杀前的战术安排。此手，以防范车8进1逼兑消削红势为掩护，因如车8进1则车六进一，炮5退1，炮七平二得车胜，暗中断路敌首，此手凶狠，着法隐蔽，一股阴冷的杀气已经弥漫深宫！

27. ⋯⋯⋯⋯　后车平7　28. 车三平五

悍勇弃杀惊敌胆，花心顿时起丰碑！主攻部队在与优势守军的激烈争斗中，机敏发现敌花心重地有着奇特的变数：敌之炮马分别占据花心重地并守护戎首时，由于兵种不同、行动步伐不同而产生正面与负面防御功能质的变化——在主将遭受线形火力袭击时，炮可上下进退应付遮护，而敌马则因为行动步伐的斜向性和战场区域比较狭小等弊端而变成了倒戈助杀的铁架，这一两个不同兵种的相反防御功能的变化，使敌防立陷严重危机之中。红方遂果断避兑、弃车杀炮、逼马换位，使常被戏谑为车炮瞎胡闹的二位杀手得以借敌妙胜。

---

*文题摘自王维《少年行》

28.………… 马7退5   29.车六进一

弃杀，使敌防变形，使敌花心守御由积极的守臣变成了暗中与敌"勾结"的内应，助炮成杀。

（二）逼离侍卫　三军联杀

强行馈献，逼离士相，削减敌帅防护层厚度，甚至使戎首浅露于进攻火力之下，为主攻部队连将联杀创造有利战机，是使用率最高、效果最好的弃杀手段。

图二摘自于幼华与吕钦2000年于奉化实战残局。是局红双车炮占据要津，威风八面，具有极大杀伤力，且伏有诸多攻击、得子手段，而黑方似乎连叫将的机会都很难找到。国难出良将，左车凭借其高度锐敏的军事嗅觉，审局灼见于微细，遂以视死如归的大无畏精神扑入宫墙，立摧敌防。

32.………… 车7平4

英雄豪气冲霄汉，精妙弃杀定乾坤！决定性的致命打击，取胜的唯一手段，此局的漂亮华章！弃杀战术的极端重要性、出敌不意的突发性和严厉性，在这里得到了最形象的图释。强弃士角叫将，逼引中士于无奈，红帅右翼减层，无衣遮体、空虚裸露，为进炮叫将、退马双将、车下底追杀制胜立下了头功。黑车之所弃，真可谓：忠烈化作擎天柱，托举三军登云梯！

（三）巧妙制乱　一炮闷杀

弃杀战术性能卓越，它独具在敌九宫要地制造弊端、扩大紊乱、为后续部队攻杀创造最佳战场条件的非凡才干，特别在古谱排局中更是神姿仙态、玉泽金光。

图三系《适情雅趣》第75局"豪帅心服"局谱。是局红方兵力单弱，实难与敌强大的攻守两路大军匹敌，且红方在三步之内不见明显杀着。但以车为领衔、以炮帅士为死力参与者的攻杀团队却目无强敌，以我为主地联袂进行了精彩的弃杀表演。

1.车七平四　士5进6　　2.车四平五　士6退5　　3.士五进四　士5进6

红方以庖丁解牛、目无全牛的透辟审局力度，采取三个连续打将顿挫，调整好车、仕位置，为弃杀术之实施创造了必要条件。

4.车五进六

蜂落花心疑是梦，鬼手制弊妙成杀！呜呼！本来兵力少，今又妙弃车；敌阵有癌变，士炮可歼敌！车弃花心，逼敌车吃占，自阻将士，宛如将高浓度紊乱剂强行注入到敌首心脏内一般，使其体内原本轻微的病毒立即恶性扩散，发生癌变致亡。如续弈，车5进1自行堵塞，则士四退五应将同时闪露恶炮，将士无路，闷杀制胜。

此手，并非点穴术，因其含有叫将功能；此手亦非掏心术，因其并未诛杀花心卫士。但其弃杀、堵塞、制乱手法高妙，力度非常。此局中，中士之加盟、帅之助攻、车之壮烈、炮之静力、敌之紊乱，三言两语难尽其妙，有诗为证：弃杀手段妙非常，优势强敌炮口亡。虽云兵力多贵重，但见战术更辉煌！

（四）三弃滞敌　双车速杀

弃杀战术的实施，在方位上有内线、外线之分；在功能上有直接、间接之别；在行棋步调上有急促型、和缓型、跌宕型三种。强弃子力，破坏敌外线兵员抵抗、干扰、牵制乃至偷袭反攻企图，确保主攻部队快速夺宫擒帅战略任务的顺利完成，乃弃杀战术的另一重要分支。

图四是胡荣华与李来群1983年于广州实战中局。

35. ……　　炮6退5

弃杀高层次，运子深内涵！强烈挑打，一弃肋炮，既避免一路炮在边线的袭扰和牵制，又破坏了其平中反击做杀的战略企图，还为8路车对敌首的攻击，提前闪露出攻击目标，以加快攻杀的节奏。现炮退居河道，威胁打双，逼敌应付，立夺先机。

36. 炮一平四　　车8进9　　37. 帅五进一

红方如改走炮四退五应垫，黑方则车2平6，敌首立崩。

37. ……　　马2进4（循环着法从略）

扑马入界，叼炮开路、增援求杀，逼车退吃。二弃肋马，为右车让路、为加快攻杀进程、为双车实施错杀，提供了快捷通道，创造了强烈的战场氛围。

38. 车六退一　　车8退1　　39. 帅五进一　　车2进5　　40. 车六进一　　卒5进1

三弃中卒，以胁兵擒帅相逼，暗伏闪架断联，使红车炮借用中卒进行顽强抵抗的企图变成一声散兵游勇的叹息。真个是：连弃三子非凡举，绝唱弈林攻杀歌！

总之，弃杀战术是攻杀术中最激烈、最悲壮、最严厉的艺术上品，它使多少吝啬的棋评家竟赏赐两枚叹号来表达其妙不可言的赞叹！弃杀战术之实施，不仅左右着一盘棋的胜负结局、提高攻杀质量，而且启发人们去思索生命存在的真正意义。

正是：危急关头挺忠良，以身殉国志飞扬。虽云生命诚可贵，但闻烈士侠骨香！

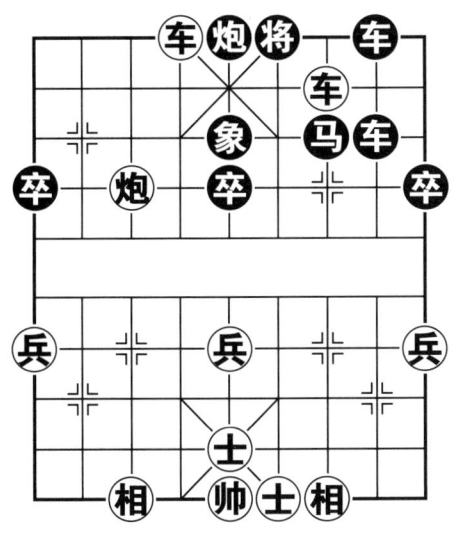

图一

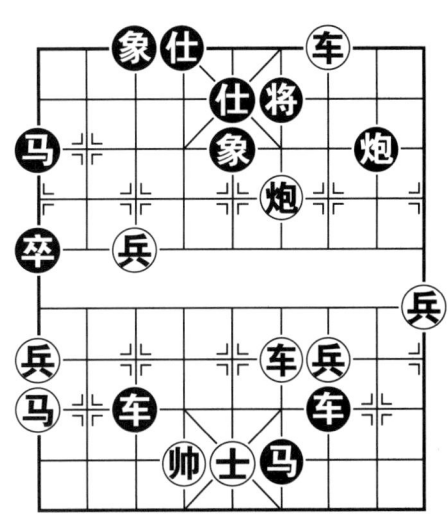

图二

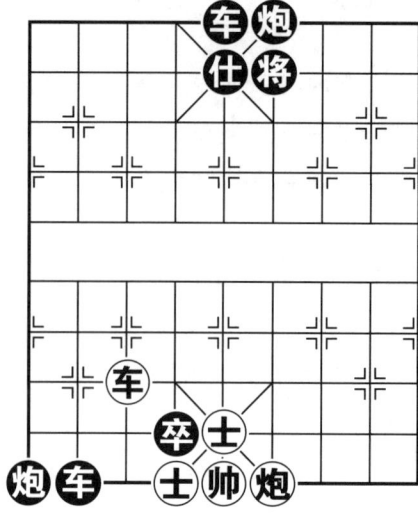

图三

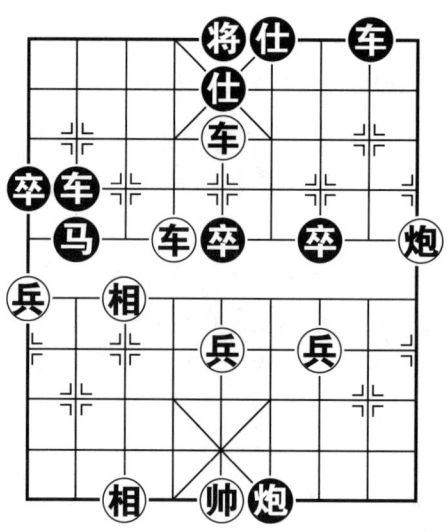

图四

289. 乘兴轻舟无近远*

——小论闪抽战术

（美）巴顿将军曾指出："任何战术情况都没有什么现成的应付办法。只有一条战术原则是永恒不变的，这就是：用手中的一切手段在最短时间内给敌人造成最大的伤亡和破坏。"

闪抽战术系指实施方利用打将的机会，同处一条线路上的遮掩性子力巧妙闪离原址，在闪露出主攻火力以攻击敌首或敌军主力的同时，自身兼有夺子、占位、变线甚至伏杀等战术功能，使敌首及其卫戍部队难以防范，只能被动挨打的高效运调技巧。

闪抽战术与抽吃战术并不相同，从参与实施兵员看，后者多半为车炮类，而前者则较为广泛；从战术效果看，后者专门落实在"吃"上，要求比较单一，而前者则有更多的选择；从实施主体兵员的"业务"上看，抽吃战术一般均由遮掩性抽体在运动中完成抽吃任务，而闪抽战术则由遮掩性子力闪开通道之后再由窥瞄性主攻火力"亲自"出面斩杀恶敌，其中遮掩性子力闪开通道过程中可吃亦可不吃敌子，只要握有打将或伏杀的先手即可达成闪抽之目的。

（一）躲避闪抽突破一条龙

图一选自葛维蒲与尚威1995年于峨嵋弈战局谱。

21. ………… 车8平6

双方进行子力交换之后，黑方企图平车捉马争先，并防止马四进三打将发动攻势。

22. 马四进二

躲避"暗处"，妙手做成闪抽之势，捉拿者顿时反处于被窥瞄状态，加之相头炮处险，黑方对车炮之安全一时难有两全之策。此手策划严密，如此时改走马四进三，黑方则有车1退4双车抢马的手段，红方先手顿失。

22. …………   炮5平6   23. 车三平五   象3进5   24. 马二进四

闪抽快似电，杀敌锐如刀。趁机掠象，有力削弱了宫城守力；闪抽踏车，立伏挂角攻将手段与马八进六双胁手段，为左马扑象突破提供了明确的思路。

此种闪抽从根本上划清了闪抽与抽吃的界限：抽吃一般均由遮掩性抽体在运动中完成抽吃任务，而闪抽则是由遮掩性子力闪开通道之后再由窥瞄性主攻火力"亲自"出面斩杀恶敌，其中遮掩性子力闪开通道过程中可吃亦可不吃，只要握有打将先手或伏杀手段即可达成闪抽的目的。闪抽战术，既增加了"闪"类手段的品种，又扩充了"抽"类战术的队伍。闪抽战术成为与抽吃战术并肩作战的一对战术姊妹花。

---

*文题摘自自贾至《泛洞庭湖》

24.………… 炮6退5　　25. 马四退二　车1退4　　26. 马八进六　车1平4
27. 马六进五　马2进3　　28. 车八平四　士4进5　　29. 马二进一

凭借闪抽掠象的优势，红方双马游击近战攻势如潮，强车的远势威力巨大无比。现马扑角隅，欲折返卧槽，敌炮必失，因如逃炮，马卧槽后即伏车四进八砍士照杀，因之黑方认负。

（二）闪抽伏杀夺子一体化

图二摘自陶汉明与胡荣华1995年于桂林弈战局谱。

19. 马二退四

绝佳闪抽术，精彩决胜局。此种闪抽，使车与车、马与马，各自对峙，而敌车却不敢造次。此闪抽手段，独辟蹊径，"遮掩体"灵动潇洒，挑战卒林车，叫板入界马，闪离原地，闪露火力，虽未打将，却暗中伏有马四进六杀着。它目标明确，敌如逃车，掠得一马；敌如砍马，立夺一车。此手，即前文所说遮掩性子力"只要握有打将或伏杀的先手即可达成闪抽之目的"的例证。

19.………… 车3平6　　20. 车二进八

由于妙施闪抽战术，重创敌军，使其元气大伤，再难以进行有效的力量对抗。

20.………… 马9进7　　21. 车二平六　士6进5　　22. 相三进一

黑方力弱势亏，中路与右翼又存有隐患，黑马被逼退本阵后，红方胜定。

（三）突破防杀除恶一把抓

图三取自朱肇康与朱永康1963年于温州弈战局谱。

27.………… 炮6平4

增层、断联、迫压、防杀、伏杀，黑方放出胜负手，企图以攻代守，乱中取胜。

28. 马七进五

关键时刻施妙手，闪抽恶车立丰碑！踏象、伏马五进三与车六进五双杀；减层、闪露炮口瞄准"射点"恶车；敌必解杀，而企图闷杀红帅的3路车自然落入"法网"。此种闪抽，与抽吃战术，虽然"果子"一样，但行为方式却大不相同：遮掩体未叫将但伏杀，获得绝对先手，并为窥瞄体减层、发射提供方便。象战技艺，灵怪巧妙，博大丰繁，非它可比。

28.………… 象3进5　　29. 炮七退七

遭闪抽沉重打击，黑势立刻崩溃，遂认负。

总之，闪抽战术是"抽吃战术"的杀敌互补，是联合制敌的巧妙手段，是夺子取势的双料冠军，是一步双击的增效典范。

正是：减层开路善腾挪，重创恶敌奏凯歌。乘兴轻舟无近远，造势龙马有离合！

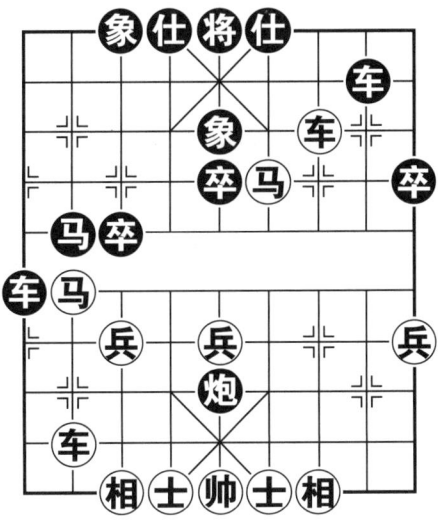

图一

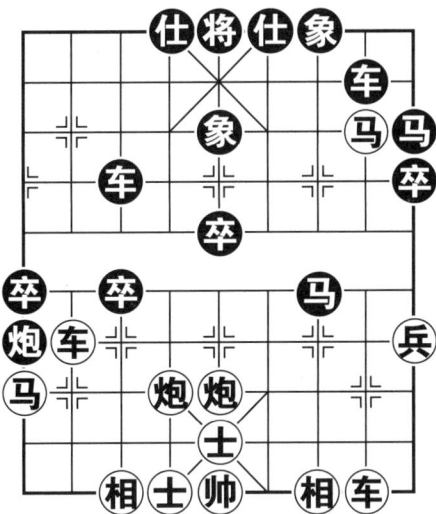

图二

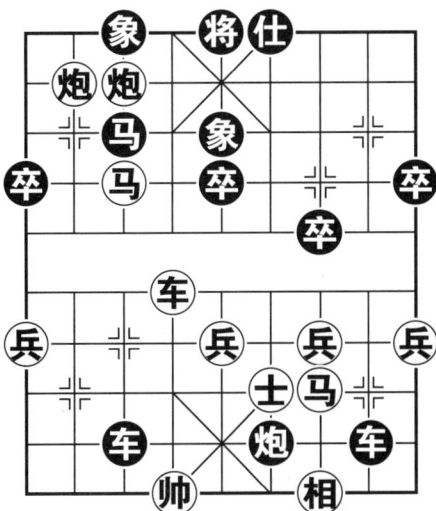

图三

290. 水晶宫里奏霓裳*
——浅论掏心战术

克劳塞维茨将军在《战争论》中指出："不能不主张以消灭敌人为目标的进攻，如果没有胆量像锋利之矢射穿敌国心脏，是不可能达到目标的。"

掏心战术系指攻城部队在战略合围态势已经形成的决定性时刻，派遣敢死队员，在兄弟围城部队的大力支助下，乘敌阵之隙，突然杀入敌宫，摧杀花心驻军，歼灭御前卫士，撕开敌军最后一道核心防线，致使敌宫混乱、守御薄弱、弊漏丛生，从而使后续进攻部队得以顺畅入城擒王的攻城方略。

掏心战术之实施的首要前提是，必须拥有足够的优势的围城部队，且占位俱佳，道路通达，以便能确保攻城部队及时顺猛进抵入杀点。其次是必有庖丁解牛、目无全牛的透辟洞察力，能够透过坚城固防之表象看到朽败溃崩之实质。未来的战争进程，在战略家眼里已是水清见底，炮火中的敌宫即将成为敌首的葬身之地！

掏心战术绝不仅仅是一场近战、巷战和肉搏战，而且更重要的是一次对敌核心碉堡的战略打击！它拒绝用钝器和绞索去结束乏味的战斗，它喜欢痛快淋漓的大手笔，它痴醉于在决定点上施放凶猛暴烈的梯恩梯！正由于这一无与伦比的豪气，它深受棋界大牌高手的青睐，并屡屡在重大比赛中显露峥嵘、奉献精彩。

（一）两次穿心　力摧将府

图一选自胡荣华与李来群1984年于广州五羊杯赛弈战局谱。

41. 炮八平五

初演掏心术，造设妙杀局！抓住战机，力拔中士，翦羽要杀，一股冷森森的杀气已扑面而来。它不仅使兵双车立刻增效生威，而且使敌双车几乎丧失了防守能力；其攻城步调的大大加速，竟使两个过河卒的深长计议变成了絮絮空谈。

41.………… 士4进5　42. 兵三平四　象3进1

平兵要杀、逼象上举，后续极为紧凑。

43. 前车平五

凶哉深宫索命处，壮也铁军掏心时！剑光闪处，所向披靡，再次掏心，凶悍异常。以下马7退5，则车六平二绝杀。掏心、要杀，再掏心、再要杀，并构成绝杀，这一精彩杀法受到当时的《羊城晚报》的极高评价："于磐石中寻缝隙而开山裂石"！而李来群亦赞叹："绝技确实惊人。"绝技者，精妙的掏心战法也！

---

*文题摘自宋·张孝祥《西江月》

（二）一剑入宫　血染皇城

图二摘自吕钦与李来群1994年于肇庆第四届百花杯象棋赛弈战局谱。

26. ………… 　车8平5

威猛惨毒之举，爆破开路之功！此掏心妙手，最大限度地发挥了攻城部队集中之优与占位之佳，它充分体现了主力部队敢于打硬仗死仗、善于除障开路的战斗精神。此手，已将端端城池掩盖着的残破景象看个一清二楚。它之毁灭性掏心打击使敌文臣武将概莫能助，只能由敌首个体进行屠弱的应付。此手掏心，是背攻的绝佳演弈，是抢先擒拿敌首的关键举措。

27. 帅五进一　马5进7

在相继打击之下，主帅孑然逃窜，惶惶然无处藏身。在此种诸强攻一弱的情形之下，敌首所有应对也只是苟延残喘而已。掏心手法之狠毒，可见一斑！

28. 帅五退一　车7平6

此时红方如帅五平六，则车6进3，再平4抠杀。一座完整规范的防御工事，倾刻间支离破碎；一位安闲雍容的元首，立马变成朱颜顿改的亡国之君。呜呼！不云掏心妙，但见戎首凄！

（三）猛虎闯堂　引伏夹击

一个经典杀局，往往含有普遍性战术价值。1966年于郑州傅光明与胡一鹏的弈战杀局，受到东方电脑柳大华的高度赞赏，并被他记忆储存三十多载。图三即回忆谱图。

1. ………… 　车4平5

刁钻奇谲的掏心妙手，快速夹击的有力铺垫！黑方纵然仅此一个过河兵员，但它充分相信三支快速反应部队机动之长，依恃首领带头之助，并有效利用敌阵左翼拥塞呆滞之弊，突出重拳，凶狠掏心，遂引发了一场闪电夹击！

2. 士四进五　炮8进7

红方如改走帅五进一，则炮2进6，敌首立毙。现炮下底，进行规范的"击虚捣懈"，挑起了导弹部队与敌宫内侍的不平等决战。

3. 士五退四　车6进6　　4. 帅五进一　炮2进6

后续攻城部队均在己方阵地待命，藏而不露，秘而不宣，只待前方信号，立即左右夹击。真个是：隐秘后续皆导弹，孤独先锋破楼兰！

总之，掏心战术是强大火力在战略中心点的成功爆破，是重量级铁腕的立荐胜算！它把攻城战斗演练成一门专项定点爆破技术，它把雄劲、壮烈以及轰然爆炸的响声，统统献给了弈战艺术的永恒！

正是：神箭劲射透花心，古堡簌然断骨筋。霓裳仙曲何幽婉，尽献羿族挽弓人！

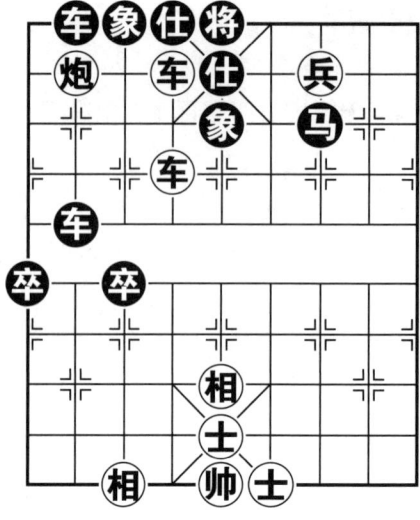

图一

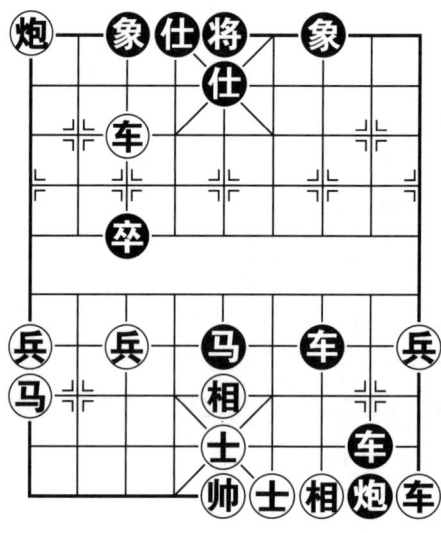

图二

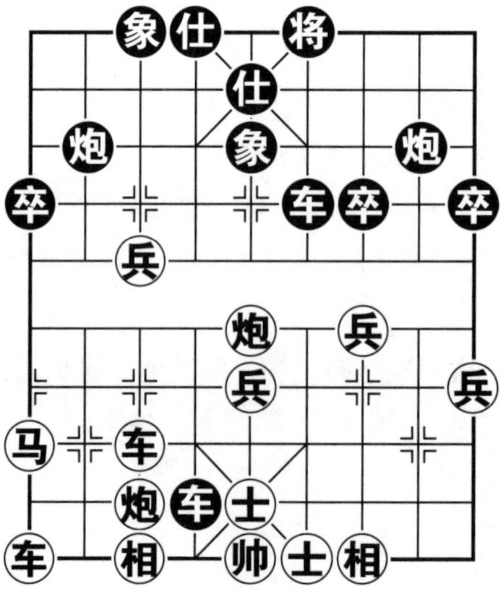

图三

291. 景阳兵合成楼空*

——小论围杀战术

若米尼将军在《战争艺术概论》中明确指出："对欲攻陷的筑城，必须以三个小型纵队进攻，并以狙击手予以支援，同时应在适当的距离上配置预备队，以便也能支援攻城纵队。"

围杀战术系指在最后的总决战中，攻城部队以优势兵力对敌首采取远近不等、疏密有致的包围态势，有效采取控制、逼离、伏杀、禁锢、联杀等手段，多兵种、多方向地逐次展开攻击，使敌首既无强子以抵御，又无工事以遮掩，更无点位以栖身而被合围歼杀的攻杀技巧。

（一）扼亢禁锢　钩钓龙马悬如剑

图一选自尚威与胡荣华2000年全国个人赛弈战局谱。

70. ………… 卒7进1　71. 相七进九　卒7平6

当面行禁锢，暗中施围杀。此手硬朗坚决，将敌首活活逼回原地，以构成围杀之势。敌帅不敢招惹，否则炮3平6，红将丢马致负。

72. 帅四平五　卒3平4　73. 炮九进一　炮3平5　74. 炮九平五　马6进7

三向围城卒马近，一镇皇宫远炮刁！围势收拢合成，已是水泄不通程度；杀势阴森，围杀在即，更是不可逆转！

75. 马七进五　卒6进1

马之钩钓如悬空利剑，扼亢双卒凶神恶煞，更有老将助攻，着英催杀凶悍，下伏卒4进1立毙敌首，围杀告捷。

（二）强势合围　远近火力密如网

图二为瑞龙先生排拟的"刀劈三关"棋局第50回合的枰面。此局设专题，双方斗围杀！黑方现已做成围杀之势，红方则借先手之利，突出重拳，打响了围杀决战。

51. 车三平五

砍炮孤将手段，吹响围杀号角。以车砍炮，将敌首身旁唯一近臣除掉，为围杀敌首创造了有利战场条件。之前，此局巧妙采取疏散、活络、抽占、带将、闪抽、除障、开路等一系列手段，铲除卒林横队，改善战场"环境"，为一路车参战提供方便，使战局进入了以围杀对围杀的强对抗阶段。

---

*文题摘自许浑《金陵怀古》

51. ……　　将4平5　　52. 马六退四　将5平6

攻城人进退活跃，围杀术谋划周严。黑方如改走车1平6，则马九退七，将5进1，马四退六，将5平4，马六进八，将4平5，马八进七杀。

53. 炮六平四　车1平6　　54. 兵三进一　将6平5　　55. 马九退七　将5平4
56. 炮二进一　车6退1　　57. 兵三平四

远势近逼全妙手，卧槽钩钓尽绝活！宫城纵横线路均由马炮兵控制，孤将已无处藏身而遭致围杀。

（三）造作帮凶　充架自阻功劳大

图三录自《古今象棋名局精萃》炮兵棋局第32局。

1. 兵八进一

抑留谋划远，围杀设计优。红方八路兵并未顺手牵羊，而是留炮以期自阻，为围杀敌首提供"内应"之襄助。此手谋划深远，奠定胜局。此手既是抑留战术的演弈，亦属开首战术之运用，如开局局首就将战局发展方向引领偏差，尔后无论兵员如何骁勇，也将是徒劳无益、枉费心机。

1. ……　　士4进5　　2. 兵八平七　将4退1　　3. 兵七进一

追杀敌首苦，打叠围术精。连续追杀，既展示耆英战术之决斗力，又发挥了底线控制力。此时敌将如平5归位，则炮八进六，敌首立毙。此手为围杀战术的成功实施做好了充分准备。

3. ……　　将4进1　　4. 兵九平八　马6退5
5. 兵八平七　马5进3　　6. 炮八进五

巧施紧密型围杀，敌马充任之"铁架"照样被围得水泄不通，无处可逃，变成力助围杀的英雄，而敌炮因阻绊严密也同敌马一起被划分到"帮凶"一类的行列中。到此围杀圆满，到此，才显露首着兵八进一抑留之妙。

总之，围杀战术是对敌首真正的"围攻"，是以围城为主要链条的组杀过程，是多向火力集中于一点的高压态势，是优势兵力"群体"性功力在敌首周边的精妙演弈。

正是：多路猛将拥敌宫，景阳兵合戍楼空。围杀戎首龙榻上，策划名局帷幄中。

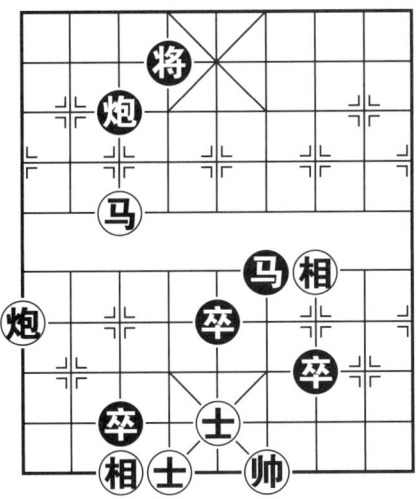

图一

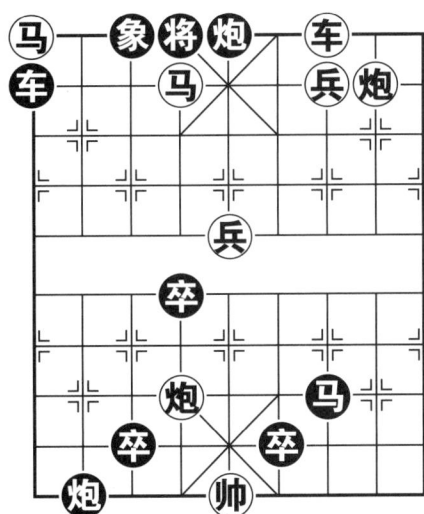

图二

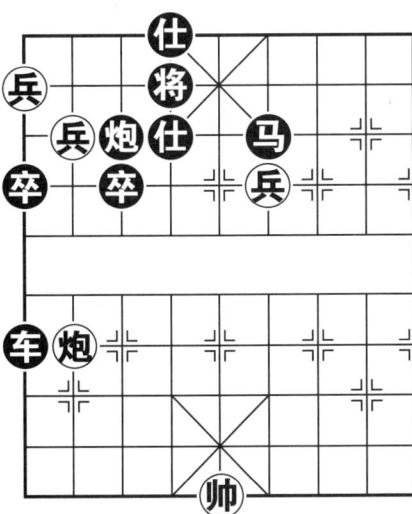

图三

292. 我自横刀向天笑*

——浅论要杀战术

《北史》有云:"击蛇之法,当先破头,头破则尾岂能动"。

杜甫《前出塞》诗云:"射人先射马,擒贼先擒王。"

要杀战术系指在总决战中,进攻兵员在决定性地点采取俯冲、游弋、邀架、乘隙、择位等有力手段,含而不露地实施有效机动,虽不惊动敌首,也不打将,但却为下一步绝杀敌首做好了必要准备,从而使敌宫内外陷入慌乱败亡状态,甚至逼迫敌主力自戕或逼敌首签订城下之盟的攻杀打叠技巧。

(一)交替要杀 敌首惶悚逃无路

图一选自胡荣华与杨官璘1981年于广州弈战局谱。

48.炮二退二

提速增效谋划,寻路择位要杀!红方抓住敌军处位松散与敌宫不整之弊,依恃空镇之威,借助七路马暗中钩钓之力,突出狠手,退炮要杀,发动了最后的总攻。

48.………… 将5进1

敌左炮因相而不敢拦阻,而马又无能为力,士象均遭禁制,无奈之下,主将凸起解杀,遂陷入了基本上由敌将自身应对炮兵马交替轮番要杀的苦难进程。

49.炮二平五 将5平4 50.前炮平六 将4平5 51.兵三平四

炮位良且稳,承接兵要杀!平兵险恶,下步平中即杀,因如象7进5应垫,则兵五进一,将5进1,炮六平五杀。

51.………… 炮7退5 52.兵四进一

肋兵入宫,再次威胁冲进或平中要杀,敌首能够周旋的余地越来越少,因而其生存的希望也就越来越渺茫了。此手已经是第三次要杀了,要杀每增加一次,敌首的危殆程度都更加深重一步。现在,敌首弥留的时间已经不多了。

52.………… 炮7平6 53.马七进六

催命不松手,钩钓再要杀!倒挂角,对敌首实施小口型钩钓,下步即兵四平五杀。如果说炮与兵的相继要杀还是暗中进行的某种占位打叠的话,那么,马之出场就是要收网捕鲸了。炮兵马交替要杀,已使敌将心力交瘁。

53.………… 将5退1 54.马六退八

---

*文题摘自谭嗣同《狱中题壁》

龙马无虚步，进退皆要杀。此手折返变位，威胁炮六平五杀，逼敌首做最后的挣扎。

54.………… 将5进1　　55. 马八退七

控将胁马，下伏炮六平五杀，而敌马炮又均处在马踏炮打之中，敌马必失，黑方认负。此局红方炮兵马要杀连连，催魂索命，严厉非常，堪称经典！

（二）连续要杀　众多守臣惊无奈

图二摘自朱鹤洲先生排拟的精妙排局"马到成功"正解着法第六回合的枰面局势。这是弱旅力求一步即杀、一步要杀、连续要杀的精妙战例。它展示的是要杀战术的第一种表现形式——短促、精准、凶狠而有力，它在每一步要杀的同时，暗中进行下一步要杀的打叠，因此它又具备衔接紧凑的特点。

7. 炮七退二

启动震天地，要杀惊鬼神！炮倒升提及时，占位有力，选点精准，威胁炮七平四入角闷杀；同时它巧妙实施邀架战术——逼象回防，以达成打马过渡，角隅暗伏二度要杀；并为尔后友军接力要杀铺垫；它还为炮七平六入角要杀抢先打叠。炮之要杀，可谓风情万种，内涵丰厚。

7. ………… 象3退5

逼走之着，如车7平8，则炮七平六立毙。

8. 炮七平六

要杀型顿挫，顿挫式要杀。在去马归边要杀之前，先平角要杀，以引车背暗，使其丧失在红方底线游弋防杀的能力。此等谋划十分深远，其功效发酵竟至局终——它为战马的最后要杀一击做好了战略性安排。正是：纵横皆有架，进退全无敌！

8. ………… 车3退9　　9. 炮六平一

飞渡宫阙增效，纵横两处要杀！炮之连续要杀，展示了极高的功力，它为制乱敌营、为力挺杀手做出了卓越的贡献。

9. ………… 车7平8　　10. 炮一进二　车8退1

在铺垫打叠的最后阶段里，作为敌防务重臣的边马，不幸成为"射点"，为炮之转移过渡提供了方便，炮击边马，还为最后的要杀排除了干扰；逼车杀马，让开7路要杀线；拖曳牵制左车于底线，使其丧失再防守能力，一切，铺垫打叠的一切，都是在要杀中进行的。作为过渡性手段，要杀逼迫敌军放弃进攻、折损兵力或为我所用。

11. 马六退五

悲啸感楚汉，赤金铸要杀！要杀，苍凉的要杀，战略性要杀，是不击的最后一击，是让遍插茱萸少一人的敌营十五位将士真正知道了要杀的厉害——明知下步马五进三绝杀，明知还有半个会合的机会，明知这是敌首最后弥留延长期，但黑压压的各路诸侯无能为力。正是：悲马嘶古木，独臂斩蛟龙。又云：马炮威震千里，要杀誉满九州！

（三）联手要杀　凄凉晚年苦无助

图三录自李中健先生编著的《象棋实用排局》330例。此例展示的是要杀的另一种类型，

即绵、长、阴而隐蔽，力求下几步绝杀。

1. 炮五退一

调整中要杀，要杀中择位。并为后续要杀打叠，不给黑方缓解危机并进而对攻求杀的机会。下伏马四进五，士6退5，马五进七，将5平4，炮五平六杀。

1.………… 卒4平5　2. 帅五平六

车卒企图抢夺4路生死线，防炮叫杀。红帅则针锋相对，悠然抢占要线，有效破坏敌之图谋，暗助前军成杀。双方明争暗斗，十分激烈。要杀之火，还在继续燃烧。

2.………… 将5进1

豪帅暗中较力，敌将被迫出逃！要杀型手谈已升至元首级别！真可谓：两极皆不语，生死决其间！

3. 炮一退三

决战时刻炮叫阵，要杀手法此为高！李中健先生指出："红方第3着退炮是暗着，藉此构成精妙杀法。"其下伏马四进五，将5平6（将5进1，炮一平五），炮一平四，士6退5，炮五平四杀。由于此要杀暗步之催逼，敌首已渺渺感到就木之日正在向它走来。

3.………… 将5平6　4. 炮一平四　将6平5

黑方若士6退5，则马四退二，士5进4，马二进三，将6进1，炮四退二做成绝杀。

5. 炮四平五　将5平6　6. 马四进五

履险要杀！此手既伏进六绝杀之过渡，又履险充架、诱象绝杀。因如象3进5，则炮五平四重炮杀。正是：夜幕笼罩炮掩口，杀势缥缈马衔枚！

6.………… 士6退5　7. 后炮平四

摧枯拉朽好汉，顶天立地栋梁！移动占位，再行重炮要杀，如将6进1则炮五平四，将6平5，兵六平五杀；又如士5进4则马五进六，将6平5，炮四平五，将5平4，下伏肋兵追杀胜。

总之，要杀战术是占位术之极品，是攻杀术中的精英，是举刀要砍未砍的超级特写，是带有某种人性化味道的战场明星。

正是：寻隙制弊战天涯，心狠手毒施要杀。我自横刀向天笑，橘枰斩首第一家！

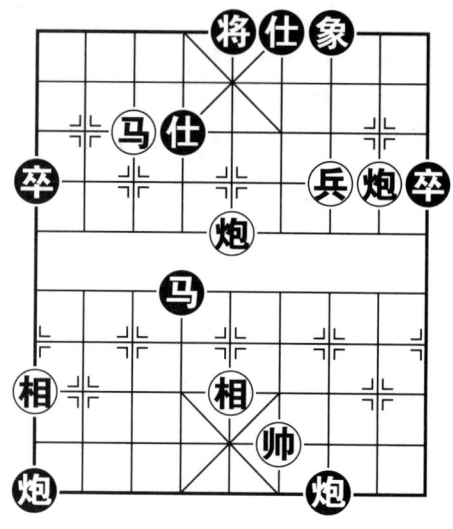

图一

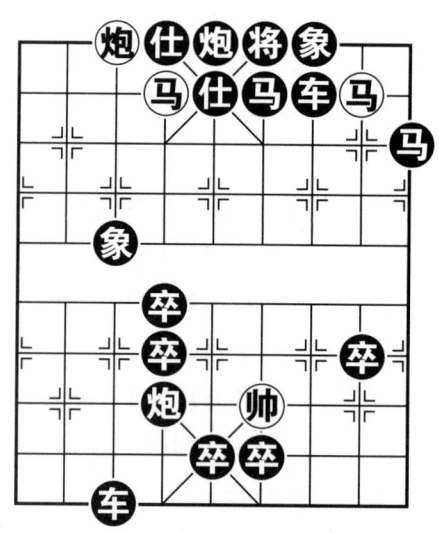

图二

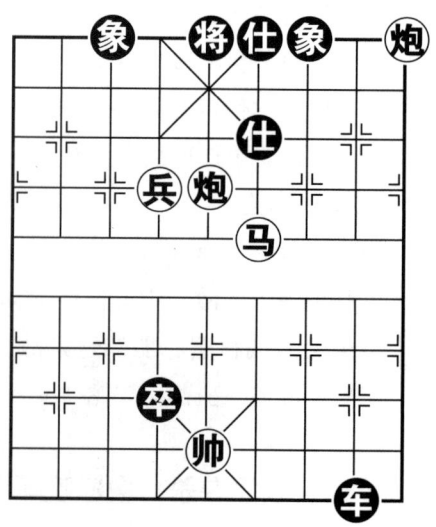

图三

293. 独照长门宫里人*

——试论照杀战术

克劳塞维茨将军在《战争论》中明确指出："任何战斗的胜利都只是在某一个时刻决定的，在任何一次战斗中都有一些非常重要的时刻，对胜负的决定起着主要作用""胜利的光辉表现在以较少的军队取得较多的战利品。"

照杀战术系指在攻城决战中，进攻部队在完成对敌宫的纵横线路控制或对敌首的禁制后，派遣主力车对敌首进行纵向或横向的直接照将，而敌首既无掩体相遮护，自身又丧失躲闪的余地，从而被当场击毙的攻杀艺术。

（一）纵横除障　巧妙照杀惊天地

图一选自徐天利与周健雄1973年于温州弈战局谱。

1. 车二进五　马5进4

驱逐减层露帅，照杀预谋打叠！入界逐马，既将其逼离中线，减层中路，为露帅助杀打叠，又防止其参与联防，阻挠攻杀行动。人云，棋到中局方知险，此手隐暗，不细察竟难以知其险恶。此手亦是高级顿挫手段——在行军作战途中稍事停留，顺便完成一道重要工序，而又能按时擒杀敌首。

2. 车二进二　马4退6

在敌马离防、不能绊阻马五进三卧杀的情况下，砍炮除障，4路炮不敢招惹，而此时马4退6已无任何意义。

3. 马五进三　炮4平7

叫杀，为中路减层以发挥主帅的占线控线作用；叫杀，调炮为八路车除障；叫杀，为线路通畅的双车配合照杀铺垫打叠并争得先机。一切，都准备停当；一切，都在预想之中！

4. 车八平五　士6进5　5. 车二进一

马炮双车犹在，敌首就地身亡。照杀之严厉威猛、弃舍双马一车之胆识、运作之隐蔽，令人击节。

（二）连续运作　强势照杀悬崖客

图二摘自洪智与柳大华2007年嘉周杯弈战局谱。

---

*文题摘自李白《长门怨二首》

31. 马七进六　车5退2　32. 车七退一

前锋谋定照杀计，强力驱赶悬崖边。因黑车处于红炮窥瞄状态，敌方马、士均不得应垫遮护，因而逼将走高，远离随从卫队，为照杀敌首预做打叠。

32. …………　将6进1　33. 车七退二　车5平4

退车直接威胁到敌首的安全，并逼迫敌车退出争战舞台，以利用其吃马的机会展开对敌首的最后攻击。红方此手倒升提瞰制，魄力巨大，在已经少子情况下，又弃舍一马，如果从兵力角度衡量，难以同敌抗衡；但从势的角度看，距离照杀敌首仅一步之遥。

34. 车七平四　将6平5　35. 车四平五　将5平6
36. 炮五平四

追杀，占中，卸离，加强，亮帅，下伏车五平四照杀。此局之照杀，造势得力，节奏多变，以弱胜强，照杀战术之典范也。

（三）花心摧士　纵横照杀掌门人

图三取自庄玉庭与陶汉明1989年全国个人赛弈战局谱。

46. …………　卒7平6

着英拆掩体，敌帅陷危机。底线卒一步到位，有力肢解深宫防御体系，为照杀敌首造势打叠。敌军虽然不弱，但无杀；如回防，却又情急势迫，缺乏有效抵御手段。黑方正是抓住了敌军攻防战略上的重大弊端与进退失措的尴尬处境，抢先上手的。

47. 车三进三　士5退6　48. 炮七平四　车2进3

利用战事间隙，进车打将、调敌、钓猎、顿挫，为照杀做好先期准备。一切都在按预案进行，没有干扰，没有抵抗。

49. 帅六进一　车6平5

掏心强势紧逼，如敌方帅六进一则车2平4；如帅六平五则车2退1，均构成巧妙照杀。

总之，照杀战术是以车照将的绝杀，是强大火力关键时刻的爆发，是友军铺垫造势的巧妙支助，是杀技中能够一锤定音的大家。

正是：战车威武踞要津，一向火力惊鬼神。皓月银光洒万里，独照长门宫里人。

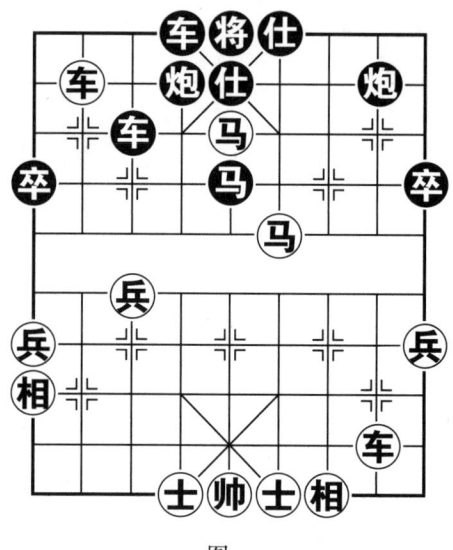

图一

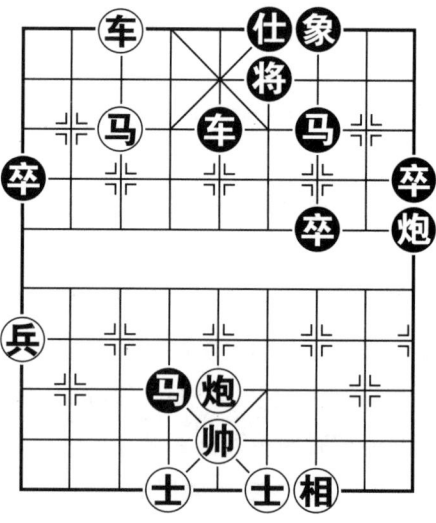

图二

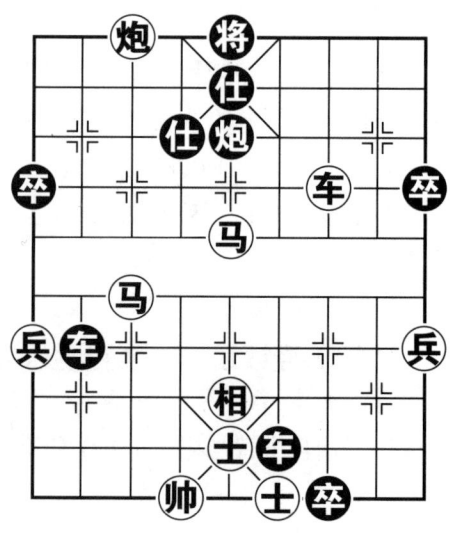

图三

294. 一路莺啼送到家*

——浅论追杀战术

若米尼将军在《战争艺术概论》中明确指出："一般说来，在进行追击的时候，应该尽可能地采取勇敢和活跃的行动，尤其是当敌军是在新败之余，仓皇退走的时候，此点更属重要，因为一个已经在士气上受了打击的部队，若是追击得更紧一步，那么它就可能会全部崩溃的。"

追杀战术系指在最后决战中，进攻部队抓住敌首占位弊端及卫戍不力的弱点，采取弃舍、连将、吸引、追赶等强制手段，对敌将实施连续追捕擒杀，使内侍外援来不及相救，使敌首无路可逃、无处可躲而被击毙的紧凑严厉的擒拿战法。

追杀战术与追剿战术并不相同，追杀战术是对敌首的追赶式将杀手段，而追剿战术则是对敌军中的骨干分子的追歼过程。追杀战术作为杀法，它在残局中闪光，而追剿战术作为攻法，常常在中局里生辉。

（一）吸引钓猎　一路莺啼送到家

图一选自"曹刿逐其"棋局谱图。

1. 前车平四

馈献式打将，暗伏塞象、绊马、吸引手段，使敌将立刻失去左翼屏障之遮护，被迫舔车上挺，因如将6平5，车一进二，敌首立崩。

1. ………… 　将6进1　2. 车一平四

吸引崖客妙手，追杀连续付出！为追杀的胜利，双车用生命为后来者钓猎了目标，开辟了进击之路。

2. ………… 　将6进1　3. 兵四进一

追杀大旗兵高举，独挑大梁势当先！在敌军持多杀手段的不利情势下，双车义勇，连续舍身吸引，逼将走高，为唯一的杀手钓猎来悬崖美食，为连续追杀敌首提供了最佳目标处位条件。什么叫配合？什么是打叠？什么为钓猎？双车之妙动，为我们作出了精彩的解答。

3. ………… 　将6退1　4. 兵四进一　将6退1

5. 兵四进一　将6平5　6. 兵四进一

擒拿敌首谁最酷？追杀部队第一军！肋兵连续追杀，主帅力助也；敌窝心马既没有对士角要地的看护能力，又阻断了将之进路，乃"弊"助也。有敌我双方之助，助兵追杀轻松得手。

---

*文题摘自明·杨基《天平山中》

（二）前后追杀　桑榆暮景不得安

图二摘自"匹马征戎"棋局谱图。

1. 兵四进一

前方追逼者，义勇奠基人。借马钩钓敌首之势，依仗底车抠搜之伏，扑入士角，吹响了追杀号角。

1. ……………士5进6　　2. 炮二平四　士6退5

3. 车六平四

尾击抠搜施妙手，前后追杀创胜机。此手乃前后夹击追杀之妙手，它将马控花心，钩钓敌首不得归中的弱点巧加利用，它底线发力，将尾击、抠搜、吸引、追杀集于一身，红方先后连续在敌6路线上大做文章，前后倾力追杀，使敌首无奈遭擒。

此时，黑方如将6退1去车，则为马六进四让出身位而马后炮杀；又如士6退5则将失去遮风挡雨的卫士而遭炮四退六杀。

（三）杀机四伏　宫廷广袤无绿洲

图三取自"中权扼要"棋局谱图。

1. 车八平五

掏心摧梁木，造势演追杀！此手轰动造势，睿智深谋，力摧支点，拆毁掩体，为追杀敌首提供了先决条件。此时敌如士6退5则马六进七立杀。

1. ……………将5平6　　2. 车五平四

追杀、吸引、钓猎，跟踪追杀，英勇异常，使企图躲到避风港的敌首不得喘息，并为后续部队再追杀拉近了距离，钓猎了目标，赢得了时间。

2. ……………将6进1　　3. 兵三平四　将6退1

4. 兵四进一

贴身近逼追杀，逼迫敌首归位，下伏马六进七减层闪离卧杀，敌军无解。

总之，追杀战术是进攻部队对敌首个体连续追捕擒杀的巧妙过程，是助攻部队打叠造势所赢得的杀势，是一对一作战的英勇楷模，是行宫内肋线上单兵格斗的最后演弈！

正是：橘枰纵横聚英侠，精于防守重攻杀。几度单兵追进寨，一路莺啼送到家。

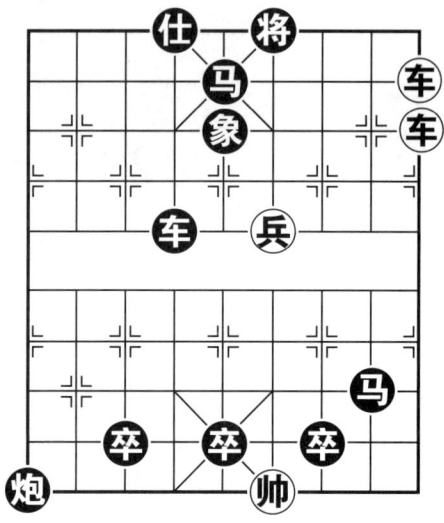

图一

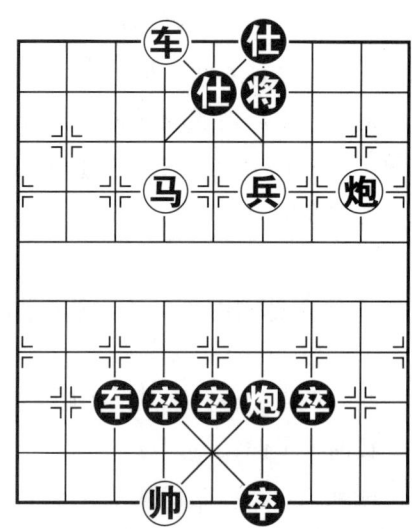

图二

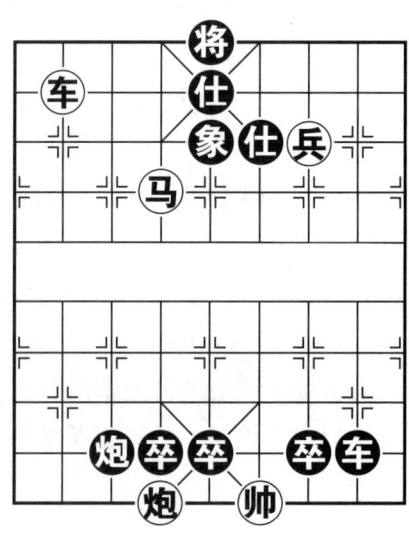

图三

295. 妖娆全在欲开时*

——试论组杀战术

（苏）科涅夫曾在《方面军司令员笔记》中明确指出："现代的军事首长，除了战术和战役知识以外，还应有巧妙组织战斗的过硬本领。什么东西都不应逃过他那寻根究底的眼睛。"

组杀战术系指决战兵员先后抵达预定点后，指挥部门经对双方投入决战的兵力、位势、攻防计谋的深入比较分析，以及对决战过程中可能出现的种种复杂变化的应对措施的安排，主攻与助攻部队突然采取剪羽、击虚、突破、制乱、压镇、逼离、单边、掏心等强制性攻城手段，以撕裂敌防、歼杀守臣、禁控宫阙、攻城擒将的组织攻杀的谋略运筹方法。

（一）三向发力　紧急时刻夺城池

图一选自孟立国与蔡福如1960年全国象棋个人赛弈战局谱。是局黑方侧攻凶猛，对红方冲中兵、炮打象等中路袭扰置之不理，毅然争速求快，右车左调，下伏前车平7做杀。此种局面，对红方组杀提出了艰深课题。

19. 兵五进一

组杀中路紧，攻城谋略宽！在生死成败的紧急时刻，红方精准计算敌军多种防御手段，毅然同敌较力争速。此手突出主线、去卒减层、清理中路、加大组杀力度，开始总攻运作。对于红方来说，组杀有一个严格的时间要求，即必须抢先一步擒将，否则，所有组杀谋略将胎死腹中。虽如此，红方仍有组杀的有利条件：一是投入组杀兵力多达六员，为敌方的一倍；二是组杀为三向，而敌为一向；三是敌方做杀在明处，而红方组杀多在暗处；四是红方组杀藏有多处妙手，富于变化，战术含金量较大。

19. ………… 前炮退2

黑方企图邀兑解杀。

红方兵五进一组杀，暗伏着两套攻杀预案，一如敌如贸然马3进5，则前炮平九，马5退3，炮九进二，马3退2，车四平五，士6进5，车八进九，构成绝杀。

二如黑方急于前车平7做杀，红则兵五平六，马3进5，前炮平九，马5退4，炮九进二，马4退2，车四进四！炮9平6，兵六平五，象7进5，兵五进一，车8平5，车八进八，炮6进3，兵五进一，将5平6，兵五平四再车八平五追杀胜。

20. 后炮进二

拒兑持压节奏好，排除干扰柔性强。此手旨在按既定组杀方针有条不紊地向前推进，不

---

*文题摘自唐·郑谷《海棠》

受敌之左右，做到刚柔并济，急缓结合。

20.………… 前车平7　21.兵五平六　马3进5　22.前炮平九　马5退4

敌兑炮不成，遂平车做杀，叫板三向大军。22手黑方如改走马5进6，红则炮九进二，将5进1，车八进八，将5进1，兵六平五，将5平4，车四平六杀。

23.炮九进二　马4退2　24.车四进四　将5进1　25.车八进八　马2进4

26.兵六平五　象7进5　27.车四平五

宫殿内外，五员虎将三向、立体攻杀作战，又有主帅占线力挺，抢先一步成杀。正是：关键时刻豪帅助，深宫要地大侠逼！杀局虽逾半个世纪，但谋略之辉光依然璀璨夺目！

（二）精细运调　几度打叠结硕果

图二系《古今象棋名局精萃》炮兵局第63局谱图。如果首例为对杀型，那么，此例则为一攻一守型，亦即"纯粹"的组杀局。对于红方来说，兵炮帅三个子力如何运作、怎样组织，如何利用敌弊、如何待机乘势发力，才能成杀，是典型的组杀课题。编者曾高度评价此局"具有异常精妙的着法，运用了几种战术技巧，展示了很高的技艺"。

1.炮一平五

空镇禁将士，待机插铁拴！组杀必有整体的谋划及各阶段的具体运筹，又要有决定性的开首第一枪。否则被黑方左士支起，活络内防，红方的胜算将变成南柯一梦。

1.………… 象1进3　2.炮五进四

升提、遮掩，为帅之转移助杀线而暗中打叠。

2.………… 象3退1　3.帅六平五　象1进3

4.帅五平四　象3退1

逼敌无效运作的同时，帅悄然右向移动。转移，连续巧妙的战术过渡，是组杀的重要部分。帅之预先到位，对硬性调动敌核心防御，为我所用，价值非常。

5.炮五平二

并非相安无事，暗中制弊组杀！几个回合下来，黑象悠哉上下，似乎天下太平，但红方选点占位，控将禁士，游动转移，以杀相逼，逐渐加深了对黑方宫城的威慑力度，为绝杀敌首铺平了道路。此手平拉开，暗伏炮二进五绝杀，逼使黑方按预定设计进行应付。

5.………… 士6进5　6.帅四平五

逢杀必解，逼士上挺，平帅控中，禁锢双士将，然后炮平七路，控象欲闷，逼象躲避中路，炮随即平中罩镇，巧做铁门闩杀局。正是：组杀非独奏，全军总动员。步调密如织，运筹妙似仙！

（三）超级谋划　多种杀法展英姿

图三选自李中健编著的《象棋实用排局》第399例图。组杀是一台精密机器的组装与运转，而参与攻杀的子力则是一幅美丽画图的线条与色彩。该局在攻杀阶段先后变换了闪将、开首、引离、减效、带将、变位、控中、钩钓、禁制、拖曳、连将、威慑等多种战术技巧，使黑方穷于应付，无奈致败。

1.炮四平八

择位、停待伏杀处，开首、闪将决战时！首先运用开首战术，闪将开战，李中健先生认为，此开局首着乃"唯一的入局之法"，其他攻着相当多，如炮四进五、炮四平五等"都很难取胜"。

1.………… 将6平5　2.后马进七　车4进1

以要杀相逼，硬调敌车，为再行强制引离另车打叠，诸战术运用巧妙灵活，极具穿针引线、步步追剿之效。敌如将5退1则车四进九杀。

3.车九进二　车1退4

夺势铺垫英雄汉，强弃逼离监管人！此手价值连城，它使边车走低离防，监管河炮功能顿失，从而使河炮活络并充分发挥威慑、控制、助杀作用。

4.车四进八　将5平6

绝代变位术，高妙助杀仙！再次强行弃车以引离、变位、活马、控中、伏杀，以有利于发动最后的总攻。其中两车演弈的活络战术十分关键，为炮兵双马的最后攻杀创造了绝好的争战条件。黑如将5退1则炮八平五杀，这里初见车九进二的功效。正是：轰响能动地，壮烈可感天！

5.马五退三　将6进1

此手闪离中路打将，使敌将活动余地渐趋狭窄，已露破败之态。黑如车4平7则马七进六再马三退五，下伏马后炮杀。这里再次看到车九进二的功效。

6.马三退五　将6退1　7.马五进六　将6进1

炮之威慑，帅之控线，使双马敌域称雄。它带将踏车，消削防力，为入局创造了无障碍攻杀条件。正是：蹄踏皇宫人脉少，剑横沙场手段多！

8.马六退五　将6退1　9.马五进三　将6进1

10.炮八进三　马6进5

首着炮四平八之妙用至此方显，足见开首战术施用谋划之深远，组杀运筹之精到。

11.马七进五　马5进6

抽将移影换形，奔踏要点，引车定车，延气争杀，十分巧妙；同时阻马回防，将其攘除于决战圈外。

12.马五进三　车1平7　13.后马进五　将6退1

14.马五进六　将6进1

后马由控将的小型钩钓变换成八角马大型钩钓，并为二路兵让出点位，剑锋直指呆滞敌首！逼将走高，为兵钓猎目标者，实施开首战术之八路炮也。在这里可以看到，组杀之"组"，乃前后勾连、纵横交织之谓也。

15.兵二平三

禁制悬崖客，悚然见刀兵！兵横车路求杀，以下是卒4平5，帅五平四，卒5平6，帅四进一，马3退5，帅四退一，马5退7，兵三进一。在车马两位大员扼守入杀要点的情势下，兵之进使车滞马呆，出工不出力。殇决做秀，梦幻组杀，可谓妙极。

总之，组杀战术是残局伊始战略家涌动的艺术灵感，是能工巧匠对胜利花篮的最后编织，是军力、地形、战机、效率、技巧的战术总汇，是入界、前趋、围城、剪羽等所有能量的有效累积。

正是：帷幄凝神妙运思，胜利花篮巧编织。海棠艳丽非看点，妖娆全在欲开时！

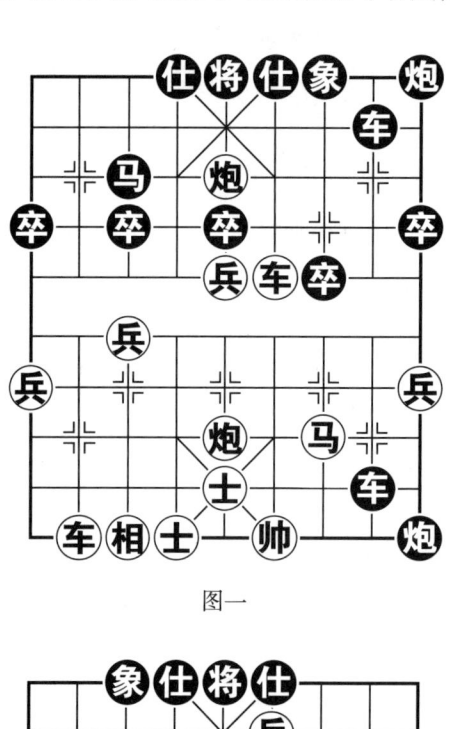

图一

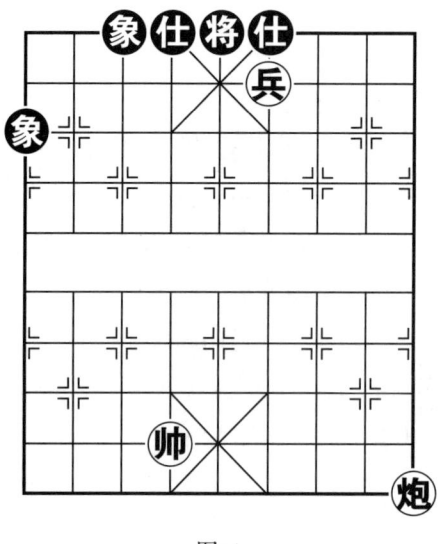

图二

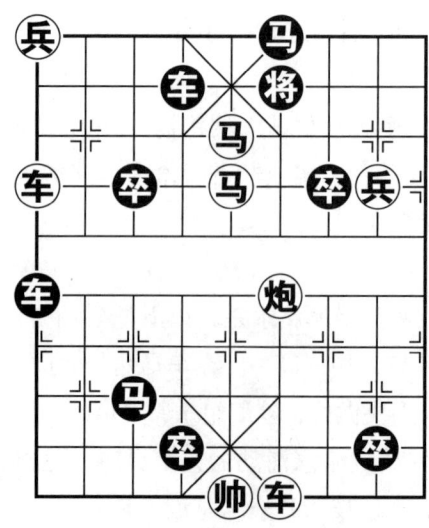

图三

296. 霸王虞姬皆自刎*
——简论困毙战术

（英）利德尔·哈特在著名的《战略论》中深刻指出："战争的真正目的应该是压垮敌人的抵抗意志，瓦解其统治者的心灵，而不是一定要消灭其军队。"

困毙战术系指进攻方根据棋例所规定的胜负判定的条件，充分发挥优势兵力的围困、监禁、牵制敌军的重要作用，最大化利用地形有利条件及敌宫弊端，控制敌首及其卫队，使其无着可动、无路可行而欠行致负的制敌夺胜技巧。

（一）闪露控中　消掠敌力抢要线

图一选自胡荣华与刘剑青1963年于五省市象棋赛对局谱。

55. 相五进七　车3退1

筑堤减层威力大，闪露要杀谋划长！露帅要杀，逼车退防，并暗中达成帅控中路、力禁双士，为中车减负以便双禁卒炮的战略目的，为后续实施困毙创造必需的战场条件，同时滞车于防守地位，而对敌之暗攻则以松散河防略加御之。

56. 马六退四　炮2退3　　57. 马四进三　车4平6　　58. 车三退二　车3进4
59. 马三进四　车6退2　　60. 车三平四

借杀相逼，为减降敌军活动能力、为困毙全军起到了关键作用，详言之，敌军里唯炮双车尚有一定活动能力，现砍杀一车，就等于敌营丧失了三分之一的活动力，如再兑杀一车，困毙就将大有可能。

60. ………　卒1进1　　61. 相三进五　车3平4　　62. 车四平七　炮2平4
63. 车七退三　车4平3　　64. 相五进七　卒1进1　　65. 车五平八

平移点位少，困毙荒冢多。逼兑另车，车平要线，使仅有一点点活动余地的炮卒也完全被车冻结，黑方欠行致负。正是：妙控定胜负，欠行叹兴衰。

（二）抑压牵缚　兵精善战岂在多

图二摘自卜凤波与赵庆阁1992年全国个人赛弈战局谱。

40. 车三进二　炮6退2　　41. 车三退六　马8进9

两步抑马炮，一战定春秋！车之连续机动，不仅使炮位低下，处于消极防守状态，而且使马深陷尴尬境地，极言之，车之退捉已断绝了马进退之路，为最终实施困毙创造了条件；

---

*文题摘自敦煌曲子调《定风波》

车之连续机动,更使敌宫紧缩一团,难以疏散活络,成为被困毙试演的阵图;车之连续机动,还为马牵敌车、相压敌马提供了先手机会。

42. 马四进二　车4平8　43. 相三进一　炮6进3
44. 车三进六　炮6退3

马牵制车,相压制马,车监管炮,敌营已渐露败象。

44. 炮五进二

上下齐戮力,敌营遭困毙!升提顶炮,兵不血刃,敌宫遭镇,敌营八位大员或因无路、或因对峙、或因被牵,皆束手敛步、呆若木鸡,不敢也不能动弹,因而惨遭困毙,遂妙演了以少胜多的困毙神话。

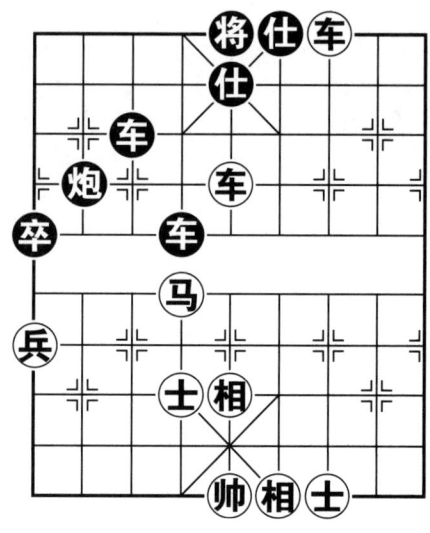

图一

(三)破解杀势　兵拥将门困宫廷

图三录自《适情雅趣》第257局"独夫当关"谱图。

1. 车六平四

解杀心无贰,救急大英雄!在主帅安危受到严重挑战的关键时刻,舍身搏杀扼亢之敌,不仅确保了主帅的安全,而且为困毙敌首的后续行动创造了机会。

1. ……　　车7平6　2. 车七平三　车6退1
3. 车三进二

车驰风声紧,宫滞花心凝!红方妙用帅控中路之利与敌车处位低下背暗之弊,平车要杀,不给敌车平中叫将以调整宫城防御系统之机,着法紧凑有力。

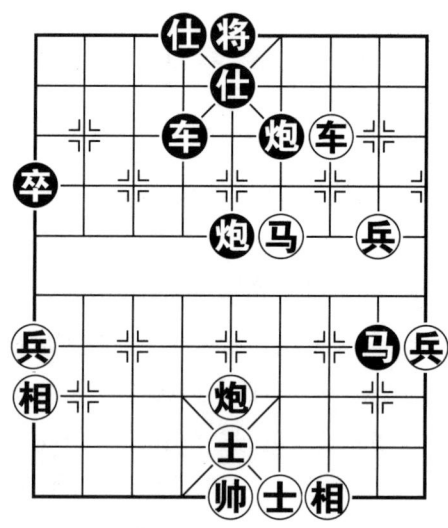

图二

3. ……　　车6退7　4. 兵二平三

不吃求困毙,取势逼签盟!移动、跟进、生根、困毙!红方如吃车则将5平6成和,此手平兵,逼敌车6平7,则兵三进一力控将门,困毙敌首获胜。此局之困毙,已进入后手待敌、宁静取胜的高等境界,实非大杀大砍所能替代。其演弈之精妙,需要局后细细品味而后方能体会一二。正是:定格僵持里,徜徉奥妙中!

总之,困毙战术是围城战役的指挥新宠,是战力发挥到极致的象征,是不战而胜的上将谋略,是橘枰上令敌深睡不醒的千古暖风。

正是:轮走难行士彷徨,铁腕加力禁强梁。霸王虞姬皆自刎,铁石千载犹感伤!

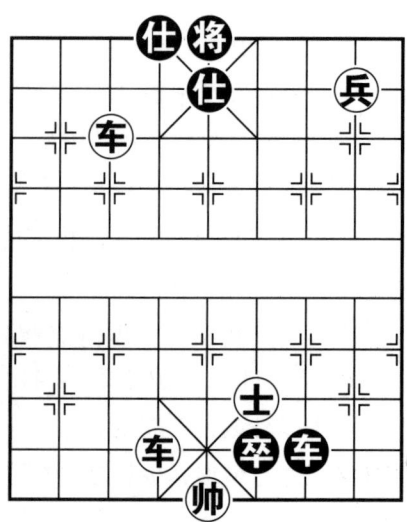

图三

297. 海棠花底东风恶*
——试论抠搜战术

《六韬·强敌》指出："选吾材士强弩，车骑为之左右，疾击其前，急攻其后，或击其表，或击其里，其卒必乱，其将必骇。"

对于弈战而言，所云"急攻其后"者，实为抠搜敌首之后路也。

弈战中的抠搜战术系指在进攻战中，以车炮兵为代表的线型火力抓住敌后防空虚之弊，在其他兵员有效配合下迂回敌后，从底线或底二线杀进九宫，兜抄后路，对敌首强力贴身近逼、抠根搜底，逼迫其窜栖于易受攻击之绝地，甚至无路可逃、当即被擒的尾击战法。

（一）抠根逼离　搜索擒拿

图一系《适情雅趣》第343局"深入敌境"谱图。是局黑方两步成杀，而黑将虽有车兵双炮相胁，但身处翼侧避风港，很有些其奈我何的感觉。

1. 车七进六

领军果断变线，联袂拟施抠搜！危急存亡之秋，七路车果断、准确选择主要作战方向，为抠根逼离、进而搜拿做好了兵力部署。

1. ………… 卒8平7　2. 车七平四

睿智辉光闪烁，义勇血气涤荡！在敌军即将一步双杀的紧急关头，红车以捍卫全局最高利益为己任，以大无畏的献身精神直扑敌穴，对敌首强行抠底逼离，迫使泰然戎首不得不离开行宫港湾，退处于双炮兵三剑客的伏击火力之下。此手，落点精准，抠搜有力，连续性能优越，是抢杀制胜的决定性手段。

2. ………… 将6退1　3. 兵六进一

它减层、断路、禁将；它充架、打将、要杀；它逼象增层应将而被迫变成炮架，暗助底兵抠搜敌首。此手乃攻杀任务之交接仪式，六路兵从底车手里接过抠搜大旗，担负起搜拿敌首的重任，在双炮力挺之下，将横行底线！

3. ………… 象5退3　4. 兵六平五

底兵巧借炮力象架，将位搜擒，一举获胜。车之一抠，卒之一搜，极尽底线攻杀之妙。但见：抠搜亮出斩龙剑，君王不幸落黄泉！

---
*文题摘自管鑑《醉落魄》

（二）连续抠打　配合做杀

图二为马行义先生排拟的《海底蛟龙》正解着法第五回合的枰面。该局黑方进攻部队拥有多杀之利，守城马队亦可竭力周旋。关键时刻，红车充分发挥了主力作用，在马炮有力配合下，在底线、底二线连续抠打，"搅得周天寒彻"，终使敌将毙命。

6. 车五平四　将6平5

一抠将变位，为马能够直接参战打将而钓猎目标，以发挥群体优势，抢先夺旗。

7. 马二进三　马7退6　　8. 车四平五　将5平4

二抠将过渡，以加深敌首的危难程度，为抠搜擒拿预做准备。

9. 马三退四　马6进5　　10. 车五平六　将4平5

三抠减效，以使敌马解杀救援难度加大，甚或将其攮除主战场，并将择机斩杀之。

11. 马四进三　将5平6　　12. 车六平四　马5退6

13. 车四退一　将6平5

四抠取缔，以便于对"孤家寡人"实施最后一击。

14. 车四进一　将5平4　　15. 车四平六

五抠斩首，以有序以耐力以抠搜战法抢先成杀！

红车虽无高屋建瓴之伟势，但却拥有着潜水作战的非凡才干，在友军密切配合下，充分施展了海底蛟龙水下抠杀神功，竟使三楼敌首临终哀叹：抠搜杀心冷，高处不胜寒！

（三）抠根打叠　创造战机

图三选自《百局象棋谱》第57局《七贤过关》正解着法第4回合的局谱。

5. 车七平五　将5平6

深谋组杀运作，突施将位抠搜！此乃紧逼、打叠过渡的抠搜妙手，力逼黑将窜逃至三路兵火力控制区而陷入困难境地。此手为唯一制胜手段，因有马八进七胁杀，黑将不敢造次。

6. 兵三进一　将6进1　　7. 马八退六

含蓄马步锋锷敛，从容弹唱攻防歌！马之折返，刚柔并济，轻功绝活，震惊敌界！在敌一步即杀的高危情况下，出此妙手，是对敌军的无情戏耍，是对抠打的美妙延续！它已提前决定了胜局的归属，如卒6平5求杀，则炮五退五速胜。

7. ………　士4退5　　8. 车五退一　士6进5

9. 炮九平五　士5进4　　10. 后炮进二

九宫之内，车炮前仆后继，攻势如潮，底线连续要杀，最终闪击充架断路绝杀得手。

（四）联袂抠打　巧妙攻杀

实战中并不乏抠搜战法，而且其精妙程度也不亚于任何排局。图四选自赵国荣与杨官璘1987年于番禺弈战局谱。

56.兵六进一

以避捉为由，强行冲下打将，为控制将路，减少其活动点位，并进而为抠打做好战术准备。

56.………… 将5进1

如将5退1则马三进二，下伏挂角杀。

57.炮四进三

闪离解绊，先手变位，安放炮座，一步到位，为抠搜战法的实施准备了强大的火力。

57.………… 将5平6

无奈走向炮口。以下则兵六平五，下伏平四为炮做架抠打敌首，马炮兵联杀。妙哉！九宫城内，敌首榻下，竟有炮兵联袂抠打，真乃"海棠花底东风恶"也！

总之，抠搜战术是对毙将即胜规则的深刻思考，是对敌宫虚懈脆弱本质的灼见真知，是选择最小火力正面的英明决策，是战术百花园中奇异而又灿烂的花朵！

正是：杀进底线潜入宫，屏后榻下斗蛟龙。海棠花底东风恶，竹香斋里杀意浓！

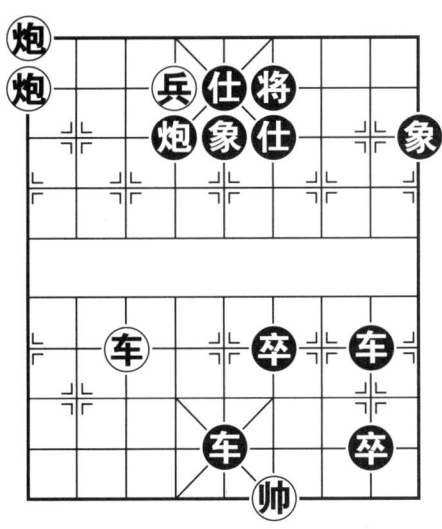

图一

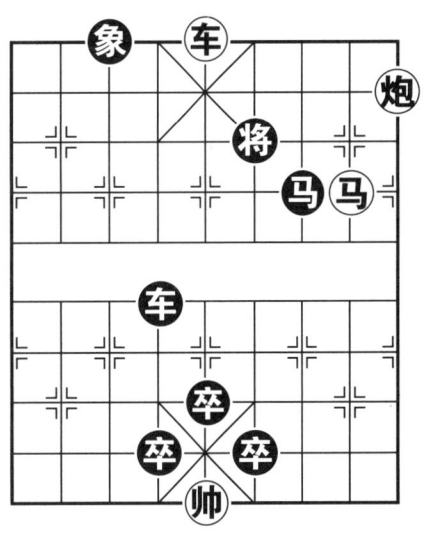

图二

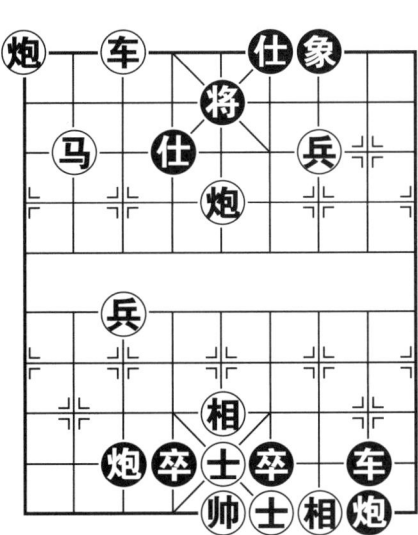

图三

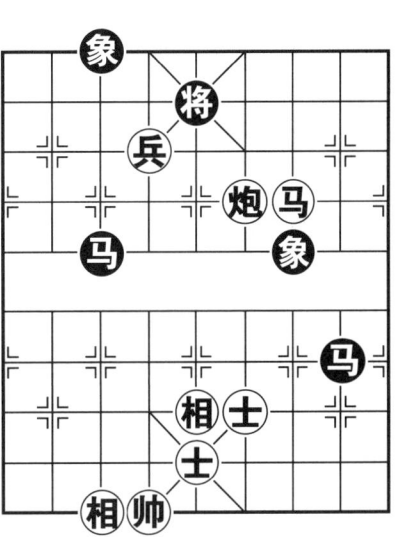

图四

298. 金陵王气黯然收*

——简论擒拿战术

克劳塞维茨将军在《战争论》中指出："任何战斗都是双方物质力量和精神力量以流血的方式和破坏的方式进行的较量。最后谁在这两方面剩下的力量最多，谁就是胜利者。"

擒拿战术系指在残局阶段，为清除敌首的内宫卫士或外线卫戍部队，逼迫敌首放弃抵抗，主攻部队有针对性地采取连将、剪羽、变位、控制、捉吃、顿挫等有效手段，强力禁制、巧妙捉拿敌卫队，使敌首无子遮护、无路可逃而致负的进攻技巧。

（一）深谋划　炮兵秘密抓捕

图一选自《适情雅趣》第464局"侵害边卒"图谱。

1. 兵五进一

冲渡要杀者，纵横充架兵。中兵先手过河，暗伏平四为炮充架打将绝杀，逼将自保，从而为擒拿边卒、排除捉拿孤将唯一障碍而创造了有利的条件。

1. ………… 将6平5　2. 炮七平五

争先变位施妙手，智擒边塞呆滞人。此手打将之后，不管黑将平4还是平6，炮均平四停待，再度威胁要杀，敌将只能平中防杀，炮遂进三，借兵架封锁边卒之进路；然后，中兵沿着敌河界平移至八路，禁控边卒；将炮置于边卒之后，再兵八进一捉卒，待卒1进1后，兵八平九充架，趁其还不具备横向运行能力之时，炮巧施倒打，消灭边卒胜。

擒拿，并不简单。此局红方对一个未过河的小卒，就分四个阶段进行铺垫打叠才抓捕成功的：第一阶段，兵炮借威胁要杀进行移换位置；第二阶段，炮兵联合封锁河界；第三阶段，兵为炮减负，单独禁控边卒；第四阶段，炮移师卒后，兵充架，联合抓捕成功。

（二）强捉拿　领军索要空间

图二摘自李中健先生排拟的精巧棋局第二回合的枰面。

3. 车五退二

军情紧急出妙手，杀卒擒车要空间。此手排除遮障，使主帅参战；此手逼拿后车，强行索要空间，以使车炮施杀，同时，又不给敌前车砍炮以瓦解己方攻势的机会。真个是：领军擒拿术，斗士报国心。

3. ………… 后车退1　4. 车五进一

---

*文题摘自刘禹锡《西塞山怀古》

如后车进1则炮六进二速胜。中车连续擒拿，挤逼、索要空间，并掌持先手，仍伏有继续擒拿后车的手段。

4.………… 后车退1　　5.车五进二　将4退1　　6.车五退一

反复擒拿，终于大功告成。现敌车已再无退点可以躲避，如后车退1则车五进二闷杀；但如后车进1则炮六进四打车要杀胜。

（三）逼无路　联攻要线奏凯

图三为郑德丰先生排拟的精妙棋局第6回合的枰面。此局采取守株待兔式的擒拿之法，先擒车，然后擒士而胜。

7.马七进八　车4退1　　8.炮六进一　车4退2

9.炮六进二

红方采取挤逼贴靠之法，压缩车之空间，固定车之位置，以便定点擒拿。

9.………… 将4进1　　10.帅五退一　将4退1

11.马八进九　将4进1　　12.马九进七

红马采取充根、伏抽、定将等巧妙手段，逼车去炮自戕，再独马擒士而胜。此局两度施展擒拿技巧，先后擒车捉士，使敌首孤寡无奈签盟。

总之，擒拿战术是捕获敌首卫士的关键之战，是斩首行动的最后一道工序，是业务性、技巧性很强的捉拿行动，是将、控、胁、捉连续顿挫的凯歌。

正是：地利天时兵占优，欲擒余孽平九州。玉垒炮火突兀起，金陵王气黯然收。

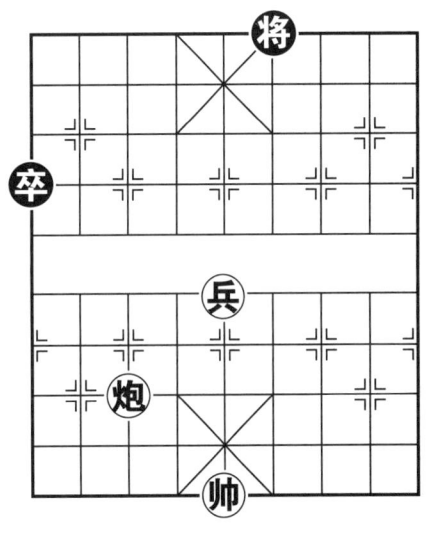

图一

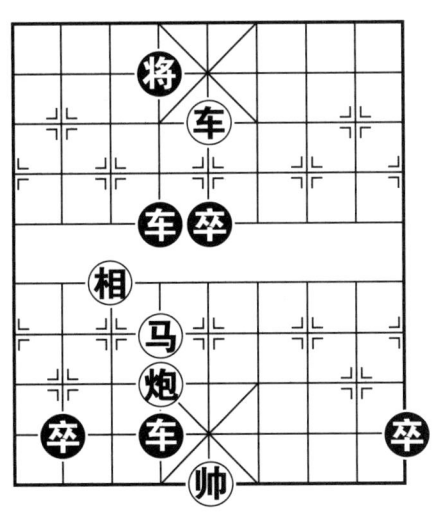

图二

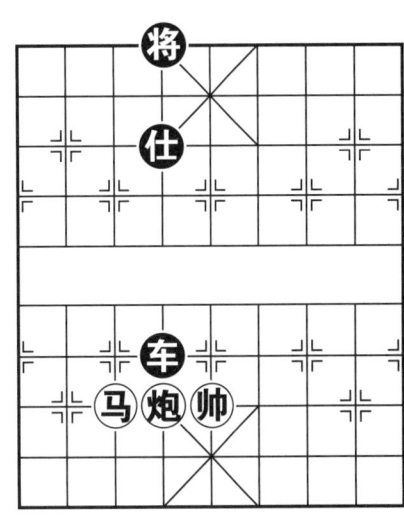

图三

299. 朔风吹雪透刀瘢

—— 简论透杀战术

在《苏联军事改革言论集》中，亚佐夫曾指出："在战斗准备中，就像在任何其他方面的活动中一样，没有次要的任务，没有什么事情是可以推到明天或可以马马虎虎完成的。任何疏忽、失策和错误都会导致重大失败和不能完成战斗任务。"

透杀战术系指在弈战攻杀阶段，在火炮先期或随时到位并对敌宫城窥瞄罩镇情势下，车或兵在帅、马、炮等兵种大力支助下，采取带将、劫掠、剪羽、要杀等强制措施游弋宫中，在打将同时残掠侍卫，减少火器与目标之间的多余层次，通透炮路，以满足火炮隔一而击的作战条件，并借用敌子充架或自阻，使敌首的隐蔽所透风漏雨，并切断敌首逃窜线路，从而造成连将妙杀的联攻技巧。

（一）绝代解将闪露　兵种联袂妙施透杀

图一选自季本涵与胡荣华1976年于上海友谊赛局谱。是局双方各攻一翼，激烈对抗，棋局十分惊险。特别是红方立体攻势雄劲，即将攻城火力充足，给黑方造成极大压力。关键时刻，黑方突出妙手。

24.………… 马6进5

在强大敌军加紧进剿并暗伏车七进一残象伏杀的险恶情势下，肋马扑进，佯做活将、被动解杀，实为露将助车做成透杀而进行的隐蔽性战术打叠。其攻防一体化手法之刚劲，麻痹敌军手段之高妙，足令花心豪帅余悸绵绵！

25. 马七进六　车7进1

透杀何需众？一剑血染城！以下必然是：炮七平三，车6进5，帅五退一，炮8进8，炮三退一（如士四进五则车6进1闷杀），车6进1，帅五进一，车6退1巧妙透杀。

下面再观察一下透杀的形成过程。在肋车被叮踏之时，7线车却炮口叫将，以逼调炮位，既为主杀肋车点将过渡创造必备的安全条件，又为8线炮下底打将，邀炮充架作垫，为透杀提供急需的战术服务；部署打叠完成之后，肋车点将过渡，逼帅归位，为炮钓猎打击目标，使炮能够以打将为由提前安置断路火力，并逼迫敌炮增层解杀，完成邀炮充架任务，之后，肋车则借将去士减层，通透炮路，并逼敌炮充架，为己炮发挥对帅断路的作用打叠，在完成透杀的所有工序之后，退车追剿，打将顿挫，合力妙施无解透杀。真个是：剪羽借敌做铺垫，断路追剿演透杀！

---

*文题摘自卢汝弼《和李秀才边庭四时怨》

（二）神勇扑角打叠　造设透杀缥缈意境

图二摘自李中健先生排拟的精巧棋局的第二回合谱图。是局黑方前军做成铁杀，而红方炮远马呆，似无捷足先登之势。生死存亡之际，巧借马炮帅之暗力，悍车扑角催杀——

3. 车四平六

狂飙横空起，惊魂斗室崩！不易觉察之狂放打将妙手，彻底剥夺了敌将在空旷宫殿里悠闲的权力，使其面临三兵种透杀的致命打击。

3. ………… 将4平5

对无根车的入室挑衅，黑将只能委曲求全，倘若将4进1，将遭到马二退四后的边炮纵横妙杀。

4. 炮一平五　象7退5

边炮一步到位，为透杀准备好了含蓄而猛烈的主攻炮火，同时调象为车带将透杀做好准备。

5. 马二退三　将5退1　6. 车六平五

千变万化车杀透，一箭双雕路路通！车平中带将掠象，使敌防御工事透风漏雨，减少中炮前方多余保护层厚度，使中炮有效发挥断路助杀作用，使敌首离而难归，丧命于透杀之术。

6. ………… 将5平4　7. 车五平六

其中帅之控线、马之钩钓、炮之断路、车之追捕透杀，皆尽其妙，堪称枰场交响乐，战神朦胧诗！

（三）超级短程游弋　铸就千古攻杀经典

图三录自《适情雅趣》第297局"虎帐谈兵"谱图。是局黑方势极强大，而且处于宽一步成杀的有利态势。然而马炮双兵不惧恶敌，在主帅带领下，连续采取要杀、做杀、连将等有效手段，妙演透杀，使强敌无颜江东。

1. 马三进二　炮4退2

以马后炮成杀相威胁，迫敌防守，不给敌以抢先的机会，并为做成透杀进行位势上的战术打叠。

2. 马二进四　车2进4

枰场之奇思妙想，透杀之强根硬托！贴将马队，一步到位，暗伏做成双杀。如敌车2退5防守，则马四退五再进三双将杀；但如敌军下底求杀，则贴将设立之强固依托，立刻支助双兵游弋敌宫，做成连将透杀。

3. 兵六进一

拆散宫城架构，杀士逼将离位，为透杀战术之实施铺平了道路。

3. ………… 将5平4　4. 兵七平六　将4平5

5. 兵六平五　将5平4　6. 兵五平六

鼎力支助三剑客，游弋透杀一神兵！七路兵借马力扑入宫内叫将，再借炮力杀进花心叫将，以带将除士为炮实施断路而通透其路，最后再借马之助力，透杀无路敌首！其中马借帅力、兵仗马威、借炮发力、通透炮路、移动绝杀，互助互惠之妙，无与伦比！此乃全局精华之所在，透杀战术之典范！七兵连续三步短程游弋，为透杀战术基本特点的巧妙阐释，为"没有次要的任务"名言之精解！真可谓：三步透杀千古绝唱，一代奇兵万世流芳！

总之，透杀战术是多兵种联攻联杀的艺术，是主攻部队宫内宫外协调作战的楷模，是在运动战中把叫将与打叠、减层与断路、静默与机动巧妙地糅为一体的攻杀过程，是战术园林中举止最有分寸感、善于组队演弈的名贵花色！

有诗将你的功德颂扬：组杀设计妙非凡，敌我联袂著名篇。杀力侵宫摧残匪，朔风吹雪透刀瘢！

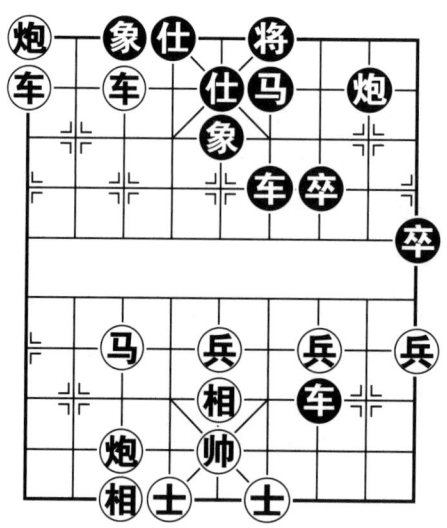

图一

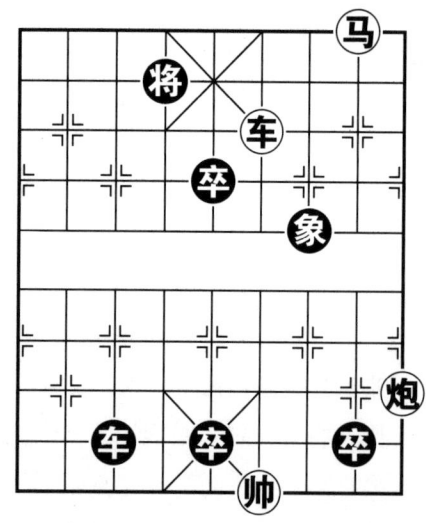

图二

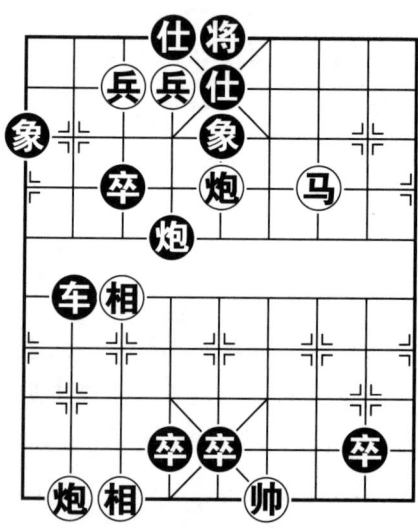

图三

300. 春风不解禁扬花*
——简论禁制战术

孙子认为，用兵的最高境界是用谋略战胜敌人，他深刻指出："百战百胜，非善之善者也；不战而屈人之兵，善之善者也。"

禁制战术系指进攻兵员充分利用子力位置优势、自身特殊功力与联合控敌技巧，以捉吃、要杀、威胁、控制、束缚等有力手段，灵活变位，靠近目标，以达成对敌兵员的严密禁控，使之不得行动并束手就擒的制敌方略。

禁制战术与困毙战术是一对战术姊妹花，她们虽然相似，但毕竟不同。如果说，困毙战术正式宣告敌军全部都无法行动了，那么，禁制战术只是提供了敌军个体甚或主力遭禁的消息。

（一）抢线禁制苦　左翼半身瘫

图一选自李中健先生排拟的精巧棋局，红方采取了控线、要杀、塞压、挤逼等有效手段，巧妙禁制敌营，为擒拿敌首创造了绝佳的条件。

1. 车四平二

要杀、占线两不误，禁车、制将一肩挑！此手乃决定性禁制妙手，它开启了车炮联合禁敌的新"时代"，创造了以少胜多的军旅奇迹。

1. ……………　士6退5

逼走之着，此时敌如车9进1，红方则炮六退一将其逐回原地，造成宫城全面遭禁，下伏车二进三杀。

2. 车二进三　将6进1　　3. 车二退二

倒升提，高度准确；塞象田，半身瘫痪！车之顿挫，先手禁困了敌"半壁江山"，为后续禁制提供了极大方便。

3. ……………　将6退1　　4. 炮六退二

禁制多妙手，履险正逢时！在车妙手雕塑了七位静态大员的有利情势下，炮接过禁制的接力棒，开始挤逼唯一一位尚有活动力、防范力的敌炮，使其彻底丧失遮护防杀能力。

4. ……………　炮3平2　　5. 炮六平七　炮2平1　　6. 炮七平八

将炮从宫顶线挤走后，再炮八进一，敌首立毙。

---
*文题摘自晏殊《踏莎行》

（二）要杀陷主力　车马滞深宫

图二摘自陈孝堃与胡荣华1982年于全国团体赛弈战局谱。

35. ………… 　车7平9

以战术转换战略，诱肋车让出空门！此手伴捉边兵，以构成多卒之势，实则诱逼肋车离防，造成禁制的战略态势。呜呼！阴也"双赢"计，妙哉运调功！

36. 车四平一　车9平6

卡肋控势烈，禁制大幕开。打将控肋，为实施禁制战术提供了先决条件。

37. 帅四平五　马3进2　　38. 车一平六　马2进3　　39. 车六退五　卒3进1
40. 相三进一　车6平4　　41. 士五进六　车4平1　　42. 相五进三　车1平6
43. 士六进五　卒1进1　　44. 马二进三　卒1平2　　45. 马三退四　车6进2

红方车马永远"定格"在低矮背暗之地，任凭2路卒移至4路摧士捉车而只能"恭候"光临了。

（三）英侠多义勇　边塞禁枭雄

图三取自《古今象棋名局精萃》第183局谱图。是局黑方卒坐花心，车路通畅，杀势甚浓。现轮红方行棋——

1. 车六进一　炮5退2　　2. 车六平五

活络腾挪烈，铺垫打叠深！平车砍炮调将变位，深宫底线强势演弈，为双马兵实施禁制提供了绝佳战场条件。

2. …………　将6平5　　3. 马四退六

借将脱离险地，暗中与河马进行联络。此手是弃车砍炮的得力后续，是联马禁制手段的巧妙打叠。

3. …………　将5进1　　4. 马六退八

折返变位充根联马，造设子境周密禁车。此手为敌车造设了恶劣的小环境，形成了绝对禁控，下伏兵九进一夺车胜。好端端的大车、即将平6叫杀的悍将，竟被活活禁制在天罗地网之中。禁制战术之巧妙与严酷，展露无遗。

总之，禁制战术是严密禁控、管制敌兵的有力举措，是使敌呆滞、减效、丧失活力的巧妙手段，是己方强子卡位、抢线、联合布控能力的极度发挥！

正是：不战而胜非神话，制敌绝技出名家。刀兵但愿藏武库，春风不解禁扬花。

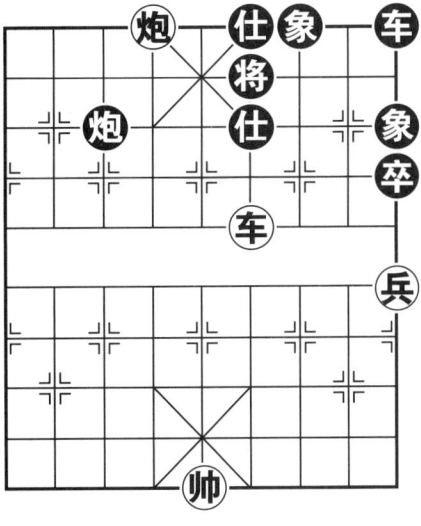

图一

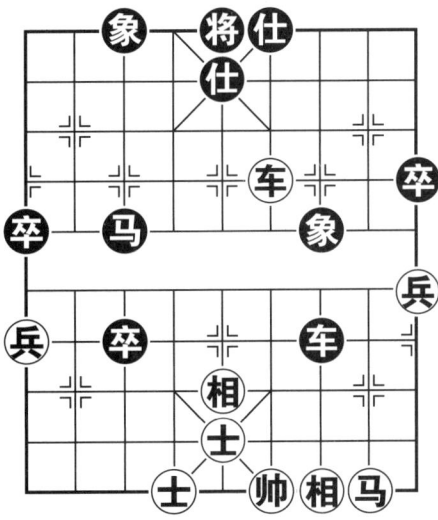

图二

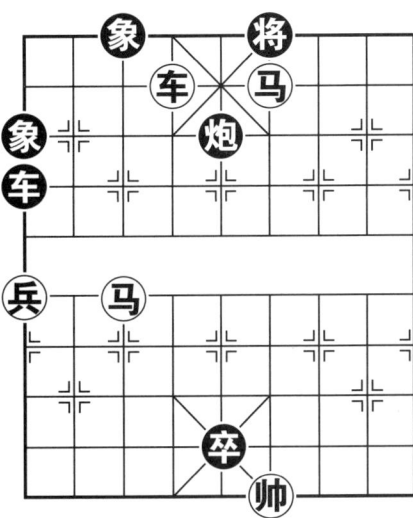

图三

301. 径将死战决雄雌*

——浅论搏杀战术

俄军统帅苏沃洛夫在给米洛拉多维奇将军的训令中写道:"刺刀、速度、突然!……就像从天而降,从陡峭的山中,从茂密的森林里奔袭敌人。狠打、紧逼、痛击,不给敌人喘息的机会。"

搏杀战术系指在进攻战关键时刻,进攻部队中的各兵种密切配合,协同作战,发扬英勇善战、敢于拼斗、长于打恶仗死仗的硬朗作风,抓住敌之弊端,突出攻城战斗、擒杀敌首的中心点,辅之以近战、爆破、剪羽、揪扭格斗等手段,对守城顽敌猛击搏杀,大量杀伤守城护宫的敌人,捣毁厚固的防御工事,以夺取军事优势的高强度大密度军事对抗技法。

在高手实战局中,那主攻兵力的神秘部署、铺垫打叠的巧妙安排,那大弃大舍的宏大魄力、那攻坚打顽的死命拼斗,都给人留下如镌似刻的印象——

(一)连续冲锋　王兵深宫成大业

图一选自柳大华与吴贵临1996年于第七届银荔杯象棋赛弈战局谱。是局红方中兵借助炮车占位之强势,捷径冲锋,步步进剿,神勇搏击,杀得皇城卫队人仰马翻,一败涂地。

22. 兵五进一

启动雷炸响,入界虎增威!王兵冲渡,弃马争先,在中路发起强力冲锋,迅猛掀起进攻的狂澜。

22.………… 炮6进2　　22. 兵五进一

去卒捉炮,窥象叫将,豪侠神采飞扬,中路竟成兵炮天下。真个是:欲坠城楼悲声起,顿改龙颜妄念休!

22.………… 炮6进2　　23. 兵五进一

战神不知疲惫事,威猛三步杀入宫!这是借势造势、争速提速进行搏击的典范,这是颇有微词的"小人物"目中无敌、独挑大梁的铁证。不必怀疑,不要成见!你曾看到过如此神勇冲锋的王兵吗?你曾指挥过如此震撼如此辉煌的搏击吗?在它那里,敌军还会有顽抗死守的故事吗?

23.………… 炮6平5　　24. 车六平五　炮5进2　　25. 兵五平四

杀敌夺势无二意,潜宫擒将第一桩!不理敌炮,闪击敌宫,勇猛而睿智之举也。此局中路搏杀凶悍,争速快捷,入局精彩。

---

*文题摘自宋·董颖《薄媚》

25.………… 炮7平5   26.兵四进一

凶狠、紧凑、严厉，使敌两大主力参防机会丧失，双炮被衔，无力逃脱，相觑凄然。下伏车九平四做杀恶手，敌难以抵御。妙矣哉！敌车皆坐观，中路战犹酣。杀声掩海啸，神威感苍天！

（二）冒死背攻　安泰帝王悬崖崩

图二摘自冯晓曦与陈丽淳2006年全国个人赛弈战局谱。是局黑方宫城厚重端正，7路炮卒攻守兼备，前后联手构筑了强大背势以抗御车马军团，同时2路炮即将拨边，2路车即将下底攻城。千钧一发之际，红方连施搏杀，挥师剪羽摧城——

20.车二平三

蔑对炮象杀手怒，砍断连环炸雷激！此搏杀妙手挑战象炮双料守护神，其突兀、凶狠之举令敌军惊惧不已，因如贸然炮7退9则马二进三杀；又如象5退7则马二进四杀！其强大功能在于摧毁宫城背势，粉碎敌军以坚壁厚障迟滞、抵御侧翼攻势的企图，此手堪称背攻破城之妙手、搏击之典范。其二在于同敌军夹击侧攻火器角力争速，三向火力伺机待发，其速甚猛，完全可以捷足先登。在有严格时限要求下竟有如此英勇的搏击手段，令人赞赏！正是：谁云巾帼柔似水？但见刀锋硬如钢！

20.………… 炮2平1   21.炮五进五

连续搏击争高速，剪羽突破定乾坤！不惧敌之侧攻闷杀威胁，突施远程打击，突破城防，零落工事，直接威胁到敌首的生命安全。

21.………… 士5进6   22.车三退八

攻杀除患成一体，交错搏击斩三员！极富节奏感之攻防一体化妙手，为战局进程之预见、求杀争胜之良谋！此手退吃7路卒，攻不忘守。剥夺其存在，使敌攻杀计划近乎于夭折。正是：五年积跬步，一朝变灰烟。

22.………… 车2进9   23.马二进四   将5进1

再斩侍卫打将，使浅露敌首沦落到只能靠个体的移动来维持时日的可怜地步了！

以下是，车三进七，将5进1，帅五平四，炮1平3，帅四进一，车2退4，炮六平五，车2平5，马四进二，炮3退1，帅四退一，马3退5，兵六进一伏杀。

（三）突然出击　凶猛战火吞帅府

图三为新加坡李庆先与中国台北马仲威1995年第四届世界象棋锦标赛中弈成的局面。是局黑方采取一系列一车换双、弃子争先、围攻做杀等强制手段，英勇搏击，取得了军事上的优势。

20.………… 车4进7

快速、突然，凶猛出击，神勇、果断，突破城防，以此拉开了攻杀大幕。

21.士五进六   车9平7

顺砍横杀震惊敌首，单薄城池顿失安宁！抓住守城部队扎堆拥塞之弊，消掠守敌，为攻城擒帅力排阻力，并伏杀相先手。

22. 帅五进一　　车7平6

占肋、胁士、闪露、择路、暗伏护送增援与退助双炮发力，为有效发挥主力作用之紧手。

23. 车八进五　　马7进5　　24. 炮六平九　　车6退1　　25. 兵五进一　　炮3平5
26. 相五退三　　卒7进1　　27. 车二平三　　卒5进1

连弃两卒，使中马得以叼车启动，以便迅速占领制高点并参与决战。

28. 车三平五　　马5进7　　29. 车五平六　　炮5退3　　30. 车八平七　　车6平3
31. 车六进二　　车3进1　　32. 炮九进五　　马7进6　　33. 帅五平六　　炮7进2

先敌一步做成绝杀，下伏炮5进5杀；如车六平五，则车3平4杀。

总之，搏杀战术是攻城战斗中剑锋刀刃的铿锵对话，是迎接胜利到来的威风锣鼓，是强悍武士同顽敌的生死较量，是象棋典籍中不朽的动态插图！

正是：腥风血雨历残酷，炮狠车狂施惨毒。绞杀顽匪非作戏，懦弱疆场不丈夫！

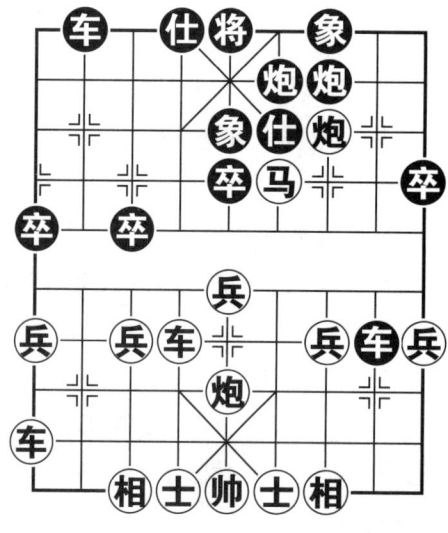

图一

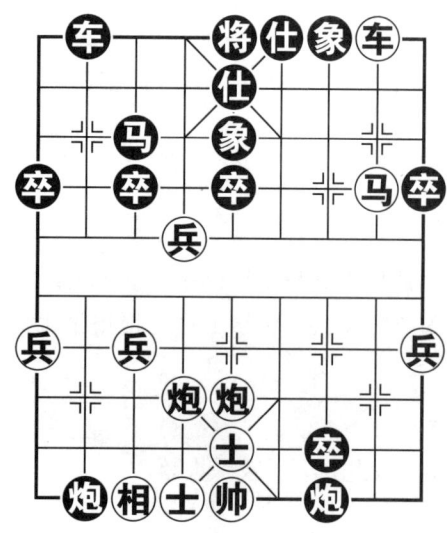 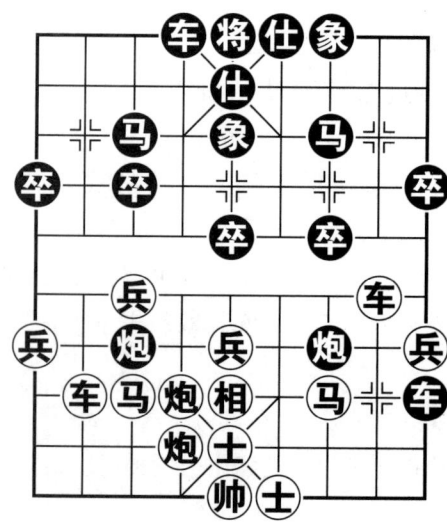

图二　　　　　　　　　　　图三

302. 山水万重书断绝*
——试论断绝战术

拿破仑在论及进攻与防守之间的关系时深刻指出："整个战争艺术，就在于首先进行一个考虑周到而且组织完善的防御，随后转入迅猛而坚定的进攻。"

断绝战术系指在正式攻杀之前，大本营周密筹划，先由助攻部队通过打将、叫杀、撤离、调敌、守御等紧凑而巧妙的过渡型战术手段，造设出一种使敌首遭禁、守军救援乏术甚至竟帮倒忙的有利军事态势，一俟实施方最后一击之时，敌军所有的缠磨周旋、死守顽抗、反扑偷袭等企图彻底破灭，敌军的应付、防守、解杀能力完全丧失，从而使决战的胜利变得十分的顺畅与宁静的战略计谋。

（一）突出重拳　彻底抽薪　纠缠手段皆湮灭

图一选自刘文哲与赵连城1962年于北京弈战局谱。是局红方少子而占势，轮先本该帅五平四求杀，但红方竟突出断绝战术妙手——

24. 车九平八

缜密谋算拆敌防，不叫恶浪掀大舟！此手断绝，突然猛烈，彻底拆散敌防，将敌所有防杀手段毁于一旦。真个是：断绝技惊四座，谋算盖压三军！如改走帅五平四则马9进7，帅四进一，马7退5，相七进五，马5退6，兵六进一，车2平6，士五进四，马6进7，红方失车，整个攻杀计划受挫。

24. ………… 马9退7

黑方觉察到战况极端危急，遂催马折返叼车，以期除掉大患，不料红方再施断绝战术妙手，令敌惊慌失措。

25. 车八平四

悲壮之并联、精妙之选送、绝杀之手筋！在黑方右车尚未启动的情势下，此手就正式宣布决战已经精彩结束——黑方所设隐形工事就地土崩瓦解，绝杀之势已成必然。黑方兵员数量上的优势，更令五位大员悔恼不已。真个是：落花哽咽叹流水，杀术绝伦咏断绝！

（二）顿挫打车　抑压挣扎　气恼军汉难疯狂

图二摘自王嘉良与赵文山1980年全国象棋预赛弈战局谱。

33. 车二平四　将5平4　34. 后车平六　将4平5　35. 士五进六

---

*文题摘自元稹《酬乐天频梦微之》

打车断妄念，中炮立如山。顿挫赛璧玉，临杀开牡丹！有棋手总结了一条橘枰箴言，叫作临杀勿急。其内涵十分丰富，其一就是告诫棋手在正式攻杀之前，须细密审视敌军的部署、隐伏的防御手段与突发军情的干扰。红方挺士一手即为此类典型的断绝战术妙手，而并非无关大局的花饰。如无此手断绝性打叠，将给黑车在绝望时刻玩命砍炮提供可能，如是红势消削，胜路漫漫。

35.………… 卒3进1　36.帅五平四

根本不理马卒欺逼之事，依然露帅构成绝杀。此局告诉我们，攻杀谋划必须做到精以细、严以周，不得存置一丝隙漏与敌，以使敌顽抗、偷袭、破坏之企图丧失实施的战场条件。敌军想拼不得拼，要守没个守。正是：谋划不分巨细，断绝崇尚周严！

（三）撤离射点　挤压空间　轻灵掩体变铁架

图三系《适情雅趣》第52局"担雪填井"谱图
1.炮七进二

教学点示妙，组杀断绝深。疑似填井雪，竟怀滞敌心！此乃精深断绝战术妙手，是在总攻前发起的直接影响最后一击的美妙伴攻！是局红方充分利用左右中三向造势之优，掌持先手进攻之机，连续造设战略态势，布设死亡陷阱，使角炮在被逼充架、危及主将命运时丧失射点，断绝其右向横移逃脱、应将解杀的企图，从而智擒敌首。此着法非穷尽其变、透彻其终，难有其弈！此手堪称深谋远虑的断绝战术典范，它洞察终了，它提前打叠，它将开首、打将、弃舍、断绝诸战术巧妙联用，它的战术价值只有在最后结局时才能真正体现出来！

1.……　象1退3　2.车三进一

叫杀调车同时为马开路，是红方能够连续叫将做杀的关键着法。

2.……　车9平7　3.马八进七

打将逼离，将敌首推送到预定的死亡线上，并使其再难归正殿。以上铺垫打叠，左右联攻，弃舍不断，以使敌军迷盲不已，并使敌首遭致闷杀。

3.……　将5平6　4.马一进三

再次叫将，贴身布控，使角炮完全丧失左向横移应将解杀的可能！其与首着炮七进二异曲同工——首着预先撤掉射点，使炮不得应将右移，而此手挤压空间，管控角炮，两步妙手合力将一个机动八方者变成被利用的铁架。呜呼！功力深如海，断绝妙非常！故徐家亮先生赞曰："此局首着红方弃炮甚奇，弃车更奇，弃马尤奇，末着用炮闷罐杀黑将，奇之又奇。"

4.……　车7进2　5.炮五平四

三星陨落求杀势，一炮叫闷立奇功！炮马先后为充架角炮构筑了一个死胡同，角炮前方、右翼均无射点，而左有敌车替代物硬性堵拦，所以它只能充当铁杆内奸了。现回顾开首弃炮打将一手，初始之时它是一个令人不解的问号，至此却变成了一个令人击节的叹号！正是：奇妙打叠运筹深，铁架遗憾直到今。欲问断绝价几许？赞歌嘹亮遏行云！此手对敌军的减效与分化十分的彻底。如果说角炮无处躲闪，遭致敌首被闷，还带有某种无奈的性质，那么，前军车马卒三员大将则采取了隔河观望的消极态度，而贴炮之车则更是挡阻道路，掣肘友军，成为助杀的静态帮凶。古谱之排拟，精妙绝伦！

总之，断绝战术是"临杀勿急"警训的价值之所在，是多少应胜反败沉痛教训的启迪，是对敌军防杀潜力的缜密思考，是使敌垂死挣扎缺乏依恃的绝杀妙计！

有诗赞曰：事无巨细皆在心，预判打叠谋划深。山水万重断书信，箫瑟一曲慰知音！

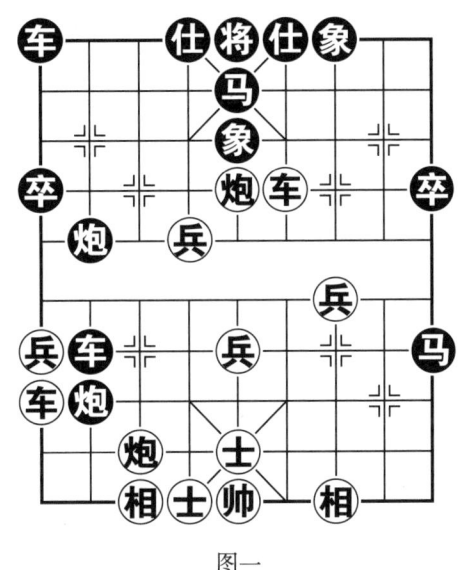

图一

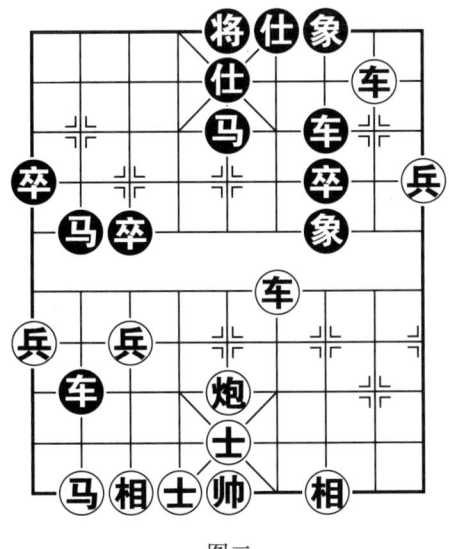

图二

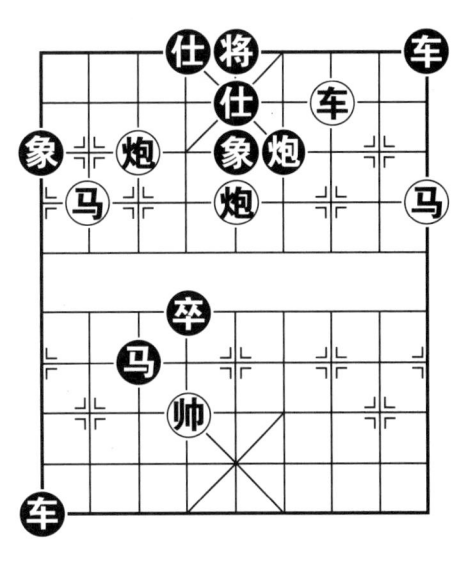

图三

303. 黄蜂频扑秋千索*

——浅论扑槽战术

（苏）巴巴扎尼扬在《坦克和坦克兵》中指出："只有发挥所有兵力兵器的全部威力实施坚决的进攻，才能够彻底歼灭敌人。"

扑槽战术系指以马为实施主体的进攻兵员，在攻城或对杀的决定性时刻，充分发挥自身灵活、斜向攻击力强等优势，有效采取扑进、切入、踏象、角隅等得力手段，然后先手扑点卧槽，对敌首直接发起战略攻击，使敌首不安于位，以配合兄弟部队入宫擒将的斩首技巧。

扑槽战术是弈战攻杀类基本战术之一。它是调敌、制乱、组杀、斩首的重要部分。

扑槽的预占点大体上在敌营卒林线的2、4、6、8路线交汇处共四点；在宫顶线上三个象位点以及底线两个"角隅"点，共计九点。

关于对马卧槽行动的表述，各地各家略有不同。实际上，"卧槽"一词，标志着马已到位，正在打将，而"扑槽""奔卧"则是马启动、运行、到位的短暂动态过程。有的棋评文章，为了方便读者，统称为卧槽。本文之所以采用扑槽一词命名，是因为卧槽前的准备阶段、运行阶段的表演太重要了，太精彩了。如果不能将其概括进来，卧槽的精妙程度就将受到极大的贬损。

扑槽战术在名手的实战局中，常以大代价、深谋算、高效率征服敌首，蜚声象坛。

（一）大代价　朦胧意境摧林木

扑槽之严厉非同一般，它不仅具有攻杀制胜的决定性，而且其斜向攻击能力具有不可替代性，故而高手常以大代价抢先扑槽，并通过多兵种联攻，一举破敌。图一选自陈新全与胡荣华1976年全国象棋赛弈战局谱。

30. 马三进五

扑槽打叠此为最，代价昂贵君居先！踏象意欲扑槽，而对处于敌交叉火力下的车炮之命运，则置若罔闻，其急攻求杀之心，已跃然枰上。此扑槽打叠妙手足以证明以下三点，一是扑槽之威力大于一车，有时甚至大于车炮之和；二是扑槽之所以敢于如此"铺张浪费"，是因为敌宫之弊、攻杀之路在它眼里已是"一目了然"——车炮之失只不过是在耗费敌军的最后"蜡头"而已；三是扑槽将进攻矛头直指敌首，确实具有扰敌乱敌制敌之非凡功效，但要真正解决问题，还得靠各兵种的联合作战。

30.………… 马1进3　31. 马五进三

到位窥敌首，扑槽即伏杀！此扑槽妙手极具代价大、隐伏性强、停待含蓄等优良性能。

---

*文题摘自吴文英《风入松》

马之扑槽，虽并未立即叫将，但敌方已丧失解杀能力。

31. ⋯⋯⋯⋯ 车4进3

敌如改走车8平7，红方则炮四平五立杀。

32. 炮四平六

闪离、亮帅、断路、要杀！最后一击，是对马之扑槽、车之扼亢的最好配合，是对敌宫弊端的最佳利用，是对杀局的最妙收口！此时黑方如车4进4则车四进一杀；又如士5进6则车四平六杀。妙哉！三步可入典，一卧即生辉！

（二）深打叠　众星捧月助天马

扑槽之特殊重要性，已深深蕴涵于为实施扑槽而进行的一系列打叠之中。此局进入中局以后，红方各兵种目标一致，多种战术手段巧妙运用，尽皆为扑槽杀敌铺垫打叠。其提供"服务项目"之多，足以证明扑槽的战略地位之重要。图二摘自张国凤与庄玉庭2006年7月男女混编大师排位赛弈战局谱。

31. 车二进一

领军战略举措，英侠深远打叠！此手弃车砍炮极为突然，大出敌军意料之外。它舍身妙施战略策应，将敌车逼离卒林要地，使敌肋马失根，为砍马以解决其顶阻马路又扼守扑槽点的两大问题提供了可能，同时还为解决4路炮在此间进行绊别与拴缚以干扰破坏的问题创造了条件。二路车之襄助义举正式拉开了全员支助扑槽的战幕！正是：支助策应有派，扑槽打叠无双！

31. ⋯⋯⋯⋯ 车8进4　32. 车七平六　炮4进1

33. 帅六平五　车7平6　34. 马六进八

抢先挥师进占，意欲扑槽叫杀！友军突出扑槽主题，解缚活马打叠，为马扑要点创造条件。同时逼炮应付，为另马摆脱威胁、择路除障、双马扑槽提供了宝贵先手。

34. ⋯⋯⋯⋯ 炮4平2　35. 马四退六

折返目标明确，扑槽态度坚决。此手避捉转移，大有峰回路转、柳暗花明之效，它既为扑槽除障开路，又为双马强行扑槽叫杀预作安排，真硬朗强势也。

35. ⋯⋯⋯⋯ 车6平5　36. 马六进七　车5进1　37. 帅五平六　车5退1

38. 马七进八　车8退1　39. 帅六平五

主帅为保护作战兵员而几度周旋，有效破坏了敌军防卧解杀计划，此时敌如车5平3，红方则前马进九，下伏双马强行扑槽杀。正是：枰场多奇略，扑槽立大功！

（三）巧安排　几经周折始逢春

友军在主战场密切配合，为扑槽造势、开路、让位、调敌，同时马自身又通过巧妙的行动，为友军呐喊助威，使扑槽局面产生风火交叉增效的战术效果。图三录自吕钦与于幼华1984年"昆化杯"象棋赛弈战局谱。

25. 马三进二

接应部队期盼日，正是龙马扑进时。越界扑占要点，反拴、护相、闪露、邀兑、诱逼、伏杀，十分巧妙。此手不仅为自身扑槽做好位势准备，而且也为前军尽展攻杀绝技、做好打叠服务提供了可靠的保证。

25.………… 车7退4　26.车三进一

让点造势夺先手，当面蓑车演殇决！三路车在敌车退防、并联、邀兑、扼守要线的情势下，妙手砍象、诱车入彀，为扑槽让位、为马后炮绝杀打叠，从而逼将凸起，成为易遭火力攻击的浅露弱点。这里的停待者，也是马的接应者——炮双车为马的预定扑槽正在妙施打叠，以使扑槽的时机、力度、功效更加升级上档！

26.………… 将5进1　27.炮二退一

再次造势龙马暖，连续要杀帝心寒！车炮一进一退之间，充盈着配合打叠的默契，表现出含蓄隽永的艺术性，展示了车炮为扑槽创造战机的不尽才华。马虽不言，心多感佩，静待时机，扑槽杀敌！

27.………… 车7平8　28.车八平五

一锤定音敌宫乱，马扑槽头凯歌飞！炮双车联手，为马之扑槽提供了最佳时机，以绝杀敌首。以下黑方如接走车4平5，则车三退一，将5退1，车五进一，车8平5，炮二进一，士6进5，车三进一，士5退6，马二进三，下伏马后炮杀。

总之，扑槽战术是将进攻的矛头直接指向敌首的前哨战，是斜向进攻的天才表演，是骑兵对第一战略目标发动直接进攻的战略举措，是联合进攻、立体进攻中最严厉的手段。

正是：斜向攻杀战力殊，卷雷射电震京都。黄蜂频扑秋千索，斩首大戏第一出！

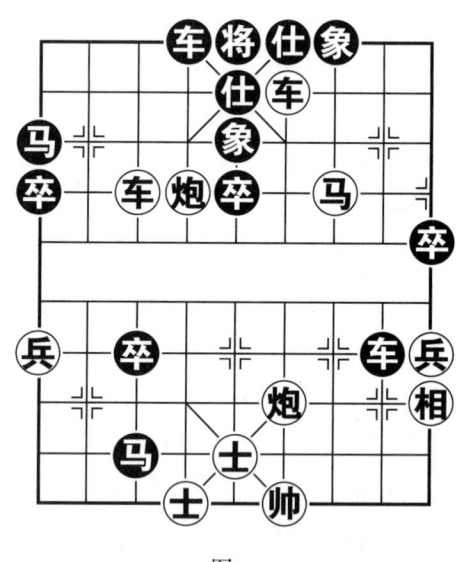

图一

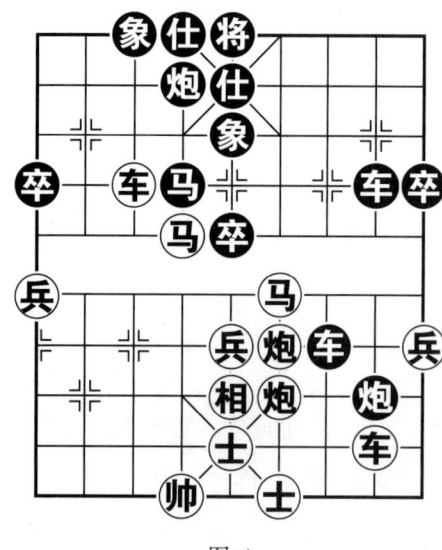

图二

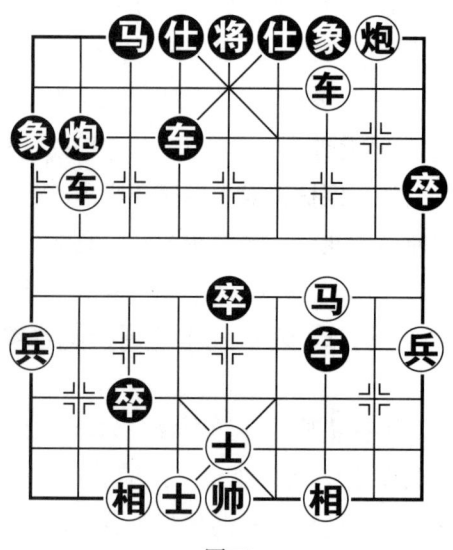

图三

304. 青烟翠雾罩轻盈*
——试论罩镇战术

朱里奥·杜黑将军在著名的《制空权》中论述空中进攻的潜在威胁时指出："获得制空权能使用进攻力量大于人类想象的威力，能够切断敌人陆、海军与其作战基地的联系，使敌人丧失赢得战争胜利的机会；能完全保护本国，保护本国的陆、海军顺利作战；能保卫本国人民安居乐业，安全生产。简而言之，获得制空权就意味着胜利。"

罩镇战术系指在敌将士象居中进行严密防空的情势下，以炮为实施主体的火器，为发挥对敌宫城领空的巨大控制力，采取进打、倒打、串打，或平移、占中、争位、闪离等强制性手段，对敌强行实施中路扣盖镇控，力助友军实施突破、挂角、掏心、联杀等攻城作战行动的禁控中路的攻杀方略。

（一）倒打中卒　宫殿飞剑势如虹

图一摘自赵国荣与孟立国1982年全国象棋个人赛弈战局谱。

35. 前炮退二

灵动倒打宫阙碎，威严罩镇将府坍！此罩镇妙手摧城拔寨，力逾千钧，给敌军城防部队致命一击。以下按黑方三种应法，分别演成罩镇、压镇、空镇三种镇式。黑方如应以士4进5则成典型罩镇图式；如应以马7退5则成压镇态势，红方将车二平五再车七平五催杀；但若应以象5进7则形成空镇，红车二平五杀。倘若马7进5，则炮五进四，车5退2，兵六平五，将形成三车闹士局面。呜呼！一炮演弈结硕果，多种"镇"式尽开花！

35. ………… 士4进5

攻防双方已演成罩镇态势，敌宫板结，已呈败象。

36. 车二平五　马7退5　37. 车七平五

一炮压楼宇，双剑奏霓裳！双车在中炮力挺之下，花心施威，锐不可当。

37. …………　将5平4　38. 车五进一　将4进1

39. 兵六进一　将4进1　40. 车五平六

强车逼敌逃窜，义兵引将走高，底车抠杀获胜。

---

*文题摘自司马光《西江月》

（二）弃车抢位　造作杀势多英气

图二截取自孟立国与阎文清1988年全国象棋团体赛弈战局谱。

21. 车四平五

巧取豪夺谋罩镇，劣势争雄创杀机！在黑方多一强子、又7卒渡河的不利情势下，红方依恃六路车之塞压扼宫、双炮中路连环集结之强势，弃车砍马，发动中轴攻势，其谋也深，其矛也锐！

21. ……　　炮5退3　　22. 后炮进四

强施罩镇决生死，弱旅抢杀叹古今！此罩镇战术组合具有教科书一般的价值，它精彩图解了子与势、镇与杀、弃与得、强与弱等多项弈战辩证关系。它把不尽余韵留给人们局后的品味！以下黑方虽炮3平4顽抗，但帅五平六后黑方缺乏解杀手段认负。因如炮4退5则后炮进二杀；又如车9进2则车六退六铁门闩杀。真个是：罩镇夺势凶且猛，做杀程序少而精！

总之，罩镇战术是对皇城领空的绝对控制，是发动总攻的炮火安排，是为友军提供各种杀技的高压态势，是展示中炮静态威力的绝佳平台。

有诗赞曰：神炮发力绩效灵，扣盖皇宫胜雷霆。玉阶金殿笼惶恐，青烟翠雾罩轻盈！

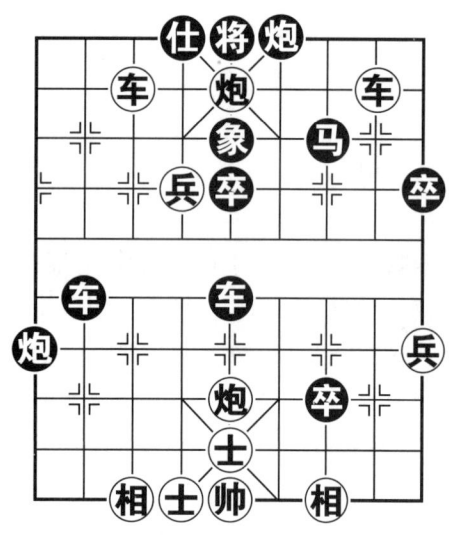

图一

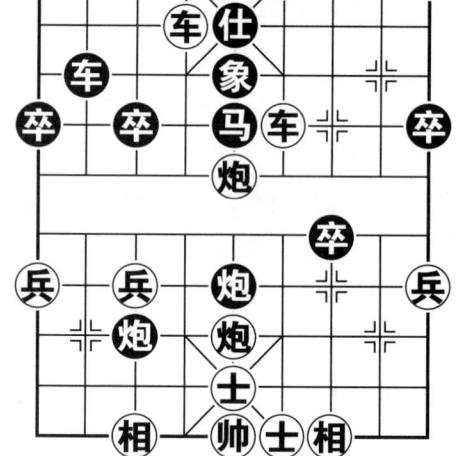

图二

305. 烟笼寒水月笼沙*
——试论压镇战术

朱里奥·杜黑将军在《制空权》中明确指出："在未来战争中空中战场是决定性战场。因此有必要把准备和指导战争放在下述原则的基础上：在地面抗击，以便集中兵力于空中。"

而作为这一观点的反对者，博拉蒂将军则添加了"可能"两字而将这一观点向右拖了一小步——"空中战场也可能成为决定性的，只要它能发动如此强烈的进攻，结果不仅使敌之地面及海上军队瘫痪，而且使受攻击的国家的精神和物质力量都瓦解了，无力再实施报复。"

压镇战术系指在敌将原位，象或马炮占象位居中，而车或马坐占花心要地的特殊条件下，实施方采取平移、取势、争位、弃舍、威慑等抢先手段，炮先敌占领中路，有效压制、扣镇包括窝心马或车在内的敌宫领空，使敌宫板结禁制，核心防御系统瘫痪，守力瓦解，并处于逢将即败的高危状态，从而使己方主攻兵员得以大展身手，并力求抢攻争杀得手的谋取扣压盖镇态势的夺势方略。

压镇战术与罩镇战术是一对姊妹花。它们的相同点，是中炮扣镇敌宫包括敌首在内的三子；而异同点则在于，罩镇战术扣镇的是敌首与其他居中的士象，而压镇战术扣镇的对象则较宽泛而特殊：花心要地则为敌车或马占据，而象头则由象、或炮、或马占据。通常情况下，则是对窝心马的压镇。正是由于这一点，压镇战术因起码锁制拴缚一强子、冻结双士而比"罩镇"来得更加严厉——敌首居中僵死而缺乏闪露的余地、无法摆脱镇势并逢将即死。

（一）弃车争位　压镇雄风荡宫阙

图一摘自李智平与郑乃东1991年于大连全国个人赛弈战局谱。是局红方大军压上，兵力三向部署，进攻态势良好，但黑方中路守军云集，车炮两翼牵制周旋，且伏前马进3的抢炮手段，如得手便可立刻瓦解红方的进攻。

1. 车六平五

高妙压镇术，强烈打叠心！此手为规范而又高效的弃子夺位手段，对黑方可称其为惨毒，而在红方则为压镇打叠超级妙手。它极端重视压镇功效，善于寻觅具体实施方略；它弃车砍炮，诱逼中卒去车而为七路炮平中压镇让出点位；弃车砍炮还可解放己方被敌炮压镇的广阔领空，使相头炮有机会实施侧击、牵制敌车、为战马扑槽提供活络条件；它充分利用敌

---

*文题摘自杜牧《泊秦淮》

中路双马因即将实施的压镇而出现的被拴缚、敌宫遭板结的严重弊端以及敌左翼无象、8路炮停滞而防御空虚的弱点；它充分调动了炮求闷、马扑槽两翼活跃的做杀积极性。此手看穿了敌车无力双防的软弱性及敌宫板结的致命性；此手成为大局观极好、战术意识极强、手段高妙的压镇打叠妙手。

1. ……………… 卒5进1　　2. 炮七平五

黑如前马进3则车五平二，车3进1，马八进七，中炮雄镇马将，攻势凸现，黑方将全盘受制。现炮镇双马且伏后炮平三，或马八进六扑杀中马、左右夹攻等多种手段，使敌宫深陷逢将必崩的极端被动局面。真个是：一镇生杀气，四强变明星！

2. ……………… 车3进8　　3. 士五退六　车3退4

4. 后炮平三　　车3平7　　5. 马八进六

城池四处烈火腾，一帚难扑两精灵。超级压镇谁造设？竟是领军鲜血凝！以下车若砍炮则马六进五伏双将绝杀；又如车7退3则马六进八伏卧槽杀。

（二）扫除障碍　兵不血刃奏凯歌

压镇战术在具体实施上，常常采取在压镇形成威慑之后，以灵活变换攻击手法的策略，以逼退敌军、赢得度数，制造混乱、歼灭敌兵，控制局面、获取简胜。图二选自李定威与张惠民1992年全国个人赛弈战局谱。

25. ……………… 马6退4

忠烈一门识大体，增效双炮展雄才。此乃弃马去兵双通炮路，为炮抢占安全要点的为压镇实施的打叠妙手，其大局观极强，效率极高，战术手段十分巧妙。在马双炮与敌炮双马的角斗中，竟然以马去兵，足见打叠增效手段之重要，足见压镇战术在象战中地位之崇高。此手也是本局结束双方战术纠缠、结束攻防拉锯战而走向强攻巧取局面的关键点。

26. 炮三平六　　炮8平5

踏血平中强压镇，敌营守力顿削消。马让路，炮随即平中压镇，因窝心马不敢跳出，否则炮6平5重炮杀，故而形成标准压镇。

27. 相七进五　　炮6进3

入界欲贴靠中相再施紧缩性压镇，以使敌宫难有增层垫厚松动反弹之机。真个是：得势不松手，勿做纵虎人！

28. 炮六平五　　将5平6　　29. 马六进五　炮6平5

不受诱惑，不让松动，毅然平中再行压镇，真乃实战排局也！为压镇，弃舍一马；为压镇，放掉一马，可以认为，在弈者的心秤上，此压镇足有双马之力。正是：馈赠轻于毛，压镇重如山！

30. 马五进三　　前炮平2

依恃压镇之威，灵活用兵，采取欲擒故纵的谋略，闪离要杀，逼马退防，以彻底破坏敌军的袭扰计划，并将就地宰杀之。以下，马三退五，炮2进3，马五退七，卒7平6，帅五进一，炮2退4，马七进九，炮2平5，炮五退二，卒6平5，帅五退一，象3进1，士六进五，炮5退2，马九进七，炮5平9，形成炮三卒对马兵士相全的必胜局面。

（三）力保压镇　双杀威慑降苦寒

图三取自申鹏与许银川2009年11月于成都全国首届智力运动会弈战局谱。

22. 车九平八

因弊而遭辱，借势以开出！红车立荐开出，既借助压镇之势，又使压镇威势大长，并将于河界线一带游弋制敌。自第11回合右车砍马，力保中炮压镇地位之后，双兵冲渡，形成了双保险，胜似泰山压顶一般，使黑方宫城压力日增，难以摆脱。以下局中的反复着法业已删除。

22. ……　　车2平3
23. 炮七平六　车3进2
24. 车八进四　车8平6
25. 士四进五　后炮平9
26. 车八平三

破连环制造软肋，见隙缝立插钢刀！此手捉炮诱象，使中象失根处危；此手制弱强劲，以压镇炮领衔的立体攻势不可阻挡。而敌左车变成一位惜身保命、毫无作为的入侵者，右车则仅仅是一位穿着保安服而不做保安工作的形象大使。呜呼！压镇战术的威力、业绩正在发酵，它将完美地领跑胜境，妙点春秋！

26. ……　　象7进9
27. 车三平七

河道巧游弋，压镇妙成杀！黑方如车3进3则马四进五伏双将绝杀；但如车3平4则炮六平八，车4平2，马四进五，一车难防双杀。正是：压镇杀势猛，守军气血衰！

总之，压镇战术是对敌宫花心位置相互侵占状况的及时嘉奖，是火炮控制力、压制力的天才表演，是发动总攻的红色信号，是三棋世界里独树一帜的致人手段。

正是：扣罩敌宫强镇压，烟笼寒水月笼沙。轻灵侍卫体瘫痪，彪悍主攻意风发！

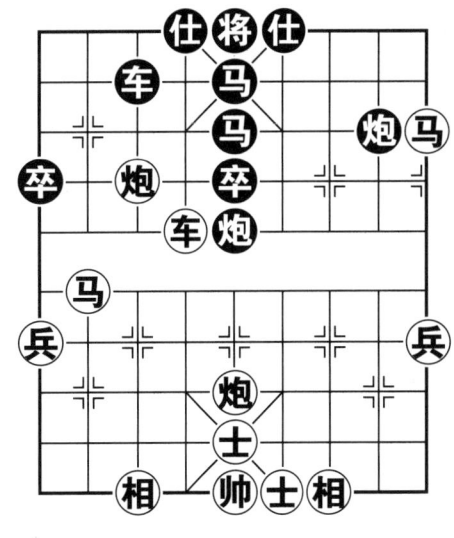

图一

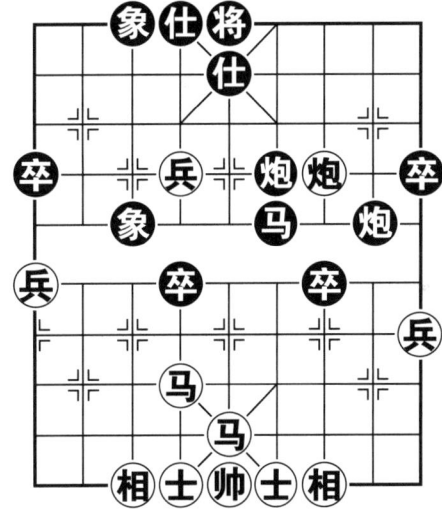

图二

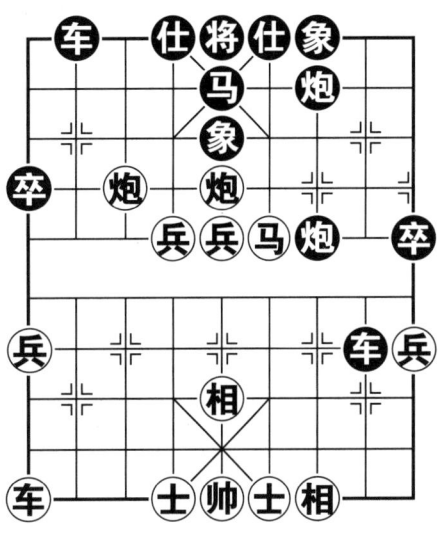

图三

306. 杀气三时作阵云*
——简论做杀战术

克劳塞维茨将军在《战争论》中深刻指出："战略要制订作战计划，然后，战略又使为达到此目标所应使用的一系列行动与此目标联系起来，换句话说就是对各个战役做出方案和部署其中的战斗。"

做杀战术系指进攻部队依据敌我双方攻防的具体情势和特殊条件，精确计算，周密计划，隐蔽部署，突然行动，巧妙采取捉拿、卡位、占线、控制、威慑等严厉手段，以便在下一步即绝杀敌首，并使敌城防部队无法解救的做成杀势的决战实施方略。

做杀战术不同于组杀战术，二者异同点是，后者一般处在攻杀的酝酿、组织阶段，而前者则处于实施阶段；后者过程较长，而前者短促、突然；后者大都"明火执仗"，而前者隐暗若无；后者还给敌军抵御反抗的机会，而前者立马"停摆"撂棋，杀你没商量。

做杀也不同于要杀。前者重在"做"，重在部署安排，以形成杀势；而后者的动机则在于就是要在下一步或几步内杀棋。前者往往进行多兵种联合演弈，而后者常常由一位兵员实施。前者做杀行动有时浅淡若无，而后者则不管敌军看没看出来，就是下步要杀。

在名手的战阵里，强车悍马示弱伴动，暗中到位，朦胧做杀，常使敌首丧于无防，令观者叹为观止。

（一）双车后退　清障铺垫演杀技

图一选自郑太义与黄勇1992年全国团体赛弈战局谱。

18. ………… 车2退4　19. 车六平七　车4退5

战术打叠超凡手，后退做杀第一军！一个车后退，两个车全后退，为捉一马。其妙在于先把主要矛头对准敌外线车马军团，使敌核心防御失去警觉。这是最大的迷盲，这是最巧妙的遮饰，这是最缥缈的做杀！天下有双车后退做杀的吗？黑方在逼马过程中，清理了线路，做好了打叠，完成了做杀工序！敌军，目光再敏锐的敌军，有可能发现其中的奥秘吗？呜呼！妙哉做杀术，神也斩首人！

20. 马七进八　车4进6

突然拔剑起，立马卷狂飙。敌军、敌首，猝不及防，双士双相四大卫士尚未启动，炮双车双马五大金刚赫然在位，决战刚开始便"不由分说"地结束了。敌军纵有擎天之力，何用之有？它暗中冻结了敌军所有的筹谋与战力，使其丧失抵抗的机会，做杀之真谛也。

---
*文题摘自高适《燕歌行》

21. 帅五平六　　马3进2

不管敌首平五还是进一，黑方均马2退4，然后由车纵横照杀。这里看出双车逐马调车的真正价值，造势也，打叠也，做杀也。

此局做杀，具有设计的精妙性、行动的隐暗性、实施的突然性，成就了做杀战术的典范之作。

（二）禁制敌宫　悠然做杀设计巧

图二摘自邱华与侯昭忠1994年全国团体赛弈战局谱。

31. 马四进五　　将4平5　　32. 马五进三　　将5退1

疑似带将前趋客，竟是阴险做杀人！在敌军车马双炮高度集结、重兵侧攻、并暗伏车3平4砍士催杀、形成绝杀之势的严重情况下，河马入界，连续打将，似已无济于事，仅略尽人事而已。红方正是以此种隐暗步调，以软弱无力的应对，巧妙做杀！此种做杀，大出敌军意料之外。黑方如改走将5平6，红方则车八进一，士6进5，马三进二，将6进1，炮六平九解杀反杀。

33. 车八退七

势成摧恶炮，舍身化彩云！前军杀势已成，遂借一隙之机砍炮解杀，为前军做杀争得了宝贵战机。黑方车3平4的绝杀计划由此定格永远。

33. ……　　车3平2　　34. 炮六平五

超低空空镇威力巨大，加之三路马严厉钩钓，将双士禁锢僵滞，红方出色做成绝杀，以下炮一进二，黑无解。

（三）暗步朦胧　揭开帘幕敌惊悸

图三录自陈建民与甘小晋1992年于北京弈战局谱。

32. ……　　马6进4

不觉秋色晚，奔杀马蹄疾！此手做杀，不仅具有烟云缥缈之美，而且似有助敌为乐之趣，因纵马减层，使敌车生根，可车三平四后再进二成杀。正是此种可借用的虚幻假象，使黑方做杀更加具有迷惑力。此手做杀，控帅、断路、充架，功德无限；其着法短促、隽永、有力，使做杀战术的诸多特点一览无余。

33. 车三平四

马6进4做杀一手，不仅没有引起敌方的警觉，反而令敌军又燃起了求杀的希望，此皆黑方做杀巧妙、隐暗所致。

33. ……　　车6进1

做杀车献艺，剪羽帅吃惊。强车爆发摧毁之力，砍士逼士，红方只能士五退四应付，黑方再马8退6折返去炮挂角，因4路马悬空控制断路，红方只能帅五平六，遂遭炮1平4劈杀。此局马6进4做杀，隐暗、短促、突然、凶狠、巧妙，做杀施杀之亮点也。

总之，做杀战术是以行进、捉拿、打将、占位等一般性着法为掩盖的做成杀势的手段，是在"无杀"局面中的绝杀，是隐蔽、突然、凶狠的斩首举措，是战略家总攻收网的绝代才华。

正是：决战筹划妙绝伦，收官暗步定乾坤。弃车一手成经典，杀气三时作阵云。

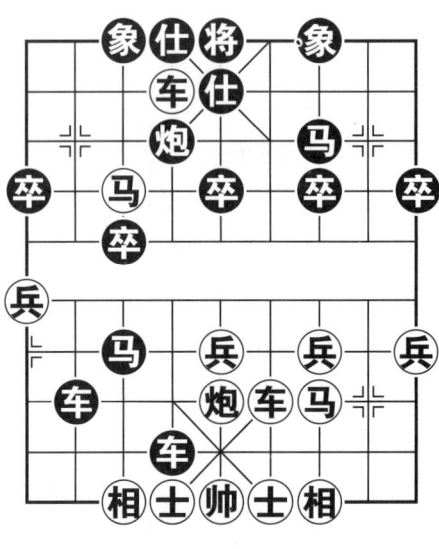

图一

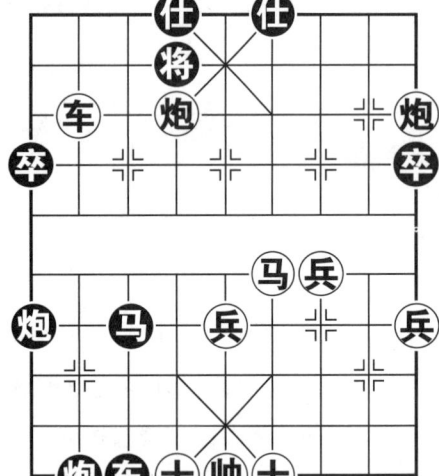

图二

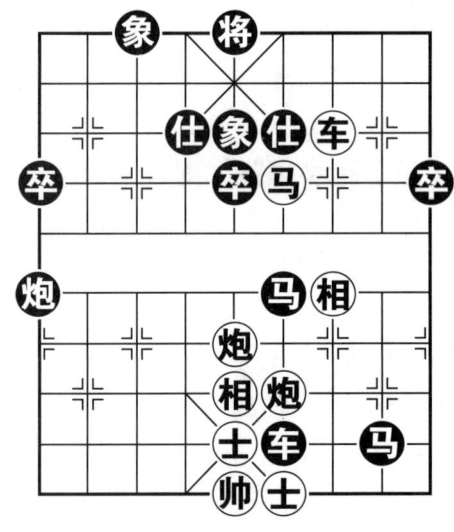

图三

九、谋划类战术

307. 细算浮生千万绪*

——浅论计审战术

《孙子·始计篇》指出:"夫未战而庙算胜者,得算多也;未战而庙算不胜者,得算少也。多算胜,少算不胜,而况于无算乎?"

计审战术系指实施方为了争取先敌一步,成功拔旗,指挥系统深刻分析形势,对敌我双方组织实施进攻所需线路、兵力、步数乃至策略、手段等有关数据进行准确计算、审查和预测,做到心中有数,从而避免盲目行棋、漏算与受挫,以确保决战决胜、抢先破城擒将的运筹技巧。

(一)跬步慢进先抵　联军成功夹击

图一选自赵国荣与庄玉腾1992年全国个人赛弈战局谱。

42.兵七进一

跬步抢攻不甘后,计审行程杀在先。这是夹击与侧攻的较量,这是计审杀步的比拼。在对攻局里,常常出现这种情形:双方均有足够的进攻兵力,且各攻各的,互不干扰,计审精准又多妙手者,可抢先一步成杀,而"少算""无算"者则落后致负。此手,算就了七兵连续两步到位后,即可花心催杀,抢在敌前擒将。

42.………… 马7进6　43.兵七平六

贴靠士犯忤,塞压炮生威!跬步行军到位,立使车双炮呈现出进攻态,先敌夺胜已是板上钉钉。敌马虽比兵步幅大,但主帅并未在其攻击半径之内,黑方速度显已落后,败势再难救挽。以下重复着法省略。

43.………… 车7进2　44.帅五退一　马6进5　45.炮九平七　将6进1
46.车二进一　将6进1　47.炮七退二　士5进4　48.车二退一　将6退1
49.炮七进一　士4进5　50.兵六平五

攻杀酣时出妙手,壮烈花心创胜机。黑将只能去兵,红则车二进一胜,黑方车马炮壮志难酬。

(二)保持同等距离　巧妙做成闷杀

图二摘自古典名局《孙庞斗智》谱图。

---

*文题摘自晏殊《木兰花》

1.炮一平三

棋形相同求细算，妙施困毙抢在先。这是以计审敌我两对炮之间距离以决定胜负的典型局例。开首着法抢闷在先，尔后着法必须确保两对炮距离点数相等，以逼迫对方被动应付并最终达成困毙的目的。

1.……　　炮9进9

黑方如炮9平7，红方则炮三进四，然后保持两对同线炮同等距离即胜。

2.炮五进三　炮9平8　　3.炮五进一　炮8平9　　4.炮三平二

逼敌无路，做成闷杀。此局十分典型地说明了："多算胜，少算不胜，而况于无算乎？"倘若不加计审，心中无数，就将胜负易手。很多棋评往往用"算度精准"来评价弈者的计审程度，说明棋评家对此持正面看法。

（三）攻杀歧路计审　抢先破城夺旗

图三录自邹立武与任建平1985年全国象棋赛弈战中局。

16.马六进五

启动嘶声咽，计审歧路清。黑方只要争得炮1进3的机会，就将赢得战斗的胜利——这一点已经十分清楚；但红方杀势却云遮雾绕，尚不明朗。决战的关键时刻，红方不仅准确计算杀路，而且在干扰破坏敌方计划的同时抢先成杀，使敌凶险侧攻计划变成永远的"定格"。

16.…………　车4退5

马踏中象求杀，既是对敌车的生死挑战，也是对攻杀两大歧路的准确计算。敌方此时如象7进5，红方则兵五进一，车4退5，兵五进一，马3进5（士4进5，兵五进一，将5平4，兵五进一胜），后炮进五胜。

17.车四进八　将5进1　　18.兵五进一

借敌车堵塞将路之弊，下伏马五退三杀，从而逼车让点解杀，仍然没有炮1进3还击的机会。以下车4进7，兵五平六，将5平4，车四平六，马3退4，马五进四杀。

总之，计审战术是对行军作战各元素的计算，是对敌军突袭、伏兵、暗着的英明预见，是使胜利来得及时、来得可靠的保证，是对敌方智慧、才艺的最大尊重。

正是：帷幄筹划精入微，坚城固防立折摧。细算浮生千万绪，计审乱局八九回。

炮 炮 象 仕 将
仕
兵 象 马 车
卒 卒
兵 车
士 相
帅
相 士 炮

图一

将 仕 炮
兵 仕
炮
炮
卒 士
帅 士 炮

图二

象 仕 将 仕 象
车
马 炮
卒 卒 卒 卒
车 马 兵 卒
炮 兵 车 兵
炮
炮 车
相 士 帅 士 相

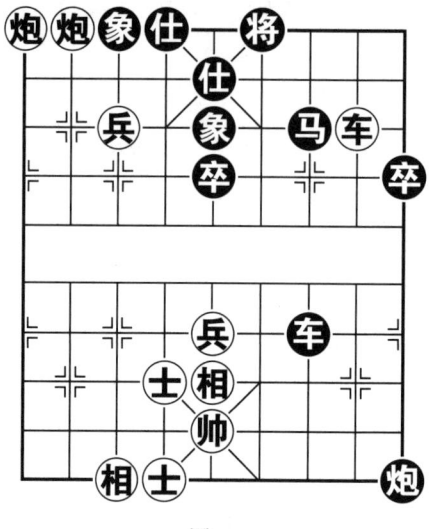

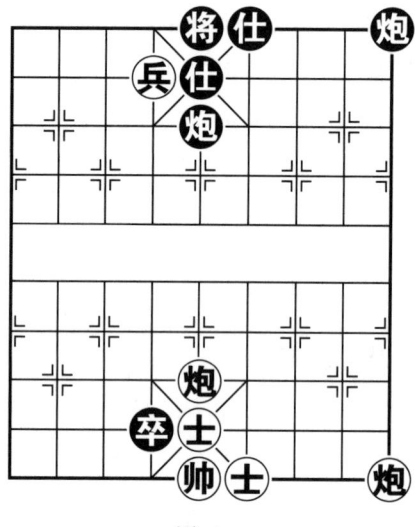

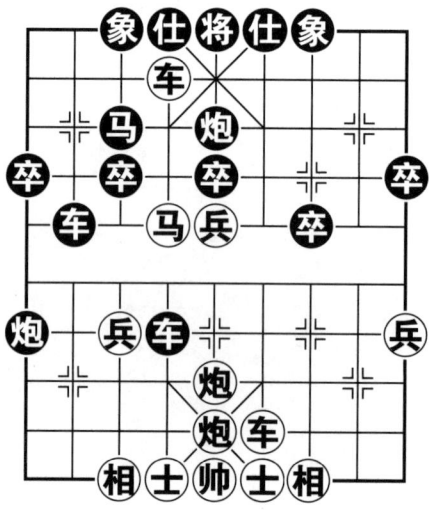

图三

308. 心有灵犀一点通*
——试论策应战术

孙子云："故善用兵者，譬如率然；率然者，常山之蛇也。击其首则尾至，击其尾则首至，击其中则首尾俱至。"

《汉语大辞典》注释为："从不同方面对敌作战，以与友军呼应。"

策应战术系指相距较远、不能进行直接联手以配合作战的两支队伍，为有效完成某一重要军事任务，巧妙采取去根、增层、除患、断联、开路、护辅等战术手段，或驻占待机，或远势呼应，或间接援助，或挑起不同战区的战斗，以同异地友军进行内在的有机联络，形成貌似松散无关、实为密切配合的战术联合体的高级配合艺术。

策应战术与护辅战术虽都是兵员之间相互联系的骄子，但前者是一种两地兵员对敌军威胁的提前处置，而后者则是对即将被敌捉死兵员的有力救助，换言之，如果说前者是对战局发展的现状与趋势的维护，那么，后者仅仅是对兵员个体存在的捍卫！

（一）高密度连续施法　左翼纵队弥坚强

图一选自张德魁与王嘉良1954年于北京弈战局谱。

15.　………　　卒3进1

右侧义卒勇，左翼战马嘶！3卒之启动冲击，既增层加厚河防，使封锁河道的炮火失效，为7线马扑上渡江参战解除了火力封锁，又开通了3线马路，为彻底摧毁敌炮、结束敌炮在己方的盘踞与封锁提供了开放的线路。此种策应有着相当重大的战略价值，它为输送兵员、发动侧攻提供了有力保证。此策应战术妙手，得到了李中健先生的充分肯定，并赏予了两枚叹号以表示无言的赞叹！

16. 兵七进一　马3进2

为使左马跃出助战，加强左翼攻势，先于右翼发力，奋勇摧毁封锁河界的火力。王嘉良指出："采用右翼行动，以保证左翼攻势"。这是典型的两翼策应战法。

17. 兵九平八　马7进8

热血铺就进击路，增援骑士踏征程！马踏界河，顿增车炮后力，顿显攻势厚重，一场攻防大战已在所难免。

18. 车九进四　卒1进1

大将多韬略，小卒善策应。此步冲卒欺诱边车，暗助远方车马炮兵团，实乃小巧玲珑的袖珍型策应妙手。对此，边车只能委屈避其锋芒，倘若怒而杀之，黑将马8进9立掀进攻狂

---

*文题摘自李商隐《无题二首》

澜。但又如此时红若车六平二，黑则暗藏炮9平8的策应妙手。因如车二退二则炮8进5，车九平二，炮8平5，红将不堪。

19. 车九平八　　炮9平8

黑方三子楚河前后一字型率然成阵，形成了河界两岸子力的再次策应，使敌纵有并联双车但不得揳插挑双逼兑，真乃"率然"之"齐勇若一"也。

20. 车六平一　　车8平9　　21. 车一进二　　炮7平8

连续策应豪侠英勇，不得横行双车无能！此时此地，8路线上虽然存在敌双车揳插之"隙"，但是巧妙的策应却将敌车揳插挑双企图化为泡影。此时红若敢于马三进四，黑则车9平5，马四退二，炮8进4，车八平二，炮8平7，红无相难以防御。正是：大型策应组合巧，超级应对谋划深！

（二）柔性方略筑堤坝　　弱旅策应斗强徒

图二录自吴贵临与陶汉明1996年于桂林"银荔杯"冠军赛弈战局谱。

8. 车九平六　　炮2进2

楚楚施停待，淡淡求策应！此乃同一线路、中轴两边、不同兵种的有效策应，它巧妙停待，它立解肋车骑河捉马逼离之攻击手段。黑炮预先升提河口，停待要冲，内涵丰富：其间有3卒的冲渡做架，有中象的强势依托，有3路马与2路炮的对敌车的双捉，尔后又有黑方右翼兵力的大面积活跃，不仅使车捉马的企图化为泡影，而且使车丧失较好落点。因如车六进四，则卒3进1打车争先，红方落于后手。

9. 兵五进一　　卒7进1

由于炮的有力策应，捍卫了河马的制空作用，使局面逐渐进入相持阶段，并在2路河炮的封锁和控制下，进卒闪击过河车，拉开了双马斗车的中局大幕。

10. 车二平四　　马6进7　　11. 兵五进一　　卒5进1　　12. 车四进二　　马7退5

13. 炮五进三　　卒3进1

复用河炮，挺卒活马，逼兑中炮，减降攻势，增加后续守力，以有利于同强敌的生死周旋！

14. 炮五平八　　马3进2　　15. 炮八进二　　马5退7　　16. 马三进五　　卒3进1

17. 炮八平三　　炮8进2　　18. 车六平二　　象7进9　　19. 马五进四　　车8进2

20. 马四进三　　炮8退1　　21. 车四退三　　马2退4

折返窥捉策应，双马酣斗恶车！右马以避捉反捉为由，对左翼车马炮军团抵御入侵的战斗进行策应，有力地分散、牵制了敌兵力。

22. 车四平六　　马7进5　　23. 马七进五　　马5退6

相持阶段，双马在8路炮暗中策应下在中原战区勇斗强车，十分精彩，现捉车窥炮，为己炮开路，为车生根，并暗伏闪击透车之先手。下一阶段，双方输攻墨守，握手言和。

（三）隔山远施策应手　　踏谷更折杨柳枝

图三摘自高夏与李明超于1995年首届全国棋协大师赛弈战局谱。

14. ………… 马3进4

刁钻的策应鬼手，难解的战术试题！为策应左车同强大敌军的攻守较量，防止大量兑换子力、简化局势，黑马从右翼掀起波澜，进行层次深远、步伐诡异的捉车策应，不给敌以喘息之机。此步叼车、塞相，暗伏车4进7砍炮恶手，如士5进6则踏马、挂角、抽车，后续十分严厉。如果此时应以车八进一，则黑方又有炮6平1伏杀、得车的手段。由于策应得力、刁钻，红方长考多时亦未能找到有效的解拆方法，无奈弈出——

15. 车二平四　炮1进4　　16. 兵五进一　马4进2　　17. 车四平九　车8平6

由于有此策应妙手，竟使黑方在敌我纠缠角斗中立获优势，且双车占肋，进路顺畅，两翼兵力均衡，前景看好。真个是：橘枰藏手筋，双车皆惊心。策应杀手锏，入局领航人！

总之，策应战术是远距离的温馨赠送，是处危兵员获得的安全依托，是一盘棋思想的精妙阐释，是两地友军互援互助的庄严许诺！

有诗在为你叫好：两地同心巧结盟，强敌预谋竹篮空。枰无暗语双飞燕，心有灵犀一点通！

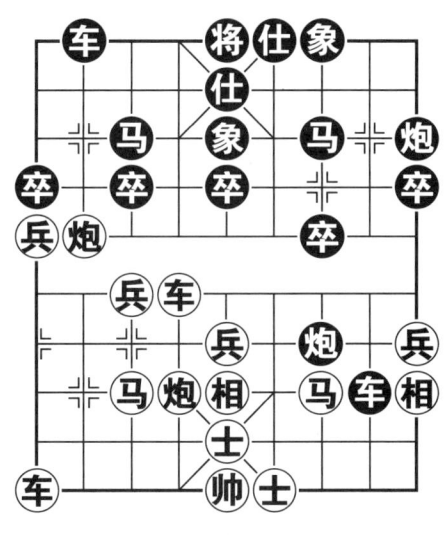

图一

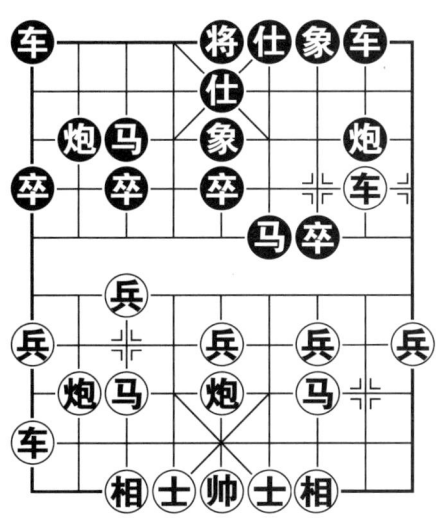

图二 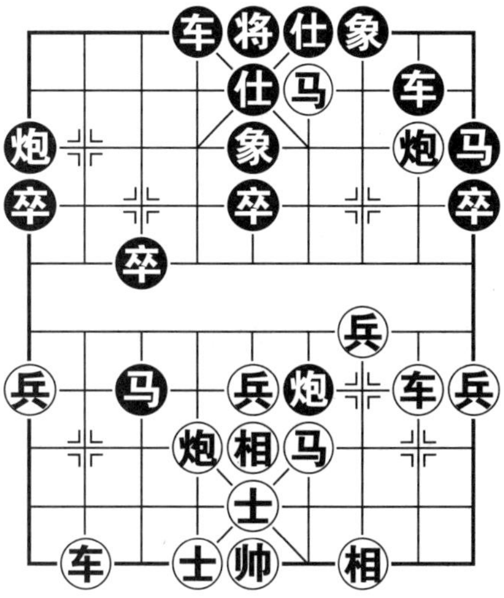　　　　　　　　　　　　图三

309. 夜半钟声到客船*

——小论多向战术

《六韬》载，周武王问姜太公，假如强敌夜间来袭，为之奈何？太公曰："如此者谓之震寇。利以出战，不可以守。选吾材士强弩车骑为左右，疾击其前，急攻其后；或击其表，或击其里。其卒必乱，其将必骇。"

多向战术系指在攻城作战中，进攻部队将优势兵力分几路展开，对敌宫城形成网状、立体、多点进攻态势，然后相机实施中路突破，两翼侧击，底线兜抄，逼迫守敌分兵把口，四处御敌，多面作战，顾此失彼的攻杀方略。

（一）配合默契　四兵种多向攻城

图一选自胡荣华与许银川第十七届五羊杯弈战局谱。

30. 炮六平八

以威胁侧攻、马后炮攻杀，先手分兵翼侧，为攻将预设伏兵。

30.………　炮4平2　31. 马六进七　将5进1　32. 车七平八　炮2平4

33. 车八平三

顿挫择点局增效，逐障清路平拉开。车之捉拿游动，既为炮的进击清理了道路，又为自身在敌宫左侧展开攻击做好准备。此手已使多向攻势初具模型。

33.…………　炮4退4　34. 兵五进一

夺卒欺车抢中路，三向大军攻皇都。左右两翼致命威胁为中兵提振了抢占中路的士气，"亡命之徒"面对面的杀气，已使敌首心寒胆战，而敌车也不敢招惹。至此，三向攻势已成，敌城危在旦夕。

34.…………　车6退2　35. 炮八进七

四向制敌，兜抄后路，下伏马七退六叫将塞象再兵五进一绝杀手段，红方胜定。

（二）充架让位　纵向三线做绝杀

图二摘自陶汉明与许银川第六届银荔杯弈战局谱。

30.…………　士5进4

构筑台架控肋线，禁制敌首妙组杀。此手先自封杀敌六路线，使敌首再无逃离躲避之机

---

*文题摘自张继《枫桥夜泊》

会。此手既意义深远，又十分幽暗——纵向三条线路已在暗中悄悄布控之中。此手，在防御中调整，以藏敛进攻锋锐。

31. 车九进四　象5退7　　32. 车九平二　炮9平5

中路火力窥敌首，三向攻势逼藩王。红帅所能行止的三条线路全部封闭，杀势十分强烈，已难有反扑逆转之可能。

33. 车二退八　车6进5

运调组杀在先，重拳猛击于后，敌首毙命。回顾上士退象两手，助攻助杀价值连城，极限发挥后勤人员在决战中的战斗作用，而且在实施过程中毫无张扬、显露之意，使多向妙手顿增阴柔魅力。

（三）灵活机动　一炮多线追敌首

图三取自李中健先生排拟的精巧棋局。作者自评道："棋局虽小，却是多向进攻"。此局是多向战术实施中的另外一种形式，是一子在左中右三向机动过程中，与右兵中帅联手所构成的连续威胁性杀局。

1. 兵四进一

义勇向前，威胁炮二进七杀，此兵虽然将要壮烈沙场，但它却为后续进攻提供了极其宝贵的战机。其进，手段虚无，内涵深刻；其进，为友军提速增效、铺垫打叠。此兵，不仅是勇士，而且是智者。

1. ………　　士5进6　　2. 炮五平四　士6退5　　3. 兵三平四　将6平5

4. 炮二进七　象7进9　　5. 炮四平三

中炮两次右移要杀，进攻方向十分灵活，极具针锋相对、敌变我变的攻杀特长。

5. ………　　将5平4　　6. 兵四进一　将4进1　　7. 炮三炮六

初始状态的中炮，两翼追杀，构成多向进攻态势，最后一击，闷杀敌首，很是巧妙。但是，不要忘记首着打叠的大功，它是友军能够充分释放攻杀能量的进军号角，它是多向战法得以精彩演奕的绝佳平台。

总之，多向战术是组杀前的兵员配置技巧，是利用空间优势实施进攻的动态过程，是围攻围杀的前提条件，是分兵造势、集中攻击的组杀艺术。

正是：几路大军齐攻坚，上下左右斗敌顽。山头炮火摧敌堡，夜半钟声到客船。

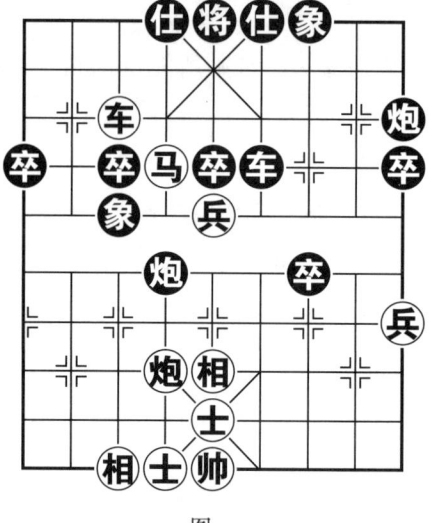

图一

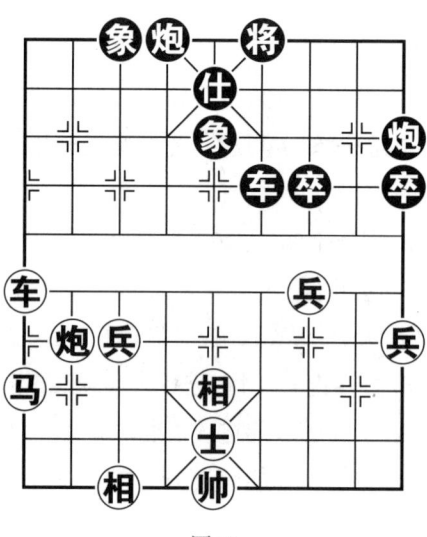

图二

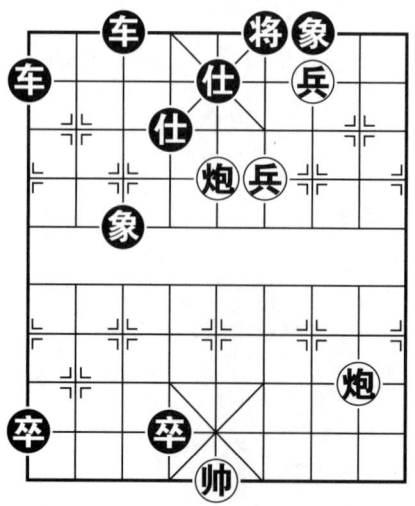

图三

310. 暖风熏得游人醉*
——略论骄纵战术

许世友将军曾深刻指出："在强敌进攻面前先退一步，是为了骄纵敌人，创造战机，为尔后的胜利创造条件。"（摘自《许世友回忆录》）

骄纵战术系指在攻防战中，实施方巧妙采取退让、失子、放纵、失控、隙漏等迷盲欺骗手段，利用敌军在分析判断形势上的麻痹心理，以假象迷惑敌人，骄其狂傲失度，纵其盲目贪攻，使敌疏于防范、慌于行动、败于轻慢的高级心理战法。

（一）开笼放鸟　骄纵敌马生无路

图一选自胡荣华与吕钦1996年全国团体赛弈战局谱。

28. 相五进七　马2退3

飞相若开笼，放出笼中鸟。黑方2路马被炮相火力封锁了十载，苦不堪言。今见飞相"良机"，宛如开笼放鸟一般，慌慌然欣欣然逃了出来。一个心情如此愉悦的兵员，往往不会进行深思熟虑的研判，它已经被"良机"骄纵起来，什么"欲擒故纵"之类的战法，对它已经陌生得毫无印象了。

29. 炮二平六　马3退4

炮口直指戎首，逼马增层应付。红方两手棋，盯将放马，把马牢牢拴缚在攻将的炮舰上。这种"禁"度，远远超过在红方底线被禁的程度，因为后者只涉及不得行动的问题而不涉及安全存在的问题。

30. 马六进七　士5进4　31. 炮八退二

逼打！"欲擒故纵"的绝佳演弈。被骄纵者已是九死一生。

31. ………　炮8进4　32. 兵三进一

撤架断联，敌马彻底失去保护，成为骄纵战术的"光辉样板"。

在骄纵、擒拿马的过程完结之后，回过头来再欣赏一下首着的妙处。一是实施让路战术，为二路炮肋道联攻敌首打叠；二是骄纵敌马，它在底线虽遭封禁，但毕竟还存在，把它纵放出来杀之，足可倾斜天平，震慑敌军；三是高相提前充架以利捉拿，同时此种手段隐蔽紧凑，并具有很高的行棋效率。

*文题摘自宋·林升《题临安邸》

（二）骄纵让利　智斗巧取进犯敌

图二摘自柳大华与洪磊鑫1985年于南京弈战局谱。

6. 马七进六

骄纵让利手段，橘枰非常战歌！红方以急攻冒进而露出破绽为表象，给敌炮提供串打马炮的手段，以骄纵敌之食欲，并乘机暗中发动攻势。

6. ……　　炮2进1　　7. 炮二进四

连续进军云雾里，再施骄纵攻势中。红方连续实施骄纵手段！此手以先跑其一、再躲其二的办法解拆串打，又以越界求攻的架势对敌进行威胁，故此种骄纵手段带有软硬兼施的特点。

以上两手，有弃子成分，但不是问题的根本。很多具有独特功效与特点的战术手段，往往被简单肤浅地冠之以"弃子"二字，一"弃"了事，没有深度挖掘着法的"个性"，将很多具有独特功效与特点的战术手段活活"抹杀"在"共性"之中，将万紫千红的象棋战术大花园用一块"弃子"的大苫布遮掩了去，不得见天日。这在客观上严重贬损了中国象棋博大、精深、高雅的品位。

红方以上两手即是企图通过弃子实施的骄纵战术手段，导引敌军串打、夺子、失机，只注重吃而忘掉势。敌如炮2平7，红方则车八进九，马3退2，车一进二，炮7进1，马六进五，马7进5，炮五进四以夺取镇势攻势。如果将如此精妙的骄纵战术用弃子战术笼统代之，不仅偏离了事物的根本，也将严重违逆弈者深谋密划的良苦用心。

7. ……　　象7进5　　8. 炮二平三　　炮8进4　　9. 马六进四　　车9平8
10. 马四进六　　车8进1　　11. 车一平二　　车2进1　　12. 炮五平七　　马3退2
13. 炮七进四　　车2进5　　14. 炮七平八

红方平炮倒打，暗伏闪击夺子手段，立获优势。现回顾一下双方初始之时的智斗，红方连续多手实施骄纵，而黑方仅被骄纵了一手——进炮串打，但却猛醒于须臾，止贪于边缘，并不深陷其中，真冷静之豪杰也。红方诱之以子，求之以势。现见对手仅入彀些许，纵而不骄，遂连施紧手，再不给其打马机会。双方智斗，留下橘枰佳话。

（三）纵马低效　冲渡杀手赢决战

图三取自宗永生与许银川1996年于宁波弈战局谱。

33. ……　　马4退6

盯中兵放纵边马，暗打叠输送增援。此手退马叼兵，为解决中卒冲渡助杀进程中的除障问题，暗设机关，同时骄纵无路可进的左边马，以为"天降大任"，可乘机立功进爵。此手骄纵使敌马只可去边卒，并进行无效运转以浪费时日，而难以有更高层次的进取，因为8路炮随时都可以"隔山"奉陪。

34. 马九进八　　炮8退1　　35. 马八进九　　卒5进1　　36. 相七进五　　卒5进1

红方马踏掉边卒，黑方中卒拱掉中兵入界，于力于势双方相差悬殊。此局面也充分肯定了马4退6骄纵一手利弊得失的准确评估。有此组合保证，离攻占帅府的时刻已经不远了。

37. 炮六平八　马6进4　　38. 炮八退一　炮8退4

攻守两利之着，既减效、控制敌马活动，又利于"远台进攻"。之后马卒相继蚕食双相，助双炮发动最后的决战。至51回合红方认负。

总之，骄纵战术是使敌头脑发热的魔术，是"骄兵计"的巧妙安排，是心理战虚幻景象之造设，是骄敌误敌乱敌的锦囊妙计。

正是：暖风熏得游人醉，迷路忘家不得归。逼真造作虚幻境，误陷漩涡自濒危。

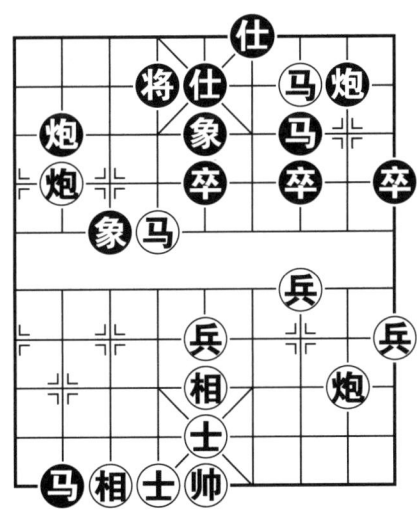

图一

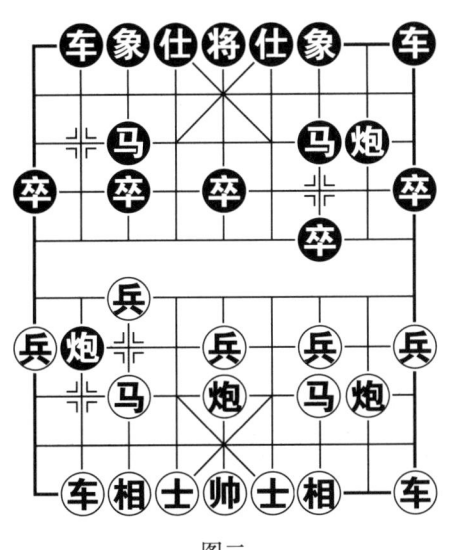

图二

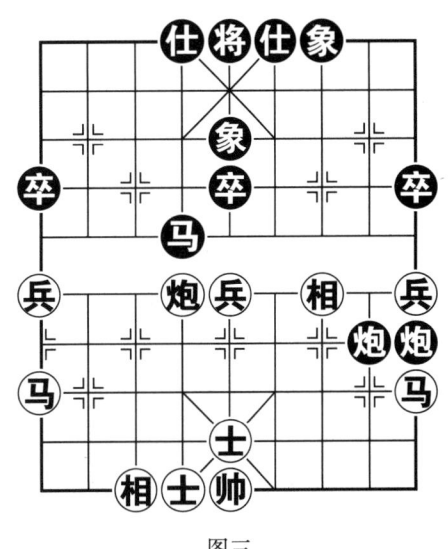

图三

311. 嫩蕊商量细细开*

——小论开首战术

毛泽东主席曾深刻指出："初战的计划必须是全部战役计划的有机的序幕。没有好的全战役计划，绝不能有真正好的第一仗。"

开首战术系指施动方经深入研究与周密准备，根据对手的心理、水平、风格、喜好、经验等实际情况，有针对性地分别采取骄纵、迷惑、导引、探试、施压等各种有效手段，以达成趋利避害、首仗主动、棋路顺畅的战略目的；或在破解排局时，根据局面特点和攻杀要求而采取的具有决定性方向性的开局首着第一步行动的初始艺术。

（一）严密操控　雾都迷宫择胜路

图一摘自《象棋实用排局》第377例。李中健先生十分重视排局解拆"首着"正确选择的重要性，他对此局的解法曾做过深刻的提示，此局"红方有各种各样的妙杀与双将，关键是第一着必须走对"。

1. 前马进二

选定二路杀步，踏晴一片蓝天！此手暗伏充架断路，窄小将之活动空间，为立体双将擒拿敌首预做埋伏。此开首战术妙手，给获胜带来希望。作者对此步评述道："这是非常重要的攻着。如改走其他着法，则变化相当复杂，红方不易取胜，仅举一例：前马退五，将6退1，马三进五，将6退1，马五进六，将6进1，马五进三，将6平5，马六退五，马4退5，黑方胜势。"

1. ………… 　将6平5　2. 马三进五　马4退5　3. 马五进三　马5退6

如改走马5进4，炮一退二，车8退6，马三退五，红胜。

4. 马三退四　将5退1　5. 炮一退一　将5退1　6. 马四进五　马6退5

7. 马五进七胜

在以上第二回合马三进五打将时，黑如改走将5平4，红方可马五进四，至此黑方有两种应法，皆难逃厄运——

（一）3. ………… 　将4平5　4. 马二退三　将5退1　5. 炮一退一　将5退1
　　　 6. 马三进五　马4退5　7. 马四退六　将5进1　8. 马五进三　双将杀
（二）3. ………… 　将4退1　4. 马二退四　将4平5　5. 炮一退一　将5退1
　　　 6. 前马进二　将5进1　7. 马四退五　将5平4　8. 马二退四　车8退7

---

*文题摘自杜甫《江畔独步寻花七绝句》

9. 马五进四　　将4平5　　10. 后马进二　　将5退1

11. 马四退六　　将5平4　　12. 马二进四

此局足以说明开首战术具有确定方向、决定成败的重要性，首着如果谬误，就等于将诸多能征惯战的兵员带入了险厄的歧途，其后多少谋划、多少拼斗都将变成竹篮打水。

（二）乱石萋草　屯边火器闪光芒

图二选自《适情雅趣》第一局《气吞关右》谱图，是局黑前军做成铁杀，界河两岸炮双马衔炮咬车制马，封锁卒林，看护要点，后方士象虽不整但不缺，决意固守，使红方面临九死一生而又胜路迷茫的严重开首考验。

1. 炮五平九

抽占、选位、归边，为切入底线打叠，洞察、灼见、大义，为连将做杀埋伏！此手实乃出敌意料的惊天妙笔、洞见未来的开首绝技！徐家亮先生对此评注道："本局首着弃车入局，红方算度深远，胸有成竹，为以后红炮择路进攻，由边线切入，连照做杀，创造有利条件。"

1. ………… 马7进5

黑如改走士6进5，红既可兵六进一，也可兵六平五，红炮均能下底参战，助攻成杀。说明首着如果正确，己方兵员就可以发挥攻杀作用，而对方有多少种应对也挽救不了败局。

2. 兵六进一　将5平4　3. 车七进九　象1退3　4. 炮九进五　象3进5

首着不仅为兄弟部队提供了胜路，而且自身埋藏了很深的后续杀步，为逼迫敌首凸起浅露立下大功。

5. 马八进七　将4进1　6. 马二进四

此局告诉我们，排局解拆的首着具有关牵成败的决定性意义，它涉及对整个形势的分析判断，对各种攻杀方案的计算审核，对各路变着的全面精密的考虑，以及从何处入手打叠的细致安排。同时，"没有好的全战役计划"，就不会有精到的初战，因为开首战术来自于弈战全过程的周密考虑。

总之，开首战术是开战的宣言，是大战略的制定，是争战畅想曲的前奏，是给敌军带来的一团迷雾般的杀气！

有诗赞曰：揭幕隆重复巧乖，连环妙步接踵来。但求金秋结硕果，嫩蕊商量细细开！

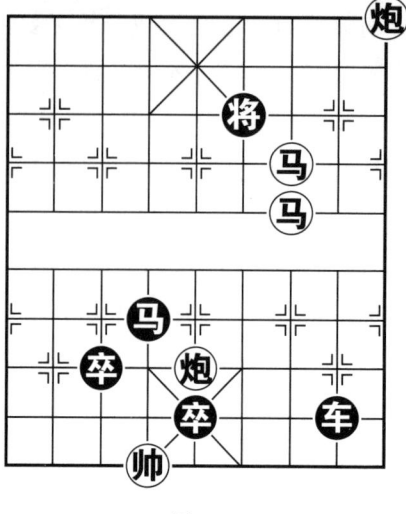

图一

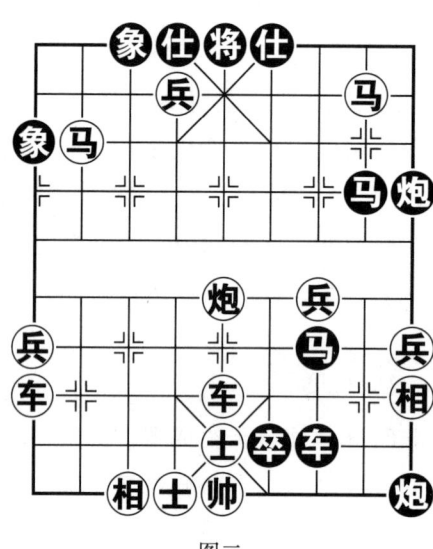

图二

312. 深宫桃李无人问*

——小论抑留战术

棋谚云："有炮留它士"。由此引发了这样的思考：在吃车砍炮的枰场上，还需要刀下留情吗？在什么样的特殊条件下，还要留敌军其他什么兵种的兵员吗？捉吃激烈的弈战，如果普遍存在着这种情形，其理论根据和战术价值又是什么呢？

《孙子·九变》中深刻指出："涂有所不由，军有所不击，城有所不攻，地有所不争。"

抑留战术系指攻防战斗中的有效火力，根据敌我攻防的特殊情势和全局最高利益的需要，本着区别对待和为我所用的原则，对已被严密控制并可立即消灭之敌军，采取强行滞留、暂不予以歼灭的军事方针，进而巧加利用，以发挥其对敌军的阻挡、制乱、迟滞乃至倒戈助攻作用，待时机成熟后，再予以合理安排的高级处置技巧。

在中国人民解放战争中，举世闻名的平津战役就是采取对张家口、新保安"围而不打"，对北平、天津"隔而不围"的抑留战法，有效达成了对敌军的阻逃、断联、促变的战略目的，为最终实现北平的和平解放做出了决定性贡献。

抑留战术的灵魂就是承认差异、因敌制略、借敌制敌。它在时机的把握、方案的筛选、谋略的施展上均达到了科学化与艺术化相互辉映的至高境界，因而具有极高的实战价值。

在实战局中，在排局中，抑留战术或精美、或隐暗、或策略、或深邃演弈疆场，将战斗行动科学化，将局面利益最大化，给人留下不尽的遐想——

（一）寻觅良机　求取高效

图一为赵国荣与李智平1991年全国个人赛弈成的残局枰面。是局黑卒身处相口，红方却巧加抑留，同时在进攻战中寻觅最佳掠卒时机，极大提高了行棋效率，加快了进攻节奏。

58. 车三平二

不理卒，充分利用敌宫弊端，平车要杀。此手，夺攻势，争杀势，不给黑方有序治弊、从容调整的机会，也不给卒脱险渗透的机会。

58.………… 车5平7　　59. 马九进七　将5进1　　60. 车二平五

车口卧槽叫将，妙演殇决战法，逼将凸起，顺势砍象，使敌宫危机日益加深。

---

*文题摘自金·元好问《玉楼春》

60.……　　将5平4　　61.车五退一　士4进5　　62.车五平八

平拉开，逼将局促，使其丧失周旋空间，暗中部署做杀。仍然抑留河卒，如同未见一般。

62.……　　车7退1　　63.马七退九　车7平1　　64.马九退七　将4退1

65.马九进八　将4平5　　66.相五进七

飞扬夺辎重，抑留谱新篇！掠卒、亮帅、胁士、抢攻、伏杀！这是歼敌的最佳时机，是一步多用的增效手段，是抑留技巧真正战术价值之所在。以下车1进2，车八平二，将5平6，马八进六，履险、殇决、要杀、妙胜。

即便终局奏凯，扬相去卒一手的功力仍森然如初，它将长时段的抑留与果断的处置编织成一个完美的艺术品，打造出一个精准、高效的抑留战例。真个是：抑留之间淡若无，摘取顿觉沉如珠。橘枰敢比蓬莱境，奇花异草也扶疏！

（二）谋划深远　　以巧制敌

图二摘自裘望禹先生拟、朱鹤洲先生校之测验棋局正解着法第17回合局谱。

18.车七进一

抑留底线马，妙做绝杀局。此乃抑制滞留敌马、管制中士、封锁下二路、威胁平帅中路叫杀的多功能抑留战术妙手！同时也是为进帅、进相、妙兑敌车、演成兵右帅左妙杀而打叠的精深顿挫和停待，是夺取胜局唯一的决定性手段。

如贸然车七进二，则士5退4，车七退八，车7平5，相一进三，车5退1，相三退五，车5进2，帅四进一，车5退1，车七进一，车5退1，车七平三，车5平6，车三平四，车6平5，车四平三，车5平6，车三平四，车6平5，黑车一将一闲妙和。

18.……　　车7平5　　19.帅四进一　车5退1　　20.相一进三　车5进1

黑方如车5平7则帅四平五伏杀。

21.车七进一

在帅、相分别进抵预定点、暗中为车回防、妙兑提供了双根之后，也就是说，抑留时段已经结束，时机已经到来，方杀马引士。

21.……　　士5退4　　22.车七退七　车5平6　　23.车七平四　车6平5

24.车四平五

杀马先过渡，兑车妙择时。逼兑，下伏帅转移六路成杀。

总之，抑留战术绝非吃不吃、何时吃的现成公式，而是敏锐发现和巧妙利用敌子之间差异的高深功力，是精深计审、灵活策略和绝佳选择的有机融合！

有诗在为你颂扬：深宫桃李无人问，圣手折桂有佳期。弈海敢笑兵书浅，汉营楚阵尽玄机！

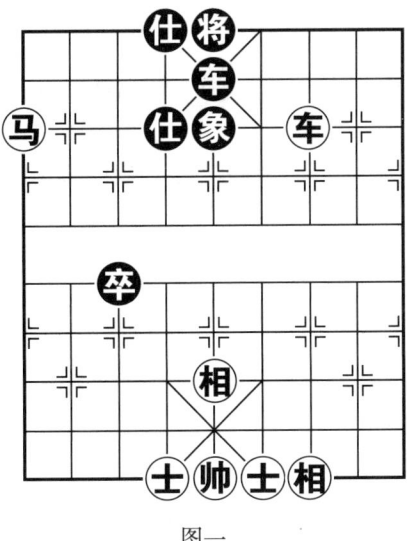

图一

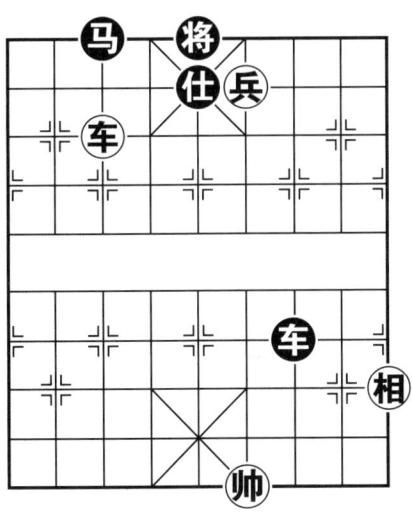

图二

313. 俯仰随人亦可怜*

——试论刁钻战术

刁者，狡诈，故意使人为难也。刁钻，《辞源》释为"狡猾，乖巧"。

克劳塞维茨将军在《战争论》中明确指出："有的，受害于过分的谨慎和所谓正规行动，而失掉了最好的时机。"

刁钻战术系指在两军攻防的关键时刻，实施方经过对战局的透彻分析，针对敌军之弱点与病弊，突然采取履险、控制、弃舍、制弊、抢掠等非常规的攻击手段，乘敌不备，冷箭暗发，使敌猝不及防或苦无对策而遭致重创的超常规攻击艺术。

（一）借敌制敌　刁钻抠打一线天

图一选自赵国荣与吕钦于1983年全国个人赛弈战局谱。

33.………… 车2进2　34.帅六退一　车2进1

打将顿挫控线，为实施刁钻手段造势打叠。

35.帅六进一　炮5平4

借架抠打施刁手，底线发力演妙局。此手刁钻已极，它履险于帅士双扼守之重镇，而帅士竟不敢招惹；它邀帅为铁架，借敌攻敌；它抠打车马纵队，打而必得其一；它借助车之威力，极尽"狐假虎威"之妙；它利用敌宫弊端，隔一而击，倒打成功。此刁钻妙手，出敌意外，成为优劣胜负的转折点。

36.车六平七　炮4退6　37.车七进四　炮4进3　38.炮三平九　马7进8

帅位不佳，后防空虚，难以抵挡车马炮的联合进攻，红方认负。

（二）忍让退却　后发制人猛如虎

图二取自傅光明与冯明光于1990年全国团体赛弈战局谱。

1.………… 马3退4

乱局谋算透，退却也刁钻！现红炮正串打马炮，而黑方虽车衔河炮，但不敢造次，因有炮三平七打车手段。黑方借先行之利，突施刁技，撤离射点，右车安定，并暗中断路，计设陷阱。敌若炮三平八打炮，黑方则车6平2，炮八退二，象3进1，车七平八，车2进4，马七退八，车3平2，马八进七，象1进3，炮八退一，炮5平3，必得一子。

---

*文题摘自元好问《论诗三十首》

2. 炮八平七　炮2平7

黑方得子占优。此局说明，不管是进攻还是防守，不管是错综复杂的角斗，还是"正统"的争战，都伏有实施"狡猾，乖巧"手段的因子；其二，刁钻者，非透辟审局而不得也；其三，提增功力，方能在临场处置时不至于"失掉了最好的时机"。

总之，刁钻战术是"修理"敌军的特别手术，是功力抵达峰巅的绝技表演，是常规战法的绝佳补充，是发自观者内心的赞叹！

正是：制敌破阵手段高，动静相宜本性刁。俯仰随人非好汉，特质润身逗英豪。

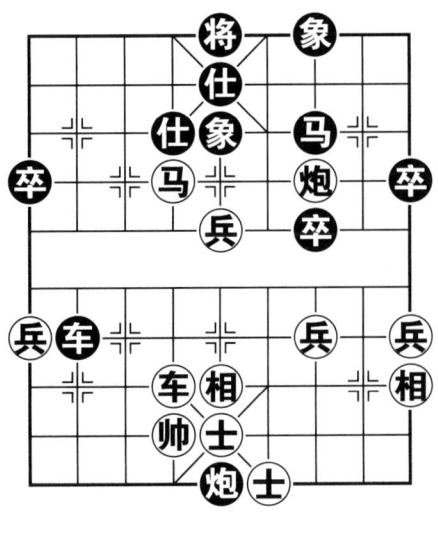
图一

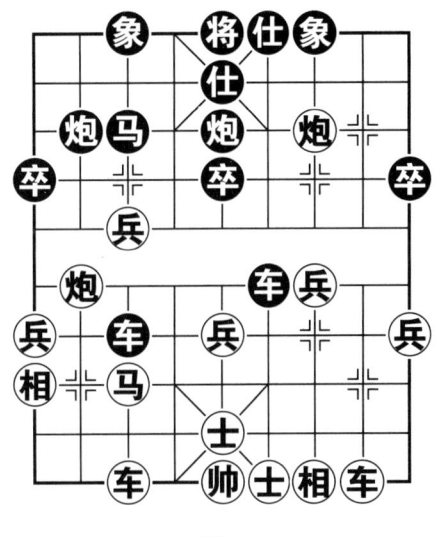
图二

314. 淡妆浓抹总相宜*

——浅论拟势战术

商周军事家吕尚曾云:"鸷鸟将击,卑飞敛翼;猛兽将搏,弭耳俯伏。"

拟势战术系指进攻兵员在两军僵持之际或交战关键时刻,巧妙采取休闲、迷盲、威吓、麻痹等手段,做出同动机与行为相反的姿态和架势,以强示弱,将进示缓,欲攻示守,要杀示闲,以扰乱敌指挥系统,使敌参谋部门难以进行准确的判断并采取相应的对策,从而使己方部队出敌不意地顺利达成战斗准备的伪装乱敌技巧。

(一)连续拟势　沙场重雾迷盲

图一选自越南梅青明与中国许银川1995年于吉隆坡第七届亚洲城市象棋名手赛弈战谱。

17. ………… 卒9进1

戍边侠士拟休闲,偷渡杀手赴楼兰!盘面两军僵持,为妙施拟势战术提供了良好机遇——主观企图与敌军对局面的判断形成一致,即此手被确认为休闲兼探试双重着法,属于无好棋可走情况下的待机战略,实际上在这种假象掩护下,妙施偷渡,运送兵力,以至于不断深入、不断升值,并在总决战中扮演了主力杀手的角色。故徐天红先生对此步赞曰:"细腻之步意味深长"!

18. 兵九进一　卒9进1

你"走闲",吾亦走闲,红方误以为边卒在无好棋可走情况下在走闲着,故亦挺边兵。此时黑卒冲渡越界,无言激问:"吾已渡河,君可仿乎?"一个过境足可参与战斗,一个走闲无力,二者价值绝非铢两之间,作用难以匹敌。到此,初见拟势之效。

19. 车四平六　卒9平8

连续三步,初步到位。在全局角斗中,此处可谓运兵之亮点,从中可领悟到拟势技法之精妙。

20. 炮六平七　炮7退2　21. 马三进四　士4进5　22. 炮七进四　车9退2

再次以固中、退却为表象的防守假象,拟势战场,骄纵敌军,实则其中既有牵制敌左翼,又有护辅8线卒以发动车炮卒侧翼攻势的战略企图。楚河岸已透出隐隐杀气,攻杀战斗一触即发。

23. 车八进一　卒1进1　24. 兵九进一　车9平1

---

*文题摘自苏轼《饮湖上初晴后雨》

挥师佯攻其左，锋芒隐伏在右！局中第三次拟势诱敌，以声东击西，寻弱捣隙，彻底摧毁敌防。

25. 车八平七	炮2平6	26. 士五进四	炮7平9	27. 兵七进一	象5进3
28. 车六进三	炮9进7	29. 士四进五	象3退1	30. 炮七平五	马3进5
31. 车六平五	车1平8	32. 车五退一	车8退1	33. 马九进七	卒8平7
34. 帅五平四	卒7进1				

杀手目窥帅，城防梦醒来！拟势"休闲"之旅，五步到位，立刻做杀，红方欲解无途。以下是车五平三，车8进6，帅四进一，车8平7，马七进八 卒7进1

游览一路非作秀，拟势六步反成王！此局连续三次妙施拟势，精彩成杀，堪称典范。

（二）逢险拟势 大侠镇定如常

图二为戴荣光与胡荣华1975年于无锡表演赛中局枰面。拟势战术还有"稳住"对手，不使之警觉，不"打草惊蛇"的战术功能——

22. ………… 士6进5

并非轻率故，难无随手时。人的大脑思维距离绝对的细密精准还会有相当的时日。此手本来为马退避让出点位，但立即发现过于随手，使进攻强势、使前军后阵露出破绽。倘若此时红方抓住隙弊，立走马三退四窥车，黑方即刻丢子。因如车4平3则相五退七得炮；又如炮3平6去马则炮四平三闪击叫闷得车。面对有可能丧失大好局面之失误，棋手镇定如常，不动声色，以免引起对方的警觉。在场的言穆江先生于局后写道："表现得若无其事"。这是除橘枰兵员表演之外的另一种由棋手实施的拟势战术。此种拟势的内涵就是动作与表情拒绝给敌方提供任何军情危急的信息。

23. 兵三进一 马7退6

局面危机依然存在，棋手本身实施的拟势战术仍在进行，继续"若无其事"。

24. 兵七进一 炮1平4

红方24手仍应采取马折返窥车得子手段，现由士6进5一手造成的严重弊端，终于有机会解除了。正是：两劫何以过？拟势乃近因！若显露于形色给对方警觉，车不丢、炮亦必丢。

总之，拟势战术是对敌军审局的破坏干扰术，是对其军事耳目的迷盲术，是弈坛上面对面的权诈术，是战略家的高级表演术。

有诗赞曰：掩隐帷幄兵诡奇，飘忽宫阙雾迷离。欲将楚河比西子，淡妆浓抹总相宜。

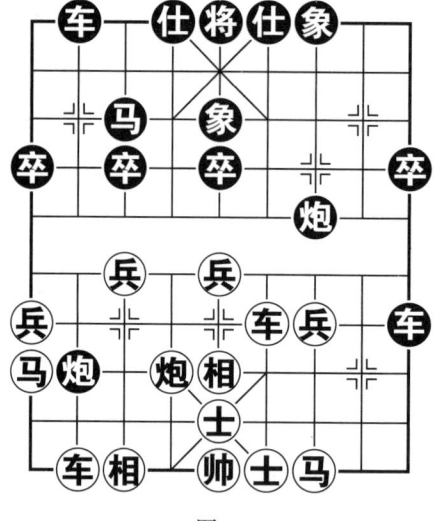

图一

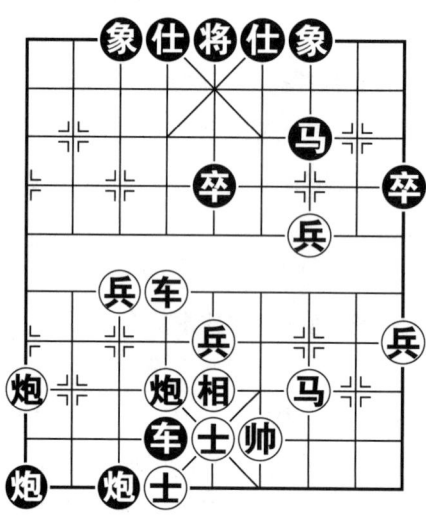

图二

315. 天意从来高难问*
——试论奇谲战术

《孙子·兵势》中深刻指出："凡战者，以正合，以奇胜。故善出奇者，无穷如天地，不竭如江河。"

奇谲战术系指在攻防争斗的关键时刻，实施方在兵员使用、地点选择、时机把握、战法施用和作战方向等方面，运用超出正规的寻常的作战思路，出奇用诈，出敌不意，攻其无备，以奇特"怪异"的深奥着法令敌遭到意外突然的打击，使敌指挥系统发生混乱、判断失误或因捉摸不定、来不及进行有效应对而致败的非常规用兵谋略。

（一）奇妙构想　一招致胜

图一选自胡荣华与赵国荣1982年于哈尔滨北方杯弈战局谱。是局黑方有车斗无车，而底红方兵禁将、炮马待抽、肋炮拴车，正处于一个十分有利的进攻态势。正在双方较力斗智的关键时刻，红方却突然弈出——

58. 士五进六

天神显像出人意料，静待捷报轰动八方！挺士、撤根、露帅、做杀！从表面上看，红方本是无车斗有车，理应加强子力保护，现撤掉依托，使炮陷于撤梯无根之危，并立即丧失拴车控肋的战斗力——这仅仅是从炮的角度评估得失利弊，但从全局看，它闪露主帅，占线断路，控制黑将平中逃脱，为马带抽杀象、移步换位、做成绝杀而进行的决定性的战术打叠；角炮虽危，但仍能牵制敌车。即使敌车砍炮，也要浪费一手棋，而且在砍炮后其身位变低，极度减效，再难以平中控制局面，这就为前线马炮兵攻杀赢得了宝贵的战机。真可谓：观则如痴如醉，赞则奇绝妙绝！

黑方如按两种防守方案续弈，均难解杀：

一、车6进1则马七退五，士5进4，马五进六杀；

二、炮7平4，马七退五，士5退4，马五退七，车6进1，马七进六，士6退5，马六退五，将6进1，马五退三妙杀。

支士露帅，在两种变化中，红方皆有增添一车之神效。奇谲者，审局透彻、手段高超、出其不意之神妙也。奇谲者，足以一锤定音也！

---

*文题摘自宋·张元幹《贺新郎》

（二）奇特手段　弱旅神威

图二录自李来群与徐天红1987年于天津金色外环杯赛弈战局谱。在最后阶段的激烈厮杀中，红方精深透彻审局，以如昏似漏的奇特着法，转守为攻，妙手破敌。

33. 相七进五

奇谲妙手疑惑难解，仙山琼阁渐露峥嵘。此手去马，势必会造成丢车的不等价交换，而且此车占据中路，控制局面，分量很重。此奇谲妙手，初使满堂生疑，但逐渐辉光四射，竟使敌全军减效生弊，直至溃败衰亡。

33.　………　车2退6　　34. 相五退七　车2平5　　35. 炮七平二

落相，为士角炮让出点位，对敌车发出威胁信号，致使敌方在红方平炮叫闷时不敢动士应将，因有炮六平五的锁打手段，逼将闪露于肋炮强大火力之下。这一回合下来，敌角隅炮完全丧失了威慑、攻击与回防的能力。车炮风光不再，减效是也。

35.　………　将5平4　　36. 马三进四　车5平1

转守为攻何壮烈，弱旅强势任纵横！盯车扑进，携威参战，逼车生根避难。此时马双炮俱占据有利地形，呈现出成网成势的极佳状态，此乃由奇谲妙手带来的增效手段也。反观黑方，炮呆马滞车藏，双士向背倒逆，7路卒占位阻车、暗中倒戈之弊均已显现。此，减效生弊是也。双方效力一增一减，差距拉大，形成强攻弱防。

37. 马四进六　士5进4　　38. 马六进五　士4退5　　39. 炮二退一

利用7路卒倒戈之弊，再施展打压边车顿挫妙手，使其丧失垫防干扰能力，为马双炮做杀创造了绝佳战场条件。此时黑如进7卒则重炮杀；又如车1退1则马五退六，士5进4，马六进四，将4平5，马四进三，将5进1，炮二进二杀。

（三）奇谲制乱　暗伏杀机

图三摘自赵汝权与徐俊杰1985年弈战局谱。

22. 炮七平六

奇兵险地施妙手，贴将打车起衅端！在黑方一车挑双的危厄情势下，七路炮居然不顾性命，入宫借兵打车，狂放奇谲，刁钻已极！其妙在于逼士落吃，强力改变宫内防御结构，使敌将浅露招攻；其妙也在于提升八路马切入卧槽的攻杀力度，增加二路车参战助杀的机会；其妙还在于为八路车寻觅到一条便捷的入杀路线，使双车马炮得以联攻制胜。黑方如应以士5进4，则兵六平七闪离，让点减层再打，继而马八进六扑上打捉双车伏杀，敌将不堪。

22.　………　士5退4　　23. 马八进九　车4平3　　24. 兵六平七　士6进5

马切入求杀，角隅炮拴车，兵横路遮护，兵马配合默契，攻势如潮。此乃奇谲妙手造设局面所带来的成果也。

25. 车二进六　炮5平4　　26. 马九进七　炮4退5　　27. 车二平五　马1退3

马卧车胁，主帅助攻，连续发力，破城在即；同时逼敌军被动防守防杀。

28. 车八平六　将5平6　　29. 车五平四　将6平5　　30. 车六进七

马双车帅联手，做成绝杀。正是：平淡蕴精美，奇谲伏妙杀！

总之，奇谲战术是楚汉战地一团令敌惶惑不解的迷雾，是象棋战术百宝箱中的一枚稀世之珍！

它来自直觉"有味道"战区的深透谋划，它来自常人未想之思维禁区，它来自深厚无比的攻杀底气，它还来自痴于创造的上佳功力！

正是：非常谋划君未识，奕秋瞠目亦惊疑。走过九曲迷宫路，方知暗步藏神奇！

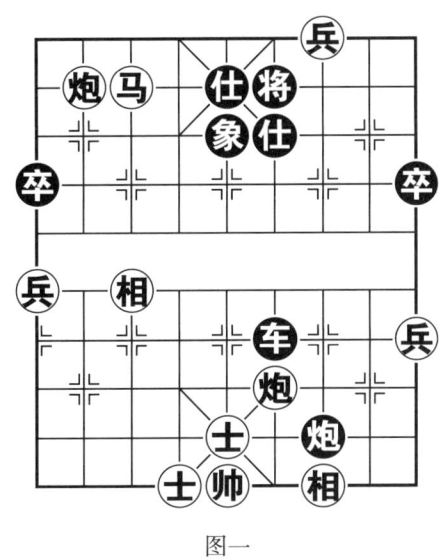

图一

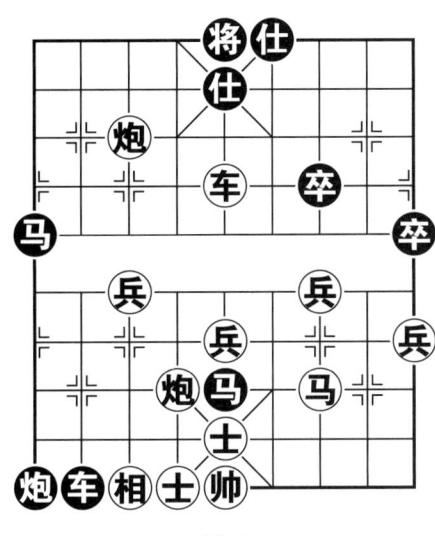

图二

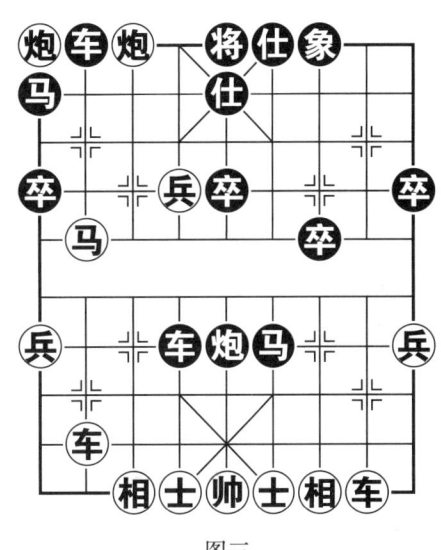

图三

316. 桃花潭水深千尺*

——小论陷阱战术

毛泽东主席在著名的《论持久战》中深刻指出："动员了全国的老百姓，就造成了陷敌于灭顶之灾的汪洋大海，造成了弥补武器等等缺陷的补救条件，造成了克服一切战争困难的前提。"

陷阱战术系指实施方遵循求战在后，而谋胜在先的作战思想，在与敌军袭扰的应对周旋中，针对敌军的浅近企图与队形弊端，不露痕迹地暗设机关，巧布陷坑，以空门叫杀、追击得子、反攻取势等迷人诱惑，诱使敌军失去理智，贸然进逼，失察中计，从而损兵折将，遭致覆灭的谋划运筹技巧。

陷阱战术的灵魂在于预谋先设，有序制敌。《孙子》中深刻指出："胜兵先胜而后求战，败兵先战而后求胜。"陷阱战术就是预先挖好陷阱、布设圈套，然后求战制敌之策。

陷阱战术与堡垒战术是一对制敌姊妹花。不过二者相似并不相同：在形体上，前者隐虚凹陷，而后者固实凸露；在组建构成上，前者常随机因敌因地采用，投入兵力并无限制，而后者则以马炮兵为主；在功效上，前者为陷敌坑敌，而后者则阻敌封敌；在方位上，前者常因势因人而异，极富变化，而后者多青睐于楚河两岸。

立茬设置　领军凄惨落漩涡

摘自洪智与吕钦1995年10月于吴县全国个人赛对局谱。

17.………… 炮1平4　　18.车六平二　炮6平8　　19.车二平五　前车平4

黑方通过连打、邀兑的战术组合，重新部属肋道、河界作战兵力，同时逼迫敌车疲惫、处险，并以此为遮掩，暗中设置了一个消削敌力的陷阱，并诱引敌军一步步陷入彀中。

20.炮六进五　车4平6

设阱需时日，陷敌倾刻间！车之闪离变线，犹如晴天霹雳，它来得那样突然，击得那样沉重，使敌还没有来得及品味得子的乐趣，车双炮便统统陷入了陷阱之中。

21.炮六退五

黄少龙先生对此评道："红方在看似平稳的局势中，突然掉入陷阱"，此手如改走车六平八，黑则"车2平4，炮四退一，卒5进1，车五平三，卒7进1，捉死车。"

21.………… 炮4进9　　22.马七退六　车2平4　　23.车五进二　炮8平6

---

*文题摘自李白《赠汪伦》

由此逼兑抢得4路车叼炮、河马入界咬车奔槽叫闷等一系列先手，至30回合红方认负。此局陷阱战术之实施，造设隐蔽，引诱自然，打击凶狠，十分成功，其中使敌双车处险尤暗尤妙。

总之，陷阱战术是因地制宜布设制敌阵势的畅想，是帷幄传承的古老陷敌秘方，是对敌军处位不佳的军事惩处，是筹谋、绅绎与设计的谋略辉光。

有诗献给你——当面设阱古来稀，无形罗网巧手织。桃花潭水深千尺，涡漩吞没虎狼师！

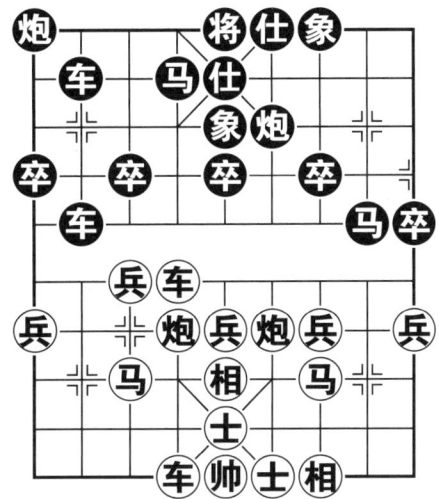

317. 上穷碧落下黄泉*

——浅论寻觅战术

朱德元帅在《谈几个战术的基本原则》中精辟指出："一般说来，战略要寻找敌人的主力，战术要寻找敌人的弱点。"

寻觅战术系指无论在优势、均势情况下，还是在受攻危急处于相对劣势情况下，指挥系统均精深分析敌我攻防形势，分清主次急缓，计审敌我杀气之短长，在错综复杂局面里找寻到敌军的主力与战阵的弱点，在多种可能变化中寻求并确定理想应对方案，争得一个正确的争战方向和战斗行动的最高效率，开创一条对抗性强、争战进程短、出敌不意的攻杀道路的高级运筹技法。

（一）优势不拖沓　但寻捷径破城门

图一选自赵国荣与蒋志梁1983年于兰州敦煌杯大师邀请赛弈战局谱。这是一个在红方优势、黑方虽弱但核心防御结构工整坚固情势下，精准找到敌主力、敌窝点和敌宫隐微弱点进行决战，防止拖沓松懈给敌以喘息之机的佳例。进攻方所采取的就是一条不失先、不平淡、效率高、进程短的攻城方略。

28. 车二进四

为夺联攻势，下底相欺逼。紧手蕴精妙，立马创杀机！此寻觅妙手以要杀相胁，欺逼底车，占领底线，禁滞底士，暗窥敌首，力助车马围攻，实乃同时寻觅到敌主力与敌首进行决战的要着。

28. ………… 车7进4　29. 马四进五

刁钻凶残之举，剪羽破城之要！矛头直指敌首窝点，严重削弱了敌宫城防御能力，使其不再能够为敌将遮风挡雨，同时摧毁了深宫敌首之安泰心理，极大加快了敌营的败灭速度。

29. ………… 车7退3　30. 马五进七

踏士兴未尽，犹自化狂涛！好端端的城防，在特种部队高效击打下，须臾之间支离破碎，6线弊端暴露无遗，士象形单影只，双车威力陡然倍增。

30. ………… 象5退3　31. 车八平五　车7平5　32. 车五平四

禅心寻幽境，力茬闯江湖！顿挫制弊，闪离击弱，再施寻觅战术于软肋，双车轻松做成绝杀。

---

*文题摘自白居易《长恨歌》

（二）均势不松懈　找准弱点妙夺优

图二摘自赵庆阁与胡荣华1990年于邯郸全国团体赛弈战局谱。这是一个本为缠绵攻防、长期割据的局面而因寻觅到带有弱点的敌首与敌军主力，竟一举歼敌的精彩范例。在此黑方略好、但基本仍处于均势局面下，黑方洞察隐微，寻觅到敌方底线上具有双重弱点之戎首与敌主力，找到一条最佳入局途径，变钝刀割肉为快刀断麻，在捉拿与将杀的反复交替中达成夺子与进攻双赢的战略目的。

35. ………… 　炮1平8

攻帅捉马双管齐下，寻弱击虚一着夺先！在第33回合里，此炮曾6平1企图打兵取利，但经过7卒的进逼，红方底线上的帅马位置欠佳之弊同时显现，黑方果断放弃一手棋之机，平炮发难。

36. 炮六平三　马5退7

面对敌火力对7路卒的死亡威胁，友军立刻开始营救，一场底线与翼侧的争夺战就此打响。红如改走炮六平二拦阻，则7路卒连捉得马。

37. 马三进一　炮8进8

运力攻力抢置占，底线边线尽窥瞄！此乃既攻帅不安于位、又预防边马出逃的寻觅战术后续妙手，立掀交错实施将杀与捉拿两大战术手段的进攻狂澜！

38. 帅六进一　卒7平8

外移离心追魂魄，封杀两条出逃路。严密而紧凑的着法，使敌难于拆解。

39. 兵一进一　卒8进1　　40. 兵一平二　前马进5　　41. 炮三平二　马5进3

立刻转为攻帅，达成进攻与捉吃交错实施，并在攻帅中解拴、叫杀、夺马。

42. 帅六进一　马3进2　　43. 帅六退一　炮8平3

劫掠、闪离、转移，并伏炮3平1绝杀的威胁，使二线兵炮之拴链变成了一个软弱的姿态，已经来不及为马除害，使低卒得以生擒边马，黑方获胜。

（三）守势不怯战　九死一生觅杀机

图三录自李来群与张元启1984年于广州全国个人赛弈战局谱。在黑方弃马以求在中路发动进攻并有双车卒联手助攻情势下，红方城池即将遭受攻击并暗藏险恶，是苦守，还是争取对攻；窝心马之弊如何处置，均是难解之题。找到一条切实可行而又出敌不意的攻防对策，实乃当务之急。

16. 马五进六　炮5进4

于缝隙中寻觅进路，在危急中求取对攻！此手既暗盯残破城防及危弱敌首，又监视着敌主力，实为深谋远虑之断刚烈剽悍之举。红方在局面危急情势下，成功找寻到攻击目标，找寻到突出进攻、实施对攻、攻防兼顾的作战方针，最终变被动为主动进而夺取了胜利。

17. 马六进七　车2平5

家国战端起，勇士求攻急！窝心马连续两步，踏进敌界，虎视宫墙，把攻击矛头直指戎首，同时暗中看守己方兵线肋道，并藏有楚河两岸多种机动回环余地。马之奋进，攻守两利，而并非弃守为攻，因边炮尚有相当守力，足以为前军争得一机之先。

18. 士六进五　车5平3　19. 士五进六　车3平4　20. 车二进三　车9平4
21. 炮九退二　前车平5　22. 士四进五　车5平3　23. 士五进六　车3进2
24. 帅五进一　车3平1　25. 车二平五　车4进1　26. 马七退六　车4平2
27. 车五进二　车2平5　28. 马六进五

之后踏掉7卒，制造杀势，围歼敌马胜，真个是：厄时审局尤精准，险处寻觅更奇珍。

总之，寻觅战术是找寻敌军主力和战略弱点的审局技巧，是酝酿筛选优化对策的谋划过程，是创造战机、抢先上手、夺取胜利的战略决策，是提高对局质量、求取精妙入局的高级作战方法。因之它的演弈往往给人以出手不凡的惊奇！

有诗赞曰：为寻寇贼破楼兰，上穷碧落下黄泉。妙计始出惊敌首，风狂雨骤迎凯旋！

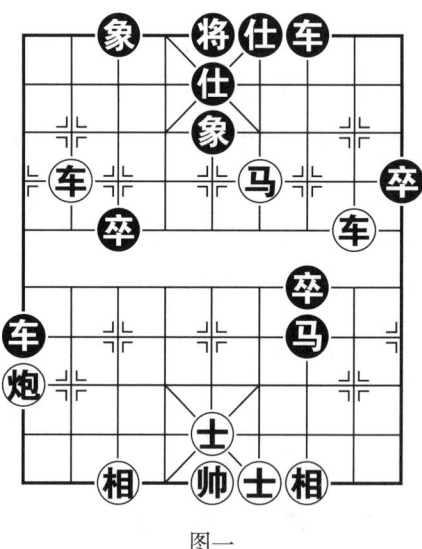

图一

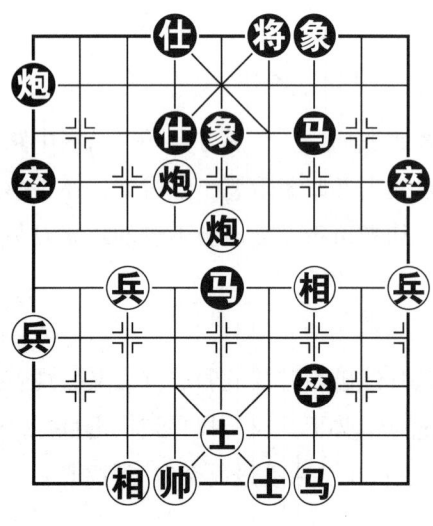

图二

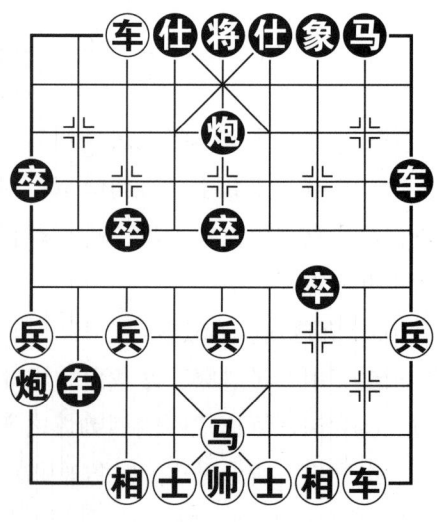

图三

318. 一丘一壑也风流*
——试论设托战术

"托"者，依赖也，兵员之间互援互助互相依靠之谓也。

若米尼将军在《战争艺术概论》中明确指出："假如这个目标的距离很远，那么就必须建立一个中间依托点来保障自己的行动""必须建立一些临时的基地""当作一个短时的依托点使用"。

设托战术系指在行军作战之前，实施方利用战事间歇时间，有计划地在预行兵员前路上、在即将启用的驻止点附近，悄然设置依托性临时基地，以防敌军狙击、偷袭，避免无谓伤亡缺员，使兵员驻有营盘，行有道路，攻有依恃的安全保障机制。

（一）深远谋划　建造攻杀基地

图一选自韩松龄与钟锡龙1962年于广州弈战局谱。

27. 兵九进一

彼岸造基地，悄然妙设托！趁敌车炮局促呆滞之机，利用战事停歇时间，开始着手建造进攻基地。其实施紧凑、巧妙、深远。此手的看点在于如何解决对头卒而在彼界设托。正是：基地非常用，因以预建之。

27.………… 马7退8　28. 马七进九　车3平6　29. 兵九进一　炮2平3

30. 兵九进一

设托深密，敌方不得知。此种组合，看似耗用多时冲渡一兵，其效甚低；其实谋划深远，意义重大，只有揭开时间的重帘，才能窥见其珠宝般的价值。

30.………… 车6进2　31. 炮七平八　车6平5　32. 马九进七

躲避、充架、联结双炮、反捉、抢占要点，为伺机马七进八奔赴基地、卧槽叫杀预做准备。现回顾红方用了四手棋成功设托，极尽"出其不意"之妙。此种设托，竟为第44回合主力杀手马七进八绝杀敌首保驾护航，立下了设托第一功，预设十四"载"，能说谋划不深远？

（二）密谋高效　驱逐抢占兼施

图二摘自陈鱼与陆峥嵘1996年于成都弈战局谱。

---
*文题摘自辛弃疾《鹧鸪天》

24. ………… 卒1进1

明为马开路，暗给车设托！在双方前哨战中，黑方赚得一马，实力占优。现巧妙启动边卒，以为马开路迷盲敌方，而实际上为底车邀兑、抢占制高点以充分发挥领军战力而铺垫打叠。

25. 炮五进三　马9进7　26. 炮五平六　车1退3　27. 炮六进二　车1退1

邀兑观光客，欺逼占位人！黑方借"基地"之托力，"以强凌弱"，硬是将敌车从高势要津驱逐它方，使其控制力、机动力、统领力大为减降。

28. 车八进三　马7进5　29. 相五进七　车1进3　30. 帅六进一　马1进2

左马扑中，控制敌车活动区域，再扑右马助攻，敌势已危。现回顾卒1进1一手，车马双双受益，真高效也。

（三）设托罩镇　侧攻浪掀席卷

图三录自徐天红与吕钦于1996年银荔杯弈战局谱。

27. 兵五进一

设托何其重，不管成边人！红兵依恃冲渡，占领敌岸，成功完成其第一要务：为一路炮设托，以发挥其罩镇敌城、控制敌军的巨大威力。因红方左翼拥有强大攻力之威慑，卒林肋车不敢轻举妄动。此手设托之硬朗、果断，非比寻常，而且一步到位！

27. ………… 马8进7　28. 炮一平五

不惧风狂雨骤，悍然履险依托。边炮平中，托强根硬，敌军哪里敢触及丝毫？！

28. ………… 车7平6　29. 车八进七　炮1退1　30. 车八进二　车4退3
31. 车八平六　将5平4　32. 车五平八

车炮兵侧攻，至40手构成杀局。

总之，设托战术是建造要塞的秘密行动，是确保兵员生命安全的举措，是有计划有步骤推进战局的可靠手段，是抢点卡位兵员的有力依托。

正是：预先设置为需求，配合默契品性优。小兵小卒尚敬业，一丘一壑也风流！

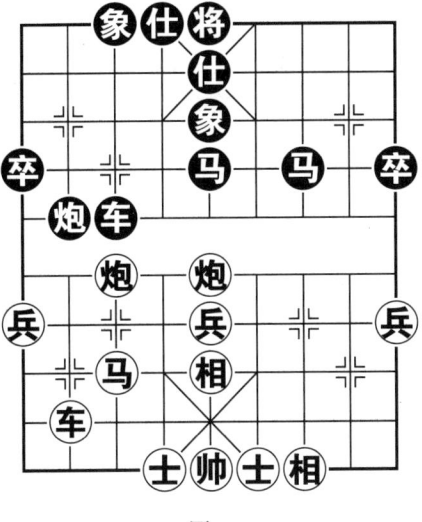

图一

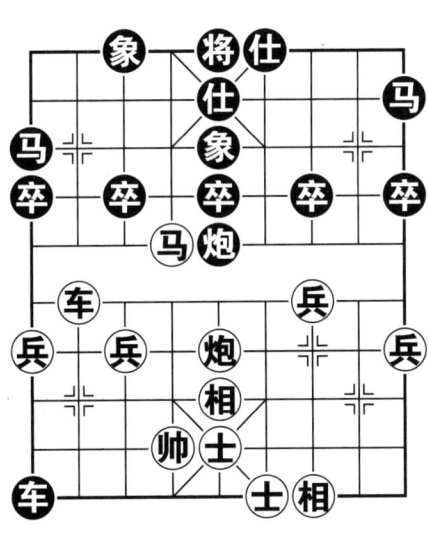

图二

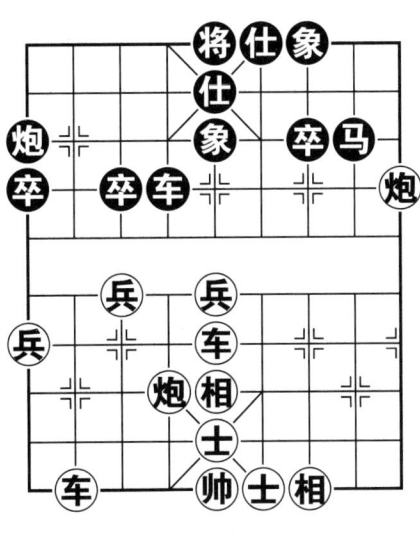

图三

319. 含恨含娇独自语*
——试论蕴蓄战术

毛泽东主席在《抗日游击战争的战略问题》中深刻指出:"领导者的聪明不在懂得灵活使用兵力的重要,而在按照具体情况善于及时地实行分散、集中和转移兵力。这种善观风色和善择时机的聪明是不容易的,唯有虚心研究,勤于考察和思索的人们可以获得。"

蕴蓄战术系指在敌我两军僵持的短暂时间里,实施方派遣得力兵员,采取含蓄隽永、隐含深意的着法,暗中积蓄力量,暗伏着种种威胁、制弊、反击的手段,蕴含着极强的内功力和杀伤力,使敌军失去警觉,或难以应对,或遭致重创的储备型运调艺术。

蕴蓄战术与蓄势战术迥然不同。前者是个体兵员的天才表演,而后者则是群体累积势能的漫长过程;前者蕴藉含蓄,深谋暗算但不显露,而后者则公开进行全军"演习"。一言以蔽之,前者是个体兵员暗中献技,而后者则是联军公开造势,大异也。

(一)盖制双车　施展内力化危机

图一选自李义庭与钱洪发1965年于银川弈战局谱。

31. 炮一平四

枪林弹雨亦淡定,惊涛骇浪常蕴蓄!之前黑方平炮打车,十分凶险,躲车即杀马;逃马即杀棋。紧急时刻,红方从容淡定,一手平炮盖车,蕴蓄巨大攻守内力。此手抓住黑方双车处位不佳之弊端,发挥中炮罩镇之威,切断归路,暗伏手段,立解危机。敌如执意炮3进7去车,红方则车二进七,将5平6,车二进二,将6进1,炮五平四,车6退1,相三进五,车6退3,相五退七,红方多子占势。在如此高压之下,红方能够内功深藏,行棋蕴藉含蓄,从容应对,真大手笔也。正是:雪压青松翠,力挺战旗红!

31. ………　车5退2　32. 车七平六　炮3平4　33. 车六平八　车6退1

34. 车八进四

逼兑,消削敌军,以瓦解敌之攻势,减小守城压力,安定后方,为强势反攻做好预先准备。

34. ………　车5平2　35. 士五进四　车2平3　36. 马七进五

在后续战斗中,红方在周旋中固防,在互联中推进,三路兵渡河参战,蕴蓄着极大

---

*文题摘自和拟《江城子》

攻力；同时以炮窥瞄敌首、扼守肋道要津，使敌偷袭计划破产。经卒林血战，崖顶擒拿敌首胜。

（二）欲擒故纵　拴死车马夺胜局

图二摘自陶汉明与黄世清1997年于上海全国团体赛弈战局谱。

37. 相五退三

戒严切入点，求取稳胜局！在胜势已成情况下，为防止敌军牵制、袭扰，为加快争战进程，红方连续采取戒严、联络、固防、反牵制的蕴蓄手法，迅速取胜。

37. ……　　士6退5　　38. 相七进五　士5进6　　39. 兵三进一

相七进五一手，蕴蓄厚重，打叠隐暗。它明里联相固防，暗里预设依托，为伏施拴链打叠，使敌丧失闹事作祟的一切机会。

39. ……　　士6退5　　40. 车四进二

故露破绽，以引诱敌军入彀。

40. ……　　车8平7　　41. 车四平三

蕴蓄伟力拴链势，兵不血刃得胜局！拴死车马，敌如车7进1，亦不予理睬，进七兵即可，敌如再马7进5邀兑则相三进五，车7退3，相五进三胜。敌方车马如"硬挺"不动，则三位兵员到位，车伺机助攻，便将摧枯拉朽，其势远比仅三个兵来得更凶猛更高效。

（三）紧缩贴靠　无限风光旖旎处

图三取自李中健先生排拟的实用排局84图谱第三回合枰面。

4. 炮四退一

蕴蓄千钧力，叫板五路侯！退炮，近贴士帅，十分安闲，但它以"闷杀"对车相诱，又以暗杀对敌首相逼，真"蕴蓄"也。黑方如进卒，红方则兵七平六再士五进四杀；又如车5进5则炮四进六，车5平4，兵七平六，车4退6，炮四平六胜。此手一出，立刻结束了敌车卒同马炮兵抗衡的时代，使战局进入了炮士斗单卒的决胜阶段。

4. ……　　车5平4　　5. 兵七平六　车4退1　　6. 马七退六　将5平4

杀敌报国的思想，沁润着斗士的心灵，它们为此而与强敌同归于尽！

7. 士五进六

威胁设台架，争先做杀局！此手是继炮四退一之后的又一蕴蓄妙手。它抢先行动，不给黑方启动边卒以机会，或者说，使边卒丧失了最佳开拔时间。

7. ……　　将4平5　　8. 炮四平五　卒1进1　　9. 炮五退一　卒1进1

10. 帅四进一　卒1平2

11. 帅四进一　卒2平3　　12. 士六退五　将5平4　　13. 帅四平五　卒3平4

14. 炮五平六　卒4平5　　15. 士五进六　将4平5　　16. 炮六平五

攻将打援战法取得了决定性胜利。

总之，蕴蓄战术是内含深谋却不显露的步调，是着法意蕴绵长的趣向，是隐伏杀着的迷盲手段，是富有艺术"趣味"的内敛锋芒。

正是：意颇隽永图案新，其价升值盖赤金。含恨含娇独自语，却是多谋善断人。

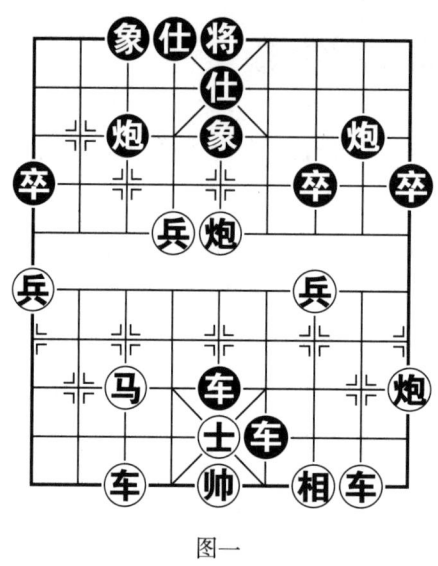

图一

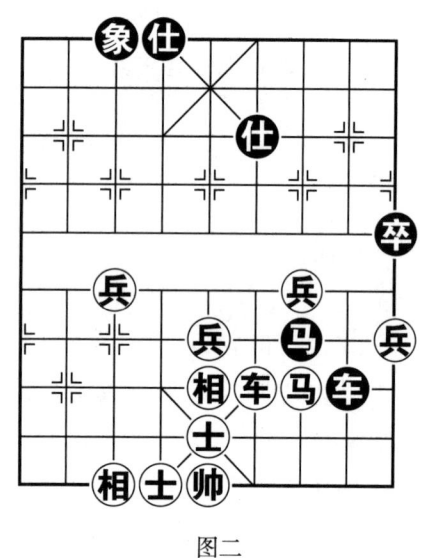

图二

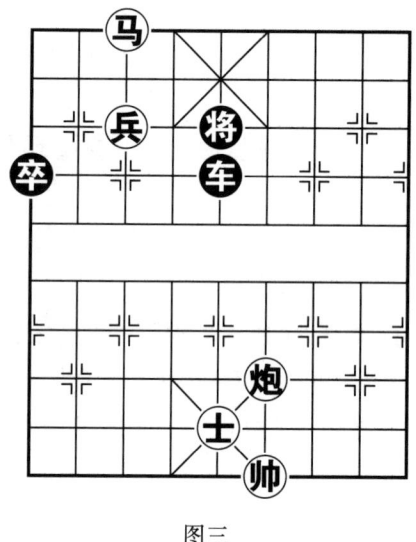

图三

320. 开帘放入窥窗月*
——浅论诱入战术

若米尼将军在《战争艺术概论》中充分肯定诱敌深入战术的作用，并指出："在交战尚未开始之前，就先自引兵后退，其目的是诱敌离开其原有位置，而进至一个更为不利的位置。"

诱入战术系指在两军正式交战之前，实施方为充分发挥地形与民众两大优势，在周密打叠基础上，以退让、躲避、空门、"隙漏"、得子等实利为诱饵，或者以佯攻、逼捉为手段，引诱或逼迫敌兵员离开驻防并深入我方阵地，然后对敌军加以禁控、制孤、打援、围歼，同时乘敌后防空虚，出敌不意地发动攻城决战的调动敌军冒进的作战原则。

诱入战术是中国人民解放军（中国工农红军、中国人民志愿军）的传统战法之一，它在多次反围剿战斗中，在抗美援朝战争中，均发挥了调敌、制敌、歼敌的战斗作用，胜率极高。一个根本原因，就在于人民军队拥有得天独厚的民众基础，善于调动敌人，使其陷入人民战争的汪洋大海。

强势诱入八卦阵　轻松聚歼三军团

图取自李旭英与胡荣华1981年于曼谷弈战局谱。

29.………… 卒5进1

移开拦道木，诱引入彀兵。中卒冲渡，胁中马而逼河马并为河马开路，并使其得到入阵踏双、扑槽之利，逼而诱之，然后拴牵之。

30. 马四进六　车2平5　　31. 马五退七　车8平4

诱引马奔卧，贴靠网赶鱼！黑方双车软诱硬逼红马卧槽，再平车牢牢牵死车马，展开主力大会战，聚歼增援解困的敌有生力量，一举获胜。

32. 马六进七　车5平3　　33. 后马进八　车4退1　　34. 炮三进四　将5平6
35. 马八进九　车4平1　　36. 炮三平六　车1平4

局中演弈的诱入战术，具有明显的诱逼结合的特点，即以利相诱之中，掺夹着以捉相逼的成分，使敌之入既有利益的驱使，又有唯此路可行的逼迫。此局之诱入，分期分批进行，有条不紊，使敌所有骨干分子尽皆入网遭歼，其效无比。

---

*文题摘自党怀英《鹧鸪天》

总之，诱入战术是大师布阵示形的技巧，是对敌的骄纵并促其冒进的谋略，是防守反击的军旅战歌，是歼敌破城的名牌锁钥。

有诗赞曰：调敌方略谋划深，疏缓隙漏假扮真。开帘放入窥窗月，冰轮不再伴彩云！

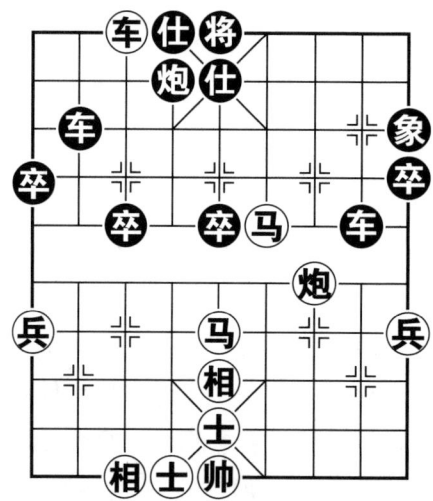

321. 情多最恨花无语*
——浅论搁置战术

毛泽东主席曾深刻指出："始终立于主动，一切敌人的'挑战书'旁人的'激将法'都应束之高阁，置之不理，丝毫也不为其所动。"

搁置战术系指在错综复杂的攻防战中，指挥系统纵揽全局，抓住主要矛盾，权衡利弊，分清轻重缓急，不求一城一地之得，不惜一兵一马之失，将敌之干扰挑衅、无关大局之争执纠缠统统搁措放置起来，不予理睬，坚持自主原则和预定攻杀方案，把争战的主要方向引领到攻防之急要所在或令敌迅速败灭的夺城擒将战斗的战略型选择型作战方针。

搁置战术实施的内在原因主要表现在以下几种情形：

一是攻击点的价值所决定的。五代郭荣曾云："千钧之弩，不为鼷鼠发机"，集结的重兵必须投放到最具有决定性意义的作战方向。

二是寻求最佳战机的需要。《战争论》中指出："对于敌之全部战略计谋常是置之不顾，惟一的就是寻求战斗的机会。"趁敌偏离决定点进行纠缠之机，摆脱敌人，突然杀入宫城，擒拿敌首，是指挥官的最佳战略抉择。

三是不同的作战对象所决定的。《战争艺术概论》中指出："继续按原计划对敌军行动，而对其辅助支队或者完全置之不理，或者仅限于进行监视。"

四是象战中擒杀敌首即胜的规则所决定的。一切非决定胜负的战斗、战役，即或会有巨大的战果，也要置诸一边，而把斗争的锋芒直指敌首，并置其于死地。

（一）连续搁置　直扑皇宫凶猛求杀

图一选自杨官璘与胡荣华1982年于武汉弈战局谱。

24.……………　炮6平2

置双车抢马、双马对峙的两个战场上的重大军情于不顾，毅然平炮叫杀，逼帅出宫，从而为充分发挥中路、肋道双线火力作用并为最后决战做好了战术打叠。搁置战术具有坚定的大局观，具有雄大的目光，在它谋略的天平上，一城一地一马都是"一碟小菜"。

25.帅五平四　马7进8　26.前车进一　炮2平6

游弋河炮盖聋哑，搁置妙手展奇葩！再次置肋车之生死于不顾，平炮要杀。河炮之武威游弋和反复发力征讨，生动展示了搁置战术在攻守选择中的决定性和排它性。

27.炮八退六　炮5进2

---

*文题摘自唐·郑谷《中年》

依然搁置，升提活车，为转移入杀做好准备。

28. 前车进一　炮6退2　　29. 前车进二　炮5退1　　30. 前车退二　马8退6

31. 前车平四　马6进7

多少轮次的搁置，使处险主力成为牵制敌双车的英雄，成为给友军造势抢杀的模范，现双将严厉，下伏车4平8，构成绝杀。

（二）长期搁置　战略利益至高无上

图二摘自汤卓光与赵庆阁1991年于大连弈战局谱。

16. …………　马5进7

除弊严守长计议，不因小利毁大局。搁置马6进7实利之得，从战略高度权衡利弊得失，消解了敌炮五进四压镇中路的强烈攻势。这是战略与战术的交融，是明智与稳正的抉择！

17. 车九平七　炮3平1　　18. 车七平九　炮1平3　　19. 马六退四　炮3退3

消除己方阵地隐患以后，炮马得以轻松轮换攻马。其紧凑有力的着法使红势逐渐消退。

20. 车八退二　马6进8　　21. 车八进三　车1进2

继续搁置吃马之利，升车邀兑，化解了炮一平九打车掠炮反攻的恶手。黑方连续妙施搁置战术，展现了弈者统揽全局的战略思想，行棋有度的艺术理念。

22. 车九平八　卒7进1

累累军情何需顾，闪闪谋光耀其间！冲渡胁兵进而威胁双马，同时挡阻炮一平七打象发动攻势，并闪露河车，威胁七兵。

23. 兵三进一　炮3平6

应对完毕方挥戈，次序井然非等闲！以下炮五平七，车1平2，车八进六，车8平3胜。

总之，搁置战术是弃舍术、转换术和选择术的共同体，是弈战中的自主原则、主动原则和多变原则的最高体现。

正是：厌倦跟随争自由，弈林化境深探求。情多最恨花无语，独辟蹊径探清幽！

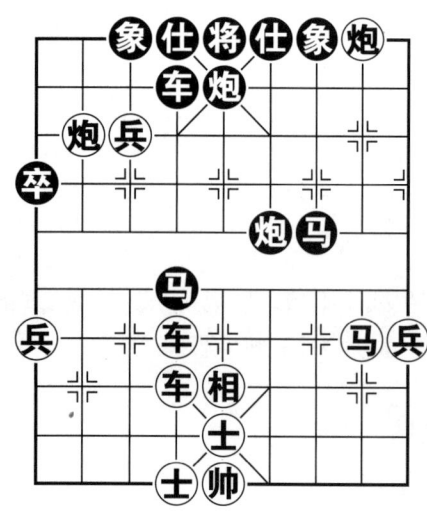

图一

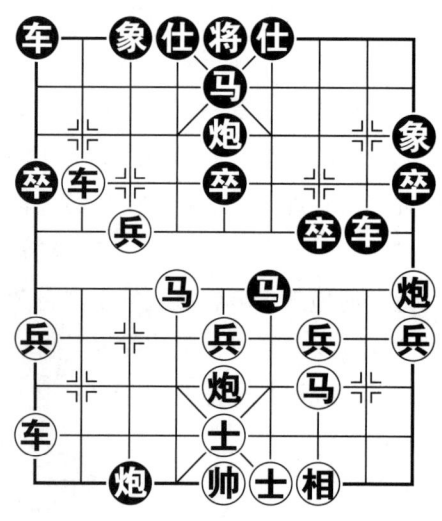

图二

322. 铁马冰河入梦来*
——浅论绅绎战术

绅绎，《辞源》注释为："理出头绪"。

毛泽东主席深刻指出："根据客观事实，引出思想、道理、意见，提出计划、方针、政策、战略、战术，方能做得好。"

绅绎战术系指在错综复杂激烈的对攻中，或在频繁的攻防转换之际，或在战役与战役的间歇点上，指挥部门清醒计审全局，权衡利弊，在纷繁甚至在混乱战事中引出头绪，以抓住进攻主线、制订正确的作战方案，增加下一步会战方针的科学性、目的性与计划性，使主攻方向明确、军事资源合理利用、不断将战事推向最终胜利的战略运筹技巧。

"现代战争却是由大大小小同时或相继发生的许多战斗构成的"（《战争论》语），每一场战斗都需要有科学的正确的方案做指导，绝不可以打无计划之仗。绅绎战术之实施不仅提供了作战的方针、策略，而且确保了战略战术制定的科学性、可行性与有效性，这就避免了战斗的情绪化倾向，极大增加了胜利的砝码。反之，其中任何一场战斗如果跟着感觉走或被牵着鼻子走，就会增大随意性、盲目性，使整个战争链条遭到非理性作业的损毁，出现关键时刻"掉链子"的毁局现象。故《战争论》一书中特别强调说："对于一个帝王或政府首脑来说，特别重要的是要能正确地审时度势和计划行动。"

绅绎战术之实施，必须把眼界和思路放开。伍逢享和李树发两先生在《"戈蒂恩结"是怎样解开的》一文中写道："解决复杂的战争问题，更需要胆识，需要跳出习惯的思维框框，果敢地'宽正面'地去设想破敌之策。"

绅绎战术之实施，必须出敌不意。不管是击弱，还是攻坚，不管是组织疆界会战，还是策划攻城，均要深察细审，寻觅到敌军防范不力、缺乏应对准备之破绽，暗中筹谋，突然攻将过去，必能收到较好战果。

绅绎战术之实施，具有极大的艺术魅力，它不仅对于对手，而且对于观赏者都有相当的"震感"，故使人惬心难收，过目不忘。

（一）增援救困连施巧计　卒林肋道暗布网罗

图一选自胡荣华与丁晓峰1975年4月于上海弈战局谱。是局红方车马杀入敌营腹地，犹如两把利剑，卡钳卒林线，使敌军难以灵活运转，但因此也遭到敌军激烈反抗，并即将遭到双炮暗窥减层、打马胁车的连锁式反击，使红方车马处境十分险恶。复杂军情强烈呼唤着绅绎

---

*文题摘自陆游《十一月四日风雨大作》

战术，同时为绅绎出正确的作战方针提供依凭。关键时刻，红方深入分析，巧妙设计，绅绎出一整套以攻代守、以杀应捉的作战方案。

15. 马三进五

奔踏求高远，绅绎演妙局！之前曾兵五进一，企图化解卒林危机、增大中路攻势，但敌军不予理睬，不依不饶，炮9退1，决意攻马胁车，掐尖夺势。针对敌之谋划及敌我军力特定部署，充分发挥前军车马兵对敌军的牵制、吸引与威慑作用，充分利用敌军的攻击策略，大本营制订了一整套将计就计的攻杀计划。此手马三进五乃趋前、增援、威慑之绅绎妙手，它以慢应急、从容含蓄，极富节奏感！

15. ………… 炮9平3　16. 马五进七　炮3进2　17. 马七进八

君欲夺辎重，我则擒枭雄。谋划见上下，绅绎定输赢！左翼大军同敌军比速度、比火力、比震慑力，并在救援名义下，大军前趋，后续压上，使敌压迫感加重，因有绝杀威胁而又不敢对三路车造次。

17. ………… 士4进5　18. 炮八平六

绅绎出来的作战方针还在继续实施，平炮再次以要杀相威胁，使敌军穷于应付，也使处险之车得到安定与伺机参战的双重利益。

18. ………… 车8进3　19. 车三进一　车8平2

马炮在救援中的攻杀力度，使黑方保马之车不得不放弃初衷，转移护将。此刻红方车马肋炮又把下一场战斗的主动权交给了炮兵双杰，其形恰如攻势足球从左翼传至右翼，瞬间又转传中路，直接威胁球门一样。

20. 兵五进一　车2退2　21. 兵五进一　炮3平5　22. 士四进五　象7进5
23. 车三平五　车2平3　24. 帅五平四　车3进3　25. 车五平四　将5平4
26. 车四平六　将4平5　27. 炮五进三　车3平5　28. 炮六平二

履险宫门闭，奔杀平拉开！红方在危急之中制定了有效的中长期斗争策略，以救援、攻杀为纲，将战火烧到敌阵，并趁虚捣懈，使敌被动遭攻，使敌核心防御工事被严密禁制，从而轻松做成闷杀。此局之绅绎，深长细密，巧妙高效，足金足赤！

（二）让点威慑优美创意　巧兑硬夺锁定胜局

图二为李艾东与吕钦于1990年全国象棋团体赛弈成的准残局枰面，现由黑方轮走，指挥部门根据卧槽马的进攻地势与敌马屯边，肋炮尴尬的处境，设计了一个五步夺马方案——

1. ………… 炮2退5

让点实施巧，计设抽势凶！威胁打死炮，逼敌应付。此手既有眼前的威胁，又暗伏隐藏的夺子手段，故绅绎之攻击方案紧凑、严厉，带有连环的性质，使敌军不易应付。

2. 马五进七　炮2平4

明知山有虎，偏向虎山行。按预设方案行事，我行我素，毫无惧色。深远的夺子妙计，与似乎是简单的交换远近共处，而且后者将前者掩盖得不露丝毫痕迹。而红方似乎仅仅看到了"今天"，而没有准备应对寒冷的"明天"。

3. 马七进六　炮4进8

表面上看交换仅仅是取得了兵种优势，然而也就是这一点却麻痹了敌军的防范意识，实际上这是整体劫掠方案的一个重要环节。

4. 兵七进一　炮4退2

红方掠卒进兵，足以证明红方对敌方的一条龙妙计的"后续"，严重失察。黑方抽将选位、暗窥深宫与边塞两大目标，含蓄而阴险。

5. 帅五平六　马3退2

绅绎双胁酷，折返两地惊！逼敌首浅露，迅即折返设架打马，同时伏充架、挂角、马后炮杀。黑方之绅绎，货真价实，并不是借红方兵七进一"失误"而侥幸得子取胜。试演红方第4手改走马九进八，则炮4退4抽吃；又如马九退七则炮4退2抽将选位、塞压相田、护卒冲渡、驱马设架、助炮成杀；还如先自帅五平六，黑方依然炮4退2，仍伏马3退2及卒3进1手段，红仍难应。黑方绅绎战术之周严令敌损兵折将，真个是：不尽暗打设计巧，可怜忠耿成边人！

总之，绅绎战术是应对复杂局面的有效方法，是充分利用军事资源的整体设计，是攻防碰撞摩擦所激发的艺术想象，是棋手刻苦训练与实战磨砺所累积的谋划能力。

正是：密划深图展奇才，神兵纵横龙阵开。火炮飞刀挟风去，铁马冰河入梦来！

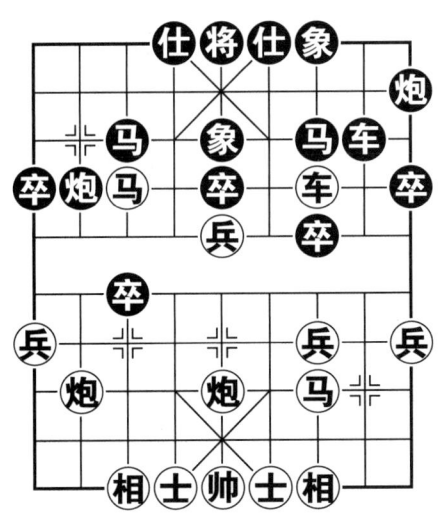
图一

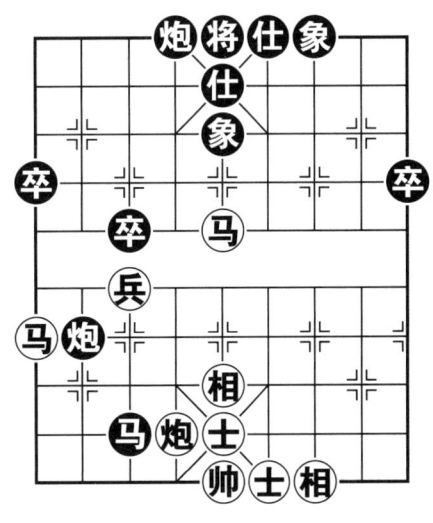
图二

323. 引得黄莺下柳条*
——小论钓猎战术

《孙子·兵势》深刻指出："故善动敌者，形之，敌必从之；予之，敌必取之。以利动之，以卒待之。"

钓猎战术系指在进攻兵员进抵预定点以后，由于己方以马卒为代表的有效火力半径短小，且加之敌目标之回避、躲藏，致使火力范围内失去攻击目标、不能对敌发动直接攻击的不利情势下，为迅速扩大战果，兄弟部队大力配合，及时采取佯攻、威胁、诱引、驱赶等有效手段，巧妙地为己方兵员钓引猎取到敌军事目标，立解无仗可打、无目标攻击的尴尬态势，趁机掠杀敌兵，有效展开攻势的高级调敌制敌技巧。

钓猎战术与吸引战术都是"拉近"敌目标的战术手段，但二者并不相同。其最大异同点在于：前者使己方兵员特别是兵马一类中短程火力，在有效范围内并无猎物情况下，立刻无中生有，由此迅速得到了攻击目标；而后者仅仅是使既定目标在指定区域内由此及彼；另外，前者为甲佯攻而为乙钓猎，而后者常常是自己逼甲引甲。或者说，前者是为友驱鱼以钓，而后者则厉声喊道："到我这儿来吧！"

钓猎战术与逼离战术亦大不相同，如果用一句话概括，那就是：前者是拉近敌我距离，钓近而猎之，而后者是逼迫敌人远远离开，不准其在此处干扰破坏。

钓猎战术在名手实战局中，巧妙演弈、软硬兼施，而遭攻敌军却云合响应、密切配合，致使攻击目标无中生有、仓促到位。其调动敌人、使敌目标乖乖上钩并遭到突然重创之过程，特别的轻松美妙。被钓猎的敌目标，恰似摆布玩偶，如同鬼使神差，令人深深领略到象棋战术的不尽功效和无穷魅力。

（一）夺子绝杀双胁迫　引得黄莺落枝条

图一选自赵国荣与马迎选1979年于苏州弈战局谱。是局红车马双炮四大天王杀入敌域，占据要津，红马妙施钓猎手段，立刻把敌将钓引至炮口并迅速入局。

1. 马三进四

暗窥双胁追魂索，欲钓鲨鱼上龙钩！此乃禁士、窥将并暗伏砍炮绝杀手段的车马炮联合实施的钓猎战术妙手，它为钓引敌首上钩并迅速擒将立下大功。此手钓猎，强制性、逼迫性极强，没有"讨价还价"的余地。此手钓猎，为尔后在上二路上暗伏的闪击、双将、侧攻等

---

*文题摘自唐·胡令能《咏绣障》

攻杀手段提供了必要条件。

1. ……………　将4进1

因有夺炮、绝杀双重胁迫，黑将无奈出宫应酬，从而进至炮口之下，给红方军团施展种种攻杀手段提供了战机。但如选择后车退2，红方则有炮五平三后的严厉侧攻手段，那将在敌宫左翼弱防地带掀起一场超级"杀"尘暴！

2. 炮五平三　象7进9

打象暗伏马四退五双将杀，逼象上举。

3. 前炮平二

下伏马四退五再炮三进三杀，黑方难以解救。此局之钓猎，敌首云合响应，而且一直在炮口呆处，等待处置，态度老实，配合密切。此皆钓猎老到所致也。

（二）弃马逼钓枪口相　三鹰联袂闹枝头

图二取自刘殿中与蔡福如1966年于郑州弈战局谱。是局在黑方右翼即将遭攻、中卒进入茫茫无人区无伏可打的不利情势下，黑肋车突施钓猎妙手，进逼钓引中相，中卒立即得到杀相过渡、及时踏上跳板进入皇城的宝贵战机。

1. ……………　车6进6

鏖战酣时施妙手，捉马逼炮钓阶梯！黑车对右翼严重险情置若罔闻，抢先入角，挑双捉马，限制炮八平七，逼钓中相，为卒踏相进而登堂入室、与双车联袂攻杀，创造了难得的战机。

2. 相七进五　车6退1　　3. 炮八平七　卒5进1

在黑方谋略的天平上，中卒是战略决战的无畏斗士，而3线马仅仅是浪费敌人时间的小小诱饵，不足为重。现在，中卒已经获得了钓猎所给予的机会和利益，正在扩大战果。此时红方如相三进五去卒，黑方则车6平3。黑方实施钓猎，仅打了一个顿挫，便退而保卒，十分灵活机动。

4. 炮七进五　卒5平6

中卒带捉杀入宫城，其力也大，其势也险。

5. 车八进三　马7进5　　6. 炮七进一　象5进3　　7. 车六退二　车6平5

8. 士六进五　象3退1

固守寓急攻，联结伏杀声！黑方前军后营联合行动，与炮双车强大敌军周旋，以争得反攻之机。以下，卒双车立即发动攻城决战，妙演三车闹宫。

总之，钓猎战术是调近敌人、歼灭敌人、展开攻势的有效手段，是迫敌就范、坑杀强敌的智能陷阱，是凭空造势、无中生有的魔法仙招！

正是：香饵卓异钓楚河，轻舟蓑笠荡渔歌。弈海深奥茫无境，致人大腕自登科！

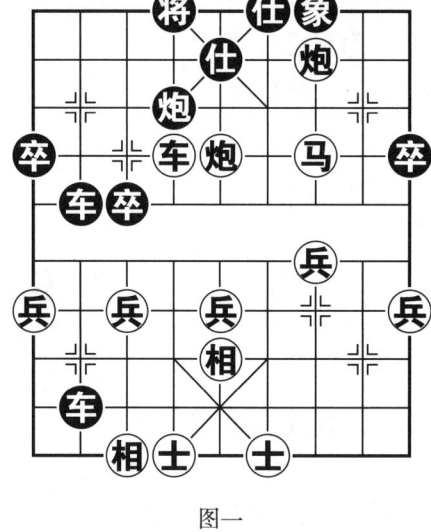

图一

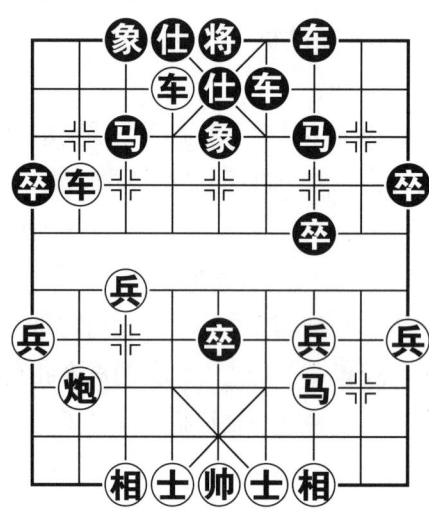

图二

324. 鸾镜朱颜惊暗换*
——略论变换战术

克劳塞维茨将军指出："退却方向突然变换，对防御者可以招致重大利益"。

变换战术系指在攻防大战中，指挥部门针对敌军战阵特点、用兵计谋与两军攻防态势，有效采取灵活机动、富于变化、出敌不意的进攻策略，以改换兵力部署、变动作战方向和变换攻杀技法，从而陷敌于应付、迷盲、被动的困难境地，使己方顺利攻城擒将的用兵艺术。

变换战术与停置战术、驻占战术是动静两重天，为动静之两极。二者之间的迥异点在于，后者某一子力到位后，为始终实施某一方略，该子力坐地生根，雷打不动，雷不打亦不动，或者说，子力与点位二者硬是凝结在一起，目的就在于将敌目标盯牢看死；而前者则敌变我变、敌不变我也变，在整体战略战术调整变化前提下，快变、多变、暗变，在变换中求深、求细、求取高效，在纷纭复杂的战场上寻觅到奔向胜利的高速路。

（一）战略方针及时变换　全力争战巧妙破敌

图一选自吕钦与赵国荣1984年于广州弈战局谱

23. 帅五平四　炮8平6　　24. 帅四平五　炮6平8　　25. 帅五平四　炮9退2

角隅炮游动发力，变换术彰显威严！此手乃战略方针大变换之妙手，它表现了黑方此时对下一步作战的企图、方针与手段及时进行的全面变换：一是改变战略企图。黑方一打一走、红方连续走闲，双方不变就将做和。面对两届全国冠军，作为之前仅获得全国第五名的棋手，能后手逼和之，亦算小胜。在决定性时刻，黑方改变了消极的作战方针，决意弃和争胜。此乃战略指标之变换也。

二是改变急攻策略，确立了积累小胜、韧性攻杀的战略方针。

三是果断变换单一底线求攻的呆板思路，确立了制乱剪羽、攻掠交错的攻杀方案。

能在关键时刻舍弃小空头之大利，上将之谋也。此变换战术，非大局观之通透、僵持战局之深图密划而难以成就也。它有力打乱红方防御系统，使宫墙线无根横列深受火力窥瞄扫射之苦。这一战略战术思想的正确变换，确保了进攻大军沿着胜利的方向顺利推进展开，为攻陷城池奠定了坚实的基础，也为首次打入三甲行列铺平了道路。正是：求变夺势为上策，弃和争胜乃英豪。

26. 车四平五　车4平6　　27. 士五进四　炮9平6

寻隙叮打，削弱守力，逐步扩大了优势。变换战术的突然实施，也扰乱了敌指挥系统，

---

*文题摘自钱惟演《玉楼春》

此手上士欠细，如改走帅四平五要比实战着法稳正一些。

28. 炮八退二　车6平4　29. 帅四平五　炮6退4　30. 马七进九　炮8退1
31. 士六进五　车4进4

不断进行灵活的战术变换、攻防变换，使敌军攻不能得手、防不能反击，局面由此生动。车之伸插十分严厉，下伏马3进4叼车的手筋，逼其防范，红方开始呈被动防守态势。

32. 后炮平六　车4平2　33. 炮六平七　车2进1　34. 车五平六　马3进2
35. 马九进八　炮6退1

攻防步调的变换十分得力，它使孤独的先锋马被严密控制，已经失去袭扰、进攻、以攻制攻的战力。

36. 炮七平六　车2退2　37. 马三退一　马8退6　38. 车六平五　马6进5
39. 车五进一　车2退1　40. 车五进二　马2进4　41. 车五退二　马4进3
42. 车五平二　炮8平7　43. 车二平三　车2进2　44. 炮六进二　车2进1
45. 炮六退二　象5进7

车衔马、炮打车、角炮平中伏杀，红方难以应对，遂放弃抵抗。纵观此局，变换堪称转折点，妙手彩绘后手篇！

（二）依据敌情及时变换　寻隙捣懈河界争雄

图二取自吕钦与柳大华2001年于广州五羊杯赛弈战局谱。

8. 炮九进四

变换由机敏，入界添光辉！黑方上一手炮8进1，企图力拒敌车八进六入侵，坚守待机。其无言试问："吾阵严整稳正，君奈我何？"红方以变应变，因势而变，乘隙而变，边炮骤然发出，窥瞄卒林横列，不啻小当头，它滞3、5路卒，它牵制双马，它暗窥高炮，它乘机取利，为变换战术妙手。

8. ……　　　炮2进2

升炮闪路捉炮，并暗伏马7进8逼车，应手有力。

9. 兵七进一

变换妙藏后续，河界顿起硝烟！此手一是直接冲渡逼炮，二是在敌河岸增层加厚，使马7进8失根、打车高炮灭火，三是诱卒减层，威胁高炮存在，四是打乱敌之固守安泰心理，逼迫敌军火急处理突发军情。

9. ……　　　炮2进2　10. 兵七平八

变换兵悍勇，断联车叹绝！兵之河岸移动，切断车炮联系，挑战车威，使局部战事优劣倾斜。敌车如敢冒险去卒，将遭到马七进六的致命打击。由此将战役角斗导向了全局性战略绞杀，并取得炮空镇与车牵拴无根车炮的两项利益，最后轻松取胜。正是：灵动局之魂，求变胜之因。

（三）应对着法灵活变换　联结抗敌熄灭狼烟

图三摘自杨官璘与胡荣华1962年于上海弈战局谱。

15. ………… 马4退6

比较借鉴定进退，灵活多变决雌雄！同样局面，红车四平六逼马，上日杨官璘与朱剑秋对垒时，黑方应以马3进4，使马进路不畅，呆板被动，机动力下降，大有孤军深入之嫌，而最终变成俎上鱼肉。现河马折返左翼，变换应法，使马既可暗窥两个浮起之兵，又可与左马连环拒敌。朱剑秋先生点评道："进马吃兵比较呆板，不及马4退6灵活。"

16. 马三进四 卒3进1

变换战法的有力后续，胡荣华认为，"送卒比车2进2保中卒灵活得多。它使局势更加复杂，还能创造反击的机会。"

17. 车六进四 炮3退1   18. 兵三进一 炮7进3   19. 车六退二 炮7平8
20. 马四进二 马6进8

双马连环，子力安定；两翼平衡，局势和缓，最后成和。

（四）入杀技法多种变换 炮兵灵动轻松擒敌

图四为李中健先生排拟的实用排局第370局谱图。此局之炮善于因势而变，五步之中竟变换了欲镇、压镇、单拆、掏心、空镇等多种攻击手法，为擒杀敌首立下了大功。

1. 炮七退三

倒升提高度准确，既阻挡卒林车一步成杀之路，又为己方双车叫杀减层、让开明线，并为实施罩镇、再过渡到空镇而巧妙铺垫。此手逼迫敌车由求杀者变为防杀人。

1. ………… 车2退3   2. 车六平四

先不予施镇，而是抢占与帅一线之肋道，暗中伏炮七平五叫将绝杀，不给卒8平7要杀以机会，此顿挫打叠着法十分隐蔽巧妙，上步下步之间，环环相扣，紧凑绵密而不露痕迹，而且更重要的是完成了由侧攻到多向进攻的转变。

2. ………… 士6进5   3. 炮七平五

敌方被迫防范，如敌方车8进1求杀则车四退一护线要杀。现炮就势平中罩镇即伏车九平五掏心再车四进一杀，它不仅攻击力度大，而且通过轰士单拆、归退做杀等攻杀手段实施空镇，构成绝杀。

3. ………… 将5平4   4. 炮五进二 将4平5   5. 相五退七

从罩镇到剪羽单拆，从前军联攻到中相脱袍去马胁马卒，攻杀手法变换灵活高效。此手为变换空镇手法、最后擒拿敌首创造了有利条件。局中诸多着法令人眼花缭乱。

5. ………… 马5退6   6. 炮五退八

打将要杀，而敌若马6退5顽抗，红方再炮五进七打象，对敌将实施超低空空镇，敌宫立崩。呜呼！几经辗转成大业，五步变换定乾坤！

总之，变换战术是指挥员多角度的缜密思考，是灵活多变棋风的充分展示，是权衡利弊之后的最佳选择，是对敌军出其不意的沉重一击。

正是：车驰马奔战敌营，波谲云诡夺皇城。鸾镜朱颜惊暗换，失势宫花叹凋零！

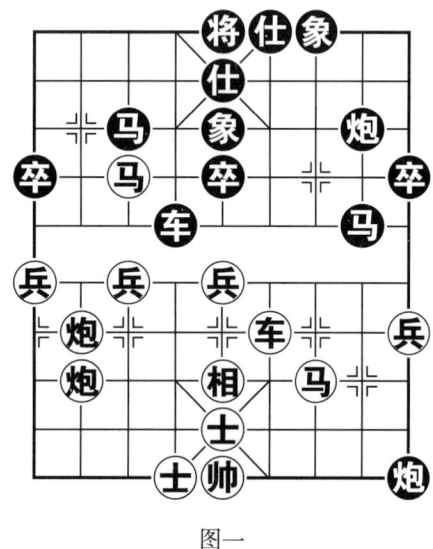

图一

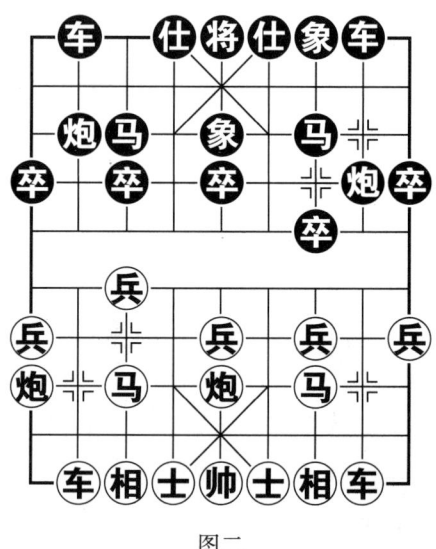

图二

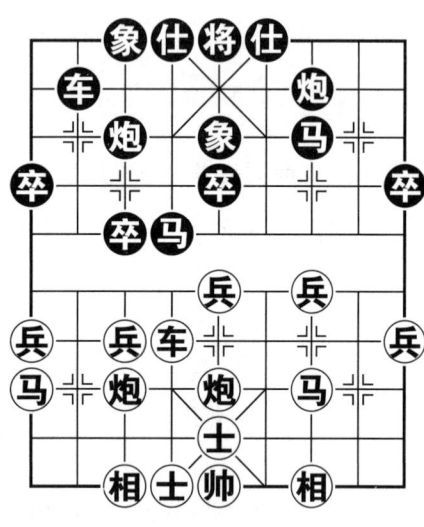

图三

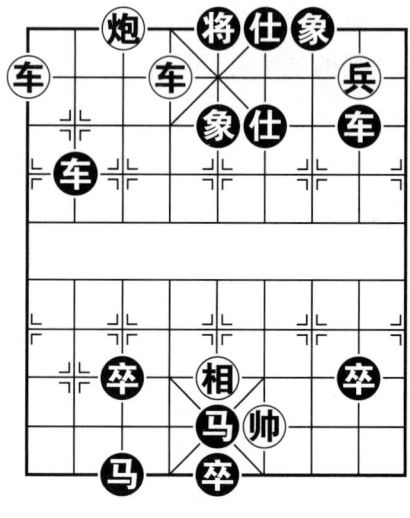

图四

325. 莫令炎瘴送生涯*

——浅论除弊战术

胡林翼云："惟临阵切忌散队，切戒贪财。得胜之时，尤宜整饬队伍，不可散乱。"

除弊战术系指己方战阵在交战过程中由于战事的突然、多变与激烈而出现某种弊端的严重情势下，指挥部门深谋远虑，立即采取边打边治的紧凑而高效的应急手段，先手解除战阵部署上、子力占位上、攻守方针上存在的弊病，既避免了敌军乘势反击的不利局面，也克服了单纯整治、浪费步数的错误倾向，从而使战阵瞬间变成无隙可乘、无懈可击的堂堂之阵并变被动为主动的整顿治理艺术。

闪击活元首　高危战地沐春风

图摘自吕钦与赵国荣1990年合作银行杯南北超级棋星对抗赛弈战局谱。上一回合黑方走车2平6做杀，立使第24手炮六退四贴帅防护空门的正手变成了使帅不得移动并遭到严重威胁的弊端。生死攸关时刻，肋炮突发奇想，一举除弊解杀——

35. 炮六进九

此乃让点、拓宽、解杀与闪击、反攻、追杀同时进行的除弊妙手，在进攻中、在反将中除弊是其精妙之处。从局面角度说，它深含变数、行棋精准、千局难觅！正是：危局之中藏变数，死棋里面有仙着！

35. ………… 象5退3

如将5平4则车二平六，将4平5，帅五平六，士5进4，车六进一，车6退5，车一平四，车8平6，帅六进一，车6退8，车六进二，将5进1，车六退一，将5退1，车六平四多子胜。

36. 炮六退一　象3进1　　37. 车一退八　车8平9　　38. 炮六平八

飞刀快刀刀刀紧，好步妙步步步催！在极其危难中妙解弊端，做成绝杀，因如将5平4则车二平六，士5进4，车六进一，将4平5，车六进一构成绝杀。

但就开局、中局来讲，黑方防中藏攻，寓攻于守，虎虎有生气，反先之势已不可逆转，但黑方34手车2平6一手因求杀过急，忽略了暗伏着的解杀反杀的除弊手段。倘若再深加思考，改走车2平7，也就是多走了一个小格，红方要想翻盘就很困难了。根据黄少龙先生的研究，若改走车2平7，既隐伏车8平6的钓鱼马杀法，又能以出将吃炮、再献车抽车的手段夺得车马双卒对车炮少相的可胜局面。因此车2平6一手就成为决定性时刻难以挽回之弊，应胜反败，令人深觉可惜。正是千虑必有一失焉！

---

*文题摘自韩愈《答张十一功曹》

总之，除弊战术是自我整治、自我完善的弈战方略，是以最完美的队形杀敌攻城的战略打叠，是最佳占位、紧密联络、高度平衡、子力增效的不断追求，是一台战车最佳状态的完美修复！

正是：棋局宛如一丛花，巧手修剪愈馥佳。劝君戎马常除弊，莫令炎瘴送生涯！

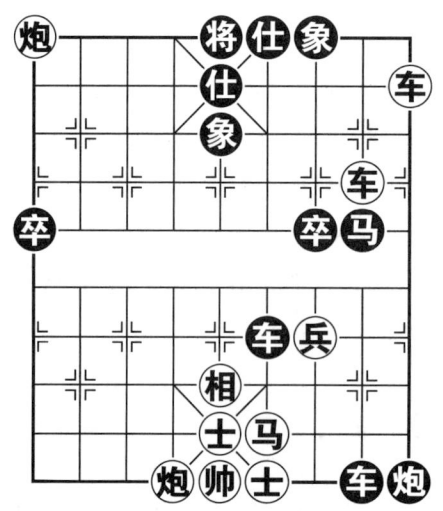

326. 春色满园关不住*

——略论解缚战术

毛泽东主席在《论持久战》中精辟指出："行动自由是军队的命脉，失了这种自由，军队就接近于被打败或被消灭。"

解缚战术系指主力部队由于应将垫护遮掩而遭敌军炮火压缚在与主帅同一条线路上，不仅失去自由，而且自身存在亦受到严重威胁的紧急情况下，兄弟部队果断采取顶替、策应、救援、要杀、减层、增厚、塞除、调离等有效手段，逼离敌军、铲除控力、瓦解敌势，从而确保主力部队及时投入决战以摧城擒将的特别因应措施。

（一）几经打叠　领军复出巢穴乱

图一选自朱永康与杨官璘1963年于广州弈战局谱。现3路车被角炮绑缚在底线，虽然未免有些"弱柳系船都不住"（杨炎正《蝶恋花》）的意味，但黑方却高度重视，并在解缚中连施妙手——

31. ………… 炮3平4

前军塞压狠，后续解缚凶。此手解缚打叠，力度巨大，施法阴柔，富于想象。它拟将解缚与叫闷同时进行，以达成借杀解缚得子之企图。

32. 士五进六　车3平2

尚未解缚先择路，身遭羁压不忘攻！车之移动，是对解缚充满信心的表示，是对解缚以后作战计划的安排，其顿挫之节奏，鲜明有序。同时，此手巧妙让点，为伺机象5退3增层解缚活车预留了空间。

33. 马五进三　炮1平3

时恰春风至，架飞战神出！几通罗鼓之后，领军解缚复出，敌阵欲坠。以下是，炮九退五，车2进5，炮九进五，象5退3，马三进二，车2进2，炮九退六，车2退1，炮九进一，车2平8，炮九平六，炮3进8夹击而胜。

（二）要杀逼炮　解缚手法妙非常

图二录自《适情雅趣》第172局"动行网罗"谱图。是局三路炮被敌火力压缚下难以解脱，并对卒7平6的杀着无能为力。在一发千钧的危急时刻，前军马炮以高妙的手法——要

---
*文题摘自叶绍翁《游园不值》

杀、往复、疲惫、减层等一系列技巧，立施解缚，并暗组双杀而胜。

1. 马一退三

逼君回故里，不得任逍遥！此开首战术之实施，为后续诸技之演弈，为最终使炮解缚奠定了坚实的基础。敌首若敢于将6进1则马三进二立毙。

1.………… 将6平5　　2. 马三进二　炮6退2　　3. 马二退四

运马精巧无比，从此往复如斯！抓住敌不能落士的弊端，连续以打将闷杀相逼，红马就如活塞一般来往两地，既为己炮充架窥将要杀，又为敌炮做架应将解杀、去兵打士——为己方底线炮减层解缚，为肋炮最终失去射点打叠，其攻前守后的战术手法极为高妙。

3.………… 炮6进3　　4. 马四进二　炮6退3　　5. 马二退四　炮6进9
6. 马四进二　炮6退9　　7. 炮三平七

利用敌炮应将解杀动作，为己方底线减层，使炮有条件去卒除患解缚并巧妙解杀，同时造作出四炮对打、左右双杀，双闷而必得其一的神妙局面。呜呼！弈术神妙如此，今古惊叹不已！此解缚绝佳战术组合，也是对贬低中国象棋的荒谬言论的无声回答。正是：障目难识玉，无知敢诋天！

总之，解缚战术是主力军争夺参战权、攻杀权的生死抗争，是反制强敌的胜负手，是活络增效的强势逆转，是兵员在特别危急时刻发出的惊天怒吼！

有诗赞曰：紧急军情善解拆，龙腾虎跃战阵开。春色满园关不住，一炮飞天出营来！

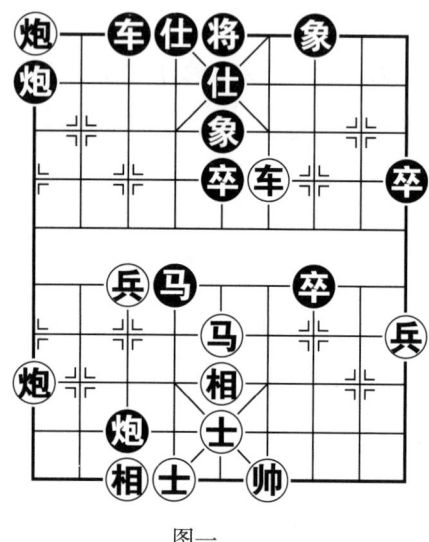

图一

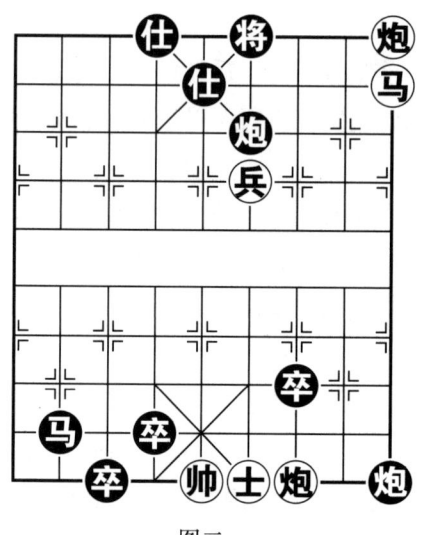

图二

327. 孤舟一系故园心*

——浅论治孤战术

鲁迅先生精辟指出："震骇一时的牺牲，不如深沉的韧性的战斗。"

治孤战术系指在孤子处险无援的不利情况下，友军巧妙采取联络生根手段使其获得生存权；造势铺垫使其得以乘隙穿插腾脱而获得机动权；借攻杀之机实施救援而获得转换权；极限发挥其伏兵深谋作用以牵制骚扰敌人而获得复用权，从而使孤子得以活络增效的治理艺术。

《围棋战理》中认为，治孤，第一是谋活；第二要有转换补偿，要有借用余味；第三是逃脱；第四是救援。在治孤的指导思想方面，象棋与围棋大同小异。

（一）领军暗助　逼退双车妙治孤

图一选自胡荣华与陈柏祥1964年于杭州弈战局谱。

25. 车九进一

远隔群山可施助，妙用"射点"制双车。黑方7路车进捉边炮争先，并伏有马6进7窥相奔卧手段，而一路炮与中相双双处于尴尬的无援境地。正值危急又不能失先的情势下，红方突出妙手，抬车邀兑，逼敌车退缩，如敌应兑，则炮一退五再打车争先，完美治孤。此手，乃横向最大距离的治孤，路阻途迷情势下的治孤，精妙也。李中健先生赞曰"用兵如神"，"其运用子力攻防之巧妙，却有神鬼莫测之机。"

25. ………… 车4退5　　26. 士五退六

减层再邀兑，力退虎狼师。落士逼车，敌车自退。如兑车后，再车4进5挑双，则士六进五打车，双炮联结，阵形稳固，且伏边兵欺马、底车砍象等手段，敌军不堪。升车落士两手，乃治孤战术组合，以立苴强势驱散乌云，使边炮恢复活力。

26. …………　车7退2　　27. 炮一平七　象3进5　　28. 士六进五　车4进5
29. 马八进七　马6进5　　30. 后马进五　炮9平5　　31. 炮七进二

"孤子"炮充分发挥灵活快速、隔一而击的特长，会同友军展开绞杀战，歼灭了敌车马炮双象，为赢得最后胜利铺平了道路。

（二）造势铺垫　孤子花心闹敌营

图二摘自陶汉明与殷广顺1995年于吴县弈战局谱。

---

*文题摘自杜甫《秋兴八首》

28. 车三平五

深察密设治孤计，看似无心却有情。治孤，正按预案有计划有步骤地进行实施。上一手敌车退捉时，炮九进一借机屯兵要线，将自我保护手段同友军救助行动融合如一，以乘势借梯杀敌，腾脱困境。此手隐暗，如置若罔闻一般。

28. ……　　车2平1　29. 车五进一　士4进5　30. 炮九平五

深宫摧卫成，孤子闹花心！妙手无痕的治理，出敌不意的打击，使敌军心志颓丧、宫城破碎，难以为继。

30. ……　　炮2进1　31. 车五平六　将5进1

孤子虽逝，但索要了去双士、拴死车炮的高额代价，以身化为胜势。此种治孤，达成了以孤夺势的战略目的，绝佳也。

32. 马四进三　车8平6　33. 兵五进一

杀势已成，空虚敌营无力守御，红胜。

（三）驱逐压制　友军演弈对台戏

图三取自于幼华与苗永鹏1998年全国个人赛弈战局谱。

31. ……　　车6退2

对捉出硬手，治孤有妙着。黑方采取对捉、驱逐、压制与护辅的综合手段，将治孤与取势结合起来，既有效治孤，又赢得了战略大势与进军度数，堪称治孤的典范之作。

32. 马六退五　车6平5

连续捉拿，将敌马逐退回营，使其难有袭扰之机，同时趁机占领卒林要津，以保护第三梯队兵员，使优势进一步扩大。

33. 马五退六　炮4进5

压制敌马，护辅己马，取势治孤，十分漂亮。捉马之车，反被马炮封锁，其锐受挫，其他子力亦遭受骨牌效应之传染，消沉起来。红方见状推枰认负。

总之，治孤战术是驰援策应的妙手，是处置困难局面的良方，是使处险孤立兵员活络增效的谋划，是变被动为主动的得力转换。

正是：驰援施救价千金，枪林弹雨不可分。完整战车摧敌垒，孤舟一系故园心！

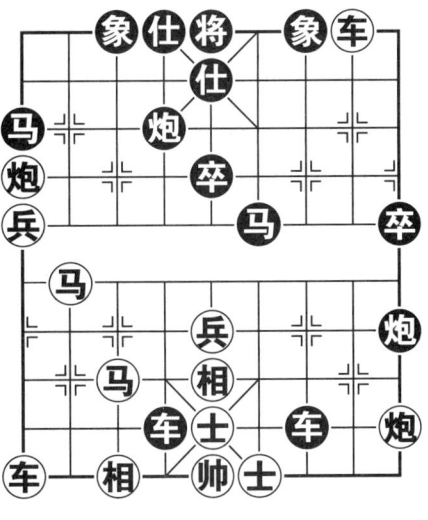

图一

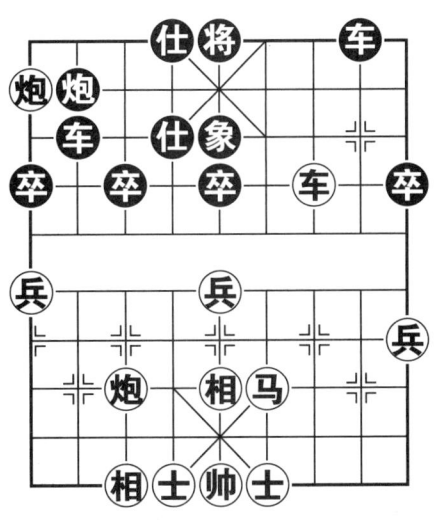

图二

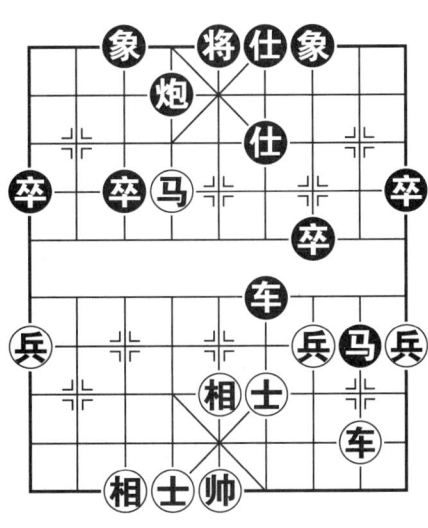

图三

328. 玉盘杨梅为君设*

——简论造设战术

1947年1月18日毛泽东主席在给刘伯承、邓小平的电文中指出："不论敌正规军、伪军、民团广为歼灭，收复大批失地……如此大约有两个月时间即可将路北、路南广大地区创造为机动战场。"

造设战术系指实施方经对攻防局面做深入透辟的审视分析之后，巧妙采取摧毁、吸引、钓猎、破坏、制乱等有效手段，无中生有地巧妙地创造、设置战场条件，从根本上改变两军攻防态势，争得有利攻杀战机，从而极大鼓舞军心，提高效率，加快争战进程扭转乾坤的超级法力。

（一）纵横造设　敌防千疮百孔

图一选自李义庭与窦国柱1957年于上海弈战局谱。

16. 炮八进一

明里欺打横队，暗中造设山川！此乃造设战场条件的绝妙手段，它为发动决战、顺利夺胜提供了有利的大环境。首先，此手冻结了敌军沿河兵力，使其难以以攻制攻；其次，逼象上挺，使河防兵力拥塞漂浮，使中路减层虚弱，并使窝心弊端滞显，不得调整；再次，此手造设手段隐暗，极易使敌麻痹，误以为红方企图拴链抢子而应付了事，实际上为滞留、加重敌核心防御弊端，并封锁、自阻3路车亮出，为发动攻城战斗造势铺垫。此手造设，在敌岸设置了重型火力，压制了敌军的展开，压制了敌方纵横火力不得有效发挥。

16. ………… 象5进3

无奈应付之举，因如退炮，不仅3路车难以出头露日，而且红方炮八平五压镇敌宫，立刻遭攻；又如逃车，红方兵五进一渡河驱炮，黑方无法接受。

17. 车九平八　卒7进1　　18. 炮八平六　炮8平5　　19. 马七进五

在"大势"已定情况下，抽车对红方无伤大体，因为已得双炮、中路占势，敌军耗时吃车反而为扑马前趋绝杀敌首提供了良机。

19. ………… 车8进5　　20. 马五进三

此时敌方中路不仅空虚，而且窝心弊端严重——这就是炮八进一造设之功。此种造设，令黑方再难以扭转过来，一直处于下风劣势。以下伏马三进四，卧槽挂角均构成绝杀，而8线

---

*文题摘自李白《梁园吟》

车遭三路马戒严，不得退回卒林扼守；3路车如进3吃兵看护要线，红方则炮六平五抽车，故黑方认负。

（二）前后造设　创建开阔战场

图二摘自徐学良与胡荣华1973年于苏州盲目车轮战弈战局谱。

17. …………　马3进5

催逼风浪紧，造设天地宽！在攻守双方于敌阵前沿对峙僵持情况下，此造设妙手，以撤架、安定后方为掩护，以增援前军攻杀相威胁，暗中诱使敌军前来阻挠此马前扑相头，以达成为前军造设攻杀条件之战略目的。蒙目战中竟有如此高妙手法，不能不令人击节赞叹！此手一出，前军后营，尽皆摩拳擦掌，跃跃欲试。正是：冥暗不遮目，造设全在心。

18. 炮四进四　马8进6

路障离位去，杀手扑上来。敌炮因见其来势汹汹，遂扑前绊阻。8路马借后军巧妙造设出来的主战场有利条件，飞身杀入，立伏挂角杀。多日对峙的局面就此结束，随之而来的是浪掀席卷的攻势。由于黑方造设得很"铁"，攻杀战已经进入到随心所欲的程度，顺畅擒获敌首。

19. 马四进二　马6进4　　20. 帅五平四　炮7平6　　21. 士五进四　炮5平6

22. 士四退五　卒7平6

擒拿敌首者，马炮卒也；开辟战场、引障飞离、创造入局条件者，3路马扑中是也。

（三）迷盲造设　天网收口突然

图三取自董旭彬与许银川1993年于广州"嘉宝杯"弈战局谱。

42. …………　炮2进1

升提小如跬，造设淡若无！此手造设，隐隐迷离，朦胧缥缈，宛若轻纱薄雾，具有多点开花，朦胧造势之优雅。其运子造设，已经臻至"微乎微乎，至于无形"之高妙境地。只有魔布掀开之后，人们才能恍然大悟。

43. 炮八退三　车6平4

捉马过渡，继续围绕前手造设大做文章：一是将红马逐远，难以发挥攻防作用；二是为了撤离中象塞压点，为炮2平7盖车造设依托；三是择路捉炮，以破坏其防御功能。

44. 马六退八　车4进5　　45. 炮八进一　炮2平7

在以上两个回合里，捉敌炮，将其逼离防区，而平炮盖车一手，更是将敌车扼守要线之战力减降至零点，或干脆将其攘除于主战场之外。主战场条件已完全造设停当，只等一声号令！

46. 帅五平四　马6进7　　47. 相五退三　卒6进1

此时，首着炮2进1之造设，方"真相大白"，它遮护，它攘除，它助杀，再转而主攻毙将，兵不血刃，大军告捷！炮、车之造设战略，将永远熠熠生辉！

总之，造设战术是创造条件、改变攻防态势的举措，是战略家无中生有的谋略，是弈战中重新设置"环境"的大手笔，是使敌军迅速减效、崩溃的铺垫手段。

正是：全盘战略谋划初，局面处置见功夫。玉盘杨梅为君设，金阶红毯颁奖铺！

车 仕 将 仕 象
马
象 马
卒 兵 卒
炮 车
炮 马 兵
兵 卒 炮 兵
马 炮
车 相 士 帅 士 相 车

图一

象 仕 将 仕 象
马 炮
卒 炮 卒
卒
炮 马
兵 兵 卒 兵
马 相 炮
士
相 士 帅 马

图二

将 仕
马 仕
象 车
炮 车 卒
卒
炮 卒
兵 马 兵
相
士
相 士 帅

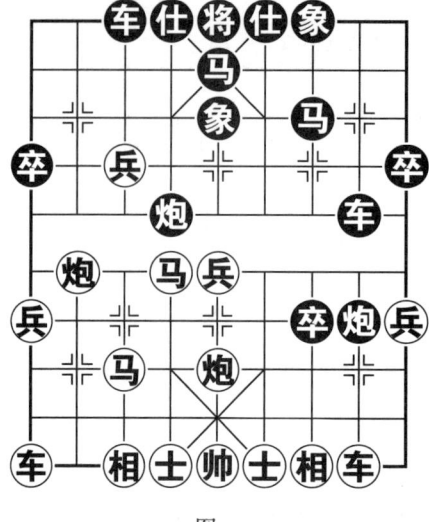

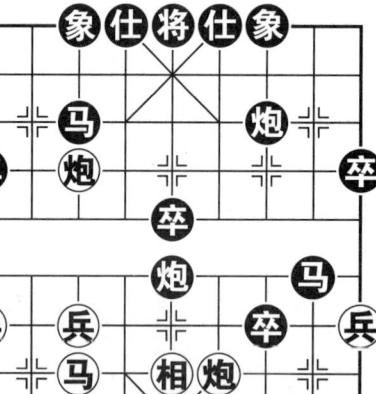

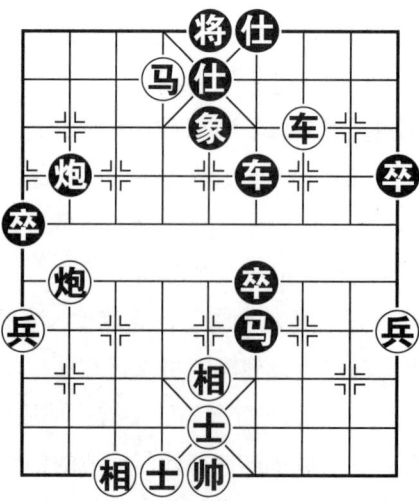

图三

329. 玉在椟中求善价*

——浅论待贾战术

待贾者，《辞源》释道："等待善价"也。

《论语·子罕》记载，子贡曰："有美玉於斯，韫匮而藏诸？求善贾而沽诸？"子曰："沽之哉！沽之哉！我待贾者也。"

此处之"待贾"，即待价，等待善价，追求最高经济效益也。

（美）詹姆斯·邓尼根在《现代战争指南》中指出："最优秀的军事指挥官是那些能以最少的战斗和最小的代价达成目的的人。"

待贾战术系指在已稳获某种实利的情况下，实施方却并不立即采取行动取得这一垂手可得的利益，而是以此为契机，巧妙采取固防、运调、抢占、做杀等襄助手段，不仅不让敌军解脱、不给敌军留下隙柄，而且进一步创造战机，扩大先手，以提高要价，增加交换筹码，榨尽局面里的所有利益，追求最高军事效益的高级运筹方略。

（一）求取善价　攻杀如潮成绝唱

图一选自张兰天与赵鑫鑫于2009年全国个人赛弈战局谱。

24.………… 　炮9退1

目中无马求善贾，趁机取势暗做杀。黑方现军力数量已处劣势，本该打马得回失子，然后再重新部署兵力，展开后续战斗。然黑方却没有如此稳妥，竟然利用马在衔中的机会，运炮取势，暗中做杀，将此利益极限扩增，而且数回合里并不吃马，连续高效运作，使敌军疲于奔命、损伤付出，难以守御。

现以静态的6线炮为抽样进行具体分析。首先，敌方前马已在死亡线上，是一枚死子，即便逃跑，也要浪费一手棋，那时战局已发生重大变化，敌城已破，其存在已无任何意义；而保留吃马的权利，可以对敌军心理施加巨大压力，使其遭受数弊缠身之苦；其次，从自身角度看，此炮现在处位十分险要，火力封锁帅门，为友军马炮做杀助力，若打马变位，位势不佳，触犯了得子失势之大忌。暂且停待，可增效生威，极尽战力之发挥；再次，6线炮将"轮走权"交给9路炮，可以让它能在对敌实施高压条件下进行运作，完全可以活络全盘、加大攻势、讲求节奏、提高效益。在估算吃马的利弊得失之后，正确选择作战方案，以求取效率最大值。

---

*文题摘自《红楼梦》

25. 炮三平九　马7进8

意欲扑槽，窥帅要杀，同时叮炮，使"吃子"利益再度增多，效率曲线不断爬升。

26. 炮九退五　炮9进3

待贾方急剧涨价，马双炮尽在衔中。"善贾"倍增，黑方实施的待贾战术大获成功。

27. 炮一平四　炮9平1

出手果断，力摧"保皇派"，为加快攻城擒帅进程提供了有力的保障。此手吃炮如与24回合假定吃马进行比较，二者轻重分明，如果说吃马可以取得兵力与心理两项平衡的话，那么，吃炮就将获得一台攻杀的加速器。

28. 前马退九　马8进7　29. 帅五平四　炮1退2　30. 马七退六　卒6平7
31. 士五进四　炮1平6　32. 马六退四　炮6进4

之后，卒残士相并禁控敌首，三军做成绝杀。正是：待贾耀今古，攻杀壮河山！

（二）曲线待贾　求攻得子两不误

图二摘自陶汉明与李智屏于1989年全国个人赛弈战局谱。

34. 车四平六

待贾增效攻为上，领军重势抢在先。此待贾妙手，极具大局观风范，它放弃得马机会，转手攻将，做成铁门栓大势，以逼退敌车，使其处于守势，难有纠缠乱战之机，为慢火烹鱼、稳妥争胜创造有利战场条件。李中健先生对此手赏赐了一枚叹号，以表达他高度赞许的心情。

34. ……　　将4平5　35. 帅五平六　车2进3　36. 帅六进一　车2退9
37. 兵九进一　卒7进1　38. 车六平四

势成方除患，得子再攻敌。红车攻城捉子双管齐下，此局首着的局面效益日渐增大，使敌方在"子"与"势"两个层面上均处于亏损状态。

38. ……　　车2平4　39. 士五进六　车4进5　40. 车四退二

以下红方急进边兵、诱车砍士求胜，红方乘机解拴、逼兑车，炮双兵赢得战斗。

（三）稳健老练　窥瞄拴链强捉拿

图三取自许银川与吕钦第九届"银荔杯"弈战局谱。

1. 前兵进一　士5退4

剪羽、引离中士，为马腾挪挂角闪击铺平道路。此手，是暗中攻击黑方6线纵队的前期打叠，是决定双方军力优劣的关键举措。

2. 炮一平四

窥瞄，高质量的窥瞄，将敌首与有生力量全部纳入到火力击打范围之内，为实施待贾战术提供了有利的位势条件。

2. ……　　将6平5　3. 马四进六　将5平6　4. 马六退八

履险需待贾，得子应择时！红方在已稳得一马情况下，角马却先自闪离险地，并做好马八退六捉吃敌马的准备。假如贸然以炮打马，黑方则士4进5捉双得回失子。此手稳健老练，

有效破解了敌方暗藏的反击手段，将胜势不可动摇地掌控手中。待贾，既要耐心"等待善价"，求取最大利益，又要在不赔本的前提下，按合理价格得到正常"利润"，以增补军需、扩大优势。

总之，待贾战术是最大利润之追求谋划，是面对现有利益与长远利益而采取的战略顿挫，是对局面透辟的洞见，是给"得寸进尺"赋予的崭新内涵。

正是：已得熊掌更求鱼，奥妙橘枰无禁区。玉在椟中求善价，帅立帐前谋胜局。

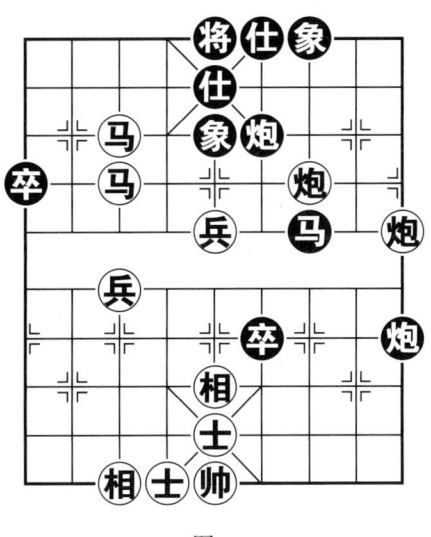

图一

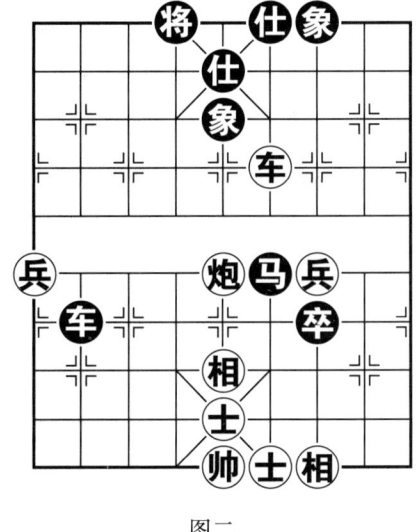

图二

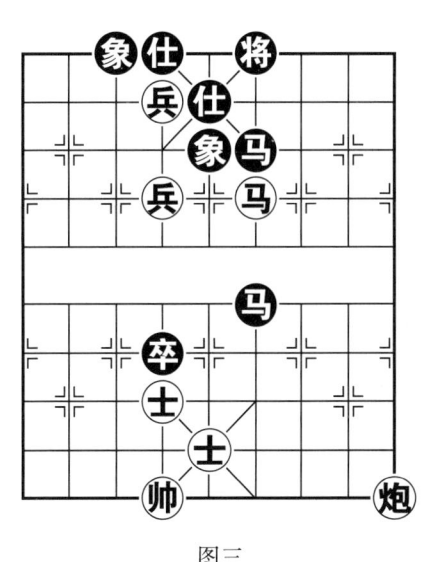

图三

330. 天街小雨润如酥*
——简论活络战术

列宁在《在全俄东部各民族共产党组织第二次代表大会上的报告》中深刻指出："革命战争如果真正是由被压迫劳动群众参加的，是在同剥削者作斗争，那么，这种革命战争就会唤起创造奇迹的毅力和才能。"

活络战术系指在决战决胜关键时刻，在主攻兵员身处不得施展杀技之境地的不利情势下，助攻兵员大义凛然，以维护全局最高利益为己任，采取腾挪、打将、闪击、吸引、塞压、拼兑等有效强制手段，以身开路，调动敌首，遏抑守军，驱逐要员，强力改变总攻战场条件，从而"唤起"民众，使己方呆滞的主攻部队大面积活跃起来，并得以尽展杀技的高级助攻增效技巧。

（一）深长计审　双雄浴血活马炮

图一选自《适情雅趣》第123局"逢山开路"局谱。是局黑方前军后队已经做成绝杀，使红方欲解无途。而红方除中路兵势强大以外，背处于敌右翼之马炮——未来战场的主攻部队，却距主战场甚为遥远，且由于3路象对底马的如山阻隔与对1路象点的看护，使马炮无法参战并辗转着鞭长莫及、难以发力的无限苦衷。决战关头、需要时刻，双车两次妙施活络绝技——

1. 车五平四

馈献突兀震敌界，活络辉光照全局！此乃叫杀、调车、绊马、塞象并将功能和影响贯穿于全局的第一阶段的高级活络妙手！敌车虽可夺其形体，但由敌车所替代的战术功效一直助跑终点，它冻结了7线马象在中线上防守角斗的参与权，为己方马炮强力夺得决战参与权做出了深远而隐暗的战术打叠。或许此时有读者会提出一个问题：此手与《停车坐爱枫林晚——略论停置战术》一文首例车一平四有何不同？答曰：使不能行动的呆滞者活跃，同为可动者保驾护航，两技功能迥异也。

1.………… 车6退1　2. 车五进七　将6进1　3. 兵二平三　将6进1

4. 车五退二

宫中灾祸起，有人壁上观。暗力涌沙场，马炮战犹酣！在第二阶段活络打叠中，车兵联手将敌首逼上悬崖，先手为马炮提供了可以随时击打的攻击目标，同时仅剩有的另一中车，

---

*文题摘自韩愈《早春呈水部张十八员外二首》

遵循先车的攻杀思路再次以生命挑战象头，妙施活络技法，逼3路象放弃对马炮的盯防而应将解杀，这就为马之折返打将顿挫提供了一个最重要的活动空间，提供了一条活络的便捷通道，为边炮营造了一个安全的瞄射敌首的着陆点，为参战擒王部队之启动、运转创造了最理想的战场条件！此时首着活络技法的战术功能已昭然若揭，而另车象头逼象则是活络战术组合的美妙延续。两个阶段的绝妙活络技法，使身后的马炮得以活络灵便、游刃敌界、不负所托、极尽杀技！正是：增效谋划远，活络代价高！

  4.………… 　象3进5　　5.马八退六

马能参战，马有今天，活络战术使之然也。如敌右象不被逼起应杀，马将永无杀敌立功进爵之日。

  5.………… 　士4进5　　6.炮九进五

同样，炮之所以能够在象控点上打将求杀，皆双车联袂上演之活络技法巧妙创造良好战场条件之功也。双车活络之妙，喜悦荡漾在马炮心中，效力扬洒于尺枰之外！真乃是：打叠活络起狂飙，侧翼主攻遇故交，灵芝仙草何处觅？天街春雨亦潇潇！

  6.………… 　象5进3　　7.马六退八　象3退5　　8.马八退六

阻敌观战，调敌活众，双车之无限功力，尽展身后；边炮入界窥瞄，底线马三步折返，连续催杀，马炮兵妙演双将杀，真个虑之深也，弈之酷也。

（二）廓清战场　何须扬鞭自奋蹄

  图二摘自李中健先生排拟的象棋实用排局393例，此局看似敌我双车实施错杀的争衡对垒，实际上红方双车叫将均有不小的难处，特别是八路车一旦退一叫将，会立刻遭到3路炮退7应垫闪露之抽杀，而红双马尚不存在直接攻击敌首的位势可能。在此种困难局面下，红方若想抢先成杀，唯一有效的方法就是实施活络战术——

  1.车八平六

义举惊天下，活络震人心！它洞见了自阻碍杀的症结，它为活马而英勇献身！同时以身调敌，为另车打将顿挫、再施活络战法打叠。伟哉！领军浩然去，活络后来人！

  1.………… 　将4退1　　2.车七退一　将4进1　　3.车七平六

为求杀敌双成仁，廓清战场活络君。看护闪抽何以用？铁蹄飞扬更雄浑！红方三手棋实乃活络技法之典范也。它有以下战术内涵：

一是廓清了主战场，解决了自阻自扰的隐患，使双马得以活动自如，并拥有了更多的回旋余地。

二是调动了攻击目标，连续顿挫打将使敌首处于被攻击点上，为双马钓猎到最佳处位之目标，使双马能够先手启动打将并连将杀。

三是减煞了敌军的守御功能：底马看护七路车叫杀点的作用已经时过境迁，丧失了防守功能，变成了阻塞逃路的不义之臣；敌炮应垫、闪露、抽杀之打算也已失效作废，敌双车炮组杀团队已变成了毫无用场的摆设。

四是双车之重大活络义举激发了双马的斗志，它们接过了攻杀的大旗，肩负着全军的希望，在双车打叠造设的良好征战环境里出色完成擒杀戎首的任务，其至连九死一生的中帅业已起到了占线控中、抑缩敌将活动区域的战术作用。

| 3. ………… | 将4退1 | 4. 马三进五 | 将4进1 | 5. 马五退七 | 将4退1 |

此手打将催杀，兼具遮掩阻挡的战术功效，它为马九进八绝杀敌首保驾护航，以使炮3退9再施应垫闪露抽杀企图再次碰壁。到此红方获胜。有诗为双车的活络技法叫好——活络泰山重，情痴后来人。橘枰赞双塔：擎天柱一根！

（三）杀敌逼宫　长短火器计谋远

图三为《适情雅趣》第81局"寻踪觅迹"谱图。是局黑方已做成多杀之势，而红方防守无门，攻杀线路不畅。生死关头，红方突出活络妙手——

1. 兵七平六

叫杀、逼车、除害、让点、活马、伏杀之活络妙手，其有以下战术功能：

一是平兵让出马盘旋连将所需点位，先手解决自占自扰的弊端，使马在决定两军命运的紧急时刻，真正"活"起来并成为驰骋疆场的杀敌英雄！

二是以绝杀逼调敌车，再以车歼之，这就为战马在八路线上的两度"活动"解除了火力封锁。

三是为卡肋车继续打将调敌、清理九宫战场进行了先手打叠。神乎哉！底线兵已经看透了未来战场将发生的一切！它是真正目光远大的先驱者、一子活众的奠基人！

| 1. ………… | 车2平4 | 2. 车六进一 | 将5进1 | 3. 车六平五 |

继续清理九宫战场，宽阔无碍活动阵地，为双马彻底活络而甘洒热血。有诗将车之活络技法颂扬：侠义感天地，气节压柏松。笑赴将位点，融入凯歌中！

以下就是双马炮在广阔战场上的杀技表演了——

3. …………	将5退1	4. 马四退六	将5进1	5. 马六进七	将5平4
6. 马七退八	将4平5	7. 马八退六	将5退1	8. 马六进七	将5平4
9. 马三进五	将4进1	10. 马五进四

此时黑方如将4进1则马七退八杀，但如将4退1则马七退五再炮九平五杀。

总之，活络战术是千军万马得以有效机动杀敌的深远谋划，是改变子境、提增活力的橘枰魔法，是子力之间相互关照相互推助的高级联络配合技巧，是运调术中最具侠义心肠的行善大家！

有诗赞道：揽月搬山变阵图，滞困统领出茅庐。百花窃问何以发？天街小雨润如酥！

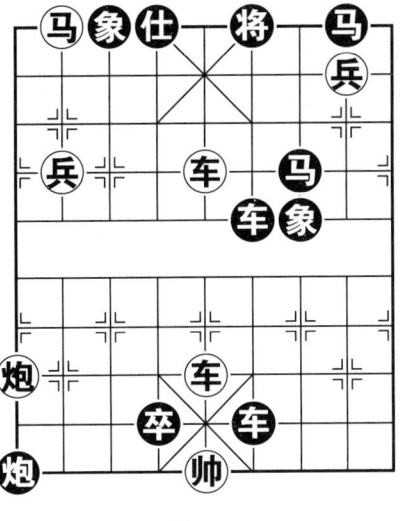

图一

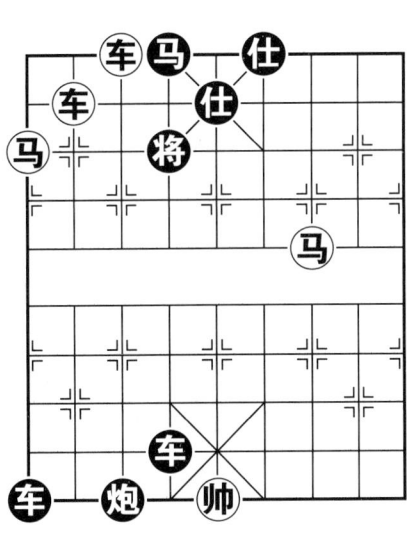

图二

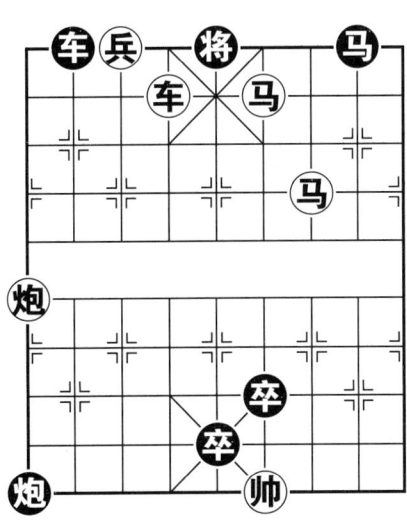

图三

331. 隋家宫阙已成尘*
——小论改型战术

恩格斯在《反杜林论》中论及暴力时深刻指出："它是社会运动借以为自己开辟道路并摧毁僵化的垂死的政治形式的工具。"

改型战术系指进攻部队通过对敌宫花心、角地等要害部门的硬性兵力投放，强力改变敌宫城结构，改变敌首的处位，改变敌城防部队的正常部署，打乱敌坚守固防的顽抗计划，使其貌似无虞之城立刻变形、紊乱、破败，加之敌前军贪攻回防不及而抢先成杀的攻城谋略。

（一）花心式：力摧支点，掩体俱毁帝心寒

花心乃宫城结构之核心部位，强力改型则有摧梁断柱之效。图一选自季本涵与胡荣华1960年于上海弈战局谱。

21. 炮五进二

力摧支点宫阙乱，炸毁掩体帝心寒。此手乃规范的改型战术妙手，是此局面下最佳攻城手段。它力摧花心护卫，即伏车六进一杀；如敌士4进5，又伏车六平五双车抢马杀；它掏空了宫阙内线防务，使宫城变得摇摇欲坠、勉强支撑的"僵化的垂死的政治形式"，变成一座丧失守御功能的空架子；它摧毁了敌首的心理防线，加快了决战的进程。

21. ………… 士4进5　22. 车六平五　炮8平6　23. 车四平六　炮6炮8
24. 车六平四　炮8平6

变换手法，再度施杀，脆弱宫城已很难抵御强大火力的进攻了。

25. 炮六进三　马1进3　26. 车四平二　车2进1　27. 炮六平四　炮4退2
28. 车五平八　马3退2　29. 车二进四　车7进1　30. 车二平四　将6平5

红方夺回失子以后，三兵种大力协同作战，特别是马在"空旷"敌宫内如履平地，逼将无路，做成绝杀。以下是炮四平五，象5进7，车四平八，车7退1，车八退一，炮6平9，车八平五，将5平6，车五平六，将6平5，马九进八，车7平5，马八进七，炮9进4，车六平五，将5平6，马七进六，将6进1，车五平二，将6平5，车二进一，将5进1，马六进四，将5平6，车二平五胜。

---

*文题摘自李益《汴河曲》

（二）目标式：强力逼引，宫阙设施皆失效

将敌首这一攻击目标逼引变位，就会使守城部队失去防御功能。图二摘自潘煜春先生排拟的"投饵钓鳖"棋局正解着法第三回合的谱图。

4. 车四进三

洞见皇城虚懈处，逼将改型决断时！此手改型绝妙！黑方前军已做成绝杀，由车领衔的以双马为骨干的士象全的强大后卫"护驾"森然，似乎这就是一盘不可逆转的战局。此手献车将敌宫核心部件硬性搬离原地，由此而使其他设施形同虚设，并变得扭曲失衡，遭致被利用被摧残的下场。此手改型使七位后卫急剧减效，敌7路车由防守支柱变成了任由宰割的鱼肉。在车马丧失防御功能情况下，敌首不得不被迫独自应酬，因而越陷越深。

4. ……　　将5平6　　5. 车二平三　将6进1　　6. 车三退一　将6退1

7. 车三平四

深宫不留出巡客，再逼敌首登悬崖。此手使敌首更加裸露、处境更加凄惨，使敌宫设施减效变质，反成为推送登崖的帮办。

7. ……　　将6进1　　8. 马三进二　将6进1　　9. 兵五平四　将6平5

10. 马二退三　士5进6　　11. 兵四平五　将5平4　　12. 马三进四　马9退7

13. 兵五平六

角马钩钓悬崖客，奏凯缅怀改型人。由于双车的绝妙改型支助，马炮兵成为改型战术的最大受益者，成为决战的最终胜利者。

（三）变形式：点将引士，关键举措内宫乱

改型战术的另一种技法，虽不使其破损，但却使其变形，使敌宫城立刻混乱失效。图三取自《适情雅趣》第152局"江心下钓"谱图。

1. 车八平五

点将生弊夺攻势，改型乱营创杀机。此乃改型战术的典型战例，此改型妙手，制乱敌宫，硬性逼迫敌宫变形，使其弊端丛生，再无安宁可言；此手极大提振了全军的胜利信心，活络了全体将士的进攻能量，使各兵种都增添了助攻争杀的机会；此手点示我们：改型战术是一个容易被忽视的战术技巧，同时也是一个未曾想、不敢想的最贴近战略意图的大型战术。改型战术对于棋手来说，它是一座关、一道坎儿，过得去，棋力顿增，慧目即开。

1. ……　　士4进5　　2. 车八进九　士5退4　　3. 兵四平五

继续推行改型战术，加剧敌宫乱象，为绝杀敌首创造条件。

3. ……　　将5进1　　4. 马五进四　将5退1　　5. 炮七进四　士4进5

6. 炮七退二　士5退4　　7. 马四进六

绝妙改型术，精彩挂角杀。回首初始，两次力扑花心改型，使敌宫"乱套"生弊，为胜局奠基，真战略性大手笔也。

总之，改型战术是对敌宫的强力破坏手段，是改变宫城形状、减降城防部队防护作用的

有力举措，是攻杀阶段的金色锁钥，是进入高手行列的必经之路。

正是：攻城思路日渐新，制乱减效谋划深。敌军城池今何在？隋家宫阙已成尘。

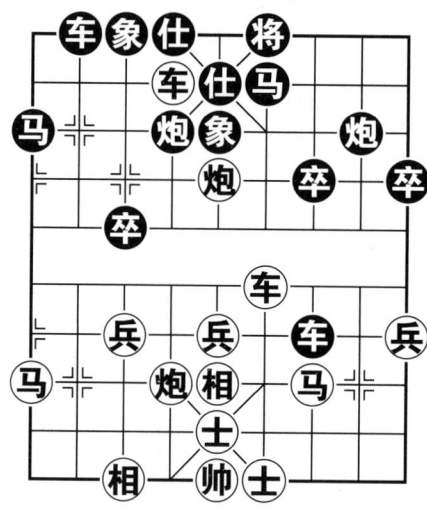

图一

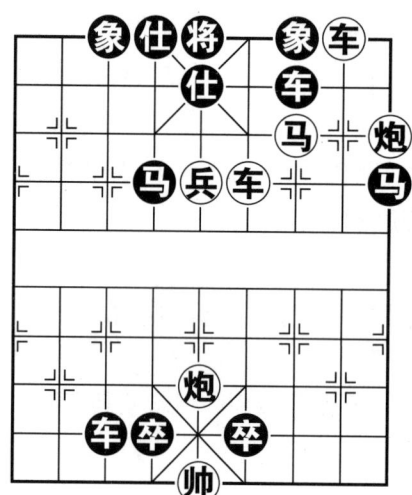

图二

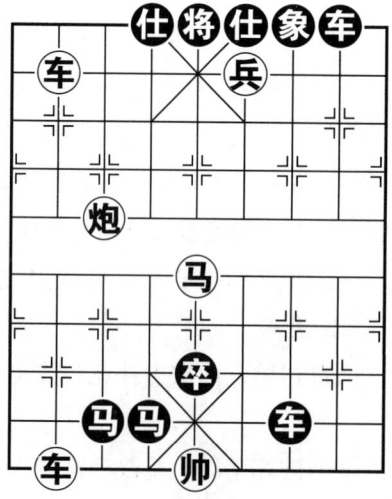

图三

332. 暗随流水到天涯*

——略论顺承战术

《百战奇略》云："凡敌始有谋，我从而攻之，使彼计衰而屈服。"

顺承战术系指在敌军计设陷阱、故意抛弃辎重而企图诱我入彀的特别情势下，指挥系统经过对战局各种变化的分析和中长期战略谋划，果断地采取一个先顺从敌意、接受弃子，然后以更深长的计谋出敌不意地在另一战区或主战场发动凌厉攻势的作战方略，有力挫败敌企图弃子进攻或者弃子谋和的计划，使敌遭受兵力与局势两方面重大损失的高级应对技法。

（一）斩炮转移　两向求杀巧妙异常

图一摘自李来群与言穆江1981年于温州全国赛弈战局谱。在最后残局阶段争胜与求和的较量中，双方各施手段，角斗十分激烈。上一回合，黑方炮1平5，企图诱车吃炮，然后再车2退1捉死炮，逼和强敌。

127. 车五进四

顺手摘得天边月，再觅皇家冠上珠！红方精深审局，寻觅入局良谋，先顺其意以车砍炮，然后施妙计攻破城池。

127.……………… 车2退1　　128. 车五平二

平拉开威胁空门，巧安排做成绝杀。红方反以炮为诱饵，还制其身：吸引其注意力，浪费敌车行棋度数，将其引入背暗遭攻之地，使其永无施展法力之机；同时中车闪离至空门，兼窥底线与中路，再层层打叠，做成妙杀。呜呼！双方均弃炮，战局有利弊。顺承深几许？角车苦相知！

128.……………… 车2平1　　129. 相五进七

扬相去屏障，露帅多一车。要杀钓猎象，车兵攻城急！飞相露帅要杀，并为以绝杀挟迫而抽车作了深度打叠。

129.……………… 象3进5　　130. 兵三平四

前军后营巧妙配合，连续要杀，而角车无缘防守，坐视争战，一筹莫展。以下如士5退6则车二平五，士4进5，兵四平五，士6进5，车五平二伏杀透车。真个是：顺承敢笑周郎浅，帷幄不愧韬略深！

---

*文题摘自秦观《望海潮·洛阳怀古》

（二）履险夺相　激活全局攻势如潮

图二录自郭长顺与柳大华1983年于昆明全国个人赛弈战局谱。在此回合中，红方车三平八，意在封车并诱炮打相，使其孤军深入，然后就地歼杀。

19. ………… 炮3进6

顺水推舟争高效，钱塘借力涌狂潮。黑炮顺其意，毅然打相，由此掀起全局性进攻波澜直至局终。

20. 车八退四　炮9平7　　21. 相三进五　马6进4　　22. 车九平六　马1进2

利用单相之弱及车退出河界之机，瞄相胁炮，暗伏炮7进1打死车，逼车走人，奔马联结，先手叼车，强子皆有攻意，盘面极富动感。

23. 车六退一　车8平4　　24. 炮六进三　马2进3

踏进胁三，如马九进七，炮3退3顺势逃脱。黑方盯咬不断，更隐伏暗着，环环相扣，十分紧凑。

25. 车八平七　马3退4　　26. 马九进七　后马进3　　27. 炮七平六　车1进3
28. 车七平八　马2进3　　29. 车八进二　车1平3　　30. 马七进六　卒5进1
31. 马六退八　马3退2　　32. 车八进二　马4进5

无相城防弱，有效火力宽！以下卒之渡河欺车胁兵助阵，加速了胜利的到来。

33. 士五进四　车3进4　　34. 车八平六　卒5进1　　35. 车六退一　卒5进1
36. 车六平五　车3平4　　37. 帅五进一　象5进7

下伏炮7平5胜。

总之，顺承战术是智者借力借机的深长计议，是敢于同狡猾之敌斗智斗勇的一代楷模，是指挥家大智若愚的上佳范例，是同行不同谋、独辟蹊径、另寻洞天的军旅战歌。

正是：顺从配合似一家，另图良谋自豪侠。不费足力行千里，暗随流水到天涯！

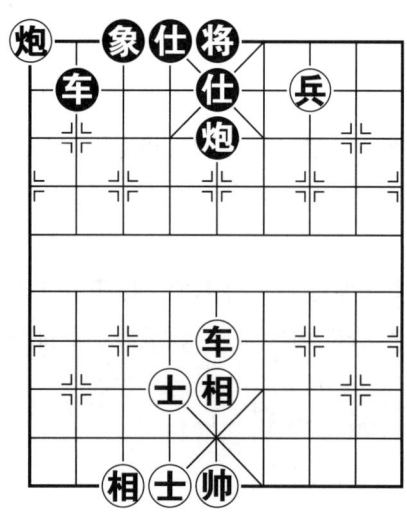

图一

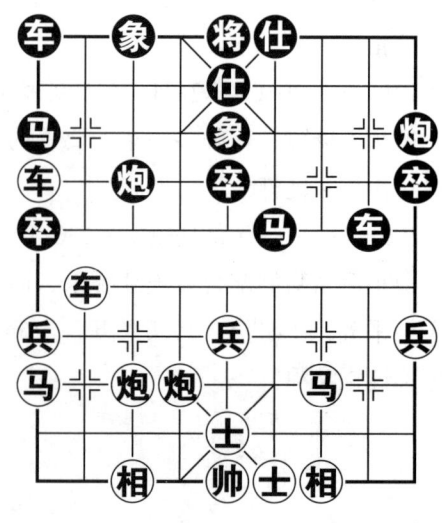

图二

333. 江头未是风波恶*
—— 简论设伏战术

《百战奇略》云："彼贪利而不知害，可设伏兵以击之。"

设伏战术系指为确保对攻战、总决战的圆满成功，经对敌军主力进攻路线的分析判断及敌首的处位变动，进攻部队采取防范、弃舍、闪离、捉拿、抽占、藏匿等有效手段，预先在要点要路隐蔽设置伏兵，待敌军进入预定点后，突然出击，重创敌军，擒获敌首，从而获得决战彻底胜利的兵员预先配置技巧。

（一）预设伏兵　敌宫周遭暗潮涌动

图一选自陶汉明与陆玉江1993年于南京弈战局谱。

30. 车九进八

暗设拦路卡，伏击求杀人。红方分析黑车砍相之后，极大可能会露将求杀，故在敌上二路暗设伏兵。如将5平4则兵七平六增层断联，如士5进4去兵，车九平六，将4平5，车二平四抢先拔旗。

30.………… 车5退5　31.前兵进一

以躲避火力为由，再次设伏。敌如将5平4，则前兵进一，将4平5，车二平四做成绝杀。此局红方车兵在敌首出行道上连续设伏，暗潮涌动，十分"阴险"，令敌周身寒透。

31.………… 车5平4　32.车二平四　后车平6　33.车四平三　炮7平8

34.兵七进一

减层双车，空门设伏，断路敌首。敌如车6平5，车三平四绝杀无解。此局红方在车路、将路设伏连连，敌军难以解拆。

（二）铺垫打叠　帅位藏车阴暗毒狠

图二摘自《适情雅趣》第248局"开拓心胸"谱图。

1.兵五进一　将5退1　　2.兵五进一　将5平4　　3.兵五平六

在敌双车已经做成错杀的紧急关头，中兵利用轮走之先，借用双车的威力，连续追杀，清除屏障，使敌首彻底成为"孤家寡人"，为成功实施设伏战术提供了必需的战场条件。此打叠组合，同时通过打将去士，将兵自身按"路障"看待而自我清理出战场之外，为实施设

---

*文题摘自辛弃疾《鹧鸪天·送人》

伏战术扫清了道路。呜呼！自知身份者，达人也！义士也！

3.………… 将4进1　4.车三平六　将4平5

顿挫安排就，目标钓猎成。打将钓猎，为设伏战术的实施完成了最后一道工序。

5.车一平五

设伏，断定敌车下底求杀，则相五退七闪开车路，攻防一体，闪将成杀。正是：上演双车斗双车，且看错杀对错杀！

（三）巧设路栏　增效生威敌宫冻结

图三录自《适情雅趣》第285局"野马诱虎"谱图。

1.马三进四

制乱敌宫施妙手，绝杀路上设伏兵！此乃典型的设伏战术妙手，它完全具备了设伏战术的基本要求：一是在敌我决战胜负即将见分晓的关键时刻，采取的重大行动。二是在敌军主力求杀的必经之路上设置伏兵。对于敌车来说，6线肋道是目前最便捷的通道，可说是到位即杀。故在此设伏，具有明显的针对性和正确性。敌车若不来此，立马踏掉；若迂回求杀，则红方抢杀在前，三是此马贴靠宫墙，禁士窥将，制乱敌宫，同时为后阵车炮造势，使车炮极大增值，使战局立刻进入最后决胜阶段。此种设伏极具双伏双胁功力，为设伏中的上品。

1.………… 车8平6　2.车六进七

因马禁士，中士瘫痪，不得驰援，照杀无解；因马禁士，中士变成中炮的"铁架"，以助炮封锁断路，使敌首不得归位。妙矣哉！伏兵威力横左右，妙手铁腕断春秋。

总之，设伏战术是在敌预行线路上设置杀手的计谋，是做杀的关键环节，是运兵占位、实施斩首的决策，是要线伏兵的立茬待敌。

正是：枢纽风云人莫测，驿道倏然起干戈。途中已见伏兵险，江头未是风波恶！

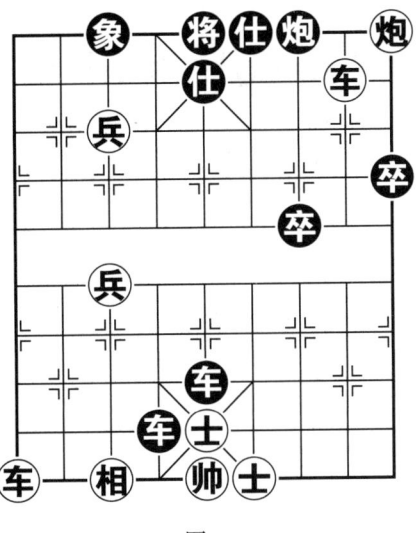

图一

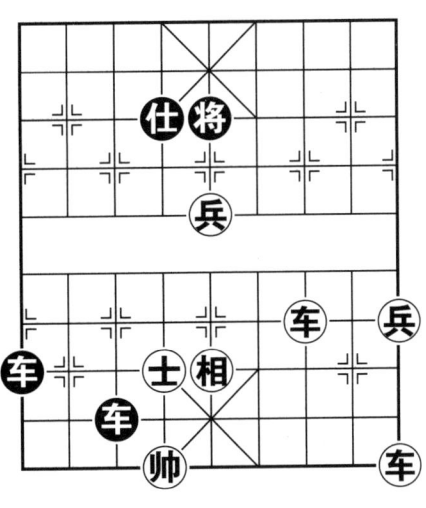

图二

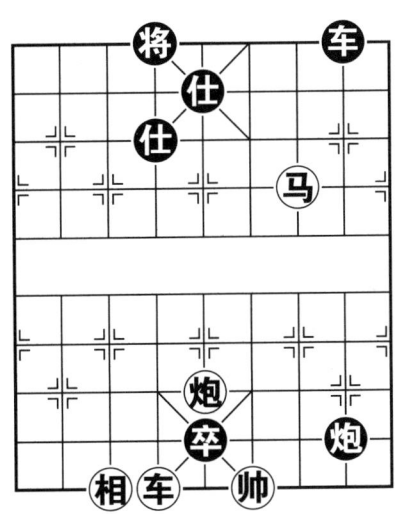

图三

334. 缓歌慢舞凝丝竹*
——小论文火战术

《百战奇略》在论及"缓战"时曾明确指出:"军势有宜缓以克敌,有宜急而取之。若彼我势均,外有强援,恐有腹背之患,则攻之不得不速。若我强彼弱,外无救援,当羁縻守之,以待其敝。兵法十围五攻,正谓此也……当持久以取耳。"

文火战术系指进攻部队在取得战场优势局面情况下,本着兵贵拙速的精神,以稳健的策略、细腻的着法、缓慢的节奏、漫长的过程,稳守慢攻,不给敌军反扑、偷袭以机会,用时间消耗掉敌军的士气、体力与侥幸的心理,以求取完胜收官的征战谋略。

文火者,弱火慢煮也。

《适情雅趣》第31局干脆命名为"兵贵拙速"!

文火战术之实施条件,大体上有以下几种情况。一是我方军中无车,多以中短火器为主,而敌方有车,军力亦不差;二是敌军防守顽强,且外线部队具有一定袭扰能力;三是局面虽然占优,但缺乏速胜条件;四是敌军以攻代守,急于寻隙争胜,我方需要慢慢运转做杀。不管是哪种情况,文火战术之实施,在物质上、局面上、策略上都是极富针对性的正确抉择。

(一)层次鲜明　由远及近施杀手

图一选自苏天雄先生排拟、崔鸿传先生赏名的《慢火煎鱼》精巧棋局。

1. 炮三退六

兵贵拙速家常事,先防恶敌后求杀。是局黑方马卒业已逼进深宫,极易做杀,情况十分危急。而己方兵偏远、炮无助,难以从速解决战斗。客观情势已决定了"慢火煎鱼"的大方针。在此卒马企图做杀的关键时刻,红方不急不躁,巧妙采取了断路、禁马、遮掩、贴靠、迂回、倒打等一系列战术手段,慢火烤马得手。此手退防,禁滞双敌,为兵进戎界提供了时间保证。

1. …………　象1进3	2. 兵九进一　将6退1	3. 兵九平八　象3退5
4. 兵八进一　将6平5	5. 兵八平七　将5平4	6. 兵七平六　象9退7
7. 相七退九　象7进9	8. 相九退七	

---

*文题摘自白居易《长恨歌》

兵拥敌界并已到位情况下，落相贴靠、绊别、抑马，为炮减负，以使炮腾出身来，从事更重要的军务。

8.………… 象9退7　　9.炮三进三　象7进9　　10.炮三平八　象9退7
11.炮八进三　象5进7　　12.炮八平六

倒打串打皆由炮，文火急火全凭君。十一回合漫长的运作与等待，终于将慢火烹熟了的美味盛上了台面。之后再以相为架，驱走花心卒，并消灭之。去底线马，夺花心卒，再擒拿敌首，按部就班，何须着急？正是：昨施核弹炸，今用慢火烹！

（二）禁控有术　进退巧妙迂回路

图二摘自刘殿中与张学潮2006个人赛实战残局。

94.兵三进一

原地禁控术，耆英慢火烹。此手采取耆英战术，下底打将将敌首逼归故土，加以禁控，使其不得在外宫更多点位上进行灵活周旋；同时此手为马减负，使其得以转战两翼，迂回作战，绝杀敌首。此手果断，谋划深长，为慢火中的最短杀路。

94.…………　将6平5

红方进兵打将，黑方不敢将6进1，因红可马六退五，将6进1，马五退三，将6退1，马三进二，将6进1，炮六平一做成绝杀。

95.炮六平二　象3退5　　96.炮二平五

借兵禁控之机，红炮在卒林往复游弋、威胁要杀、逼敌调敌，罩镇敌宫，使敌核心防御板结一团，毫无活力，处于硬挺挨打的败落状态。

96.…………　炮2进2　　97.马六退八　炮2进2　　98.马八退七　炮4退3
99.马七退六　炮2退1　　100.马六进五　炮4进4　　101.马五进三　炮4平5
102.兵三平四

红方马采取大迂回、慢节奏转移敌营左翼，经五个回合抵达入杀点。现突发奇兵，再演耆英绝技，弃兵引将，下伏马三进二，马炮纵横有杀，黑无解着。正是：把门牢牢禁，送釜慢慢烹。

总之，文火战术是制定久战方针的原理，是同敌一较耐心的长征，是稳妥可靠胜路的抉择，是"兵贵神速"的孪生弟兄。

正是：时间无形法力独，长短疾徐载兵书。文火老汤烹虾蟹，缓歌慢舞凝丝竹！

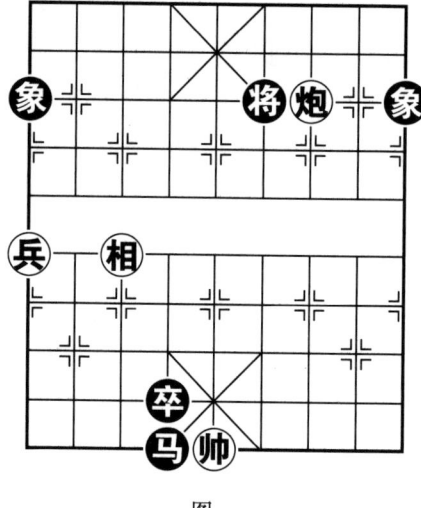

图一

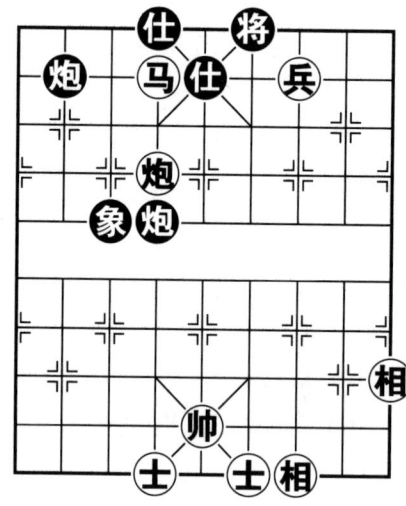

图二

335. 泽国江山入战图*
——试论合同战术

（苏联）戈尔什科夫在《战争年代与和平时期的海军》中指出："只有协调发展的、训练有素的、按着正确的部署充分展开并得到全面保障的各种武装力量合同作战，才能够战胜强大的敌人。"

合同战术系指在攻防战斗中，大本营全面制订统一作战的整体方案，组建起一个以车为核心、以马炮为骨干、以其他弱子守子为基础的全员战斗体系，充分发挥整体优势，极尽各兵种所长，使一架完整的战争机器高效运转起来，联合攻关拔寨、制胜敌军的统一作战的高级指挥艺术。

（一）整体运筹、立体攻势　气吞万里

图一选自《适情雅趣》第287局"敛手削地"谱图。此局红方六强子在左、中、右三向与前方后方及河界两岸均有合理配置，并且均处进攻态势，甚至连一路边相都在以静默手段阻敌行程，具有重大防守、滞敌与助攻作用。此局面堪称合同战术初始态势的典范，而在此基础上的攻杀运作则成为合同战术的千古绝唱。

1. 马七进八

迫压暗窥角，开首即伏杀！压马占位，下伏车六进一引士再倒扑士角、车二进二杀。开局首着即精彩演弈双车马于左右两翼、肋道暗中求杀的合同战法，从而拉开了全局性的合同大战序幕。

1.………… 车9进1　　2. 炮九平三

寻弱背攻制乱，抢位深谋做杀！马双车的暗中表演之后，边炮发威，它从左至右大范围转移，背攻叫闷，再续合同紧手。此手解读了各兵种同时上阵、争先杀敌的合同战术内涵；此手还具有近短期与中长期攻杀兼用的妙处，一步到位地为最终绝杀配置了凶悍的杀手。此手还充分展示了合同战法的紧凑、精妙与深邃。

2.………… 象7进9　　3. 车二进二

仙神般致命手筋，狂放型惊天塞压！此手乃合同战术的精髓所在，它既伏车引士、马挂角杀的致命威胁，又为双炮发威、立施压镇、车马绝杀与三路炮闷杀做预先引诱、塞压、伏杀打叠——威逼敌车代劳以形体塞压以阻边象回防，是上一步炮九平三的有力后续，也是对开首着法马七进八的巧妙借用，更是为最后致命一击做出的英明打叠，从而形成了各兵种协

---
*文题摘自曹松《己亥岁二首》

调一致、前后着法连贯勾联的动态合同画卷。

  3.………… 车9平8 4.炮五进四

前军妙演弈，后阵岂休闲？此手将合同战法左中右、肋道、界河前后、车马炮各兵种之联合进攻的内涵阐释推向了极致。它把前三手的军事利益借用、发挥到了无以复加的程度，它把合同战法之协同一致、连片成网的特点评说无遗。它之严厉与精到，甚至已使敌军都云合响应、默契如一！

  4.………… 马7进5 5.炮三进三

俗话说，编筐窝篓，全在收口。此手将前四手的巧妙编织作为量的积累，作为"势"的基础，进行了最终的总装并端献出一个美丽的合同花篮。而最终的致命一击，既来自友军团结一致的合同打叠，也来自敌左翼车象带有讽刺意味的绝佳"配合"。这一点充分说明了合同战术实施的连贯性、整体性与巧妙性。此时，联想起有人对象棋的贬损性言论，深觉遗憾。呜呼！痴笑象棋嫩，不知海洋深。今点合同术，警醒梦中人！

（二）宫城内外、三向进逼　多点开花

图二摘自《适情雅趣》第91局"六国抗秦"谱图。是局"六国"人人尽力，个个逞能，尤以被迫压之底炮静默助攻表现为最；左中右、两端底线、宫城内外，火力四射，精彩无限。

  1.马四进三 车6退7

拖曳大幅调动，合同战幕拉开。此手以卧槽叫杀为手段，拖曳恶车，以进行多元立体的战术打击，同时也为实施合同战术做好了战术打叠。

  2.车三平四

改型敌宫，破败敌阵，进攻兵员遥相呼应，互助配合如一。

  2.………… 士5退6 3.炮三平五 士6进5 4.车六平五

此掏心妙手，动用了马双炮的静态军事资源，并为左马扑上参战钓猎目标，提供了最佳战机，实为内涵丰富的合同战术妙手，而且为再打击、深追杀做好了铺垫。

  4.………… 将5平4 5.车五进一 将4进1 6.马八进七 将4进1

  7.车五平六 马2退4 8.马七退五

联攻群雄逐鹿，折返一剑封喉！此合同演弈，将处位前后之间、子力强弱之间、助攻与主攻之间、能量动静之间的差异与功效，处理、转化、发挥到了神妙境地。真个是，动态美，静默佳，心奉合同战天涯，楚河无处不飞花！

总之，合同战术是各兵种各尽职责、各展杀技、各逞神威的联合攻杀演弈，是全攻型战略赢得的多向、立体、不可逆转的攻杀态势，是指挥系统对最后决战的整体运筹，是一台高效运转的性能优良的战争机器。

正是：立体攻杀战法独，战神全线奉令出。拐马斜士皆戮力，泽国江山入战图！

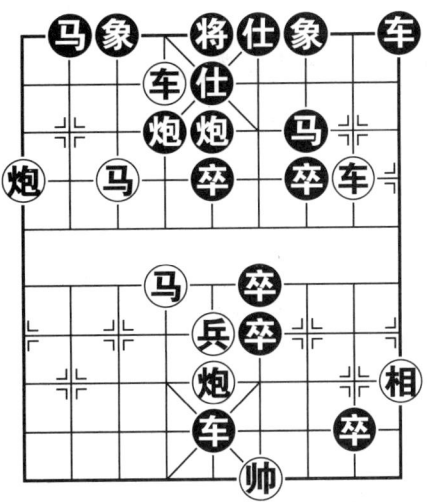

图一

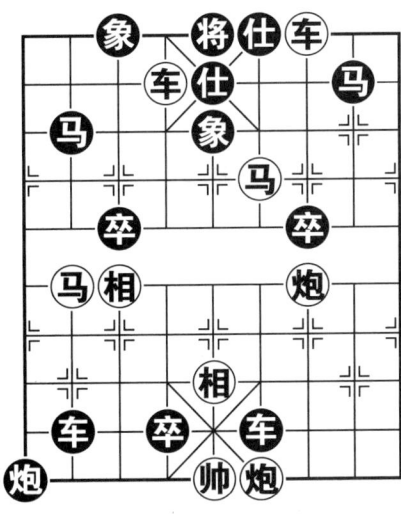

图二

336. 送尽东风过楚城*
——略论递传战术

克劳塞维茨将军所著《战争论》在论及战争并非由唯一的一次决战所构成时深刻指出："决战是由几个前后衔接的行动所构成""第一次决战，又不可能不对后续的决战产生影响，第一次决战的规模越大，给予尔后的决战的影响也就越大""在现实中军事行动确有这种连续性……由此而形成更严密的因果联锁"。

弈战中的递传战术系指进攻部队在一次战斗、战役结束后，将其对未来战场条件的有利造设，将对敌军封压、锁制、禁锢后所获得的战果、军事利益、进攻势能，甚至连同轮走的权益，均巧妙转送、传输给后续部队与尔后进行的战斗，使其能在前军创造的最佳战场条件下，带着前军累积的进攻能量，携威制敌，并同前战密切配合，展开最后的总攻并擒杀敌首的战斗之间的高级联络组合战法。

（一）两地劲风传势　弈坛碧波荡漾千秋

图一选自澳门刘永德与赵国荣1991年于昆明第二届象棋世锦赛弈战局谱。此场决战，黑方巧妙安排在几场战斗里进行，而几场战斗之间内在联系独特——将前战斗所获势能、先手，巧妙递传给下一场战斗，并且前后远距离反复递传，最后形成绝杀。此局递传内涵之丰富，足以证明其观赏价值已臻至"横看成岭侧成峰"之高妙境界。

83. ………… 马8退7

砍相短传助渗透，甘洒热血绘春天！此步乃造设、清理未来战场，护辅中卒、增效双英，交付未来战斗任务之递传妙手，它以生命的代价为双卒开辟了后续攻杀的最佳战场条件，正式举行攻杀任务的生死交接，精妙进行战斗与战斗之间的势能递传！此种递传，刚烈、精明，它已经将未来战场上的远势递传及必胜结局看得一清二楚。

84. 马五退三　卒4进1　85. 帅五平四　卒5进1　86. 马三退四　卒4进1

承前启后谁为最？公证裁断第一军！双卒在烈马那里接过攻杀接力棒后，不负所托，以紧凑的步伐飞身俯冲，逼进深宫，胁帅定马，使敌宫笼罩在深重的杀气之中！这是双卒能量最凶猛的释放，是对敌军中唯一尚有活动能力的四路兵的活活逼离，是对主将平中的有力支持，是把此三个回合战斗的丰硕战果、最佳势能连同轮走机缘远传、转让给大本营的递传妙手！

---

*文题摘自崔涂《春夕》

87. 兵四平三　　将4平5

强迫离心助元首，隔河越界传戎机！主将接过前方的绝对先手后，有序进行造势打叠，为前军创造最佳战场条件。这时再回味一下克劳塞维茨将军的名言——"第一次决战的规模越大，给予尔后的决战的影响也就越大"，就会愈加感到上一次战斗递传给此次战斗的竟是全部的战果、所有的军事利益、制控敌营的威势和百分之百的权力！换言之，双卒威势向大本营之递传，已经臻至心到佛知的程度：我已电传，君亦神知。相距千里，心有灵犀！

88. 兵三平二　　将5平6

主将接过前军重大托付与轮走大权以后，从容平移，连续逼兵远离，占线拴链敌之帅马。在拴滞胁马的重要任务完成以后，又把攻杀大权远距离返传给前线双雄，助4线卒平中，将位绝杀。

妙绝矣！前后几次势能的精彩递传，线路清晰，力度非常，手法巧妙，恰如劲风送碧水，又似丽春荡秋千！敌如兵二平三，则将6进1，敌再无回天之术。递传的整个过程，准确、严谨、精妙！从人情物理角度看，此种递传具有相知的必然性，又具有摆动的反复性，真个是：强势两地传军令，楚城几度送东风！

（二）多重迭宕变换　　趁势压上血洗皇城

图二摘自柳大华与王秉国1986年11月23日于湘潭弈战局谱。是局红方将战斗之间势能多次递传，给人以设计巧妙、层次鲜明、勾联紧密、反复迭宕、传接华美之感。

51. 兵二平一　　象5进3

河兵离心外移、预先断马退路，为困禁7路马悄然打叠，成为此次递传战术的初始妙笔。

52. 帅六退一　　炮2退1　　53. 马七退五　　马7退9　　54. 马三退二　　炮2进2

周密制马炮，轻松传信息！此次战斗，在河兵离心外移切断退路战场条件下，经三个回合控制捉拿已胜利结束，它封杀了敌马进退三个点位，困马边陲；它瞄踏胁马而牵制救援之炮，使敌前锋两员大将悉数被制而丧失攻防能力、呆处兵线。这就给兄弟部队递传了进发、调整、做好后续攻杀各种打叠的绝对权力，这就给第二场战斗提供了轻松的无干扰的最佳战场条件。

55. 兵五进一　　将6平5　　56. 兵五平六　　将5平6　　57. 相五退三　　将6平5

58. 帅六平五　　将5平6

部署龙门阵，臂助坦克群。中兵冲进、盯吊角士、固定中士，塞压控制河象，联相闪路，帅控中线，使敌首不能平中，暗中为敌边马准备了更加不利的"子境"，成功完成了下阶段的作战部署。一方周密安排打叠，另一方敌将仅行轮走权益，无效应酬。第二场战斗完成了攻杀准备之后，又将有利的攻势递传给第三场战斗，赋予双马兵逼近敌首与继续限制敌马捣乱的双重任务。

59. 马五进四　　马9进7　　60. 马二进三　　炮2退2　　61. 马四退二　　马7进9

既松绑又限制，进一步驱赶敌马远离主战场至无所作为之地，同时双马移影换形，暗暗向敌阵逼近，然后将前几次战斗所累积的吊士、控中、攘马、限将、前趋等所有利益递传给最后的攻杀战斗。

62. 兵一进一　炮2退1　　63. 马三进四　炮2平1　　64. 兵一进一　炮1进3
65. 马四进三　将6进1　　66. 马二进三　马9退7　　67. 前马进五　将6退1
68. 马五退三　将6进1　　69. 前马进二

无防城边双马酷，有情递传一局新！纵观四场战斗的递传联系，可谓：制马精妙，送兵有力，主旨突出，针线细密，控盘非凡，杀法新奇！

（三）两翼有序锁制　中路借势承接攻杀

图三录自李中健先生《象棋实用排局》第320例谱图。是局炮双马在敌强我弱条件下，连续进行三场战斗：第一场战斗，妙用打将、伏杀、要杀等手段，将敌左车锁制肋道，并将此有利势能递传给第二场战斗——再妙锁右车，然后把最佳态势与轮走权益统统让给第三场攻杀战斗，在无干扰条件下，炮移中路，轻松毙将。

1. 炮一平四　车9平6　　2. 马三退二　将6平5　　3. 马四进六　将5平4
4. 炮四平六　车6平4　　5. 马六进八　将4平5　　6. 马二退四　将5平6
7. 炮六平四　车4平6　　8. 马四进二　将6平5　　9. 马二进三　车6退5

弱旅巧机动，疲惫锁左车！此次战斗通过步步追杀，锁制左车，相当于控制了敌军三分之一的有生力量，使右车陷于孤军作战的不利境地，使高将更加不堪，并将此有利态势与后续攻杀权成功递传给马炮双英参与的第二场战斗。

10. 马八退六　将5平4　　11. 炮四平六　车3平4　　12. 马六进八　将4平5
13. 马八进七　车4退4

对称战图妙手绘，攻杀重担铁肩挑！第二次战斗又成功锁制了右车，使敌双车尽皆丧失防御功能，而且在主将避杀之时，无论或左或右的退路都被双车死死堵塞。第二次战斗就是把如此有利的攻势和交战权递传给后续。

14. 炮六平五

妙用卒架，借车塞路，叫将伏杀，敌首正寝。此局例从左右中三向递传攻势，次序井然，攻技高超，棋形优美，堪称典范！

总之，递传战术是战略家整体谋划的构思艺术，是战斗之间传承关系的接头技巧，是逐渐勒紧敌喉的无形绳索，是铁军迈向胜利门坎的便利阶梯。

正是：战环相扣势相承，累积攻力撼敌营。接摆龙阵局舒展，递送东风国振兴！

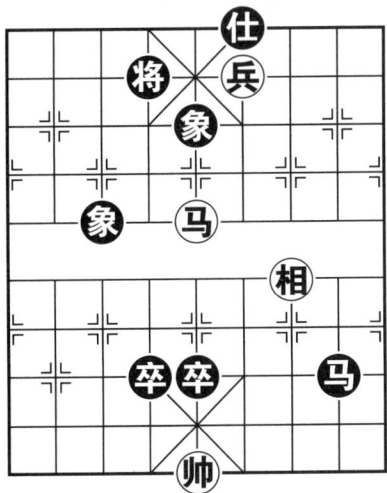

图一

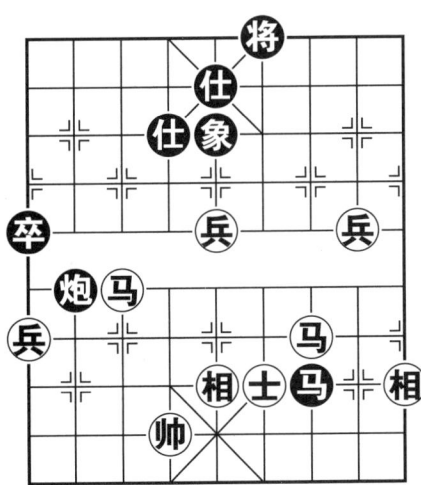

图二

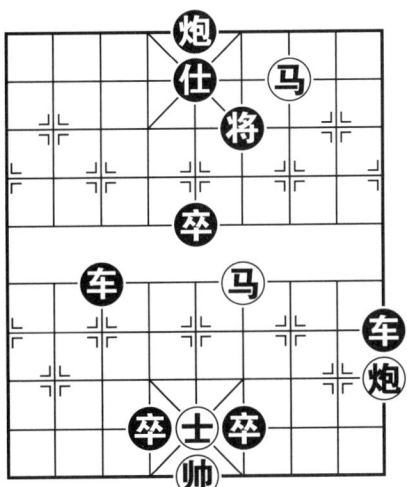

图三

附录

灯塔辉耀
—— 论军事理论对象棋战术整理的指导作用

古今中外的先进军事理论，是深刻认识战争与象棋弈战运行规律的有效武器，是研究中国象棋战略战术的正确指针，是象棋战术探索航程中一座辉耀的灯塔。先进的军事理论，对于挖掘整理、命名阐释，都发挥了巨大的指导作用，成为《象棋战术大全》的理论支撑点，成为创新型战术个体得以各具身形、各立门户的生命线。

1. 点破了谜团

挖掘伊始，就曾考虑一个问题：三十二位兵员，九十个营盘，究竟能演弈出多少种战术？它还能有多大的战术储藏量？

在谜团待解之际，克劳塞维茨将军在著名的《战争论》中提供了明确的答案。在论及战争之目的与手段时，他深刻指出："一开始，我们看到战争的惟一手段，即是战斗。然而此种手段，其使用的方式是多种多样的，目的也是多种多样的，从而可知战斗的种类也是多种多样的。""为了达到战争的目标，可以有各种不同的方法，并非一切战争都以打垮敌人而联结。敌战斗力之毁灭、敌土地之掠夺、单纯的占有、单纯的侵入、直接的政治有关的措施以及对敌之进攻被动等待（以逸待劳），所有这些，都可随所处情况之不同而独立运用，作为使敌人屈服的手段。在此之外，还可列出许多有利的方法"，"由于有了这些方法，达到目的之方法也将无限地增加，这是事实。"

象棋起源于军事。象棋，无论是兵种的安排、兵员的布阵、营盘的设置、宫城的构筑、疆界的划分、胜负的判定，还是攻防战术体系，都酷似古代战争。象棋战术从运子、捉子、兑子、弃子、谋子五种战术，逐渐拓宽至几十种。军事名家的理论点示，为中国象棋战术的多样性、广博性和无限性的特点，提供了强大的理论支撑。

2. 指明了方向

象棋谋略，大有学问，有大学问，即便穷尽一生的精力，也难以窥见其全貌。此种博大丰繁、精深奥妙的本身，无疑会对研究探索形成一种强烈的诱惑，而先进的军事理论，则指明了方向。

克劳塞维茨将军在《战争论》中深刻指出："在创立一种理论时，第一件事就在于把杂乱的，或是说显著混淆不清的所有概念或观念加以澄清。先要有对于名称或概念的理解，我们才可进而清楚顺利地研究具体的问题，才能够确信是经常和读者站在同一的立足点上。战术与战略，不论从空间或时间上说，均属互相交错的，其性质却全然不同。它们各自的内在规律和两者的相互关系，如不精确确定其概念，就不能得到透彻理解。

"如果有人把这一切分类都看作是无用之事，那这样的人就不能不停止所有的一切理论研究了。否则的话，对于这样的人，如此混乱不清之极、没有任何可靠根据、得不到任何可以满意的结论的概念，即平淡的荒诞的空洞的概念，将不能不使之经常感到痛苦。实际上，这样的概念，在作战理论中我们是常常耳闻目睹的。有力的科学研究者着手于此问题的从来甚为稀少，原因即在于此。"

军事理论名言点示，一要敢于蹚路，勇于创新；二要把对此项工作的重要性的认识提到新高度——充分展示象棋战术丰繁博大的阵容，揭示中国象棋深厚的艺术底蕴，探索中华智谋文化瑰宝内核的奥秘，而且也为提升中国象棋的艺术品位，为象棋进入世界更多的赛场和课堂做好理论的铺垫；三要突出强调让象棋名局名谱的局例作为"可靠根据"；四要恰切精确地进行战术条目的命名。

3. 开阔了视野

毛泽东主席不朽的无产阶级军事理论著作，是博大精深的军事理论宝库，它涵盖了军事、政治、思想、经济、外交等各个领域，精辟论述了以农村包围城市、掌握战争主动权、在斗争中积蓄力量、创造有利战机、转化战争的力量、用己之长击敌之短、以弱胜强等等重大战略战术，创造性地发展与运用了打与走巧妙结合的游击战、依托根据地的割据战、以多打少的歼灭战、避实击虚的运动战、以弱胜强的持久战等等，特别是详尽论述了开战、劣势、积累、相持、转化、优势、终战等各个阶段的战略战术，其光辉军事思想对于象棋战术的探索研究，都具有普遍的指导意义。

例如，毛泽东主席在论及抗日战争的战略战术时指出："增加敌人不安，减杀敌人威势，以造成我们消灭敌人或逼退敌人的条件。"这既是正义战争中的人民军队在心理上、气势上、战略上的优势所在，同时也为弈战中发挥合同作战威力，震慑遏制敌人的有效作战方法提供了重要理论根据。

毛泽东军事理论极大地开阔了研究探索的视野，敞开了拓宽探索思路的大门，深度指导了研究探索的全过程。

4. 启迪了研判

军事理论在具体战术个体的研究、判断、阐释过程中，发挥了独特的启发引导作用。比如，有这样一些局例，它们都是以车炮兵种强行揳进插入敌阵结合部的隙缝之处，极尽分割、切断、破坏、袭扰和制乱之能事。但它们能概括出什么战术？由于此类战术局例着法特殊，很难找到极富针对性的军事理论名言帮助提炼概括。急需之时，忽然想起自己以前阅读一篇名著时曾看到过有关"揳插"行为技巧的专门论述，最终，克劳塞维茨将军在《战争论》中精辟指出的"进攻必须像楔子一样猛烈地打进去，而不应像肥皂泡一样徒然膨胀起来"这段名言得以在《乱插繁花向晴昊——简论揳插战术》一文中华丽登场，为揳插战术立身成形提供了宝贵的理论支持。

在军事理论启迪下，对名谱名局中的那些争先、夺势、强掠、妙杀等经典着法，本人反复探究，深入思考：该着法的企图、手段、特征、功效是什么？又具有怎样的内涵和基本特点？它的存在是否具有普遍性？它应当归属何种战术？它同相近相似的姊妹战术又有怎样的异同点？寻觅、探索、归纳、提炼，一个新战术的面世，何尝不是"千淘万漉""众里寻他千百度"？！

5. 深化了内涵

先进的军事理论，具有无与伦比的理论深度。比如，享誉海内外的《孙子兵法》，蕴涵深奥广博，是精深绝妙的兵法盛典，是战略战术的智谋总汇，它将人们带入了一个深邃而巨大的战略战术世界，对象棋战术的探索研究有着"一引其纲，万目皆张"的无比功效，它深化了象棋战术的内涵，使一大批高深战术得以相继面世。

比如，《孙子兵法·虚实》篇中的"故善攻者，敌不知其所守；善守者，敌不知其所攻。微乎微乎，至于无形；神乎神乎，至于无声，故能为敌之司命"的深刻论述，不仅内容涵盖广，而且层次高，蕴涵深，它为总结概括奇谲战术、静观战术、刁钻战术、绁绎战术等一大批高深战术，提供了深刻而确凿的理论根据。

6. 丰繁了种类

军事理论为提炼、分解相似相近战术、细化丰繁象棋战术种类，发挥了极为重要的作用。若米尼将军在著名的《战争艺术概论》中深刻指出："在军事科学上，有些名词，其涵义非常相似，以致它们虽有本质区别，但仍常被混为一谈。"

比如所谓弃子战术，它就是过分看重了弃子的共性，而忽略了具有"本质区别"的个性，它就像大型百货商场一样，混杂地摆设着各种各样的相近相似但却有"本质区别"的商品。实际上，在象棋弈战中，很多种战术都是通过弃子的手段来实现的，如掏心战术、馈献战术、交换战术、突破战术等等。

个性就是界限，个性就是卡尺，个性就是一个个战术的生命！在军事理论的启迪下，把战术的特殊性突出出来，分解"混合物"，索取"单色光"。将这样一个门类众多而且孕育着裂变的庞大家族，从内涵、特点、功效等角度严加区分，分解细化，使诸多战术各现真身、各立门户、各尽其妙，同时又形成了一个互联互通的精妙复杂的战术体系。

从弃子战术中分解提炼出诸多新的战术，就恰如将水电解出氢与氧一样，十分的合理！如果任其浑噩共处，其弊恰如将石榴、月季、芍药、牡丹、山茶花用苫布笼罩起来，并统称为红花一样。

7. 襄助了命名

中外先进的军事理论，虽说都来自战场，来自军事家的科学总结，但它的精髓却与象棋战术理论心有灵犀，并多有妙合之处。

比如，若米尼将军在《战争艺术概论》中精辟指出："炮兵如能从敌人背后对其射击，那对于敌军的精神威胁将是无法估量的；即使是最勇敢的士兵也会胆战心惊"。这一军事名言，给予采用逆向攻击手段的倒打战术的提炼与命名，以直接而明确的点示。

又如，利德尔·哈特在《战略论》中指出："为了保证夺取某一个目标，必须同时威胁对方的几个目标。""如果你能同时威胁到几个目标，那末你就可能分散敌人的注意力，迫使他们分散自己的兵力。"这一战略思想为象棋双胁战术的出台与命名，提供了崭新的思路。

再比如，朱德元帅在《谈几个战术的基本原则》中精辟指出："一般说来，战略要寻找敌人的主力，战术要寻找敌人的弱点。"无论是战略，还是战术，在这一点上，军事理论与象棋理论都是完全一致的。其中两个重要"寻找"，为寻觅战术的出台与命名，作出了深刻而明确的提示。

军事名家的经典论说的覆盖面是相当宽广的，其阐发的军事思想，不仅使处于朦胧状态的战术最初的影像清晰可见，而且确保其顺畅娩出，甚至提供恰切的名号。

8. 彰显了功效

先进的军事理论在指导过程中，同象棋名局、诗词名句高度融合，形成了珠联璧合的伟大合力——"金三角"，共同为展示中华智谋文化瑰宝、出色破解诸多象棋战术的奥秘作出了顶级贡献。

比如，第140篇《山蝉带响穿疏户——浅论穿插战术》一文，毛泽东主席曾命令中国人民志愿军"勇敢穿插至各部分敌人的侧后，实行分割敌人而各个歼灭之"的电文，统领全篇，精警明确，将实施穿插的部位、目的、要求，均指令到位。而宋·苏舜钦《沧浪静吟》一诗"山蝉带响穿疏户"的名句把穿插者矫健的身姿、轻灵的脚步以及敌阵空疏虚懈的弱点描绘无余。特别是"带响"二字，竟与"带将"运作之棋语妙合，把战马带将奔踏的动态形像、嘶鸣穿插的气势凸现出来，把穿插战术实施的优美意境和特定厮杀气氛有力烘托出来，极具辅佐配合之妙。而名谱《适情雅趣》"菱叶穿萍"局谱中马的神勇穿插，层次鲜明，有张有弛，有主有从，九宫内外，七度穿插，终成绝杀。军事名言、诗词名句、象棋名谱，三者高端一体，极尽融合，互补共襄，有效配合，共同完成了阐述的任务。其功其效，无出其右。

再如，第334篇《缓歌慢舞凝丝竹——小论文火战术》一文中，引用的《百战奇略》"军势有宜缓以克敌……"的名言，对兵贵久战拙速原理的阐述，冷静深刻，稳健隽永，展现了独到的见解。而借用白居易《长恨歌》中诗句"缓歌慢舞凝丝竹"，则从歌舞音乐的节奏方面阐扬了"兵贵拙速"的理念。而苏天雄先生排拟、崔鸿传先生赏名的《慢火煎鱼》精巧棋局，从棋局命名到棋局的精妙演变，更将"宜缓"之战理，升华开去。正是：钝刀慢割别有趣，弱火细烹独生香。

军事名言，在与名诗、名局的融合中，从不同的角度、以不同的方式、各尽精粹、各持高端、各展绝技、意合神联、互补共襄、完美阐释，将诸多战术深邃美妙的意境推向了极致。

9. 引发了思考

象棋与军事，在一定意义上说，是交互借鉴、互相渗透、共同提高的两大争战领域。二者已经达到了理通、神通的妙境。在强调军事理论指导作用的同时，也不应忽视中国象棋对军事的反作用：中国象棋不仅给历代军事家提供了战略战术的重要参考，而且启迪了未来战争。国防大学张召忠教授，曾在《未来战争：智能兵器的抗争》一文中深刻指出：

"未来的战争很像是下象棋，获胜的秘诀在于企图立案、布势、威慑和精确打击。你尽可以把兵力布设得零零散散，但你可以隔山打炮，离着八丈远就能把人家的老帅给'将'死。把对方完全看作是一个系统，把对方的武器装备、兵力部署、军政目标等看作是一个一个棋子，从总体上谋划'将军'的策略，把握战机，巧用车马炮，最终将其击败。这就是未来战争的奥秘。"中国象棋神妙的价值、巨大的辐射力，在此可见一斑。

王　臻

2017年9月24日

于山东省荣成市

军事家名言

中国古代杰出的军事家孙武在著名的《孙子兵法·虚实篇》中深刻指出：

"凡先处战地而待敌者佚，后处战地而趋战者劳。故善战者，致人而不致于人。能使敌人自至者，利之也；能使敌人不得至者，害之也。故敌佚能劳之，饱能饥之，安能动之。

出其所不趋，趋其所不意。行千里而不劳者，行于无人之地也；攻而必取者，攻其所不守也；守而必固者，守其所不攻也。故善攻者，敌不知其所守；善守者，敌不知其所攻。微乎微乎，至于无形；神乎神乎，至于无声。故能为敌之司命。"

克劳塞维茨将军在著名的《战争论》中深刻指出：

"在创立一种理论时，第一件事就在于把杂乱的，或是说显著混淆不清的所有概念或观念加以澄清。先要有对于名称或概念的理解，我们才可进而清楚顺利地研究具体的问题，才能够确信是经常和读者站在同一的立足点上。战术与战略，不论从空间或时间上说，均属互相交错的，其性质却全然不同。它们各自的内在规律和两者的相互关系，如不精确确定其概念，就不能得到透彻理解。

如果有人把这一切分类都看作是无用之事，那这样的人就不能不停止所有的一切理论研究了。否则的话，对于这样的人，如此混乱不清之极、没有任何可靠根据、得不到任何可以满意的结论的概念，即平淡的荒诞的空洞的概念，将不能不使之经常感到痛苦。实际上，这样的概念，在作战理论中我们是常常耳闻目睹的。有力的科学研究者着手于此问题的从来甚为稀少，原因即在于此。"

"一开始，我们看到战争的惟一手段，即是战斗。然而此种手段，其使用的方式是多种多样的，目的也是多种多样的，从而可知战斗的种类也是多种多样的"，"为了达到战争的目标，可以有各种不同的方法，并非一切战争都以打垮敌人而终结。敌战斗力之毁灭、敌土地之掠夺、单纯的占有、单纯的侵入、直接的政治有关的措施以及对敌之进攻被动等待（以逸待劳），所有这些，都可随所处情况之不同而独立运用，作为使敌人屈服的手段。在此之外，还可列出许多有利的方法"。"由于有了这些方法，达到目的之方法也将无限地增加，这是事实"。

若米尼将军在著名的《战争艺术概论》中深刻指出：

"作为一本含有诸多复杂定义的指导性著作，其真正的价值却在于明确清晰"。

"可能有人责怪我过于喜爱定义。这我承认。但我认为这正是我的功劳。因为要确立一门迄今尚为人们生疏的科学的基础，有一个非常重要的问题必须解决，就是首先必须对科学的各组成部分的不同名称相对地进行统一，否则就无法对它们进行区分和分类"。

"在军事科学上，有些名词，其涵义非常相似，以致它们虽有本质区别，但仍常被混为一谈"。

"我们已尽全力叙述了我们认为可作为战争基本规律的主要原理。但是，从其总体来看，战争绝不是一门科学，而是一种艺术。如果说尤其是战略是服从于实证科学公理的教条式规律，那么就某一次战争行动的整体而言，就不是如此了。特别是交战常常会背离任何科学构想，并且出现许多情节离奇的戏剧性行动，其中个人素质、精神力量以及万千种其它因素有时起着主要作用。冲突双方士兵的激情和军事素质，指挥官的性格、毅力和才能，甚至还有民族的以及时代的尚武精神，总之，一切可称为战争的诗意和幻想的东西都将对战争的结果产生持久的影响。

那么，能否就据此断言没有战术规则，或者任何战术理论都是无用的呢？试问，有哪一个通晓事理的军人敢于这样亵渎神明呢？谁又会相信，欧根和马尔波罗之所以常常取得胜利仅仅是出于他们个人的灵感，或者仅仅是因为他们队伍的精神优势呢？"

后 记

作为象棋弈战的原则、方法和计谋的象棋战术，是象棋艺术的内核，是象战无穷魅力之所在。象棋战术在名局名谱中运思深远、设计精美、手段奇妙、功效卓著，闪烁着中国智谋文化的夺目辉光。

在象棋战术探索研究的过程中，得到了各方人士的热心帮助。原抚远县委书记周作君同志，多年来一直关心我的写作。他鼓励我"站位要高，视野要宽，挖掘要深"。他对系列战术论文运用名诗、名言、名局搭建"金三角"构架与具有文学性的议论所构成的"3＋1"模式的写法，很是赞赏。他撰文写道：此种写作方法，"在议论文的散文化方面迈出了可喜的一步，给人以新颖、清雅的感觉"；"论文的文题一律诗词化，而且引用恰切，吾见所未见也。"

《棋牌世界》责任编辑李黎翔先生多次来信，对稿件的立意与选材等方面问题给予了中肯的指点。

北京体育大学出版社编辑佟晖先生，十分关注我的论文，并对我的后续写作与出版事宜给予了高度的关注，借此机会表达对他的感激之情！

《上海象棋》《棋牌世界》《象棋研究》棋刊，为我的论文幼苗出土提供了良好的园地，给予了热心的扶持，对此谨表示崇高的景仰！

为敝书作序的象棋特级大师刘殿中先生，一直关心、重视、热心扶植我的系列战术论文，在他主编的《象棋研究》杂志上发表的五十多篇文章的题目几乎都醒目地印制在刊物的封底或封面上。有时我发稿晚了，就委派责任编辑陈宁先生给我打来电话"催稿"，做为一个上年岁的供稿人也会因此产生"老逢知己"的感觉。系列战术论文能走到今天，《象棋研究》立下了第一功！刘老师撰写的序文，权威力挺，点石成金，有力地拉抬了论文的层级，拉近了此书与读者的距离，对此我深表谢意。

《谋略广博术精微》一文的作者孙启文先生，曾任黑龙江省委宣传部长。他一向重视调查研究工作，大力提倡深入实际，总结经验，探求规律；主张理论工作者要勇于进行各层面的专题研究，以深化认识，服务社会。对我的象棋战术研究探索尝试，他给予了真诚的帮助；他对《象棋战术精解》一书充分肯定；他对《中国象棋战术大全》的点评，是对我写作的有力指导和巨大鼓舞。借此机会，对他表示衷心的感谢！

《晕碧裁红绘阵图——浅谈文题诗句之功用》一文的作者刘巍先生，是一位才华横溢的大学教授、博士生导师，他在国际经济贸易研究方面，颇有造诣。他认为文题的诗词化，是"诗词文化与智谋文化的精粹内核之间存在着千丝万缕的精妙关联"。他对文题诗句的评论细致而深刻，有力地展示了书稿的艺术品位。

书中所列举的局例，有一些没有摘录到终了，主要考虑应尽量避免冗赘；有个别的两个局例存有一定的重叠部分，那是因为"横看成岭侧成峰"的缘故；还有很少局例，如第219篇《玉环飞燕皆尘土——简论攘除战术》一文第二例的对弈者姓名，第150篇《莫愁前路无知几——简论邀架战术》一文第二例的排拟者姓名，未能查到，十分遗憾，在此特向弈者、排拟者致歉。

  所写诸文，无论在学术观点上、在战术探究的深透度上，还是在写作谋篇布局或遣词造句上，都有进一步推敲斟酌的较大空间，本人真诚希望得到专家和棋友的教诲。

  记事不避亲。在我写作遇到困难的时候，我的长子王诗汉、次子王诗校不断地鼓励我，"老有所为是人生的最高境界"；"书稿，大力弘扬了中国智谋文化，价值连城，或将与日俱增"；"'靡不有初，鲜克有终。'老爸一定发扬韧性久战精神，坚持到底，拿下碉堡！"等等这些话，言犹在耳，对一台老式机器来说，犹如"上发条"一般。与此同时，他俩先后为我购置了两部电脑，教我操作，使纸笔式写作"现代化"起来；他俩在书稿后期制作、修改、制图、校对、甚至在出版等方面做了大量的具体工作，成为我得力的左右手——为不掩"功劳"，聊以记之。

王　臻
2014年1月28日于荣成市

修正说明

尊敬的读者朋友：

《中国象棋战术大全》中所有图片的棋子修正如下：

红棋子"士"更正为："仕"

黑棋子"仕"更正为："士"